兩周古文字編注 下

陳靖 編著

河南美術出版社
·鄭州·

心紐係聲

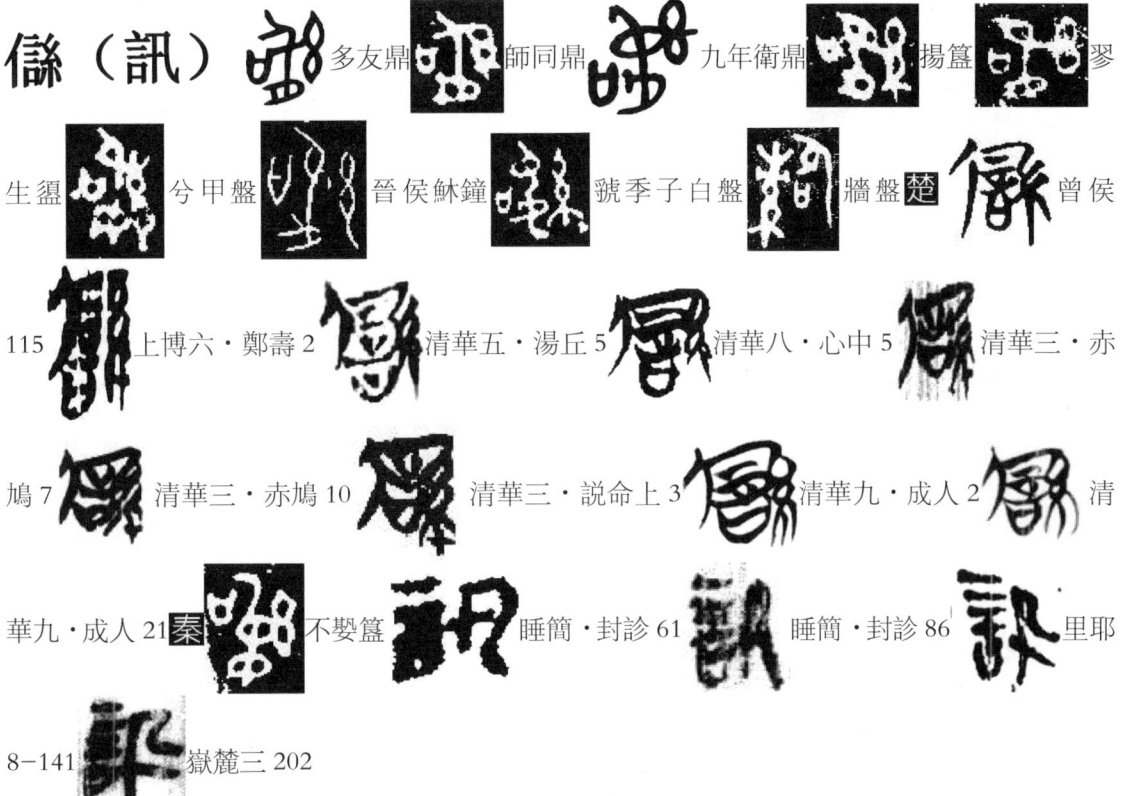

係（訊）　多友鼎　　師同鼎　　九年衛鼎　　揚簋　　翏
生盨　　兮甲盤　　晉侯穌鐘　　虢季子白盤　　牆盤 楚　係 曾侯
115　上博六·鄭壽2　　清華五·湯丘5　　清華八·心中5　　清華三·赤
鳩7　清華三·赤鳩10　　清華三·説命上3　　清華九·成人2　　清
華九·成人21 秦　　不嬰簋　　睡簡·封診61　　睡簡·封診86　里耶
8-141　嶽麓三202

【注】甲骨文作　、　、　、　，象人之雙手反剪，以口問之，會訊問之意。或省繩形作　，亦象詢問之意。金文同甲骨文，但多加趾形　，即篆文之"夊"。小篆變為形聲字，從言卂聲。聲符"卂"乃是金文字形之訛變，蓋從　一誤為　，又誤為卂，最後《説文》誤以為從卂聲。《牆盤》從索，與從糸會意同，疑古訊字異體。楚文字所作，郭永秉認為："訊"字原所從的"反縛兩手"之形由於逆筆書寫的不便，在古文字發展的過程中逐漸被普通的"人"形所淘汰，"幺"旁變為"糸"旁，最終就演變成了"係"旁。這符合古文字發展過程中舊有的表意字裏的形符不斷減少的規律。……楚文字中所見的　字，應該分析為從言從係會意（表示訊問係累之人之義），應該就是"訊問"之"訊"的會意字。（《釋上博楚簡〈平王問鄭壽〉的"訊"字》）《説文》："　，問也。從言卂聲。　古文訊從鹵。"本義是問罪、審問。●讀訊，審訊。《九年衛鼎》："正乃訊厲曰：'女（汝）貯（賈）田不（否）？'"●用作名詞，指戰俘。《不嬰簋》："女（汝）多折首執訊。"執訊，指虜獲和審訊敵人俘虜。《詩·小雅·出車》："執訊獲丑。"與金文同例。●表示案件的訴訟、審訊，專指案件的訴訟、審理過程及罰款中所得的費用。《揚簋》："賜（賜）女（汝）赤市、繺（鑾）旂，訊訟，取遣五寽（鋝）。"指從訊訟款項中撥資賞賜。●讀訊。《牆盤》："繇圉武王，通征四方。"裘錫圭讀迅，曰："迅圉，就是迅猛強圉的意思。……《周書·謚灋》也説'威德剛武曰圉。'"（《史牆盤銘解釋》）●楚簡多讀訊，問也。《上博六·鄭壽2》："競坪（平）王臺（就）奠（鄭）壽，係（訊）之於厸廟（廟），曰：'褙（禍）敗因童於楚邦，懼衭（鬼）神，目（以）取虐（怒），由（思）先王亡所遝（歸），虘（吾）可改而可（何）？'鄭壽剳（辭），不敢答，王愿（固）係（訊）之。"文意為：景平王到鄭壽那兒去，在厸廟中問他……鄭壽推辭，不敢回答。平王還是堅持問他，鄭壽才作了回答。《清華五·湯丘4》："朝而

係(訊)之。”朝見的時候問他。《清華八·心中5》：“𦖞(聞)係(訊)見(視)聖(聽)，才(在)善之磨，心女(焉)為之。”《清華三·赤鳩7》：“眾鶩(烏)乃係(訊)巫鶩(烏)曰。”●曾侯簡“係䢦”，或作“⿱係韋”，義不詳。

⿱係韋 楚  曾侯25 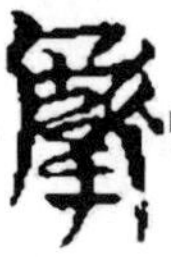 曾侯28 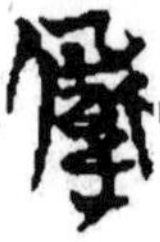 曾侯21

【注】曾侯簡舊釋為從韋脒聲，“脒”從肉聲。曾侯簡將近30個字形作⿱係韋，或作⿺走係，上部偏旁皆從“人”或“尸”作，所謂“䌛”旁為從“肉”者則一個都沒有出現過。故當從韋係(訊)省聲。●《曾侯21》“⿱係韋䢦”，義不詳。

⿺走係 楚 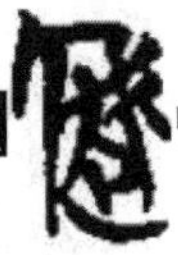 曾侯116

【注】從走係(訊)省聲。●義不詳。《曾侯116》：“紫⿺走係。”在簡文中可能與“係”“⿱係韋”表示的同一個詞。

心紐𢆉聲

𢆉 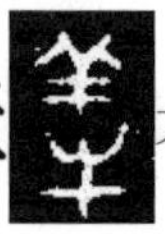 大簋 楚 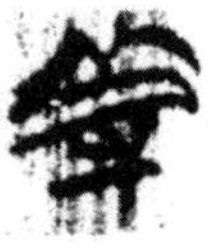 包山121 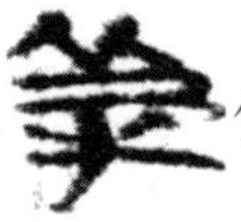 信陽2·8 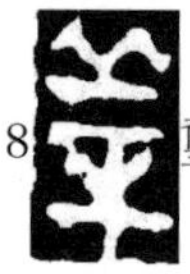 璽彙2983 晉 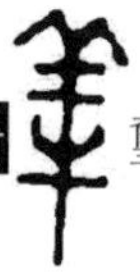 璽彙2759 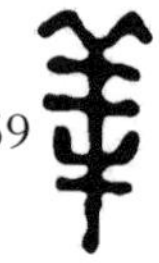

璽彙2896 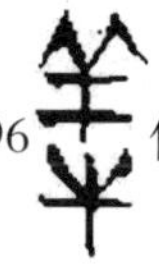 侯馬

【注】甲骨文作𢆉。𢆉，《説文》失收，僅見于⿰馬𢆉字偏旁；當為“⿰馬𢆉”之初文。高鴻縉考證，⿰馬𢆉字原為牛羊之赤色者，故從羊從牛，會意(《中國字例》四篇)。《詩·小雅》“騂騂角弓”，《説文》引作“觲觲角弓”。又《説文》“垶”《玉篇》作“⿰土𢆉”，故知“⿰馬𢆉”“騂”同字，“𢆉”與“辛”同音。“⿰馬𢆉”“騂”為聲符更換字。《説文》：“⿰馬𢆉，馬赤色也。從馬，觲省聲。”本義赤色。《詩經·小雅·大田》：“來方禋祀，以其騂黑。”高亨注：“騂，紅色。‘騂黑’是用祭牲的毛色代表祭牲，牛羊豕三牲之中只有牛是紅色的，所以騂是代表牛；一般的豕是黑色的，所以黑就是代表豕。”(《詩經今注》332頁)●讀騂，赤色，常作修飾語。《大簋》：“易(賜)芻𢆉(騂)㹎(犅)。”觲犅，周代用以祭祀的一種赤色大牛。《詩·魯頌·閟宫》：“白牡騂剛。”《公羊傳·文公十三年》：“周公用白牲，魯公用騂犅。”何休注：“白牲，殷牲也”“騂犅赤脊，周牲也。”●《璽彙2983》“𢆉善”，姓氏，可讀莘。●餘例多為人名。

⿰金𢆉 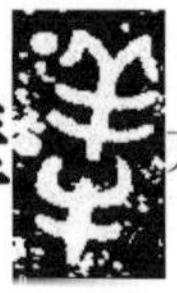 亢鼎 晉  春成侯盉

【注】從金𢆉聲。《亢鼎》“𢆉”左邊從表示銅餅的兩點，與“⿰金𢆉”同字。《説文》無。●可讀騂。《亢鼎》：“⿰金𢆉金二勻(鈞)。”⿰金𢆉金，即紅銅。《春成侯盉》：“春成侯中貣(府)白金鑄鉌(盉)

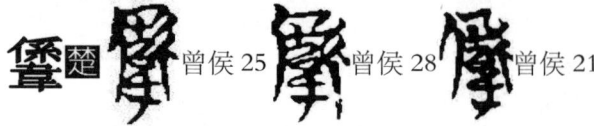

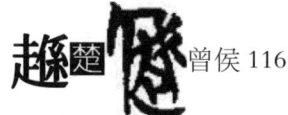

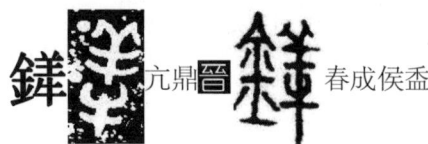

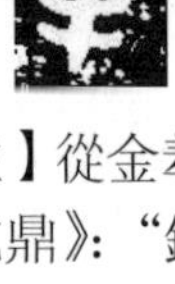

鎳鎳繡，鎳鎳疋（楚）蓋柯聾（連）睘（環）。"盉銘中"鎳"兩次連用，當為形容詞，稱美本器閃耀着金黄色和赤紅色光澤的美麗紋飾。

 中山王轝鼎

【注】從言羊聲。《説文》無。●讀誘。"誘"從秀聲，秀、辛（羊與辛同音）皆心紐，詳、誘一聲之轉。《中山王轝鼎》："夙（夙）夜不解（懈），目（以）詳（誘）道（導）寡人。"

帮紐扁聲

扁　師獸簋　師獸簋楚　新蔡零 115晉　溫縣秦　睡

簡·秦種 130　關簡 321　里耶 8·1081　印增 79

【注】許慎認為，從戶從冊，會題字于門戶之意。秦系文字易左右結構為上下結構，為小篆所本。楚文字可隸定為"扁"。《説文》："扁，署也。從戶冊。戶冊者，署門戶之文也。"本義在門戶上題字。●讀偏，邊緣、邊鄙。《師獸簋》："覯嗣（司）我西扁（偏）東扁（偏）僕馭、百工、牧、臣妾。"《左傳·隱公十一年》："鄭伯使許大夫百里奉許叔以居許東偏。"杜預注："東偏，東鄙也。"●讀辨。《睡簡·秦種 130》："攻閒其扁解，以數分膠以之。"扁解，指車輛開膠。修理車輛開膠，按開離的多少分膠使用。

偏秦　秦印 157　類編 277　里耶 8·2169

【注】從人扁聲。偏將軍之偏，楚文字用"夋"表示，齊文字用"弁"表示。●人名。

編秦　印增 509

【注】從糸扁聲。●秦印"編行"，應為姓氏。編訢，東漢時人，漢章帝召治曆，編訢、李梵等綜核其狀，見《後漢書·律曆志》。

剐齊　叔尸鎛　叔尸鎛

【注】從刀扁聲，聲符稍訛。剐，《集韻》："音偏。削也。"●削也、伐也。《叔尸鎛》："尃受天命，剐伐夏后，敗卒（厥）靈師。"剐伐夏后，削伐夏的統治。

瘺（癟） 秦風92 印增590

【注】劉釗認為："癟"字較早的字形結構應該是從疒、從自、從冊的，而從疒、從自、從侖的"癟"和從疒、從目、從侖的"癟"則都是稍晚的訛體。最早的"癟"字很可能就應該作"瘺"。後來"扁"字初形所從的"日"訛變成了"自"，"冊"又訛變成了"侖"，於是就出現了"癟"這種形體。（劉釗《"癟"字源流考》）戰國文字冊、杭互訛。●"駱瘺"，人名。

翩 、 戰表494

【注】劉釗釋為"翩"。（劉釗《"癟"字源流考》）●人名。

衝（徧） 楚郭店・六德43 秦偏 秦印157

【注】郭店簡與"衝"略同而小別；"鼠"上部為卌，作曲筆，象毛髮狀。劉國勝在《郭店竹簡釋字八則》釋為"遍"。此字右旁系"冊"繁寫，從二冊從日。《一切經音義》："晉，古文冊。"冊寫作晉，類似古文曹寫作䪎。古文字"扁"是一個從冊的字。《說文》："扁，從戶冊。戶冊者，署門戶之文也。"此字可隸作衝，釋為徧，字亦作徧。秦文字從彳扁聲。●讀徧或讀遍，周遍、周全之義。《郭店・六德43》："衕（道）不可衝（徧）也，能獸（守）弌（一）曲安（焉）。""一曲"，指一小局部，簡文中具體指"孝弟"。●秦印"趙徧"，人名。

楚 郭店・六德41 郭店・六德40

【注】從攴晉聲，"遍"之異文。●讀偏。《郭店・六德40》："是古（故）先王之教民也，不史（使）此民也悥（憂）亓（其）身，遊（失）亓（其）攴。"此亦楚文字"扁"旁與"鼠"旁訛混之例。

並紐瀕聲

瀕 楚 清華一・皇門5 秦 秦陶1245 秦陶1257 秦印223

【注】從水從涉，會水邊之意。《說文》："瀕，水厓。人所賓附，頻蹙不前而止。從頁從涉。"本義為接近。●《秦陶1257》"瀕陽工處"。"瀕陽"讀頻陽，地名。《漢書・地理志》左馮翊有頻陽縣，其地在今富平縣美原鎮古城村。●讀賓或讀儐，引導。《清華一・皇門5》："先王用又（有）葂（勸），目（以）瀕（賓）右（佑）于上。"

 秦陶 1254  秦陶 1269

【注】應為"瀕"之省文。●陶文"頻陽工處"多作"瀕陽工處"。

 印增 573

【注】疑從口頻聲。●"黃嚬",人名。

 、 印增 448

【注】從瀕從界,雙聲字。"顯"之異體。直接隸為"顯"。●人名。

明紐民聲

民 齊 宋君夫人鼎蓋 洹子孟姜壺 叔夷鎛 楚 仳夫人嬭鼎 嬭加編

鐘 曾子斿鼎 王孫誥鐘 帛書甲 上博一·詩論 4 上博一·詩論

4 清華一·皇門 6 清華八·攝命 27 曾侯漆書 上博二·民之 1 上

博二·容成 8 上博二·容成 48 上博五·季庚 21 上博五·三德 15 清華

一·尹誥 3 清華八·邦道 19 清華八·邦道 14 清華八·邦道 9 清

華二·繫年 2 上博八·顏淵 7 上博二·從甲 9 上博五·三德 5 郭

店·忠信 2 晉 魚顛匕 中山王嚳壺 螽壺 秦 秦公簋 秦公簋 秦公鎛

民 秦印 242　　睡簡・答問 157　　睡簡・為吏 40　　集證 143・171

【注】甲骨文作 　 。金文承之。郭沫若謂象錐子刺目之形，即"盲"之初文。古代俘獲敵人則刺其左眼使變為奴隸。《說文》："民，眾萌也。從古文之象。凡民之屬皆從民。　 古文民。"本義是奴隸。又引申指被統治的人，如《穀梁傳》："古者有四民：有士民，有商民、有農民、工民。"在上古人與民是有區別的，人是統治者，民是被統治者。古民、萌、盲每通訓，《賈子》："民之為言萌也，萌之為言盲也。"●民眾、人民之民。其外延比"人"小，多指被統治階層。《王孫遺諸鐘》："龢燮民人。"《克鼎》："諫辥（乂）王家，叀（惠）于萬民。"《魚顛匕》："下民無智。""下民"指社會底層群眾。一說與天神相對，指人間居民。《書・湯誥》："惟皇上帝，降衷于下民。"《詩・小雅・十月之節》："下民之孽，匪降自天。"《鼒鎛》："與郍之民人、都嗣（鄙）。""民人"即平民、百姓。與"人民""庶民"同義。《論語・先進》："有民人焉，有社稷焉。"《詩・大雅・假樂》："宜民宜人，受祿于天。"《周禮・地官・大司徒》："掌建邦之土地之圖，與其人民之數。"●獻民：指殷之故家世祖。《斁簋》："簧躬躬（朕）心，隆于三（四）方，肆余昌（以）餴士獻民，再蠚先王宗室。"《逸周書・作雒》謂征伐東夷後，"俘殷獻民遷于九畢"，孔晁注："獻民，士大夫也。九畢，成周之地。"●《集證 143・171》"安民正印"。安民正，官名。《禮記・王制》："成獄辭，史以獄成告於正，正聽之。"鄭玄注："史，司寇吏也。正於周鄉師之屬，今漢有平正丞，秦所置。"《漢書・百官公卿表》："廷尉，秦官，掌刑辟，有正、左右監，秩皆千石。""安民正"掌獄訟，為廷尉之屬官。

泯 楚　　上博六・用曰 19

【注】從水民聲。●《上博六・用曰 19》："又（有）泯=之不達，而臂（散）亓（其）可章。"泯泯，指紛亂、昏亂貌。《呂氏春秋・慎大》："眾庶泯泯，皆有遠志，莫敢直言，其生若驚。"有蒙蒙昧昧不易看見的東西，一旦昭顯出來就特別明亮。

敃 毛公鼎　　克鐘　　兮甲盤　　梁其鐘　　梁其鐘　　師望鼎

楚 　 三兒簋　晉 　 璽彙 3216　秦 　 雍工壺　　中敃鼎　　睡簡・日甲 54 背　　睡簡・秦種 62

【注】從又民聲。朱芳圃謂"敃"即"捪"之古字，撫也。（《殷周文字釋叢》114 頁）捪，或省作抿。又，抿，《說文》"撫也"。抿、敃當同意。《說文》："敃，强也。從攴民聲。"所釋當為後起義。●讀湣。金文屢有"無敃"，諸家均以為"敃"讀湣。湣，亂也。"無敃"即猶無憂、無病、無愆也。《師望鼎》："用辟于先王，旻（得）屯（純）亡敃。"《兮甲盤》："休，無敃。"●讀旻，天、天空。《毛公鼎》："敃（旻）天疾畏（威），司余小子弗彶。"《詩・小雅・雨無正》：

"旻天疾威。"句例正同。●讀文，文繡。《睡簡·秦種62》："女子操敁紅及服者，不得贖。"從事文繡女紅和製作衣服的女子不准贖。●讀昏。敁、昏同音通假。《復公子簋》："敁新乍（作）我姑莽（鄧）孟媿媵（媵）段。"新、昕均從斤得聲。敁新，即昏昕。《儀禮·士昏禮》："凡行事必用昏昕。"古人尚早，在朝旦（大清早）辦理婚事有關事務，或取其吉祥義。銘文是指朝旦鑄媵器。

擊秦 　睡簡·答問90　　睡簡·答問90

【注】從手敁聲。●讀揞，撫慰。《睡簡·答问90》："邦客與主人鬥，以兵刃、投（殳）梃、拳指傷人，擊以布。"《説文》："揞，撫也。"邦客和秦人相鬥，邦客用兵刃、棍棒、拳頭傷了人，應撫慰以布。

暋秦 　睡簡·為吏10　　睡簡·為吏6

【注】從日敁聲。●《爾雅·釋詁》暋，强也。《書·康誥》暋不畏死。《傳》暋，强也。《睡簡·為吏6》："祿立（位）有續孰暋上？"《睡簡·為吏10》："不賃（任）其人，及官之暋豈可悔。"

睯楚 　清華六·子產21　　清華三·良臣5　　新蔡零234

【注】從目民聲。●讀文。《清華六·子產21》："喪（桑）至（丘）中（仲）睯（文）。"人名，字仲文，桑丘是其氏。《清華三·良臣5》："楚成王又（有）命（令）尹（尹）子睯（文）。"

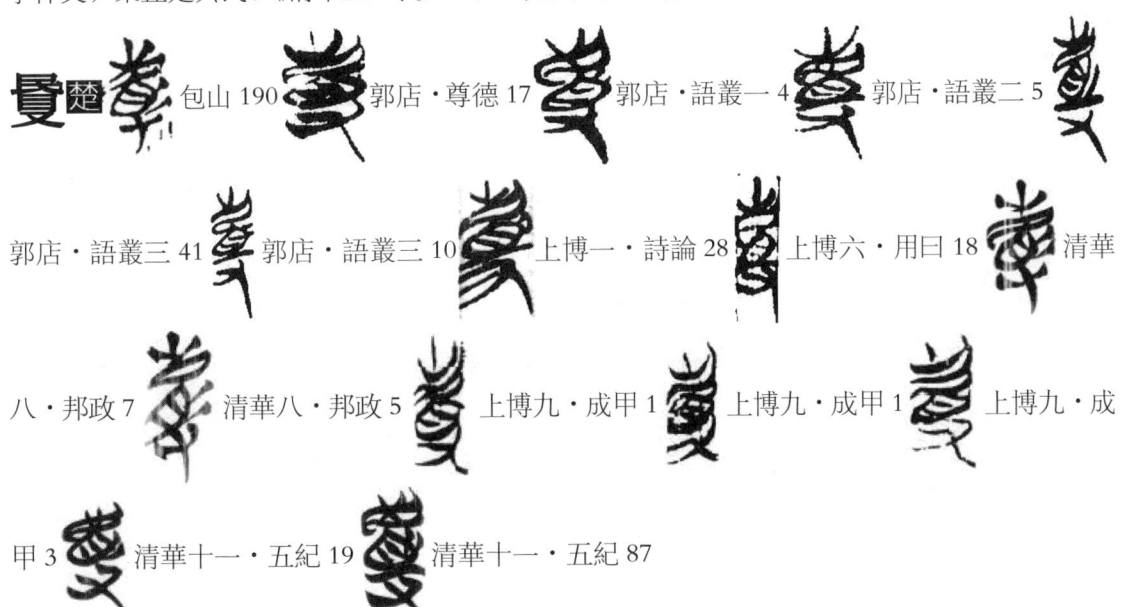

㬪楚 　包山190　　郭店·尊德17　　郭店·語叢一4　　郭店·語叢二5

郭店·語叢三41　　郭店·語叢三10　　上博一·詩論28　　上博六·用曰18　　清華

八·邦政7　　清華八·邦政5　　上博九·成甲1　　上博九·成甲1　　上博九·成

甲3　　清華十一·五紀19　　清華十一·五紀87

【注】從又睯聲。●楚簡多讀文。《上博一·詩論28》："惡而不㬪（文）。"《清華八·邦政5》："亓（其）君子㬪（文）而請（情）。"

縵 ^齊  陶彙 3 · 1048  陶彙 3 · 1049  陶録 3 · 388  陶録 3 · 389

【注】從糸曼聲。●齊陶單字，應為人名。

鏝 ^楚  清華二 · 繫年 41

【注】從金曼聲。●地名，讀緡。《清華二 · 繫年 41》：“楚成王率者（諸）侯以回（圍）宋伐齊，成穀（穀），居鏝。”

宴 ^楚  清華四 · 筮法 43

【注】從宀曼省聲。●讀滅。“宴”古音在明母月部。簡文“宴宗”，讀滅宗，指已絶滅的宗族。

緡 ^秦  （緡）睡簡 · 秦種 110

【注】從日紙聲，“紙”之繁文。●讀文，紋繡。《睡簡 · 秦種 110》：“隸妾及女子用箴（針）為緡繡它物，女子一人當男子一人。”緡繡，即文繡、刺繡。秦文字“文”寫作文、緡、敗，楚文字以文（吝）、曼為之。

覞 ^楚  清華三 · 説命中 4

【注】從見民聲。●讀瞑。《清華三 · 説命中 4》：“若藥，女（如）不覞（瞑）眚（眩），越疾罔瘳。”李學勤已經指出此句見於傳世文獻，皆作瞑。民，明紐真部，冥，明紐耕部，聲同韻近。

伭 ^楚  上博一 · 性情 37

【注】從人民聲。●《上博一 · 性情 37》：“又（有）丌（其）為人之伭伭女（如）也，不又（有）夫柬柬之心則悉（采）。”注釋曰：“伭伭，似可讀‘惽惽’，專默精誠。”郭店簡作“迵迵”。一個人的為人雖然謹慎節制，但如果沒有一顆忠誠、正直的心就會變得虛浮偽飾。

明紐万聲

万（丏）  舟方彝 仢 倗萬作義妣簋 力 大萬簋 ^齊 才 貨系 2625 才

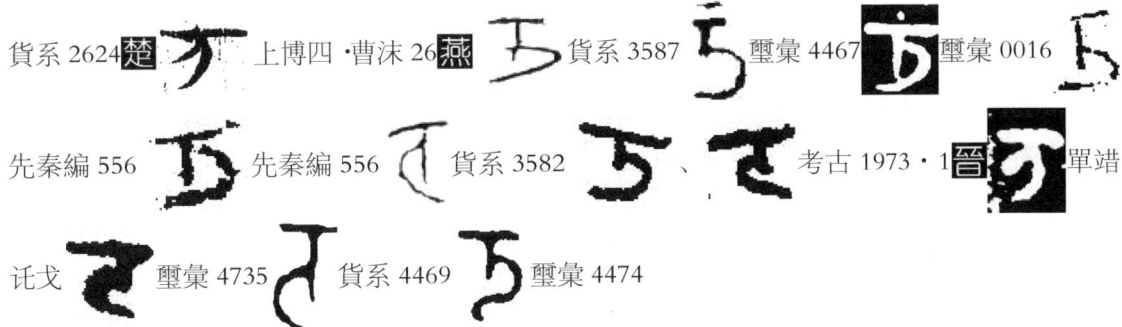

貨系 2624 楚　上博四·曹沫 26 燕　貨系 3587　璽彙 4467　璽彙 0016

先秦編 556　先秦編 556　貨系 3582　、　考古 1973·1 晉　單諎託戈

璽彙 4735　貨系 4469　璽彙 4474

【注】甲骨文作 𬽾，當為人形之分化，金文"賓"作（虞鐘）、（守簋），𬽾 正為人形。石鼓文"沔"作，從水丏（丏是万的訛體，從乚万聲，作偏旁丏、万通用）聲，可為互相印證。戰國文字承襲商周金文，或加飾符作、。《集韻》："万，數也。通作萬。"或認為"万"為"丏"之古體。●戰國文字多讀萬，用作數詞。《單諎託戈》："單諎託乍（作）用戈。三万。"●《遹尊》："大万。""万"讀為万舞之万。裘錫圭先生在《釋万》中指出"大万應即萬人之長"，万是從事樂舞工作的一種人。《合集》28461："☐乎（呼）万無（舞）。"●《璽彙 0016》"丏城都司徒"。"丏"是明母元部字，"方"是幫母陽部字，二字古音相近，所以"丏城"應該就是方城。（《古璽文編校訂》66、153 頁）"方城"為地名，在今河北固安縣以南。"方城冕"小器中的"方城"寫法與燕璽相同。

枋 燕　璽彙 0190

【注】從木丏聲。●"�船城都枋郊左"。可讀枋，"枋郊"當為"容城"的管轄區域，"左"為燕國職官名。

沔 秦　石鼓文

【注】從水丏（從乚万聲）聲。《說文》之丏即為石鼓文訛省而來。●《石鼓文》："汧殹沔=（沔沔），丞（承）皮（彼）淖（沼）淵。"《詩·邶風》"河水瀰瀰"、《詩·邶風》"河水浼浼"，皆訓盛貌。沔沔，與"瀰瀰""浼浼"意義并近。

方（宀）

乃孫作且己鼎　匚宀鼎　二祀卲其卣　虡鐘　方 虞

鐘　仲幾父簋　璽彙 5297 齊　邾公�鐘　邾友父匜 楚　上博三·周易

40　郭店·語叢一 88　郭店·語叢三 55　上博二·容成 5　上博七·吳命 5

【注】甲骨文作、、、、、、、、、、、、、、、、、、、等形，從宀，象屋形；下從女、人、卩、兀、元，皆是人形；或從止。會有人自外

而至，人于室中迎接之意。雖字形增省，各有岐出，然字所會意同。西周金文或承襲甲骨文多作△，從宀從万，万亦聲。《説文》：“賓，所敬也。從貝宀聲。賓古文。”古文所從元乃甲骨文才之訛變，小篆更訛為丏，並以之為聲。葉玉英認為宀、貝皆聲。古音“貝”在幫紐月部，“宀”在明紐元部，聲韻俱近。“賓”本應為元部字，後來才音轉入真部。（《古文字構形與上古音研究》409頁）《説文》有宀、賓二字；自古文字觀之，“宀”為“賓”之初文，分為二字，不確。本義為客人。●讀賓，客人。《盧鐘》：“用盲（享）大宗，用濼（樂）好宀（賓）。”好宀，即嘉賓。●讀賓，來朝。《上博二·容成5》：“四海之外宀（賓），四海之内貞（定）。”●讀濱。《上博七·吳命5》：“江宀（濱）。”●讀賓，訓為至。《上博七·凡甲15》：“上宀（賓）於天，下番（播）於肕（淵）。”

 賓女觚

【注】從止宀聲。●人名。

 清華七·越公47

【注】從攴宀聲。●讀賓。《清華七·越公47》：“是以懽（勸）民，是以收敓（賓）。”

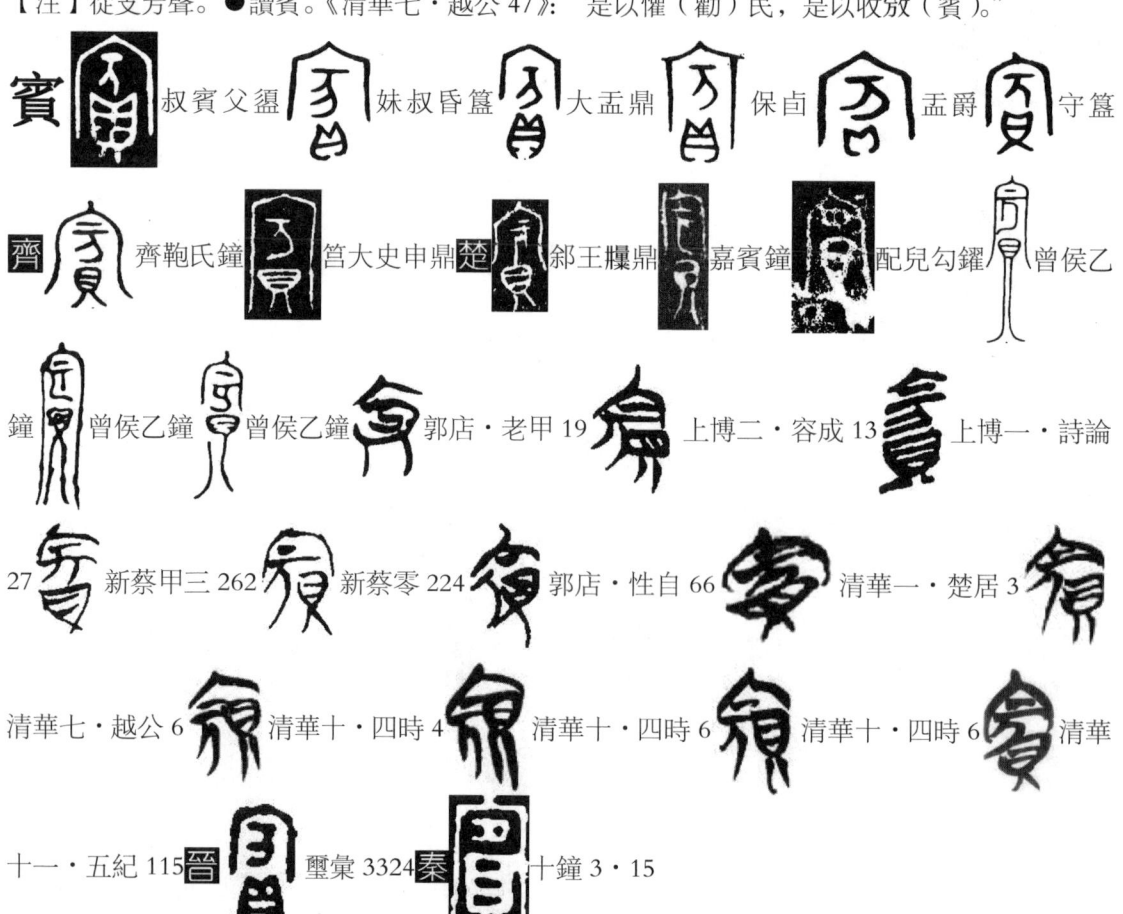

賓 叔賓父盨 妹叔昏簋 大盂鼎 保卣 盂爵 守簋

齊 齊鞄氏鐘 筥大史申鼎 楚 郑王槳鼎 嘉賓鐘 配兒勾鑃 曾侯乙

鐘 曾侯乙鐘 曾侯乙鐘 郭店·老甲19 上博二·容成13 上博一·詩論

27 新蔡甲三262 新蔡零224 郭店·性自66 清華一·楚居3

清華七·越公6 清華十·四時4 清華十·四時6 清華十·四時6 清華

十一·五紀115 晉 璽彙3324 秦 十鐘3·15

【注】從貝丂聲。"貝"（珍貴之物）表示帶來禮物的就是賓客。●古文字多用為本義，賓客、客人。《王孫遺鼠鐘》："用樂嘉賓父踁（兄），及我倗（朋）友。"《郭店·性自66》："賓客之豊（禮）必又（有）夫齊齊之頌（容）。"●餽贈、贈與、賓贈。《睘卣》："王姜令乍（作）冊睘安尸白（夷伯），尸白（夷伯）賓睘貝、布。"賓的用灋與"賜"字有別：賜是自上賞賜于下，賓多為侯伯奉敬天子的使者。《二祀邲其卣》："㝩（賓）貝五朋。"●人名。《叔賓父簠》："叔賓父乍寶盨。"●所贈之禮品。《保卣》："蔑曆于保，易（賜）賓，用乍（作）文父癸宗寶隆。"●讀濱。《上博二·容成13》："匋（陶）於河賓（濱），魚（漁）於雷澤。"

 楚 邗子彬缶

【注】從彡賓聲。或疑"鬢"之古文。●人名。《邗子彬缶》："邗子彬之趙缶。"

 孟姬嬪壺

【注】從女賓聲。●人名。《孟姬嬪壺》："孟姬嬪之尊缶。"

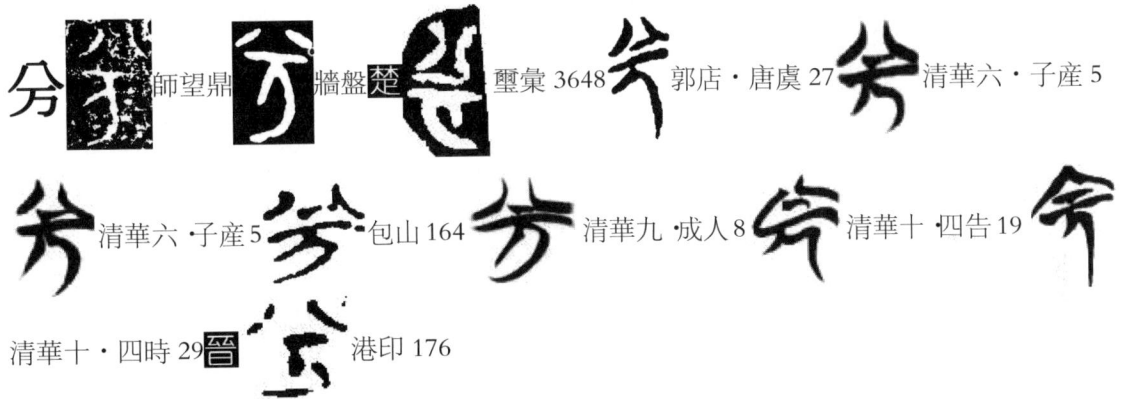 師望鼎　牆盤 楚　璽彙3648　郭店·唐虞27　清華六·子產5

清華六·子產5　包山164　清華九·成人8　清華十·四告19　清華十·四時29 晉　港印176

【注】《金文編》原釋為"豕"，當隸為"分"，從八万聲。●《牆盤》："淵穩（哲）康王，分尹髩（億）彊。"白於藍先生讀勘或讀勉。（詳白於藍《釋妻》）文獻中從萬、免聲之字可互通。《説文》："勘，勉力也。《周書》曰：'用勘相我邦家。'讀若萬。從力萬聲。"《一切經音義》卷二十八"勘勵"注："古文勘，今作勉，同。靡辯反。勘強也，謂自勘強也。下力制反，相勘勵也，勉力為勵。"王力先生認為勉、勘為同源字。《師望鼎》："不敢不分不妻。"●讀萬。《郭店·唐虞27》："大明不出，分（萬）勿（物）層（皆）匋（暗）。"《璽彙3648》"百分（萬）"。《港印176》為單字璽，亦應讀萬。●清華簡讀勉，從整理者説。《清華六·子產5》："分（勉）政、利政、固政。"《牆盤》"勉尹億疆"之"勉尹"，即勉于治，與本簡的"勉政"指勉于政，似能相合。"勉政、利政、固政"這句話意思是：勤勉於政，使政事順利，使政權鞏固。三者是遞進關係。●讀冕。《清華六·子產5》："整政才（在）身，閔（文）腥（理）、型（形）膃（體）、惴（端）分（冕）。"●讀賓。《清華九·成人8》："今民多不秉导（德），以㳛（淫）于不分（賓）。"賓，整理者注："《左傳》莊公十年'止而見之，弗賓'，杜注：'不禮敬也。'"庶稷、羣獸、飛征之化育與人類共生，是自然秩序。由自然規律可以勾勒一條紅綫，"民"越過紅綫，是其"不

秉德"，是其"不賓"也。

訜  郭店·語叢一 35

【注】從言分聲。●讀慢。《郭店·語叢一 35》："豊（禮）妻（齊）樂霝（靈）則戚，樂每（繁）豊（禮）霝（靈）則訜（慢）。"

貶  貶于盞 曾侯 178 曾侯 183

【注】從貝分聲。●讀賓，姓氏。《曾侯 178》："貶（賓）公之馭為右騑。"湯余惠直接釋為賓。●《貶于盞》："貶于敵之行盞。""貶于"當是復姓。

疠  璽彙 3958 璽彙 1866

【注】從疒万聲，"癘"之異文。●古璽印人名。

微部

影紐威聲

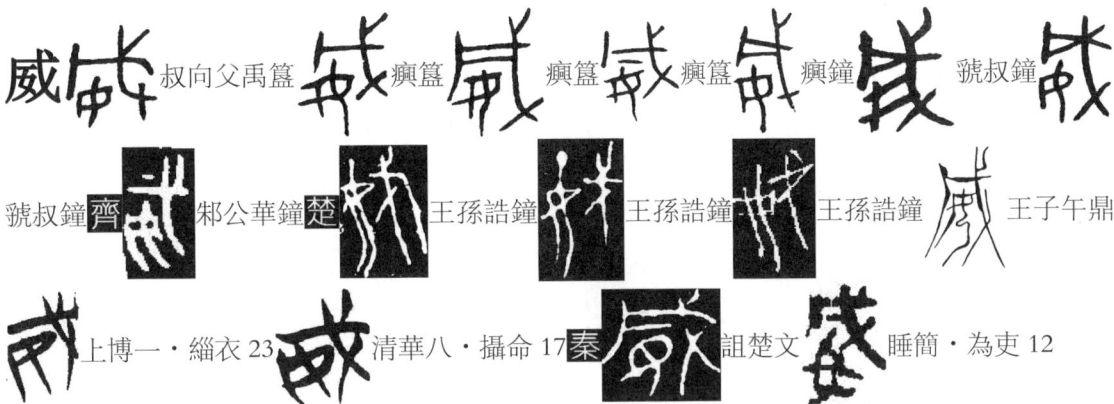

威 叔向父禹簋 瘨簋 瘨簋 瘨鐘 虢叔鐘 虢叔鐘

虢叔鐘齊 邾公華鐘楚 王孫誥鐘 王孫誥鐘 王孫誥鐘 王子午鼎

上博一·緇衣23 清華八·攝命17秦 詛楚文 睡簡·為吏12

【注】甲骨文作🅱️，從戈從女。金文同甲骨文，從女從戌（或從戊），象女子面臨戈兵畏懾之貌，則女被鎮壓可知也。《邾公華鐘》所從🅰️，為戈之變體。"威"字在很長時間裡都處在從戌或從戊的混用階段，最後固定從戌，應該是語音起了決定性作用，即"威"當從戌聲。《説文》："威，姑也。從女從戌。漢律曰：'婦告威姑。'"段注："姑也。引伸爲有威可畏。"●莊嚴、威風貌。《叔向父禹簋》："共（恭）明德，秉威義（儀）。"《詩·邶風·柏舟》："威儀棣棣，不可選也。"《左傳·襄公三十一年》："有威而可畏，謂之威；有儀而可象，謂之儀。"金文"儀"作"義"。與文獻同。《周禮·大司徒》鄭玄注："故書儀為義。"《上博一·緇衣23》："堋（朋）眷（友）卣（攸）図（攝），図（攝）目（以）威義（儀）。"戰國秦文字用"威"表示威嚴、威靈之威。楚文字或用"愄""畏"表示。●讀畏，害怕、懼怕。《邾公華鐘》："余畢龏威（畏）忌。"戴家祥謂威、畏古為一字，金文"威"從戈從女，結構與🅱️（畏）相通。卜、戈都屬兵器；婦人為女，人死為鬼，女、鬼也有聯繫，可作形符交換。《廣雅·釋言》："畏，威也。"《釋名·釋言語》："威，畏也。"二字轉注互訓，字義一致。

影紐叞聲

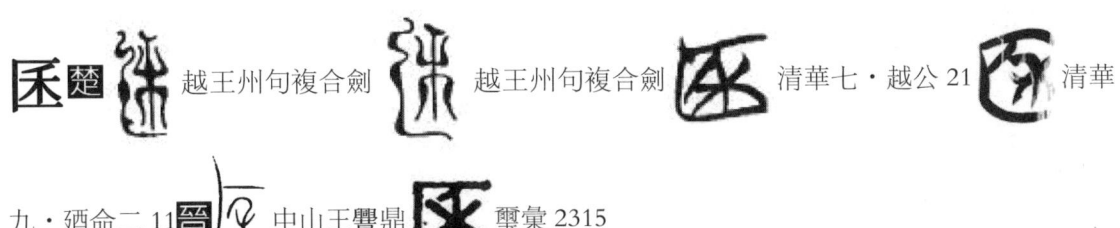

叞楚 越王州句複合劍 越王州句複合劍 清華七·越公21 清華

九·迺命二11晉 中山王嚳鼎 璽彙2315

【注】甲骨文作🅰️、🅱️，從禾從匸，象置禾于器中之形，委積之"委"之異文。可能是委屈、委積之委專字。金文同。●讀委，委任。《中山王嚳鼎》："氒（是）目（以）寡人叞（委）賃（任）之邦，而去之遊。"文意是説，中山王把整個國家交給貯去管理，自己外出巡遊而無後顧之憂。《清華七·越公21》："孤用叞（委）命蟗（重）唇（臣）。"●晉璽"陽叞坒（府）"，陽叞，當

為地名，地望待考。●《越王州句複合劍》：“戉（越）王州句之用僉（剑），唯余土⿷匚禾邗。”李家浩認為“⿷匚禾”可釋為囷，讀卷。“唯余土卷邗”的意思是説：只有我的疆土擴張到邗。(《越王州句複合劍銘文及其所反映的歷史——兼釋八字鳥篆鐘銘文》)《淮南子・兵略》：“昔者楚人地南卷沅、湘。許慎注：卷，屈取也。沅、湘，二水名。”劍銘“卷”與此“卷”字用法相同。

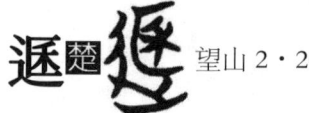

⿺辶⿷匚禾 楚 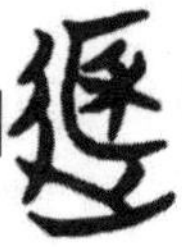 望山 2・20

【注】從辵⿷匚禾聲，“逶”之異文。●讀綏。《望山 2・20》：“絵（錦）純丌⿺辶⿷匚禾。”

⿱艹⿷匚禾 晉 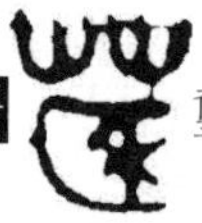 璽彙 0089

【注】從艸⿷匚禾聲，古“萎”字。●“⿱艹⿷匚禾芒左司工（空）”，⿱艹⿷匚禾芒，當為地名，具體地望待考。

影紐委聲

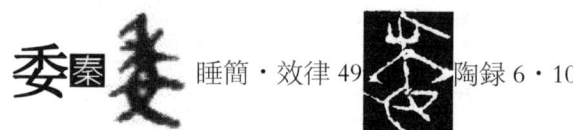

委 秦 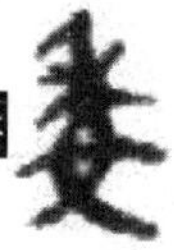 睡簡・效律 49 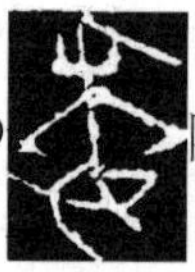 陶録 6・105

【注】從禾從女，會女子如禾委曲之意。●《睡簡・效律 49》：“上節（即）發委輸，百姓或之縣就（僦）及移輸者，以律論之。”委輸，以軍運送。簡文指運輸的勞役。朝廷如徵發運輸的勞役，百姓有到縣里雇車或轉交給別人運送的，應依法論處。●秦陶單字，應為人名。

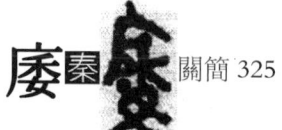

⿸广委 秦 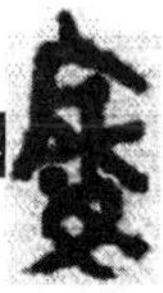 關簡 325

【注】從广委聲。秦文字疒常常省為广，銀雀山漢簡“痿”亦作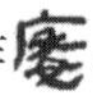。●讀痿。《説文》痺疾。《關簡 325》：“已⿸广委（痿）病亟甚。”

諉 秦  陶録 6・105

【注】從言委聲。●秦陶單字。

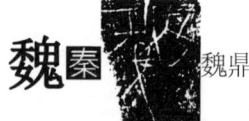

魏 秦 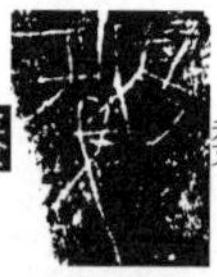 魏鼎

【注】從鬼委聲。●秦金文，地名。《魏鼎》：“魏廿六。三斗一升。魏三斗一升。廿三斤。”

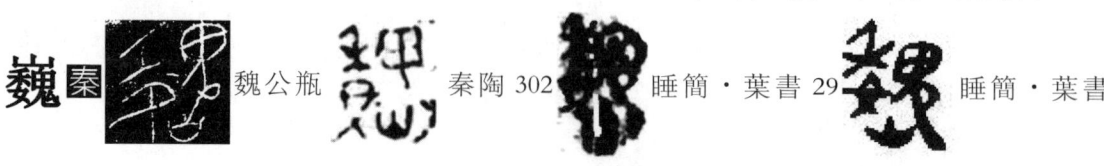

巍 秦 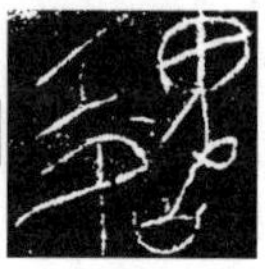 魏公瓶 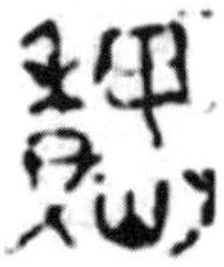 秦陶 302 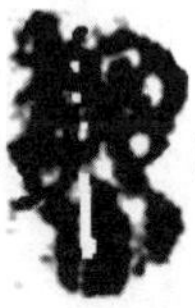 睡簡・葉書 29 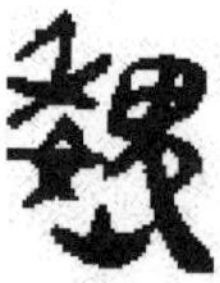 睡簡・葉書

15. 睡簡·為吏 21　嶽麓三 166　類編 309 、 、 、

、 、 秦印 182

【注】從山魏聲。●秦漢印多讀魏，姓氏。●秦簡讀魏，國名。

影紐衣聲

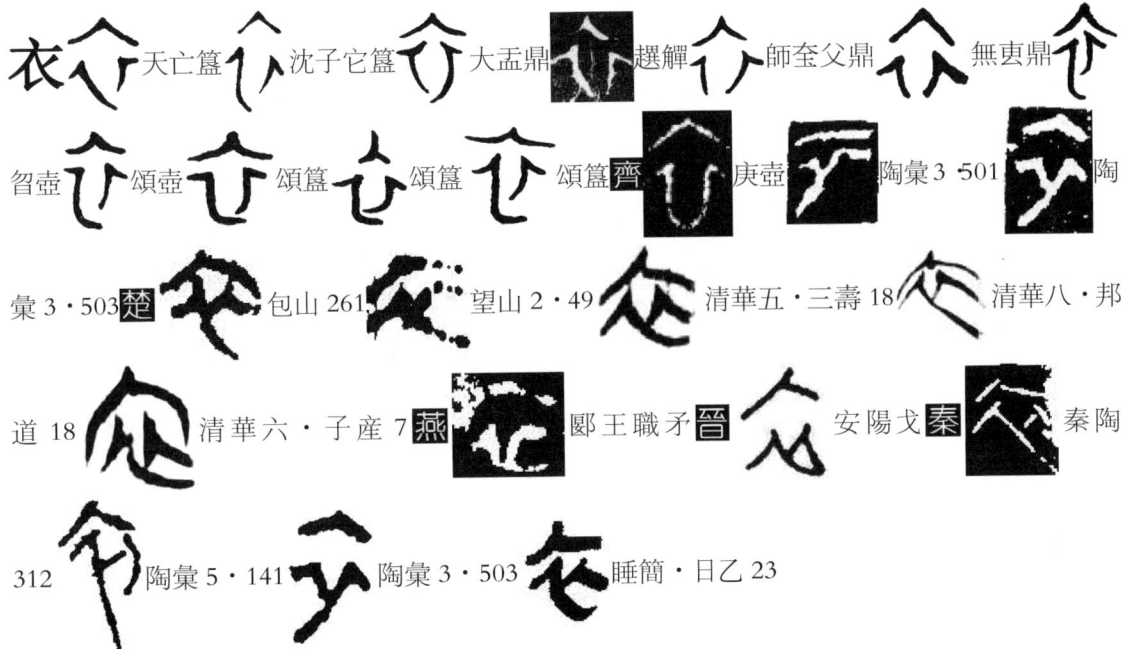

衣 天亡簋　沈子它簋　大盂鼎　趩觶　師㝬父鼎　無叀鼎

智壺　頌壺　頌簋　頌簋　頌簋 齊　庚壺　陶彙 3·501　陶

彙 3·503 楚　包山 261　望山 2·49　清華五·三壽 18　清華八·邦

道 18　清華六·子產 7 燕　郾王職矛 晉　安陽戈 秦　秦陶

312　陶彙 5·141　陶彙 3·503　睡簡·日乙 23

【注】甲骨文作 、 、 、 、 、 、 ，象上衣之形，上端是衣領，兩側開口的地方有袖，下端是衣服的下擺。金文同。楚簡文字"衣"常作"卒"形；作偏旁或省略上部，如 （裏）、 （被），"僉"偶有類似的簡化（ ）。《說文》："衣，依也。上曰衣，下曰裳。象覆二人之形。凡衣之屬皆從衣。""象覆二人之形"非是。本義上衣。《詩經》："綠衣黃裳。"引申指衣服的總稱，如《詩經》："無衣無食。"●上衣。《膳夫山鼎》："易（賜）女（汝）玄衣黹屯（純）、赤市、朱黃（衡）。"●讀卒，因與卒形近也。卒，終也，相當于連詞，表結果，同"以"。《致簋》："孚（捋）戎孚（俘）人百又十又四人，衣（卒）博（搏），無尤于致身。"《多友簋》："癸未，戎伐筍（郇）、衣（卒）孚（俘）。"●讀卒。《天亡簋》："天亡又王，衣祀于王不（丕）顯考文王，事喜上帝。"衣祀：舊多讀殷祀，以為商代專祭之名。卜辭多"衣祀"記載，如"卜貞，王賓自武丁至于武乙，衣。亡咎"。甲骨文和兩周金文中的"衣"字，李學勤讀卒，豁然貫通所有銘辭，早已得到學術界公認。（詳《多友簋的"卒"字及其它》）在西周金文中，殷與衣都是常見字，西周金文中凡用為殷商之殷、殷見之殷皆作"殷"，從來不用"衣"，凡用為完結之義的用"衣"。只是在古籍中"殷""衣"通用，學者們在古籍的影響下，經常讀西周金文中的"衣"為"殷"。●《秦陶 312》"咸陽衣"，人名。

旅齊璽彙 3753

【注】從㫃衣聲。●“旅福信鉨”，此璽為人名私璽，“旅福”或為人名，或可讀“殷福”。

祁晉璽彙 1815

【注】從邑衣聲。●“祁得”，讀衣，姓氏。

牪晉璽彙 1019

【注】從牛衣聲，衣之寫法另見“褱”字。●晉璽人名。

依楚曾侯 146郭店・尊德 32上博五・君禮 1清華一・皇門 9

秦睡簡・秦種 198睡簡・日甲 75 背秦印 154

【注】從人衣聲。●多用為本義，順應、依賴等。《上博五・君禮 1》：“君子為豊（禮），以依於悬（仁）。”●靠近。《睡簡・秦種 198》：“吏舍，毋依臧（藏）府、書府。”

依楚清華九・迺命一 12

【注】從彳衣聲。●《清華九・迺命一 12》：“而亦母（毋）或敢我解閔（交）奉彾（違），尚聿亡又（有）告歃，至于城（成）旻（没）。”整理者讀違，詳“閔”字。

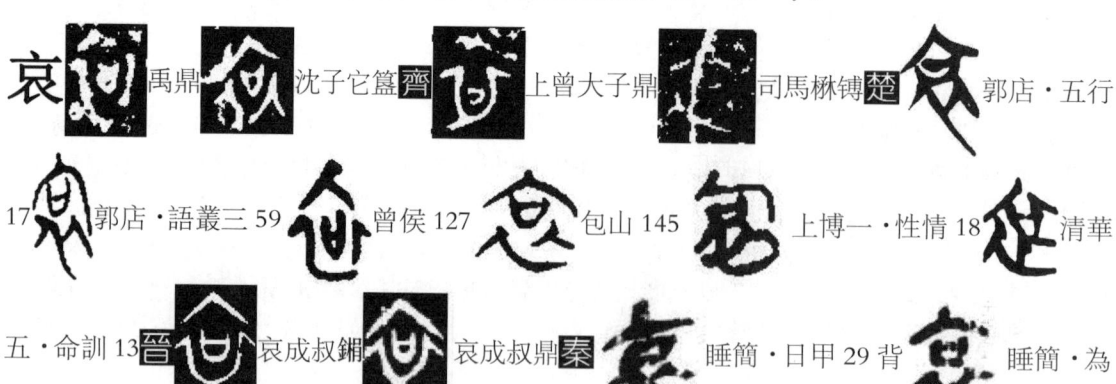

哀禹鼎沈子它簋齊上曾大子鼎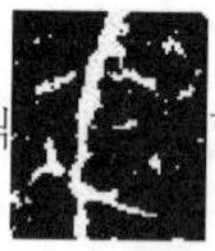司馬楙鎛楚郭店・五行 17郭店・語叢三 59曾侯 127包山 145上博一・性情 18清華五・命訓 13晉哀成叔鈉哀成叔鼎秦睡簡・日甲 29 背睡簡・為吏 31

【注】從口衣聲，與小篆同。《説文》：“，閔也。從口衣聲。”本義悲哀。●悲傷、痛苦。《禹

鼎》：“烏虖（嗚呼）哀哉。”《師訇簋》：“哀才（哉）今日。”《郭店·五行17》：“能遷（差）沱（池）元（其）孚（羽），狀（然）句（後）能至哀。”楚文字或作“悢”“懷”。●讀愛，喜愛。《沈子它簋》：“其孔哀（愛）乃沈子它唯福。”●人名。《哀成叔鼎》：“哀成弔（叔）之鼎，永用鬻（禋）祀。”●讀殷。《上曾大子鼎》：“心聖若懤，哀哀利錐。”“哀哀”讀殷殷，盛多之貌。《漢書·禮樂志》：“靈殷殷，爛揚光。”顏師古注：“殷殷，盛也。”《文選·左思〈魏都賦〉》：“殷殷寰内，繩繩八區，鋒鏑縱橫，化為戰場。”李善注：“殷，眾也。”“哀”從“衣”聲，“衣”與“殷”影母雙聲，微文對轉，古音可通。李善注：“韓詩曰：‘昔我往矣，楊柳依依。’薛君曰：‘依依，盛貌。’”“依”“哀”同以“衣”為聲符，此“依依”當亦為“殷殷”之音轉。

 俵 楚 上博六·孔子18

【注】從人哀聲。●疑讀依。《上博六·孔子18》：“酺（聞）學（教）不諛（察）不俵。”

 懷 楚 郭店·語叢二31  上博二·民之4  清華八·邦政5

【注】從心哀聲，“哀”之繁文。●讀哀。《上博二·民之4》：“樂之所至者，懷（哀）亦至安（焉），懷（哀）樂相生。”

 悢 悢鼎 楚  郭店·性自2  郭店·性自67  郭店·尊德31 包山

111  上博二·君老4  上博五·三德20  清華五·三壽18 清華一·祭

公1  清華三·説命中6  清華三·芮良夫23 曾 兆域圖銅版

【注】從心衣聲，可釋為“悢”。《篇韻》：“悢，哀也。”悢乃哀之異文。●謚號，指中山王已故之王后。《兆域圖銅版》：“丌（其）葬眎（視）悢后。”《周書·謚瀍解》：“恭仁短折曰悢。”朱德熙、裘錫圭讀哀，蓋古文字口旁與心旁往往通用。（《平山中山王墓銅器銘文的初步研究》）●楚簡多讀哀。《清華一·祭公1》：“裒（哀）余少（小）子，孫（眛）元（其）才（在）位。”哀，《説文》：“閔也。”●讀衣。《清華三·説命中6》：“惟裒（衣）哉（載）忥（病），惟干戈生（眚）厥身。”衣服是人身份高低的象徵。也許簡文作者因此而提出了“惟衣載病”的説法，意在告誡人們不要貪慕虛榮。●讀依。《清華三·芮良夫23》：“人頌攺（扞）嵜（違），民乃埞（佻）囂（敖），懋（靡）所并（屏）悢（依）。”

 詖 寡子卣

【注】從言衣聲。唐蘭釋為"誶"。(《用青銅器銘文來研究西周史》)蓋古文字衣、卒初本同字，均用"衣"形。後雖于"衣"形下加一區別符號以期從形體上區別開來，但實際使用仍然混而不分，尤其作偏旁時更是如此，如"萃"字鄾王職戈作"萃"，而戠銘作"裠"。《說文》："諞，諞讓也。從言卒聲。《國語》曰：'誶申胥。'"本義責罵。●讀誶，告也。《寽子卣》："烏虖，誅帝家，目（以）寽子乍（作）永寶。"誶，《集韻》："音萃，告也。"

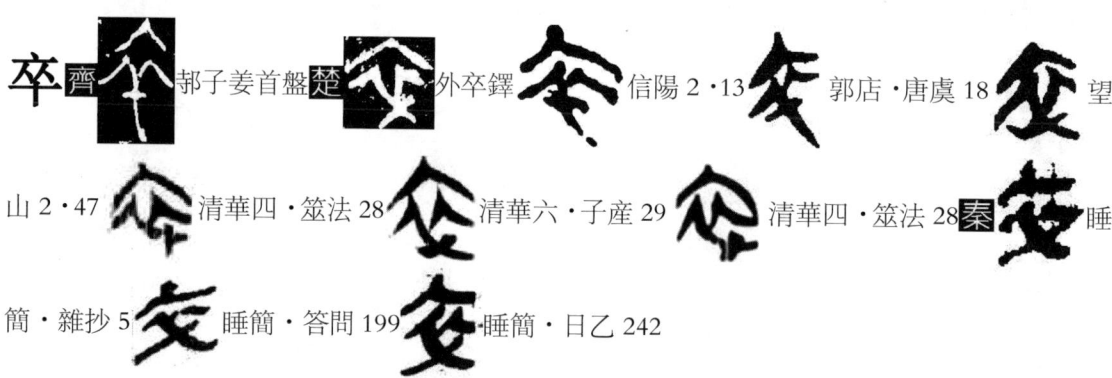

袞 伯晨鼎

【注】《伯晨鼎》所作，從衣立聲，《金文編》釋"依"，存疑。依，甲骨文作𠑽、𠑽、𠑽，從衣，中有一人，會人着衣之意；衣兼聲。金文不見從人之依字。戰國文字作𠑽（曾侯146），同小篆。●或曰讀宸。《伯晨鼎》："易（賜）女（汝）彊（秬）鬯一卣、玄袞衣……虎幃、冟裘、里（裏）幽、攸（鋚）勒、旅（旗）五旅（旗）。"《說文》："宸，戶牖之閒謂之宸。"《禮·明堂位》："天子。負斧宸南鄉而立。"《曲禮》疏："宸狀如屏風，以絳為質，高八尺，東西當戶牖之閒，繡為斧文，亦曰斧宸。天子見諸侯，則依而立負之，而南面以對諸侯。"

裠 楚 新城戈

【注】從林衣聲，疑"萃"之異文。●讀卒，步兵。《新城徒萃戈》："敬𣬉新城徒裠（萃）。"敬𣬉，黃錫全讀"敬戒"即警戒、儆戒，即此戈用以"儆戒新城步兵"，或者儆戒新城的步兵所用之戈。(《湖北鄂州新出一件有銘銅戈》)戰國時期"新城"有數處，黃錫全認為此戈的"新城"應是曾屬於楚地之新城。

卒 齊 郘子姜首盤 楚 外卒鐸 信陽2·13 郭店·唐虞18 望
山2·47 清華四·筮法28 清華六·子產29 清華四·筮法28 秦 睡
簡·雜抄5 睡簡·答問199 睡簡·日乙242

【注】甲骨文"卒"字又有三種形體，一類與"衣"同形，作𠑽、𠑽、𠑽、𠑽，一類作𠑽、𠑽、𠑽、𠑽，裘錫圭謂在衣字之上加交叉綫表示衣服已經縫製完成，交叉綫表示所縫製的綫，其本義應與"初"相對，士卒並非其本義，終卒當為本義。一類從聿聲作𠑽、𠑽，裘錫圭先生認為此乃"卒"之異體。(詳《釋殷墟卜辭中的"卒"和"裼"》)西周金文卒、衣互用，東周金文衣下增斜畫作𠑽分化出"卒"。《說文》："𠑽，隸人給事者衣為卒。卒，衣有題識者。"終卒當為本義。●終也。《睡簡·秦種20》："十牛以下，及受服牛者卒歲死牛三以上，吏主者、徒食牛者及令、丞皆有罪。"《郭店·唐虞18》："卒王天下而不戾（喜）。"《清華六·子產29》："天墬（地）固用不悖，目（以）能成卒。"《爾雅·釋詁》："卒，終也。""成卒"，以成功告終。●士卒。《外卒鐸》："外卒鐸。"●可讀崒。《詩經·小雅·十月之交》："百川沸騰，山冢崒崩。"鄭箋："崒者，崔嵬。……崒，亦作卒。"《說文》："崒，危高也。"知"卒"有高之意。《郘子姜首盤》："它

巸巸男女無碁，于冬（終）又（有）卒。"于終有卒，謂既能高壽，又能獲得尊貴和榮耀。●讀萃，卦名。"萃卦"象徵會聚，楚簡或作"啐"。《清華四·筮法28》簡中的"卒"字作 ，該字與楚文字中的"卒"字不同，而與齊系文字中的"卒"字相似。楚文字中的"卒"字多作 （上博四·曹沫28），齊系文字中的"卒"字作 （郭店·唐虞18）。●讀衣。《望山2·47》："二瑟皆秋（緅）卒（衣）。"

翠 晉  十二年少曲令戈 秦 集證 183

【注】從羽卒聲。楚文字作"鼻"。●晉器人名。●秦印為單字璽，當為人名。

窣 秦 嶽麓三 47 嶽麓三 48 印增 292

【注】從宀卒聲。●人名。《嶽麓三47》："廿一年五月丁未，獄史窣詣士五（伍）去疾，號曰：載銅。"秦印單字璽，亦為人名。

頮 秦 印增 347

【注】從頁卒聲。●秦印人名。

誶 楚 上博一·詩論9 燕 類編76 秦 睡簡·效律8 睡簡·秦種115

【注】從言卒聲。●讀祈。楚文字 實際為衣字。"衣"為影紐微部，"祈"為群紐微部。"衣""祈"二字韻部相同，聲母分別為喉、牙音（上古喉、牙音不分），聲韻皆近。《上博一·詩論9》："《誶（祈）父》之責，亦有以也。"意思是：《祈父》一詩責備祈父，是有原因的。"●責讓。《睡簡·效律8》："直（值）百一十錢以到二百廿錢，誶官嗇夫。"●燕璽單字。

萃 燕 郾王職戈 楚 郾王職戟 郾王戎人戈 璽彙 0293 晉 陶彙 6·157 考古 1988·7 戰表 0068 秦 珍秦 99 珍秦 116 秦印 13 類編 18

【注】從艸卒（或作衣，同）聲。《說文》："萃，艸皃。從艸卒聲。讀若瘁。"本義為草名。●讀卒。《郾侯載戈》："郾侯載作萃鋸。"《郾王職戈》："郾（燕）王職乍（作）王萃。"《郾王職戈》："郾（燕）王職乍（作）市（師）萃鋸。""卒"或"萃"在戰國尤其是燕系兵器銘文中經常出

現，都應讀作"徒卒"之"卒"。格式為"卒（或萃）＋器名"，其後或省略器名（如"卒""萃鋸""卒殳""輇戈""輇矛"），表示這些都是步兵所使用的武器，類似於齊系兵器銘文中常見的表示步兵所使用的"徒戈""徒戟"等辭例。格式為"×卒（或萃）＋器名"（"王萃""帀（師）萃銖""霄萃鋸""廣卒鋸"），或省去器名，其中"王""帀（師）""霄""廣"等為卒之所屬。
●《璽彙0293》"暎都萃車馬"，意為"唐都士卒所用之車馬"。●秦印多為人名用字。●《觀妙堂藏歷代璽印選》釋為"左武萃（卒）㖟（長）"。印文"萃"讀卒。"武卒"見於《荀子》。《荀子·議兵》："魏氏之武卒，以度取之，衣三屬之甲，操十二石之弩……。"因此，這方印可能是魏國官璽，為統領武卒的"左武卒長"所配。

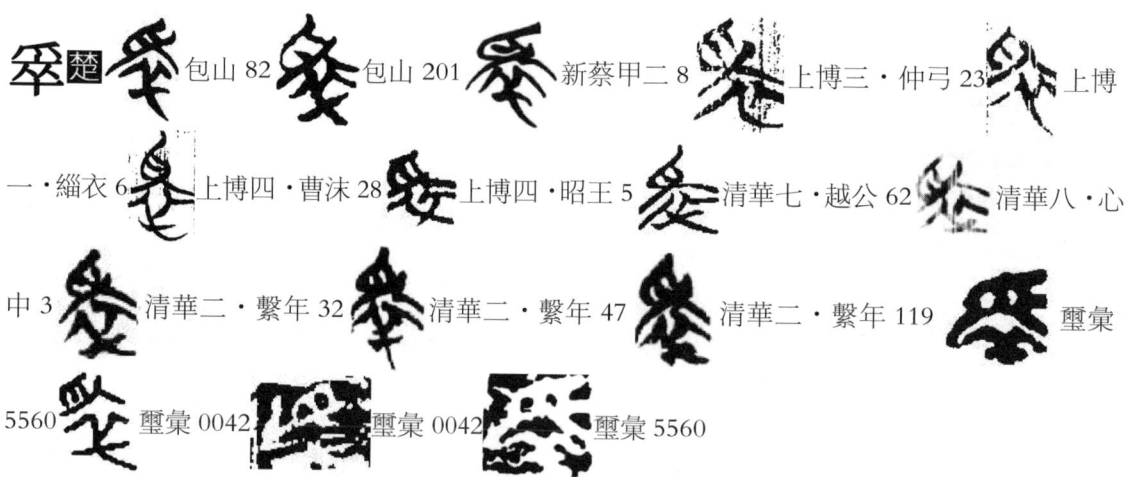

摔 秦 睡簡·封診84

【注】從手卒聲。●《睡簡·封診84》："甲與丙相摔，丙償府甲。"《說文》："摔，持頭髮也。"甲和丙互相揪住頭髮，丙把甲摔倒。

卒 楚 包山82　包山201　新蔡甲二8　上博三·仲弓23　上博
一·緇衣6　上博四·曹沫28　上博四·昭王5　清華七·越公62　清華八·心
中3　清華二·繫年32　清華二·繫年47　清華二·繫年119　璽彙
5560　璽彙0042　璽彙0042　璽彙5560

【注】戰國楚系文字習見從衣（或從卒）從爪之"卒（㐱）"字，然均不讀狄或讀褐。"在目前所見的楚簡材料中，總體上是以'卒'這個字形表示'卒'這個詞，'卒'這個字形只用來表示'衣'這個詞。'卒'、'衣'二詞的書寫符號的區分，是以'衣'上'爪'形之有無而不是'衣'下點畫之有無為標誌。楚簡的'卒'這個形體，其實仍是'衣'字，只是因為贅加了一點飾筆，而與《說文》'卒'字同形。"（禤健聰《三體石經古文"褐"與戰國文字"卒"辨議》）此字亦見于古璽："司馬卒璽"（璽彙0042）和"公卒之四"（璽彙5560），李家浩根據馬王堆帛書《篆書陰陽五行》"醉"字所從"卒"旁寫作"卒"，把古璽的"卒"字讀卒，"'公卒'是指縣公所屬的卒，'司馬卒'是指司馬所屬的卒"。（李家浩：《楚國官印考釋（四篇）》●讀卒，士卒。《清華七·越公62》："王卒（卒）既備（服）。"●讀卒，終卒。《包山197》："出內（入）事（侍）王，聿（盡）卒（卒）戠（歲）。"●讀卒，死亡。《清華二·心繫年47》："晉文公卒（卒）。"《禮·曲禮》大夫死曰卒。楚文字均用"卒"表示終卒、兵卒之義。而多用"卒"表示衣。●讀瘁。《上博一·緇衣6》："隹（誰）秉或（國）成，不自為正，卒（瘁）裝（勞）百眚（姓）。"

輇 齊 陶彙3·290　楚　新輇戈　楚王熊璋戈　包山38　曾侯92

上博九・陳公 11

【注】從車夲聲。《楚王熊璋戈》疑從車夲聲，所從🔑應為爪之訛。●齊陶"中萋圊里輊"，人名。或讀卒。●讀卒，"徒卒"之"卒"。《新輊戈》："新輊。"《楚王熊璋戈》："楚王酓（熊）璋嚴狝南越，用乍（作）輊戈。"●包山簡人名。

璽彙 0063

【注】從攴輊聲，"輊"之繁文。●讀卒。璽文"王轍右司馬鉥"，"王轍右司馬"大概是中央司馬，其職能主要負責管理王室的衛隊。

曾侯 11　　曾侯 22

【注】從韋夲聲。●《曾侯 11》"豻韗"、《曾侯 4》"豻首之橐，豻韗"，不知指什麼物品，待考。

曾侯 69

【注】從革夲聲。●簡文或作"韗"，不知是什麼器物。《曾侯 69》："貂首之橐，貂韗。"

包山 167

【注】從辵夲聲。●人名。《包山 167》："戊寅，正束遒、苟旗。"

清華一・耆夜 7

【注】從酉夲聲，"醉"之異文。●讀醉，醉酒。《清華一・耆夜 7》："既醉（醉）又蝨（侑），明日勿稻（慆）。"

包山 25　　璽彙 0337

【注】從人夲聲，"倅"之繁文。●包山簡人名。●《璽彙 0337》"倅廥（府）"，疑讀卒。

上博三・周易 42　　上博三・周易 42

【注】從口夲聲。●讀萃，卦名。《萃》卦象徵會聚。

裔乖伯簋齊陳逆簋秦、、、印增 329

【注】《乖伯簋》所作，當從衣從巾，口、厂為綴加的偏旁，無義。所從之巾始作㐂，繼而作㐆、㐉、㐊（參見本書"縣""㘸""邎"等字），是為小篆"㐌聲"所本。希，為"裔"之初文，從巾，表現的是衣服的緣飾，故而裔字本義是指衣服的邊緣。《説文》："裔，衣裾也。從衣㐌聲。㐈古文裔。"本義衣服的邊緣，引申為後裔。或謂《説文》古文㐈乃"裔"之本字，象下衣之形，轉義為人類世系延續的末尾。●荒遠。《乖伯簋》："乖白（伯）拜手稽首，天子休弗望（忘）小㝝（裔）邦。"文獻中有稱"荒瘠邊遠的地方"為"裔土"的例子。如《國語·周語上》："猶有散遷懈慢，而著在刑辟，流在裔土，于是乎有蠻夷之國。"《三國志·蜀書·許靖傳》："隕没不達者，則永銜罪責，入于裔土矣。""小裔邦"中的"裔"也是邊遠之義，與"小"都是修飾"邦"的。●裔孫：即後代、遠孫。《陳逆簋》："冰月丁亥，墮（陳）氏裔孫逆，乍（作）為里（皇）褆（祖）大宗段。"《左傳·襄公十四年》："四嶽之裔胄也。"裔胄，即裔孫。屈原《離騷》："帝高陽之苗裔兮。"義與此近。●秦印人名。

滴秦印增 601

【注】從水裔聲。●單字璽。

曉紐火聲

火齊陶録 3·396楚清華三·祝辭 2清華八·八氣 2九店 56·39帛書丙新蔡乙四 122上博七·凡甲 2上博四·曹沫 63燕貨系 3393晉璽彙 3364秦睡簡·日乙 113秦印 200

【注】象形字。甲骨文作㐀，象火焰之形。西周文字多見於偏旁。戰國文字綫條化，豎筆上常加短橫為飾。●讀伙，伙食、飯食。《上博四·曹沫 63》"毋火食"即減損膳食。●《睡簡·日甲 84 背》："火勝金。"五行之一。●《睡簡·日甲 159》："蔟火燔其舍。"蔟火，讀燧火。《史記·司馬相如傳》："夫邊郡之士，聞烽舉燧燔，皆攝弓而馳，荷兵而走。"索隱引韋昭曰："燧者，積薪，有難則焚之。烽主晝，燧主夜。"《説文》蔟之或體作櫨，故或疑蔟讀遺。遺火，義為失火。●古璽印有"火栩""火兒畠"，為姓氏。

伙齊沂水陶文秦圖典 53

【注】從人火聲。●人名。

炮 楚   上博九·卜書 2

【注】從色火聲。●簡文"炮龜"疑讀火龜。《爾雅·釋魚》："一曰神龜。二曰靈龜。三曰攝龜。四曰寶龜。五曰文龜。六曰筮龜。七曰山龜。八曰澤龜。九曰水龜。十曰火龜。"周為火德，此言火龜，或與周人尚火有關。

炊 楚  安大一 55

【注】整理者認為從欠火聲。與"炊爨"之"炊"只是同形字的關係，《説文·火部》"炊，爨也。從火，吹省聲"。●讀鬱。《安大一 55》："窈（歇）皮（彼）脣（晨）風，炊（鬱）皮（彼）北林。"《毛詩》作"鬱彼北林"。上古音"火"屬曉紐微部，"鬱"屬影紐物部，音近可通。

�火 楚 上博二·容成 38

【注】從女火聲。●讀伙，一起。《上博二·容成 38》："［桀］不量其力之不足，起師以伐岷山氏，取其兩女晉、爕，�火（伙）北去其邦。"

曉紐虫聲

虫 蟲智鼎　甲蟲爵 楚 上博八·蘭賦 1　清華十·四時 20　清華十·四時 42 晉　魚顛匕　璽彙 1099　珍戰 26　貨系 540 秦 睡簡·日甲 60 背

睡簡·日乙 116 、 印增 510

【注】甲骨文作  、  、  ，是"虺"的象形初文。金文承之。《説文》："，一名蝮，博三寸，首大如擘指。象其臥形。物之微細，或行，或毛，或蠃，或介，或鱗，以虫為象。凡虫之屬皆從虫。許偉切。"本義為毒蛇。後來指一般的虫類。●銘文中指魚。《魚顛匕》："出游（游）水虫，下民無智，參蠢（蚩）蚘（尤）命。""出游水虫"，意思當是説"你這離開水的被斬首之物"。●疑讀虺，姓氏。《姓氏考略》收載，其注云："古'虺'字。"《虫智鼎》："虫智乍（作）寶旅鼎。"秦印"虫上里""虫啟"，為姓氏。虫有二音，huǐ，即虺之古字，一種毒蛇；又音chóng，乃蟲之省體。●讀蟲。《睡簡·日乙 116》："以除室，百虫弗居。"《上博八·蘭賦 1》："螻蛾（蟻）虫（蟲）蛇。"●晉璽均為人名。《珍戰 26》"司馬虫余"，"虫余"二字作合文。

坥  秦風 2

【注】疑從土虫聲。●"駱毋坥",人名。

迪  秦風 173

【注】從辵虫聲。●"張迪",人名。

虺  秦印 255

印增 511

【注】從元虫聲。《説文》從兀。《説文》:"虺,虺以注鳴。《詩》曰:'胡為虺蜥。'從虫兀聲。許偉切。"●秦印人名。

疧  清華九·禱辭 19

【注】從广虫聲。●《清華九·禱辭 19》:"則區(驅)亓(其)虯、螻、蝁(蝘)、蛗、疧、蟉、蛚、蝓。"詳"虯"字。

浊  集成 11672

【注】從水虫聲。●金文人名。

茧  清華十一·五紀 76

【注】從艸虫聲。●《清華十一·五紀 76》:"彊(張)弔坨(施)茧於危。"整理者注:"彊,通'張',《廣雅·釋詁三》:'張,施也。'次,處所。施,設。茧,從艸,從虫,與後世'繭'之簡化字同形。危主架屋。《史記·天官書》:'危為蓋屋。'《開元占經》引甘氏:'危主架屋,星動則有架屋之事。'《開元占經》引《玄冥占》:'危動搖不明,天子作宮殿,民有土功事。'"有論者指出:"簡 76'彊(張)弔坨(施)茧於危',危宿主蓋屋、架屋,疑弔可讀'茅茨'之'茨'……彊(張)茨坨(施)茧'是説張設茅茨。""虫"即"虺",故"茧"蓋為"葦"字異體,"茨""葦"皆用以蓋屋,因此動詞用法的"茨"在《説文·艸部》又有"茨,以茅葦蓋屋"之説。

1882

曉紐毀聲

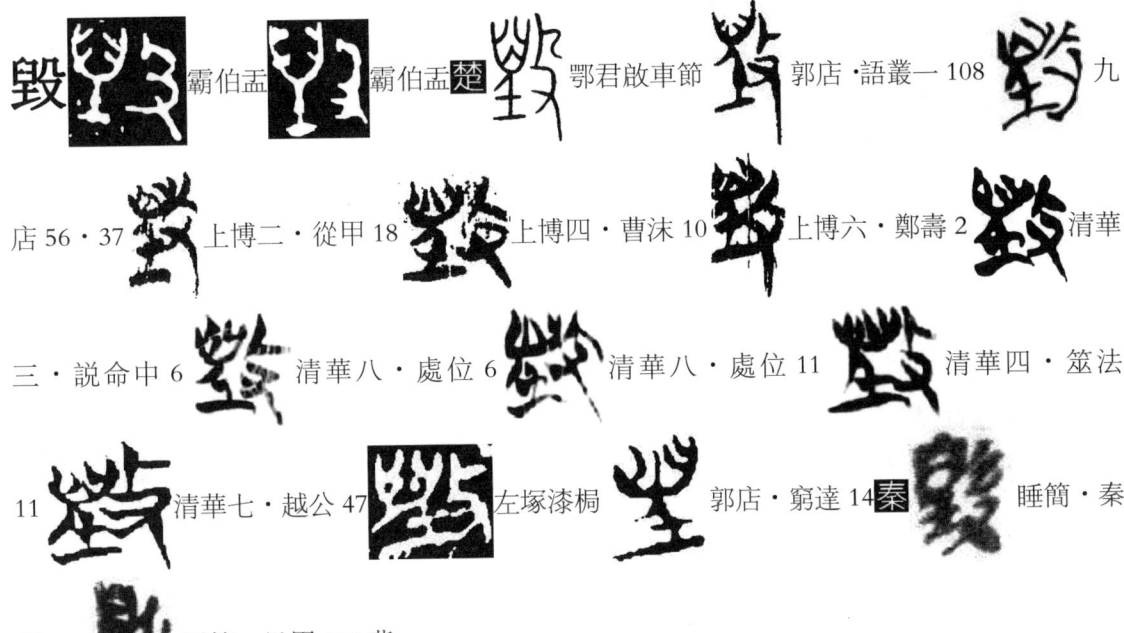

毀 霸伯盂　　霸伯盂楚　　鄂君啟車節　　郭店·語叢一108　　九

店56·37　上博二·從甲18　上博四·曹沫10　上博六·鄭壽2　清華

三·說命中6　清華八·處位6　清華八·處位11　清華四·筮法

11　清華七·越公47　左塚漆桐　郭店·窮達14秦　睡簡·秦

種106　睡簡·日甲139背

【注】從兒（兒繁文作𦥑，與古文吻合。參"兒"字）從殳，會小兒換齒之意。𡈼，小篆省從土。《說文》："毀，缺也。從土，毇省聲。𣪏古文毀從壬。"小兒去齒曰毀。《白虎通》男八歲毀齒，女七歲毀齒。引申為缺損、減除。楚簡或省為"皇"。●減除、扣去。《鄂君啟車節》："女（如）檐（擔）徒、屯廿檐（擔）台（以）堂（當）一車。台（以）毀于五十乘之中。"郭沫若曰："意謂那些馬牛擔徒之數按比例從五十乘之中減去。"（《文史論集》339頁）●讀賄。"賄"為曉母之部字，"毀"為曉母微部字，兩字雙聲，例可相通。賄，指贈送。《霸伯盂》："遣賓、瓚（贊），用魚皮兩，側毀用章（璋），先馬，又毀，用玉，賓出，以俎。"《儀禮·聘禮》云："賄用束紡。"鄭玄注："賄，予人財之言也。"《穆天子傳》卷二："賄用周室之璧。"郭璞注："賄，贈賄也。""賄用某"這一表達方式與銘文同。●《清華六·孫子3》："既旻（得）𥤧（圖），乃為之毀。""毀"有"批評"之意，毀譽之"毀"即此意。此句意思為：得到計謀，讓大臣對計謀有所批評（對計謀提出意見）。●損毀。《睡簡·秦種15》："銷敝不勝而毀者。"●讀毇。《睡簡·秦種43》："稟毀（毇）粺者，以十斗為石。"毇粺，加工最精的米。《睡簡·秦種41》："九斗為毀（毇）米八斗。"《說文》："粺，毇也。"●讀毀，毀謗。《郭店·窮達14》："鬠（譽）皇（毀）才（在）仿（旁）。"

燬楚　帛書丙　清華八·攝命29

【注】從火毀聲。●讀毀。《詩·周南·汝墳》"王室如燬"，《列女傳》二引作"毀"。《帛書丙》："不〔可〕燬（毀）事。"燬事，即毀事。●《清華八·攝命29》："余亦隹（唯）誓燬兌（說）女（汝）。"整理者注："誓，疑從言，折省聲，即'誓'字。燬，不識。"誓王寧讀折，"燬"讀毀，云："'折毀'本是損壞、破壞義，引申為誹毀義，《孔叢子·陳士義》：'雖然，古之賢聖

豈有似子者乎？吾將舉以折毀子者。'"

 嫛 秦 印增 483

【注】從女毀聲。● "司馬嫛"，人名。

郒 楚 清華六・太伯甲 7

【注】從邑毀省聲。古文字皇、兒作為偏旁混同。● 讀蔿。"蔿" 匣母歌部，"毀" 曉母微部，可通。《清華六・太伯甲 7》："北就郔（鄔）、劉，縈厄（軛）郒（蔿）、竿（邘）之國。"

粍 楚 上博二・容成 21

【注】從米毀省聲，"毇" 字省文。《説文》："毇，米一斛春為八斗也。從臼從殳。凡毇之屬皆從毇。許委切。" ● 讀毇，指一種精米。《上博二・容成 21》："春不粍（毇）米，鬻（羹）不折骨。"

勿 楚 上博八・李頌 1

【注】從勿毀省聲，"毀" 字異體。● 讀毀，毀壞、破壞。《上博八・李頌 1》："亂木曾枳（枝），寢（侵）勿（毀）｜可（兮）。"

匣紐韋聲

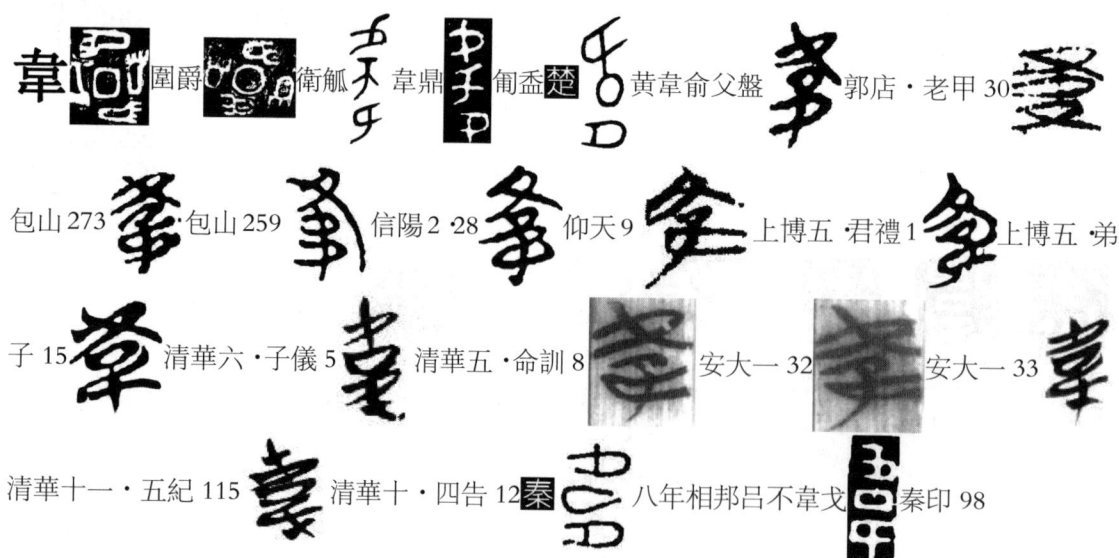

韋 圍爵 衛觚 韋鼎 甸盂 楚 黃韋俞父盤 郭店・老甲 30 包山 273 包山 259 信陽 2・28 仰天 9 上博五・君禮 1 上博五・弟子 15 清華六・子儀 5 清華五・命訓 8 安大一 32 安大一 33 韋 清華十一・五紀 115 清華十・四告 12 秦 八年相邦呂不韋戈 秦印 98

【注】甲骨文作 、 、 、 、 、 、 、 、 ，從口（城）從兩止（也有從三止或四止的，同），會眾人環繞城池之意，為 "圍" 之初文。或從方，與從口會意同，其異在于一

取其形一用其意也。金文同甲骨文。或從□，乃"方"之訛。從□者，□之訛。《說文》："韋，相背也。從舛囗聲。獸皮之韋，可以束枉戾相韋背，故藉以為皮韋。凡韋之屬皆從韋。□古文韋。"獸皮包裹獸體，故古稱獸皮為韋。本義當為環繞城池之意，是"圍"和"衛"的本字。引申指保衛、包圍等義。後為了分化字義，包圍之義另加形符"囗"寫作"圍"。保衛之義另加形符"行"寫作"衛"。●姓氏。《黃韋俞父盤》："黃韋俞父自乍（作）飤器。"黃韋俞父，黃國，韋氏，字俞父。秦印"韋游"，姓氏。●人名。《韋鼎》："韋乍（作）父丁彝。"《相邦呂不韋戟》："五年，相邦呂不韋造。"呂不韋，秦莊襄王時任相國，封文信侯。傳世之物尚有《八年呂不韋戈》等。●獸皮。《包山 259》："二紫韋之䩨（帽）。"《信陽 2·28》："紫韋之納。"●《上博五·弟子 15》讀回，顏淵的名。《史記·仲尼弟子列傳》："顏回者，魯人也，字子渊。少孔子三十歲。"●讀畏。《上博一·詩論 17》："不可不韋（畏）也。"●讀違，違反。《上博八·命 3》："命勿之敢韋（違）。"●讀諱。《上博八·志書 3》："殹（抑）忎（忌）韋（諱）讒（讒）託（媚），以坆（墮）亞（惡）虗（吾）外臣。"

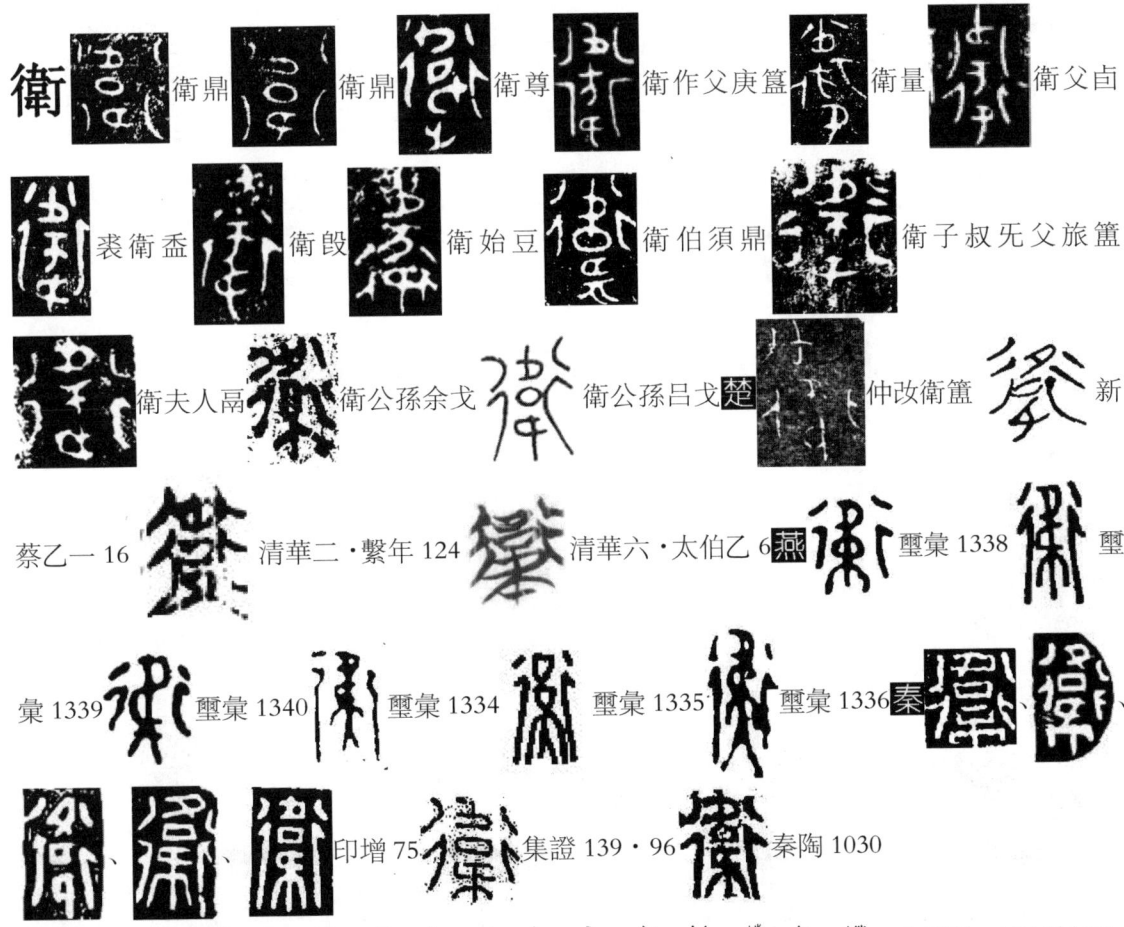

衛  衛鼎  衛鼎  衛尊  衛作父庚簋  衛量  衛父卣

 裘衛盉  衛毁  衛始豆  衛伯須鼎  衛子叔旡父旅簠

 衛夫人鬲  衛公孫余戈  衛公孫呂戈 楚 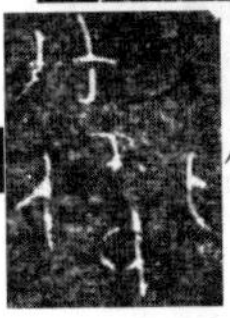 仲改衛簠  新蔡乙一 16  清華二·繫年 124  清華六·太伯乙 6 燕  璽彙 1338  璽彙 1339  璽彙 1340  璽彙 1334  璽彙 1335  璽彙 1336 秦 、、、、 印增 75  集證 139·96  秦陶 1030

【注】甲骨文作□、□、□、□、□、□、□、□、□、□、□、□、□。中間是一座城邑□，四周有足形，會巡邏保衛之意。或從方，與從□會意同，其異在於一取其形一用其意也。金文同甲骨文，"方"又訛作□、□、□等形。□者即小篆從"帀"之所本。●保衛、衛護。《班簋》："目（以）乃族從父征，徃城衛父身。"●國名。姬姓，始封之君為周武王弟康叔，建都朝歌（今河南淇縣）。公元前 660 年敗于翟，靠齊的帮助，遷到楚丘（今河南滑縣）。後又遷都帝丘（今河南濮陽）。衛國轄地大致為今河南北部。公元前 239 年，衛元君被迫遷往野王（河南沁陽），

衛國此時已名存實亡。《衛姛簋》："衛姒乍（作）寶尊簋。" ●人名。《衛段》："懋父賞御正衛馬匹。" ●秦封泥"衛士丞印""衛尉之印"，均為官名。

 者汈鐘

【注】從言衛聲。 ●讀衛。《者汈鐘》："台（以）祇光朕立（位），今余其念𧥦乃有。"

偉 璽彙 4044

【注】從人韋聲。 ●晉璽人名。

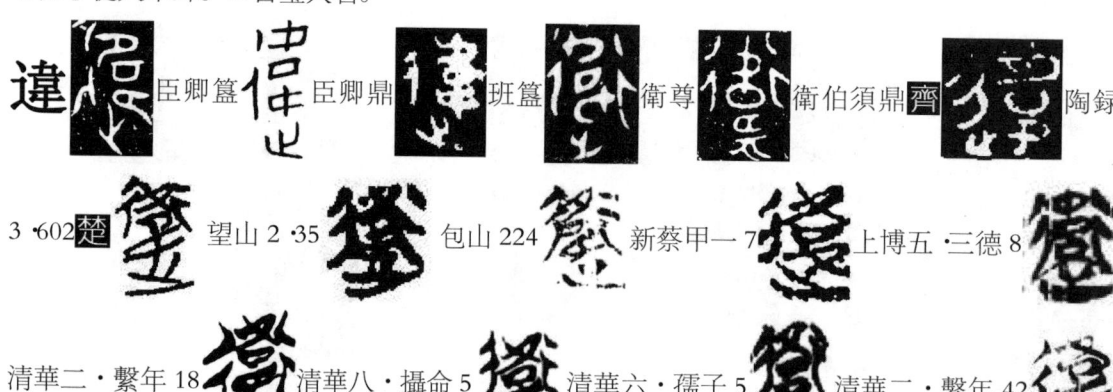

違 臣卿簋 臣卿鼎 班簋 衛尊 衛伯須鼎齊 陶錄 3·602楚 望山 2·35 包山 224 新蔡甲一 7 上博五·三德 8 清華二·繫年 18 清華八·攝命 5 清華六·孺子 5 清華二·繫年 42

清華九·治政 42

【注】從辵韋聲，或從辵衛聲。《說文》："違，離也。從辵韋聲。"本義離開、違背。 ●不遵從、違背。《班簋》："隹（唯）敬德，亡迿（攸）違。"《書·堯典》："吁，靜言庸違。象恭滔天。" ●遠。《臣卿鼎》："公違眚（省）自東。"意即公遠道巡省自東而來。《爾雅·釋詁》："違，逮也。"《國語·齊語》："天威不違顏咫尺。"韋昭注："逮，遠也。" ●齊陶人名。 ●包山簡"違（衛）疬"讀衛，姓氏。衛氏，《通志·氏族略》云："文王第九子康叔封之國也。凡傳世四十餘，……至衛君角之九年，秦並天下，子孫以國為氏。"

 新蔡乙四 102

【注】從邑違聲。 ●讀衛，姓氏。

諱 屛敖簋齊 叔尸鐘楚 蔡侯申盤 清華一·保訓 5晉 侯馬

【注】從言韋聲，與小篆同。《說文》："諱，誋也。從言韋聲。"本義避忌。 ●忌憚、顧忌。《叔尸鐘》："余命女（汝）政于朕（朕）三軍，篃成朕（朕）師旟之政德，諱罸朕（朕）庶民，左

1886

右母（毋）諱。”●讀違，違背、喪失等義。《蔡侯盤》：“不諱（違）考壽，子孫蕃昌。”《廣雅‧釋詁》：“諱，避也。”《屏敖簋蓋》：“易（賜）魯屏敖金十鈞，易（賜）不諱。”易（賜）不諱，所賜無有誤諱。《清華一‧保訓 5》：“不諱（違）于庶萬眚（姓）之多欲。”

韓〔楚〕　璽彙 3376

【注】從會韋聲。●楚璽人名。

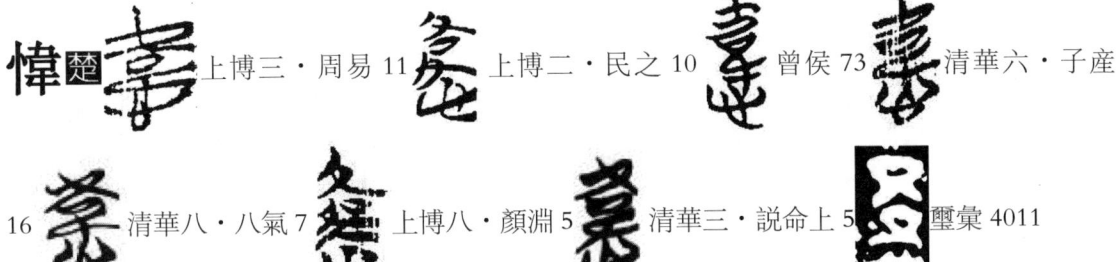
憳〔楚〕　上博三‧周易 11　　上博二‧民之 10　　曾侯 73　　清華六‧子產 16　清華八‧八氣 7　　上博八‧顏淵 5　清華三‧説命上 5　　璽彙 4011

【注】從心韋聲。●多讀違。《清華三‧説命上 5》：“佚仲憳（違）卜，乃殺一豕。”●讀威。《上博三‧周易 11》：“禀（厥）孚洨（交）女（如），憳（威）女（如），吉。”威如，敬畏貌。《易‧大有》：“厥孚交如，威如，吉。”孔穎達疏：“如，語辭……‘威如，吉’者，威畏也。”《易‧家人》：“有孚威如，終吉。”●《上博八‧顏淵 5》讀回，顏淵之名。

窜〔楚〕　清華五‧三壽 9　　清華三‧説命上 5

【注】從宀韋聲。●讀回。《清華五‧三壽 9》：“我思天風，既窜（回）或止。”回風之“回”的後起專字當即“飇”，《玉篇》《廣韻》：“大風貌。”《文選‧郭景純〈江賦〉》：“長風飇以增扇。”李注：“飇，大風貌，音韋。”蓋暴起之風迴旋而大，故引申為大風貌也。●讀圍。《清華三‧説命上 5》：“敊（説）于窜（圍）伐遊（佚）审（仲）。”“于圍伐”相當於鼎銘的“于征伐”，《公羊傳‧襄公十二年》：“伐而言圍著，取昔之辭也。”是一種討伐方式。

殐〔楚〕　包山 244　　戰表 735

【注】從歹韋聲，疑即皮革之韋專字。●讀韋，皮革也。《包山 244》：“虭（豹）殐（韋）之冒（帽）。”

嘩〔楚〕　清華三‧芮良夫 23

【注】從口韋聲。●讀違。《清華三‧芮良夫 23》：“人頌攺（扞）嘩（違），民乃𠤳（佻）嚻（敖），埜（靡）所并（屏）怴（依）。”

葦[楚] 望山 2·48　上博四·采風 3　上博四·逸多 1　[秦] 睡簡·日甲 38

背 里耶 6·6

【注】從艸韋聲。●多用為本義，葦草、蘆葦。《睡簡·日甲 38 背》：“穀（繫）以葦。”《望山 2·48》：“二葦囩（圓）。”“葦囩”疑是葦編的盛物圓器。

篿[楚] 天星　新蔡甲一 21　新蔡甲一 27　新蔡甲三 153　新蔡乙三 6　新蔡乙一 26　新蔡乙四 55

【注】從竹韋聲。●卜具。《新蔡乙一 26》：“生昌（以）衛篿為君貞。”

辢 師龥鼎

【注】甲骨文作 彭。《說文》：“辢，束也。從東韋聲。”金文 㮤 為“東”之異體。●《師龥鼎》：“東辢白（伯）大師武。”東辢，或謂讀“範圍”，訓為法則。

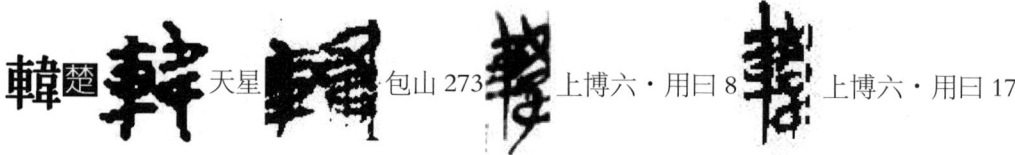

轞[楚] 天星　包山 273　上博六·用曰 8　上博六·用曰 17

【注】從車韋聲。疑車幃之幃專字。●讀違。《上博六·用曰 17》：“轞（違）眾諆（謀）諫，脜（羞）聑（聞）亞（惡）慇（謀）。”●當為車名。《包山 273》：“一輀（乘）轞。”

緯[楚] 包山 259　包山 263　上博三·彭祖 2　郭店·六德 43

清華五·三壽 21

【注】從糸韋聲。《上博三·彭祖 2》所從“韋”旁訛誤較甚，蓋中部的圈符上移至頂部，且二“止”訛變而類二“女”形。●織物的橫綫，與“經”相對。《上博三·彭祖 2》：“若經與緯。”“經”“緯”常連用，如《左傳·昭公二十五年》：“禮，上下之紀，天地之經緯也。”孔穎達疏：“言禮之於天地，猶織之有經緯，得經緯相錯乃成文，如天地得禮始成就。”●讀幃。《包山 259》：“一緯（幃）粉（紛）。”●讀違，違離。《郭店·六德 43》：“能獸（守）弌（一）曲安（焉），

可以緯（違）亓（其）亞（惡）。"

樺楚　上博二·容成 1

【注】從木韋聲。●讀渾。《易·繫辭上》"日月運行"，陸德明釋文："運，姚作違。"《淮南子·覽冥》"晝隨灰而月運闕"，高誘注："運讀運圍之圍。"《周禮·天官·内司服》"褘衣"，鄭玄注："翬、褘聲相近。"《禮記·玉藻》："王后褘衣。"鄭玄注："褘，讀如翬。"《上博二·容成 1》"樺丨是"，讀"渾沌氏"（《史記·帝王本記》）或讀"渾敦氏"（《左傳·文公廿八年》），上古傳說中之帝王。

幬伯晨鼎　楚樟曾侯 122

【注】從巾韋聲。《伯晨鼎》從〇狀其形。孫詒讓釋為"幬"，並曰："此巾上從口者，古籀文字多增益形聲，不足異也。"（《古籀拾遺》下）《説文》："幬，囊也。"本義佩帶的香囊。段玉裁注："按凡囊皆曰幬。"幬與褘通，褘，蔽膝也。●讀帷，車帷。《伯晨鼎》："赤舄、駒車、畫呻（紳）、轙（幬）爻（較）、虎幬。"虎幬，虎皮車帷。《周禮·天官·幕人》："掌帷、幕、幄、帟、綬之事。"鄭玄注："在旁曰帷，在上曰幕。"或謂即《左傳》之"虎幄"。●讀韋，皮韋之韋。《曾侯 122》："韋，幬賭。"

湋　湋伯簋楚　清華六·子儀 6　清華六·子儀 18

【注】從水韋聲。《説文》："湋，回也。從水韋聲。"本義水流迴旋。又是古河名，水出韋谷，故以名湋也。●人名。《湋伯簋》："湋白（伯）乍（作）嗇與隓段。"●清華簡水名。

褘楚亓事　帛書甲

【注】從示韋聲。●讀違。《帛書甲》："四☒母（毋）思（使）百神風雨晨（辰）褘亂乍（作）。"何琳儀先生認為是指星辰的經緯。劉信芳先生認為當讀為"辰違"即時辰違亂。從帛書文義來講，"辰褘"當是某種不好的事情，以致不使其亂作，且帛書乙篇多講星辰"亂失其行"一事，故劉信芳先生之説可從。

韟　遣小子韟簋

【注】從帀韋聲，疑即"韋"的分化字。●人名。

圍齊　庚壺楚　包山 2　包山 5秦　睡簡·雜抄 36　睡

 簡・封診 67 印增 233

【注】從口韋聲，為"韋"的後起形聲字。《説文》："圍，守也。"本義包圍。●包圍。《庚壺》："齊三軍圍釐（萊）。"●度量圓周的估量單位。《睡簡・封診 67》："權大一圍，袤三尺。"●包山簡人名、地名。●秦印"圍馬"，應為姓氏。

 敦甗

【注】從攴韋聲。●人名。

匣紐胃聲

胃 楚 包山 157 、 帛書甲 上博二・民之 3 上博二・民之 5 清華五・啻門 11 清華四・筮法 44 清華四・筮法 55 上博五・三德 5 上博六・恒先 6 上博一・詩論 7 郭店・老甲 28 包山 128 包山 80 郭店・魯穆 1 上博三・恒先 6 上博八・命 1 上博八・命 7 晉 少虡劍 秦 睡簡・日乙 137 睡簡・日甲 10 背

【注】從⿱凵⿰凵凵從肉。⿱凵⿰凵凵象谷在胃中，蓋古胃字（或釋為困字。困，菌之初文，象糞池有汙物之形。胃從之，會胃髒藏汙之意），後加肉，則為會意字也。楚文字加兩斜筆為區別符號（與"月"區別）。《説文》："胃，穀府也。從肉；囦，象形。"本義為人和動物貯藏和消化食物的器官。●戰國文字多讀謂，稱謂。《少虡劍》："胃（謂）之少虡。"《孟子・滕文公下》："富貴不能淫，貧賤不能移，威武不能屈，此之謂大丈夫。"《清華五・啻門 11》："唯皮（彼）四神，是胃（謂）四正。"●星名，二十八宿之一。《睡簡・日甲 1》："二月奎，三月胃，四月畢。"●《上博三・恒先 6》："言非言，無胃（謂）言。名非名，無胃（謂）名。"無胃，讀"無謂"，無所謂。●讀謂，評論。《上博八・命 7》："子胃（謂）易（陽）為臤（賢）於先夫=（大夫），請昏（問）亓（其）古（故）。"《論語・八佾》："孔子謂季氏：'八佾舞於庭，是可忍也，孰不可忍也？'"何晏集解：

"謂者，評論之稱。"《孟子·滕文公下》："子謂薛居州，善士也。"

 匯考 253

【注】從毛胃聲。●"長（張）氊"，人名。

 清華七·越公 10

【注】從刃胃聲。●讀潰。《清華七·越公 10》："已刏（潰）去亓（其）邦。"和前文"大北"相對應，指潰敗，大敗的意思。

 璽彙 1844

【注】從口胃聲。●晉璽人名。

 中山王嚳壺

【注】從立胃聲，為"位"之異體。●讀位，職位、位置。《中山王嚳壺》："述（遂）定君臣之胃（位）。"

謂 秦 石鼓文 睡簡·答問 187

【注】從言胃聲。●告訴。《石鼓文》："公謂大☐：金（今）及如☐☐，害（曷）不余睿（友）？" ●稱呼、叫做。《睡簡·答問 187》："可（何）謂'宮均人'？"戰國文字多用"胃"表示謂。

 包山 120 包山 42

【注】從鼠胃聲，或即"猬"字。●人名。

 璽彙 2299 郭店·性自 26 匯考 313 印增 572

【注】從艸胃聲。●楚璽"菁幾"姓氏，讀謂，見《姓苑》。●讀喟，歎氣。《郭店·性自 26》："蒹（詠）思而斁（動）心，菁（喟）女（如）也。"清王引之《經籍釋詞》卷七："如，猶然也。如、然，聲之轉。"●晉璽、秦印人名。

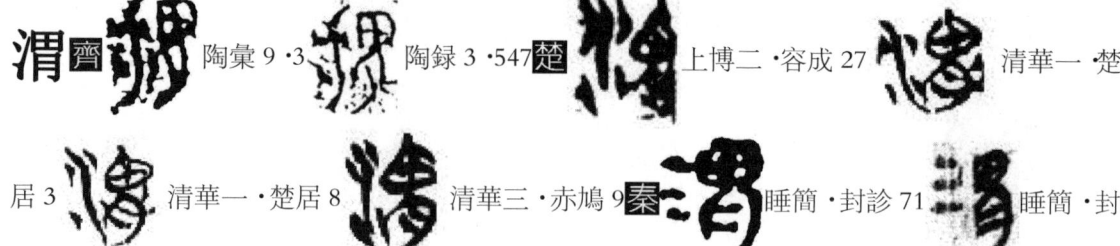

渭齊 陶彙 9·3 陶録 3·547楚 上博二·容成 27 清華一·楚

居 3 清華一·楚居 8 清華三·赤鳩 9秦 睡簡·封診 71 睡簡·封

診 66

【注】從水胃聲。●齊陶單字，應為人名。水旁具有齊系文字特點。●讀喟，歎氣。《睡簡·封診 71》："口鼻不渭（喟）然。"●讀潰，義與坼、剖等近。《清華一·楚居 3》："麗不從行，渭（潰）自髖（脅）出。"髖，從鼠聲，來母葉部，讀脅。文獻中有楚先祖自脅出的記載。"從行"謂生育之順暢，妣厤生育麗季時"不從行"，乃至"潰自脅出"。"脅生"，或稱"腹生"，此類傳説，世界各文明皆有，實卽今所謂剖腹産，古代常以此種傳説來襯托所生之子的命貴。●讀潰，毀壞。《清華一·楚居 8》："乃渭（潰）疆涅之波（陂）而宇人女（安—焉）。"《國語·周語上》："川壅而潰，傷人必多。"●讀胃。《清華三·赤鳩 9》："巫鵊（烏）乃歎少（小）臣之胸（喉）渭（胃）。"

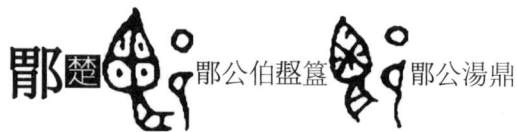

鄖楚 鄖公伯盤簋 鄖公湯鼎

【注】從邑胃聲。●地名，地望不詳。《鄖公湯鼎》："鄖公湯用其吉金，自乍（作）薦鼎。"

瘄楚 包山 171 清華十一·五紀 95

【注】從疒胃聲，疑"痏"之異文。●讀潰。《清華十一·五紀 95》："瘇（腫）瘄（潰）不巳（已），卡＝（上下）亡（無）方。"●包山簡人名。

彙秦 印增 377

【注】《説文》："彙，蟲，似豪豬者。从希，胃省聲。""猬"之異文。●人名。

匣紐回聲

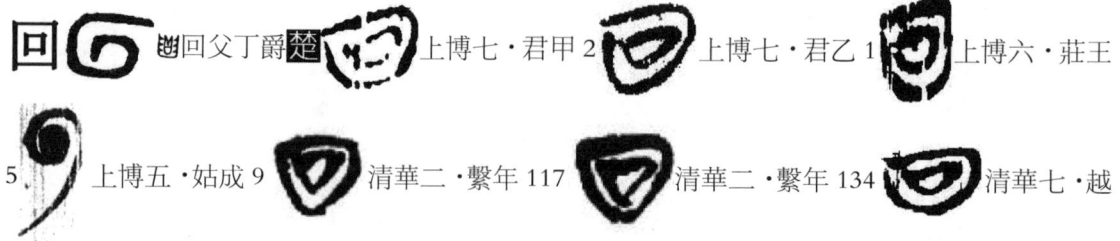

回 回父丁爵楚 上博七·君甲 2 上博七·君乙 1 上博六·莊王

5 上博五·姑成 9 清華二·繫年 117 清華二·繫年 134 清華七·越

公 69 清華十一・五紀 112 晉 璽彙 4790 秦 秦陶 1068 睡簡・秦種 148 詛楚文

【注】回、亘一字之分化。甲骨文作、，象水流迴旋的樣子。金文承之。戰國文字作者，乃金文封閉作環形而成之，為《説文》所本。《説文》："，轉也。從囗，中象回轉形。古文。"本義是旋轉，是"洄"的初文，如《荀子》："水深而回。"●族氏名，見于《回父丁爵》。●楚文字多讀圍。《清華七・越公 69》："回（圍）王宮。吴王乃思（懼）。"《上博七・凡甲 9》："十回（圍）之木，亓（其）訂（始）生女（如）蒴（蘖）。"●回繞。《睡簡・秦種 148》："當行市中者，回，勿行。"路經市場中間的，應繞行，不得通過。●《詛楚文》："今楚王熊相康回無道，淫失（佚）甚（耽）亂。"《楚辭・天問》："康回馮怒，地何故以東南傾。"注云："康回，共工名也。"康有"大"義，"空"義。回有"邪僻"義，如《詩經・小雅・鼓鐘》："淑人君子，其德不回。"故"康回"應為大惡大逆之義，共工爭帝並怒觸不周山，在古代傳説中一直被視為叛逆，以"康回"名之，當從此義。這裏稱楚王"康回無道"應該也是罪惡凶逆無道的意思。●《璽彙 4790》"回曲正行"，義為轉變。

洄 晉 貨系 1111

【注】從水回聲。●讀垣。尖足布"襄洄"讀襄垣。回、亘一字之分化。

𢂖 楚 曾侯 43

【注】從市回聲，"韓"之異文，古韠字。●讀韋，皮韋之韋。《曾侯 43》："韋，𢂖貼。""𢂖貼"常置於甲韋之"韋"後，字或作"韓貼"。回、韋古音相同。何琳儀讀絅，《類》篇縷縈也。

匣紐申聲

申（臾） 孟申鼎 左工鋪首 廿四年芒令戈 六年格氏令戈 璽彙 0410 璽彙 1078

【注】《孟申鼎》所作，象兩手持物有所饋贈之形，是訓贈與之"遺"之初文。遺，《廣韻》以醉切，贈也。字初作，或在下面加飾筆作（曾侯 137"貴"作）。或兩手形與中間豎筆相連而作（所從），或又於下加飾筆作（秦印"貴"作），飾筆可上下移動，或略去飾筆，或於豎筆上加注一斜筆作（郭店・老甲 29"貴"作），或訛為、、，隸變後作㬰。《説

文》蕢之古文作𦥔，實則借申為蕢，𦥔是申的訛變。𦥔，隸變後則與"臾"混同。從𦥔的字後來發生音變，潰、憒、繢、聵、闠、匱等屬於牙喉音物部，而遺、隤等歸入舌音微部。● 人名，可讀蕢。《左工鋪首》："左工𦥔。"𦥔，或釋為"臾"。《說文》"蕢"古文作"臾"，又卷一下"蕢"的古文作𦥔；𦥔實際也是"臾"字。在傳抄古文中，更有單從"臾"的"蕢"字，如《古文四聲韻》"蕢"作：𤔲、𤔲、𤔲，故人名用字，從命名角度看，"臾"應釋"蕢"為好。《璽彙 041》0有人名"王臾"，《六年格氏令韓臾戈》有人名"韓臾"，也應釋"蕢"較好。

 璽彙 2228

【注】從邑申聲；申、臾戰國文字混淆。● "郹娶"，人名。

演（潰） 楚  清華一 · 保訓 1

【注】從字形上可釋為"演"。但釋"演"文義實難講通，與《尚書 · 顧命》相對照後，則只能認為是從"蕢"得聲了。字當從水從宀申（蕢省）聲，"潰"之省文。● 讀頮，或讀沫、讀靧。《清華一 · 保訓 1》："戊子，自演＝（頮水）。"《漢書 · 禮樂志》云："沫流赭。"顏師古引晉灼語："沫，古靧字也。"此處"潰水"實可與《尚書 · 顧命》的"頮水"對讀。

 楚 清華十一 · 五紀 33

【注】從血從宀申（蕢省）聲。●《清華十一 · 五紀 32》："亓（其）水湛（沈）澤，五穀（穀）𥃝（濾）酉（酒），蠲（蠲）䘓濯汔（溉）浴泭。"整理者注："𥃝，從酉，膚省聲，濾酒之'濾'的專字。䘓，似即清華簡《保訓》'演'字。《書 · 顧命》：'王乃洮頮水。'蠲、䘓、濯、溉、浴、沫皆訓為清洗、清潔。"

 楚 郭店 · 成之 30

【注】應該視為從曰從宀申（蕢省）聲；曰為贅符。● 讀蕢。《郭店 · 成之 30》："槁木三年，不必為邦羿（旗）。害（蓋）言睿之也。"

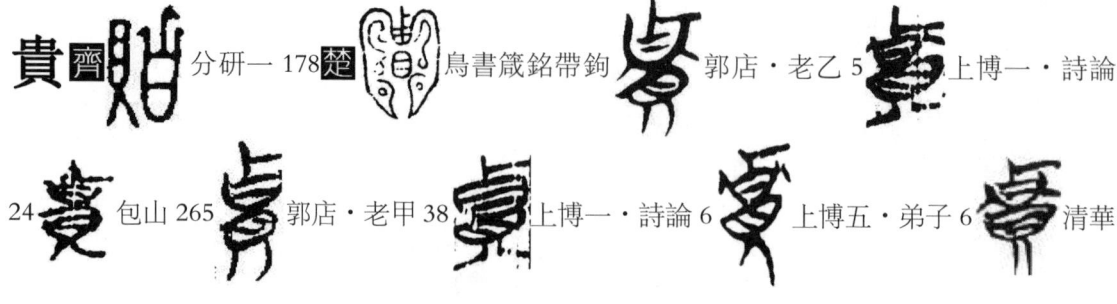

貴 齊 貽 分研一 178 楚 鳥書箴銘帶鉤 郭店 · 老乙 5 上博一 · 詩論

24 包山 265 郭店 · 老甲 38 上博一 · 詩論 6 上博五 · 弟子 6 清華

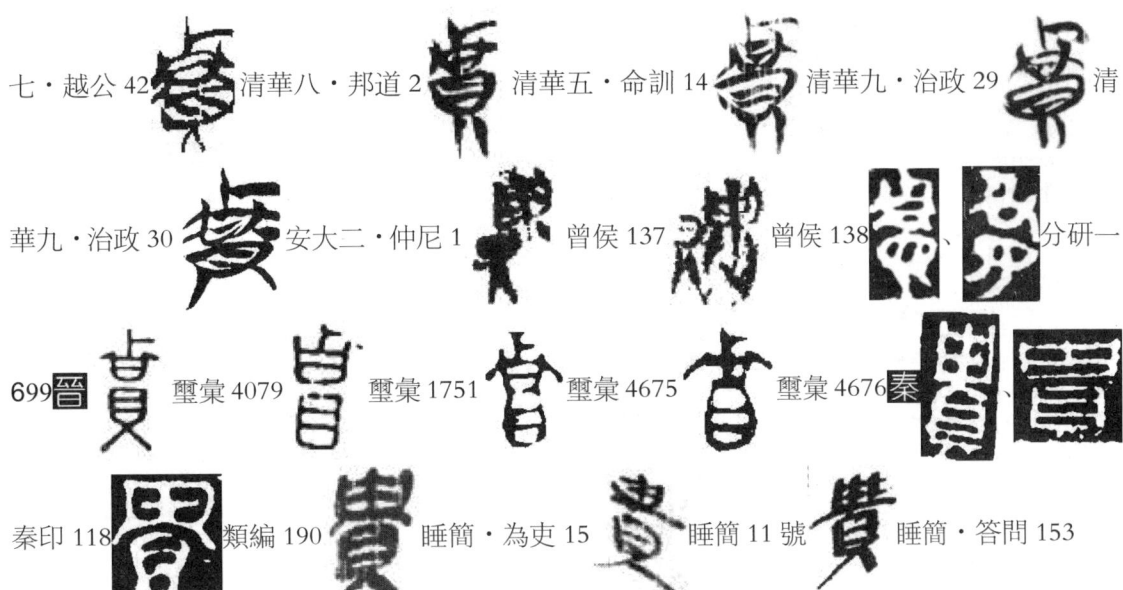

七·越公 42 清華八·邦道 2 清華五·命訓 14 清華九·治政 29 清

華九·治政 30 安大二·仲尼 1 曾侯 137 曾侯 138 分研一

699晋 璽彙 4079 璽彙 1751 璽彙 4675 璽彙 4676秦

秦印 118 類編 190 睡簡·為吏 15 睡簡 11 號 睡簡·答問 153

【注】從貝申聲。戰國文字或以"申"為"貴"。戰國文字中，貴、弁、畀、巢等字在作  或  這種構件時往往混同。《説文》："𧶠，物不賤也。從貝臾聲。臾，古文蕢。"本義貴重。●珍貴、貴重。《鳥書箴銘帶鉤》："民產又（有）苟（敬），不霻（擇）貴戔（賤）。"●讀潰。《上博五·鮑叔 5》："今豎迅（刁）佁（匹）夫而欲智（知）萬乘之邦而貴（潰）尹（朘）。"貴或可讀為"隤、潰"，有潰爛的意思。"尹"，喻四文部，字當讀朘。"朘"，精紐文部，所從聲母"允"上古音屬喻四文部，與"尹"聲韻畢同。朘，男性生殖器也。隤朘，指把生殖器割掉，古代宮刑又稱腐型，生殖器割下來以後，患部會腐爛。簡文意為：豎刁以自宮為手段主掌大國國政。●重視。《睡簡·為吏 18》："五曰賤士而貴貨貝。"●讀饋。《包山 265》："二貴（饋）鼎。"饋鼎，進食所用之鼎。

晋中國書法全集·先秦璽印卷 132

【注】從力貴聲。●人名。

陶録 6·133

【注】從女貴聲。●"宮嬟"，人名。

償秦 陶彙 5·14 秦印 153

【注】從人貴聲。●人名。

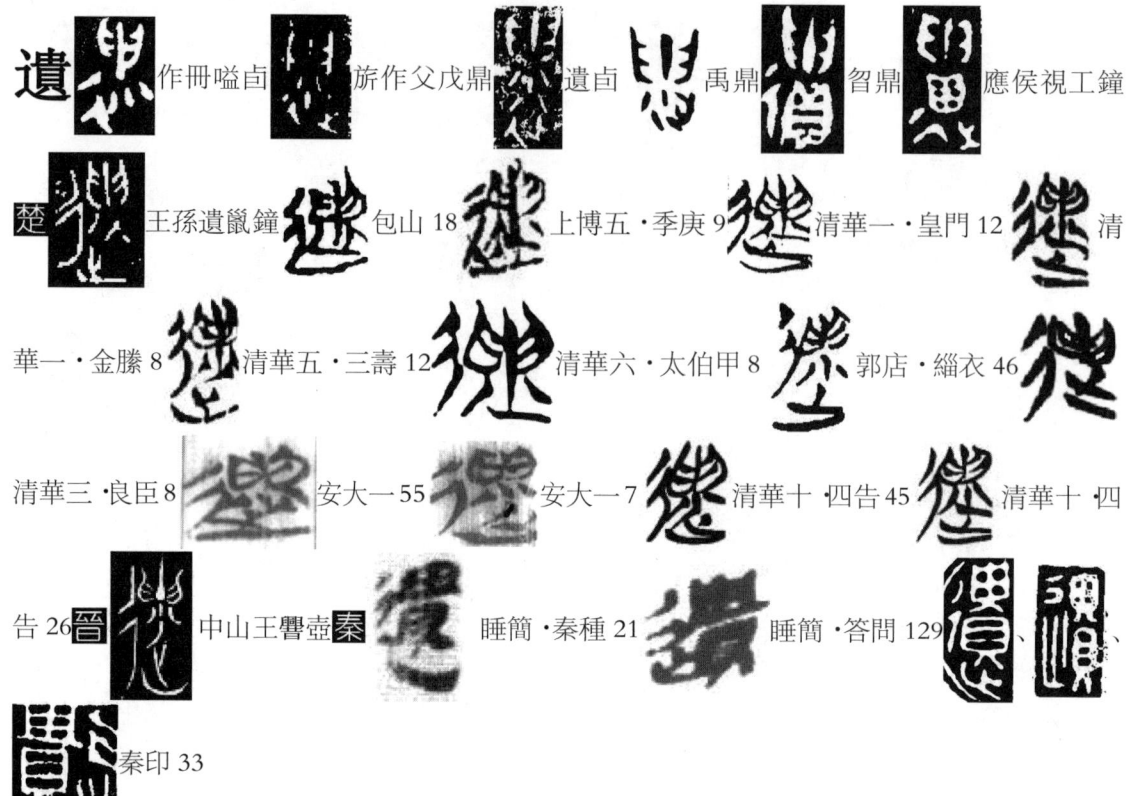

遺 作冊嗌卣 旂作父戊鼎 遺卣 禹鼎 智鼎 應侯視工鐘

楚 王孫遺鬹鐘 包山 18 上博五·季庚 9 清華一·皇門 12 清

華一·金縢 8 清華五·三壽 12 清華六·太伯甲 8 郭店·緇衣 46

清華三·良臣 8 安大一 55 安大一 7 清華十·四告 45 清華十·四

告 26 晉 中山王嚳壺 秦 睡簡·秦種 21 睡簡·答問 129 、

秦印 33

【注】從辵申聲。申下或加多少不等的小點，乃飾筆。《智鼎》從彳貴聲，《應侯視工鐘》從辵貴聲，為小篆所本。《汗簡》"遺"作𢓊，飾點訛為土形。《說文》："遺，亡也。從辵貴聲。"本義遺漏。●遺漏。《禹鼎》："剗（撲）伐噩（鄂）侯馭方，勿遺壽幼。"●讀饋，贈也、送也。《智鼎》："賞（償）智禾十秭，遺十秭，為廿秭。"《應侯視工鐘》："王歸自成周（洛邑），雁（應）侯視工遺王于周。"此銘辭為被動語態，意為應侯視工在周受到王之饋贈。●遺留、剩下。《中山王嚳壺》："是又（有）䂍（純）悳（德）遺忻（訓）。"《郭店·緇衣 46》："人而亡（無）𧵓（恒），不可為卜筮也。亓（其）古之遺言塦（與）？"●人名。《王孫遺鬹鐘》："王孫遺者羃（擇）其吉金，自乍（作）龢鐘。"●《安大一 55》："〔我〕遺咎（舅）氏，喬（遙）至于昜（陽）。"《毛詩》作"我送舅氏"。"遺"表"送行"之意。

闠 秦 睡簡·秦種 147

【注】從門貴聲。●指市門。《睡簡·秦種 147》："春城旦出繇（徭）者，毋敢之市及留舍闠外。"闠，指市的外門。春城旦外出服役的，不准前往市場和市場門外停留休息。

櫃 楚 包山 259

【注】從木貴聲。●讀櫃。《包山 259》："一櫃枳。"枳，李家浩讀庋，《玉篇》立部："庋，枕也。""櫃枳"指北室的盒形座枕。

匱 楚  包山 13  清華一·金縢 6  清華一·金縢 10 秦  里耶 8·244

【注】從匸貴聲。●讀櫝。《清華一·金縢 10》："于金紎（縢）之匱。"《里耶 8·244》"二人為匱"，《里耶 8·1680》"小木匱三"。

積 晉  璽彙 2478 秦  陶彙 5·201  印增 587

【注】從禾貴聲。晉璽貴省聲。●均為人名。

潰 秦  睡簡·封診 54

【注】從水貴聲。●潰爛。《睡簡·封診 54》："到☒兩足下奇（踦），潰一所。"

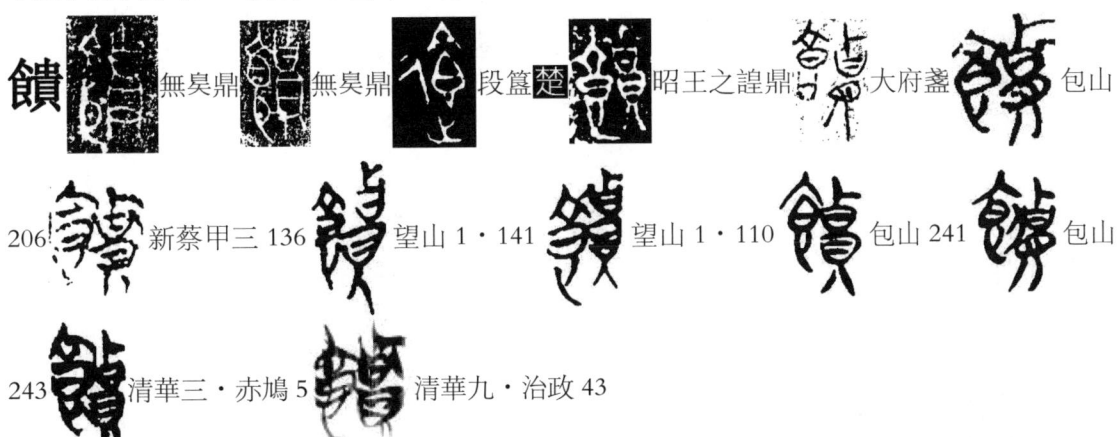

饋  無㚖鼎  無㚖鼎  段簋 楚  昭王之諻鼎  大府盞  包山 206  新蔡甲三 136  望山 1·141  望山 1·110  包山 241  包山 243  清華三·赤鳩 5  清華九·治政 43

【注】從食貴聲。《段簋》從辵從食，馬承源謂"饋"之異文，《汗簡》"饋"作"⿰彳食"，從彳與從辵相通。（詳《商周青銅器銘文選》189 頁）《說文》："饋，餉也。從食貴聲。"本義以食物送人。●進獻，進食于人。《大府盞》："大廎（府）之饋盞。"金文或以邉、遺、歸、⿰米饋為之。《周禮·天官》膳夫掌王之饋。《注》進食於尊曰饋。●賜也。《段簋》："令龏⿰女卂⿺辶食大則于段。"●饋食。饋古有二義：一是祭祀，《儀禮·特牲饋食禮》"特牲饋食之禮"，鄭注："祭祀自孰始，曰饋食。饋食者，食道也。"《包山 200》："龏禱於卲（昭）王，戠（特）牛，饋之。"《周禮·春官·大宗伯》："以肆獻祼享先王，以饋食享先王，以祠春享先王，以禴夏享先王，以嘗秋享先王，以烝冬享先王。"二是饗食賓客，《禮記·曲禮上》"主人親饋"，疏："饋，謂進饌也。"

⿰來饋 楚  清華六·太伯甲 4

【注】從來饋聲。●讀饋。《清華六·太伯甲 4》："為臣而不諫，卑（譬）若⿰來饋（饋）而不⿰酉式。"大臣不進諫，稱不上大臣；猶如饋食只有一種食物，稱不上饋食。

積 秦 十三年相邦義戈 廿七年上郡守道戈 、 、 、

、 秦印 168 、 陶録 6·53

【注】古文字從年貴聲。穀熟則穨。《説文》："穨，禿皃。從禿貴聲。""禿"乃年分化而來。穀熟則穨，同"穨"。●秦文字為習見之人名。《十三年相邦義戈》："工積。"

繢 楚 郭店殘 20 晉 璽彙 2908

【注】從糸貴聲。●郭店簡義不詳。●晉璽人名。

纊 楚 郭店·語叢一 11 晉 璽彙 0772 璽彙 1622

【注】從米繢省聲，隸定為"纊"。"米"旁橫畫或濃縮作點畫。●晉璽人名。●疑讀歸。《郭店 語叢一 11》："又（有）勿（物）又（有）繇又（有）纊，而句（後）膏（諺）生。"

糩 晉 璽彙 840 璽彙 1038 璽彙 1039 璽彙 0537

【注】從米貴聲。"饋"之異文。●晉璽人名。

隤 秦 、 秦印 273 里耶 8·166

【注】從阝貴聲。●秦印人名。

鄼 楚 包山 149 包山 188

【注】從邑貴聲。●簡文"鄼一邑"，地名。

讀 楚 清華三·芮良夫 2

【注】從言貴聲。●讀噚。《廣韻·怪韻》："噚，譏他人也。"《清華三·芮良夫 2》："閔（間）隔若（若）否，以自訿（訾）讀（噚）。"或謂讀毀。

見紐幾聲

皇幾卣

【注】象絲在機滕上之形，為織機之"機"初文。可隸定為"幾"。●人名。《皇幾卣》："皇幾乍（作）障彝。"

【注】《仲幾父簋》等從大從幾，表示人操作織具，是"幾"的繁文。或從女、人，會意同。"幾"作，後訛為、，遂為小篆所本。林義光謂字從幽省，從戍，幽處多危，人持戈以備之，危象也；戍守者當察于物色幾微之間，因此幾有危險、幾微、幾近、庶幾、及希等義（《文源》卷六）；然從早期文字看，幾並不從戍。●讀期。幾、期音義相近。《詩·楚茨》："卜爾百福，如幾如式。"毛《傳》："幾，期。式，瀍也。"《郾王職壺》："宅（擇）幾（幾）卅。"銘意為，即選擇三十日這一天。●楚文字中"幾"多可讀忌，如《上博二·從甲8》"從政有七幾"、《上博四·曹沫40》"出師有幾乎"中的"幾"皆讀忌。幾，微部；忌，之部，之微通轉。●讀豈。《清華八·邦道2》："幾（豈）或才（在）剀（它）。"整理者注："古音'幾'與'豈'近，故多通。《荀子·大略》'幾為知計哉'，楊注：'幾，讀為豈。'"●終了。《睡簡·為吏13》："勞有成既，事有幾時。"●讀愷或讀豈。《上博四·曹沫21》："幾（愷）弟君子。"即愷悌君子。《詩經·小雅·青蠅》："豈弟君子，無信讒言。"●讀禨，祥也。《詛楚文》："緊（亦）應受皇天上

帝及丕顯大神巫咸之幾靈德賜，克劑楚師。"幾、靈連文。●讀緝。《上博一·緇衣17》："《咠（詩）》
員（云）：'穆穆文王，於幾（緝）義（熙）止。'"傳世本作"緝熙"。●讀冀，希望的意思。幾、
冀相通之例甚多，參《古字通假會典》375頁。《清華六·孺子15》："幾（冀）既臣之獲皋，或
辱虐（吾）先君，曰：'是元（其）孯（盡）臣也！'"希望大臣們既犯罪，又侮辱我先君，還要
說"這都是他（先君）的遺臣啊"。

 郭店·窮達10

【注】從馬幾聲。《玉篇》馬也。●讀驥。《郭店·窮達10》："驥（驥）駒張（長）山，墅（騏）
空（塞）於邵（枳）埜（棘），非亡膛（體）壯也。"

 安大一49

【注】從水幾聲。●讀晞。《安大一49》："蒹（蒹）苦（葭）萋=，白零（露）未濺（晞）。"上
古音"幾"屬見紐微部，"晞"屬曉紐微部，音近可通。帛書《陰陽十一脈灸經》乙本"久（灸）
希息則病已矣"，甲本"希"作"幾"。

 清華八·處位6

【注】從弓幾聲。●讀機。《清華八·處位6》："無皋而湼（屏），須事之禺（遇）彊（機）。"

 清華五·啇門7

【注】從肉幾聲。《說文》："膌，頰肉也。从肉幾聲，讀若畿。"●簡文與《說文》"膌"義不同，
讀肌。《清華五·啇門7》："七月乃膌（肌）。"簡文似指生長肌膚。宋玉《登徒子好色賦》："眉
如翠羽，肌如白雪。"

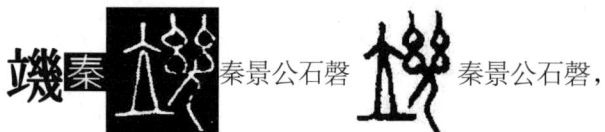 秦景公石磬   秦景公石磬，

【注】從立幾聲。●讀譏。《說文解字注》："譏，豈也，訖事之樂也，從豈之意也，終事之樂。"
朱駿聲《說文通訓定聲》："訖事猶言樂成也。""鉏鋙飄入，有譏飄漾"的意思是"以敔入樂發
聲，致使那正在演奏的訖事之樂戛然而止，餘音在漾。"

 璽彙0249

【注】從口幾聲。●齊璽“嘰☒信鉨”讀幾，姓氏，以邑為氏。幾瑟、戰國時韓大夫。

⿰日幾 楚  新蔡零 336

【注】從日幾聲。●同“⿱几日”，讀幾。

機 楚  上博七・武王 7 秦  龍崗 103

【注】從木幾聲。上博簡幾省聲。●《上博七・武王 7》：“為機曰……。”指弩上控制弓箭发射的裝置。古人经常用弩機发射箭矢比喻言出不可悔，也是告诫人们要慎言。（《武王践阼》釋讀舉例）●龍崗簡辭殘義不明。

⿰忄幾 楚  清華十一・五紀 102

【注】從心幾省聲。直接隸為“⿰忄幾”。●讀禨。《清華十一・五紀 102》：“黃帝大悤，偁（稱）讓（攘）以煮（圖），八⿰忄幾（禨）惴（端）乍（作），黃帝诰（告）永（祥）。”整理者注：“悤，《説文》：‘多遽悤悤也。’大悤，是説黃帝內心非常焦急。或讀為‘悚’，驚懼。《逸周書・嘗麥》載蚩尤作亂，‘赤帝大懾，乃説於黃帝，執蚩尤’。此處‘黃帝大悤，稱攘以圖’可與篇首‘后帝、四幹、四輔，乃聳乃懼，稱攘以圖’參看。⿰忄幾，讀為‘禨’，舉行祭典。永，讀為‘祥’。”

⿰豕幾 齊  璽彙 2599  璽彙 3651

【注】從豕幾省聲，疑“⿰犭几”之異文。●齊璽人名。或謂“幾豕”合文。

見紐鬼聲

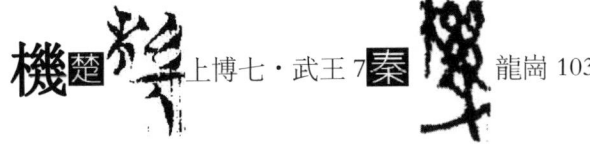

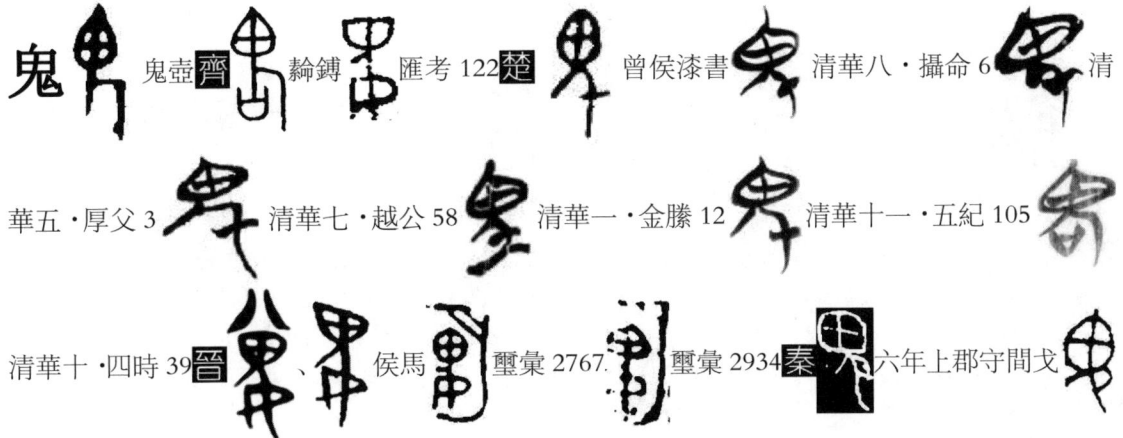

鬼  鬼壺 齊  𦅫鎛  匯考 122 楚  曾侯漆書  清華八・攝命 6  清華五・厚父 3  清華七・越公 58  清華一・金縢 12  清華十一・五紀 105  清華十・四時 39 晉 、 侯馬  璽彙 2767  璽彙 2934 秦  六年上郡守間戈 

廿五年上郡守廟戈 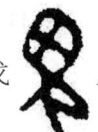　上郡守閑戈 　睡簡·答問 129 　睡簡·日乙 216

【注】甲骨文作 、 、 、 、 、 、 、 、 。李孝定曰："人死為鬼,蓋先民既有之觀念,遂仿人字為之。"(《金文詁林讀後記》卷九)古人認為人死後會變成面目可怕的鬼魂,所以"鬼"下部是人形;上部是怪異的大頭,故有人把"鬼"釋為大頭人。甲骨文、金文或增從示(與《說文》古文同),當為鬼神之專用字。鬼,在偏旁中或省作 形。戰國文字承襲金文,或加足形並上移作 (璽彙 1110 之),或加口為飾作 ,或加八、㕣為飾作 (璽彙 1528 之),或加點為飾作 (曾侯漆書),或作 ,遂為小篆"從厶"所本。《說文》:" ,人所歸為鬼。從人,象鬼頭。鬼陰气賊害,從厶。凡鬼之屬皆從鬼。 古文從示。"本義為鬼,古代稱人死後之靈魂。●鬼神之鬼。《陳昉簋蓋》:"靖盥(寅)鬼神,畢靖(恭)祎(畏)忌。"●鬼方:商周時位于中原華夏諸族的西北邊的方國。《梁伯戈》:"印(抑)鬼方蠻(蠻),印(抑)攻旁(方)。"文獻亦多記中原伐鬼方事。《竹書紀年》:"王季伐西落鬼戎。"《易·既濟》:"高宗伐鬼方,三年克之。"●人名。《鬼壺》:"鬼乍(作)父丙寶壺。"●鬼薪:秦刑徒,以為宗廟采供柴薪而名。常與耐刑並用,罰作各種勞役。《六年上郡守閑戈》:"六年,上君(郡)守閑(間)之造,高奴工師箸,鬼薪工臣。"●讀畏,畏懼、恐懼。《緐鎛》:"余彌心鬼諲(忌)。"●《匯考 122》"鬼門",讀稷門,齊都城臨淄西邊南首門,因在稷山之下而得名。《左傳昭公二十二年》:"莒子如齊蒞盟,盟於稷門之外。"●《璽彙 2767》為"鬼月"二字合文。疑讀九。"鬼""九"二字古通,《禮記·明堂位》"脯鬼侯",《史記·周本紀》"鬼侯"作"九侯"。《史記·魯仲連鄒陽列傳》:"昔者九侯、鄂侯、文王,封之三公也。"《集解》引徐廣曰:"九壹作鬼。"古璽"九月"用作人名,與古璽中出現的"王五月"(璽彙 0462)、"曹五月"(璽彙 1613)相類,可能是以出生月份為名。●讀威。《清華五·厚父 3》:"智(知)天之鬼(威)戈(哉)。"

 陳昉簋蓋 楚  左塚漆梮　 信陽 2·13　郭店·老乙 5　 上博

四·柬旱 6　 上博二·魯旱 2 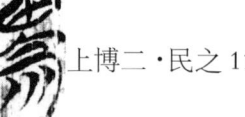 上博二·民之 11　 上博二·民之 13　 上博五·鬼

神 4　清華一·金縢 4  清華八·邦政 8  清華五·命訓 4  清華十·四告 30

【注】從示鬼聲,"鬼"之繁文。"鬼"或從目從人作,與楚文字" (視)"混同。正因為這種混同,《楚系簡帛文字編(增訂本)》把 (上博二·魯旱 2)字放在"視"字頭下,系誤置。●多讀鬼。《上博二·魯旱 2》:"庶民智(知)敓(說)之事祎(鬼)也。"整理者釋為"視"。當釋為"祎",讀鬼。《信陽 2·13》:"七見祎(鬼)之衣。"大概是指死後陰府所穿之衣。●讀威。《上博二·民之 11》:"祎(威)我(儀)㠯(遲)㠯(遲)。"●讀畏。《清華五·命訓 4》:"夫民生而疴(痛)死喪,上以祎(畏)之。"

1902

 清華二·繫年 121　 清華二·繫年 134　 清華二·繫年 115　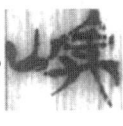

安大一 7

【注】從山鬼聲。《安大一 7》作"嵬"，乃"嵬"之異體，其所從"鬼"旁可分析為在"鬼"之上加注"九"聲（李家浩説）。●讀魏。《清華二·繫年 121》："晉嵬（魏）文侯斯（斯）從晉自（師）。"●《安大一 7》："陟皮（彼）嶵（崔）嵬（嵬），我馬阢（虺）遺（隤）。"《毛詩》作"陟彼崔嵬"。毛傳："崔嵬，土山之戴石者。"

 璽彙 3200　 璽彙 3201

【注】從舟嵬聲。●印文"艐流"，讀嵬或讀魏，姓氏。

 安大一 117

【注】從邑嵬聲，"魏"字異體。●簡文"鄳（魏）"，讀魏，國名。

餽 秦  睡簡·答問 129

【注】從食鬼聲。●讀饋。《睡簡·答問 129》："餽遺亡鬼薪於外，一以上，論可（何）殹（也）？"餽遺，送食物給人。餽，《説文》："餉也。"在運送食物時，鬼薪在外逃亡一人以上，應如何論處？

騩 秦 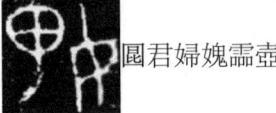 大騩銅權

【注】從馬鬼聲。●大騩，山名。

媿 畀中 鄭同媿鼎　畀中 佣仲鼎　畀中 毳簋　畀中 毳簋　畀中 毳匜　畀中 毳盤　畀屯 伯咠簋

畀史 復公子簋　芮子仲殿鼎　胡叔胡姬簋　齊畀史 圜君婦媿霝盉

畀史 圜君婦媿霝壺

【注】甲骨文作畀、畀，從女鬼省聲。金文從女鬼聲。《説文》："媿，慚也。從女鬼聲。媿愧或從恥省。"按《説文》愧即媿之或體。戴家祥謂"媿"用為慚愧字，乃假借，其本義當為姓氏，久之假借義行而本義廢。●姓。《胡叔胡姬簋》："鼓（胡）弔（叔）、鼓（胡）姬乍（作）白（伯）

媿媵（媵）段，用亯（享）孝于其姑公。" 齨叔夫婦為其長女"伯媿"外嫁所作的媵器，依媵器銘文稱字的習慣，"伯"是排行，"媿"即齨（胡）國之姓。銘文之"媿"，文獻皆作隗，二字皆從"鬼"得聲。媿，應是北方狄族之姓，《左傳》僖公二十三年載："狄人伐廧咎如，獲其二女叔隗、季隗，納諸公子。" 杜預注："廧咎如，赤狄之別種也，隗姓。" 商周時期强大于西北的鬼方，經學者研究，即媿姓之族或"媿姓的方國"。

 梁伯戈 燕 璽彙 4093 秦 里耶 8·181 背

【注】從攴鬼聲，疑"畏"字繁體。《璽彙 4093》實際是"敀"字，由於鈐印過重導致，實際印文為 。 ● 讀鬼，方國名。《梁伯戈》："印（抑）敯（鬼）方轡（蠻），印（抑）攻旁（方）。" ● 秦簡人名。

 陳貼簠蓋 楚 璽彙 0183 匯考 178 郭店·性自 52 郭

店·老甲 9 郭店·老丙 1 上博五·季庚 21 清華六·子儀 11 清華二·繫

年 59 清華九·成人 1 上博七·鄭乙 4

【注】從心鬼聲。戰國文字習見，多作上下結構。金文亦可視為"畏"之異文，從心，為敬畏之專字。《上博七·鄭乙 4》省掉"鬼"身形與"思"混同。 ● 讀畏。《陳貼簠蓋》："靠盧（寅）愧（鬼）神，畢靠（恭）愧（畏）忌。" 楚簡多讀畏。《郭店·老甲 9》："猷（猶）唬（乎）其奴（如）愧（畏）四罳（鄰）。"《上博七·鄭甲 4》："奠（鄭）子豕（家）遺（顛）復（覆）天下之豊（禮），弗愧（畏）愧（鬼）神之不恙（祥）。" ● 《璽彙 0183》"郢關愧大夫鉥"，讀隗，姓氏。

 楚 上博五·鬼神 8

【注】從土愧聲。 ● 讀愧。《上博五·鬼神 8》："不及壞（愧）焚而正固。" 不及壞焚，讀為"不及愧忿"，是說"有成氏"志行顯明，心中無愧也無忿。也可以說是"去忿悁之心"，"棄細忿之愧"，修養境界極高。

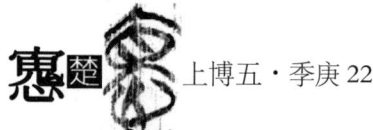 楚 上博五·季庚 22

【注】從宀愧聲。 ● 讀威。《上博五·季庚 22》："邦相僾（威）毀，眾必亞（惡）善。" "相僾毀"，

讀為"相威毀"，謂互相威脅毀滅。

印增346

【注】從頁鬼聲。●秦印單字，應為人名。

聭尊

【注】從耳鬼聲。●人名。

璽彙3671

【注】從言鬼聲，"詭"之異文。●燕璽"工賞諿"，人名。工賞，讀公上，複姓。

睡簡·日乙251 璽彙5489

【注】從骨鬼聲。●讀鬼。《睡簡·日乙251》："申失火，富。癸失火，有髄（鬼）。酉失火，邦有年。"●秦印單字，為人名。

、、、、、秦印272 類編18

【注】從阝鬼聲。●秦印姓氏，同"媿"。

璽彙1695

【注】從立鬼聲。三晉文字從立、從土混同，亦可釋為塊。塊，與《說文》"凷"或體同。《說文》："凷，墣也。從土，一屈象形。塊，凷或從鬼。"●讀畏。"亮無魓"即"亮無畏"，人名。

璽彙1110

【注】從宀鬼聲，疑古庑字。●晉璽人名。

柚作父丁器晉 侯馬 戰表754秦 鄬陽鼎 陶彙

5·332

【注】從木鬼聲。金文疑從木鬼省聲。侯馬盟書增從止，為繁文。《説文》："槐，木也。"本義木名。●金文人名。●地名。《賁陽鼎》："槐里，容一斗一升。"

珍秦 109

【注】從宀槐聲。●秦印"忌㮸"人名。

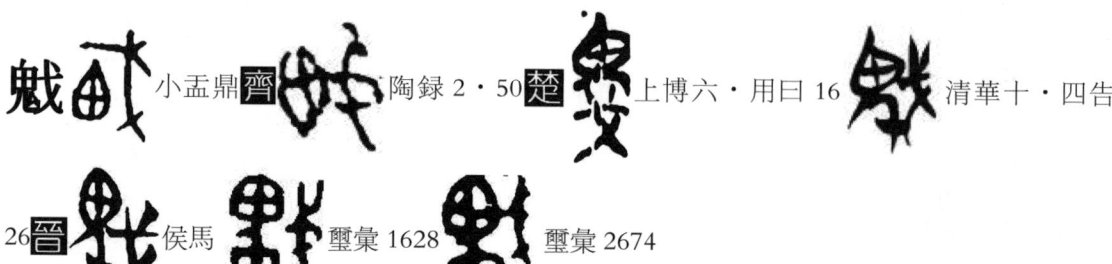

【注】從戈鬼聲，疑"威"之異體。《小盂鼎》從戈鬼省聲。●讀鬼，方國名。《小盂鼎》："戜（鬼）方。"●讀畏。《璽彙 1628》讀"鄭亡（無）畏"，《璽彙 2674》讀"夜亡（無）畏"，"無畏"為古人習見人名。●讀威。《上博六·用曰 16》："纏（質）亓（其）又（有）戜（威）頌（容），而紋亓（其）又（有）寧。"

【注】從心戜省聲。畏則與思同形。●讀威。《郭店·唐虞 13》："□□用㦠（威），昰（夏）用戈，疋（征）不備（服）也。"整理者以為從"畏"聲而讀威。《上博五·三德 20》："秉之不固，攺（施）之不㦠。"意思是秉持它不牢固，施發出來就沒有很大威力。

郭店·老甲 33

【注】從蚰鬼省聲，隸定為"蟲"，疑"魁"之初文。●讀虺。《郭店·老甲 33》："畬（含）㥁（德）之厚者，比於赤子，蟲（虺）薑蟲它（蛇）弗螫（蜇），攫鳥犺（猛）獸弗扣，骨溺（弱）董（筋）柔（柔）而捉（握）固。"

數鈢簠

【注】從女蟲（疑虺之異文）聲，疑"媿"之異文。●人名。

秦印 268

【注】從斗鬼聲。●秦印人名。

褱晉 璽彙 0696　　璽彙 0448　　璽彙 2954　　璽彙 1295　　璽彙

1061　璽彙 1528　　璽彙 1218　秦　　、　　秦印 163　　類編 275

【注】從衣鬼聲。《説文》"褱，袖也。一曰藏也。。從衣鬼聲。"又《玉篇》臂袌藏物也，抱也。在衣曰褱，在手曰握。●晉璽、秦印人名。《璽彙 1218》為"豕褱"二字合文，人名。

壞楚 上博二·子羔 11

【注】從土褱省聲（也可認為從宀鬼聲）。●讀懷，懷孕。《上博二·子羔 11》："壞（懷）三迄（年）而畫（劃）於怀（背）而生。"《後漢書·外戚傳·孝成許皇后》"褱誠秉忠"，顏師古注："褱，古懷字。"

轃晉 貨系 2481

【注】從車褱聲。●幣文單字，當為地名。

瘣晉 璽彙 0470　　璽彙 1591　秦　　秦印 148　　李瘣壺　　璽彙

1057

【注】從疒鬼聲。戰國文字或從疒鬼省聲。《説文》："瘣，病也。"●人名。《李瘣壺》："李瘣。"《璽彙 1591》"魯亡（無）痀（瘣）"可讀畏。"無畏"為古人慣用人名。

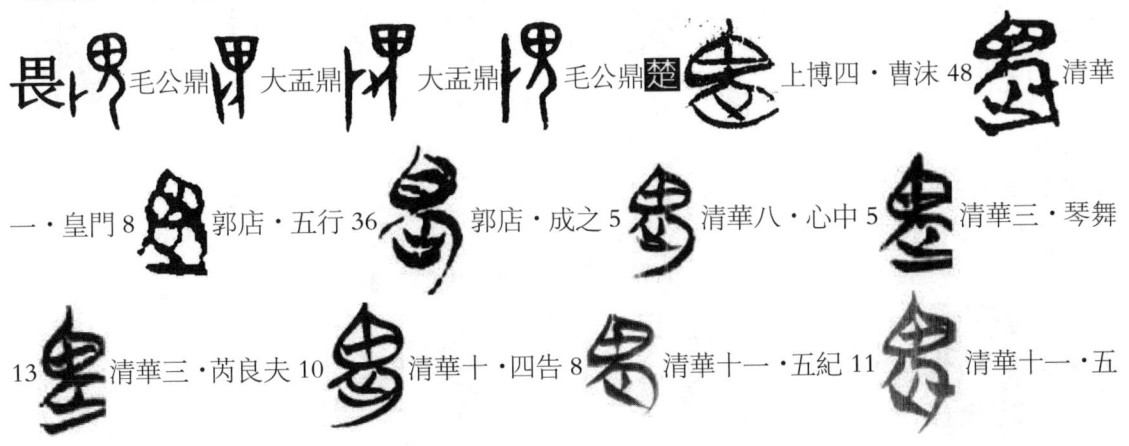

畏 毛公鼎　　大盂鼎　　大盂鼎　　毛公鼎楚　　上博四·曹沫 48　　清華

一·皇門 8　　郭店·五行 36　　郭店·成之 5　　清華八·心中 5　　清華三·琴舞

13　清華三·芮良夫 10　　清華十·四告 8　　清華十一·五紀 11　　清華十一·五

紀 55 秦 畏 睡簡·日甲 24 背　畏 睡簡·日甲 33 背

【注】甲骨文作畏、畏、畏、畏、畏，從鬼持卜（卜象攴形），象鬼執杖之形，會可畏之意。金文同甲骨文。戰國時卜形訛為山，楚系文字或作畏，卜形訛作止形。或增從攴，形符累加字。或以為古畏、威一字，威，可畏者也。威字後起，蓋由《小盂鼎》或字衍變，從戍者戈之訛，"由"繁之則為"鬼"，"鬼"可作畏，與女字作畏者下筆形近，鬼、女二字事類相近（同屬人形所衍化），偏旁中例得通作。《説文》："畏，惡也。從由，虎省。鬼頭而虎爪，可畏也。畏古文省。"《説文》"鬼頭而虎爪"之説乃臆會。本義為害怕、恐懼，如《商君書》："不畏强秦。"又引申為敬服，如《左傳》："其下畏而愛之。"●畏懼、恐懼。《駒父盨蓋》："不敢不敬畏王命。"●讀威，威嚴。《大盂鼎》："敏朝夕入讕（諫），亯（享）奔走，畏天畏（威）。"天畏，即天威。周代天命觀認為天具有人一般的喜怒哀樂，因而也存在人格化的威嚴。●讀威，刑威。《毛公鼎》："敃（旻）天疾畏（威），司余小子弗伋，邦酄（將）害（曷）吉，嗣嗣四方，大從（縱）不靜。"敃天疾威：古成語，意為仁慈的上天厭惡刑威。《詩·雨無正》："旻天疾威，弗慮弗圖。"鄭玄箋："王既不駿旻天之德，今旻天又疾其政以刑罰，威恐天下而不慮不圖。"《詩·召旻》《小旻》均有"旻天疾威"句。《師訇簋》："師訇，哀才（哉），今日天疾畏（威）降喪。"●讀威，微信。《清華三·芮良夫19》："反反（板板）亓（其）亡（無）成，甬（用）坓（匡）可（何）畏（威）？"自己乘戾反常，沒有成就，來匡正別人，怎麼會有威信？●讀鬼。《清華八·心中5》："剌（斷）命才（在）天，蟲（苛）疾才（在）畏（鬼），取命才（在）人。"古人患疾病，認為鬼神作祟。

膜 齊 、 陶録 3·498

【注】從肉畏聲。●齊陶文"膜""告膜"，應為人名。

膭 齊  陶録 3·600

【注】從冐畏聲。●單字，應為人名。

敱 楚  蔡侯産劍　蔡侯産劍　王子午鼎　余購逐兒鐘　王孫誥鐘　王孫誥鐘

【注】從攴畏聲。"畏"之繁文。●讀威。《王孫誥鐘》："余不畏不羡（差），惠于政邁（德），愻于威義（儀）。"伍仕謙認為"畏"是"威"的意思，《廣雅·釋言》："畏，威也。"《列子·黄帝》"不畏不怒"注："畏，威也。"（伍仕謙《王子午鼎王孫誥鐘銘文考釋》）

戲 齊  陶彙 3·451 楚 戲 清華十·四告 5　戲 清華十·四告 44

【注】從戈畏聲。●齊陶人名。●讀威。《清華十·四告 5》:"我亦羕(永)念天戜(威)。"

裓 楚 禓 新蔡甲二 40　禕 清華一·程寤 6　禕 清華一·程寤 8　禑 清華

八·虞夏 2

【注】從示畏聲。●楚簡多讀威。《清華八·虞夏 1》:"教民㠯(以)又(有)裓=(威威)之。"《清華一·程寤 6》:"秋明武裓(威),如棫柞亡堇(根)。""武威"見於典籍,《國語·晉語四》:"衆順而有武威,故曰'利建侯'。"《管子·版法》:"正法直度,罪殺不赦,殺僇必信,民畏而懼。武威既明,令不再行。""秋明武威",意為"秋日上天明示武威",就是指草木凋零,氣候變化。"棫柞亡根",疑指落葉的灌木棫柞在秋天凋零,是"秋明武威"的結果。

葨 楚 葨 上博一·性情 16

【注】從艸畏聲。●讀喟。《上博一·性情 16》:"羕(永)思而敥(動)心,葨(喟)女(如)也。"簡文"葨女",讀為"喟如",感歎、歎息貌。《禮記·禮運》:"昔者仲尼與於蜡賓,事畢,出遊於觀之上,喟然而嘆。"

愄 齊 愄 叔尸鎛　愄 叔尸鐘 楚 愄 曾侯與編鐘　愄 包山 176　愄 上博二·從甲 8　愄

愄 上博八·志書 2　愄 包山 166　愄 上博七·吳命 5

【注】從心畏聲。字亦可視為"畏"之異文,從心,為敬畏之專字。●讀畏。《叔尸鐘》:"余既專乃心,女少(小)心愄(畏)忌。"●讀威。《上博七·吳命 5》:"有軒冕之賞,又有斧鉞之愄(威)。"文獻中"斧鉞之威"屢見。《莊子·胠篋》篇説"雖有軒冕之賞弗能勸,斧鉞之威弗能禁",可與簡文對讀。

郒 楚 郒 隈凡伯怡父鼎　郒 包山 133　郒 包山 145　郒 清華一·楚居 1

【䢙】從邑畏聲。●讀魏。《包山 145》:"郒(魏)客郒(魏)奮。"魏自惠王徙都大梁後,其自稱及時人多稱之為梁,……包山楚簡中魏作"郒"而不作梁,在當時是較為特殊的稱法。●山名,讀隗。《清華一·楚居 1》:"季聯(連)初降於郒(隗)山,氏(抵)于空(穴)竆(窮)。"郒山,即隗山。

嵔 楚 嵔 包山 64

【注】從山畏聲。●人名。

碨 楚 包山 46

【注】從石畏聲。●人名。

堁 楚 包山 55

【注】從土畏聲。●人名。

鍡 楚  曾侯鐘架

【注】從金畏聲。●讀歸。"大鍡"讀大歸，律名，相當於大低角。

縕 楚 包山 277 　包山 268

【注】從糸畏聲。●縕，《玉篇》五色絲飾。《包山 275》："絑縕。"繩子上綴以五色絲飾。

褢 楚 曾侯 117

【注】從衣畏聲。●讀褢。《說文》"褢，袖也。一曰藏也。。从衣鬼聲。"《曾侯 117》："丌（其）一輀（乘），白金之弼，載紉褢。"

騩 楚 曾侯 147 　曾侯 150 　曾侯 169

【注】舊釋為"覛"，讀騧。應從馬畏聲。●讀騩，毛淺黑色的馬。《曾侯 147》："鄯牧之騩為左驂。"

溪紐屮聲

屈（屮） 秦 、　秦印 166 　類編 293

【注】從尸屮聲。《說文》："屈，行不便也，從尸屮聲。屮即塊字。一曰極也。"《書·大禹謨》惟德動天，無遠弗屈。《詩·魯頌》致天之屆。《注》猶言窮極也。按：屮，從土山，山里有土，"塊"之本字，馬王堆帛書作📷（帛編 545）。●秦漢印人名。

溪紐豈聲

豈［晉］ 三年紛匐令戈　**豈** 璽彙 2850　[秦] **豈** 陶徵 222　**豈** 睡簡·為吏 10

【注】"豈"構形未明，學者多承襲許慎之説。《説文》："豈，還師振旅樂也。""豈"之形體確與"壴（鼓）"有關涉，古人作戰慣擊鼓以振士气，文獻多有記載。《詩·小雅·采芑》："鉦人伐鼓，陳師鞠旅。顯允方叔，伐鼓淵淵，振旅闐闐。"《左傳·僖公二十二年》："三軍以利用也，金鼓以聲气也。"而軍隊凱旋歸時更是以擊鼓振旅，由此可見釋作"還師振旅樂"之義的"豈"確與鐘鼓有關。而且，"豈"與"壴"古音亦有關聯："壴"屬見紐，"豈"屬溪紐，二者雙聲可通。"豈"及"豈"旁在古文字中出現頻率不高。● 晉文字人名。《三年汪召令戈》："下庫工帀（師）王豈、冶扇。" ● 反詰助詞。《睡簡·為吏 10》："及官之嗇豈可悔。"

偉［秦］ 印增 592

【注】從人豈聲。 ● 人名。

剴［齊］ 叔尸鎛　[楚] **剴** 郭店·緇衣 12　**剴** 郭店·緇衣 42　**剴** 上博二·魯邦 6　**剴** 安大一 114

剴 上博四·內禮 8　**剴** 清華五·湯丘 11　　**剴** 安大一 114

【注】從刀豈聲。《説文》："剴，大鎌也。一曰摩也。從刀豈聲。"段玉裁注："大鎌也。謂可切地芟刈也。金部曰：銍，大鎌也。" ● 讀闓，開闢、開敞、通達，無有阻塞。《叔尸鎛》："外內剴（闓）辟。"闓辟，借喻政事開通、和暢。 ● 楚簡均讀豈，反詰副詞。《郭店·緇衣 12》："百眚（姓）以悫（仁）道，剴（豈）必盡悫（仁）。"

敳［楚］ 信陽 1·11　**敳** 清華七·越公 13　**敳** 清華六·子儀 20　**敳** 清華六·子

儀 11　**敳** 上博一·緇衣 21

【注】從攴豈聲。 ● 多讀豈，助詞，表示反詰。《清華七·越公 13》："天命反昃（側），敳（豈）甬（庸）可智（知）自旻（得）？" ● 讀冀。《清華六·子儀 20》："敳（冀）于孫=（子孫）若。""豈"微部溪母、"冀"脂部見母，古音相近。《文選·登樓賦》："冀王道之一平兮。"李善注："冀，與覬同。""冀于子孫若"意為期望子孫吉祥順利。

【注】從戈豈聲，為"幾"之異文。或糅合"幾""豈"二字形體。豈，脂部見紐。幾，脂部溪紐。二字古音極近，疊韻，見溪旁紐。●讀愷。《上博四·逸交1》："戲（愷）俤君子，若玉若英。"●讀豈，助詞，表示反詰。《清華八·處位7》："戲（豈）能肙（悁）人。"

趲簋

【注】從辵豈聲。辵下之止作 ，金文有多例，如《伯中父簋》"走"作 ，"奔"作 ，下從止均訛為又。《説文》無。《玉篇》胡該切，音孩，走也。●人名。《趲簋》："密弔（叔）右趲即立（位）。"

疑紐产聲

【注】甲骨文作 、 、 、 、 、 ，于省吾謂象攲斜之器形，乃"产"之初文。（《甲骨文字釋林·釋产》）"攲器"乃傾攲易覆之器，是古代一種盛酒的祭祀器，空着時就傾斜，灌入一半的水就正，灌滿時就翻。卜辭中用為地名和方國名。金文同甲骨文。戰國文字作 ，人在石上。《上博一·緇衣16》從石，"石"古文字形有作 形。字應從人從石，上部 為裝飾性筆畫（或説從今聲）。《上博七·凡乙2》人、石顛倒，人形移至下方並和 結合成 。三晉文字或從卩從至（厚），"危"之異文。《説文》："危，在高而懼也。從产，自卩止之。"《説文》以产為説，其餘各形皆廢。●人名和族氏名。《 产作父辛卣》：" 产乍（作）父辛尊彝。"《危耳

尊》："危耳。"●三晉幣文讀垝，地名。●讀詭或讀危，違反。《上博一·緇衣16》："子曰：可言不可行，君子弗言；可行不可言，君子弗行。則民言不舍（危）行，行不舍（危）言。"《郭店·緇衣31》作"愿"。傳世本作"危"。《上博七·凡甲2》："水火之和，乑（奚）旻（得）而不厄（危）？"●危險。《上博七·凡甲26》："厄（危）佞（安）鷹（存）忘（亡）。"

釾⟨楚⟩ 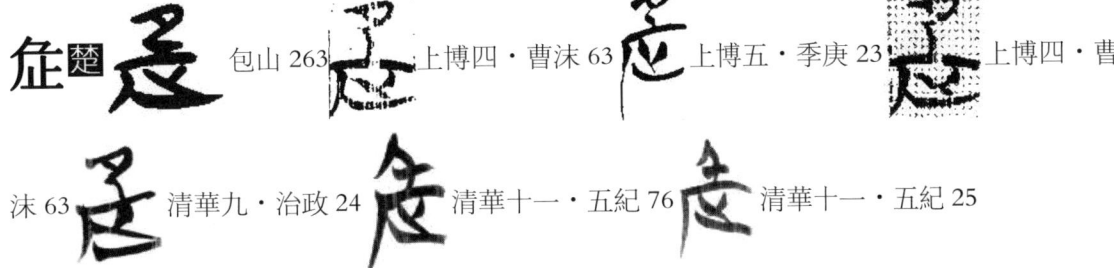 曾侯11

【注】從金广聲，古"鏡"字；二、ㅂ均為飾符。●讀鏡。《說文》舌屬。簡文中當指一種由舌屬農具改造而成的兵器。

厄⟨楚⟩ 是 包山263　厾 上博四·曹沫63　厾 上博五·季庚23　厾 上博四·曹

沫63　厾 清華九·治政24　危 清華十一·五紀76　厾 清華十一·五紀25

【注】從止广聲，古"跪"字。●讀危。《上博四·曹沫63》："弗瑲厄（危）地。"瑲，讀躐。●讀跪。《包山263》："一厄（跪）筍（席）。"●讀危，星名，二十八宿之一。《清華十一·五紀25》："建星、犩=（牽牛）、妻=（婺女）、虛、厄（危）、鎣=（營室）。"

徸⟨楚⟩ 愿 上博九·陳公13

【注】從彳厄聲。●讀跪。《上博九·陳公13》："金鐸目（以）徸（跪），木鐸目（以）起（起）。"同"跪"，可訓為"坐"。下句是"木擇以起"，起、坐相對為文。古漢語中，"坐""跪"是一組意思很相近的詞，程燕在《"坐""跪"同源考》一文中從形、音、義三個方面考證了兩字為同源關係。讀音上"坐"從紐歌部，"跪"群紐微部，聲韻皆相近。兩字意義相近，區別在於"坐"是臀部壓在腳跟上，"跪"是臀部抬起。

厗⟨楚⟩ 厗 清華六·子產11　厗 清華六·子產3　臺 清華九·治政32　臺 清華九·治

政29

【注】從冂（下增土，為冂之繁構）广聲，"跪"之異文。●讀危。《清華六·子產3》："邦安民蘸（肆），邦厗（危）民麗（離）。"《清華六·子產11》："事起貨=行=皋（罪）=起=民=蘦=（貨行，貨行罪起，罪起民零，民零）上厗（危）。"

郒⟨楚⟩  新蔡乙三44　陸 新蔡甲三334

【注】從邑龟聲。"郞"之異文。●"郞山"讀危，山名。

危 秦 陶彙 5·145　睡簡·日乙 47　睡簡·日甲 53　秦印 187

【注】從卩厃聲，當是"跪"之初文。●秦簡本義，災危。《睡簡·日甲 79》："危，百事凶。"秦文字用"危"表示災危之危，楚文字用"厃""危""龟""仚"等表示危。三晉、燕用"仚"表示。●陶文人名。

趈 秦 印增 574

【注】從走危聲。●秦印"聞趈"，人名。

媀 秦 類編 396　里耶 8·2098

【注】從女危聲。●秦印"胡禿媀"，人名。

疑紐仚聲

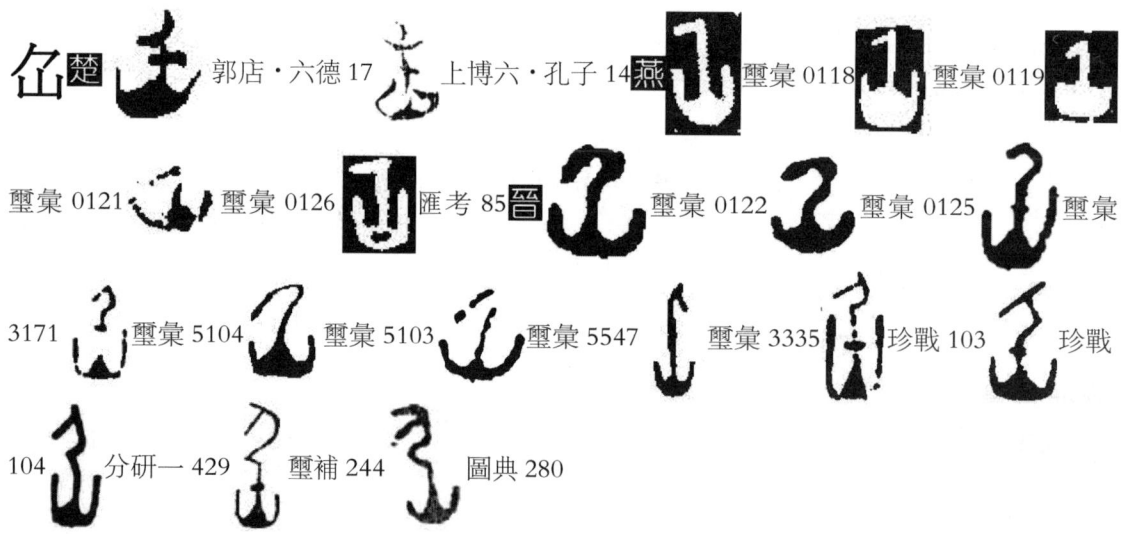

仚 楚 郭店·六德 17　上博六·孔子 14 燕 璽彙 0118　璽彙 0119　璽彙 0121　璽彙 0126　匯考 85 晉 璽彙 0122　璽彙 0125　璽彙 3171　璽彙 5104　璽彙 5103　璽彙 5547　璽彙 3335　珍戰 103　珍戰 104　分研一 429　璽補 244　圖典 280

【注】戰國璽印文字中的 𡴆 字當釋為"仚（厃）"，從人在山上之形，皆會高危之意。仚，《玉篇》古文危字。《郭六德 17》當反映了齊文字的特點。●讀危。《郭店·六德 17》："仚（危）亓（其）死弗敢惡（愛）也，胃（謂）之［臣］，以忠事人多。"陳劍認為《六德》篇中"多"字，都可以就直接解釋為指示代詞，意為"……的（人或東西）"，跟"者"字的部分用法相類。●讀尉，官名，多是武官。多見於燕璽，亦見於三晉古璽（璽彙 0122、0123、0124 等）。燕、三晉兩系的"仚"字形體有一定的差異。燕璽"仚"字中畫直出，無飾筆；三晉璽"仚"字中畫多為曲筆（可確定的僅壹例為直筆），或有飾筆。●《璽彙 3171》"仚女"、《珍戰 103》"仚汩"，姓氏。

應該讀尉。《廣韻·物韻》云："尉，……亦姓，古有尉繚子著書。"●《分研一429》"黄生仚"，人名。

疑紐兀聲

兀_楚 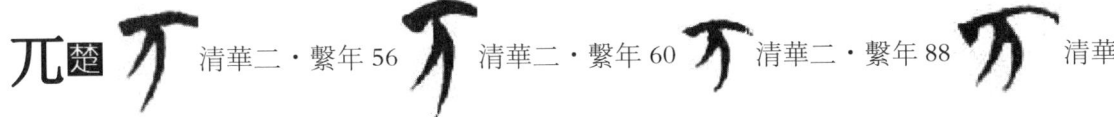 清華二·繫年56　　清華二·繫年60　　清華二·繫年88　　清華二·繫年91

【注】"兀"作 本象砍去人頭的人形。后綫條化作 。《說文》："兀，高而上平也。從一在人上。讀若夐。茂陵有兀桑里。五忽切。"●楚文字均讀元，為"元"之省文。《清華二·繫年91》："晉臧（莊）坪（平）公即立（位）兀（元）年。"

屼盉

【注】從止兀聲，疑"跀"之初文。●金文人名。

耵兜觶

【注】從爿從片兀聲，疑"疛"之初文。●金文人名。

髡_秦 睡簡·答問103　　睡簡·答問72

【注】從髟兀聲。《說文》："髡，鬎髮也。從髟兀聲。"音由物部轉入文部。●剃髮。《睡簡·答問103》："父母擅殺、刑、髡子及奴妾。"父母擅自殺死、刑傷、髡剃子及奴婢。

端紐隹聲

隹 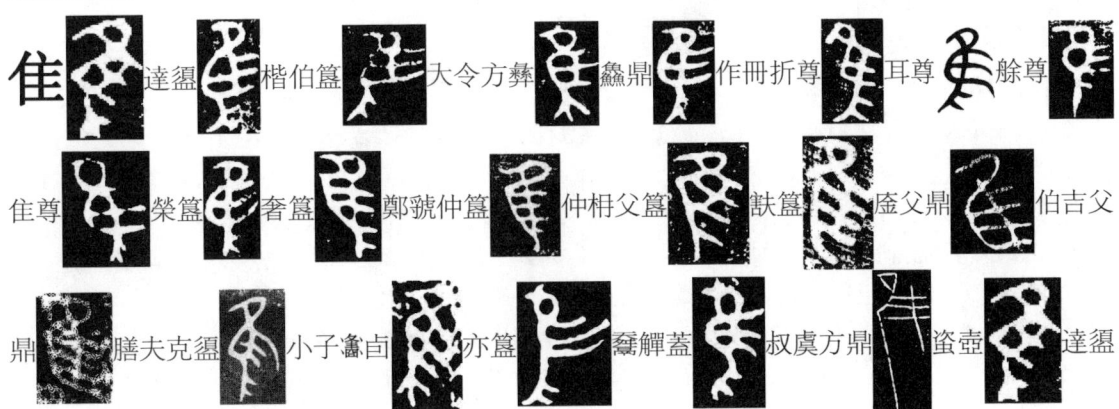達盨　楷伯簋　大令方彝　鼄鼎　作冊折尊　耳尊　舲尊

隹尊　榮簋　奢簋　鄭虢仲簋　仲枏父簋　龤簋　虘父鼎　伯吉父鼎　膳夫克盨　小子蠹卣　亦簋　龤觶蓋　叔虞方鼎　鬯壺　達盨

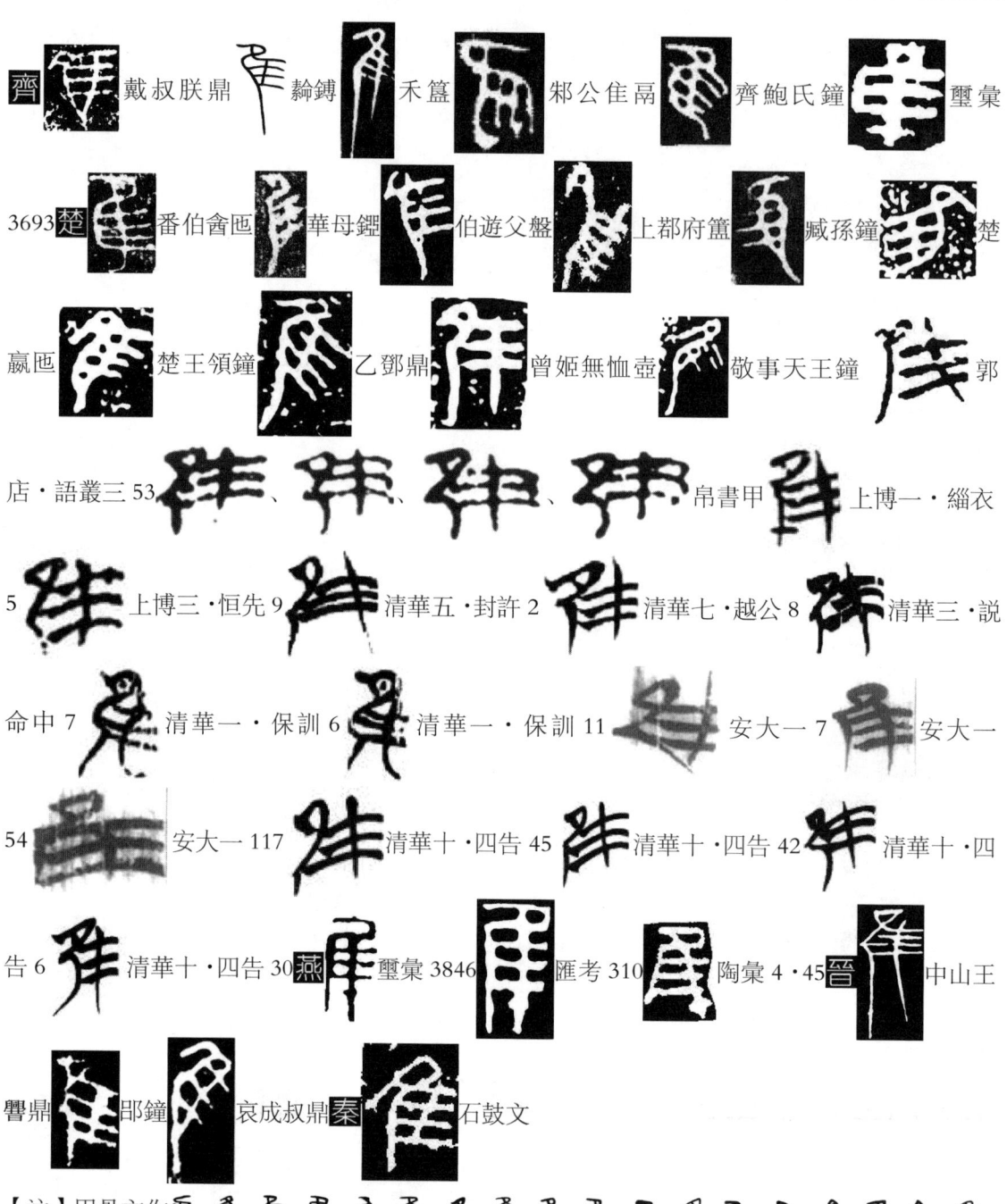

店·語叢三53 　　　、　　　、　　　、　　　帛書甲　　　上博一·緇衣

5　　　上博三·恒先9　　　清華五·封許2　　　清華七·越公8　　　清華三·説

命中7　　　清華一·保訓6　　　清華一·保訓11　　　安大一7　　　安大一

54　　　安大一117　　　清華十·四告45　　　清華十·四告42　　　清華十·四

告6　　　清華十·四告30燕　　　璽彙3846　　　匯考310　　　陶彙4·45晉　　　中山王

譻鼎　　　邿鐘　　　哀成叔鼎秦　　　石鼓文

【注】甲骨文作　、　、　、　、　、　、　、　、　、　、　、　、　、　、　、　、　、　，
象鳥形。金文同甲骨文。戰國文字承襲金文。或對稱作　、　等形，于偏旁中尤見。《説文》："雀，
鳥之短尾總名也。象形。凡隹之屬皆從隹。"本義是短尾鳥的總稱。徐中舒謂：古象形字數少，
只要聲同義近，即可相互借用。故甲骨文和金文常借"隹"為句首語氣詞或句中語氣詞"唯"。
●讀唯，多用為副詞、介詞、連詞、語氣詞。《中山王譻鼎》："隹（唯）虘（吾）老貯，是克行
之。"●讀雖。《中山王譻鼎》："隹（雖）又（有）死辠（罪），及參殜（世），亡不若（赦）。"《上
博一·緇衣23》："人隹（雖）曰不利，虘（吾）弗信之矣。"●讀誰。《中山王譻鼎》："非惪（信）
與忠，其隹能之？""其誰能之"銘文中作"其=隹=能=之"，其中"="是表回讀的重文符號，

應讀"非信與忠，其誰能之，其誰能之。"《上博一·緇衣6》："佳（誰）秉或（國）成，不自為正，坙（痙）袋（勞）百眚（姓）。"●讀罹，遭受。《鋚壺》："以慁（憂）氒（厥）民之佳（罹）不舐（辜）。"●《璽彙3693》"麋奔佳鉩"、《璽彙3846》"公孫佳"，人名。

偏_燕 璽彙2510　璽彙2807　璽彙2832

【注】從人佳聲。●燕璽人名。

褱　褱壺（集成9476）

【注】從衣佳聲。疑"帷"之異文。●金文人名。

郿_楚　下都郿公諓鼎

【注】從邑佳聲。●人名。《下都郿公諓鼎》："下蘁（都）郿公諓乍（作）隮鼎。"有學者釋為雝（雍）。

雄_齊　陶録2·200

【注】從立佳聲。●齊陶"蔓圖匋里人墼雄"，人名。或釋為"堆"。

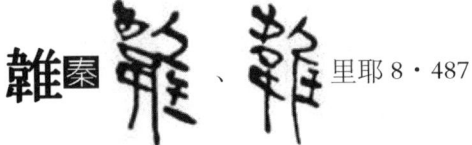

雜_秦　、　里耶8·487

【注】從韋佳聲。●"令史雜"，人名用字。

惟（惟）_楚　上博五·鬼神7　上博六·用曰6　清華五·湯丘4　

清華三·芮良夫20　　清華三·芮良夫26　　清華三·説命上3　　清華八·虞

夏2　清華九·治政8　　清華十·四告12

【注】從心佳聲。《字彙補》古文惟字。●《清華五·湯丘4》讀虺，人名。●讀椎。《清華三·説

命上 3》："鵑肩如惟（椎）。"●讀濩。《清華八·虞夏 2》："乍（作）樂《㷌（韶）》《隽（濩）》。"
大濩，湯樂名。"隽"應為"隻"之訛。詳"㷌"字。●讀惟，思。《清華九·治政 8》："皮（彼）
差（佐）臣之尃（敷）心聿（盡）惟，不敢辺（妨）善。"《詩·生民》："載謀載惟，取蕭祭脂。"
鄭箋："惟，思也。"盡惟，猶"盡心"。

 上博三·周易 44

【注】從午從肉從犬隽聲。●讀綪，汲水用的繩索。基本聲符為"隹"。"隹"章母微部；"綪"
餘母質部，二字同為舌音，韻部旁對轉。《上博三·周易 44》："氣（汔）至，亦母（毋）龔（綪）
葓，嬴（羸）兀（其）鉼（瓶），凶。"

 陶録 2·409

【注】從攴隹聲。●"丘齊平里囗馶"，人名。

 清華六·子產 28

【注】從虫隹聲。●讀惟。《清華六·子產 28》："蜼（惟）能智（知）亓（其）身，以能智亓所
生。"

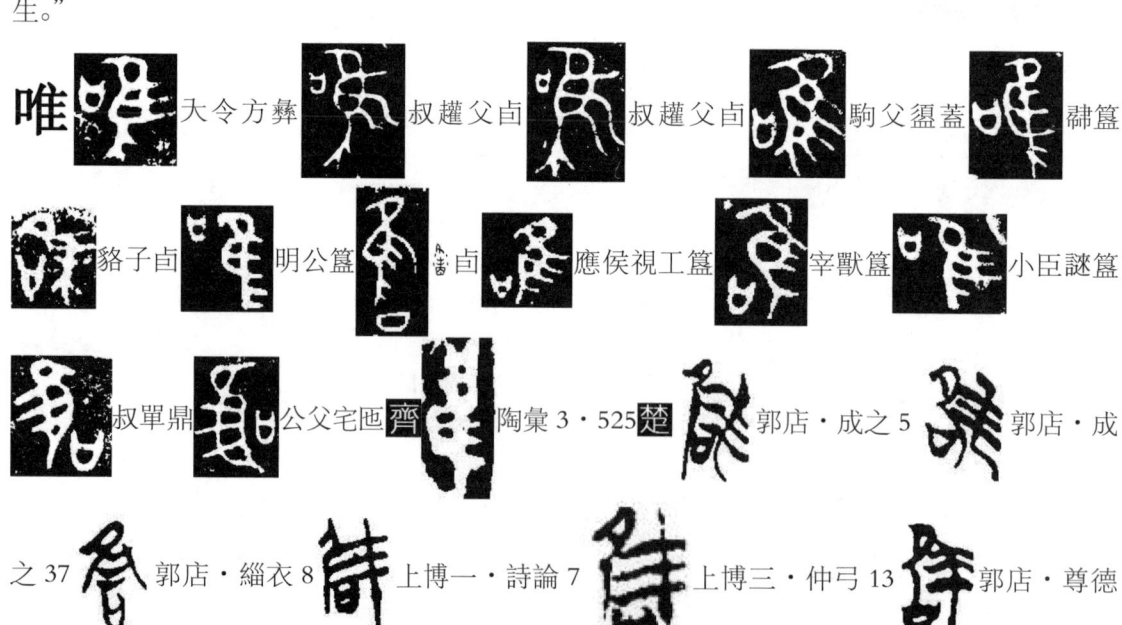 唯 天令方彝　叔趯父卣　叔趯父卣　駒父盨蓋　䢒簋
貉子卣　明公簋　卣　應侯視工簋　宰獸簋　小臣謎簋
叔單鼎　公父宅匜齊　陶彙 3·525楚　郭店·成之 5　郭店·成
之 37　郭店·緇衣 8　上博一·詩論 7　上博三·仲弓 13　郭店·尊德

 28　包山 91　清華八·處位 1　上博五·三德 8　清華八·邦道

11 清華六·管仲 26 燕 郾王職壺 晉 璽彙 3118 璽彙 0863 璽彙

3118 秦 不娶簋 詛楚文 集證 173 睡簡·日乙 146

【注】甲骨文作 、 、 、 、 、 、 、 ，從口從佳（鳥），會鳥雀諾諾連聲之意；佳兼聲。《説文》：" 唯，諾也。從口佳聲。"本義為應答聲，如《漢書》："信再拜賀曰：'唯'。"今多用為語氣詞。●語气副詞。《段簋》："唯王十又三（四）祀，十又一月丁卯。"文獻作"惟"。《害·洪範》："惟十又三祀，王訪于箕子。"《郭店·緇衣42》："唯君子能好其駇（匹），小人剴（豈）能好亓（其）駇（匹）。"●語助詞，相當于"有"。《沈子它簋》："用妥（綏）公唯壽""其乱哀乃沈子它唯福。"《詩·小雅·六月》："比物四驪，閑之維則。"言閑之有濾也。●在于。《師克盨》："不（丕）顯文武，雁（膺）受大令，匍有四方，則繇佳（唯）乃先且（祖）考又（有） 嬖于周邦。"●讀雖，雖然、縱使。《蔡侯申鐘》："余唯（雖）末少子，余非敢盜（寧）忘（荒）。"《清華五·湯丘10》："唯（雖）臣死而又生，此言弗又可得而聞也。"●《璽彙3118》為"余唯"合文，人名。

儵 齊 陳侯因𩛥錞 楚 郭店·尊德 21 清華九·治政 11 清華十·四

告 9

【注】從心唯聲。●讀惟，限定語氣詞。《郭店·尊德21》："而亡儵（惟）羕（養）心於子（慈）佷（良），忠信日嗌（益）而不自智（知）也。"《陳侯因𩛥錞》："皇考孝武趄公，龏（恭）戴（哉），大慕克成，其儵（惟）因𩛥揚皇考。"《清華十·四告9》："倉（創）興立誨（謀）儵（惟）猷。"《書·多方》："猷告爾四國多方惟爾殷侯尹民。"●讀惟，整理小組訓"思"。《清華九·治政10》："上愻（愚）則下遊=執=（失執，失執）則儵=古=（惟古，惟古）則生智。""古"讀故。"故"解釋為"心思""計謀"比較合適。簡文意謂：由於失去行事的依據，只好自己動心思、想辦法，久而久之，在下者就會增長智慧。

晉 璽彙 0671 璽彙 0672 璽彙 1311 璽彙 3204 璽補 191

【注】從日唯聲。●晉璽人名。

鸇 晉 璽彙 1355 分研一 266

【注】從鳥暊聲，疑"雛"之繁文。●晉璽人名。

灘　致鼎　　　录致簋　楚　　　、　　　曾伯霥簠　　　灘　曾公畎鐘

【注】從水唯聲，"淮"之繁文。聲符作唯，與"雛"作 （录簋）、 （遇甗）、 （伯雍父盤）近似而不混。《曾公畎鐘》增從又。●讀淮，中國古代的一種少數名族。《致鼎》："王用肇（肇）事（使）乃子致率虎臣御灘（淮）戎。"或說淮戎即淮夷，淮河流域的夷族方國。《曾伯霥簠》："克狄灘（淮）尸。"《禹鼎》作"淮夷"。

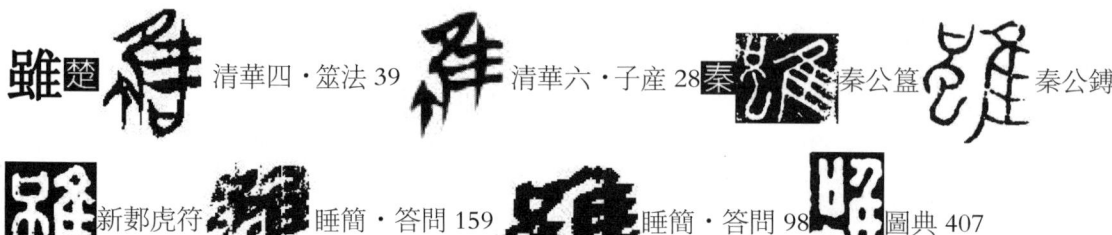
雛 楚　　　清華四·筮法 39　　　　清華六·子產 28　秦　　　秦公簋　　　秦公鎛

新郪虎符　　　睡簡·答問 159　　　　睡簡·答問 98　　　　圖典 407

【注】從虫唯聲。西周、春秋戰國文字"雛""唯"同音，故"雛"多借"唯"為之。"雛"後音變而入心母。《說文》："雛，似蜥蜴而大。從蟲唯聲。"本義蟲，似蜥蜴而大。●連詞，表假設讓步，猶言"雖然"。《秦公鎛》："余雛小子，穆穆帥秉明德，叡（睿）尃明井（刑）。"《新郪虎符》："燔隊（燧）事，雛母（毋）會符，行殹（也）。"秦文字多用"雛"表示雖，轉折連詞。楚文字則用"唯"。●讀惟。《清華四·筮法 39》："乃雛（惟）兇之所集於四立（位）是貝（視）。"

轊 晉　　　璽彙 1126

【注】從車唯聲，當為"轊"之繁文。●晉璽人名。

脽 齊　　　陶彙 3·1035　　　陶録 3·310 楚　　　鄂君啟舟節　　　璽彙

5531　　　襄城公競脽戈　燕　　　公孨里脽戈　　　璽彙 4128 晉　　　璽彙 1745　　　璽彙

1165　　　璽彙 0682

【注】甲骨文作 、 ，從肉隹聲。《說文》："脽，屍也。"本義為臀部。●戰國文字習見人名。

邌 楚　　　璽彙 0263

【注】從辵脽聲。●"耶邌达（逐）鈢"，人名用字。

1920

郭店・尊德1

【注】從水雎聲。齊系文字李家浩釋為"灉"。(《談古璽文字中特殊寫法的"隹"》)詳"雎"字。《璽補418》或釋為"淯"。●讀懲。《郭店・尊德1》:"灉(懲)忿繳(戾),改忌勳(勝),為人上者之叕(務)也。"灉,從水雎聲,古音在端母脂部。懲,古音在定母蒸部。端、定二聲皆為舌頭音,脂、蒸二韻相近可通。文意為:戒慎抑止無理的忿恨暴虐,改更導正猜忌與好勝之心,是作為人上之君主的要事。●《陶彙3・646》《分研一398》"左畠(田)灉鉥"、《陶彙3・645》"左敕灉鉥"、《璽補418》"右畠(田)灉",可知"灉"當是"左田""左廩"機構下的職官。李家浩先生認為"隹""魋"古音相近,可以通用,可讀魁。

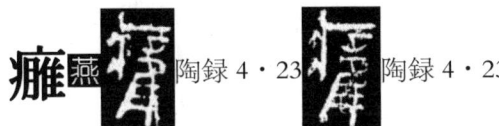

【注】從广雎聲。●人名。

【注】從土雎聲。(《談古璽文字中特殊寫法的"隹"》)或以為從肉堆聲。●"王畠(田)雎鉥",是"王田"機構下的職官。同"灉"。

【注】從目隹聲。或從隼聲。●秦印人名。

【注】從走隹聲,與小篆同。《說文》:"趡,動也。從走隹聲。《春秋傳》曰:'盟于趡。'趡,地名。"本義奔跑。《史記・司馬相如傳》:"蔑蒙踊躍,騰而狂趡。"《注》趡,走貌。●人名。《趡罍》:"趡乍(作)文父戊障彝。"秦印亦為人名。

【注】從言隹聲。●讀推,推擇、推舉選拔。《睡簡・葉書53》:"吏誰從軍。"●讀騅。《大鼎》:"王召走馬雁(應)令取誰(騅)騶卅二匹易(賜)大。"●燕璽"郭誰",人名。

蒸尊 秦 睡簡・封診21

【注】從馬隹聲，與小篆同。《説文》："䮃，馬蒼黑雜毛。"本義雜色馬。●毛色蒼白相雜的馬。《盠尊》："王拘駒敳，易（賜）盠駒，勇雷䮃子。"《睡簡·封診21》："市南街亭求盜才（在）某里曰甲縛詣男子丙，及馬一匹，䮃牝右剽。"系蒼白雜色的母馬，右眼有病。

雅［楚］ 雅子奠壺 ［秦］ 、 印增 138

【注】從犬隹聲。●金文人名。秦印人名。

雐［秦］ 青川木牘

【注】從禹隹聲。《字彙》離字之譌。●讀雖。《青川木牘》："雐（雖）非除道之時。"

椎［楚］ 上博三·彭祖 4 曾侯 123 ［秦］ 睡簡·日甲 36 背 秦印 111

【注】從木隹聲。●讀墜。《上博三·彭祖 4》："既只（躋）於天，又椎（墜）於淵。夫子之德登矣，何其宗。"●讀維。《曾侯 123》："綑椎玉𦉭㚓。"●棒椎也。《睡簡·日甲 36 背》："以棘椎桃秉（柄）以憙（敲）其心。"

稚［秦］ 陶彙 5·155 陶彙 5·478

【注】從禾隹聲。●秦陶人名。

䧳［楚］ 上博四·昭王 2

【注】從宀稚聲。●讀稚。《上博四·昭王 2》："䧳人弗敢止。"稚人，守稚門之侍禦。《禮記·明堂位》"天子皋門、雉門"，注云："天子五門，皋、庫、雉、應、路。"知出土古文獻中作"稚門"，于傳世文獻中則作"雉門"，"稚""雉"二字音近可假。

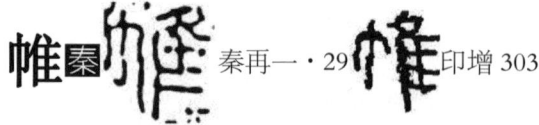
帷［秦］ 秦再一·29 印增 303

【注】從巾隹聲。●"尚帷中御""東苑尚帷"，"尚"讀掌。尚帷，官名。

崔［秦］ 陶彙 5·194 秦編 1470

【注】從山隹聲。●秦陶均為人名。

季骰簋

【注】甲骨文作𣪊、𣪊，從攴隹聲，"摧"之初文。金文從殳隹聲。●人名。《季骰簋》："季骰乍（作）旅殷。"

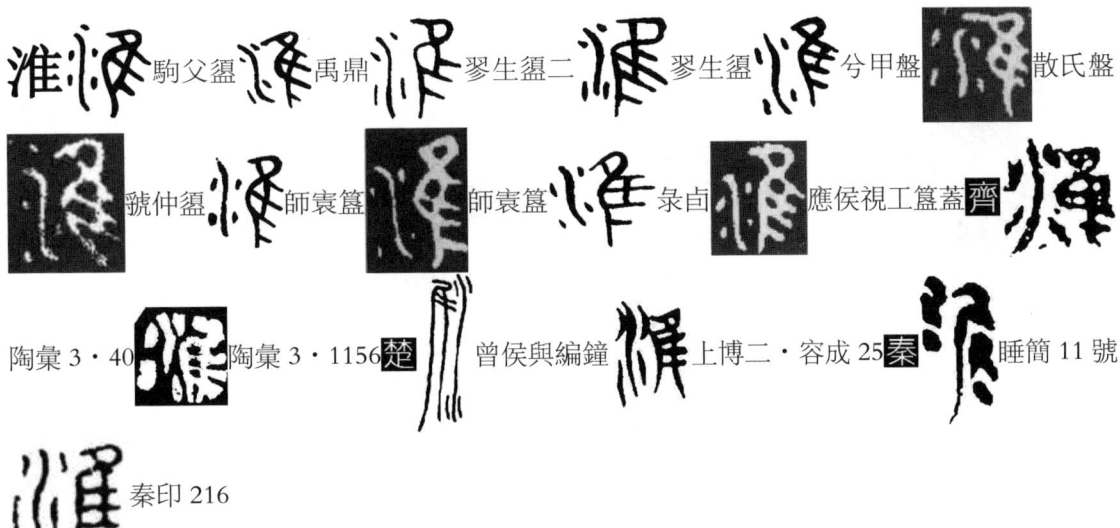

淮 駒父盨 淮 禹鼎 淮 翏生盨二 淮 翏生盨 淮 兮甲盤 淮 散氏盤

淮 虢仲盨 淮 師袁簋 淮 師袁簋 淮 录卣 淮 應侯視工簋蓋 齊 淮

陶彙3·40 淮 陶彙3·1156 楚 淮 曾侯與編鐘 淮 上博二·容成25 秦 淮 睡簡11號

淮 秦印216

【注】甲骨文作淮、淮、淮、淮、淮，從水隹聲。金文同。《説文》："淮，水。出南陽平氏桐柏大復山，東南入海。從水隹聲。"本義為淮河。●淮河，我國大河之一。《楚公𫑳戈》："我乃至于淮。"●淮夷：淮河流域一帶的少數民族，西周時曾多次與其他族聯合抗周。《禹鼎》："亦唯噩（鄂）侯馭方率南淮尸（夷）、東尸（夷），廣伐南或（國）。"《書·費誓》："徂茲淮夷，徐戎並興。"《詩·魯頌·泮水》："既克淮夷，孔淑不逆。"分佈在淮北徐州一帶的稱為北淮夷，地處淮南揚州一帶的稱為南淮夷，另有在東方荒服之內的稱東淮夷。●秦封泥"淮陽發弩"，為地名。

窜 楚 窜 蔡侯申鐘

【注】從穴隹聲。按：于省吾、周灋高兩位先生都以"窜"為"寯"之異體。《説文》"隹""鳥"二字作形旁時確常互用，但"寯"字乃以"鳥"為聲符。此處"窜"實從"隹"聲，非"寯"字之異體。●讀遲。古"犀"與"隹"定章雙聲，脂微旁轉，故作聲符可通。《説文·禾部》："稺，幼禾也。從禾，犀聲。"朱駿聲《説文通訓定聲》曰："字亦作穉，作稚，作稺。"《方言》卷二："稺，小也。"郭璞注："稺，古稚字。"《蔡侯申鐘》："余非敢寍（寧）忘（荒），有虔不易，轄（佐）右（佑）楚王，窜窜豫政，天命是遲。"《禮記·孔子閒居》："無聲之樂，气志不違；無體之禮，威儀遲遲。"孫希旦集解："威儀遲遲，行禮以和而從容不迫也。"《令狐君嗣子壺》有"犀犀"，曰："唯十年四月吉日，命瓜君嗣子，乍鑄尊壺，柬柬畳畳，康樂我家，犀犀康盄，承受屯德，祈無疆，至于萬意年，子之子，孫之孫，其永用之。""窜窜"在此釋為從容不迫正與上文"有虔不易"呼應，與文義合。（楊明明《金文疊音詞劄記》）

 睡簡‧答問 86

【注】從金佳聲。《説文》："錐，銳也。"本義為銳利之器。●用為本義，銳利之物。《睡簡‧答問 85》："鬬以箴（針）、鈇、錐，若箴（針）、鈇、錐傷人，各可（何）論？"●《上曾大子鼎》："哀哀利錐，用考（孝）用亯（享），既龢無測，父母嘉寺（持），多用旨食。"文獻亦見"利器"一詞，喻傑出的才能，如《後漢書‧虞詡傳》："不遇盤根錯節，何以別利器乎？"唐王昌齡《上侍御士兄》詩："利器必先舉，非賢安可任？""哀"讀殷。銘文用"殷殷"形容"利錐"，指才華之盛，猶今之才華橫溢。

璽彙 3026　璽彙 3781　璽彙 1126

【注】從車佳聲。●《曾侯 45》"黄克馭輇車"，為兵車名，或以為即《韓非子‧八説》"故智者不乘推（椎）車，聖人不行推政"中的"椎車"，用整塊圓木做車輪的簡陋車子。●齊陶晉璽人名。

 印增 579

【注】從盧佳聲。●人名。

 戰編 623

【注】從鬼佳聲。●秦印單字，人名。

 鄂季奞父簋

【注】從大佳聲，字會意不明。或謂奮、奪之初文，然奮、奪古文字均不從奞。《説文》："奞，鳥張毛羽自奮也。從大從隹。凡奞之屬皆從奞。"金文與小篆未必同字。●人名。《鄂季奞父簋》："噩（鄂）季奞父乍（作）寶障彝。"

 信陽

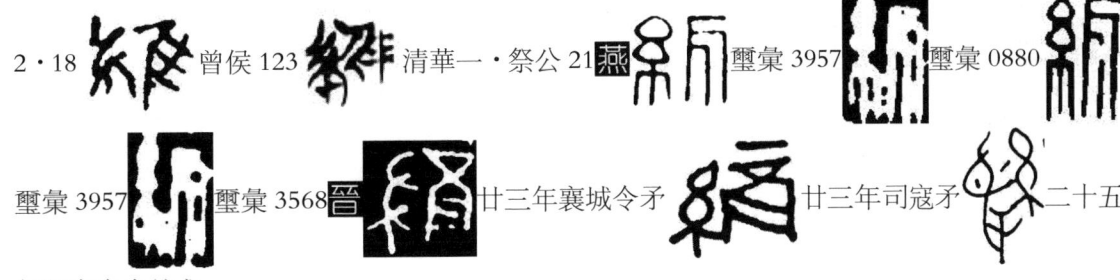

2·18 曾侯 123　清華一·祭公 21　璽彙 3957　璽彙 0880

璽彙 3957　璽彙 3568　廿三年襄城令矛　廿三年司寇矛　二十五年陽春嗇夫維戈

【注】從糸隹聲，與小篆同。《説文》："維，車蓋維也。"本義當為系物之繩。●系也。《信陽 2·18》："絽維。""絽"是繩帶，"絽維"是指懸掛鐘磬的帶子。●《璽彙 0225》"維譜亭之鈢"。"維"即"濰"，本是水名，在齊境內，源出山東莒縣西北濰山。《左傳》襄公十八年："晉師伐齊，東侵及濰。"此璽為"維譜亭"所用之璽。●古文字多為人名。

類編 315　璽彙 1545　璽補 239

【注】從厂維（或疊加口）聲，疑"維"之繁文。●晉璽人名。

虢季子白盤

【注】從攴維聲，"維"之繁文，此猶"組"之從又作　。●讀維，經營、治理。《虢季子白盤》："不（丕）顯子白，壯（壯）武于戎工（功），經緮（維）四方，搏（搏）伐厰狁（玁狁），于洛之陽。"器銘"經維四方"，猶《詩·小雅·節南山》的"四方是維"。《周禮·大司馬》："以維邦國。"《太宰》："以經邦國。"經、維古義相通。

天星

【注】從冃維聲。●簡文義不詳。

陶彙 3·1008　類編 358

【注】從广維（或增從口）聲。●齊陶晉璽人名。

包山牘 1

【注】從韋從虎維聲。●《包山牘 1》："鼾（犴）舶之韊軒。"義不詳。

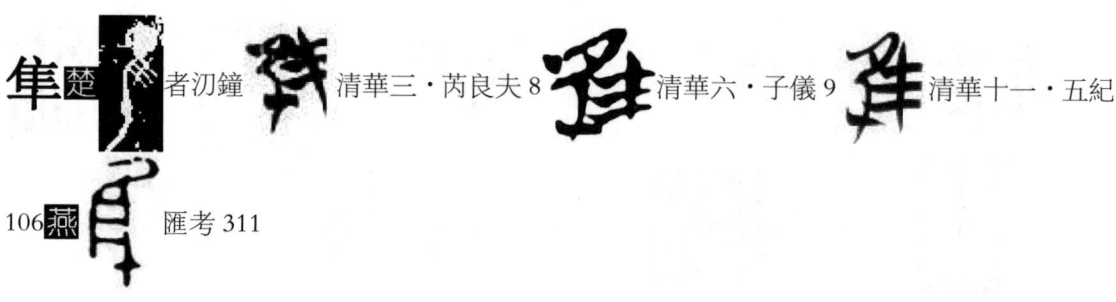

隼 楚 者汈鐘　惟 清華三・芮良夫8　惟 清華六・子儀9　惟 清華十一・五紀

106 燕 匯考311

【注】從隹，于尾部加飾筆為分化符號。隹，抑或加飾筆作 ，但與“隼”之飾筆位置不同。隼，六國文字應該是“隹”之繁文，秦系文字則別為一字。●多讀唯，語詞。《者汈鐘》：“隹（唯）戉（越）十有（又）九年。”●讀誰。《清華三・芮良夫7》：“民之俴（悛）矣，而隼（誰）啻（適）為王？”《清華六・子儀9》：“余愧（畏）亓（其）或（式、忒）而不（信），余隼（誰）思（使）于劜（戾）之？”●整理者括注讀準。《清華十一・五紀106》：“希（肆）赺（越）高鬼（畏），丨（撼）正（征）且（阻）黃（橫），敓（圉）女（汝）水，皋（梏）乃隼（準）於方，武乃囡（攝）韋（威）。”整理者注：“希，讀為‘肆’，極。赺，讀為‘越’。肆越，指極高遠。敓，讀為‘圉’，《爾雅・釋言》‘禁也’，與下文‘梏’互文。所謂‘圉汝水’，即《山海經・大荒北經》載‘蚩尤請風伯雨師，縱大風雨。黃帝乃下天女曰魃，雨止’一事。韋，讀為‘威’。武乃攝威，猶《左傳》襄公十一年‘君若能以玉帛綏晉，不然則武震以攝威之’。”

隴 楚 包山21　隴 包山22

【注】從首隼聲，疑古“頣”字。●包山簡人名。

雔 楚 曾侯206

【注】從止隼聲，“躍”字異文。●讀騅。《曾侯206》：“輚（乘）緟人兩雔（騅），卑車。”

鉒 楚 清華十一・五紀100

【注】從金隼聲。●整理者讀錐。《清華十一・五紀100》：“埶（設）鉒（錐）為盍（合），唬（號）曰武戬（散）；埶（設）枋（方）為尚（常），唬（號）曰武壯。”

脽 楚 鄂君啟舟節　脽 上博四・昭王9　脽 上博四・昭王10　脽 上博四・昭

王8 秦 丞相啟狀戈　、　、　脽 秦印166

【注】從肉隼聲。段玉裁注：“與肉部脽字義同字異。”●楚文字均為人名。《鄂君啟車節》：“大

攻（工）尹牌台（以）王命。”●秦印有“牌狀”，讀準，姓氏。或為人名。

【注】從广隼聲。《玉篇》諸書無庫字，音義近雁，當是雁字之譌。●秦印人名。

【注】從車隼聲，“輇”之繁文。●讀椎。《曾侯 45》：“黄克馭輇車。”詳“輇”字。

【注】從角隼聲，疑“觟”之異文。●人名。

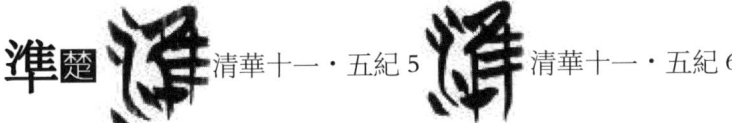

【注】從水隼聲。●《清華十一·五紀 5》：“三準，四再（稱），五又（規），員（圓）正達尚（常），天下之厎（度）。”準，《說文》：“平也。”《漢書·律曆志》：“準者，所以揆平取正也。”

端紐自聲

不娶簋蓋 嶧山刻石 集粹783 睡簡·秦種6 睡簡·秦種

185· 睡簡·秦種6

【注】甲骨文作 𠂤、𠂤、𠂤、𠂤、𠂤、𠂤，從止從𠂤（兼聲）。楊樹達謂："象師在前而人追逐之，蓋追字用于戰陣，見追者必為人也。"（《積微居甲文説》27頁）金文形符繁化從辵。𠂤或繁化作𠂤，蓋受諸如"䫴"等字類化所致。《榮作周公簋》增飾從口。《説文》："𧺆，逐也。從辵𠂤聲。"本義為以兵追擊敵人。●回溯、追念。《大令尊》："敢追明公賞于父丁，用光父丁。"《左傳·成公十三年》："以追念前勳。"●追逐。《致簋》："致達有嗣（司）、師氏奔追鄝（襲）戎于𤴷林。"《公羊傳·莊公十八年》："公追戎于濟西。"●人名。《追簋》："追虔夙夕恤乓（厥）死事，天子多易（賜）追休。"●追孝：追悼、紀念祖先的善德，乃金文習語。《兮仲鐘》："其用追孝于皇考己白（伯），用侃喜前文人。"《書·文侯之命》："用會紹乃辟追孝于前文人。"句例同銘文。●讀歸。《新蔡甲三11》："追宅茲浞（沮）、章（漳）。"

狀馭觥蓋 厚趠鼎

【注】《狀馭觥蓋》從貝追聲，與《厚趠鼎》所作為一文。●讀饋。《狀馭觥蓋》："狀馭弟史遺（饋）馬，弗左，用乍（作）父戊寶尊彝。"銘意是説，作器者由于狀馭弟史饋送馬匹，而不可廢止、懈怠，于是鑄作父戊寶尊彝以示紀念。《厚趠鼎》："厚趠又（有）僧于溓公。"典籍用"饋"或"歸"。

斛比盨

【注】從林𠂤聲，疑"柏"之繁文。●地名。《斛比盨》："其邑兢、楸、甲三邑。"

歸 毓且丁卣 臣諫簋 小臣謎簋 小臣謎簋 令

鼎 亢鼎 貉子卣 茼簋 應侯鐘 齊歸父盤 齊大宰

歸父盤 庚壺 楚天星 清華二·繫年3 清華二·繫年42

清華六·子儀 17　　清華六·子儀 18　　清華十·四告 24　　清華二·繫年

106　清華二·繫年 54　　清華二·繫年 86　　新蔡乙三 50　　侯馬

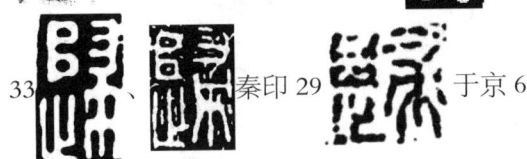

璽補 158　　不嬰簋　　不嬰簋　　睡簡·雜抄 35　　睡簡·為吏

33　　　秦印 29　　于京 61

【注】甲骨文作、、、、、、、、，《説文》以為"從婦省，自聲"，當為從帚從自，帚、自雙聲。裘錫圭先生認為"歸"當是從自帚聲之字，此"帚"大概就讀彗。"彗"是匣母祭部字，"歸"是見母微部字，聲韻相近。（《殷墟甲骨文"彗"字補説》）裘錫圭又指出甲骨文中訓為"小阜"的"自"與表示"師"的"自"寫灋有別，有可能本來是兩個字，後來才混而不分的。（《古文字論集》192 頁）從甲骨文、金文"歸"的字形來看，"歸"所從之"自"是表示"師"的，並不讀堆。金文同甲骨文，多增從義符又、彳、辵。帚形或訛為甫形。《應侯鐘》自上增從，源于省字而類化。《歸父盤》自形訛為。楚文字多作逶。《説文》："歸，女嫁也。從止，從婦省，自聲。籀文省。""女嫁也"當非本義。●返回，卜辭中亦用為此義。《令鼎》："王歸自諆田。"《書·湯誥》："王歸自克夏，至于亳。"《清華二·繫年 26》："文王敗之於新（莘），腹（獲）哀侯以歸。"●讀饋，饋贈。《不嬰簋》："王令我羞追于西，余來歸獻禽。"《貉子卣》："王令士道歸（饋）貉子鹿三，貉子對揚王休。"《左傳·閔公二年》"歸公乘馬""歸夫人魚軒"，歸均作"饋"解。●樂律名，或説角音之別稱。《曾侯乙鐘》："大族之珈歸，無鐸（射）之宮曾。"或作歸、歸、歸。●《于京 61》"歸德丞印"，地名。《漢書·地理志》："北地郡，秦置。……鶉孤，歸德，洛水出北蠻夷中，入河。"其治地在今陝西吳旗縣界。●侯馬盟書姓氏，讀歸。

秦風 213　　秦印 16

【注】從艸歸聲。●人名。

曾侯乙鐘　　曾侯乙鐘　　曾侯乙鐘

【注】從音歸聲。●律名專字，詳"歸"字。

【注】從金歸聲。●律名專字，詳"歸"字。

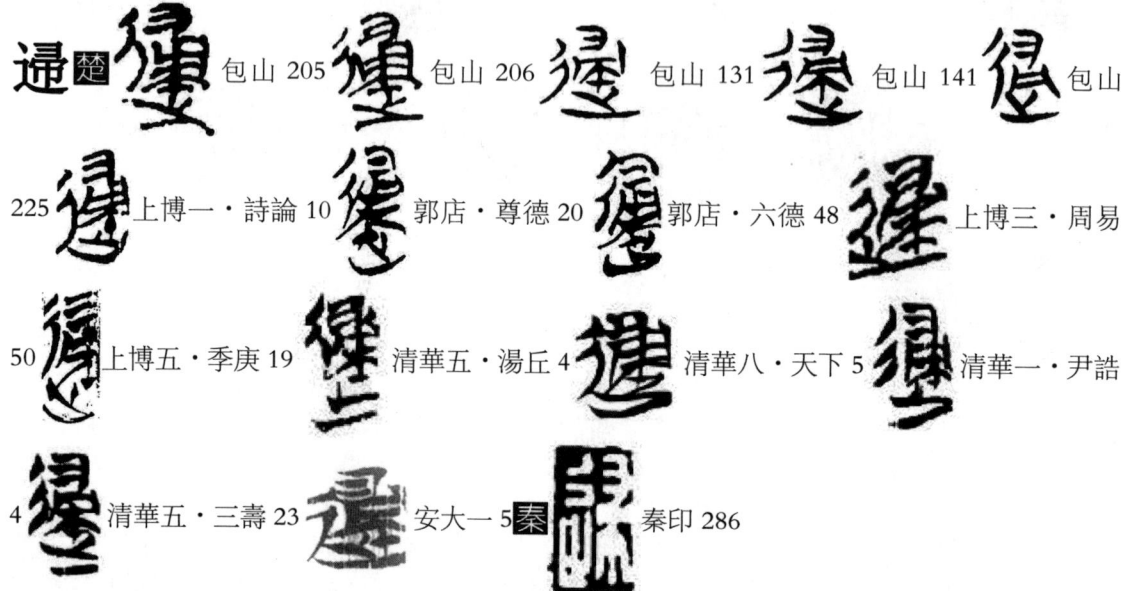

【注】從辵歸省聲；包山簡或省略下面的"个"形。●楚文字均讀歸。《郭店‧尊德20》："酋（尊）
悳（仁）、新（親）忠、敬壯（長）、逞（歸）豊（禮）。"《上博五‧季庚19》："弃（棄）亞（惡）
如逞（歸），訠（慎）少目（以）盒（合）大，正言而簪（密）獸（守）之。"●秦印"郭逞"，
人名。

【注】從邑歸省聲。●《望山1‧54》"鄱鼢（豹）"，讀歸，姓氏。

【注】從韋歸省聲。●讀壞。歸，微部見母；壞，微部匣母。《清華三‧芮良夫18》："天之所轚
（壞），莫之能枳（支）。"意為：上天所要毀敗的，沒有誰能夠支撐。

【注】從糸歸省聲。●簡文"緯純"讀緯。《爾雅‧釋器》："緣謂之純。"注："衣緣飾也。""緯"

與"縓"通,當為懸垂之縜(即縓)。又《禮記·深衣》:"純袂緣純邊,廣各寸半。"《仰天23》:
"促羅縜之紌。"

【注】從貝歸省聲;或疊加聲符古。●讀饋,饋贈。《包山145》:"無以歸(歸)之。"

【注】吳大澂謂"饋"之古文。強運開亦以"饋""䵼"為一字,曰:"䵼從米猶從食,饋食必
以器,故又從皿,歸省聲。饋既為古文,是䵼為籀文也。"(《説文古籀三補》五卷9頁)●讀饋,
饋贈。《大簋蓋》:"王才(在)䵼帗宮。"強運開曰:"䵼帗即歸帗。《春秋》定公十四年:'使石
尚來歸帗。'《周禮·大行人》'歸脤以交諸侯之福。'皆假歸為䵼。"(同上引)"帗"讀祳(社祭
之肉名),典籍多作"脤"。

端紐對聲

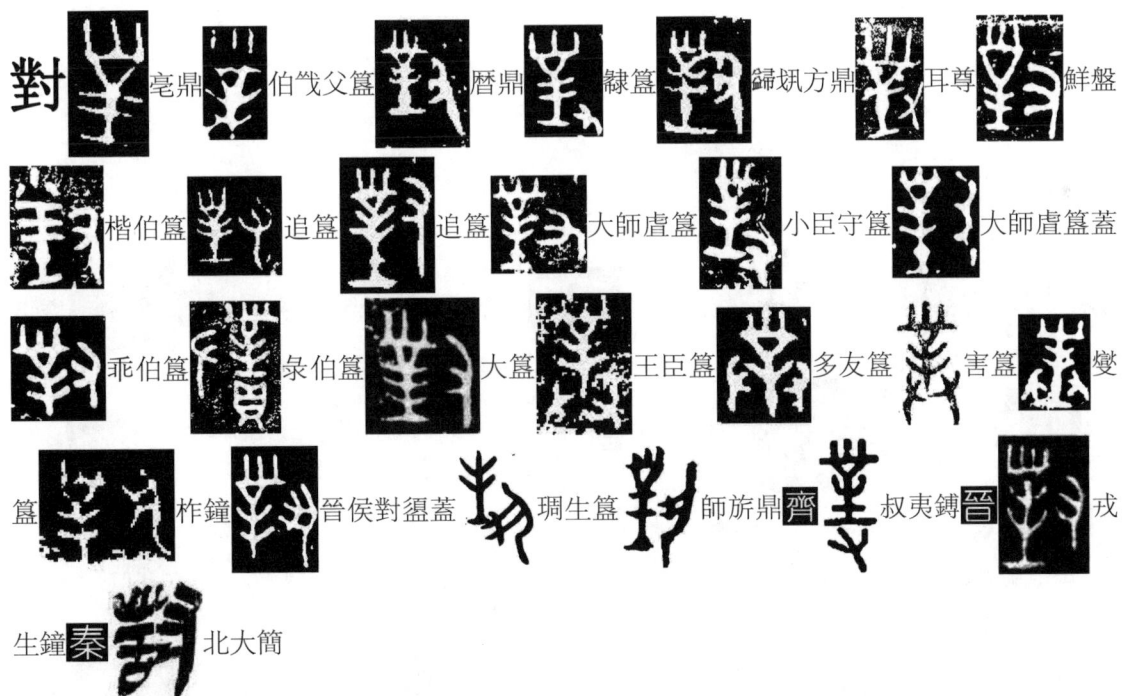

【注】甲骨文作、、。張日升謂,"對"之本義為符節,有相當相配之意,引申之為對答、
對應(《金文詁林》第三冊)。朱芳圃謂,為蠟燭形,下有燭座,手持蠟燭表示向着的意思。(《殷
周文字釋叢》)諸説不一,殆無定論。金文同甲骨文,或稍有訛變。從又或易從廾、卂,會意同。
或增從貝,或僅作。《瑚生簋》所作,與"封"字易混。《説文》:"對,應無方也。從丵從口從
寸。對或從士。漢文帝以為責對而為言,多非誠對,故去其口以從士也。"本義為相向。引申

為應答，如《詩經》："聽言則對，誦言如醉。"●答也。《南宮乎鐘》："敢對揚天子不（丕）顯魯休。"對揚，金文習語，冊封時的儀式之一，表示作器者（即受賜者）對賞賜者的讚美感激。《書·説命》："敢對揚天子之休命。"孔傳："對，答也，答受美命而稱揚之。"●人名。《對罍》："對乍（作）文考日癸寶障罍。"●配也。《曆方鼎》："曆肇（肇）對元德。"言曆的品格能應和美德。

薱 [齊] 陶彙 5·274　　陶彙 5·275

【注】從艸對聲。●齊陶人名。

膭 [晉] 王何戈

【注】從肉對聲。膭，《篇海》杜對切，音隊。茂貌。●人名。《王何戈》："王何立（蒞）事，尋（得）工冶膭所教、馬重為。"

繸 [楚] 上博六·用曰 15

【注】從糸對省聲。曰為飾筆。●讀對。《上博六·用曰 15》："請命之所繸（對），而言話（語）齋=（之所）记（起）。"

透紐水聲

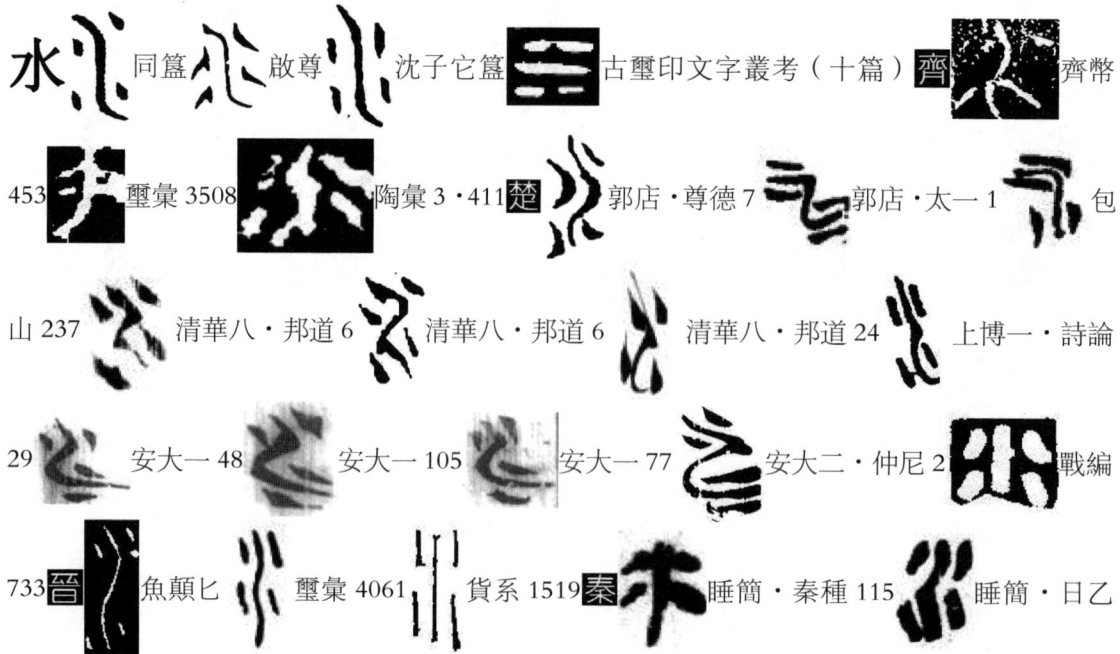

水 [同簋]　　[啟尊]　　[沈子它簋]　　古璽印文字叢考（十篇）　　[齊] 齊幣

453 璽彙 3508　　陶彙 3·411 [楚] 郭店·尊德 7　　郭店·太一 1　　包

山 237　　清華八·邦道 6　　清華八·邦道 6　　清華八·邦道 24　　上博一·詩論

29　　安大一 48　　安大一 105　　安大一 77　　安大二·仲尼 2　　戰編

733 [晉] 魚顛匕　　璽彙 4061　　貨系 1519 [秦] 睡簡·秦種 115　　睡簡·日乙

100 石鼓文　陶彙 5·247　宗邑瓦書　秦印 214　集證
146

【注】甲骨文作 、 、 、 、 、 、 、 、 、 ，象彎曲之水流、中有浪花之形。
金文同甲骨文。《說文》：" ，準也。北方之行。象眾水並流，中有微陽之气也。""北方之行"，
乃義五行附會五方之説，水屬北方。本義為河流。引申泛指江、河、湖、海。●江河。《同簋》：
"自瀘東至于河，厇（厥）逆至于玄水。"●讀乞。《沈子它簋》："其乳哀乃沈子它唯福，用水
需令（命）。"●《集證 146》"水印"。曹錦炎云："水，機構名，根據秦陶文，中央官署有宮水、
寺水、左水、右水、大水等機構名，是中央官府的制陶作坊，主要燒造磚瓦。所以此璽也當是
製陶官等所用的印。"今按曹説是，水乃製陶官署，不主陂池灌溉，保守河渠，與"都水"無關。

詠  睡簡·日甲 81 背

【注】從言水聲。●人名。《睡簡·日甲 81 背》："乙名曰舍徐可不詠亡憂。"

泥紐犿聲

蕤  圖典 402

【注】從艸犿聲。●秦印"王蕤"，人名。

來紐畾聲

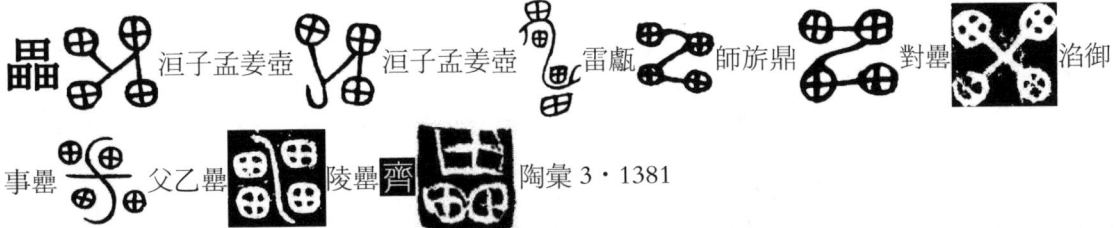

晶 洹子孟姜壺　洹子孟姜壺　雷甗　師旂鼎　對罍　泪御

事罍　父乙罍　陵罍齊　陶彙 3·1381

【注】甲骨文作 、 、 、 、 、 、 ，從申（申即是電，象閃電伸張之形）、 、 等
形象征雷聲滾滾。金文把圓形均寫成車輪形，強調其響，隸為"畾"。●多讀罍、樏，器名。《中
父乙罍》："乍（作）父乙寶中尊雷（罍）。"●人名。《雷甗》："雷乍（作）寶尊彝。"《師旂鼎》：
"雷事（使）厇（厥）友引目（以）告于白（伯）懋父。"●馬名。《盠尊》："王拘駒敫，易（賜）
盠駒，勇雷駓子。"●齊陶單字，當為人名。

罍晉　璽彙 1919　璽彙 2128　璽彙 1739　璽補 194

【注】從子晶聲，疑是古僖字。●晉璽人名。

 郘旂士嫇鐘

【注】從女嫑聲。●金文人名。

 陶録 2 · 414　陶録 2 · 670　齊陶 0987

【注】從肉晶聲。●齊陶人名。

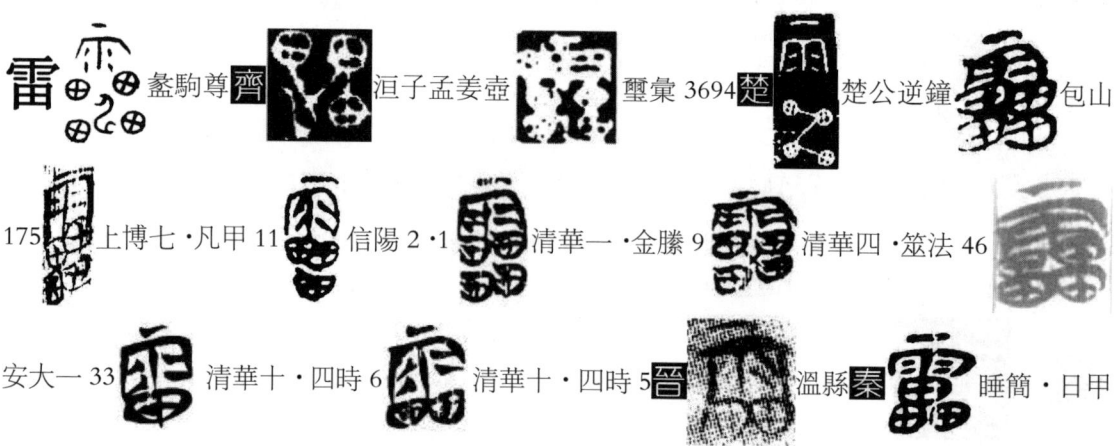 盠駒尊 齊　洹子孟姜壺　璽彙 3694 楚　楚公逆鐘　包山

175　上博七 · 凡甲 11　信陽 2 · 1　清華一 · 金滕 9　清華四 · 筮法 46

安大一 33　清華十 · 四時 6　清華十 · 四時 5 晉　溫縣 秦　睡簡 · 日甲

43 背

【注】從雨晶聲。增從"雨"，字兼會意，會意雷多在雨天出現。故晶、雷一字。《説文》："雷，陰陽薄動靁雨，生物者也。從雨，晶象回轉形。􀀀古文靁。􀀀古文靁。􀀀籀文。靁閒有回；回，靁聲也。""晶象回轉形""回，靁聲也"均不確。本義為打雷。●信陽簡"一雷（畾）"，讀畾。●齊璽"雷族舒鈇"，姓氏。包山簡姓氏。●用為本義，雷、雷聲。《上博七 · 凡甲 11》："管（孰）為靁（雷）神？"《安大一 33》："鼓（殷）亓（其）靁矣，才（在）南山之下。"《清華十 · 四時 5》："四日，鳴雷之远（兂）。"●鐘鼓的修飾語。《楚公逆鐘》："楚公逆自乍大雷鎛。"

 璽彙 5571　璽彙 2792　璽彙 2793

【注】從用晶聲。●燕璽"臛賀""臛住""臛脵"，應為姓氏。

 包山 190 晉　▢陽令每戲戈

【注】從土晶聲，與小篆同。《説文》："壘，軍壁也。"軍壁，防護軍營的牆壁或建築物。●人名。《▢陽令每戲戈》："工帀（師）北宮（宮）壘。"●讀未。《包山 190》"壘（畾）易（陽）君之人宋午"，"壘易"讀為"未陽"，地望在今湖南未陽。

包山 85　　上博二 · 容成 13

【注】從雨壘聲，即《説文》"靁（雷）"字異構。●包山簡姓氏，讀雷。後漢有雷義，蜀有將軍雷同。●澤名。《上博二 · 容成 13》："昔舜耕於畕（畕）丘，陶於河濱，漁於雷澤。"

安大一 9　　上博三 · 周易 43　　安大一 9

【注】從艸畾聲，或增從土。●藤類植物。《上博三 · 周易 43》："困于葛藟（藟）。"簡本"葛藟"今本作"葛藟"。《安大一 8》："南又（有）流（樛）木，葛藟=（藟藟）之。"《毛詩》作"葛藟累之"。

上博六 · 慎子 5

【注】從糸畾聲。●讀累。《上博六 · 慎子 5》："彔（祿）不纍（累）其志，古（故）曰弜（强）。"《慎子》佚文有："外物不累其內"。

鄂君啟舟節

【注】從水畾聲。《説文》無。字或隸定作"潚"。●讀耒，水名。《鄂君啟舟節》："內（入）潚（耒）。"于省吾隸定為潚，釋作湘水支流耒水。（《鄂君啟節考釋》）

璽彙 0061　　璽彙 0086

【注】從邑畾聲。●燕璽"鄺邸"，地名。"鄺"疑讀灅或讀灢，"灅"或"灢"均從"畾"得聲，故可相通。《説文》："灅水出雁門陰館累頭山，東入海，或曰治水也。"又，《説文》："灢水出右北平浚靡，東南入庚。"即今河北遵化縣的沙河，源出縣北長城外，南流經縣東折西南注入庚水。可知灅水、灢水主要流經地都在戰國時燕國境內，"鄺邸"之得名很可能與這兩水有關。（《古璽通論》146 頁）

櫑仲簠齊　　邘伯壘

【注】從木畾聲。《説文》："櫑，龜目酒尊，刻木作云雷象。象施不窮也。從木畾聲。櫑或從缶。櫑或從皿。籀文櫑。"本義為器名，用以盛酒或盛水。●大型盛酒器和禮器。體量略小于彝，有圓形、方形兩種。圓形壘造型為斂口，廣肩，豐腹，圈足或平底；肩部兩側有兩耳或四耳。《函皇父簠》："自豕鼎降十又一、段八、兩壘、兩壺。"《詩 · 小雅 · 蓼莪》："缾之罄矣，

維罍之恥。"毛傳："鉼小而盡，罍大而盈。" ●人名。《橺仲簠》："橺中（仲）乍（作）寶障彝。"

且甲罍

【注】從皿畾聲。"橺"之異文。從皿，表器之用也。 ●同"橺"，酒器名。

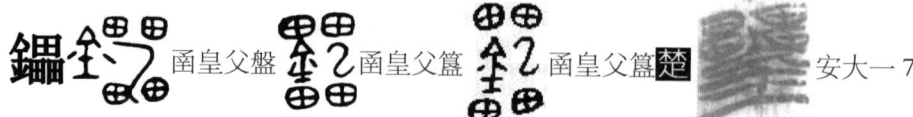安大一 7

【注】從金畾聲，"橺"之異文。從金，表示器質。 ●同"橺"，酒器。

邴伯罍

【注】從缶畾聲，"橺"之異文。從缶，表器之用也。 ●同"橺"，酒器。

公廚右官鼎

【注】從网畾聲。《爾雅·釋器注》九罭，今之百囊罟，亦謂之罶也。《類篇》或作罶。 ●人名。《公廚右官鼎》："罶簠為。"

纍（累、絫）

秦集二·四·45 、戰編850 、印增508 、類編367 、 、 、 、印增549

【注】從糸畾聲，即"累"字。或從品，為畾之省。《說文》有絫，古同"累"，實際為累字演變。 ●秦印人名。 ●秦封泥"絫丘鄉印"，絫丘鄉，鄉名。

橺 秦 睡簡·秦種135

【注】從木纍聲。 ●讀纝。《睡簡·秦種135》："勿枸橺橺杕。"詳"枸"字。

來紐耒聲

耒 耒父乙爵 耒父癸爵 耒簠 耒作父己簠 耒父己鼎 秦二十六

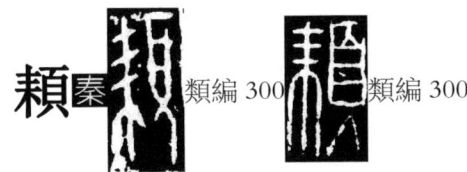年蜀守武戈 、 印增 154

【注】金文象一種翻土農具，形如木叉，上有曲柄，下面是犁頭，用以鬆土，可看作犁的前身。金文或增從又。小篆誤又持柄處為丰，下部訛為木，遂為"耒"字。《説文》：" ，手耕曲木也。從木推丰。古者垂作耒耜以振民也。""耒"是漢字部首之一，從"耒"的字，與原始農具或耕作有關。●族氏名。《耒父乙爵》："耒父乙。"●人名。《耒作父己簋》："耒作父己。"《二十六年蜀守武戈》："廿六年，蜀守武造，東工師宦、丞耒。"

賴 秦 類編 300 類編 300

【注】從頁耒聲。《説文》："賴，頭不正也。從頁從耒。耒，頭傾也。讀又若《春秋》陳夏齧之齧。盧對切。"●人名。

來紐泪聲

泪 晉 三年杖首 璽彙 2588 璽彙 2589 璽彙 2544

【注】從水從目，會眼淚之意。後世從水庚聲作"淚"，蓋古亦有"泪"字。●晉文字人名。《三年杖首》："三年中膚（府）丞肖（趙）許、冶泪。"《璽彙 2544》或釋為"濯"，人名。

心紐夊聲

坴（夊） 楚 鄝陵君王子申豆 畬忻鼎 畬忻鼎 石坴

刀鼎 包山 83 包山 157

【注】從土夊聲。詳"桎"字。●讀錘。《鄝陵君王子申豆》："汭襄（鑲）賍（重）三朱二坴朱……"《石坴刀鼎》："石坴刀。""錘"可以表示三分之一，鄝陵君器"坴（錘）朱（銖）"即三分之一銖。《石坴刀鼎》"石坴刀"即重"一石三分之一刀"。(《東周金文與楚簡合證》22 頁)●人名。見于《畬忻鼎》。●地名。《包山 83》："坴者邑人邧女。"

夒 秦 石鼓文

【注】從憂坴聲。●《石鼓文》："為所斿（遊）夒。"董珊讀累。句意謂飛鳥被遊樂之處的花草

樹木牽累，以致誤入羅網。（董珊《石鼓文考證》）

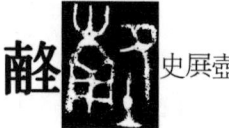

⿰南圣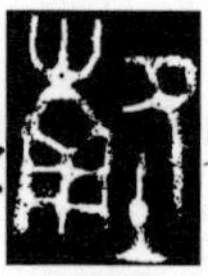史屖壺

【注】從南圣聲。●族氏名。《⿰南圣史屖壺》：“⿰南圣史屖（殿）乍（作）寶壺。”

⿰自圣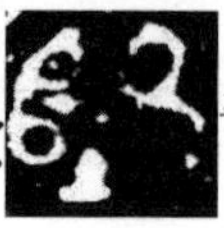晉伯⿰自圣父甗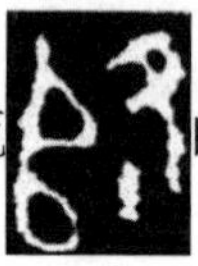⿰自圣伯盨 齊 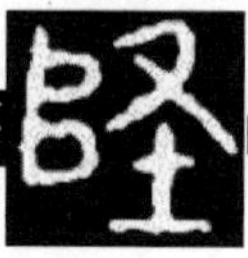⿰自圣公鯢曹戈

【注】從自圣聲。●族氏名或人名。《⿰自圣公鯢曹戈》：“⿰自圣公鯢曹（造）戈三百。”

⿰圣阝 楚 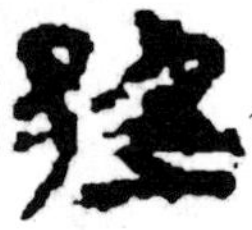包山 163

【注】從邑圣聲。●“⿰圣阝邑人”，地名。

柽 楚 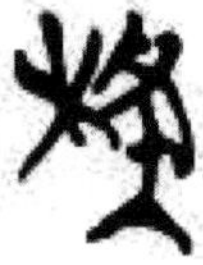包山牘 1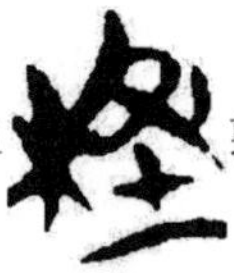郭店・窮達 7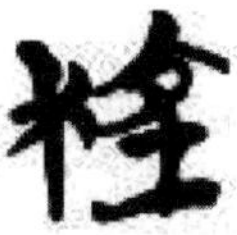包山 269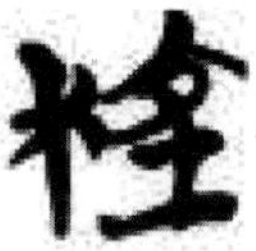包山 269

【注】從木圣聲。●讀箠。《郭店・窮達 7》：“白（百）里迌（轉）遺（鬻）五羊，為敀（伯）斀（牧）牛，斁（釋）板柽而為朝卿。”劉釗謂“板柽”疑讀作“鞭箠”。“板”從“反”聲，“反”“鞭”古音皆在帮紐元部，故可相通。“柽”字從“木”從“圣”，“圣”從“夊”得聲，“夊”在心紐微部，“箠”在禪紐歌部，音似不通，但“夊”古又作“綏”，《詩・國風・南山》：“南山崔崔，雄狐綏綏。”《玉篇》引作：“雄狐夊夊。”“綏”從“妥”聲，而“妥”古音就在歌部。“禪”“心”二紐古亦常有相諧的例子，如以“甚”字為聲的字就分屬於心紐和禪紐。“鞭箠”就是“鞭子”。《説苑・談叢》：“騏驥日馳千里，鞭箠不去其背。”（劉釗《郭店楚簡校釋》172 頁）白於藍也把包山 1 號木牘“柽”讀為“綏”，把本篇“板柽”讀為“鞭箠”。（《郭店楚墓竹簡考釋（四篇）》）●白於藍讀綏。《包山 269》：“一柽，冒（蒙）羿（旄）之首。”

帮紐飛聲

飛 楚 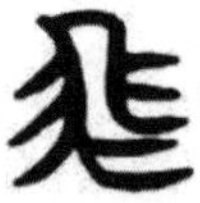曾侯 171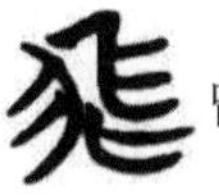曾侯 174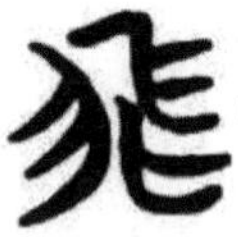曾侯 172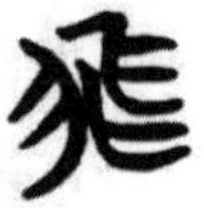曾侯 176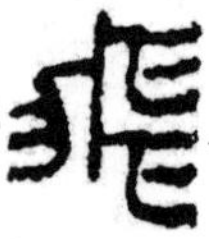上博三・周易 56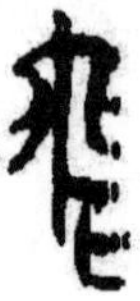上博六・用曰 5上博八・鶹鷅 1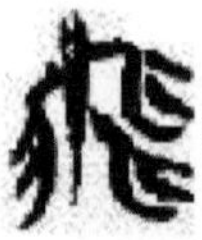清華二・繫年 14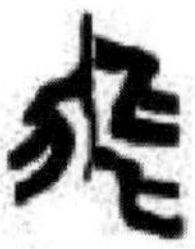清華三・説命下 3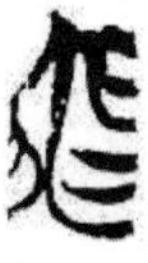上博九・陳公 19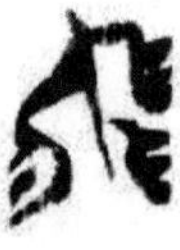清華九・治政 28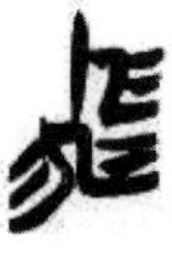清華十・四時 9 秦 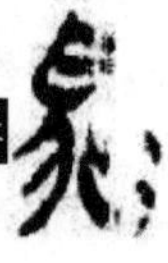

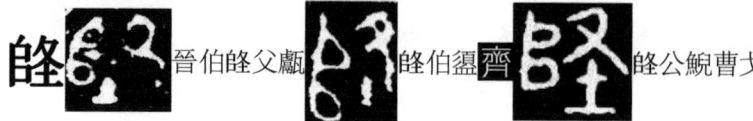

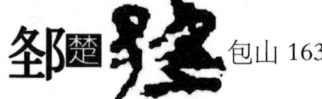

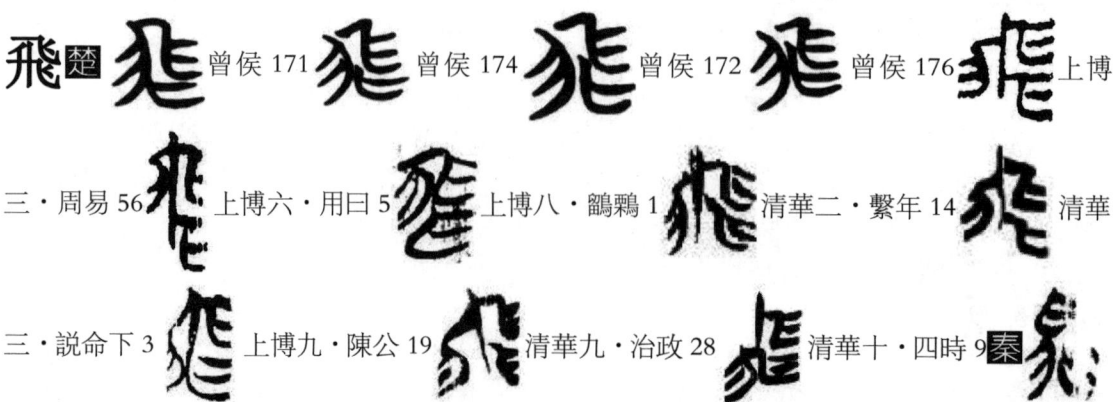

嶽麓一 · 占 6

【注】春秋金文見于《秦公鎛》之所從，象鳥展翅飛翔之形。戰國文字曾侯乙墓楚簡作飛、飛、飛，承襲金文。●多用為本義。《上博八 · 鶹鶷 1》：“娶（鶹）栗（鶷）罶（翮）飛今可（兮）。”●讀騑。《曾侯 171》：“宋客之騽為又（右）飛（騑）。”《說文 · 馬部》：“騑，驂旁馬。”簡文所記六馬架一車，把兩驂外面的馬稱為左騑、右騑，與《說文》的解釋相合。舊注一般認為驂、騑異名同實，非是。

幫紐非聲

【注】甲骨文作非、非、非、非、非。非為“非”字初文，象二人相背之形，為“北”字之異；彡即為人形所變，人首作短畫者，猶彳之作彳也（戰國陶文“非”或作飛，上橫或為甲骨文短畫之延伸）。其初義蓋由“北”引申有“非”之義，寫作非以別于外。甲骨文或從攴非聲，或從攴北聲；增攴示排斥之意。北兼表音，古音“非”在幫紐微部，“北”在幫紐職部，二字雙聲，韻部的主要母音相同。金文略同甲骨文。《說文》：“非，違也。從飛下羽，取其相背。”本義是違背。●責難、批評。《中山王嚳壺》：“迚（使）逆于天，下不忞（順）于人旃（也），寡人非之。”●相當于“不”。《蔡侯申鐘》：“余非敢寧忘。”●讀騑。《小臣傳簋》：“師田父令小臣傳非余。”《非余鼎》：“易（賜）金一勻（鈞）、非余。”非余，容庚讀騑驂，馬名。●連詞，表示否定性假設，意為“若非”。《毛公鼎》：“曆（曆）自今，出入專（敷）命于外，虖（厥）非先告父厝，父厝舍命，母（毋）有敢惷。”●讀霏。《清華六 · 子儀 6》：“漳水兮遠望，逆視達化（過），开（汧）兮非=。”非非，原整理者讀“霏霏”。●讀飛。《清華四 · 筮法 52》“非鳥”，讀“飛鳥”。《清華九 · 成人 7》：“乃降庶瑰（稷）、羣獸、非（飛）正（征），各又（有）騭（選）勿（物）。”《廣韻》：“稷，五穀之總名。”非正，整理者讀為“飛征”，泛指飛禽。《後漢書 · 馬融傳》：“挈

斂九藪之動物，繯橐四野之飛征。"

救 楚 清華九·禱辭 16

【注】從攴非聲。●讀肥。《清華九·禱辭 16》："救（肥）我脄（胙）工（貢）。"整理者注："救，從非得聲，通為'肥'。清華簡《周公之琴舞》'孝敬非怠荒'，'非'即寫作'肥'。""胙貢"當是指貢祀的祭牲，《説文·肉部》："胙，祭福肉也。"

餥 楚 清華十一·五紀 77

【注】從食非聲。●《清華十一·五紀 77》："勻（始）餥於鴟（張）。"《説文》："餥，餱也。從食非聲。陳楚之閒相謁食麥飯曰餥。"

悲 楚 清華八·邦道 5 　郭店·性自 31 　郭店·老丙 10 　上博一·性情 1 　上博二·民之 11 　天星 　包山 179 　清華八·邦道 5 　安大一 25 晉 璽彙 5451 　璽彙 5452 秦 戰編 714 　睡簡·日甲 67 背

【注】從心非聲。●均用為本義，悲哀、哀痛。《郭店·性自 31》："凡至樂必悲，哭亦悲，皆至亓（其）情也。"●晉璽單字，為成語璽。有聲無淚曰悲。古詩中多有詠歎。悲字在心形印面中，更突出了悲傷的心情；形式與內容統一。

鵬 楚 安大一 4

【注】從鳥悲聲。●讀飛。《安大一 4》："黃鳥于鵬（飛），集于雚（灌）木。"

緋 楚 仰天 24

【注】從糸悲聲，"緋"之繁文。●讀綏。《仰天 24》："綏組之緋。"

非 排鼎 晉 貨系 501 　貨系 502

【注】甲骨文作、（詳"非"字），從卄非聲。于省吾謂"排"之初文，即"非"之孳乳字也。（《殷契駢枝三編》29頁）非，為二人相背之形，復增形符孳乳為"排"字。《金文編》釋為"斐"，不確。《説文》無。●人名。《排鼎》："葬（排）肇乍保旅簋。"●晉空首布單字，讀棐，地名。

 騑 楚 曾侯174 曾侯172

【注】從馬非聲。●驂旁馬。《曾侯174》："洀國為左騑，嬛馶為左驂。"簡文或用"飛"，詳"飛"字。

猆 秦 類編333

【注】從犬非聲。●秦印人名。

鯡 秦 陶新2041

【注】從魚非聲。●秦陶單字，應為人名。

蜚 燕 璽彙3845

【注】從虫非聲。●燕璽人名。

篚 晉 中山王譻壺

【注】從竹匪聲。《説文》："篚，車笭也。"本義當為圓形竹器。《儀禮·士冠禮》："有篚。"《注》："篚，竹器如笭者。"《廣韻》："竹器。方曰筐，圓曰篚。"●讀匪，非也、不也。典籍作"非"。《中山王譻壺》："夙夜篚（匪）解（懈），進孯（賢）散（措）能。"《詩·大雅·烝民》："夙夜匪解，以事一人。"鄭玄箋："夙，早；夜，莫（暮）；匪，非也。"

厞 楚 包山57

【注】從厂非聲。●包山簡人名。

裴 秦 印增593

【注】從衣非聲。●人名。

縗 晉  璽彙 1908

【注】從糸裴聲，"裴"之繁文。●晉璽人名。

罪 秦  龍崗 44　 嶽麓一·為吏 87

【注】從网非聲。●秦簡義為治罪。《龍崗 44》："有（又）駕（加）其罪。"

淮 楚  新蔡乙四 146

【注】從水非聲。●地名。

郒 燕  、 先秦 98

【注】從邑非聲。●燕尖首刀"郒刀"，疑為地名。

妚 楚 清華十·四告 20

【注】從文非聲。●讀斐。《清華十·四告 20》："卑（俾）妚＝（斐斐）粲＝（粲粲）。""斐斐"為文采貌。《詩經·小雅·巷伯》："萋兮斐兮，成是貝錦。"毛傳："萋、斐，文章相錯也。"

靅 楚 清華十·四告 21

【注】從化非聲。●讀斐。《清華十·四告 21》："進退走聑（揖），靅＝臒＝（麋麋）。"靅靅，可讀為"斐斐"，文采貌。

斐 秦 印增 483

【注】從女非聲。●人名。

瞂 秦 秦風 116

【注】從目非聲。●"王瞂"，人名。

滂紐配聲

配 戜簋 毛公鼎 南宮乎鐘 黿方尊 戜鐘 姛鼎 齊 拍敦蓋 叔尸鎛 叔尸鐘 陳逆簋 楚 蔡侯申盤 配兒勾鑃 新蔡零 92 清華二·説命下 2 清華十·四告 11 清華十一·五紀 45 清華十一·五紀 109 伵子受鐘 伵子受鎛 秦 秦景公石磬 印

增 566

【注】甲骨文作 ，從酉從卩，人跪于酒尊之前，會配食之意。金文同。戰國文字承襲金文。《陳逆笑》卩形濃縮為 ，遂為小篆所本。戴家祥曰：“配字從卩，象人踞形，其義當為卩耦之配。古者娶婦必先以酒醴饗焉，……左傳隱公八年‘先配而後祖’。賈逵云：‘配成夫婦也’。公羊傳宣公三年‘王者必以其祖配’。何休注：‘配，配食也。’配字從酉從卩，乃象配食之形，非形聲字。許云‘酒色’，恐非本義。”（《金文大字典》下）《説文》：“ ，酒色也。從酉己聲。”本義當為配食。引申為區配、配偶等義。●配偶，義同“妃”。《拍敦》：“拍乍（作）朕（朕）配平姬彞（庸）宮祀彞。”《陳逆簋》：“台（以）乍（作）乒（厥）元配季姜之祥器。”●區配、匹配。《毛公鼎》：“不（丕）顯文武，皇天引厭乒德，配我有周，雁（膺）受大命，衛（率）襄（懷）不廷方。”●祭祀時的配享。《戜鐘》：“我佳（惟）司配皇天。”《戜簋》：“余亡康晝夜，至（經）擁先王，用配皇天。”《清華十·四告 1》：“拜=（拜手）頴=（稽首），者魯天尹咎（皋）繇（繇）配亯（享）茲莊（馨）番〈香〉。”●配命：配天之命，即領有天下之命。《毛公鼎》：“臨保我有周，不（丕）巩（鞏）先王配命。”

伵 楚 郭店·忠信 5

【注】陳劍釋為配。（釋《忠信之道》的“配”字）簡文 字當分析為从“人”从“配”省聲，或者直接分析為從 聲，它應該就是“配偶”之“配”的專字。 ，上端作填實形，跟常見的“卩”旁有顯著區別。 形，“配”“妃”“圮”等字所從，《説文》小篆譌作“己”。●讀配。《郭店·忠信 5》：“伵（配）天墬（地）也者，忠信之胃（謂）此。”

明紐尾聲

尾 楚 夫 郭店·老乙 4 毛 清華一·保訓 9 尋 上博一·詩論 21 尋 上博四·内

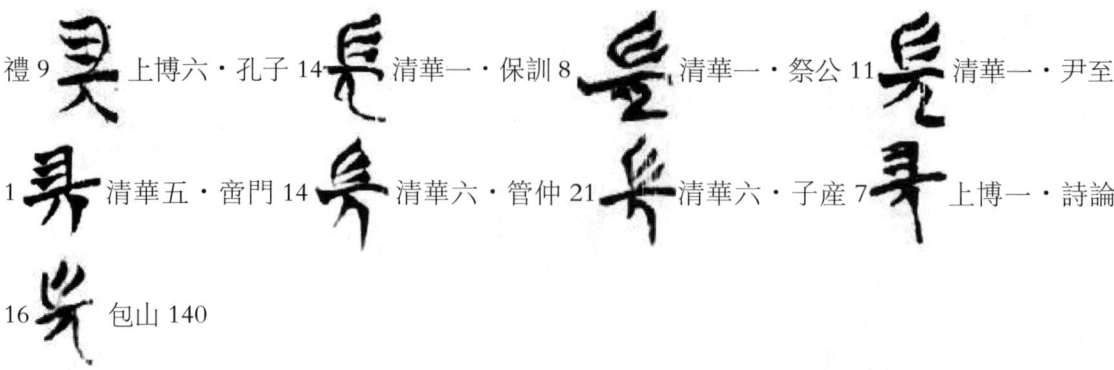

禮9　上博六・孔子14　清華一・保訓8　清華一・祭公11　清華一・尹至

1　清華五・畬門14　清華六・管仲21　清華六・子産7　上博一・詩論

16　包山140

【注】甲骨文作 𡵂，象人戴羽毛飾物之形，與"美"取義相近，僅正面側面之別；與"長"取義亦近。●岂或從岂之字多讀美。《上博一・詩論16》："見其岂（美）必欲反其本。"●讀枚。《包山140》："漸木四百岂（枚）。"●讀微。《上博六・孔子22》："虗（吾）子迷（類）言之猶恐弗智（知），皇（況）亓（其）女（如）岂（微）言之唬（乎）？"

敳 楚　郭店・性自20　郭店・緇衣35　郭店・老丙7　郭店・老丙7

上博六・天乙3　上博六・天乙3　上博六・競公9　上博六・競公1　清

華六・孺子7　清華八・邦道10　清華八・心中1　清華一・楚居3

【注】從女岂聲，古"媺"字。●多讀美。《郭店・老丙7》："古（故）曰兵者［非君子之器，不］得已而甬（用）之，鏞（銛）纏為上，弗媺（美）也。"●讀媺，美也。敳，即"媺"，古"美"字。《清華六・孺子7》："乳＝（孺子）亦母（毋）以執（褻）豎（豎）、卑御、勤力、映（射）馭（馭）、媺（媺）妵（妵）之臣躳（窮）共（恭）亓（其）𠊱（顏）色。"褻豎、卑御、勤力、射馭、媺妵都是並列結構的名詞，指莊公身邊的人。媺妵，妃嬪之類的侍妾。妵，當讀為"妵"。石，禪母鐸部；毛，端母鐸部，二字音近可通。《玉篇・女部》："妵，美女也。"

懲 楚　清華三・芮良夫25

【注】從心敳聲。●讀美。《清華三・芮良夫25》："我亓（其）言矣，則愻（逸）者不懲（美）。"

頮 楚　郭店・語叢一15　上博一・緇衣1　上博一・緇衣18　清華八・處位

6　清華八・處位1　清華八・處位4　清華八・處位7　安大一90

清華九・祗命一 9　　清華九・祗命二 12　　清華九・祗命二 15

【注】從頁岂聲。●多讀美。《郭店・語叢一 15》：“又（有）頯（美）又（有）膳（善）。”●《清華八・處位 1》：“政事逆頯（微），寵福逆亞（惡）。”整理者讀美。當讀微，衰微也。逆，迎也，迎來衰微，猶面臨衰微也。●讀微。《郭店・六德 25》：“新（親）此多也，奮此多〔也〕，頯此多也。”詳“奮”字。

上博八・蘭賦 4

【注】從糸岂聲。●讀美。《上博八・蘭賦 4》：“年（佞）前其約會（儉），繲後其不長。”全句意思是“喜愛它於前約束節制，喜愛它於後不爭先位”。

散氏盤　　散氏盤　　叔猴父簋　　叔猴父簋　　吳女盨蓋　　郭店・六

德 38　郭店・老甲 15　　上博二・容成 14　　清華八・處位 5　　清華五・命

訓 15　上博三・周易 24　　上博四・曹沫 3　　左塚漆桐　　上博七・武王 1

上博七・武王 2　　侯馬　　三年疽命戈　　六年代相鈹　　璽彙

3407　石鼓文

【注】甲骨文作𢼸、𢽾、𢽾、𢽾，從攴岂聲。形聲兼會意，會梳理頭髮之意。頭髮梳理則美，故散為美妙意，當為“媺”之初文。《周禮・地官・大司徒》：“以本俗六安萬民。一曰媺宮室。又師氏掌以媺詔王。”《廣韻》“媺”同美，善也。媺，《說文》失收。戰國文字或從又、殳。●讀微，國名。《微伯痹匕》：“散（微）白（伯）痹作匕。”《牆盤》：“青（靜）幽高且（祖），才（在）散靁（靈）處。”此微國當指商周時西南夷之國，地望約在四川巴縣，一說為商代微子啟

的封地，在今山西潞城縣東北。●讀懓，美也。《召尊》："白（伯）懸父賜（賜）疆（召）白馬，姝黃猶（髦）散。"馬承源謂讀黴，指馬髦黑色。《說文》："黴，中久雨青黑。從黑，微省聲。"銘意是說，馬黃背黑髦。●楚簡多讀美。《上博二·容成14》："堯聞之而敳（美）其行。"●讀楣。《上博七·武王2》："逾堂敳（楣）。"●可讀媚。《安大一44》："公之敳（媚）子，從公于戰（狩）。"今本作"媚"，為假借字。"美子"，見於《楚辭·少司命》"夫人自有兮美子"，即"美好的子孫/兒女"之義。

微

【注】從彳敳聲。●偵察。《睡簡·為吏5》："微密錢（纖）察。"微密，即伺察隱秘之事。

蔽

【注】從艸敳聲。●讀薇。《安大一25》："陟皮（彼）南山，言采亓（其）蔽（薇）。"《毛詩》作"言采其薇"。"蔽"，"薇"之異體。《說文·艸部》："薇，菜也，似藋。從艸，微聲。蔽，籀文薇省。"簡文字形與籀文同。

嫩 敳 清華十一·五紀122

【注】從女敳省聲。●讀美。《清華十一·五紀122》："惥（信）、善、永、貞（正）、良，盟（明）、攷（巧）、嫩（美）、又（有）加（力）、果，文、惠、武三惠（德）以塼（敷）天下。"

洈 楚 小昃 安大一49

【注】從水兑聲，"澂"之異體。《說文·水部》："澂，小雨也。從水，微省聲。"●讀湄。《安大一49》："所胃（謂）殹（伊）人，才（在）水之洈（湄）。""洈""湄"音近可通。《上博七·武》簡二"逾堂敳"，"敳"讀為"楣"，是其證。

逶

【注】從辵兑聲，"微"之異文。●讀微，姓氏。

椾

【注】從木兑聲。●讀枚。"微"與"枚"皆明母微部字。《清華七·越公64》："乃命左軍監（銜）椾（枚）穌（溯）江五里以須。"古代行軍時口中銜着枚，以防出聲。

 清華五・三壽 17

【注】從艸岂聲，當即"薇"字。●讀微。《清華五・三壽17》："監（濫）莣莫淦。""監"當依字讀，監視、監督義。莣通"微"，此指事物不好的苗頭。淦，《説文》："水入船中也。"段注："淦者，浸淫隨理之意。"此用為浸淫、擴散之意。"監微莫淦"意思監督不好事物的壞苗頭不使擴散，意思同於《宋書・吳喜傳》"且欲防微杜漸，憂在未萌"之"防微杜漸"。

𦏆楚 包山 184

【注】從羽岂聲。●"黃𦏆"，人名。

明紐枚聲

枚

107

【注】甲骨文作🦌、🌿、🌿，從木從攴，以手持器伐木，會伐木以成枝條之意。《廣雅・釋木》："枚，條也。"《釋名》："竹曰個木曰枚。"《説文》："枚，干也。可為杖。從木從攴。《詩》曰：'施于條枚。'"本義是砍樹干。引申指樹干，如《詩經》："伐其條枚。"古常用樹枝作馬鞭子，因此又引申指馬鞭子，如《左傳》："以枚數闔（以馬鞭子指點着數扇門）。"枚又引申作量詞。●量詞。《大簋》："商𩵋（瓚）一枚。"●族名。《父辛簋》："枚父辛。"●秦印有"枚嘉"，應為姓氏。六國時有賢人枚被;漢代有弘農太守枚乘。餘例為人名。

玫楚  上博六・用曰 13

【注】從玉枚省聲。●包山簡人名。漢印有"玫偭之印"，為姓氏。●《上博六・用曰13》："兇（凶）井（刑）厲政，玫亓（其）若岠。""玫"字《説文》從"文"，段玉裁、朱駿聲疑讀為"枚"，此疑讀微。岠，《玉篇》："彊勇也。"

物部

影紐尉聲

尉 秦 官印 0075　　集證 153　　秦印 200　　睡簡·效律 54

睡簡·秦種 159　　里耶 8·140　　里耶 8·85　　秦集一·二·81　　秦再一·20

【注】從火從尸，二像小橢石，手持小橢石於火上以為人療疾之意，乃熨之本字。秦文字從寸，乃又之訛變。●秦文字官名，多為武官。《睡簡·雜抄 39》："縣嗇夫、尉及士吏行戍不以律。"此義三晉文字、燕文字均用"𡱈"表示。●《秦再一·20》"中尉"、《秦集一·二·81》"中尉之印"。中尉，官名。戰國時趙國曾設，為舉薦人才之官。秦漢時為武職，掌京師治安，漢則兼領北軍，位列九卿。《漢書百官公卿表》："中尉，秦官，掌徼循京師，有兩丞、侯、司馬、千人。"●秦印有"尉絀""尉晨"，姓氏。春秋時鄭有尉止、尉翩。

黣 秦 、　　印增 598

【注】從黑尉聲。●人名。

影紐棥聲

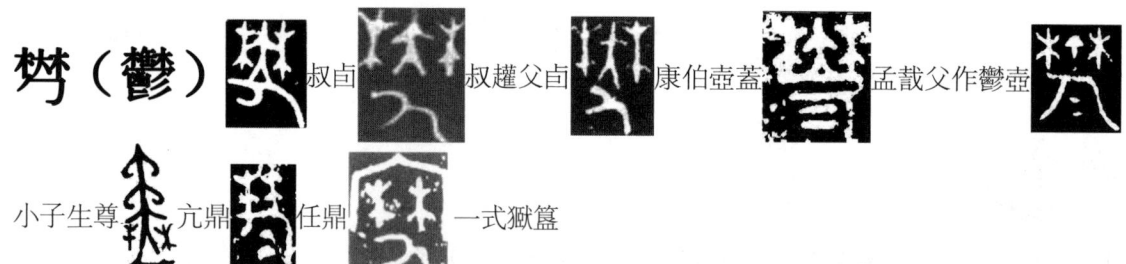

棥（鬱）　　叔卣　　叔鼟父卣　　康伯壺蓋　　孟戠父作鬱壺

小子生尊　　亢鼎　　任鼎　　一式獄簋

【注】甲骨文作棥、𣏟、棥、棥，從林從勹，會人俯身于叢林之意。甲骨文或作棥，疊加形符大（人形）。"棥""棥"本義為木叢生。《說文》："鬱，木叢生者。從林，鬱省聲。"鬱從缶、鬯，當與"鬱鬯"有關，本義當為和酒之香草。"木叢生者"為鬱借義。《說文》："鬱，芳艸也。十葉為貫，百廾貫築以𤭁之為鬯。從臼、冂、缶、鬯；彡，其飾也。一曰鬱鬯，百艸之華，遠方鬱人所貢芳艸，合釀之以降神。鬱，今鬱林郡也。""鬱（古文字未見）""鬱"一字，"鬱"為"鬱"之異文。金文或增飾二作鬱。《集韻》古文作鬱，其從司，當為司之訛。《亢鼎》正立之人形有飾筆，《任鼎》則省人形。鬱，今為"郁"所替代。郁，從邑有聲，本指地名，《說文》："郁，右扶風鬱夷也。從邑有聲。"●讀鬱，一種香草，或稱鬱金，古人搗煮其葉汁，取其香味以調鬯酒，因此又稱鬯草，用鬱金香草所調製的鬯酒成為鬱鬯。《亢鼎》："目（與）鬱丼（貫）鬯𤮻（壇）

牛一。"這裏鬱、㐱分列，可見鬱是已經製作好的配酒香料，尚未與酒調和。●銘文中多指鬱金香酒，也可泛指酒。《叔趯父卣》："余巩為女（汝）丝（兹）小鬱彝。"小鬱彝，盛放鬱㐱（香酒）的小型彝器。●鬱㐱：用㐱酒調和鬱金之汁而成，古代用于祭祀或待賓。《叔簋》："王姜史（使）叔事于大僕（保），賞叔鬱㐱、白金。"《周禮·春官·鬱人》："鬱人掌裸器，凡祭祀賓客之裸事和鬱㐱以實彝而陳之。"鄭玄注："築鬱金煮之以和㐱酒。"

 曶鼎

【注】從金梦聲。金、勹共用筆劃。●《曶鼎》："丼（邢）弔（叔）易（賜）曶赤金鐢。"義未詳。

 睡簡·封診71　睡簡·封診66

【注】從又從皀，梦省聲。●讀鬱（欝），鬱積。《睡簡·封診66》："索迹枺（椒）欝（鬱），不周項二寸。"繩索在屍體上留下淤血的痕跡，只差頭後兩寸不到一圈。

曉紐旻聲

 旻父己觚　旻鼎　癸旻爵

【注】甲骨文作 ，從攴（手持針）從目，會以針治目疾之意。金文同甲骨文。《説文》："旻，舉目使人也。從攴從目。凡旻之屬皆從旻。讀若颭。"本義是指目疾。引申為目小動，又引申為驚現。字在卜辭中用作人名或方國名。●人名。《癸旻爵》："癸旻乍（作）考戉。"李孝定曰："謂癸旻為其考名戉者作爵，亦人名。"（《金文詁林讀後記》115頁）

 耳戜簋

【注】從戈旻聲。●金文人名。《耳戜簋》："耳戜乍（作）𤴡。"

見紐旡聲

 燕客量　分研172

【注】甲骨文作 、 ，象人飽飯扭頭張口打嗝形。金文多見于偏旁。《燕客量》側口之筆斷開。按，"欠"甲骨文作 、 、 、 、 、 、 ，象人張口气出之形，與"旡"構形相同，方向相反，亦往往相混。《説文》："旡，歙食气屰不得息曰旡。從反欠。凡旡之屬皆從旡。"今變

隸作旡。●人名。《燕客量》："戕旡。"楚璽"苟旡"，人名。

、散伯車父鼎

【注】從邑旡聲。●人名。《散伯車父鼎》："散白（伯）車父乍（作）邘姞障（尊）鼎。"

 清華十·四告 23

【注】從食旡聲。●讀餼。《清華十·四告 23》："天子賜我饡（林）寶、金玉庶器，竈（竈）贛（貢）饎餈（餼）。"詳"竈"字。

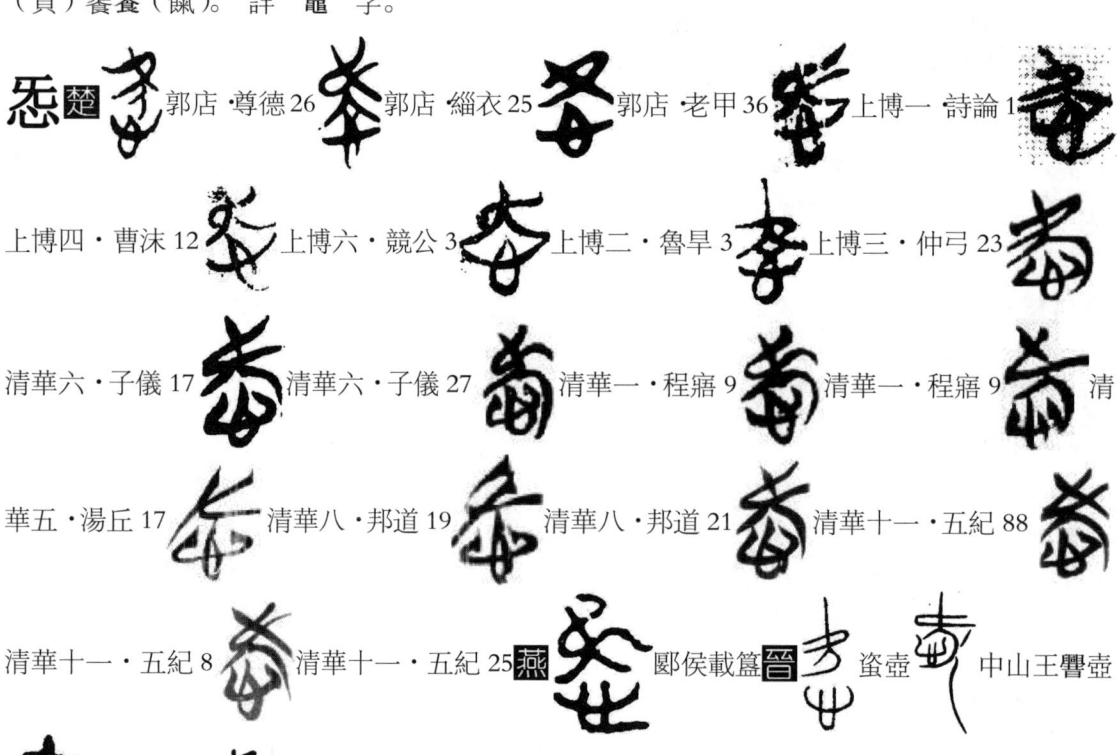

惡 楚 郭店·尊德 26　　郭店·緇衣 25　　郭店·老甲 36　　上博一·詩論 1

上博四·曹沫 12　　上博六·競公 3　　上博二·魯旱 3　　上博三·仲弓 23

清華六·子儀 17　　清華六·子儀 27　　清華一·程寤 9　　清華一·程寤 9　　清

華五·湯丘 17　　清華八·邦道 19　　清華八·邦道 21　　清華十一·五紀 88

清華十一·五紀 8　　清華十一·五紀 25　燕 鄭侯載簋　晉 螽壺　中山王䃂壺

 璽彙 4655　　珍戰 202

【注】從心旡聲，"愛"之異體。《中山王䃂壺》"旡"旁增二飾筆。秦系文字"愛"作（下從夊，人足形；古文字從人之字足部每綴加夊形，如允、卂，㚜等。旡亦從人，故變為。故小篆"愛"作）。愛，六國文字或用"惡"表示。《說文》："惠也。從心旡聲。古文。"古文，商承祚謂與"愍"無別，古文假"愍"為"愛"也。又《說文》："行皃。從夊惡聲。"惡、愛為繁簡二體，"惠也"為其本義。●讀愛，仁慈、恩惠。《螽壺》："孳（慈）惡（愛）百每（民）。"《中山王䃂壺》："䚞惡（愛）深則孚（賢）人窺（親）。"《左傳·昭公二十年》："古之遺愛也。"《韓非子·姦劫弒臣》："吾以是明仁義愛惠之不足用，而嚴刑重罰之可以治國也。"●讀愛，吝惜、捨不得。《郭店·老甲 36》："甚惡（愛）必大賚（費），㝡（厚）臧（藏）必多

賃（亡）。"《上博二·魯旱 2》："女（汝）母（毋）恙（愛）珪璧希（幣）帛於山川……。"

蟋[楚] 上博一·詩論 15　　上博一·詩論 15　　上博一·詩論 11

【注】從虫恙聲。●讀愛。《上博一·詩論 15》："敬蟋（愛）其樹，其報厚矣。"

愛[秦] 睡簡·日乙 100　　睡簡·日乙 82

【注】從攵恙聲。●用為本義，喜愛。《睡簡·日乙 100》："取妻，妻悍。生子，人愛之。"

既 庚嬴卣　　臣辰卣　　士上卣　　大方彝　　保卣　　二祀邲其卣

趞曹鼎　　五年師旋簋　　庚季鼎　　遇甗　　小臣傳簋　　無叀鼎

大師虘簋　　師瘨簋蓋　　此簋　　保尊　　麓伯簋　　師憃簋

[齊] 邾伯鼏　　洹子孟姜壺　　上曾大子鼎　[楚] 曾公瞅鐘　　曾侯與編鐘

郭店·五行 10　　郭店·老丙 5　　包山 221　　包山 137　　望山

1·13 望山木烙　　天星　　郭店·緇衣 19　　上博二·民之 5　　上博

四·昭王 5　　清華五·三壽 9　　清華六·孺子 15　　清華七·越公 62　　清

華一·保訓 6　　清華一·程寤 1　　上博八·顏淵 5　　清華一·耆夜 5　　清

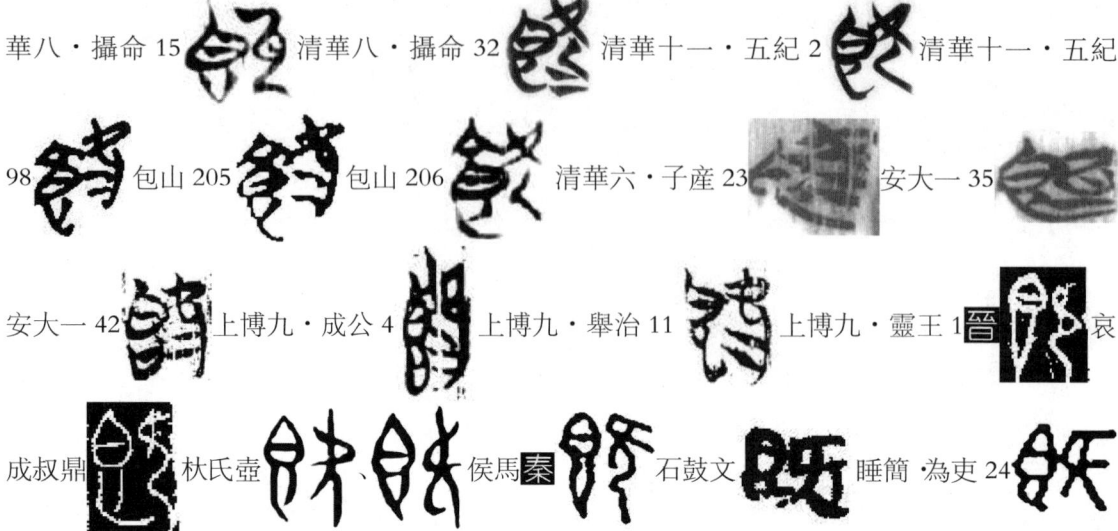

華八・攝命 15  清華八・攝命 32  清華十一・五紀 2  清華十一・五紀 98  包山 205  包山 206  清華六・子產 23 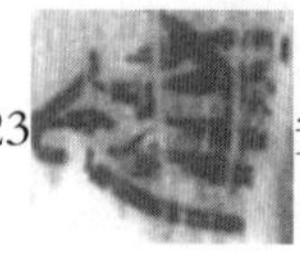 安大一 35  安大一 42  上博九・成公 4  上博九・舉治 11  上博九・靈王 1 晉  哀成叔鼎  杕氏壺 、 侯馬 秦  石鼓文  睡簡・為吏 24  秦駰玉牘

【注】甲骨文作，從皀從旡（兼聲），會吃飽之意，與“即”正相反。楚文字多從欠，加二者，為飾符。《説文》：“，小食也。從皀旡聲。《論語》曰：‘不使勝食既。’”羅振玉曰：“即，象人就食；既，象人食既。許訓既為小食，義與形不協矣。”本義為吃完飯。引申為完、盡、已經等義。《左傳》：“宋人既陣列，楚人未既濟。”●已經。《何尊》：“隹（惟）珷（武）王既克大邑商。”●完畢。《令彝》：“咸既，用牲于王。”●月相名稱。《吴王光鑒》：“隹（唯）王五月，既子（字）白期，吉日初庚。”既子白，郭沫若認為：“當即既生霸，子（字）同孳或滋，生也，白乃古伯字，與霸通。”（《由壽縣蔡器論到蔡墓的年代》）●《安大一 35》：“𢌳（頃）匡（筐）既之。”《毛詩》作“頃筐塈之”。毛傳：“塈，取也。”林義光云：“‘塈’讀為‘既’，《廣雅》云：‘既，盡也。’梅熟而落，喻女子年盛而可以嫁。‘其實七兮’言在樹者七也，二章則在樹者三，三章則盡在筐内矣。”（參林義光《詩經通解》第二三頁）《玉篇》引作“摡”。“塈”“摡”應讀為“既”。

𣦵 楚  上博二・民之 7  上博二・民之 13  上博八・命 2

【注】從止既聲。●均讀既。《上博二・民之 7》：“明目而視之，不可得而視也，而得𣦵（既）塞於四海矣。”

嘅 楚  上博三・恒先 5  清華十一・五紀 76 秦  陶彙 5・157  陶彙 5・325

【注】從口既聲。●讀既。《上博三・恒先 5》：“智（知）嘅（既）而巟思不𡗜。”既，當訓“已”。廖名春、李鋭讀巟為“亡”；𡗜，即“天”。亡，無也。天，在這裏作動詞，謂合乎天道。“知既而亡思不天”，意思是説，知道既成的天道，則没有什麼思考不符合于天道，合乎自然的。●整理者讀溉。《清華十一・五紀 76》：“后乃𠷎（劃）嘅（溉）枚（蔽）浴（谷）於坴（奎），𩰫（屬）

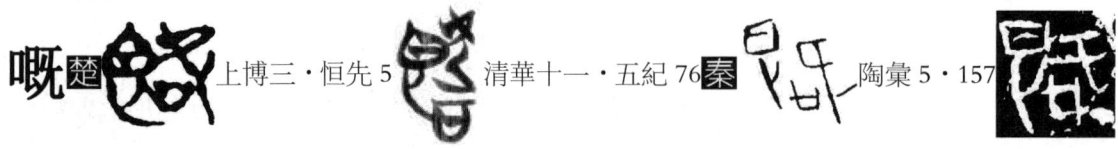

躬（躬）於娄＝（娄女），圀（藏）於胃。"●秦陶人名。

概 楚 上博六·用曰 10　清華一·祭公 6

【注】從木既聲。古文字"概""槩"一字。●讀及。"既"上古音屬見紐物部，"及"屬羣母緝部，音近可通。典籍從既從及之字可以通作。《書·咸有一德》："惟尹躬暨湯。"《禮記·緇衣》引尹吉曰："惟尹躬及湯。"《上博六·用曰 10》："胃（謂）天高而不概，胃（謂）墬（地）厚而不達。"指天高而不可及。●讀暨。《清華一·祭公 6》："周公概（暨）且（祖）卲（召）公，孷（兹）由（迪）遹（襲）爻（學）于文武之曼惪（德），克夾卲（紹）壑（成）康，甬（用）臧（畢）壑（成）大商。"

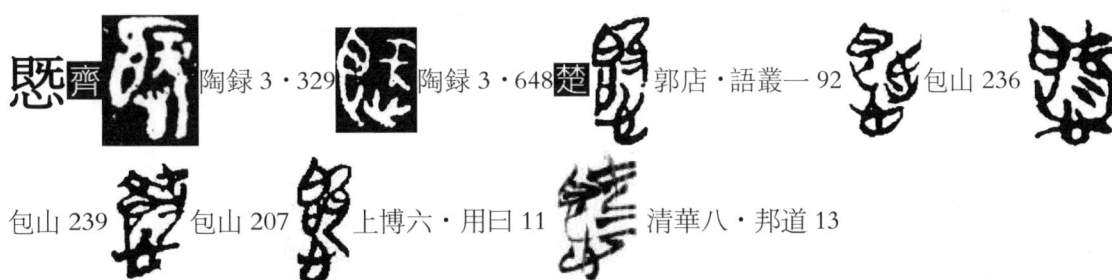愍 齊 陶録 3·329　陶録 3·648　楚 郭店·語叢一 92　包山 236

包山 239　包山 207　上博六·用曰 11　清華八·邦道 13

【注】從心既聲。古文字與"慨"非一字。●多讀愛。《郭店·語叢一 92》："愍（愛）膳（善）之胃（謂）怠（仁）。"《清華八·邦道 13》："古（故）資裕以易足，甬（用）是以有余（餘），是以尃（敷）均於百眚（姓）之溓（兼）厲（利）而愍（愛）者。"●讀旡或讀氣。《説文》："旡，歙食气屰不得息曰旡。從反欠。"《包山 236》："以圥（上）愍（氣），不甘飤（食），舊（久）不瘥（瘥）。"當為氣逆之病。

懯 楚 包山 117

【注】從心愍聲，"儍"之異文。●人名。

燰 楚 上博二·民之 10

【注】從火愍聲。●讀氣。《上博二·民之 10》："亡（無）聖（聲）之樂，燰（氣）志不悼（違）。"氣志，指精神、意志。

剴 楚 新蔡甲三 150　新蔡甲三 322　新蔡甲三 313　新蔡甲三 312

【注】從刀既聲。●讀刉，祭法。《新蔡甲三 322》："剴（刉）於溫父。"《周禮·秋官·士師》凡刉珥。《注》釁禮之事用牲，毛者曰刉，羽者曰衈。

溉 楚 郄王缶又觶 秦 睡簡·為吏6

【注】從水既聲，與小篆同。《説文》："溉，水。出東海桑瀆覆甑山，東北入海。一曰灌注也。"《説文》釋為水名，或為灌溉義，今多用為後者。●讀既。《睡簡·為吏6》："賢鄙溉辥，祿立（位）有績孰啓上？"●《郄王缶又觶》："郄（徐）王缶又之峕，峕溉之 （鑄）。"銘文中義不明，似為"滌净"之意。或謂讀概，一種盛酒漆器。《詩·大雅·泂酌》："挹彼注兹，可以灌溉。"王引之《經義述聞》："'溉'當讀為'概'。概，漆尊也。"

墍 秦 集證 142·147

【注】從土既聲。●"安臺左墍"，左墍，官名。墍，塗抹屋頂。墍，《説文》仰涂也。《睡簡·為吏33》："扁（漏）屋塗澶（墍）。"墍，有涂飾、修補意。"左墍"可能是負責修飾宫室的工官，屬將作少府管轄。

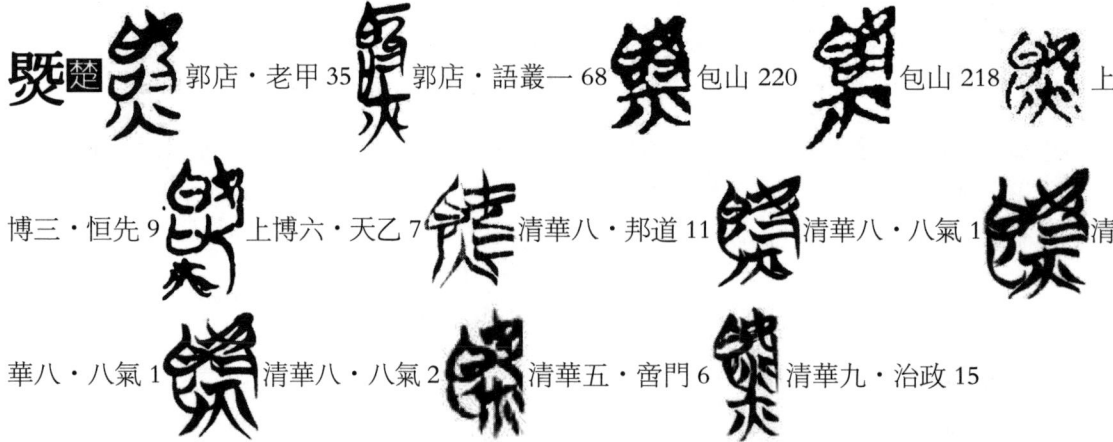

㷍 楚 郭店·老甲35　　郭店·語叢一68　　包山220　　包山218　　上

博三·恒先9　　上博六·天乙7　　清華八·邦道11　　清華八·八氣1　　清

華八·八氣1　　清華八·八氣2　　清華五·啻門6　　清華九·治政15

【注】從火既聲，"氣"之異文。●讀旡或讀氣，氣逆之病。《説文》："旡，歓食气屰不得息曰旡。從反欠。"《包山218》："以其下心而疾，少㷍（氣），恆貞吉。"●多讀氣。《郭店·老甲35》："心史（使）㷍（氣）曰强，勿（物）墍（壯）則老，是胃（謂）不道。"《清華九·治政15》："元（其）吏（使）民以昔（時），元（其）思（息）民以昔（時），血㷍（氣）迵（通）尾（暢）。"

檽 楚 上博二·容成29

【注】從而既聲。●讀氣。《上博二·容成29》："乃夋（辨）陰陽之檽（氣）而聽其訟獄。"

勜 楚 郭店·唐虞11

【注】從力既聲。●讀氣。《郭店·唐虞11》："巽虖（乎）脂膚血勜（氣）之青（情）。"

暨 秦 上郡假守暨戈 秦印 128 、 、 印增 259

【注】從旦旣聲。《説文》：“暨，日頗見也。從旦旣聲。”本義太陽初升略現。多用為連詞，相當于及、與。●人名，讀齕。《上郡假守暨戈》：“元年，上郡段（假）守暨造。”王輝和蕭春源認為是昭王後期及始皇初年的名將王齕。（《珍秦齋藏秦銅器銘文選釋》）

暨 秦 睡簡·為吏 33

【注】從水暨聲，疑“溉”之繁文。●讀墍，塗抹屋頂。墍，《説文》仰涂也。《睡簡·為吏 33》：“扁（漏）屋塗暨（墍）。”

見紐骨聲

骨 楚 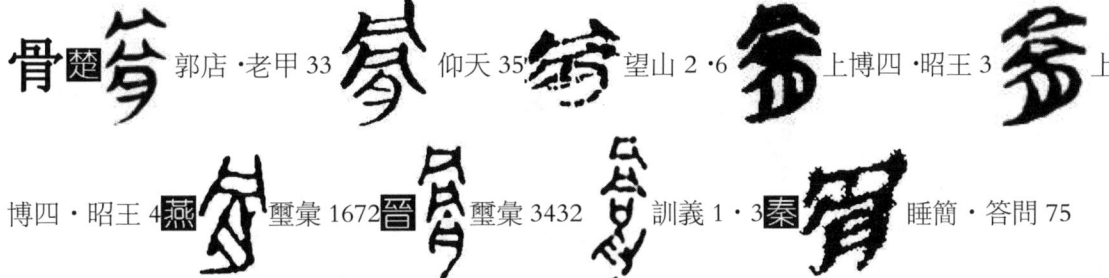郭店·老甲 33 仰天 35 望山 2·6 上博四·昭王 3 上

博四·昭王 4 燕 璽彙 1672 晉 璽彙 3432 訓義 1·3 秦 睡簡·答問 75

【注】從肉冎聲。●多用為本義，骨頭。《郭店·老甲 33》：“骨溺（弱）董（筋）柔（柔）而捉（握）固。”●晉璽人名。

惃 楚 包山 249 包山牘 1

【注】從心骨聲。●人名，讀滑。

骴 楚 包山 226 包山 228 包山 230 包山 232 包山 239

【注】從出從惃，惃、出雙聲。●人名，讀滑。“大司馬悹（悼）骴（滑）”，整理者讀“卓滑”。“悹”讀悼。“卓滑”就是史籍中所説的楚國滅越的功臣，曾任大司馬之職。簡文或作“惃”“骹”。

顝 楚 清華二·繫年 47 秦 宗邑瓦書 印增 345

【注】從頁骨聲。●秦陶秦印人名。●地名，讀滑。《清華二·繫年 47》：“秦自（師）乃復，伐

髖（滑），取之。"

【注】從肉骨聲，聲符重疊。"骨"之繁文。●《新蔡甲三189》："既心悉（悶），瘁（胖）痕（脹），以百腯體疾。""腯"即《龍龕手鑒·骨部》以為"骸"字俗體之"骺"。"百腯體"猶言"百骸、百體"，典籍有"百骸、百體"之語，均指渾身、遍體，如《莊子·齊物論》："百骸、九竅、六藏（髒），賅而存焉，吾誰與為親？"成玄英疏："百骸，百骨節也。"《管子·立政》："令則行，禁則止，憲之所及，俗之所被，如百體之從心，政之所期也。""百腯（骸）體疾"即指全身疾痛。

【注】從水骨聲。《說文》："𣴑，利也。"本義光滑。●地名。《滑孝子鼎》："滑孝子☒武。"滑孝子，可能是古滑國之後裔。●秦印人名。

【注】從示骨聲，"禍"之異文。●楚文字多讀禍。《清華一·尹至3》："亓（其）又（有）民衔（率）曰：'隹（惟）我棘（速）褐（禍）。'"●《包山213》："厌（后）土、司命、司褐，各一少環。"司褐，神祇名。究系何種神祇，無解。

【注】從宀骨聲，疑"窟"之異文，骨、窟古音近。●燕璽人名。

【注】從戈骨聲。●人名，讀滑。簡文或作"惛""魌"。

歇 楚 〔印〕清華五·厚父 10

【注】從欠骨聲。●讀禍。《清華五·厚父10》："亦隹（惟）歇（禍）之卣（收）及。"

瘠 班簋 晉 璽彙 1791 瘠 璽彙 2770

【注】從疒骨聲。《廣韻》古忽切《集韻》音骨。郤病。●讀猾。《書·舜典》："蠻夷猾夏，寇賊姦宄。"《孔傳》："猾，亂也。"《班簋》："王令毛公㠯（以）邦冢君、土（徒）馭、或人伐東或（國）瘠戎，咸。"●晉璽人名。

溪母圣聲

圣 齊 、 陶録 3·1 、 陶録 3·2

【注】《説文》："圣，汝穎之閒謂致力於地曰圣。從土從又。讀若兔窟。苦骨切。"●"監公之廩鐱圣豆"，義不詳。

溪紐气聲

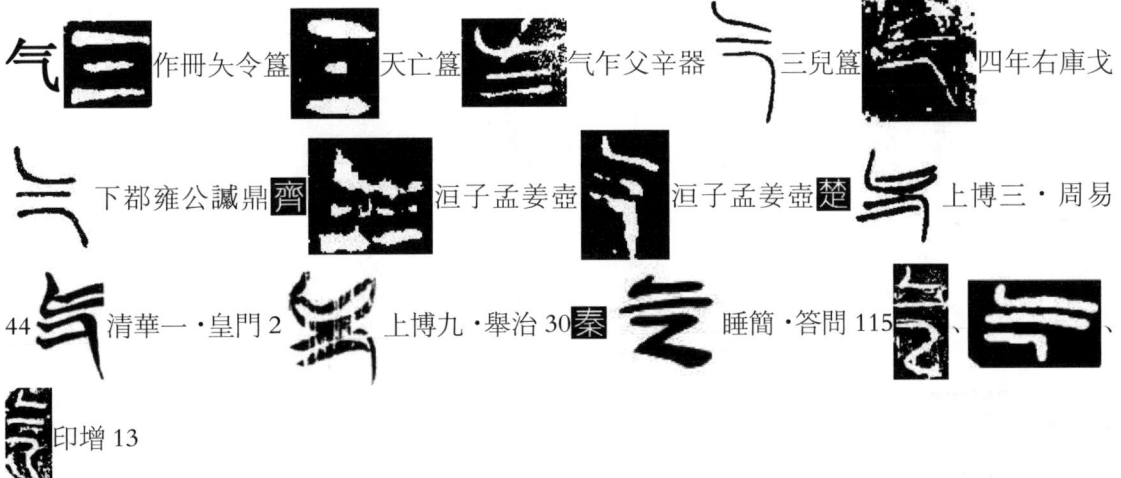

气 作冊夨令簋 天亡簋 气乍父辛器 三兒簋 四年右庫戈

下都雍公諴鼎 齊 洹子孟姜壺 洹子孟姜壺 楚 上博三·周易

44 清華一·皇門 2 上博九·舉治 30 秦 睡簡·答問 115 、

印增 13

【注】甲骨文作三、三、三，三條橫綫，表示空中的气流。後來為了與"三"字區別，金文將上下兩橫逐漸變為折曲。小篆沿用金文。《説文》："气，云气也。象形。凡气之屬皆從气。"本義為云气。後通假以求請意，久而久之，省其一劃寫作"乞"以別。後人用字又以"氣"代"气"。其實"氣"本義為贈送人的糧食，從米气聲。自"氣"代"气"以後，其本義就另加"食"寫作"餼"來表示。●讀乞，求福也。《洹子孟姜壺》："洹子孟姜用气嘉命。"《廣韻》："气，同乞。"《玉篇》："乞，求也。"秦簡亦讀乞。《睡簡·答問 115》："以乞鞫及為人乞鞫者。"乞鞫，要求重加審判。已要求重審及為他人要求重審的。●讀訖，終止。《天亡簋》："不（丕）克气（訖）衣（殷）王祀。"《書·西伯戡黎》："天既訖我殷命。"●讀訖，完成。《令簋》："公尹白丁父兄（貺）于戍，戍冀，嗣（司）气（乞）。"貺于戍是王姜之令，執行此令的是白丁父，在戍地冀完成了貺錫之命，所以説是司訖。●讀迄，至於、達到。《清華一·皇門 2》："气（迄）又（有）窟（寶—孚）。"寶，讀孚，訓為信。此句今本作"訖亦有孚"。●讀汽，接近。《上博三·周易

1957

44》："气（迄）至，亦母（毋）龔（繡）菳，贏（贏）丌（其）鉼（瓶），凶。"

上博四·曹沫 46

【注】從土气聲。"圪"之異文。●《上博四·曹沫 46》："坣成則惕治。"讀迄，屈也，至也。或讀既，已經。

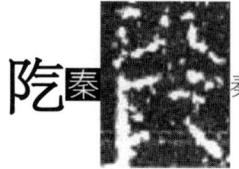秦陶 2344

【注】從阝气聲。●人名。

秦駰玉牘 睡簡·答問 207　睡簡·效律 29　里耶 8·140

【注】從米气聲。●景象、氣氛。《秦駰玉牘》："乓（厥）氣窴（藏）周（週）。"●秦簡多讀餼，發放糧食。《睡簡·效律 29》："以氣（餼）人。"●氣息。《睡簡·封診 66》："其口鼻氣出渭（喟）然。"此義楚文字用"燹"，三晉文字用"気"。

行氣玉銘 上博一·性情 1　清華七·越公 20

【注】從火气聲，"气"之異文。●讀氣，指人體氣血。《行氣玉銘》："行気（氣）。"《性情論》以"気"為氣可能是簡文中非楚文字的因素。●感情。《上博一·性情 1》："熹（喜）悆（怒）哀悲之気（氣），眚（性）也。"

陶彙 3·1034

【注】從口气聲。《字彙》同吃。●齊陶人名。

齔　璽彙 0956　秦印 39　印增 77

【注】從齒气聲。●均為人名。

饎楚　清華十·四時 29

【注】從食气聲。●整理者括注讀迄。《清華十·四時 29》："北舒（舍）炱（發）饎（迄）。"

訖 齊 陶録 3 · 565 楚 清華三 · 琴舞 3 清華三 · 琴舞 16

【注】從言气聲，"訖"之本字。●讀訖，終也。《尚書 · 呂刑》："惟訖于富。"王引之《經義述聞》："訖，竟也，終也。"《清華三 · 琴舞 3》："訖我佣（夙）夜，不兔（逸）敬之。"●讀汔，語氣詞。《清華三 · 琴舞 16》："訖我敬之，弗亓龕（墜）𤓰（挈）。"《毛詩 · 大雅 · 民勞》："汔可小康。"毛傳："汔，危也。"鄭玄箋："汔，幾也。"《左傳 · 昭公二十年》引此詩，杜預注："汔，其也。"●齊陶單字，應為人名。

伎 楚 清華三 · 琴舞 12

【注】從人气聲，"仡"之本字。●讀汔，語氣詞。《清華三 · 琴舞 12》："仡（訖）余舁（恭）害（曷）𢎥（以）？攷（孝）敬肥（非）絬（怠）亢（荒）。"我怎麼恭敬祖先呢？孝敬而不懶惰放縱。

頎 秦 秦印 174

【注】從頁气聲。"頎"之本字。《説文》："頎，禿也。從頁气聲。苦骨切。"●秦印人名。

迄 秦 石鼓文

【注】從辵气聲，"迄"字異體。●讀趌。《石鼓文》："流迄滂滂，盈湈（海）濟濟。"《説文》迄作趌。趌，直行也。

賍 齊 陶彙 3 · 952 楚 清華九 · 廼命一 9 清華九 · 廼命二 5

【注】從貝气聲。●齊陶人名。●讀乞。《清華九 · 廼命一 9》："母（毋）或氞（乞）賜（匄）段（假）貣（貸）。"

汽 楚 清華六 · 子儀 14 清華十一 · 五紀 33

【注】從水气聲。●《清華六 · 子儀 14》："君欲汽丹、王（黃）之北旻，迵（通）之於虜（殻）道。"《説文》："汽，水涸也。""没"即淹没之意，"丹、黃之北没"指丹水、黃水以北被淹没的地方。這是子儀説秦穆公打算把丹水、黃水以北被淹没的地方弄乾涸。蓋丹水、黃水為秦、楚之界限，二水淹没其北部，使秦、楚道絕不通，今穆公要使其北没之地乾涸，則秦、楚之道可通，乃以隱指秦、楚將通好之意。《〈清華簡六《子儀》釋文校讀〉》●讀溉。《清華十一 · 五紀 32》："亓（其）水湛（沈）澤，五毅（穀）膚（濾）酉（酒），盟（蠲）勆濯汽（溉）浴浾。"

乾  璽彙 1363 秦 戰表 1948

【注】從車气聲，古"乾"字。●晉璽秦印人名。

氖 晉 璽彙 1701

【注】從死气聲，疑"炁"之異文。●晉璽人名。

透紐出聲

出 辰寢出簋 頌鼎 叔趯父卣 宅簋 啟卣 頌簋 頌

壺 克鼎 伯矩鼎 善夫山鼎 克鼎 齊 拍敦蓋 邿子姜首盤

楚 鄂君啟舟節 帛書丙 郭店·語叢一 19 郭店·唐虞 27 上

博一·緇衣 15 上博二·從甲 16 上博三·恒先 6 清華四·筮法 42

清華八·處位 5 清華五·湯丘 3 清華六·子產 15 清華八·攝命 3

清華八·處位 5 清華八·邦道 2 清華九·治政 39 清華十一·五紀

91 璽彙 0168 包山 18 包山 226 上博五·姑成 9 燕 璽

彙 4866 璽彙 4874 璽彙 4873 璽彙 4872 晉 魚顛匕 溫縣

秦 宗邑瓦書 宗邑瓦書 秦陶 1053 石鼓文

【注】甲骨文作 ꝫ、ꝫ、ꝫ、ꝫ、ꝫ、ꝫ、ꝫ、ꝫ、ꝫ、ꝫ、ꝫ、ꝫ、ꝫ、ꝫ 等形。從止從

1960

凵（穴口門口之象），會走出穴口門口之意。或繁化從彳、行。張日升曰：“出，離穴外出；各，自外臨至。止形相反，字義隨之。”（《金文詁林》3935 頁）金文與甲骨文略同。楚簡與“之”不同處在於末筆，“之”末筆平直或作形。作偏旁或與“之”相混。●外出、出動。《啟卣》：“王出獸（狩）南山。”●繳納。《兮甲盤》：“母（毋）敢不出其賁（帛）、其責（積）。”●發佈、傳達。《師望鼎》：“虔夙（夙）夜出内（納）王命。”出納王命，傳佈、宣告王的詔令。文獻句例與銘文相同，《詩・大雅・烝民》：“出納王命，王之喉舌。”●《郜子姜首盤》：“子子孫孫永僳（保）用之，不（丕）用勿出。”《說文》：“丕，大也。”丕用，即大用，永用。“出”古有捐棄之意。《吕氏春秋・上農》：“地未辟易，不操麻，不出糞。”高注：“出，猶捐也。”《說文》：“捐，棄也。”●燕璽（璽彙 4866、4874、4872、4873、4738 等）當釋“出内大吉”。（郭店・唐虞 27），尚同甲骨文。璽文將出字所從的止字再訛為成，又將出字下部已訛寫成的中再添加一短橫劃的飾筆作，於是出字便形成了新的訛體，以致不易辨認。（《戰國吉語、箴言璽考釋》）●讀頔，顴骨。《睡簡・封診 57》：“𠱾（腦）角出（頔）皆血出。”

欻 楚  清華九・迺命一 12

【注】從欠出聲。●《清華九・迺命一 12》：“而亦母（毋）或敢我解閔（交）奉袨（違），尚聿亡又（有）告欻，至于城（成）叟（没）。”欻，《說文》《集韻》以為無慚、無心腹肺腸之貌。詳“閔”字。

拙 秦  里耶 8・172

【注】從手出聲。●習字簡，無義。

怞 楚  清華十一・五紀 63

【注】從心出聲。●《清華十一・五紀 63》：“叢羣悉（謀）旬（詢），天下怞戮（察）之。”“怞”當讀詘，《說文・言部》：“詘，詰詘也。”。

佔 楚  郭店・老乙 14

【注】從人出聲。●讀拙。《郭店・老乙 14》：“大攷（巧）若佔（拙），大成若詘。”

媢 齊  叔尸鎛  叔尸鎛  叔尸鐘

【注】從女出聲。●《叔尸鎛》：“不（丕）顯穆公之孫，其配襄公之媢。”《爾雅・釋詁》：“男子謂姊妹之子為出。”“其配襄公之媢”是指叔夷之母為襄公的姊妹所生；襄公的姊妹嫁于鹹公所生之女。銘意為，丕顯穆公之孫，其配偶為宋襄公的外甥女。

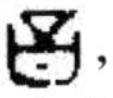

頔 燕 匯考 285

【注】從頁出聲。●“長（張）頔”，人名。

朏 晉 璽彙 2146 璽彙 2646

【注】從肉出聲。《集韻》朏，刴疾（與“月未盛之明”之朏同形，然字義有別）。馬王堆帛書有“朏”作（灸經甲 53）。●晉璽人名。

齣 秦 圖典 70 、印增 77

【注】從齒出聲。●秦印人名。

朏 九年衛鼎 吳方彝 曶鼎 齊 陶彙 3·236 晉 侯馬

【注】從月從出，會新月開始生明發光之意；出亦聲。《說文》：“，月未盛之明。從月、出。《周書》曰：‘丙午朏。’”古以新月初現時為朏，即承大月之二日，小月之三日為朏。●每月初三。《侯馬》：“甲寅朏乙丑。”《書·召誥》惟丙午朏。●金文人名。《吳方彝蓋》：“宰朏右（佑）乍（作）冊吳入門。”齊陶人名。

詘 楚 郭店·老乙 14 郭店·性自 46 秦 高奴禾石權 上郡守錯戈 、秦印 47

【注】從言出聲，與小篆同。《說文》：“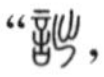，詰詘也。一曰屈襞。從言出聲。誳，詘或從屈。”本義言語鈍拙。●人名。《高奴禾石權》：“三年漆工熙、丞詘造，工隸臣牟禾石。”秦印為人名。●楚簡讀屈。《郭店·老乙 14》：“大攷（巧）若佁（拙），大成若詘（屈）。”《荀子·勸學》：“若挈裘領，詘五指而頓之，順者不可勝數也。”詘，同屈。●《郭店·性自 46》：“人之攷（巧）言利訂（詞）者，不又（有）夫詘詘之心則流。”《廣韻·物韻》：“詘，辭塞。”“詘”為“言語拙鈍貌”“樸拙無巧”之義。

屈 楚 楚屈叔沱戈 曶篙鐘 楚屈子赤目簠 楚屈喜戈 長沙銅量

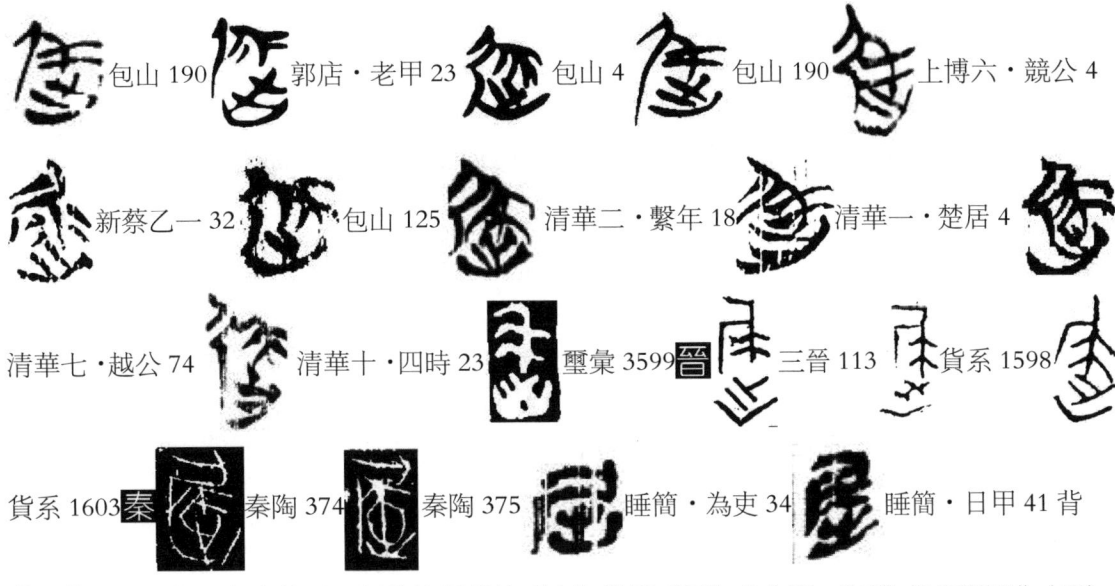

包山 190　　郭店·老甲 23　　包山 4　　包山 190　　上博六·競公 4

新蔡乙一 32　　包山 125　　清華二·繫年 18　　清華一·楚居 4

清華七·越公 74　　清華十·四時 23　　璽彙 3599　晉　三晉 113　　貨系 1598

貨系 1603　秦　秦陶 374　　秦陶 375　　睡簡·為吏 34　　睡簡·日甲 41 背

【注】從尾出聲，與小篆同。新蔡簡所從的"出"借用"尾"旁中豎，"毛"筆畫斷開作水形。楚文字出或訛省為止。《説文》："屈，無尾也。"段玉裁注："凡短尾曰屈……今俗語尚如是。引申為凡短之偁。山短高曰崛。其類也。今人屈伸字古作詘申。不用屈字。此古今字之異也。"《正字通》凡曲而不伸者，皆曰屈。●氏。《楚屈子赤目簠蓋》："楚屈子赤目躲（媵）中（仲）嬭（嬭）璜飤臣（匜）。"●屈服。《睡簡·為吏 34》："惪（勇）能屈，剛能柔。"●屈柰：楚國月相名。"柰"從示亦聲，雲夢秦簡寫作屈夕，柰、夕音近。《莉曆鐘》："隹（唯）智（莉）篜（曆）屈柰，晉人救戎于楚競（境）。"智（莉）篜（曆）屈柰，即楚曆十一月。●讀掘。《睡簡·日甲 37 背》："屈（掘）遝泉。"●窮竭。《郭店·老甲 23》："天地之間，其猶橐籥乎？虛而不屈，運（動）而愈出。"

郘　秦　

陶彙 5·41　　璽彙 0182　　陶彙 5·75　　陶彙 5·59　　陶彙 5·72　　秦印 291　　陶

彙 5·72　　秦印 291

【注】從邑屈聲，地名"屈"之專字。●秦陶屢見"咸郘里"，里名。

榀　楚　

包山 266　　包山 266　　包山 266　　信陽 2·25

【注】從木屈聲。●讀橛。《信陽 2·25》："一榀。"古代"屈""厥"二字音近。從聲母來說，它們都屬見母；從韻母來說，"屈"屬物部，"厥"屬月部，物、月二部關系密切。所以"屈""厥"二字可以通用。疑簡文"榀"即《廣雅·釋器》訓為"几"的"橛"的異體。字或作"蕨"。《禮記·明堂位》："俎用梡、嶡。"陸德明《釋文》："嶡，居衛反。又作'橛'，音同。"包山簡的"橛"分為"枉橛""戾橛""糈橛""宰橛"四種。（包山）墓東室出土四件"高足案"，疑即簡文所記的"橛"。

詘 楚  清華九·成人 21　 清華九·成人 23

【注】從言屈聲。●讀屈。《清華九·成人 21》："凡民五爭，正之于五詞（辭），五詞（辭）亡（無）詘（屈），正之于五裳（常）。"

緷 楚  包山 268　清華九·成人 25

【注】從糸屈聲。●《包山 268》："豹（豹）緷。"義不詳。●讀曲或讀屈。《清華九·成人 25》："戠（察）詞（辭）思緷（屈）。"察控辯雙方庭述之辭，思其理之曲直也。

茁 秦  睡簡·日甲 66 背

【注】從艸屈聲。●讀屈，即茜草。《睡簡·日甲 66 背》："縣（懸）以茁。"《神農本經》有屈草，生漢中川澤間，主寒熱陰痺。"茁"當卽屈。

窋 秦  睡簡·日甲 25 背

【注】從穴出聲，古同"窟"。●讀屈。《睡簡·日甲 25 背》："彼窋（屈）臥箕坐。"

蚰 秦  包山 21

【注】從蚰出聲，"蚰"之異文。●人名。

匭 晉  璽彙 0718　璽彙 0719　璽彙 2931　珍戰 135　集成 11680

【注】從匚出聲，疑匫之異文。●晉璽人名。

餣 楚  清華五·湯丘 2

【注】從食出聲。●讀粹，訓為精。《清華五·湯丘 2》："豑（絕）彷（芳）旨以餣（粹）。"亦可讀滑。

畎  、 邵鐘

【注】從网出聲。●讀詘、或讀屈。《邥鐘》："余畢公之孫，邥白（伯）之子，余頡罡事君，余罳乩武，乍（作）為余鐘。"舊釋為"岡"，誤。"頡罡"之語，詳見"頡"字。

絀 楚 帛書乙 清華十一·五紀 43 秦 、 秦印 254

【注】從糸出聲。●不足、短缺、虧欠。《帛書乙》："月則經（贏）絀，不得丌（其）弟（常）。"《荀子·非相》："与世偃仰，缓急赢绌。"●秦印人名。

繈 楚 清華七·越公 37

【注】從貝絀聲。●讀秩。"出"和"秩"上古音都是舌音物部字。《清華七·越公 37》："凡羣厇（度）之不厇（度），羣采勿（物）之不繈（秩）。"不秩，是指不匹配，和常典相違背。可與簡 55 "羣物品采之愆於故常"互讀。

透紐退聲

退 天亡簋 寅簋 齊 子禾子釜 楚 上博六·用曰 19 清華八·八氣

清華八·攝命 12 郭店·老乙 11 帛書甲 上博一·詩論 3 上博四·相邦 4 上博六·競建 9 上博五·君禮 2 郭店·老甲 39 清華五·湯丘 19 上博八·顏淵 9 清華九·命二 13 清華十·四時 21 清華十一·五紀 87 晉 中山王嚳壺 兆域圖銅版 秦 嶽麓一·為吏 20

【注】甲骨文作𠬞、𠬞，從皀（簋）從夂（倒止），就食完畢，會退席之意，"退"之初文。《天亡簋》增從彳。戰國文字常省略"皀"下邊的底座（"食"所從的構件"皀"也經常省掉下方的底座部分，如"飽""餡"等），並增口為飾。小篆省作𢓇。《说文》："𢓇，卻也。一曰行遲也。從彳從日從夂。㣠復或從内。退古文從辵。"本義向後走、後退。●退朝，面君完畢。《中山王嚳壺》："外之則剴（將）迷（使）堂（上）勤（觀）于天子之廟（廟），而退與者（諸）侯齒跟（長）于遀（會）同。"●損失。《兆域圖銅版》："逮（進）退逃（兆）乏（窆）者，死亡若（赦）。"

"進退"連用,有損益意。《周禮·秋官司寇·小司寇》:"以圖國用而進退之。"鄭玄注:"進退,猶損益也。"●讀懟。《上博一·詩論3》:"多言難而悁(怨)退(懟)者也。"●讀納。《上博六·競建9》:"公退(納)武夫亞(惡)聖人。"古"退""內"均為物部字;"退"屬透母,"內"屬泥母,均為舌音,二字音近可通,馬王堆帛書《周易》《老子》"退",或寫作"內""芮",可以為證。●退讓、謙遜。《上博五·君老2》:"母俤(弟)弇(送),退。"《國語·楚語_上》:"夫子踐位則退,自退則敬。"韋昭注:"退,謙退也。

定紐突聲

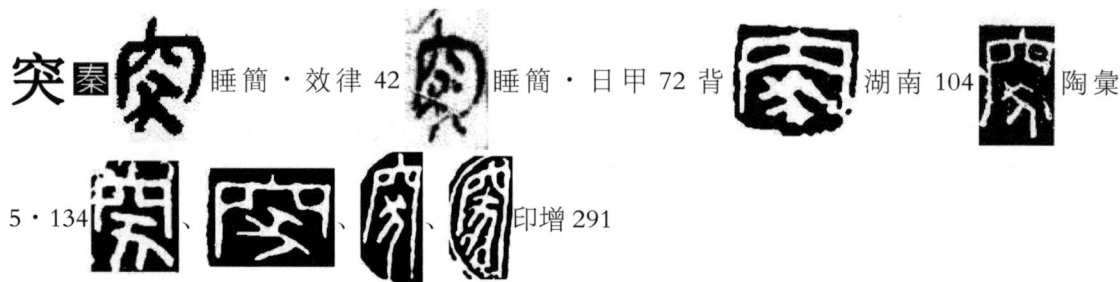

突 秦　睡簡·效律42　　睡簡·日甲72背　　湖南104　　陶彙

5·134　、　、　、　印增291

【注】《說文》:"突,犬從穴中暫出也。從犬在穴中。一曰滑也。徒骨切。"●秦印秦陶人名。●穿。《左傳·襄二十五年》:"鄭子產、子展帥車七百乘伐陳,宵突陳城。"《注》突,穿也。《睡簡·效律42》:"官府臧(藏)皮革,數穆風之。有蠹突者,貲官嗇夫一甲。"官府收藏皮革,應常曝曬風吹。有被咬壞的,罰該官府的嗇一甲。●《睡簡·封診52》:"以三歲時病疕,麋(眉)突。"在三歲時患有瘡傷,眉毛脫落。

宊 秦　龍崗36

【注】《龍崗秦簡》釋為宊。《字彙補》:"宊,古突字。"●讀突。《龍崗36》:"風荼宊(突)出。"《易乾坤鑿度》:"下宊濟河沱"。突,突然向外衝。《說文》穴部:"突,犬從穴中暫出也。"《繫傳》曰:"犬匿於穴中伺人,人不意之,突然而出也。"簡文所言風荼從禁苑中逃竄出來之意。

定紐朮聲

朮 楚　包山1　包山269　包山273　包山273　天星

【注】甲骨文作 、 、 ,從又從八,會循而分別之意,"述"之初文。金文或增點為飾。楚簡與甲骨文同。●讀紽。《包山269》:"其帛(施),朮五習(就)。"紽,《玉篇》繩也。

休 楚　郭店·老乙15

【注】從人朮聲。●據字形應釋為休。整理者認為是"保"字簡寫,讀保。《郭店·老乙15》:

"善建者不拔，善伏〈保〉者不兑（脱），子孫以其祭祀不屯。"今本老子 54 章作："善建者不拔，善抱者不脱，子孫以祭祀不輟。"保、抱音義皆近。"伏"為保字之訛。

述 史述作父乙簋　大盂鼎　遹盂　無叀鼎　□□鎛楚

楚 郭店·成之 17　郭店·語叢一 42　郭店·五行 34　上博二·容成 44　上博八·王

居 2　上博三·彭祖 6　清華七·子犯 13　清華七·越公 67　清華五·厚

父 6　清華四·筮法 6　清華四·筮法 23　清華十·四告 44　匯考

180　璽彙 0333　璽彙 0221　珍戰 2 晉　魚顛匕　中山王䲠壺

秦 詛楚文　睡簡·日甲 130　北大簡　嶽麓二·數 10　嶽麓

二·數 191

【注】從辵术聲。金文遂、述同形，疑字本作述而假借作遂。《金文編》徑以之謂遂字。文獻术旁字常與遂相通。《春秋·文公十二年》："秦伯使術來聘。"術"即西乞術，《公羊傳》皆作"遂"。《禮記·月令》："審端徑術。"鄭玄注："術，《周禮》作遂。"《說文》："䢤，循也。從辵术聲。遹，籀文從秫。"本義遵循。●循、順行。《小臣謎簋》："唯十又一月，遣自䵼曰（次），述東陟，伐海眉。"《書·五子之歌》："述大禹之戒以作歌。"孔傳："述，循也。"●讀遂，進也、至也。《無叀鼎》："王各于周廟，述于圖室。"《易·大壯》："羝羊觸藩，不能退，不能遂。"●讀遂，于是，就。《中山王䲠壺》："述（遂）定君臣之瑂（位），上下之軆（體），休又（有）成工（功）。"●讀墜，墜落、喪失。《大盂鼎》："聞殷述（墜）令。"《清華一·保訓 1》："王念日之多鬲（歷），忎（恐）述（墜）保（寶）訓。"●讀遂，郊外之地。《遹盂》："命遹事于述土。"遂土，即邑外之郊土。●讀遂，國名。嬀姓，傳為虞舜之後裔。故址在今山東寧陽縣西北與肥城接界的遂鄉。公元前 681 年為齊國所滅。《遂彝》："遂。"●《魚顛匕》："曰：䤮夆（釬、鑄）蛊（蚩）匕，述王魚顛曰。"吳振烽讀遂，登進。《禮記·月令》："（孟夏之月）命太尉，贊傑俊，遂賢良。"●《璽彙 0221》"□述之鈢"、《璽彙 0333》"陪門述"、《珍秦 2》"述保之鈢"吳振武均讀遂。（吳振武《釋三方收藏在日本的中國古代官印》）認為即習見於齊地的鄉遂制度。文炳淳則認為目前尚未發現有關楚國鄉遂制度的記載。（《先秦楚璽文字研究》249 頁）●讀遂，成功、實現。《郭店·五行 34》："直而述（遂）之。"《老子》云："功遂身退。"●讀怵。《上博三·彭祖 6》："述（怵）惕之心不可長。"●讀術。《郭店·性自 14》："術（道）四述（術），唯人術（道）為可術

（道）也。”“四術”當指天道、地道、神道和人道。

 秦印 10

【注】從艸述聲。●秦印“李莁”人名。

 清華十・四告 46

【注】從又從臼术聲。●整理者讀墜。《清華十・四告 46》：“我母（毋）叟（墜）先公之福。”叟，或謂從臼聲，為“搯”字異體，可讀慆，訓為怠慢。《國語・周語中》：“無從非彝，無即慆淫。”韋昭注：“慆，慢也。”“我毋慆先公之福”即召虎表示不敢怠慢於先公所賜之福。

 菁華 32

【注】從夶术聲。●晉璽“旅旅”人名。

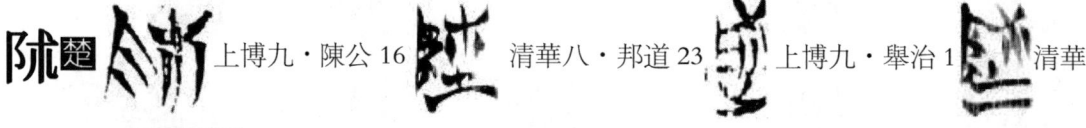 上博九・陳公 16　　清華八・邦道 23　　上博九・舉治 1　　清華

六・管仲 30　　珍戰 6

【注】從阝术聲；古文字從阝者習慣贅加土。《珍戰 6》疊加形符阝，與“隧”之籀文“䢦”吻合。●讀怵。《清華六・管仲 30》：“不穀余日三陎之，夕三陎之。”簡文意為，我（作為齊國國君）每日每夜戰戰兢兢。●讀墜。《清華八・邦道 23》：“古（故）陎（墜）遊（失）社稷。”●讀隧。《珍戰 6》“陎革”，革指兵革，此璽當用於封印烽隧革製軍需物資。●讀術，道路。《上博九・陳公 16》：“女（如）開陎，女（如）攻陎。”《國語・魯語上》：“皆是術也。”韋昭注：“術，道也。”銀雀山漢簡《孫臏兵法・擒龐涓》：“當術而厥。”整理者注：“術，道路。”先秦以及後世兵陣，往往講究開闔之法，或閉陣以掩殺敵人，或開出路徑以誘敵進入。

 清華五・湯丘 5

【注】從示术聲。●讀祟。《清華五・湯丘 5》：“繙（適）奉（逢）道迯（路）之祙（祟）。”“术”古音在船母物部，與心母物部之“祟”音近。《說文》：“祟，神禍也。”

頒 楚 　 上博一・緇衣 2

【注】從頁尣聲。●讀述。《上博一·緇衣2》："為上可弃（望）而智（知）也，為下可頛（述）而齒（志）也。""頛而齒"今本作"述而志"。

 清華三·良臣 4 璽彙 2629

【注】從彳尣聲。●讀遂。《清華三·良臣4》："彴（遂）差（佐）成王。"●晉璽"行彴"，人名，可讀遂。

 睡簡·秦種 34

【注】從禾彴聲，古"秫"字。●讀秫。《説文》："秫，稷之黏者。"《睡簡·秦種34》："粊（秫）勿以稟人。"黏穀不要發放給人。

 里耶 8·1243

【注】從木尣聲。●讀術。

秫 睡簡·日甲 18 里耶 8·200

【注】從禾尣聲。●用為本義，《説文》："秫，稷之黏者。"《睡簡·日甲18》："禾忌日：稷龍寅、秫丑。"戰國秦漢簡中"龍"表禁忌之意。

 上博九·舉治 5

【注】從土尣聲。●讀墜。《上博九·舉治5》："子遊（失）上（尚）父，坹（墜）我周駆（祚）。"

紈 圖典 426 包山 275 清華三·説命下 9 清華三·琴舞 2 清華三·芮良夫 7 清華三·芮良夫 19

【注】從糸尣聲。《玉篇》："紈，繩也。"●齊璽"紈喜"人名。●讀紈。《玉篇》繩也。《包山275》："紈緄。"繩子上綴以五色絲飾。●《清華三·琴舞1》："周公作多士敬（儆）怭（毖）琴舞九紈（遂）。"簡文中讀卒或讀遂。《爾雅·釋詁》："卒，終也。""九紈"義同"九終""九奏"等，指行禮奏樂九曲。●讀術。《國語·晉語六》"盡戒之術也"，韋昭注："術，道也。"《清華

三‧芮良夫7》："兑（變）改裳（常）紤（術），而亡（無）又（有）絪（紀）統（綱）。" ●讀惰或讀墮。紤、術同從术聲。古籍中術、隊相通，墜、墮相通，故"紤"可通"惰"。《清華三‧芮良夫19》："惪（德）型（刑）態（怠）紤（惰），民所訞（妖）訛（比）。""態紤"即"怠惰"。 ●讀墜。《清華三‧説命下9》："余罔紤（墜）天休。"

術_秦 睡簡‧答問101　睡簡‧為吏37　嶽麓一‧為吏78

嶽麓三 242　秦印37

【注】從行术聲。 ●《睡簡‧答問101》："有賊殺傷人衝術。"衝術，大道。有人在大道上殺傷人。 ●讀怵。《睡簡‧為吏37》："術（怵）惕（惕）之心，不可不長。"

鈢_秦 睡簡‧答問86

【注】從金术聲。《説文》綦鍼也。《管子‧海王篇》一女必有一鍼一鈢。《注》鈢，長鍼也。 ●長針。《睡簡‧答問86》："鬭以箴（針）、鈢、錐，若箴（針）、鈢、錐傷人，各可（何）論？"

炑_楚 曾侯11

【注】從火术聲。 ●簡文"旗炑"。"旗"應讀纊，絮也。"炑"讀燧。纊、燧乃用以鑽燧起火的器具。燧用於鑽火，絮用於引火。詳"旗"字。

泥紐内聲

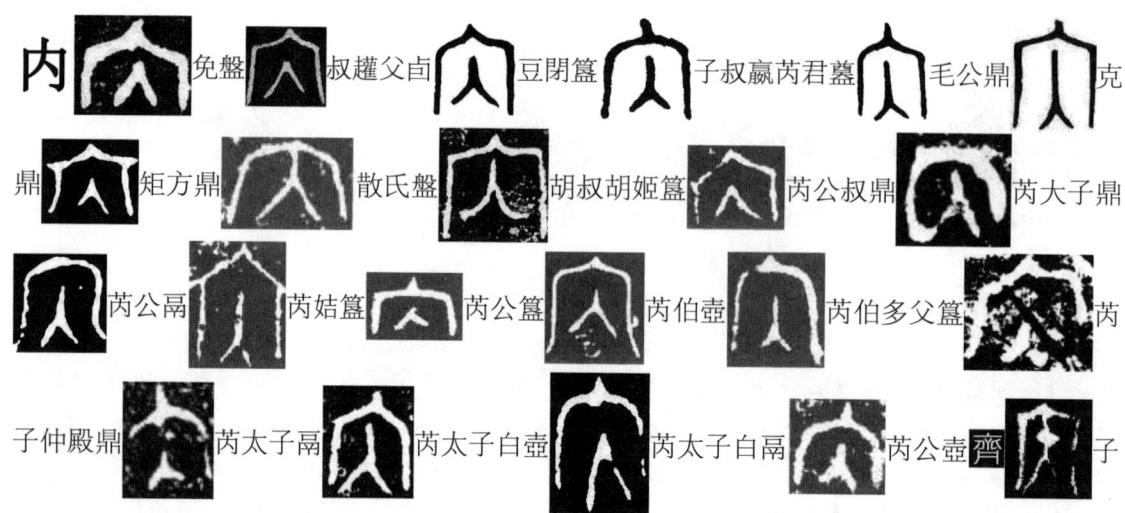

内　免盤　叔蘳父卣　豆閉簋　子叔嬴芮君盨　毛公鼎　克鼎　矩方鼎　散氏盤　胡叔胡姬簋　芮公叔鼎　芮大子鼎　芮公鬲　芮姞簋　芮公簋　芮伯壺　芮伯多父簋　芮子仲殿鼎　芮太子鬲　芮太子白壺　芮太子白鬲　芮公壺_齊子

和子釜　　陳璋壺　　叔尸鎛　　齊幣 152　　璽彙 0154　　璽彙 5476　　璽

彙 3358 楚　鄂君啟舟節　　上博五·競建 1　　上博四·曹沫 18　　郭店·語

叢一 23　　上博一·緇衣 20　　清華四·筮法 27　　郭店·五行 3　　上博一·詩

論 12　　上博四·昭王 1　　包山 201　　上博四·昭王 6　　上博八·顏

淵 10　　清華二·繫年 93　　清華八·攝命 3　　清華八·邦政 6　　清華四·筮

法 23　　清華四·筮法 24　　上博九·陳公 14　　清華九·禱辭 9 燕　璽彙

0697　　璽彙 4868　　璽彙 5338　　貨系 2937　　貨系 3372 晉　中山王𧊒壺

兆域圖銅版　　內黃鼎　　侯馬　　右內佗壺 秦　睡簡·秦種

187　　睡簡·日乙 40　　秦印 93　　秦集一·二·55　　秦集

1·2·92　　西安一六·8

【注】甲骨文作𝌀，從冂從入，字的上半是一間屋子狀，下半是"入"，會進入屋內之意。甲骨文丙、內二字易混，商承祚謂"丙"從𝌀，"內"從𝌀。金文同甲骨文，入或加裝飾符作𝌀、𝌀等。戰國文字承襲金文，或收縮筆劃作𝌀、𝌀，遂與秦文字"矢"混同。《說文》："內，入也。從口，自外而入也。"本義為進入。●讀入，進入。《員卣》："員從史旗伐會（鄶），員先內（入）邑。"●讀芮，國名。公元前 11 世紀，周武王把卿士芮伯良夫封在芮邑。經過專家考古發現，確定陝西省渭南市澄城縣劉家窪鄉墓地為芮公墓，為芮國故地。《秦本紀·正義》引《括地志》云："南芮鄉故城在同州朝邑縣南數十里。又有北芮城，皆古芮伯國。"北芮城的所在，即今韓城梁帶村。2005 年，陝西韓城梁帶村發現了西周晚期至春秋初年的國族墓地，高級別貴族墓出土的銅器上

多鑄有"内（芮）"字樣的銘文，已經確認的墓葬數量更達千餘座。梁帶村及附近地區作為周代芮國的後期都邑北芮城及其屬地，可能始於西周晚期，而終於芮國的滅亡（《史記·秦本紀》記載秦穆公二十年（即公元前 640 年）滅芮國）。●楊伯峻先生指出："芮國有二，一為殷商時之芮，與虞國為鄰，《詩·大雅·緜》所謂'虞、芮質厥成'者是也。"虞、芮爭訟的芮國，漢晉以後的學者多主張在今陝西大荔縣或晉南芮城縣境内，如裴駰集解引《漢志》曰："虞在河東大陽縣，芮在馮翊臨晉縣。"又《括地志》云："故芮城在芮城縣西二十里，古芮國也。"不過，現代學者多參照《尚書大傳》和《周本紀》所載文王時期周族的擴張進程，對傳統説法提出質疑，進而強調虞、芮應在近周的汧隴地區，並據《漢書·地理志》考訂古芮國於今甘肅華亭一帶。《芮姞簋》："内（芮）姞乍（作）旅簋。〔〕。""芮姞"為出身芮國的姞姓女子，其夫家的族氏名號為""，也就是説，西周早期還存在着一個姞姓之芮。此"芮"，在近周的汧隴地區。（《芮姞簋與古芮國探微》）●讀納，接受。《大克鼎》："出内（納）王命。"《詩·烝民》："出納王命，王之喉舌。"《正義》："王有所言，出而宣之；下有所白，納而白之。"●與"外"相對。《毛公鼎》："命女（汝）辥（乂）我邦、我家内外。"●讀納，貢獻。《鄂侯馭方鼎》："噩（鄂）侯馭方内（納）豊于王。"●《五年師旋簋》："儕（齎）女（汝）盾五、易（錫）弆、盾生皇、畫内。"畫内，内讀芮。《史記·蘇秦列傳》："當則斬堅甲鐵幕，革抉吷芮，無不畢具。"司馬貞《索隱》："吷與馺同，音伐，謂楯也。芮音如字，謂系楯之綏也。""盾生皇畫内"是指飾有羽毛和系有彩綏的盾。●内子：卿大夫嫡妻。《芮子仲殿鼎》："内子中（仲）殿攽（肇）乍（作）弔（叔）媿䵼鼎。"●《諫簋》："王乎（呼）内史夀冊命諫。"内史，官名。秦亦有内史。《秦集 1·2·92》"内史之印"，《漢書·百官公卿表》："内史，周官，秦因之，掌治京師。"據西周金文和春秋時期的文獻考證"内史"當時主要是宣達王命。外史掌外令，乃是掌畿外之令，因此，内史之所掌，必然是畿内了。這正是《百官公卿表》内史"掌治京師"的由來。《元和郡縣誌》："秦兼天下，置内史以領關中。"秦京畿附近由内史治理，以官名為名，不稱郡。西漢景帝時分為左、右内史與主爵都尉，武帝時又改為京兆尹、左馮翊、右扶風，合稱三輔。●内小臣：内宫官名，專門掌管天子、諸侯后宫事務。《魯内小臣床生鼎》："魯内小臣床生乍（作）䵼。"●内官，官署名。《昭宫銅鼎》："廿一年，内官右工，昭宫私官，一斗九升，止。"《左傳·昭公元年》載："内官不及同姓。"杜預注："内官，嬪御。"《儀禮·公食大夫禮》説："内官之士，在宰東北。"鄭玄注：内官"夫人之官，内宰之屬也"。可見"内官"是管理王宫嬪妃事務的職官。"右工"則是内官屬下負責鑄造后宫器物的具體管理機構。秦國銅器的鑄造管理機構，以往多見有"寺工""邦工""私工"等，"内官右工"的管理機構以往未見著録，當是戰國末年出現的。●《秦集一·二·55》"内者"，官名。據《漢書·百官公卿表》，少府屬官有内者令丞，"内者"封泥的發現，説明内者機構確系西漢由秦承襲沿置。《後漢書·百官志》："内者令一人，掌中布張諸衣物，設左右丞各一人。"内者的職掌應該是管理宫中的各種佈置，佈置需要帷帳，也需要其他器物。《秦集一·二·56》"内者府印"，内者府為内者之府置。當是貯藏宫中坐臥用具及所需衣物的機構。●《西安一六·8》"大内丞印"，"大内"為戰國秦置，主管京師物資收藏。漢承秦制，《史記·孝景本紀》："以大内為二千石，置左右内官，屬大内。"裴駰《集解》引韋昭曰"大内，京師府藏"。

 逇 楚 璽彙 3617

【注】從辵内聲。逇，《玉篇》古文退字。●楚璽"盲逇"人名，讀退。

邖  清華三 · 良臣 3

【注】從邑内聲。●讀芮。《清華三 · 良臣 3》："又（有）邖（芮）白（伯）。"

芮  陶彙 5 · 119  包山 127  集證 161 集粹 577

【注】從艸内聲。●齊陶"咸芮里喜"，里名。●秦印人名。漢印通作姓氏。《通志 · 氏族略》司徒芮伯之後，齊景公妾曰芮姬。●讀納。《包山 127》："大宮疢芮（納）氏（是）簐（志）。"

納 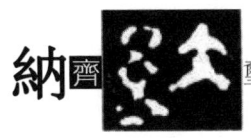 璽彙 0226  信陽 2 · 28  安大一 47 印增 503

【注】從糸内聲。●讀内。《信陽 2 · 28》："紫韋之納。"●讀軜。《安大一 47》："龍𦊰（盾）是敆（合），鈇（鋚）目（以）結（緅）納（軜）。"《毛詩》作"鋚以觼軜"。《說文 · 車部》："軜，驂馬内轡繫軾前者。從車，内聲。《詩》曰：'洀以觼軜。'""納""軜"諧聲可通。●齊璽人名。

䋎  包山 25

【注】從毛内聲。●人名。《包山 25》："司敗黃貴䋎受刍（幾）。"

歐  牆盤

【注】從臄内聲。為内之異文，如"安"或作；臄、糸作形符可以互易（詳"綰"字）。故字可釋為納。●讀納。《牆盤》："遠猷腹（腹）心，子（茲）歐（納）畣明。"

𪉉  陶彙 3 · 91  貨系 2646 璽彙 2077 印增 80

【注】戰國文字為"内"之繁文。《說文》："𪉉，言之訥也。從口從内。凡𪉉之屬皆從𪉉。"●晉璽、齊陶、秦印人名。

𪉱  璽彙 1484  璽彙 1991  璽彙 3460  璽彙 3241

【注】從興（三晉文字習見偏旁，無法隸定）𪉉聲。●人名。

喬 清華一 · 耆夜 12 清華一 · 耆夜 13 清華三 · 芮良夫 20 安大一

55 安大一 102　清華十一·五紀 46　清華十一·五紀 97　清華十一·五紀

124 秦　里耶 8·1664

【注】矞，《説文》：“以錐有所穿也。從矛從冏（小徐冏聲）。一曰滿有所出也。”字本義不明。
●讀聿。矞，餘母質部；聿，餘母物部，二字雙聲，韻部旁轉疊韻。《清華一·耆夜 12》：“蚃（蟋）
蟀（蟀）才（在）箈（席），戡（歲）矞（聿）員（云）茗（莫/暮）。今夫君子，不熹（喜）不
藥（樂）。”矞通“聿”，語助詞。員通“云”，與“其”字用法相似，句中助詞。茗，通“莫”。
●讀譎，變化。《清華三·芮良夫 20》：“而五相（相）柔訨（比），矞（通）易兕心。”《文選·張
衡〈東京賦〉》：“玄謀設而陰行，合二九而成譎。”李善注：“譎，變也。”●讀規。《清華十一·五
紀 46》：“矞（規）巨（矩）五尺（度），天下所行。”●讀璚。《清華十一·五紀 101》：“軍（暈）
耳（珥）閞（比），怀（背）矞（璚）霾（遭）。”整理者注：“怀，讀為‘背’，即日背。《開元
占經·日占》：‘日中赤外青曲向外，名為背。’矞，讀為‘璚’，即日璚。《開元占經·日占》‘氣
青赤曲向外，中有一橫，狀如帶鉤，名為璚。’霾，讀為‘遭’，即日背與日譎相交。”

遹 大盂鼎　　克鐘　　小克鼎　　小克鼎　　小克鼎　　遹邋作父

癸簋　翏生盨 楚　曾公欺鐘

【注】從辵矞聲。聲符矞多不從口。《翏生盨》聲符益以臼形，象雙手持矛有所穿之意。馬承源
曰：“即遹字的另一結構。《説文》繘字籀文作可證。”（《關于翏生盨和者減鐘的几點意見》）
《説文》：“遹，回避也。從辵矞聲。”多用作發語詞，《詩·大雅》：“遹駿有聲。”●發語詞，與
“惟”“越”“粵”等字用濾同。《牆盤》：“鞻圉武王，遹征四方，達（撻）殷畯民，永不（丕）
巩（恐）狄。”《克鼎》：“王命善（膳）夫克舍于成周遹正八自（師）之年。”●循、遵循。《大
盂鼎》：“雩我其遹省先王受民受疆（疆）土。”《爾雅·釋詁》：“遹，循也。”《曾公欺鐘》：“召
事上帝，徜（遹）裹（懷）多福。”●方國名。《翏生盨》：“王征南淮尸（夷），伐角、溝（津）、
伐桐、遹，翏生從。”“遹”地望不詳，或據馬承源考證：“與桐相近的地名有聿婁，在淮水上游。
聿遹古音通。桐、遹兩地當在淮夷西側。”（《商周青銅器銘文選·翏生盨》）●人名。《遹簋》：“遹
拜首𩕊首，敢對揚穆穆王休。”

遺 寧遺簋

【注】從貝遹聲，古“賱”字。●人名。

伯先父簋宗邑瓦書宗邑瓦書

【注】從水喬聲。●南部方國名。《伯先父簋》："南征，伐艮（服）孌桐潏。"同字《翏生盨》作"潏"。●地名。《宗邑瓦書》："取杜才（在）酆邱到潏水，以為右庶長歜宗邑。"

封成 2221　　秦印 100　　秦再二·9

【注】從木喬聲。●秦印"橘監"，疑為向關中輸送橘果之官署，自秦而漢相繼未衰。●《秦再二·9》"橘官"。橘官，官署及職官名，主歲貢橘。《漢書地理志》載，西漢曾在交趾、蜀郡嚴道、巴郡忍縣、魚腹縣設有橘官，出土文物則有"嚴道橘丞"銅印。

侯馬

【注】從邑喬聲；喬、邑共用口旁。●盟書人名。

包山 98　　包山 107

【注】從墨喬聲，疑"黸"之異文。●包山簡人名。

陶録 3·358　　陶録 3·358

【注】從疒喬聲，疑"獢"之本字。●齊陶單字，人名。

上博六·用曰 14　　印增 574

【注】從走喬聲。●讀遁。《上博六·用曰 14》："折（制）灋（法）即（節）井（刑），恒民趫（遁）敗。"《莊子·盜跖》有"恒民"，本或作"順民"。《爾雅·釋詁上》："遁，循也。""敗"，疑讀為"彼"。●秦印"趫氏"，應為人名。

鄂侯馭方鼎

【注】從人喬聲。●國名。《鄂侯馭方鼎》："王南征，伐角、僑。"

繘關簡 340　關簡 341

【注】從糸矞聲。●汲水索。《關簡 340》："以左手表（牽）繘。"《說文》："繘，綆也。從糸，矞聲。"《玉篇》用以汲水也。

騹曾侯 199

【注】舊多釋為"驢"，為摹誤。《楚地出土簡冊十四種》據紅外影像謂此字從喬。當釋為騹。●馬名。《說文》："騹，驪馬白胯也。從馬喬聲。"《曾侯 185》："賓公之騹為左騑。"

心紐帥聲

帥　九年衛鼎　史頌鼎　叔向父禹簋　師虎簋　毛公鼎

番生簋　邢人妄鐘　師望鼎　單伯旲生鐘　彔伯簋　帥隹鼎齊　司

馬楙鎛楚　嬭加編鐘　清華一·楚居 7　清華九·廸命一 1　晉

侯馬　晉公盆秦　石鼓文　睡簡·日甲 7　印增 302

【注】從巾目聲。目，甲骨文作、、，象以手持杖牽引另一人之手，是訓導之"帥"或"達"之初文。後目字廢，又造達或假帥為之。隸變後目與自混同。漢隸帥字從目與從自互見。六朝以後，帥字行而師字廢。又師字卜辭都作自，早期金文也作自，稍晚則加巾旁作師。但是，金文帥字左旁全從目沒有一個從自的，金文師字左旁全從自沒有一個從目的，可見古文字的目與自迥然有別。六國文字訛為阝旁。《說文》："帥，佩巾也。從巾、自。帨帥或從兌。又音稅。""佩巾"為其本義，典籍多假為帶領、遵循。《左傳·襄十年》："牽帥老夫，以至于此。"●讀率，率領。《秦公簋》："余雖小子，穆穆帥秉明德。"《史頌鼎》："令史頌省（省）穌（蘇）㵼，友里君、百生（姓），帥㒼（偶）盩于成周。"帥偶，率其曹偶也。●遵循、效灋。《師望鼎》："望肇帥井（型）皇考。"《番生簋》："番生不敢弗帥井（型）皇祖考不杯元德。"《司馬楙鎛》："亦帥刑灋則祢（先）公正德。"《司馬楙編鎛》："亦帥刑灋則。""帥刑（型）"是謂語動詞，"灋則"是其賓語。●"師"字之誤。《睡簡·日甲 7》："利以行帥（師）出正（征）。"●讀帥，人名。《清華一·楚居 7》"焚（蚡）冒酓帥"，《史記·楚世家》作"蚡冒熊眴"，《國語》韋昭注引作"熊率"。詳"焚"字。●讀率，皆也。《清華九·廸命一 1》："西〈廸〉命辟（嬖）御□□□帥（率）共㐭（厥）事。"

心紐率聲

率 大盂鼎　秦 會稽刻石　龍崗 134

【注】甲骨文作、、、、，象絞麻為索之形，小點象繩上生起的毛刺，是"緰"之初文。《説文》："緰，素屬。從素率聲。"段玉裁注："繩索也。從素之字，古亦從糸，故緰或作緰緰。"金文同甲骨文。戰國文字或加飾筆作率，作偏旁或省作形。《説文》："率，捕鳥畢也。象絲罔，上下其竿柄也。凡率之屬皆從率。"所釋當為引申義，本義為繩索，率當為"緰"之本字。引申之則"率"遂有循也、遵也、帥也等義。如《左傳》："率師以來，惟敵是求。"又引申指帶兵的人，即主帥，如《荀子》："將率不能則兵弱。"到了後世，這個意義寫作"帥"。金文或增從行作衛，或增辶作達。今則率行而衛、達廢矣。●副詞，皆、悉。《大盂鼎》："我聞殷述（墜）令，隹（唯）殷邊侯、田（甸）雩（與）殷正百辟，率肆于酉（酒）。"《史記·老子韓非列傳》："故其著書十余萬言，大抵率寓言也。"●率領。《會稽刻石》："率眾自强。"

遳 晉 侯馬

【注】從止率聲，"達"之異文。●讀達，遵也。《侯馬》："遳從此盟誓之言。"

徝 師旬毀

【注】從彳率聲。●讀率。《師旬毀》："徝以乃友干吾王身。"

衛 毛公鼎　告仲之孫簠　楚 清華二·繫年 134　衛 清華二·繫年

130 燕 璽彙 4116　秦 詛楚文　詛楚文　睡簡·答問

198 睡簡·為吏 23　嶽麓一·為吏 4　印增 75

【注】從行率聲。●《璽彙 4116》"衛唤角"，"衛唤"讀軒轅，複姓。詳"唤"字。●古文字多讀率，率領。《詛楚文》："衛（率）者（諸）矦（侯）之兵以臨加我郤。"《睡簡·為吏 24》："或衛（率）民不作。"《清華二·繫年 134》："嵬（魏）緰（擊）衛（率）自（師）回（圍）武牄（陽）。"●讀率，皆、悉。《毛公鼎》："雁（膺）受大命，衍（率）襄（懷）不廷方。"

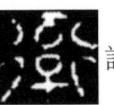達 師袁簠　致方鼎　小臣謎簠　多友鼎　齊庚壺

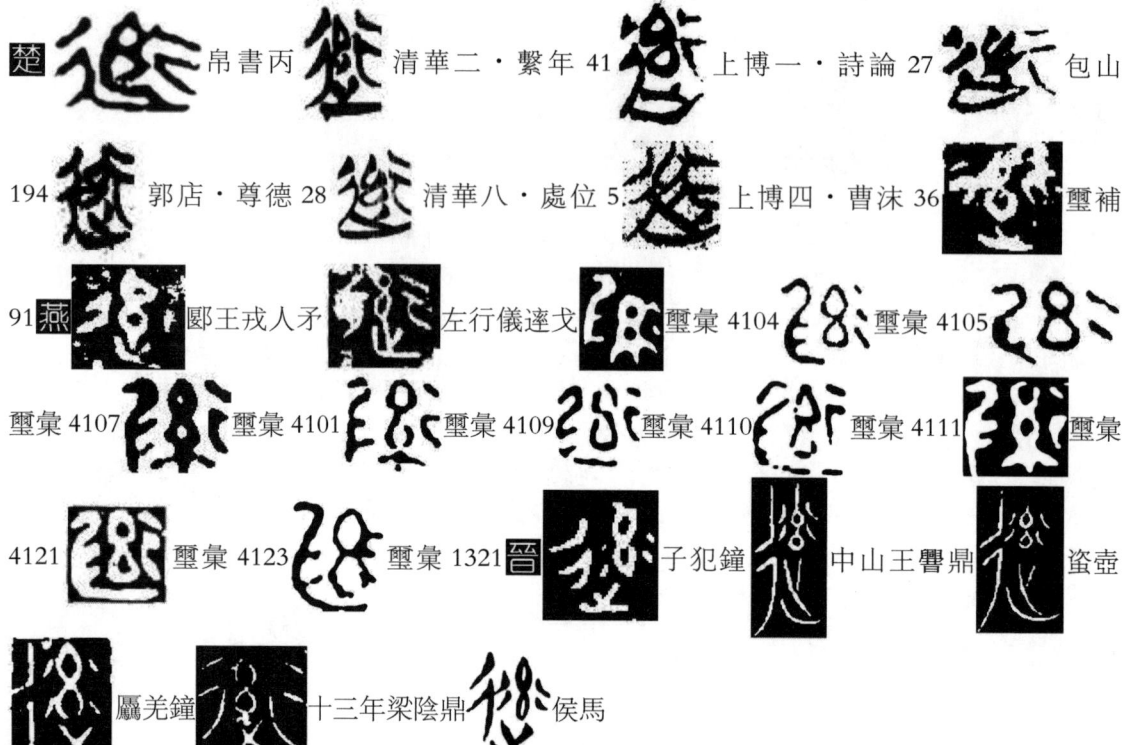

【注】從止衛聲，或從辵率聲，即《説文》"達"字。燕系文字彳與止合書。《説文》："達，先道也。從辵率聲。"衛、達本為一字，均為"率"的或體，本義率領、統領。●讀率，率領、統帥。《禹鼎》："亦唯噩（鄂）侯馭方達（率）南淮尸（夷）、東尸（夷），廣伐南或（國）。"《師袁鼎》："今余肇（肇）令女（汝）達（率）齊帀（師），曩、㹭、襮、屍、左右虎臣，正（征）淮尸（夷）。"典籍作"率"。《左傳·宣公十二年》："率師以來，惟敵是求，克敵得屬，又何俟。"●將帥。《左行議率戈》："左行議達戈。"行議大概是一種儀仗隊伍的名稱。●句中語氣詞，典籍作"率"。《屬羌鐘》："達（率）征秦迮齊，入跟（長）城。"《小臣謎簋》："白（伯）懋父承王令，易（賜）自（師）達征自五鼺貝。"●遵循。《中山王𧊒鼎》："亡不達（率）巨（仁），敬忩（順）天惪（德），目（以）猺（佐）右（佑）寡人。"●楚簡多讀帥，一國的將帥。《上博四·曹沫36》："能治三軍，使達（帥）。"或用為動詞。《上博三·周易8》："長子銜（帥）帀（師），弟子塁（與）殠（尸），貞凶。"《璽補91》"管（築）邦達（帥）鈝"、《璽補139》"率（帥）"均讀帥。●讀蟀，蟋蟀。《上博一·詩論27》："七（蟋）達（蟀）。"●讀軒。燕私璽"達喚"讀軒轅，複姓。（徐在國《燕國文字中的"奐"及從"奐"之字》）燕璽"達喚"習見，詳"喚"字。

【注】從肉衛聲，"脺"之繁文。●燕璽人名。

【注】從虫衔（達）聲。●均讀蟀，蟋蟀。《清華一·耆夜9》："蝱（蟋）蟖（蟀）趑（趯）隆（陛）于尚（堂）。"

幫紐弗聲

弗 旂作父戊鼎　　師虎鼎　　大簋　　大簋　　毛公鼎　　番生簋　　辭

攸比鼎　　且甲盨　　盠駒尊　　易鼎 齊　　費奴父鼎 楚　　上博五·鬼神

4　上博五·三德22　　清華一·保訓9　　清華八·天下7　　清華八·攝命

31　清華八·攝命22　　清華八·攝命19　　清華八·攝命11　　清華八·攝

命13 晉　　哀成叔鼎　　新郪戈　　蚉壺　　璽彙3126　　璽彙3417 秦　　不嬰簋

睡簡·日乙115　　嶽麓一·為吏74　　秦印242

【注】甲骨文作 弗、弗、弗、弗 等形。高鴻縉謂："弗即拂之初文，其意為矯枉，從八，象不平直之兩物而以繩索己束之使之平直，故有矯枉、拂正之意。"（《中國字例》第三篇52頁）金文同甲骨文。戰國文字或加飾筆作 弗、弗、弗、弗、弗，飾筆多寡不拘。作偏旁或收縮為 弗（見"費"字）。《說文》："弗，撟也。從丿從乀，從韋省。"析形不確。本義矯枉。後多用為否定詞，其本義遂失。●否定詞，相當于"不"。《牆盤》："牆弗敢取（沮），對揚天子不（丕）顯休令，用乍（作）寶障彝。"段玉裁謂"凡經傳言不者，其文直，言弗者其文曲"，此乃"不""弗"用濾之小異。●讀費，國名。《費奴父鼎》："弗（費）奴父乍（作）孟妘旂媵（媵）貞（鼎），其覆（眉）壽萬年永寶用。"費奴父，春秋中期費國人，字奴父，妘姓。陳槃先生引據清程恩澤《國策地名考》、俞樾《群經平議》之說，提出"春秋時，魯有二費"，《春秋》費伯國在今山東魚台西南費亭，季孫氏之邑費在今山東費縣西北二十里。這兩個地點都在棗莊徐樓村不遠之處。（《棗莊徐樓村宋公鼎與費國》）●《璽彙3126》"弗祑"，姓氏。弗、費本一姓。弗翰胡，春秋時晉人，見《左傳》。

弗 秦　　圖典88

【注】從髟弗聲。●秦印"趙髴"，人名

晰齊 陶彙 3·524

【注】從日弗聲。●齊陶人名

柿楚 曾侯 38 　　曾侯 167 　　清華六·子產 16 　　清華八·八氣 7

【注】從木弗聲。●讀拂，違逆。《清華八·八氣 7》："木曰隹（唯）從母（毋）柿（拂）。"以五行之性擬喻為臣之道。●曾侯簡為人名。

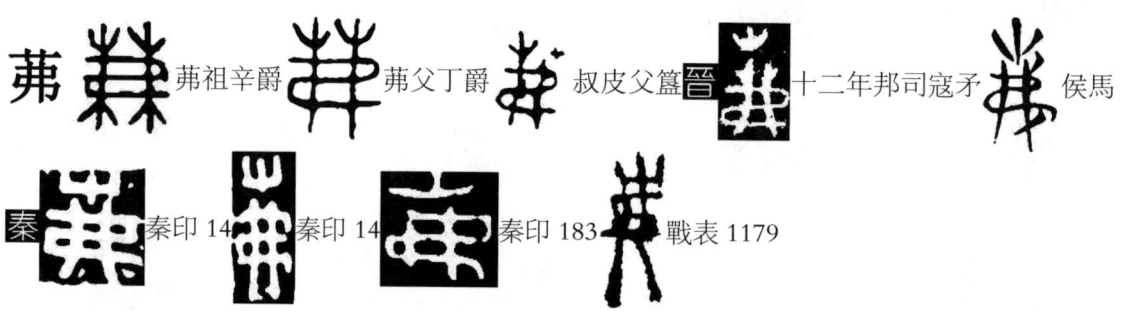茀 茀祖辛爵 茀父丁爵 叔皮父簋晉 十二年邦司寇矛 侯馬

秦 秦印 14 　秦印 14 　秦印 183 　戰表 1179

【注】從艸弗聲。《説文》："茀，道多艸，不可行。"段玉裁注："道茀不可行也。"本義野草塞路。●族氏名。見于《茀父丁爵》《茀祖辛爵》等器。●茀公：人名。《叔皮父簋》："弔（叔）皮父乍（作）朕文考茀公罤朕文母季姬障毁。"●秦印有"茀歝""茀欵"，當為姓氏。漢印有"茀武""茀通"等。《前漢·古今人表》茀肸。《注》師古曰："即佛肸也。茀音弼。"

郮晉 貨系 557 　　貨系 560 　　璽彙 2126 　　貨系 562 　　郮、郮、

郮侯馬

【注】從邑弗聲。●《璽彙 2126》"郮茵"，讀弗，姓氏。侯馬盟書亦為姓氏。●晉布地名。

費晉 八年新城大令戈秦 、費、 、 印章 237 　費 睡簡·雜抄 22 　費 睡

簡·秦種 37

【注】從貝弗聲。《説文》："費，散財用也。"本義花費。●費用。《睡簡·秦種 37》："縣上食者籍及它費大（太）倉，與計偕。"各縣太倉上報領取口糧人員的名藉和其他費用，就與每年的帳簿同時繳送。●《睡簡·雜抄 22》："殿而不負費。"負費，虧欠。●人名。《八年新城大令戈》："工帀（師）宋費。"●秦印有"費默""費細"，姓氏。

 小盂鼎

【注】從刀費聲，疑為"費"之繁文。●《小盂鼎》之"劓伯"讀費伯。費，國族名，後以為氏。《費奴父鼎》作"弗"。

潰_秦  印增 601

【注】從水費聲。●人名。

鈇  郾王載戈　郾侯胘戈

【注】從金弗聲。《説文》無。本義兵器名，戰國時代燕國稱戈為"鎩鈇""鎩""鋸"或"鈇"。石永士先生在《郾王銅兵器研究》一文中，稱鎩、鈇、鋸是根據官職等級的高低和職掌許可權的不同而使用的。行議以上的官職使用的戈稱鎩，行議以下稱戈為鈇，燕王的侍衛徒御稱戈為鋸。●戟屬兵器名。《郾侯胘戈》："郾（燕）侯胘乍（作）帀（師）萃鎩鈇。"鎩與鈇同為戟屬。鈇義源于刜，《説文》："刜，擊也。"器銘或不從金，《新郜戟》："新郜自叙（命）弗戈（戟）。"

刜 作冊嗌卣 晉公盆

【注】甲骨文作、、、，從刀弗聲，金文小篆同。《説文》："刜，擊也。"本義用刀猛力砍。●擊，引申為剷除。《晉公盆》："余咸畜胤士，乍（作）馮左右，保辭王國，刜臬（暴）糂俴（作）。"郭沫若曰："刜，擊也。臬（今作票）假為暴，糂即舒字，俴當是连迫字之本字。暴者擊之，受连迫者舒之，猶言弔民伐罪或除暴安良矣。"（《兩周金文辭大系考釋》231 頁）●斷絕、毀壞。《作冊嗌卣》："遺佑石（祐）宗不刜。""不刜"當為周人的吉語，猶言"繼續不斷"也。

費_楚 包山 51

【注】從力弗聲。●人名。

疿_秦 印增 591

【注】從广弗聲。●"疿它"，人名。

並紐弜聲

弜 弜父丁觶　　父乙爵　　龢簋 楚　　清華八·攝命 12　　清華八·攝命

14 晉　珍戰 91

【注】甲骨文作、、、、，從二弓，本義為弓檠，典籍和金文借"柲"和"弼"為之。《説文》："弜，强也。從二弓。凡弜之屬皆從弜。"又《説文》："弼，輔也。重也。從弜丙聲。並古文弼。並古文弼。弼或如此。"王國維以為"弜"為"柲"之本字，曰："案《説文》此二字皆誤。《既夕禮》有'柲'，注：'柲，弓檠弛之則縛之于弓裏備損傷。詩云：竹柲緄縢。今文柲作柴。案今毛詩作閉。柲所以輔弓，形略如弓，故從二弓，其音當讀如弼，或作柲作柴作閉，皆同音假借也。弜之本義為弓檠，引申之為輔為重，又引申之為强。許君以弜之第三義系于弜下，又以其第二義系于弼下，失之矣。"（《觀堂集林·釋弜》六卷十三頁）弓檠是弜的本義，引申為輔也、重也。卜辭中多用為人名或方國名。用為副詞，裘錫圭謂卜辭中用濾與弓、勿相近，表意願上的要或不要。●人名。《龢作父乙簋》："戊辰，弜師易（賜）龢曺戶、賣貝，用乍（作）父乙寶彝。"晉璽"穌弜"，人名。●族氏名。見于《父乙爵》等。●讀弼。《清華八·攝命 12》"弜兼"讀"弼永"。弼，輔也；永，長也。

慲 楚　　上博三·周易 24　　上博三·周易 24　　上博三·周易 25

【注】從惟弜聲。"弜"字據王國維《釋弜》，乃"柲"之初文，其音讀如"弼"。甲骨文此字常作為否定副詞，與"弗"或"勿"用法相近。《説文》"弼"字下所收古文有"敇、費"，段《注》："弗者，矯也，故從弗，弗亦聲。"●讀弼。《上博三·周易 24》："遺（顛）頤，慲經于北澗（頤），征凶。"《上博三·周易 24》："慲頤。""遺頤，慲經"就是要重視頤養，努力經營。"慲頤"就是"弼頤"，勉力頤養。或讀拂。"弼""拂"二字古通，《書·益稷》："汝弼。"《史記·夏本紀》作"女匡拂予"。《大戴禮記·保傅》："絜廉而切直，匡過而諫邪者，謂之弼；弼者，拂天子之過者也。"《賈子新書·保傅》"弼"作"拂"。《荀子·臣道》："謂之拂。"楊倞注："拂，讀為弼。"

敃 　 庞戒鼎 楚　　清華十一·五紀 53

【注】從攴弜聲，與"弼"《説文》古文同。●讀弼，車蔽。《庞戒鼎》："輪白（伯）慶易（賜）庞戒賣（簋）敃（弼）釣（鉤）膺、虎裘、豹裘，用政（整）于六自（師）。"●讀費。《清華十一·五紀 53》："用敃（費）而不旹｛=｝（時）。"整理者注："'旹'字後衍合文符號。"

弜 　 弜父癸爵

【注】從宀弜聲。●族氏名。

 清華十・四時 5　　清華十・四時 35　　清華十・四時 36

【注】從頁弜聲。●讀弼。《清華十・四時 5》：“七日四寺（時），四頗（弼）皆互（極）。”整理者注：“頗，‘弼’字訛體。四弼，星象名。極，至也。”

 番生簋　　者汈鐘　　毛公鼎　　璽彙 5671　　曾侯 13　　曾侯 1

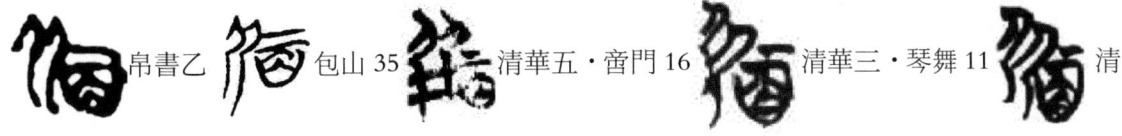 帛書乙　　包山 35　　清華五・畬門 16　　清華三・琴舞 11　　清

華三・説命下 3　　 清華三・琴舞 3　　清華八・邦政 8　　清華八・邦道

19秦　　秦印 298

【注】從囷（“簟”之初文）弜聲，是訓車蔽之“笰”的本字。《詩・齊風・載驅》：“載驅薄薄，簟笰朱鞹。”毛傳：“簟，方文席也。車之蔽曰笰。”孔穎達疏：“車之蔽曰笰，謂車之後戶也。”《詩・大雅・韓奕》：“簟笰錯衡。”鄭玄箋：“簟笰，漆簟以為車蔽，今之藩也。”孔穎達疏：“笰者，車之蔽；簟者，席之名。言簟車之蔽曰笰正是用席為蔽。”車蔽以簟為之，故弼從簟之初文囷。楚簡或增從攴。《説文》：“弼，輔也。重也。從弜囷聲。𢐆並古文弼。𢏚並古文弼。𢏛弼或如此。”“輔也重也”是弼的引申義，因弼字廢，故其義借弼來表示。●車蔽的“笰”的本字。《毛公鼎》：“……金簟弼（笰）、魚葡（箙）、馬四匹。”“金簟弼”是以青銅為飾的車蔽。曾侯簡中亦用為車蔽。唐蘭則認為：“《詩經》裏有兩種‘簟弗’，其一是車蔽，另一是弓柲。”並指出“現在大家稱為弓形器的這種器物就是‘金簟弼’，它是用在馳弓時，縛在弓背的中央部位以防損壞的，當掛上了弦，張弓的時候，弓背就反過來成為裏側了。‘金簟弼’是青銅做的‘簟弼’，是弓上的輔助器物。”（《“弓形器”（銅弓柲）用途考》）唐先生所言“弓柲”義，古文字未見。●輔佐、輔助。《者汈鎛》：“者汈，女（汝）亦虔秉不（丕）涇（經）悳（德），以克續光朕，于之懃學，趄趄哉，弼王宅。”●楚璽、包山簡讀弗，姓氏。●讀弗。《清華三・琴舞 11》：“弼（弗）敢忨（荒）才（在）立（位）。”●讀拂。《清華八・邦政 8》：“亓（其）祭弼（拂）以不時以婁（數）。”弼，並母物部，讀為滂母物部之“拂”。《荀子・臣道》“無撟拂”，楊注：“違也。”簡文又云“其喪薄而哀，其鬼神寡”，乃主張薄葬，相應為“其鬼神庶多，其祭拂以不時以數”，則為濫祭。儒者有薄葬之議，祭“以不時以數”亦是濫祭的表現。《孟子・盡心下》：“祭祀以時。”●讀畀，給予。《清華八・邦道 19》：“如無能於一官，則亦毋弼焉。”意思是沒有一官之能的人，也不能給予俸祿。●讀費。《清華五・畬門 16》：“迟（起）设（役）不時，大弼（費）於邦，此胃（謂）亞（惡）设（役）。”“大費”，巨大消耗。

 新蔡甲三 271  清華八·攝命 18

【注】從攴弱聲。●讀弼，輔也。《清華八·攝命 18》：“今乃辟余，少（小）大乃有䫉（聞）智（知）敳（弼）羕（永）。”

 包山 139

【注】從夕弱聲。楚簡中還有其他字有加“夕”旁的情形（如“录”），何以在原字上加一“夕”旁，目前我們還無法確知楚人的用意。●讀茀，姓氏。

 郭店·老甲 36

【注】從貝弱聲，“費”之異文。●讀廢。《郭店·老甲 36》：“甚悉（愛）必大賷（費），㫜（厚）臧（藏）必多貥（亡）。”

並紐孛聲

 散氏盤 　 陽仲孛簠 　 大司馬簠 齊 分研 060 楚 郭店·老乙 10

清華十·四告 7 　 安大一 35 晉 璽彙 3407

【注】甲骨文作￥，從子從丰（丰亦聲），會子孫昌盛之意。金文同甲骨文。戰國文字丰旁訛作止形，小篆訛作屮形。《古文四聲韻》作￥。秦漢文字或訛為李，作𣏟，為與“李”相別。●金文器銘所見，均為人名。《大司馬簠》：“大嗣（司）馬孛述自乍（作）飤匿。”《散氏盤》：“……孛龠、豐父、隹人有嗣刑万，凡十又五夫。”《陽仲孛簠》：“陽中（仲）孛乍（作）父日乙障段。”●讀書。《說文》：“書，目不明也。”《郭店·老乙 10》：“明道女（如）孛（書），遲（夷）道﹝如纇，進﹞道若退。”●讀茀。《分研 060》“孛邤”讀“茀越”，姓氏。晉璽亦為姓氏。●可讀嘒。《安大一 35》：“孛皮（彼）少星，厽五才（在）東。”《毛詩》作“嘒彼小星”。《韓詩》作“暳”。《玉篇》日部：“暳，衆星皃。”又據《說文·口部》“嘒，小聲也”，可知《韓詩》“暳”是本字，《毛詩》作“嘒”乃假借字。李家浩認為“孛”當讀晦，昏暗之義。●讀弱。《清華十·四告 7》：“明孛（弱）保茲闢（辟）王乳=（孺子），用肇弘三㠱。”

 晉 左郭戈 秦 類編 205 　 類編 205 　 戰表 891 　 、 　 、

、 印增 252

【注】從邑孛聲。《説文》："䢴，郭海地。從邑孛聲。"古地名。《正字通》通作"渤"。●左郭：地名。《廿二年左郭矛》："廿二年左郭。"●秦印人名。

 秦印 264 陝新 747

【注】從力孛聲。●秦印人名。

 清華六·子産 29 會稽刻石

【注】從心孛聲。●混亂。《説文》："悖，亂也。"《清華六·子産 29》："身、室、邦或（國）、者（諸）侯、天地固用不悖，以能成卒。"《會稽刻石》："義威誅之，殄熄暴悖。"六國文字作"𢛴"。

 清華三·赤鳩 5

【注】從示孛聲。●讀袚。《清華三·赤鳩 5》："湯乃祊（袚）之。"

 璽彙 0633 陶彙 3·424

【注】從言孛聲。●齊文字人名。 ，《戰國文字編》釋為"諑"，《秦文字編》釋為"訏"，以釋"誖"為是。

並紐㪜聲

誖（誖） 旅仲簠 楚 盅子㪜鼎蓋 清華十·四時 1 子

者鉌 晉 二年令麗誖宜陽戈 侯馬

【注】甲骨文作 、 、 ，從二戎相對，會違逆之意。金文從二或（"國"之初文）相對，依形應隸作㪜，與《説文》"誖"之籀文同。楚文字或作𢘻，其作偏旁變化甚夥。《説文》："誖，亂也。從言孛聲。悖誖或從心。㪜籀文誖從二或。"《玉篇》："㪜，逆也。"此應為㪜之本義。《廣韻》："誖，言亂。"此"誖"之本義。《廣韻》："悖，心亂。"此"悖"之本義。許慎合三字為一字，以"悖"為或體，以"㪜"為籀文。●古文字多為人名。《旅仲簠》："旅中（仲）乍（作）㪜（誖）

寶啟。”●《清華十·四時 1》“麻（靡）𧈖（畢）”，整理者讀畢，注：“麻，讀為‘靡’，盡。《荀子·富國》‘以相顛倒，以靡敝之’，楊驚注：‘靡，盡也。’𧈖，讀為‘畢’，完畢，終了。《書·大誥》‘攸受休畢’，孔疏：‘畢，終也。’”●讀鉘，兵器名。《子者鉘》：“子者造蠹（鉘）。”

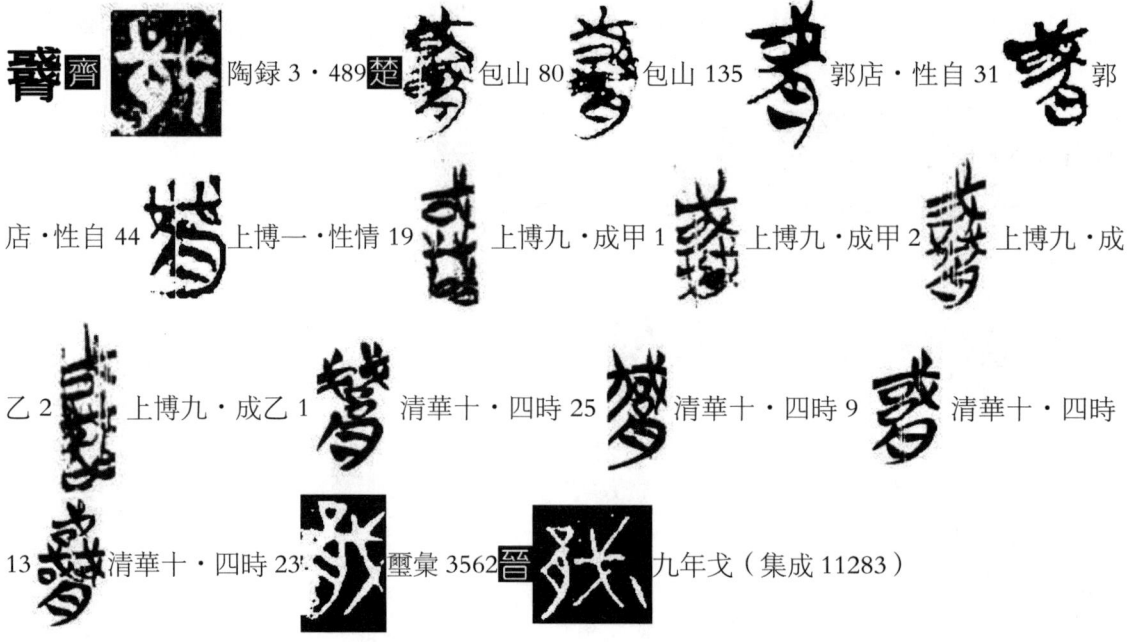

聲 齊　陶録 3·489　楚 　包山 80　　包山 135　　郭店·性自 31　　郭

店·性自 44　　上博一·性情 19　　上博九·成甲 1　　上博九·成甲 2　　上博九·成

乙 2　　上博九·成乙 1　　清華十·四時 25　　清華十·四時 9　　清華十·四時

13　　清華十·四時 23　　璽彙 3562 晉　　九年戈（集成 11283）

【注】從肉蠹聲（聲符作“蠹”是為書寫方便。或作“蠹”，或省為“或”），“脖”之繁文。●讀鬱。鬱，影母物部；脖，並紐物部，可以相通。（徐在國、黃德寬《上海博物館藏戰國楚竹書一〈緇衣〉〈性情論〉釋文補正》）《郭店·性自 31》：“濬（浚）深聲（鬱）舀（陶），其剌（烈）則流女（如）也以悲，條（攸）狀（然）以思。”《上博一·性情 19》作“樂之敄（動）心也，濬深聲（蠻）慆”。《爾雅·釋言》：“浚，深也。”聲舀，李零讀為“鬱陶”，認為“鬱陶”一詞見於《書·五子之歌》《孟子·萬章上》等古書，是形容憂思積聚。王念孫《廣雅疏證》曰：“喜意未暢謂之鬱陶”“憂思憤盈亦謂之鬱陶。”攸然，同“悠然”，憂傷、憂思貌。●讀畢。《上博九·成甲 1》：“一日而聲（畢），不敢（戮）一人。”“聲（蠹聲）”與“畢”通（詳高亨《古字通假會典》655 頁）。簡文“一日而畢”即“一天就完成了訓練軍隊之事”。●《九年戈》：“工帀☒☒釾（鑄）聲。”此字亦應釋為從肉、從蠹省聲的“脖”字異體，讀鉘。●餘例多為人名。

蠹 楚　清華十·四時 12　　清華十·四時 9

【注】從虫聲聲。或聲省聲●《清華十·四時》與“聲”“蠹”可能是一個字，整理者均讀畢。

翳 楚　信陽 2·4

【注】從羽聲聲，“翇”之異文。●讀翇。《説文》：“翇，樂舞。執全羽以祀社稷也。從羽友聲，讀若紱。”《信陽 2·4》：“一良翳（翇）。”李家浩認為：應該是一種羽舞用的舞具。《周禮·春官·巾

車》：“凡良車、散車不在等者，其用無常。”賈公彥疏：精作為功則曰良，麤作為沽則曰散也。
看來加有修飾語的“良斁”要比沒有加修飾語“斁”製作得精良一些。

臧楚　清華一·祭公 6　　清華一·金滕 9　　清華一·金滕 13

【注】從广臧省聲。或增止，為繁文。字中間所從與上博《性情論》19同形。●讀拔。《清華
一·金滕 9》：“天疾風以雷，禾斯晏（偃），大木斯臧（拔）。”今本作“拔”，從犮得聲字多為唇
音月部。臧，並母物部。月、物兩部音多相近。誖、拔音近可通。●讀畢。《清華一·祭公 6》：
“克夾卲（紹）堕（成）康，甬（用）臧（畢）堕（成）大商。”

儳楚　清華八·邦道 13

【注】疑從人孛聲。●《清華八·邦道 13》：“飤（食）母（毋）寔（慎）甚儳。”整理者注：“孛，
疑為‘孛’字，讀作同為唇音物部之‘費’。《說苑·談叢》：‘木馬不能行，亦不費食。’”從整
理者注看，孛當即“儳”字，為誖字異體。《集韻·勿韻》：“誖，亂也。或作誖、孛、儳。”則
“儳”當可讀味，“甚儳”即對應文獻習見的“重味”。

懇楚　包山 106

【注】從心孛（“孛”之繁文）聲，“誖”之異文。●人名。《包山 106》：“少攻尹懇（誖）為鄆（郢）
陵貪（貸）邡（越）異之黃金七益（鎰）以翟（糴）穜（種）。”

誖晉　侯馬

【注】從言孛聲，“誖”之異文。●人名。

觳晉　　　　　　　侯馬　　　　璽彙 1111　　璽彙 0484　　璽彙

1760秦　睡簡·秦種 183　　　睡簡·秦種 77

【注】從角孛聲。●讀裝。趙幣“卩觳”讀即裝，地名。●秦簡讀畢。《睡簡·秦種 183》：“行
命書及書署急者，輒行之；不急者，曰觳（畢），勿敢留。”所從“卂”形實際上是“孛”中的
倒“戈”之形所變。●侯馬、晉璽人名。

 璽彙 3266

【注】從水龘聲。●晉璽"灑臣"，姓氏，疑讀勃。

 璽彙 1984

【注】從火嚻省聲。《説文》："爔，爟戜也。從火嚻聲。嚻，籀文悖字。敷勿切。"《正字通·大部》："戜，本從正倒二或。不便於楷。今省作戜。"璽文已有戜字，非源自楷。●晉璽人名。

明紐勿聲

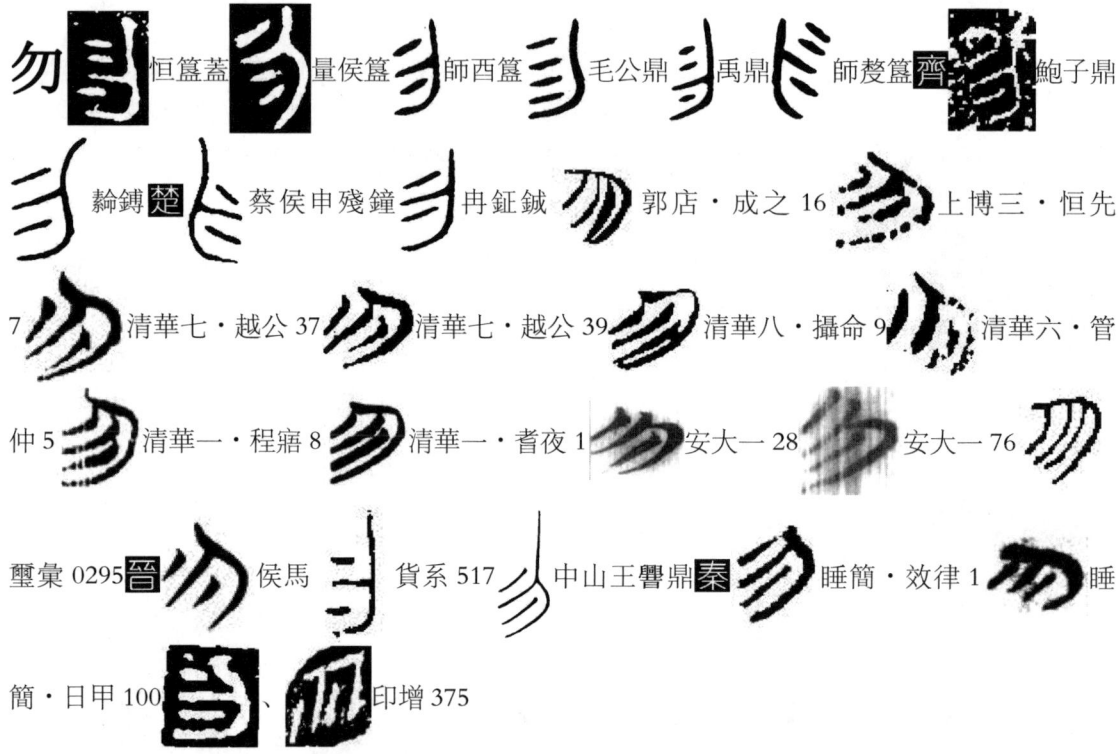

【注】甲骨文作𠃌、𠃌、𠃌、𠃌、𠃌、𠃌、𠃌、𠃌、𠃌，張世超謂從刀，刀旁着血滴，乃"刎"之初文。(《金文形義通解》2348 頁) 刎，《説文》剄也；《玉篇》割也。《禮·檀弓》不至者刎其人。"勿"用為否定詞，為假借。《説文》："勿，州里所建旗。象其柄，有三遊。雜帛，幅半異。所以趣民，故遽，稱勿勿。凡勿之屬皆從勿。𠃌勿或從于。"所釋形義均不確。卜辭和金文多用為否定詞。●否定詞。《珊生簋》："余典勿敢封。"《左傳·襄公三年》："齊侯欲勿許而難為不協。"●戰國文字多讀物。《中山王𧊧鼎》："跟(長)為人宝(主)，闇于天下之勿(物)矣。"案：甲骨文亦以"勿"為"物"，作𠃌、𠃌，或從牛作𤙆、𤙆，與篆文無別。●讀勉，詳《古字通假會典》608 頁"勿-勉"條。《清華六·管仲 5》："尚塵(展)之，尚詻(格)之，尚勿(勉)之。"省察吧，格正吧，勉勵吧。

朩 ^楚  郭店 · 老甲 34

【注】史杰鵬認為：從士勿聲。丨像雄性生殖器的形狀，正代表勃起，朩是楚國人為"勃起"的"勃"而造的一個專字。(《釋郭店 · 老子簡的"勃"字》) ●讀勃。上古音"勃"是並母物部字，"勿"是明母物部字，並、明兩母都是唇音，音理可通。《左傳 · 襄公二十八年》："何獨弗欲？"《晏子春秋》"弗"作"勿"。《禮記 · 緇衣》："口費而煩。"鄭注："費或作悖。"是其證。"勃"在古書中有"興起"的意思，《左傳 · 莊公十一年》："禹湯罪己，其興也勃焉。"杜預注："勃，盛貌。"《郭店 · 老甲 34》："未智（知）牝戊（牡）之合朩蒸（怒），精之至也。"朩字之義當與帛書本等之"朘"相當。

覣 ^楚  清華九 · 成人 10　　覣 清華九 · 成人 30　　覣 清華九 · 成人 20

【注】從見勿聲。●讀物。《清華九 · 成人 10》："甬（用）覣（物）見（現）之祅（妖）兼（祥），禂（癘）祅（妖）☑卑（俾）民毋惷（蠢、惷）。"用，因也。天因物所現妖祥形式多樣，範圍亦廣，而"癘妖"（疫病）是其一。

忽 ^晉 中山王鼎

【注】從心勿聲，同小篆。《説文》："忽，忘也。從心勿聲。"本義不重視、忽略。●忽然，指死亡。《中山王鼎》："寡懼其忽然不可旻（得），憚憚慄慄，忑（恐）隕社稷（稷）之光。"

誜 ^晉 侯馬

【注】從言忽聲。●盟書"☑敢不誜……"，義不詳。

吻 ^秦 睡簡 · 封診 66

【注】從口勿聲。●《説文》口邊也。《睡簡 · 封診 66》："舌出齊唇吻。"舌吐出與嘴唇齊。

昜 ^齊  璽彙 0330

【注】從尸勿聲，疑"伆"之異文。●齊璽"始昜鉨"人名，"始"為姓氏。

斻  斻父乙觥　　斻作父乙尊

【注】從二立勿聲，疑"伆"之異體。●人名。

物 秦 會稽刻石　睡簡・效律44　睡簡・秦種110

【注】甲骨文以"勿"為"物"。或從勿從牛作牣、牜、牜、牜。本義是雜色牛，如《詩經》："三十維物。"意思是雜色牛三十條。●秦文字皆用為本義，萬物也。《玉篇》凡生天地之間，皆謂物也。《易・乾卦》品物流形。《睡簡・日甲23》："可以入人民、馬牛、禾粟、入室、取妻及它物。"戰國他系文字均以"勿"為物。

明紐智聲

智　儚匜　姞智母鼎　師害簋　智尊　克鐘

【注】從爪從曰，或從口，會口出氣之意。爪形至《說文》訛為⺈。隸變爪又訛為勿。《說文》："智，出氣詞也。從曰，象氣出形。《春秋傳》曰：'鄭太子智。'智籀文智。一曰佩也。象形。"戰國文字曾侯墓漆器"匫"作匫、匫，可確證金文此數形當釋"智"。●銘文中所見均為人名，事蹟見于《智鼎》《智尊》《智壺》等。

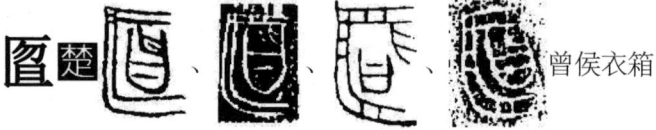

遒　散氏盤

【注】從辵智聲，疑"迲"之異文。舊釋為"道"，不確。●讀迲。迲，《博雅》遠也。《散氏盤》："奉（封）于芻遒。"即芻地以遠。

匫 楚　、　、　、　曾侯衣箱

【注】從匸智聲。●《說文》："匫，古器也。從匸智聲。"舊皆未明是何器。今據漆器自名為"匫"，知"匫"為矩形衣箱。

明紐沬聲

沬　伯其父慶簋　陽飤生簋蓋　曾伯文簋　曾伯文簋　德簋　伯

家父簋　仲枏父鬲　毳匜　　楚季盤　胡叔胡姬簋　陳公孫㣈父瓽

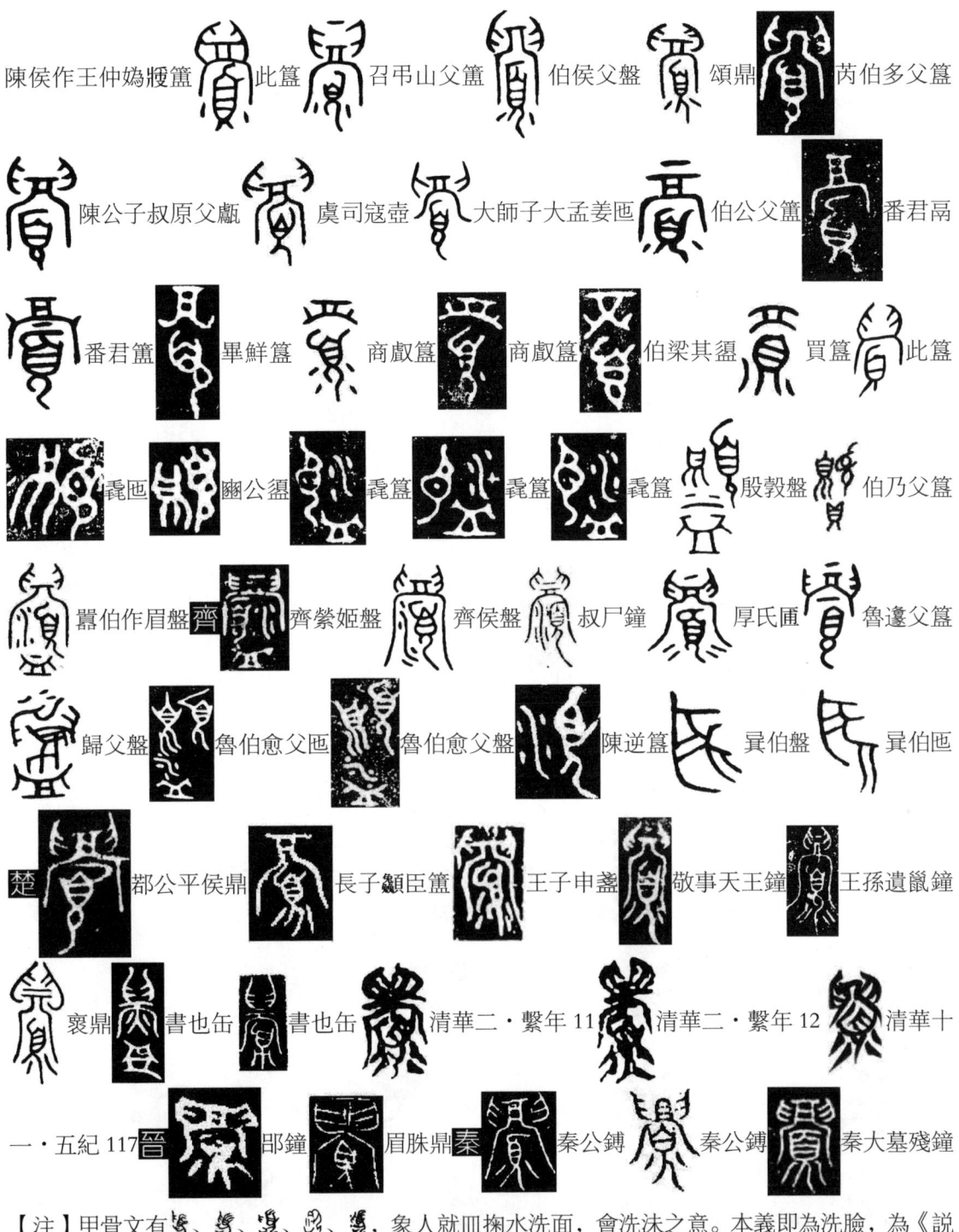

陳侯作王仲媯脮簠　此簠　召弔山父簠　伯侯父盤　頌鼎　芮伯多父簠

陳公子叔原父甗　虞司寇壺　大師子大孟姜匜　伯公父簠　番君鬲

番君簠　畢鮮簋　商戲簋　商戲簋　伯梁其盨　買簠　此簠

鼃匜　鼄公盨　鼃簠　鼃簠　鼃簠　殷殼盤　伯乃父簋

鬲伯作眉盤　齊縈姬盤　齊侯盤　叔尸鐘　厚氏匜　魯邊父簠

歸父盤　魯伯愈父匜　魯伯愈父盤　陳逆簠　曩伯盤　曩伯匜

郘公平侯鼎　長子顡臣簠　王子申盞　敬事天王鐘　王孫遺鼠鐘

褱鼎　書也缶　書也缶　清華二·繫年11　清華二·繫年12　清華十

一·五紀117　郘鐘　眉朕鼎　秦公鎛　秦公鎛　秦大墓殘鐘

【注】甲骨文有𢆶、𢆶、𢆶、𢆶、𢆶，象人就皿掬水洗面，會洗沫之意。本義即為洗臉，為《説文》"沫"之原字。金文作盥、湏、顯、𥁕、靈、𪏮等，皆為一字異形，金文諸形皆是甲骨文之變體。楚文字或作𢼡（郭店·尊德35）。按其字形，象二手持盆傾注水於頭上，即"灑面"之謂也。該字多簡化孳乳，然視其變體，或省雙手，或省水，其演變規律尚有跡可循，最省者為《陳逆簠》所見字，與《説文》所引"沫"字古文殆同。《眉朕鼎》下部從見，存疑。《説文》："沫，灑面也。從水未聲。𪑛，古文沫從頁。"本義洗面。沫、顯當為一字，《説文》分為二字，《説文》：

"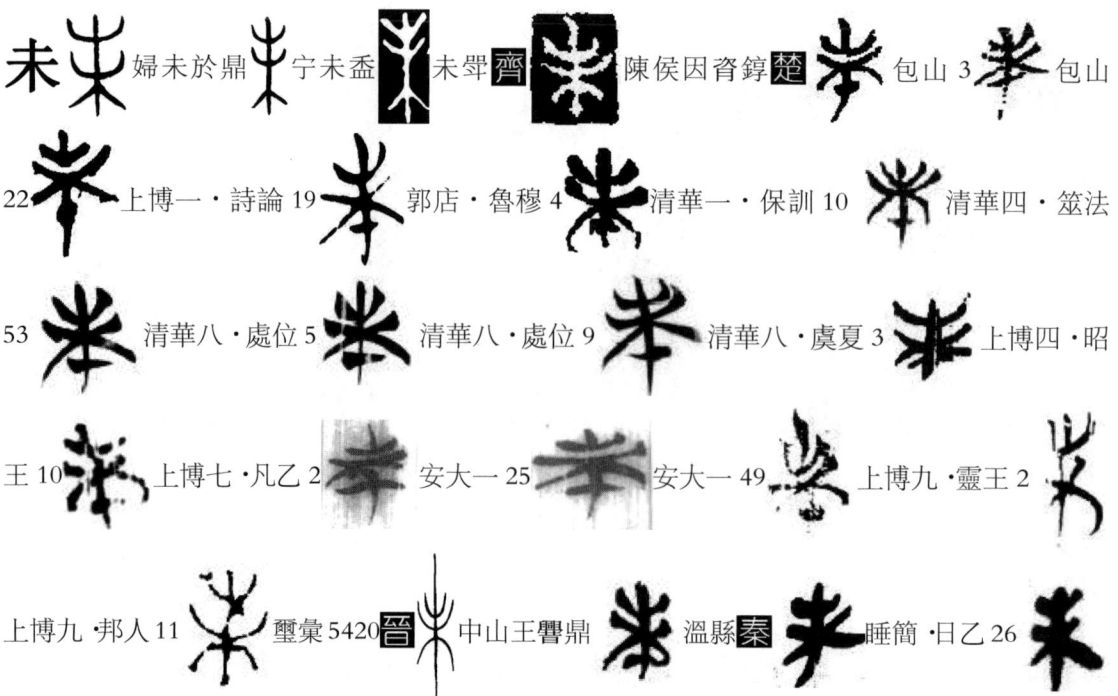，昧前也。從頁炅聲，讀若昧。"段玉裁注："前當作旹。昧當作眛。眛于當旹，論語所謂正牆面而立也。"張舜徽曰，人灑面時，則兩目暝合，不能見物，與愚昧義實相近……昧、沫、蒙諸文，並與雙聲義近。"●讀沫，洗頭面也。銘文下多接匜、盤，用作定語。《毳盤》："毳乍（作）王母媿氏顯（沫）般（盤）。"吳大澄謂顯即沫之古文，又謂此即古沐字，曰："疑沫沐為一字。今燕趙間謂洗面為抹面。抹與沫同音，沫、沐一聲之轉。或謂之沐，或謂之沫，方言之小異也。匜器甚小，不可以濯發，蓋沐有沐盤，以匜注水，故謂之沐匜。"（《字說》40 頁）《幽公盨》："毕（厥）顯唯德。"銘意為，以德洗面，意即修身以德。●讀眉，多與"壽"組成"眉壽"一詞。"眉壽"即長壽。《陳逆簋》："以賈（匃）羕（永）令（命）湏（眉）壽。"《師器父鼎》："用旂（祈）釁（眉）壽，黃句（者）吉康。""釁"一系列繁簡各字自宋代以來即被學者們直接釋為"眉"，"眉壽"連文多見于《詩經》。《詩·小雅·南山有台》"遐不眉壽"，又《周頌·雍》《商頌·烈祖》"綏我眉壽"，又《魯頌·閟宮》"眉壽無有害""眉壽保魯"等等。《詩·豳風·七月》："為此春酒，以介眉壽。"孔穎達疏："人年老者必有豪眉秀出者。"此外還見于《儀禮·士冠禮》及《少牢饋食禮》皆云："眉壽萬年"。讀"釁"為"眉"，這是運用辭例推勘釋讀的結果。"釁"只是個假借字。●讀亹。《蔡侯申尊》："穆穆釁釁，恩（聰）害（憲）欣牆（暢）。"釁，銘文中常用作"眉壽"之"眉"，此讀亹。"釁"與"亹"明母雙聲，之微旁轉，古音可通。《大戴禮記·五帝德》有"亹亹穆穆，為綱為紀"句，此"亹亹穆穆"即銘文之"穆穆釁釁"。王聘珍解詁："亹亹，勉也。穆穆，敬也。"銘文之"穆穆亹亹"則是"亹亹穆穆"的倒言，此例中"穆穆亹亹"用來讚美"文王母"，解釋為勤勉恭敬，與文義甚合。●讀彌。《清華十一·五紀 117》："大盟（明）釁（彌）巨，匡廢臸（攝）韋（威）。""彌"蓋訓為彌合，《廣雅·釋詁二》："彌，合也。""巨"讀為"矩"訓為法度，"匡"訓為正，《爾雅·釋言》："匡，正也。""廢"讀為"法"。"釁巨匡廢"猶言"合度正法"。

明紐未聲

未　婦未於鼎　宁未盂　未斝　陳侯因𰯼錞　包山 3　包山

22　上博一·詩論 19　郭店·魯穆 4　清華一·保訓 10　清華四·筮法

53　清華八·處位 5　清華八·處位 9　清華八·虞夏 3　上博四·昭

王 10　上博七·凡乙 2　安大一 25　安大一 49　上博九·靈王 2

上博九·邦人 11　璽彙 5420　中山王譽鼎　溫縣　睡簡·日乙 26

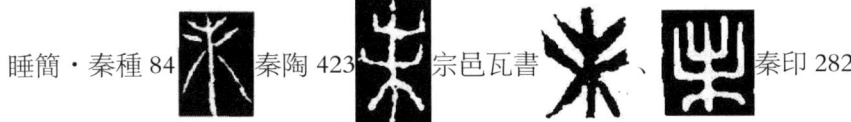

睡簡 · 秦種 84　　秦陶 423　　宗邑瓦書　　　、　　　秦印 282

【注】甲骨文 。金文小篆同。"未"字之構形迄無定説。高鴻縉考證："未"為"茂"之初文，字倚木畫其枝葉滋茂之形，後上加 ∪ 形與"木"相區別。于省吾謂屬"附畫因聲指事字"一類，是以在木字上增加兩個短畫或改變上兩筆的筆劃形態（直筆改為曲筆，而與"木"有別）的辦灃來作指事的標誌，以別于木字，而仍因木字以為聲。戰國文字或下加飾筆作 。《説文》："未，味也。六月，滋味也。五行，木老于未。象木重枝葉也。凡未之屬皆從未。"本義是茂盛。後來常借為否定詞，多用于沒有、不曾等義，如《荀子》："故水旱未至而饑。"本義遂不再存在。又借為地支的第八位。●地支第八位，用以紀日。《大令尊》："隹（惟）十月月吉癸未。"●否定詞，不、沒有。《中山王 鼎》："寡人 （幼） 踵未甬（通）智。"《郭店 · 魯穆 4》："身（寡）人惑安（焉），而未之得也。"●讀味。《郭店 · 語叢一 52》："未（味），口殹也。"《郭店 · 老甲 14》："為亡（無）為，事亡（無）事，未（味）亡（無）未（味）。"

魯内小臣床生鼎　　　齊不趜鬲

【注】疑從厂未聲。●人名。《魯内小臣床生鼎》："魯内小臣床生乍（作）　。"

妹 大盂鼎　　沈子它簋　　叔趩父卣　西替簋　宋公戀簋

郂伯受簋　宜桐盂　上博四 · 内禮附簡

【注】甲骨文作 ，從女未聲。金文小篆同甲骨文。《説文》："妹，女弟也。"本義為妹妹，如《詩經》："東宮之妹，刑侯之姨。"引申指小于自己的同輩女性。●讀昧，即昧晨、昧旦，亦稱"昧爽"。《大盂鼎》："女（汝）妹辰（昧晨）又（有）大服。"《釋名》："妹，昧也。日始出如幼女，借妹為昧。"●姊妹之妹。《西替簋》："西替乍（作）其妹斳饚（禱）鉦鐘。"●讀未，否定副詞。《叔趩父卣》："敬戈（哉），丝（茲）小彝妹（未）吹。"李學勤讀"妹（未）吹"為"未毇"，即不要毀壞。"吹"應讀裸。●讀末，為無義之語辭。《沈子它簋》："乃沈子妹克薎見獄于公。"銘意為：沈子其能合乎公心。《公羊傳 · 哀公十四年》："其諸君子樂道堯舜之道與？末不亦樂乎？"末亦是語辭。郭沫若讀敉，曰："妹讀為敉，《説文》：'敉，撫也。讀若弭。'弭敉妹古音同部同紐。"（《兩周金文辭大系考釋》48 頁）

叔佅器殘片

【注】從人未聲。●人名。

班簋　柞伯鼎

【注】從心未聲，當為混亂義之專字。●讀昧，混亂不明。《班簋》："彝眛天令，故亡。"

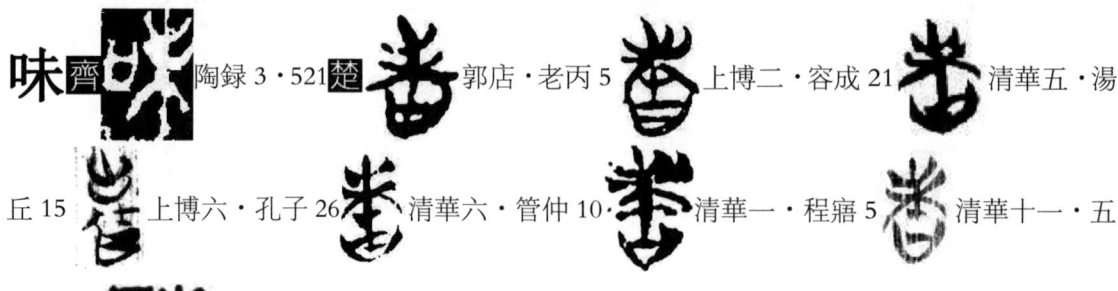陶錄 3·521　郭店·老丙 5　上博二·容成 21　清華五·湯

丘 15　上博六·孔子 26　清華六·管仲 10　清華一·程寤 5　清華十一·五

紀 29　睡簡·日甲 33

【注】從口未聲。楚文字或從甘。●齊陶單字，當為人名。●戰國文字多用為本義，《説文》："滋味也。"《上博二·容成 21》："衣不褻美，食不重味。"《清華六·管仲 10》："文之以色，均之以音，和之以味。"●吃、進食。《上博六·孔子 26》："不味酉（酒）肉。"《韓非子·難四》："屈到嗜芰，王嗜菖蒲菹，非正味也，而二賢尚之，所味不必美。"

免簋　邾子受鐘·上博四·內禮 8　清華一·保訓 1　璽彙

3303　嶧山刻石

【注】從日從未（兼聲），會天將明之意。金文、六國文字上聲下形，小篆變為左形右聲。《説文》："眛，爽，旦明也。從日未聲。一曰闇也。"本義為旦明之時。金文常與爽組成"眛爽"一詞，指拂曉。●眛爽：指天將明未明的拂曉時分。《免簋》："王才（在）周，眛晹（爽），王各于大廟。"《書·牧誓》："時甲子眛爽，王朝至于商郊牧野。"眛爽，孔穎達疏："夜而未明謂早旦之時，蓋雞鳴後也。""雞鳴""眛爽"相當秦漢十二時制丑時、寅時，即今天的凌晨 1 點至 5 點鐘。古代帝王常在眛爽時起身理朝政、命官封爵。《書·太甲上》："先王眛爽不顯，坐以待旦。"《禮記·內則》："眛爽而朝。"眛爽之"眛"，金文或假"妹"為之。《清華一·保訓 1》："己丑，眛 [爽]。"●冒眛。《嶧山刻石》："臣眛死請。"●《上博四·內禮 8》："時、眛、祗（攻）、縈（禜）、行，祝於五祀。"簡文"眛"，有"割"義，疑指社祭。《管子·幼官》："刑則詔、眛、斷、絶。"《公羊傳·襄公二十七年》："苟有履衛地、食衛粟者，眛雉彼視。"何休注："眛，割也。"《禮記·月令》："擇元日，命民社。"鄭玄注："社，后土也。使民祀焉，神其農業也。"●晉璽人名。

清華一·祭公 1

【注】從子未聲。●讀昧。《清華一·祭公1》："衮（哀）余少（小）子，籽（昧）亓（其）才（在）位。"昧，《説文》："闇也。"

睳楚 上博六·用曰 19

【注】從目未聲。●用為本義，昏睳。《上博六·用曰 19》："又（有）睳丌（其）不見，不邵亓（其）甚明。"

寢楚 上博五·季庚 10

【注】從寣未聲。●讀寐。《上博五·季庚 10》："妭（凤）懇（興）夜寢（寐）。"

沫楚 郭店·尊德 35

【注】從水未聲。古文字"沫"或作盪、湏、顯、㿞、靈、鬚等形。●讀會。《郭店·尊德 35》："戙（勇）不足以沫眾，專（博）不足以智（知）善。""沫"可讀為"會"。（李家浩《信陽楚簡"澮"字及從"尖"之字》，《著名中年語言學家自選集·李家浩卷》201～202 頁）"勇不足以會眾"反過來說就是"勇以會眾"，猶《後漢紀·孝獻皇帝紀》所說的"勇而得眾心"。

祙秦 睡簡·日甲 27 背

【注】從示未聲，"魅"之異文。●讀魅。《睡簡·日甲 27 背》："大祙（魅）恒入人室。"《山海經》注："祙即魅也。"《説文》作"彪"："老精物也。"

痳 痳父辛觶楚 清華三·赤鳩 5

【注】從疒未聲，當為"痳"之初文。疒即疒字初文。●族氏名。《痳父辛觶》："痳。父辛。"●讀眜，《説文》："目不明。"《清華三·赤鳩 5》："少（小）臣乃痳（眜）而帰（寝）於路。"或說"痳"讀寐，《説文》："臥也。"寝，《説文》："病臥也。"全句意為伊尹受湯之咒而病臥于路。

朱楚 上博五·弟子 22

【注】從爿未聲。●讀寐。《上博五·弟子 22》："☒（凤）興夜朱（寐）。"

寐秦 泰山刻石

【注】《説文》："寐，臥也。從寢省，未聲。"●用為本義，臥也。《泰山刻石》："夙興夜寐。"

侯馬

【注】從一未聲。●讀未，姓氏。

緑秦陶新 2349

【注】從糸從广未聲。●"王緑"，人名。

明紐夏聲

【注】《説文》："夏，入水有所取也。從又在囘下。囘，古文回。回，淵水也。"●均讀没，滅、終。《秦駰玉牘》："周世既夏。"《上博四·曹沫 9》："以亡道稱而没身就死，亦天命。"《説文》："没，沉也。"《集韻》："没，沉溺也。"

漫（没）

睡簡·秦種 103

【注】從水夏聲。●終也。《清華八·處位 4》："或顗（微）孳（哉）! 不見而没。"●《睡簡·秦種 103》："皆没入公，以齊律責之。"没入，没收。●秦印人名。

顗侯馬

【注】從頁夏聲。《説文》："頮，内頭水中也。從頁夏，夏亦聲。"段玉裁注："與水部之没義同而別。今則頮廢而没專行矣。"●《嬭加編鐘》："余{為婦}為夫，余滅（蠠）顗（没）下（舒）犀（遲）。"《者汃鐘》"元顗（没）乃德"之"元顗"，郭沫若説讀為"蠠没"。滅顗，亦當讀為"蠠没"。《爾雅·釋詁》："蠠没，勉也。"郭璞注"猶黽勉"，即勉勵的意思。●盟書"顗嘉之身"，讀没。

遲楚清華八·處位 6

【注】從辵叟聲。●讀没。《清華八·處位 6》："心氐（度）未愈而進亞（惡），遝（没）者（諸）！"簡文中指各種截留，瞞報導致流失，隱没。

鎪 [楚] 鎪 清華七·越公 3

【注】從金叟聲。●讀鉥，兵器名。《清華七·越公 3》："虘（吾）君天王以身被甲冑（胄），戠（敦）力鎪鎗（枪）。"益陽楚墓有件兵器戈銘文："子者造蟸（鉥）。"鎪，明紐物部；"鉥"，帮紐物部。二字聲紐同屬唇音，韻部相同，可相通假。

文部

影紐殷聲

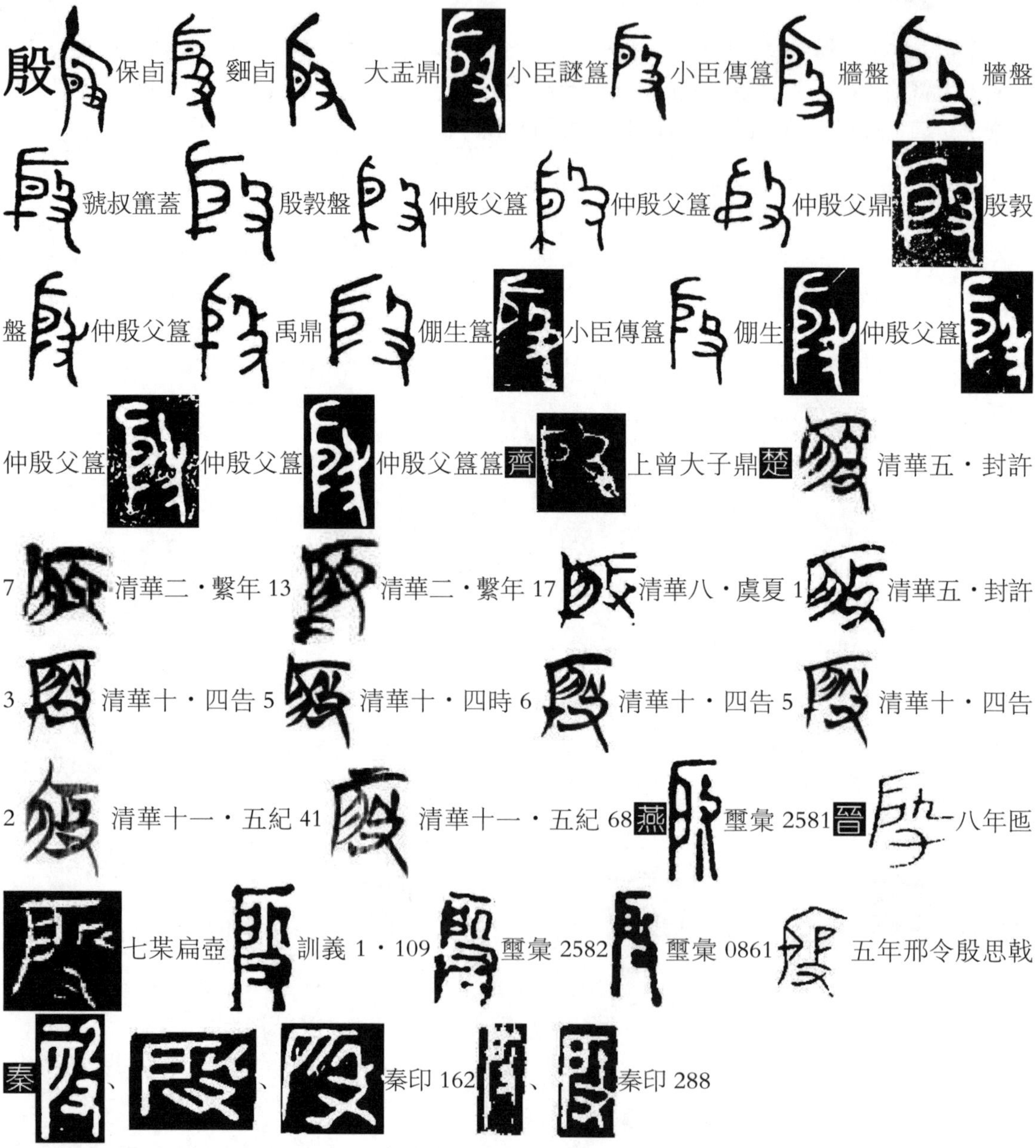

殷 保卣 蝌卣 大孟鼎 小臣謎簋 小臣傳簋 牆盤 牆盤

虢叔簋蓋 殷毀盤 仲殷父簋 仲殷父簋 仲殷父鼎 殷毀

盤 仲殷父簋 禹鼎 倗生簋 小臣傳簋 倗生 仲殷父簋

仲殷父簋 仲殷父簋 仲殷父簋簋齊 上曾大子鼎楚 清華五·封許

7 清華二·繫年 13 清華二·繫年 17 清華八·虞夏1 清華五·封許

3 清華十·四告 5 清華十·四時 6 清華十·四告 5 清華十·四告

2 清華十一·五紀 41 清華十一·五紀 68燕 璽彙 2581晉 八年匜

七葉扁壺 訓義 1·109 璽彙 2582 璽彙 0861 五年邢令殷思戟

秦 、 、 秦印 162 、 秦印 288

【注】甲骨文作𣪊、𣪊，從𠂤（反身）從殳，象人患腹疾手持藥石以療之。本義當為疾病之盛。引申為憂傷，如《詩經》有"憂心殷殷"的詩句。又引申為盛、富足、眾多，如《詩經》："殷其盈矣。"金文同甲骨文。《説文》："𣪊，作樂之盛稱殷。從𠂤從殳。《易》曰：殷薦之上帝。'"段玉裁注："樂者樂其所自成，故從𠂤。殳者干戚之類，所以舞也。"許慎訓釋無據。《璽彙》2581-2582"𣪊"字舊釋為"肇"並不可信，因為"肇"寫作𣪊形是甲骨文、西周金文等早期的

寫法。施謝捷指出，《璽彙》2581、2582 號首字與《璽彙》2576—2580 之字區別僅在於從"土"與否，均應當釋讀作殷氏之"殷"，用此形體表示"殷"還見於銀雀山漢簡《六韜》(簡 686—687、741) 和漢印 、、 (漢印 744)，顯然是受到了六國文字的影响。漢印"敃"字，當姓氏用。春秋晚年楚系銅器《宋公縊簠》作  (《集成》4589)，其"月(反身)"旁已經訛變為接近"戶"。這種演變如同楚簡"肩"字： (石鼓文) →  (析君戟)  (新蔡簡) →  (上博簡)。宋華強先生指出"殷"的"月(反身)"旁形體演變情況與"肩"字上部偏旁如出一轍，可以類比。這應該是一種集團類化的現象。●商代別名。《大盂鼎》："我聞殷述(墜)令，隹(唯)殷邊侯、田(甸)雩(與)殷正百辟，率肄丁酉(酒)。"楚簡多讀殷，指殷紂王。●殷眺之禮，周代諸侯定期派使臣朝見天子的禮制。《作冊䰜卣》："隹(唯)明俁(保)殷成周年。"亦作"殷眺"。《周禮·春官·大宗伯》："時聘曰問，殷眺曰視。"《周禮·秋官·大行人》："時聘以結諸侯之好，殷眺以除邦國之慝。"鄭玄注："殷眺，謂一服朝之歲也……一服朝之歲，五服諸侯皆使卿以聘禮來見眺天子，天子以禮見之。"孔廣森補注："諸侯之于天子也，比年一小聘，三年一大聘。時聘，小聘也。殷眺，大聘也。"●殷邊：即殷旁、殷方，指殷的四方邊遠地區。《大盂鼎》："隹(唯)殷邊侯、田(甸)雩(與)殷正百辟。"馬承源考證："古代把統治的疆域分為中國、四國和四方三個層次。中國指都城。四國是都城以外王國直接統治區，即畿內。四方是王國直接統治以外的所有領土和方國。"(《商周青銅器銘文選·大盂鼎》)●讀隱。《詩·北門》"憂心殷殷"，《楚辭章句》十六引作"憂心隱隱"。《詩·柏舟》"如有隱憂"，《韓詩》引作"如有殷憂"。《方言》六及《廣雅·釋詁》並訓隱為定。《儞生簠》："殷乓(厥)剿(絕)霄谷、杜木、邍谷旅菜，涉東門。"殷，是定疆界的意思；後面則是指疆界的具體範圍。●安撫、慰勞。(詳陳斯鵬《唐叔虞方鼎銘文新解》)《叔虞鼎》："王乎殷乓(厥)土㑷(叔)大以彳衣、車馬、貝卅朋。"●晉器、古璽印多讀殷，姓氏。秦文字假"殷"為殷國、殷氏之殷。楚文字或用"醫""墿"表示。三晉文字亦用"墿"表示。

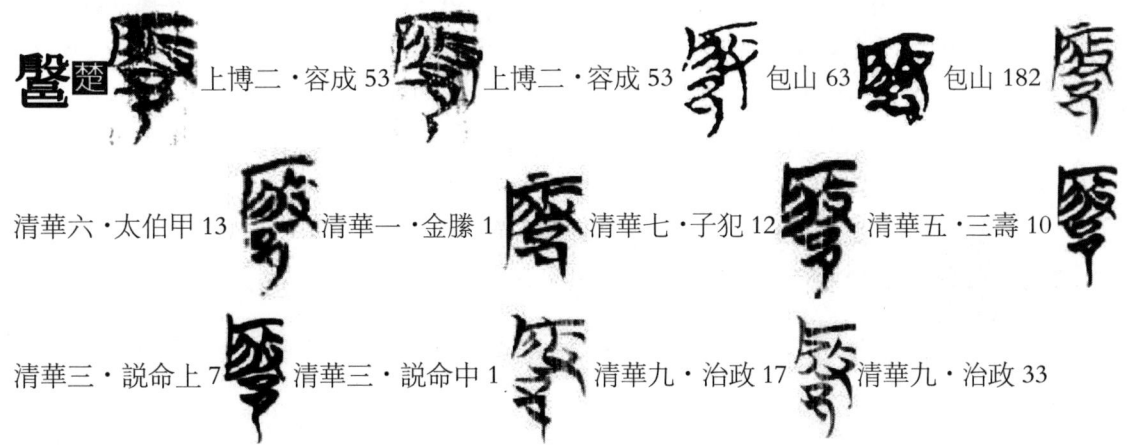

殷 臣辰卣 臣辰盉 豐卣

【注】從广殷聲。●讀殷，殷眺之禮，周代諸侯定期派使臣朝見天子的禮制。《臣辰卣》："王令士上罙史寅廄(殷)于成周。"

醫楚 上博二·容成 53 上博二·容成 53 包山 63 包山 182

清華六·太伯甲 13 清華一·金滕 1 清華七·子犯 12 清華五·三壽 10

清華三·説命上 7 清華三·説命中 1 清華九·治政 17 清華九·治政 33

【注】從邑殷聲。楚簡"殷"與"啟"發生了同形訛混，所以增邑以區別。●讀殷，殷商。《清華一·金滕 1》："武王既克醫(殷)三年。"《上博二·容成 53》："武王素甲以陳於醫(殷)郊。"

《容成氏》簡34的"啟"字作，與簡53"瞖（殷）"字有別。戰國時期的啟字，一般是從戶從攴（或從又）從口；瞖（殷）字上部與啟相同，下則從邑。●《包山63》"瞖（殷）阿"，讀殷，姓氏。

墅楚 曾侯與編鐘　　　　上博四·曹沬44　　　　清華一·祭公10　晉 璽彙

2576　　璽彙2577　　璽彙2578　　璽彙2580　　璽彙2579

【注】從土殷聲。施謝捷、周波兩位先生曾對六國、秦至西漢前期"殷"字寫法的變化有很好的歸納，文中已指出"墅"應釋為"殷"。（《秦、西漢前期土文字資料中的六國古文遺跡》）● 晉璽"墅買""墅種""墅啟""墅中絵"等讀殷，氏名。詳"殷"字。●《上博四·曹沬44》："其去之不速，其就之不尃（迫），其墅節不疾，此戰之機。""墅節不疾"，義難索解，待考。●讀殷。《祭公10》："皇天改大邦墅（殷）之命。"

影紐晉聲

隱秦 睡簡·答問125　　　　睡簡·秦種156　　　、　　　、　　　、

印增546　　類編474　　珍秦194　　陶彙5·370　　會稽刻石

【注】從阝㥯聲。㥯，從心晉聲。《說文》："晉，所依據也。從爪、工。讀與隱同。"從爪、從又、工，即"擫"之本字。《說文》："擫，栝也。"徐鍇系傳："此即正邪曲之器也。"●隱蔽。《會稽刻石》："靡有隱情。"●《睡簡·秦種156》："其不完者，以為隱官工。"如果形體已有殘缺，用作隱官工。隱官工，在不易被人看見的處所工作的工匠。●秦印均為人名。

影紐乚聲

乚齊 陶錄2·679

【注】乚，"擫"之初文。《說文》："乚，匿也，象迟曲隱蔽形。凡乚之屬皆從乚。讀若隱。"●人名。

忘楚 郭店·唐虞7

【注】從心ㄴ聲，疑"憑"之異文。●讀隱。《郭店·唐虞7》："徥（禪）之渾（重），世亡（無）忘（隱）直（德）。""渾"讀重，訓為重視、崇尚。

影紐函聲

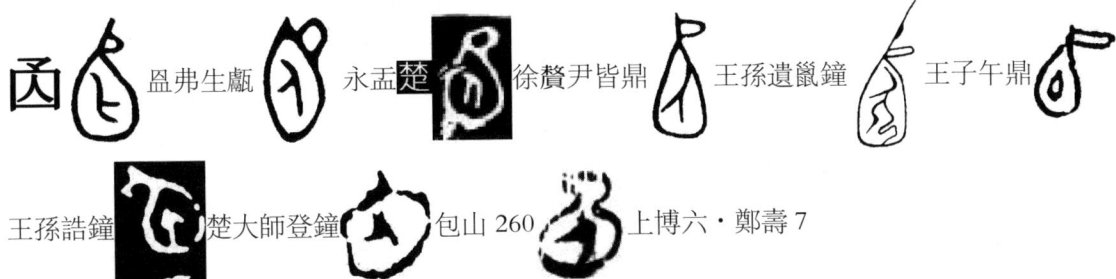

盈弗生甗　　永盂楚　　　徐贅尹皆鼎　　王孫遺諆鐘　　王子午鼎

王孫誥鐘　楚大師登鐘　　包山260　　上博六·鄭壽7

【注】甲骨文作，從人從函，會包蘊之意，"盈"之初文。金文承之。戰國文字承襲金文。楚簡或作，省函之提手。《楚大師登鐘》下增飾一橫。《王孫誥鐘》作，銘文中用與"盈"同。●古文字多讀溫。《王子午鼎》："函（溫）龏（恭）獣犀，敓（畏）娸（忌）趩趩，敬乒（厥）盟祀，永受其福。"函龏：敬順謙恭，多與"獣遟"連用，狀人之文德。《王孫遺諆鐘》："余函（溫）龏（恭）獣犀，敓（畏）娸（忌）趩趩。"典籍或作"虔共"。《詩·大雅》："夙夜匪解，虔共爾位。"●人名。《盈弗生甗》："函弗生乍（作）旅獻（甗）。"《永盂》："公乃命酉（鄭）嗣（司）辻（徒）函父。"●讀明。晶、明、盟可通。（詳沈寶春《宋右師延敦"隹嬴嬴晶晶易天惻"解》）《宋右師延敦》："朕宋右帀（師）延，隹（惟）嬴嬴函函飌天惻。""明明"一詞，典籍習見。《詩·小雅·小明》："明明上天，照臨下土。"《大雅·大明》："明明在下，赫赫在上。"傳："明明，察也。"陳奐《傳疏》："明明、赫赫，皆是形容文王之德。"是"明明"可以形容君王先祖之德，亦可形容"上天"之德，而明明既為光明貌，標舉着輝煌照耀的意涵。●讀韞。《包山260》："夬（袂）函（韞）。"《玉篇》："韞，赤黃間色也。"

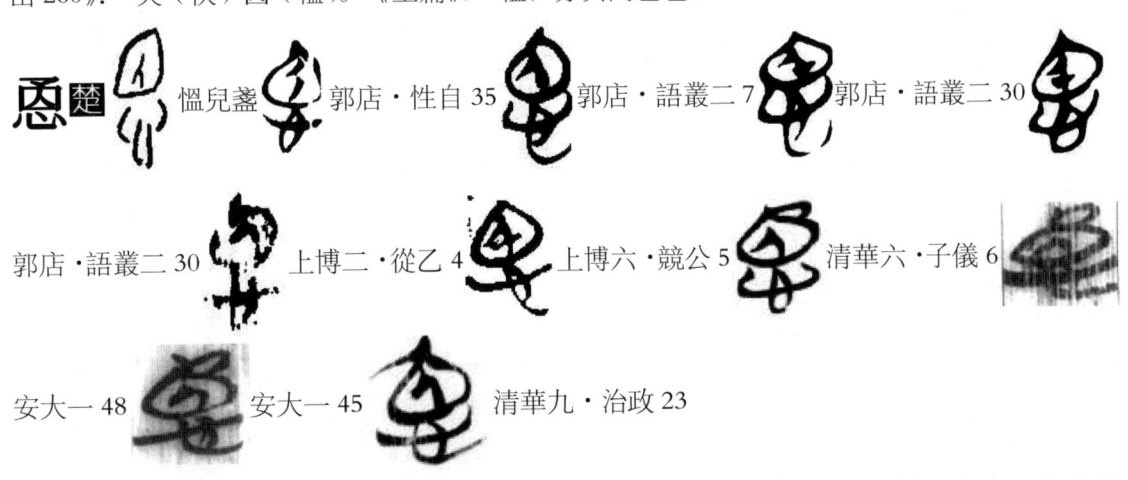

惌楚　　惌兒盞　　郭店·性自35　　郭店·語叢二7　　郭店·語叢二30

郭店·語叢二30　上博二·從乙4　上博六·競公5　清華六·子儀6　

安大一48　安大一45　清華九·治政23

【注】從心函聲，古"惌"字。人或作千；楚系文字千、人作為偏旁多可互作，如"仁"字從千、人、身互作。●人名。《惌兒盞》："惌兒自乍（作）鑄其盞盂。"●多讀慍，怨恨。《郭店·性自35》："通（踊），惌（慍）之終也。"《上博六·競公5》："……惌（慍）聖，外內不發（廢）。""慍聖"指含怒的聲音，此當是由於景公的弊政招致頗多怨聲。《清華六·子儀6》："此惌（慍）之易（傷）僮（痛）。"●讀溫。《上博二·從乙4》："惌（溫）良而忠敬，悬（仁）之宗〔也〕。"

 曾侯 66 曾侯 98

【注】從火函聲，"熅"之古字。●讀緼。《曾侯 66》"熅韋之毯"。《玉篇》："緼，赤黃間色也。"

 璽彙 2082　璽彙 2083　璽彙 2085　璽彙 2086

【注】從邑奐聲。●晉璽讀溫，姓氏。

 清華六·太伯甲 8　清華六·太伯乙 7　侯馬

【注】從邑函聲，"鄙"之異文。侯馬盟書下從曰為飾筆。●盟書人名。●讀溫，地名。《清華六·太伯甲 8》："北城鄙（溫）、原，遺陰橁（桑）次。""遺陰"，即給予其庇蔭，也就意味着占領此地。

 上博四·昭王 7

【注】當從衣函省聲。衣中之形其實是"函"所從的"囚"（與"囚犯"之"囚"同形，但非一字），此字上部借用了"衣"的"亠"形，故只於底部書寫了一彎筆。●應讀緼。《上博四·昭王 7》："王訋（召）而余（舍）之褢（緼）褻（袍）。""緼袍"是指舊絮填襯的袍子，是古代很常見的冬服。

 上博五·季庚 10　上博二·子羔 2　清華七·晉文公 1　清華二·繫年 129　上博八·王居 5　上博四·曹沫 31　璽彙 0408　秦子簋蓋

【注】從皿函聲。楚簡作囧，訛"盈"為"皿"，故歷來字書、韻書皆視"盈"為"盈"的"隸省""或體""俗書"。《上博八·王居 5》為"盈（明）日"合文。《說文》："盈，仁也。從皿，以食囚也。官溥說。"段玉裁注："凡云溫和，溫柔，溫暖者，皆當作此字。溫行而盈廢矣。"●讀猛。《上博五·季庚 10》："盈（猛）則亡（無）新（親）。"●讀明，英明。《上博二·子羔 2》："伊堯之悳（德）則甚盈（明）歟（歟）？"伊讀抑，連詞。●讀明，明日。《清華七·晉文公 1》："盈（明）日朝。"《上博四·曹沫 31》為"明日"二字合文。●晉璽人名。

 關簡 374

【注】從火昷聲。●讀溫。《關簡 374》："參（三）煴（溫）鬻（煮）之。"

秦駰玉牘

【注】從广昷聲。王輝説為"瘟"之訛字，瘟疫。李零釋為㞢，讀側。●疑讀瘟。《秦駰玉牘》："怵怵反㾐（瘟），無閒無廖。"

印增 579

【注】疑從竹昷聲。●秦印人名。

溫 楚新蔡甲三 322 秦

印增 431　　類編 362　　里耶 8．1221　　關簡 317

【注】從水昷聲。溫良之溫，楚文字作惡、㚲。●秦印有"溫徹""溫我""溫豎"，姓氏。●新蔡簡人名。

輼 秦里耶 8．175

【注】從車昷聲。●《里耶 8．175》："令曰上見輼輬軺乘車及……。"《校釋》："輼輬，車名，或以為兩種車。……軺車，輕便車。……乘車，一種輕便車。"以上三種車均屬安車類。詳"輬"字。

曉紐昏聲

昏 柞伯鼎 楚　郭店·老甲 30　郭店·太一 10　郭店·老乙 9

郭店·魯穆 1　上博二·子羔 9　上博三·仲弓 11　上博三·彭祖 1　上

博四·相邦 4　上博四·昭王 8　上博八·命 7　清華五·三壽 26　清華六·孺

子7  清華六·管仲6  清華十·四時14 秦  睡簡·日乙156  關簡170

【注】甲骨文作 、 、 ，從日從氏（根柢，表低下），會日低下西沉之意。秦簡或作昏；昏，《正字通》同昏。金文多假聞為昏，聞、昏古音近相通。●邑名。《柞伯鼎》："用昏無殳，廣伐南或（國）。今女（汝）娶（其）率蔡侯左至于昏邑。"李學勤猜想是文獻中的閩。"昏"字古音曉母文部，"閩"字明母文部，音近相通，如《周易》屯卦六二"婚媾"的"婚"字，馬王堆帛書本作"閩"。（《從柞伯鼎銘談〈世俘〉文例》）●讀問。《郭店·太一10》："道亦亓（其）芯（字）也，青（請）昏（問）亓（其）名。"《上博八·命7》："請昏（問）亓（其）古（故）。"●讀聞。《郭店·老乙9》："上士昏（聞）道，董（勤）能行於其中。"●世道混亂、黑暗。《郭店·老甲30》："民多利器，而邦慈（滋）昏。"●秦簡本義，日冥也。《睡簡·日乙156》："牛羊入戌，黃昏亥。"

惛 楚  郭店·性自64  左塚漆梮  上博六·競公6

【注】從心昏聲。●楚文字均讀昏。《上博六·競公6》："今君之貪惛（昏）虘（苛）匽（慝）。"

覤 楚  清華九·廼命二12

【注】從見昏聲。●讀瞀。《清華九·廼命二12》："母（毋）或不相孫（遜）孝（教）於善，殀（夙）夜從事，而相覤（瞀）於不共命，瀺（沈）迻（滯）不歡（勸）臺（就）哿內以出於外。"整理者注："孫，讀為'遜'，訓為'謙虛'。或讀為'訓'。覤，讀為'瞀'，《書·康誥》'瞀不畏死'，《説文》訓為'冒'。""覤"當即"昏"字異體，《集韻·魂韻》："瞶、昏，目暗也。"此處可訓為迷惑。《呂氏春秋·誣徒》："故湛于巧智，昏於小利，惑於嗜欲。"高誘注："昏，迷。"

婚 晉  璽彙1156 秦  詛楚文

【注】從女昏聲。●用為本義，通婚。《詛楚文》："絆以婚姻。"●晉璽人名。

籥 楚  望山1·1  清華八·邦政12  清華八·心中2  清華八·攝

命26  清華五·湯丘6  清華七·子犯1  清華二·繫年151  清華五·厚

父1  清華十·四告2 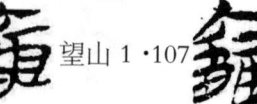 包山157 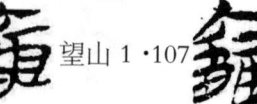 望山1·107  上博二·民之5  上

博二·民之 3

【注】從耴（聞）省，從昏，雙聲字。字上部本作 ⋀ 而省為宀，則可隷為𡨄。●讀聞。《清華八·邦政 12》："厔（丘）𡨄（聞）之曰：……。"《清華八·邦道 17》："既𡨄（聞）亓（其）訇（辭），女（焉）少（小）𥼊（穀）亓（其）事。"●讀問，聘問。《望山 1·1》："齊客張果𡨄（問）王於葳郢之戠（歲）。"●讀昏。《清華十·四告 2》："𡨄（昏）敓（擾）天下，丽（離）戔（殘）商民。"

耴 楚 長沙銅量　上博三·周易 38　上博四·柬旱 8　上博二·從

甲 3　上博二·從甲 8　郭店·緇衣 38　上博八·成王 7　清華一·程

寤 6　清華八·邦道 17 晉　中山王𦙞鼎

【注】從耳昏聲，《說文》"聞"之古文。《說文》："聞，知聞也。從耳門聲。𦕢古文從昏。"亦可認為"𡨄"之省文。●讀聞。《中山王𦙞鼎》："寡人耴（聞）之，事孥（少）女（如）敐（長），事愚女（如）智，此易言而難行旆（也）。"●讀問。《燕客量》："郾（燕）客臧嘉𡨄（問）王于葳郢之戠（歲）。"

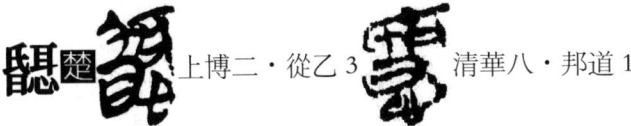

慁 楚 上博二·從乙 3　清華八·邦道 1

【注】從心耴聲。●均讀昏。《清華八·邦道 1》："以至于邦豪（家）慁（昏）嬰（亂）。"

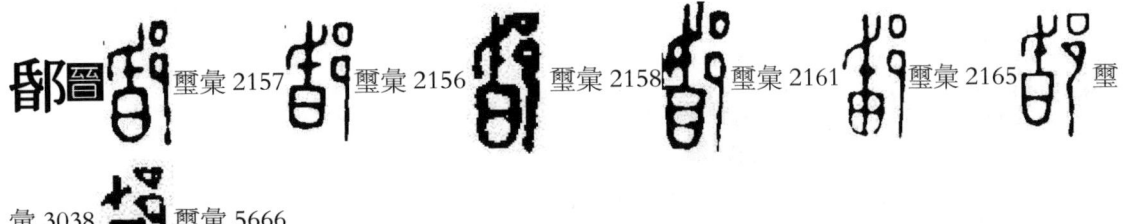

郋 晉 璽彙 2157　璽彙 2156　璽彙 2158　璽彙 2161　璽彙 2165　璽

彙 3038　璽彙 5666

【注】從邑昏聲。●晉璽"郋穗""郋胙""郋綰"等多用為姓氏，讀昏。或用為人名。

餂 晉 璽彙 0502　璽彙 0813　璽彙 1708　璽彙 0990　分研 264　璽

彙 0504　類編 151

【注】從食昏聲。●晉璽人名。

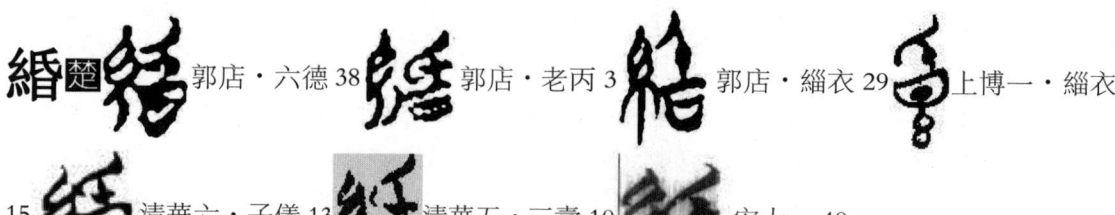

緍 楚 郭店・六德 38　郭店・老丙 3　郭店・緇衣 29　上博一・緇衣

15　清華六・子儀 13　清華五・三壽 10　安大一 40

【注】從糸昏聲。●多讀昏。《郭店・老丙 3》："邦豪（家）緍（昏）［亂，安（焉）］又（有）正臣。"●《清華六・子儀 13》讀婚，詳"溫"字。●《上博一・緇衣 15》："王言如絲，亓（其）出女（如）緍（緡）。"《說文》："緡，釣魚繁也。从糸昏聲。""緍"是"緡"的異體字，"緡"和"綸"意義相同，皆為釣魚的絲繩。《安大一 40》："隹（維）絲殹（伊）緍（緡）。"《毛詩》作"維絲伊緡"。毛傳："緡，綸也。"

曉紐熏聲

熏 師兌簋　吳方彝　師克盨　番生簋　毛公鼎　卌三年逨鼎

卌三年逨鼎

【注】《師兌簋》等從束中四點或兩點，表示橐中有香料形，"熏"之初文。《毛公鼎》增意符火，會以火焚以熏香之意。高鴻縉曰："原從束上畫黑點形，或加火為意符。古人束香草以火熏之，而歆其臭，故初字從束，而志以黑點。黑點者，熏煙之迹也。"（《中國字例》）秦系文字下變作黑形作𤎅、𤏽（帛編 14）。《說文》："𤎅，火煙上出也。從中從黑。中黑，熏黑也。"析形不確。本義火煙上冒。●讀纁。《毛公鼎》："虎冟（幎）熏裏。"熏裏，即絳紅色的車覆裏子。"纁"即絳紅色。《爾雅・釋器》："一染謂之縓，再染謂之赬，三染謂之纁。"郭璞注："纁，絳也"。

纁 秦 印增 507

【注】從糸熏聲。●秦印單字。

贇 秦 睡簡・答問 203

【注】從貝熏聲。疑"賮"之異文。●讀賮。《睡簡・答問 203》："可（何）謂'贇玉'？'贇玉'，者（諸）候（侯）客節（即）來使入秦，當以玉問王之謂殹（也）。"贇玉，諸侯使者來秦，應以玉贈送給王。

璛 楚 曾侯 2　曾侯 46　曾侯 25　曾侯 212　曾侯 213

【注】從玉熏聲。字或繁化從爪。●讀纁，絳紅色。《曾侯 2》：“屯璊（纁）組之綏。”

晉侯穌鐘

【注】從熏，疊加匀為聲符。●讀鄆，地名。《晉侯穌鐘》：“窺（親）令晉侯穌：自西北遇（隅）辜（敦）伐氳諴（城）。”

匣紐云聲

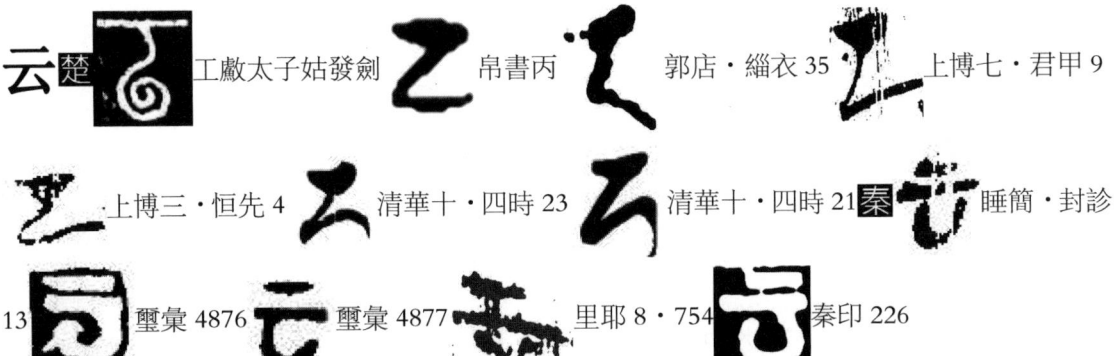

【注】甲骨文作 𝄞、𝄞、𝄞、𝄞、𝄞、𝄞，二表示天上橫向的云層，ɕ即“囘”，亦即“回”，表示卷狀的云團。戰國文字承襲金文，或作 𝄞，或演化為 𝄞、𝄞。戰國楚系文字中，“云”上方呈填實之形；“巳”不填實。但是由於二者形體相似，所以有時也存在混同的情況，如“芸”，所從云混為巳。●説。《郭店·緇衣 35》：“《大夏（雅）》云：白珪（圭）之石，尚可磨也；此言之砧（玷），不可為也。”●雲彩。《帛書丙》：“云則至。”●語氣詞，可用於句首、句中、句末。《工𣪊太子姑發劍》：“云用云隻。”●讀芸。《上博三·恒先 4》：“云＝（芸芸）相生，信（伸）涅（盈）天墬（地）。”芸芸，眾多、盛多貌。《老子》第 16 章：“夫物芸芸，各複歸其根。”●《睡簡·封診 40》：“所坐論云可（何）？”云何，如何。

【注】從雨云聲，雨為疊加意符。《説文》：“雲，山川氣也。從雨，云象云回轉形。凡云之屬皆從云。𝄞古文省雨。𝄞亦古文云。”●秦封泥（集證 318）“雲陽丞印”，“雲陽”地名。《漢書·地理志》左馮翊有“雲陽”縣，故城今陝西淳化縣西北。淳化縣出土的兩件罐上有“雲市”二字，“雲市”為“雲陽市”之省。●雲霧。《睡簡·日甲 44 背》：“雲氣襲人之宫。”●天星簡神名，疑即《九歌》中的“雲中君”。《天星》：“解於二天子與雲君以瑞珥。”

岙[楚] 清華六·子儀 13　　清華二·繫年 54　　清華二·繫年 55

【注】從山、云，會山上有云成陰之意，云亦聲，或即"陰"字早期寫法。●均讀陰。《清華六·子儀 13》"霝岙"（或即靈臺之陰）、《清華二·繫年 54》"狠（董）岙"均為地名。

妘[楚] 郭店·唐虞 2

【注】甲骨文作，從又云聲。疑"扮"之異文。●讀均。匀從云分化。《郭店·唐虞 2》："窮=（身窮）不鈞（均），妘（均）而弗利，窮（窮）忎（仁）歁（矣）。"

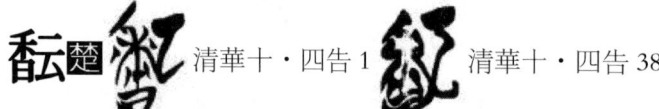

馠[楚] 清華十·四告 1　　清華十·四告 38

【注】從香云聲，疑是"馨"字異體。●疑讀馨。《清華十·四告 1》："拜=（拜手）頴=（稽首），者魯天尹咎（皋）繇（繇）配盲（享）兹馠（馨）番〈香〉。"云，是文部匣母字，馨，是耕部曉母字，兩字聲母同為喉音，文、耕兩部關係也很密切。

沄[晉] 璽彙 3002　　璽彙 1010　　璽彙 2074　　璽彙 1416　　璽補 207

【注】從水云聲。●晉璽人名。

郧[鄖][戈][楚] 鄂君啟舟節　　包山 22　　包山 191　　上博九·陳公 2

【注】從邑云聲。《鄂君啟舟節》所作，《金文編》原釋為"邞"。《金文編校補》釋為"邙"。字所從的不是"巳"字。楚文字中的"巳"字寫作乚、乚、巳（見《包山楚簡》圖版二三）等形，上部不作填實形，而且由与兩筆寫成。此文所從的上作填實形，與"巳"字明顯不同。因此，把看作"巳"旁是不正確的。應隸為"邙"。（詳《金文編校補》199 頁）邙，鄖之異文。《說文》："鄖，漢南之國。從邑員聲。漢中有鄖關。""邙"又作"鄖"，《左傳·宣公四年》："初，若敖娶于邙。"《釋文》"邙本又作鄖"。《左傳·桓公十一年》："鄖人軍于蒲騷。"楊伯峻先生注曰："鄖音云，國名，杜注謂在江夏云杜縣東南，則當在今湖北省京山縣西北，然據《括地志》及《元和郡縣誌》則當在今安陸縣，恐今安陸縣一帶皆古鄖國。"●楚文字均為地名，讀鄖。

圅[楚] 曾侯 45　　曾侯 120

【注】從匸云聲，"圓"之異文。●讀圓。《曾侯 45》："圅軒。"

园 楚  信陽 2・1　 包山 264　 上博二・容成 07　 望山

2・48　 上博三・恒先 9

【注】從囗云聲。●楚文字多讀圓。《上博二・容成 07》："於是虖（乎）方园（圓）千里。""方园"即方圓。員聲與云聲可通，"鄖"或作"邧"，是其證。

罳 燕  璽彙 3888

【注】從网云聲，疑"緷"之異文。●燕璽人名。

妘 秦  嶽麓三 140

【注】從女云聲。●人名。

芸 楚  鄂君啟舟節　 清華二・繫年 86　 清華二・繫年 85

【注】從艸云聲。《説文》："芸，艸也。"本義香草名，也叫芸香。《集韻》或作萮。●地名。《鄂君啟舟節》："让（上）灘（漢）、就屑（陰）、就芸陽、就灘（漢）。""芸陽"可能是位于漢水上游的旬陽。●讀鄖。《清華二・繫年 85》："一年，競（景）公欲與楚人為好，乃敓（說）芸（鄖）公，囚（使）歸求成。"

匣紐○聲

 ○鼎

【注】象形字，"圓""員"之初文。●族氏名。

敁  季良父盉

【注】從幺從攴○聲，疑古"緷"字。●古國名，又作"邧"。《季良父盉》："季良父乍（作）敁始（姒）寶盉。"

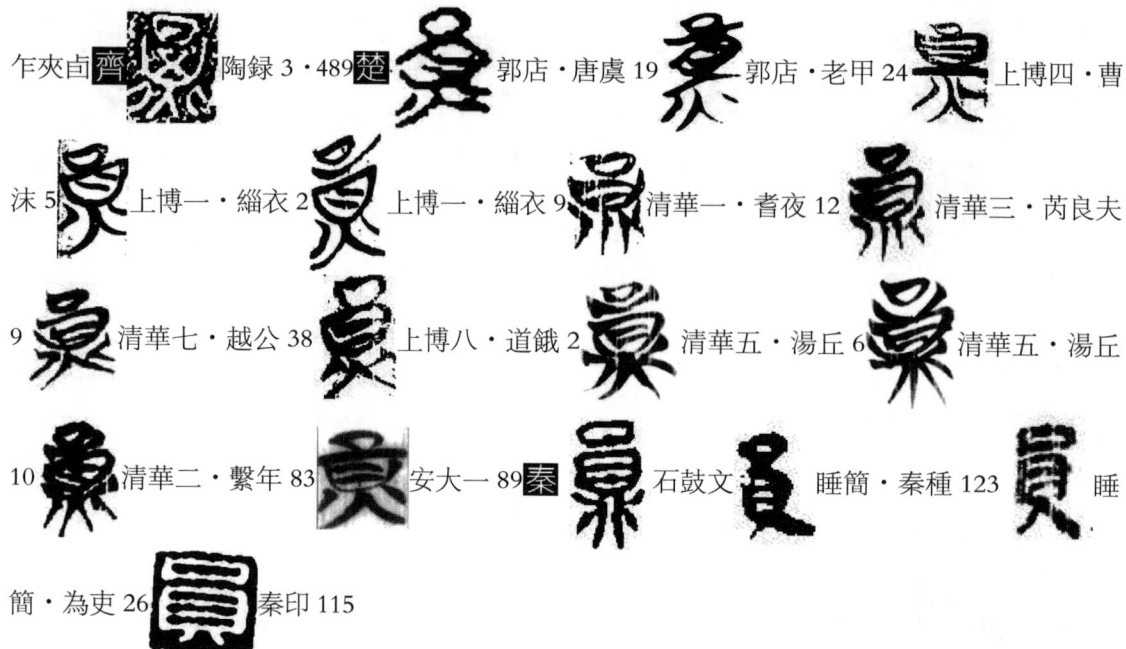

乍夾卣 齊 陶録 3・489 楚 郭店・唐虞 19 郭店・老甲 24 上博四・曹沫 5 上博一・緇衣 2 上博一・緇衣 9 清華一・耆夜 12 清華三・芮良夫 9 清華七・越公 38 上博八・道餓 2 清華五・湯丘 6 清華五・湯丘 10 清華二・繫年 83 安大一 89 秦 石鼓文 睡簡・秦種 123 睡簡・為吏 26 秦印 115

【注】甲骨文作、、、、、，與《説文》籀文同，從〇從鼎，〇象鼎口之圓，故“員”為“圓”的初文；〇亦聲。金文同甲骨文。小篆從貝，蓋古從鼎作之字後多誤為貝，而古從貝之字亦間有誤為鼎者，如“具”作，又作，是其證也。《説文》：“，物數也。從貝囗聲。凡員之屬皆從員。籀文從鼎。”析形釋義均不確。本義為圓形，如《孟子》：“規矩，方員之至也。”“員”是借一具鼎來表示的，故引申指物的數量。“員”為引申義所用，圓形之義就另加形符“囗”造了“圓”。●人名，見于《員卣》《員方鼎》等。●讀昏。《上博四・曹沫 5》：“君其毋員（昏）。”原書注釋讀作“愪”，訓為“憂”，各家從之。按，訓為“憂”與義不合，白於藍認為當讀作“昏”。上古音“員”為匣母文部字，“昏”為曉母文部字，兩字聲母同為喉音，韻則疊韻，例可相通。《釋名・釋天》：“昏，損也。陽精損減也。”即其例。（《〈曹沫之陳〉新編釋文及相關問題探討》）●讀云，言也。《清華一・耆夜 12》：“蟋（蟋）蟀（蟀）才（在）笞（席），戢（歲）矞（聿）員（云）茖（莫/暮）。今夫君子，不憙（喜）不藥（樂）。”●讀圓。《睡簡・為吏 26》：“外不員（圓）。”●人、物的數額。《睡簡・秦種 123》：“贏員及減員自二日以上，為不察。”如施工時間超過或不足兩天以上，以不察論處。●讀損。《上博八・道餓 2》：“於瘦（偃）僞，於子員（損），於是唬（乎）可（何）侍（待）？”

娟 輔伯鼎 仲皇父盉 周𣪘生簋 琱生盨二 琱生盨 季良父簠 函皇父匜 檜妘鼎 函皇父簋

【注】從女員聲，與《説文》“妘”籀文略同。小篆從女云聲，乃後起形聲字。《説文》：“，祝融之後姓也。從女云聲。籀文妘從員。”本義為姓。●讀妘，姓氏。《季良父簠》：“季良父乍（作）宗娟（妘）媵（媵）匿，其萬年子子孫孫永寶用。”《通志・氏族略・以國為氏》謂妘氏系祝融之後，封于羅，號妘子，後以為氏。

朤  齊城左戟 郚左戈

【注】從肉員聲。《説文》："朤，切孰肉，内于血中和也。從肉員聲。讀若遜。"《通雅》肺朤，肉蒸菜也。●冶工名。《齊城左戟》："齊城左冶朤☒☒造車鐵（戟）。"《郚左戈》："郚左告（造）戟（戟），冶朤所☒。""郚"為地名。

蒷  鄔子蒷塵鼎

【注】從艸員聲。《集韻》芸或作蒷。古文字從艸、茻、屮作偏旁無別。●人名。《鄔子蒷塵鼎》："鄔子蒷塵為其行器。"

塤  陶彙2·3 陶彙2·5 陶彙3·914

【注】從土員聲。塤，《集韻》同壎。●《陶彙2·3》"令作僊塤"、《陶彙2·5》"圖乍僊塤"，均指樂器。●《陶彙3·914》單字，或以為人名。

隕  上博五·三德14 中山王嚳鼎

【注】從阝員聲，與小篆同。上博簡增從止，為繁文。《説文》："隕，從高下也。從阝員聲。《易》曰：'有隕自天。'"本義墜落。●隕落，引申為失去。《中山王嚳鼎》："忌（恐）隕社稷（稷）之光。"●《上博五·三德14》："天材（災）繼=（混混），弗殺（滅）不隱（隕）。"弗滅、不隕對文，表示天災綿綿不絕。詳"繼"字。

賨  陳逆簠 陳逆簠

【注】從穴員聲。《字彙補》："賨，以忿切，音抎。云起轉也。"●讀圓。《陳逆簠》："鑄茲賨笑，以享以孝于大宗。"賨笑，讀圓簠。

實  喪叟實瓶 清華六·子產22

【注】從宀員聲。●金文人名。●讀諼，欺詐。《清華六·子產22》："虛言、亡（妄）實（諼）。"諼，《説文》詐也。

圓（圓）  曾侯203 清華四·筮法58

【注】從囗員聲，"圓"之異文。●均讀圓。《曾侯203》："鄭君之圓軒。"簡文或作"区軒"。秦文字用"圜""員"表示圓，楚文字或用"园""区"等表示圓。

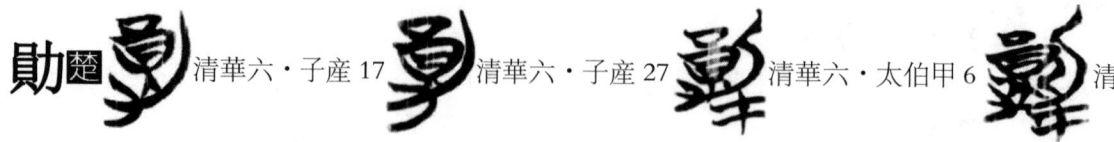

【注】從力員聲，與《説文》"勳"古文同。《説文》："勳，能成王功也。從力熏聲。勛古文勳從員。"本義指特別大的功勞。●讀勳，功勳。《中山王譻壺》："天子不忘其又（有）勛。"《清華六·太伯甲6》："旁（攘）戈盾以爐（造）勛。"●《清華六·子產17》："勛勉救（求）善，以助上牧民。"王寧讀帥。《後漢書·蔡邕列傳》"下獲熏胥之辜"，李注：《詩·小雅》曰：'若此無罪，勳胥以痛。'勳，帥也。胥，相也。……見《韓詩》。《前書》曰：'史遷薰胥以刑。'《音義》云：'謂相薰蒸得罪也。'"是其字或作"熏""薰"。《漢書·敘傳下》："烏呼史遷，薰胥以刑。"《集註》引晉灼曰："齊、韓、魯《詩》作'薰'。薰，帥也。"猶今言帶頭、領頭。此二句意為子產帶頭努力工作，尋求優秀之人以幫助君主治理人民。

【注】從攴員聲，"損"的古字。●均讀損。《清華四·別卦2》即損卦。《清華六·子產8》："敗（損）難又（有）事，多難悠（近）亡。"損，減也。●新蔡簡"疾速敗（損）"，損為病愈，義取於減也。

【注】從疒員聲，與小篆同。《説文》："癏，病也。從疒員聲。"典籍鮮見，銘文中用作人名。●人名。《師癏簋蓋》："王乎（呼）內史吳冊令（命）師癏曰。"

匣紐圓聲

珍秦 152、 秦印 115

【注】甲骨文作🐷、🐷、🐷，從口從豕，會豬圈之意。金文承之。《說文》："圂，廁也。從口，象豕在口中也。會意。"本義是豬圈，如《漢書》："燕王宮永巷中豕出圂。"●豬圈。《睡簡·日甲80 背》："臧（藏）於圂中垣下。"《玉篇》："圂，豕所居也。"●讀未。圂、未二字聲同韻近。《毛公鼎》："烏虖，趯余小子，圂湛于囏（艱），永巩（鞏）先王。"圂湛，即未堪。銘意為，我才智短淺未堪當此國政之艱難。●晉璽秦印均為人名。

侯馬

【注】從心圂聲。●人名。

見紐蚰聲

上博六·用曰 5 魚顛匕 睡簡·日甲 74 背 睡簡·秦種 2

【注】甲骨文作🐛、🐛、🐛、🐛，從二虫，以二虫相並會昆蟲之意。《說文》："蟲之總名也。從二虫。凡蚰之屬皆从蚰。讀若昆。古魂切。"《說文》讀"古魂切"，古文字應該為"蟲"的省文。●讀蟲。《睡簡·秦種 2》："早〈旱〉及暴風雨、水潦、螽蚰、羣它物傷稼者。"如有旱災、暴風雨、澇災、蝗蟲及其他蟲害等損傷了禾稼。●《睡簡·日甲 74 背》："巳，蚰也。盜者長而黑，蛇目，黃色，疵在足，臧（藏）於瓦器下。"指蛇，睡虎地簡已明說盜者"長而黑，蛇目黃色"。至於"疵在足"，也是由蛇無足聯想的。●《魚顛匕》："曰：䛠肘（釬、鑄）蝨（蚳）匕。"《魚顛匕》所作，舊釋"蚰"，器銘原作🐛，王寧合釋為釋"蝨（蚳）"，《說文》："蚳，蟻子也。從虫氐聲。《周禮》有'蚳醢'。讀若祁。𧎸，古文蚳從辰、土。䖵，籀文蚳從蚰。"這裏疑當讀為《爾雅·釋魚》貝類"余貾，黃白文"之"貾"，一種黃色而有白點或白花紋的貝類。"蚳匕"應該是指匕首狀如貝殼，何獨言"蚳"？蓋余貾為黃貝，而銅匕其色正黃也。（王寧《新出魚鼎匕銘文再釋》）●讀蟲。《上博六·用曰 5》："征蚰（虫）飛鳥，叟（受）勿（物）于天。"

璽彙 5690 郘公鏃

【注】從石蚰聲，疑"硜"之省文。●燕璽人名。

見紐縣聲

牆盤 縣還鼎 郭店·語叢一 3 郭店·語叢一 5

【注】甲骨文作 🐟、🐟、🐟，象手持絲釣魚形，或省又，或增從糸。金文同甲骨文。戰國文字從魚系聲。《説文》："鰥，魚也，從魚系聲。"本義釣魚。引申指大魚，如《玉篇》："鰥，大魚。"傳說鯀是夏禹的父親。●人名或氏。《鯀還鼎》："鯀還乍（作）寶用鼎。"●《牆盤》："憲聖成王，左右毅鰥剛鯀，用肇（肇）敢（徹）周邦。"剛鯀：其義眾說不一。或謂讀梗，梗直。剛鯀，即剛強武毅的意思。左右毅鰥剛鯀，是指成王的輔佐大臣柔剛相濟的德行而言。唐蘭云："'剛鯀'當讀如'綱系'，與'剛維'同。"是以"鯀"有"條理"的意思。●《郭店·語叢一3》："天生鯀，人生卯。""鯀"裘錫圭讀為"倫序"之"倫"。

見紐斤聲

斤 _齊 天君鼎 、 切斤徒戈 _楚 上博五·季庚7 清華七·子犯9 _晉 陶彙6·82 貨系524 少工銀扣 _秦 睡簡·封診82 睡簡·效律6

【注】甲骨文作 ）、）為斧刃，象橫刃曲柄鑄斧之形。金文斧刃變成 厂，曲柄變成 下、ㄅ。斧、斤同為伐木工具而又有所區別：刃在橫向為斤，刃在縱向為斧。《説文》："斤，斫木也。象形。凡斤之屬皆從斤。"本義為橫刃鑄斧，如《墨子》："為斤、斧、鋸、鑿。"又如《左傳》："皆執利兵，無者執斤。"後來多用作重量單位名。●重量單位名稱。《四十年左工耳杯》："四十年，左工重一斤十二兩十四朱。"●地名。《征人鼎》："天君賞氒（厥）征人斤貝，用乍（作）父丁障彝。"鼎記天君在斤地饗酒，並以斤地的貝賞賜征人。●切斤：地名。《切斤徒戈》："切斤徒戈。"●讀謹。《上博五·季庚7》："夫義者，目（以）斤（謹）君=（君子）之行也。"●讀近。《清華七·子犯9》："上縄（繩）不遊（失），斤（近）亦不遷（僭）。"

斮 _晉  三年鄭令矛

【注】從立斤聲。●晉器人名。

炘 _楚 炘 清華十·四時10

【注】從火斤聲。●《清華十·四時10》："焯炘之轄（轄）之紳（陳）。"整理者注："焯、炘二字皆從火旁，焯炘之轄，應即赤轄。此日軫宿昏中。"

沂 _秦 沂 里耶8·741背 沂 里耶8·882

【注】從水斤聲。●《里耶8·882》為習字簡，無義。《里耶8·741背》辭例殘缺。

 清華五・封許7

【注】從老省斤聲。●讀卺。《清華五・封許7》："耂勺、盤、監（鑒）。"王寧先生說"耂"可能是"耆"的或體。"耂"從斤聲，"祈"與"耆"音近可通，祈可讀卺。卺與勺均為挹取之器。《禮記・昏義》："合卺而酳。"孔穎達正義："卺謂半瓢，以一瓢分為兩瓢，謂之卺，婿之與婦各執一片以酳。"

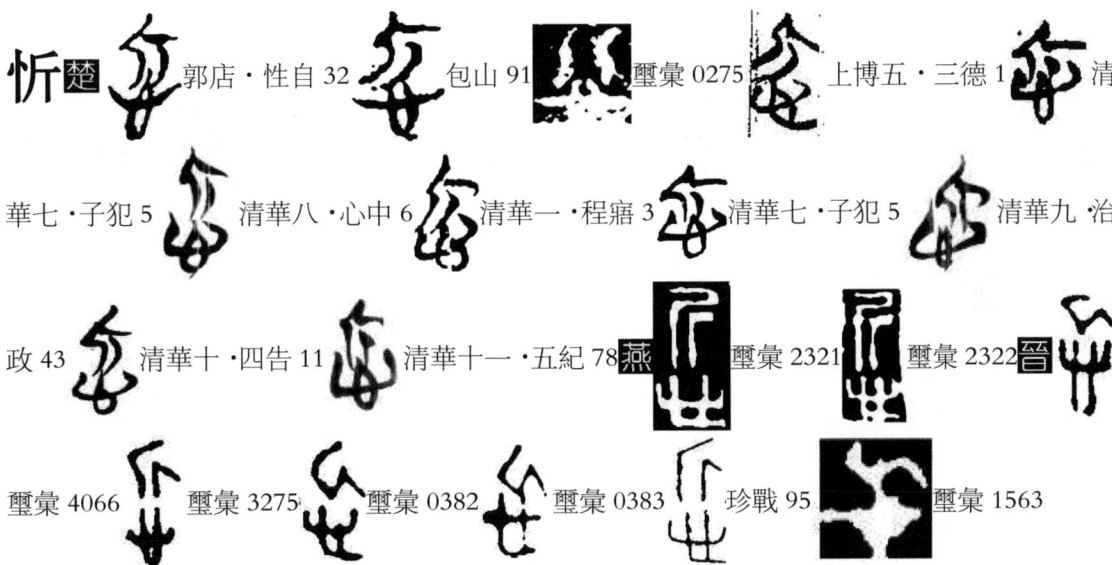

忻 楚 郭店・性自32　包山91　璽彙0275　上博五・三德1　清華七・子犯5　清華八・心中6　清華一・程寤3　清華七・子犯5　清華九・治政43　清華十・四告11　清華十一・五紀78　燕 璽彙2321　璽彙2322 晉　璽彙4066　璽彙3275　璽彙0382　璽彙0383　珍戰95　璽彙1563

【注】從心斤聲。●讀欣。《上博五・三德1》："天亞（惡）女（毋）忻，樀（平）且毋哭，明毋訶（歌）。"這句括的意思是上天出現異狀，人也不要欣喜。和下文封應，告誡人們要順應天常，違背禮制的事情不能做，違背天常的事不能做。●讀祈，求也。《清華一・程寤3》："忻（祈）于六末山川。"●讀懃。忻，曉紐文部；懃，疑紐文部。二字疊韻，聲紐亦非常相近。《清華七・子犯5》："幸旻（得）又（有）利不忻蜀（獨），欲皆僉之。""不忻（懃）"，即不肯、不願的意思。（《清華柒《子犯子餘》集釋》）《詩・小雅・十月之交》："不懃遺一老。"《釋文》引《爾雅》："懃，願也。"●餘例多為人名。

 上博七・凡甲12

【注】從宀忻聲。●讀近。《上博七・凡甲12》："宖（近）之銍（薦）人。"

 清華六・子產8　上博五・弟子12

【注】從彳忻聲。●均讀近。《清華六・子產8》："敗（損）難又（有）事，多難忢（近）亡。"《上博五・弟子12》："求為之言，又（有）夫言也，求為之行，言行相忢（近）。"

絎 璽彙 4059

【注】從糸忻聲。●晉璽人名。

肵 璽彙 3319

【注】從肉斤聲。●燕璽人名。

訢 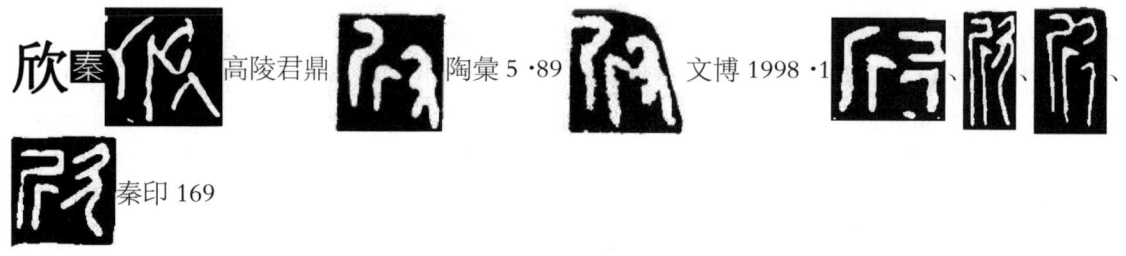 蔡侯申盤　　左塚漆梡　　上博五·競建 7　　陶彙

4·88 晉　　鍂壺　　璽彙 2117　　璽彙 3867　　秦印 44

【注】甲骨文作𧮫，從言斤聲。《説文》：“訢，喜也。從言斤聲。”本義欣喜，“欣”之古體。●讀欣，喜悦，欣喜。《蔡侯盤》：“恩（聰）害（憲）訢𣄳（暢），威義（儀）遊（優）遊（優）。”欣暢，意即喜气洋洋。●讀暨，果毅貌。《鍂壺》：“隹（唯）司馬貯訢諸戰（憚）忞（怒），不能寧處。”張政烺曰：“按古從斤得聲之字，如析、旂、沂等皆入微韻，故訢可讀為暨。”（《中山國胤嗣㜔鍂壺釋文》）《周禮·地宫·保氏》：“五曰軍旅之容。”鄭玄注：“軍旅之容，暨暨詻詻。”即形容軍容的果毅嚴肅。●讀祈。《上博五·競建 7》：“則訢（祈）諸鬼神曰：天地盟（明）棄我矣。”

欣  高陵君鼎　　陶彙 5·89　　文博 1998·1　　、　、　、

秦印 169

【注】從欠斤聲；《高陵君鼎》所從“斤”旁和“欠”旁粘連在一起，所以右側看起來有點象“只”。●均為人名。《高陵君鼎》：“十五年高陵君，丞蓮，工師遊，工欣，一斗五升大半。”秦人喜以“欣”為名。

粁 秦印 292

【注】從米斤聲。《龍龕》同料。古文字當從斤聲。●秦印“粁募學倅”，義不詳。

近 楚 郭店·五行 7　　上博三·仲弓 20　　郭店·尊德 8　　郭店·成之

 37 郭店·性自36 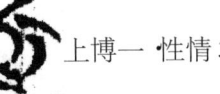 上博一·性情34 上博一·性情 晉  靠令思戈 秦 新 會稽刻石  睡簡·秦種70

【注】從辵斤聲；楚簡或省從止。●多用為本義，與"遠"相對。《郭店·五行7》："善弗為亡（無）近；惪（德）弗之（志）不城（成）。"●親近。《郭店·六德48》："新邌（舊）遠近，唯元（其）人所才（在）。"

趌 秦  里耶8·1510背  印增58

【注】從走斤聲。●均為人名。

斷 楚  清華三·良臣10

【注】從黽斤聲。●人名。

狋 燕  璽彙2521 晉 璽彙2518 璽彙2519 璽彙2520 璽彙4048

【注】從犬斤聲。●晉璽有"狋青""狋壽""狋梁"、燕璽有"狋章"，姓氏，疑讀斤。●《璽彙4048》"狋求达痌"，"狋求"，複姓。原印作 ，"狋求""达痌"均作合文。或可讀"祈求去憂"。

芹 楚  曾侯212 秦  里耶8·1664

【注】從艸斤聲。●地名。《曾侯212》："芹二夫。"

圻 楚  貨系4169  貨系4177 貨系4179  中國錢幣1994.3

【注】從十斤聲。●楚幣文疑讀釿，古貨幣重量單位。

斯 燕  璽集二-SP-77 秦  陶錄6·247

【注】從貝斤聲。●人名用字。

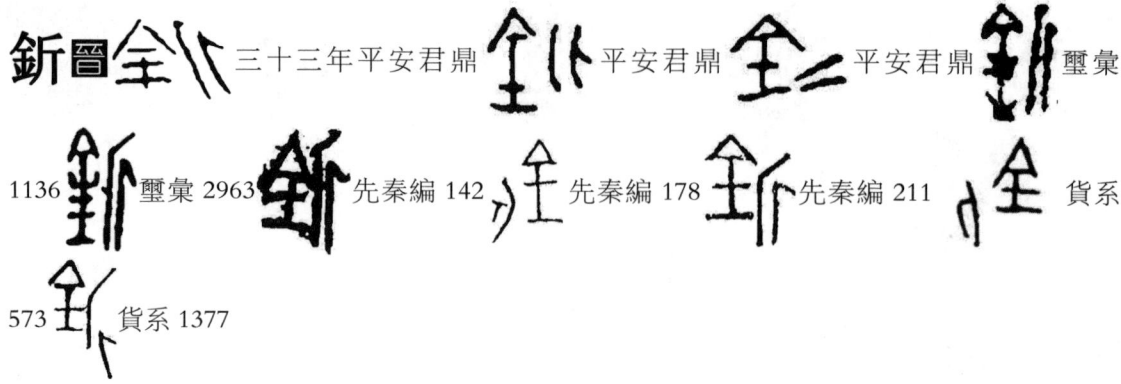

三十三年平安君鼎　平安君鼎　平安君鼎　璽彙

1136　璽彙 2963　先秦編 142　先秦編 178　先秦編 211　貨系

573　貨系 1377

【注】從金斤聲。字多見于戰國三晉文字，此為斤之加旁字，從金，以標其義，猶銖、鈞、鎰、鈞之從金也。《說文》：" 釿，劑斷也。從斤、金。" ● "斤" 之繁文，讀斤，金屬重量名，亦貨幣名，秦統一衡制時被廢除。《信安君鼎》："二益（鎰）六釿。"

番生簋　毛公鼎　師兌簋　牧簋　斳尊　斳尊　吳方彝蓋

【注】從叀（形符整文作叀，象束衣之形）斤聲，當為 "靳" 之繁文。《說文》：" 靳，當膺也。從革斤聲。" 本義套在轅馬胸部的皮革。● 讀靳，用其本義。《毛公鼎》："易（賜）女（汝）秬鬯一卣……朱韠（韐）亯（靷）斳（靳）、虎冟（幦）熏裏。《番生簋》："朱韐（韐）亯（靷）斳（靳）、虎冟熏裏。"《彔伯簋》："朱號（韐）斳（靳）、虎冟窠（朱）裏。"《牧簋》："朱號（韐）亯（靷）斳（靳）。"

秦印 52　睡簡 · 為吏 32

【注】從革斤聲。● 秦印姓氏。●《睡簡 · 為吏 32》："稾靳濱（瀆）。" 義不詳。

郑越盟辭鏄　包山 266　上博七 · 武王 12　清華九 · 治政 43

【注】從示斤聲。《說文》：" 祈，求福也。從示斤聲。" 本義是求福。● 讀卺。《包山 266》："二祈（卺）。五皇紫（俎）。"《禮記 · 昏義》："合卺而酳。"《孔穎達 · 正義》："卺謂半瓢，以一瓢分為兩瓢，謂之卺，婿之與婦各執一片以酳。" ● 用為本義，向神求禱。《清華九 · 治政 43》："古（故）邵（灼）龜、鱻（矜）祀、祳（碟）禋（禳）、祈禱，羉（沉）☐珪辟（璧）、我（犧）全（牷）、饋卺，以忻（祈）亓（其）多福。" "祈紫" 意即 "燒柴祭天以求福"。●《上博七 · 武王 12》："君齋，牊（將）道之；君不祈，則弗道。"《詩 · 小雅 · 甫田》："以祈甘雨。" 張世超認為應該讀齋：西周金文中有 "斳" 字，用為 "祈求" 之義，戰國 "祈" 字似乎應是 "斳" 字的演變，然而在戰國楚文字裏，確切用如祈求之義的字仍然作 "斳"，或將所從之 "單" 改為 "言" 作 "斳"，"祈" 似乎是另外一個字。從楚簡材料看，它應就是 "齋" 的異體字。"祈" 字古音家歸微部，或據其諧聲 "斤" 字主張歸文部。在楚方言中，它應該是個與 "齋" 字同音的脂部字。……

從聲紐上看，"祈"群母，屬牙音。"齋"從"齊"聲，屬齒音從母，在楚方音中，聲紐可能也屬牙音，古書資料中從"齊"的聲的"嚌"字就有齒音、牙音二讀。（張世超《占畢脞説》）楚多用"旛""旙""斳"表示祈，齊用"旛"表示祈。

怰 楚  新蔡乙四 113

【注】從心祈聲。● 簡文"命怰（祈）福☐"，讀祈。

齰 楚 **齰** 上博六・天甲 12

【注】從齒省祈聲。● 多讀祈。《上博六・天甲 12》："古（故）見傷（煬）而為之齰（祈），見窆而為之内。"張世超讀齋。《説文》："煬，道上祭。"在路上見到祭祀就上去祈禱，未免唐突，故此處之"齰"仍是"齋"之異。

訊 楚 **訊** 上博七・武王 2　**訊** 上博七・武王・2

【注】此字下部左側為"口"，當是飾符。右側斤下應該是"几"字，是疊加聲符。從聲紐上看，"几"見母，"祈"群母，同屬牙音。亦可認為疊加"叽"聲。● 讀祈。《上博七・武王 2》："王如欲觀之，盍訊乎? 將以書視（示）。武王訊三日，端服冕。"張世超讀齋。"祈"是"求福也"，祈禱，是祭祀過程中的一項內容，不是持續很長時間的一種行為，古書上未見有"祈三日"或"祈七日"的記載。而"齋"指的是沐浴更衣，戒酒葷，在一段較長的時間裏保持一種虔誠的狀態，古書上"齋三日""齋七日"的記載倒是常見。（張世超《占畢脞説》）

 大師盤 邵鐘

【注】甲骨文作 、 、 、 、 、 、 、 、 、 等形。從單從斤（兼聲），或增從队（旗幟形），均是武器之形。金文多從队作，羅振玉謂從旌從單，表示戰爭時祈禱于軍旌之下。金文或從队從言，當為祈福專字，蓋禱告祈福，必用言語來表達也。《正字通》斸同祈。《說文》："祈，求福也。從示斤聲。"本義是求福。●讀祈，向神求禱。《師奐鐘》："用斸（祈）屯（純）魚（魯）永令（命）。"《詩·小雅·甫田》："以祈甘雨。"●宮室名。《芮公叔簋》："内（芮）公弔（叔）乍（作）斸（祈）宮寶段（簋）。"●人名。《伯簤簋》："白（伯）簤乍（作）文考幽中（仲）隣段。"

 印增 608

【注】從單斤聲。●人名。

 印增 22　陶新 3151

【注】從艸斸聲。●"斸尸"，姓氏。戰國時斸國（故城在今安徽宿縣南），屬楚國，後為楚邑，子孫以國為氏。漢代有斸良，弘農太守。●《陶新 3151》"斸年宮當"，宮名，讀祈。

 蔡叔季之孫覺匜

【注】從心斸聲，疑古"忻"字。●讀祈。《蔡叔季之孫覺匜》："用蘉（祈）覺（眉）壽。"

 伯六辝鼎

【注】從水斸聲，疑古"沂"字。●讀祈。《伯六辝鼎》："白（伯）六辝乍（作）瀳寶蘁盉（盉）。"

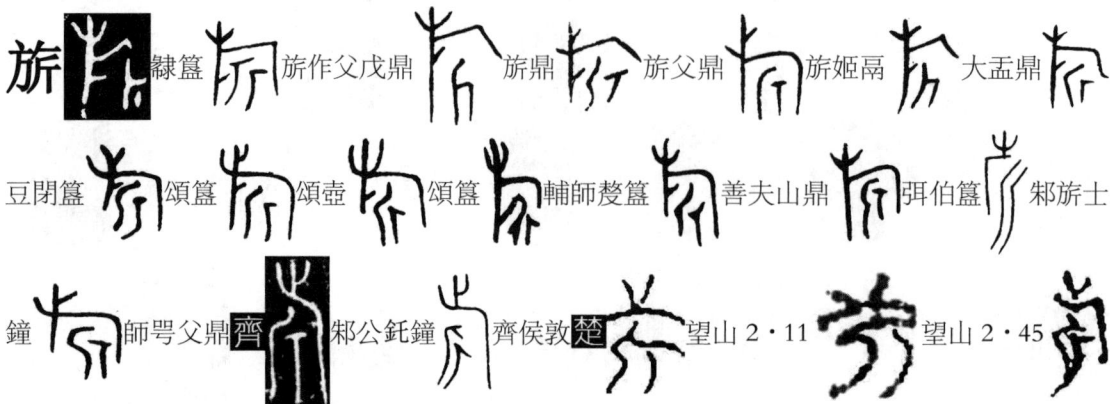

旗　隸簋　旌作父戊鼎　旌鼎　旌父鼎　旌姬鬲　大盂鼎　豆閉簋　頌簋　頌壺　頌簋　輔師嫠簋　善夫山鼎　舁伯簋　郑旌士　鐘　師㝬父鼎　郑公釛鐘　齊侯敦　楚　望山 2·11　望山 2·45

曾侯 68  新蔡甲三 111  清華五・封許 6 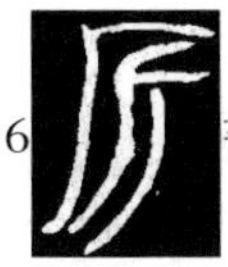 書也缶 晉  令瓜君壺  璽彙 2386  璽彙 2390

【注】從㫃斤聲。葉玉英認為，"㫃"也表音，《休盤》《害簋》"旂"字都假借"㫃"為之，作、。"旂"為部分表義的雙聲符字，古音"旂"在群紐微部，"㫃"在影紐元部，"斤"在見紐文部。以聲言之，同為喉牙音；就韻而言，西周金文中常見文、元可通之例，微、元二韻亦可通（詳《古文字構形與上古音研究》403 頁）《書也缶》㫃形省減，可參"旅"字。《說文》："，旂有眾鈴，以令眾也。從㫃斤聲。"本義旂幟。●讀旂。《麥尊》："王射大龏禽，侯乘于赤旂舟，從。"赤旂舟，即樹有赤色旂之舟。《曾侯 68》："一貂旂。"●《望山 2・11》："一厚奉之旂，三雕旂。"此字與望山二號墓 45 號簡"四皇豆、二旂"之"旂"當是同類物，應是飲食器而非旌旂。簡文"旂"疑當讀卺。信陽楚墓出土匜形陶器一件，又形制相似的漆器一件，疑即 2・11 號簡所記之"旂"。詳"卺"字。●讀祈，祈禱、祝願。《邾公釛鐘》："乍（作）氒（厥）禾（龢）鐘，用敬恤盟祀，旂（祈）年釁（眉）壽。"●人名。《旂鼎》："旂用乍（作）父戊寶障彝。"●晉璽有"旂城""旂牢""旂紹"等，讀旗，姓氏。

⿺辶旂 齊  陶彙 3・265

【注】從辵旂聲。●齊陶人名。

⿱旂心 齊  璽彙 2197  陶彙 3・982 楚  上博二・子羔 12  清華二・繫年 131

【注】從心旂聲，"忻"之異文。●齊陶、齊璽人名或地名。●讀祈。《上博二・子羔 12》："乃見人武，𡳿（履）目（以）⿱旂心（忻）。"●讀欣。《清華二・繫年 131》："奠（鄭）太宰（宰）⿱旂心（欣）亦记（起）禍（禍）於奠（鄭）。"

⿱旂言 齊  陶彙 3・849  陶彙 3・852  陶彙 9・107 楚  王子午鼎

【注】從言旂聲。●齊陶讀祈或讀旗，姓氏。●讀祈。《王子午鼎》："用⿱旂言（祈）釁（眉）壽。"

⿰旂阝 齊  陶彙 3・347  陶録 2・386

【注】從邑旃聲。●齊陶人名。

顈 楚 新蔡乙三 27 秦 、 秦印 173

【注】從頁斤聲。●新蔡簡讀祈。●秦印人名。

紤 秦 睡簡·秦種 5 睡簡·秦種 195

【注】從糸斤聲。●秦簡均讀近。《睡簡·秦種 5》："邑之紤（近）皂及它禁苑者，麛時毋敢將犬以之田。"居邑靠近牛馬的皂和其他禁苑的，幼獸繁殖時不准帶着狗去狩獵。

見紐巾聲

巾 智壺 元年師兌簋

【注】甲骨文作巾，象巾形。金文小篆承之。《説文》："巾，佩巾也。從冂，丨象糸也。"本義是古代擦抹用的布，類似現在的毛巾。引申指佩巾，如《禮記》："盥卒，授巾。"●讀市。《師兌簋》："易（賜）女（汝）乃且（祖）巾（市）、五黃（衡）。"郭沫若曰："市字作巾，與《智壺》同，非巾字。市與黃每相將，此既言'五黃'，亦足證巾之必為市。"（《兩周金文辭大系考釋》154 頁）《智壺》："易（賜）女（汝）饗（秬）鬯一卣、玄袞衣、赤巾、幽黃、赤舃、攸（鋚）勒、緣（鑾）旗。"

頓 楚 包山 272 包山 277 信陽 2·5

【注】從頁或從百（首），巾聲。●讀巾。《信陽 2·9》："一笄，其實：一浣帕，一沐帕，一捉髮之帕。"李家浩先生認為"帕"可能是"巾"的別名，也可能是"巾"的異文。（《信陽楚簡"澮"字及從"关"之字》）"捉髮之帕"即指洗髮後用來握乾或捵乾頭髮的巾。

見紐筋聲

筋 秦 睡簡·秦種 18 睡簡·日甲 39 背 里耶 8·102

【注】會意字。《説文》："筋，肉之力也。從力從肉從竹。竹，物之多筋者。凡筋之屬皆從筋。"●附着在骨上的韌帶。《睡簡·秦種 18》："其乘服公馬牛亡馬者而死縣，縣診而雜賈（賣）其肉，即入其筋、革、角。"

 里耶 8 · 462

【注】從角從力，"筋"異文。●人名。

見紐昆聲

昆 昆疣王鐘 楚 郭店·六德28 郭店·六德29 清華三·芮良夫

4 清華七·越公68 清華九·廼命二1 秦 璽彙5311 睡簡·為吏25

【注】從日從比，會日日比同之意。楚文字從臼云聲，與《汗簡》作 同。沄，讀若混，可證云、昆音近。古音"昆"屬見紐文部，"云"屬匣紐文部，二字聲紐同屬喉音，韻部相同，故"昆"字可以"云"為聲符。本書 及從 之字直接隸定為昆。《說文》："𣊋，同也。"唐桂馨曰："從日從比，時日相比敘，有連接不斷之意。故後昆云者，謂後人連接也。昆弟云者，謂自兄及弟諸兄兄連接也。加水為混。原泉混混。謂眾泉混合連接不已也。許訓為同。特昆字之一訓耳。"（《說文識小錄》）●方國名。《昆疣王鐘》："昆疣王貯（鑄）乍（作）穌鐘。"●讀悃。《清華三·芮良夫4》："母（毋）惏（婪）愈（貪）猭（狡）昆（悃）。"悃，《廣雅·釋詁三》："亂也。"●讀昆，兄。《郭店·六德29》："為昆弟緐（絕）妻，不為妻緐（絕）昆弟。"《睡簡·為吏25》："忍其宗族昆弟。"

昊 楚 清華四·筮法27 清華四·筮法39 清華四·筮法40

【注】從大昆聲。簡文讀坤，"坤"字形體從"大"是具有表意作用的。《老子》："故道大、天大、地大、王亦大。"《說文》："天大、地大、人亦大，故大象人形。"因"坤"是地，地大，所以從"大"。傳抄古文中的"坤"字作 （碧落碑）、 （汗6·81）， （四1·37），與簡文"坤"字形體相比較，下部是"大"，上部所從 ，明顯是源於 形。這也再次印證了傳抄古文是來源於戰國文字。●讀坤。上古音"坤"，見紐文部；"昆"，溪紐文部。二字聲紐均屬見系，韻部相同。

郎 齊 璽彙0211 楚 冉鉦鍼

【注】從邑昆聲。●金文辭殘義不詳。●齊璽"郎京之鈢"，地名。京，是穀倉的意思。

圂 齊 圂君婦媿霝盉 圂君婦媿霝壺 圂君婦媿霝鼎

【注】從口昆聲。●人名。

陝新 872

【注】從山昆聲。●"崑嬰"，為姓氏。

政 43

【注】從心昆聲。●漆桷"悃民"義為亂民。《方言》卷十："悃，惛也。"《玉篇》心部："悃，亂也。"《郭店·尊德 16》："教以懽（權）惎（謀），則民淫悃遠豊（禮）亡新（親）息（仁）。"●讀愠。《說文》："愠，怒也。"《清華九·治政 43》："是亓（其）悃（愠）憋（懠）于我邦，以不右（佑）我事。""愠""懠"同義連用，訓為"發怒"。●包山簡人名。

包山 273

【注】從革悃聲。●簡文"鞻韋韠（橐）"，讀緄。

包山 268

【注】從糸悃聲。●同"緄"。

天星

【注】從衣昆聲。●義不詳。

268 安大一 46

【注】從糸昆聲。曾侯簡所作，有學者據郭店簡𡥈（學），把此字釋為"從糸、𡥈聲"。這一考釋未見承傳，不能和後世的字對應，文意也不能理解順暢。𦃣所從和𡥈同形，未必就是一個字。趙平安釋為緄。其所從是"昆"字部件移動的結果。●"緄"是一種帶子。緄之闊者為帶。《后漢書·南匈奴傳》："童子珮刀，緄帶各一。"李賢注引《說文》曰："緄，製成帶也。"《信陽 2·7》："一素（素）緄繡（帶）。"《曾侯 45》："緄綏。"《安大一 46》："竹桃（秘）緄縢（滕）。"《毛詩》作"竹閉緄縢"。

棍 楚 曾侯 207

【注】從木昆聲。●《曾侯 207》："凡宮廄之馬與☑十輆（乘），入於此棍官之中。"棍官，讀棍棺，指棍木做的棺，《類篇》木名。

見紐艮聲

艮 楚 清華四·筮法 37　上博三·周易 48　上博三·周易 49　清華十一·五紀 78　清華十一·五紀 26　秦 睡簡·封診 53　睡簡·日甲 47　天簡·日乙 207

【注】甲骨文作 ，"見"之反文。見為前視，艮為後視也。金文（"限"所從），與甲骨文同。●讀根。《睡簡·封診 53》："艮本绝，鼻腔壞。"根本，疑即山根，鼻樑。一説指眉毛的根。《清華十一·五紀 26》："大角、天艮（根）、枭（本）角、駰、心、膺（津）、筭（箕）。"●卦名，《艮》卦象征抑止。《上博三·周易 48》："艮丌（其）伓（背），不獋（獲）丌（其）身。"

鞎 楚 曾侯 1　曾侯 62

【注】從革從攴艮聲，字應同於古書表示"輿前革"的"鞎"字。●讀鞎，古代車箱前面的皮制遮蔽物。《曾侯 62》："鞎（鞎），蠲銅貼，絲韌。"

很 秦 秦印 35

【注】從彳艮聲。●秦印"王很"，人名。

銀 秦 圖典 14

【注】從金艮聲。●秦封泥"采銀"，官名。

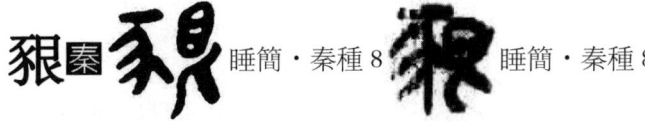狠 秦 睡簡·秦種 8　睡簡·秦種 8

【注】從豸艮聲，同"啃"。●秦簡讀墾。《睡簡·秦種 8》："入頃芻稾，以其受田之數，無狠（墾）不狠（墾），頃入芻三石、稾二石。"每頃田地應繳的芻（喂牲畜的草）稾（穀類植物的莖杆），按照所受田地的數量繳納，不論墾種與否，每頃繳芻三石，稾二石。

【注】從阝從艮，會視力被阻之意；艮兼聲。《説文》："𨽏，阻也。一曰門榍。從阝艮聲。"本義阻隔。引申為限定、限制。●限定、限制。《敔比盨》："復限余敔比田，其邑竸、㮚、甲三邑，州、瀘二邑。"郭沫若曰："'限余'當為限睑，言付以期限假借也。"（《兩周金文辭大系考釋》125頁）●人名。《智鼎》："以限訟于丼（邢）弔（叔）。"●門檻。《龍崗60》："馳道、弩道同門、橋及限。"

【注】從木艮聲。●讀墾。《睡簡·為吏63》："根（墾）田人（仞）邑。"●秦印人名。

痕 晉 珍戰124

【注】從广艮聲。●晉璽"右痕"，人名。

見紐眉聲

罙（麋）麋婦觚 楚 九店56·3 九店56·10 秦 龍崗33

【注】甲骨文作𤝖、𤝖，從禾眉聲，"麋"之初文，又作"稇"。《説文》："稇，絭束也。從禾困聲。苦本切。"段玉裁注："方言。稇、就也。注。稇稇，成就皃。廣韻作成熟。蓋禾熟而刈之。而絭束之。其義相因也。"甲骨文、金文可隸定為"罙"，後世作"麋"，從鹿是偏旁類化的結果。《説文》："麋，麕也。從鹿，困省聲。𪋿籀文不省。"許氏未見甲金文字，不知麋之來源，遂以借為本。且麕字後起，麋非麕之省文。案：眉，甲骨文作𤝖、𤝖，象鹿而無角，隸定為"眉"，與訓"籌筭"的眉字有別。典籍借"麋"為眉。初文像獐子，形狀像鹿而較小，沒有角。《本草圖經》："麕之類甚多，麋其總名也。"●讀麋，獐子。《九店56·3》："麋一。"《龍崗33》："鹿一、麀一、麋一、麕一、狐二。"●人名。《師害簋》："麋生智父師害☐中（仲）智。"

敗 亞敗鼎

【注】從攴眉聲，當為古"攈"字。《説文》："攈，拾也。從手麋聲。"●族氏名。《亞敗鼎》："亞敗。"

2026

見紐堇聲

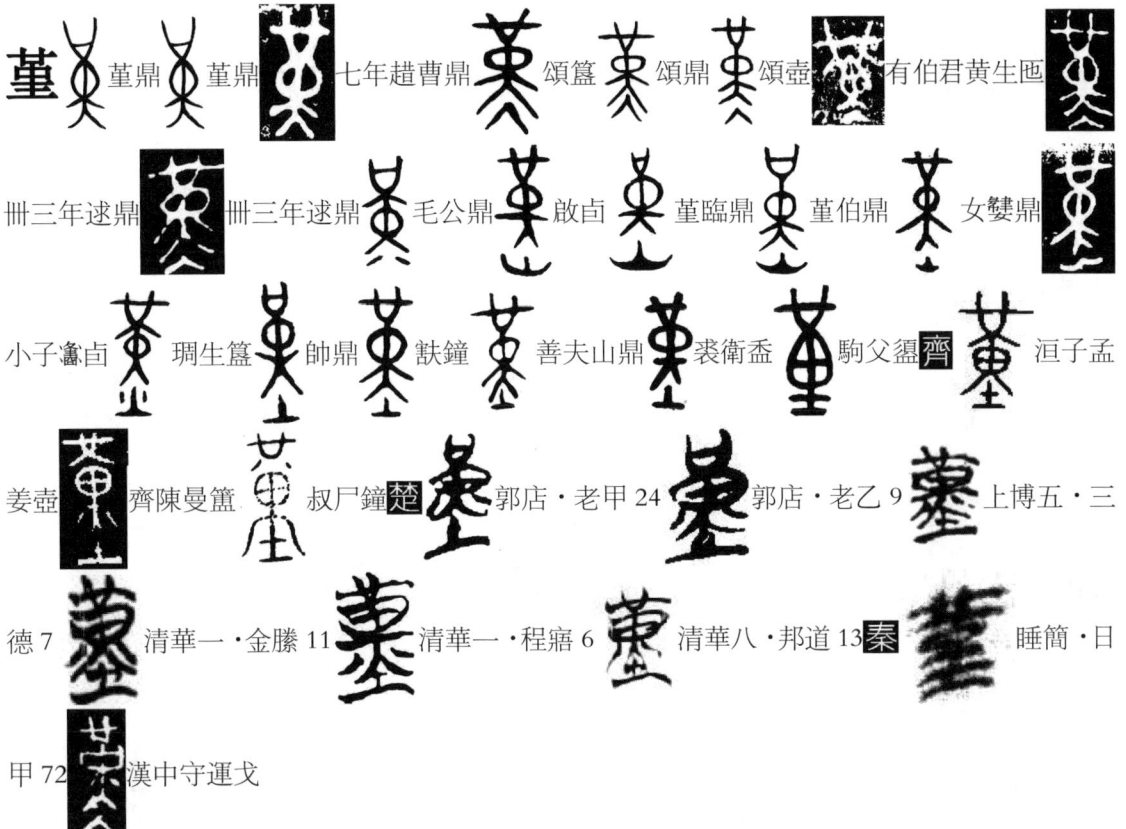

菫 堇鼎　堇鼎　七年趞曹鼎　頌簋　頌鼎　頌壺　有伯君黃生匜

冊三年逑鼎　冊三年逑鼎　毛公鼎　啟卣　堇臨鼎　堇伯鼎　女燮鼎

小子甕卣　珮生簋　帥鼎　鈇鐘　善夫山鼎　裘衛盉　駒父盨齊　洹子孟

姜壺　齊陳曼簠　叔尸鐘楚　郭店・老甲24　郭店・老乙9　上博五・三

德7　清華一・金縢11　清華一・程寤6　清華八・邦道13秦　睡簡・日

甲72　漢中守運戈

【注】甲骨文作𤎥、𤎥、𤎥。𤎥，從黑（指受墨刑之人），口為分別符號，表示受刑人之艱難。甲骨文或作𤎥，疊加意符火，字義更顯。金文同甲骨文，火形或訛為土形，字遂分化為堇、熯二字。金文、楚系文字堇、黃作偏旁時混淆，詳"堇""廣""難""漢"諸字。●讀瑾，美玉。《頌鼎》："頌拜稽首，受令，冊佩吕（以）出，反（返）入（納）堇（瑾）章（璋）。"●讀懂。懂，《廣韻》憂哀也。《洹子孟姜壺》："齊侯既遭（躋）洹子孟姜喪，其人民郜邑堇（懂）寠，無用從（縱）爾大樂。"●讀謹，嚴謹。《駒父盨蓋》："堇（謹）尸（夷）俗。"嚴格地保持南淮夷的禮瀆，指南淮夷向周室進貢的禮瀆。●讀勤，盡力。《鈇簋》："王肇（肇）通省文武，堇（勤）彊（疆）土。"●讀觀，觀見，朝見天子之禮。《燮鼎》："燮堇（觀）于王，癸日。"●堇伯：人名。《堇伯鼎》："堇白（伯）乍（作）肇（旅）隣彝。"●讀漢。《漢中守運戈》："六年，堇（漢）中守趞（運）造。"●"黃"之訛形。《七年趞曹鼎》："易（賜）趞曹截市、冋堇〈黃-衡〉。"●讀根。《郭店・老甲23》："天道員員，各復其堇（根）。"●《清華一・程寤6》："秋朗武威，如械柞亡堇。"堇：作盡講。《道德經・第六章》："穀神不死，是謂玄牝。玄牝之門，是謂天地之根。綿綿呵！其若存，用之不堇。"●讀勤，勤奮。《郭店・老乙9》："上士昏（聞）道，堇（勤）能行於其中。"●讀罐。《清華八・邦道13》："古（故）四坿（封）之审（中）亡（無）堇（艱）袋（勞）懂疠（病）之人。"●讀艱。《上博三・周易22》："九晶(三)：良馬由（逐），利堇(艱)貞。"

厘　秦印187

【注】從厂菫聲。●秦漢印人名。

 陶録 6・81

【注】從匚菫聲。●單字，應為人名。

 上博三・周易 48

【注】從目菫聲。●讀瞙。瞙，《玉篇》：“無昭切，音描。張目也。”《上博三・周易 48》：“艮丌（其）瞙，剟（列）丌（其）衛（胤），鬲（厲）同（痛）心。”“艮丌（其）瞙”猶言閉目，人盲目，故有危厲之事。

 陳竃散戈  陳竃車轄  璽彙 0289  陶彙 3・230

【注】從穴菫聲。或加心繁化。●齊文字人名。

 殳季良父壺  歸父盤  邿子姜首盤  叔尸鐘  曾侯與

編鐘 、、 驫鎛  郭店・緇衣  上博二・從甲 17　上博一・詩

論 3  上博一・詩論 27 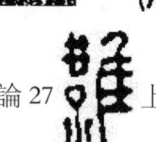 上博 39　清華六・孺子 4  清華七・子犯 5

 清華八・邦道 9 、　清華六・子產 8  包山 236  郭店・老甲 15

 郭店・老甲 14  清華八・攝命 6  清華八・攝命 8  清華十一・五紀 78

 中山王嚳鼎 、　秦印 71 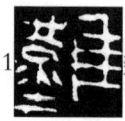 類編 119 、　印增 142

【注】《殳季良父壺》從鳥堇聲。《歸父盤》等從隹堇聲。《説文》："，䳂鳥也。𩿬古文䳂。𪆰古文䳂。𩿪古文䳂。𪆻䳂或從隹。"本義是一種鳥。因其從堇，故假借表示困難。典籍多用《説文》或體字"難"。●難、不易也。《殳季良父壺》："其萬年需冬（終）難老，子子孫孫是永寶。"《中山王𬺟鼎》："此易言而難行施（也）。"《詩·魯頌·泮水》："既飲旨酒，永錫難老。"《包山 236》："疾難瘥（瘥）以其古（故）敓（説）之。"楚文字或用"戁"表示難。●讀勤。《清華八·攝命 5》："難（勤）帯（祗）乃事。"

 **離**〔楚〕 郭店·語叢三 45

【注】從隹從壴，疑"難"之訛文。●讀難。《郭店·語叢三 45》："卵則離〈難〉毲（犯）也。"

戁〔齊〕 郳公敔父鎛 〔楚〕 郭店·六德 49　郭店·老丙 13　上博四·內禮

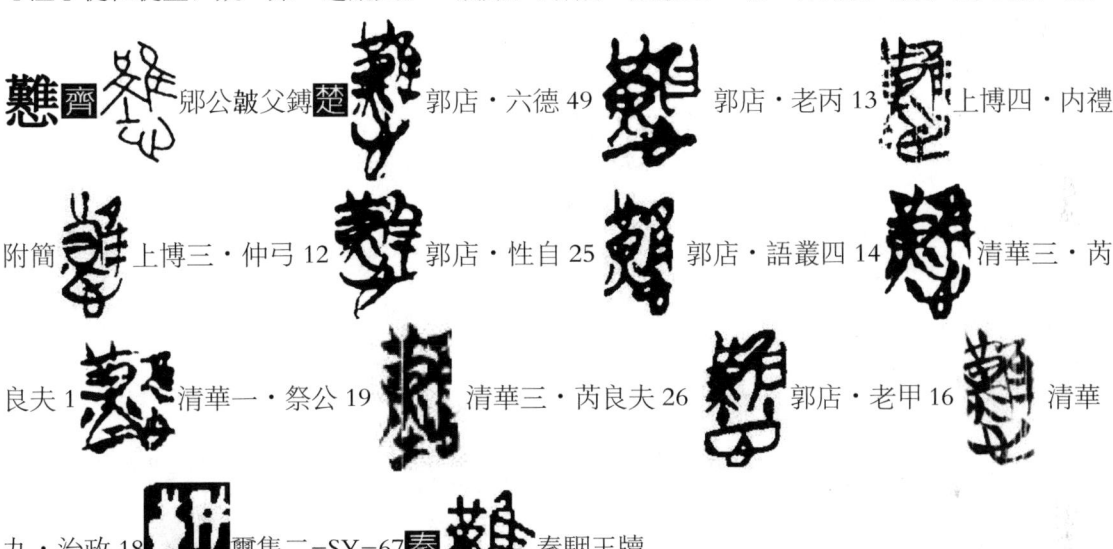

附簡 上博三·仲弓 12　郭店·性自 25　郭店·語叢四 14　清華三·芮

良夫 1　清華一·祭公 19　清華三·芮良夫 26　郭店·老甲 16　清華

九·治政 18　璽集二-SY-67　〔秦〕 秦駰玉牘

【注】從心難聲。《説文》："戁，敬也。"《詩·商頌》："不戁不悚。"段玉裁注："不戁不竦。傳曰。戁，恐。竦，懼也。敬則必恐懼。故傳説其引申之義。"●敬也。《郳公敔父鎛》："惕戁大命，保朕邦家，正和朕身。"●楚文字多讀難。《上博三·仲弓 12》："戁（難）目（以）內（納）柬（諫）。"《郭店·老甲 16》："戁（難）惕（易）之相成也。"●讀如本字。《爾雅·釋詁下》："戁，動也。"郭璞注："戁，搖動貌。"《郭店·性自 25》："聖（聽）𩐠（琴）𤚥（瑟）之聖（聲），則誘女（如）也斯戁。""戁"與"悸如"義近，故亦訓為心動。這是説聽到琴瑟之聲，就會心跳而搖盪。●讀歎。《郭店·性自 25》："戁（歎），思之方也。"《秦駰玉牘》："吾窘（窮）而無奈之可（何），永戁憂嫠。""永戁"即久為憂懼所困擾。

𤎩〔楚〕  者減鐘

【注】從火難聲，"然"之異文。古音"難"在泥紐元部，"狀"在日紐元部，音近相通。●皮𤎩：人名。《者減鐘》："工獻王皮𤎩之子者瀘自乍（作）鷀鐘。"

 鄂君啟舟節  新蔡甲三 268  上博一·詩論 11  清華二·繫年

12  安大一 15  圖典 128

【注】從水難聲。●讀漢，水名，即漢水。《鄂君啟舟節》："迲（上）灘（漢）。"●《上博一·詩論 11》"灘坓"讀"漢廣"，詩經篇名。

難 楚  伯夫人嬭鼎

【注】從肉難聲。●讀灘。《伯夫人嬭鼎》："歲在歓（涒）難（灘）。"《集韻》："太歲在申曰涒漢，亦作涒灘。"古代以干支紀年，太歲在申，稱為"涒灘"。

漢

耶 8·1555 于京 11

【注】《敬事天王鐘》作，從水難省聲，與小篆同。"灘"為"漢"之古字，二字通用無別。《集韻》："太歲在申曰涒漢，亦作涒灘。"是漢、灘通讀之證。《説文》："漢，漾也。東為滄浪水。從水，難省聲。古文。"古文作減，從減從大。減，激流，漢水大而激流，故從減從大會意。本義為水名，即漢水。●水名，即漢水。《敬事天王鐘》："江漢之陰陽。"●《于京 11》"漢中底印"，"底"即"邸"。漢中郡治南鄭，即今陝西漢中市。

懂 楚 郭店·緇衣 33 郭店·緇衣 6 郭店·窮達 2 清華八·邦道 13

【注】從心董聲。●讀謹。《郭店·緇衣 33》："則民慎於言而懂（謹）於行。"●當讀艱。《郭店·窮達 2》："句（苟）又（有）其殜（世），可（何）懂（艱）之又（有）才（哉）。"

謹 齊 司馬枿鎛 陶彙 3·953 燕 璽彙 1280 晉 璽彙 1266 璽彙

0983 璽彙 2667 璽彙 2006 秦 睡簡·封診 68 嶽麓一·為吏 43

秦印 43

【注】從言堇聲。●嚴謹、謹慎。《司馬楙鎛》："用克肇謹祐（先）王明祀。"《睡簡·封診 68》："診必先謹審視其迹。"●餘例多為人名。

【注】從攴堇聲，疑"攫"之異文。●讀勤。《清華八·邦道 13》："古（故）身母（毋）竆（慎）甚敻（勤），備（服）母（毋）諓（慎）甚娗（美）。"身體不珍惜而很勤勞，衣服無需珍惜卻很華美。●讀謹。《清華八·邦道 22》："敻（謹）途（路）室，塱（攝）沰（圮）梁。"該句意在表述為了"遠人至，商旅通"而施行的舉措。《上博一·緇衣 4》："敻（謹）惡目（以）䖆（御）民淫。"●《包山 133》："以舍会（陰）之敻客。"敻客，楚官名。似應讀謹。《荀子·王制》："易道路，謹盜賊。"楊倞注："謹，嚴禁也。""謹客"或是維護治安的臨時職務。

【注】從馬堇聲，"騹"之異文。●讀騹，良馬名。《郭店·窮達 10》："騹（騹）空（塞）於邵（枳）棽（棘），非亡體（體）壯也。"

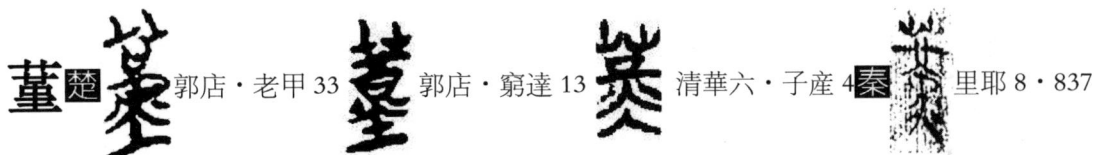

【注】從艸堇聲。●讀謹。《清華六·子產 4》："固身堇信。"●讀筋。《郭店·老甲 33》："骨溺（弱）堇（筋）柔（柔）而捉（握）固。"●讀瑾。《郭店·窮達 13》："無（瓀）茗（璐）堇（瑾）愈（瑜）釷（寶）山石……。"

【注】從金堇聲。●簡文"鏵戈"，疑讀鑒戈。鑒，《六書故》淬刀劍刃，使堅也。鑒戈，淬過火的堅硬鋒利之戈。

【注】從戈堇聲，疑"穜"之異文。●《包山 135》："吟（今）会（陰）之戠客不為其剸（斷）。"同"敻"，詳"敻"字。●《璽彙 0310》"東郊戠交"、《璽彙 0335》"鄣戠迵敻"，李家浩認為系誤書，本為敽字，贅加土旁。讀職。"職交"大約相當於《周禮·秋官司寇》中的"掌交"："掌以節與幣巡邦國之諸侯，及其萬民之所聚者。道王之德意志慮，使咸知王之好惡辟行之。使和諸侯之好，達萬民之說。"

勤 楚  清華六・孋子 7　　清華三・芮良夫 26　　清華三・琴舞 10 晉 中

山王鼎 中山王壺

【注】從力堇聲，與小篆同。《説文》："勤，勞也。"本義辛勞、努力。●辛勞、努力。《叔尸鎛》："堇（勤）㡭（勞）其政事。"●憂慮、操心。《中山王鼎》："昔者，虘（吾）先祖（祖）趄王，邵（昭）考成王，身勤社稷，行四方。"●讀覲，古代諸侯秋季朝見天子，勤勞王事。《中山王壺》："外之則酒（將）迎（使）堂（上）勤（覲）于天子之庿（廟），而退與者（諸）侯齒㝱（長）于迶（會）同。"●《清華六・孋子 7》："執（藝）豎（豎）、卑御、勤力、弽（射）馭（馭）、娩（嬓）妠（姹）之臣。"勤力，做體力活的奴僕。●讀艱。《清華三・芮良夫 26》："民多勤(艱)戁(難)，我心不快。"

懃 楚  清華八・攝命 15

【注】從心勤聲。●同"勤"，訓勞訓憂。《清華八・攝命 15》："亦鬼（畏）蒦（獲）懃朕心。"

蓮 楚  清華六・管仲 17　　清華六・管仲 24

【注】從辵堇聲。●讀勤。《清華六・管仲 17》："湯之行正（政）而蓮（勤）事也。"●讀謹。《清華六・管仲 24》："唇（蠢）童（動）蓮（謹）畏，叚（假）龍（寵）以方（放）。""蠢動謹畏"，始動之時貌作謹畏。

縺 楚  仰天 13　　包山 259　　包山 259

【注】從糸堇聲。●讀巾。《包山 259》："一縺（巾）箁，六縺（巾）。"

鞤 楚 包山牘 1　　包山 186　　包山 273

【注】從革堇聲，"靳"之異文。●讀鞎。《包山牘 1》："鞦（鞦）牛之革鞤。"簡文或作"鞤"。

韇 楚 包山 271

【注】從韋堇聲。●讀鞎，古代車箱前面的皮制遮蔽物。《包山 271》："一椉（乘）正車：鞦（鞦）

牛之革韄（鞎）。"《說文》車革前曰鞎。《爾雅·釋器》輿革前謂之鞎。《疏》李巡曰：輿前以革
為車飾曰鞎。

饉  匋壺

【注】從食堇聲，與小篆同。《說文》："饉，蔬不孰為饉。"《廣韻》："無穀曰饑，無菜曰饉。"
本義饑饉。●饑荒、五穀不收也。《匋鼎》："嘗饉歲。"《詩·小雅·雨無正》："降喪饑饉。"毛
傳："蔬不熟曰饉。"

癏 楚  包山 174  包山 175  包山 13

【注】從疒堇聲。●均為人名。

囏（艱）

 不娶簋

【注】從喜堇聲，"艱"字籀文。甲骨文作、、，從堇從壴，堇、壴（壴是鼓之初文，與
艱同屬牙音見紐）雙聲，金文沿用此形。或謂甲骨文，是某的增繁字，壴為疊加之聲符。甲
骨文或作、、、、、，從卩、女壴聲，疑為"艱"異文，甲骨文或讀艱。《說文》："囏，
土難治也。從堇艮聲。囏籀文艱從喜。"許慎所訓，非本義。卜辭和銘文多用為困厄、禍害等義。
●讀艱，厄、禍害。《毛公鼎》："俗（欲）女（汝）弗叚（以）乃辟圅（陷）于囏（艱）。"《叔
尸鎛》："女（汝）尃余于囏恤，虔恤不易，左右余一人。"艱恤，即環境的艱危憂患。《清華十·四
告 32》："用臂（乂）庶囏（艱）。"

僅 齊 璽彙 3690

【注】從人堇聲。●齊璽"僅屯資鈢"，疑讀勤，姓氏。

鄞 齊 璽彙 0355

【注】從邑堇聲。●"鄞鄱市鈽（鑵）"，地名。

槿 楚  上博七·凡甲 1 上博七·凡乙 1 上博二·容成 45

【注】從木堇聲。●讀淫。《上博二·容成45》："專夜以為槿（淫），不聽其邦之政。"●讀根。《上博七·凡甲1》："既枀（本）既槿（根），柰（奚）遂（後）之柰（奚）先？"

溪紐困聲

困 晉 [圖] 分研316 秦 [圖] 睡簡·日甲115 [圖] 睡簡·為吏15 [圖] 秦陶1483

【注】會意字。《説文》："困，廩之圜者。從禾在口中。圜謂之困，方謂之京。去倫切。"●晉璽"困石闕"，"困石"為複姓。《姓氏詞典》引《姓譜》收載，其注云："系指困為姓。困，古代一種圓形的穀倉。"●《睡簡·日甲84正》："利入禾粟及為困倉。"困倉：圓形穀倉。

菌 秦 [圖] 里耶8·459 [圖] 里耶8·2371

【注】從艸困聲。亦見於馬王堆帛書作[圖]（帛編22）●《里耶8·1221》"菌桂"，藥名。"菌桂"常見於醫藥文獻中，具有"養精神、和顏色"的功效，常用為藥引，也可用於治療心痛病症。●《里耶8·459》"求菌叚（假）倉"，表示事務+官職（假倉嗇夫）的結構。大概是倉之下分些人手去"求菌"，並任命倉嗇夫的一個下屬作為首領，即"求菌叚倉"。

溪紐困聲

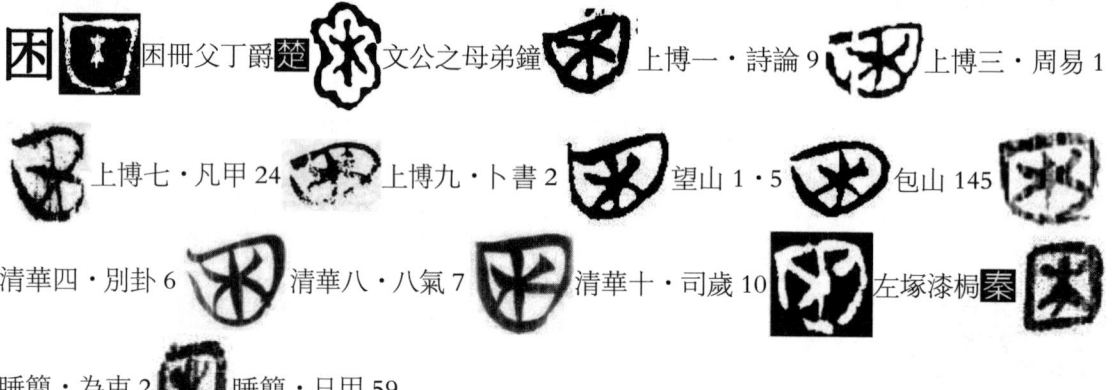

困 [圖] 困冊父丁爵 楚 [圖] 文公之母弟鐘 [圖] 上博一·詩論9 [圖] 上博三·周易1

[圖] 上博七·凡甲24 [圖] 上博九·卜書2 [圖] 望山1·5 [圖] 包山145 [圖]

清華四·別卦6 [圖] 清華八·八氣7 [圖] 清華十·司歲10 [圖] 左塚漆桓 秦 [圖]

睡簡·為吏2 [圖] 睡簡·日甲59

【注】甲骨文作[圖]、[圖]，從口（表示門四框）從木，會立于門中木橛（作用是限制門的轉動）之意。金文承之。《説文》："[圖]，故廬也。從木在口中。柰古文困。"本義當為止門之木橛。引申指艱難、圍困。●艱難、困苦。《睡簡·為吏2》："孤寡窮困。"●困守。《文公之母弟鐘》："用匽（宴）樂者（諸）父兄弟，余不敢困逖。"●讀閫，門檻、門限。《睡簡·日甲111背》："行到邦門困（閫）。"●包山簡人名。●《清華四·別卦6》為卦名。秦簡作"困"，上博簡作"困"。困、困同為文部溪紐，可通。

頤（頤） 晉 [圖] 圖典313

【注】從頁困聲。與"顤"當為一字。● "䫴顤"，人名。

疑紐狀聲

 陶徵 151

【注】金文僅見於偏旁（獄鼎），從二犬，會二犬相鬥之意。戰國文字二犬相對變為相向之形。● 齊陶"丘狀"，地名。

 清華六‧子儀 11

【注】從狀從困，雙聲字。"困"是累加的聲符。此字當即"狀"之繁構。● 讀狀或讀狋。《説文》："狀，兩犬相齧也。從二犬。"《説文》："狋，犬張齗怒也。從犬來聲，讀又若銀。魚僅切。"《清華六‧子儀 11》："辟（譬）之女（如）兩犬鯀（梴、擅）河，𣪘（啜）而𤜯（狀），敳（豈）愧（畏）不足？"就象兩隻犬都想獨占河水，邊飲水邊互相撕咬，并不是害怕河水少喝不足，只是天性使然。

 璽彙 3217　王孫霖臣

【注】從雨狀聲。● 楚文字均為人名。

印紐狋聲

督（齧）南公有司鼎　狋卣　狋尊楚　包山 16

【注】從臼（金文、戰國文字齒常作臼形）狋聲，當為"齧"之省文。《説文》："狋，犬張齗怒也。從犬來聲，讀又若銀。魚僅切。"● 銘文中均用為人名。《南公有司鼎》："南公有嗣（司）督乍（作）障鼎。"● 讀狋。《包山 16》："不督新佐迁尹。"不狋，不服。《詩‧小雅》："不狋遺一老。"《箋》心不欲而自彊之辭。

懟楚清華三‧芮良夫 15　清華二‧繫年 45

【注】從心督聲。● 讀懟，《説文‧心部》："懟……一曰説也。"《文心雕龍‧論説》："説者，悦也。"《清華三‧芮良夫 15》："萬民具（俱）懟（懟）。"

愍 楚 包山15反　　包山194　　上博九·靈王1

【注】從心敕聲。●服也。《包山15反》："新佶辻尹不為其譔（察），不愍。"他不服（不愍）新造尹之斷。簡文或作"憝"。《上博九·靈王1》："需（靈）王既立，申賽（息）不愍。"

滕 楚 包山172

【注】從肉敕聲。●人名。

端紐典聲

典 弔父丁觶　　佣生簋　佣生簋　佣生簋　佣生簋　琱生簋　

琱生簋　榮作周公簋　克盨 齊　（　）陳侯因資錞　郜子姜首盤

楚 包山11　包山3　清華八·處位2　清華六·子儀3　清華

五·厚父6　清華九·成人16　清華九·成人3　清華九·成人7 秦

秦編704　、　秦集一·五·3

【注】甲骨文作、、、、、、、、、，從冊從廾（或增從二，薦物之器也），象雙手奉典之形，會典籍之意。金文同甲骨文，多從冊從丌（丌者，一變為二，變為丌，其迹可尋，殆由平墊漸變為有足者）。《陳侯因資錞》二豎筆增飾，《叔尸鎛》豎筆飾點又演變為竹形（《說文》以此形為古文）。《說文》："册，五帝之書也。從冊在丌上，尊閣之也。莊都說，典，大冊也。典古文典從竹。"本義為典範的重要書籍。●常道、常濾。《陳侯因資錞》："茝（世）萬子孫、永為典尚（常）。"●契約文書。《六年琱生簋》："余目（以）邑訊有嗣（司），余典勿敢封。"●記錄、登錄。《佣生簋》："鑄保毁，用典格白（伯）田。"用以記錄格伯所予的田地。●讀腆。《說文》："腆，設膳腆腆多也。"《方言》："腆，厚也。"在此引申為增益。《膳夫克盨》："王令尹氏友、史趂，典善（膳）夫克田、人。"典善（膳）夫克田人，即增賜善夫克田和人。金文冊授均不用典，故此當為增賜之義。●《秦集一·五·3》"典達"，當為官名。典達，未見文獻記載。按典，乃主其事之意，如《周禮·春官》之典命、典祀、典瑞之類。典達，或為管理郵傳一類

的機構及職官。

篪 齊 䒬 叔尸鎛 楚 籛 清華一・尹至2

【注】從竹典聲。"典"之古文。●讀典，文獻、典籍。《清華一・尹至2》："隹（惟）戠（災）：蠡（虐）悳（德）、瘤（暴）躪、亡籛（典）。"●讀典，法也。《叔尸鎛》："尸籛其先舊。"

端紐屒聲

屒（屎）史密簋　永盂　師袁簋　師袁簋 秦 睡簡・日甲
119

【字形】屒，《集韻》或作脪、臋、臀，俗作"屎"。甲骨文作 、 ，下一點為指事符號，表示臋部（其類若"玄"之作 ，"身"之作 ，"肘"之作 ）。後 訛為 ，並增之丌，遂為篆文"屒"所本。金文為形聲字，從尸自聲。劉釗先生指出"屎"的演變軌迹是： → → → （曾侯乙墓楚簡）。（《談史密簋銘文中的"屒"字》）睡虎地秦簡"屎"作 、"殿"作 。 、 所從 即"典"。秦簡"屎""殿"寫作從典聲是將金文所從的 、 改成形體有關係的"典"以充當聲符。"典"在字中用作聲符，古音"屎（殿）"在定紐文部，"典"在端紐文部音極近。《說文》："屒，髀也。從尸下丌居几。臣鉉等曰：丌、几皆所以屒止也。 屒或從骨釱聲。 屒或從肉、隼。"本義是臋部。●讀殿，軍在後曰殿。《師袁簋》："今余肇（肇）令女（汝）達（率）齊市（師），曩、㸱、㯟屒左右虎臣，正（征）淮尸（夷）。"●部族名。《史密簋》："史密父率族人釐白（伯）、㯟、屒周伐長必，獲百人。"

屎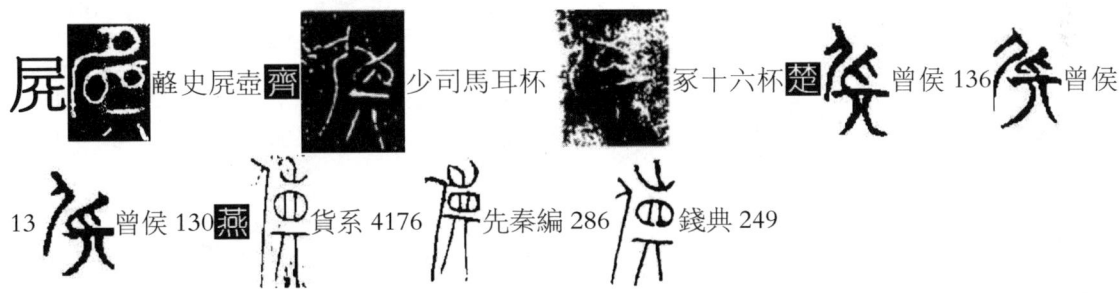離史屎壺 齊 少司馬耳杯　冢十六杯 楚 曾侯136　曾侯
13 曾侯130 燕 貨系4176　先秦編286　錢典249

【注】從丌從屒，屒亦聲；臋為上體之下基，故從丌。古文字"自"或作 ，幣文 是由 訛變而來。小篆訛為屎。●金文人名。●讀殿。簡文"大屎"，車名，或作 。在簡文中與"斾"相對，當讀為指殿后的兵車的"殿"。《左傳》襄公二十三年有"大殿"，杜預注："大殿，後軍。"●燕尾布及齊耳杯"屎"皆讀錘，為重量單位，一錘等於八銖。《少司馬耳杯》："鈇大式益，冢（重）參十屎。"楚文字中皆用"㐀"為"錘"。

輓楚 曾侯149　曾侯150

【注】從車屎省聲。●讀殿。詳"屎"字。

殿 秦  睡簡・雜抄 10　　　　睡簡・雜抄 20　　　　睡簡・封診 83

【注】從殳屍聲。●在最後。《睡簡・雜抄 17》：“省三歲比殿，貲工師二甲。”比殿，連續評為下等。●讀純，衣物邊飾。《睡簡・封診 82》：“繒五尺緣及殿（純）。”

䰜　　殿鼎

【注】《新收》1446 號有字，張新俊釋為“殿”字。(《殷墟甲骨文“臀”字補論》)上部為“殿”，從殳屍聲；下部為“屯”，為迭加之聲符，隸定為“䰜”，可視為“殿”字異構。秦系文字睡虎地秦簡“殿”作，聲符“屍”迭加“典”為音符。●人名。《殿鼎》：“王令𤔲易䰜（殿）大具。”

端紐屯聲

屯　　　伯姜鼎　　　屯鼎　　　邢人妾鐘　　　虎簋蓋　　　小克鼎　　　此簋　　　𪊨伯

師耤簋　　　冊三年逑鼎　　　亥之屯量器 齊　　　叔尸鐘　　　錢典 1194 楚　　　鄂君啟

舟節　　　郭店・老甲 9　　　郭店・緇衣 1　　　包山 147　　　曾侯 14　　　上博六・天

甲 4　　　上博六・天甲 4　　　清華三・赤鳩 8　　　清華六・子產 18　　　清華四・筮法

2　　　清華四・筮法 43　　　清華五・三壽 22　　　清華十・四告 6　　　清華十一・五

紀 95　　　左塚漆梮 晉　　　令狐君壺　　　先秦編 611　　　貨系 1676　　　貨系

4046　　　貨系 4045　　　三晉 93　　　、　、　三晉 94　　　錢典 59 秦　　　屯留戈

、　秦印 8

【注】甲骨文作 𣎳、𣎳、𣎳、𣎳、𣎳、𣎳、𣎳、𣎳 等形，象破土而出之嫩芽，有花苞與葉形。花苞或填實或作輪廓。甲骨卜辭有把"春"寫作"屯"的，如"今屯受年"。金文大多同甲骨文。上部之 𐆊 或變為 一、●。戰國文字承襲金文，或省作 𣎳，或收縮弧筆 𣎳，或下加飾筆作 𣎳，或彎曲橫向弧筆作 𣎳、𣎳（詳"春"字所從）。●金文多讀純，厚也、大也。金文習語"純魯""純祐""永純""純祿""純魯"等均為祈福語。●讀純，緣也。《頌鼎》："易（賜）女（汝）玄衣黹屯（純）、赤市。"金文習見"玄衣黹純"。●動詞，聚也、合也。《鄂君啟舟節》："屯三舟為一航，五十航，歲䨏（一）返。"●人名。見于《屯鼎》《屯作兄辛卣》等。●讀純，單一、純粹。《牆盤》："害（黹）屖（遲）文考乙公，遽趚得屯（純），無諫農嗇（穡），戉䰜隹（唯）辟。"得純，即得全，所得到的完整而美好。《師望鼎》："用辟于先王，旻（得）屯（純）亡敃。"典籍或言"得全"。《漢書·枚乘傳》："臣聞得全者全昌，失全者全亡。"與器銘"得純亡敃"句例相同。戰國文字亦多讀純。●三晉錢幣多見"屯留"，為地名。●讀純，全、都。《清華三·芮良夫25》："民亦又（有）言曰：愳（謀）亡（無）少（小）大，而器不再（在）利；屯可與忞（願），而鮮可與惟。"●讀頓，安置、措置。《郭店·緇衣1》："好媺（美）如好緇衣，惡惡如惡巷伯，則民咸放（力）而刑不屯（頓）。"●讀敦。《郭店·老甲9》："屯（敦）唬（乎）亓（其）奴（如）㯱（樸），坉（混）唬（乎）亓（其）奴（如）濁。"帛本乙231上作"沌"，王本作"敦"。●《曾侯2》"屯璗（纏）組之綏"，讀皆，相當於現代漢語的"全都是""都是"。《考工記·玉人》："諸侯純九，大夫純五。"鄭注："純猶皆也。"《墨子·節用上》"若純三年而字子"，孫詒讓《墨子間詁》亦引《周禮》鄭注訓純為皆。

沌 楚  安大一 79

【注】從水屯聲。●讀湏。《安大一79》："今牀（將）至者（諸）河之沌（湏）可（兮）。"《毛詩》作"寘之河之湏兮"。上古音"湏"屬船母文部，"沌"屬定母文部，二字近可通。毛傳："湏，厓也。"

屯 楚  清華一·楚居4　清華一·楚居5　上博八·成王12

【注】從宀屯聲。●讀混。《上博八·成王12》："道大才（哉）! 屯（混）虖=（乎! 吾）欲墾之，不果，以進則遏（傷）焉。"●讀陵。《清華一·楚居4》"枣屯"，地名。李家浩先生有文章考釋認為應該讀"夷陵"，指代楚都"安陽"。

戠 楚  清華十·四告2

【注】從戈屯聲。●讀蠢。（蔣玉斌《釋甲骨金文的"蠢"兼論相關問題》）《清華十·四告1》："龃（旦）隹（惟）之，又（有）殷競戠（蠢）不若，㑞（竭）瀙（失）天命。"

伅 晉 𬤊 璽彙 3314

【注】從人屯聲。●晉璽"伅身"姓氏，讀屯。

庌 秦  秦編 1477

【注】從广屯聲。● "庌里"，里名。

忳 齊  陶彙 3 · 793  璽彙 3576

【注】從心屯聲。●齊陶、齊璽均為人名。

頓 秦  秦印 174

【注】從頁屯聲。●秦印 "南頓丞印"。《漢志》汝南郡有南頓縣，"故頓子國，姬姓"。南頓縣秦約屬陳郡，今在河南省項城縣西。

独 晉  陶彙 6 · 117  陶彙 6 · 151  類編 333

【注】從犬屯聲。●均為人名。

芚 楚  包山 203

【注】從艸屯聲。●讀春。簡文 "鄎公子芚（春）"，人名。

膚 齊  璽彙 2415  璽彙 5447 楚 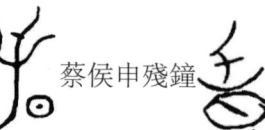 蔡侯申殘鐘 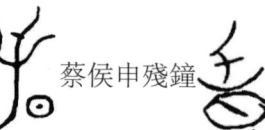 壽春鼎  帛書甲

 帛書丙  郭店·語叢一 40  郭店·語叢三 20  郭店·六德 25  清

華十·四時 7  清華十·四時 42 清華十一·五紀 43  清華十一·五紀 49

清華四·筮法 30 晉  春成左庫戈  二年邦司寇趙春鈹  四年相邦春平侯劍

 春成侯鐘  二十五年陽春嗇夫雍戈 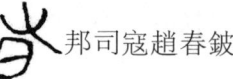 四年春平相邦鈹 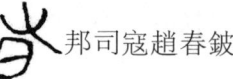 邦司寇趙春鈹

璽彙 0005 湖南 24 秦 睡簡・日乙 202

【注】從日屯聲。《郭店・語叢三 20》上部變得與“中”混同。●古文字均讀春，多用為季節名。齊系文字、三晉文字用“旾”表示春，楚系文字用“旾”“芚”“萅”表示春。秦文字用“萅”；或從日從奉作𣌾（睡簡・日乙 252），春天草木豐茂之意。●讀純。《湖南 24》“旾狐㿉”，“旾狐”讀“純狐”，複姓。《姓觿》（平聲十一真）“純狐”氏條下謂：“《國名紀》云，古有純狐國，後羿妻純狐氏是也。”

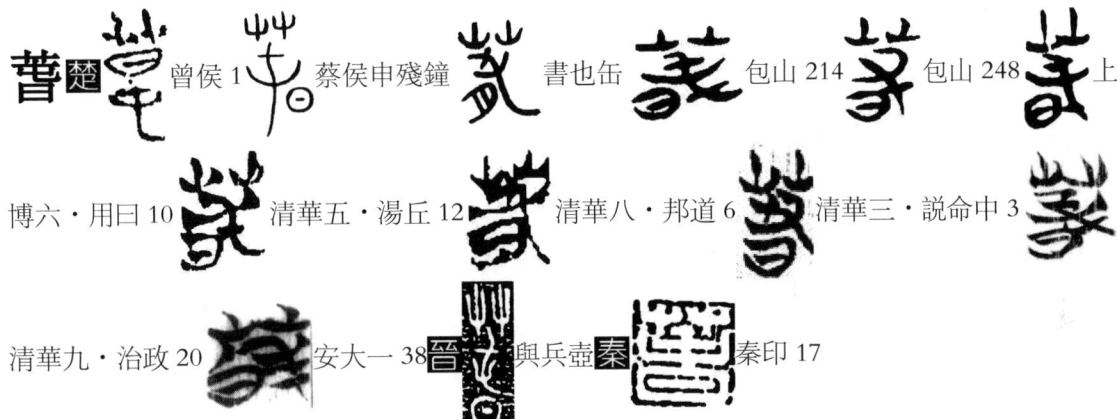

萅 楚 曾侯 1 蔡侯申殘鐘 書也缶 包山 214 包山 248 上博六・用曰 10 清華五・湯丘 12 清華八・邦道 6 清華三・説命中 3 清華九・治政 20 安大一 38 晉 與兵壺 秦 秦印 17

【注】甲骨文作𦯚、𦯚、𦯚、𦯚、𦯚、𦯚、𦯚、𦯚、𦯚、𦯚、𦯚、𦯚等形，從日從草從屯（“屯”是“春”的最早的寫瀀，指草木萌芽，屯兼聲（詳“屯”），會草木萌動、春回大地之意。金文從艸旾聲。從日或改為從月。●均讀春，多用為季節名。《與兵壺》：“丕敕萅秋歲棠（嘗）。”●秦印“宜萅禁苑”，“宜萅”為地名。●讀蠢。《清華三・説命中 3》：“古我先王滅頣（夏）、燮郢（强）、𢦔（翦）萅（蠢）邦，惟庶相之力乘（勝）。”●光陰、歲月。《郭店・語叢三 20》：“萅秋亡不以其生也亡耳。”●泛指四時。《上博六・用曰 10》：“萅秋還逋（轉），而詻既返（及）。”●古編年體史書名。《郭店・六德 25》：“雚（觀）者（諸）易、萅秋則亦才（在）壴（矣）。”

䌨 楚 仰天 6

【注】從糸萅聲，“純”之異文。●簡文“絵（錦）䌨”讀純，衣服鑲邊。

肫 、曾侯臘鐘

【注】從肉屯聲。●讀純。《曾侯臘鐘》：“其肫（純）德降余，萬世是尚。”

坉 楚 郭店・老甲 9 燕 璽彙 3497

【注】從土屯聲。土旁或作立、上或增從木，可參考“社”字。●讀混。《郭店・老甲 9》：“屯

（敦）唬（乎）亓（其）奴（如）樸，坉（混）唬（乎）亓（其）奴（如）濁。"帛本甲120、乙231上作"涽"。王本、傅奕本作"混"。亦可讀純、沌，這也是先秦通常用來形容道的詞。●燕璽人名。

窀 ^楚 包山58　包山157　包山183

【注】從宀坉聲，"宨"之異文。●地名。《包山58》："宣王之窀州人苛矍。"

鈍 ^楚 上博九·陳公13 ^晉 璽彙2324

【注】從金屯聲。●晉璽人名。●讀錞。《上博九·陳公13》："鈍釪目（以）右。"錞于，樂器名。《集韻》："釪通于。"

邨 ^楚 包山166　包山179　清華二·繫年30 ^晉 三十四年

頓丘令戈　頓丘令麜酉戟

【注】從邑屯聲，與小篆同。《説文》："邨，地名。從邑屯聲。"本義為地名。俗作"村"，《增韻》："聚落也。字從邑從屯。經史無村字，俗通用。"●讀頓。《三十四年頓丘令戈》："邨（頓）丘命（令）蠻。"頓丘，地名，《詩·衛風·氓》："送子涉淇，至于頓丘。"在今河南浚縣西北。《清華二·繫年30》："女（焉）取邨（頓）以贅（恐）陳侯。"●包山簡人名。

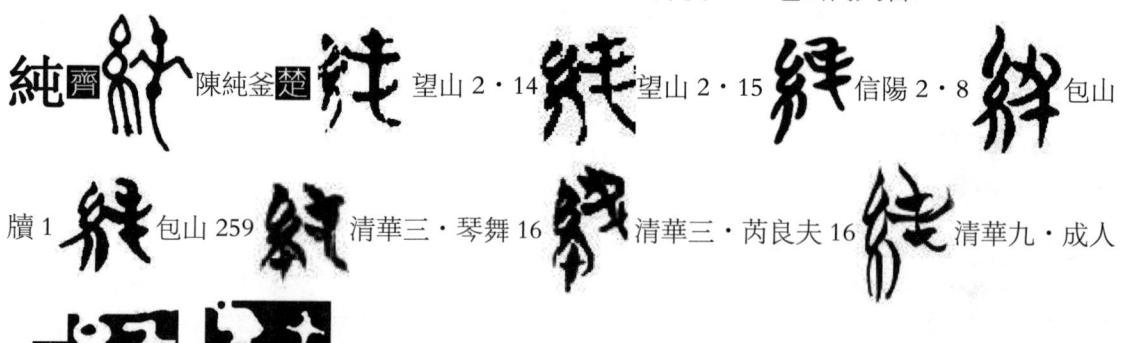

純 ^齊 陳純釜 ^楚 望山2·14　望山2·15　信陽2·8　包山

牘1　包山259　清華三·琴舞16　清華三·芮良夫16　清華九·成人

28 ^秦 、　秦印252

【注】早期金文以"屯"為"純"。戰國文字《陳純釜》中始見"純"，從糸屯聲。楚簡中加了意符"糸"的"純"字多表緣邊義，而訓為"皆"的"純"則仍寫作"屯"。戰國時期"純"仍與"屯"同音。後世漸漸分化為二字，"純"音變讀禪母。《説文》："純，絲也。從糸屯聲。《論語》曰：'今也純，儉。'"本義為束絲。《戰國策·秦策》："錦繡千純。"高誘注："純，束也。"《史記·張儀列傳》："乃以文繡千純。"司馬貞索隱："凡絲綿布帛等一段謂一純。"引申為單純、純淨、熟練、精通等義。●人、厚。《叔厂鎛》："余用弄（登）屯（純）厚乃命。""純厚"乃厚

上加厚。金文另有習語純祿、純佑、純嘏、純魯、純德等，詞義類似，皆言福、祿、德厚重之意。●衣服鑲邊。《信陽 2·8》："羍（驊）綿（緩）之純。"楚文字或作"**紽**"，中山文字作"**紽**"。●專一。《清華三·琴舞 16》："德非墮（惰）帀（斯），純隹（惟）敬帀（斯）；文非敷（陳）帀（斯），不䫟（墜）卣（修）彥（彦）。"●人名。《陳純釜》："敦者曰墮（陳）純。"

 中山王嚳壺

【注】從束屯聲，"純"之異文。●讀純，大、厚。《中山王嚳壺》："是又（有）純（純）惪（德）遺忎（訓）。"

帆 師道簋

【注】從巾屯聲，"純"之異文。●讀純，衣服鑲邊。《頌鼎》："玄衣黹帆（純）。"黹純，即繡緣。

秕 曾侯 65

【注】從市屯聲，"純"之異文。●讀純。《曾侯 65》："紫裏，紫䋿之秕。"

刔 上博一·緇衣 1

【注】從刀屯聲。●讀陳。《上博一·緇衣 1》："則民咸扐（服）而型不刔（陳）。"傳世本作"試"。"刑不刔"即"刑不陳"，刑罰不用展示出來，與傳世本"刑不試"的意義也相近。"刔"從屯得聲，與"陳"古音皆屬定紐，聲音相近可假借，與"試"意義相近可換用。郭店簡作"屯"，或可讀頓，訓為"置"。

迍 上博九·靈王 4

【注】從辵屯聲。●疑讀諄。《上博九·靈王 4》："城（成）公懼其又取安（焉），而迍（諄）之。"《說文》："諄，告曉之也。"

透紐春聲

 春 戰編 39、 印封 77 睡簡·日甲 143 睡簡·日乙

 252 睡簡・日乙 202

【注】從日從奉，春天草木豐茂之意。●季節名。齊系文字、三晉文字用"旾"表示春，楚系文字用"旾""芚""萅"表示春。秦文字或用"萅"表示春。●秦封泥"宜春鄉印"，"宜春"為地名。

蠢（蠢） 秦 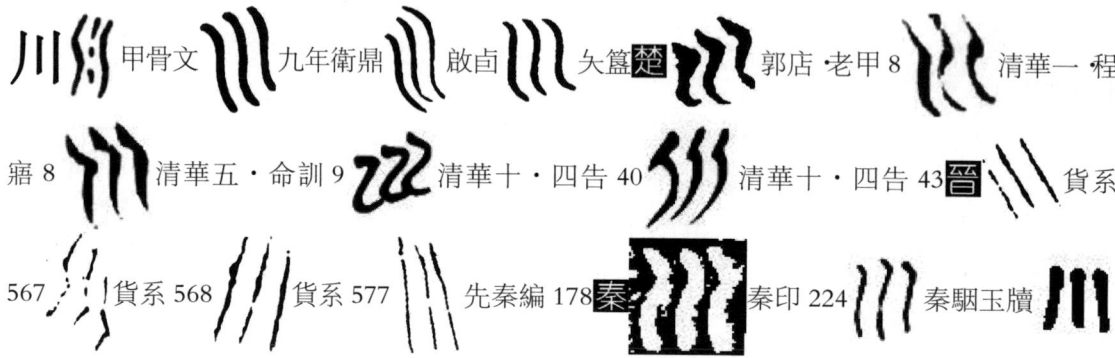 睡簡・日甲 47

【注】從虫春聲，"蠢"之異文。●讀鬓，脱落的頭髮。《睡簡・日甲 47》："鳥獸恒鳴人之室，燔蠢（鬓）及六畜毛邋（鬣）其所止，則止矣。"

透紐川聲

川 甲骨文 九年衛鼎 啟卣 矢簋 楚 郭店・老甲 8 清華一・程寤 8 清華五・命訓 9 清華十・四告 40 清華十・四告 43 晉 貨系 567 貨系 568 貨系 577 先秦編 178 秦 秦印 224 秦駰玉牘

秦駰玉牘

【注】甲骨文作𝌆、𝌆、𝌆，象河水有波浪之形。金文小篆綫條化，從三く，實際仍同甲骨文。●河流、河川。《九年衛鼎》："余執龏（恭）王恤（恤）工（功），于邵（昭）大室東逆（朔），焚（營）二川。""營二川"即營治兩條河流。●讀甽（畎），指山下肥沃濕潤的土地。《大簋》："易（賜）土：厽（厥）川三百☐。"●讀順。《清華一・程寤 8》："思（使）卑順（柔）和川（順），眚（生）民不芇（災）。"●《秦印 224》"四川輕車"，郡名。四川郡之得名，或因其境内有淮、沭、沂、泗等四水之故，後則因有泗水作泗水郡。與此相類者秦有參川郡，以其轄境内有伊、洛、河三水而得名；潁川郡有潁水得名。

 獣父乙盉

【注】從犬川聲，或釋為汱。●人名。

 清華一・楚居 1 上博九・舉治 30 上博九・舉治 31

【注】從水川聲。●地名。《清華一·楚居1》：“逆上泖水，見盤庚之子，尻（處）于方山”●讀川。《上博九·舉治31》：“百泖（川）既道（導）。”

順  何尊 楚 越王者旨於賜鐘 秦 會稽刻石 秦印174 睡

簡·日甲3

【注】甲骨文作 ，從頁川聲。《何尊》同甲骨文。秦文字用“順”表示順，楚文字多用“訓”“愻”“川”表示順，齊璽“愻”字常見，可能是順字異體。三晉文字用“巡”“愻”表示順。《説文》：“ ，理也。從頁從巛。”川當為聲。●讀訓，教誨、開導。《何尊》：“董王恭（恭）德谷（裕）天，順我不每（敏）。”古書中，訓、順多通用。《管子·牧民》：“順民之經，在明鬼神，祗山川，敬宗廟，恭祖舊。”俞樾《諸子平議》：“順當讀為訓。”順從、依順。《越王者旨于賜鐘》：“凤莫（暮）不貢（戒），順余子孫。”《荀子·王制》：“順州里，定廛宅。”楊倞注：“使之和順。”●秦印人名。

巆 啟卣 川 啟卣 虎簋蓋

【注】從竟從川，雙聲字。●讀順，臨近、沿水的意思。《啟卣》：“王出獸南山，寴逦山谷，至于上侯，巆（順）川上。”●疑讀紃。《虎簋蓋》：“易（賜）女（汝）載市、幽黄、玄衣、巆屯（純）、綫（鑾）旂五日。”紃，《説文》圜采也。段玉裁注：“圜采以采緯辮之。其體圜也。”玄衣巆屯（純），是指在衣緣之縫中飾有以彩色絲緯辮成的緯條的玄色衣服。（王輝《商周金文》126頁）

讃 毛公旅鼎

【注】從言巆聲。●讀順，順從、依順。《毛公旅鼎》：“肆（肆）母（毋）又（有）弗讃（順），是用壽考。”

帅 效卣 效尊

【注】從步川聲。● ，《金文編》742頁隸于“瀕”字下，《漢語大字典》縮印本681頁收入“涉”字下，現在或從“涉”釋而讀世或讀嫡。當讀順。《效卣》：“公易（賜）乐（厥）帅子效王休貝廿朋。”郭沫若認為，是“巡”之古文，假為“順”，“順子”即孝順之子。

川顗 婤簋 榮作周公簋 顗事鬲 馱簋 楚 唐子仲顗兒匜 唐

子仲顗兒盤

【注】從頁𣥴聲。上述諸字舊多釋為"瀕"。"𣥴"與"涉"有別。"涉"甲骨文金文、石鼓文、楚帛書、郭店楚簡、包山楚簡其最明顯的特徵就是兩個"止"形分佈在水形的兩邊，《説文》中從涉之字都是這種特徵，如𤄷、𤅪、𩏬等。故𩠐、𤅪、𤅪、𢖻等數形舊多釋為"瀕"者，存疑。陳英傑謂均從川得聲，釋為"巡"，讀順。（《金文"順"字説略》）●《猷簋》："其𩠐才（在）帝廷陟降。"陳英傑讀順，應解為"不逆""不違""順命""從命"，《荀子·君道》云："從命而利君謂之順。"這里當指隨順天帝之命，平安在帝廷陟降。《榮作周公簋》："拜𩠐首，魯天子㽙乓（厥）𩠐福。"陳英傑讀順，即和順淑善之義。●《𩠐事鬲》："妸（后）休易（賜）乓（厥）𩠐事貝，用乍（作）鄰寶彝。""𩠐事"，陳英傑讀巡吏，官稱，周代金文中僅見。《新唐書·食貨志四》云："巡吏既多，官冗傷財，當時病之。"●人名。《唐子仲𩠐兒盤》："錫（唐）子中（仲）𩠐兒霬（擇）其吉金，盠（鑄）其御盤。"

 上博二·子羔8

【注】從田川聲。《漢書·劉向傳》："欲終不言，念忠臣雖在畎畝，猶不忘君，倦綣之義也。"顏師古注："甽者，田中之溝也。……字或作畎，其音同耳。"●讀畎。《上博二·子羔8》："采（由）者（諸）甽（畎）畮（畝）之中而吏（使），君天下而曼（稱）。"畎畝，田地、田野。《國語·周語下》："天所崇之子孫，或在畎畝，由欲亂民也。"韋昭注："下曰畎，高曰畝。畝，壟也。"《荀子·成相》："舉舜甽畝，任之天下身休息。"

 包山179 　包山210 　天星 　新蔡乙一9 　帛書丙
上博四·曹沫51 　清華八·攝命6 　清華一·皇門8 　璽彙
2565 　璽彙3131 　璽彙3130

【注】從言川聲；"川"省作⺀、‖等形，與"斤"略混。●楚文字多讀順。《清華一·皇門8》："乃隹（惟）不訓（順）是絅（治）。"●楚璽多為人名。

 余慇壺 　包山217

【注】從心訓聲，疑"訓"之繁文。●金文人名。●包山或作訓，讀順。《包山217》："戲（且）外又不慇（順）。"

 璽彙3570 　璽彙1472 　璽彙1326 楚 郭店·緇衣12 　上博

七·吳命 3   清華三·芮良夫 18   清華五·三壽 12   中山王囂鼎   中山王

囂壺   新城令矛

【注】從心川聲，疑"順"之異文。順從、順理、和順皆與心理活動有關，故從心從川。●讀訓，教誨、開導。《中山王囂壺》："是又（有）䋃（純）悳（德）遺忑（訓）。"《書·伊訓》："伊尹乃明言烈祖之成德以訓于王。"●讀順，依順、馴服。《中山王囂壺》："則堂（上）逆于天，下不忑（順）于人旃（也），寡人非之。"《郭店·緇衣 12》："又（有）异（誥）惠（德）行，四方忑（順）之。"

腮 楚   上博六·競公 4

【注】從肉忑聲。●《上博六·競公 4》："塼（溥）情而不腮。"或讀徇（從川得聲之字與從旬得聲之字，其通假的例子可參看高亨《古字通假會典》138-139 頁）。"徇"有謀求義。《廣雅·釋言》："徇，營也。"《一切經音義》卷二十一引《蒼頡篇》："徇，求也。"《史記·項羽本紀》："今不恤士卒而徇其私，非社稷之臣。"司馬貞索隱引崔浩云："徇，營也。""不徇"，是說不謀求私利。或讀遁，隱匿之意。

徇   鄭義伯鑐

【注】從彳川聲，當為"巡"之異文。●讀巡。《鄭義伯鑐》："奠（鄭）義白（伯）乍（作）季姜鑐，目（以）行目（以）徇（巡）。"

巡 楚   清華八·邦道 6   燕   璽彙 1430   璽彙 4139   晉   三十年鼎

十五年守相杢波鈹   十五年守相杢波劍   十二年邦司寇趙新劍   璽彙

0997   璽彙 1454   璽彙 1899   行氣玉銘   璽彙 4022

【注】從辵川聲。《說文》："訓，延行皃。從辵川聲。"本義巡行。●讀順。《清華八·邦道 6》："皮（彼）萅（春）頴（夏）昳（秋）冬之相受既巡（順）。"《行氣玉銘》："巡（順）則生，逆則死。"晉系文字餘例為人名。●餘例多為人名。

茲[晉] 璽補 168

【注】從艸巡聲。●"茲☑"，應為人名。

紃[楚] 包山 268　包山 271　信陽 2·11　望山 2·13　曾侯 7

【注】從糸川聲。●圓形條帶，用絲綫編成。《信陽 2·11》："屯雀韋之襐（條）紃。"望山二號墓紃字常見，其常見搭配有"紃絳"（簡 6）、"紫彎紃受錯"（簡 10、12）、"五凶之紃"（簡 31）、"紃奉"（簡 32）。"紃絳"，整理者曰："當讀為'紃縫'，指在皮革或織物的縫合之處嵌紃條為飾。""五凶之紃"，整理者曰："《說文》'凶'字重文作'胷'，從肉宰聲。'宰'、'采'古音極近，疑'五凶'當讀為'五彩'。五彩之紃是用五彩絲組成的圓條帶。"

軌[秦] 會稽刻石

【注】從車川聲。●讀巡。《會稽刻石》："窺軌天下。"《說文解字注》："軌之言巡也。巡繞之冐。"

邤 邤子觚[楚] 新蔡甲三 11

【注】從邑川聲。●金文人名。●讀顓。新蔡簡"邤追"讀"顓頊"。川，昌紐文部字；顓，章紐元部字。二字聲母同屬正齒音章系，中古音等呼相同。上古音文部與元部韻尾相同，主要母音位置很近，因此這兩部字有時讀音相近，具有通假的條件。

定紐辰聲

辰 小臣宅簋　庚姬卣　臣辰徣父乙鼎　臣辰徣冊父乙鼎　矍鼎　九年衛鼎[楚] 曾公畎鐘[秦]　、　秦印 281　睡簡·日乙 31　睡簡·日乙 154

【注】甲骨文作、、、、、等形。徐中舒曰："商代以蜃（蛤蚌屬）殼為鐮即蚌鐮，其制于蚌鐮背部穿二孔附繩索縛于拇指，用以掐斷禾穗。甲骨文辰字正象縛蚌鐮于指之形。象蚌鐮，本應為圓弧形，作方折形者乃刀筆契刻之故；象以繩縛于手指之形。故辰之本義為蚌鐮，其得名乃由蜃，後世遂更因辰作蜃字。又古籍中之大辰星（即天蠍座）與前後相鄰二星所聯成之弧綫與農具辰之圓弧形刃部相似，故以辰名之。"（《甲骨文字典》1589 頁）金文同甲骨文，

或于上部加飾筆。或增從又、止，均為繁文。●地支第五位。用以紀日。《散氏盤》："唯王九月辰才（在）乙卯。"干支字戰國他系文字大多作"唇""唇"。●人名。《辰作父己壺》："辰乍（作）父己。"●妹辰：即昧辰，指童蒙智商未開之時。《大盂鼎》："女（汝）妹（昧）辰又（有）大服。"●《曾公畎鐘》："受是不（丕）忑（愆），不（丕）顯戟（其）雳（令），甫（匍）匐辰（祗）敬。"辰，可讀祗。《説文》："蚳，蟊子也⋯⋯鏬，古文蚳從辰、土。"段玉裁注："從土者，出之土中也。從辰者，辰聲也。古氐聲、辰聲相似，祗、振字通用是其例。"《書·皋陶謨》："日嚴祗，敬六德"的"祗"，《史記·夏本紀》作"振"。又《楚辭·離騷》："既干進而務入兮，又何芳之能祗。"王念孫《讀書雜誌餘編·楚辭》："引之曰：'祗之言振也⋯⋯祗與振聲近而義同，故字或相通。'"因此"辰敬"即祗敬、恭敬之意。《楚辭·離騷》："湯禹儼而祗敬兮，周論道而莫差。"

娠[秦]　印增 474

【注】從女辰聲。●秦印單字，應為人名。

振　大鼎　大簋　大簋

【注】從人辰聲，與小篆同。《説文》："𠈃，僮子也。"本義古代在迷信活動中用以驅疫逐鬼的兒童。●讀祳，社祭之肉，典籍或作"脤"。《大簋蓋》："王才（在）糫侲宮。"強運開曰："糫侲即歸祳。《春秋》定公十四年'使石尚來歸脤'，《周禮·大行人》'歸脤以交諸侯之福'，皆假歸為糫。"宮名"歸脤"，義當取此。

屏　中觶

【注】從廾辰聲。●讀振。《中觶》："屏（振）旅，王易（賜）中馬。"

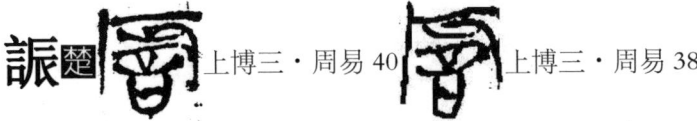詶[楚]　上博三·周易 40　上博三·周易 38

【注】從言辰聲。●讀臀。《上博三·周易 38》："詶（臀）亡（無）肤（膚），丌（其）行緀（趑）疋（且）。"

畛[晉]　六年令司寇書戈

【注】從田辰聲，《正字通》與畛同。●戈銘單字，人名。

猌[秦]　璽集二-SY-139

【注】從犬辰聲。●秦印“侯㹖”，人名

賑 晉  璽彙 0764

【注】從貝臣聲。戰國文字貝常省作目形。●晉璽人名。

䣅  琱生鬲

【注】甲骨文作，從鬲辰聲。金文同甲骨文。字或作“䰞”。●鼎名。《琱生鬲》：“琱生乍（作）文考寬（宄）中（仲）隮䣅。”

啟  禽簋

【注】從攴辰聲。●讀振。《禽簋》：“禽又（有）啟祝。”《周禮・春官・大祝》“辨九祭”，其五為“振祭”，杜子春云：“振祭，振讀為慎，禮家讀振為振旅之振。”是禮家以振祭為戰前祈福之祭。振祝，指振祭前的祝詞。

唇 楚  上博二・容成 52 齊  陳章壺  節可忌豆  璽彙 0579  璽彙 3106  璽彙 3727

【注】“辰”之繁文，古文字習加口為飾，故字或徑釋為“辰”。●多讀辰，地支用字。見“辰”字。●唇齒之唇。《上博二・容成 52》：“受（紂）不智（知）其未有成正（政），而旻（得）遊（失）行於民之唇也。”“民之唇”如言“民之口”。紂之得失流行於民之口。●齊璽人名。

脣 楚  九店 56・53 秦  睡簡・答問 83

【注】從肉辰聲。●讀陳，陳設。《九店 56・53》：“脣於室東。”●讀唇，嘴唇。《睡簡・答問 83》：“嚙斷人鼻若耳若指若脣，論各可（何）殹（也）？”

𡖊 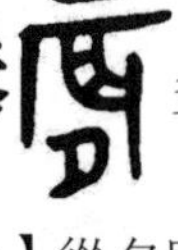 多友鼎

【注】從夕辰聲，為早晨專字。●讀晨，早晨。《多友鼎》：“甲申之𡖊（晨）。”或謂讀辰，指甲申之日。

㞧  旂鼎  辰卣  辰觶  辰卣

【注】從止辰聲，疑古踱字。●《辰觶》《辰卣》《辰卣》，人名。●讀辰，日辰。《旂鼎》："唯八月初吉屖（辰）才乙卯。"

屖^楚 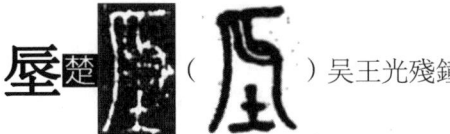 （　）吳王光殘鐘

【注】從土辰聲，疑"賑"之異文。●鐘銘殘損，"屖（振）鳴☒☒"疑讀振。

晨（脣）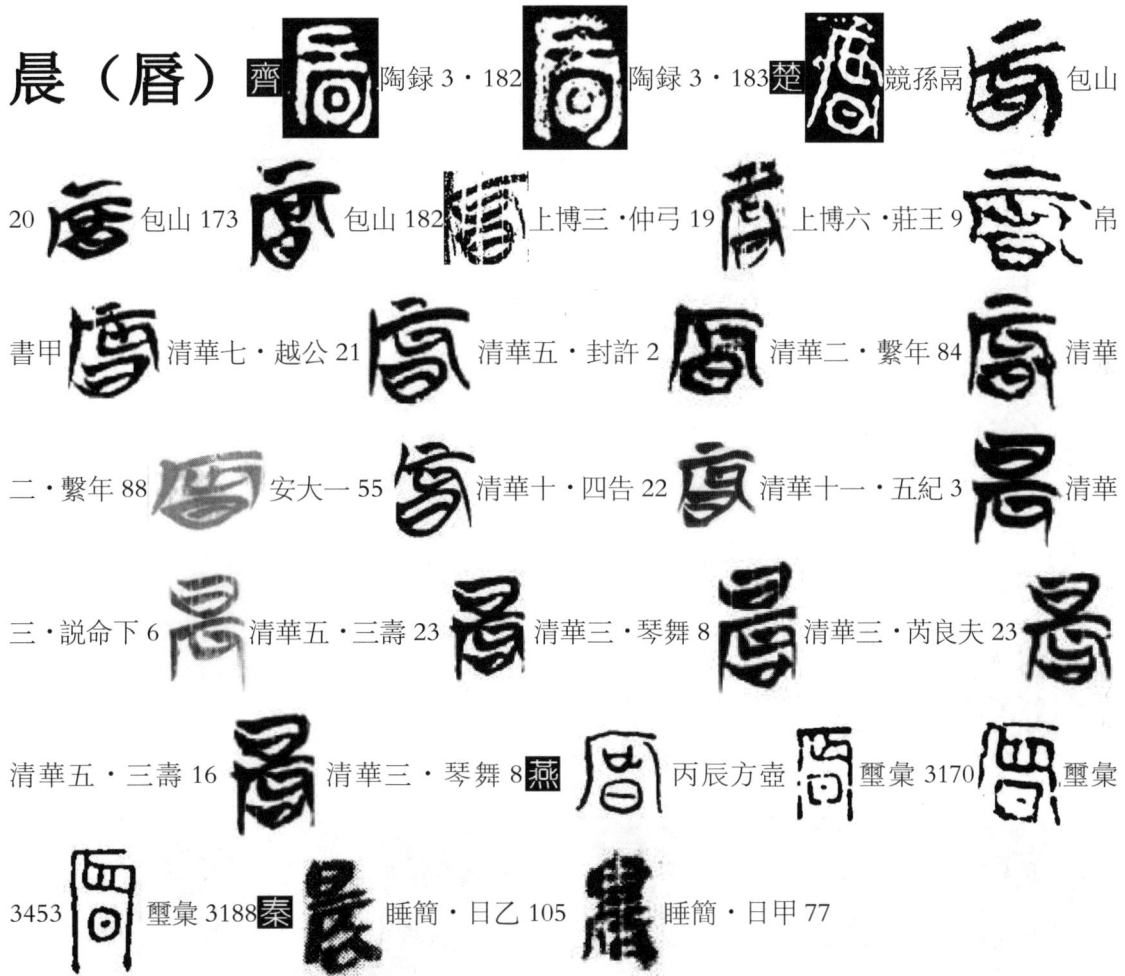

齊 陶錄3·182　陶錄3·183 楚 競孫鬲　包山20　包山173　包山182　上博三·仲弓19　上博六·莊王9　帛書甲　清華七·越公21　清華五·封許2　清華二·繫年84　清華二·繫年88　安大一55　清華十·四告22　清華十一·五紀3　清華三·說命下6　清華五·三壽23　清華三·琴舞8　清華三·芮良夫23　清華五·三壽16　清華三·琴舞8 燕 丙辰方壺　璽彙3170　璽彙3453　璽彙3188 秦 睡簡·日乙105　睡簡·日甲77

【注】從日辰聲。或繁化增從口。脣，《集韻》同晨。●多讀辰，干支用字，地支第五位。●讀辰。《競孫鬲》："正月逮（盡）期，吉脣（辰）不貳（忒）。"日月相會謂之"辰"，本字《説文》作"曟"，從辰從會，其本意特指日月合朔之後同出東方之時（即朔日平旦）。日月之會也叫"朔"。先秦曆瀍都是用朔望月的平均數來推算每月的朔日，這樣推得的朔，叫平朔，大月三十日，小月二十九日。日月之會的瞬間即合朔時間，可出現在平朔初一日的零點至二十四點的任何一刻。不過由於日月運行速度有疾遲，日月合朔的具體時間，未必在平朔這一天內，實際可以早一天，在上一月的晦日；或晚一天，在本月之初二。所以，"正月盡期、吉晨不忒"是說正月之月終為合朔無誤之時，其所表達的，是正月之晦日這一天日月合朔。這裏所謂"吉晨（辰）"的"吉"，是認為日月合朔為吉。正月晦日是一年的初晦，古人很重視這一天；這一天又趕上日月合朔，

就更顯得重要了。●燕璽均為人名。●讀純。《清華五・封許 1》："向（尚）脣（純）氒（厥）惪（德）。"●讀臣。《清華七・越公 21》："孤用医（委）命蟳（重）脣（臣）。"●讀振。《清華五・三壽 16》："脣（振）若（若）叙（除）態（惡）。"●讀辰，星辰。《清華三・琴舞 8》："皇天之玒（功），畫之才（在）貝（視）日，夜之才（在）貝（視）脣（辰）。"如此大之功績，如白日看太陽般顯明，如黑夜看星辰般繁多。●疑讀唇。《睡簡・日甲 77》："生子，三月死，不死毋晨。"毋晨，整理小組注釋："毋晨，疑讀為無唇。"劉樂賢按：無唇指身體殘缺不全。

 安大一 32

【注】從䖵辰聲。聲符訛變，"脣"在楚簡中可作 圖（包山 186），可資比照。●讀振。《安大一 32》："蝨=（振振）君子，逞=才=（歸哉歸哉）。"《毛詩》作"振振君子"。毛傳："振振，信厚也。"

 安大一 33　　安大一 33

【注】從辵蝨聲。●讀振。《安大一 33》："遍=（振振）君子，逞=才=（歸哉歸哉）。"

 牆盤　　齊 陶彙 3・1234

【注】從林辰聲，疑古"振"字。●讀農。《牆盤》："遽趄得屯（純），無諌薼（農）畬（稽），戈畮佳（唯）辟。"●齊陶單字，人名。

 （　　）宰徺窅父丁鼎

【注】從彳薼聲。●人名。

 伯晨鼎　　晨乍寶眀簋　　師趛鼎 楚　　郜公平侯鼎　　清華四・筮法 49　　清華四・筮法 52　　清華四・筮法 48 晉　　中山王嚳鼎

【注】甲骨文作 圖，從臼從辰，會手持農具耕耘之意；辰兼聲。《說文》字作"晨"，用以表示早晨。金文或增從又、卄，均為繁文。楚簡增口，亦為繁文。《說文》："晨，早昧爽也。從臼從辰。辰，時也。辰亦聲。"本義當為農耕。昧爽乃引申義。晨，今簡化作"晨"。●讀振，揮動、搖動。《中山王嚳鼎》："歔（奮）桴晨（振）鐸，闢（辟）啟封疆（疆），方嚳（數）百里。"楚文字用"嚳""蝨"等表示振，馬王堆帛書、銀雀山簡用"振"表示振，當反映了秦文字的特點。●人名。《伯晨鼎》："晨（晨）拜諙首，敢對揚干休。"●讀鼐，大鼎也。《師趛鼎》："師趛乍（作）

文考聖公、文母聖姬障轝。"從井乃受"障"字類化。●讀觶，金文或作"崷""鏑"。《萬謀觶》：
"萬謀乍（作）茲晨（觶）。"●清華簡讀震，即震卦。

大師虘簋蓋　　大師虘簋　　師晨鼎

【注】從止晨聲，"晨"之繁文。●金文人名。

遱鼎

【注】從辵晨聲。●金文人名。

郭店·五行20　　郭店·五行19　　帛書乙　　帛書乙　　清華十·四告40

清華四·筮法45　　清華七·越公3　　清華七·越公58

【注】從日晨聲。●多讀辰，地支。●讀辰，星辰。《帛書乙》："星曟（辰）不同（炯）。"●讀
振。《郭店·五行20》："金聖（聲）而玉曟（振）之，又（有）惠（德）者也。"●讀震。《清華
七·越公58》："雪（越）邦庶民則皆曟（震）僮（動）。"《清華四·筮法45》讀震，即震卦。

睡簡·日甲7

【注】從雨辰聲。●動也。《睡簡·日甲7》："壬申、癸酉，天以震高山，以取妻，不居，不吉。"

定紐盾聲

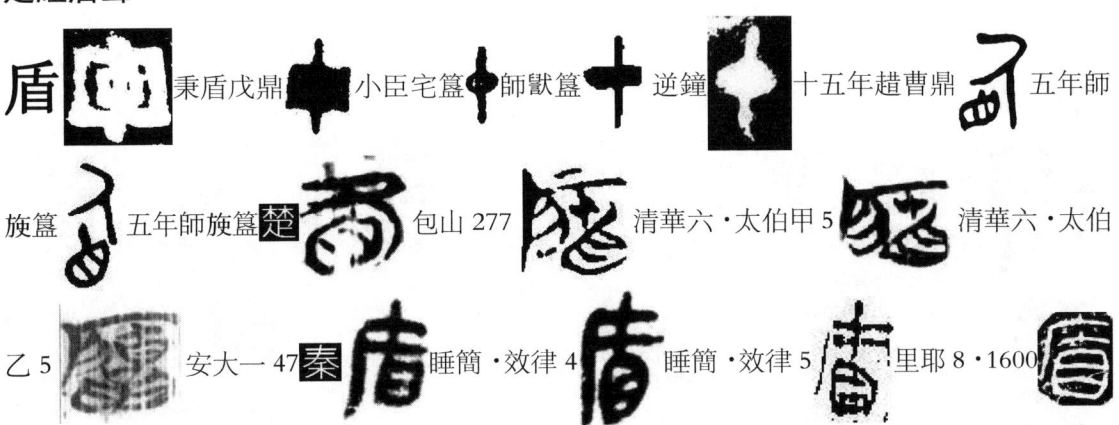秉盾戊鼎　小臣宅簋　師獣簋　逆鐘　十五年趞曹鼎　五年師

旋簋　五年師旋簋　包山277　清華六·太伯甲5　清華六·太伯

乙5　安大一47　睡簡·效律4　睡簡·效律5　里耶8·1600

印增 132

【注】甲骨文作中、中、中、中、中、中、中、中、中。何琳儀謂方盾之形，證以《戲祖丙觚》之族氏文字作𢧜，一手持戈一手持盾。金文同甲骨文，但多作簡形中。金文或從人從𠂤，𠂤象盾有紋理形。戰國包山楚簡作𢧜，易人旁為欠。欠多反書為先形，先或省變作𠂤，並進而演化為𠂤形。睡虎地秦簡作盾為小篆所本。《安大一 47》從戶從胄（胄），"盾"之異體。●古代作戰時抵御刀箭等的防御性武器。《小臣宅簋》："白（伯）易（賜）小臣宅畫盾、戈九、易（錫）金車、馬兩。"《清華六‧太伯甲 5》："攫戈盾以𡚸（造）勵。"《安大一 47》："龙𤞤（盾）是敵（合），鈇（釜）目（以）結（觚）納（軜）。"《毛詩》作"龍盾之合"。●族氏名，見于《秉盾戊鼎》等。

循 [秦] 睡簡‧秦種 68　睡簡‧答問 42　關簡 260　里耶 8‧797　北大簡

【注】從彳盾聲。●遵循。《睡簡‧秦種 68》："吏循之不謹，皆有罪。"●或讀巡，視行也。《睡簡‧秦種 117》："輒以效苑吏，苑吏循之。"由苑吏加以巡視。

韕 [楚] 曾侯 3　曾侯 28　曾侯 78　曾侯 113

【注】從韋盾聲。"韕"，《篇海》同韔。《說文》："韔，劍衣也。"●簡文與《說文》義不同。"韚韕"簡文凡二十見，常與鞅、韅等同記，當為馬器，具體所指不詳。簡文或從革，與從韋無別。

戲 [楚] 曾侯 6　曾侯 88

【注】從盾從戈，會以戈御盾之意；盾兼聲，"戲"之異文。●讀戲，盾也。《曾侯 6》："二黃金之戲。"

定紐韋聲

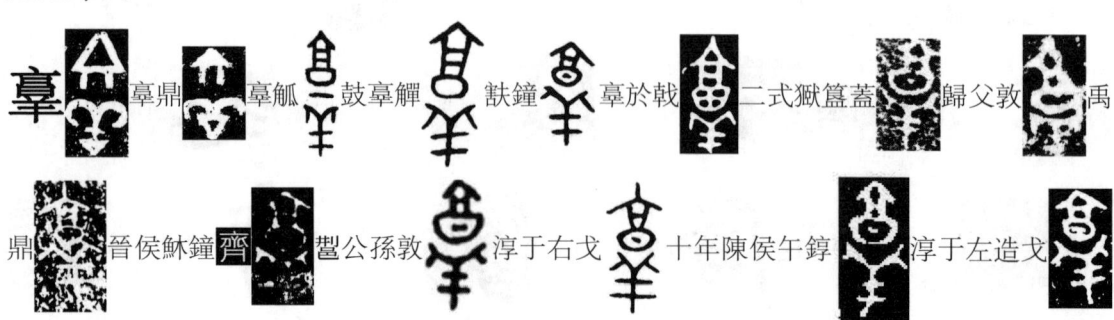

韋 　韋鼎　韋觚　鼓韋罍　蚨鐘　韋於戟　二式獄簋蓋　歸父敦　禹鼎　晉侯穌鐘 [齊] 鎛公孫敦　淳于右戈　十年陳侯午錞　淳于左造戈

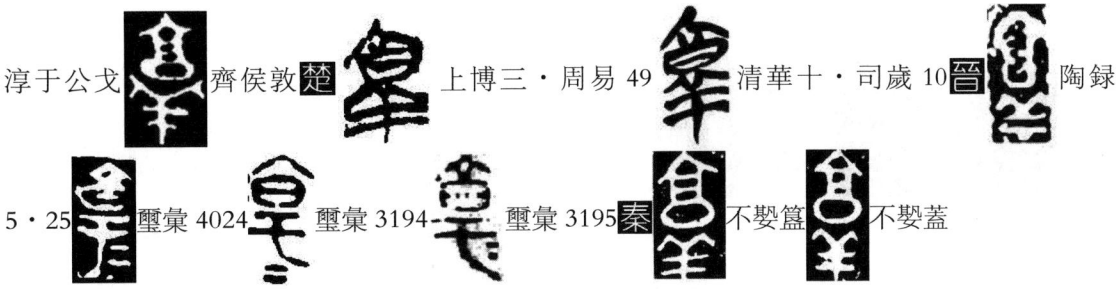

淳于公戈　　　齊侯敦　楚　　　上博三·周易 49　　　清華十·司歲 10　晉　陶録

5·25　　　璽彙 4024　　璽彙 3194　　璽彙 3195　秦　　　不娶簋　　　不娶蓋

【注】甲骨文作、、等形，從亯從羊，會以羊祭亯之意。金文承之。至戰國秦系文字下部羊形訛為子形，故後世凡從䇂之字均隸定為"享"。需要説明的是，漢字中從"享"得聲的字在古文字中有兩個不同的來源。其一是"臺"，本像城郭之上有兩亭相對之形，學術界一般認為是"郭"或者"墉"之初文；另一個則是"䇂"，從亯從羊，一般認為是"敦"字初文。這兩種形體到戰國時期已經漸趨混同，在秦漢文字中則訛變為"享"形，完全成為同形字。楚系文字羊形作偏旁或訛為干，遂與"臺"相混。《上博四·曹沫 18》之，即讀郭。《説文》："䇂，孰也。從亯從羊。讀若純。一曰鬻也。䇂篆文䇂。"《説文》訓為熟食。●讀敦，攻擊。《不娶簋》："女（汝）彶戎大䇂（敦）戟（搏）。"大䇂（敦）戟（搏），就是與戎大奮擊、大搏斗。●讀錞或讀敦。青銅食器，蓋和器身都作半圓球形，各有三足或圈足，上下合成球形，蓋可倒置。出現于春秋中期，盛行于春秋晚期到戰國晚期，秦代以後消失。《十年陳侯午敦》："用乍（作）平壽造器䇂（敦），台（以）（蒸）台（以）嘗。"●讀淳。《璽彙 4024》"䇂于"合文。䇂于，始為國名，夏時為斟灌國，周武王以封淳于公，號淳于國（《水經·汶水注》）。春秋時期，淳于國是小國，淳于國的鄰國有莒國、萊國和紀國。後被杞國滅亡。後以為氏。典籍作"淳于"。傳世有《淳于公戈》等淳于國兵器。●人名。《鼓䇂觶》："鼓䇂乍（作）父辛寶障彝。"●讀敦，厚也。《二式獙簋》："其日夙夕用民（馨）香䇂祀于氒百神。""䇂祀"即癲鐘的"敦祀"，是厚祀的意思。《上博三·周易 49》："上九：䇂（敦）艮，吉。"●《清華十·司歲 10》："困䇂（敦），午受舒（序）。"整理者注："困䇂，歲星紀年，相當於干支紀年法中的子年，《釋天》作'困敦'。"

犉　楚　 新蔡零 333

【注】從牛䇂聲。今字作"犉"。●辭例缺失，義不詳。

樿　楚　清華九·禱辭 15

【注】從木䇂聲。●疑讀淳。《清華九·禱辭 15》："吏（使）此樿（淳）女乘（乘）此岂（美）馬。"整理者注："樿，讀為'淳'，可訓'清白'。《玉篇》：'淳，清也。'淳女，即後文未有夫之女。此處的'淳女'與'美馬'，蓋與前文的'元梗三人'、'芻靈'相類，乃是草人與木偶。"

厚　晉　 璽彙 2878

【注】從厂臺聲，"厚"之異文。● "厚渡"讀淳，姓氏

 癲鐘　 癲鐘　 癲鐘

【注】從皿從斗（或從升）臺聲，為"錞"之異文。●讀敦，厚也。《癲鐘》："其盨（敦）祀大神。"《五經文字》敦，厚也。《易·臨卦》敦臨吉。《疏》厚也。

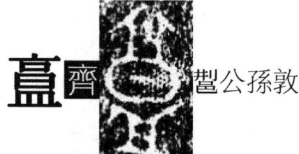 邕公孫敦

【注】從皿臺省聲，為"錞"之異文。●讀敦，食器。

 公克錞

【注】從金盨聲，為"錞"之異文。●讀敦，食器。

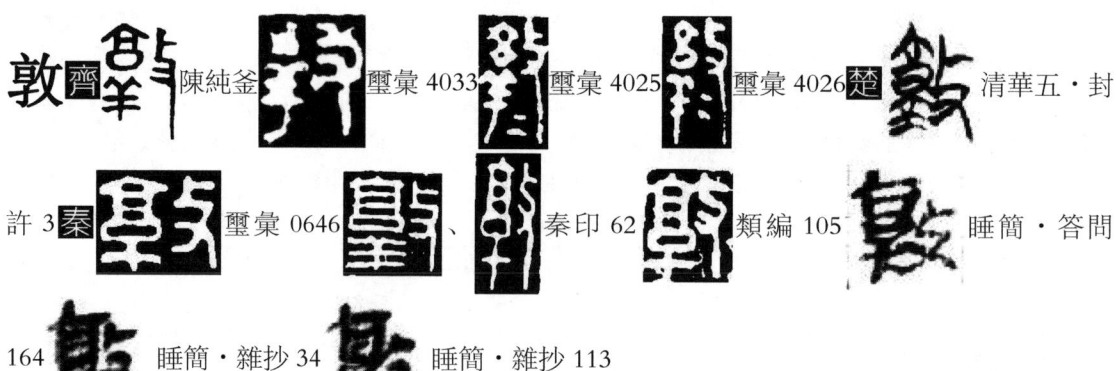 陳純釜　璽彙4033　璽彙4025　璽彙4026　清華五·封

許3　璽彙0646　、　秦印62　類編105　睡簡·答問

164　睡簡·雜抄34　睡簡·雜抄113

【注】從攴臺聲。從攴均表行動，從臺表敦厚，會怒呵重責之意；臺兼聲。秦文字"臺"所從"羊"濃縮作"十"形。《説文》："𣀘，怒也。詆也。一曰誰何也。從攴臺聲。"本義重責。●督促。《陳純釜》："敦者曰墮（陳）純。"指釜量值督造者為陳純。●秦簡多讀屯。《睡簡·雜抄34》："徒卒不上宿，署君子、敦（屯）長、僕射不告，貲各一盾。"●《璽彙4026》為"敦于"合文，讀"淳于"，複姓。古璽印習見。●敦厚。《睡簡·語書9》："有（又）廉絜（潔）敦愨而好佐上。"廉潔、忠誠老實而能為君上效力。●敦，有攻伐之意。《清華五·封許3》："玫敦殷受，咸成商邑。"

 上博四·曹沫33

【注】從糸臺聲。●讀敦。《上博四·曹沫33》："使人不親則不綧（敦），不和則不輯，不義則不服。"

醇  關簡 323　里耶 8‧1221

【注】從酉臺聲。●用為本義，酒味厚。《關簡 323》："卒（淬）之醇酒中。"

雗  獄鼎　吳買鼎

【注】從隹臺聲。《吳買鼎》聲符下從𦍌，當為羊省。《説文》："雗，雗屬。從隹臺聲。"本義是一種鳥名，同"鶾"。●讀敦。《吳買鼎》："𢓊父之走馬吳買乍（作）雗貞（鼎）用。"楊樹達曰："雗鼎謂臺鼎，言熟物之鼎也。"（《金文説》209 頁）●讀敦，厚也。《獄鼎》："其日朝夕用雗祀于厇（厥）百申（神），孫孫子子其永寶用。"

鶉  安大一 92　　安大一 92　　清華十‧四時 17

【注】從鳥臺聲。●鷻鶉。《安大一 92》："鶉之奔＝，鵲之競＝。"●《清華十‧四時 17》："内（入）月四日，鶉火昏輪（睌）。"整理者注："鶉火，星次名，又名'大火'，或省稱'火'。南方朱鳥七宿，首位者稱鶉首，中部者（柳、星、張）稱鶉火，也叫鶉心，末位者稱鶉尾。此日柳、星、張剛落下。"

淳  叔良父匜　郭店‧成之 4　清華七‧越公 30　清華八‧八氣

4　安大一 46　、　、　、　秦印 222　睡簡‧日甲 39

背　類編 12

【注】從水臺聲，與小篆同。《説文》："𣶒，淥也。從水臺聲。濤，古文。"本義澆灌。●沃也、澆注也。《叔良父匜》："公大正弔（叔）良父乍（作）淳也（匜）。"●《郭店‧成之 4》："君子之於豑（教）也，其道民也不憲（浸），則其淳也弗深衾（矣）。""淳"有沃灌義，在此指教化對民眾之浸潤。●秦印"淳於"，複姓。●濕潤。《睡簡‧日甲 39 背》："其上旱則淳，水則乾。"●《清華七‧越公 30》："王親涉沟（溝）淳洫（洫）塗，日睛（靖）蓐（農）事以勸惢（勉）蓐（農）夫。"淳，整理者：疑指低窪沼澤。《左傳》襄公二十五年："辨京陵，表淳鹵。"《漢書‧食貨志上》："若山林藪澤原陵淳鹵之地，各以肥磽多少為差。"淳與山、林、藪、澤、原、陵、鹵並列，皆為不同之用地。"淳"可能是比鹽城地之"鹵"略強的低窪沼澤之地。●讀錞。《安大一 46》："騣（俴）駟孔臺，鉤矛鋹（鋈）淳（錞）。"《毛詩》作"厹矛鋈錞"。

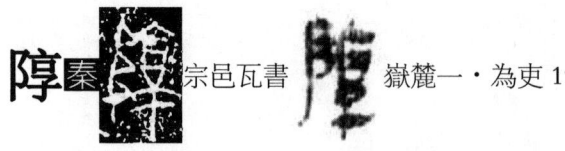

障 秦 宗邑瓦書　　嶽麓一・為吏 19

【注】從阝辜聲。張新俊隸定為"障"，認為"障道不治"中的"障"為"墇"字的異體。"墇"有"堤"這樣的義項。《集韻・稕韻》："墇，壘土也。"是其證。(《讀嶽麓秦簡劄記一則》)●均讀墇，堤也。《宗邑瓦書》："自桑障之封以東。""桑障"，即"桑墇"，乃桑地之堤。《嶽麓一・為吏 19》："障道不治。""障道"義為隄上的道路。按照當時國家的律令，隄需要按期進行修治，否則汛期到來時，一旦決堤，交通乃至安全便無法得以保障。

錞 齊 陳侯午錞　　陳侯因育錞　　　節可忌豆

【注】從金辜聲。《説文》："錞，矛戟柲下銅，鐏也。從金辜聲。《詩》曰：'叴矛沃錞。'"本義為古代一種銅制的軍樂器。形如圓筒，上大下小，頂上多作虎形鈕，可懸掛，常與鼓配合。《周禮・地官・鼓人》："以金錞和鼓。"《説文》所釋與金文用濜有別。●讀敦，食器。《陳侯因育錞》："用乍(作)孝武趄公祭器錞(敦)。"●讀豆。《節可忌豆》："節可忌乍(作)㐭(厥)元子中姑媵錞(敦)。"豆自名為"錞"，豆、錞均屬定紐，雙聲可通。

惇 楚 郭店・窮達 15

【注】從心辜聲。●惇，《説文》訓為"厚心"。《郭店・窮達 15》："古(故)君子惇於恆(反)㠯(己)。"《方言》卷七："惇，信也。"郭璞注："惇，亦誠信貌。"

膞 楚 上博五・弟子 19

【注】從肉辜聲。●讀惇。《上博五・弟子 19》："巨(蘧)白(伯)玉催(侍)唬(乎)子，膞=(惇惇)女(如)也其聖(聽)。"

戟 楚 清華七・越公 3

【注】從戈辜聲。●讀敦。《清華七・越公 3》："敦力銰鎗(槍)，疌(挾)弪秉櫜(枹)。"

定紐尹聲

尹　　尹舟簋　　尹史鼎　　公臣簋　　永盂　　頌鼎　　段簋

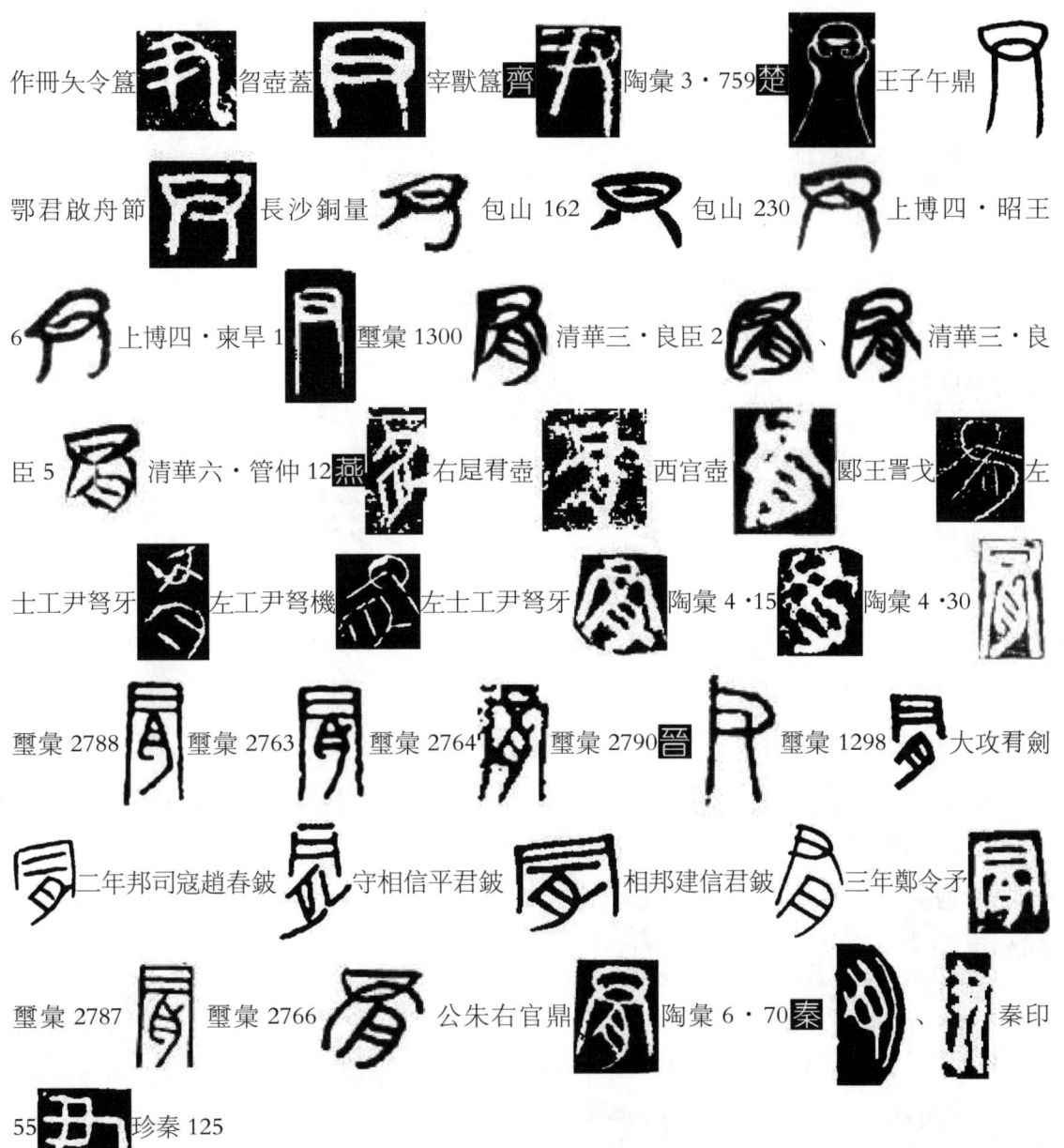

作冊矢令簋　　智壺蓋　　宰獸簋 齊　陶彙 3・759 楚　　王子午鼎

鄂君啟舟節　　長沙銅量　　包山 162　　包山 230　　上博四・昭王

6　上博四・柬旱 1　　璽彙 1300　　清華三・良臣 2　　清華三・良

臣 5　清華六・管仲 12 燕　右屈君壺　　西宮壺　　郾王詈戈 左

士工尹弩牙　　左工尹弩機　　左士工尹弩牙　陶彙 4・15　　陶彙 4・30

璽彙 2788　　璽彙 2763　　璽彙 2764　　璽彙 2790 晉　璽彙 1298　大攻君劍

二年邦司寇趙春鈹　　守相信平君鈹　　相邦建信君鈹　三年鄭令矛

璽彙 2787　　璽彙 2766　　公朱右官鼎　　陶彙 6・70 秦　　秦印

55　珍秦 125

【注】甲骨文作 𠃌、𠃌、𠃌、𠃌、𠃌、𠃌、𠃌、𠃌、𠃌、𠃌、𠃌，從又從丨。李孝定、孫海波均謂丨者為筆形，周制內史之職，尹氏為其長，其職在書王命與制祿命官，故字從筆。金文同甲骨文，戰國文字同金文，或作 𠃌、𠃌，呈對稱形。戰國三晉及燕系文字或增形符肉作 𠃌。《説文》："𠃌，治也。從又、丿，握事者也。𠃌 古文尹。"本義是治理。●統治、治理。《大令尊》："王令周公子明保，尹三事四方。"●氏。《尹伯簋》："尹白（伯）乍（作）且（祖）辛寶彝。"秦印有"尹得""尹豎""尹思"等，多為姓氏。●官名。名尹者，當為眾官之長。《史獸鼎》："史獸獻工于尹，咸獻工。"●作冊尹：官名，專掌周王朝冊封、詔命等事務，屬太史寮管轄。《師晨鼎》："王乎（呼）乍（作）冊尹冊令（命）師晨（晨）。"銘文中或稱"尹氏"。《克鼎》："王乎（呼）尹氏冊令（命）善夫克。"《頌鼎》："尹氏受王令書。"●令尹：官名，原為春秋、戰國時楚國所設，為一國最高官職，相當于別國之相國。《郤令尹諸稽卲盧》："雍君之孫郤（徐）諯（令）

尹者（諸）旨（稽）酯，羄（擇）其吉金自乍（作）盧（爐）盤。"《史記·楚世家》陳軫説昭
陽云："今君已為令尹矣，此國冠之上。"司馬貞索隱："令尹乃尹中最尊，故以國為言，猶如卿
子冠軍然。"

 類編 29

【注】從牛尹聲，疑"群"之異文。●晉璽人名。

 珍秦 251

【注】從車尹聲。●"長斬"人名。

 清華十一·五紀 43　清華十一·五紀 63　清華十一·五紀 72

【注】從云尹聲。●讀陰。《清華十一·五紀 43》："旾（春）昰（夏）秋冬（冬）罜（陰）昜（陽）。"

 清華十一·五紀 33

【注】從凶尹聲。●讀禽。《清華十一·五紀 33》："虫（蟲）它（蛇）百勿（物），罜（禽）單
〈獸〉百勿（物）。"

 清華十一·五紀 35　清華十一·五紀 89

【注】從酉從欠尹聲。●讀飲。《清華十一·五紀 35》："月弋（式）之，婁（婁）則之，轓窬尚
歙（飲），少昊尚身（辰），司录（禄）量，大嚴圕（藏）。"

 清華二·繫年 102　清華六·太伯乙 6

【注】從水尹聲。《清華六·太伯乙 6》在月形的基礎上增加一橫筆，則與"貝"混同，甲本作
"洀"。●均為地名。《清華二·繫年 102》："楚卲（昭）王戠（侵）洀（伊）、洛以復方城之自
（師）。"

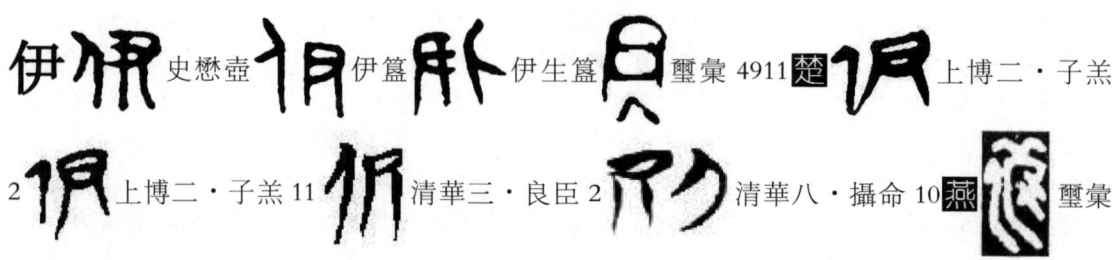 史懋壺　伊篡　伊生簠　璽彙 4911　楚　上博二·子羔

2　上博二·子羔 11　清華三·良臣 2　清華八·攝命 10　燕　璽彙

 睡簡·葉書 14

【注】甲骨文作、、，從人從尹（治理），會治理者之意；尹兼聲。金文同甲骨文。《璽彙 0883》與《說文》古文同。《說文》："，殷聖人阿衡，尹治天下者。從人從尹。古文伊從古文死。"甲骨文金文中多指殷早期舊臣"伊尹"，後世亦用伊為氏。文言文中借用作指示代詞，相當于"此"。●人名。《叔尸鐘》："伊少臣隹（唯）桷（輔），咸有九州。"伊尹，商代開國名臣。名伊，尹是官名。卜辭又稱"衡""阿衡"。●西周厲王時人。《伊簋》："鄰（申）季内右（佑）伊，立中廷，北鄉（向）。"●讀繄。古"伊""繄"通用。《清華四·筮法 44》："八乃伊㠯（以）死。"《詩·大雅》其菑其繄。《傳》木立死曰菑，自死為繄。

 陶彙 3·142

【注】從邑伊聲，疑地名之專字。●齊陶人名。

 清華六·太伯甲 7

【注】從水伊聲。●地名。《清華六·太伯甲 7》："西城洢閑，北就郒（鄔）、劉，縈厄（軛）蔦、竽（邘）之國。"

 包山 180

【注】從竹尹聲。●人名。

 陶彙 3·679　晉 璽彙 2176

【注】從邑尹聲，疑地名"尹"之專字。●齊陶地名。●晉璽"邧朧"讀尹，姓氏。

 㫃嗣土桄簋

【注】㫃，甲骨文作，從㫃從尹，雙聲字。金文從火㫃聲。●疑古方國名。

 蔡賮壺

【注】從貝尹聲，與"賮"為一字。●人名。

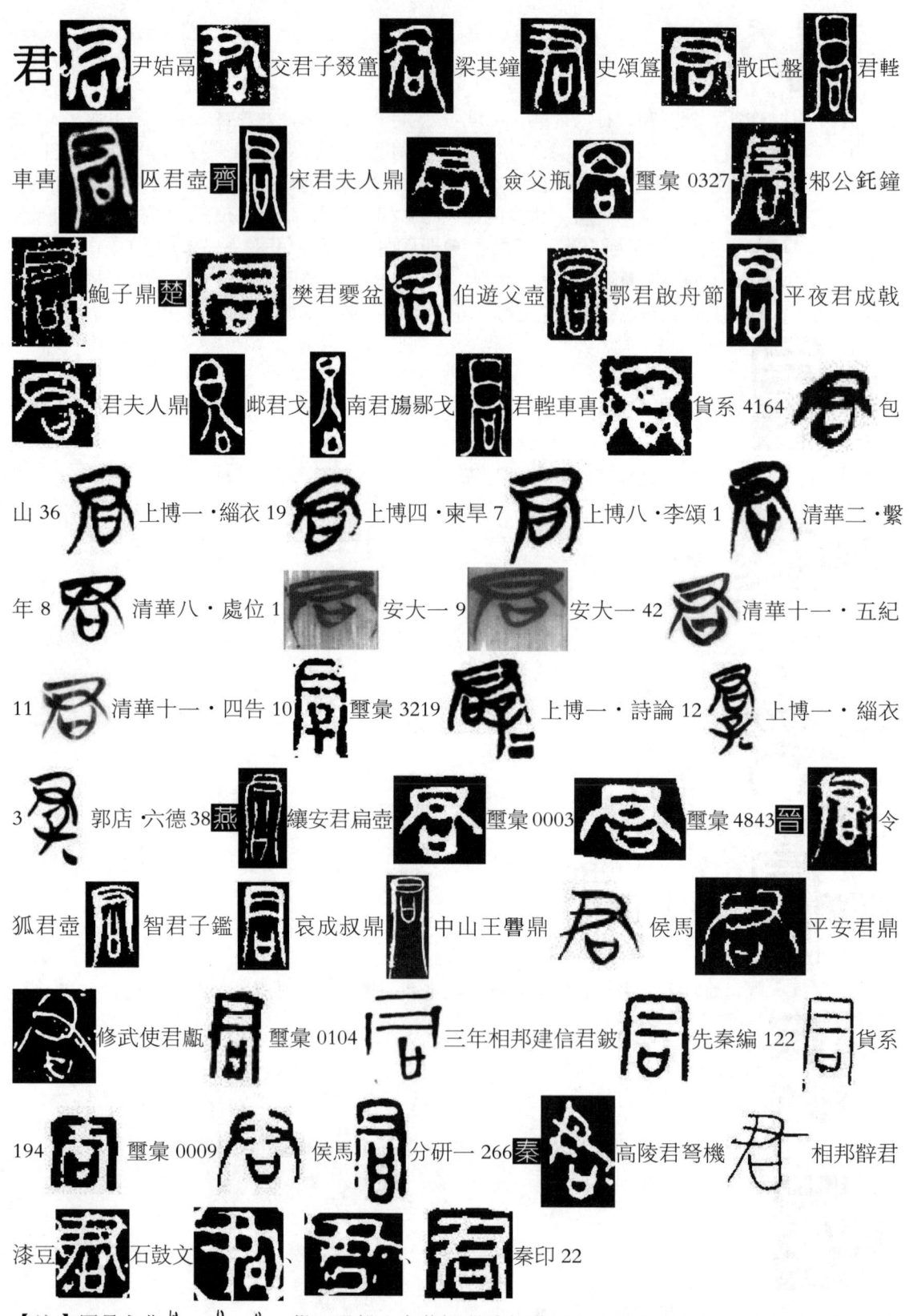

君 尹姞鬲 交君子戟簠 梁其鐘 史頌簋 散氏盤 君輕

車書 匜君壺齊 宋君夫人鼎 僉父瓶 璽彙 0327 邾公鈺鐘

鮑子鼎楚 樊君夔盆 伯遊父壺 鄂君啟舟節 平夜君成戟

君夫人鼎 邺君戈 南君鴻鄡戈 君輕車書 貨系 4164 包

山 36 上博一·緇衣 19 上博四·柬昚 7 上博八·李頌 1 清華二·繫

年 8 清華八·處位 1 安大一 9 安大一 42 清華十一·五紀

11 清華十一·四告 10 璽彙 3219 上博一·詩論 12 上博一·緇衣

3 郭店·六德 38 燕 纏安君扁壺 璽彙 0003 璽彙 4843 晉 令

狐君壺 智君子鑑 哀成叔鼎 中山王嚳鼎 侯馬 平安君鼎

修武使君甗 璽彙 0104 三年相邦建信君鈹 先秦編 122 貨系

194 璽彙 0009 侯馬 分研一 266 秦 高陵君弩機 相邦辟君

漆豆 石鼓文 秦印 22

【注】甲骨文作 、 、 ，從口尹聲。唐蘭謂殷墟卜辭君字之義與尹字同，金文"天君"或

作"天尹",君字初義與尹相通,加口當為分化符(《智君子鑒考》,《輔仁學志》卷七第一、二期)。金文同甲骨文,執筆之形或訛為左右兩手對稱,作月,此戰國文字習見。晉系文字或將對稱兩手中間斷開,則與"廾"混同,《説文》古文保留這種寫法。《璽彙3219》等為"君子"合文。《説文》:"君,尊也。從尹。發號,故從口。古文象君坐形。"本義為能發號施令的人、君主。《尚書》:"奄有四海,為天下君。"又引申為封號,如,戰國的商鞅稱商君,白起稱武安君,還有春申君、信陵君等。●國君。《穌父敦》:"敢對揚皇君休。"●官名。《大令尊》:"罘卿事寮、罘者(諸)尹、罘里君、罘百工、罘者(諸)侯。"●貴族男子尊稱。《令狐君嗣子壺》:"命(令)瓜(狐)君孠(嗣)子乍(作)鑄尊壺。"《晉姜鼎》:"用康醽(柔)妥(綏)褱(懷)遠猷(邇)君子。""君子"指當時的統治階級,與指勞動人民的"小人"相對。春秋末年後,"君子"又成為"有德者"的稱謂。金文或稱"均子"。●少君:即君夫人。《中山王𧊕鼎》:"而皇(況)才(在)于孪(少)君虖?"《左傳·定公十四年》:"從我而朝少君。"孔穎達疏:"少君,猶小君也。君為大君,夫人為少君。"●戰國古璽多為封君璽。典籍較多見,如靖郭君、孟嘗君、安平君等,不備舉。《璽彙0327》"君之廩",齊國某封君之倉廩用印。●古璽中有大量的吉語璽,如"士君子""君壽""君子行志"等等。君如果置於姓名私璽中,則為人名用字。單字璽,可能是"君子"的省稱,若如此,則"君"為成語璽;也可能是表明"君"之地位的身份璽。

 印增 575

【注】從齒君聲。●人名。

 陶錄 2·226

【注】從人君聲。古同"僒"。●"蒦圖匋里王偍",人名。

 陶錄 2·81

【注】從夕偍聲。●"蒦圖匋里人儚",人名。

 璽彙 1598

【注】從水君聲。舊釋為"君水"二字。●"鄭涒",人名。

 上博五·鮑叔 8

【注】從蚰君聲。●疑讀瘝。《上博五·鮑叔8》:"蟲內不為志(災),公蠢亦不為戠(害)。"蠢,張富海先生讀瘝,訓為肢體麻痹。這裏説蝗群卻沒有釀成災難,國君的病也不會給齊國帶來災難。詳"蟲"字。

安大一 80

【注】從皀君聲。●讀飧。《安大一 80》："皮（彼）君子可（兮），不索（素）餼（飧）可（兮）。"《毛詩》作"不素飧兮"。上古音"飧"屬心紐文部，"君"屬見紐文部，二字音近可通。毛傳："熟食曰飧。"

伯頵父鼎褒盤

【注】從頁君聲，與小篆同。《説文》："頵，頭頵頵大也。"本義為頭大的樣子。●人名。《伯頵父鼎》："白（伯）頵父乍（作）朕皇考犀白（伯）、吳姬寶鼎。"

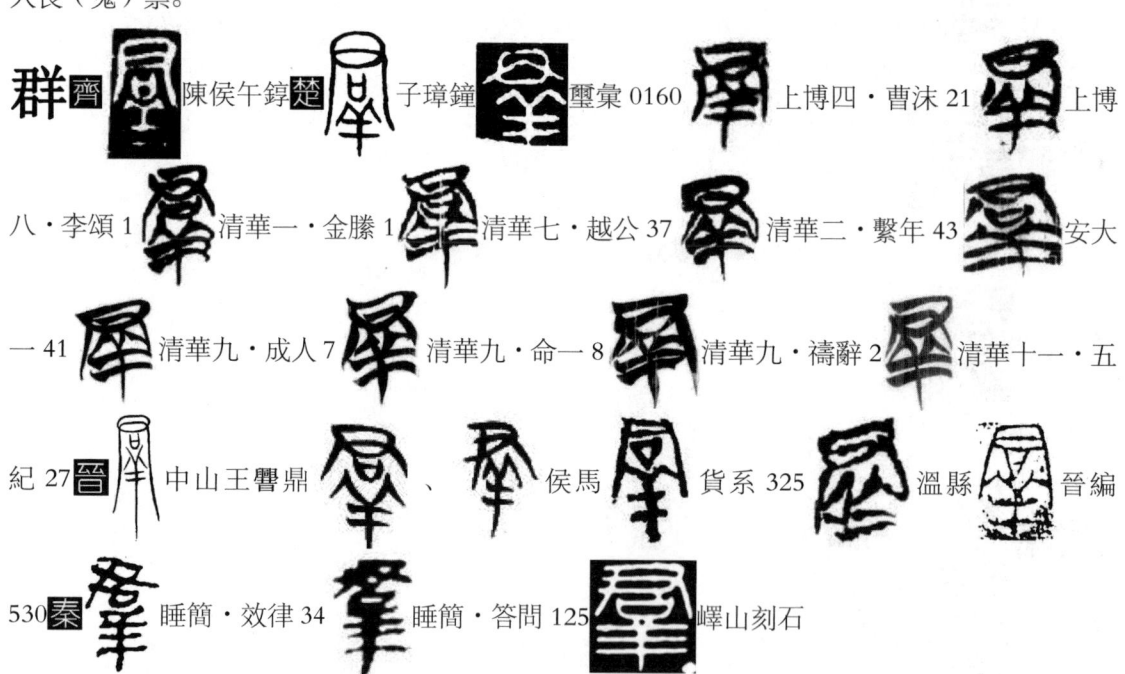清華十一·五紀 93

【注】從木君聲。●整理者括注讀窘。《清華十一·五紀 93》："疾尻（處）頸、脊及倍（尻），是胃（謂）旨（者），祖（詛）盟（盟）祟。疾尻（處）返（腹）心肺肝之中，是胃（謂）棝（窘），人畏（鬼）祟。"

群陳侯午錞子璋鐘璽彙 0160上博四·曹沫 21上博八·李頌 1清華一·金縢 1清華七·越公 37清華二·繫年 43安大一 41清華九·成人 7清華九·命一 8清華九·禱辭 2清華十一·五紀 27中山王譻鼎、侯馬貨系 325溫縣晉編 530睡簡·效律 34睡簡·答問 125嶧山刻石

【注】從羊君聲。《説文》作"羣"。《説文》："羣，輩也。臣鉉等曰：羊性好羣，故從羊。"本義羊群。引申為凡類聚之稱。●戰國文字多用為本義，眾多。《十年陳侯午敦》："隹（唯）十年，墜（陳）侯午淖（朝）群邦者（諸）侯于齊。"●人名。《子璋鐘》："隹（唯）正十月初吉丁亥，群孫斨子璋，璋霥（擇）其吉金。"群孫斨子璋，群的孫子斨的兒子璋。●《睡簡·秦種 2》："早〈旱〉及暴風雨、水潦、螽蚰、羣它物傷稼者，亦輒言其頃數。"羣它物，等物。如有旱災、暴風雨、澇災、蝗蟲及其他蟲害等損傷了禾稼，也要報告受災頃數。

侯馬

【注】從羔（與從羊同）君聲，"群"之異文。●"羣嘑盟者"，讀群。《穀梁傳·定公十年》："齊人鼓譟而起，欲以執魯君。"范甯集解"群呼曰譟"。盟書或作"群"。

猲 伯猲父簠

【注】從犬君聲。●人名。

晜 璽彙 0074　　璽彙 1077　　璽彙 1687　　璽彙 1302

【注】從日君聲。●《璽彙 0074》"晜昉司寇"，地名。餘例為人名。

郡 三年上郡戈　　七年上郡戈　　上郡守譴戈　　十二年上郡守壽戈

上郡假守矗戈　　上郡守慶戈　　☐年上郡守戈　　集證 140·111

【注】從邑君聲，與小篆同。《説文》："郡，周制：天子地方千里，分為百縣，縣有四郡。故《春秋傳》曰'上大夫受郡'是也。至秦初置三十六郡，以監其縣。"本義古代的行政區域。●《上郡武庫矛》："上郡武庫。"《二年上郡守冰戈》："二年，上郡守冰造。"上郡：原為魏國上郡之地。《史記·秦本紀》惠文（前元）十年，"張儀相秦，魏納上郡十五縣"，自此上郡屬秦，是秦鑄造兵器的中心。公元前 221 年秦統一六國，始皇分天下為三十六郡，上郡是其中一個。●秦封泥"郡左邸印""郡右邸印"。《漢書·百官公卿表》典客屬官有"郡邸長丞"，顏師古曰："主諸郡之邸在京師者也。"邸本為諸郡及諸侯國為朝見而設置在京城的住所，大約相當於清代的各省會館，今天的各省駐京辦事處，郡邸則為其管理機構。郡邸初屬少府，因為很多遠郡有少數民族，所以後來又歸大鴻臚（典客）。又因其事繁，分為郡左邸、郡右邸。

郡 璽彙 0238

【注】從火郡聲（郡之偏旁與邑共用口旁，火旁移至上部）。●齊璽"郡穉信鉨"疑讀鄆，姓氏。《廣韻·問韻》："魯夫食邑與鄆，後因為氏。"《晉侯穌鐘》作"鄲"，疑鄲亦為鄆之異體。

裠（裙） 公子裠壺

【注】從衣君聲。"裙"之異文，與《説文》"帬"或體同。●人名。《公子裙壺》："公子裙儆。"或釋為"裒"。

 睡簡·封診 58

【注】從巾君聲。《説文》："帬，下裳也。從巾君聲。裠，帬或從衣。"本義下裳，古代男女都有下裳。今字作"裙"。●用為本義，讀裙。《睡簡·封診 58》："衣布襌帬、襦各一。"

 清華八·心中 5　安大一 37　安大一 80

【注】從鹿君聲。●讀攈。《清華八·心中 5》："𦕈（聞）儕（訊）貝（視）聖（聽），才（在）善之麕，心女（焉）為之。"整理者注："麕，從鹿，君聲，即'攈'字異體。《説文》：'攈，拾也。從手，麇聲。'""在善之攈"即在于採取善的方面。●《安大一 80》："古（胡）詹（瞻）尔廷（庭）又（有）縣麕可（兮）。"《毛詩》作"胡瞻爾庭有縣鶉兮"。"麕"即"麇"字異體。《説文·鹿部》："麇，麕也。從鹿，囷省聲。𪋅，籀文不省。《詩經》"野有死麕"，《釋文》："本亦作'麕'，又作'麏'，俱倫反。麕，獸名也。《草木疏》云：'麕，麞也，青州人謂之麇。'"《禮記·内則》"麋鹿田豕麕皆有軒"，《周禮·天官·腊人》鄭注引"麕"作"麇"。從前兩章"狟""特"來看，簡本"麕"用其本字，《毛詩》"鶉"當為借字。上古音"麕"屬見紐文部，"鶉"屬禪紐文部，二字音近可通。《安大一 37》："埜（野）又（有）死麕（麕），白茅橐（苞）之。又（有）女裒（懷）萅（春），吉士繇（誘）之。"

 安大一 80

【注】從囗麕聲，"困"字異體。"困"是會意字，"𡈇"是形聲字。●讀困。《安大一 80》："古（胡）取尔禾三百𡈇（困）可（兮）？"《毛詩》作"胡取禾三百困兮"。毛傳："圓者為困。"《釋文》："困，丘倫反，圓倉。"

 天星

【注】從囗君聲，疑"困"之異文。君聲、困聲可通。《説文》"麇"之籀文作"麕"，從困聲。《玉篇·鹿部》："麕，同麇。"可證。《説文》："困，廩之圓者。從禾在囗中。圓謂之困，方謂之京。""困"為會意字，"𡈇"則為形聲字。●人名。

 璽彙 2611

【注】從貝君聲。●齊璽人名。

寏 楚 清華九 · 治政 37

【注】從宀焄聲，當為"熏"字的或體。《玉篇》："焄，謞雲切。火上出也。亦作熏。"此當讀為《詩·雲漢》"憂心如熏"之"熏"，毛傳："熏，灼也。"●疑讀宭。《清華九·治政 37》："古（故）萬民寏通寒心以懥（盡）于上。"寏通，即"宭痛"，即困迫痛苦之義。

定紐允聲

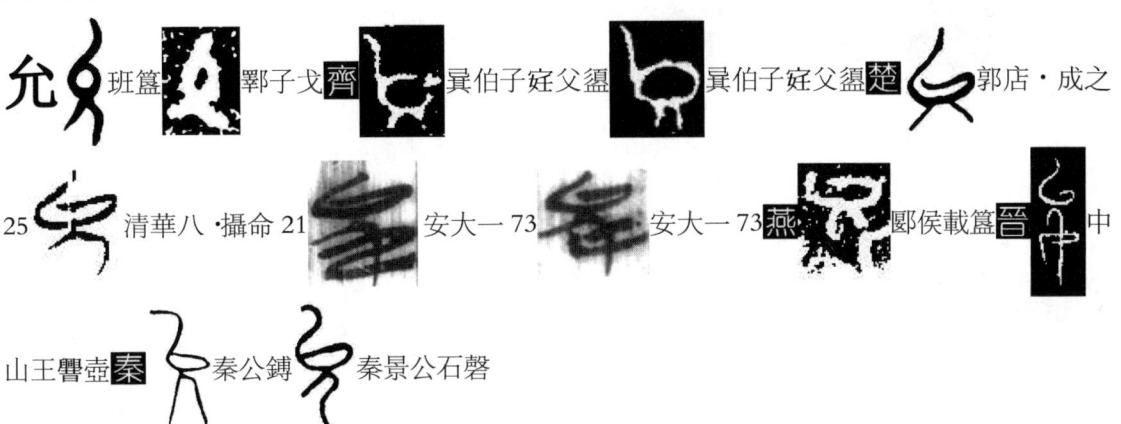

允 𠂤 班簋 鄑子戈 齊 曩伯子㝃父盨 曩伯子㝃父盨 楚 郭店 · 成之

25 清華八 · 攝命 21 安大一 73 安大一 73 燕 郾侯載簋 晉 中

山王嚳壺 秦 秦公鎛 秦景公石磬

【注】甲骨文作 𠂤、𠂤、𠂤、𠂤、𠂤，象人形，突出了其頭面的長大肥實。徐中舒曰："象人頭頂有標誌之形，所象何意不明。前人考釋亦眾說紛紜，如謂：象人回顧形，點首允許之狀，頭上之丨為進而益上之形等，均屬傅會立說不足取。據金文字形亦作𠂤或作𠂤，可見人之頭部已訛作𠂤。"（《甲骨文字典》958 頁）金文同甲骨文。《說文》："𠂤，信也。從兒㠯聲。"許慎以為形聲字，從人㠯聲，亦可參。本義誠信。如《詩經》："允矣君子！"又引申為公平，如《後漢書》："案灋平允。"現在多用作允許、允諾。●誠實、誠信。《中山王嚳壺》："允㦬（哉）若言。"《書·舜典》："夙夜出納朕命，惟允。"《爾雅·釋詁》釋允為"信也"。《郭店·成之 25》："允帀（師）淒（濟）悳（德）。此言也，言信於眾之可以淒（濟）悳（德）也。"信于民眾才能成德。●讀狁。《不娛簋》："廠允（玁狁）廣伐西俞。"●讀訊。《師訇簋》："易（賜）女（汝）𩛥（秬）鬯一卣、圭瓚（瓚）、尸允三百人。"允，郭沫若讀訊。●讀銳。銳，《說文》"侍臣所執兵也"。《鄑子戈》："鄑子☐臣之元允戈。"允戈，當是侍臣所執之戈。●讀猶。《安大一 73》："允來毋迺（止）。"《毛詩》作"猶來無止"。上古音"猶"屬喻母幽部，"允"屬喻母文部，二字音近可通。《上博三·周》"九四：猷（猶）餘（豫），大又（有）得"，馬王堆帛書本"猷"作"允"。毛傳："猶，可也。"

𣎆 𣎆 兮甲盤 𣎆 虢季子白盤

【注】《兮甲盤》從夅允聲，與小篆同。《說文》："𣎆，進也。從夅從中，允聲。《易》曰：'𣎆升大吉。'"高田忠周謂："允疑𣎆字省文。升也進也。皆一義也。𣎆允通用。蓋許氏字形說有誤。𣎆字元從夅允聲。或省作𣎆也。夅者疾也。進趨之謂。𣎆字從夅。其意顯明。"（《古籀篇四十》）

銘文中用為玁狁字。●讀狁。《虢季子白盤》："搏（搏）伐厰狁（玁狁），于洛之陽。"玁狁，古族名。殷周之際，主要活動于今陝西，甘肅北部及內蒙古自治區西部。從事遊牧，強悍善戰。常對周進行擾掠。後在周的打擊下失敗北遁。《詩·小雅·采薇》："靡室靡家，玁狁之故。"文獻或作"獫狁"。

多友鼎

【注】從爿允聲，疑"抗"之異文，銘文中亦用為"玁狁"字。●讀狁。《多友鼎》："唯十月用嚴（玁）毓（狁）放（方）瘨（興）。"

説 楚  包山179 晉 溫縣

【注】從言允聲，"允"之繁文。●人名。

沇 楚 沇兒鎛

【注】從水允聲。《説文》："沇，水。出河東東垣王屋山，東為泲。沇古文沇。"本義為水名。●人名。《沇兒鎛》："邾（徐）王庚之愚（淑）子沇兒羃（擇）其吉金，自乍（作）龢鐘。"

枕 楚 望山2·2

【注】從木允聲。●讀楯。"允""盾"古音同部，聲母亦近。《説文》："楯，闌檻也。"簡文"龍枕"，指裝飾有龍紋的欄杆。

昳 田 伯梁其盨二 田 伯梁其盨二 田 牆盤 田 頌壺 田 伯梁其盨 田 猷鐘 田 克鼎 田 追簋 田 此簋 田 此鼎 田 頌壺 田 頌簋 田 頌鼎 田 大盂鼎 田 戎生鐘 楚 清華六·子產21 清華六·子產24 清華十·四告11 清華十·四告12 秦 秦公簋

【注】甲骨文作、，從田允聲。金文同甲骨文。●讀訊，拘執、整治的意思。《牆盤》："通征四方，達（撻）殷畯民，永不（丕）巩（恐）狄。"《周禮·秋官·小司寇》："一曰訊群臣，二曰訊群吏，三曰訊萬民。"畯、畯一字。"畯民"就是這裏所説的訊萬民。在典籍中也有借"俊"為"訊"。《書·多士》説："乃命爾先祖成湯，革夏俊民，甸四方。"俊民，也就是訊民。"革夏俊民"與"撻殷畯民"的句灒一樣，都是説改朝換代統治其人民。"畯民"，《大盂鼎》作"畯正乒民"，"畯正"二字都是整治的意思。●讀駿，大、長。《師俞簋蓋》："天子其萬年鬙（眉）壽黃考，畯才（在）立（位）。"《詩·大雅·文王》："駿命不易。"毛傳："駿，大也。"《大盂鼎》："匍（敷）有四方，畯正乒（厥）民。"正者，政也、治也。畯正，釋作大治。《呂氏春秋·順民》："湯克夏而正天下。"《清華十·四告12》："天尹咎（皋）繇（繇），母（毋）刃（忍）睪（斁）哉，畯（駿）保王身。"●讀俊，表示才智出眾。《追簋》："畯臣天子。"畯臣，即俊臣、賢臣。楚文字多讀俊。《清華六·子產21》："子產用舞老先生之畯（俊）。"《清華十·四告11》："秉又（有）三畯（俊）。"

穔〔齊〕  司馬楙編鎛

【注】從禾畯聲。●讀駿，大、長。《司馬楙編鎛》："穔楙子=孫=，萬年是保。"

峻〔　〕 ⊞⊞ 大克鼎

【注】從山畯聲，古"峻"字。《説文》："陵，高也。從山夌聲。峻，陵或省。"●地名。《大克鼎》："易（賜）女（汝）丼家□田于畯（峻）。"

脧〔楚〕 清華十一·五紀84

【注】從肉畯聲。●讀脧。《説文》："脧，赤子陰也。從肉夋聲。"《清華十一·五紀84》："北主（斗）為心，昌坣（壁）為胇（肺）肝，良（狼）為胤（腎），毖（伐）為脧（脧），軫為溓（尻）。"

蹲〔楚〕 清華十一·五紀89

【注】從立畯聲。●讀蹲。《清華十一·五紀90》："睪（擇）盈（蠲）飤（食）歠（飲）匋（飽），止坡（跛）蹲（蹲）尻（踞）佒（肆）。"詳"佒"字。

鈗 弨仲簋

【注】從金允聲。《説文》："鈗，侍臣所執兵也。從金允聲。《周書》曰：'一人冕，執鈗。'讀若允。"●讀鉛。《説文》"沿，古文沇"，是允聲和台聲互通之證。《弨仲簋》："弨中（仲）

乍（作）寶簠，羃（擇）之金，鈢（礦）銑鎂鑪（鋁）。"

夋〔楚〕 上博一·緇衣18　　上博一·緇衣3　　清華一·程寤8　　帛書甲

郭店·緇衣5　　清華八·邦道20　　清華一·保訓7　　清華三·琴舞4　　清華五·

湯丘2　　清華三·説命中2〔晉〕中山王𨠑壺〔秦〕不嬰簠

【注】"夋"實為"允"之繁體，從夊允聲。●讀狁。《不嬰簠》："馭方厰（玁）夋（狁）廣伐西俞。"●讀允，應允。《帛書甲》："帝夋（允），乃為日月之行。"●讀尹。郭店、上博"尹夋"為伊尹，人名。文獻中的寫法為："伊尹""伊摯""尹躬"。故或隸定為躬，從身𠃊聲，文獻中"尹躬"之"躬"為"躬（𨈬）"之誤。●讀允，信也。《清華八·邦道20》："亓（其）正（政）事（使）取（賢）、甬（用）能，則民夋。"允，《爾雅·釋詁》："信也。"邢疏："謂誠實不欺也。"

俊〔秦〕 關簡367

【注】從人夋聲。●《關簡367》："平旦晉，日出俊，食時錢，日中弍。"晉、俊、錢、弍等含義待考。

浚〔楚〕 清華一·尹至2　〔秦〕 關簡367

【注】從水夋聲。●讀允。《詩經·大雅·大明》曰："聿懷多福。"《春秋繁露·郊祭》引"聿"作"允"。"聿""允"皆語詞也。《清華一·尹至2》："民沇（允）曰：'余及（及）女（汝）皆（偕）芒（亡）。'"簡文"民允曰"，猶言"民用目（以）曰"。或謂讀允，訓為誠然，亦通。《詩·大雅·公劉》："度其夕陽，幽居允荒。"鄭玄箋："允，信也。夕陽者，幽之所處也。度其廣輪，幽之所處信寬大也。"●《關簡367》："平旦晉，日出俊，食時錢，日中弍（一），餔時浚兒。"《秦簡牘合集》編著者的釋文為"浚兒"，採用或説讀為"狻猊"，指獅子。

逡〔楚〕 上博八·道餓4

【注】從辵夋聲。●《上博八·道餓4》："魯司寇奇，詹（言）遊於逡楚。""楚"讀胥，等待。陳劍疑"奇"字應讀為燕飲之"燕"，字亦作"宴"。"逡"可讀為"術"，即所謂"邑中道也"。言遊聞魯司寇將為燕飲之禮，竟至不能於家中安坐而出於路中企望等待，其急切之情可見。（《上博（八）·子道餓》補説）

2070

篸廿七年陽曲蓋弓帽

【注】從竹夋聲。聲符稍訛。《海篇》音梭。《類篇》織具，所以行緯也。●讀陵，姓氏。《廿七年陽曲蓋弓帽》：“十七年，易（陽）曲篸馬重（童）。”

竣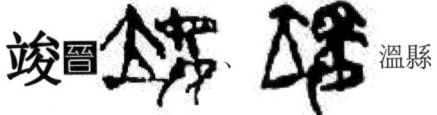溫縣

【注】從立夋聲。●溫縣盟書人名。

暛祈室銅柱

【注】從日竣聲，疑“竣”之繁文。●讀竣。齊器“暛戠逺”，戠逺，讀侵凌。

畯秦公鎛

【注】《説文》：“畯，農夫也。從田夋聲。”本義是管田的小官，也稱田夫、農正、嗇夫、田官等，如《詩經》：“同我婦子，饁（送飯）彼南畝，田畯至喜。”●讀駿，大、長。《秦公鎛》：“秦公娶（其）畯黐（令）才（在）立（位）。”《詩·大雅·文王》：“駿命不易。”毛傳：“駿，大也。”

酸酸棗戈

【注】從酉夋聲，與小篆同。《説文》：“酸，酢也。从酉夋聲。”從“酉”，與酒、酪等有關，本義醋。●《酸棗戈》：“酸棗。”酸棗，地名。《左傳·襄公三十年》：“八月甲子，（游吉）奔晉。駟帶追之，及酸棗。”在今河南延津西南，春秋鄭地，戰國屬魏。

晃清華五·封許 1

【注】從日允聲。●讀允，城也、信也。《清華五·封許 1》：“雁（膺）受大命，晃（允）尹三（四）方。”《書·大禹謨》：“人心惟危，道心惟微，惟精惟一，允執厥中。”孔穎達疏：“信執其中正之道。”《古代漢語虛詞辭典》解釋説：“用於動詞前，表示施動者真心實意地發出某一動作行為。可譯為‘誠實地’、‘誠懇地’等。”

夤望山 1·10　　包山 67　　包山 177　　包山 221　　包山 224

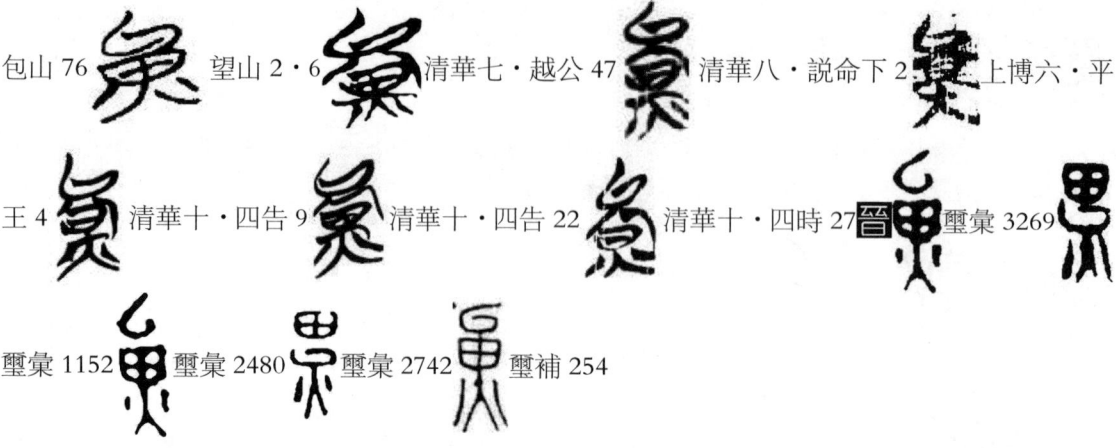

包山 76　望山 2・6　清華七・越公 47　清華八・説命下 2　上博六・平

王 4　清華十・四告 9　清華十・四告 22　清華十・四時 27 晉 璽彙 3269

璽彙 1152　璽彙 2480　璽彙 2742　璽補 254

【注】從火夋聲，疑"焌"之異文。●讀爨。《包山 99》："貪（爨）月辛酉之日。"同於秦簡的"爨月"，據包山楚簡楚曆的月序，所指代的月份，當為楚曆十一月。●讀酸。"爨"古音在清母元部；而"夋"所從的"俊""駿"等古音或在精母文部，所從的"峻""浚"等或在心母文部，所從的"酸""狻"等或在心母元部。精、清、心三紐同屬齒音，文、元二部旁轉。"爨"與"夋"古音相通，故楚系文字常假"貪"為"爨"。《上博六・平王 4》："知醢不盍，盬（酪）不貪（酸）。""醋不酸"是醃制醃菜時没有蓋上蓋子才會出現的結果。●《清華三・説命下 1》："小臣罔貪（俊）在朕備（服），余惟命汝敓（説）螎（融）朕命。"疑讀俊或讀駿，《爾雅・釋詁》："駿，長也。"朕服，指王朝職事。《書・文侯之命》："罔或耆壽俊在厥服。"融，意為明；亦可讀用。簡文意為：小臣没有長久在王朝任職的，我所以命令你（傅説）昭明我的命令（讓傅説昭明王的命令，可以理解為即任命其為執政）。●讀允。《清華十・四告 22》："頌（容）貪（允）孔慮（嘉）。"●晉璽有"貪謕""貪弃"等，讀爨，姓氏。秦印有"爨氏""爨午"等。戰國時魏有爨襄。後漢有爨肅，河南尹；三國時蜀有爨琛，交趾刺使。

蔉 楚  望山 1・8　清華十一・五紀 111 晉 戰編 45

【注】從艸貪聲。《戰編 45》"火"旁形體濃縮作四點。●望山簡讀爨。"蔉月"讀"爨月"。●晉璽人名。●《清華十一・五紀 110》："以亓（其）口為售（㔛），以亓（其）亦（腋）毛為首（茨），以亓（其）縷為蔉（芹）。"整理者讀芹。

戩 楚  包山 269　包山 272　包山 273

【注】從戈貪聲。疑"羧"之異文。●讀玃，《集韻》小猶也。《包山 269》："戩（玃），三謍（就）。"《包山 273》："二戩（玃），皆戠（侵）二謍（就）。"或謂讀羧。

鞍 楚  包山 271

2072

【注】從韋奠省聲，"轙"之異文。●讀轙。《包山271》："豻（犴）貘（貘）之輨（轙）銨。"
《説文》："轙，車衡三束也。曲轅轙縛，直轅篝縛。从革竷聲。讀若《論語》'鑽燧'之'鑽'。
鐕，轙或从革、贊。"

坴（舜） 楚 郭店・窮達2　　上博二・子羔2　　上博二・子羔6

上博二・子羔8　　上博七・武王1　　清華一・保訓4　　郭店・唐虞10　　郭店・唐

虞1　郭店・唐虞23　　清華三・良臣1　　上博九・舉治10 秦 戰表320

【注】從土埈聲，疑古埈字。埈，《廣韻》同陵。坴上部或訛為刀（詳"矣"字），《説文》"舜"
古文垚應為此形加飾筆而來。《汗簡》作垚。秦漢文字作，可能與坴的訛變形有關。●均讀舜，
上古帝王名。《郭店・窮達2》："坴（舜）畊（耕）於扄（歷）山。"

泥紐刃聲

刃 冬刃戈 楚 右坴刃鼎　　右坴刃鼎　　郭店・成之35　　清華十・四告

12 晉 六年襄城令戈　　三十三年大梁戈 秦 睡簡・答問124

【注】甲骨文作，，，從刀，圓圈表示鋒刃所在，圓圈或脱離刃部。戰國文字圓圈省為
短斜筆。刃、刅及刀之繁文（）在偏旁中或同形，只能依據偏旁組合關係加以區別。《説文》：
"刃，刀堅也。象刀有刃之形。"本義刀口、刀鋒。●族氏名。《冬刃戈》："冬刃。"●兵刃。《六
年襄城令戈》："戝（長）戟刃。"《睡簡・答問124》："捕貨罪，即端以劍及兵刃刺殺之，可（何）
論？"●"刀"之繁文。《右坴刃鼎》："右坴刃。"●讀忍。《郭店・成之35》："少（小）人不經
（逞）人於刃（忍），君子不經（逞）人於豊（禮）。"忍，意為殘忍狠心。意為小人不向人顯示
其狠心，君子不向人夸耀其多禮。●《清華十・四告12》："天尹咎（皋）緐（縣），母（毋）刃
罣（斁）哉。"讀牣，訓為滿。《説文・牛部》："牣，滿也。從牛刃聲。《詩》曰：於牣魚躍。""斁"
訓為厭足。

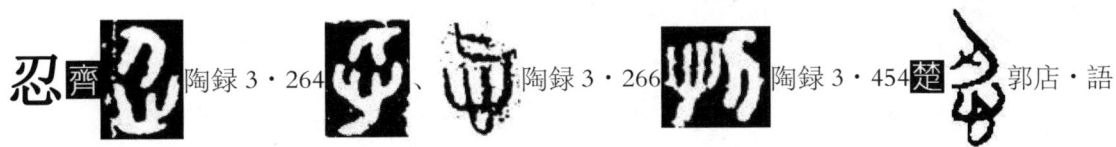

忍 齊 陶録3・264　　陶録3・266　　陶録3・454 楚 郭店・語

叢二 51  上博六·競公 7  清華六·孺子 11  清華七·子犯 2  清華八·處位 7  清華一·程寤 7  清華一·祭公 18 晉  中山王礱壺 秦  睡簡·為吏 36

【注】齊陶作從刀從心，舊釋為“忍”。《説文》：“忍，怒也。從心刀聲。讀若顡。”段玉裁注：“各本作刀聲。今刪正。從心刀，謂心中含怒如懷刃也。”又《説文》：“忍，能也。從心刃聲。”《説文》以“能”訓“忍”乃聲訓。“忍”的本義指忍耐、克制，與“忍”在詞義上有引申關係。葉玉英認為在字形上，“忍”是由“忍”改造而成的，即在“忍”所從之“刀”加一指事符號，使變從刃聲。古音“忍”在疑紐物部，“忍”在日紐文部，聲韻俱近。(《古文字構形與上古音研究》373 頁）戰國文字從心刃聲。《説文》：“忍，能也。從心刃聲。”本義忍耐。●忍耐、容忍。《中山王礱壺》：“牆（將）與䖒（吾）君並立于殜（世），齒張（長）于遌（會）同，則臣不忍見旃（也）。”●抑制、克制。《上博三·恒先 1》：“自猒（厭）不自忍；或乍（作）。”“恆”的狀態，雖然是完全虛靜、安定而自足，卻不抑制啟動的可能性。●齊陶人名。●疑讀恩。《清華八·處位 7》：“或忍（恩）觀（寵）不逕（顯），詬託（耗）無甬（肩）。”

㣼 楚  左塚漆梮

【注】從人忍聲。●讀忍。“余（徐）㣼（忍）”與 C 邊相鄰的“速勫（懈）”意適相反。

昒 楚  包山 150  包山 135

【注】從日刃聲（刅和刃形近易混）。●包山簡人名。

靭 晉  十苿方壺  十三苿方壺  十四苿方壺  十四苿銅虎

、 厝編 51

【注】從革刃聲，“韌”之異文。●讀紉。《十四苿方壺》：“啬夫亳更所靭斡器。”或以為“勒”之異體，而讀勒。

釖 楚  上博二·容成 18  清華九·治政 22

【注】從金刃聲。●《清華九·治政 22》：“卑（譬）之若金，剛之盡毀，柔（柔）之盡釖。”《集

韻・質韻》："釰，鈍也。"比如説金屬，剛硬的弊端是（容易）毁斷，柔靭的弊端是（容易）捲曲。●讀刃，磨也。《上博二・容成 18》："不斳（製）革，不刃（刃）金，不鉻（略）矢。"《莊子》："與物相刃相靡，其行盡如馳，而莫之能止。"

 清華九・治政 28

【注】從玉刃聲。●當是玉石之名。《清華九・治政 28》："青黄金、玉、珠、玟、璿、玏珢（飾）戡（歲）至。"

 曾侯 16　曾侯 23　曾侯 67　曾侯 70

【注】從韋刃聲。●曾侯簡習見，讀紉。疑簡文"紛靭"指多股未編之繩。天星簡有"紛紉"，當以"紉"為正字。《説文》"單繩為紉"。

 陶彙 3・1186　天星　郭店・六德 31　清華八・八氣 7

上博九・陳公 17

【注】從糸刃聲。●《清華八・八氣 7》："金曰佳（唯）鑾（斷）母（毋）紉。"這裏與"斷"相對，側重于"柔"。●讀恩。《郭店・六德 31》："門内之絤（治）紉（恩）弇宜（義），門外之絤（治）宜（義）斬紉。"此説當即《大戴禮・本命》《禮記・喪服四制》所作"門内之治恩掩義，門外之治義斷恩"。治理門内與門外之事，所應采行之判斷標準，一則以恩，一則以義，兩者並不相同。裘錫圭讀仁。●齊陶人名。

 新蔡零 105

【注】從土刃聲。●義不詳。

 六年相邦司空馬鈹

【注】從鳥刃聲。●人名。

來紐侖聲

侖 郭店・尊德 1　郭店・尊德 35　郭店・性自 17　郭店・成之 31

清華七·越公50 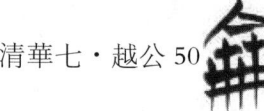 清華十一·五紀18 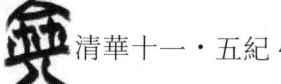 清華十一·五紀4  清華十一·五紀

62  清華十一·五紀38  中山王䍩鼎  七年侖氏韓化戈 璽彙0341

【注】甲骨文作侖，從亼（表聚集），從冊（編竹簡），會集合簡牘編排次序之意。或以為象編管樂器之形，殆樂管編排有序，層次井然，故從侖得聲之字均有條理義。金文同甲骨文。楚系文字或于冊上加二口，與"咠"字混同。《説文》："侖，思也。從亼從冊。𩔖籀文侖。"本義是有條理。●讀論。《中山王䍩鼎》："侖（論）其惡（德），眚（省）其行，亡不忎（順）道。"《清華七·越公50》："王曰侖（論）省其事。"●讀綸。《七年侖氏戈》："七年，侖氏命（令）𢎨（韓）化。"侖氏，即綸氏，地名，戰國時屬韓，《古本竹書紀年》載"楚吾得帥師及秦伐鄭，圍綸氏"，即此。在今河南登封縣西。西漢置為綸氏縣。《璽彙0341》"侖守坅"的"侖"即"綸"。●楚簡多讀倫。《郭店·尊德1》："酉（尊）惪（德）義，明虖（乎）民侖（倫），可以為君。"《考工記·弓人》"析幹必倫"，鄭注："順其理也。"倫、𤇥皆有順次、條理之意。

撖秦 十鐘3·34 珍秦158 印增467 陝新746

【注】從手侖聲。●秦印人名。

論秦 睡簡·秦種124 睡簡·效律39

【注】從言侖聲。●處罪。《睡簡·效律49》："以律論之。"

淪 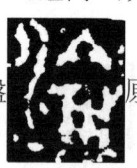伯駟父盤 原氏仲簠 原氏仲簠

【注】從水侖聲，與小篆同。《説文》："淪，小波為淪。《詩》曰：'河水清且淪漪。'一曰没也。"本義水起微波。●人名。《原氏仲簠》："邍（原）氏中（仲）乍（作）淪中（仲）嬀家母媵（勝）𠃊。"

䜽 䜽伯卣 䜽伯卣

【注】從谷侖聲，疑"淪"之異體。從卩之字或從谷，《説文》"隤"古文作"𢿐"，《集韻》"隙"或作"𤟭"，是其證。●人名。《䜽伯卣》："䜽白（伯）乍（作）寶障彝。"

 匯考 135　錢典 252

【注】從邑侖聲。●韓器"鄗（綸）氏"，讀綸氏，地名。

20  上博三·周易 58　　曾侯 12　　安大一 79　　睡簡·秦種 89

【注】從車侖聲。●戰國文字均用為本義，車輪。《郭店·語叢四 20》："善事其君者，若兩輪之相遳（轉），而終不相敗。"《安大一 79》："贛=（坎坎）伐輪可（兮），今牐（將）至者（諸）河之沌（滑）可（兮）。"

綸  上博三·彭祖 2　　上博六·用曰 16　　清華九·廸命二 8　　印

增 508

【注】從糸侖聲。聲符訛為畲。●《上博六·用曰 16》："戔亓（其）綸絽（紀）。"綸紀，猶綱紀。《説文》云："紀，別絲也。"段《注》："別絲者，一絲必有其首，別之是為紀。眾絲皆得其首，是為統。""綸"為糾絲而合之。"綸紀"猶綱紀，以絲繩為喻，合之為綸，別之為紀。●讀倫。《上博三·彭祖 2》："舍（余）告女（汝）人綸（倫）。"《清華九·廸命二 8》："不綸之澀（攝）女（焉）取資。""不綸之涉"即參與不合理的事。

精紐尊聲

尊  商戲簋　　欙仲簋　　尹舟作兄癸卣　　或者鼎　　鄗祁鬲

小子𤔲鼎　　小子𤔲鼎　　貴作父辛尊　　德克簋　　叔侯父簋　　士山盤

晉侯㜈馬壺　　歸叔山父簋　　此簋　　詰簋　　詰簋　　伯梁父簋

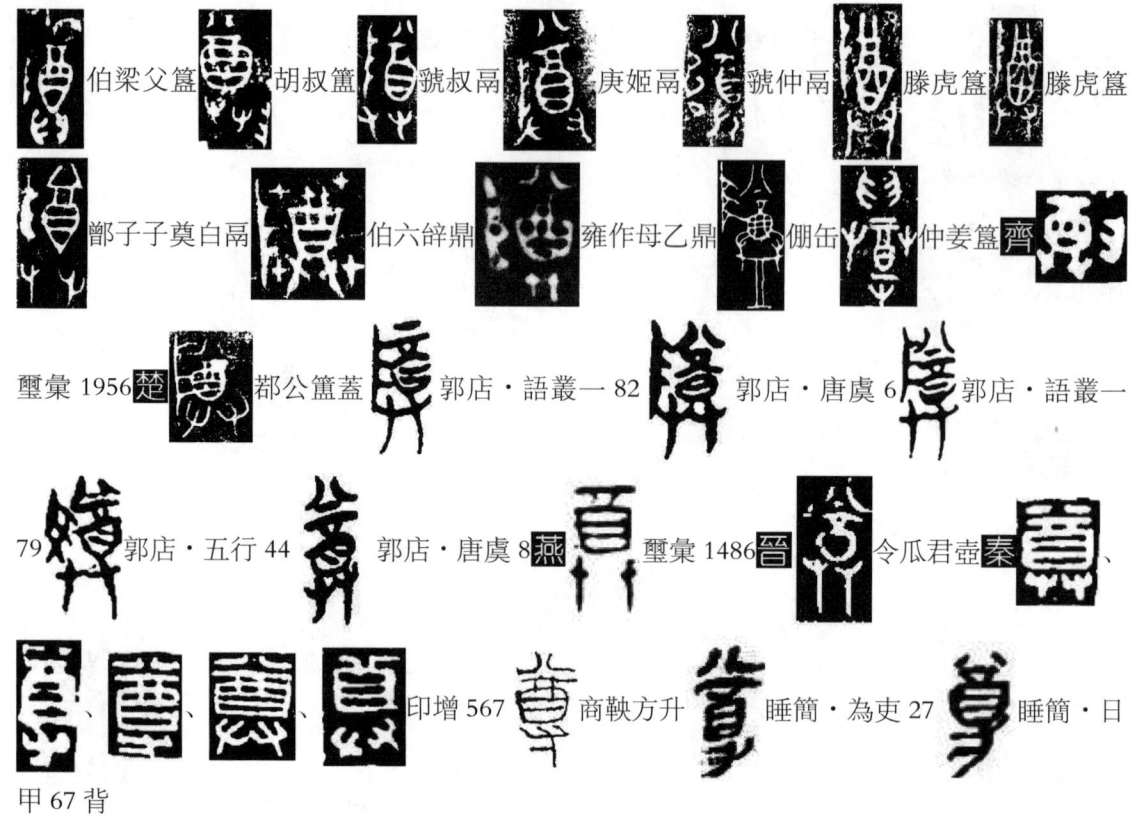

伯梁父簋　　胡叔簋　　虢叔鬲　　庚姬鬲　　虢仲鬲　　滕虎簋　　滕虎簋

鄫子子奠白鬲　　伯六辝鼎　　雍作母乙鼎　　倗缶　　仲姜簋齊

璽彙 1956楚　　郜公簋蓋　　郭店·語叢一 82　　郭店·唐虞 6　　郭店·語叢一

79　　郭店·五行 44　　郭店·唐虞 8燕　　璽彙 1486晉　　令瓜君壺秦　、

、　　、　　、　　印增 567　　商鞅方升　　睡簡·為吏 27　　睡簡·日

甲 67 背

【注】甲骨文作昌、凡、𤔲、𦥑、𦥑、𦥑，從酉從廾（雙手），或增從阜；以雙手抱酒壇上階登
梯，以酒敬神，會酒尊、敬酒之意。金文同甲骨文，或從酋（酋、酉一字之分化）。《倗缶》增
從皿，用為"尊"。《仲姜簋》為吳振烽所釋，造字之意與"尊"同。秦系文字省左手，存右手
並加點為寸，乃變形音化；與《說文》或體同。楚文字或作𤔲（望山 2·45），𦥑（郭店·尊德
義 20），變形音化從弇聲。《說文》："𦥑，酒器也。從酋，廾以奉之。《周禮》六尊：犧尊、象尊、
著尊、壺尊、太尊、山尊，以待祭祀賓客之禮。𦥑尊或從寸。"本義為舉杯敬酒，也指盛酒的器
物。●奠祭，有置酒、陳設、進獻之義。《四祀邲其卣》："乙巳，王曰：障文武帝乙宜，才（在）
𥱊（召）大廟（廳）。"《儀禮·士冠禮》："側尊一甒，醴在服北。"鄭玄注："置酒曰尊。"胡培
翬正義："置酒謂之尊，猶布席謂之筵，皆是陳設之名。""尊宜"是一種奉獻酒肴的禮儀。尊、
宜可以分用，也可以連用。《邲尊》："辛未，婦障（尊）宜才（在）𤔲（闌）大（太）室。"●宗
廟彝器的通稱，金文多稱為"尊彝""尊鼎""尊簋""尊鬲"等，往往指一組祭器。《康侯鼎》：
"康侯封乍（作）寶障。"《揚簋》："揚作父辛尊彝。"●酒器。一般以青銅鑄成，鼓腹侈口，高
圈足，無鋬，作圓形或方形，形制較多，用以盛酒，盛行于商代和西周初期。《智尊》："智乍（作）
文考曰庚寶尊器。"●讀寸，量詞。《商鞅量》："良造鞅，爰積十六尊（寸）五分尊（寸）壹為
升。"銘意為，以十六又五分之一立方寸的容積定為一升。秦簡多以"寸"為寸，《睡簡·日甲
67 背》亦以"尊"為寸。●楚簡均讀尊。《郭店·五行 44》："君子智（知）而與（舉）之，胃
（謂）之障（尊）𢇭（賢）。"●秦印"敦祭尊"，"祭尊"為古代大饗宴時酹酒祭神的長者。

遵秦　　會稽刻石

【注】從辵尊聲。●遵守、奉行。《會稽刻石》：“皆遵軌度。”

 薄 秦 印增 571

【注】從艸從水尊聲。當為“尃”之繁文。●秦印“公祖薄”，人名。

清紐寸聲

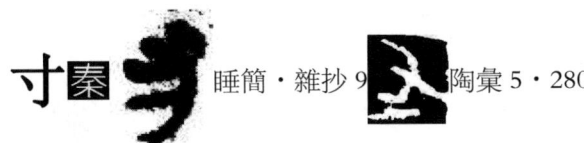 寸 秦 睡簡·雜抄 9 陶彙 5·280

【注】從又，象手形，示手後一寸之處。●秦簡長度單位。《睡簡·雜抄 9》：“騭馬五尺八寸以上。”秦文字或用“尊”表示寸。楚文字用“奔”表示。

 鮒 秦 印增 603

【注】從魚從寸，字不見于字書。聲不詳，暫入寸聲。●單字璽。

從紐吅聲

 吅 齊 陳喜壺 楚 上博五·三德 13

【注】甲骨文作、、，象二人並卪狀，會形迹卑順之意。《陳喜壺》作，馬承源隸作“吅”，認為即“巽”的本字。（見馬承源《陳喜壺》）“吅”為“巽”之初文，加對稱符號遂成，進而演化為、、、、等形，許慎遂以為下從丌。《説文》：“，具也。從丌吅聲。臣鉉等曰：庶物皆具丌以薦之。古文巽。篆文巽。”本義是形迹卑順。引申為謙讓、具備等義。●卑順、恭順。《陳喜壺》：“為左（佐）大族，台（以）寺民吅（巽）。”以寺民巽，使民恭順卑敬之意。●讀順。《上博五·三德 13》：“天之所敗吅（順）亓（其）贅（賕），而寡（寡）亓悥（憂）。”詳“賕”字。

 㘟 楚 上博二·民之 11

【注】從曰吅聲。●讀巽。《説文》巽，具也。《上博二·民之 11》：“亡（無）備（服）之喪，内虞（恕）巽悲。”今本《禮記·孔子閑居》此句則作：“無服之喪，内恕孔悲。”

上博六·慎子5

【注】從木胥聲。●讀撰，其義為持。《上博六·慎子5》："首薯（戴）茅芙（蒲），榿（撰）筱執櫨。"

陶彙3·328

【注】從水阺聲，古"澒"字。口為飾符。●齊陶里名。

右里鑕　陶彙3·647　陶彙3·649　陶彙3·651
陶彙3·650　陶彙3·652　璽彙0355　戰國文字資料里所見的廄匯考

59　古璽通論122

【注】《金文編》隸定為"銎"，當從金阺聲。字或贅加口旁。●朱德熙釋為"鑕"，記識之義。《右里鑕》："右里敔（廄）鉫。""右里敔（廄）鉫"習見于齊璽陶文。"里"是古代最基層的地方行政單位。根據包山楚簡可知，楚有"里"，屬州管轄。朱德熙曰："《說文》卩部阺下說'異從此'。阺的讀音很可能也跟異相近。我們暫時把這個字隸定作鑕。鑕大概是商品或公家器物的標記……。李家浩同志懷疑鑕與燕國稱印中常見的鍴字相當。燕印鍴字有時在器名後出現，例如：'泃谷山金鼎鍴。'李說似可信。"（《戰國文字資料里所見的廄》）《周禮·春官·序官》"典瑞"鄭注："瑞，書信也。典瑞若今符璽郎。"瑞、鍴二字並從耑聲，燕印"鍴"字當讀瑞，"異"與"耑"古音亦相近，齊文字中的"鑕"亦當讀瑞。

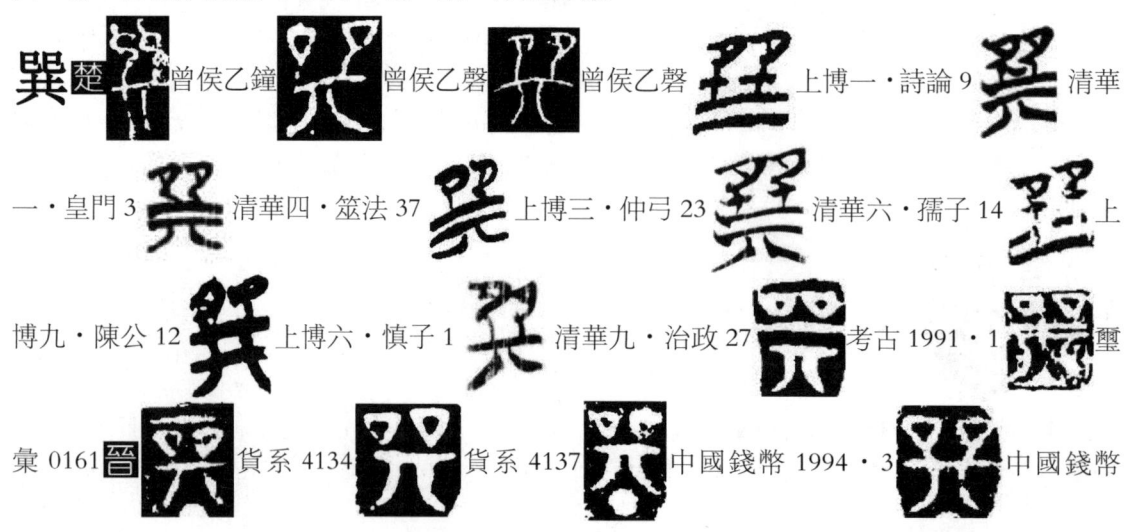
曾侯乙鐘　曾侯乙磬　曾侯乙磬　上博一·詩論9　清華
一·皇門3　清華四·筮法37　上博三·仲弓23　清華六·孺子14　上
博九·陳公12　上博六·慎子1　清華九·治政27　考古1991·1　璽
彙0161　貨系4134　貨系4137　中國錢幣1994·3　中國錢幣

1994·3　陶彙 6·145　　璽彙 3023

【注】從丌叩聲，"叩"之繁文。●楚文字多讀順，順從。《上博六·慎子 2》："逆（擇）春（友）目（以）載道，精瀍昌（以）異（順）埶（勢）。"●整理者讀饌。《上博一·詩論 9》："《天保》其得祿蔑疆矣，異畀（寡），德故也。"整理者云："讀爲'饌寡，德故也'。……'饌寡'是説孝享的酒食不多，但守德如舊。"簡文釋讀有爭議。●楚國貨幣的名稱。《璽彙 0161》"鑄異客璽"，當為楚國掌管異幣鑄造之官所用。古籍亦寫作選、饌、撰、鍐等。《清華六·孺子 14》："宵（肖）昔（錯）器於異賢（藏）之中。"●讀選，擇也。《清華一·皇門 3》："遁方（旁）救（求）異（選）睪（擇）元武聖夫。"●《清華九·治政 27》："者（諸）侯之邦，壁（廣）者異千里、異千輮（乘）。"讀選，訓為"數"。《尚書·盤庚上》："世選爾勢，予不掩爾善。"孔傳："選，數也。"孔穎達疏："選即算也，故訓為數。"●音級別名，相當于傳統五音的宮。《曾侯乙鐘》："坪皇之異反。"

璽彙 2167

【注】從辵異聲。或從止叩聲。統一隸定為"選"。《説文》："　，遣也。從辵、異，異遣之；異亦聲。一曰選，擇也。"本義遣送、放遂。●銘文中用為賜品，具體所指未詳。《九年衛鼎》："羝皮二，罜（選）皮二。"●人名。《散氏盤》："戲之有嗣橐、州靠（就）、焂選罵（鬲），凡散有嗣十夫。"晉璽人名。●讀徙。《新蔡甲三 11》："台（以）選鄻（遷）尻（處）。"●《上博八·蘭賦 1》："夬（決）迲（去）選勿（物），宅（宅）才（在）與（幽）审。""選物"一詞典籍未見，詳"鸒"字。齊文字用"敓""霹"等為選擇之選。

清華九·成人 7

【注】從鳥異聲。●讀選。《清華九·成人 7》："乃降庶瓋（稷）、羣獸、非（飛）正（征），各又（有）鸒（選）勿（物）。牝（牝）牸（牡）雌（雌）駄（雄），各又（有）聖（聲）佁（容）。"整理者注："鸒，讀為'選'，擇也。勿，讀為'物色'之'物'，與'選'同義。"選物，又見上博簡《蘭賦》"夬（決）迲（去）選勿（物）"。按："選"蒙下謂牝牡雌雄配偶之選。《禮記·郊特牲》："天地合而後萬物興焉，夫昏禮，萬世之始也。取於異姓，所以附遠厚別也。"由此推之，動物植物之"選物"，乃自然而然完成交配授粉之天合也。

璽彙 0575

【注】從肉異聲。●齊璽人名。

清華八·攝命 6

【注】從言異聲。●《清華八·攝命6》："不啻（適）女（汝）鬼（威），則由護（勸）女（汝）訓言之譔。"《說文》："譔，專教也"。

清華五·湯丘2

【注】從身異聲。●讀痊。《清華五·湯丘2》："身體𦝏（痊）胁（平），九交（竅）癹（發）明。"

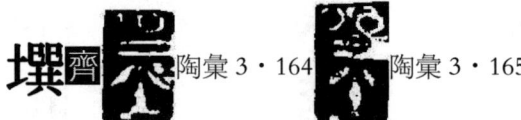包山103　包山115

【注】從艸異聲。●簡文"蕒陵"，何琳儀讀遷陵，地名。《漢書·地理志》武陵郡"遷陵"，在今湖南保靖東北。上古音"遷"在清母元部，"選"在心母元部，讀音很近。

壞齊陶彙3·164　陶彙3·165

【注】從土異聲。●齊陶人名。

醸楚清華九·廼命二5

【注】從酉異聲。●疑讀巽，訓為"順從"。《清華九·廼命二5》："淫〈淫〉取氝（乞）賜（勻），醸（巽）欲弜（強）叚（假），敧（藉）以員（貽）我祖考愳（羞）。"

曾侯138　曾侯129　望山2·12　天星　包山271　包山牘1

【注】從糸異聲。●讀纂。《說文》："纂，似組而赤。从糸算聲。"《曾侯138》："一真吳甲，纓縢（縢）。"包山簡"纓純"，讀纂純。

僎齊分研一256

【注】從人異聲。●齊璽"公孫僎信鉥"，人名。

心紐先聲

先鼎　先壺　叔向父禹簋　盨方彝　師望鼎　卯簋　虢季子白盤

2082

尹姞鼎　　　　虎簋蓋 楚　　　　郭店 語叢一70　　　　包山237　　　　新蔡甲三188

郭店・成之3　　　　上博二・容成42　　　　上博八・命6　　　　清華三・繫年18　　　　清華

三・繫年68　　　　清華三・芮良夫17　　　　清華七・越公12　　　　清華三・芮良夫13

清華三・金縢3　　　　清華二・繫年15　　　　清華五・湯丘15 晉 中山王響鼎　　　　七年鄭令

矛　　　　六年鄭令戈　　　　屬羌鐘　　　　璽彙3659　　　　璽彙2845 秦 睡簡・效律

26　　　　睡簡・日甲4背　　　　睡簡・日乙159　　　　秦駰玉牘　　　　秦印168

【注】甲骨文作 、 、 、 ，從止（足趾）從人；止在人前，會先進、先導之意。徐中舒曰：“從止從人。古有結繩之俗，以繩結紀其世系。金文世字作 ，從止結繩，止者足趾。《詩・下武》：‘繩其祖武。’傳云：‘武，迹也。’謂足趾迹也。孫字從系，系象繩形，蓋父子相繼為世，子之世即系于父之足趾之下。先字從止從人，會世系在前，即人之先祖之意。省稱為先。”（《甲骨文字典》975頁）《清華二・繫年15》為“先人”二字合文；《清華五・湯丘15》則為“之先”二字合文，當據文意辨之。《説文》：“ ，前進也。從兒從之。凡先之屬皆從先。”●表示時間上的先前，與“後”相對。《員卣》：“員從史旗伐會（鄶），員先内（入）邑。”先，猶言先鋒。《屬羌鐘》：“達（率）征秦迮齊，入竤（長）城先。”●對已故尊長專稱。《叔向父禹簋》：“肇帥井（刑）先文且（祖）。”●先行、先導。《令鼎》：“王歸自諆田，王馭溓仲僕（僕），令眾奮先馬走。”《荀子・正論》：“諸侯持輪、挾輿、先馬。”楊倞注：“先馬，導馬也。”●先正：先王的輔佐大臣。《毛公鼎》：“亦唯先正畧辥（乂）乒（厥）辟， 董大命。”●先姑：婦女稱去世之婆母為先姑。《晉姜鼎》：“余隹（唯）司（嗣）朕先姑君晉邦，余不叚妄（荒）寧。”●讀西。《六年鄭令戈》“公先響”。公先，讀“公西”，複姓。《圖典358》有一枚三晉璽，璽文作“公西狗”。施謝捷認為“公西”即“公先”。《詩・大雅・緜》：“率西水滸。”《水經注・漆水》引西作先。《史記・趙世家》：“反至分先俞於趙。”《集解》引徐廣曰：《爾雅》曰：‘西俞鴈門’是也。”《爾雅・釋地》：“北陵西隃。”（參見施謝捷：《新見戰國私璽零釋》）“公西”見於傳世文獻，如孔子弟子中有公西赤、公西蒧、公西輿如。《通志・氏族略》云公西是以字為氏。

 楚 余贎逨兒鐘

【注】從彳先聲，為先王先公之專字。●讀先。《余贎逨兒鐘》："台（以）追孝兟（先）且（祖）。"

莌清華十一·五紀 104

【注】從艸先聲。●《清華十一·五紀 104》："黃帝乃備（服）叏（鞭），迪（陳）兩參，連（傳）五莌，虬灛（礪）武。"簡文"五莌"，未詳。

祦新蔡乙三 41 司馬枏鎛

【注】從示先聲，為先王先公之專字。●讀先。《司馬枏鎛》："用克屖（肇）謹祦（先）王明祀。"

选新蔡甲三 142 新蔡零 337 清華八·處位 8 上博三·周

易 18 安大一 10

【注】從辵先聲。與"選"之簡化字同形不同字。●多讀先。《上博三·周易 18》："选（先）甲晶（三）日。後甲晶（三）日。"●讀詵。《安大一 10》："衆（螽）斯之羽，选＝（詵詵）可（兮）。"《毛詩》作"詵詵兮"。簡本"选选"當從《毛詩》讀為"詵詵"。毛傳："詵詵，衆多也。"《詩集傳》："詵詵，和集貌。"

洗秦印 222 關簡 324

【注】從水先聲。●秦印單字，疑為姓氏，讀先。●用為本義。《關簡 324》："洗其☒。"

銑印增 530

【注】從金先聲。●秦印人名。

疨璽彙 1388

【注】從疒先聲，"癬"之異文。●晉璽人名。

詵秦印 42

【注】從言先聲。●秦印人名。

 璽彙 1013

【注】從犬先聲。●晉璽人名。

 璽彙 0643 睡簡・日甲 157 背

【注】從攴先聲。●齊璽人名。●讀跣。《睡簡・日甲 157 背》："四廄行大夫先敊次席。""次"整理者釋文作"兕",郭永秉改釋為"次"。"敊"同"跣","敊次席"謂跣足于祠席之上,然後祝辭。《說文》:"跣,足親地也。"《禮記・少儀》"凡祭祀於室中,堂上無跣,燕則有之",鄭注:"祭不跣者,主敬也,燕則有跣為歡。"《日書》之馬禖為民間之儀,或有"跣足"之舉。至今湖北民間端公降神,仍赤腳起舞。

心紐西聲

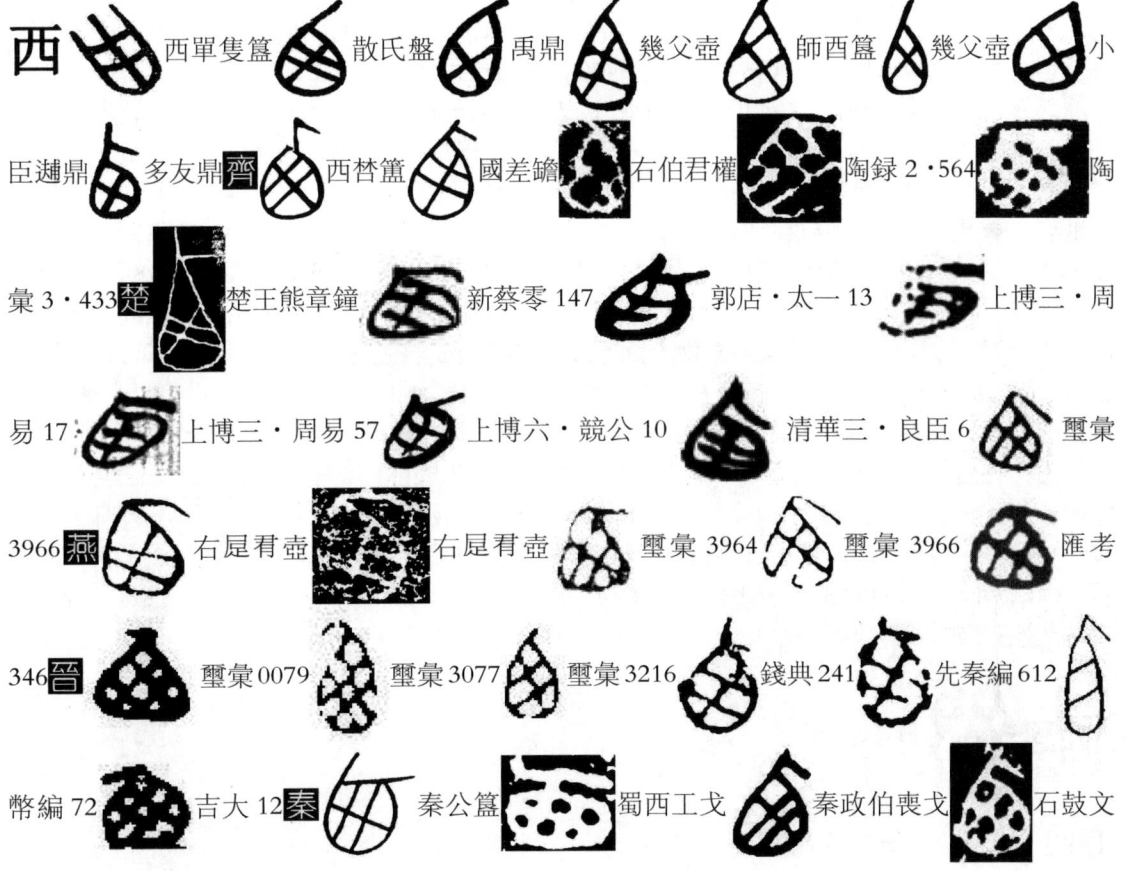

西 西單隻簋 散氏盤 禹鼎 幾父壺 師酉簋 幾父壺 小臣謰鼎 多友鼎 齊 西替簋 國差𦉜 右伯君權 陶錄 2・564 陶彙 3・433 楚 楚王熊章鐘 新蔡零 147 郭店・太一 13 上博三・周易 17 上博三・周易 57 上博六・競公 10 清華三・良臣 6 璽彙 3966 燕 右屖君壺 右屖君壺 璽彙 3964 璽彙 3966 匯考 346 晉 璽彙 0079 璽彙 3077 璽彙 3216 錢典 241 先秦編 612 幣編 72 吉大 12 秦 秦公簋 蜀西工戈 秦政伯喪戈 石鼓文

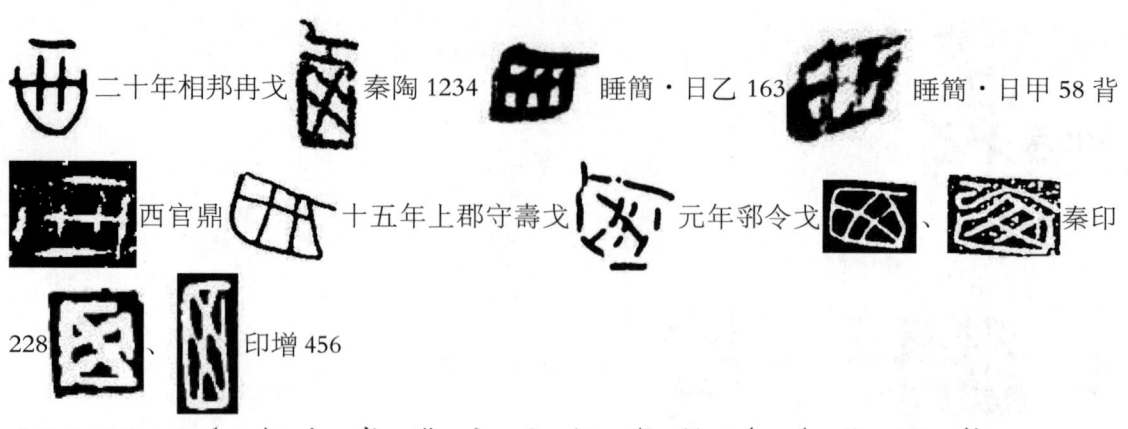

二十年相邦冉戈　秦陶 1234　　睡簡・日乙 163　　睡簡・日甲 58 背

西官鼎　　　十五年上郡守壽戈　　元年鄂令戈　　　、　秦印

228　、　印增 456

【注】甲骨文作 、 、 、 、 、 、 、 、 、 、 、 、 、 ，象鳥巢之形。羅振玉謂巢篆文作 ，上從 乃 傳寫之訛，亦正是巢形也。金文承之，戰國秦系文字由 演化為 、 ，遂與隸書相同。又演變為 、 ，遂為小篆所本。《説文》：" ，鳥在巢上。象形。日在西方而鳥棲，故因以為東西之西。凡西之屬皆從西。 古文西。 西或從木、妻。 籀文西。"本義指鳥巢。日在西方而鳥棲，故因以為"東西"之"西"。●方位名詞。《宜子鼎》："王令宜子逬（會）西于省。"西方，指周立國前的發祥地即今陝西、甘肅一帶。●西宮：君王后宮臥室。《伯𣪘簋》："白（伯）𣪘肇（肇）其乍（作）西宮寶。"《公羊傳・僖公二十年》："西宮者何？小寢也。"何休注："西宮者，小寢内室。楚女所居也。"根據周禮，諸侯娶婦，夫人居中宮，右媵居西宮，左媵居東宮。●地名，在今甘肅天水縣南。《秦公簋》："西一斗七升大半升，蓋。"《蜀西工戈》："蜀西工。"于豪亮先生曾指出：秦時蜀郡成都有東西兩工，按秦兵工師前多為地名。"西"應是地名，"西當指隴西郡西縣。西為秦之早期都城，前後二百余年，文公雖都妍渭之會，仍'居西垂宮'，死仍'葬西垂'，故戰國末仍在其地設立工官。昭王時代距西之建都，已五百余年，而西仍未衰落。"（《詳見王輝編著《秦銅器銘文編年集釋》第 60 頁）秦印有"西鹽丞印""西採金印"，亦當指此地。《九年相邦呂不韋戟》："東工守文居。"此"東"也應為地名。●《陳伯元匜》："敶（陳）白（伯）鷗之子白（伯）元乍（作）西孟嫣婟母媵（媵）鉈（匜），永壽用之。"郭沫若謂匜銘之"西"為國族名。（《兩周金文辭大系考釋》184 頁）●西俞：地名。《不𡢁簋》："馭方厰（獫）允（狁）廣伐西俞。"李學勤謂：西俞是泛指的地方名，應讀"西隅"，意為西方。（《秦國文物的新認識》）●西旅：即西序，大廷的西廊或西廡。《小盂鼎》："乎（厥）戠入門，獻西旅。"●西都：地名。《十五年上郡守壽戈》："中陽西都。"●讀岐。《上博三・周易 17》："王用亯（享）于西山。""西山"，即"岐山"，阜陽漢簡本"西"作"支"。"岐山"在周西，文王所治之地。文王居岐山之下，一年成邑，二年成都，三年五倍其初，王業興於此，能享盛其王業於西山。"用享於西山"，在岐山設祭出師討紂。●姓氏。古璽印有"西敗""西系"，均為姓氏。●《散氏盤》："西宮襄、武父則誓。"西宮，複姓。諸侯子弟有居西宮者，因以為氏。（《姓氏考略》）《匯考 346》有"西宮丁"。古璽印中另有"西方""西都""西郊""西門""公西"等，均為複姓。

　璽彙 2048

【注】從犬西聲。●晉璽人名。

栖 _秦  集證 762

【注】從木西聲。●秦印"栖仁"即論語"依於仁"。"栖"為"西"之繁化，本義為鳥居巢上，引申為居住、停留、依靠。《廣韻》："栖同棲。"

鈿 _秦  印增 608

【注】從金西聲。●人名。

誶 _楚 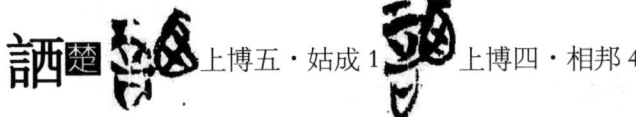 上博五·姑成 1　 上博四·相邦 4

【注】從言西聲，即《説文》"訊"之古文𧩬。●讀訊。《上博四·相邦 4》："'虖（吾）子之答也可（何）女（如）？'孔＝（孔子）曰：'女（如）誶（迅）。'"《説文·言部》："訊，問也。從言，卂聲。𧩬，古文訊從鹵。"古音西聲、卂聲同屬心紐，而韻部真文相近，故得相通。"如晒（訊）"的意思是說，君問我以相邦之道，我即以相邦之道來回答他。●讀迅。《上博五·姑成 1》："姑（苦）成豦（家）父事敚（屬）公為士，邑行正誶弜（強）。""誶弜"與《史墻盤》"訊圉"義近，是"迅猛强圉"之意。"誶弜"在此虛用作名詞，指為姑成家父所正的某種人。詳"邑"字。

洒 _楚 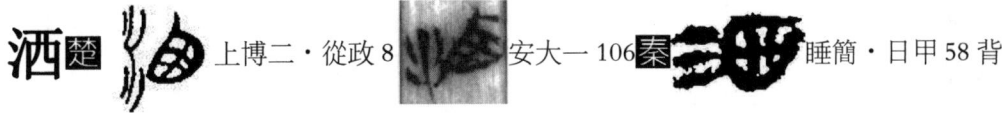 上博二·從政 8　 安大一 106　 _秦　睡簡·日甲 58 背

【注】從水西聲。●讀灑。《日甲 58 背壹》："寒風入人室，獨也。它人莫為，洒以沙，則已矣。"《安大一 106》："子又（有）廷內，弗洒弗埽（埽）。"字亦見于馬王堆帛書，多讀灑。●讀迅。《上博二·從政 8》："洒（迅）則失眾。"西，古音心紐脂部；迅，心紐真部，二字同韻對轉可通。統治者迅疾强悍失去民心，乃"從政七忌"之一。

埀 _齊  埀戈 _晉　璽彙 0115　 匯考 107

【注】從土西聲。《埀戈》從壬當為土訛。戰國文字或增曰為飾作𡊬。●《埀戈》："埀。"讀鄄，又作"甄"，原為衛邑，《左傳》莊公十四年："單伯會齊侯、宋公、衛侯、鄭伯于鄄。"故城在今山東省鄄城縣西北。戰國先後屬趙（《史記·趙世家》成侯十年"攻衛取鄄"）、齊（《史記·田敬仲完世家》威王九年"趙伐我，取甄"），其地屬齊時間長。●《璽彙 0115》李家浩釋為"壚（鹵）城發弩"。"鹵城"，地名，《漢書·地理志》隸屬代郡，在今山西繁峙縣東，戰國時屬趙。（《著名中年語言學家自選集·李家浩卷》24 頁）於豪亮認為首字當作"壚"，從"埀"得聲，"鄄"與"甄"亦從"埀"得聲，故印文"壚城"即"鄄（甄）城"。此地的歸屬在春秋戰國之際經歷了衛、趙、齊、趙、齊的變動，其地在今山東鄄城北之舊城。（《古璽考釋》，《古文字研究》第 5 輯 239 頁）《匯考 107》單字，亦為地名。

羥^秦 圖典 83 、  、 印增 141

【注】從羊亞聲。●秦印人名。

堙^秦 睡簡・為吏 27

【注】從土亞聲，"亞"之繁文。●填塞。《睡簡・為吏 27》："將軍以堙豪（壕）。"堙壕，平填敵城的池壕，用以攻城。《廣雅・釋詁》："堙，塞也。"

嫛^楚 牆盤 安大一 32 安大一 32 上博五・三德 8 上博

八・蘭賦 5

【注】從宀從攴亞聲。●讀甄，化育、造就。以教育造就人比于陶人搏土成器也。《牆盤》："嫛毓子孫，繁（繁）猶（福）多釐（釐）。"●讀殷。《安大一 32》："嫛（殷）亓（其）靁矣，才（在）南山之下。"《毛詩》作"殷其靁"。"嫛"屬影紐真部，"殷"屬影紐文部，二者聲同韻近，可通。毛傳："殷，靁聲也。"●讀禋。《上博五・三德 8》："鬼（鬼）神嫛（禋）祀，上帝乃訋（怡），邦豢（家）賥（保），乃無凶材（災）。"●《上博八・蘭賦 5》："尻（居）立（位）嫛下而比㤺（擬）高矣。"讀書會隸為"嫛"，讀隱。（《上博八〈蘭賦〉校讀》）

憨^楚 清華三・芮良夫 20

【注】從攴從心亞聲。●讀甄。"甄"為後起字，始見於漢印作[⿰]、[⿰]（漢印 1110）。《清華三・芮良夫 20》："覓（研）憨（甄）嘉惟，料（調）和庶民。"詳"覓"字。

鄄^齊 璽彙 2598

【注】從邑亞聲。●齊璽人名。

禋^楚 蔡侯申盤 清華二・繫年 1^晉 與兵壺

【注】從示亞聲，本義升煙祭天求福之祭。《周禮・春官・大宗伯》："以禋祀祀昊天上帝。"《說文》："禋，潔祀也。一曰精意以享為禋。從示亞聲。⿰籀文從宀。"本義是祭名，升煙祭天以求福。●周人對天帝及天上神靈的祭祀。《蔡侯盤》："用詐（作）大孟姬賸（媵）彝醞（盤），禋言（享）是台（以）。"

醚史屏壺　　牆盤

【注】從火從宀禋省聲，當為古"禋"字。●讀禋。《牆盤》："檔角（祿）龡（燬）光，義（宜）其歟（禋）祀。"

齊　宋君夫人鼎蓋

【注】從宀亜聲，與"煙"古文同。●讀禋。《宋君夫人鼎蓋》："宋君夫人自乍（作）饎（饎）鼎，用般窫（禋）祀其萬年釁（眉）壽為民父母。"

晉　哀成叔鼎

【注】從火窫聲，與"煙"籀文同。《說文》："煙，火气也。從火亜聲。煙，或從因。窫，古文。歟，籀文從宀。"馬王堆帛書始見"煙"作（帛書病方 255）。煙，《古文四聲韻》作（古文 21 頁）、（古文 21 頁）。●讀禋。《哀成叔鼎》："永用歟（禋）祀。"對天帝及天上神靈的祭祀。

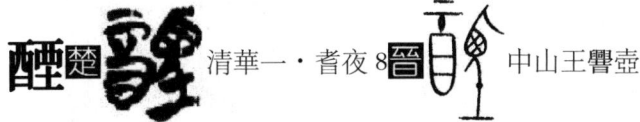楚　清華一·耆夜 8　晉　中山王嚳壺

【注】從酉亜聲，蓋祭祀必以酒也，當為"禋"之異文。●醴（禋）醑：祭祀之度量。《中山王嚳壺》："釙（鑄）為彝壺，醴（禋）醑（禬）。"張政烺曰："《周禮·天官·酒正》：'掌酒之政令，……辨五齊之名，一曰泛齊，二曰醴齊，三曰盎齊，四曰緹齊，五曰沈齊。……凡祭祀以灋共五齊。'鄭玄注：'齊者，每有祭祀以度量節作之。'蓋禋齊二字構成一個詞，寫者遂皆作酉旁。"（《中山王嚳壺及鼎銘考釋》）●讀禋。《清華一·耆夜 8》："不（丕）㬎（顯）逨（來）各（格），㱃（飲）乓（厥）醴（禋）明（盟）。"醴明，即禋盟，鄭太子與兵壺作"禋㒸"，泛指祭祀。"㱃厥禋盟"，謂上帝到來之後，歆享祭祀的祭品。

楚　清華五·三壽 22　　清華五·三壽 23　　清華八·邦道 3　　清

華一·尹至 4

【注】從見亜聲。"覾"，《玉篇》吉緣切，訓"視貌"，《廣韻》訓"視也"，均與文意不合。●讀隱。"覾"從亜聲，影母文部，讀為同音之"隱"。《清華一·尹至 4》："女（汝）告我顕（夏）覾（隱），衒（率）若寺（時）？"《爾雅·釋詁》云："隱，微也。"伊尹於夏為間諜，湯問伊尹夏之隱情。●讀甄。《清華八·邦道 3》："以覾（甄）卡＝（上下）正（政）惪（德）之昏（晦）明。"《後漢書·光武帝紀》"靈覢自甄"，李注："甄，明也。"政德之晦明，謂政事之治亂。●《清華五·三壽 22》："天下覾（甄）再（稱），以睪（告）四方，寺（是）名曰叡信之行。"王

寧讀盡，意思相當於“悉”“皆”。（讀《殷高宗問於三壽》散札）

甄 秦 里耶 8・780 里耶 8・1143 印增 493

【注】從瓦亜聲。●《里耶 8・1143》：“其五人為甄廡取茅：賀、府、成、臧、畤。”甄似指製作陶器。《文選・張華〈女史箴〉》：“既陶既甄。”李善注引如淳曰：“陶人作瓦器謂之甄。”“廡”應當是環繞堂屋的房屋，蓋陶器的坯子、包括磚瓦罐盆等各種陶器的土坯，做好後需慢慢晾乾，將陶器坯子“陳廊廡下”，避免其被淋壞，這應當就是古代“甄廡”之孑遺。

心紐孫聲

孫 縣改簋 家父盤 耳尊 旟鼎 女尊 浮公之孫公父宅匜 頌鼎 大鼎 倗生簋 司寇良父壺 廟孱鼎 穀父甗 伯妻簋 淉伯友鼎 子碁盆 叔單鼎 肆簋 奚子西車鼎 周窀匜 番伯鐳 齊 陳逆簋 薛侯匜 邾公孫班镈 魯少司寇盤 邾公釛鐘 杞伯每亡簋 魯少司寇盤 鄘大史申鼎 璽彙 3934 邾訧鼎 匯考 312 匯考 312 楚 者尚余卑盤 王孫家戈 王孫霰簠 臧孫鐘 孫叔師父壺 周王孫季紉戈 鈇侯之孫陳鼎 吴王孫無土鼎 清華二・繫年 58 上博四・曹沫 26 清華二・繫年 56 清華二・繫年 70

書也缶

【注】甲骨文作𦏧、𦏧，從子從糸（繩形），會子續孫之意。徐中舒謂：古代于先祖祭壇上必高懸若干繩結以紀其世系，"孫"從系，蓋父子相繼為世，子之世即系于父之下，孫之世于子之下，此是古結繩遺俗之反映（詳《甲骨文字典》1407頁），亦可參。燕系文字糸或簡化為幺，另如𦏧、𦏧等。《邾訧鼎》從子從屮，取義子孫繁茂如屮之綿延意。《璽彙1522》"系"旁濃縮。楚簡作者，為"子孫"二字合文。《匯考312》《璽彙3097》為"公孫"二字合文。《説文》："孫，子之子曰孫。從子從系。系，續也。"本義為兒子的兒子。引申指繼承、連接等義。●金文多用其本義。《克盨》《邾訧鼎》："子子孫孫永寶用。"●人名。《王孫遺者鐘》："隹（唯）正月初吉丁亥，王孫遺者擇（擇）其吉金，自乍（作）龢鐘。"●作為人名可讀遜。《包山44》"秀不孫"，古璽有"尹不孫"，陶文有"不孫"。●讀浚。《安大一98》："戠（子）=竿（干）𦏧（旗），才（在）孫（浚）之都。"《毛詩》作"在浚之都"。"孫"，與阜陽漢簡《詩經》同。上古音"孫""浚"皆屬心紐文部，可通。

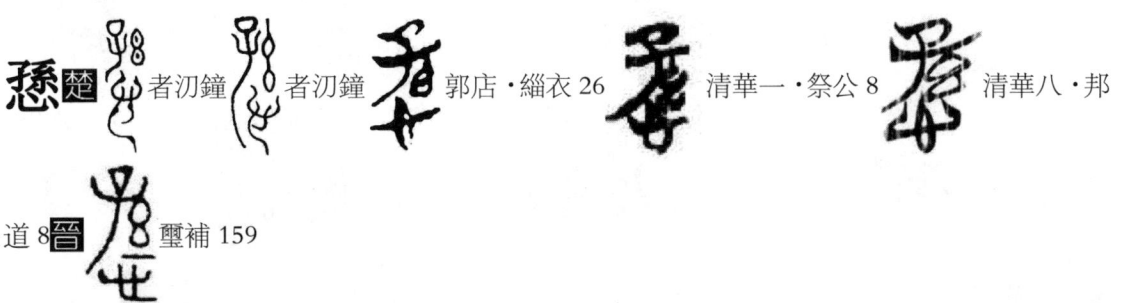

【注】從心孫聲。《説文》："𢙂，順也。《唐書》曰：'五品不愻。'"古同"遜"，謙遜。段玉裁注："訓順之字作愻。古書用字如此。凡愻順字從心。凡遜遁字從辵。今人遜專行而愻廢矣。"

● 讀遜，恭順、謙遜。《者汈鎛》："于之孫學，起起哉。" 楚簡多讀遜。《清華一·祭公 8》："孫（遜）惜（措）乃心，聿（盡）符（付）畀余一人。" ● 晉璽 "長孫"，人名。

師虎鼎

【注】從玉孫聲。《説文》無。● 讀遜。《師虎鼎》："用乃孔德璑（遜）屯。" 馬承源謂 "璑屯即經籍中之遜遁。璑假為遜，屯、遁同音通"。（《商周青銅器銘文選·師虎鼎》注三）《後漢書·楊倫傳》："公車復征，遜遁不行。" 遜遁，指虛心謙讓的品德。

陶彙 3·614　　上博四·柬旱 14

【注】從辵孫聲。齊系文字所從與《邾訧鼎》"孫" 作 同。● 退下、退讓。《上博四·柬旱 14》："医（侯）大斛（宰）遜。" 楚文字或用 "忞" 表示遜。● 齊陶人名。

蓀　秦　圖典 416

【注】從艸孫聲。● 單字璽，應為人名。

宭　楚　清華七·越公 53　清華七·越公 54

【注】從宀孫聲。● 讀訊。《清華七·越公 53》："乃出恭敬，王宭（訊）之。"

幇紐分聲

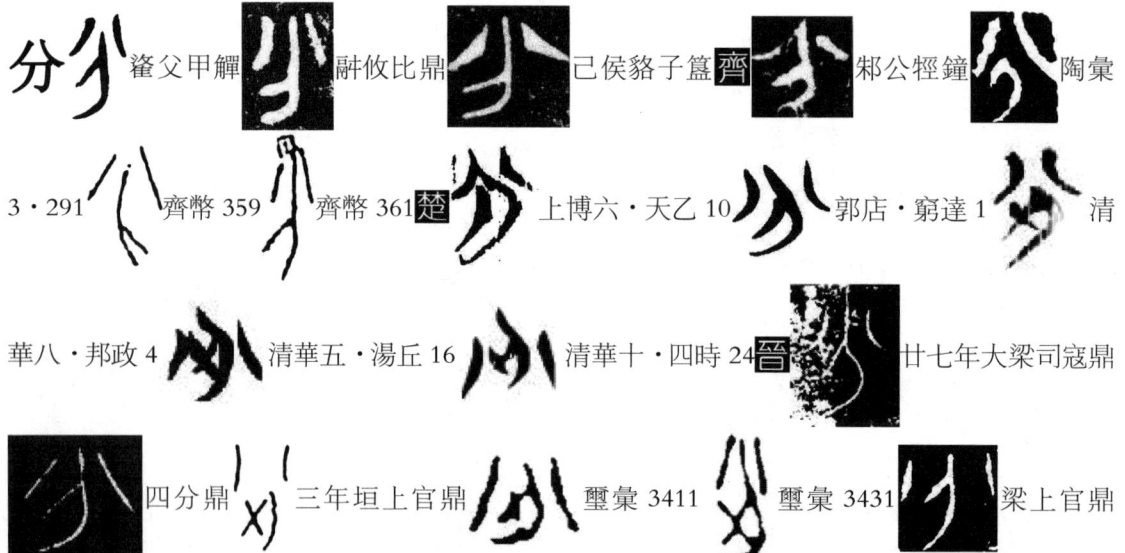

【注】甲骨文作 ᵡ，從八從刀。用刀把一件東西剖分為兩半，會分開之意。金文同甲骨文。《三年垣上官鼎》"刀"混為"刃"，與"半"作 ⚮ 易混。●劃分、分配。《龂攸比鼎》："敢弗具付龂攸比，其且射、分田邑，則殺。"●分數用詞。《商鞅量》："爰積十六尊（寸）五分尊（寸）壹為升。"●古代天子把宗廟所藏的寶器分與諸侯和宗室為世守之物，謂之"分器"，即指分得的寶器。《邾公牼鐘》："分器是寺（持）。"《左傳·昭公十二年》："四國皆有分。"杜預注："分，珍寶之器。"●予也、與也。《己侯貉子簋》："己（紀）侯貉子分己（紀）姜寶，乍（作）段。"●《璽彙3411》"分虐㽯"，"分虐"讀番吾，趙地，以地名為氏。●《璽彙3431》"分番過"，或讀芬，姓。《戰國策·魏策》晉有大夫芬質。●分界、界限。《郭店·窮達1》："譏（察）天人之分，而智（知）所行矣。"

【注】從女分聲。●人名。《曩侯簋》："曩侯乍（作）曩井（邢）姜妢母媵（媵）段（簋）。"

【注】從虫分聲。蚡、鼢一字。《說文》："鼢，地行鼠，伯勞所作也。一曰偃鼠。從鼠分聲。蚡，或从虫分。"●人名。

【注】從心分聲。●忿恨。《郭店·尊德1》："滍（懲）忿繺（戾），改忌勭（勝），為人上者之㸒（務）也。""忿連"應讀作"忿戾"。《論語·陽貨》："古之矜也廉，今之矜也忿戾。"文意為：戒慎抑止無理的忿恨暴虐，改更導正猜忌與好勝之心，是作為人上之君主的要事。《睡簡·為吏11》："毋以忿怒夬（決）。"●秦陶人名。●秦印邊款（集證171）單字，或為箴言類座右銘。

2093

【注】從目分聲。●人名。

玠 晉  璽彙 2277　璽彙 2856　璽彙 3238　秦　印增 140

【注】從羊分聲。●古璽印均為人名。

汾 晉  守暉戈　秦　于京 21

【注】從水分聲，與小篆同。《説文》："汾，水。出太原晉陽山，西南入河。從水分聲。或曰出汾陽北山，冀州浸。"本義水名。●《守暉戈》："廿二年，臨汾守暉、庫係、工歇造。"臨汾，又作"汾城"，《史記·秦本紀》昭襄王五十年："十二月，益發卒軍汾城旁。"《集解》引《括地志》云："臨汾故城在絳州正平縣東北二十五里，即古臨汾縣城也。"在今山西新絳東北。●《于京 21》"汾☒府☒"，可惜第 2、4 字殘，當為秦在汾河流域所設郡。

粉 楚  包山 259　秦　關簡 320

【注】從米分聲。●讀帉。《説文》楚謂大巾曰帉。《包山 259》："一緯（幃）粉（帉）。"●用為本義，粉末狀，但不知是何物。《關簡 320》："晦起，即以酒賁（噴），以羽漬，稍去之，以粉傅之。"

玢 秦 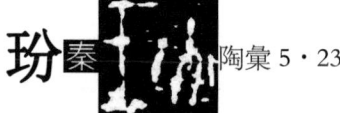 陶彙 5·23

【注】從玉分聲。●秦陶人名。

棼 秦  印增 225

【注】從林分聲。●秦印"楊棼云"人名。

枌 楚  上博二·容成 24　秦　、　印增 211

【注】從木分聲。●讀畚。《上博二·容成 24》："☒澪潛流，禹親執枌（畚）耜（耜），以陂明都之澤。"簡文"枌耜"，讀"畚耜"，畚是盛土之器，耜是掘土之器。●秦印人名。

鼖 楚 鼖 包山 271

【注】從車枌聲，"軵"之繁文。●簡文"多鞏，纂綆"，義不詳。

 鼩 _秦 里耶 8・1057

【注】從鼠分聲。●《里耶 8・1057》："取鼩鼠，乾而石。""鼩鼠"，一種鼠類。

鞼 _楚 新蔡甲三 237

【注】從韋分聲。●簡文"罌禱一乘大迯（路）黃鞼，一鞼玉罤☑……"，所指不詳。

軵 _楚 包山牘 1

【注】從車分聲，"轒"之異體。●讀轒，車名。《包山牘 1》："舒寅受一軵正車。"軵，《玉篇》轒輼，兵車也。

芬 _楚 上博三・周易 23

【注】從艸分聲。●讀豶，豕去勢曰豶。《上博三・周易 23》："芬（豶）豕之啎（牙），吉。"《易・大畜》"豶豕之牙。吉。"《疏》："豶，除也。除其牙也。"

頒 _楚 蔡公子頒戈

【注】從頁分聲。聲符"分"左下角為飾筆。●人名。《蔡公子頒戈》："蔡公子頒之用。"

盆  冪子中盆 伯克盆 _楚 奚子宿車盆 樊君夒盆 曾孟嬭諫盆

 曾大保盆 鄔子行盆

【注】甲骨文作 ，從皿分聲，金文與小篆同。●盛器，用途與盂相同，圓形無足（盂多有足），有蓋和兩耳，口大底小，比盤深。供盛食，兼以盛水。盛行于春秋時期。《曾大保盆》："曾大保曑弔（叔）亟用其吉金，自乍（作）旅盆。"

紛 _楚 包山 260　包山 268　包山 271　包山牘 1

【注】從糸分聲。●窄而有花紋的條帶。《包山 271》："紫燹（發），紛約。"

貧 楚　　　曾侯 45　　　　郭店·性自 53　　　　上博四·曹沫 3　　　　清華四·筮法 31

郭店·緇衣 44　　　上博一·緇衣 22　　　上博八·顏淵 11　　　清華一·皇門 3　秦　睡

簡·日乙 101

【注】從貝分聲。●貧困。《睡簡·秦種 82》："貧竇毋（無）以賞（償）者，稍減其秩、月食以賞（償）之。"●讀分。《清華一·皇門 3》："自釐（釐）臣至于又（有）貧（分）厶（私）子。"有分，有職分。私子，庶孽。●讀紛，窄而有花紋的絲帶。《曾侯 45》："貧韌。"

斂 楚　　　曾侯 1　　　曾侯 31

【注】從攴貧聲，疑"攽"之異文。●讀紛，窄而有花紋的絲帶。它簡或用"紛""貧""繽"表示。簡文"斂韌"是一件獨立的器物。

賨 晉　　　璽彙 0581　　　璽彙 1961

【注】從宀貧聲，"貧"之繁文；《説文》"貧"古文作穷，亦從宀。●晉璽人名。

繽 楚　　　曾侯 53　　　天星

【注】從糸貧聲，疑"紛"之繁文。●讀紛。《曾侯 53》："繽韌。"

坌 楚　　　安大一 108

【注】從土分聲。●讀蕃。《安大一 108》："椒（椒）樛之實，坌（蕃）迆（衍）盈（盈）舉（承）。"

缻 齊　　　陶録 2·401　　　陶録 2·404

【注】從缶分聲。應為"盆"字異文。●"缻里"，里名。

幫紐雔聲

清華十·四時 22

【注】雔，為"奮"之本字，字從隹從田，會鳥在田上奮飛之意。朝鮮本《龍龕手鑒》奮作"雔"，當為"雔"之訛。●讀奮。《清華十·四時 22》："廿＝（二十）日帛（白）芺（帑）旦雔（奮）。"

詛楚文印增 139

【注】從衣雔聲，從衣與衣服有關，實則是的"幡"本字。《説文》："幡，以囊盛穀，大滿而裂也。從巾奮聲。"由於"奮"常常借用為奮飛、振奮，後人不知其本義，遂造"幡"字以當之。金文有"奞"字，作，與"奮"無關。秦系文字衣旁多訛為大、亦，小篆因之從大旁。《説文》："奮，翬也。從奞在田上。""翬（大飛也）也"即"雔"之本義。鳥奮飛、振作、奮起等均為"奮"之借義。●人名。《令鼎》："令眔奮先馬走。"秦印人名。●奮力。《詛楚文》："今又悉興其眾，張矜恄怒，飾甲底兵，奮士盛師，以偪（逼）𢀖（吾）邊竸（境）。"

中山王𰯀鼎

【注】從攴雔聲，訓揚之"奮"之本字。●讀奮，動也、振也。《中山王𰯀鼎》："敚（奮）桴晨（振）鐸，闢（辟）啟封彊（疆）。"奮桴，擊鼓。《周禮·地官·小宰》："徇之以木鐸。"鄭玄注："古者將有新令，必奮木鐸以警眾，使明聽也。木鐸，木舌也。文事奮木鐸，武事奮金鐸。"

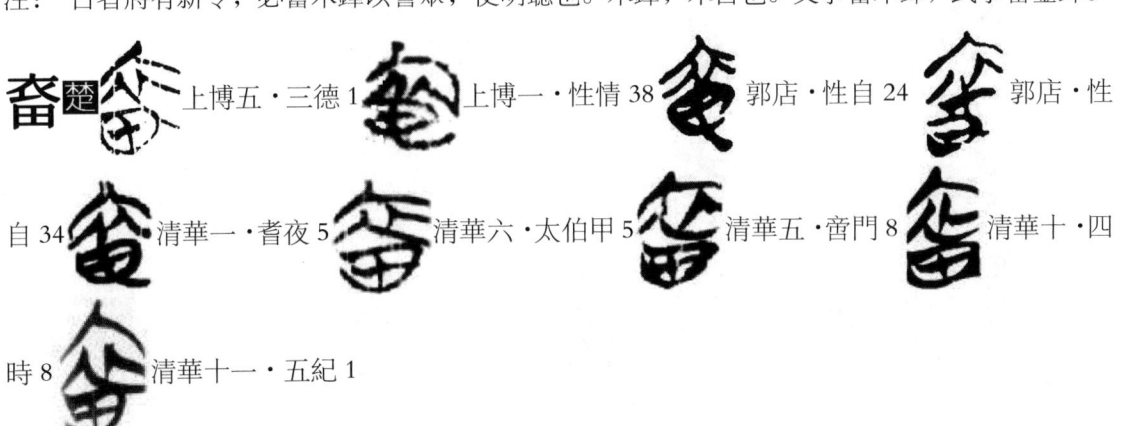

時 8清華十一·五紀 1

【注】戰國楚系文字從衣雔省聲。●戰國文字多用為本義，讀奮。《清華六·太伯甲 5》："故（鼓）亓（其）腹心，奞（奮）亓（其）朓（股）拔（肱）。"

勸^楚  清華六・子儀 10

【注】從力畜聲。●讀奮。《清華六・子儀 10》："攺（施）之練（績）可（兮）而勸（奮）之。"

蓄^楚  新蔡甲三 410  新蔡甲三 411

【注】從艸畜聲。●讀汾。《新蔡甲三 411》："（則）於上蓄一豻（貈）。"

翻^楚  璽彙 5515  璽彙 3486  璽補 200

【注】從羽畜聲。●楚璽人名。

懵^楚  郭店・性自 46

【注】從心畜聲，古"憍"字。●讀奮。《郭店・性自 46》："人之说狀（然）可與和安者，不又（有）夫懵（奮）狌之青（情）則忞（侮）。"

帮紐奔聲

奔  大盂鼎  榮作周公簋 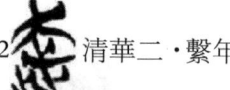 效卣  效卣  克鼎 ^齊  璽彙 3693^楚 清華二・繫年 20 清華二・繫年 32 清華二・繫年 93 清華二・繫年 93 清華七・子犯 11 清華八・攝命 4 安大一 92 安大一 92^晉 中山王嚳鼎^秦 石鼓文 石鼓文 睡簡・答問 132 睡簡・雜抄 9

【注】金文上邊象甩手快跑的人形，下邊是三隻腳印相連，會快跑之意。三止或訛為三中，是為小篆所本。石鼓文從三走，象眾奔走之形。《字彙》："犇，作奔。"《説文》："夈，走也。從夭，

賁省聲。與走同意，俱從夭。""賁省聲"不確。本義是快跑。●銘文往往"奔走"連用，有奔忙、操勞之意。《大盂鼎》："敏朝夕入讕（諫），享奔走，畏天畏（威）。"《效卣》："烏虖！效不敢不邁（萬）年夙（夙）夜奔走揚公休。"《詩・周頌・清廟》："駿奔走在廟。"句例與器銘同。●出走。《睡簡・答問132》："隸臣妾嗀（繫）城旦春，去亡，已奔。"隸臣妾拘禁服城旦春勞役，逃亡、已經出走。●奔跑。《睡簡・雜抄9》："驀馬五尺八寸以上，不勝任，奔摯（繫）不如令，縣司馬貲二甲。"驀馬（供乘騎的軍馬）體高應在五尺八寸以上，如不堪使用，在奔跑和羈系時不聽指揮，縣司馬罰二甲。

戔簋 楚 清華七・越公20

【注】從彳奔聲，或從辵奔聲。●讀奔。《戔簋》："戔逨有嗣（司）師氏逩（奔）追鄋（襲）戎于臧林。"《清華七・越公20》："以逩（奔）告于鄶（邊）。"

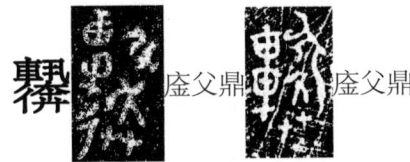
庱父鼎 庱父鼎

【注】從車從卂俸聲。●人名。《庱父鼎》："庱父乍（作）蠪寶鼎"

齊 叔尸鎛 叔尸鐘

【注】從金奔聲。《説文》無。《集韻》平木器。●讀賁。《叔尸鎛》："玄鏐鏵鋁，尸用伇（作）鑄其寶鐘。"《易・雜卦傳》："賁，無色也。"韓康伯注："飾賁合眾，無定色也。"《易・賁》陸德明釋文引王肅云"有文飾黃白色"。或以為含錫較多的青銅鉼，故呈黃白色。

陳子子匜

【注】從广奔聲，古"廣"字。奔聲、賁聲可通。《集韻》鏵或作鏵。《書・牧誓序》："武王戎車三百乘，虎賁三百人。"孔穎達疏："若虎之賁（奔）走逐獸，言其猛也。"《漢書・百官公卿表》："衛士旅賁。"顏師古注："賁與奔同，言為奔走之任也。"均可證。●人名。

齊 璽彙3604

【注】從邑奔聲。●"郴得"，讀奔，姓氏。

晉 訓義1・2

【注】從食奔聲。《玉篇》半蒸飯也。"饙"之異文。● "馬鏟" 人名。

 清華二·繫年 16

【注】從土奔聲。● 讀墳。《清華二·繫年 16》："以獸（守）周之垄（墳）薨（墓）。"

 包山 6

【注】奔，《克鼎》作，三止訛為屮，《包山 6》作，很可能是屮添加短橫後形成的。● 讀奔，姓氏。《包山 6》："新官連囂郜趙、犇（奔）得受之。"

帮紐糞聲

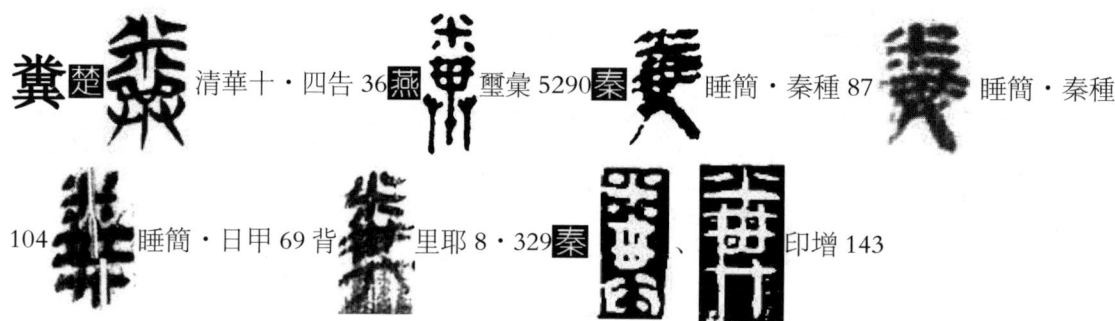
糞 清華十·四告 36　　璽彙 5290　　睡簡·秦種 87　　睡簡·秦種 104　　睡簡·日甲 69 背　　里耶 8·329　　、印增 143

【注】甲骨文作、，從廾、從其（"箕"之本字），表雙手持箕有所棄除。楚文字箕形訛變，秦文字訛為從華從廾，後訛作從異。其上之點則類化作從米。本義是指掃除、棄置。《説文》："糞，棄除也。從廾推華棄采也。官溥説：似米而非米者，矢字。"從廾從華，合起來表示雙手持簸箕清除污穢。● 可讀奮。《清華十·四告 36》："昪余厲安，害糞（奮）大莫（謨）。""害"可讀為"憲"訓為敏。《説文·心部》："憲，敏也。"● 糞土。《睡簡·日甲 69 背》："臧（藏）於垣内中糞蔡下。"● 棄除。《睡簡·日甲 126 正》："不可燔糞。"《説文》："糞，棄除。"● 棄除，處理。《睡簡·秦種 86》："縣、都官以七月糞公器不可繕者。"各縣、都官在七月處理已經無法修理的官有器物。

帮紐豕聲

 庚豕父丁鼎　　璽彙 1447

【注】甲骨文作、，從二豕或從三豕，會眾豕追逐戲鬧之意。豩，《字彙補》同豩。金文圖案化。《説文·豕部》："豩，二豕也。豳從此。闕。"沒有解説。《同文備考》豕亂羣也。本義是眾豕追逐戲鬧。● 族氏名。《庚豕父丁鼎》："庚豕。父丁。"● 晉璽人名。

闟  婦闟甗

【注】甲骨文作，從門豩聲。金文從三豕，與從二豕同，疑古“闟”字。闟，《篇海類編》詩止切，音始，門也。●人名。《婦闟甗》：“婦闟作文姑日癸尊彝。”

帮紐本聲

本  本鼎 齊  璽彙 5537  錢典 963  齊幣 212 楚  上博一・詩論 16

 郭店・六德 41  上博三・仲弓 23  清華五・三壽 27  清華六・管仲 2

 上博一・詩論 5  郭店・六德 42  類編 176  清華五・厚父 11 

上博七・凡甲 1  上博四・曹沫 20  清華十一・五紀 26  清華十一・五紀 79

晉  先秦編 65  行氣玉銘 秦  睡簡・秦種 38

【注】從木，根部用三點加粗，指明是根部。小篆三點連成一綫。戰國文字增從臼（“臼穴”之“臼”），表示比“本”更低的部位。清華簡之是在上博四（曹沫之陣 20）之類寫法基礎上加“中”而來，是“本”的增累字。●人名。《本鼎》：“本肇乍（作）寶鼎。”●戰國文字均讀本，根本、本源、起始。《上博四・曹沫 20》：“君必不已，則繇其杳（本）乎？”《行氣玉銘》：“隆其杳（本）在下。”《清華五・厚父 11》：“曰民心隹（惟）杳（本），厥作隹（惟）枼（葉），引（矧）其能丁良於春（友）人，迺（乃）洹（宣）弔（淑）氒（厥）心。”是說：人心如同樹根，人的所作所為像枝葉。（根深則葉茂，反之亦然）同理，假如行為上可以貞良，則其善心亦可得以發揚。《郭店・成之 11》：“是君子之於言也，非從末流者之貴，窮藻（源）反杳（本）者之貴。”

杏 楚  包山 95  長沙銅量  左塚漆梮  清華六・子儀 3

【注】從口本聲，“本”之古文“畚”的簡省寫法。●包山簡“大市米堋人杏”，人名。●讀本。左塚漆梮“粊杏”讀“察本”。

本 楚  郭店・語叢一 49

【注】從蚰本聲。●讀本。《郭店・語叢一 49》：“勿（物）又（有）蝨（本）又（有）卯，又（有）終又（有）絀（始）。”“卯”訓為“分別”。“有本有卯”，亦即“有本源，有派生”之意。

帮紐賁聲

賁 秦  秦印 116　　 睡簡・日甲 56 背

【注】從貝卉聲。《说文》：“賁，飾也。從貝卉聲。”●讀奔。《睡簡・日甲 56 背》：“果（裹）以賁（奔）而遠去之。”●秦印人名。

僨 秦  睡簡・封診 84

【注】從人賁聲。●摔倒、倒僕之義。《睡簡・封診 84》：“甲與丙相捽，丙僨庰甲。”

撱 秦  關簡 339

【注】從手賁聲。●《關簡 339》：“禹步撱房榺（楣），令某癭數去。”《集韻・文韻》云：“撱，拭也。”詳“榺”字。

噴 秦  睡簡・日甲 54 背　　秦印 25　　秦印 25　　陝新 875

【注】從口賁聲。●《睡簡・日甲 54 背》：“食之以噴，飲以爽（霜）路（露），三日乃能人矣。”噴，整理者：“疑讀為饙，《詩・泂酌》疏引《说文》：‘一蒸米也。’”●秦印人名。

潰 秦  睡簡・日甲 62 背　　睡簡・日甲 30 背

【注】從水賁聲。●讀墳。《睡簡・日甲 30 背》：“其骨有在外者，以黃土潰（墳）之，則已矣。”

歕 秦  秦印 169

【注】從欠賁聲，"噴"之異文。●"萂歕"，人名。

並紐焚聲

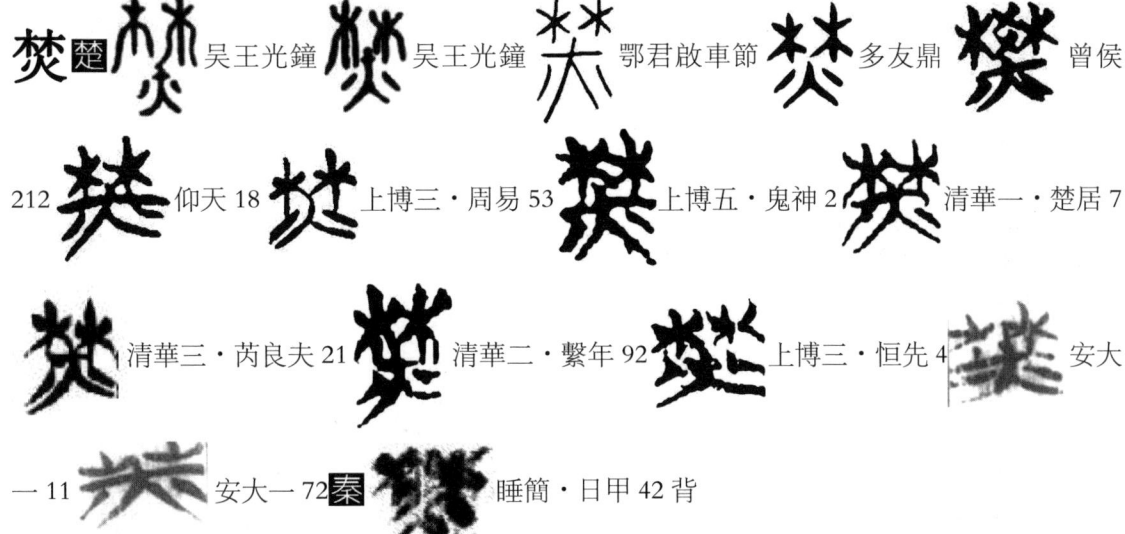

焚 [楚] 吳王光鐘　吳王光鐘　鄂君啟車節　多友鼎　曾侯212　仰天18　上博三·周易53　上博五·鬼神2　清華一·楚居7　清華三·芮良夫21　清華二·繫年92　上博三·恒先4　安大一11　安大一72 [秦] 睡簡·日甲42背

【注】甲骨文作 燚、燚、燚、燚、燚、燚 等形，從林從火（或增從攴、廾），會火燒草木之意。金文同甲骨文。《鄂君啟車節》火上有飾筆，戰國文字習作。《安大一72》從艸從火會意，"焚"之異體。古文字中從"艸"從"林"往往無別。甲骨文"焚"字即從林作燚，亦從艸作燚。《說文》有燓無焚，"燓"即"焚"之訛。《說文》："燚，燒田也。從火、棥，棥亦聲。"本義用火燒山林，即焚田而耕。●焚燒。《多友鼎》："唯孚（俘）車不克目（以），衣（卒）焚。"所俘戎車不能用，焚之。●地名用字。《鄂君啟車節》："就陽丘、就邡（方）城、就象禾、就栖（柳）焚。"●《清華一·楚居7》"焚冒"，"焚"字古書多異寫，或作"蚡"（《楚世家》），或作"枌"（《史記索隱》引古本），或作"棼"（《戰國策·楚策》），或作"蚠"（《鄭語》《古今人表》等）。焚、蚡、枌、棼、蚠皆同音。簡文"焚（蚡）冒酓（熊）陑（帥—率）"《國語·鄭語》韋注云："蚡冒，楚季紃之孫，若敖之子熊率。""熊率"之名，與《楚居》相合。●讀紛。《清華三·芮良夫21》："年穀（穀）焚（紛）成，風雨寺（時）至。"●燒毀。《上博三·周易53》："遬（旅）焚丌（其）宷（次）。"●讀汾。《安大一72》："皮（彼）芡（汾）弌（一）曲，言采亓（其）薂（藚）。"典籍中從"分"聲字與"焚"可通。《左傳》文公十一年"獲僑如之弟焚如"，《史記·魯周公世家》"焚如"作"棼如"。出土簡帛資料中"紛"與"焚"、"炎"與"焚"、"棼"與"焚"亦通（參白於藍《戰國秦漢簡帛古書通假字彙纂》第八六三頁）。●讀賁。《安大一11》："桃之夭=（夭夭），又（有）焚（賁）亓（其）實。"《毛詩》作"有賁其實"。"焚""賁"音近可通（參《古字通假會典》第一四四頁）。賁，毛傳："實貌。"《詩集傳》："實之盛也。"

簭 [楚] 信陽2·11

【注】從竹焚聲。●簡文"一簭"，義不詳。或釋為"笰"。

懋 楚  清華三·赤鳩 12

【注】從心焚聲。下有合文符號。●讀梦。《清華三·赤鳩 12》："是囟（使）句（后）懋懋恂恂（梦梦眩眩）而不智（知）人。"懋，即《書·呂刑》"梦梦"，訓為"亂"。恂，讀眩。

棥 楚 楽 仰天 18

【注】從木焚聲，疑"棥"之異文。《説文》："棥，香木也。從木岑聲。"●讀棥，香木。《仰天 18》："一楥柜。"

明紐文聲

文 鈇簋 呂尊 楷侯簋蓋 保卣 文父丁簋 豦丞卣 能匋尊

旂鼎 君夫簋 史喜鼎 梁其鐘 癲鐘 德克簋 斳尊 筥小子

徒簋 是驫簋 文父乙簋 改盨 羚簋 聞尊 獄盉 繖鼎

齊 陳侯因咨錞 滕侯蘇盨 璽彙 0282 楚 申文王之孫州奉簠 曾侯

乙鐘 王孫誥鐘 包山 200 玉印 3 上博六·天甲 5 上博

六·競公 4 清華二·繫年 8 清華二·繫年 41 清華三·良臣 2

清華五·厚父 1 清華六·管仲 10 清華一·程寤 8 新蔡 419

包山 203 清華十一·五紀 3 璽彙 3564 燕 璽彙 0012 璽彙

2104

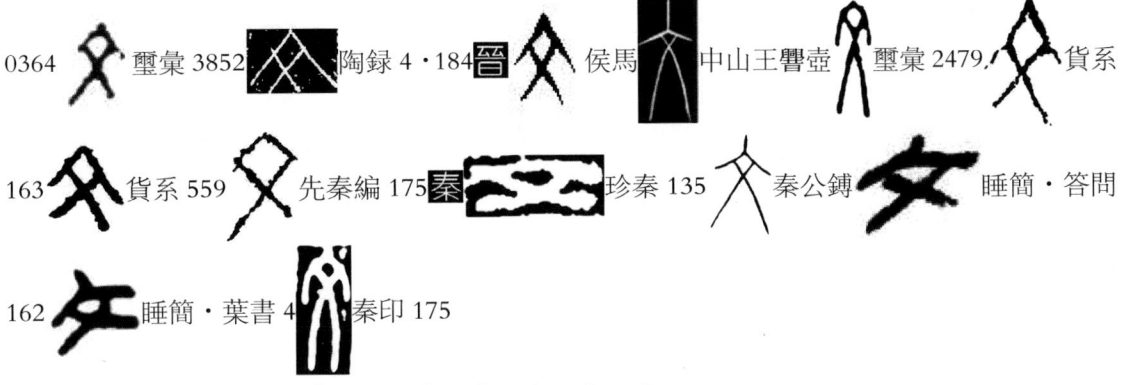

0364 　璽彙 3852　　　陶録 4·184　圖　　侯馬　　中山王豐壺　　璽彙 2479.　　貨系

163 　貨系 559　　　先秦編 175　秦　　　珍秦 135　　秦公鎛　　　睡簡·答問

162 　睡簡·葉書 4　　秦印 175

【注】甲骨文作文、穴、太、介、介、介、爱、穴、介，象人正立形，胸前或背後刺有花紋，是古代紋身的寫照。或省略花紋而直接作介。至金文花紋之形或訛而近于心形。至戰國花紋漸次省減而無。楚文字或在文下加短橫、或在上加斜丿，均為飾筆。《説文》：“文，錯畫也。象交文。凡文之屬皆從文。”錯畫者，非其本義。本義是紋身，如《莊子》：“越人斷髮文身。”引申指花紋、紋路。漢字最初是按照事物的輪廓畫下來的，也是一種花紋，故又引申指漢字。又引申指文章，如李贄《焚書》：“詩何必古選，文何必先秦。”“文”為引申義所專用，其本義便加形符“糸”寫作“紋”。●多指文治，跟“武”相對。《麤羌鐘》：“武文咸刺（烈）。”《詩·小雅·六月》：“文武吉甫。”●周文王名號。《班簋》：“文王孫亡弗褱（懷）井（型），亡克競乓（厥）刺（烈）。”文王，即周文王姬昌。●美也。彝器稱先祖，常以之為修飾語，意為有德行的先祖。《叔向父禹簋》：“肇師井（型）先文且（祖）。”《師遽方彝》：“用乍（作）文且（祖）它公寶障彝。”《豆閉簋》：“用乍朕文考釐弔（叔）寶簋。”●文人：周代對先祖的尊稱，意為道德高超的人。《兮仲鐘》：“用侃喜前文人。”《詩·江漢》：“釐爾圭瓚，秬鬯一卣，告于文人。”毛傳：“文人，文德之人也。”《書·文侯之命》：“追孝于前文人。”文例與金文同。孔穎達疏：“追行孝道于前世文德之人。”●文武：周文王、周武王的合稱。二人在周朝立國和滅殷中都功業卓著，後世遂作為聖明君王的代表。《毛公鼎》：“丕顯文武。”●文武帝乙：商王帝乙。紂之父，在位時商國勢衰落，與人方發生戰爭。“文武”相當于後世的謚號，“帝乙”為王名。《四祀邲其卣》：“障文武帝乙宜。”●文神：專司音樂文化之神。《癲鐘》：“義（宜）文神無疆。”●文飾、掩飾。《清華三·琴舞 2》：“天佳（惟）㬎（顯）帀（斯），文非易帀（斯）。”《論語·子張》：“小人之過也必文。”●讀門。《璽彙 0364》“易文身鍴”。“易文”讀“陽門”，複姓。

玟　大盂鼎　玟　何尊

【注】從王文聲，乃文王之專稱，與武王之武作“珷”同例。●讀文。《大盂鼎》：“不（丕）顯玟（文）王，受天有（佑）大令。”

玟　楚　　　清華五·三壽 25

【注】從玉文聲。●讀文。《清華五·三壽 25》：“詥高玟（文）富而昏忘賓。”詥，讀歆，訓為“貪”。“賓”似可讀朐，《玉篇·貝部》：“朐，稟給也。”“富”與“朐”義正相關。這句話可能是批評統治者因貪羨“高文”之富而昏忘了稟給之事，所以引發了下文所説的“神民並尤而仇怨所聚”。

眘 楚  安大一 45

【注】從目文聲。●讀文。《安大一 45》："眘（文）靹（茵）象猻（縠）。"《毛詩》作"文茵暢縠"。

瘖 楚  清華九·成人 10

【注】從广㐫聲。●讀㐫，恨惜也。《清華九·成人 9》："非天俊（作）瘖（㐫），隹（惟）民昌（猖）兒。"

畜 楚  清華十一·五紀 129　　　 清華十一·五紀 128

【注】從酉文聲。●讀文。《清華十一·五紀 128》："神事（使）人，畜（文）坓（型）曰古，畜（文）命曰再（稱），坖（地）亯（縠）曰寺（時）。""文型"即當是指先祖所留傳的典法，如《吕刑》《成人》等篇即是。"文命"即先祖之命，如《顧命》《文侯之命》等篇即是。

玅 玅簋

【注】從二文，"文"之繁文。●人名。《玅簋》："玅乍（作）寶隥彝。"

㸚 燕  璽彙 2888　　 璽彙 2883　　 璽彙 2884　　 璽彙 2885

【注】從三文，"文"之繁文。●燕璽"㸚劏""㸚行""㸚匭"等，讀文，姓氏。

襫 晉  璽彙 2889

【注】從衣㸚聲，疑"紋"之繁文。●晉璽"襫栖"，讀文，姓氏。

訫 楚  清華一·祭公 1

【注】從言文聲。●讀旻，天、天空。《清華一·祭公 1》："訫（旻）天疾畏（威）。""旻天疾威"，見《詩·小旻》，又毛公鼎"敃（旻）天疾畏（威）"。

郭 秦 　　 里耶 8·761

【注】從子從邑文聲。●地名。

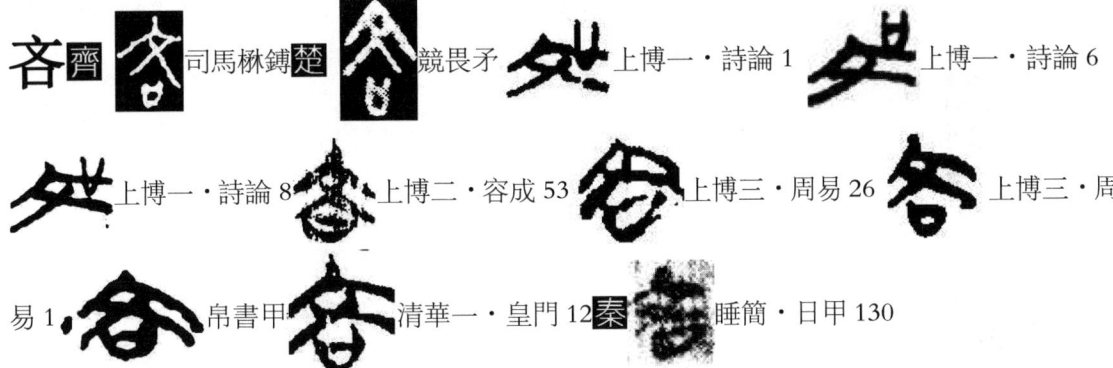

司馬楸鎛 楚 競畏矛 上博一‧詩論 1 上博一‧詩論 6

上博一‧詩論 8 上博二‧容成 53 上博三‧周易 26 上博三‧周

易 1 帛書甲 清華一‧皇門 12 秦 睡簡‧日甲 130

【注】甲骨文作 吝、吝，從口，從文（身上的花紋），會恨惜之意現于形色；文兼聲。《說文》："吝，恨惜也。從口文聲。"本義為遺憾。引申為吝嗇。●讀文。《司馬楸鎛》："用亯（享）于皇祖吝（文）考。"《競畏矛》："用旟（揚）吝（文）德武刺（烈）。"楚簡多讀文。《上博一‧詩論 1》："樂亡隱（隱）情，吝（文）亡隱（隱）言。"●悔恨、遺憾。《睡簡‧日甲 130》："直述（術）吉，從道右吉，從左吝。"《上博三‧周易 1》："困龙（蒙），吝。"●讀殄。《清華一‧皇門 12》："忞夫先受吝（殄）罰，邦亦不寍（寍）。"吝，來母文部，讀為定母文部之"殄"。此句今本作"媢夫先受殄罰"。今本"媢"亦"媢"訛。言在此情況之下，即使媢夫先受殄罰，國亦不能安寧。"忞"讀媢，皆明母侯部字，妒忌。《禮記‧大學》："人之有技，媢嫉以惡之。"●《上博二‧容成 53》："㠯（以）告吝（閔）于天。"讀閔，哀憐之義，字亦作"湣"。古有閔天之稱。《周禮‧春官‧大祝》："六曰誄。"鄭玄注引《左傳》："孔子卒，哀公誄之曰：'閔天不淑。'"●讀旻。《上博一‧詩論 8》"少吝"，讀"小旻"，《詩經》篇名。《詩‧小雅‧小旻》："旻天疾威，敷於下土。謀猶回遹，何日斯沮？"

燕璽 3960

【注】從辵吝聲。●燕璽"東方逪"，人名。

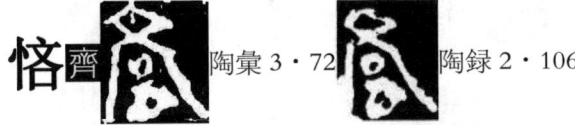

齊 陶彙 3‧72 陶錄 2‧106

【注】從心吝聲，"吝"之繁文。●齊陶人名。

齊 麐尸節

【注】從鹿吝聲。《說文》："麐，牝麒也。"麐、麟聲同，段玉裁注："玉篇，廣韻皆麟、麐為一字。許書蓋本無麐字。淺人所增。"本義同"麟"。●人名。《麐尸節》："麐尸。"

齊 陶彙 3‧469 楚 清華六‧太伯甲 1 燕 璽彙 2325

【注】從心文聲。●戰國文字多為人名。●讀憫或讀閔。《説文》："閔，弔者在門也。"段注："引申為凡痛惜之辭。俗作'憫'。"義同於後言"痛失"之"痛"。《清華六·太伯甲1》："不穀幽（幼）弱，忞（閔）喪吾君。"我幼弱之時，憂喪我君（亦我父）鄭厲公。

癏  璽彙 3175

【注】從疒忞聲，疑古"瘠"字。●燕璽人名。

刏  貨系 3795

【注】從刀文聲。●齊刀義不詳。

麆  伯其父麆簠 晉 璽彙 1422 匯考 322 秦 秦公簋

【注】甲骨文作 、 ，從鹿從文，從文，示其身有文也；文亦聲。金文承之。《正字通》同麐。●人名。《伯其父麆簠》："唯白（伯）其父麆乍（作）旅祜（匜）。"晉璽人名。●讀慶，喜事、吉事。《秦公簋》："高引又慶，竈囿（佑）四方。"

蚊 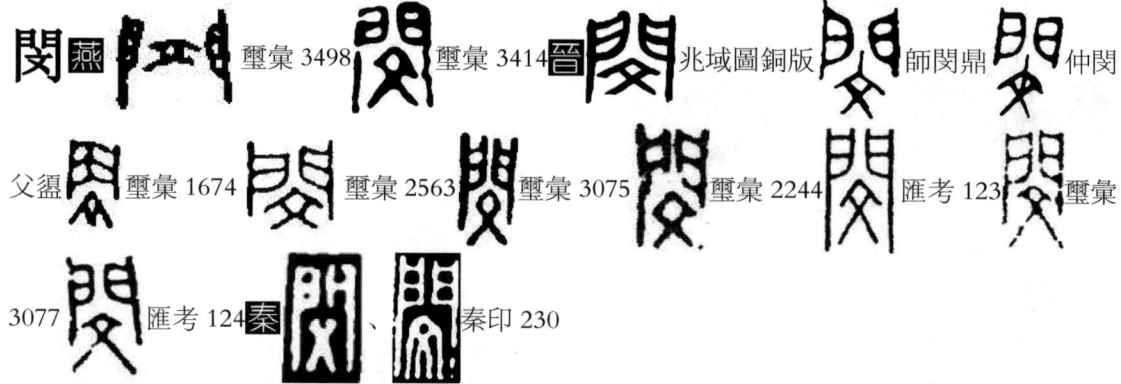 亞蚊鼎

【注】從虫文聲，與《説文》俗體相同。《説文》："虭，齧人飛蟲。從蚰民聲。蟁或從昏，以昏時出也。蚊俗蟁從虫從文。"本義蚊蟲。●族氏名。《亞蚊鼎》："亞蚊。"文霏謂 實際是金文習見之族氏文字 之誤摹。（《新版（金文編）評介》）

閔 燕 璽彙 3498 璽彙 3414 晉 兆域圖銅版 師閔鼎 仲閔

父盨 璽彙 1674 璽彙 2563 璽彙 3075 璽彙 2244 匯考 123 璽彙

3077 匯考 124 秦 、 秦印 230

【注】從門從文，門、文雙聲。《説文》："閔，弔者在門也。從門文聲。 古文閔。"古文本作"愍"，《説文》訛為從 。"弔者在門也"猶弔唁也。字又同"憫"。●人名。《師閔鼎》："師閔乍（作）免白（伯）寶鼎。"●讀門。《兆域圖銅版》："閔。"晉文字門作閔，為晉文字特有寫法。●《璽彙 3414》"羊閔驅"、《璽彙 3498》"絳閔郢"。羊閔、絳閔，均讀"陽門"，複姓。●秦印姓氏。

区 晉  璽彙 3179 分研一 274

【注】從匚文聲。●《璽彙 3179》"区和"姓氏，疑讀文。《分研一 274》"区是"，讀"文氏"，複姓。

邼 晉  分研 314

【注】從邑区聲。●晉璽"邼留"姓氏。

疢 晉  鄭臧公之孫鼎 中國錢幣 1997·2

【注】從疒文聲。●晉空首布"疢金"，義不詳。●讀門。"文"和"門"雙聲迭韻，例可通假。典籍中"文"與"閔"通假習見。《禮記·儒行》："不閔有司。"鄭《注》："閔或為文。""閔"與"悶"通。《老子》二十章："我獨悶悶"。傳本"悶悶"作"閔閔"。"悶"從門得聲，故而文聲系及門聲系通假。中山王墓《兆域圖》"門"作"閔"形，是其確證。《鄭臧公之孫鼎》："余奠（鄭）臧公之孫，余刺之疢子盧，乍（作）鑄鬻彝。"疢子，讀門子。"門子"一詞，典籍見載，是指周及春秋時期卿大夫的嫡子。《左傳·襄公九年》："將盟，鄭六卿……及其大夫、門子皆從鄭伯，"杜預《注》："門子，卿之嫡子。"鄭玄曰："正室，適子，將代父當門者。"

瘋 晉  璽彙 1656

【注】從虫疢聲，疑古"瘤"字。●晉璽人名。

紊  ☑紊戈

【注】從糸文聲。●人名。

敊 敊鋅敊簋

【注】從帚文聲。甲骨文借帚為婦，從帚即從婦，與從女會意同，故或可釋為"妏"。《集韻》："妏，女字。"●人名。

稹 楚 璽彙 3552

【注】從禾旻聲。●楚璽"繼偖稷"人名。

楚清華六·子產 5

【注】從門旻聲。●讀文。《清華六·子產 5》："闅（文）腥（理）、型（形）膿（體）、惴（端）分（冕）。"詳"惴"字。

明紐耿聲

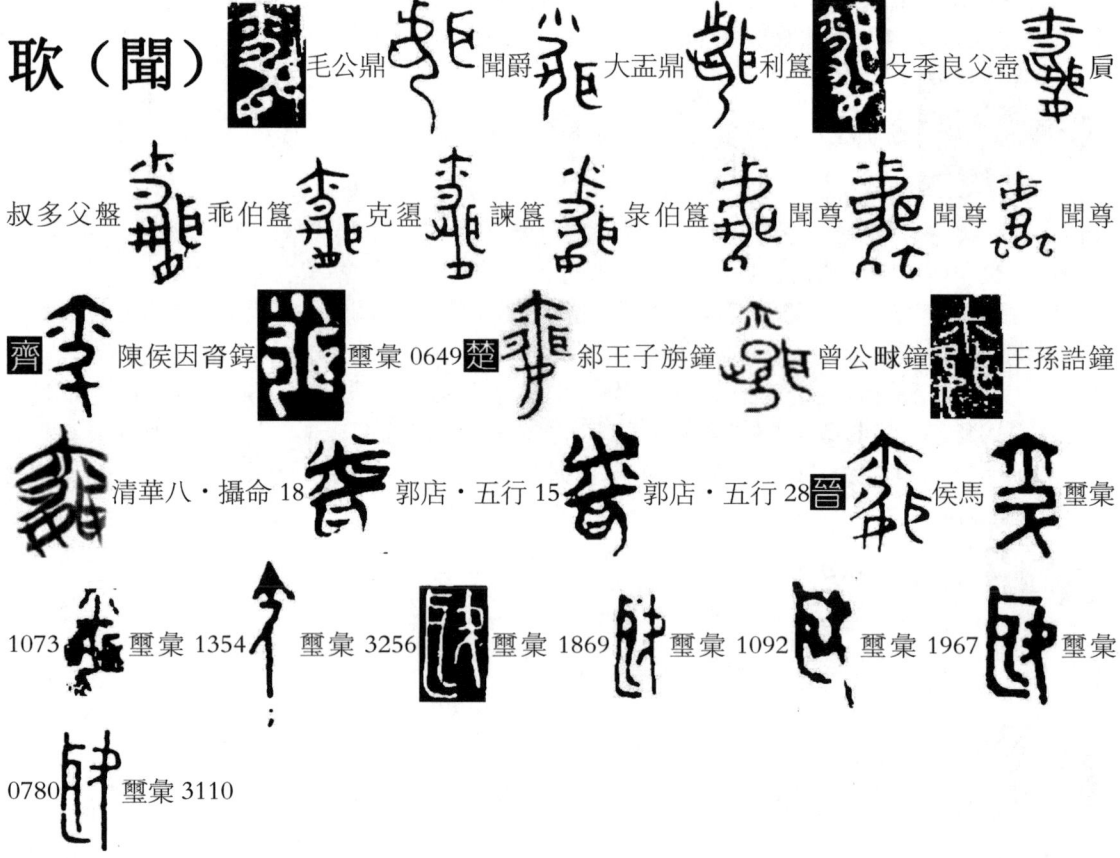

【注】甲骨文作𦣻、𦣻、𦣻、𦣻、𦣻、𦣻、𦣻、𦣻，從欠從耳，突出手臂上揚，會以手遮耳聆聽有所聞之意，"聞"之初文。金文同甲骨文，金文上部所從十等形為頭飾，遂與"爵"形上部相混。《聞尊》所作，或增從虫、蚰，器銘中為同一人名，《説文》兩虫讀昆，一虫讀虺，并與"聞"音近，聲皆為喉音，韻為微文對轉，故可視虫、蚰為迭加聲符。"聞"之初文繁復不便書寫，故戰國文字或省耳僅作𦣻形（《汗簡》作𦣻，有對應關係，木訛為采，欠訛為斗形），或省為從欠從耳作"耿"。郭店《五行》簡中"聞"一律作𦣻、𦣻等形，葉玉英認為從采從耳，"采"在字中用作聲符，古音"采"在並紐元部，"聞"在明紐文部，聲韻俱近。（《古文字構形與上古音研究》359 頁）上述諸形，隸定為"耿（聞）"。《説文》："聞，知聞也。從耳門聲。𦣻古文從昏。"本義是聽見，如《晉書》："中夜聞荒雞鳴。"後來用鼻子嗅物也叫"聞"，如詩句"掃後更聞香。"●讀婚。"昏""婚""聞"古音同，三字于古文字通用。《殳季良父壺》："用盛旨酉（酒），

用宫（享）孝于兄弟、聞（婚）靚（媾）、者（諸）老。"婚，戰國秦系文字從女昏聲作𦔭（詛楚文），是為小篆所本。《說文》："𦔭，婦家也。《禮》：娶婦以昏時，婦人陰也，故曰婚。從女從昏，昏亦聲。𡣬籀婚。"《說文》籀文作𡣬，實乃"聞"之訛變。●知聞、聽說。《大盂鼎》："我歆（聞）殷述（墜）令（命）。"《郭店·五行 28》："聰則歆（聞）君子道。"戰國始見從耳門聲之聞（璽彙 0028）。●讀昏，糊塗。《毛公鼎》："余非𩵋（庸）又歆（昏）。女（汝）母（毋）敢妄（荒）寍（寧），虔夙夕憃我一人。"●讀軛，車部件。《彔伯簋》："余易（賜）女𩁥（秬）鬯一卣、……畫聞（軛）、金厄（軛）、畫轉、馬四匹、鋚勒。"●讀問，朝問、聘問。《陳侯因𦤧錞》："淖（朝）歆（問）者（諸）侯。"朝問，凡諸侯之邦歲相問也。《儀禮·聘禮》："小聘曰問。"《周禮·春官·大宗伯》："時聘曰問。"●《登鐸》："中（終）龢（翰）叡（且）陽（揚），元鳴孔鍠（皇），目（以）征目（以）行，尃（敷）歆四方。""聞"，指鐸所發之聲，作"敷"的賓語。"敷聞四方"指傳佈鐸聲于四方，語意雙關指傳佈政教于四方。●讀文。《璽彙 3256》"歆（聞）是坡"，"聞是"讀文氏，複姓。

墊〔晉〕 璽彙 0540   璽彙 0779

【注】從牛歆聲。●晉璽人名。

輖 師克盨   番生簋   師兌簋   毛公鼎   卌三年逨鼎

【注】從車歆聲。《說文》本作"輨"，《說文》："輨，車伏兔下革也。從車憂聲。憂，古昏字。"字俗作"䡊"，通作"䡅"。段玉裁注："謂以鞈固之于軸上也。鞈者，生革可以為縷束也。"●讀軛，革帶，後縛于軸上，前縛于衡上。《毛公鼎》："畫軛（軛）。"為周王給毛公的賞賜品之一。《彔伯簋》《師兌簋》《番生簋》中均有"畫軛"作為賞賜品。

㫃 小盂鼎   伯㫃方鼎

【注】從㫃歆聲。●人名。《伯㫃方鼎》："白（伯）㫃乍（作）氒（厥）宗寶障彝。"《小盂鼎》辭殘意不詳。

㷉 伯㷉觶

【注】從火㫃聲，疑"㫃"之繁文。●人名。

歅〔齊〕 璽彙 1316

【注】從尹歆聲。"尹"為疊加聲符。●"成歅"，人名。

明紐門聲

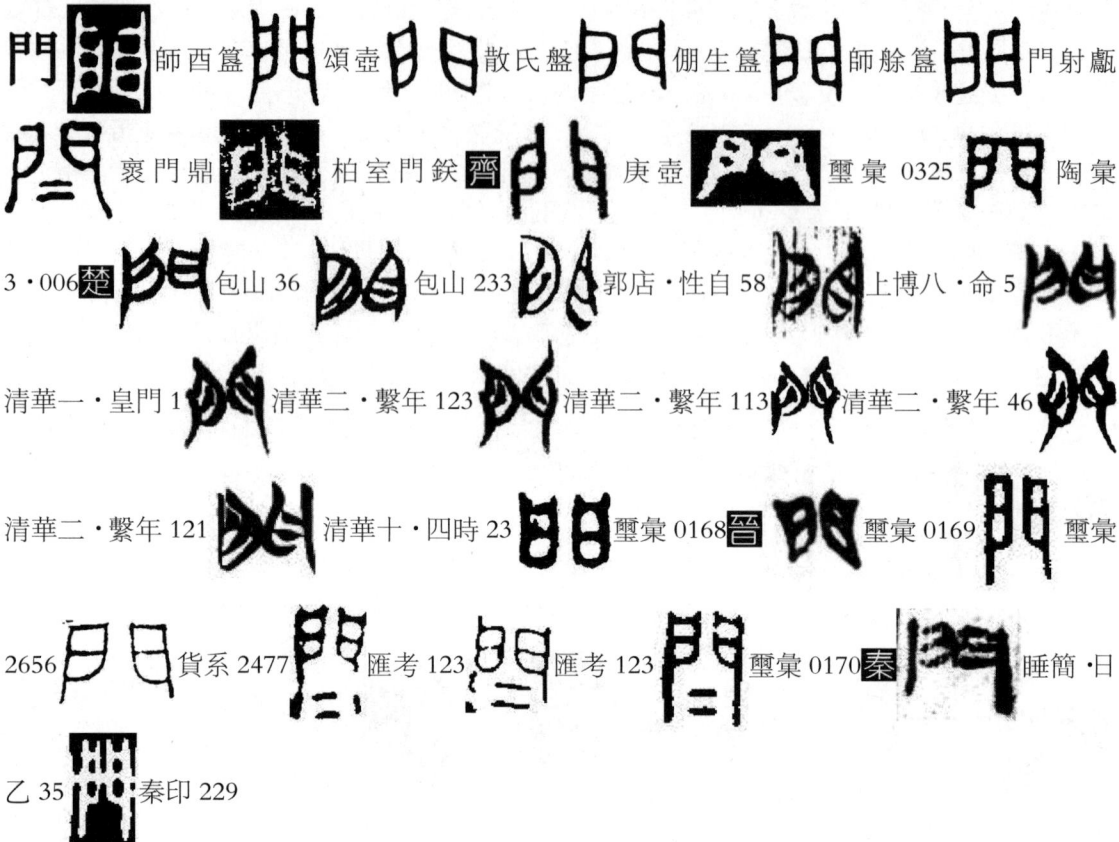

門 [師酉簋] 頌壺 [散氏盤] [佣生簋] [師艅簋] 門射甗
[裹門鼎] [柏室門鋘]齊 [庚壺] 璽彙0325 陶彙
3·006楚 包山36 包山233 郭店·性自58 上博八·命5
清華一·皇門1 清華二·繫年123 清華二·繫年113 清華二·繫年46
清華二·繫年121 清華十·四時23 璽彙0168晉 璽彙0169 璽彙
2656 貨系2477 匯考123 匯考123 璽彙0170秦 睡簡·日
乙35 秦印229

【注】甲骨文作門、丽、門、門，象兩扇門形；有些字形在門上還有一根長長的橫木，十分形
象。甲骨文"戶"寫作戶、日，象一扇門的樣子。因此雙扇門稱為門，單扇門稱為戶。金文同甲
骨文。戰國文字或于門內加"="，為輔助性筆畫，對文字偏旁佈局能起到調節和均衡作用，整
個"門"字筆畫集中在上部，下半顯得空虛，故加以=填充。《説文》："門，聞也。從二戶。象
形。凡門之屬皆從門。"本義為雙扉門。秦文字、楚文字用"門"表示門，齊文字用"門""聞"
表示門，三晉文字用"門""閔"表示門，燕文字用"閔""文"表示門。●建築物出入口的關
啟設置。《諫簋》："嗣（司）馬共右諫入門立中廷。"●人名。《門簋》："門用乍（作）父己障彝。"
●用作動詞，進攻城門。《庚壺》："齊三軍圍釐（萊），衰（崔）子執鼓（鼓），庚入門之，虢者
獻于窯公之所。"楊樹達謂"庚入門之"為攻其城門也。圍人之城邑，必攻其城門。城門曰門，
攻城門亦曰門。古人文瀺動名往往相因。（詳《金文説》180頁）●秦印"東門脱"，東門，複姓。
春秋時魯有東門歸父；漢代有東門京、東門雲。●《包山36》："隋門又（有）敗。"隋門，疑讀
"徵問"。《史記·淮南衡山列傳》："今建在，可徵问，具知淮南陰事。"●《包山179》"門婁悲"，
姓氏。《姓氏詞典》據《姓考》注云："以官名為姓氏。春秋時宋有門官，其後因氏。門官，是
'近衛之官'。"

閔晉  璽彙2013 璽彙2761

【注】從子門聲。閔，《龍龕》音悦，與璽文疑非一字。●晉璽人名。

 璽彙 0321

【注】從女門聲。●晉璽"閅鼎重",義不詳。

 四年咎奴曹令戈 問 璽彙 0558 問 璽彙 3187

【注】舊多釋為"問"。然門中并不從口,而是從厶。戰國文字均用為人名,音義不詳。暫入門聲。●均為人名。《璽彙 0558》"王重閅",似可讀"王重門",語頗成辭。

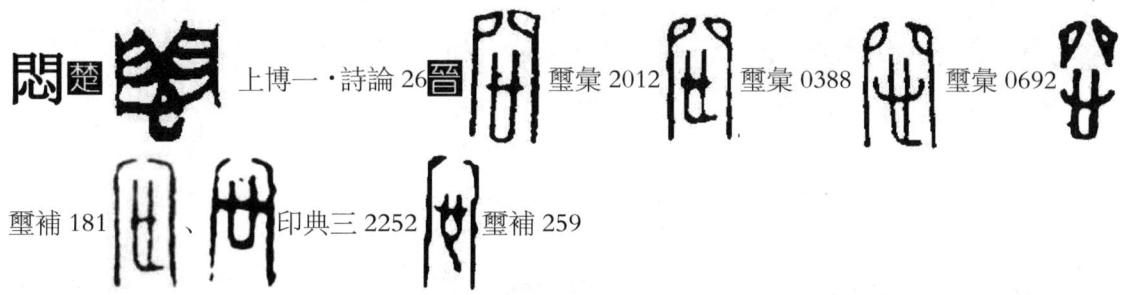 上博一·詩論 26 晉 問 璽彙 2012 世 璽彙 0388 世 璽彙 0692

璽補 181 、 問 印典三 2252 世 璽補 259

【注】從心門聲。●憂傷、憂愁。《上博一·詩論 26》:"《邶·柏舟》悶。"《邶風·柏舟》一詩中"耿耿不寐,如有隱憂""憂心悄悄,慍于群小"等句,表現了詩人的憂怨,簡文以一"悶"字評論此詩,是針對詩的情感內容來說的。●晉璽人名。《璽補 259》"胡女(母-毋)悶","毋悶"古人習見人名。

問 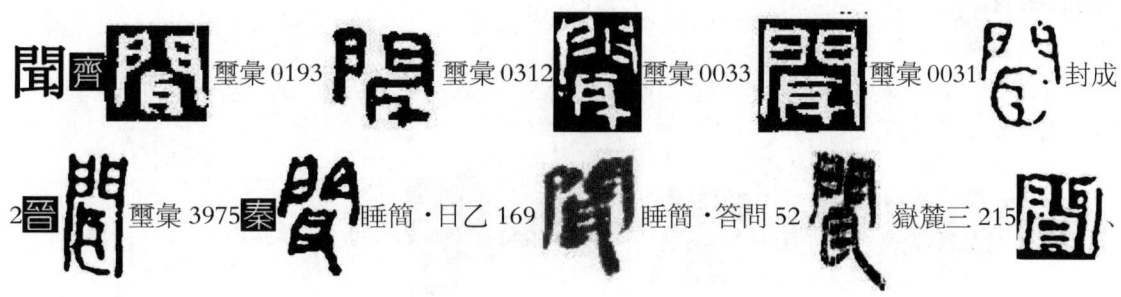 史問鐘 秦 問 睡簡·答問 44 問 陶彙 3·679

【注】甲骨文作 問、問,從口門聲,與小篆同形。然甲骨文辭殘意不詳,與小篆或同形不同字也。甲骨文"啟"或作 、、,有學者認為問是"啟"字的繁化。《史問鐘》為人名。問答之字始于戰國秦系文字。《説文》:"問,訊也。從口門聲。"本義為詢問。六國文字以"歌"為問。楚文字以"昏"為問。●詢問。《睡簡·答問 29》:"士五(伍)甲盜一羊,羊頸有索,索直(值)一錢,問可(何)論?"●讀聞。《睡簡·日乙 239》:"有問(聞)邦。"●訊問。《睡簡·秦種 135》:"所弗問而久穀(繫)之,大嗇夫、丞及官嗇夫有罪。"●贈送。《睡簡·答問 203》:"可(何)謂'齎玉'?'齎玉',者(諸)候(侯)客節(即)來使入秦,當以玉問王之謂殹(也)。"什麼叫齎玉?就是諸侯國的客人出使來秦,應以玉贈送給王。●《史問鐘》為人名。

聞 齊 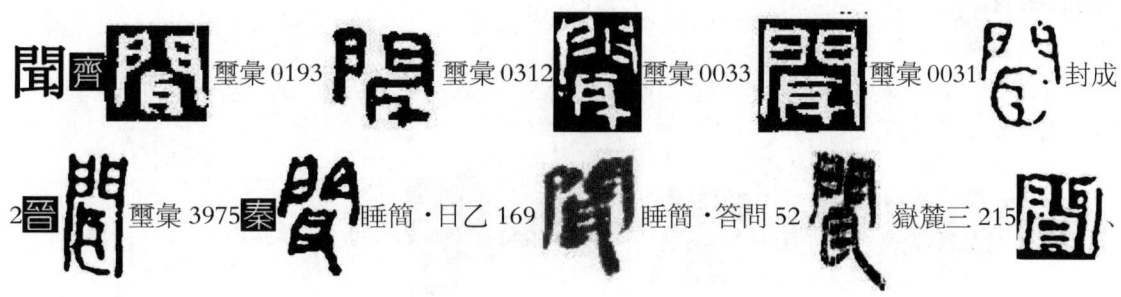 璽彙 0193 問 璽彙 0312 閶 璽彙 0033 聞 璽彙 0031 聞 封成

2 晉 問 璽彙 3975 秦 聲 睡簡·日乙 169 聞 睡簡·答問 52 聞 嶽麓三 215 、 閶 、

秦印 232

【注】從耳門聲。聞聽之聞楚文字多從昏聲作"睧""𥃩""𦗊"等形，或作"耴"（聞之本字）。●讀門。《璽彙 0033》"右聞司馬鈢"，門司馬，職官名。《戰國策·齊策》："齊王建入朝于秦，雍門司馬前曰。"可證齊國確有"門司馬"之官職。●傳佈。《睡簡·答問 52》："廣眾心，聲聞左右者，賞。"●秦印"聞陽司空"，"聞陽"為地名。地名無聞陽，聞當讀汶。聞、汶古音均文部明紐，同音通假。門聲字與文聲字古多相通。汶陽，春秋魯地，在今山東泰安市西南一帶。因在汶水之北，故名。《左傳》僖公元年（前 659）"公賜季友汶陽之田"，杜注："汶陽田，汶水北地。"秦朝屬齊郡轄地。●秦印有"聞賜"，姓氏。

師䫷簋 陶彙 3·41 齊陶 0081 齊陶 0082 印增 86

【注】從言從門，雙聲字。古音"誾"在疑紐文部，"門"在明紐文部，"言"在疑紐元部，誾、門迭韻，誾、言雙聲。《説文》："誾，和説而諍也。從言門聲。"●地名，疑讀門。《師䫷簋》："才先王既令女乍（作）嗣（司）土（徒），官嗣（司）汸誾。"●齊陶地名。

閵簋 睡簡·為吏 23 睡簡·日甲 2

【注】從隹門聲。●人名。《閵簋》："閵乍（作）寶隮（尊）彝。"●秦簡讀藺。《睡簡·為吏 23》："槍閵（藺）環殳。"藺石，一名擂石。與藺並列的槍，顯然即標槍投矛類武器。●讀吝，小不利。《睡簡·日甲 2》："不成以祭，閵（吝）。"

藺秦 睡簡·日乙 177 睡簡·秦種 131

【注】從艸閵聲。●讀吝。《睡簡·日乙 175》："酉以東藺（吝）。"秦文字除用"吝"外，也用"閵""藺"表示悔吝之吝。楚文字則用"吝""嬰"。●藺草。《睡簡·秦種 131》："毋（無）荓者以蒲、藺以枲荊（剶）之。各以其〈穫〉時多積之。"《説文》："藺，莞屬。從艸閵聲。"

上博二·容成 38

【注】從玉門聲。●疑表示玉門的專用字。《上博二·容成 38》："增（築）為璿室，戈（飾）為糸（瑤）臺，立為玉閏（門）。"

帛書甲晉 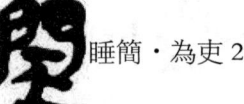元年閏矛秦 睡簡·為吏 22

【注】從王門聲（《廣韻》閏作閏，可證），潤澤之"潤"的本字。《説文》："閏，余分之月，五歲再閏，告朔之禮，天子居宗廟，閏月居門中。從王在門中。《周禮》曰：'閏月，王居門中，終月也。'"古代天子每年冬季以明年朔政分賜諸侯，諸侯于月初祭廟受朔政稱為"告朔"。據《説文》段注，舉行告朔之禮時，王通常居于明堂，但逢閏月，則居于路寢門，所以"從王在門中。"許慎所釋非本義。後"閏"被借義所專，其本義遂用"潤"來表示。本義：余數。指曆灋紀年和地球環繞太陽一周運行時間的差數，多余的叫"閏"。●閏月。《元年閏矛》："元年閏再十二月丙☐☐。"

 璽彙 1770

【注】從水門聲。●晉璽人名。

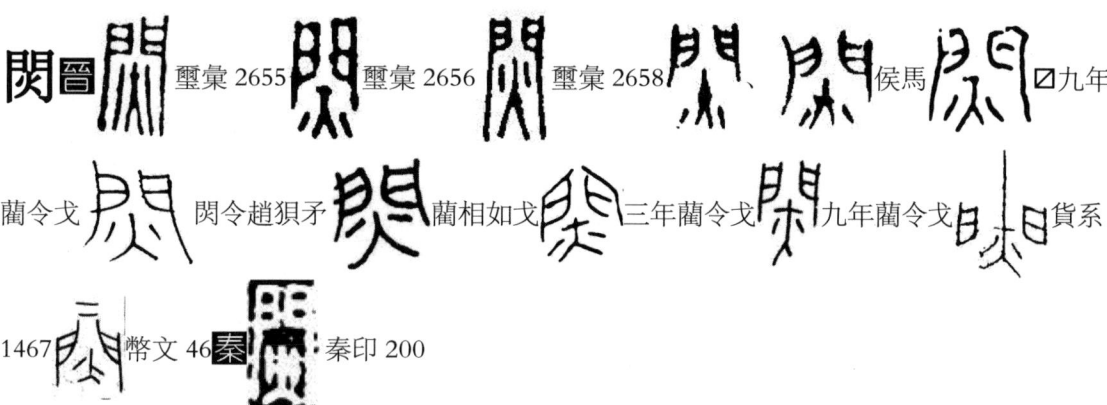

蘭令戈 閔令趙狃矛 蘭相如戈 三年蘭令戈 九年蘭令戈 貨系

1467 幣文 46 秦 秦印 200

【注】甲骨文作☐、☐、☐、☐、☐，從火門聲。羅琨先生認為"閔"在卜辭中指一種名為鶉火的火星。(《甲骨文"閔"字探析》)戰國文字或作☐，加〓為飾，故《説文》以為"兩省聲"。《説文》："閔，火皃。從火，兩省聲。讀若粦。"●讀蘭。"閔""蘭"同為來母真部字，同音通假。蘭，氏名，出自姬姓，以地名為氏。春秋時，晉獻公的少子成師被封于韓（現在陝西省韓城縣），他建立了韓國，因為他的爵位是子爵，所以又稱韓子。他的後代子孫遂以韓為姓，稱韓姓。傳到韓厥（即韓獻子）時，他的玄孫叫韓康，在趙國為官，得到蘭（今山西柳林縣孟門，一說在陝西渭南縣西北）作為封邑，他的後代子孫遂以封邑名為姓，稱蘭姓。《蘭相如戈》："廿年，丞閔（蘭）相女（如），☐肖（趙）。邦左☐鹿智，冶陽。"●讀蘭，戰國趙地。《史記·趙世家》肅侯二十二年："秦殺疵河西，取我蘭、離石。"《漢書·地理志》隸西河郡，在今山西離石縣西。《閔令趙狃矛》："十一年，閔（蘭）侖（令）肖（趙）狃。"

 璽彙 1982

【注】從車門聲。闐，《龍龕》闐字之譌，與古文字未必一字。●晉璽人名。

 璽彙 2662

【注】從土門聲，疑"門"之繁文。● "閏絲"讀門，姓氏。

 闌 晉 輯存 66 閒 輯存 68

【注】從馬門聲。《說文》："闖，馬出門皃。從馬在門中。讀若郴。" ●晉璽人名。

歌部

曉紐陸聲

陸（隓） 㲄公盨　　五祀衛鼎 晉 璽彙 2549 楚 包山

168 唐侯制隨夫人壺 清華六·管仲 9 上博三·周易 16 清華五·命訓 8

清華二·繫年 51 清華二·繫年 66 上博三·周易 26 上博三·周

易 48 清華十·四告 40 上博九·陳公 19 新蔡甲三 25

【注】金文從阝，從又從土（或各有減省），可隸定為"陸"，裘錫圭先生指出："'陸'是'墮'的初文……'陸'的字形象用手使'阜'上之土墮落，是一個表意字。"（《㲄公盨銘文考釋》）今之學者多認為即《說文》"隓"字之來源。《說文》："隓，敗城阜曰隓。從阝㞦聲。墮，篆文。"隓當係由"隓"訛變而來。●讀墮，俗作"隳"，毀壞、鑿毀。《㲄公盨》："天令（命）禹專（敷）土，陸（墮）山，浚川。"裘錫圭認為"墮山"即"墮高堙庳"，可從。對照《尚書·禹貢》曰："禹敷土，隨山刊木，奠高山大川。"《禹貢》序曰："禹別九州，隨山浚川。""隨"當是"陸"長期訛變分化的結果。《清華十·四告 40》："尃（敷）土陸（墮）山，雺（劃）川歗（濬）泉。"●讀惰。《清華六·管仲 9》："民人陸（惰）㤅（怠）。"●讀隨，隨從。《上博三·周易 16》："陸（隨）求又（有）夏（得），利尻（居）貞。"●讀隋、或讀隨，姓氏。今隨州是其地，楚滅之，子孫以國為氏。《包山 168》："陸（隋）窓之人惑。"楚簡姓氏"隋"作陸、隓、墮、陸、陸、墮等形。

陸 楚 清華九·成人 24

【注】從止隓聲。●讀隨，順也。《清華九·成人 24》："鐘（通）而橐（原）之，陸（隨）而歒（揣）之。"

隓 楚 清華八·攝命 16 清華八·攝命 8

【注】從力隓聲。●讀墮。《清華八·攝命16》："鮮隹（唯）楚（胥）台（以）妝（夙）夕敬，亡（罔）非楚（胥）以劈（墮）遹（愻）。"鮮有相率夙夕敬者，皆相率以墮愻。

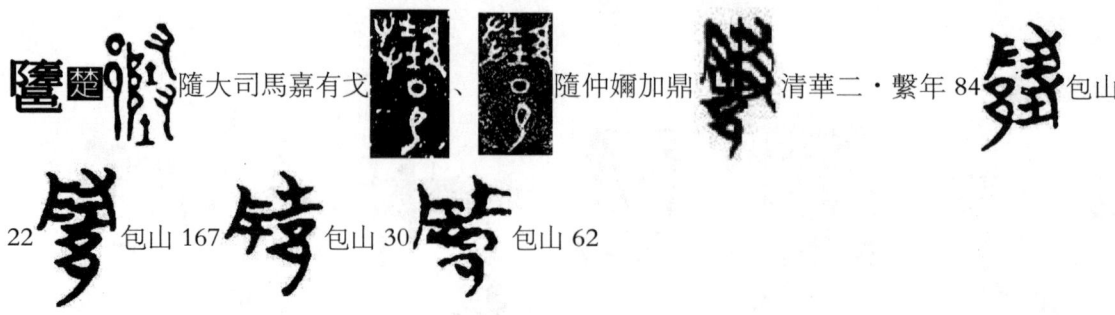

隓楚 隨大司馬嘉有戈、　　　、隨仲嫿加鼎　清華二·繫年84　　包山

22　包山167　　包山30　　包山62

【注】從邑隓聲；或隓省聲。●讀隨，國名。曹錦炎謂即指文獻記載中的隨國。《國語·鄭語》載鄭大夫史伯答鄭桓公説："當成周者，南有荆蠻、申、吕、應、鄧、陳、蔡、隨、唐"，説明至遲在西周晚期隨國就已經存在于成周以南的江漢地區。"'曾'即是'曾'，'隨'即是'隨'，兩者不可混同，'曾隨一國二名'之説也就不攻自破"。（曹錦炎《曾、隨二國的證據——論新發現的隨仲嫿加鼎》）《隨大司馬嘉有戈》："隓（隨）大司馬嘉有之行戈。"《隨仲嫿加鼎》："隹（唯）王正月初吉丁亥，楚王媵（媵）隓（隨）仲嫿加飤繁。"即楚王嫁女兒的陪嫁銅器，器主名"隓仲嫿加"，表明夫家是隨國。●包山簡讀隋、或讀隨，姓氏。《通志·氏族略二》："隨氏、侯爵，今隨州是其地。楚滅之。子孫以國為氏……至以周齊不遑寧處故，去走作隋。"隋姓之隋，本由隨國之隨省變而來。

隋楚 新蔡甲三313

【注】從角隓聲。●人名。

惰楚 清華八·邦道19

【注】從心隓聲。●讀惰。《清華八·邦道19》："戎（農）夫之惰（惰）於亓（其）事，以愈（偷）求生。"

徟楚 清華三·祝辭3

【注】從彳隓省聲。●讀隨。簡文"徟弓"，與下"外弓""躇弓"，均為不同類型的弓名。

隋晉 侯馬　　珍戰93　　璽彙0831　　璽彙2769　　璽彙2772　　璽彙2937

【注】從肉隓省聲。或省為隋。●多為人名。●《珍戰93》"隋（隋）氏佃"，或謂"隋氏"二

字合文，讀隋，姓氏。

遀 （習）  集粹 83

【注】從辵隋聲，"隨"之異文。●人名。

窐 （楚）  上博七·凡甲 7

【注】從穴陞省聲（省為"圣"）。"圣"字與《說文》釋為"汝潁之間謂致力於地曰圣"之"圣"並非同字。在楚文字中，從"圣"之字多讀為"墮、隨、隋"。●讀隋。《上博七·凡甲 7》："窐（隋）祭員（焄）緜（奚）迖（登）。""隋"是古代的一種祭祀。《周禮·春官·小祝》："大祭祀，逆齍盛，送逆尸，沃尸盥，贊隋，贊徹，贊奠。"鄭玄注："隋，尸之祭也。"本簡"員"（喻三文部）疑讀為"焄"（曉紐文部），二字韻同聲近，《史記·楚世家》"子員立"，《索隱》："員，《左傳》作麇。"是從"員"聲可通"君"聲之證。"焄"，祭祀的香氣。《禮記·祭義》"焄蒿悽愴"，鄭注："焄，謂香臭也。"整句的意思是：隋祭時的香氣怎麼樣能升到天上？我要怎樣使被祭祀的鬼飽用？

垼 （楚）  上博八·志書 3

【注】從土陞省聲（省為"圣"）。●讀墮。《上博八·志書 3》："殹（抑）忈（忌）韋（諱）謘（讒）訑（媚），以垼（墮）亞（惡）虗（吾）外臣。"

庢 （楚）  篆字印彙 29

【注】從厂陞省聲。●"庢☒之鉨"，應為姓氏，讀隨。

鋅 （楚）  包山 147  包山 147

【注】從金陞省聲（省為"圣"）。●應為黃金單位，具體文意待考。《包山 147》："受屯二儋之飤、金鋅二鋅。"

隓 （楚）  包山 163

【注】從山陞省聲。●讀隋，姓氏。

隳 （楚） 清華六·子儀 5

【注】從禾從攴**肤**省聲。"隋"是歌部邪母字，"禾"是歌部匣母字，"禾"應是綴加上去的聲符。●讀隋，人名。《清華六·子儀5》："豊（禮）子義（儀）亡（舞），豊（禮）**繠**（隋）貨（會）以贛。"秦穆公為子儀在東奇之外舉行射禮，以舞蹈來招待子儀和隨會。

廃^楚  新蔡甲三 326

【注】從宀廃聲。●或讀隋，人名。

陸^楚  郭店·唐虞26　　上博三·周易16　　安大二·仲尼12

【注】"**肤**"之省文。或增從辵。●讀惰。《郭店·唐虞26》："四枳（肢）朕（倦）陸（惰）。"《安大二·仲尼12》："炙（務）言而遳（惰）行，唯（雖）言不聖（聽）。"

陸^楚  包山179　　包山184　　包山171　　堕 郭店·老甲16　　堕

清華三·琴舞16

【注】從田陸聲。●包山簡讀隋，姓氏。●讀隨，從也。《郭店·老甲16》："音聖（聲）之相和也，先後之相堕（隨）也。"●讀惰。《左傳》襄公二十年"惰而多涕"，杜預注："惰，不敬也。"《清華三·琴舞16》："德非堕（惰）帀（斯），純隹（惟）敬帀（斯）。"修德不能懈怠，只有專一恭敬。

憛^楚  上博三·仲弓18

【注】從心陸聲。●讀墮。《上博三·仲弓18》："女（汝）母（毋）自憛（惰）也。"

遳^楚  璽彙5481

【注】從辵陸省聲。●楚璽單字。

曉紐化聲

化  化鼎　化 史亩鼎^齊　陶彙3·87　　齊陶0926^楚　　中子化盤

化 郭店・老甲 6　晉 化 七年侖氏韓化戈　水 貨系 0456　秦 化 會稽刻石

【注】甲骨文作 川、化、化，從二人，其中一個正立，一個倒立，會顛倒變化之意。金文承之。《説文》：“化，教行也。從匕從人，匕亦聲。”析形不確。本義當為變化，如《莊子》：“化而為鳥，其名為鵬。”引申為教化。秦文字用“化”表示化育之化（馬王堆帛書等），楚文字用“㩻”“蟣”為化。●教也。《史更鼎》：“更其日邅（就）月匝（將），絫（察）化謌（惡）臧，寺（持）屯（純）魯令（命）。”●人名。《中子化盤》：“中子化用保楚王，……用籗（擇）其吉金，自乍（作）鹽（盥）盤。”齊陶人名。●讀禍。《郭店・老甲 6》：“化（禍）莫大唬（乎）不智（知）足。”

訛 楚 訛 郭店・語叢四 6　晉 訛 新蔡甲三 61　訛 清華七・子犯 5　訛 清華

七・趙簡子 2　晉 訛 中山王譻壺

【注】從言化聲。“譌”“訛”為異體字，《説文》有“譌”無“訛”。《説文》：“譌，譌言也。從言為聲。《詩》曰：‘民之譌言。’”本義謠言。●訛舛、錯誤。《中山王譻壺》：“訛郾（燕）之訛。”《詩・小雅・沔水》：“民之訛言。”●讀過。《郭店・語叢四 6》：“及之而不可，必曼（文）以訛（過），母（毋）命（令）智（知）我。”《清華七・子犯 5》：“事又（有）訛（過）女（焉），不忻以人，必身廛（擅）之。”

隓 楚 隓 清華十一・五紀 32　隓 清華十一・五紀 36　隓 清華十一・五紀 52

【注】從阝訛聲。●讀化。《清華十一・五紀 32》：“以事父之且（祖），而共（供）母之祀，隓（化）民之弋（式），是胃（謂）三惠（德）。”

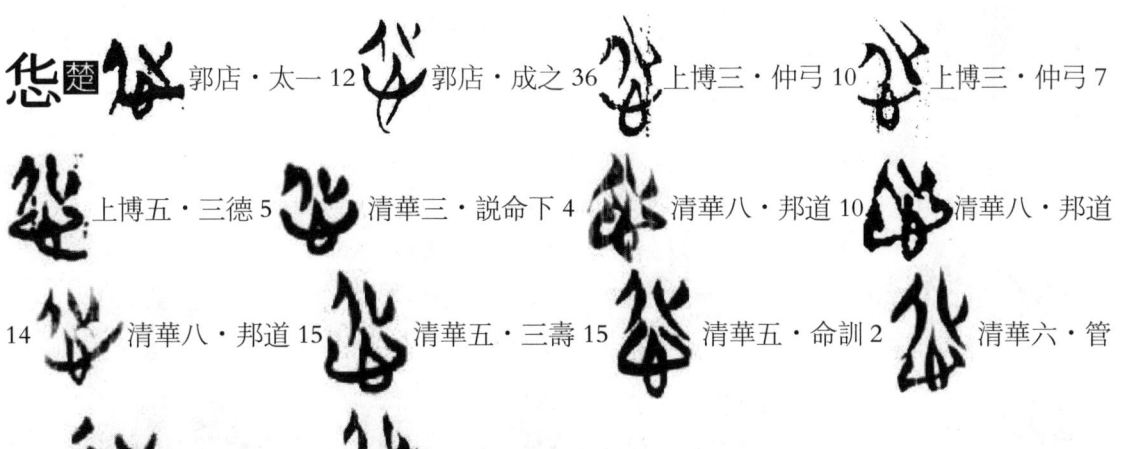

怹 楚 怹 郭店・太一 12　怹 郭店・成之 36　怹 上博三・仲弓 10　怹 上博三・仲弓 7

怹 上博五・三德 5　怹 清華三・説命下 4　怹 清華八・邦道 10　怹 清華八・邦道

14 怹 清華八・邦道 15　怹 清華五・三壽 15　怹 清華五・命訓 2　怹 清華六・管

仲 19 怹 郭店・老丙 4　怹 清華九・治政 33

【注】從心化聲。●讀過，經過。《郭店·老丙4》：“樂與餌，怸（過）客坒（止）。”●讀過，越過。《郭店·太一12》：“天墬（地）名忎（字）並立，古（故）怸（過）亓（其）方，不由（思）相尚（當）。”●讀過，過錯、過失。《清華五·命訓2》：“或司不義而降之褐（禍）怸（過）。”

迣 楚 ＿＿＿ 郭店·老丙13　＿＿＿ 上博五·三德8　＿＿＿ 上博三·周易56　＿＿＿ 郭店·老

甲12　＿＿＿ 上博六·平王1　＿＿＿ 清華二·繫年23　＿＿＿ 上博四·曹沫60

【注】從辵化聲，疑“過”之或體。●讀過，過錯。《郭店·老甲12》：“季（教）不季（教），復衆之所迣（過）。”●讀過，經過。《上博六·平王1》：“競平王命王子木迠（至）城父，迣（過）申。”

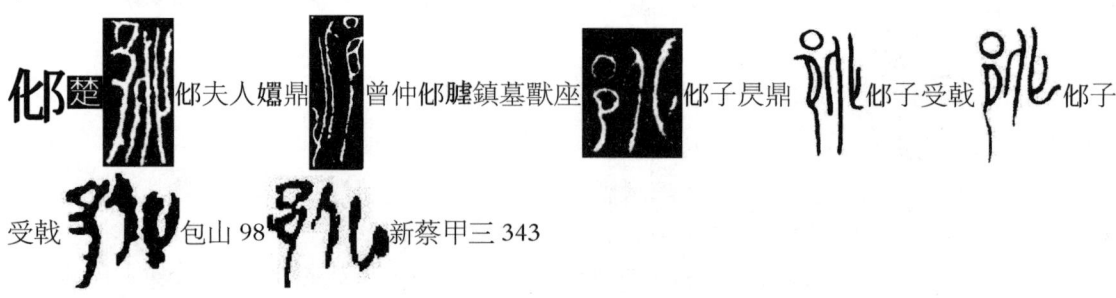

邼 楚 ＿＿＿ 邼夫人嬭鼎　＿＿＿ 曾仲邼腄鎮墓獸座　＿＿＿ 邼子昊鼎　＿＿＿ 邼子受戟 邼子

受戟 ＿＿＿ 包山98　＿＿＿ 新蔡甲三343

【注】從邑化聲。此字春秋銅器銘文或作“鄰”“鄘”，楚簡則作“遠”（如《包山89》“遠乙”、《包山28》“遠忻”）。學者讀爲或讀蒍。虒、化、為、蒍音近相通。據《左傳》等文獻記載，“蒍氏”是楚幾大顯赫家族之一。●邑名，在今淅川下寺、徐家嶺一帶，其地廣出邼器。《邼夫人嬭鼎》：“邼夫人嬭斁（擇）丌（其）吉金，乍（作）鑄辻（沬）鼎。”字文獻作“蒍”“蒍”，學者已有詳考。（李零《再論淅川下寺楚墓》）段玉裁注：“左傳蒍蒍錯出。蒍即蒍字。”“邼”本為邑名，後以為氏，《通志·氏族略》“蒍章食邑于蒍，故以命氏”是其證。《左傳·僖二十七年》：“子玉復治兵于蒍。”杜預《集解》：“蒍，楚邑。”此即銘文所見之邼、鄘。

祡 楚 ＿＿＿ 上博五·競建8　＿＿＿ 郭店·尊德2　＿＿＿ 帛書乙

【注】從示化聲。●讀化，變化。《帛書乙》：“參祡（化）唬（乎）逃（兆）。”●郭店、上博讀禍。《郭店·尊德2》：“賞與（舉）垩（刑）祡（禍），福之羿（基）也。”

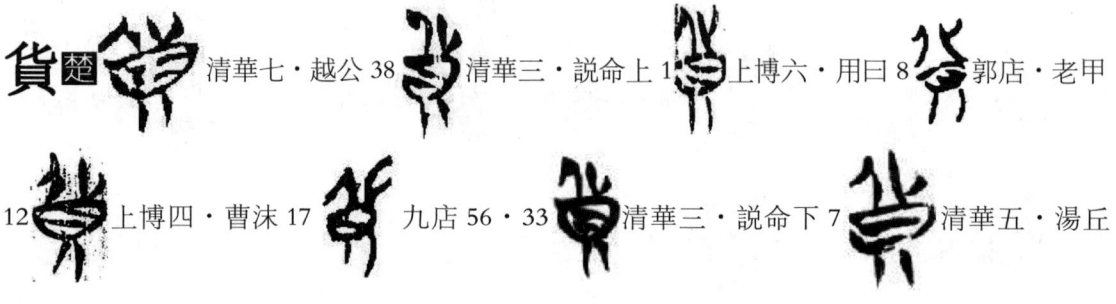

貨 楚 ＿＿＿ 清華七·越公38　＿＿＿ 清華三·說命上1　＿＿＿ 上博六·用曰8　＿＿＿ 郭店·老甲

12　＿＿＿ 上博四·曹沫17　＿＿＿ 九店56·33　＿＿＿ 清華三·說命下7　＿＿＿ 清華五·湯丘

12 清華十·行稱 7 　秦 睡簡·效律 2 　睡簡·日乙 18 　嶽麓一·為吏

46 嶽麓三 30

【注】從貝化聲。●多用為本義，貨貝、財物。《郭店·老甲 12》：“聖人谷（欲）不谷（欲），不貴難得之貨。”《清華十·行稱 7》：“奴（如）弗爲，叟（昚）貨資速後（散）芒（亡）。”●讀過，過錯。《清華七·越公 38》：“因亓（其）貨（過）以為之罰。”

上博三·周易 12

【注】從艸貨聲。●讀撝。《上博三·周易 12》：“亡（無）不利，䕺（撝）墏（謙）。”撝，《説文》裂也，《段注》：“撝謙者、溥散其謙。無所往而不用謙。裂義之引申也。”

清華五·湯丘 16 　清華五·啻門 16 　清華九·成人 8 　清

華十·四告 6 　秦 詛楚文

【注】從二化，當為“化”之繁文。●讀華。“華”古或作“花”，從“化”聲，可證。《清華五·湯丘 16》：“不備（服）伔（華）文。”“華文”謂有華麗繁縟紋飾的衣服。●讀嘩。《清華五·啻門 16》：“正（政）伔（禍）亂以亡（無）常。”“嘩亂”謂意見不一致而爭訟紛亂不定，故曰“無常”。或讀禍，亦通。●讀化。《清華九·成人 8》：“毋集（雜）英相伔（化），飤（食）飤（食）不改。”句例謂天合化生，基因傳承之物性有定數，其物種基本屬性相沿不改。●讀禍。《清華十·四告 6》：“四方伔（禍）亂未奠（定）。”

匚紐為聲

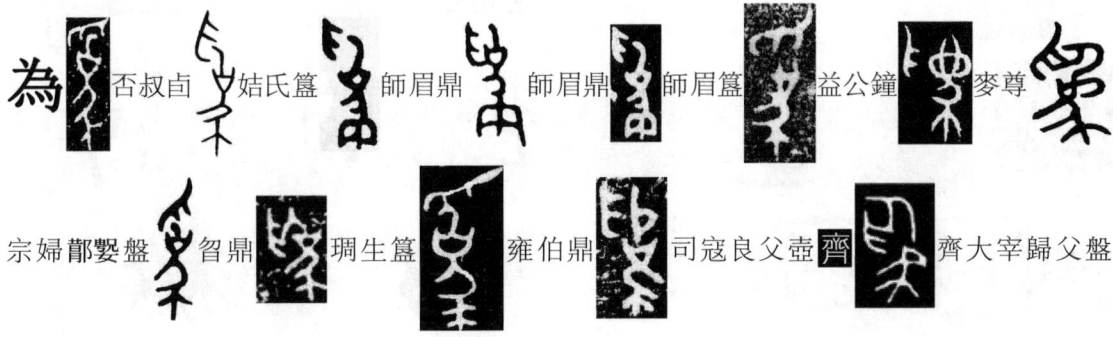

為 否叔卣 　姞氏簋 　師眉鼎 　師眉鼎 　師眉簋 　益公鐘 　麥尊

宗婦鄁嬰盤 　智鼎 　珮生簋 　雍伯鼎 　司寇良父壺 　齊 齊大宰歸父盤

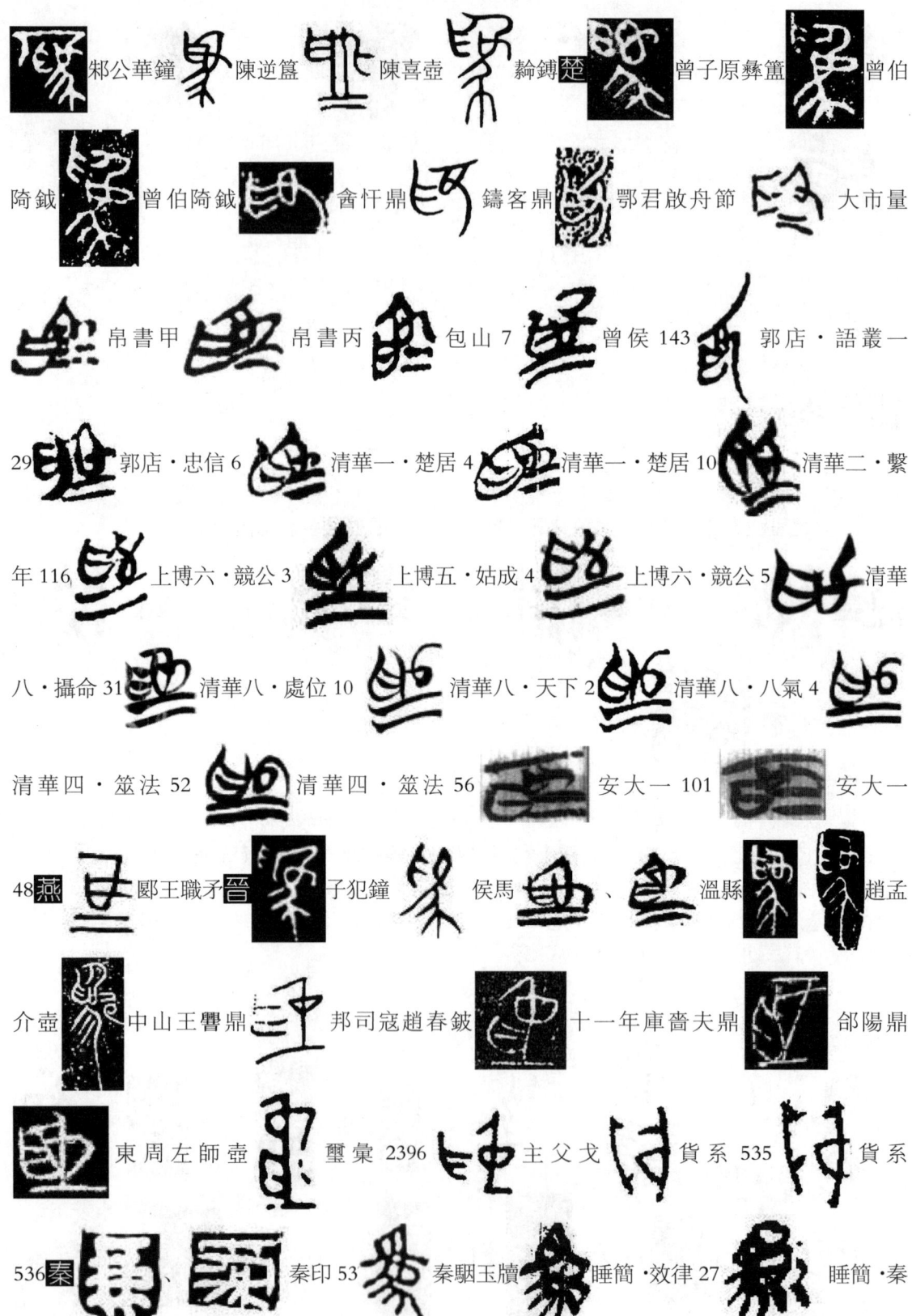

邾公華鐘　　陳逆簠　　陳喜壺　　鰲鎛 楚　　曾子原彝簠　　曾伯

陭鉞　　曾伯陭鉞　　舍忻鼎　　鑄客鼎　　鄂君啟舟節　　大市量

帛書甲　　帛書丙　　包山7　　曾侯143　　郭店·語叢一

29　　郭店·忠信6　　清華一·楚居4　　清華一·楚居10　　清華二·繫

年116　　上博六·競公3　　上博五·姑成4　　上博六·競公5　　清華

八·攝命31　　清華八·處位10　　清華八·天下2　　清華八·八氣4

清華四·筮法52　　清華四·筮法56　　安大一101　　安大一

48 燕　　郾王職矛 晉　　子犯鐘　　侯馬　　、　　溫縣　　、　　趙孟

介壺　　中山王響鼎　　邦司寇趙春鈹　　十一年庫嗇夫鼎　　郘陽鼎

東周左師壺　　璽彙2396　　主父戈　　貨系535　　貨系

536 秦　　、　　秦印53　　秦駰玉牘　　睡簡·效律27　　睡簡·秦

 種 44 　 宗邑瓦書 　石鼓文 　 陶彙 5・392　類編 13

【注】甲骨文作🐘、🐘、🐘、🐘、🐘、🐘，從又（手形）從象，會役象助勞之意。金文多同甲骨文。齊系文字象頭訛變作🐘，楚系文字或簡化作🐘形，🐘表示象的巨首修鼻；作🐘者，下從二橫代表其肢體，與"馬"作🐘、🐘同意。三體石經又變作🐘，形已變而意未失。《敔鼎》從攴從為，此為"為"之繁文，從攴示其作為，猶"乍"或作🐘，"工"之或作"攻"。《説文》："🐘，母猴也。其為禽好爪。爪，母猴象也。下腹為母猴形。王育曰：'爪，象形也。'🐘古文為象兩母猴相對形。"形義俱乖。本義是作、干、做，如《尚書》："予欲宣力四方，汝為。"引申為治理等義，如《商君書》："擅為國者，倉廩雖滿，不偷于農。"●制、造。《益公鐘》："益公為楚氏龢鐘。"《周禮・春官・典同》："以為樂器。"鄭玄注："為，作也。"《司寇良父壺》："嗣（司）寇良父乍（作）為衛姬壺。"作、為二字同義連用。銅器銘文中還有"作為鑄"連言者，如《楚王熊朏盤》"楚王酓（酓（熊）朏（元）乍（作）為鑄盤，台（以）共（供）歲棠（嘗）"。●修也。《曾伯陭壺》："為德無叚（瑕）。"《廣雅・釋詁》："為，施也。"●充當、作為。《中山王𧊒壺》："智（知）為人臣之宜（義）旆（也）。"《左傳・昭公十年》："為人子不可不慎也哉。"●讀媯，姓。《陳子子匜》："敶（陳）子子乍（作）庶孟為（媯）穀母縢（滕）盤（匜）。"●被。《中山王𧊒鼎》："猶䖑（迷）惑于子之而亡（亡）其邦，為天下璆（戮）。"●是也，表判斷語气。《智鼎》："賞（償）智禾十秭，遺十秭，為廿秭。"●讀偽。《清華八・天下 2》："女（如）不旻（得）亓（其）民之情為（偽）、𢜽（性）教，亦亡嘼（守）也。"情偽，古書習見。《左傳》僖公二十八年"民之情偽，盡知之矣"，楊伯峻注："情，實也；情偽猶今言真偽。"

 偽 楚　上博八・道餓 2　 秦　睡簡・答問 180　 睡簡・答問 180

【注】從人為聲。●作偽、偽造。《睡簡・答問 55》："'僑（矯）丞令'可（何）殹（也）？為有秩偽寫其印為大嗇夫。"《睡簡・答問 59》："廷行事吏為詛偽，貲盾以上。"詛偽，讀詐偽，同義連用。●欺詐。《上博八・道餓 2》："於疲（僞）偽，於子員（損），於是唬（乎）可（何）侍（待）？"

 䨴 楚　清華十・四時 15　 清華十・四時 23　 清華十・四時 31　 清華十・四時 39

【注】從云為聲。●讀靁。《清華十・四時 15》："旦北門䢱（逾），赤䨴（靁）北行。"整理者注："赤䨴，簡二三有'白䨴'、簡三一有'墨（黑）䨴'。䨴，從云，為聲，讀為'靁'，雲氣。"

 媯 　陳侯壺　陳侯壺　陳侯壺　 陳侯壺　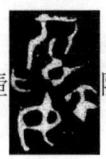 陳侯鼎　陳

 侯鼎　原氏仲簠 　陳侯盤 　伯侯父盤 　陳伯元匜 　陳侯簠

 劃嬀壺 　剌𣪘鼎  　陳侯作王仲嬀𦝩簠 楚 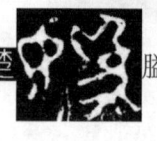　膡余敦

【注】從女為聲，與小篆同。《說文》："𤈦，虞舜居嬀汭，因以為氏。"本義為古姓。●姓。《陳侯作王仲嬀𦝩簠》："敶（陳）侯乍（作）王中（仲）嬀𦝩塍（媵）匜。"

楚 清華一·程寤 1  清華一·程寤 4  清華六·子儀 5

【注】從它為聲。下均有合文符號。●讀化。《清華一·程寤 1》："迺孚=（小子）𤼵（發）取周廷杍（梓）桓（樹）于㢝（厥）閒（間），𧴪=（化為）松柏械柞。"𧴪=，此處為"𧴪為"合文。𧴪，為聲，匣母歌部，讀為曉母歌部之"化"。●讀委。《清華六·子儀 5》："覞（歌）曰：'袒=（遲遲）可（兮）𧴪=（委委）可（兮）。'""遲遲兮委委"即《詩經·召南·羔羊》的"委蛇委蛇"，"委蛇"在文獻中又作"透迤""倭遲""委虵"等。委委，《詩·君子偕老》孔穎達疏引孫炎曰："行之美。"

楚 郭店·忠信 4  郭店·忠信 1  上博五·姑成 6  上博八·志書 1

 清華五·帝門 14  清華六·管仲 25  清華九·成人 6

【注】從言為聲。●不誠信。《清華五·帝門 14》："惪（德）窆（變）亟執譌目（以）亡成，此胃（謂）亞（惡）惪（德），唯（雖）成或（又）滏（渝）。"執譌，與"執信"相對，秉持虛假。●讀訛，錯誤、過錯。《上博五·姑成 6》："自目（以）正上下之譌，弜（強）于公豪（家）。"●讀化。《清華九·成人 6》："以羕（永）譌（化）天明。"《左傳》昭公二十五年"天地之經而民實則之，則天之明，因地之性"，注："日月星辰，天之明也。"日月昭明於天，化生萬物，是天之明也。

齊 璽彙 3896 楚  郭店·老甲 1  包山 20 郭店·語叢一 68  郭

店·老甲 13  上博二·從乙 1  清華五·三壽 15  清華八·處位 3  清華八·邦

道 10　清華八・邦道 12　上博四・曹沫 34　上博五・三德 2

【注】從心為聲。●讀化。《郭店・語叢一 68》："譏（察）天道以僞（化）民塈（氣）。"●讀偽。《上博四・曹沫 34》："以觀上下之情僞（偽）。"《上博五・三德 2》："毋為僞（偽）憻（詐），上帝牁（將）憎之。"

歔鼎　歔鼎　清華六・太伯甲 11　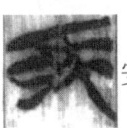清華六・太伯乙 9

【注】從攴為聲。●金文人名。●讀為，作、建造。《清華六・太伯甲 11》："朡（獲）皮（彼）智（荊）俑（寵），歔（為）大丌（其）宫，君而虢（狎）之，不善弐（哉），君！"

郭店・唐虞 21　郭店・老甲 32　安大一 87　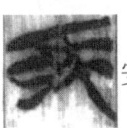安大一 31

【注】從虫為聲。●讀化。《郭店・老甲 32》："我亡（無）為而民自蝸（化），我好青（靜）而民自正。"●讀委或讀迆。《安大一 87》："蝸＝它＝（委委佗佗），女（如）山女（如）河。""蝸"，《説文》"迆"之或體。"蝸＝它＝"有重文符號，《魯詩》作"褕褕它它"，《韓詩》作"逶迤"。"蝸它""委佗"，即"逶迤"，聊綿詞，行走之貌。

蔡侯匜　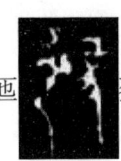蔡侯匜

【注】從邑為聲。●讀蔿或讀蓮。詳"俹"字。

郭店 語叢三 60　清華八・邦道 20　清華八・邦道 16　清華十一・五紀 52

【注】從貝為聲，古"貨"字。●均讀貨，財也。《大廣益會玉篇》亦云"賺，賭也。亦古貨字"。《清華八・邦道 16》："古（故）民宜、堅（地）舉（舉）、賺（貨）實、正（政）亡（無）葳（穢）。"《郭店・語叢三 60》："大〈入〉賺也，豐（禮）朼（必）兼。"大為入之誤。"入貨也"即《禮記少儀》之"納貨貝於君"。簡文"入貨也，禮必兼"意為"進獻貨財之時，亦應同時兼及禮節"。

匣紐禾聲

亞伯禾鼎　禾大方鼎　白禾憂鼎　智鼎　禾鼎　禾卣　齊留鐘

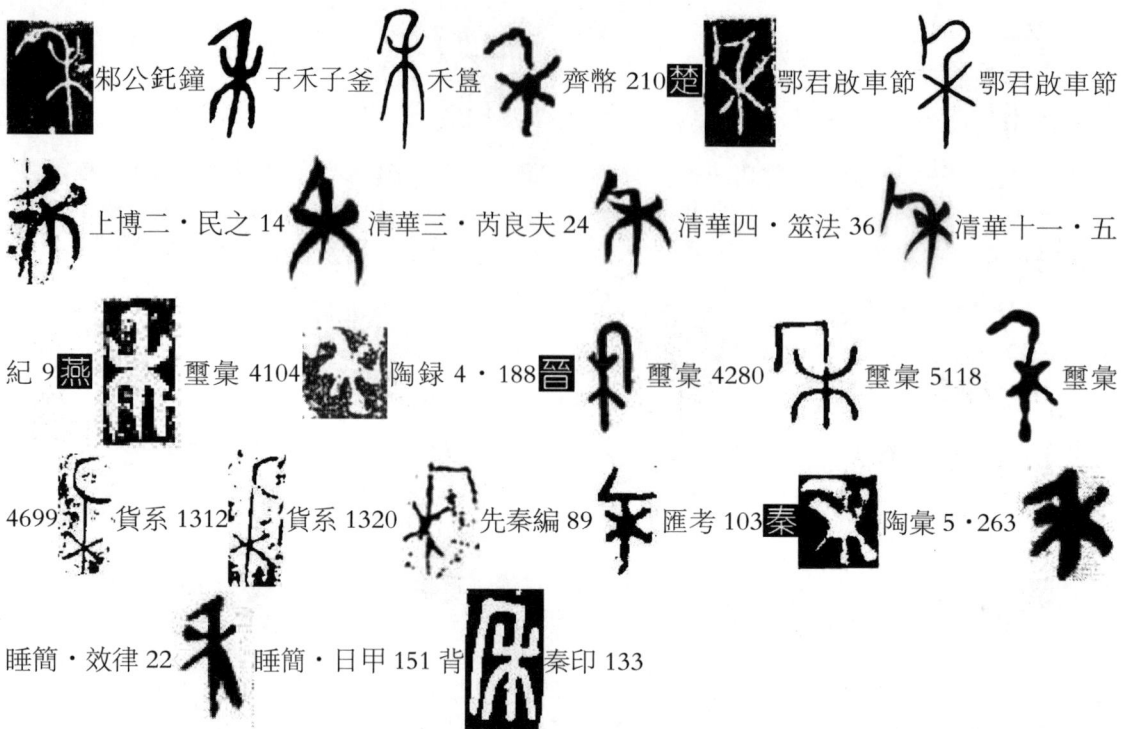

邾公鈲鐘　子禾子釜　禾簋　齊幣 210　鄂君啟車節　鄂君啟車節

上博二·民之 14　清華三·芮良夫 24　清華四·筮法 36　清華十一·五

紀 9　璽彙 4104　陶録 4·188　璽彙 4280　璽彙 5118　璽彙

4699　貨系 1312　貨系 1320　先秦編 89　匯考 103　陶彙 5·263

睡簡·效律 22　睡簡·日甲 151 背　秦印 133

【注】甲骨文作 ，象禾穗低垂之形。金文承之。●黍、稻穀。《曶鼎》："賞（償）曶禾十秭，遺十秭，為廿秭。"《清華一·金縢 9》："天疾風以雷，禾斯晏（偃），大木斯㦷（拔）。"秦文字多用為本義。●讀穌。《邾公鈲鐘》："乍（作）丩（厥）禾（穌）鐘，用敬恤盟祀。"禾鐘，即穌鐘，樂鐘也。●人名。《禾簋》："禾肇（肇）乍（作）皇母懿毑孟姬䙷（禱）彝。"●地名。《鄂君啟車節》："就陽丘、就邡（方）城、就象禾。"●讀和，和睦。《上博二·民之 14》："亡（無）膿（體）之豊（禮），上下禾（和）同。"●《匯考 103》"禾司寇"，何琳儀謂"禾"與"秎"均讀和，地名。《國語·晉語》八"范宣子與和大夫爭田"，注："和，晉和邑之大夫也。""和"確切地望不詳。（《郭店簡古文二考》）

茉 陶録 2·49

【注】從艸禾聲。●"禾巷新里☐☐"，地名。

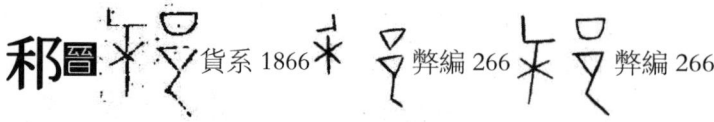

秎 貨系 1866　弊編 266　弊編 266

【注】從邑禾聲。●讀禾，地名。詳"禾"。

騍 安大一 47

【注】從馬禾聲。●讀騧。《安大一 47》："騂（騂）騮是中（中），騍（騧）驪是參（驂）。"《毛

詩》作"騧驪是驂"。上古音"禾"屬匣紐歌部，"騧"屬見紐歌部，二字音近。

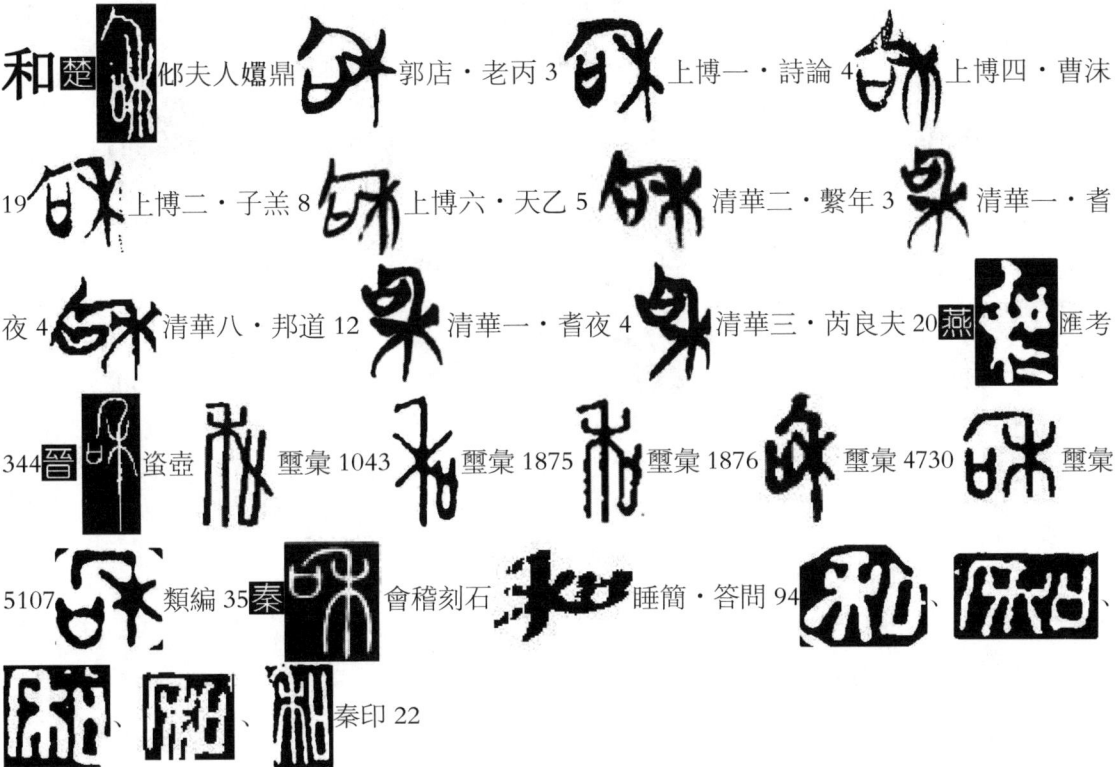

【注】從口禾聲。"和"乃"龢"之簡形，口乃龠之省，猶歙之作吹。初義當是樂器奏出的聲音和美。隸變後分別寫作"咊""龢""和"，如今皆用"和"來表示。《説文》："咊，相譍也。"本義唱和。●和睦。《盗壺》："馭（御）右和同，四駐（牡）汸汸。"和同，古成語，意為和諧交融。《禮記·月令》："是月也，天氣下降，地氣卜騰，天地和同，草木萌動。"●《璽彙1876》"和禹"。和為古姓，傳為義和之後，《後漢書·黨錮傳》有"和海"，漢印有"和譚"。●雙方同意。《睡簡·答問148》："百姓有責（債），勿敢擅强質，擅强質及和受質者，皆貲二甲。"百姓間有債務，不准擅自强行索取人質，擅自强行索取人質以及雙方同意質押的，均罰二甲。●合謀。《睡簡·答問94》："贖罪不直，史不與嗇夫和，問史可（何）論？當貲一盾。"處犯人贖罪不公正，史沒有和嗇夫合謀，問史應如何論處？應罰一盾。

璽彙1879

【注】從邑和聲。●晉璽"郍嫛"，讀和，姓氏。

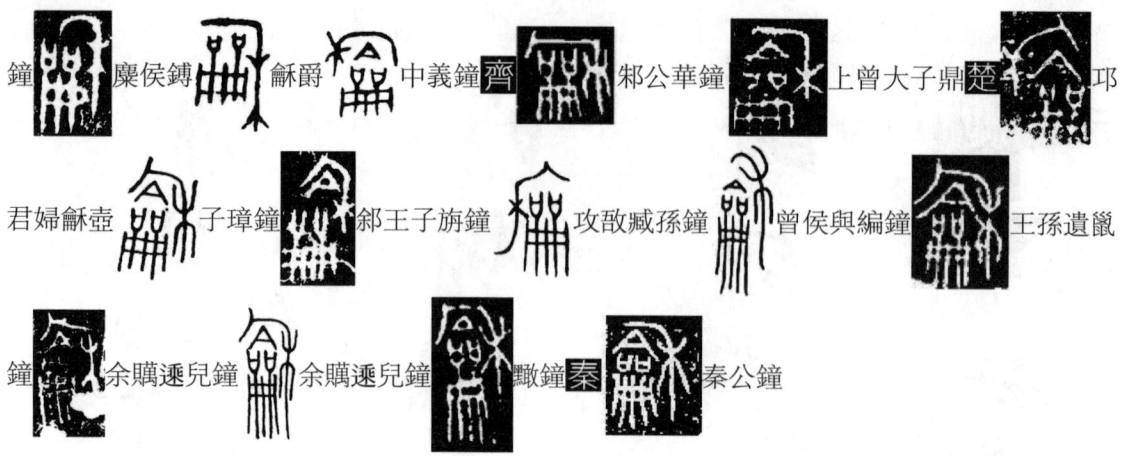

鐘 麋侯鑄 龢爵 中義鐘 齊 邾公華鐘 上曾大子鼎 楚 邡 君婦龢壺 子璋鐘 邾王子旃鐘 攻敔臧孫鐘 曾侯與編鐘 王孫遺鼠 鐘 余購速兒鐘 余購速兒鐘 鰍鐘 秦 秦公鐘

【注】甲骨文作𣄮、𣄮、𣄮，從龠（一種古樂器）禾聲。金文同甲骨文。《說文》："龢，調也。從龠禾聲。讀與和同。"本義為一種樂器，如《爾雅》："大笙謂之巢，小者謂之龢。"引申為聲音相應、和諧等義。●樂音動聽。《益公鐘》："益公為楚氏龢鐘。"●滋味調和。《庚兒鼎》："用徵用行，用龢用鬻，靈（眉）壽無疆。"●政事和協。《牆盤》："曰古文王，初戮（墊）龢于政。"●人事和諧。《秦公鎛》："龏（協）龢萬民，唬（虔）夙夕，剌剌（烈烈）桓桓。"●龢遧：協和會同。《沇兒鎛》："龢（和）遧百生（姓），惡（淑）于畏（威）義（儀）。"●人名。《龢爵》："龢乍（作）召伯父辛寶尊彝。"

曾侯乙鐘

【注】從音龢聲。●讀和，樂音動聽。《曾侯乙鐘》："割肆之𧿒。"

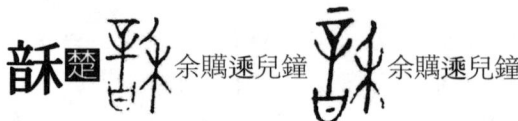
余購速兒鐘 余購速兒鐘

【注】從音禾聲，"龢"之異文。從音從禾，突出聲音之和美。●金文讀和，樂音動聽。

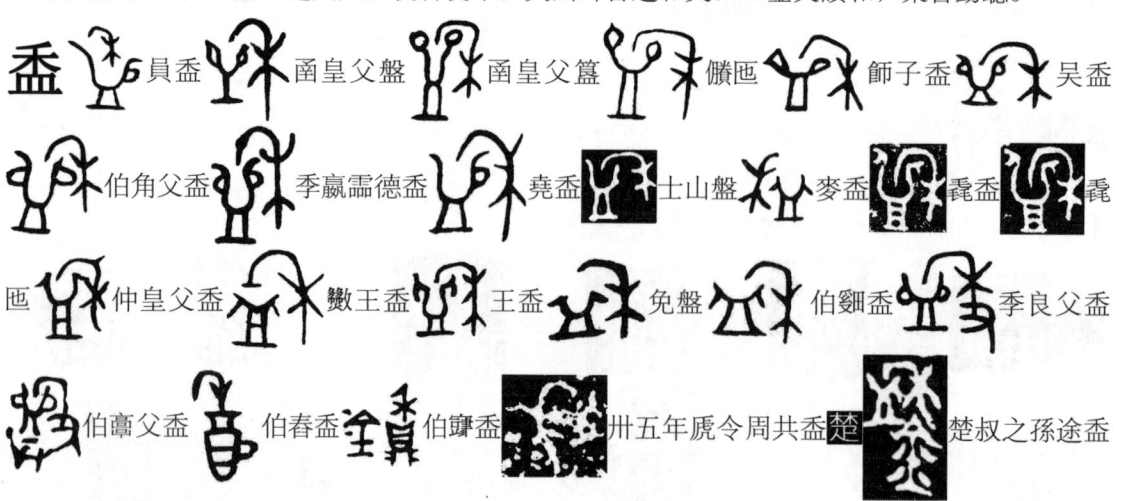

盉 員盉 函皇父盤 函皇父簋 儼匜 師子盉 吳盉 伯角父盉 季嬴霝德盉 堯盉 士山盤 麥盉 麤盉 麤 匜 仲皇父盉 鱉王盉 王盉 免盤 伯𩵖盉 季良父盉 伯𩛥父盉 伯春盉 伯肇盉 卅五年虒令周共盉 楚 楚叔之孫途盉

春成侯盉 少府盉

【注】甲骨文作 ，從皿禾聲。金文承之，或增從又、廾，象以手持麥稈以吸酒也。或從酉禾聲，或從金從鼎禾聲。統一隸定為"盉"。《説文》："盉，調味也。從皿禾聲。"本義為容器名，和水于酒之間，用以調節酒之厚薄。●調和酒水之器。圓口、深腹、三足，有長流、鋬和蓋。《來父盉》："來父乍（作）盉，子子孫其永寶。"王國維謂調酒器，在盉内裝有玄酒（低度甜酒）或水，根據各人酒量調節濃淡，既使人能成禮又不為酒所苦。●水器。《王仲皇父盉》："王中（仲）皇父乍（作）尾嫚（妘）般（盤）盉。"盤、盉配套使用之盥器。

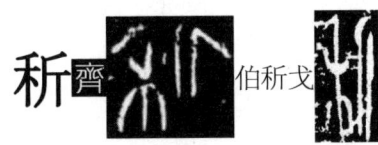伯秖戈 鄘侯簋

【注】從斤禾聲。《龍龕》音科，為溪母歌部，禾為匣母歌部。韻同，聲為一組。●人名。《鄘侯簋》："鄘（䣙）侯少子秖乙孝孫不巨，鑑趣吉金。"

璽彙 0654 類編 358

【注】從心秖聲。●齊璽人名。

璽彙 0469

【注】從疒禾聲。《博雅》疾，病也。●晉璽人名。

上博二 · 容成 7 璽補 76 璽補 247

【注】從阝禾聲。●讀委。《璽補 76》"鄅（許）阾（委）粟鈢"。委粟，積聚穀物糧食的機構。《公羊傳 · 桓公十四年》："御廪者何，粢盛委之所藏也。"何休注："委，積也。"●《上博二 · 容成 7》："於是於（乎）㞷（持）板正立（位），四向阾禾（和），懷以來天下之民。"顔世鉉讀綏。《詩 · 周頌 · 桓》："綏萬邦，屢豐年。"陳奐《詩毛氏傳疏》："綏，猶和也。""阾禾"即"綏和"。（顔世鉉《上博楚竹書文字釋讀劄記五則》）●晉璽人名。

郭店 · 緇衣 31 郭店 · 緇衣 31

【注】從心阾聲。●讀詭或讀危，違反。《郭店 · 緇衣 31》："可言不可行，君子弗言；可行不可言，君子弗行。則民言不惢（危）行，行不惢（危）言。"郭店簡此字古書、其他簡帛都未見，

此字從禾得聲，與"危"音近。

鄾侯職壺

【注】從戈禾聲。董珊、陳劍謂"獲"之表意字，引傳抄古文"獲"作𤣩、𢦏為證。（《鄾王職壺銘文研究》）●讀獲。《鄾侯職壺》："滅齊之秅（獲）。"銘意是説明這件器物的來源。用戰爭掠獲的敵方銅器來為自己熔鑄新器，是古代戰爭頻仍時的慣用做灋。《狀馭簋》："狀馭從王南征，伐楚荊，有得，用作父戊寶尊彝。"所謂"有得"，就是指掠獲有青銅器而言。《過伯簋》："過伯從王伐反荊，孚金，用作宗室寶尊彝。"《楚王酓忎鼎》："楚王酓忎戰獲兵銅，正月吉日，窒鑄喬鼎。"也都是典型的例子。至于歷史上秦始皇兼併六國，銷天下兵器以鑄金人的記載，則更是眾所周知的故事。

見紐加聲

【注】從力從口，會多言、添枝加葉之意。小篆同金文。《説文》："𠫼，語相增加也。從力從口。"本義為添加。●人名。《加爵》："加乍（作）父戊。"●讀嘉，讚美、褒獎、表彰。《虢季子白盤》："王孔加（嘉）子白義。"孔嘉，甚為褒獎。●施加。《郭店·語叢三 5》："不我（義）而加者（諸）己，弗受也。"●楚璽人名。

妿  秦印 237

【注】從女加聲。●秦印單字，人名。

訕  包山 7　 上博二・從乙 1

【注】從言加聲。《上博二・從乙 1》所從力當為"加"之省。●讀賀。《包山 7》："齊客陳（陳）豫訕（賀）王之戠（歲）。"●讀嘉。《上博二・從乙 1》："㬎（顯）訕（嘉）懇（勸）信，則偽（偽）不章（彰）。"

哿 [楚] 清華九・廼命二 13

【注】從可加聲。●《清華九・廼命二 12》："母（毋）或不相孫（遜）㸤（教）於善，妝（夙）夜從事，而相䁑（啟）於不共命，㴾（沈）迡（滯）不歡（勸），臱（就）哿內以出於外。"整理者注："哿，《詩・正月》'哿矣富人，哀此惸獨'，《經義述聞》謂當從《左傳》昭公八年杜注訓為'嘉'。"子居先生認為"內"讀為"納"，"就""納"皆為迎受義。《廣韻・宥韻》："就，迎也。"《尚書・皋陶謨》："敷納以言，明庶以功，車服以庸。"孔穎達疏："納，謂受取之。""歡就""哿納"為近義連用，"歡"字後不當斷讀，而當斷讀在"內"字後，"不歡就哿納"依然是與前文的"不恭命"相應。"以出於外"即在外如此行事，指離心離德。

伽 [楚] 上博五・鮑叔 3

【注】從人加聲。●讀加。《上博五・鮑叔 3》："犧牲、珪璧必全女（如）者（故），伽（加）之以敬。"

敜 [楚] 曾侯 152

【注】從攴加聲。●人名。

駕 [楚]  包山 38 、 包山 60 [晉] 、 侯馬 [秦] 石鼓文 、 、 印增 385 、 睡簡・秦種 3 睡簡・答問 38 里耶

2133

 8·149 集證 218·242

【注】從馬加聲。●包山簡人名。●讀加，增加。《睡簡·秦種 3》："求盜盜，當刑為城旦，問罪當駕（加）如害盜不當？當。"求盜盜竊，應刑為城旦，問是否應像害盜那樣加罪？應當。●用為本義，駕車。《睡簡·答問 175》："以乘馬駕私車而乘之。"

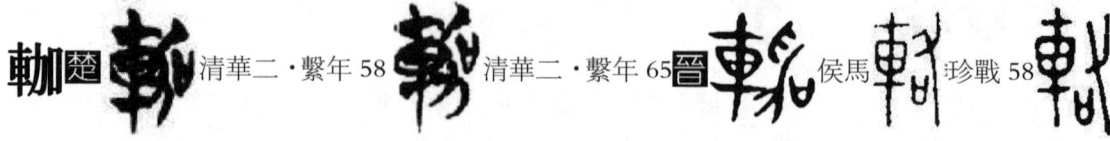 璽彙 0835

【注】從車加聲。●讀駕。《清華二·繫年 58》："宋公之車莫（暮）軻（駕）。"●晉文字均為人名。

【注】從玉加聲。《說文新附字》："珈，婦人首飾。從玉加聲。《詩》曰：'副笄六珈。'"本義是婦人佩戴的首飾，用以別尊卑。●樂律用語，附于階名之前，表示律學涵義之首碼。《曾侯乙鐘》："大（太）族（簇）之珈穟，無睪（射）之宮曾。"●讀加。《新蔡甲三 137》："冊告自文王以就聲宣王，各束錦珈璧。"古書常見"束帛加璧、束錦加璧"的記載。用在聘享的場合，是指在束帛或束錦之上加以玉璧，用以禱祠神靈。

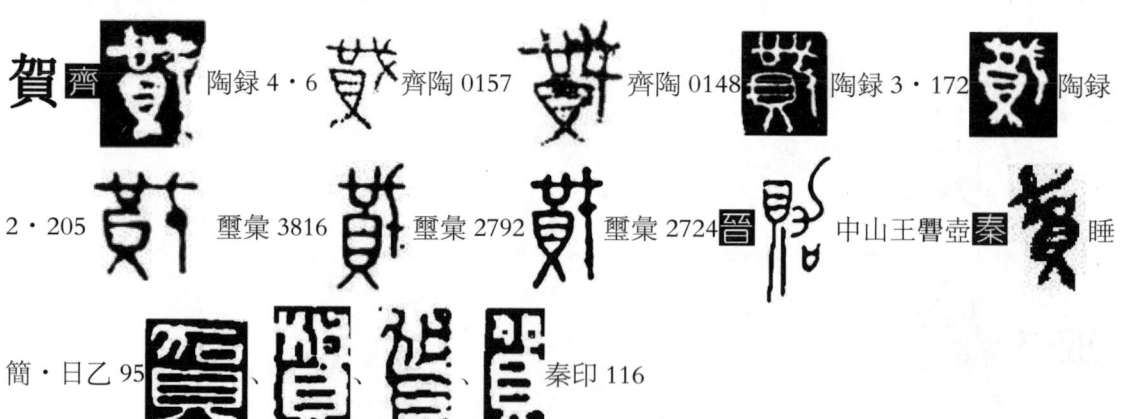

【注】從貝加聲，與小篆同。齊文字"加"旁中"力"與"口"疊加，力之右側加飾點，飾點延長則與戈相混。《說文》："賀，以禮相奉慶也。从貝加聲。"本義慶賀。●讀嘉。《睡簡·日乙 95》："生子，必賀（嘉）。"●祝賀。《中山王嚳壺》："者（諸）侯皆賀。"此義楚文字作"珈"。●齊系文字均為人名。秦印人名。

 璽彙 1036

【注】從广加聲。●"肖（趙）疷"，人名。

 陶録 2・18

【注】從邑加聲。●"陳郍"，人名，可讀賀。

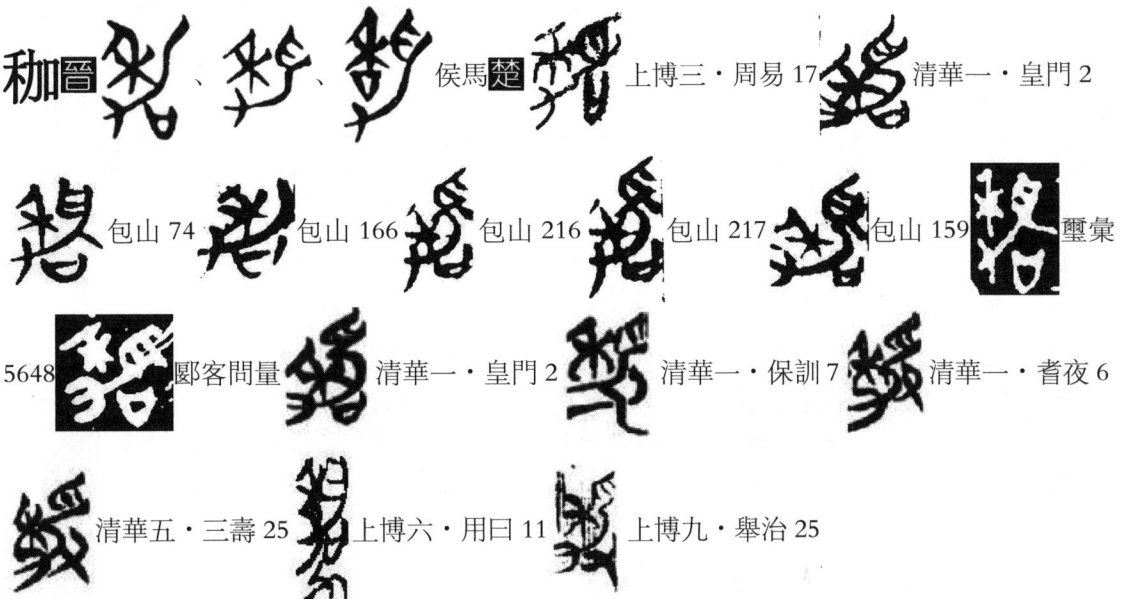 侯馬 楚 上博三・周易 17 清華一・皇門 2 包山 74 包山 166 包山 216 包山 217 包山 159 璽彙 5648 鄆客問量 清華一・皇門 2 清華一・保訓 7 清華一・耆夜 6 清華五・三壽 25 上博六・用曰 11 上博九・舉治 25

【注】從禾加聲（或加省聲），《集韻》音加，禾也。"嘉"字異體。●盟書、包山簡均為人名。
●楚簡多讀嘉。《清華一・皇門 2》："隹（惟）莫覓（開）余秙（嘉）惪（德）之兑（說）。"

 清華十・四告 22

【注】從虍嘉聲。●讀嘉。《清華十・四告 22》："頌（容）夐（允）孔虒（嘉）。"

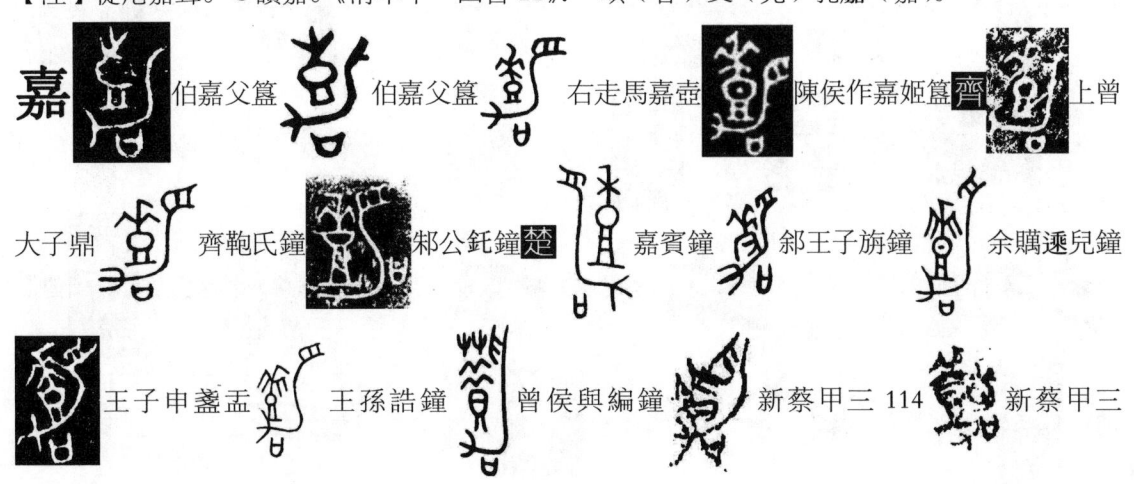 伯嘉父簋 伯嘉父簋 右走馬嘉壺 陳侯作嘉姬簋 齊 上曾 大子鼎 齊鞄氏鐘 邾公釫鐘 楚 嘉賓鐘 郘王子旆鐘 余購速兒鐘 王子申盞盂 王孫誥鐘 曾侯與編鐘 新蔡甲三 114 新蔡甲三

11 哀成叔鼎 哀成叔鼎 中山王䚦鼎 、 、 、 侯馬 秦 寺工䚦戈 、 、 、 、 秦印 87   分域 2909

【注】甲骨文有 、 、 、 ，羅振玉釋為 "尌"。然字會意與 "嘉" 無異，從壴（鼓形），從力，會盡情歡娛歡樂之意，美好之義由此而生。金文同，並益口而訛為從加，遂變為形聲字。力上多增爪形，可視為羨符，金文 "男" "勒" 均有從此作者。類似的寫濿見于楚簡等，如《郭店語叢三》的 "加" 字寫作 ，其所從力旁寫濿即與此相類。侯馬盟書或從心，如 "哀" 或作 "衺"。《說文》："嘉，美也。從壴加聲。"本義佳好。●佳好、美善。《洹子孟姜壺》："洹子孟姜用气（乞）嘉命。"《王孫遺鼠鐘》："用樂嘉賓。"楚文字多作 "秫"。●人名。《右走馬嘉壺》："右走馬嘉自乍（作）行壺。"

嬅 曾太保嬅簋 嬅卣蓋 嬅卣蓋 嬅器

【注】甲骨文有 、 、 、 、 ，從女從力，郭沫若釋為 "妿"，讀嘉，可從。蓋古文字往往增口繁變，故妿即 "妿" 之初文。甲文又有 、 、 ，《新甲骨文編》亦收于 "妿" 下。金文上各形是 "妿" 的繁體，從女嘉聲。●人名用字。《嬅卣蓋》："嬅。"

見紐戈聲

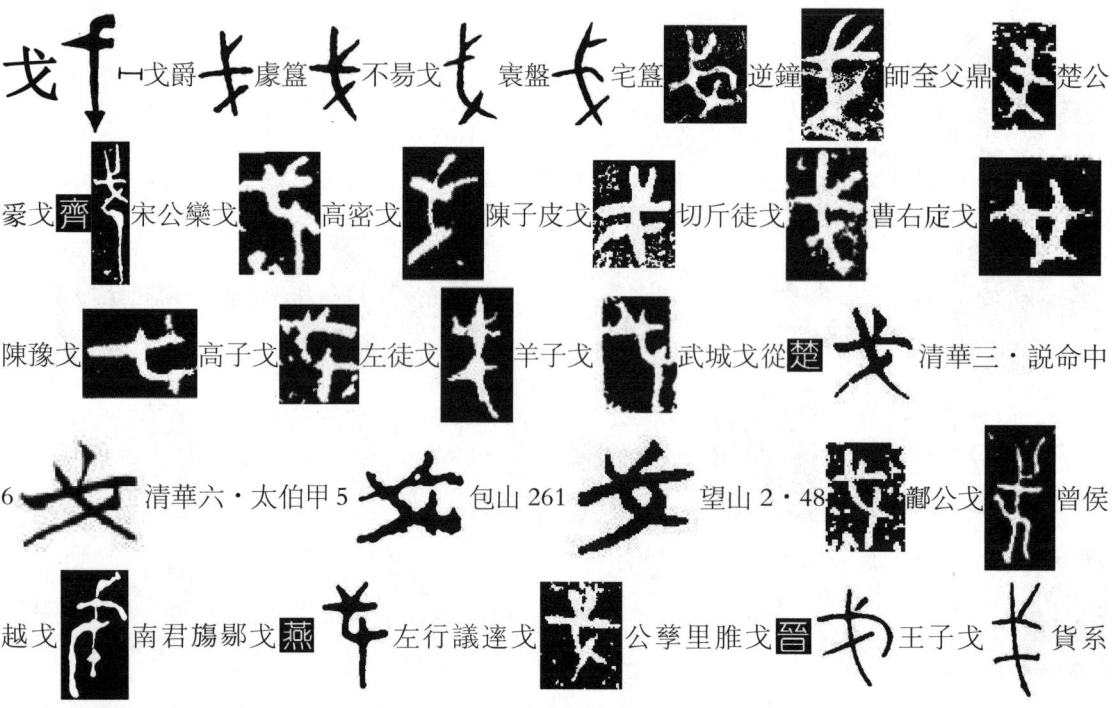

戈 戈爵 虞簋 不易戈 衰盤 宅簋 逆鐘 師𡿾父鼎 楚公 豦戈 齊 宋公欒戈 高密戈 陳子皮戈 切斤徒戈 曹右定戈

陳豫戈 高子戈 左徒戈 羊子戈 武城戈 從 楚 戈 清華三 · 說命中

6 清華六 · 太伯甲 5 包山 261 望山 2 · 48 鄡公戈 曾侯

越戈 南君鶀郼戈 燕 左行議逮戈 公孳里雕戈 晉 王子戈 貨系

2136

0446　鄄戈秦　　不娶簋　　睡簡・日甲53

【注】甲骨文作 弋、弌、弌、弌、弌，象兵器之形，有長柄，上端有橫刃，可以用來橫擊、鈎持，盛行于商代和戰國時期。金文同甲骨文。●古兵器。《章子鄄戈》：“章子鄄尾其之金，為其戓（徽）戈。”先秦銅戈，根據其用途或特點而有不同的名稱，如田戈（集成11019）、戏（拱）戈（集成11047）、行戈（集成11067）、寢戈（集成11167）、允戈（集成11253）等。●族氏名。見于《戈甗》《戈鼎》《戈父戊盉》等器。●讀我，自稱代詞。《不娶簋》：“王令戈（我）羞追于西。”

盍齊　　陳具散戈

【注】從皿戈聲。●讀戈。《陳具散戈》：“墜（陳）貝散盍（戈）。”

虣　　小子夫父己尊　　牆盤　　縣妃簋　　歸虣方鼎　　歸虣甗

楚　　清華五・封許5

【注】甲骨文作 弍、弍、与、弌、弍、弍、弍、弍、弍、弍，從乥從戈，戈兼聲。徐中舒謂“獻”之本字，象兩手持戈上獻之形，為戰敗投降之意，卜辭中即用此義。金文同甲骨文。《説文》：“虣，擊踝也。從乥從戈。讀若踝。”“擊踝也”當為後起義。陳漢平謂虣為敗之古字，虣、敗實為同字異體。朱駿聲《説文通訓定聲》虣字下注云：“按戈亦聲。字亦作妭，作叓。《廣雅・釋詁三》：‘妭，投也。’又‘叓，擊也。’”妭、叓亦為虣之異體。●爵或職名。《小子䀒簋》：“癸子（巳），虣商（賞）小子䀒貝十朋。”《小子夫尊》：“虣商（賞）小子夫貝二朋。”金文“虣”習見，殆非一人。在同一時期銘文中，常見王、子、侯、卿事等賞賜之事，這個“虣”的地位與之相當，有錢有勢，肯定是大貴族，但未必是同一個人。《歸虣進觶》：“歸虣進乍（作）父辛寶障彝。”“歸”是地名，“虣”是爵或職名，“進”則是人名。●《麥尊》：“侯易（賜）者虣臣二百家。”戴家祥、李學勤均訓虣為侍，“虣臣”即“侍臣”，蓋“虣”字象人跽坐執戈而侍，意在保衛。（李説詳《論史牆盤及其意義》）●《牆盤》：“方縊（蠻）亡不虣視。”《清華五・封許5》：“柬（簡）朝（乂）三（四）方不虣，以䢨（勤）余入（一人）。”《牆盤》之“虣”，郭沫若讀踝，引申為跟。虣見，即接踵而見之意。（詳《兩周金文辭大系考釋・縣妃簋》）陳漢平讀叩。（詳《金文編訂補356頁》）《説文》：“叩，擊也。從攴，句聲，讀若扣。”《玉篇》：“叩或作扣。”虣見，即叩見，亦即謁見。虣，或據《説文》讀若“踝”，而讀果。清華簡整理者言：“虣，《説文》讀若‘踝’，此處讀為‘果’，《孟子・盡心下》趙注：‘侍也。’侍見有朝見之意。”關於“虣”，説解眾多，有待繼續研究。●《二祀邲其卣》：“隹（唯）王二祀，既虣于上下帝。”陳漢平讀叩、扣。“虣于上下帝”即為“問于上下帝”也。《正韻》《韻會》：“扣，問也。”或謂讀裸，灌祭，古代酌酒灌地的祭禮。

【注】從口戈聲。●晉璽人名。

【注】從言戈聲。●晉璽人名。

【注】"戉"之異文。《說文》："戉，屋牝瓦下。一曰維綱也。從广，閱省聲，讀若環。"●晉璽"戉郲"，疑讀環，姓氏。漢代有環饒。

廿三年襄城令夅名矛

【注】從食戈聲。●讀餓。《上博八·成王4》："白（伯）尸（夷）、昬（叔）齊飤（餓）而死於讎（雎）濘（澮），不辱厂（其）身。"●晉器人名。《六年襄城令戈》："右庫工帀（師）甘（邯）丹（鄲）飤。"

【注】從立戈聲。●晉璽"馬是戉"，人名。

【注】從犬戈聲。●晉文字人名。

左戈 平陽散戈 陳奮散戈 平阿右戈

【注】從金戈聲，"戈"之繁文。●均讀戈。《平阿左戈》："平阿左錢（戈）。"

見紐鬴聲

鬴從盨　　鬴攸比鼎　　攸鬲盨　　麥盉　　麥鼎　　散氏盤

鐘佰戈

【注】《金文編校補》隸為"鬴"字，從鬲干（多訛為口形）聲。小篆從鬲，或即鬲這種形體與鬲近似。《説文》："鬴，秦名土釜曰鬴。從鬲甫聲。讀若過。"段玉裁注曰："今俗作鍋。土釜者，出于匋也。"《説文》："甫，跨步也。從反夂。鬴從此。"●人名。《鬴比簋蓋》："虢旅乃事攸衛牧誓曰：敢弗具付鬴比。"《散氏盤》："散人小子履田：戎，散父、效（教）㝅父、襄之有嗣橐、州憂（就）、焂選罵，凡散有嗣十夫。"●讀過，至也。《麥鼎》："隹（唯）十又一月，井（邢）侯征（延）鬴于麥。"《麥盉》："井（邢）侯光氒（厥）吏（事）麥，鬴于麥寏（宮），侯易（賜）麥金。"●讀過，多也。《麥盉》："用旅徒（走）夙夕，鬴御事。"●《鐘佰戈》："鐘佰。鬴。"山東古國名，讀過。

見紐果聲

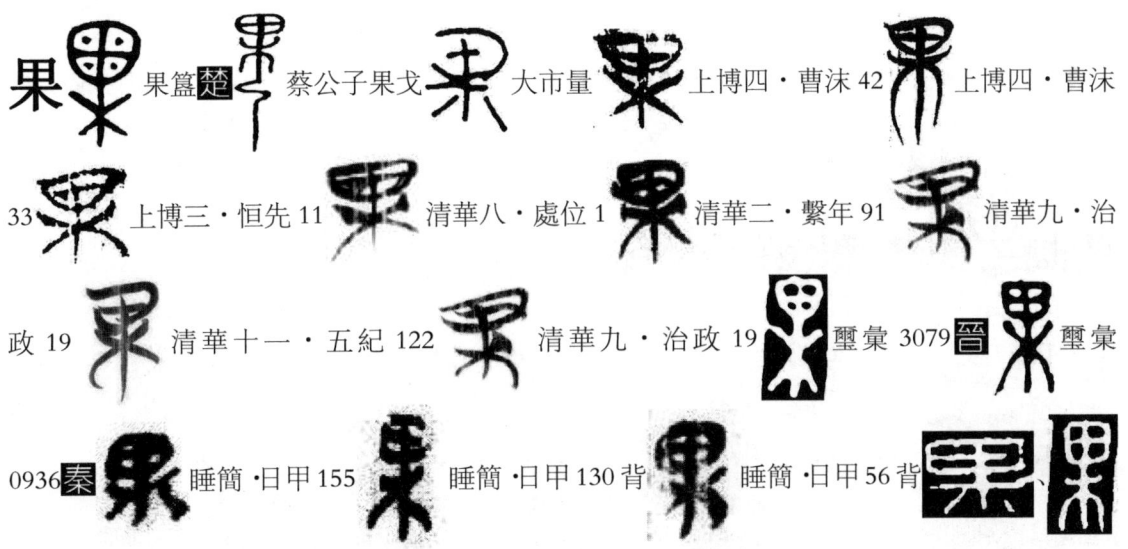

果簋　楚　蔡公子果戈　　大市量　　上博四·曹沫 42　　上博四·曹沫

33　上博三·恒先 11　　清華八·處位 1　　清華二·繫年 91　　清華九·治

政 19　清華十一·五紀 122　　清華九·治政 19　　璽彙 3079　晉　璽彙

0936　秦　睡簡·日甲 155　　睡簡·日甲 130 背　　睡簡·日甲 56 背

秦印 107

【注】甲骨文作、、，象樹上有果實之形。金文有所訛變，到了小篆，字上部的果實形訛變為"田"。《説文》："果，木實也。從木，象果形在木之上。"本義為果實。●結果。《睡簡·日甲 129 背》："土良日，癸巳、乙巳、甲戌，凡有土事必果。"●人名。《果簋》："果乍（作）旅段。"●讀裹。《上博四·曹沫 42》："三軍散果有機乎？"散裹，可能指打退敵人包圍的辦法。

●果敢。《郭店·成之21》："甉（勇）而行之不果，其悆（疑）也弗枉悇（矣）。"●成功。《清華四·筮法41》："嚠（數）而出，乃果；内事嚠（數）内（入），亦果。"

娴 秦　秦印 239　　里耶 8·1950

【注】從女果聲。●秦印人名。●里耶簡辭例殘缺。

顆 秦　秦印 173

【注】從頁果聲。●人名。

騍 楚　曾侯 142

【注】從馬果聲。●可讀騧，黑嘴的黃馬。《曾侯 142》："蔡齲之騍為右騧（服）。"古代"果""咼"音近可通，疑簡文"騍"即"騧"字的異體。《説文·馬部》："騧，黃馬黑喙。"

菓 楚　曾侯 9

【注】從艸果聲，"果"之繁文。漢印有"菓春成印"，為罕見姓氏。今山西之芮城有分佈。●讀戈。《曾侯 9》："二戟，屯三菓（戈）。"是指戟有三個戈頭。大概當時人為了區別一般的戈，把戟上有戈頭的戈稱為菓。

勸 晉　璽彙 2776　璽彙 3243

【注】從力果聲；果旁從禾。或疑"敤"之異文。●晉璽人名。

課 秦　譔　睡簡·語書 8　　課　睡簡·雜抄 10　　譯　睡簡·秦種 20

【注】從言果聲。●課考、考核。《睡簡·秦種 13》："卒歲，以正月大課之，最，賜田嗇夫壺酉（酒）束脯。"滿一年，在正月舉行大考核，成績優秀的，賞賜田嗇夫酒一壺，幹肉十條。

裹 楚　　清華五·啻門 7　秦　　睡簡·封診 85　　睡簡·封診 87　　里耶 8·1243

【注】從衣果聲。●包裹。《睡簡·封診87》：“已前以布巾裹。”●指妊娠時包裹胎兒之器官。《清華五·啻門7》：“鼠（一）月始匆（揚），二月乃裹，三月乃刑（形）。”

果 楚　上博六·用曰12

【注】從日果聲。●《上博六·用曰12》：“聶（攝）丌果。”讀楷或讀栝。“楷”上古音在見紐月部，“果”見紐歌部，聲紐同，韻部為陰入對轉。《莊子·齊物論》：“發若機栝。”成玄英疏：“機，弩牙也。栝，箭栝也。”簡文“聶亓果”之“聶”猶“攝弓”之“攝”，謂張開弩機以發矢也。

墜 楚　　曾侯67　　曾侯45

【注】疑以果為聲符。●《曾侯45》：“貧墜，黃紡之綏。”李零《讀楚系簡帛文字編》（補遺72）“應釋墜”。然“墜”究為何物，未祥。

見紐冎聲

冎 W　冎父囗斝

【注】甲骨文作 、 、 、 、 、 、 、 、 ，象卜用之牛肩胛骨形，上部口形象骨臼之下凹，下部 象牛肩胛骨上斂下奢之形。又卜骨在整治時，乃于骨臼鋸去一直角塊，就成 形了。又作 ，是 形不斷簡化的結果，其簡化過程為，由 → → → 。戰國璽印文字或增口為飾作 （陶彙3·1157）。《說文》：“冎，剔人肉置其骨也。象形。頭隆骨也。”●族氏名。《冎父囗斝》：“冎父囗。”

侷 　　強伯鼎　　強伯鼎

【注】從人冎聲。張世超釋為“別”字（詳《金文形義通解》990頁），存疑。●疑為祭瀆。《強伯鼎》：“丼（邢）姬晿亦侷祖考奐公宗室。”

鄙 　　鄙甘辜鼎

【注】從言從邑冎聲。●讀過，過國專字。

呙 齊　陶彙3·1157　晉　璽彙3009　秦　睡簡·日甲27背

【注】從口冎聲。●讀過。《睡簡·日甲27背》：“其所不可呙（過）也。”●齊陶、晉璽均為人名。

2141

侷  包山 101

【注】從人咼聲。●包山簡人名。

過 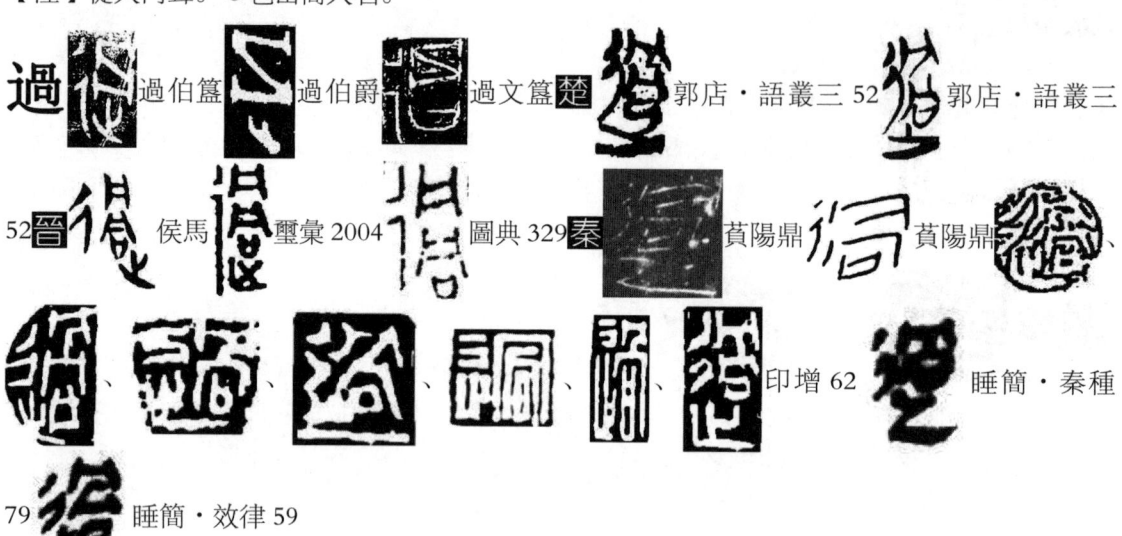 過伯簋　過伯爵　過文簋 郭店·語叢三 52　郭店·語叢三 52 侯馬 璽彙 2004　圖典 329　蓳陽鼎　蓳陽鼎

79 睡簡·秦種　印增 62　睡簡·秦種　睡簡·效律 59

【注】從辵（或從止、從彳）咼聲。《説文》：“𧗂，度也。從辵咼聲。”本義走過，經過。用為名詞，多表示過錯。楚文字過錯、經過多作“忨”“迆”“𡉈”等。●國名，在今山東掖縣北近海處。《過伯爵》：“過白（伯）乍彝。”《過伯簋》：“過白（伯）從王伐反荊。”●讀禍。《睡簡·為吏 5》：“正行脩身，過（禍）去福存。”●讀匄，祈求。《邿大宰鐘》：“用過（匄）釁（眉）壽多福。”●超過。《蓳陽鼎》：“六斤十二兩，過。”●給予。《郭店·語叢三 52》：“膳（善）日過我，我日過膳（善），臤（賢）者佳（唯）其止也以異。”簡文似意為“（他人）每日以善給予我，我每日亦予人以善，只是賢者所達到的不一樣”。

𫘝  嶽麓一·為吏 68

【注】從思過聲。●讀禍，指壞事、禍患。《嶽麓一·為吏 68》：“𫘝所道來，毋云莫智（知）之。”

惆  陶彙 9·107　陶錄 3·219

【注】從心咼聲。●齊陶人名。

禍  清華一·楚居 13　清華一·楚居 16　中山王䂞壺　禍

嶽麓·為吏 62

【注】甲骨文作 ⿰ 、⿰ 、⿰ 等形，以"咼"為"禍"，或從犬咼聲。戰國文字從示咼聲，為小篆所本。《説文》："禍，害也，神不福也。從示咼聲。"本義為災禍。●用為本義，災禍、禍害等義。《中山王䝅壺》："祇祇翼翼，邵（昭）告後嗣，隹（惟）逆生禍，隹（惟）忑（順）生福。"《荀子‧勸學》："福莫長于無禍。"《清華一‧楚居13》："白公记（起）禍，女（焉）遷（徙）袁（襲）淋郢。"楚文字或作"祡"。

騧 秦印192

【注】從馬咼聲。●人名。

鍋 少府盉

【注】從金咼聲。●銘文"金銅婁（鏤）鍋（盉）"，讀盉。《淮南子‧説山》："咼氏之璧。夏后之璜，揖讓而進以合歡，夜以投人則為怨。"咼氏，即和氏，謂卞和。《春成侯盉》作"白金鏤鉌（盉）"。

見紐羈聲

羈（羈） 秦 睡簡‧秦種188 （䍡）陶彙5‧385 印增302

【注】甲骨文作 ⿰ ，象以糸絡麤之形。秦文字均作"羈"，亦見於漢印作 ⿰ 、⿰ （印封676）今字通作"羈"。《説文》作"羈"當為"羈"之訛。《説文》："羈，馬絡頭也。從网從馬。馬，馬絆也。羈，羈或從革。"●讀羈，寄、寄託。《睡簡‧秦種188》："有事請殹（也），必以書，毋口請，毋羈（羈）請。"有事請示，必須用書面請示，不要口頭請示，也不要托人為請示。●秦瓦書"史羈手"，人名。袁仲一認為讀寄，"羈手"，假手。

疑紐厄聲

妮 印增478

【注】從女厄聲。厄，音義未詳，《古韻通曉》定為疑紐歌部。●秦印"姚妮"，人名。

疑紐我聲

我 穳匝 毓且丁卣 我鼎 大盂鼎 縣改簋 㝬鐘 兮甲

盤 散氏盤 毛公鼎 毛公鼎 駒父盨 善鼎 禹簋 駒父

盨蓋齊 郑公釛鐘楚 復公仲簋蓋 曾伯霏簋 王孫誥鐘 王孫誥

鐘 書也缶 上博一·緇衣 10 上博四·曹沫 39 清華三·祝辭 3

郭店·語叢四 6 郭店·老甲 31 上博二·民之 8 上博五·鬼神 5

上博五·鬼神 6 清華七·越公 12 清華七·子犯 10 清華九·治

政 43 清華一·尹至 4 清華八·攝命 16 清華八·攝命 26 清華

八·攝命 28 清華八·攝命 31 清華八·攝命 8 清華八·攝命 7燕 九

年將軍戈晉 邵鐘 林氏壺 貨系 0448 貨系 0451 二年戈

秦 不娶簋 不娶簋 秦公鎛 睡簡·日甲 62 背 石

鼓文 、 秦印 245

【注】甲骨文作、，與《說文》古文略同。林澐認為字象齒刃的戈。金文同甲骨文。《說文》：
"，施身自謂也。或說我，頃頓也。從戈從戈。戈，或說古垂字。一曰古殺字。凡我之屬皆
從我。古文我。"本義當為一種武器。但是從甲骨文就借為表示第一人稱的代詞，多為殷商的
自稱，如"我受年""我伐羌"等。本義早已不存。●第一人稱代詞。《毛公鼎》："虔夙（夙）
夕叀我一人。"●人名。《叔我鼎》："弔（叔）我乍（作）用。"●讀儀，威儀。《上博二·民之 8》：
"䫍（威）我（儀）尼（遲）尼（遲）。"●《上博五·鬼神 5》："我（俄）曰歔（且）苕唬（乎）。"
讀俄，瞬間、極短暫的時間。《公羊傳·桓公二年》："至乎地之與人則不然，俄而可以為其有矣。"
何休注："俄者，謂須臾之間。"●讀娥。《睡簡·日甲 76 背》："盜者長須（鬚）耳，為人我我
然。"娥娥，容貌美好貌。●讀犧。《清華九·治政 43》："我（犧）全（牷）、饋畚，以忻（祈）

亓（其）多福。"

郱陵君王子申豆

【注】從邑我聲。或謂"鄒"之省文。鄒，《説文》臨淮徐地。●讀儀。《郱陵君王子申豆》："郱陵君王子申，攸爭（茲），造金監（鑒）。""郱陵"讀"儀陵"，亦作"宜陵"，地名，在今江蘇江都東北。

哦郭店·忠信 8

【注】從口我聲。《説文新附字》："哦，吟也。從口我聲。"金文"哦"字與《説文》未必同字。楚簡應為"我"之繁文。●人名。《哦簋》："哦乍（作）父辛寶障彝。"●讀義。《郭店·忠信 8》："忠，惡（仁）之實也。信，哦（義）之期也。"

誐匯考 207 印增 89

【注】從言我聲。●楚璽"臧誐"，秦印"王誐"，均為人名。

悐上博四·柬昊 2 郭店·緇衣 2 郭店·語叢三 24 上博四·曹沫 33

【注】從心我聲。●多讀義。《上博四·曹沫 33》："親率勝。使人不親則不敦，不和則不輯，不悐（義）則不服。"●讀儀。《郭店·緇衣 2》："悐（儀）坙（刑）文王，萬邦乍（作）孚。"

蛾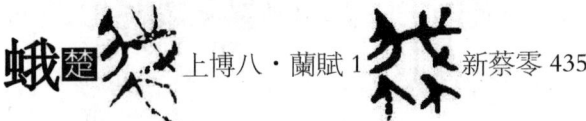上博八·蘭賦 1 新蔡零 435

【注】從虫我聲。●讀蟻。《上博八·蘭賦 1》："螻蛾（蟻）虫（蟲）蛇。"古書常常"螻蟻"連言。

莪上博一·詩論 9 上博一·詩論 26 秦編 111

【注】從艸我聲。●詩經篇名。《上博一·詩論 26》："《蓼莪》有孝志。"●秦封泥"青莪禁印"。"青莪"為地名。

埊上博一·緇衣 1 上博九·舉治 11 上博九·舉治 6 清華九·治

政 14

【注】從土我聲。●讀儀，效法。《上博一·緇衣1》："型（儀）型文王，薑（萬）邦复（作）卬（孚）。"郭店簡作"悉"。●讀我。《上博九·舉治6》："昔型（我）旻（得）中。"

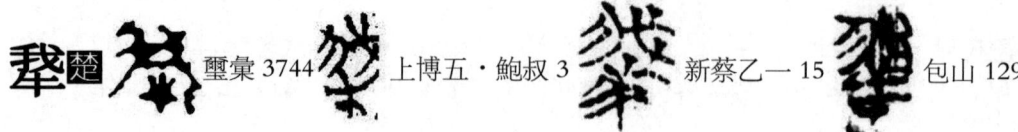

壐彙 3744　　上博五·鮑叔 3　　新蔡乙一 15　　包山 129

【注】從牛我聲，"犧"之省文。●讀犧。《上博五·鮑叔3》："辇（犧）生（牲）、珪璧必全女（如）秙（故），加之以敬。""犧牲"是宗廟用牲的通稱。《壐彙3744》"辇（犧）牲金壐"。吳振武認為："這類稱'某某金'的壐印，舊無善解，我則一直懷疑它們是用來打在黃金或其包裝上的，當是為了說明這些金子是用於某種特殊用途的專款。古有'犧賦'制度，即如徵收賦稅那樣徵收用於祭祀的犧牲，所謂'以稅出牲'（《禮記·曲禮下》鄭玄注）。推想當犧牲缺乏時，用黃金作價來頂替是再自然不過的，而黃金自也可以用來採購犧牲。"（《關於戰國"某某金壐"的一個解釋》）

印增 589

【注】從疒我聲。●人名。

新蔡零 103　　新蔡甲三 117

【注】從百我聲。●人名。

餓 楚　　上博八·道餓 1　　上博八·成王 4　晉　　壐彙 2019　秦　　睡簡·日甲 62 背

【注】從食我聲。或從食戈聲，"餓"字異體。學者或認為"我"從"戈"聲可能是對的。《説文·食部》："餓，飢也。從食，我聲。"●多用為本義，饑餓。《上博八·道餓1》："丌（其）一子道餓而死焉。"《上博八·成王4》："白（伯）尸（夷）、尗（叔）齊戔（餓）而死於售（雕）澼（濆），不辱丌（其）身。"●晉壐人名。

義

儴匜　瘋鐘　瘋簋　瘋簋　師旋鼎　仲義父鼎　仲義父

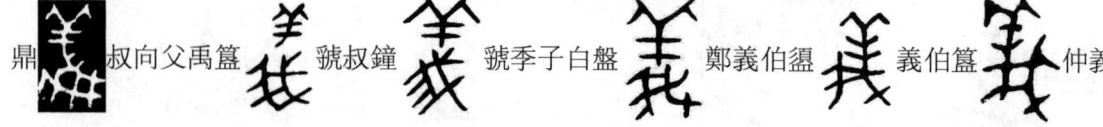

鼎　叔向父禹簋　虢叔鐘　虢季子白盤　鄭義伯盨　義伯簋　仲義

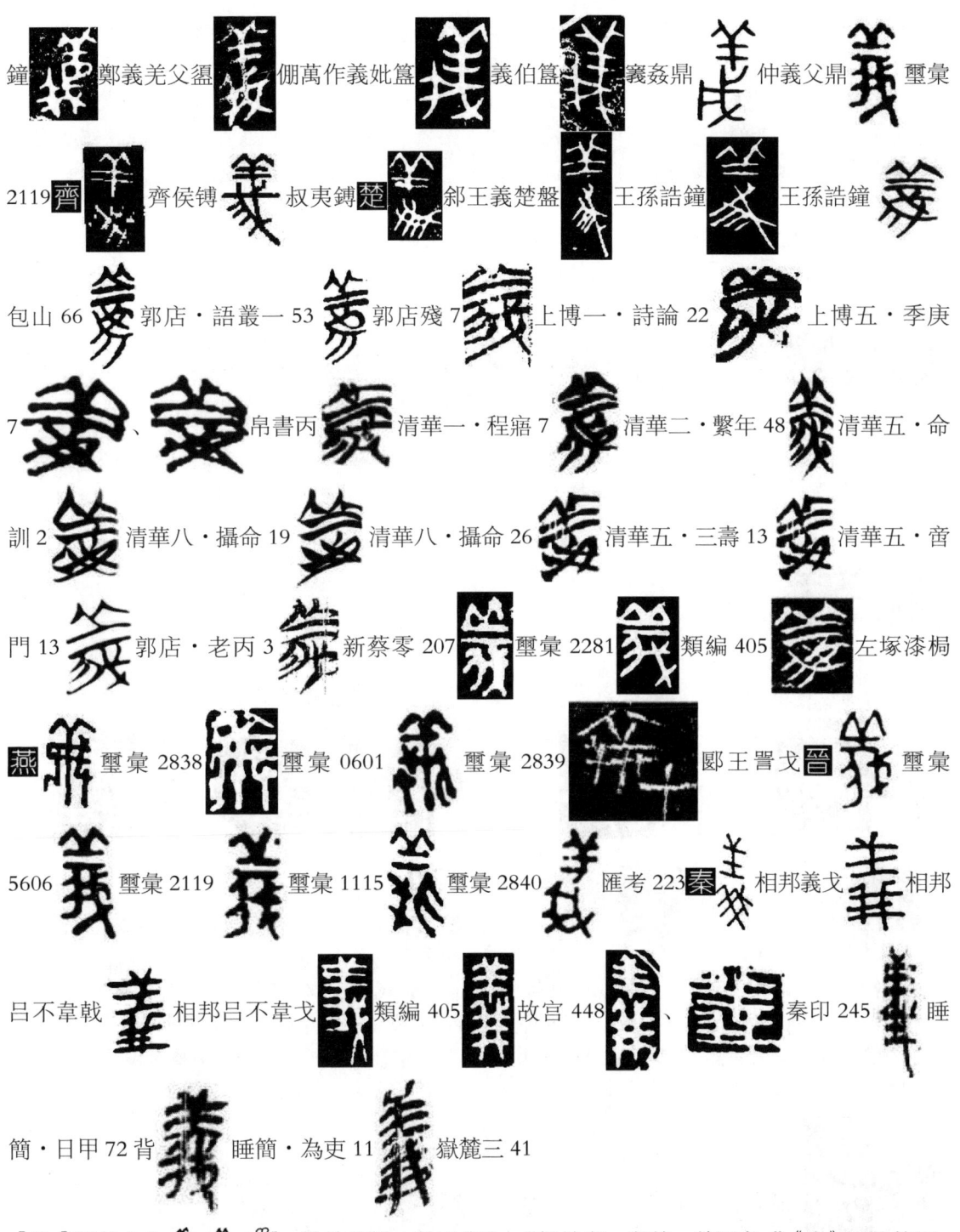

鐘 鄭義羌父盨 俑萬作義妘簋 義伯簋 襄姦鼎 仲義父鼎 璽彙

2119齊 齊侯鎛 叔夷鎛楚 邻王義楚盤 王孫誥鐘 王孫誥鐘

包山66 郭店·語叢一53 郭店殘7 上博一·詩論22 上博五·季庚

7 、 帛書丙 清華一·程寤7 清華二·繫年48 清華五·命

訓2 清華八·攝命19 清華八·攝命26 清華五·三壽13 清華五·啇

門13 郭店·老丙3 新蔡零207 璽彙2281 類編405 左塚漆桐

燕 璽彙2838 璽彙0601 璽彙2839 鄢王詈戈晉 璽彙

5606 璽彙2119 璽彙1115 璽彙2840 匯考223秦 相邦義戈 相邦

呂不韋戟 相邦呂不韋戈 類編405 故宮448 、 秦印245 睡

簡·日甲72背 睡簡·為吏11 嶽麓三41

【注】甲骨文作義、羊、𦍋，從羊我聲。段玉裁注："從羊者，與善、美同意。"《注》臣鉉等曰："與善同意，故從羊。"疑此乃"義"之本義。《說文》："義，己之威儀也。從我、羊。𦍌《墨翟書》義從弗。魏郡有𦍌陽鄉，讀若錡。今屬鄴，本內黃北二十里。"段玉裁注："古者威儀字作義。今仁義字用之。儀者，度也。今威儀字用之。"本義當為"善"。●讀儀，威儀、儀容。《虢叔旅鐘》："旅敢肇帥井（型）皇考威義（儀）。"●讀儀，情誼、思誼。《沇兒鎛》："愳（淑）于

2147

畏（威）義（儀），惠于明（盟）祀。" ●讀宜，應當、適宜。《儔匜》："我義（宜）便（鞭）女（汝）千。"《禮記·中庸》："義者，宜也。" ●善、好、正派。《者沪鎛》："勿有不義。"《清華一·程寤7》："隹（惟）杍（梓）敝，不義逃（芘）于商。" ●人名。《郐王義楚觶》："郐（徐）王義楚罪（擇）余吉金，自酢（作）祭鍴。" ●姓氏。《包山84》："正義弜（强）哉（識）之，秀期為李。"金文中亦有義伯、義仲，為義國公族。是西周時有義國，其後或有義為氏者。 ●正道、正理。《郭店·唐虞8》："惡（愛）𦣞（親）亢（忘）𦣞（賢），芯（仁）而未義也。" ●讀儀，指禮儀。《上博五·季庚7》："夫義（儀）者，目（以）斤（謹）羣=（君子）之行也。"《周禮·春官·肆師》："凡國之大事，治其禮儀，以佐宗伯。"

【注】從邑義聲。 ●姓氏。《包山40》："郬（義）弜（强）哉（識）之。"《説文》："郬，臨淮徐地。從邑義聲。《春秋傳》曰：'徐郬楚。'"《説文》"郬楚"，《左·昭六》作"儀楚"，嬴姓。晉璽"郬綽"、秦印"郬弘"，均為姓氏。

【注】從車義聲。《説文》"轙"或作"鐵"。 ●簡文有缺字，辭義不詳。

【注】從言義聲，與小篆同。《説文》："議，語也。從言義聲。"本義商議、討論。 ●讀儀。《左行議逮戈》："左行議逮（率）戈。"李學勤説："行議大概是一種儀仗隊伍的名稱。"（《論河北近年出土的戰國有銘青銅器》） ●《睡簡·答問83》："稱議種之。"稱議，酌情。 ●議處。《睡簡·答問83》："議皆當耐。"

【注】從山義聲。 ●齊陶人名。

2148

【注】從卜義聲。● "敢不半（披）其［腹］心吕（以）事其宝（主）"，人名。

 包山248　新蔡零2　新蔡甲99　新蔡乙四58　新蔡甲三

79 清華十一·五紀107　清華十一·五紀60　清華十一·五紀115　新蔡

乙一15

【注】從牛義聲（或從羊），"犧"之省文。聲符或省為我。●多讀犧，《説文》宗廟之牲也。《上博五·鮑叔3》："（犧）牲、珪壁必全女（如）耆（故），伽（加）之以敬。"

 郭店·唐虞8　郭店·唐虞13

【注】從肉義省聲。●讀義。《郭店·唐虞8》："徝（禪），羛（義）之至也。"

疑紐臥聲

 睡簡·日甲25背　秦印161

【注】《説文》："臥，休也。從人臣，取其伏也。凡臥之屬皆從臥。"●用為本義，躺、睡。《睡簡·日甲25背》："彼窋（屈）臥箕坐。"●秦封泥"尚臥"官名，詳"尚"字。

 曾侯123　曾侯123　曾侯137

【注】從玉臥聲。● "玉瑩"，義不詳。

疑紐瓦聲

瓦　陶彙5·305　宗邑瓦書　集證213·190　睡簡·日甲71背

睡簡·日甲74背　秦印247

【注】象形字，象兩瓦咬合之形。●多用為本義，瓦器、瓦片。《宗邑瓦書》："乃為瓦書。"《睡簡·日甲74背》："臧（藏）於瓦器下。"

疑紐宜聲

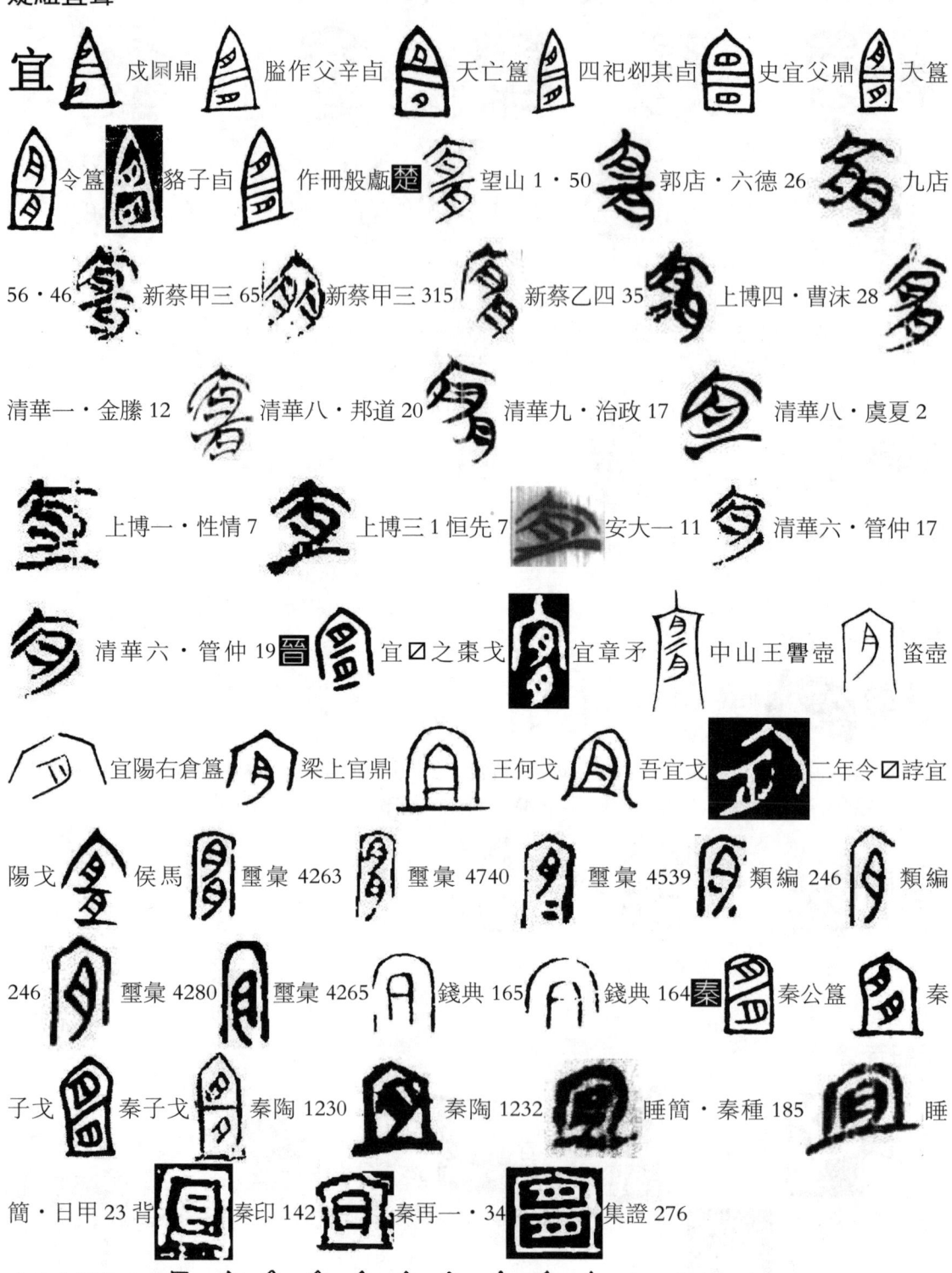

宜 戍𢪇鼎　　脁作父辛卣　　天亡簋　　四祀𨚬其卣　　史宜父鼎　　天簋

令簋　　貉子卣　　作冊般甗 楚 望山 1・50　　郭店・六德 26　　九店

56・46 新蔡甲三 65 新蔡甲三 315 新蔡乙四 35 上博四・曹沫 28

清華一・金縢 12 清華八・邦道 20 清華九・治政 17 清華八・虞夏 2

上博一・性情 7 上博三 1 恒先 7 安大一 11 清華六・管仲 17

清華六・管仲 19 晉 宜☒之棗戈 宜章矛 中山王𫑡壺 盗壺

宜陽右倉簋 梁上官鼎 王何戈 吾宜戈 二年令☒諀宜

陽戈 侯馬 璽彙 4263 璽彙 4740 璽彙 4539 類編 246 類編

246 璽彙 4280 璽彙 4265 錢典 165 錢典 164 秦 秦公簋 秦

子戈 秦子戈 秦陶 1230 秦陶 1232 睡簡・秦種 185 睡

簡・日甲 23 背 秦印 142 秦再一・34 集證 276

【注】甲骨文作𩵋、𩵋、𩵋、𩵋、𩵋、𩵋、𩵋、𩵋、𩵋，從且從肉，會置肉于且前祭祀之意。案："且"為"俎"之本字，以斷木為薦，象其側面透視之形𩵋，上陳肉則成"宜"，如《尚書》："祭社曰宜。"金文同甲骨文。戰國文字且旁或解體作∩、へ，且字中間或省短橫僅作宀

形。《金文編》"肯"下原有字，當為"宜"字省形，上從宀，與"肯"從冃有別（肯，睡虎地秦簡作肎、古璽作冃，從肉從冃，從肉冋省，冋亦聲。秦國文字作"冃"，隸書變作"肯"）。《說文》："宜，所安也。從宀之下，一之上，多省聲。宜古文宜。宜亦古文宜。"析形不確，所釋當為引申義。本義為祭祀。引申指適宜的事，又引申泛指合適。●祭名。《爾雅·釋天》："起大事動大眾，必先有事乎社而後出，謂之宜。"《四祀㔇其卣》："翌文武帝乙宜，才（在）璽（召）大廟（廳）。"《作冊般甗》："王宜尸（夷）方，無戈，咸。"宜，出兵祭社之名。王宜尸方，對尸方用兵而宜于社。●酒肴。《令簋》："尊宜于王姜。"《爾雅·釋言》："宜，肴也。"《詩·鄭風·女曰雞鳴》："弋言加之，與子宜之。"意思是給你美味佳餚。毛傳："宜，肴也。"由此引申為祭名。《禮記·王制》："天子將出，類乎上帝，宜乎社，造乎禰。"鄭玄注："類、宜、造，皆祭名，其禮亡。"《尚書·泰誓》："宜于冢土。"傳："祭社曰宜。冢土，社也。"●適宜。《貉子卣》："王牢于厥，咸宜。"●讀義。《中山王𨮎鼎》："以征不宜（義）之邦。"楚簡亦讀義。《郭店·六德1》："可（何）胃（謂）六惪（德）？聖、智也，悬（仁）、宜（義）也，忠、信也。"●《天亡簋》："王鄉（饗），大宜。"大宜：即大房。《秦公簋》"䁆（眉）壽無疆，畯疐才（在）立（位），高引又（有）慶，匍又（有）四方，永寶宜"，此字與疆、慶、方等字為韻，故此字又一讀音為"房"，《詩·魯頌·閟宮》："毛炰胾羹，籩豆大房。"毛傳："大房，半體之俎也。"鄭玄箋："大房，玉飾俎也。其制足間有橫，下有柎，似乎堂後有房然。"房俎者，載牲之器。●人名。《宜子鼎》："丁卯，王令宜子迨（會）西方。"宜子，宜國的君長。●《秦再一·34》"宜春禁丞"。《史記·司馬相如列傳》："還過宜春宮。"《正義》引《括地志》云"秦宜春官在雍州萬年縣西南三十里，宜春苑在宮之東，杜之南"。《三輔黃圖》卷三"宜春宮，本秦之離宮，在長安城東南杜縣東，近下杜"。秦宜春宮漢時仍利用，其遺址在今西安曲江池南春臨村西南。"禁丞"為禁苑令長之副。●《集證276》"宜陽津印"，"宜陽"地名，秦屬三川郡，其治地在今河南宜陽西。

萱 楚  璽彙5513

【注】從艸宜聲。●楚璽單字。

輠 楚  曾侯76

【注】從車宜聲，"輗"之繁文。《說文》："輗，大車轅耑持衡者。從車兒聲。輨，輗或從互。枘，輗或從木。"●讀輗。《曾侯76》："輠輠車。"詳"輨"字。

端紐朵聲

朵 楚 上博七·凡甲27　璽彙5119　秦 珍秦137　集證

167　嶽麓一·為吏69　嶽麓三77

【注】指事字。從禾（禾亦聲），禾穗上短豎表示下垂，"稤"之初文。《易・頤》："觀我朵頤。"《釋文》："朵，京作稤。"《説文》："稤，禾垂皃。從禾耑聲，讀若端。"劉剛認為："朵"最開始的時候或許並不單獨使用，而是從"染"中割裂出來的。（《釋染》）"朵"為"染"字的聲符，"染"屬日母談部，"朵"屬端母歌部；"那"（泥母歌部）從"冉"（日母談部）得聲，可證。後來，單獨出現的"朵"字為了和"禾"字相區別，同時為使字義更加明確，又加上了指事符號，變成秦漢文字中的"朵"。●讀端。《上博七・凡甲27》："尋牆而履，屏氣而言，不失其所然，故曰堅。朵尻和氣，令聲好色……。""朵""耑"二聲關係十分密切，如《周易・頤卦》"初九"爻辭"朵頤"之"朵"，阜陽漢簡本作"端"，上博竹書本作"斀"。《呂氏春秋・盡數》言"和精端容"，與簡文"端處""和氣"並舉同例。（鄔可晶：《釋〈凡物流形〉甲本２７號簡的"朵"字》，《古文字研究》第３１輯）●古璽印均為人名。可讀端，訓作正，作為人名尤其是單字璽是十分通順的。

 關簡 315

【注】從水朵聲。●浸染。《關簡315》："染槀本東（柬）灰中，以靡（摩）之，令血欲出。"簡文的意思是説把槀本放入漬後的棟灰中浸染。馬王堆帛書"染"作⿰氵朵、⿰氵朵、⿰氵朵（帛編441），與此同。

端紐多聲

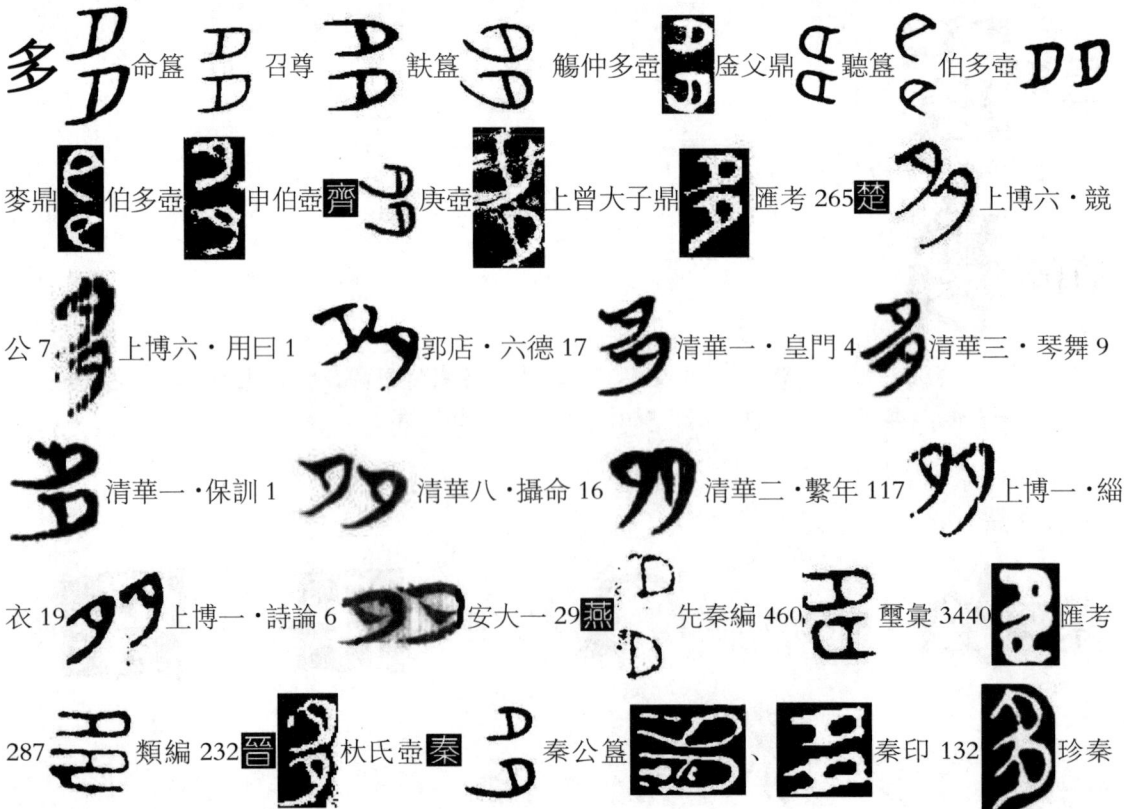

多　命簋　　召尊　　斀簋　　觸仲多壺　　盞父鼎　　聽簋　　伯多壺

麥鼎　伯多壺　申伯壺〔齊〕　庚壺　上曾大子鼎　匯考 265〔楚〕　上博六・競

公 7　上博六・用曰 1　　郭店・六德 17　　清華一・皇門 4　　清華三・琴舞 9

清華一・保訓 1　　清華八・攝命 16　　清華二・繫年 117　　上博一・緇

衣 19　上博一・詩論 6　　安大一 29〔燕〕　　先秦編 460　　璽彙 3440　　匯考

287　類編 232〔晉〕　杕氏壺〔秦〕　　秦公簋　　　秦印 132　珍秦

387  睡簡 · 日乙 56

【注】甲骨文作 、、、、。何琳儀謂： 為夕形，會日居月諸之意。或說為肉形，不確。戰國璽印文字"胯"作 （璽彙 1580），從肉多聲，肉右上斜筆，夕左下斜筆，均為區別符號。此為肉與夕有別之確證，亦可證"多"從夕不從肉。（詳《戰國古文字典》861 頁）●數量大，與"少"相對。《叔向父禹簋》："降余多福。"●諸、眾。《沈子它簋》："乃沈子其頎褱（懷）多公能福。"多公，指列位先祖先考。●程度副詞。《追簋》："天子多錫追休。"●氏。《多友鼎》："多友敢對揚公休，用乍（作）隣鼎。"張亞初謂"多"是殷代的多氏。多氏是個古老的族氏。●人名。《伯多壺》："白（伯）多乒（厥）非（行）壺，子孫永用。"●重，與"輕"相對。《郭店 · 老甲 34》："名與身管（孰）新（親）？身與貨管（孰）多？"

哆 秦印 21

【注】從人多聲。●秦漢印均為人名。

欵 包山 168 清華七 · 趙簡子 10 、清華七 · 趙簡子

11 匯考 142

【注】從欠多聲。●包山簡人名。●讀侈。《清華七 · 趙簡子 10》："宮中三臺，是乃欵（侈）矣。"●晉璽"萬山欵為"，義不詳。

姼 印增 475

【注】從女多聲。●秦印人名。

佟 秦印 157

【注】從人多聲。●秦印人名。

袳 璽彙 5534 秦印 163 分研 387

【注】從衣多聲。●人名。

黗 、 秦印 203

【注】從黑多聲。《説文》黑木也。同"黝"。●秦印人名。

夛 鄁夛魯生鼎 詛楚文

【注】從大多聲，與《説文》"奢"之籀文同。夛，可視為楚文字的寫濾。古音"奢"在書紐魚部，"者"在章紐魚部，"多"在端紐歌部，葉玉英認為在戰國楚方言裏，已有部分字由魚部轉入歌部。(《古文字構形與上古音研究》296頁) ●人名。《鄁夛魯生鼎》："無(許)夛魯生乍(作)壽母朕(媵)貞(鼎)。" ●讀奢。《詛楚文》："宣夛競從，變輸(渝)盟㪍(約)。"

迻 郭店·語叢二 48　包山 173　上博四·柬旱 12　清華六·子儀 1

清華九·成人 9　清華九·廼命二 13

【注】從辵多聲。●多讀移。《清華六·子儀 1》："迻(移)易古(故)哉(職)。"《郭店·語叢二 48》"不迻"亦讀"不移"。●讀滯。《清華九·成人 9》："五霸(皋)湫(沈)迻(滯)，五詞(辭)不聖(聽)。"湫迻，整理者釋為"沈滯"。迻，餘母歌部，讀為定母月部的"滯"。●在包山卜筮禱祠簡中，數見"迻某某之祝"的表述，大概是移用某某之祝的意思。新蔡簡也屢見這種説法。

遱 新蔡甲三 99　新蔡甲三 209　新蔡甲三 212　新蔡甲三 169

【注】從耳迻聲。●讀迻，移也。《新蔡甲三 212》："遱(迻)蠱牚之敓。"

萐 新蔡零 270

【注】從艸遱省聲。●讀迻，移也。

趏 秦印 27　石鼓文

【注】從走多聲，"趍"之異文。●讀趍。《石鼓文》："趏趏弆(六)馬，射之狋=(秩秩)。"《廣韻》："趏，俗趍字。"《詩·齊風》："巧趍蹌兮。"《釋文》趍，本亦作趏。●秦印人名。

⿰月多 晉  璽彙 1580

【注】從肉多聲。●晉璽人名。

栘 楚  包山牘 1

【注】從木多聲。●簡文“其栘紛秋之⿰糹皇，繏（纂）純”，義不詳，待考。

移 秦  睡簡・雜抄 44  睡簡・雜抄 38  印典二 1462  印增 269

【注】從禾多聲。●轉移。《睡簡・為吏 4》：“民心將移乃難親。”秦文字用“移”表示移去之移。楚文字用“迻”“⿺辶⿷匚多”“⿺辶⿰阝多”表示移。●移送文書。《睡簡・雜抄 44》：“輒移其稟縣，稟縣以減其稟。”

⿷匚多 齊  陶彙 3・492 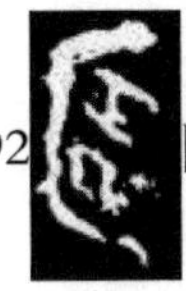 陶録 2・535 晉  璽彙 2502  匯考 287

【注】從匚多聲。●齊陶“子袲子里曰⿷匚多乘”，姓氏，或讀多。●晉璽人名。

⿰糹⿷匚多 燕  璽彙 0774  璽彙 2320  璽彙 2407

【注】從糸⿷匚多聲。●燕璽人名。

⿺辶⿷匚多 楚  包山 210  包山 214 晉  璽彙 3905

【注】從辵⿷匚多聲，“迻”之異文。●均讀迻，移也。《包山 214》：“⿺辶⿷匚多（迻）石被裳之稅（說）。”●晉璽人名。

垑 楚  九店 56・48

【注】從土多聲。●《九店 56・48》：“凡宮垑於西南之南，凥（居）之貴。”李家浩先生考釋云：“《玉篇》土部：‘垑，充是切，治土、地名。’秦簡《日書》甲種相宅之書借‘多’為‘垑’。”

⿸疒多 楚  包山 187

【注】從疒多聲。●人名。

忪 楚 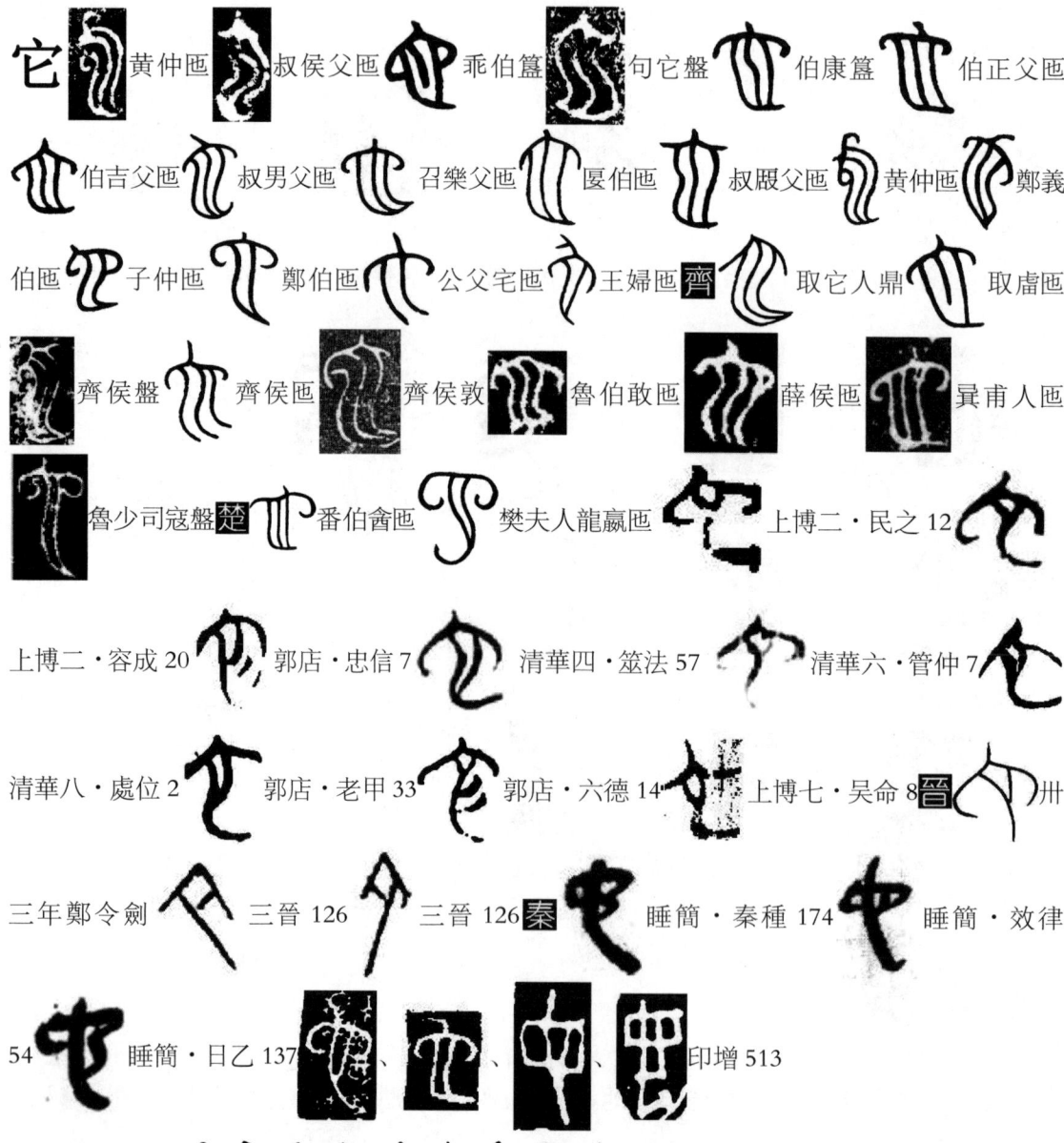 之利鐘

【注】從心多聲。●鐘殘，義不詳。

透紐它聲

它 黃仲匜　叔侯父匜　乖伯簋　句它盤　伯康簋　伯正父匜

伯吉父匜　叔男父匜　召樂父匜　匽伯匜　叔殷父匜　黃仲匜　鄭義

伯匜　子仲匜　鄭伯匜　公父宅匜　王婦匜 齊　取它人鼎　取膚匜

齊侯盤　齊侯匜　齊侯敦　魯伯敢匜　薛侯匜　異甫人匜

魯少司寇盤 楚　番伯酓匜　樊夫人龍嬴匜　上博二·民之 12

上博二·容成 20　郭店·忠信 7　清華四·筮法 57　清華六·管仲 7

清華八·處位 2　郭店·老甲 33　郭店·六德 14 上博七·吳命 8 晉 卅

三年鄭令劍　三晉 126　三晉 126 秦　睡簡·秦種 174　睡簡·效律

54　睡簡·日乙 137　、　、　、　印增 513

【注】甲骨文作 𧈙、𧈙、𧈙、𧈙、𧈙、𧈙、𧈙、𧈙、𧈙，象蛇之頸、身、尾形。單畫作 𠃊、𠃊，至金文漸訛為 𠀉，蛇身雙鉤且中間加一飾點，遂與 𠀉（金文 𠀉 為匜字象形）混同，為《說文》"它"字所本。戰國文字或收縮蛇身作 𠀉、𠀉，或加飾筆作 𠀉。秦文字作 𠀉，穿透筆劃，遂與小篆"也"字作 𠀉 混同。《說文》："𠀉，蟲也。從蟲而長，象冤曲垂尾形。上古艸居患它，故相

問無它乎。凡它之屬皆從它。它或從蟲。”本義為蛇。後借指代詞。“它”為借義所專用，蛇的意思就另加形符“虫”寫作“蛇”。●讀匜。《有伯君黃生匜》：“唯有白（伯）君堇生自乍（作）它（匜）。”●它它：即佗佗，美好綿長無盡的樣子。《齊侯盤》《齊侯敦》：“它它配配（熙熙），男女無碁（期），子子孫永僳（保）用之。”“它它”，文獻作“沱沱”，它，沱相通。《詩・君子偕老》：“委委沱沱。”《爾雅・釋訓》：“委委佗佗，美也。”●人名。《師遽方彝》：“用乍（作）文且（祖）它公寶障彝。”《沈子它簋》：“其丮哀乃沈子它唯福。”●代詞，其它之“它”。《乖伯簋》：“不（丕）顯且（祖）玟（文王）珷（武王），雁（膺）受大命，乃且（祖）克奉先王，異自它邦，又芇于大命。”●讀施。《清華六・管仲7》：“中（仲）父，它（施）正（政）之道奚（奚）若？”●讀蛇。《上博二・容成20》：“東方之旗以日，西方之旗以月，南方之旗以它（蛇）。”●讀地。《三晉126》“貝它”讀貝地，地名。

蛇 楚  上博八・蘭賦1 秦  睡簡・日甲74背  北大簡

【注】從虫它聲。●用為本義，毒蛇。《上博八・蘭賦1》：“螻蛾（蟻）虫（蟲）蛇。”

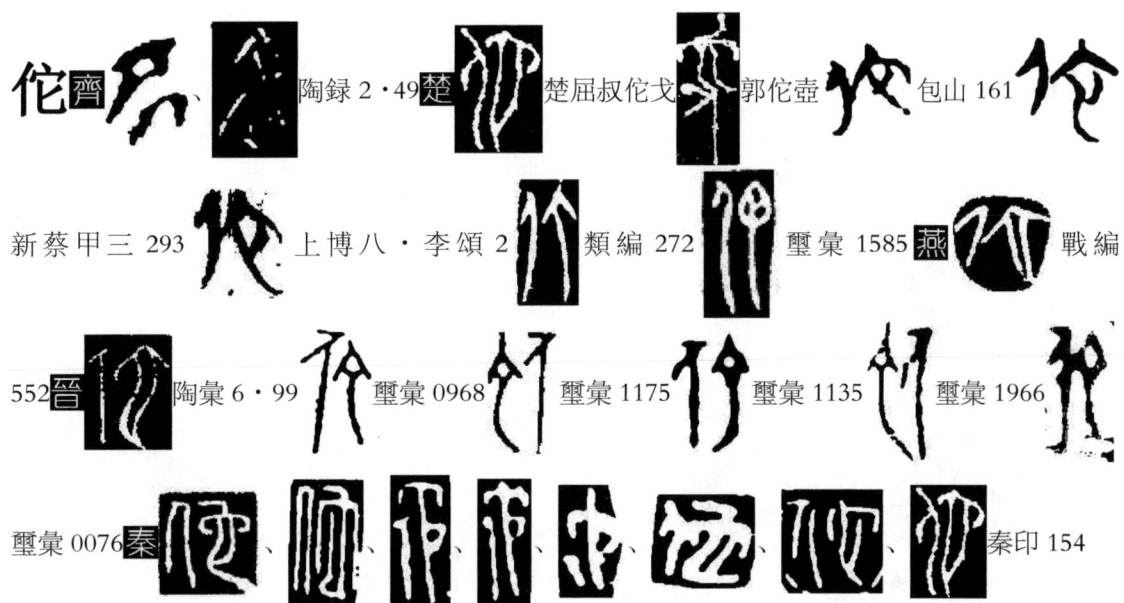

佗 齊 、 陶録2・49 楚  楚屈叔佗戈  郭佗壺  包山161  新蔡甲三293  上博八・李頌2  類編272  璽彙1585 燕  戰編552 晉  陶彙6・99  璽彙0968  璽彙1175  璽彙1135  璽彙1966  璽彙0076 秦 、、、、、、、 秦印154

【注】從人它聲。●古文字多為人名。《楚屈叔佗戈》：“楚屈弔（叔）佗之元用。”●《璽彙0076》“它人司寇”，“它人”為合文，當為地名。

⿰骨佗 楚  新蔡乙三5

【注】從骨佗聲。●神名，具體所指不詳。《新蔡乙三5》：“忻（祈）福於司禍（禍）、司磋、司⿰骨佗各一痒（牂）。”

貨 楚  璽彙0127

【注】從貝佗聲。●印文"大貨","貨"為"贊"或"貤"的異體字，為主管布匹並散發供給三軍的官署。（李家浩《戰國官印考釋三篇》）"大貨"大印是官印。古代各類職官之長，往往在職官名之前冠以"大"字。就拿楚國的職官來説，例如比工尹、司馬、莫敖級別高的，分別稱為大工尹、大司馬、大莫敖。以此例之，"大貨"大應該是楚國最高主管"貨"的職官。

尾 信陽 1 · 4

【注】從日佗聲，疑"陀"之繁文。●讀它。簡文"毋尾"讀無它。

愇 上博三 · 仲弓 13

【注】從心佗聲。●讀施。《上博三 · 仲弓 13》："迪（陳）之備（服）之，纋（緩）愇（施）而怣（遜）放（勑）之。"

尾 上博三 · 仲弓 14

【注】從尸從它，雙聲字。●讀蛇。《上博三 · 仲弓 14》："曓（早）吏（使）不行，妥（委）尾（蛇）又（有）城（成）。"妥尾，讀為"委蛇"，從容之義。

咃 璽彙 1148

【注】從口它聲。●齊璽"高咃☐鉩"，應為人名。

祀 ☐子祀鼎　安大一 7

【注】從元它聲。●金文人名。●讀虺。《安大一 7》："陂皮（彼）嶬（崔）嵬（嵬），我馬虺（虺）遺（隤）。"《毛詩》作"我馬虺隤"。《説文 · 虫部》："虺，虺以注鳴。《詩》曰：'胡為虺蜥。'從虫，兀聲。""它"是"蛇"的象形初文，"虫"是"虺"的象形初文，二字形、義皆近；"兀""元"本是一字之分化。故"虺"可以寫作從"它"，從"元"（《秦印文字彙編》第二五五頁"虺"字頭下所收五字，"兀"旁都寫作"元"）。毛傳："虺隤，病也。"

脞 齊陶 0206　齊陶 0205　齊陶 0207

【注】從肉它聲。●"墬脞立事丁"，人名。

鉈 包山 257

2158

【注】從食它聲。●讀酏。《包山257》："醟（蜜）飪二笿，白飪二笿。""醟飪"讀如"蜜酏"。《説文》釋"酏"為"黍酒"，經典多以之謂釀酒所用發酵物，呈稀粥狀。《周禮·天官·酒正》："四曰酏。"鄭玄注："今之粥。"實即米酒（醪糟）之類。《周禮·天官·醯人》："羞豆之食，酏食糝食。"鄭司農注："酏食，以酒酏為餅。"蓋古代做餅以酒酏為發酵物，此乃"酏"為餅之別名。"白飪"，《周禮·天官·籩人》記籩之實有"白、黑"，鄭玄注："稻曰白，黍曰黑。""白飪"應是米粉所製之餅。

詑 秦  睡簡·封診2　　睡簡·封診4　　嶽麓三70

【注】從言它聲。《説文》："詑，沇州謂欺曰詑。從言它聲。"字或作訑、訦。●欺騙。《睡簡·封診2》："雖智（知）其詑，勿庸輒詰。"雖然明知是欺騙，也不要馬上詰問。

迤 齊  陶彙3·926　　陶録3·507 楚　　郭店·語叢一6　　郭店·語叢二

40

【注】從辵它聲，古同"迆"。●讀地。《郭店·語叢一6》："又（有）迤（地）又（有）型（形）又（有）聿（盡）。"●齊陶單字。

佗 楚 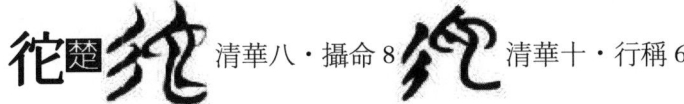 清華八·攝命8　　清華十·行稱6

【注】從彳它聲。●讀他，其他。《清華八·攝命8》："乃事亡佗（他）。"●讀馳。《清華十·行稱6》："利敗（田）轖（獵）、佗（馳）馬、繲（畢）紲（弋）、土祉（功）之事。"

剈 楚  清華八·邦道3

【注】從刀它聲。●讀它或讀他。《清華八·邦道2》："幾（豈）或才（在）剈（它）。""在它"先秦傳世文獻多作"在他"，如《左傳·襄公三十年》："視躁而足高，心在他矣。"

攺 楚 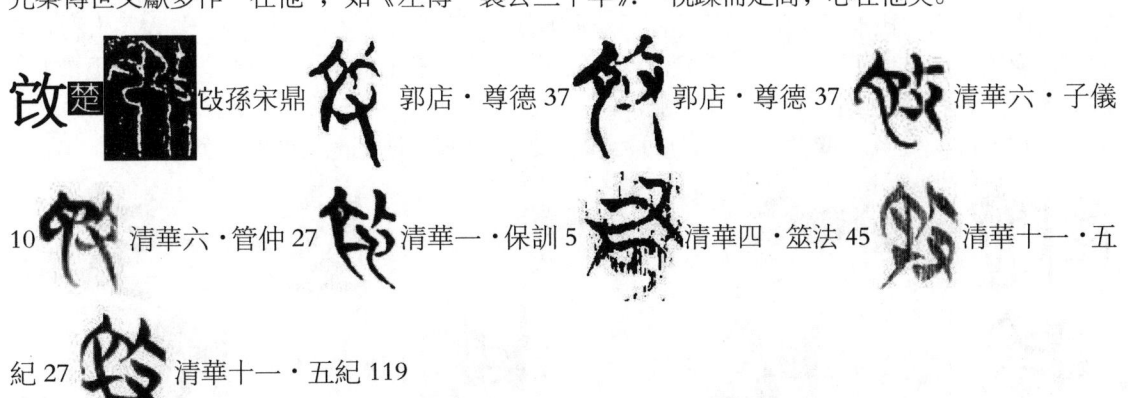 攺孫宋鼎　　郭店·尊德37　　郭店·尊德37　　清華六·子儀10　　清華六·管仲27　　清華一·保訓5　　清華四·筮法45　　清華十一·五紀27　　清華十一·五紀119

【注】從攴它聲，"攲"之異文。《清華四·筮法 45》從又它聲，有學者認為當即今之"施"字。《國語·晉語三》："秦人殺冀芮而施之。"韋昭注："陳尸曰施。"●多讀施。《清華一·保訓 5》："氏（坒—厥）又（有）攽（施）于上下遠埶（邇）。"●讀弛。《清華六·管仲 27》："然則或攽（弛）或張，或緩或緬（急）。"

 墩 楚 清華二·繫年 116

【注】從土攽聲。●讀奪。《清華二·繫年 116》："壑（奪）宜易（陽），回（圍）赤（岸）。"

坨（地）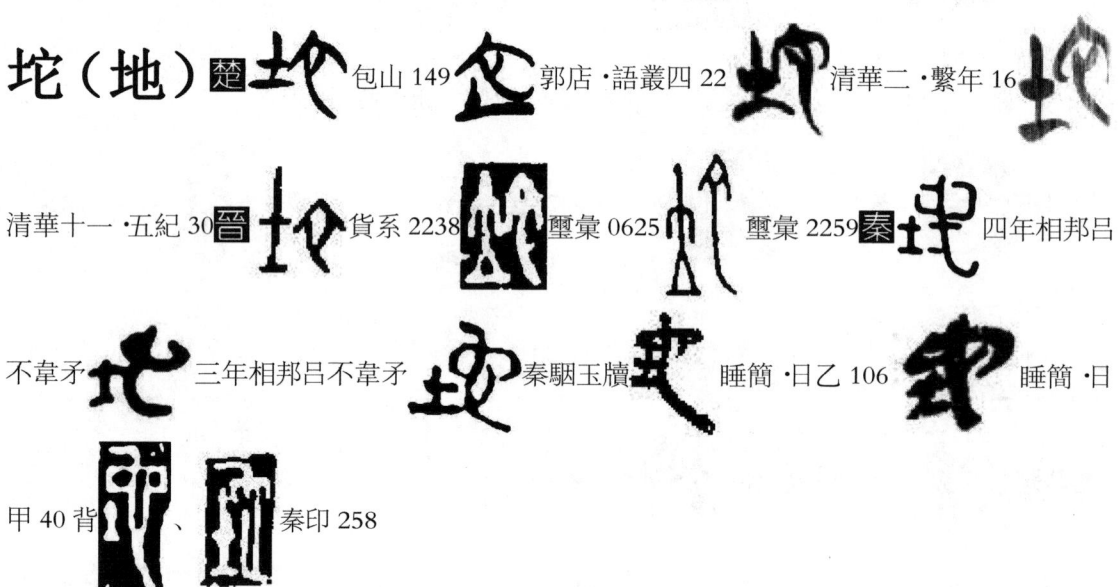

楚 包山 149　　郭店·語叢四 22　　清華二·繫年 16　　清華十一·五紀 30 晉 貨系 2238　　璽彙 0625　　璽彙 2259 秦 四年相邦呂不韋矛　　三年相邦呂不韋矛　　秦駰玉牘　　睡簡·日乙 106　　睡簡·日甲 40 背　　秦印 258

【注】從土它聲。"坨"隸變后訛為"地"。三晉文字以"墜""隆"為"地"。楚系文字作"墮"，從阝從土它聲。豙、它、地都是歌部字，讀音相近，可以相通。《說文》訛為也聲。《説文》："地，元气初分，輕清陽為天，重濁陰為地。萬物所陳剡也。從土也聲。隆 籀文地從隊。"本義為土地。●人名。《四年相邦呂不韋矛》："相邦呂不韋造，高工侖，丞申，工地。"秦官府冶鑄作坊工人稱工。地，工人名。●讀地。《秦駰玉牘》："欲事天地四禝（極）三光山川神示（祇）五祀先祖而不得坒（厥）方。"《清華二·繫年 16》："秦中（仲）女（焉）東居周坨（地）。"●讀隳。《郭店·語叢四 22》："山無墮（阤）則坨（隳），城無襄（衰）則坨（隳），士無友不可。"山沒有坡度就會崩頹，城牆（從下到上）沒有衰減就會倒塌，士人沒有朋友是不可以的。●趙方足布（貨系 2238）"貝它"讀貝地，地名。●讀施。《清華十一·五紀 30》："降坨（施）寺（時）雨，觿（興）曺（育）萬生。"●晉璽人名，或釋為坨。晉系文字土地之地均從豙（多省作豕）作。

陀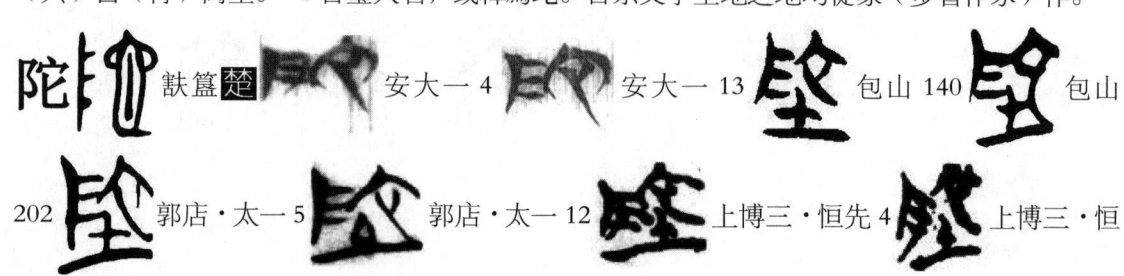

趹籃 楚 安大一 4　　安大一 13　　包山 140　　包山 202　　郭店·太一 5　　郭店·太一 12　　上博三·恒先 4　　上博三·恒

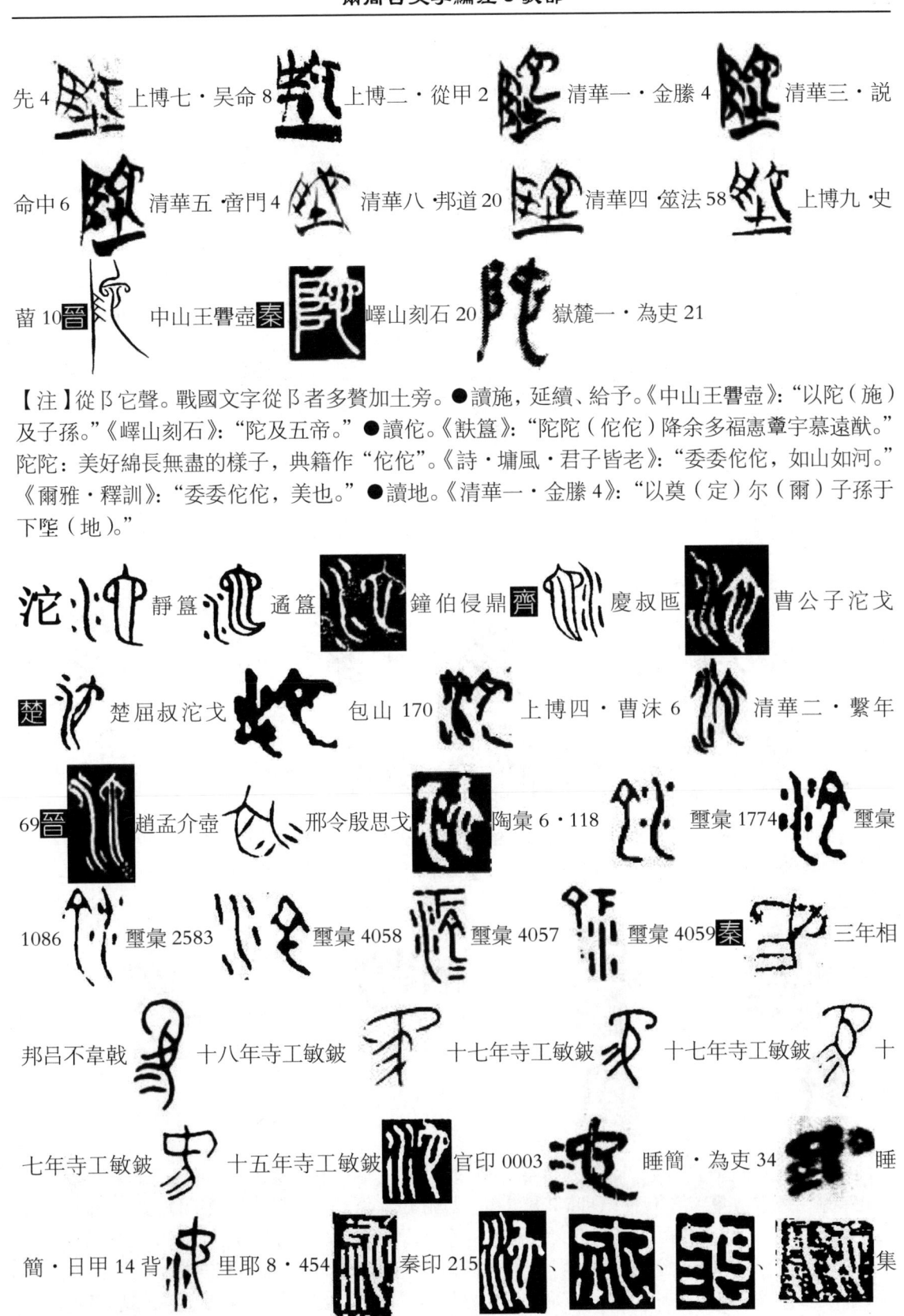

先4　上博七·吳命8　　上博二·從甲2　　清華一·金縢4　　清華三·說

命中6　　清華五·帝門4　　清華八·邦道20　　清華四·筮法58　　上博九·史

薔10 晉　中山王嚳壺 秦　嶧山刻石20　　嶽麓一·為吏21

【注】從阝它聲。戰國文字從阝者多贅加土旁。●讀施，延續、給予。《中山王嚳壺》："以陀（施）及子孫。"《嶧山刻石》："陀及五帝。"●讀佗。《猷簋》："陀陀（佗佗）降余多福憲章宇慕遠猷。"陀陀：美好綿長無盡的樣子，典籍作"佗佗"。《詩·墉風·君子皆老》："委委佗佗，如山如河。"《爾雅·釋訓》："委委佗佗，美也。"●讀地。《清華一·金縢4》："以奠（定）尔（爾）子孫于下墜（地）。"

沱 沖　靜簋　　逾簋　　鐘伯侵鼎 齊　慶叔匜　　曹公子沱戈

楚 沖　楚屈叔沱戈　　包山170　　上博四·曹沫6　　清華二·繫年

69 晉　趙孟介壺　　邢令殷思戈　　陶彙6·118　　璽彙1774　　璽彙

1086　璽彙2583　　璽彙4058　　璽彙4057　　璽彙4059 秦　三年相

邦呂不韋戟　　十八年寺工敏鈹　　十七年寺工敏鈹　　十七年寺工敏鈹　十

七年寺工敏鈹　十五年寺工敏鈹　官印0003　　睡簡·為吏34　　睡

簡·日甲14背　　里耶8·454　秦印215　　、　　、　　、　　集

【注】從水它聲。《三年相邦呂不韋戟》所作，為"沱"字；⼸為秦漢文字中"水"旁常見的寫
法。《説文》無池而有沱字。《説文》："⿰氵它，江別流也。出崏山東，別為沱。"許慎釋為江名。●
讀池，水池。《井鼎》："辛卯，王漁于甕沱（池），乎（呼）井從漁。"《遹簋》："佳（唯）六月既
生霸，穆穆王才（在）莽京，乎（呼）漁于大沱（池）。"《靜簋》："王昌（以）吳⿰舟口、呂⿱⿰卯卯鄉⿰甾攵
（嗀）盍自（師）、邦周射于大沱（池）。"大池：西周都城鎬京的護城河，指辟雍的環水；或謂
是周王園林池築之一部分。秦文字均讀池。《睡簡 · 日甲14背》："為池西南，富。"●人名，春
秋時期曹國公子，名沱。《曹公子沱戈》："曹公子沱之鋯（造）戈。"戈銘中用為人名，以"沱"
為人名者，秦漢私印中亦多見，《漢印文字征》111"沱"欄；《秦印文字彙編》215頁"沱"欄，
可參看。●鼎之別名。《鐘伯鼎》："大師鐘伯侵自作石沱。""石沱"即碩⿰罒它，大鼎。●讀沱。《慶
叔匜》："其釁（眉）壽萬年，兼（永）保其身，沱沱配配（熙熙）。"沱沱配配，或作"它它熙
熙"，金文習語，形容無限美好。文獻亦作"沱沱"，《詩 · 君子 · 偕老》："委委沱沱。"●讀施。
《上博四 · 曹沫6》："昔池胎語寡人曰。"施伯，魯大夫。●《璽彙4057》《璽彙4059》為"下
沱"二字合文，讀"下池"，當以地名為複姓。

 昶伯鼎

【注】從皿沱聲。●讀沱，為鼎之別名。《昶伯鼎》："佳（唯）鄰白（伯）⿱業系自乍（作）寶☐⿱⿰氵它皿。"

駝（馳）

五 · 競建9　安大一106　秦　詛楚文　睡簡 · 雜抄28　秦印193

【注】從馬它聲。●詛楚文"亞駝"神名。●讀馳。《清華七 · 趙簡子10》："駝（馳）馬四百駟。"
秦文字均讀馳。《睡簡 · 雜抄28》："已馳馬不去車，貲一盾。"已經駕車奔馳的馬，不及時卸套，
罰一盾。

軲

時2　清華十 · 四時5　清華十 · 四時28

【注】從車它聲。●齊陶單字，當為人名。●讀馳。《上博一 · 詩論21》："《湛露》之益也，其
猶軲（馳）歟？"●《清華十 · 四時2》："寒門乃軲（暆）。"整理者注："寒門，又見於簡三一，
與'融門'（簡一四）相對，屬北方玄武七宿。孟夏、孟秋、孟冬第四日對應之星象分別為'赤
鉤'、'青鉤'、'玄鉤'，此處'寒門'疑原作'白鉤'。軲，本篇九見，皆為描述每月四日之星
象運行之詞，疑讀為'暆'。《史記 · 屈原賈生列傳》'庚子日施兮'，索隱：'施，猶西斜也。'
後也作'暆'。簡文指星象西垂。"

 竈乎簠

【注】從黽它聲。●金文"竈乎"為人名。

 睡簡·日甲119

【注】從木它聲。●齊璽、晉璽人名。●讀袉（袘）。《説文》："袉，裾也。从衣它聲。《論語》曰：'朝服，袉紳。'"異體作"袘"。《睡簡·日甲119正》："柁衣常（裳）。"袉衣裳，衣裳鑲邊。

 清華十·四時1 陶彙3·988 陶彙3·690 陶録

3·244 陶録3·245

【注】從弓它聲，"弛"之或體。●齊陶地名。●《清華十·四時1》"張沱（施）"，整理者讀施。張施，星象出現。

 大師子大孟姜匜 穌甫人匜 宗仲匜 貯子己父匜 番匜伯者君

匜 楚嬴匜 郳季宿車匜 昶伯匜 窜公孫㝅父匜 曾子伯父匜

晉姬盤 鄭大内史叔上匜 筍侯匜 匽公匜

【注】從皿它聲。作 者，為象形字，象匜器之形。●讀匜，盥洗器。《史頌匜》："史頌乍（作）鉈（匜），其蠶（萬）年子子孫孫永寶用。"●鼎屬，與鼎最大的不同在于器口有流。《盦腥匜鼎》："楚王盦（熊）朏作鑄鉈（匜）貞（鼎）。"

 季陵父匜

【注】從又它聲。●讀匜，盥洗器。

 中友父匜 陳伯元匜 史頌匜 齊伯里父匜

楚 畬脡簠　包山 266　　仰天 24　　仰天 25　　仰天

26 望山 2 · 46　秦 秦懷后磬

【注】從金它聲，"匜"之繁文，從金明匜之質料。《説文》："鉇，短矛也。"金文"鉈"是"匜"之增旁字，與小篆形同義不同。●多讀匜。《望山 2 · 46》："二盤。二鉈（匜）。"●《秦懷后磬》："其音鎗鎗鉈鉈。"李學勤讀為施，延長，悠遠。王輝疑為鎈之誤，象聲詞，形容鐘聲宏亮。

鎑　陳子子匜　齊　滕大宰得匜　慶叔匜　楚　蔡侯申匜

【注】從皿鉈聲。●讀匜，盥洗器。

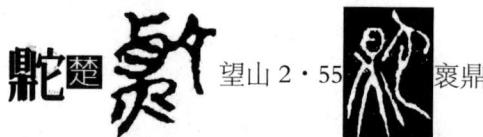

舵　楚　望山 2 · 55　　襄鼎

【注】從鼎它聲。●鼎之別名。《襄鼎》："襄自乍（作）飤䃩舵。"詳"它"字。●望山簡讀匜。

郎　齊　陶録 3 · 3

【注】從邑它聲。●齊陶文"郎公氏之畬（飲）器"，人名。

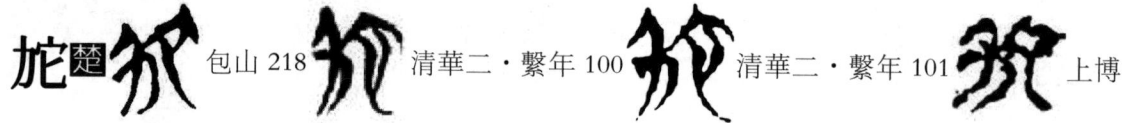

扡　楚　包山 218　　清華二 · 繫年 100　　清華二 · 繫年 101　　上博

五 · 季庚 6　　分研一 152

【注】從力它聲。●《上博五 · 季庚 6》："☒（窋）扡（施）肥也。""扡"當讀施，訓為"教"。"寧施肥也"即康子堅決要求孔子疏導他。●餘例為人名。

鉈　楚　包山 257

【注】從食它聲，疑"飴"之異文。●讀飴。《包山 257》："白鉈二箕。"《集韻》："飴，飴也。"

紽　楚　上博五 · 季庚 3　晉　璽彙 1614　　璽彙 0495　　璽彙 1040

【注】從糸它聲。●讀施。《上博五·季庚 3》："紽（施）喬（教）於百眚（姓）。"●晉璽人名。

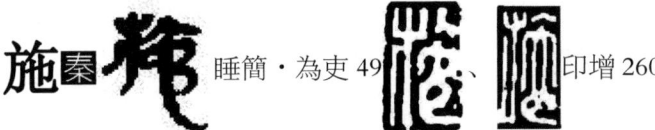

施 秦　　　睡簡·為吏 49　　　　、　　　印增 260

【注】從㫃它聲。《説文》："施，旗皃。從㫃也聲。亝欒施字子旗，知施者旗也。"本指旗幟。《説文》朱駿聲通訓定聲："旖施，柔順搖曳之貌。"段玉裁注："按經傳叚此為敧敫字。敫之形，施之本義俱廢矣。"●施捨。《睡簡·為吏 51》："施而喜之。"秦文字假"施"表示施捨之施。秦嶧山刻石用"陀"為施（訓為延及）。楚文字用"它""貤""攺"為施。●秦印"涿施""常施"，人名。

跎 齊　　　陶彙 3·685

【注】從足它聲。●齊陶人名。

貤 齊　　　陶録 3·161　　　郘公敔父鎛 楚　　　上博二·容成 6　　　上博六·慎子 4

　　　清華二·繫年 59

【注】從貝它聲。古文字它、也混作，故字可釋為"貤"。《説文》："貤，重次弟物也。從貝也聲。"據段《注》引《漢武帝詔》："受爵賞而欲移賣者，無所流貤。"應劭訓貤為移，是指有等級的移贈。●讀貤，轉移、轉贈。《郘公敔父鎛》："台（以）正朕寶，台（以）共（恭）朝于王所，又貤吉金，荊（型）鑄和鍾（鐘）。""又"字承接上文"以正朕寶，以共（供）朝于王所"。●楚簡多讀施。《上博六·慎子 4》："均分而坓（廣）貤（施）。"●讀奪。《清華二·繫年 59》："貤（奪）丌（其）玉帛。"

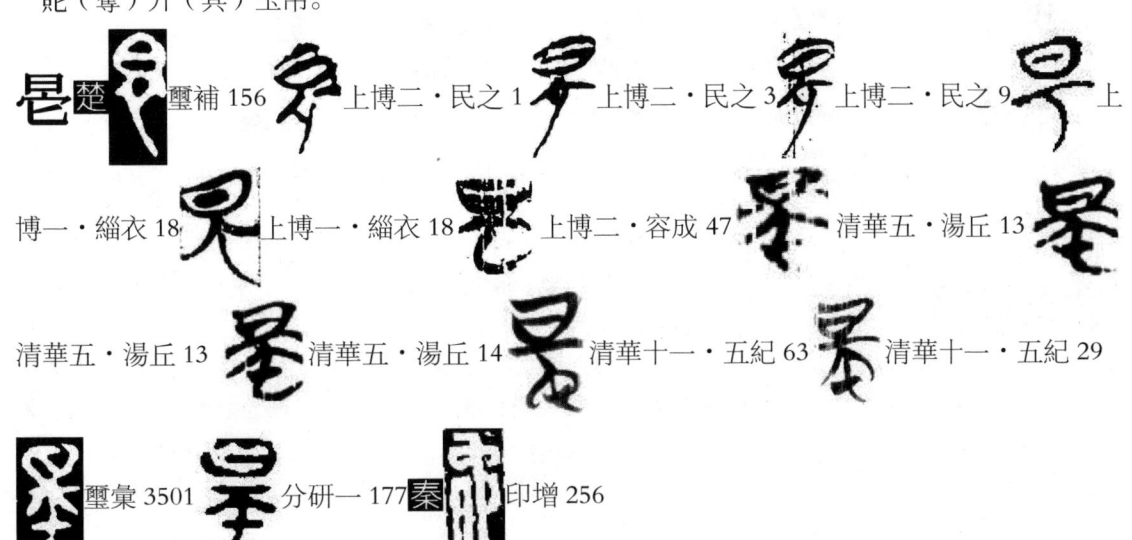

咢 楚　　　璽補 156　　　上博二·民之 1　　　上博二·民之 3　　　上博二·民之 9　　　上

博一·緇衣 18　　　上博一·緇衣 18　　　上博二·容成 47　　　清華五·湯丘 13

清華五·湯丘 13　　　清華五·湯丘 14　　　清華十一·五紀 63　　　清華十一·五紀 29

璽彙 3501　　　分研一 177 秦　　　印增 256

【注】從日它聲。它或訛為虫。●多讀夏，朝代名、姓氏、人名。《璽彙3501》"皂（夏）傑"，姓氏。《分研一177》"皂（夏）句秦"，讀"夏后秦"。夏后，為複姓。《姓氏考略》收載，其注引《元和姓纂》云："《史記》夏禹為夏后，因國氏焉。"●讀雅。《上博一·緇衣18》"大皂"借為《詩·大雅》之"雅"。夏、雅，它韻同，音可通。●讀夏，季節名。《華十一·五紀29》："蓍（春）皂（夏）秋各（冬），連（轉）受寒昏（暑）。"

偲 楚　信陽1·4

【注】從人皂聲。●義不詳。

頢 楚　清華九·治政33　　清華五·湯丘12　　清華五·湯丘12　　清華九·治政17　清華十·四告11　清華十·四時48

【注】從頁皂聲。●讀夏，朝代名。《清華五·湯丘12》："又（有）頢（夏）之惪（德），史（使）貨（過）目（以）惑。"●讀夏，夏季。《清華十·四告13》："中（仲）頢（夏），日月倉（合）於三洴（井），霽（畢）雨乃降。"

郚 楚　清華五·湯丘3

【注】從邑皂聲。●讀夏。《清華五·湯丘3》："乃與少（小）臣惡（惎）惥（謀）郚（夏）邦。"

透紐吹聲

吹　　吹作楷妊鼎　　吹方鼎　　虞司寇壺　　虞司寇壺　叔趯父卣

【注】甲骨文作 、 、 、 ，從口從欠。欠是打呵欠的意思，再加上口旁，會合口出气之意。金文承之。《說文》："噅，出气也。從欠從口。"本義為用口吹气。●人名。《虞司寇壺》："虞嗣（司）寇白（伯）吹乍（作）寶壺。"●《叔趯父卣》："烏虖，㷒，敬戈（哉），丝（茲）小彝妹（未）吹見。"李學勤曰："妹讀為未，猶勿也；吹疑讀為墮，毀棄。'妹吹'即不要毀壞。"（《元氏銅器與西周的邢國》）近年《郘公㪯父鎛》有 字，銘曰："受貤吉金，型鑄和鐘，敬臨歠（祼）祀。"董珊謂從吹、果聲，讀為祼祭之祼。"吹"是歌部字，也可能是加注聲旁。《叔趯父卣》的"吹"與之應為一字，不過《郘公㪯父鎛》的"吹"加了聲符"果"而已。《叔趯父卣》的"吹"亦應讀祼。"茲小彝妹吹見"，"妹"可讀未，"見"疑讀獻。見，見紐元部；獻，曉紐元部，二字古音甚近。此句是説，這幾個小銅器（即銘文上面所提到的"小鬱彝"，是用來貯藏鬱草做的"鬯酒"的）還没未用作祼禮，獻與神靈。

炊 炊伯□盤 楚 安大一 55 秦 秦印 200 睡簡·雜抄 28

【注】從火吹省聲，會吹火做飯之意。安大簡所作，整理者認為從欠火聲，與"炊爨"之"炊"只是同形字的關係（詳火聲"炊"字）。《説文》："炊，爨也。從火，吹省聲。"本義燒火做飯。●國族名。《炊伯□盤》："炊白（伯）□乍（作）寶般（盤）。"●秦簡或讀箠，鞭打。《睡簡·雜抄 28》："志馬舍乘車馬後，毋（勿）敢炊飭，犯令，貲一盾。"特馬應養于駕車的馬的後面，不准加以鞭打，違反這一法令的罰一盾。

歂 齊 郘公敔父鎛

【注】從果從吹，雙聲字。●讀裸。《郘公敔父鎛》："受貤吉金，型鑄和鐘，敬臨歂（裸）祀。"詳"吹"字。

楙 楙父乙盉

【注】從木吹聲。●人名。《楙父乙盉》："楙冊父乙。"

透紐妥聲

妥 子妥鼎 子妥觚 妥鼎 妥簋 沈子它簋 師龢鼎 寧簋 或者鼎 蔡姞簋 瘼簋 瘼簋 瘼鐘 敓鼎 鄭井叔鐘 楚 曾侯乙鐘 曾侯乙鐘 上博三·仲弓 14 清華一·祭公 12 清華一·程寤 7 晉 七年王子戈 妥陰令戈 璽彙 3044 秦 類編 221 類編 373 秦印 297 印增 605

【注】甲骨文作 、 、 、 、 、 、 ，從爪從女，會以手抓取女子之意。構字意圖與

"孚"相類，本義當為女奴，用為動詞則為俘虜，即"綏"之本字。典籍每訓"綏"為繩索，作動詞用則為縛系，俘虜與縛系義本相因。《書·武成》："肆予東征綏厥士女。"綏厥士女，乃縛系壯年男女為奴隸。金文同甲骨文。《説文》失此字，偏旁用之。●讀綏，匀求。《蔡姑簋》："蔡姑乍（作）皇兄尹弔（叔）障壺彝，尹弔（叔）用妥（綏）多福于皇考德尹。"用妥（綏）多福，金文習語，指享平安、多福祉。《爾雅·釋詁》："綏，安也。"《清華一·程寤7》："妥（綏）用多福。"●讀蕤。《曾侯乙鐘》："妥（蕤）賓之才（在）楚號為坪皇。"蕤賓，傳統律名，屬六陽律之一。器銘謂妥（蕤）賓律在楚國稱作坪皇，名稱不同，而音高相等。《史記·律書》司馬貞索隱："按：律有十二。陽六為律：黄鐘、太蔟、姑洗、蕤賓、夷則、無射；陰六為吕：大吕、夾鐘、中吕、林鐘、南吕、應鐘是也。"●讀委。《上博三·仲弓14》："曩（早）吏（使）不行，妥（委）尾（蛇）又（有）城（成）。"妥尾，讀為"委蛇"，連綿詞。"委"和"妥"都是歌部字，可以通假。"委蛇"，又作"逶迤""威迤""威夷""委隋""猗移"等。"委蛇"在古書中一般指委婉曲折的狀態，可以形容山川、道路、行止、態度等。形容人的行為時，一般指曲折地行進，顯示一種雍容、好整以暇的狀態。

 俀 楚 安大一8

【注】從人妥聲，疑是"綏"字異體，與《集韻·賄韻》訓為"弱也"的"俀"當非一字。●讀綏。《安大一8》："樂也君子，福豊（履）俀（綏）之。"毛傳："綏，安也。"

 朘 燕 郾侯朘戈

【注】從肉妥聲。《説文》無。《廣韻》同鮾。鮾，魚肉腐敗也。●郾王名。《郾侯朘戈》："郾（燕）侯朘乍（作）帀（師）萃鍨鉘。"

 戜 楚 蔡侯申盤

【注】從戈妥聲。"威"之異文。"威"從戌聲；戌聲與妥（綏）聲極近，古音"綏"在心紐微部，"戌"在心紐物部。●讀威，莊嚴、威風貌。《蔡侯申盤》："恩（聰）害（憲）欣膓（暢），戜（威）義（儀）遊（優）遊（優）。"威義，指外貌、儀表威武顯赫。

綏 楚 [圖] 曾侯2 [圖] 曾侯4 [圖] 包山277 [圖] 仰天7 [圖] 包山270 晉 [圖] 璽彙1414 秦 [圖] 嶽麓三149

【注】從糸妥聲。●簡文中所記"綏"當有兩類：一類如字讀，用為車綏，文例如"犭綏""革綏"等。一類讀綏，如《曾侯2》"屯瑞（繢）組之綏"，附飾，多數屬組綏。《經義述聞·周官 續

純》"玉藻：緇布冠，繢緌，諸侯之冠也"，王引之按："纓以組為之，垂其餘以為飾，則謂之緌。"
●晉璽人名，嶽麓簡人名。

玤^晉 璽彙 5665　玤 侯馬

【注】從玉妥聲。●晉璽"雛玤"，人名。盟書亦為人名。

郔^楚 包山 153

【注】從邑妥聲。●地名。

定紐㮰聲

㮰 㮰作父癸觶　母乙觶　㮰婦觶　王作㮰姬鼎

【注】甲骨文作、（《譜系》2306）、（《甲骨文字典》691），象草木花朵下垂之形，○是土形，或省○。就其物來説，是花朵；就其形象來説，是下垂。㮰，西周金文作（《不栺方鼎》所從），（《命簋》所從），春秋金文作（《華季盨》所從）。戰國文字承襲兩周金文作（"㮰"所從）、（"㮰"所從），上與下多加短橫為飾。《説文》："㮰，艸木華㮰。象形。凡㮰之屬皆從㮰。古文。"本義為草木花葉下垂。後㮰增土分化出"垂"字；㮰增聲符亏，分化出"㮰"字；戰國文字復增形符艸分化出"華"字。●人名。《王作垂姬鼎》："王乍（作）㮰姬寶隩鼎。"

遳^齊 陶彙 3·621　 陶録 2·405

【注】從辵㮰聲，疑"遳"字省文。● "丘齊辛里公孫遳☒"，人名。

㞒^晉 貨系 1373 貨系 1374 貨系 1375^秦 印增 588

【注】從广㮰聲。●讀垂，地名。●秦印"趙㞒"，人名。

遳^燕 璽彙 0511

【注】從辵㞒聲。燕文字宀常作∧形，詳"安""寇"等字。● "王遳"，人名。

 匯考 98

【注】從邑巫聲。●地名。"巫司工"，當為地名"垂"的專用字。垂地見於《春秋·隱公八年》"宋公衛侯遇於垂"，杜預注"衛地"。地在今山東曹縣境，春秋屬衛，戰國歸魏。

 叔尸鐘

【注】從水巫聲（曰為飾筆），"涶"之省文。涶，秦系文字始見於馬王堆帛書作 （病方 82）。《說文》："涶，河津也。在西河西。從水垂聲。"●地名。《叔尸鐘》："隹（唯）王五月，辰才（在）戊寅，師于淄涶。"

盗壺

【注】從心陞省聲。"巫"作 ，增曰為飾。●《盗壺》："悳（德）行盛坒（旺），隱逡（逸）先王。"張政烺曰："陞與差音近，疑讀為差。逸讀為軼，這句是說，差不多超過來了先王。"（《中山國胤嗣䚦盗壺釋文》）"先王"是指王譽的先王。

 上博七·凡甲 14 上博七·凡乙 9

【注】從雨巫（"巫"字小篆作 ，與簡文形近）聲，"霏"之省文。●讀唾。《上博七·凡甲 14》："夫雨之至，箮（孰）霏（唾）漻（族）之？"《說文》："唾，口液也。"亦可用為動詞，如《戰國策·趙策四》"老婦必唾其面"。

垂 秦 璽彙 1562 璽彙 3754 陶錄 2·560 陶錄 2·702

陶彙 9·45 璽彙 0209 晉 陳鷃戈 秦 十鐘 3·41 里耶 8·660 背

印增 520

【注】從土巫聲，是"巫"的分化字；所謂從土，實際是甲骨文〇形綫條化的結果。《說文》："垂，遠邊也。"●人名。《陳鷃戈》："工帀（師）垂。"齊陶、秦印人名。●將及、將近。《廣韻·支韻》："幾也。"《里耶 8·660 背》："九月丁亥日垂入，鄉守蜀以來瘛。""日垂入"是日將入而未入之時。

厜  十七年邢令戈

【注】從厂垂聲。●人名。《十七年邢令戈》："十七年，邢令吳蒙，上庫工師宋，冶厜執齋（劑）。"

陲  璽彙 0311　 璽補 53  四庫酓夫銀泡 陲 會稽刻石

泰山刻石

【注】從阝垂聲。●讀垂，流傳。《會稽刻石》："請刻此石，光陲（垂）休銘。"●《璽彙 0311》"高陲車"，地名。●《璽補 53》"陲成匀（軍）"，為楚國戍守邊疆的軍隊機構所用之璽。●晉器人名。

倕  秦陶 1400　 秦印 290

【注】從亻垂聲。●秦陶"咸亭東里倕器"，人名。

唾 北大簡

【注】從口垂聲。●義不詳。

諈 （　）睡簡・日甲 82 背

【注】從言垂聲。●人名。《睡簡・日甲 82 背》："壬名曰黑疾齊諈。"

箠 睡簡・日甲 50 背

【注】從竹垂聲。●讀垂，垂涎。《睡簡・日甲 50 背》："人毋（無）故一室人皆箠（垂）延（涎）。"

錘 睡簡・雜抄 130

【注】從金垂聲。●《睡簡・雜抄 130》："用膠一兩、脂二錘。"錘，重量單位，相當八銖，即三分之一兩。《說文》："錘，八銖也。"

娷  秦印 241

【注】從女垂聲。●秦印單字，當為人名。

睡秦　秦印 75　圖典 410　印增 148

【注】從肉垂聲。●地名。秦封泥"腄丞之印"。"腄"為秦縣，《史記秦始皇本紀》："（二十八年）於是乃並勃海以東，過黃、腄。"《正義》引《括地志》云："黃縣故城在萊州城以東南二十五里，古萊子國也。牟平縣城在黃縣南百三十里。"又引《十三州志》云："牟平縣，古腄縣也。"秦時當屬膠東郡。亦見於漢印，作哇、睡（漢印 374）。●《圖典 410》"張腄"，人名。

定紐也聲

也齊　庚壺楚　書也缶　郭店·老甲 16　郭店·唐虞 2　郭店·六德 17

郭店·忠信 8　郭店·語叢三 66　上博一·詩論 4　上博三·仲弓 8　清華七·越公 8　清華二·繫年 77　清華六·孺子 3　上博一·緇衣 11　上博三·恒先 12　上博六·天乙 2　安大二·仲尼 9　清華九·命二 3燕

郭大夫釜甗　丙辰方壺　貨系 3381晉　洀陽戈　平安君鼎秦　詛楚文　睡簡·日甲 73 背　睡簡·日乙 40　睡簡·秦種 103　秦詔版　類編 399　秦印 243

【注】"也"字的來源與"它"字形體無涉，故古今研究者認為"也"字是由"它"字所訛，或"它"形是"也（匜）"的象形字，以"它"形訓"也"義，是極其錯誤的。"也"字在商周甲骨文、金文中不見，最早見于春秋晚期的《書也缶》作，後來在楚簡中大量發現，如包山楚簡"也"字作、，形體各異，均是在此基礎上發展而變異的。象語從口出詰屈悠長之形。楚簡"只"作、，是在"也"字上增加點狀筆飾而訛變產生的一個新形體，是"也"字的同字異形。典籍中作為語助詞用的"只"字，應該是"也"字，如《左傳·襄公廿七年》："諸侯歸晉之德只，非歸其尸盟也。"《張休睚涘銘》："高且險只。"《詩·周南·樛木》："樂只君子，

福履綏之。"由于書寫中的  常被寫作 廿，再加上橫畫起筆處側鋒重落、收筆輕快且帶筆等原因，從而直接導致了《説文》"也"字小篆的産生。《説文》："𠃬，女陰也。象形。𠃏秦刻石也字。"《説文》所説無據。●句末語气詞，見于戰國文字，多作 𠃬 形。《廿八年平安君鼎》："卅三年單父上官嗣喜所受平安君者也。"《詛楚文》："將之以自救也。"

龤 晉 璽彙 4041　　璽彙 3978

【注】從音也聲。●晉璽人名。

㡰 晉 璽彙 1442　　璽彙 1443

【注】從广也聲。●"宝（主）㡰"，人名。

埍 楚 字彙 5603

【注】從土㡰聲。●"安埍之鉨"，人名。

疕 齊 陶録 3・488

【注】從疒也聲，疑"疕"之異文。●齊陶人名。

來紐羅聲

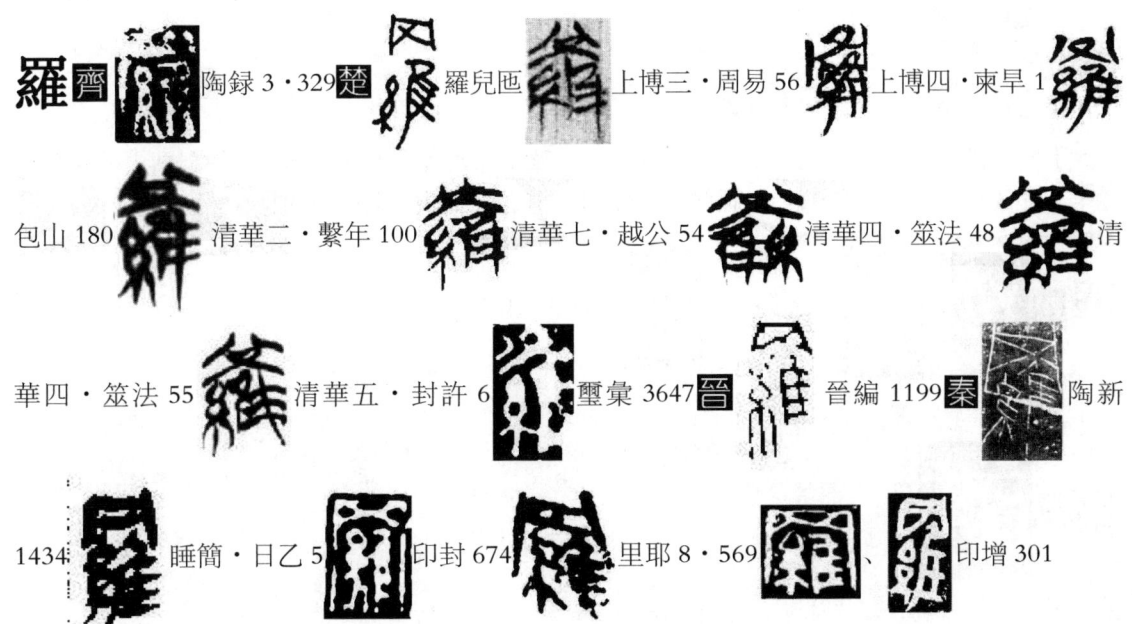

羅 齊 陶録 3・329　楚 羅兒匜　上博三・周易 56　上博四・柬旱 1

包山 180　清華二・繫年 100　清華七・越公 54　清華四・筮法 48　清華四・筮法 55　清華五・封許 6　璽彙 3647　晉 晉編 1199　秦 陶新 1434　睡簡・日乙 5　印封 674　里耶 8・569　印增 301

【注】甲骨文作 𦊻、𦊻、𦊻、𦊻、𦊻，從隹（或省隹）從网從𠆩（人形），象人网捕鳥，會捕鳥之意。金文、戰國文字或迭加義符"糸"，表示网是絲織成的。《説文》："🔲，以絲罟鳥也。從网從維。古者芒氏初作羅。"本義為用网捕鳥，也指捕鳥的网，如《韓非子》："以天下之為羅，則雀不失矣。"現在還有"羅网"等詞。又引申為輕軟的絲織品，如張俞《蠶婦》："遍身羅綺者，不是養蠶人。"●《羅兒匜》："羅兒☐☐，吳王之姓（甥）。""羅兒"應為人名，"兒"是春秋金文中習見的人名後綴。●《清華七・越公54》讀蠡。范蠡，人名。●讀離，卦名。《清華四・筮法55》："系（奚）古（故）冑（謂）之羅（離）？司痼（藏），是古（故）冑（謂）之羅（離）。"清華簡《筮法》篇將"羅"訓為"藏"，是從"羅"的羅致、包羅義引申出來的。《莊子・天下》篇："萬物畢羅，莫足以歸。""萬物畢羅"而曰"歸"，正是"司藏"之意。●讀離，離開。《清華四・筮法37》："旹（春）：來異大吉，裟（勞）少（小）吉，艮羅（離）大凶，兑少（小）凶。"●讀懼，憂懼。《清華二・繫年100》："䚄（許）公㽄出奔晉=（晉，晉）人羅，城汝易（陽）。"●古璽印多用為姓氏、或人名。

羅 楚  仰天23

【注】從糸羅聲。●讀羅。《仰天23》："促（疏）纙之繡（帶）。"

罪 楚  上博六・天乙4　 上博六・天甲4

【注】當為"羅"之省文。●讀麗。《上博六・天乙4》："必中青（情）目（以）罪（羅）於勿（物），幾殺而邦正。"左思《吳都賦》："赤須蟬蛻而附麗。"劉逵達注引《爾雅》："麗，附也。""必中情以麗於物"，意為"情""物"兩者兼顧才能治好刑獄之事，只用情和只用物都不能成事。幾，事務、政事。或說"羅"有約束、防範義。

鄷 楚 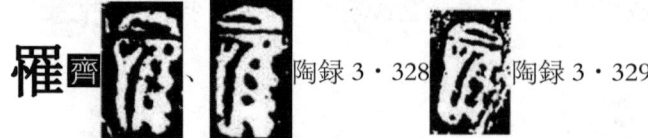 鄷客問量　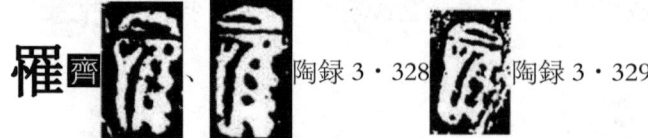 包山22

【注】從邑罪聲。●讀羅，地名。《鄷客問量》："鄷莫囂。"《左傳・桓十二年》："羅人欲伐之。"《注》："羅，熊姓國，在宜城縣西山中，後徙南郡枝江縣。"戰國時遷居長沙。

罹 齊  、  陶録3・328　 陶録3・329

【注】從心罪聲。●單字，應為人名。

蘿 齊  璽彙5506

【注】從木蘿省聲。疑"蘿"之異體。●齊璽單字。

璽彙 2613

【注】疑從攴羅省聲。●齊璽人名。

新收 1087

【注】"罳"之省文。羅，汗簡作。●讀羅。戈銘"武羅"，地名。這種寫法的"羅"可能是齊文字所特有的。

來紐嬴聲

嬴 樊君鬲**楚**　　樊夫人龍嬴匜　　齂鎛　　齂鎛　　曾侯乙鐘　　帛書

甲　　齂鐘　　清華六・子儀 10　　帛甲 14　　新蔡零 2　　新蔡零

71　　新蔡甲 1・7　　新蔡甲三 35　　新蔡甲三 237　　包山 156

【注】甲骨文作，象蝸牛觸角、卷體、有足之形，"嬴"之初文。甲骨文或作，省足形。西周金文嬴字多作嬴、嬴字聲符，並多有訛變。《伯衛父盉》"嬴"作（詳下文），其觸角演變為與能字所從相同，乃聲化所致。《筍伯大父盨》作（嬴），足形上移。戰國文字下部多作能形，上部作、、等形（由三足省變，故或隸為"龕"）。上部或作，由觸角演變。小篆"亡""口"由訛變；"肉"乃從能之左下部分化，"凡"則由、、訛變。《説文》："嬴，或曰：署名，象形。闕。"●《曾侯乙鐘》："嬴乳之羿（羽）曾。"嬴乳：音律別名。詳"乳"字。●讀嬴，姓氏。《樊君鬲》："樊君乍叔嬴婦媵器。"●讀龕或讀熊，楚先祖名。傳世文獻中的"穴熊"，先秦楚文獻中多作"穴龕"，《新蔡甲》3・35 中寫作"穴龕"，説明"龕""龕"讀音當相同或相近。●讀黯，犧牲毛色名。楚簡書中有"龕牡""龕犠"，與"騂牡""騂犠"并舉，裘錫圭先生指出："我懷疑這種'龕'字應該讀為《説文》訓'深黑'的'黯'，'黯'跟'龕'一樣，也是侵部字。"●讀盈。《齂鐘》："其音嬴（嬴）少（小）戠湯（蕩）。"古音嬴聲、盈聲相通，例見《古字通假會典》49 頁"盈-嬴""盈-嬴"條，故"嬴少"或可讀盈縮，相當于《呂氏春秋・適音》篇之"巨小"，指樂音的高低起伏。戠，可讀為熾，形容鐘聲高亢嘹亮。湯，形容鐘聲激越飛揚。"嬴少戠湯"就是形容鐘聲高低起伏激越飛揚。●包山簡"弗嬴詣"，很可能是讀敢。"弗敢""不敢""毋敢"之類是楚簡、秦簡里常見的話，"龕""黯"與"敢"影見旁紐雙聲、侵談旁轉疊韻音近；"奄""敢"影見旁紐雙聲、同談部疊韻，音也相近。●讀厭。《清華

六·子儀10》："龏明，公遳（送）子義（儀）。"《子儀》篇中還有"厭年"一詞，整理者括讀"厭"為"期"。"厭""奄"古音同影紐談部，音同可通。"奄"訓"覆"，引申為反覆義，那麼"厭年"或"奄年"都相當於"期年"，"龏（奄）明"的意思也就相當於"期明"，"明"是指旦明、黎明，即早晨，段説《左傳》"旦至旦亦為期"，則明至明亦為期，即第二天的早晨。（詳王寧《説楚文字中的"奄"》）龏，或謂讀翊。

 曾侯乙鐘

【注】從蚰贏聲，為"贏"之繁文。《説文》："贏，蜾贏也。從蟲贏聲。一曰虎蝓。"或作螺、蝸。贏、螺、蝸乃一聲之轉。●讀贏。鐘銘"贏乳"或作"贏乳"，詳"乳"字。

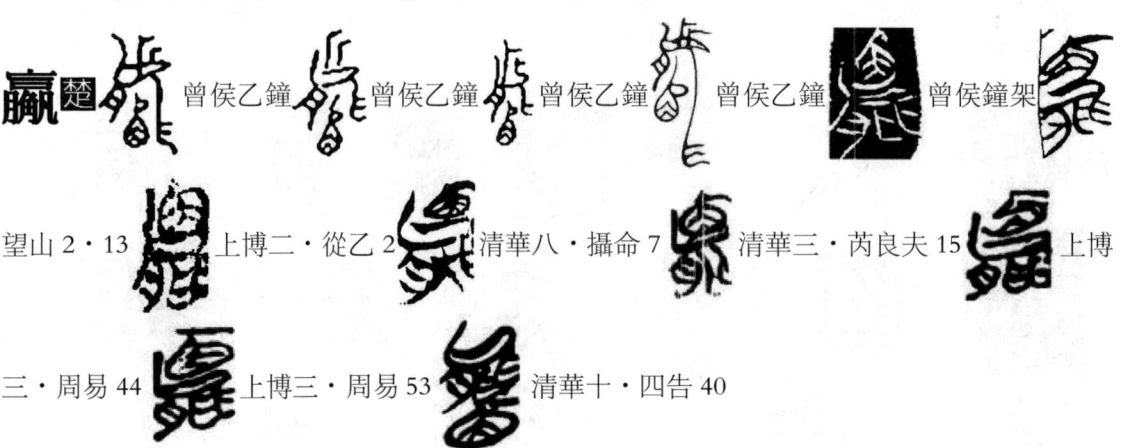

曾侯乙鐘　曾侯乙鐘　曾侯乙鐘　曾侯乙鐘　曾侯鐘架

望山2·13　上博二·從乙2　清華八·攝命7　清華三·芮良夫15　上博

三·周易44　上博三·周易53　清華十·四告40

【注】從贏，疊加角為聲符。《魏書·江式傳》："宮商龣征羽。"五音之角作龣，又《玉篇》："龣，樂器之聲，東方音也。今作角。"贏、角雙聲。●楚音律別名。詳"贏"字。●讀盈。《上博二·從乙2》："不膚（敷）灋（法）贏（盈）亞（惡），則民不悁（怨）。""贏亞"即盈惡。不枉法盈惡，老百姓自無怨言。●讀瑣，細小、瑣碎之意。瑣、贏同屬歌部。《上博三·周易53》："遊（旅）贏＝（瑣瑣），此丌（其）所取愿（與）。"●《望山2·13》："翡（翡）贏，冢（蒙）毛之首。"義不詳。●讀營，衛護、救助。《清華三·芮良夫15》："褱（懷）怣（慈）學（幼）弱，贏（營）夏（顧）罃（嫈）蜀（獨）。"《淮南子·要略》："俶真者，窮逐終始之化，贏坪有無之精。"高誘注："贏，繞匝也。"朱駿聲《説文通訓定聲·鼎部》："贏，假借為營。"《墨子·天志中》："不止此而已，欲人之有力相營，有道相教，有財相分也。"孫詒讓閒詁："文選陸士衡贈從兄車騎詩，李注引鍾會老子注云'經護為營'。""經護為營"之"營"即衛護、救助義，為營衛義之引申。夏，讀顧，照顧、眷顧。安撫愛護年幼的人，救助照顧孤苦無依的人。●讀贏。《清華八·攝命7》："有曰四方大贏（贏）亡民，亦斯欽我御事。"四方贏憊流民尚能敬我御事。●讀僵，喪敗、損毀。《上博三·周易44》："贏丌（其）缾。"《易·井》："贏其瓶，凶。"高亨注："此贏字疑借為僵……《説文》：'僵，相敗也。'敗、毀，義相近，則僵可訓毀，僵其瓶謂毀其甕也。"

 包山269

【注】從攴贏聲，疑"贏"字繁體。● 讀騾。《包山 269》："一和戴犀（甲），嘗（戴）韋（胄），綠組之繡（縢）。"李家浩讀為"一合騾甲"，指兩件用公牛皮做的馬甲。南室出土二件馬甲、胄。

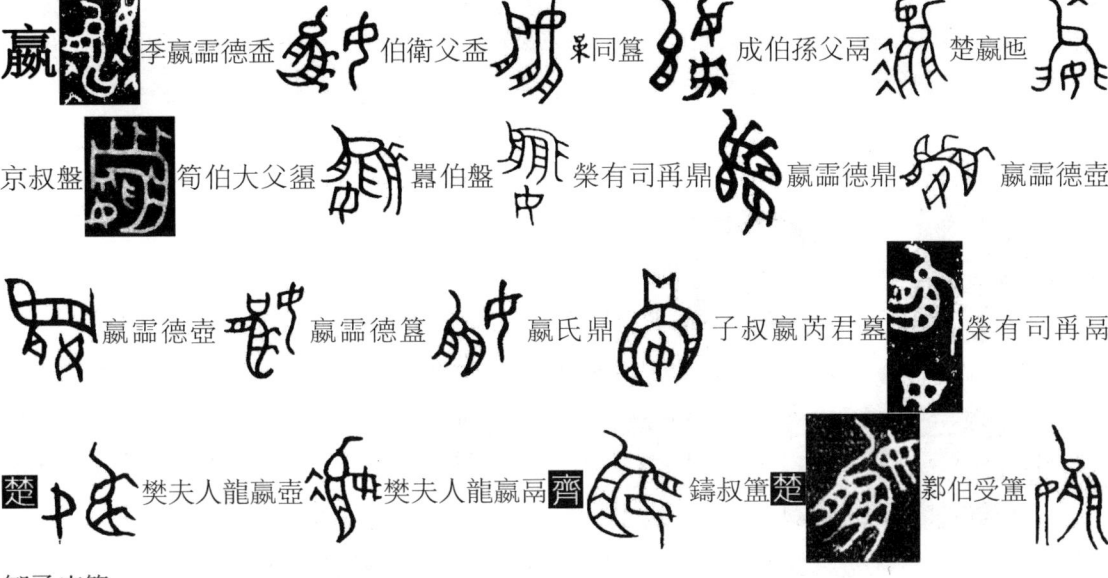

贏 季贏霝德盉　　　伯衛父盉　　　同簠　　　成伯孫父鬲　　楚贏匜

京叔盤　　筍伯大父盨　　鼄伯盤　　　榮有司再鼎　　贏霝德鼎　　贏霝德壺

贏霝德壺　　贏霝德簠　　贏氏鼎　　　子叔贏芮君盨　　榮有司再鬲

樊夫人龍贏壺　　樊夫人龍贏鬲　　鑄叔簠　　　鄩伯受簠

鄩子疲簠

【注】從女贏聲。《説文》："嬴，少昊氏之姓也。從女，贏省聲。"本義為姓。● 姓氏。贏姓據傳為伯益之後，伯益替舜主管牲畜，畜多繁息，故賜姓贏。春秋時期，秦、徐、黄、鄩、莒、江等都是贏姓國。《楚贏匜》："楚贏鑄其盆（匜）。"楚贏，楚王室所娶贏姓婦人。《祝叔簠》："鑄（祝）弔（叔）乍（作）贏氏寶匜。"贏氏：指贏姓女子。

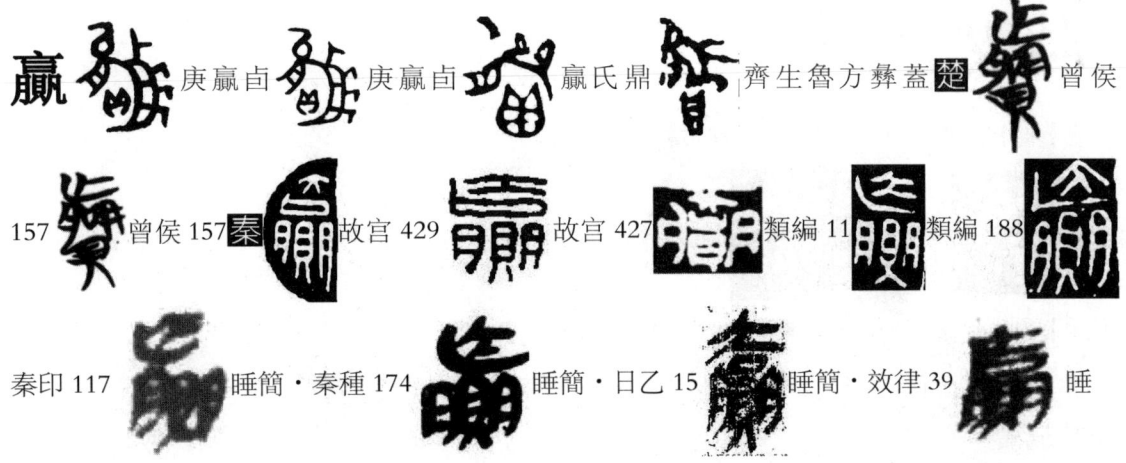

贏 庚贏卣　　　庚贏卣　　　贏氏鼎　　　齊生魯方彝蓋　　楚 曾侯

157　　曾侯 157　秦 故宮 429　　故宮 427　　類編 11　類編 188

秦印 117　　睡簡·秦種 174　　睡簡·日乙 15　　睡簡·效律 39　　睡

簡·答問 207

【注】從貝贏聲。金文贏、嬴互作，古籍亦通用無別。《説文》："贏，有余、賈利也。從貝贏聲。"《説文》訓贏有余，訓嬴為姓，系逐漸分化所致。● 盈利、獲利。《齊生魯方彝蓋》："齊生魯肇（肇）貯（賈）休多贏。"● 讀嬴。《庚贏卣》："王逊（格）于庚贏宫。""庚贏"即贏姓之女嫁于庚者。●《睡簡·雜抄 6》："使其弟子贏律，及治（笞）之，貲一甲。"贏律，超過法律規定。● 剩餘、多餘。《睡簡·秦種 24》："其不備，出者負之；其贏者，入之。"《睡簡·秦種 123》："贏員及減員自二日以上，為不察。"● 讀纍，衡器的權。《睡簡·秦種 100》："縣及工室聽官為正衡

2177

石贏（蠃）、斗用（桶）、升，毋過歲壺〈壹〉。"縣和工室由有關官府校正其衡器的權、斗桶和升，至少每年應校正一次。●讀盈。《正韻》盈縮，過曰盈，不及曰縮。《史記·蔡澤傳》進退盈縮。《天官書》作贏縮。《古詩》盈盈樓上女。《注》盈同贏，容也。贏、贏古通用。《宋右師延敦》："朕宋右帀（師）延，佳（惟）贏贏囟囟鼎天惻，眈共天尚，乍（作）盦裴器。天亓（其）乍（作）市（被）于朕身，永永有慶。"《淮南子·時則訓》："天地始肅，不可以贏。"注："贏，盛也。"由此推知，"贏"用在天地上，有充滿盛實之意，至于重文选字的"贏贏（盈盈）"，更增加飽盛充足之感。

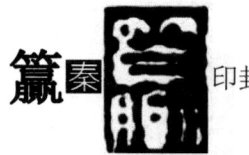 印封 374  印增 160

【注】從竹贏聲。●《印封 374》"籯赤"，姓氏，讀贏。●《印增 160》"王籯"人名。

  詛楚文  圖典 402 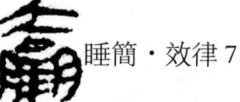 睡簡·效律 1　　　 睡簡·效律 7

【注】從羊贏聲。●瘦。《詛楚文》："唯是秦邦之贏眾敝賦。"●讀累，累計。《睡簡·效律 1》："都官及縣效律：其有贏、不備，物直（值）之，以其賈（價）多者罪之，勿贏（纍）。"制定都官和縣核驗物資財產的法律：如有超出或不足數的情形，每種物品均應估價，按其中價值最高的論罪，不要把各種物品價值累計在一起論罪。●讀纍。《睡簡·效律 7》："黃金衡贏（纍）不正。"衡纍，衡權。●讀裸。《睡簡·日甲 50 背》："鬼恒贏（裸）人入宮，是幼殤死不葬。"

 贏季簋  贏季卣

【注】從卩贏聲，"贏"字異體。●讀贏，姓氏。

【注】從呈從贏，雙聲字。●讀贏，姓氏。《鼄季鼎》："鼄季乍（作）贏氏行鼎。"

來紐舄聲

舄（贏）  曾侯 207　　曾侯 205 晉　璽彙 3318　　侯馬

【注】象形字，似馬而無鬃，"贏（騾）"字初文。●晉璽"舄碩"姓氏，或讀累。古侯國西陵氏女嫘祖為黃帝之正妃，後世以嫘為氏。嫘或作靁、儽、纍，又作累、傫、雷。●盟書為人名。●馬名，讀贏，通作"騾"。《曾侯 205》："輚（乘）肇人兩舄與刀車。"

來紐菰聲

菰 [楚] 包山 258　包山 258　包山 255　包山竹簽　上博二·容成 26

【注】《説文》："菰，在木曰果，在地曰菰。從艸從呱。郎果切。"●包山楚墓"菰（苽）一箕"，名詞，瓜類。●地名。《上博二·容成 26》："於是乎菰州始可處也。"

來紐罵聲

罵 [楚] 清華一·楚居 1　清華十·四告 49 [秦] 里耶 8·1562

【注】會意字。《説文》："罵，罵也。從网從言。网辠人。"●讀麗。罵，來母歌部字，疑讀為同音之"麗"，美麗。《清華一·楚居 1》"罵曹四方"或可讀作"麗迪四方"。《廣雅·釋詁一》云："麗，好也。""麗"有美好、光華義。"麗迪四方"謂妣隹有美善之德，其光華至於四方，猶言"光照四方"。●辱罵。《里耶 8·1562》："臾訽罵趙。"●讀鬲、或讀曆。《清華十·四告 49》："熙＝（熙熙）萬年，罵亘（光）我家。"整理者注："罵，讀為'鬲'，金文有'膺鬲（曆）公家'，見叔夷鐘（《集成》二七二一、二七四）、叔夷鎛（《集成》二八五）。亘，從亡聲，讀為'光'，金文有'用寵光我家'，見通彔鐘（《集成》六四）。"此讀為"曆"的"罵"字當訓為"久"，《小爾雅·廣詁》："曆，久也。"

來紐麗聲

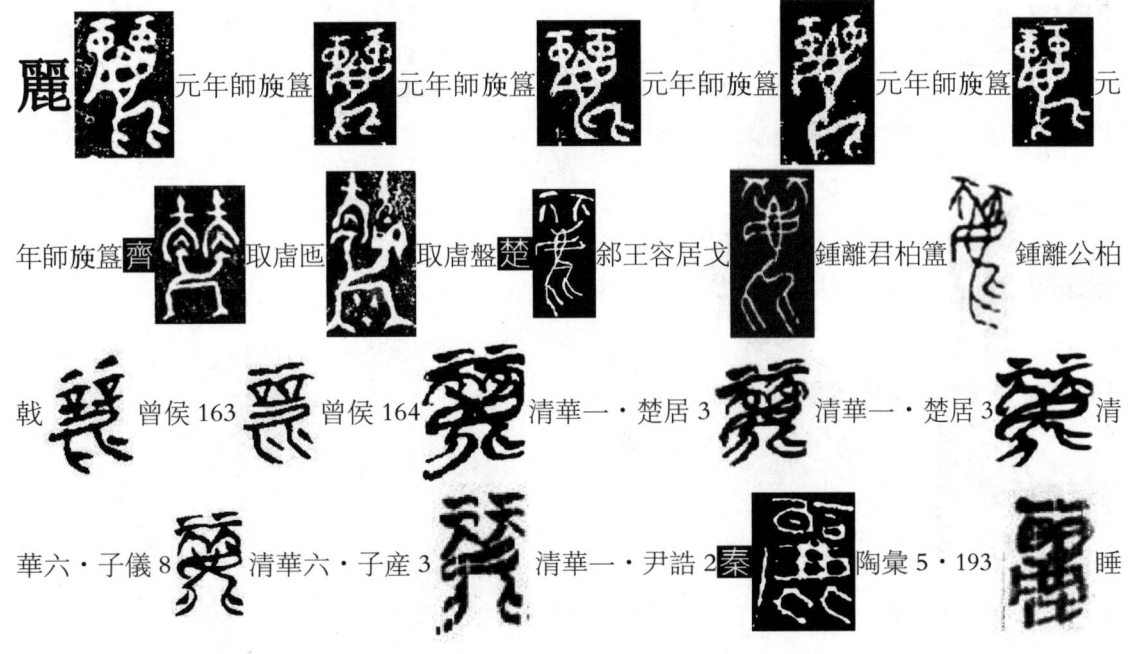

麗　元年師旋簋　元年師旋簋　元年師旋簋　元年師旋簋　元年師旋簋 [齊] 取虘匜　取虘盤 [楚] 邾王容居戈　鍾離君柏簠　鍾離公柏戟　曾侯 163　曾侯 164　清華一·楚居 3　清華一·楚居 3　清華六·子儀 8　清華六·子產 3　清華一·尹誥 2 [秦] 陶彙 5·193　睡

 簡·日乙199　睡簡·日乙198　類編328 陶彙5·194 秦陶

1478 秦印196　于京22　戰表889

【注】甲骨文作 ，象鹿有雙角形，物有偶可收對稱平衡和諧之美，其本義應指鹿角之"美"。鹿有雙角，故又引申為"對偶"之義。《周禮·夏官·校人》："麗馬一圉，八麗一師。"注："麗，耦也。"《說文解字系傳通釋》："麗，所謂儷儷也。"《小爾雅·廣言》："麗，兩也。"典籍多以"儷"為之，《廣韻》："儷，並也。"故訓"耦也"之儷與訓"美也"之麗典籍雖有區別，二者實則同源。《說文》：" ，旅行也。鹿之性，見食急則必旅行。從鹿麗聲。《禮》：麗皮納聘。蓋鹿皮也。 古文。 篆文麗字。"《說文》訓麗為"旅行"實為儷義之引申。本義是成雙、成對，如《周禮》："麗（兩匹）馬一圉。"這種意義後來常寫作"儷"。●《元年師旋簋》："易（賜）女（汝）赤市、回黃（衡）、麗皯（褐）。"陳夢家先生認為"皯"假借為"褐"，麗為黑色之義。皯，馬承源讀褐，認為是"裘上所加之衣"。（劉洪濤《據清華簡釋金文中的"褐襲"》）●楚簡多讀離。《清華一·尹誥2》："民復之甬（用）麗（離）心。""離心"，叛離之心也。《清華六·子產3》"邦危民麗（離）"、《清華六·子儀8》"麗（離）個（宿）"（謂離群獨宿）等都用為離。●附着。《睡簡·答問179》："騷馬蟲皆麗衡厄（軛）靫𢇍轅軸，是以炎之。"●讀罹，遭受。《睡簡·日甲25背》："道（導）令民毋麗兇（凶）央（殃）。"●讀離。《睡簡·日乙200》："正東夬麗，南執辱。"夬麗，分離。●讀驪，兩馬并駕。《曾侯188》："麗兩驪。"●《于京22》"麗邑丞印"，地名。《史記·秦始皇本紀》十六年（前231）"秦置麗邑"，即此。"麗邑"秦屬內史，其治地在今陝西西安臨潼區新豐鎮西南。

麗 楚　清華九·治政30　清華九·治政40　清華九·治政16

【注】從止麗聲。●讀離。《清華九·治政2》："古（故）卡=（上下）麗（離）志，百事目（以）亂。"

酈 秦　里耶8·316　北大簡

【注】從邑麗聲。●里耶簡辭例殘缺。

麛 秦　印增295

【注】從疒麗聲。●秦印人名。

丽 齊  陳麗子戈 楚 清華五·湯丘 13 郭店·六德 30 清華

九·廼命二 3 晉 二年令麗詩宜陽戈

【注】"丽"，與《說文》"麗"字篆文（實當為籀文）同，本是"麗"雙角的訛變。《玉篇》"麗"字古文作丽、丽，本自金文。楚文字"瑟""丽"混淆，當據文意別之。●讀離，逃離。《清華五·湯丘 13》："民人皆緙（督）禺（偶）丽（離）。"緙，讀督，《說文》："氏目謹視。"簡文"偶離"即結伴逃離。此二句言夏人民都很謹慎，雙雙離開。●讀離，分離。《清華九·廼命二 3》："母（毋）曰余各尻（處）氒（厥）室家，分異唯身，是丽（離）心亓（其）會也。"《郭店·六德 30》："為宗族丽（麗）俚（朋）友，不為俚（朋）友丽宗族。"也應當釋為"麗"，讀離，表"分離"之義，訓"絕"，正與上文"絕"字相合。●或讀酈，姓氏，如《史記》有酈商，高陽人，望出新蔡。《二年令麗詩宜陽戈》："二年，命（令）丽詩（詩），宜陽右庫工帀（師）長（張）卟，冶瘍。"

纚 楚 清華八·天下 5 包山 164

【注】從宀（或省宀）從糸丽聲。●讀麗，訓為"附"。《清華八·天下 5》："弌（一）曰腺（戻）亓（其）脩以纚（麗）亓（其）眾。"詳"腺"字。●《包山 164》"登人遠纚"，人名。

驪 楚 新蔡甲三 79 新蔡乙三 21

【注】從馬纚省聲，"驪"之省文。或釋為纚。●讀驪。《新蔡乙三 21》："驪（驪）義（犧）馬☐。"《說文》："驪，馬深黑色。"

邐  尹光鼎 保員簋 聽簋 保員簋

【注】從辵麗聲，與小篆同。辵所從止或訛作丷，乃金文中習見現象。《說文》："邐，行邐邐也。從辵麗聲。"本義邐迤，曲折連綿。●讀醨，相當於"侑"。《尹光鼎》："王鄉（饗）酉（酒），尹光邐。"高田忠周根據銘意，謂邐當假借為醨。醨，斟酒。《保員簋》："己卯，公才（在）盧，保員邐。"《聽簋》："辛巳，王歙（歆）多亞，聽就，邐，易（賜）貝二朋，用乍（作）大子丁。"黃錦前讀蒞，"邐"從"麗"得聲，古音在來母支部，"蒞"字古音在來母質部，二者古音極近，音理上可以通假。器銘云"某某（器主）邐"者，即器主因參加王或某一高級貴族的某種活動或儀式後，因受賞賜而作器以紀念。（詳《再論荊子鼎》）

儷 楚  清華六·子儀 18

【注】從人麗聲。●《清華六・子儀18》："臣見二人戴（仇）競，一人至，詗（辭）於儷，獄乃成。"《左傳》成公十一年"鳥獸猶不失儷"，杜注："儷，耦也。"我見到兩個人爭訟，一個人過來了，對另一人提交訟辭，獄案就達成（程序完備）了。

 清華三・説命下4

【注】從見麗聲。●讀離。《清華三・説命下3》："女（如）飛雗（雀），罔畏觀（離）。"

 秦陶1311　　秦陶1312　　嶽麓一・占31　　里耶8・529

【注】從水麗聲。●秦陶單字，人名。●撒。《嶽麓一・占31》："夢以弱（溺）灑人，得亓（其）亡奴婢。""溺"當指尿，小便。

 清華二・繫年31　　安大一47　　關簡327　　印增382

【注】從馬麗聲。安大簡丽省聲。●《清華二・繫年31》人名。●馬名。《安大一47》："騂（騹）驪是審（中），騄（騵）驪是參（驂）。"《毛詩》作"騵驪是驂"。

來紐离聲

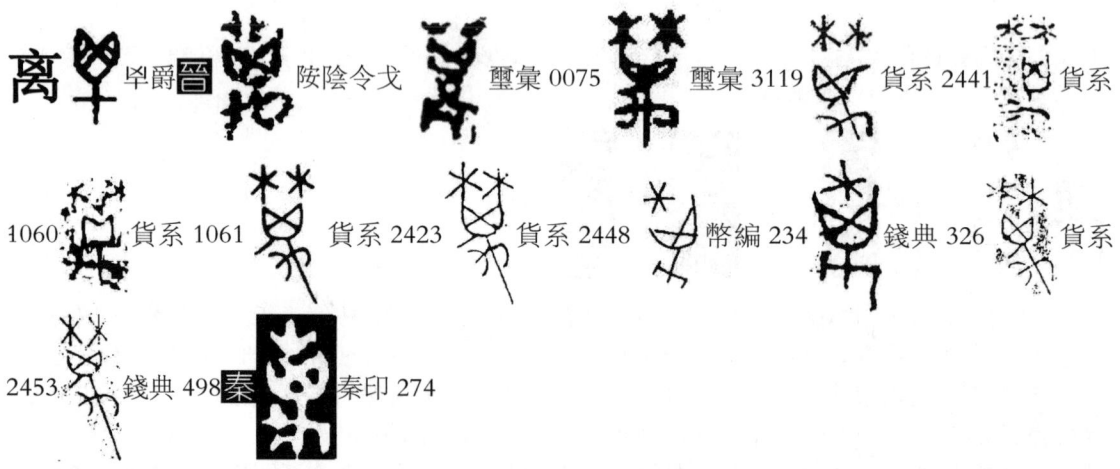 离 卑爵　陵陰令戈　璽彙0075　璽彙3119　貨系2441　貨系

1060　貨系1061　貨系2423　貨系2448　幣編234　錢典326　貨系

2453　錢典498　秦印274

【注】甲骨文作 ，象長柄鳥网之形，可硬性隸定為卑（華），"离"之本字。金文卑字未見，僅見于（禽）、（畢）之偏旁。"卑"是"离""禽"的初文，"禽（擒）"與"离"為一字分化。"卑"加"今"聲分化出"禽"，加"林"聲分化出"离"。戰國文字從林作 ，會林中捕鳥之意，林亦聲。或省林為艸作 ，再進一步演變就成了小篆之 。古音"林"在來母侵部，"离"從林聲，故"离"本當亦為侵部字。小篆"离"字已經變得與"離"之聲符 （睡虎地秦簡作 ）形體全同，故"离"的讀音就受了"離"的影響發生了變化，也

讀入來母歌部。●《璽彙 3119》"离平"，姓氏，讀離。●趙幣"离石"讀離石，地名，在今山西離石。●秦印"君有百离"，或讀利。典籍利聲、离聲可通。

郭店・尊德 24

【注】從心离省聲。●《郭店・尊德 24》："憐裝（勞）之甸也。"簡文意不明。

21 青川木牘 、 、 秦印 70 戰表 502

【注】從隹离聲。甲骨文作 、 、 、 、 、 、 ，從隹從罩（网狀工具）。甲骨文"離"字之本義，學者多據字形以為以网羅鳥之形，故有田獲之意。然古文字凡此類會意羅獸之意，皆以獸首朝向网罩，以象禽獸罹网遭擒之狀。"羅"形則呈鳥在罩上而首向外，正飛離罩逃逸之象，其結構與表現獵獲之意的文字恰好相反，其灋猶"各""出"以足之內外向體現字義的造字理念。因此，"離"本為鳥自罩中逃逸，有喪失之義。《廣雅・釋詁二》："離，去也。"卜辭中大多用其本義。商代晚期金文常有 字，均在亞形中，從干從鳥，當釋為"離"。蓋干、單、罩（華）在偏旁中互作（《史晗簋》 所從華省作干形，《邾公華鐘》 畢從華則作單形），罩即"离"之本字。戰國秦系文字實際上承襲了甲骨文。秦印聲符或與"萬"混同。●族氏名，見于《離鼎》《亞離父乙尊》《亞離辛觚》等器。《古今姓氏書辨證》："離，出自古明目者離婁，亦曰離朱，黃帝時人。"《廣韻・支韻》："離，姓。孟軻門人有離婁。"今據銘文可知，殷商已有此氏。秦印有"離蟲"，姓氏。●附屬。《睡簡・秦種 21》："而遺倉嗇夫及離邑倉佐主稟者各一戶以氣（餼）。"而給倉嗇夫和鄉主管稟給的倉佐各一門，以便發放糧食。●離開。《睡簡・秦種 63》："畜雞離倉。"秦文字用"離"表示逃離，楚文字用"鹿""丽""麗"。●讀離，藩籬。《睡簡・秦種 117》："興徒以斬（塹）垣離（籬）散及補繕之。"

印增 20

【注】從艸離聲。●印文"博望蘺園"，"蘺園"是種植蔬菜、果品的園子。

璽彙 2608

【注】從糸离聲。●晉璽人名。

三年汪匋令戈

【注】從网离聲，可隸定為"羀"，即《玉篇》"羅"之古文。羅，《玉篇》冪羅也。即頭巾，古代的一種面罩。●人名。《三年汪匋令戈》："下庫工帀（師）王豈、冶羀。"

【注】從糸羀聲，或謂"縭"之繁文。●均為人名。《璽彙3818》"司馬斬纚"可讀"司馬漸離"，人名。

精紐ナ聲

【注】甲骨文作，象左手之形。王國維説："古文反正不拘或左或右可任意書之，惟⼆、⼃、、諸字例外。"但甲骨文、金文正反無別，所以亦可用作"右"，故《元年師兑簋》等作。惟左、右並稱時，、分別始明。戰國文字或增口為飾。《清華十一·五紀》為"左右"合文。《説文》："，ナ手也。象形。凡ナ之屬皆從ナ。"本義是左手。"ナ"如今不單用，只作偏旁。●讀左，表示方位。《散氏盤》："自根木道ナ至于丼邑，奉（封），道㠯（以）東一奉（封）。"●官名。《小盂鼎》："三ナ（左）三右多君入服酉（酒）。"《元年師旋簋》："備于大ナ（左），官嗣（司）豐還ナ（左）又（右）師氏。""左"為何職，諸家多有爭議。馬承源謂，大左為官名，師旋所任之官。《周禮·地官司徒·師氏》："師氏掌以媺詔王……，居虎門之左，司王朝。"鄭

玄注："虎門，路寢門也。王日視朝于路寢，門外畫虎焉，以明勇猛，于守宜也。"師氏守衛路寢虎門之左，故銘稱服于大左。路寢之左屬師氏居官之所，下云官司豐還，是其具體職掌。(《商周青銅其銘文選》199 頁) ●ナ右：旁側也，近臣也。典籍作"左右"。《馭狄鐘》："侃先王，先王其嚴才（在）帝ナ右。" ●讀佐，輔弼、輔佐。《庚季鼎》："用ナ（佐）右（佑）俗父嗣（司）寇。"

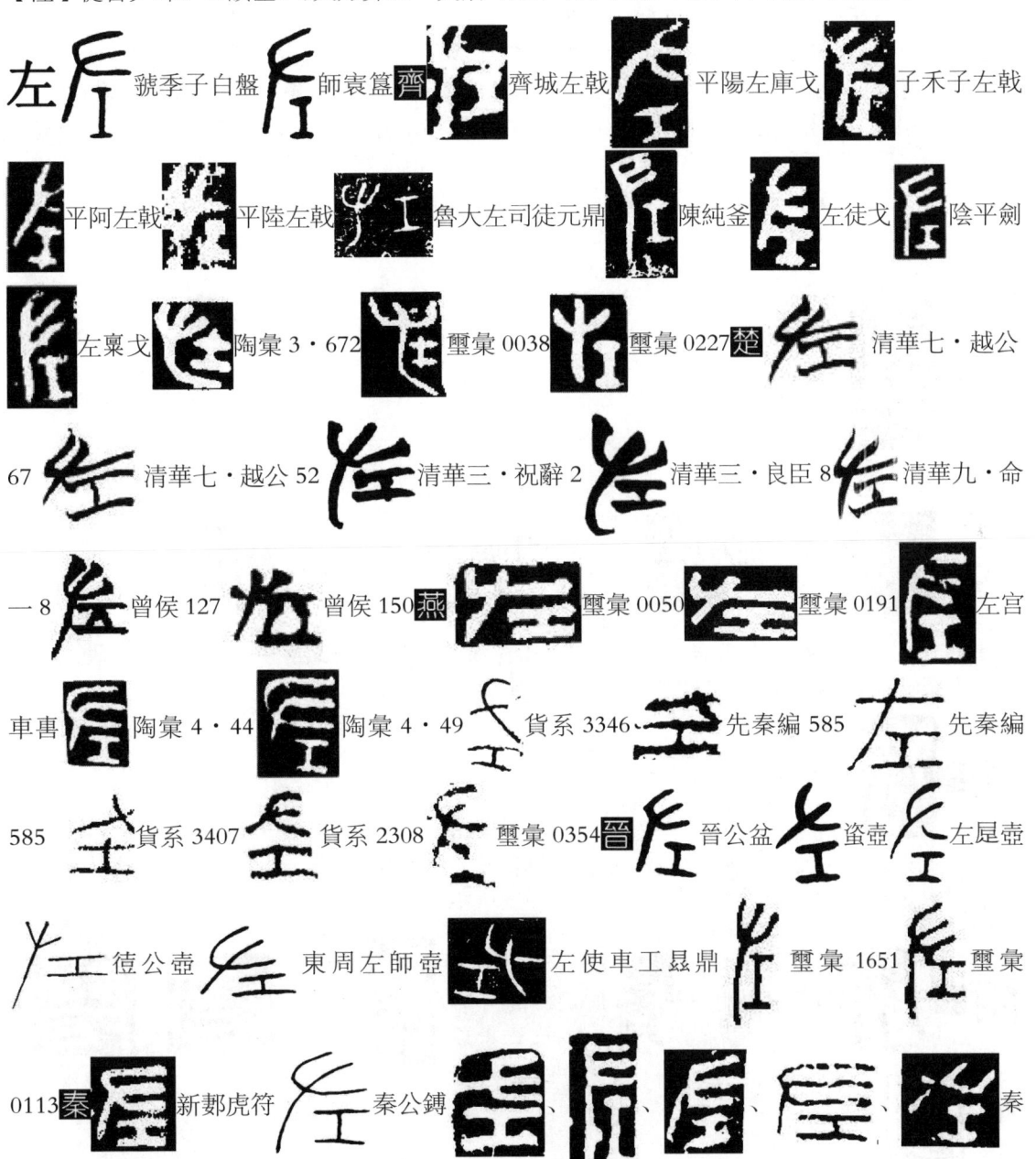

【注】從言ナ聲。●讀左。《矢方彝》："爽言（左）右于乃寮（僚）目（以）乃友事。"

2185

印 82〇  秦陶 562 睡簡·日甲 100 睡簡·答問 1 睡簡·日甲 130

【注】甲骨文、金文均以ナ為左。金文或增形符工、口、言。《盎壺》增從犬，此中山文字所獨見。《説文》：" ， 手相左助也。從ナ、工。凡左之屬皆從左。"許慎所説的"左"並非甲骨文的"左"，而是不同的會意字，從ナ（左手形）從工（矩尺之形），本義是左手執矩等工具幫助干活，是"佐"的本字。●方位詞。《杜虎符》："左在杜。"●讀佐，輔弼。《虢季子白盤》："王賜（賜）乘馬，是用左（佐）王。"《陳喜壺》："為左（佐）大族。"銘文中或言"左右"，義同。《晉公盆》："左右武王。"●身旁、近旁。《師克盨》："耤嗣（司）左右虎臣。"●讀沮。"左"上古音在精紐歌韻，"沮（且）"在精紐魚韻，是雙聲魚歌通轉，字音相近。《狱馱觚蓋》："狱馱弟史邁（饋）馬，弗左，用乍（作）父戊寶尊彝。"銘意是説，（作器者由于）狱馱弟史饋送馬匹，而不可廢止、懈怠，于是（趕緊）鑄作父戊寶尊彝以示紀念。●《璽彙 0354》"左市"。從燕印的"左市"和齊印的"中市""右市"等名稱，可知當時有些大都邑設有幾個市。戰國時期各國對集市貿易管理較嚴格，各國均設有"市官"。"左市"璽為燕管理集市貿易的官吏所用之物。●《璽彙 0113》"左邑發弩"，"左邑"為地名，見於《漢書·地理志》，隸屬河東郡，在今山西聞喜縣，戰國時屬魏。●《秦陶 562》"左頹"，為姓氏。秦文字用"左"表示左氏之左，六國文字多用"邻"。

狱  晉 盎壺

【注】從犬左聲。●讀佐。《盎壺》："或得賢（賢）狱（佐）司馬貯，而冡（屬）看（任）之邦。"

佐 齊  工城戈 秦 宗邑瓦書 睡簡·效律 32 睡簡·秦種 73

【注】從人左聲。●副佐。《宗邑瓦書》："大田佐敖童曰未。"楚文字用"差"表示佐助、副佐之佐（蔡侯盤用"輶"），齊文字亦用"左"，三晉文字用"差""猆""狱"表示佐。

肵 齊  陶彙 3·938

【注】從肉左聲，"隋"之初文。隋，邪母歌部；左，精母歌部。二字同為精紐，疊韻。●齊陶單字，人名。

隋 秦  睡簡·為吏 30 睡簡·日乙 249 類編 123、 秦

印 75〇 珍秦 100

【注】從阝肴聲。《説文》："隋，裂肉也。從肉，從隓省。"●秦印讀隨，姓氏。●秦簡讀隨，從也。《睡簡·日乙 249》："丁失火，為人隋也。"●讀惰，不敬業。《睡簡·為吏 30》："四曰善言隋（惰）行，則士毋所比。"●讀墮。《睡簡·日甲 44 背》："夫女子隋（墮）須（鬚）贏髮黃目。"

隨 秦 （ ）睡簡·語書 10 、 秦印 31

【注】從辵隋聲。●讀惰。《睡簡·語書 10》："惡吏不明法律令，不智（知）事，不廉絜（潔），毋（無）以佐上，緰（偷）隨（惰）疾事。"●秦印均為人名。

瘠 齊  陶彙 3·1038

【注】從疒肴聲，疑"瘥"之異文。●齊陶單字，人名。

郍 晉  璽彙 1653 璽彙 1654 璽彙 0109 璽彙 0110

【注】從邑左聲。●晉璽"郍貴""郍愳褢"讀左，姓氏。●《璽彙 0109》《璽彙 0110》"郍余子啬夫"，"郍"應為地名。

疧 晉  璽彙 2130 璽彙 4078 璽彙 4199 訓義 1·7 宅陽令矛

【注】從疒左聲，疑"瘥"之省文。●晉文字多為人名。●《璽彙 4199》"疧敬事"，讀瘥，生病、勞累。即使生病、勞累也要忠貞職守。

髮 秦  秦印 175 、 秦印 84

【注】從髟左聲，"髽"之省文。字亦見於漢印作 、 （漢印 796）。●秦漢印均為人名。

差  同簋 同簋 官差父簋 齊 宋公差戈 叔尸鎛 國差罎

悶距末 楚 攻吳王夫差鑑 攻敔王夫差劍 攻敔王夫差劍 攻吳王夫差

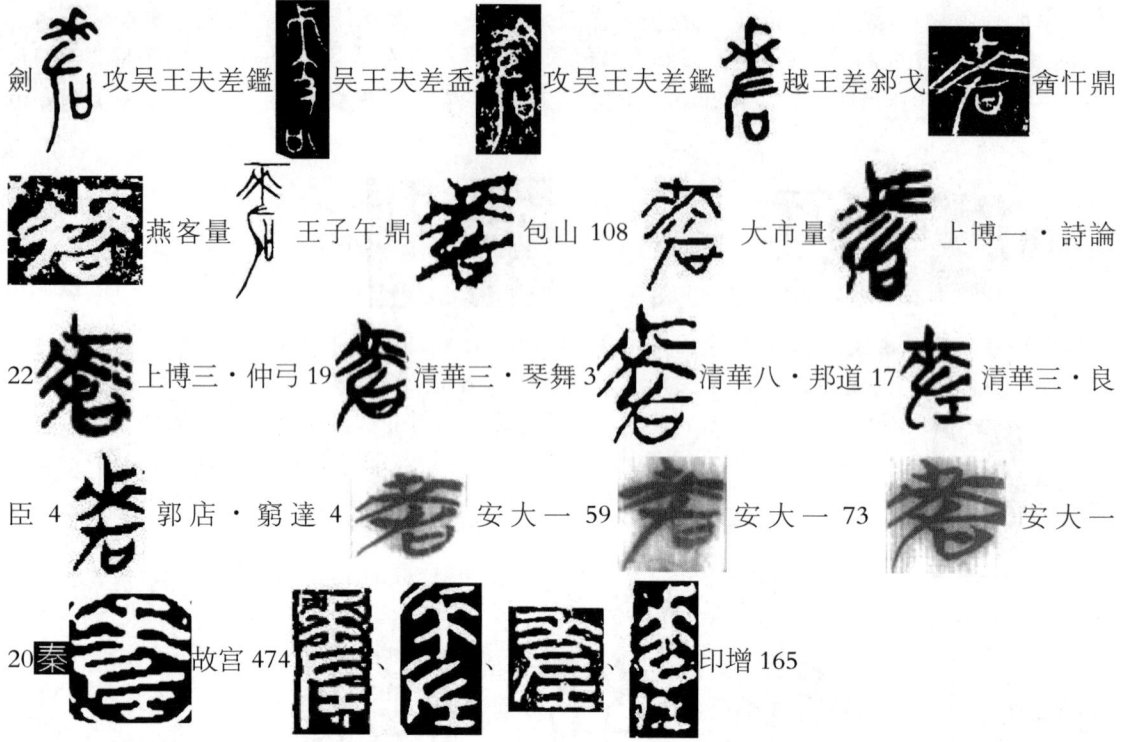

劍 攻吳王夫差鑑　吳王夫差盉　攻吳王夫差鑑　越王差邾戈　會忓鼎

燕客量　王子午鼎　包山 108　大市量　上博一 · 詩論

22　上博三 · 仲弓 19　清華三 · 琴舞 3　清華八 · 邦道 17　清華三 · 良

臣 4　郭店 · 窮達 4　　安大一 59　　安大一 73　　安大一

20 秦　故宮 474　、　　、　　、　印增 165

【注】從來從ナ（為左手形，通作ㄐ，但抑或作ㄔ、冇、矛，作偏旁時常互換），會以手搓麥之意，為"搓"之初文；ナ兼聲。《說文》："羍，貳也。差不相值也。從左從㕚。羍籀文㢳從二。"從左從㕚已經說不明白"差"字的形義來源了。夏淥謂"差"是"搓治加工麥粒"的本字，字書或作"麷"，從左從麥省，既有精選的含義，又有相反的"差次"的含義。如《詩 · 小雅》："吉日庚午，既差我馬。"差，擇也，是精選良馬的意思。"差"有精選、美善意，也反映在一系列從差得聲的形聲字中。如，"瑳"釋"玉色鮮白"，"睰"意為"明朗"，"瘥"訓"病好轉"。（《古文字的一字對偶義》）●讀左、或讀佐。《同簋》："世孫孫子子差（左）右吳大夫。"《國差蟾》："國差立事歲。"國差，即國佐。《包山 85 反》："差敏（令）惥（慫）。"惥"為人名。●過失、差錯。《王孫誥鐘》："余不畏不差，惠于政德，盅（淑）于威義。"●夫差：春秋末年吳國國君。事蹟見於《吳王夫差監》《攻敔王夫差劍》《攻吳王夫差監》等。●讀佐，人名。《宋公差戈》："宋公差之所賠（造）不（邳）陽族戈。"《史記 · 宋微子世家》："四十四年，平公卒，子元公佐立。"●讀佐，輔助。《郭店 · 窮達 4》："戰（釋）板築（筑）而差天子。"●讀嗟。《安大一 73》："差（嗟）余子，行迻（役）佩（夙）夜毋巳（已）。"

槎 秦 䰠　里耶 8 · 355

【注】從木差聲。●《里耶 8 · 355》："其習俗槎田歲更，以異中縣。"槎田歲更，應是說一種耕作制度。《國語 · 魯語上》"且夫山不槎蘗"，韋昭注："槎，斫也。"《文選 · 張衡〈東京賦〉》"山無槎枿"，呂向注："斫木曰槎。"槎田，可能是指斫木為田。歲更，每年更替。《漢書 · 食貨志上》："武帝末年……以趙過為搜粟都尉。過能為代田，一畮三甽。歲代處，故曰代田，古法也。"

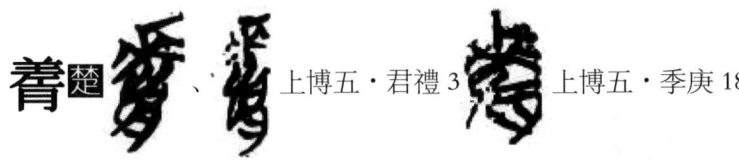

脙 楚 、 上博五・君禮3 上博五・季庚18

【注】從肉差聲。●均讀瘠，意為瘦。差聲、此聲和束聲字多可相通。《上博五・季庚18》："肥，民則安，脙（瘠），民不樹。"《上博五・君禮3》："虐（吾）子可（何）其脙（瘠）也？"

禖 楚 清華九・治政43 新蔡乙三5

【注】從示差聲。●讀祡。《説文》："祡，燒柴樊燎以祭天神。"《清華九・治政43》："古（故）卲（灼）龜、鰲（矜）祀、袚（礫）禮（禳）、祈禖，𤳈（沉）☒珪辟（璧）、我（犧）全（牷）、饋鬯，以忻（祈）亓（其）多福。""祈祡"意即"燒柴祭天以求福"。●神名。《新蔡乙三5》："忻（祈）福於司禤（禍）、司禖、司髋各一痒（牂）。"

猚 晉 中山王譻鼎 中山王譻壺

【注】從犬差聲。中山諸器✳改為從木，並增從犬，與"左"字同，此中山文字所獨見。●讀佐。《中山王譻鼎》："㠯（以）猚（佐）右（佑）寡人。"

軬 楚 蔡侯申鐘

【注】從車差聲。增從車，殆源于車左、車右之語。●讀佐。《蔡侯申鐘》："軬（佐）右（佑）楚王，窵窵豫政，天命是遞。"

雉 告田祖乙簋

【注】疑從虗（從隹、從鳥可通作）差省聲。●人名。

扙 （ ）沈子它簋

【注】從天差省聲。古文字"差"上可從來、木。劉釗釋為"趆"。（《金文編》附録存疑字考釋（十篇））大即走之初文。趆，《玉篇》走也。●銘文中用與"釐"同，為釐福、祝福、祈願之義，或以為"釐"字省文。《沈子它簋》："它用裦（懷）扙我多弟子、我孫。"

栔 牁伯諆卣 牁伯諆卣 鄧公簋

【注】從言差省聲，可釋為"諓"。●人名。《牺伯諓卣》："庚寅，牺白（伯）耉乍（作）又豐寶彝。"

羕 楚 王孫誥鐘 王孫誥鐘 冉鉦鍼

【注】從火差省聲。火或增飾筆，遂與"亦"訛混，乃戰國文字書寫慣例。《説文》："羕，束炭也。從火，差省聲，讀若蘖。"桂馥曰："束炭也未詳其義。"本義待考。●人名。《冉鉦鍼》："羕子孫余旹鑄此鉦鍼，女（汝）勿喪勿敗。"●讀差，差錯。《王孫誥鐘》："余不畏（畏）不羕（差），惠于政邇（德），怒于威義（儀）。"

從紐坐聲

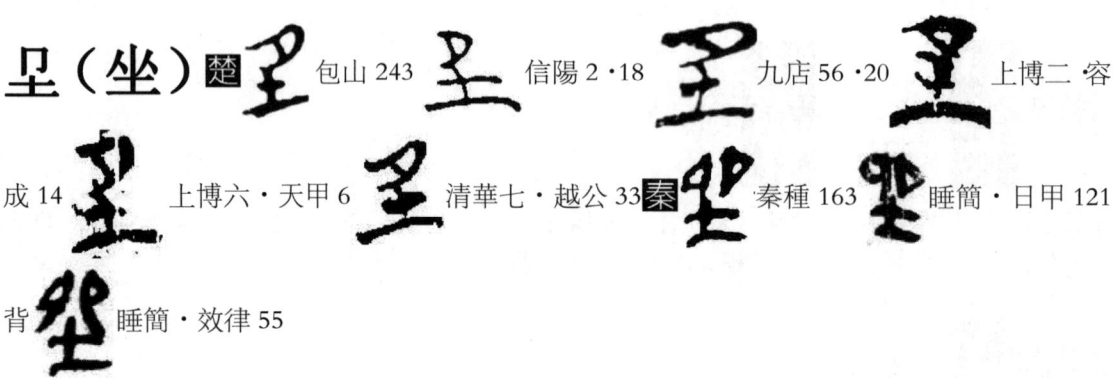

坒（坐）楚 包山243　　信陽2·18　　九店56·20　　上博二 容

成14　　上博六·天甲6　　清華七·越公33 秦 秦種163　　睡簡·日甲121

背 睡簡·效律55

【注】楚系文字從卩從土，如人跪地，"跪"之初文。"跪"與"坐"形音義關系皆密切，為一字分化。《説文·足部》："跪，拜也。從足，危聲。"段注："《釋名》：跪，危也。兩膝隱地。體危陧也。"坒，楚簡多讀坐；也有讀作"危"的辭例。因此坒讀"危"還是"坐"需要依據辭例辨別。秦系文字從二卩，或訛為巾，與"卯"相混。●讀坐。《上博二·容成14》："舜於是乎始免藝（笠）、坒（鉏）、耨、菱（鎌），仰而坒（坐）之。"●疑讀座，量詞。《信陽2·18》："一檠坒（座）前（棧）鐘（鍾）。""一墙座棧鐘"猶言"一墙列棧撞"。●承擔罪責。《睡簡·封診40》："所坐論云可（何）？"

冒 楚 清華七·晉文公1

【注】從月坒（坐）聲。●讀委。危、委音近可通。《清華七·晉文公1》："晉文公自秦入于晉，襠冒□□。"古書屢見"端委"，乃一種禮服。《穀梁傳·僖公三年》"陽穀之會，桓公委端搢笏而朝諸侯"，范寧注："委，委貌之冠也。端，玄端之服。""委"在此既指冠之一種，其字加月旁是很自然的，猶上一端字從衣。如視其聲符為坐，似可讀垂。垂、委音義皆近。

脞 楚 鑄客爐

【注】從肉坓（坐）聲，“脞”之異文。直接隸定為“脞”。●《鑄客爐》：“鑄客為集脞為之。”以前的學者皆誤釋為“脰”，吴振武先生依據朱德熙、裘錫圭、李家浩三先生考釋的《望山楚簡》“坐”字，釋此字為“脞”，並引《集韻·果韻》“切肉為脞”，認為“集脞”之“脞”指切碎的肉，類似古書中的膾。（轉自《東周金文與楚簡合證》77 頁）

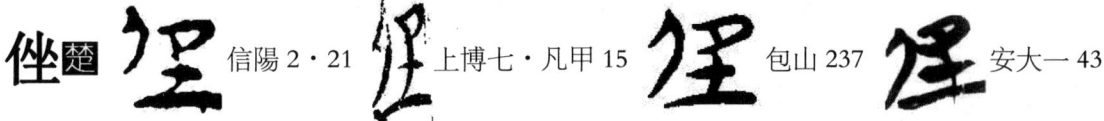

侳楚 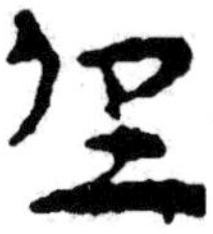信陽 2・21 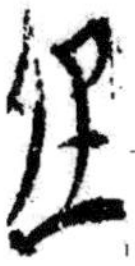上博七・凡甲 15 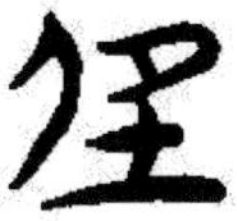包山 237 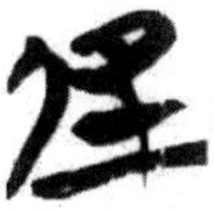安大一 43

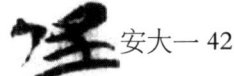

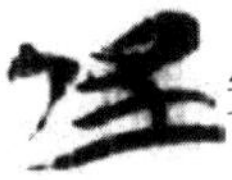安大一 42

【注】從人坓（坐）聲，“侳”之異文。直接隸定為“侳”。●多讀坐。《信陽 2・21》：“一絵（錦）侳（坐）裀（絪）。”《安大一 42》：“既見君子，竝侳（坐）壴（鼓）簧。”●《包山 237》“侳山”，山名。或釋為佹（峗）。

篨楚 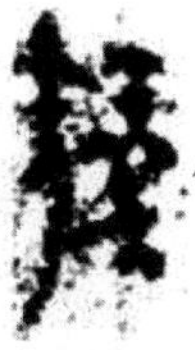信陽 2・21

【注】從竹侳聲。直接隸為“篨”。或釋為“篨”，誤。●筀。《信陽 2・21》：“一篨（筀）箕。”《玉篇・竹部》：“筀，竹。”《集韻・戈韻》：“筀，竹名。”“一筀箕”，指一种用筀竹做的箕。

剉楚 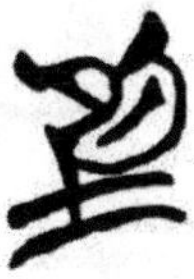九店 56・35

【注】從刀（訛為勿）坓（坐）聲。直接隸定為“剉”。●讀剉，折傷。《九店 56・35》：“利於畲（飲）飤（食），女（如）遠行，剉。”

逘楚 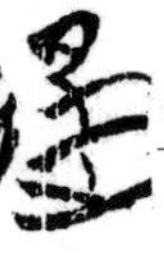上博五・君禮 1 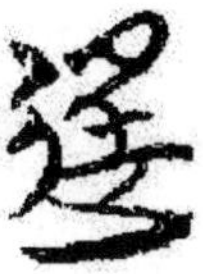上博四・柬旱 18 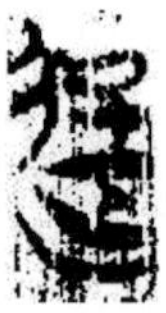上博八・命 8 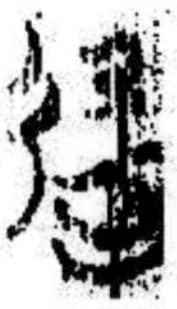上博八・命 9

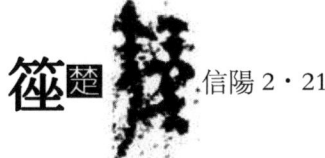

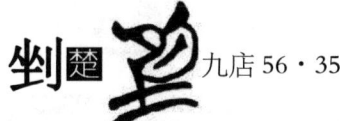

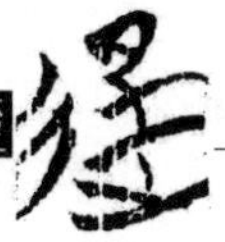

【注】從辵坓（坐）聲。●讀危。《上博四・柬旱 18》：“社稷㠯（以）逘（危）與（歟）。”●讀坐。《上博八・命 8》：“含（今）見（視）日為楚命（令）尹，逘（坐）春（友）亡一人，立春（友）亡一人，而邦正（政）不敗。”《上博五・君禮 1》亦讀坐。

⿰女坐楚 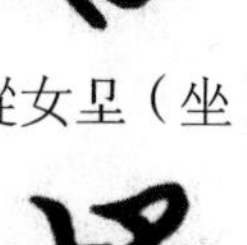包山 177

【注】從女坓（坐）聲，“⿰女坐”之異文。直接隸定為“⿰女坐”。●人名。

峌楚 包山 214 包山 215

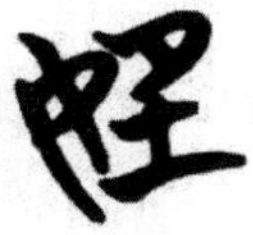

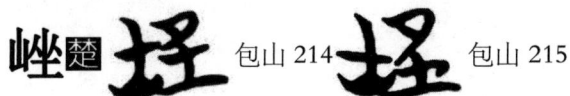

【注】從山呈（坐）聲，“崒”之異文。直接隸定為“崒”。●山名。

程 <u>楚</u>  九店 56・1

【注】從禾呈（坐）聲。●量詞，《九店 56・1》：“舊二程，敧秭之四檐（擔）。”

望 <u>楚</u>  包山 128　　望 包山 141

【注】從羽呈（坐）聲。●包山簡人名。

郢 <u>楚</u>  新蔡乙四 26 <u>晉</u> 　 璽彙 1424

【注】從邑呈（坐）聲。●晉璽人名。●新蔡簡“郢山”，地名。簡文或作“郎”。

匡 <u>晉</u> 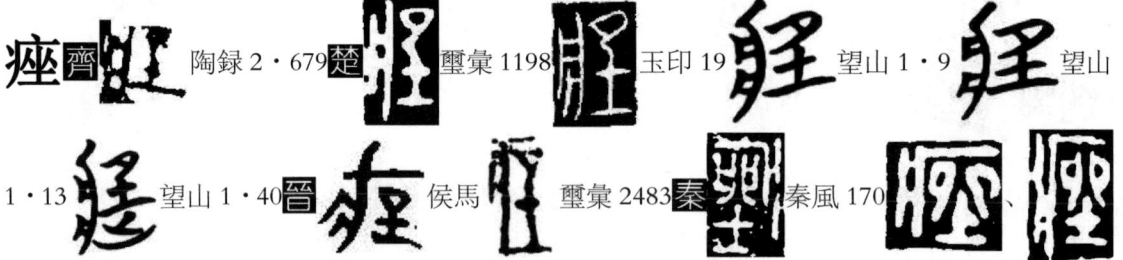 璽彙 3186

【注】疑從匚呈（坐）聲。●晉璽讀坐，姓氏。

痤 <u>齊</u> 陶錄 2・679 <u>楚</u> 璽彙 1198 玉印 19 望山 1・9 望山

1・13 望山 1・40 <u>晉</u> 侯馬 璽彙 2483 <u>秦</u> 秦風 170 、

秦印 148

【注】從疒呈（坐）聲。直接隸定為“痤”。●古文字多為人名。●望山本義，膿瘡。《望山 1・13》：“既痤。”

鬆 <u>秦</u>  秦印 176　 睡簡・日乙 22

【注】從髟（或髟省）坐聲。●秦簡建除名。《睡簡・日乙 22》：“鬆外陰之日，利以小然〈祭〉。”

心紐貲聲

瑣 <u>秦</u>  、 秦印 6 嶽麓三 7 里耶 8・1343

【注】《說文》：“瑣，玉聲也。從玉貴聲。”本義為玉件相擊發出的細碎聲音。●均為人名用字。

心紐惢聲

秦 秦印 213 戰表 1523

【注】從糸惢聲。《說文》："惢，心疑也。從三心。凡惢之屬皆從惢。讀若《易》'旅瑣瑣'。才規切。"惢，徐鍇《繫傳》："疑慮不一也，故從三心會意。"《說文》："蘂，垂也。從惢糸聲。"蘂，段玉裁注："此會意字。糸者，所以系而垂之也。不入糸部者，重惢也。惢亦聲。如壘切。"又蘂、蕊、蘂、榮均為花蕊字，為心義之引申。朱駿聲《定聲》惢下云："或曰花心也，字亦作蕊、作榮、作蘂、作蘂。《倉頡篇》'蕊，聚也'。"蘂，泥紐歌部，與"惢"鄰紐，疊韻。●秦印人名。

心紐施聲

施 金文編 820 楚 清華四・筮法 11 清華四・筮法 14 晉 中山王𗊻壺 中山王𗊻鼎 侯馬

【注】朱德熙、裘錫圭、張政烺均以為是（它）的變形。然《中山王𗊻壺》"陀"作 正從它，與 迥異。吳振武先生釋為彤沙之沙初文。（《試說平山戰國中山王墓銅器銘文中的"施"字》）郭沫若考證："古人之戈兵，其內端有綏，而綏則紅色，旄綏多以旄牛尾。近人之槍矛旗幟亦往往如是。則戈兵之綏亦當以旄牛。其形婆娑然，故名之曰沙，更轉而為綏為綏為蔤。"●讀也，句中語氣詞。吳振武從形、音兩方面做了疏證，可參看。《清華四・筮法 14》："今施死。"●讀也，句末語氣詞。《中山王𗊻壺》："余智（知）其忠諅（信）施（也）。"

並紐皮聲

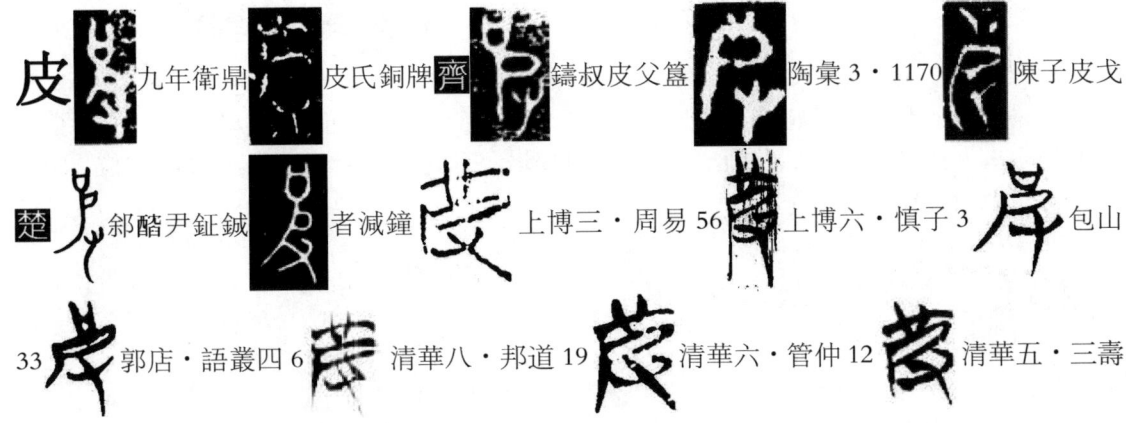

皮 九年衛鼎 皮氏銅牌 齊 鑄叔皮父簠 陶彙 3・1170 陳子皮戈 楚 邾酷尹鉦鋮 者減鐘 上博三・周易 56 上博六・慎子 3 包山 33 郭店・語叢四 6 清華八・邦道 19 清華六・管仲 12 清華五・三壽

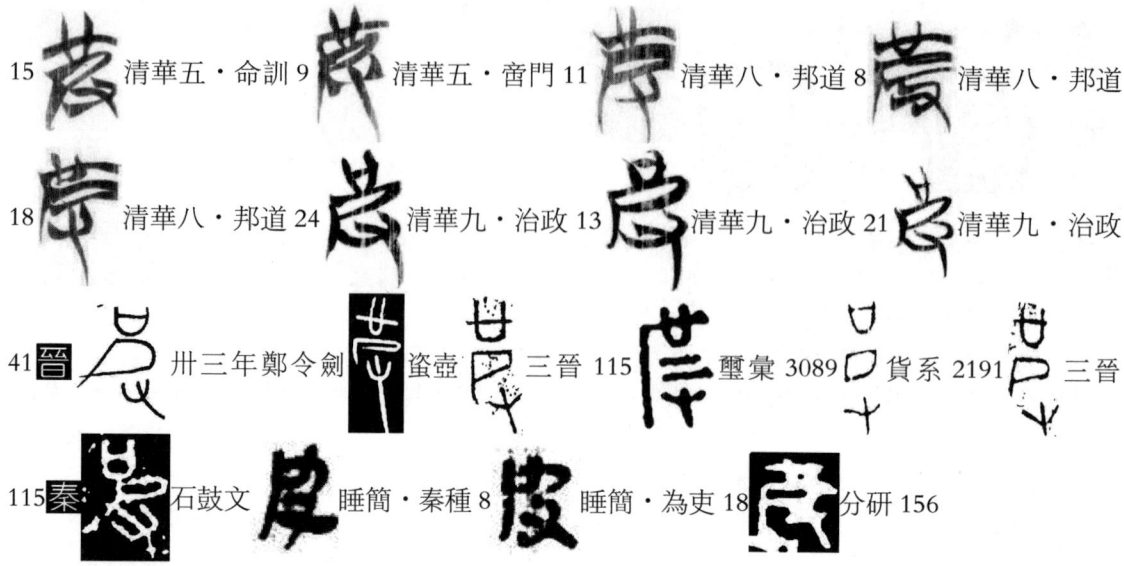

15 清華五·命訓 9　清華五·啻門 11　清華八·邦道 8　清華八·邦道

18　清華八·邦道 24　清華九·治政 13　清華九·治政 21　清華九·治政

41 晉　卅三年鄭令劍　蚉壺　三晉 115　璽彙 3089　貨系 2191　三晉

115 秦　石鼓文　睡簡·秦種 8　睡簡·為吏 18　分研 156

【注】甲骨文作 ，從又（手形）從 （ 象獸頭之形， 象其皮），會以手剝獸皮之意，故從皮之字多有剝離之意。 ，戰國文字分為 、 兩部分。 或演化為 。睡虎地秦簡作 ，則與隸書十分接近。《説文》：“ ，剝取獸革者謂之皮。從又，為省聲。凡皮之屬皆從皮。 古文皮。 籀文皮。”本義當為剝取獸皮。引申為生物的表皮。●獸皮。《九年衛鼎》：“舍矞冒梯、羝皮二、罜（選）皮二。”●讀彼。《邻醓尹鉦鍼》：“見皮（彼）吉人享。”●氏。相傳為周卿士樊仲皮之後，以“皮”為氏。《卅三年鄭令劍》：“司寇肖（趙）它、坒（往）庫工帀（師）皮耴。”古璽印有“皮首”。●人名，讀畢。《者減鐘》：“工歔王皮難之子者瀻睪（擇）其吉金。”皮難，即吳王畢軫，頗高之子。器銘“皮難”為“畢軫”的音假。畢、皮同屬重唇幫母。難、軫音近韻通。《史記·吳太伯世家》：“頗高卒，子句畢立。”司馬貞索隱引譙周《古史考》作“畢軫”。●地名。《皮氏銅牌》：“皮氏大鑰（鈴）。”皮氏，《水經·汾水注》引《竹書紀年》：“魏惠王十三年，城皮氏。”《漢書·地理志》隸河東郡，在今山西河津。●讀罷。《説文》：“罷，遣有罪也。”《清華六·管仲 12》：“女（焉）智（知）少多，皮（罷）客（落）、賅成，女（焉）為賞罰。”詳“賅”字。●讀疲。《上博五·鮑叔 4》：“皮（疲）敝（弊）齊邦。”●讀頗。《上博六·慎子 3》：“身中尻（處）而不皮（頗），任德以唉。”處中而不偏頗。

彼 秦　睡簡·秦種 174　睡簡·為吏 11　　印增 68

【注】從彳皮聲。●遠指代詞，那、那个、那里。《睡簡·為吏 11》：“彼邦之顝（傾）。”●秦簡或讀破，建除名。●讀避。《睡簡·秦種 174》：“羣它物當負賞（償）而偽出之以彼（避）賞（償），皆與盜同法。”其它各種物品應該賠償的，卻作假調出，來逃避賠償。“彼”應讀避。“皮”聲字與“辟”聲字相通，詳“負”字。

歧 楚　上博二·容成 2

【注】從止皮聲。●《上博二·容成 2》：“歧（跛）連獸（守）門。”讀跛，詳“連”字。

彼 楚 包山 163

【注】從人皮聲。●人名。

悠 楚 清華九·治政 13

【注】從心佊聲。●讀疲。《清華九·治政 13》："皮（彼）上聖則眾儢（愚）悠（疲）。""疲"，《説文》段注："經傳多假罷為之。"《荀子·非相》："故君子賢而能容罷，知而能容愚。"楊倞注："罷，弱不任事者。"在簡文中，"愚疲"當指"愚弱"。

颰 楚 上博七·凡甲 14　清華十·四時 1

【注】從風皮聲。●讀噓。《上博七·凡甲 14》："夫凡（風）之至，簹（孰）颰飆（噓吸）而进之？"颰飆，宋華强讀為"噓吸"。"噓"屬曉母魚部；"颰"從皮聲，"皮"屬並母歌部，"颰"也應該屬唇音歌部。從聲母來說，某些唇音字和喉牙音相通。"噓"從虛聲，"虛"從虎聲，從虎聲的字有些就讀唇音，如"虒"讀帮母。又如郭店簡《窮達以時》3 號"河臣"當讀為"河浦"，11 號"告古"當讀為"造父"，"臣"從古聲，屬見母，而"浦"屬滂母，"父"屬並母。從韵部來說，歌、魚二部可以相通。（《上博（七）·凡物流形》札記四則）●《清華十·四時 1》"颰（披）陽（揚）"讀披。整理者注："颰陽，疑讀為'披揚'，翻騰，搖動。枚乘《七發》：'瀏汩澎湃，披揚流灑。'"

竤 楚 清華十一·五紀 89

【注】從立皮聲。●讀跛。《清華十一·五紀 90》："罢（擇）盨（躪）飤（食）歓（飲）侕（飽），止竤（跛）蹯（蹲）尻（踞）佛（肆）。"

姄 楚 包山 191

【注】從女皮聲。●人名。

攽 楚 九店 56·17　上博七·吴命 6　　、　左塚漆桐 燕　公

孳里脽戈

【注】從支皮聲，為"披"之異文。《左塚漆桐》易又為止（詳"鬲""墜"等字）●人名。《公孳里脽戈》："公孳里脽之大夫攽之卒。"●楚建除名，讀破。秦文字作"彼"。●燕器人名。●

2195

《上博七·吳命 6》"敀（波）鼓（濤）讀波。●漆桓"殹民"，似當讀疲，"疲民"見於傳世文獻。

肢 晉  璽彙 0529

【注】從肉皮聲。●晉璽人名。

被 （字形）繁篇 秦 睡簡·秦種 48　　睡簡·效律 19

【注】從木皮聲。●讀疲。《睡簡·日甲 39 正》："歲善而被（疲）不產。"●讀破，建除名。《睡簡·日甲 24 正》："被（破）午。"●讀被。《睡簡·封診 57》："被（被）汙頭北（背）及地。"●讀罷。《睡簡·雜抄 48》："更輒被事之。""罷事"即停止役使。●《睡簡·答問 26》："而被盜之。"被盜，盜取其一部分。

鈹 晉 五年邦司寇鈹 秦 睡簡·答問 85　　我自鑄鈹

【注】從金皮聲。《說文》："鈹，大針也。一曰劍如刀裝者。"段玉裁注："實劍而用刀削裹之是曰鈹。左傳曰。夾之以鈹。"許釋、段注均與鈹作為兵器有別。●一種起源于短劍的長柄兵器，過去很多出土的鈹兵曾被誤作短劍。《我自鑄鈹》："我自鑄少身之用鈹。"鈹身斷面為六邊形，形制極象短劍，長約 30 釐米～35 釐米，後端為扁形或矩形的莖，用以裝柄，一般在莖的近端處開有圓孔，以便穿釘固定在長柄上。後裝長約 3 米～3.5 米的積竹柄或木柄，是一種極其銳利的刺殺兵器。

坡 楚 工尹坡盞　　包山 188　　清華二·繫年 114 晉 兆域圖銅板

二年鄭令矛　　卅二年鄭令戈　　璽彙 2161　　璽彙 3256　　璽彙

0522 秦 秦印 258

【注】從土皮聲，與《說文》小篆構形略同。戰國文字從土寫成從立，另如古璽文"塊"寫作（字形）（璽彙 1695），"坤"寫作坤（璽彙 1263），等等，為例甚夥。《說文》："坡，阪也。從土皮聲。"本義為地勢傾斜的地方。●地勢不平之處。《兆域圖銅板》："其坡五十毛（尺）。"●餘例為人名。

破 秦  珍秦 75　　秦印 188

【注】從石皮聲。●秦印人名。

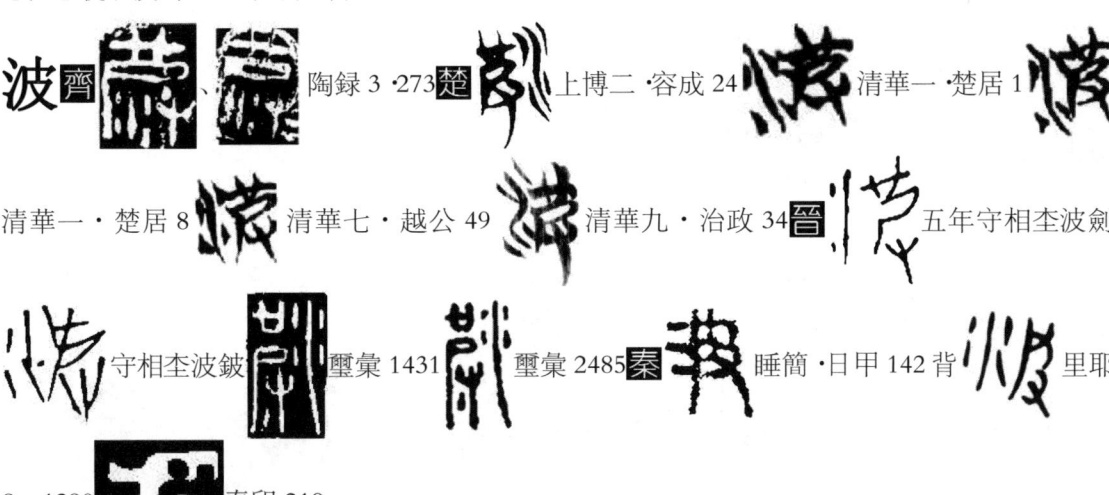

波 齊 陶錄 3 · 273 楚 上博二 · 容成 24 清華一 · 楚居 1

清華一 · 楚居 8 清華七 · 越公 49 清華九 · 治政 34 晉 五年守相杢波劍

守相杢波鈹 璽彙 1431 璽彙 2485 秦 睡簡 · 日甲 142 背 里耶

8 · 1290 秦印 219

【注】從水皮聲。《説文》："𣲙，水湧流也。"●讀破。《睡簡 · 日甲 142 背》："勿以筑（築）室及波（破）地。"●讀頗，人名，即大將廉頗。《五年守相杢劍》："守相杢波。"●齊陶人名。●讀陂，澤障、堤岸。《青川牘》："修波（陂）隄。"●讀陂，筑堤壩。《上博二 · 容成 24》："以波（陂）明都之澤，決九河之深（阻）。"《詩 · 澤陂》毛傳："陂，澤障也。"

綟 楚 包山牘 1

【注】從糸皮聲。●用為本義。《説文》："綟，絛屬。從糸皮聲。讀若被，或讀若水波之波。"《包山牘 1》："繩綟。"

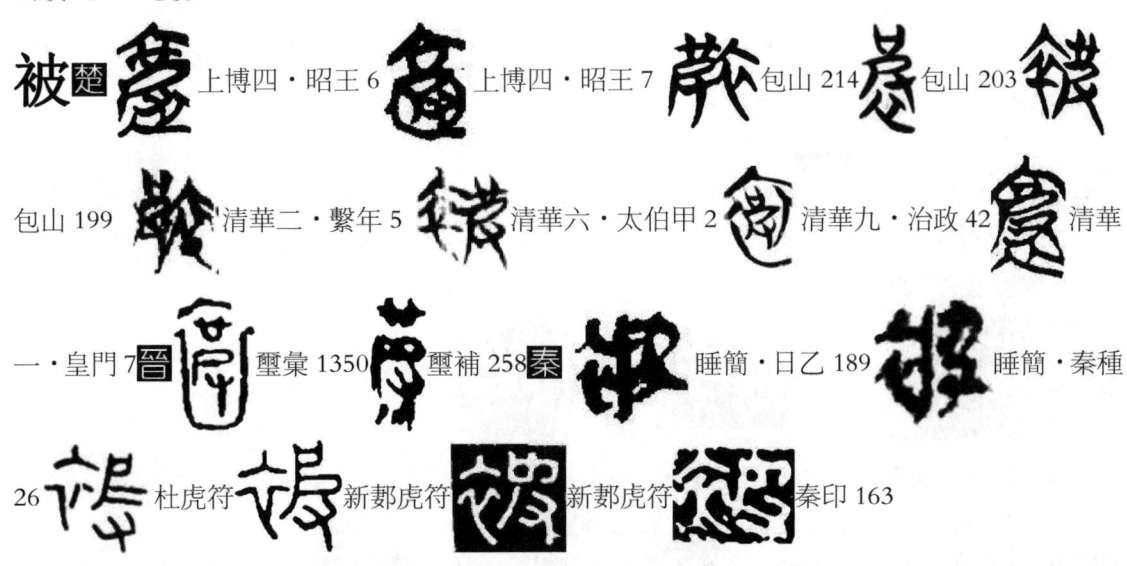

被 楚 上博四 · 昭王 6 上博四 · 昭王 7 包山 214 包山 203

包山 199 清華二 · 繫年 5 清華六 · 太伯甲 2 清華九 · 治政 42 清華

一 · 皇門 7 晉 璽彙 1350 璽補 258 秦 睡簡 · 日乙 189 睡簡 · 秦種

26 杜虎符 新郪虎符 新郪虎符 秦印 163

【注】從衣皮聲。《説文》："𧝓，寢衣，長一身有半。"本義被子。●讀披，披覆。《新郪虎符》："凡興士被（披）甲，用兵五十人以上，必會王符。"《清華七 · 越公 3》："以身被甲冑（胄）。"

●蒙受。《清華一·皇門6》：“穫（蔑）被先王之耿光。”●包山簡人名。●讀柀，分、散。《睡簡·秦種25》：“萬石之積及未盈萬石而被（柀）出者，毋敢增積。”已滿萬石的積和雖未滿萬石但正在零散出倉的，不准增積。

鞁 楚 曾侯35 望山2·23

【注】從革皮聲；據簡文，鞁、鞁為一字異體，從革、從韋義近可通。●《曾侯35》“鞁彎”、《望山2·23》“革鞁（皮）”均讀皮。

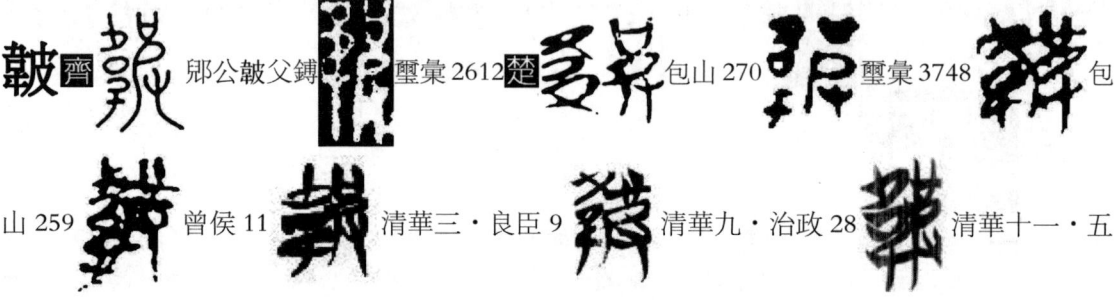

鞁 齊 郳公鞁父鎛 璽彙2612 楚 包山270 璽彙3748 包

山259 曾侯11 清華三·良臣9 清華九·治政28 清華十一·五

紀30

【注】從韋皮聲。●讀皮。《包山270》：“二鄗鞁（鞁），霝（靈）光之緐（帶）。”《清華九·治政28》：“羽麀（毛）戠（歲）解，韓（皮）革戠（歲）罡（輭）。”●人名。《郳公鞁父鎛》：“余有鱘（融－終）之子孫，郳公鞁父。”《清華三·良臣9》：“奠（鄭）定公之相又（有）子鞁（皮）。”齊璽人名。

陂 微繠鼎

【注】從阝皮聲，與小篆同。《説文》：“陂，阪也。一曰沱也。”本義山坡、斜坡。●地名。《微繠鼎》：“王令敚（微）繠觥嗣九陂。”

疲 晉 璽彙3203

【注】從疒皮聲。●晉璽人名。

頗 秦 陶彙5·198 秦印174 類編300

【注】從頁皮聲。●秦文字均為人名。

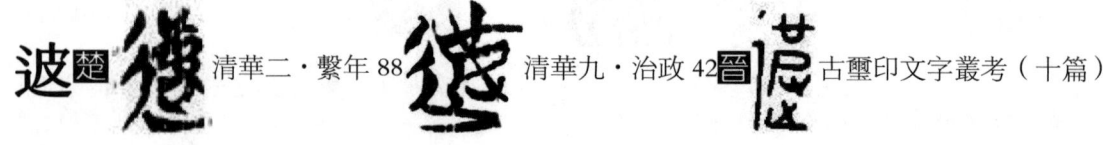

波 楚 清華二·繫年88 清華九·治政42 晉 古璽印文字叢考（十篇）

【注】從辵皮聲。●讀罷，人名。《清華二·繫年 88》："楚王子波（罷）會晉文子燮（變）及者（諸）侯之夫=（大夫）。"晉璽人名。●讀疲。《清華九·治政 42》："波（疲）遫（敝）軍徒。"

並紐罷聲

睡簡·答問 133、印增 301

【注】《説文》："罷，遣有罪也。從网，能。言有賢能而入网，則貫遣之。周禮曰：議能之辟。"●《答問 133》："罷瘝（癃）守官府，亡而得，得比公瘝（癃）不得？"罷瘝（癃），廢疾（謂有殘疾而不能作事）。癃，《説文》罷病也。看守官府的廢疾者，逃亡而被捕獲，可否與因公廢疾的人同樣處理？●秦印人名。

秦漢篆字編 652

【注】從火罷聲。●"羆軍"姓氏，讀罷。

明紐枲聲

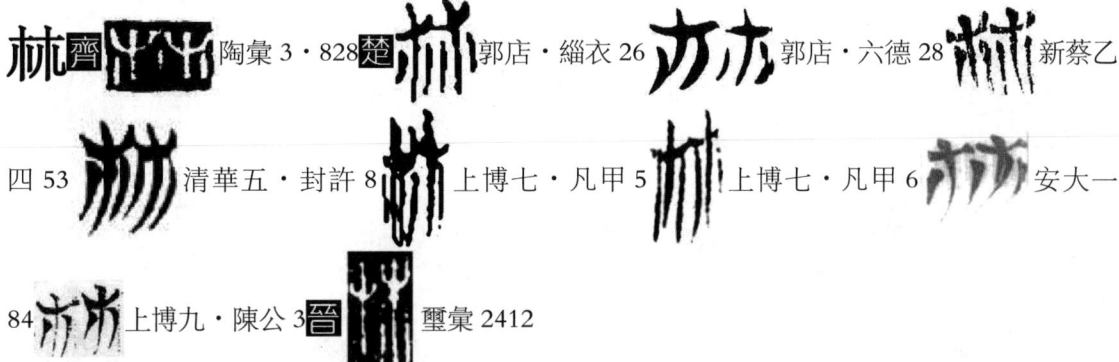陶彙 3·828、郭店·緇衣 26、郭店·六德 28、新蔡乙四 53、清華五·封許 8、上博七·凡甲 5、上博七·凡甲 6、安大一84、上博九·陳公 3、璽彙 2412

【注】象形字，象削制的麻皮形。《説文》："枲，葩之總名也。枲之為言微也，微纖為功。象形。凡枲之屬皆從枲。匹卦切。"●讀麻。《郭店·六德 28》："縒（疏）衰齊，戉（牡）枲（麻）實（經），為昆弟也，為妻亦肰（然）。""疏衰齊，牡麻經"，乃為昆弟服喪之服；推而至于為妻服喪，亦比照"疏衰齊，牡麻經"之服。●齊陶"枲囗"、晉璽"枲斁"讀麻，姓氏。●讀靡，無也。《清華五·封許 8》："枲（靡）念非尚（常）。""麻（靡）念非尚（常）"，雙重否定句，意為所思所念皆是典常。●讀糜。《上博七·凡甲 5》："骨=（骨肉）之既枲（糜）。"《淮南子·説山》："比干以忠靡其體，被誅者非必忠也。"

郭店·緇衣 36、上博一·緇衣 18、清華二·繫年 71

【注】從石秫聲，即《爾雅·釋器》之"磨"字。《爾雅·釋器》玉謂之琢，石謂之磨。《詩·衞風》如琢如磨。●讀磨。《上博一·緇衣18》："白珪之砧（玷）尚可礬（磨），此言之砧（玷）不可為。"●讀靡。《清華二·繫年71》："敗齊自（師）于礬（靡）开（笄）。"

 磨 秦 戰編 534

【注】從广礬聲，"磨"之繁文。●秦印單字。

 楚 楚 清華三·芮良夫 8　清華三·芮良夫 24

【注】從止秫聲。●讀靡。《清華三·芮良夫8》："心之慝（憂）矣，楚（靡）所告眔（懷）。"

 餗 楚 信陽 2·14

【注】從食秫聲，疑"饝"之異文。●讀靡。《信陽2·14》："一湆（饙）之餗鼎。"《集韻·支韻》："糜，《説文》'糝也。'或作饝。"《禮記·問喪》："為之糜粥，以飲食之。"《釋文》糜或作饝，云："本亦作糜。"《説文》："糜，惨也。從米麻聲。"《説文》："糝，以米和羹也。"可見糜為一種稠粥。"饝鼎"應是一種煮粥之鼎。"湆"從李家浩説，釋為"饙"，蓋是存放饙食之鼎。

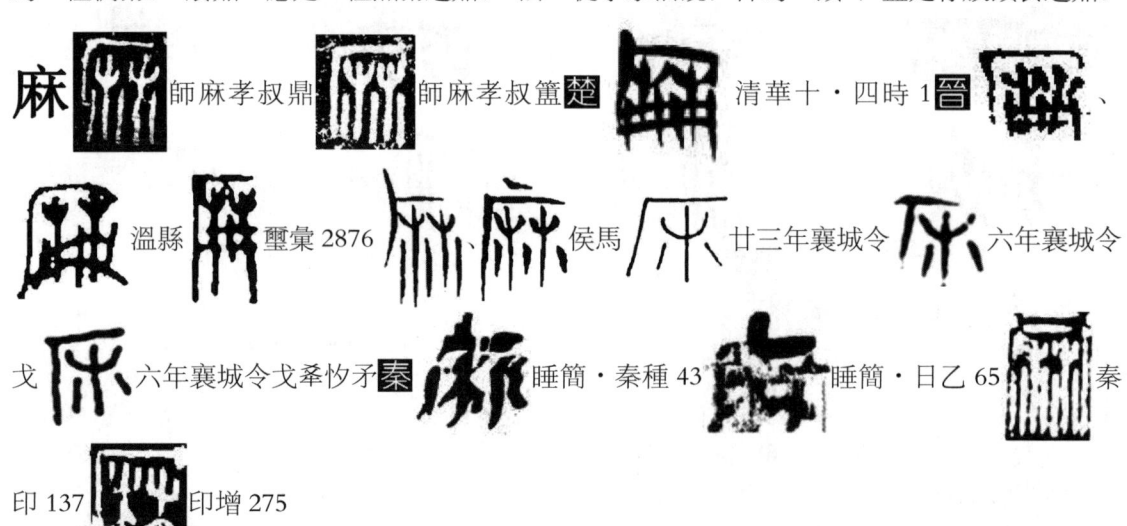 麻 師麻孝叔鼎　師麻孝叔簠 楚　清華十·四時 1 晉　、温縣　璽彙 2876　侯馬　廿三年襄城令　六年襄城令戈　六年襄城令戈 柔忬矛 秦　睡簡·秦種 43　睡簡·日乙 65　秦印 137　印增 275

【注】從广從秫，表示在家里劈麻、進行剝制之意；秫兼聲。戰國文字同金文，或加對稱符號二寫作麻。晉系文字或省秫為木。《説文》："朩，分枲莖皮也。從屮，八象枲之皮莖也。凡朩之屬皆從朩。讀若髕。"秦系文字上與广混同。《説文》："麻，與朩同。人所治，在屋下。從广從朩。凡麻之屬皆從麻。"本義麻類植物的總稱，古代專指大麻。●用為本義。《睡簡·秦種38》："稻、麻畝用二斗大半斗。"●姓氏。《師麻孝叔簠》："師麻孝帀（叔）乍（作）旅匡。"秦印"麻留"，姓氏。●讀摩。盟書"麻㥁非是"讀作"摩夷彼氏"。《方言》十三："摩，滅也。"《廣雅·釋詁》

四：“摩，滅也。”詳“夷”字。●《清華十·四時 1》“麻（靡）蠿（畢）”讀靡，盡。

 麻晉 晉編 89 璽彙 2292

【注】從艸麻聲。●印文“疋（胥）麻（靡）嗇夫”，“疋麻”讀為“胥靡”。“胥靡”見於《左傳》，為地名，楊伯峻先生注曰：“胥靡在今偃師縣東。”據《中國歷史地圖集》，“胥靡”在春秋時為鄭邑，位於洛水南岸，今偃師東南。●《璽彙 2292》“蘇和”，姓氏，疑讀麻。

 麜秦 睡簡·封診 23

【注】從耳麻聲。●讀縻，牛韁綫。《睡簡·封診 23》：“某里公士甲、士五（伍）乙詣牛一，黑牝曼麜（縻）有角。”某里公士甲和士伍乙一起帶來牛一頭，系黑色母牛，套有長套繩，有角。

 㪼晉 溫縣

【注】從攴麻聲。●盟書“㪼戲”，人名。

 磨秦 關簡 132

【注】從石麻聲。●義不詳。

麻秦 睡簡·秦種 104　　睡簡·秦種 86　　秦駰玉牘　　會稽刻石

【注】從非麻聲。●無、沒有。《秦駰玉牘》：“眾人弗智（知），余亦弗智（知），而靡又（有）息休。”●秦簡或讀磨，磨滅。《睡簡·秦種 86》：“縣、都官以七月糞公器不可繕者，有久識者靡之。”此義楚文字作“䃺”。●熄滅。《睡簡·秦種 196》：“閉門輒靡其旁火。”

 癵秦 睡簡·日甲 57 背

【注】從疒靡省聲。●讀糜，《說文》：“碎也。從米靡聲。”《集韻》碎糠曰糜。《睡簡·日甲 57 背》：“乃疾癵（糜）瓦以還☒已矣。”

月部

影紐乙聲

乙  鄘侯簋

【注】乙，乙字之分化，即在乙上作曲筆為分別符號。《説文》："乙，玄鳥也。齊魯謂之乙。取其鳴自謼。象形也。凡乙之屬皆從乙。" ● 人名。

札  睡簡·效律41

【注】從木乙聲。《説文》："札，牒也。從木乙聲。側八切。"《徐曰》牒亦木牘也。 ● 甲葉也。《睡簡·效律41》："甲旅札贏其籍及不備者，入其贏旅衣札，而責其不備旅衣札。"甲的旅札數超過或不足簿籍登記數的，多餘的應上繳，不足的責令補賠。《左傳·成十六年》："養由基蹲甲而射之，徹七札焉。"射穿七層鎧甲。

影紐瞁聲

擊  印增465

【注】從手瞁聲。《説文》："瞁，捾目也。从目叉。烏括切。" ● 秦印單字。

匣紐曰聲

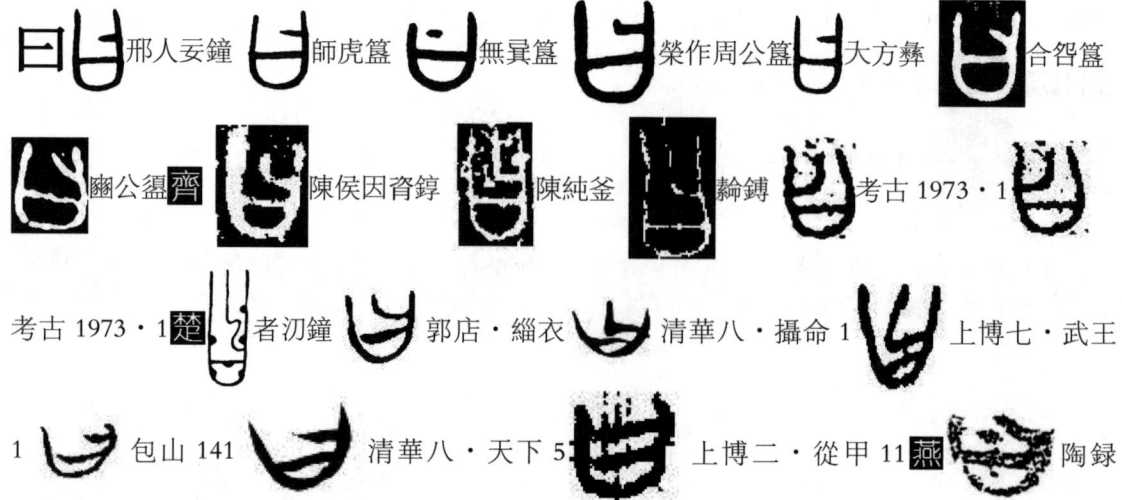

曰 邢人妄鐘　師虎簋　無量簋　榮作周公簋　大方彝　合咎簋

郘公盨齊　陳侯因脊錞　陳純釜　黧鎛　考古1973·1

考古1973·1楚　者汈鐘　郭店·緇衣　清華八·攝命1　上博七·武王

1　包山141　清華八·天下5　上博二·從甲11燕　陶録

4·73 陶録4·72 晉 魚顛匕 中山王礜壺 秦 宗邑瓦書 睡簡·效律

27 睡簡11號 陶録6·279

【注】甲骨文作 ㅂ、ㅂ，從口，上加●，為指事符號，表示言從口出。●後或變折向上為 乚，是為小篆所本。《上博二·從甲11》《陶録6·279》與"甘"混同。《説文》："ㅂ，詞也。從口乙聲。亦象口气出也。凡曰之屬皆從曰。"許慎以為形聲字，不確。本義是説，如"子曰"。●動詞，相當於"説""講"。《師虎簋》："王乎（呼）內史吳曰：'冊令（命）虎。'"●標舉項目用語，為也，若今之語"是""就是"。《智鼎》："受絲（茲）五夫：曰隉、曰恒、曰耤、曰鑫、曰眚（省）。"●語氣助詞，傳世文獻或作"粵"等。《瘨鐘》："曰古文王，初鼇龢于政，上帝降懿德大甹。"●叫做。《上博一·緇衣14》："佳（惟）复（作）五虑（虐）之型（刑）曰㞐（法）。"曰法，後置定語。

汨 齊 齊陶0578 陶録3·520 楚 帛書甲

【注】從水曰聲。與"汨（從水日聲）"字有別。●齊陶人名。●《帛書甲》："以涉山陵，瀧汨凼灡。"瀧，陳斯鵬將其讀為洪水之洪。汨，《説文》"治水也"，"瀧汨"蓋言洪水得以疏治之義。凼，從凵從水溢出之象，不見字書，與瀧義或可相通。灡，見於《石鼓文》"灡又（有）小魚"；此字亦見於《上博四·逸詩·交交鳴烏》"交交鳴烏，集於中灡"，孟蓬生先生認為當讀為"瀨"，義為淺水。"瀧汨凼灡"，大致為洪水得以疏通，河流得以形成之意。

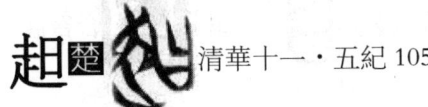

坥 楚 清華九·成人17

【注】從土曰聲。●《清華九·成人17》："臣妾迟（起）辟（嬖），㩩（竊）義坥（汨）璶（主），無鬙（赦）。"臣妾之"竊義"，應是竊取名分的意思。汨，整理者解為從曰，土聲，讀為"妬"。按原簡字形從土曰聲，茲讀汨。《書·洪範》"汨陳其五行"，注："汨，亂也。"

趄 楚 清華十一·五紀105

【注】從走曰聲。●整理者讀越。《清華十一·五紀106》："希（肆）趄（越）高鬼（畏），丨（撼）正（征）且（阻）黃（橫），敀（圍）女（汝）水，羍（梏）乃隼（準）於方，武乃囝（攝）韋（威）。"詳"隼"字。

匣紐叀聲

叀 揚鼎 揚鼎 秦 、 陶録6·277

【注】金文象車之雙輪貫軸之形。小篆省一車形。《説文》或作"轊"。《説文》："軎，車軸耑也。從車，象形。杜林説。轊，軎或從彗。"段玉裁注："耑者，物初生之題也。因以為凡額之偁。車軸之末見於轂外者曰軎。軎之言遂也，出也。"張舜徽約注："王筠曰：'車之中直，即軸也。於軸之耑作○，象軎正圓之形也。且兼軸形象矣。'舜徽按：此物乃以鐵制，圍於軸之耑，形圓而小，因謂之轊，猶小聲謂之嘒，小鼎謂之錯，小棺謂之槥，蜀細布謂之緆，鳥翮之末謂之翭耳。軎篆橫看，其形自肖。"●《軗鼎》："軎弔（叔）商（賞）軗（揚）馬，用乍（作）父庚障彝。"軎叔：人名。●秦陶單字，當用為本義，古代車上的零件，青銅制，形如圓筒，套在車軸的兩端。軎上有孔，用以納轄。

匣紐會聲

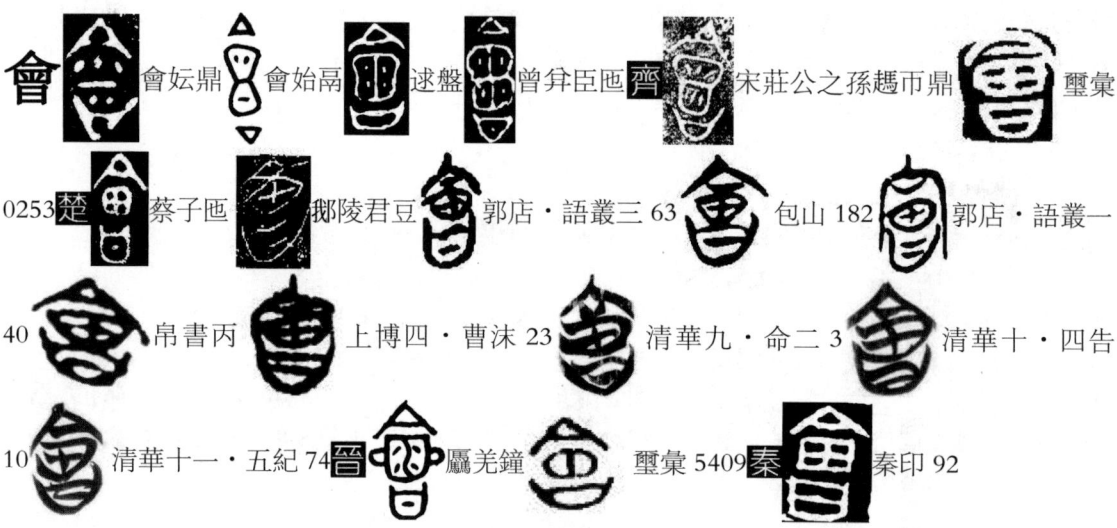

會 會妘鼎 會始鬲 述盤 曾弁臣匜 齊 宋莊公之孫趫市鼎 璽彙

0253 楚 蔡子匜 郪陵君豆 郭店·語叢三 63 包山 182 郭店·語叢一

40 帛書丙 上博四·曹沫 23 清華九·命二 3 清華十·四告

10 清華十一·五紀 74 晉 屬羌鐘 璽彙 5409 秦 秦印 92

【注】甲骨文作合、合、合、合、合、合，上部是器蓋，下部是器身，中間是物形，蓋器上下相合，以示會合之意。金文同甲骨文。《説文》："會，合也。從亼，從曾省。曾，益也。凡會之屬皆從會。給古文會如此。"古文所從彳當為彳之訛。本義為聚合、聚匯。●會集、聚合。《屬羌鐘》："入長（長）城先，會于平陰（陰）。"《郭店·語叢一 40》："《春秋》所以會古含（今）之事也。"●會簿，瀍律用詞。《儠匜》："牧牛則誓，乃昌（以）告事（吏）覞、事（吏）習于會。"李學勤謂"會"為瀍律用詞。《周禮·小司寇》："乃命其屬人會，乃致事。"《周禮·士師》："歲終，則令正要會。"●讀膾。《宋莊公之孫趫市鼎》："宋牆（莊）公之孫趫市，自乍（作）會（膾）鼎。"膾鼎，烹煮細肉之鼎。●讀鄶，國名，經典亦作"儈""檜"。《員卣》："員從史旗伐會（鄶），員先內（入）邑，員孚（俘）金，用乍（作）旅彝。"●讀沫。《蔡子匜》："蔡子自乍（作）會（沫）曳（匜）。"《彭子射匜》："彭子射之行會曳（匜）。"楊樹達先生曾指出："'會'古音在月部，'沫'古音在没部，二部音近故可通作也。""會匜"是指專供洗臉時所用之匜。彭子射匜銘文自稱"行會匜"，是指出行時洗臉所用。●姓氏。《通志·氏族略六》："會氏有二，鄶國去邑為氏，又會乙之後亦為會氏。"《包山 83》："殺嗌易（陽）公會剔（傷）之妾台與（與）。""會傷"為嗌陽公姓名。

論 楚 上博六·用曰 18

【注】從言會聲。●《上博六·用曰18》："執（設）立帀（師）長，建設（設）之政。論諫啟用，亡咎佳湿。"讀會，訓為"合"。"會諫"即眾人一起進諫。"啟用"讀"委用"；湿，讀程。"無咎惟程"，即以不犯錯為原則。簡文大意：樹立師長之職，是建官設職的大政，要眾人一起進諫用誰不用誰，以不犯錯為原則。

印增43

【注】從口會聲。●人名。

上博二·君老2

【注】從門會聲。●《上博二·君老2》："大（太）子、母俤（弟）至（致）命於闔=（闔門）。"簡文"闔門"為合文，門旁戶也，即大門旁的小門。

、陶録6·14 印增27

【注】從艸會聲。●秦陶"咸郦里薈"，為陶工名。

清華九·成人12

【注】從攴會聲。●讀祫，是一種夾層之衣。《信陽2·13》："一友齊緅之敆（祫）。""一友"即"一雙""一對"。劉信芳謂"齊緅"是指絲織品的質地，"齊"謂齊國，其辭例有如"魯縞"，可備一說。●讀合。《信陽2·25》："敆豆。"有蓋之豆。●讀會。《清華九·成人12》："邦正（政，征）無亙（恆），闈（關）敀（帛）敆（會）堂（當），敆（徭）敀（稅）要㢸（強），無型。"整理者注："讀為'會計'之'會'，與'要'均訓為'計'。'要會'見《周禮·小宰》，鄭司農云：'月計曰要，歲計曰會'。"

清華八·攝命24

【注】從又劊聲，疑"創"之繁文。●讀創。《清華八·攝命24》："女（汝）亦引母（毋）好宏，好宏剏（創）惪（德）。"剏德，猶壞德、敗德。意謂諸侯朝覲，汝引以薦達，不得好大。

遺楚 唐子仲頤兒匜 余購逪兒鐘 沇兒鐘 王子适匜 鼄鐘

鼄鐘晉 中山王嚳壺 盍壺 璽彙 4075

【注】從辵會聲。當為會合之義專字。●讀會。《中山王嚳壺》："而退與者（諸）侯齒𧗊（長）于遺（會）同。"會同：諸侯朝見天子，或諸侯間的盟會。《論語·先進》："宗廟之事如會同。"《周禮·春官·大宗伯》："時見曰會，殷見曰同。"鄭玄注："時見者，言無常期。殷，猶眾也。""會同"為周代政治生活中的大事。●讀旝，旌幟。《盍壺》："其遺（旝）女（如）林。"●讀沬。《王子适匜》："王㝬（子）诣之遺（沬）盍（匜）。"

叡齊 分研一 531

【注】從又會聲。●"叡𨙡市鈢"，與楚璽"會亓坙（野）鈢"（璽彙 0253）的"會亓"或為一地，此地可能曾為齊、楚所有。

徻晉 陶彙 6·120 中山王嚳壺 中山王嚳壺鼎

【注】從彳會聲。與"會"《說文》古文同。●讀噲，人名。《中山王嚳壺》："僖（適）曹（遭）郾（燕）君子徻（噲），不顋（顧）大宜（義），不䚅（忌）者（諸）侯。"●晉陶"京徻"，人名。

驨楚 曾大保盆 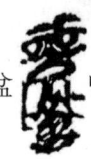曾侯 151 曾侯 170 曾侯 172

【注】從麗會聲。●人名。《曾大保盆》："曾大保驨弔（叔）亟用其吉金，自乍（作）旅盆。"●讀驪，淺黑色的馬。《曾侯 151》："某䢔之驨為左驂。"

蟲楚 信陽 1·4

【注】從蚰會聲，疑"蛤"之繁文。●讀蛤。

隃秦 青川木牘

【注】從阝會聲。●讀澮。《青川木牘》："大除道及除隃（澮）。"《集韻·黠韻》："澮，雨水合

2206

也。”

鄶 齊 陶彙 3・825 楚 清華六・太伯甲 6

【注】從邑會聲。●齊陶姓氏。或去邑而為會氏。●地名。《清華六・太伯甲 6》：“襲𣼊（虢）克鄶。”

澮 秦 里耶 8・533

【注】從水會聲。●“澮司寇”，地名。

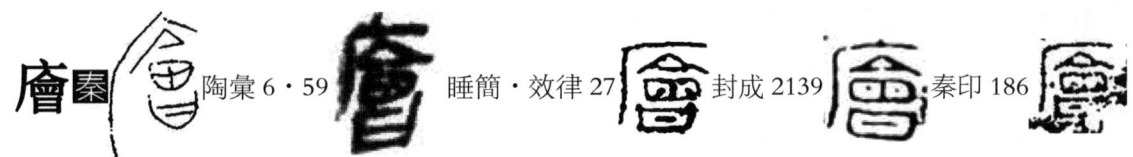廥 秦 陶彙 6・59　睡簡・效律 27　封成 2139　秦印 186

秦集一・五・19 秦再一・8

【注】從广會聲。●倉也。《睡簡・效律 27》：“某廥禾若干石。”《秦再一・8》“☒中材廥”，“材廥”，當指材木或箭材之積藏。《秦集一・五・19》“田廥”即田倉。●《秦印 186》“榦廥都丞”，“榦廥”為官名。榦，俗作“幹”，主管。

檜 楚 仰天 27

【注】從木會聲。●讀栝。《説文》“話”字籀文作“譮”，可為佐證。《仰天 27》：“黃邡之矢八，又（有）檜。”《釋名・釋兵》：“矢木曰栝。栝，會也，與弦會也。”

簣 楚 安大一 28

【注】從竹會聲。●讀浥。《安大一 28》：“厭簣（浥）行零（露），敳（豈）不𠐄（夙）夜？”《毛詩》作“厭浥行露”。”楚簡中多見從“會”之字用為從“合”之字，“會”“合”二字音義相近（參李家浩《楚簡中的袷衣》）。上古音“合”屬匣紐緝部，“邑”屬影紐緝部，此可作為“簣”“浥”相通之旁證。“厭浥”，連綿詞，毛傳：“厭浥，濕意也。”

鐈 齊 西替簠　陳肪簠　鐈佲戈 楚 羣氏詹鐈

【注】從金會聲，從金，示造器是原料也。當為器名之專字。●器名。《羣氏詹鐈》：“羣氏詹乍（作）蕭（膳）鐈。”

瘡  信安君鼎

【注】從疒會聲。《集韻》古外切，音儈。病甚。●人名。《信安君鼎》：“眠（視）事敏，治瘡。”

繪  仰天 15 秦 里耶 8・1243

【注】從糸會聲。●本義，彩繪。《仰天 15》：“一綖布之繪。”

韐  璽彙 3376

【注】從韋會聲。●楚璽人名。

餿  史牆盤

【注】從壴會聲。●《牆盤》：“憲聖成王，左右毇餿剛鯀，用肇（肇）啟（徹）周邦。”讀會。詳“毇”字。

匣紐戉聲

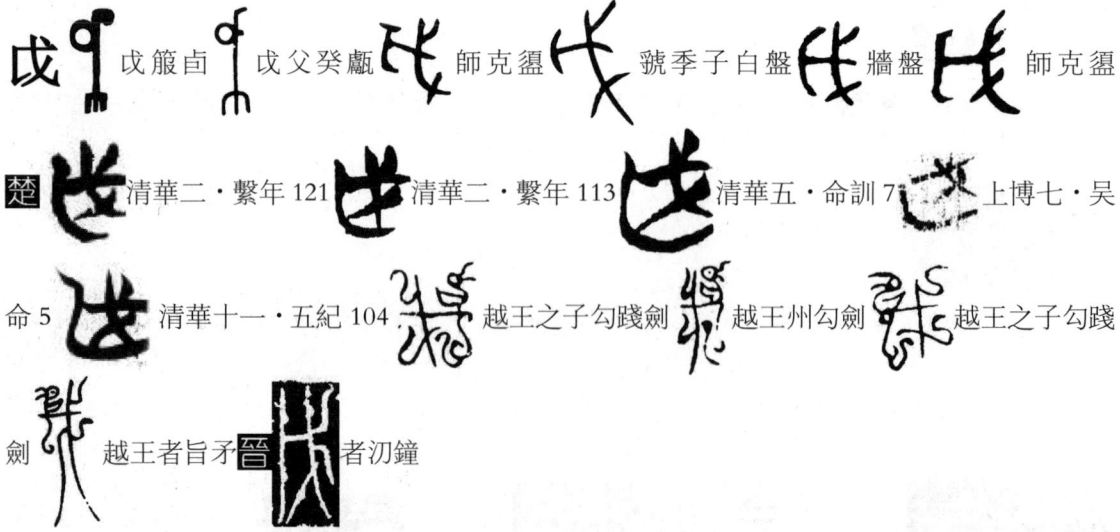

【注】甲骨文作 、 、 、 、 、 ，象圓刃大斧形。金文承之，斧刃或綫條化作 、 ；捲曲刀口形，這是“戉”字最大特點。越國兵器文字作鳥蟲書。《説文》：“戉，斧也。從戈丨聲。《司馬瀍》曰：‘夏執玄戉，殷執白戚，周左杖黃戉，右秉白髦。’凡戉之屬皆從戉。”本義為大斧。由于“戉”作了偏旁，大斧之義就另加形符“金”寫作“鉞”來表示。甲骨文金文中又有 、

2208

𢦏、𢦏等形，亦象鉞形，唯形制有別，釋為"歲"字。●讀鉞。《虢季子白盤》："賜（賜）用戉，用政（征）蠻（蠻）方。"《書·牧誓》："王左杖黃鉞，右秉白旄以麾。"《釋文》："鉞，本又作戉。"●讀越，國名。《越王勾踐之子劍》："戉（越）王𫕥（勾）𦧞（踐）之子。"●人名。《戉父癸甗》："𦮼（簟）戉。父癸。"●讀越。《牆盤》："害（曷）屖（遲）文考乙公，遽趫得屯（純），無諫農嗇（穡），戉𣄡佳（唯）辟。"越歷，義為遠遍。

忟 齊 陶彙 3·1160　楚 左塚漆桐

【注】從心戉聲。●齊陶單字，當為人名。日為裝飾部件。●漆桐"鱻（鮮）忟"，義不詳。

越 楚 清華一·尹至 1　秦 睡簡·雜抄 25　關簡 363　秦陶
451　陶録 6·54　陶録 6·159　秦風 135　秦風 187、
秦印 26

【注】從走戉聲。清華簡增止為繁文。●超過。《清華一·尹至 1》："尹曰："句（后）！我遬（來）越今旬=（旬日）。"●秦文字用"越"表示國名、地名和姓氏，楚文字、齊文字用"郕"，三晉文字用"雩"。

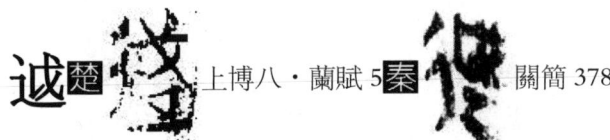

遻 楚 上博八·蘭賦 5　秦 關簡 378

【注】從辵戉聲。《説文》踰也。●《玉篇》走散也。《關簡 378》："勿令遻。"●讀越，逾越，超出某種規定或範圍。《上博八·蘭賦 5》："天道其遻（越）也，苊（黃）薛之方记（起），夫亦商（適）其戠（歲）也。"

郕 齊 璽彙 2218　璽彙 5646　璽彙 1147　楚 越王句踐劍　曾侯郕鼎
曾侯越戟　曾侯越戟　曾侯越戟　包山 5　包山 55　包山 5
璽彙 3748　清華三·説命下 3　清華三·説命中 4　清華七·越

公 56 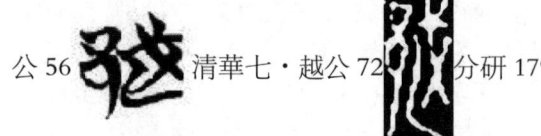 清華七·越公 72 分研 179

【注】從邑戊聲，為國名專字。典籍和《説文》均假“越”為“郖”。●國名，典籍稱“越”。姒姓，相傳始祖為夏少康庶子之後，封于會稽。春秋末越王勾踐臥薪嚐膽，終滅吳稱霸，戰國時為楚滅。《者汈鎛》：“隹（唯）戊（越）十有（又）九年。”●越王勾踐：春秋末戰國初越國國君，名勾踐。《越王勾踐劍》：“郖（越）王戲（句）淺（踐）自乍（作）用僉（劍）。”●讀越。《清華三·説命下 1》：“罙（既）亦曆（詣）乃服，勿易俾郖（越）。”《書·太甲上》：“無越厥命以自覆。”孔傳：“越，墜失也。”●於是。《清華九·成人 1》：“王則蠸（悚）替（惕）愚（畏）志（恐），郖（越）譴（懲）耑（前）罰醒（延）。”《詩·陳風·東門之枌》“越以鬷邁”，鄭箋：“越，於……於是以總行，欲男女合行。”●古璽印有“郖豫之”“郖朝”“郖鈇信鈢”，姓氏，讀越。越王勾踐之後，以國為氏。

絨  陶彙 9·14

【注】從糸戊聲。●齊陶“絨貽”姓氏，讀越。

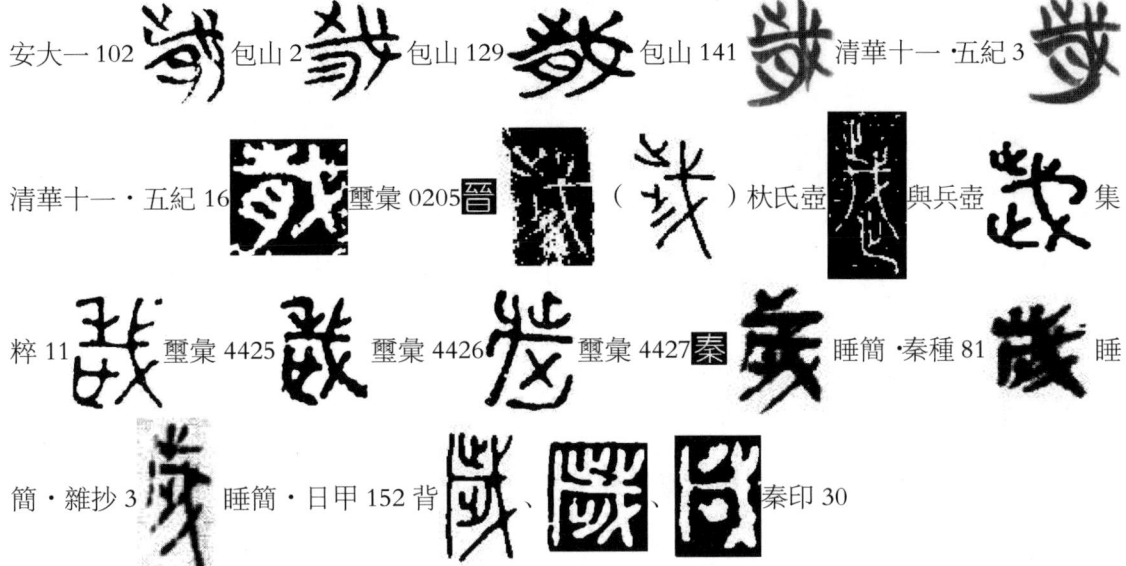

安大一 102　包山 2　包山 129　包山 141　清華十一·五紀 3
清華十一·五紀 16　璽彙 0205　（㦤）枊氏壺　與兵壺　集
粹 11　璽彙 4425　璽彙 4426　璽彙 4427　睡簡·秦種 81　睡
簡·雜抄 3　睡簡·日甲 152 背　、　、　秦印 30

【注】甲骨文作 ，皆從戉、戉亦聲。歲、戉古本一字。唯歲字斧上多增置兩點，原是裝飾物（或是尾端透空處），古文字往往增點為飾，無實義。《子禾子釜》與甲骨文同形。甲骨文或作　，從步戉聲。金文同甲骨文，多從兩止（此為小篆所本），戉形或作戌形、戈形。戰國時期楚系文字多從月作"㦤"，蓋字常用于歲月之語境，從月以標其義；楚文字"歲"所從之月亦表音，古音"月"在疑母月部，"戉"在匣母月部，楚音與他系語音有別乃正常的方言差異。"歲"本從戉，後從戉作，馬王堆帛書中"歲"或從戌作　（陰陽五行甲 250）、　（戰國縱橫家書 67）、　（五十二病方 359）。至漢代，"歲"全都寫成從"戌"作，如居延漢簡作　（甲 646），武威漢簡作　（儀禮·少牢 1），流沙墜簡作　（小學 5·20）。《說文》"歲，從步戌聲"，可知至遲在東漢初"歲"已音變為心母字。"歲"的讀音在漢代因為字形訛變從戌而發生音變，由戉聲變讀為戌聲，即音隨形變了。《說文》："　，木星也。越歷二十八宿，宣徧陰陽，十二月一次。從步戌聲。律歷書名五星為五步。"本義是兵器。引申指割，這種意義後來寫作"劌"。古代黃河流域莊稼每年收割一次，所以引申為年歲的意思。●年。《大膚鎬》："秦客王子齊之㦤（歲）。"楚國往往以事紀年，常見的形式是以某國的賓客聘問于楚之歲紀年。"秦客王子齊之歲"為"秦客王子齊（聘楚）之歲"的省略形式；同樣《陳旺㦤》"陳旺之歲"為"陳旺（聘楚）之歲"的省略。●祭祀。《毛公鼎》："用歲用征。"●歲星。《利簋》："歲鼎，克，聞（昏）夙又（有）商。"《國語·周語下》："昔武于伐殷，歲在鶉火。"韋昭注："歲，歲星也。鶉火，次名，周分野也。"又《國語·周語下》："歲之所在，則我有周之分野也。"韋昭注："歲星所在，利以伐之也。"歲，當是歲星，亦即木星。鶉火作為次名，是周的分野。歲星在鶉火，意味着對于周人而言，歲星所在正當其位，故云"歲鼎"。鼎，當也。●言時間之久遠。《敬事天王鐘》："江漢之陰陽，百歲之外，以之大行。"《皇毀鼎》："臭飲公子皇毀擇其吉金自作飤驕，千歲之外我是以遣。""百歲之外""千歲之外"是對死亡的諱稱。此處"行"和"遣"字相近是隨葬的意思。銘文的意思就是千年之後，百年之後（也就是死後），就把這件鼎、鑄隨葬。●《璽彙 0205》"㦤歲之鈢"、《璽彙 3759》"左㦤歲鈢"。職歲，官名。《周禮·天官·塚宰》："職歲，掌邦之賦出，以貳官府都鄙之財出賜之數，以待會計而攷之。"●讀害。《睡簡·日甲 69 正》："煩居東方，歲在東方。"劉樂賢按："《日書》乙種'有疾篇'丙丁日下有'煩及歲皆在南方'一句，煩、歲並列，疑當讀為害。《老子》第五十八章：'廉而不劌。'

《釋文》：'劇，河上作害。'劇可作害，則歲亦可作害。又疑'歲'與'歲篇'的'歲'有關。"
●讀蹶。《安大一102》："好樂母（毋）無（荒），良士戲（蹶）＝。"《毛詩》作"良士蹶蹶"。毛傳："蹶蹶，動而敏於事。"上古音"歲"屬心紐月部，"蹶"屬見紐月部，音近可通。

 戰編 753　戰表 1576

【注】從水歲聲，古同"穢"。●晉璽人名。

 清華二·繫年 80

【注】從魚歲聲。●讀蹶。《清華二·繫年 80》："執吳王子鱥（蹶）繇（由）。"

 上博四·曹沫 45

【注】從言歲聲。●讀淺。《上博四·曹沫 45》："其賞譏（淺）且不中，其誅厚且不察。"

 清華八·邦道 20

【注】從艸歲聲。●讀穢，荒蕪、雜草叢生。《清華八·邦道 16》："古（故）民宜、壄（地）墾（舉）、購（貨）實、正（政）亡（無）蔵（穢），上不惥（憂），邦家女（安）。"

 璽彙 0798

【注】從广歲聲。●燕璽人名。

匣紐萬聲

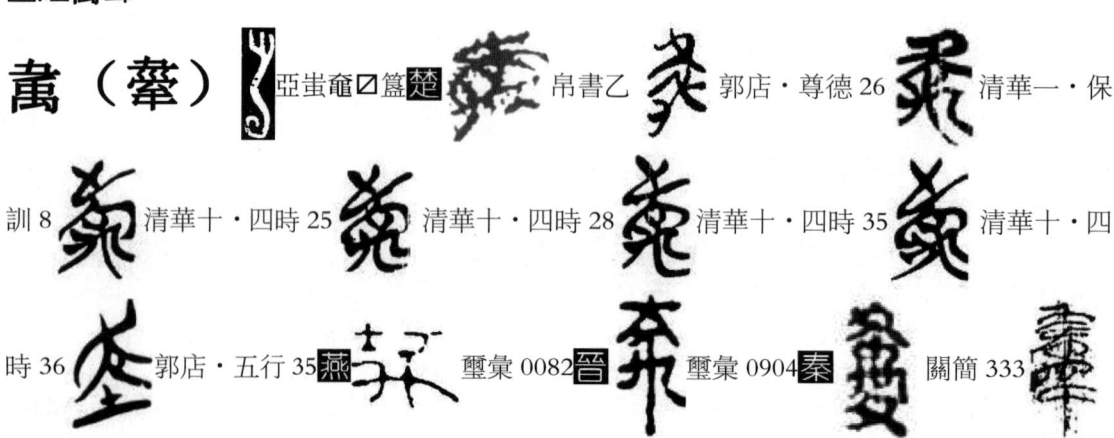
萬（蠆）　　亞蚩龜囗簋 楚　　帛書乙　　郭店·尊德 26　　清華一·保
訓 8　　清華十·四時 25　　清華十·四時 28　　清華十·四時 35　　清華十·四
時 36　　郭店·五行 35 燕　　璽彙 0082 晉　　璽彙 0904 秦　　關簡 333

里耶 8·1556　睡簡·日甲 28　睡簡·日甲 27　睡簡·日乙 48　睡簡·日

乙 52

【注】甲骨文作、、，隸為"蚩"，從止從虫，會人足被蛇傷害之意，"害"之初文。《亞蚩龜□簋》與甲骨文同。金文作（"儔"字所從），下從禹，虫、禹一字之分化。戰國文字作，上夂（止）下禹；或作，止移于禹下。關簡作，綜合六國和秦文字，小篆作（辇），禹頭訛作。《説文》："辇，車軸耑鍵也。兩穿相背，從舛；萬省聲。萬，古文偰字。""車軸耑鍵也"並非辇字本義，應移于"轄"字下。●帛書、郭店、秦簡均讀害。《睡簡·日乙 49》："申子。"●《璽彙 0082》"辇都司工"讀郪。辇、郪皆屬喉牙音月部，極為接近。《説文》："郪，周封黃帝之後於郪也。從邑契聲，讀若薊。上谷有郪縣。""郪"讀薊，燕都。燕國自西周初年，召公受封於薊，直至燕亡，在薊建都 800 多年。此字秦系文字作"薊"。●清華簡多讀轄，詳"轄"字。

儔小臣𤕫玉瑗　九年衛鼎

【注】從彳辇聲。●讀轄，車轄也。《九年衛鼎》："矩取眚（省）車較辇（幀），面（靱）虎官（幀）、蔡儔（轄）、畫轉、夂（鞭）师（席）鞃、帛　乘、金麃（鑣）鋞（鋞）。"

遘[楚]清華一·金縢 2　新蔡甲三 64

【注】從辵辇聲。楚文字或作"遘"。●讀害。《清華一·金縢 2》："勞（遘）遘（害）蠱（虐）疾。"

轄（轄）[楚]曾侯 10　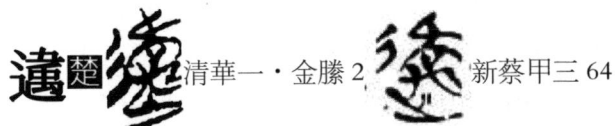天星　清華十·四

時 2　清華十·四時 8　清華十·四時 20

【注】從車辇聲。實則為《説文》"辇，車軸耑鍵也"之義項。●讀轄。《曾侯 10》："删（貫）轄（轄）。"●《清華十·四時 2》："七日一寺（時），四轄（轄）皆［躐］（逾）。"整理者注："轄，從車，萬聲。萬，即《説文》'辇'字，'轄'即'轄'字。下文又作'鎋'（簡一〇、二一）、'辇'（簡二五），皆讀為'轄'。四轄，星象名，指青、白、玄、赤四轄，分別對應東、西、北、南四方星宿。此處具體星象為白轄，屬西方白虎七宿。簡尾殘缺四字，所殘首字尚存部分筆劃，疑為'躐'。"

薦[楚]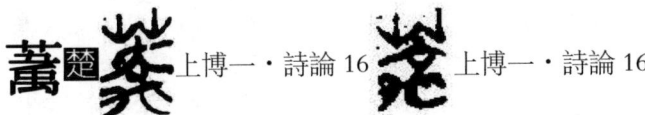上博一·詩論 16　上博一·詩論 16

【注】從艸羣聲。●讀葛。《上博一·詩論16》："吾以《萬（葛）靷（覃）》得氏（祗）初之詩，民性固然。"

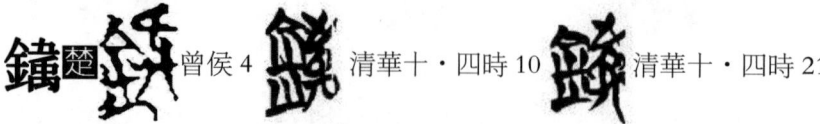

【注】從金羣聲。●讀轄。《曾侯4》："冊（貫）鑢（鐥）。"清華簡或作"轄"。

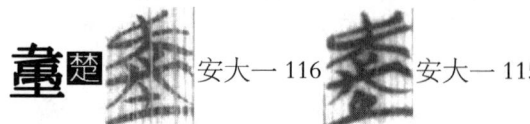

【注】從土羣聲。●讀曷。《安大一116》："淊＝蒼天！壐（曷）隹又（有）棠（常）？"

匣紐害聲

【注】甲骨文作𢦑，象矛頭之形，"穑"之初文。《説文》："𥿁，矛屬。從矛害聲。"西周金文作𡧬，下加口為飾，遂分化為傷害之"害"。口形又音化為古。甲骨文另有𡧬、𧮰、𡥈、𡧬等形，劉釗均謂"害"之異文，對比甲骨文"戡"作𢦐，金文"害"作𡧬，"戡"字作𢦐（榮仲鼎）、𢦑（師𩰲鼎）等字，上述甲骨文釋為"害"可信。金文中的"害"字既可以標注"五"聲（疑紐魚部）作𡧬，又可以標注"古"聲（見紐魚部）作𡧬。戰國楚系文字矛頭變化甚多，作𡧬、𡧬、

等形，矛鋒多有變異。由於"𧘂（羍）"字在甲骨文均讀傷害之"害"，"害"與"𧘂"音、義皆近，所以"害"字亦受"𧘂（羍）"字的影響，故《上博一·詩論》第10號簡中的"害"或寫作，其上部就從𡴎之訛形。這種"害"實際是糅合"羍"、"害"這兩個經常可以通假的字後形成的。睡虎地秦簡《秦律十八種》，"害"字作，已變形音化從丰聲。"丰""害"均為月部字，這説明在秦漢語音裏"害"讀入月部，故"害"變形音化從丰聲。楚文字或繁化作"𣤶"。●讀匃，祈求。《伯家父簋》："用易（賜）害（匃）𧆓（眉）壽黃耈者。"●讀曷，何、什麼。《毛公鼎》："司余小子弗彶，邦𦱩（將）害（曷）吉。"●讀敊，保衛。《師克盨》："干害王身，乍（作）爪牙。"●讀舒、或讀𣤶。《牆盤》："害（𣤶）屖（遲）文考乙公。"害（𣤶）屖（遲），安詳悠閒貌。害遲、舒遲古音相通。《禮記·玉藻》："君子之容舒遲。"孔穎達疏："舒遲，閒雅也。"●讀臣。《魯侯簋》："魯侯乍（作）姬𢓊朕（滕）書（臣）。"●讀蓋，發語詞。《上博八·顏淵5》："害（蓋）君子之内事也女（如）此矣。"《包山122》有字，左旁所從"害"中間已訛作"羊"形，與此字相似。●壞處。《郭店·老甲28》："不可得而利，亦不可得而害。"●《睡簡·答問1》："害盗別徼而盗，駕（加）罪之。"害盗，同"憲盗"，官名，戰國秦置，掌追捕盗賊的小吏。●讀愒。《安大一28》："[邵（召）]白（伯）所害（愒）。"《毛詩》作"召伯所憩"。"害"，《韓詩》作"揭"，《釋文》："揭字為愒之訛。""愒"同"憩"，玄應《一切經音義》："憩，《説文》作愒。愒，息也。"《爾雅·釋詁》："憩，息也。""害"屬匣紐月部，"愒"屬溪紐月部，古音相近可通（參《古字通假會典》第615頁）。

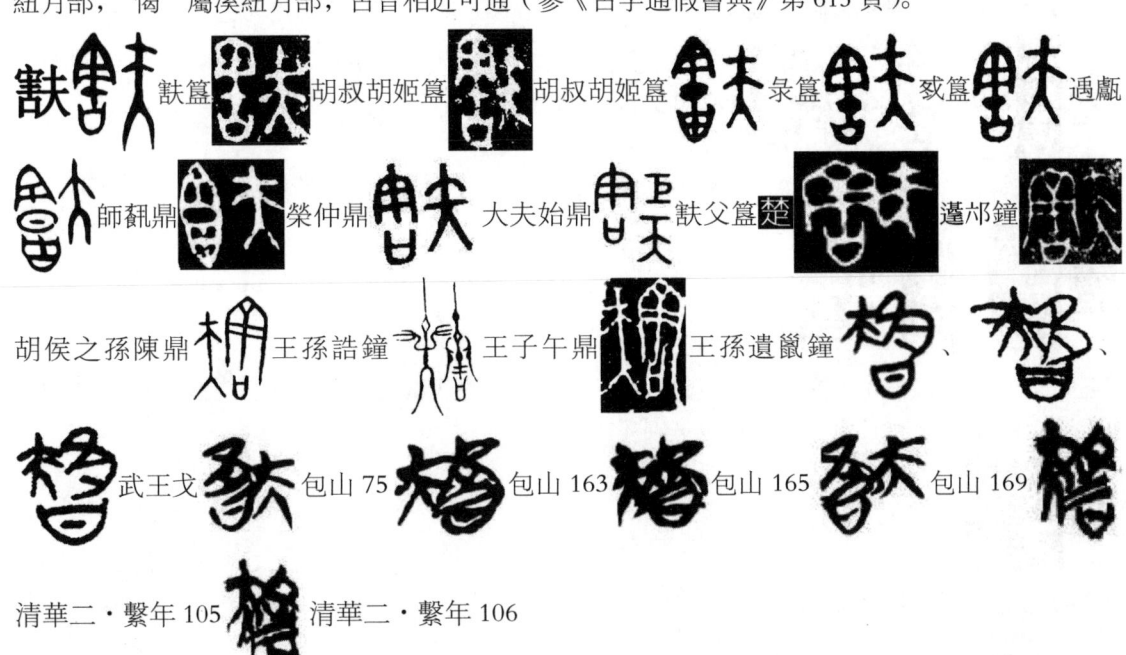

𣤶簋　胡叔胡姬簋　胡叔胡姬簋　彔簋　叡簋　遇甗

師龢鼎　榮仲鼎　大夫始鼎　𣤶父簋　楚　蒍邘鐘

胡侯之孫陳鼎　王孫誥鐘　王子午鼎　王孫遺諅鐘　、　、

武王戈　包山75　包山163　包山165　包山169

清華二·繫年105　清華二·繫年106

【注】甲骨文作，金文與甲骨文全同，從害從夫。劉釗先生推測："𣤶"字最早的結構很可能就是從"大"作的，"𣤶"字從"大"作是用"大"字的字義參與構字，因為"𣤶"在古文字中常常用為"胡"，而"胡"古代就有"大"義。"𣤶"字由從"大"變為從"夫"，應該屬於"變形音化"，因為"胡""夫"音近可通，這與金文"矩"字本從"大"作，象人手握規矩之"矩"形，後所從之"大"或"變形音化"為從"夫"作一樣。害也是聲符，《牆盤》"𣤶"字作，依照漢字省形不省聲的結構規律，可知"害"為"𣤶"之聲符。金文"簋"字作（季宮父簋）、（魯士𦥑父簋），亦可證𣤶、害同音。《𣤶父簋》的"𣤶"字又累加了一個"巨"聲。

《説文》無。●爲讀胡，國族名。《胡叔胡姬簋》："敔（胡）弔（叔）、敔（胡）姬乍（作）白（伯）媿賸（媵）段，用亯（享）孝于其姑公。"敔叔夫婦爲其長女"伯媿"外嫁所作的媵器，依媵器銘文稱字的習慣，"伯"是排行，"媿"即敔（胡）國之姓。敔，文獻稱其爲"歸姓之國"，"歸"實爲"媿"的同音假借字（按"媿"古與"愧"通，又借作"歸"，《戰國策·秦策一》"蘇秦始將連橫"章"狀有歸色"句高誘注："歸當終愧，愧，慚也，音相近，故作歸耳。"）另外，《敔鼎》的"師雍父省道至于敔"、《彔簋》的"伯雍父來自敔"、《敔簋》的"博（搏）戎敔"的"敔"，這些銘文中的"敔"和敔甗、榮仲鼎、敔侯之孫㼝鼎中的"敔侯"以及敔叔信姬鼎和敔叔敔姬簋中的"敔"一樣，都指的是位於位今河南省漯河（原屬郾城）附近汝水邊上的古胡國。（裘錫圭《説敔簋的兩個地名—"械林"和"胡"》）《清華二·繫年105》："陳、邥（蔡）、敔（胡）反楚，與吳人伐楚。"●周厲王，西周國王。《敔簋》："用黔保我家、舣（朕）立（位）、敔（胡）身。"文獻周厲王稱胡。《史記·周本紀》："夷王崩，子厲王胡立。"●讀胡，大也。《師觀鼎》："亦弗諲（忘）公上父敔（胡）德。"敔（胡）德，即大德。●讀舒。《王孫遺諆鐘》："余洰（宏）龍（恭）敔屖（舒遲）。"●包山簡爲姓氏，典籍作胡。

季宮父簋

【注】從匚敔聲。●金文同"匡"。

魯侯簋　鑄公簋　奢虎簋　旅虎簋　交君簋　交君簋

【注】從害，疊加"五"爲聲符。●金文同"匡"。

魯士俘父簋

【注】從匚害聲。此字金文或作祜、鈷、祜、匫、盫、㿟（盫之省形）、匜、鐖、害、匱、匡、笑，均爲《説文》之"簠"字。●金文同"匡"。

劀伯簋

【注】從金害聲。●金文同"匡"。

清華十一·五紀105

【注】從攴害聲。●整理者讀遏，遏制。《清華十一·五紀105》："攷（磔）｜（撼）寺（蚩）蚘（尤），乍（作）鼓（遏）五兵。"遏，即遏制蚩尤所作五兵。

望山2·12　郭店·緇衣46　清華三·琴舞10

【注】從竹害聲。●讀蓋，車蓋。《望山 2·12》：“一紫箸，䶊（赭）膚（鱸）之裏。”天星簡“紡箸”，紡製車傘蓋。●讀筮，卜筮。《郭店·緇衣46》：“人而亡（無）賣（恒），不可為卜筮也。亓（其）古之遺言與（與）？”●讀歇。《清華三·琴舞10》：“佳（惟）克少（小）心，命不彝（夷）箸（歇），麈天之不易。”或可讀割。“夷割”意思大約相當後世文獻中的“夷絕”，即滅絕。意即使先王宗廟不被夷滅、和上天一樣不變易。

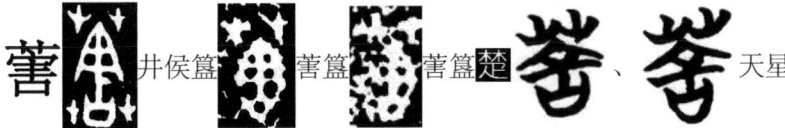

井侯簋　　　菁簋　　　菁簋 楚　　菁、菁 天星

【注】從艸害聲。或從芔，從芔與從艸會意同，故字亦可釋為“菁”。菁，《唐韻》胡瞎切，音轄。《揚子·方言》蘇，長沙人謂之菁。●讀匄，與也。《井侯簋》：“王令癹（榮）眔內史曰：蘪井（邢）侯服。”●天星簡不詳。

瀇 楚 清華三·芮良夫10

【注】從水菁聲。●讀害。《清華三·芮良夫10》：“母（毋）瀇（害）天棠（常）。”

瘖 晉 璽彙1932　　璽彙2017　　璽彙2140　　璽彙2150　　璽彙2942　　璽彙3989　戰表1099　璽彙3809　戰表1099

【注】從疒害聲。舊或誤釋為“瘖”。●晉璽人名。

憲 楚 清華一·尹至3　　、、郭店·尊德38　郭店·尊德23 秦 印增587

【注】從心害聲。或增從丑。●讀曷。《清華一·尹至3》：“咸曰：‘憲今東恙（祥）不章？’”●讀害。《郭店·尊德38》：“又（有）是改（施）少（小）又（有）憲（害），迌（遆）而大又（有）利者。”●秦印“☒憲”，應為人名。

鸉 楚 上博五·鮑叔6

【注】從羽憲聲。●讀害。《上博五·鮑叔6》：“亓（其）為不怠（仁）厚矣，公弗煑（圖），必鸉（害）公身。”

靭 大簋

【注】從卂害聲。●讀介，義為大。《大簋》："大賓象覕章。"

糟 楚 鄂君啟舟節 鄂君啟車節 包山 140

【注】從米害聲。●均為人名。

遣 昔雞簋 楚 新蔡乙四 30 秦 睡簡·日乙 21

【注】從辵害聲。●讀迓。《昔雞簋》："王姌呼昔雞遣（迓）芍姑於韓。""遣"，相當於疑尊、疑卣銘文"公妞呼疑逆中氏於侃"，中的"逆"，有"迎接"義。迓，今本《説文》大徐本置於"訝"字之下當做重文，段注認為"迓"是俗字，出於許後。《説文》解釋"訝"説："相迎也。《周禮》曰'諸侯有卿訝'也。"《周禮》作"訝"，他經皆作"御"，如《詩》"百兩御之"，毛曰："御，迎也。""訝"從言，迎必有言，故從言。甲骨文裏面常有"遣"後帶方國名的句子如"遣虎方"，虎方，是商人的敵人，這裏的"遣（迓）"表達的是迎擊敵方的意思。古書"迓"正有此義，如《書·牧釋》："不迓克奔，以役西土。"孔傳：商眾能奔來降者，不迎擊之。●讀害。《睡簡·日乙 21》："空外遣之日，不可以行、之四鄰，必見兵。"為除日名。

璹 楚 嬭加編鐘

【注】從玉從卅害聲。●讀胡。《嬭加編鐘》："用受璹（胡）福，其萬年母（毋）改，至于孫子，石（庶）仔（保）用之。"《儀禮·士冠禮》："眉壽萬年，永受胡福。"鄭玄注："胡，猶遐也，遠也。遠，無窮。"

害 善夫山鼎 牆盤 揚簋 邢人妄鐘 害鼎 伯害盂 楚 郭

店·老甲 4 清華五·厚父 8

【注】早期金文從目害省聲。本義當即目明善察也。目善察曰憲，耳善聽曰聖。●讀憲。《邢人妄鐘》："妄害害聖喪，𢝫處宗室。"憲憲：欣然喜悦的心情。●讀憲。《牆盤》："害聖成王，左右穀𩚩剛鯀，用肇（肇）徹（徹）周邦。"憲聖：英明、豁達、聰敏。憲，有敏達義。●讀憲，興隆。《𩵦簋》："陀陀降余多福害（憲）聾宇慕遠猷。"《集韻·銑韻》："憲，興盛貌。"《禮記·中庸》："《詩》曰：'嘉樂君子，憲憲令德'。"鄭玄注："憲憲，興盛之貌。"聾，張政烺、唐蘭均釋為"糲"，讀道。●瀍令。《善夫山鼎》："山，令女（汝）官嗣（司）歙（飲）獻人于晃，用乍（作）害（憲）司貯（賈），母（毋）敢不善。"《左傳·襄公二十八年》："此君之憲令。"●讀害。《郭店·老甲 4》："其才（在）民前也，民弗害（害）也。"

鬥 楚 九店 56·20

【注】從廾壽聲。●讀褐。《九店 56・20》："凡盍日，利以折（製）衣裳（裳）、𧞬褲，折（製）布壽（褐），為門膚（閽）。"

 曾侯鐘架　　曾侯鐘架　　曾侯鐘架

【注】從竹壽聲，可能是箮、蕙之異體。●讀姑。曾侯器"箮肆"讀姑洗，樂律名。

 曾侯鐘架　　 曾侯鐘架　　曾侯鐘架

【注】從刀箮聲。●讀姑。同"箮"字。

 散氏盤　　散氏盤

【注】從水壽聲，"灂"字省體。《説文》無。《集韻》："灂，水名。"●古水名。《散氏盤》："自灂涉目（以）南，至于大油。"

 清華九・廼命二 12

【注】從見壽聲。●讀憲，法也。《清華九・廼命二 11》："母（毋）或聖（聽）告敔（臚）言，乍（作）頯（美）亞（惡）取為覵（憲），用以加惪（德）於外。"詳"敔"字。

 清華一・皇門 4　　清華一・皇門 13　　清華十・四告 19　　六年

陽城令戈　秦公鎛　　秦印 210　　睡簡・秦種 193　　（　　）陶彙 6・100

【注】從心壽聲。《説文》："𢖔，敏也。從心從目，害省聲。""敏也"當為引申義。●人名。《秦公鎛》："剌剌（烈烈）邵文公、靜公、憲公，不象于上。"●效法。《清華一・皇門 4》："王用又（有）監多憲。"王用有監，言王因此而有所鑒。《詩・崧高》："文武是憲。"●《睡簡・秦種 193》："侯（候）、司寇及羣下吏毋敢為官府佐、史及禁苑憲盜。"憲盜，一種補盜的職名。《法律答問》1 號簡作"害盜"。侯、司寇以及眾下吏，都不准作官府的佐、史和禁苑的害盜。●秦印"憲倚"姓氏。

 里耶 8・665

【注】從言憲聲。●簡文"亭讞當論",《校釋》疑從言從慢省,"謾"之異體,欺瞞的意思。論,定罪。

籤 楚  天津藝博藏古璽印選 11　 清華十一·五紀 55

【注】從竹憲聲。或憲省聲。●讀憲,法令。《清華十一·五紀 55》:"后乃永難（歎）,朙（乂）籤（憲）於㝵（官）又（有）事曰。"●楚璽人名。

害 楚  郭店·緇衣 46

【注】從卜害聲,疑"筮"字或體。●讀筮。《郭店·緇衣 46》:"龜害（筮）猷（猶）弗智（知）,而皇（況）於人唬（乎）？"

割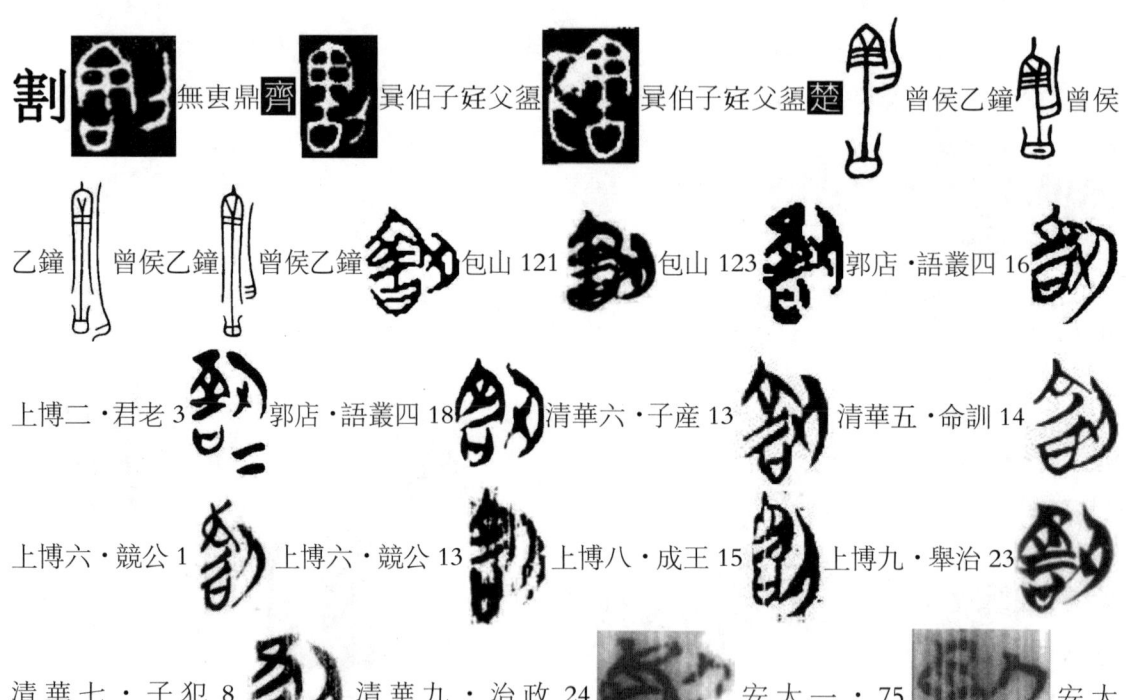

無敄鼎 齊　異伯子㝵父盨　異伯子㝵父盨 楚　曾侯乙鐘　曾侯乙鐘　曾侯乙鐘　曾侯乙鐘　包山 121　包山 123　郭店·語叢四 16　上博二·君老 3　郭店·語叢四 18　清華六·子產 13　清華五·命訓 14　上博六·競公 1　上博六·競公 13　上博八·成王 15　上博九·舉治 23　清華七·子犯 8　清華九·治政 24　安大一·75　安大一·76 秦　睡簡·為吏 29

【注】從刀害聲,與小篆同。《說文》:"割,剝也。從刀害聲。"本義用刀分解牲畜。●讀匄,祈求。《無敄鼎》:"用割（匄）眉壽。"高田忠周謂割從害聲,害字經傳多假借為曷,曷從曰匄聲,因此割、匄通用。（《古籀篇二十八》）●讀姑。《曾侯乙鐘》:"割肆之清官。"割肆,楚國音律名,相當于傳統律名姑洗。割、姑,肆、洗,均屬聲近假借。●人名,讀害。《包山 121》:"蘁里人競不割（害）。"●讀害,災害、禍患。《郭店·語叢四 18》:"女（如）酒（將）又（有）敗,殹

2220

（雄）是為割（害）。"●《睡簡·為吏16》："三曰擅袈割。"袈割，裁決、決定。●讀會。《上
博六·競公13》："命割（會）痰不敢監祭，梨丘虞（據）不敢監正。"割痰，讀會讒，春秋時齊
景公寵臣。

楚 曾侯鐘架 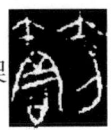曾侯鐘架 曾侯鐘架 曾侯鐘架 曾侯鐘架

信陽2·4 曾侯石磬

【注】從竹割聲。●讀蓋。《信陽2·4》："紡箇。"●曾侯器讀姑。或作"割""箇"。

楚 清華八·邦政10

【注】從艸割聲。●讀芥。《邦政10》："則貝（視）亓（其）民女（如）埠（草）蓟（芥）矣。"
"蓟"匣母月部，讀為見母月部之"芥"。《詩·七月》"以介眉壽"，《無叀鼎》作"用割眉壽"。
《左傳》哀公元年"以民為土芥，是其禍也"，杜注："芥，草也。"

楚 包山95 郭店·緇衣37 上博五·鮑叔8

【注】從戈害聲，"割"字或體。●讀蓋，語氣詞。《郭店·緇衣37》："《君奭》員（曰）：'昔才
（在）上帝，戲（蓋）紳觀文王惪（德），其集大命于乒（厥）身。'"《君奭》説："過去上帝，
大概嘉勉文王的德行，將大任集中在他身上。"●讀害。《包山95》"邵無戲"讀"邵不害"，"不
害"為習見人名。

匣紐曷聲

曷 楚 清華十·四告35 清華十·四時22 齊 陶彙3·916 晉 類編

398

【注】從日匂聲。西周中期《五祀衛鼎》"剔"作，其聲符即從匂。曷或訛為（西周晚期《剔
伯簋》所從）、（中山王豐壺所從）、等形。戰國秦系文字作（雲夢秦簡"謁"所從），
小篆訛為從曰匂聲。戰國文字中"曷"的聲符"匂"變化豐富。《説文》："曷，何也。從曰匂聲。"
漢代文字"渴"作，訛作形，遂為隸書"曷"所本。●讀害。《璽彙1536》"孫女曷"讀
"孫毋害"。印文作合文。●讀竭。《清華十·四時22》："大丼（井）用曷（竭），西風啟。"

剔 五祀衛鼎

【注】從卩曷聲。●姓氏，疑讀葛。《五祀衛鼎》："丼（邢）人𡚁屖。"

秦編 359、秦印 47

【注】從言曷聲。●讀遏，制止。《睡簡·為吏 1》："謁私圖。"●呈報、報告。《睡簡·秦種 16》："將牧公馬牛，馬牛死者，亟謁死所縣。"●要求、請求。《睡簡·答問 102》："免老告人以為不孝，謁殺。"●秦印"謁者之印""中謁者""西方謁者"等均為官名。謁者，《漢書·百官公卿表》載郎中令的"屬官有大夫、郎、謁者，皆秦官"。謁者為帝王侍從官員，掌賓禮司儀，接待引見賓客，宿衛宮廷，亦有奉命出使之責。

【注】從邑曷聲。●讀葛，氏名。《四年春平相邦鈹》："四年，春平相邦𨜈得。"

887

【注】從欠曷聲。●古文字均為人名。

【注】從門歇聲。●人名。

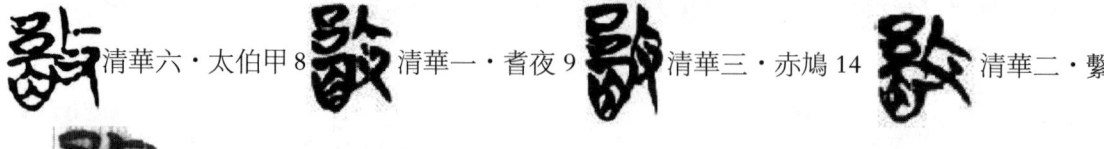

年 2 安大一 106

【注】從攴曷聲，或疑"揭"之異文。●讀撤，訓為拆除、毀壞。《清華三·赤鳩 13》："句（后）女（如）𢾫（撤）屋，殺黃它（蛇）與白兔。"●讀轍，車轍。《郭店·緇衣 40》："句（苟）又（有）車，必見其𢾫（轍）。"●讀轍，軌跡。《清華一·耆夜 9》："月又（有）𡉈（成）𢾫（轍），𢦏（歲）又（有）𠜱（臬）行。""臬"字古有極、準則、標準、法度之義，字亦作"藝"（如《左

傳》昭公十三年"貢之無藝"、文公六年"陳之藝極"、《禮記·禮運》"故功有藝也"等）。"臬行"即標準恆常的道路的意思，"成轍""臬行"正相對為文。●讀烈。《清華六·太伯甲8》："乃東伐齊鄾之戎為敭（烈）。""徹""列"透來旁紐雙聲、同月部疊韻音近。"列""烈"古音同。"為烈"謂建立功業。●讀巇。《清華二·繫年2》："卿士、諸正、萬民弗忍於厥心，乃歸厲王於敭。""巇"字古音亦歸祭部（月部），與徹聲相通。●讀徹，引申為通達、通曉。《上博七·凡甲18》："糸（奚）胃（謂）少（小）敭（徹）？"《説文》："徹，通也。"《列子·湯問》："汝心之固，固不可徹；曾不若孀妻弱子。"●讀曳。《安大一106》："子又衣常（裳），弗敭（曳）弗迿（婁）。"《毛詩》作"弗曳弗婁"。毛傳："婁亦曳也。"上古音"敭"屬透紐月部，"曳"屬喻紐月部，音近可通。上博簡《周易》"見車遏"，今本作"見車曳"。阜陽漢簡作"裻"，亦與"敭""曳"音近。

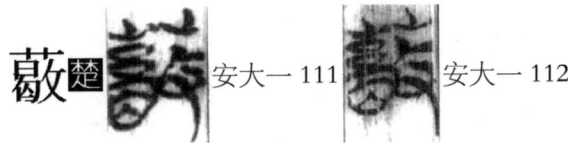

敭 楚 安大一 111　　安大一 112

【注】從艸敭聲。●讀枿。《安大一111》："又敭（枿）者芏（杜），生於道左。"上古音"敭（撤）"屬透紐月部，"枿"屬定紐月部，音近可通（參《古字通假會典》第六三四頁）。

轍 楚 上博一·緇衣 20

【注】從車敭聲，"轍"字異體。●讀轍，車轍。《上博一·緇衣20》："句（苟）又（有）車，扑（必）見其轍（轍）。"

遏 楚 上博三·周易 32　　秦 睡簡·日甲 158 背　　里耶 8·145　　印增

67

【注】從辵曷聲。●讀曳，拖拉。《上博三·周易32》："六晶（三）：見車遏，丌（其）[牛攸]，[丌人天劓劀]，[亡初有終]。"簡本"遏"，今本作"曳"、馬王堆帛本作"𢮋"、阜陽漢簡本作"渫"，皆一音之轉，四字上古音同在祭部。●《説文》："遏，微止也。"《睡簡·日甲158背》："律律弗遏自行，弗敲（驅）自出。"《爾雅·釋詁》："遏，止也。"

碣 晉 溫縣

【注】從止曷聲。●義不詳。

𩖂 楚 包山 89

【注】從夷曷聲。●人名。

竭 晉 璽彙 3003　　溫縣 秦 璽彙 0182　　秦印 207

【注】從立曷聲。●戰國文字均為人名。

堨 晉 璽彙 3454

【注】從土曷聲。●晉璽人名。

楬 晉 三年閏令戈 璽彙 1046 秦 圖典 104　秦印 111　關簡

211 里耶 8 · 92

【注】從木曷聲。●《圖典 104》"楬"。《説文》："楬，楬櫫也。"《周禮·秋官·蠟氏》："若有死於道路者，則令埋而置楬焉。"鄭玄註引鄭司農曰："楬，欲令其識取之，今時揭櫫是也。"《周禮·秋官·職金》："職金，掌凡金玉、錫石、丹青之戒令。受其入征者，辨其物之媺惡，與其數量，楬而璽之。"鄭玄註引鄭司農曰："楬，書其數量，以著其物也。"因此，此璽乃官璽，為職金所用之璽。●《關簡 211》："所言者分楬事也。"楬，作標誌用的小木樁。●晉文字人名。

渴 楚 清華五·厚父 5　　清華八·八氣 2　　清華八·八氣 1　　清

華八·八氣 1　　清華八·八氣 2　　清華十·四時 1　　帛書乙 晉 中

山王嚳壺　　璽彙 0816　　璽彙 1303　　秦 圖典 402

【注】從水曷聲。楚帛書為省文。《説文》："渴，盡也。從水曷聲。"本義窮盡，古文渴、竭常通用。段玉裁注："渴竭古今字。古文竭字多用渴。今則用渴為潡字矣。"●古文字多讀竭，完、盡、窮盡。《中山王嚳壺》："貯渴（竭）志盡忠，以猲（佐）右厗（厥）闢（辟）。"文獻亦多以渴為竭。《周禮·地官·草人》："凡糞種，騂剛用牛，……渴澤用鹿。"孫怡讓正義："渴澤，猶竭澤也。"《清華五·厚父 5》："王酒渴（竭）愧（失）其命。"即"王已經盡失天命。"《清華八·八氣 1》："自癹（發）燹（氣）之日二旬又五日木燹（氣）渴（竭）。"《帛書甲》："山陵亓（其）癹（廢），有冎（淵）厗（厥）渴（竭）。"

【注】從人曷聲。●人名。《叔偈父觶》："弔（叔）偈父乍（作）姜。"●《清華八・攝命7》："女（汝）母（毋）敢怙偈（匄）余曰乃婋（毓）。"偈，整理者讀匄。該字右上從勹，即《清華八・攝命14》"亦則勹逆于朕"之"勹"。故當讀匄。匄余，乞見王。毓子、胄子是"攝"的身份，是乃家禮；於君臣則只能是牛馬走之"御事"，見君不可以稱"毓子"作憑恃。

【注】從門曷聲。●均為人名。

【注】從食曷聲。●晉璽人名。

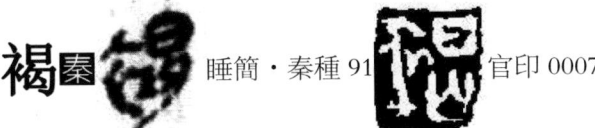

【注】從衣曷聲。●《睡簡・封診90》："受（授）衣者，夏衣以四月盡六月稟之，冬衣以九月盡十一月稟之，過時者勿稟。後計冬衣來年。因有寒者為褐衣。"《漢書・貨殖傳》："短褐不完。"顏師古注："褐，編枲衣也。"《説文》："枲，麻也。""褐衣"是用枲即粗麻編製的衣服，是刑徒所用的，由政府製作後在每年九月由大內及各縣發放。秦代刑徒既多，則褐衣的需要量必大。●《官印0007》"右褐府印"當是制作、管理褐衣的機構，屬大內。褐府分左右，猶如庫稱左車、右庫。所以，璽文之"右褐府"，既是府庫名，又是職司機構名。

【注】從刀曷聲。●國名，或讀葛。《剔伯簠》："剔白（伯）乍（作）孟姬簠。"

【注】從艸曷聲。《璽補236》字內加飾點，可參看"揭"字。●《圖典368》"綸葛"，人名。●《璽補236》"葛君"，姓氏。秦印"諸葛"，複姓。

【注】從貝曷聲。●讀匃。《清華九‧迺命一9》："母（毋）或氣（乞）賜（匃）叚（假）貣（貸）。"●晉器人名用字。

見紐介聲

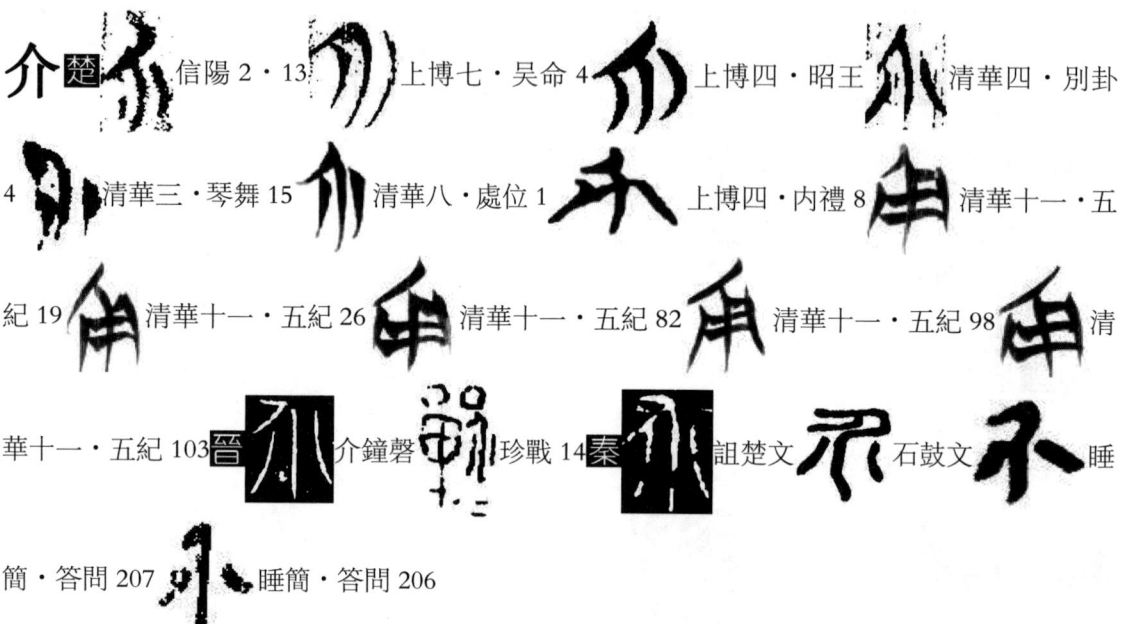

介楚 信陽2‧13　上博七‧吳命4　上博四‧昭王　清華四‧別卦4　清華三‧琴舞15　清華八‧處位1　上博四‧內禮8　清華十一‧五紀19　清華十一‧五紀26　清華十一‧五紀82　清華十一‧五紀98　清華十一‧五紀103晉　介鐘磬　珍戰14秦　詛楚文　石鼓文　睡簡‧答問207　睡簡‧答問206

【注】甲骨文作 ，象人衣甲之形， 象甲片，古之甲衣以聯革為之。楚簡有一類訛變形體，鄔可晶釋為"介"。（《釋清華簡《五紀》的"介"》）戰國文字"介"一般作"人"左右加兩點之形，但也有"人"上加一短橫繁化為"千"而作 者（忦）。如果把"人"上短橫與左右兩點連起來，就會進一步變成∐形。∐變為 、又加飾筆作似"用"之形，是古文字中眾所熟知的變化，不煩贅舉，"尢"旁便是一例。●《介鐘磬》："介鐘右八。"介鐘，讀夾鐘，古十二樂律中六陰律之一。《周禮‧春官‧大司樂》："乃奏無射，歌夾鐘。"鄭玄注："無射，陽聲之下也，夾鐘為之合。夾鐘，一名圜鐘。"●《清華四‧別卦4》讀豫，即"豫"卦。帛書作"餘"，秦簡作"介"，上博簡作"余"。"介"屬月部見母，"豫"屬魚部喻母，魚、月通轉，見、喻牙喉音，音近可通。●讀匃，求。《清華三‧琴舞15》："介（匃）罜（澤）寺（恃）惪（德），不畀甬（用）非頌（容）。"祈求上天恩德要憑藉德行，上天不會賜恩德給使用錯誤禮儀的人。●馬甲。《石鼓文》："田車孔安，鋚勒馵=，四（駟）介既簡。""四（駟）介既簡"之"簡"當讀為"揀"，是說駕車的四馬之甲既已簡（揀）擇。●《詛楚文》："禮佻介老，將之以自救也。""介老"猶《秦誓》"若有一介臣"之介。介老者，介胄之老也。故下言將之以自救。介臣、介老皆秦人習語。●《珍戰14》為"介單"合文。介單，地名。●讀紒。《儀禮‧士冠禮》："將冠者，采衣，紒。"鄭玄注："紒，結髮，古文紒為結。"《上博四‧內禮8》："父母又（有）疾，晃（冠）不介，行不頌。"《內禮》是說因父母有疾，君子就"冠而不結髮"了，此即《禮記‧曲禮》"父母有疾，冠者不櫛"之意。田煒釋為"奐"，讀為"綰"，訓"綰繫"。按釋"奐"字形上固可成立，但訓"繫""結"的"綰"的用例偏晚，如《漢語大字典》"綰"的"繫掛；佩戴"義項下所舉最早書證為《漢書‧周勃傳》，而且"繫掛"的意思與"繫結"也還有距離；《漢語大字典》"將頭髮等條狀物繫結起來，或盤打成結"的義項下所舉最早書證為唐代劉禹錫

《楊柳枝詞九首》之七，上古"綰"當無此義。●清華簡《五紀》釋為"介"，其文義都能順利講通。《清華十一·五紀82》："南介右肩，東介左肩；北介左踝（髀），西介右踝（髀）。"這實際上是以"四介"比擬"左右肩""左右踝（髀）"的骨頭位置。"介"指副手、輔助之人，乃是"夾輔"之"夾"的名詞形式。黃帝的"四介"當與甲骨卜辭所見"帝五丰（介）臣""帝五丰（介）"相類。

奚介 _楚 清華二·繫年30　　清華二·繫年31　　清華二·繫年32

【注】疑從奚從介，雙聲字。●讀奚。簡文"奚介脊"，讀"奚齊"，驪姬之子。或釋為"緐"。

汭 _楚 新蔡甲三21　　新蔡甲三23

【注】從水介聲。●《新蔡甲三21》："邵（昭）告大川有汭。""有汭"，當為大川神名，未詳。

斺 _秦 里耶8·1608

【注】從攴介聲。●"田官斺"，人名。

价 _楚 上博二·容成14

【注】"介"之繁文。●《上博二·容成14》："舜於是乎始免藜（笠）、杜（鉏）、耨、菨（鍤），价而坐之。"疑讀謁，"謁"是影母月部字，"介"是見母月部字。

棶 _楚 清華六·太伯甲6　　清華六·太伯乙5

【注】從林价聲。●讀制，地名。《清華六·太伯甲6》："輮車襲棶。"指鄭桓公遮擋戰車，掩人耳目，輕裝突襲，攻下制邑。"介"是見母月部字，"制"為章母月部字，古音相近，可通。或謂"灓"字的異構，此讀虢。

羿 _楚 上博四·柬旱15 _晉 璽彙3940　　璽彙3041

【注】從羽介聲，"蓋"字異體。古音盍聲、介聲相通。《說文·大部》："奌，大也。從大，介聲。讀若蓋。"蓋或以羽為之，故"羿"字從羽。《周禮·春官·巾車》："輦車，組輓，有翣，羽蓋。"鄭注："有翣，所以禦風塵。以羽作小蓋，為翳日也。"●讀蓋，以避雨日。《上博四·柬旱15》："君王母（毋）敢戔害羿。"整個行禮過程中君王不敢撑着大傘蓋。●晉璽"羿沽""羿從"，疑為姓氏。

忿 燕 璽彙 1289 晉 二年州句戈

【注】從心介聲。●均為人名。《二年州句戈》："二年，州句☒☒忿工帀（師）犢☒。"

役 楚 清華四・別卦 6

【注】從殳介聲。●讀夬，即"夬"卦。上博簡作"夬"。介、夬都是月部見母字，可通。

芥 秦 睡簡・秦種 126、 秦印 15 秦駰玉牘

【注】從艸介聲。●讀玠。《秦駰玉牘》："小子駰敢以芥（介）圭、吉璧、吉叉（瑤）。"芥，讀介。"介"又作"玠"。《說文》："玠，大圭也。"●讀介，覆蓋。《睡簡・秦種 126》："及不芥（介）車。"●秦印"芥歐""芥癃"，讀介，姓氏。

疥 楚 新蔡甲三 28 新蔡甲三 291

【注】從疒芥聲。●讀疥，一種皮膚病。疥，《說文》瘙也。《新蔡甲三 198》："戲（且）疥（疥）不出，目（以）又（有）痦，尚速出，毋為忧。"

矤 楚 上博三・周易 14

【注】從矢介聲。●讀介，耿介。《上博三・周易 14》："矤（介）于石，不冬（終）日，貞吉。"

笝 楚 信陽 1・4 上博四・柬旱 2

【注】從竹介聲，不見於字書。●《信陽 1・4》："相保如笝。"何琳儀先生疑"笝"為"个"之異文，引唐本《說文》："个，半竹也。"釋"相保如笝"意為"如半竹之獨守。"●讀蓋。《上博四・柬旱 2》："龜尹智（知）王之庶（炙）於日而疠（病），笝（蓋）悆愈迲。"孟蓬生、周鳳五、陳偉均讀為"蓋"即"傘蓋"，蔽雨日之用。

庎 晉 趙孟介壺

【注】從广介聲，人形訛為ㄱ形。庎，《說文》無。《集韻》："音介。所以庋食器也。"本義放置食物等的擱板或架子。●讀介，副、從屬，典籍作"介"。《趙孟介壺》："禺（遇）邗王于黃沱（池），為趙孟庎（介），邗王之悬（賜）金，台（以）為祠器。"何琳儀說："器主趙孟庎則是隨同晉定公的上卿趙孟的屬官。庎讀為介，介訓副。"（《戰國文字通論》110 頁）

 秦 四年相邦張儀戈  睡簡‧答問 186

【注】從田介聲。●田界、界限。《睡簡‧答問 186》："越里中之與它里界者。"

疥 楚  包山 114 晉 十四年雙翼神獸  十三年右使車工疥勺  十

四年鳳方案  右使車箕  璽彙 1028  類編 258 秦  、 、

 印增 295

【注】從疒介聲。●古文字均為人名。《十四年雙翼神獸》："工疥。"

瘟 楚  上博六‧競公 1 上博六‧競公 2

【注】從虫疥聲。●讀疥。《上博六‧競公 1》："齊競（景）公瘟（疥）戲（且）瘲（瘧），叟（逾）
戠（歲）不已。"景公患了疥病，之後又加上瘧病。

見紐劍聲

薊 秦 印增 21

【注】从艸劍聲。●秦印"薊鼠"，姓氏。《鄭通志‧氏族略》亦收載，其注云："邑名，在燕
地。《神仙傳》有薊子訓。望出内黄。"

見紐丯聲

丯己觚 乙亥簋 燕 鷹節 雁節 晉 右卜朕鼎

【注】甲骨文作𡊮、𡊩、𡊭、𡊰，從木（或木之省形），彡，表示在木上契刻。戴侗曰："丯即契
也。又作㓞，加刀，刀所以契也。古未有書，先有契，契刻竹木以為識，丯象所刻之齒。"因此，
丯、㓞、栔（契、栔二字古代通用）當同字。丯為本字，㓞、栔均為後起字。金文訛變為三橫
畫。《說文》："丯，艸蔡也。象艸生之散亂也。凡丯之屬皆從丯。"許慎訓為草蔡，屬臆説。本
義當為契。由于"丯"作了偏旁，其義便另加形符寫作"契"。如今作了偏旁，凡從"丯"的字

皆與契刻有關。●玉一系，當為本義之引申。《説文》作"珏"，典籍作"瑴"，為晚出形聲字。《乙亥簋》："王易（賜）雋氋玉十丯、章（璋）一。"●族氏名。見于《丯己觚》。●讀契，約也。《鷹節》："逦（傳）虞（遽）帚戉吴（郵）舟（造）右丯（契）。"《禮·曲禮》獻粟者執右契。《注》兩書一契，同而別之。

 父乙爵　　女丯方彝

【注】從宀丯聲，"寎"之初文。寎，《説文》靜也。《倉頡篇》安也。●人名。《女丯方彝》："母丯者帚（婦）。"

 師同鼎　　　契父乙鼎　　八年首垣令戈

【注】甲骨文作刧，從丯從刀，會以刀契刻之意；丯兼聲。《契父乙鼎》從二丯從刀（上有腓子形），增止繁化，可視為"刧"之繁文。《説文》："刧，巧刧也。從刀丯聲。凡刧之屬皆從刧。"本義為契刻。●讀契，記載、記録。《師同鼎》："折首執訊，孚（俘）車馬五乘，大車廿、羊百，刧（契）用浩（造）王養于眶。"刧（契）用，即記録戰績。刧，馬承源讀為牽，刧、牽皆見紐，聲之假借。銘意為，師同將所俘之羊一部份牽以進奉于王，一部份圈養于眶作為犧牲（詳《商周青銅器銘文選》324頁）古代牛羊作犧牲是要特殊系養的，《周禮·地官·牧人》："凡祭祀，共其犧牲，以授充人系之。"《周禮地官》："充人，掌系祭祀之牲牷。"又《周禮》地官序："充人。"鄭玄注："充，猶肥也。養系牲而肥之。"

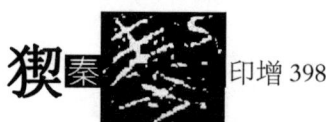 朻氏壺　　睡簡·日甲35背　　秦陶487

【注】從大刧聲。●讀朻。《廣韻》："瓶受一斗者。"《類篇》："北燕謂瓶為朻。"《朻氏壺》："朻氏福及，歲賢鮮于（虞），可（何）是金朻，盧（吾）台（以）為弄壺。"●讀潔。《睡簡·日甲35背》："喜朻（潔）清。"

 印增398

【注】從犬契聲。聲符省為刧。漢印作秡（封編891），同。●人名。

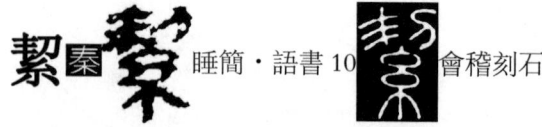 睡簡·答問83　　印增77

【注】從齒刧聲。●咬也。《睡簡·答問83》："齭斷人鼻若耳若指若脣，論各可（何）（也）？"●秦印人名。

契 睡簡·語書10　　會稽刻石

【注】從糸刿聲。●讀潔。《睡簡·語書10》：“不廉絜（潔）。”

 秦駰玉牘　　　秦駰玉牘

【注】從水絜聲。●廉潔。《秦駰玉牘》：“潔可以為瀗（法），清可以為正。”●潔淨。《秦駰玉牘》：“絜之。”

 類編264　　　戰表1085　　　印封671

【注】從广起聲。●秦印人名。

 析君戟

【注】從金丯聲。●讀戟。詳“戟”字。

 新鄭144　　　六年襄城令戈　　　十年洱陽令戈

【注】從戉丯（丯實際是戈、丯合體）聲。●讀戟。詳“戟”字。

 武城戟　　子禾子左戟　　平阿左戟　　子淵鼄戟　　大亙公戟

包山273　　包山61　　包山269　　包山牘1　　曾侯迺戟

新佲戟　　包山61　　包山269　　包山273　　七年戟

【注】從戈丯聲。為戈、丯組合成形。●多讀戟，詳“戟”字。●讀格。《包山61》：“戜戜（格）於長梥（沙）公之軍。”秦文字用“挌”“格”表示鬥格之格，楚文字用“各”“戜”表示鬥格之格。●包山簡作，李家浩釋為戟，為“戜”之省文；簡文讀戟。據此《七年戈》之亦當釋為戟。《七年戈》：“七年，导工戜，冶左自（師）。”為人名。

戲曹子傀戟

【注】從乚戟聲。●讀戟。

錻齊　齊城左戟　　陵右戟　　齊城右造戟

【注】從金戟聲。●讀戟。詳"戟"字。

愾齊　陶彙 3·41

【注】從心戟聲。●齊陶人名。

膱齊　陶彙 3·323　　陶彙 3·324

【注】從肉戟聲。●齊陶讀棘，地名。《左傳·昭公十年》："桓子召子山，私具幄幕器用從者之衣屨，而反棘焉。"在今山東臨淄西北。

㮚楚信陽 2·18

【注】從木從攴丰聲，"㮚"字或體。●讀簶。"柧㮚"讀虡簶，詳"柧"字。

恚燕陶彙 4·43

【注】從心丰聲，疑"㤅"之省文。●燕陶人名。

達楚郭店·緇衣 38　　郭店·緇衣 39　　上博五·弟子 5　智　璽彙 3450

【注】從辵丰聲。●讀格，訓正。《郭店·緇衣 38》："君子言又（有）物，行又（有）達（格）。"●讀略。《郭店·緇衣 39》："精智（知），達（略）而行之。"今本作"格"。"丰"與"格"古音通轉，格、略同源字。精心學習知識，取精要而實行。●《璽彙 3450》"達相如"，姓氏，應讀

郤；字或作郊。上博簡《姑成家父》篇多見的"三郤"之"郤"寫作埄，可分析成從土㞷聲。
先秦時期作為姓氏用法的"郤"字極為常見。

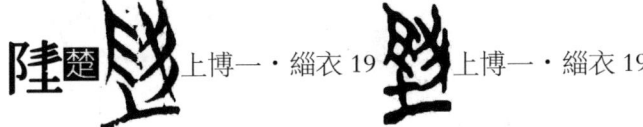
陸 [楚] 上博一‧緇衣 19　上博一‧緇衣 19

【注】從阝㞷聲，土為贅符。●郭店簡作"迣"，讀格。《上博一‧緇衣 19》："君子言又（有）
物，行又（有）陸（格）。"行動有規矩。

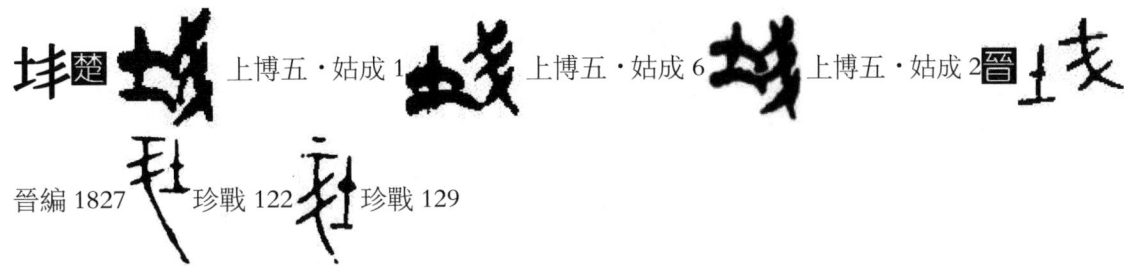
埄 [楚] 上博五‧姑成 1　上博五‧姑成 6　上博五‧姑成 2 [晉]
晉編 1827　珍戰 122　珍戰 129

【注】從土㞷聲。●讀郤，姓氏。或作郊。李朝遠說："'郤'，簡文作'埄'，從土、從㞷，㞷
亦聲。《說文‧㞷部》：'㞷，艸蔡也，象艸生之散亂也……讀若介。'段玉裁注：'凡言艸芥皆㞷
之假借也，芥行而㞷廢矣。''芥'、'介'上古音為月部見母入聲，'郤'為鐸部溪母入聲；溪、
見旁紐，鐸、月通轉，故'㞷'通'郤'。"（《上海博物館藏戰國楚竹書（五）》241 頁）晉璽亦
為姓氏。

邦 [晉] 圖典 438　圖典 289　圖典 438

【注】從邑㞷聲。●讀郤，姓氏。

撵 [楚] 清華一‧祭公 1　清華一‧祭公 7　清華一‧祭公 2　清華
一‧祭公 21

【注】從戲省㞷聲。●讀祭。"㞷"見母月部，與"祭"通假。《清華一‧祭公》"撵（祭）公"
為人名。"祭公"乃周公之後，周穆王時期的重臣。祭，《禮記‧緇衣》中對應之字作"葉"，可
見"祭"與"葉"聲音接近。

曁 [楚] 秦景公石磬

【注】從曰從卜㞷聲。●整理者吳振烽讀協。

見紐勹聲

勹 伯陶鼎 或者鼎 此簋 師𨔰父鼎 己侯貉子簋 臣諫

簋 克鐘 㝬簋 召叔山父簋 善夫山鼎 楚 清華八·攝命

14 秦 秦陶 1109 秦印 246 里耶 8·157

【注】甲骨文作 、 、 、 ，從刀從亡，會意不明。金文同甲骨文。小篆將刀變為勹，隸變後寫作"勹"，如今規範化寫作"丐"，"勹"則廢而不用。《說文》："勹，气也。逮安說：亡人為勹。"本義乞求。有求則有予，故可反訓為給予，此義後用"給"來表示。●意為乞求、祈求。《蔡姞簋》："用旂（祈）勹眉壽。"《廣雅·釋詁》："勹，求也。"《不嬰簋》："用勹多福。"用勹，金文習語，用以乞求、祈禱。《克鐘》："用勹屯叚（純嘏）永令（命）。"●讀害。《牆盤》："天子𧵣（眉）無勹（害）。"無害，是古代的一個成語，猶言"無比"。眉無勹，就是眉壽無比，與金文習見的"眉壽無疆"一樣。●讀遏。《清華八·攝命14》："乃亦佳（唯）肇愳（謀），亦則勹（遏）逆于朕，是佳（唯）君子秉心。"簡文是說汝謀度國事，可以抵迕於我，只是希望君子秉心。

貟 叔子㝬盨 齊 陳逆簋 戰表 863

【注】從貝勹聲，貝為疊加之義符。●讀勹。《叔子㝬盨》："目（以）貟（勹）羕（永）令（命）是保。"《陳逆簋》："以貟（勹）羕（永）令（命）湏（眉）壽。"

匋 楚 安大一 44

【注】從酉勹聲。●讀歊。《安大一 44》："象車縊（鸞）麾（鑣），載監（獫）匋（歊）喬（驕）。"《毛詩》作"載獫歊驕"。

坒 楚 包山 145

【注】從壬勹聲。●讀葛，姓氏。《包山 145》："郙客坒困羹之宮犬敔雁。"

郇 齊 璽彙 2195、 圖典 182

【注】從邑匂聲，疑"鄒"之異文。●齊璽"邹正里""邹夠""邹蘆"，讀葛，姓氏。

邁 楚 清華一·尹誥 1

【注】從艸從人從心匂聲。●讀遏，阻止、禁絕。《清華一·尹誥 1》："顕（夏）自邁亓（其）又（有）民，亦佳（惟）氏（氒—厥）衆。"即夏傑自絕其民。《尚書·湯誓》："夏王率遏眾力。"《尚書·呂刑》："遏絕苗民。"

傻 楚 傻 清華十·四告 2

【注】從人從女匂聲。●讀竭。《清華十·四告 2》："又（有）殷競哉（蠚）不若，傻（竭）佻（失）天命。"整理者注："'傻'字右上部分疑為'匂'，讀為'竭'。清華簡《厚父》第五—六簡：'王乃渴（竭）佻（失）其命，弗甬（用）先劂（哲）王孔甲之典刑。'《厚父》此句亦見於《書·君奭》，《漢書·王莽傳》亦有引用。從用字習慣和文意看，簡文都應讀為'竭失'。"

枭 楚 上博五·鬼神 2   上博五·鬼神 2

【注】從木匂聲。李守奎、張峰先生認為，"匂"與"枭"都是牙音月部字，古音極近，楚文字中"枭"以"匂"為聲符。而"匂"旁有時的訛變得與"亡"等同形。（李守奎、張峰《說楚文字中的"枭"與"傑"》）●讀傑，夏傑。

傑 楚 曾侯乙鐘   輯證 187·4   璽彙 3501   郭店·尊

德 6   包山 132   上博二·容成 35   上博七·君甲 8   上博七·君乙 8

清華五·三壽 17   上博四·曹沫 65   清華五·湯丘 14

【注】從人枭聲。"傑"的楚文字寫法。●讀夾。曾侯器"傑鐘"讀夾鐘。《說文》"竭"，"讀若瘞葬"可證。《禮記·月令》："（仲春之月）其音角，律中夾鐘。"鄭玄注："夾鐘者，夷則之所生，三分益一，律長七寸，二千一百八十七分寸之千七十五。"《史記·律書》："夾鐘者，言陰陽相夾廁也。"●讀傑。《上博二·容成 35》《郭店·尊德 6》《上博七·君甲 8》等均為人名，指夏傑。●讀揭，揭舉。《清華五·三壽 17》："均（徇）實傑（遏）悝（淫）。"傑，或釋為傑。《左傳·成公二年》："枭石以投人。"此"枭"分明是"揭"之假借字，當訓"舉"。《文選·謝靈運〈擬魏太子鄴中集詩八首·劉楨〉》："暮坐括揭鳴。"李注："《毛詩》曰：'雞棲於枭，日之夕矣，

牛羊下括。'毛萇曰：'雞棲於杙為桀。'括，至也。'桀'與'揭'音義同。"是"桀""揭"通用。**寞**，讀訐。"徇訐揭淫"是說遍示百姓以恥辱，揭舉邪惡之行，讓百姓知道什麼是恥辱，什麼是邪行。這也是教導的一種方式。

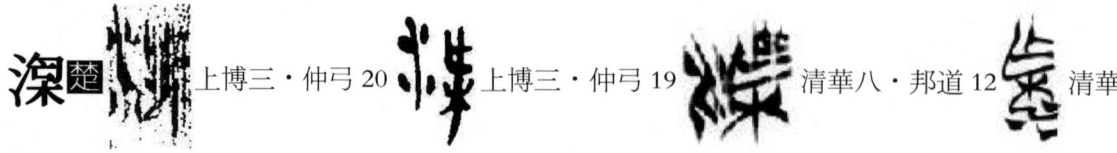

滐 楚 上博三·仲弓 20　　上博三·仲弓 19　　清華八·邦道 12　　清華

八·邦道 26　　上博二·容成 25　　上博九·陳公 17　　清華十·四時 12

【注】從水桀聲，"滐"的楚文字寫法。●讀渴。《清華八·邦道 12》："飢滐（渴）、寒昬（暑）、裻（勞）朕（逸）。"●讀竭，竭力。《上博三·仲弓 20》："滐（竭）其情。"●讀竭，竭盡、耗盡。《清華八·邦道 26》："古（故）萬民滐（慊）疒（病），亓（其）粟（粟）米六顟（擾）敗滐（竭），則價賣（賣）亓（其）臣臸（僕）。"《清華十·四時 12》："廿＝（二十）日玄蓫（絡）旦紳（陳），玄水乃滐（竭）。"●讀竭，訓為阻遏。《上博二·容成 24》："以陂明都之澤，決九河之滐。"或釋為淶，讀阻。楚文字枼、枀、宗混淆，唯據文意辨識。

旇 楚 包山 141　　包山 167　　包山 191　　上博五·鮑叔 8

清華七·子犯 15　　璽彙 2256　　包山 143

【注】從力桀聲。楚文字中"枼"和"桀"在形體上是有相混的現象的。●包山簡均為人名。●讀傑，夏傑。《清華七·子犯 15》："女（如）欲亡邦，則旇（桀）及受（紂）、刺（厲）王、幽王。"●讀璃。《上博五·鮑叔 8》："日旇内不為志（災），公蠚亦不為戠（害）。"讀為見母月部的"璃"。《開元占經》卷七有"日璃"，引石氏云："氣青赤，曲向外，中有一橫，狀如帶鉤，名為璃。"如淳："日刺日日璃。璃，決傷也。""日璃"被認為是嚴重的凶兆。李學勤隸為"旇"，讀為"差忒"之"差"。日有差忒，可以包含日食等多種異象。日旇，劉信芳先生讀為"蟒蚱"。蠚，讀癟，訓為肢體麻痹。這裏說蝗群卻沒有釀成災難，國君的病也不會給齊國帶來災難。

見紐夬聲

夬 楚 段簋 楚 郭店·老乙 14　　郭店·語叢一 91　　上博三·周易

38　　上博三·周易 39　　上博七·凡乙 5　　上博八·成王 15　　上博四·采

風 3 ▇ 包山 260　　▇ 上博八·成王 15　　▇ 上博九·舉治 31 秦 ▇ 睡簡·雜抄 27　　▇

睡簡·日乙 200

【注】甲骨文作▇，象右手套扳指（用象牙、獸骨或玉石、翡翠、瑪瑙等製成的圓環，套在右拇指上以利射箭時勾弦）之形，本義為射箭所戴的“扳指”。這個意義古書中寫作“決”“抉”或“玦”等，“夬”是這些字的表意初文。西周金文同甲骨文。戰國文字承襲商周文字作▇，扳指套于拇指，構形尤合。秦系文字訛為▇，與“史”相混。《説文》：“夬，分決也。從又，▇象決形。”今多用于偏旁。●人名。《段簋》：“孫孫子子萬年用亯（享）祀，孫子夬引。”●讀乖。《上博八·成王 15》：“民皆又（有）夬（乖）鹿（離）之心。”●讀決，決斷。《上博三·周易 38》：“君子夬=（夬夬），蜀（獨）行遇雨，女（如）霂又（有）▇（厲），亡（無）咎。”夬夬，決而又決，猶言“果斷剛毅”。●讀缺。《郭店·老乙 14》：“大成若夬（缺），其甬（用）不幣（敝）。”●讀袂。《包山 260》：“夬（袂）凶（輼）。”●讀決。《睡簡·日乙 197》：“東南夬麗，西南執辱。”夬麗，為同義復詞，亦可讀決離。●讀決，撕裂。《睡簡·答問 79》：“夬（決）其耳。”

袂 楚 ▇ 清華三·説命上 3

【注】從衣夬聲。●用為本義，衣袖、袖口。《清華三·説命上 3》：“隹（惟），帝以余畀爾，爾左執朕袂，爾右稽首。”

駃 秦 ▇ 睡簡·雜抄 27

【注】從馬夬聲。●《睡簡·雜抄 27》：“課駃騠，卒歲六匹以下到一匹，貲一盾。”駃騠，北翟之良馬。

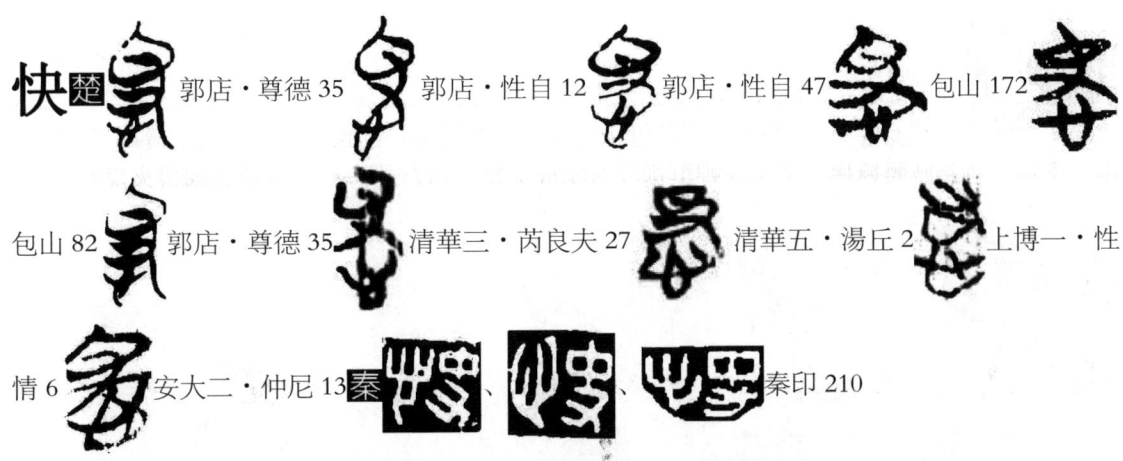

快 楚 ▇ 郭店·尊德 35　　▇ 郭店·性自 12　　▇ 郭店·性自 47　　▇ 包山 172

▇ 包山 82　　▇ 郭店·尊德 35　　▇ 清華三·芮良夫 27　　▇ 清華五·湯丘 2　　▇ 上博一·性

情 6　　▇ 安大二·仲尼 13 秦 ▇、▇、▇ 秦印 210

【注】從心夬聲。《上博一·性情 6》“夬”所從的“扳指”和“手”形調換了位置，扳指位下，右手位上，遂致形體與“右”近似。●痛快。《清華五·湯丘 2》：“目（以）道心▇（嗌），惜快目（以）恆。”《説文》：“惜，痛也。”“惜快”即病痛消除而暢快，今言“痛快”者即此意。●

2237

讀決。《郭店·尊德35》："快（決）不足以智（知）侖（倫）。" ●包山簡、秦印人名。 ●讀慧。
"慧""快"兩字古通。《老子》十八章"智慧出，有大偽"，《馬王堆漢墓帛書·老子甲本》"慧"
作"快"。《郭店·性自47》："又（有）亓（其）為人之快（慧）女（如）也，弗牧不可。"一個
人雖然天生聰慧，但如果不加強自身修養，也是不行的。

訣 楚  上博七·凡甲 17

【注】從言夬聲。 ●讀決。《上博七·凡甲 17》："旻（得）鼠（一）而思之，若并天下而訣（決）
之。"

抉 秦  睡簡·秦種 84

【注】從手夬聲。 ●撬。《睡簡·答問 30》："抉籥（鑰），贖黥。" ●挑。《睡簡·秦種 84》："抉
出其分。"

胅 楚  包山 175

【注】從肉夬聲。 ●包山簡人名。

鴃 楚  曾侯乙鐘　曾侯乙鐘

【注】從鳥夬聲。《説文》："鴂，寧鴂也。從鳥夬聲。"《正韻》或作鴃。 ●《曾侯乙鐘》："濁坪
皇之鴃。"銘意不詳，或疑讀缺。

聄 晉  璽彙 2441

【注】從耳夬聲。 ●晉璽人名。

翜 楚  包山 138　　包山 150

【注】從羽夬聲，疑"慧"字異體。 ●人名。

関 秦  菁華 130　　印增 603　　嶽麓一·占 43

【注】從門夬聲。●秦印"司馬闋"，人名。●讀闋。《嶽麓一·占43》："夢見斬足者，天闋欲食。""天闋"當為星名。《史記·天官書》："兩河、天闋間為關梁。"案其職掌，或應與刑罰有關。故夢見斬足者，天闋欲食。

 陜 秦 　睡簡·秦種119

【注】從阝夬聲。●讀決，破壞。《睡簡·秦種119》："及雖未盈卒歲而或盜陜（決）道出入。"以及雖未滿一年而有人私加破壞由之出入的。●讀決，崩缺。《睡簡·秦種118》："未卒歲或壞陜（決）。"不滿一年而牆壞。

 決 楚 　上博二·容成24　秦 　戰編746　睡簡·秦種6　睡簡·日乙24

【注】從水夬聲。●秦簡除日名。《睡簡·日乙24》："成決光之日。"●《睡簡·雜抄6》："決革，二甲。"決革，破傷皮膚。●疏通水道。《上博二·容成24》："以陂明都之澤，決九河之深（阻）。"

 疢 晉 　璽彙2981

【注】從疒夬聲。●晉璽人名。

 紸 楚 　九店56·123

【注】從糸夬聲。●義不詳。

 黙 楚 　包山74　包山152

【注】從墨夬聲。●人名。

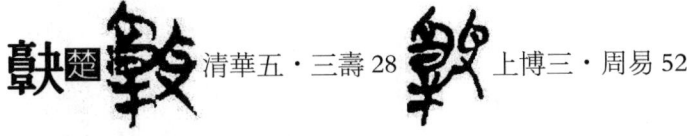 觖 楚 　清華五·三壽28　上博三·周易52

【注】從辜夬聲。●讀突。突，《說文》空貌。《上博三·周易51》："闔（闚）丌（其）床（戶），觖（突）丌（其）亡（無）人，晶（三）骸（歲）不覿，凶。"

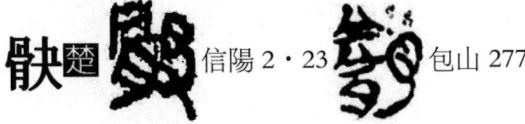 骺 楚 　信陽2·23　包山277

【注】從骨夬聲。●《信陽2·23》"又骺、緱、枕……"，當指一種物品，義不詳。●包山簡"一

骱、一縄組綏”，或讀決，扳指。

块楚 郭店·太一7　清華六·管仲20

【注】從土夬聲。或贅加口旁。●或可讀轍（月部端母）。《説文》：“映，啜或從口、從夬。”《清華六·管仲20》：“忘（恐）皋（罪）之不块（轍），而型（刑）之以方（放）。”“罪之不轍”，即罪不止。“刑之放”，“放”當解為恣肆。《孟子·滕文公下》：“湯居亳，與葛為鄰，葛伯放而不祀。”●讀缺。《郭店·太一7》：“龗（一）块（缺）龗（一）涅（盈），以忌（己）為薹（萬）勿（物）經。”

缺秦　里耶8·157

【注】從缶夬聲。●用為本義，缺乏、短缺。《里耶8·157》：“成里典、啟陵郵人缺。”

見紐欵聲

欵　師湯父鼎　欵簋

【注】從兯從欠，會人气逆之意。《説文》瘷、欵二字同。《説文》：“瘷，兯气也。從疒從兯從欠。瘷或省疒。”本義气逆病也。《金文編》注曰：“《説文》附于瘷下，云‘瘷或省疒’，然厥字從厂欵聲，則欵乃正字，不當附于瘷下。”●讀栝，箭栝。《師湯父鼎》：“易（錫）盛弓、象弭、矢臺、肜欵。”“欵”用為栝，當為假借字。郭沫若謂“乓”即栝之初形，然文獻未見。或説金文兯從倒矢，疑從欠聲，則兯本義與箭矢相涉。有學者謂，兯本作兯，蓋銅器下端有鑄造缺陷，遂誤為兯字。欠是人形，象人守干，仍當讀為干。肜干，即肜色的盾。●人名。《欵簋》：“欵乍（作）乓（厥）叚兩。”

橄秦　印增583

【注】從木欵聲。●人名。

厥秦　集證162·474

【注】從广（與厂作偏旁混同）欵聲。●秦印“王厥”，人名。早期秦文字多用“乓”為厥（代詞，六國文字亦然），馬王堆帛書則用“厥”為厥，當反映了晚期秦文字的特點。

瘷秦　印增294

【注】從疒欮聲。●人名。

檗秦 印增 218

【注】從木厥聲。●秦印"溫檗"，人名。

闕秦 珍秦 139 秦印 229

【注】從門欮聲。●秦印"闕弱""闕叔"，姓氏。漢代有闕栩；宋代有闕禮，高宗朝宦官；明代有闕清，平涼知府；清代有闕文，乾隆丁己進士；又有闕嵐，畫家。

見紐孑聲

孑 孑父乙爵楚 包山 122 包山 122

【注】楚簡或謂"竿"之省寫。（《楚地出土戰國簡冊十四種》60頁）●《包山 122》："孑敓（執）場（唐）賈。"劉信芳讀節，"孑執場賈"，即發節捉拿場賈。

竿楚 包山 80 包山 85 反 包山 148 包山 90

【注】從竹孑聲。●《包山 85 反》："既發竿，遝（將）目（以）廷。"整理者、何琳儀釋為"笫"，讀為"引"；湯餘惠認為從"子"聲，疑即簡札之"札"的本字；劉信芳認為字從孑聲，義為信物，其實物與漢代的"節"相類；史傑鵬認為"竿"應該讀為"契"；趙平安認為應隸作"笣"，讀為"記"。幾種意見各有支持者，孰正孰誤，尚不能斷言。

疒晉 璽彙 2616 璽彙 3186

【注】從疒孑聲。●晉璽人名。

見紐氒聲

氒 彔簋 大盂鼎 美爵 疑盤 散氏盤 鼎 叔虞方鼎 虎簋蓋
裘衛盉 癲鐘 克鼎 臾作北子簋 義仲鼎齊 陳逆簠 郤公鈺鐘

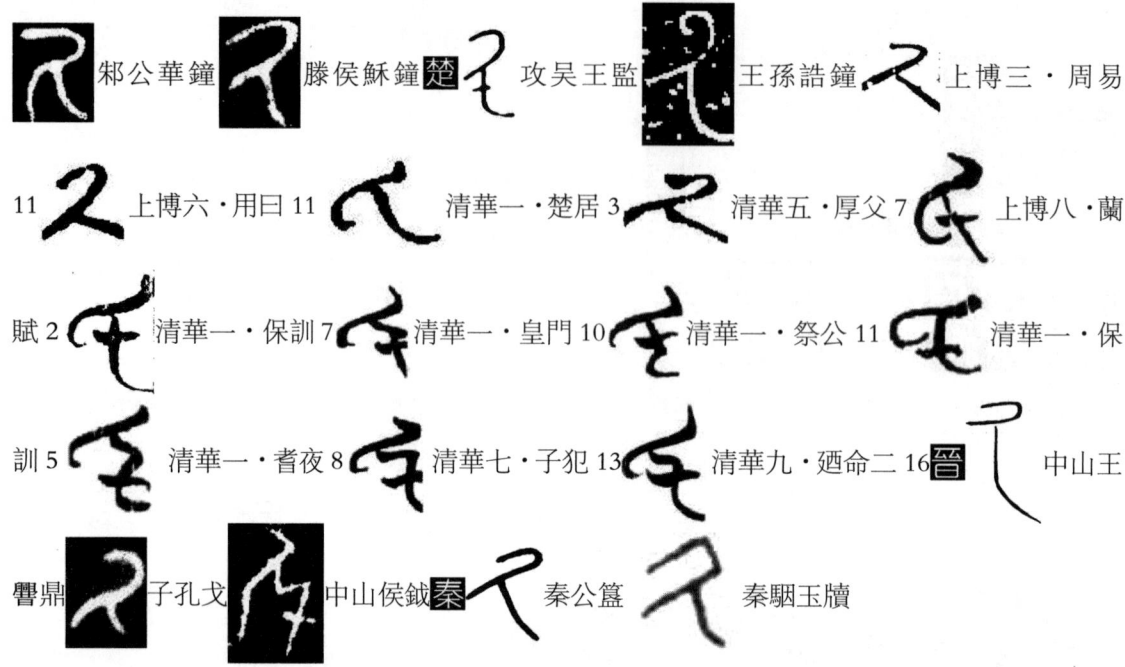

邾公華鐘　滕侯穌鐘 楚 攻吳王監　王孫誥鐘　上博三·周易
11 上博六·用曰 11　清華一·楚居 3　清華五·厚父 7　上博八·蘭
賦 2　清華一·保訓 7　清華一·皇門 10　清華一·祭公 11　清華一·保
訓 5　清華一·耆夜 8　清華七·子犯 13　清華九·廼命二 16 晉 中山王
響鼎　子孔戈　中山侯鉞 秦　秦公簋　秦駰玉牘

【注】甲骨文作 、。郭沫若謂：“余謂厇乃矢栝字之初文也。《説文》：‘栝，隙也。從木昏聲。一曰矢栝築弦處。’栝從昏聲，昏又從厇省聲，故栝厇同音。‘矢栝築弦處’之栝，此厇字也。古矢栝之形。”（《金文叢考》237 頁）羅振玉在《貞松堂集古遺文》謂古矢栝形作 ，當即厇字所象之形。矢栝，是射箭時的鉤弦器，一種箭末抵弦處卡在弦上供手扣之以發射之構造。金文晚期字形發生形變，或訛作 ，或增口作 。春秋金文或加飾筆作 。久，與“厇”字同形，久、厇均屬見紐，為一字之分化。戰國時秦國文字“久”作 （睡簡·雜抄 102）、 （陶彙 5·102），與“厇”形同。大致來説，秦國文字 多釋為久，六國文字 釋為厇。楚系文字或與“氏”相混。《説文》：“厇，木本。從氏。大于末。讀若厥。”析形不確，所釋當為借義。西周金文中的“厇”，有代詞、助詞、連詞、副詞等用灋，但代詞用灋的“厇”占有絕大多數，其餘用灋的“厇”都很少見。●讀厥，代詞，相當于“其”。《大盂鼎》：“匐（敷）有四方，畯正厇（厥）民。”或作指示代詞，相當于這、這個。《卿卣》：“卿乍（作）厇（厥）考障彝。”●讀厥，助詞，相當于“之”“的”。《大令尊》：“乍（作）冊令（命）敢揚明公尹厇（厥）宧，用乍（作）父丁寶障彝。”●讀厥，連詞，相當于“如果”。《毛公鼎》：“曆（曆）自今，出入專（敷）命于外，厇（厥）非先告父厝，父厝舍命，毋（毋）有敢惷。”《寅簋》：“厇（厥）非正命，乃敢疾訊人，則隹（唯）輔天降喪，不□唯死。”●讀厥，副詞，相當于“乃”。《保員簋》：“唯王既燎，厇（厥）伐東尸（夷），才（在）十又一月。”是説，周王進行燎祭之後，就去征伐東夷。

 上博五·君禮 7

【注】從止厇聲，“蹶”字異體。或釋為“歪”，不確。●讀蹶，顛仆、跌倒。《上博五·君禮 7》：“行毋歪、毋敓（搖）。”《孟子·公孫丑上》：“今夫蹶者、趨者，是氣也，而反動其心。”朱熹集注：“如人顛躓趨走，則氣專在是而反動其心焉。”桓寬《鹽鐵論·非鞅》：“善鑿者建周而不疲，善基者致高而不蹶。”又訓疾行、跑。《國語·越語下》：“臣聞從時者，猶救火、追亡人也，

蹶而趨之，唯恐弗及。"韋昭注："蹶，走也。""行毋蹶"，可參《禮記·曲禮上》："將即席，容毋怍。兩手摳衣去齊尺，衣毋撥，足毋蹶。先生書策琴瑟在前，坐而遷之，戒勿越。"

 晉 貨系 547

【注】從阝卑聲。● 義不詳。

 絆作父庚簋

【注】從糸卑聲。● 人名。

昏 楚 蔡侯申鐘 姑馮昏同之子句鑃

【注】從口卑省聲，"卑"之繁文。《說文》："昏，塞口也。從口，卑省聲。昏古文從甘。"《玉篇》塞也。《廣韻》亦書作舌。隸變後與"舌"同形，然本不同字。●《蔡侯申鐘》讀厥，代詞，相當於"其"。詳"卑"字。● 人名。《姑馮昏同之子句鑃》："隹（唯）王正月初吉丁亥，姑瀝（馮）昏同之子羃（擇）卑（厥）吉金。""昏同"《左傳》訛為"舌庸"，越國大臣。上古音舌、昏俱月部字，讀音也接近。

 伯趉方鼎

【注】從走昏聲。● 人名。《伯趉方鼎》："白（伯）趉乍（作）障寶彝。"

見紐子聲

疛（子） 晉  璽彙 2999

【注】從疒子聲，或謂"子"之繁文。子、孑形音義俱近，應該一字之分化。● 晉璽"賈疛"，人名。

溪紐桀聲

桀 燕  郾王喜戈 晉 璽彙 1387 璽彙 1388 璽彙 1390 秦 睡簡·日

甲93

【注】"桀"與"乘"是由同一個字分化出的。《説文》："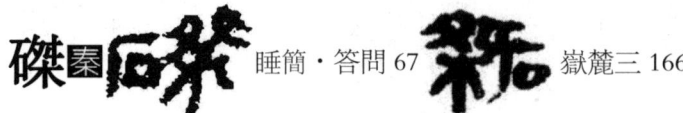，從舛在木上"。"桀"之構形，也可分析成從木舛聲。金文舛形有所訛變。楚文字作"架""傑"，從匋聲。●兵器名。《郾王喜戈》："郾（燕）王喜忩（作）桀俫戈。"《詩·衛風·伯兮》"伯兮揭兮，邦之桀兮。伯也執殳、為王前驅"，王先謙《三家義集疏》引韓詩云："桀，俇也，急驅貌。"又注云："殳，長丈二而無刃。"與《集成》11529《郾王喜矛》'全㑌（長）利'之"全"意義或同（見"全"字）。"俫"讀利。●晉璽有"桀黑牛""桀莫""桀疣"等，姓氏。春秋時楚人桀溺之後，見《姓苑》。●讀傑，傑出。《睡簡·日甲93》："以生子，為邑桀（傑）。"

 睡簡·答問67　　嶽麓三166

【注】從石桀聲。●分裂肢體的酷刑。《睡簡·答問67》："甲謀遣乙盜殺人，受分十錢，問乙高未盈六尺，甲可（何）論？當磔。"

疑紐不聲

不父辛爵 晉　　璽彙5446

【注】甲骨文作，像木，截斷木的上半部分，"櫱"之初文。《説文》："櫱，伐木餘也。從木獻聲。《商書》曰：'若顛木之有甹櫱。'枿，櫱或從木辝聲。不，古文櫱從木無頭。槷，亦古文櫱。"●《璽彙5446》"不小尔"，讀櫱，姓氏。本姓薛，避仇改為櫱。

疑紐執聲

執 執觚　　燹公盨　　盉方彝　　毛公鼎 齊　　　　　叔尸

鐘 楚　　蔡侯申殘鐘　　曾公畋鐘　　鼮鐘　　上博三·彭祖1　　上博六·用曰2

上博六·用曰7　　上博六·用曰18　　清華一·皇門10　　上博一·緇衣15

郭店·語叢三51　　清華七·越公57　　清華六·孺子7　　清華八·攝命

2244

15 清華五·厚父 5　　清華一·金縢 3　　清華八·處位 4　　清華一·皇

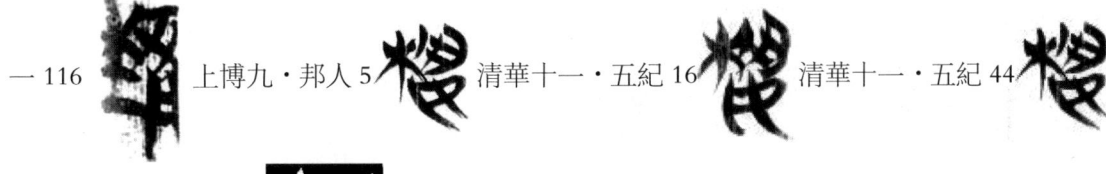

門 2　　清華五·命訓 12　　清華五·命訓 13　　清華一·保訓 5　　安大

一 116　　上博九·邦人 5　　清華十一·五紀 16　　清華十一·五紀 44

清華十一·五紀 16　秦　石鼓文

【注】甲骨文作𡉚、𡉚，從丮持❖（應為樹木之簡形），會栽種樹木之意。金文同甲骨文，或增從"土"，則本義益顯。至小篆訛❖為"坴"，本意遂晦。金文丮下或加女，當是足止的形變，詳"丮"。楚簡或從攴。《説文》："𡊟，種也。從坴、丮。持亟種之。《書》曰：'我埶黍稷。'"本義為種植，如《詩經》："不能藝黍稷。"●職掌、治理。《毛公鼎》："䙡之庶出入事于外，尃（敷）命尃（敷）政，埶（藝）小大楚（胥）賦。"或用為名詞，事物、事務。《盠方彝》："𩏑嗣（司）六𠂤（師）眔八𠂤（師）𠬝（埶）。"●樹立、建立。《中方鼎》："王令中先眚（省）南或（國），貫行，埶（埶）王应。"埶王应，就是建立周王的臨時住處。●蕃衍。《叔尸鐘》："卑（俾）百斯男而埶斯字，簡簡義政，齊侯左右。"●族氏名，見于《父辛簋》《埶觚》。●楚簡多讀勢。《上博六·慎子 2》："逆（擇）䀹（友）目（以）載道，精灋目（以）異（順）埶（勢）。""逆"疑讀為"擇"，二字聲系古通。"擇友"，《大戴禮記·主言》記孔子言有"上親賢則下擇友"。《新序·雜事一》："楚王曰：吾聞之，諸侯自擇師者王，自擇友者霸。"●讀藝。《清華一·金縢 3》："多志（才）多埶（藝），能事𩴊（鬼）神。"●讀邇。《清華一·皇門 2》："迺佳（惟）大門宗子埶（邇）臣㭚（懋）易（揚）嘉惠（德）。"邇臣，親近的大臣。此句今本作"乃維其有大門宗子勢臣"，孔晁注："大門宗子，適長。"●讀設，設置。"埶"通"設"習見。《清華八·攝命 15》："余既埶（設）乃服，女（汝）毋敢朋況（酗）于酉（酒）。"《清華八·處位 4》："埶（設）晉（僭）萬而方（旁）受大政。"萬，萬舞。諸侯設萬，僭越也。●讀褻或讀蟄。《清華六·孺子 7》："埶（褻）豎（豎）、卑御、勤力、弢（射）馭（馭）、媤（娸）妌（妌）之臣。"《康熙字典·辰集上·日部》："蟄，《説文》：'曰狎習相慢也。'《詩·小雅》：'曾我蟄禦'，《傳》：'蟄禦，侍禦也。'《五經文字》與'褻'同。"褻豎，當是指負責貼身侍奉莊公的男性小吏。●讀褻，親近。《上博一·緇衣 15》："古（故）上不可以埶（褻）型（刑）而翌（輕）爯（爵）。"褻刑，指濫用刑罰。●讀馹。《上博九·邦人 5》："乃乘埶（馹）車五乘，述（遂）迡（踶）郢。"●可讀義。《曾公𥅆鐘》："陟降上下，保埶（義）子孫。""保埶"可讀為"保義"，《尚書·康王之誥》"保乂王家"。

数 上博九·陳公 7　　数 上博九·陳公 9　　数 上博九·陳公 11

【注】從止執省聲。●讀設。《上博九·陳公7》："君王不智（知）悬（狂）之無裁（才），命悬（狂）相執事人敔（設）币（師）徒。"《説文》："設，施陳也。"《廣雅》："設，施也。"《玉篇》："設，置也，陳也。"簡文"敔師徒"，讀為"設師徒"，即陳設軍隊。《淮南子·氾論訓》："夫今陳卒設兵，兩軍相當。"

鼗鐘

【注】從心執聲。●讀藝、或讀臬。"執"和"臬"古音皆疑母月部，文獻中常相假借（詳《古字通假會典》628頁）。段玉裁《説文解字注》"臬"下云："臬，古假藝為之。……臬之引申為凡標準、濾度之稱。"《鼗鏄》："男子之慹。""男子之慹（臬）"乃鼗自稱是男子漢的楷模，與《儠兒鐘》"余義楚之良臣"的説濾相似。

睡簡·日乙20　　睡簡·日甲66背　　里耶8·1620　　秦印201

【注】從火執聲。●疑用為本義。《睡簡·日乙20》："利以祭、之四旁（方）野外，熱☒。"●讀爇，焚燒。《睡簡·日甲66背》："以莎芾、牡棘枋（柄），熱（爇）以寺（待）之，則不來矣。"

郭店·緇衣43

【注】從彳執聲。●讀邇，近也。《郭店·緇衣43》："此以徵（邇）者不賦（惑），而遠者不惌（疑）。"上博簡作"邇"。詳"邇"字。

天星　清華九·治政33

【注】從辵執聲。●讀邇，近也。《清華九·治政33》："遠監頭（夏）后、鑋（殷）、周，遬（邇）監於齊、晉、宋、奠（鄭）、魯之君。"

（　　）宗邑瓦書

【注】從虫執聲。●秦陶人名。

楸其簋

【注】從禾執聲，當為"秇"之異文。●人名。

 毛公鼎 何簋蓋  上博二·容成 21  上博四·相邦 4 上

博四·曹沫 11

【注】從衣執聲，與小篆同。《説文》："褻，私服。從衣執聲。《詩》曰：'是褻袢也。'"本義貼身的衣服。《論語》："紅紫不以為褻服。"●褻事：即摯御、侍御，相當於宮廷掌管后宮各種事務的侍臣或管家。《毛公鼎》："雩（與）參有嗣（司）、小子、師氏、虎臣，雩（與）朕褻事，目（以）乃族干（扞）吾（敔）王身。""褻事"即侍御之臣。文獻或作"摯御""褻御"。《詩·小雅·雨無正》："曾我摯御。"毛傳："摯御，侍御也。"《國語·楚語》："居寢有褻御之箴。"韋昭注："褻，近也。"今則褻行而摯廢矣。●讀襲。《上博四·曹沫 11》："居不褻文，食不貳羹。""居不襲文"指衣飾、宮室的門戶、牆壁、楹柱等祇用一種顏色或一種文彩塗畫為飾。●讀邇，近也。《上博二·容成 2》："衣不褻媺（美），食不重味。"指修飾穿衣。

 狀馭簋 狀馭盨蓋 番生簋 克鼎 狀父鼎  齊 璽彙

0172 璽彙 3547

【注】從豕執省聲；《狀馭簋》從犬。《金文編》原釋為"執"，當隸為"㹇"。●讀邇，近也。《克鼎》："叀（惠）於萬民，㬰（柔）遠能㹇（邇）。"董蓮池曰：銘文中用為"邇"，以執聲與爾聲古通之故。執在月部，爾在元部，月元對轉；執在疑母，爾在日母，疑日二母鄰紐。故得通假。（《金文編校補》95 頁）●讀禰。《璽彙 0172》"㹇關"，地名。李家浩讀作《詩·邶風·泉水》"飲餞於禰"之"禰"。毛傳："禰，地名。""㹇關"即位於禰地的關。●《璽彙 3547》"㹇精"，讀藝，姓氏。

 楚 王命命車馹虎節  上博四·柬旱 16  包山 12  包山 132 反

 包山 126  包山 157

【注】從馬執省聲。李家浩認為字從馬從坴（執），"執""日"音近古通，疑是"馹"字異體。（《南越王墓車馹虎節銘文考釋》）●讀馹，驛傳、傳車。《王命命車馹虎節》："王命，命車馹（馹）。"《包山 73》"不量馹奉"即不支付飼養驛馬的所需費用。燕文字馹作"皇"。

 楚 郭店·語叢二 51 郭店·語叢二 50

【注】從彡埶省聲。二斜畫為"丮"之濃縮性筆畫。●讀勢。《郭店·語叢二 50》："母(毋)遊(失)虐(吾)𡙸，此𡙸得矣。"裘錫圭說"此字疑是'埶'之簡寫，在此讀為'勢'"。有多位學者支持這一意見。《郭店·語叢二 51》："少不忍伐大𡙸。""伐"讀廢。

敖 楚 　安大一 98

【注】從埶省，從兀(元)，疑"埶"字異體。●讀子。《安大一 98》："敖(子)=竿(干)胥(旟)，才(在)孫(浚)之城。"《毛詩》作"子子干旟"。"埶"楚簡多作 (清華一·皇門 2)、 (清華五·命訓 12)，讀為"藝"。《清華五·命訓 12》"埶"之偏旁"丮"為"攴"所替換。本簡此字與清華簡"埶"字從"攴"相同，將"土"替換成"兀(元)"，當是追求形聲化的結果。上古音"埶"屬疑紐月部，"兀"屬疑紐物部，二者聲紐相同，韻部旁轉。"兀"與"元"本為分化字關係。"元"屬疑紐元部，與"埶"所屬月部為對轉關係，故"兀(元)"可作"埶"字的聲符。"子"屬見紐月部，"埶"與"子"聲近韻同，可通。

疑紐乂聲

乂 乂 乂簠爵 秦 　里耶 8·662

【注】裘錫圭認為是"丂"之簡形，裘錫圭曰："𠂤若，于契文或簡作千，為乂之初文。"(詳《釋𡖉𥛱》)金文同。《説文》："乂，芟艸也。從丿從乀，相交。乂或從刀。"本義是割草。又引申為治理、安定、懲戒等義。"乂"為引申義所專用，割草之義便另加形符"刂"寫作"刈"來表示。"乂"今不單用，只作偏旁，凡從"乂"取義的字皆與割治等義有關。●疑為族氏名。《乂簠爵》："乂葡(簠)。"●里耶簡辭例殘缺。

戏 晉 　驫羌鐘

【注】從戈乂聲。與"乂"古文作同字。戰國文字中刀、刃、戈三字在用作表義偏旁時常可互換，如"傷"字作(郭店·太一 12)、又作(璽彙 3221)、(上博二·從甲 19)；"割"字作(曾侯乙鐘)，又作(上博二·君老 3)、(郭店·緇衣 37)。●讀艾或讀乂，相也。《書·君奭》："惟茲惟德稱，用乂厥辟，故一人有事于四方。"孫星衍《尚書今古文注疏》："乂，同艾，《釋詁》云：'艾，相也。'"艾，文獻或作"刈"。《詩·周南·葛覃》："是刈是濩。"《釋文》本"刈"作"艾"，《注》："艾本亦作刈。""艾"字古有輔相之義。《爾雅·釋詁下》："艾，相也。"《詩·小雅·鴛鴦》："福祿艾之。"馬瑞辰《毛詩鄭箋通釋》："艾之，輔助之。"《書·立政》："以乂我受民。"江聲《集注音疏》："乂當讀為艾。艾，相也。"《驫羌鐘》："驫羌遉(作)戏𢁣(厥)辟軖(韓)宗歔(虔)達(率)征秦迮齊。"遉(作)，訓為始。(依白於藍《釋驫羌鐘銘文中的"乂"字》整理)。

莐 楚 　清華九·廼命二 5

【注】從艸戈聲，即"苅"字。●讀乂或讀嬖，治。《清華九·迺命二 5》："毋（毋）或以貨賏（貪）之由，亂政改（改）苅。"刈、乂同源，乂訓為治，典籍習見，如《尚書·堯典》："浩浩滔天，下民其咨，有能俾乂。"孔傳："乂，治也。"

 楚 清華五·命訓 9

【注】從网刈聲。●讀義。《清華五·命訓 9》："亟（極）佴（恥）則民只（民枳，民枳）則瘍人（傷人，傷人）則不罰（義）。"

艾 秦  戰編 29   里耶 8·1620

【注】從艸乂聲。●"艾"為多年生草本，莖、葉皆可入藥。《里耶 8·1620》："艾盡，更。"艾燒盡後更換。●秦印姓氏。字亦見於漢印作 、 （漢印 62），均為姓氏。

疑紐臬聲

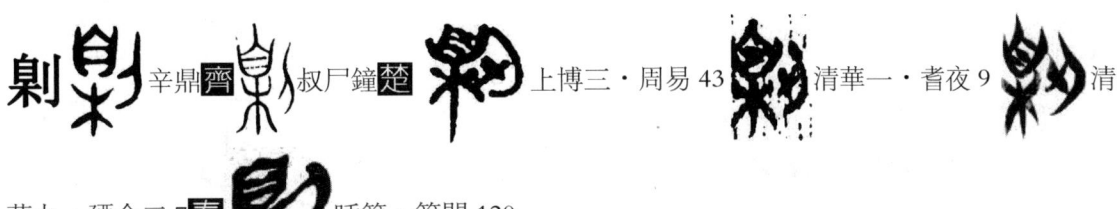 辛鼎 齊 叔尸鐘 楚 上博三·周易 43 清華一·耆夜 9 清

華九·迺命二 7 秦 睡簡·答問 120

【注】從木臬聲。臬，甲骨文作 ，形聲字。從木自聲，本義指古代測日影定方位的標杆。《周禮·考工記·匠人》："置槷以縣（懸），眂（視）以景（影）。"鄭玄注："槷，古文臬假借字，于所平之地中央樹八尺之臬，以縣正之，眂之以其景，將以正四方也。"賈公彥疏："臬即表也。"南朝梁陸倕《石闕銘序》："陳圭置臬，瞻星揆地。"引申指射箭的靶子。清段玉裁《說文解字注·木部》："臬，射壿旳（音准的）也。"漢張衡《東京賦》："桃弧棘矢，所發無臬。"又引申指法度。《廣雅·釋詁一》："臬，法也。"王念孫疏證："凡言臬者，皆樹之中央，取準則之義也。"《書·康誥》："外事，汝陳是臬。"清龔自珍《擬上今方言表》："及今成書，以今為臬也。"又指終，極。漢王粲《遊海賦》："其深不測，其廣無臬。"《說文》：" ，刑鼻也。從刀臬聲。《易》曰：'天且劓。' 臬或從鼻。"本義是古代割鼻子的刑罰，即劓刑。劓刑是古代五刑（墨罰、劓罰、剕罰、宮罰、大辟）之一，如《尚書》："劓罰之屬千。"又如《韓非子》："王怒曰：'劓之！'" ●《叔尸鐘》："達而佣劓，母（毋）或承頛。"郭沫若曰："佣劓，猶言友僚。"（《兩周金文辭大系考釋》208 頁）馬承源讀"翼"（《商周青銅器銘文選》543 頁）。《辛鼎》："叀（厥）家雝德，夒用䢔叀（厥）劓多友。"于省吾謂"劓"為"朋儕"（《雙劍誃吉金文選》下一·6）。文例待考。●讀劓，指割掉鼻子的刑罰，劓刑。《睡簡·答問 120》："當黥劓（劓）。"●《清華一·耆夜 9》："月又（有）盛（成）軙（軌），戠（歲）又（有）劓（臬）行。""臬"字古有極、準則、標準、法度之義，字亦作"藝"（如《左傳》昭公十三年"貢之無藝"、文公六年"陳之藝極"、《禮記·禮運》"故功有藝也"等）。"臬行"即標準恆常的道路的意思，"成軌""臬行"正相對為文。（《清

華簡《耆夜》集釋》）●讀虩。《上博三·周易 43》："困于蒺藜（藟），于剝☒。"簡本"剝☒"，傳世本《周易》相對應的詞是"臲卼"，"蒺藜"對應的詞是"葛藟"。●《清華九·迺命二 8》："母（毋）或不共公事，而連（專）剝淫〈淫〉，居買賈，印（抑）獄訟。"整理者注："共，訓為'供具'，或訓為'恭敬'。試讀'而專剝淫，居買賈，抑獄訟'為句。剝，《說文》重文作'劓'，《呂刑》苗民'淫為劓、刵、椓、黥'。買賈，市賣。"

 清華九·成人 9

【注】從雨剝聲。●整理者讀皋，訓為"法"。《清華九·成人 9》："五霸（皋）淰（沈）迻（滯），五詞（辭）不聖（聽）。"《書·康誥》"汝陳時皋"，孔傳："汝當布陳是法。"

 寧女鼎 秦 睡簡·封診 43

【注】甲骨文作 、 ，從刀從自（自兼聲），會以刀割鼻之意。戰國文字從刀鼻聲。劓、剝、劓實為一字之孳乳。●劓刑。《睡簡·封診 43》："丙悍，謁黥劓丙。"簡文或作"劓"。

疑紐月聲

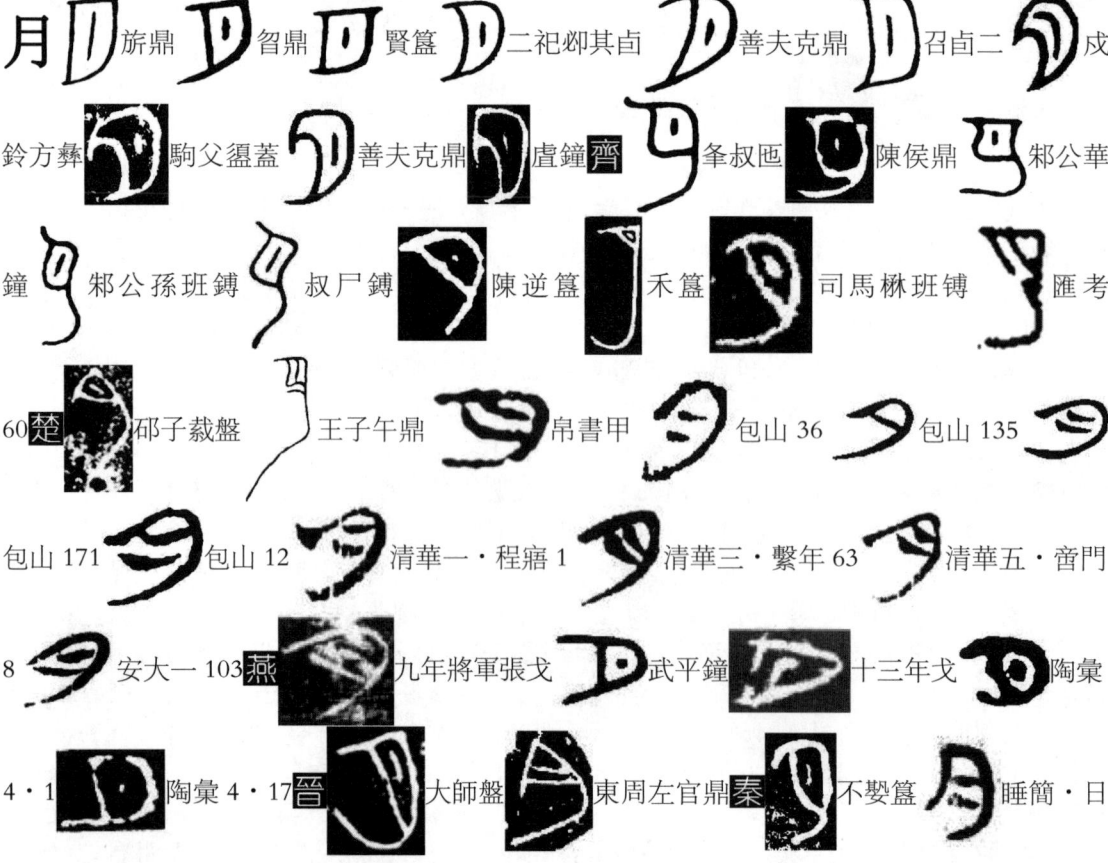

月 旂鼎　智鼎　賢簋　二祀邲其卣　善夫克鼎　召卣二　戉鈴方彝　駒父盨蓋　善夫克鼎　虘鐘 齊　夆叔匜　陳侯鼎　邿公華鐘　邿公孫班鎛　叔尸鎛　陳逆簋　禾簋　司馬楙班鎛　匯考　60 楚　邡子裁盤　王子午鼎　帛書甲　包山 36　包山 135　包山 171　包山 12　清華一·程寤 1　清華三·繫年 63　清華五·啇門　8　安大一 103 燕　九年將軍張戈　武平鐘　十三年戈　陶彙 4·1　陶彙 4·17 晉　大師盤　東周左官鼎 秦　不娶簋　睡簡·日

甲143背  睡簡·日乙46 月 睡簡·秦種11  宗邑瓦書 秦印130

【注】甲骨文作 、 、 、 、 、 、 、 ，象一彎新月形。甲骨文但從半月形，蓋月亮缺時多，圓時少。金文同甲骨文。因與肉形易混，故戰國文字"月"常三筆書成，而"肉"則四筆書成。或省作 ，夕形，而在左下方加丿區別；或在中間作一小點。而"肉"作 ，右上加斜筆以區別。●月份，記曆單位詞。《克鐘》："隹（唯）十又六年九月初吉庚寅。"●月亮。《上博二·民之11》："亡（無）膿（體）之豊（禮），日逑月相。"●每月。《上博二·容成3》："凡民俾（匍）匋者，教而誨之，飲而食之，使役百官而月請之。"

肖 楚 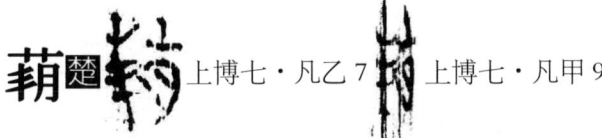 清華五·三壽23 上博七·吳命4

【注】從艸月聲。艸或省為中。也有學者指出，此字或許即是"薛"之省，戰國文字"薛（薛）"大多即從"月"得聲。詳"薛"字。●讀孽。《上博七·吳命4》："肖（孽）子。""孽子"即庶出之子。吳是姬姓國，其先王泰伯是周古公亶父之子，因此可能被稱為"周之孽子"。●讀乂。《清華五·三壽23》："甬（用）肖（乂）卲（昭）句（后）成湯，弋（代）傑（桀）尃（敷）有下方。"《說文》："乂，治也。"

薛 楚 上博七·凡乙7 上博七·凡甲9

【注】從丰從肖，雙聲字。●讀蘗，旁出的枝條。《上博七·凡甲9》："十回（圍）之木，亓（其）訂（始）生女（如）薛（蘗）。"張衡《東京賦》："堅冰作於履霜，尋木起於櫱栽。"

禍 楚 清華十一·五紀96

【注】從示肖聲。●讀孽，災禍。《清華十一·五紀96》："天壁（地）疾痾（慍），神見褐（禍）禍（孽）。"

逍 楚 郭店·語叢三58

【注】從辵肖聲。●讀薛。《郭店·語叢三58》："又（有）眚（性）又（有）生，虖（呼）生。有逍（孽），不膳（善）罩（擇），不為智。"《楚辭·天問》"革孽夏民"，蔣驥《注》："孽，害也。"《孟子·公孫丑上》"天作孽"，朱熹《集注》："孽，禍也。"簡文意思是說：有性命有生長，叫做"生"。對於有害"生"的事情，不善於選擇（亦即不會避開），是不智的行為。

宵 楚  上博五·競建3

【注】從它肖聲。●讀孽，災禍。《上博五·競建 3》：“天不見夭，地不生胥（孽）。”

諨 _楚  上博六·天甲 4　　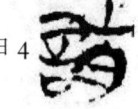 上博六·天乙 3　　 上博六·用曰 17

【注】從言肖聲。●均讀孽，禍也、害也。《上博六·天乙 3》：“古（故）亡豊（禮）大濾（廢），亡義大諨（孽）。”

萉 _晉 中書法全集·先秦璽印卷 132

【注】從邑肖聲。●“郙黂”，姓氏，讀薛。

朗 _楚 清華一·祭公 7　　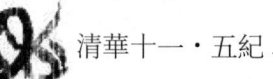 清華十一·五紀 55　　 清華十一·五紀 109

【注】從二月相對。●讀乂，襄助、輔弼。《清華一·祭公 7》：“坙（修）和周邦，保朗（乂）王豕（家）。”

熨 _楚 清華一·祭公 17

【注】從火朗聲。●同“朗”，讀乂。《清華一·祭公 17》：“亓（其）皆自寺（時）审（中）熨（乂）萬邦。”

捐 _晉 璽彙 3185　　 璽彙 3558　　_秦戰編 796

【注】從手月聲。●晉璽人名。

坍 _秦 類編 411　　 關簡 149

【注】從土月聲。●秦文字均為人名。

泀 _晉 璽彙 0464　　璽彙 0465　　匯考 313　　璽彙 3791

【注】從水月聲。《字彙補》：“泀，與陰同。”●晉璽人名。

銄 _秦 圖典 411

【注】從金月聲。●秦印人名。

 大篚蓋

【注】從走、辵，月聲，疑"迆"之繁文。迆，《玉篇》詆訑貌。●里名。《大篚蓋》："易（賜）趑睽里。"

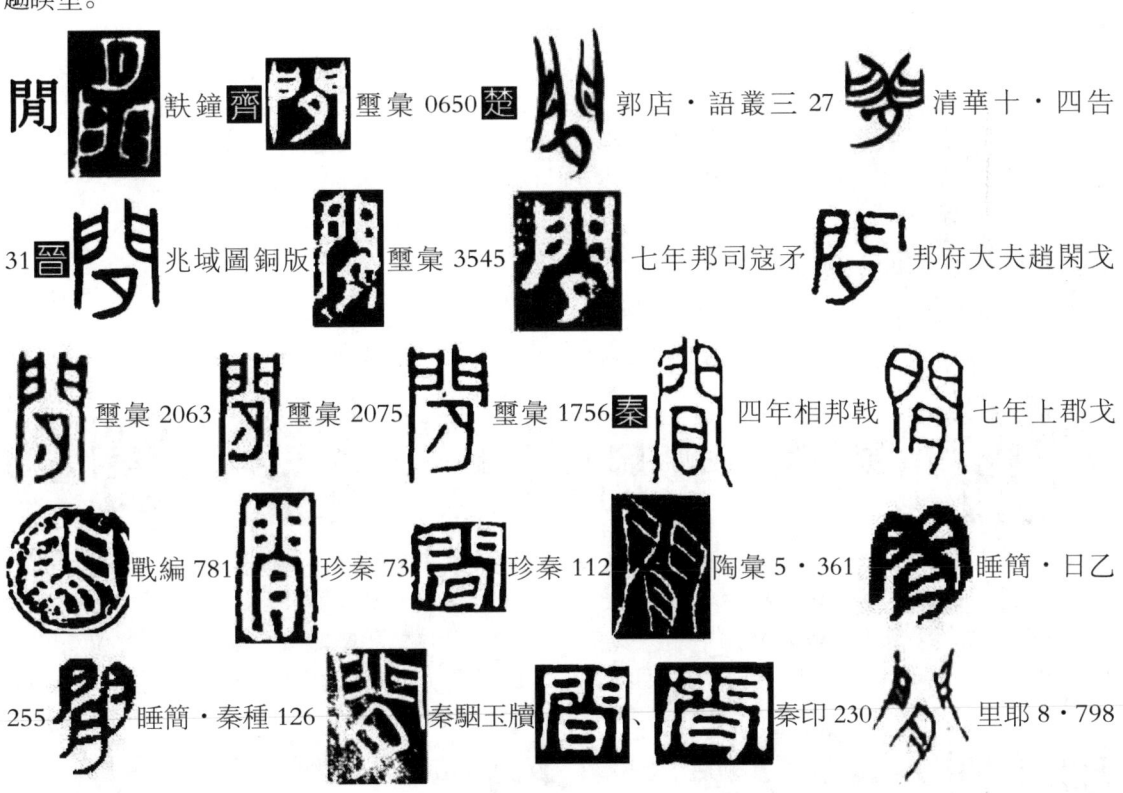

欼鐘 齊　璽彙 0650 楚　郭店·語叢三 27　清華十·四告

31 晉　兆域圖銅版　璽彙 3545　七年邦司寇矛　邦府大夫趙閑戈

璽彙 2063　璽彙 2075　璽彙 1756 秦　四年相邦戟　七年上郡戈

戰編 781　珍秦 73　珍秦 112　陶彙 5·361　睡簡·日乙

255　睡簡·秦種 126　秦駰玉牘　秦印 230　里耶 8·798

【注】甲骨文作𝌆，從門從月，從門中可以看到月光，會空隙之意。後世從日，其義不變。金文同甲骨文。戰國文字移月于門內。《四年相邦戟》或訛為目。月兼聲。閒，見母元部；月，疑母月部。同屬牙音，月元對轉。楚文字或作𫎩、閒、閞。《説文》："閒，隙也。從門從月。閒古文閒。"本義是門縫，如《史記》："妻從門閒而窺其夫。"●兩物的當中或其相互的關係。《兆域圖銅版》："兩堂閒百毛（尺）。"《論語·先進》："千乘之國，攝乎大國之閒。"●使者。兩國異處，閒隔不通，賴使者往來以溝通，此為"閒隔"義之引申。《欼鐘》："及攣乃遣閒來逆卲（昭）王。"或説，"遣"聲假為棄，遣、棄雙聲字。"閒"讀閑，有守衛、防禁之意。遣閑，即放棄武裝防街，即投降、歸順之意。《春秋·襄公二十一年》："晉欒盈出奔楚。"杜預注："盈不能防閑其母，以取奔亡。"孔穎達疏："虎賁氏舍則守王閑，又校人謂馬廄為閑，則閑是欄街禁防之名也。"●《睡簡·秦種 126》："不攻閒車。"攻閒，修繕。●讀奸。《睡簡·語書 5》："故騰為是而脩法律令、田令及為閒私方而下之，令吏明布。"所以我（騰）把法律令、田令和懲辦奸私的法規整理出來，命官吏公佈于眾。●讀干，亂。《睡簡·語書 2》："法律未足，民多詐巧，故後有閒令下者。"由於法律不夠完備，百姓中多詭詐取巧，所以後來有干擾法令的。●讀閑，養馬之所。《睡簡·日甲 16》："可以築閒牢。"●《秦駰玉牘》："怲怲反瘂（瘟），無閒無廖。""閒"指減輕、緩和；"廖"指病癒。此句意為疾病反復發作，不能緩和痊癒。

嫺  陝新 889

【注】從女閒聲。●人名。

閑  同簋

【注】從門從木，會以木遮欄、防閑之意。或謂從木閒省聲。《説文》："閑，闌也。"本義為柵欄。引申為防閑。古多借為清閑字。●讀閒，清閒。《同簋》："世孫孫子子左右吳（虞）大父，母（毋）女（汝）又（有）閑。"母（毋）女（汝）又（有）閑，你不得閒暇荒怠。

間  間右庫戈

【注】從門從日，"閒"之異文。●"間右庫"，為地名。

簡  簡簋蓋 楚 新蔡乙四 6 秦 睡簡·為吏 9 石鼓文 秦印 80

【注】從竹閒聲。《説文》："簡，牒也。"本義竹簡，古代書寫了文字的狹長竹片。此義三晉文字作"笅"，從竹外聲。●人名。《簡簋蓋》："豐中（仲）次父其有嗣（司）簡乍（作）朕皇考益弔（叔）障段（簋）。"●簡陋。《睡簡·為吏 9》："簡而毋鄙。"●讀揀，擇揀。《石鼓文》："田車孔安，鋚勒馬=，四（駟）介既簡。""四（駟）介既簡"是説駕車的四馬之甲既已簡（揀）擇。

刖（列）楚 郭店·老甲 23 望山 1·67 包山 220 上博

八·道餓 2 清華二·繫年 127 秦 睡簡·為吏 9 睡簡·為吏 29

【注】從刀月聲。楚文字月作偏旁常省為夕。●讀劌。劌從歲聲，歲又從戉聲。古音"月"在疑母月部，"戉"在匣母月部，同為見組、疊韻。《睡簡·為吏 9》："廉而毋刖。"整理者注釋説："《為吏之道》作'廉而毋刖'。廉本義為棱角，'刖'本義為割斷。廉而毋刖，行事正直而不傷人，與《老子》等古書常見的'廉而不劌'同義。"《老子》中的"廉而不劌"的"劌"字，王弼注："傷也。"《孔子家語·問玉》"廉而不劌，義也"，王肅注："劌，割而有廉隅而不割傷也。"●讀閒。《包山 220》："庚辛又（有）刖（間），疠（病）速瘥（瘥）。"《左昭七》"晉侯有間"，注："間，疾差也。"包山簡、天星觀卜筮簡另有從夕從卜的"外"字，不與"刖"相混。●讀間。《上博八·道餓 2》："述（遂）行，至宋璽（衛）之刖（間）。"

刜 楚 包山 103

【注】從邑刖聲。●地名。

閉 楚　曾姬無卹壺　上博四·曹沫14　上博四·曹沫24　上博五·三

德4　包山13　上博四·逸交4　清華六·太伯乙6　清華七·晉文公4

清華三·芮良夫2　清華八·邦道18　清華二·繫年105　清華二·繫

年104　分研一160

【注】從門刖聲，為"閒"之繁文。戰國文字另有從門外聲之（璽彙0183），亦為"閒"之繁文。戰國文字"閉"與"閒"均讀閒，閉、閒應為一字之異體。《說文》"閒"古文作　當為閉之訛，所從月訛作人形，所從刀訛作卜形。●地名。《曾姬無卹壺》："聖趄之夫人曾姬無卹，虘安茲、漾陵、蒿閉（間）之無嗎（匹）。"虘，黃盛璋謂在句中用為謂語動詞，大概是哀憐、賑濟一類的意思。安茲、漾陵、蒿閉（間），應該是並列的地名，具體地望皆無可考。無嗎（匹），指上述三地的鰥寡孤獨者，不是指曾姬無卹本人。（詳《論東周時期的楚國典型銅器群》）●讀閒。《清華八·邦道18》："皮（彼）天下亡（無）又（有）閉（閒）民。"整理者注："閒民，《周禮·大宰》'九曰閒民，無常職，轉移執事'，孫詒讓正義：'此民無常職事，轉移無定，與人為役，故謂之閒民。'"●讀間，間隔。《清華三·芮良夫2》："閉（間）隔若（若）否，以自訛（訾）讀（嘖）。"●讀間，中間。《上博四·曹沫14》："小邦處大邦之閉（間）。"●讀閒。《清華七·越公》："乃亡（無）又（有）閉（閒）艸。"閒艸，荒草。●《上博四·逸交4》："閉（間）卝（關）悬（謀）勻（始）。"閉卝，讀"間關"，作為一個聯綿詞，其基本意思是"輾轉曲折"。《後漢書·荀彧傳論》："荀君乃越河、冀，間關以從曹氏。"李賢注："間關，猶輾轉也。"《後漢書·鄧寇列傳》："間關詣闕。"李賢注："間關，猶崎嶇也。"所謂"輾轉"或"崎嶇"意思相同，即"曲折迂回"之義。●讀澗。《清華六·太伯乙6》："某（世）及吾先君武公，西城㴲、閉（澗）。"●讀縣。《清華二·繫年104》："楚靁（靈）王立，既閉（縣）陳、邡（蔡）。"或用為動詞。《清華二·繫年105》："與楚自（師）會伐陽（唐），閉（縣）之。"

繝 楚　　天星

【注】從糸閉聲，"繝"字繁體。●讀繝。

澗 楚　　清華二·繫年133

【注】從水閒聲。●讀澗。《清華二·繫年133》："戴（得）郲（滕）公涉澗（澗）以歸。"

外 外叔鼎　宰獸簋　毛公鼎　靜簋　外 戎生鐘

齊 外 子和子釜　外 陶彙3·41楚 攻敔臧孫鐘　外 敬事天王鐘

外 ☐外卒鐸　冉鉦鍼　外 包山317　外 上博五·競建8　外 上博八·李

頌1 外 清華八·處位3　外 清華二·繫年52　外 清華二·繫年123　外

清華六·子產10 外 安大一83燕 璽彙0365　外 璽彙3215　外 貨系

3030 貨系3025晉 外 中山王䜌壺秦 外 睡簡·答問129　外 睡簡·為吏

13 外 秦印131　外 故宫477　外 里耶8·430　外 戰表0977

【注】月、外古音均為月部疑母，故"外"字是從卜月聲的形聲字。從月的閒字，或寫成閖；從月的互字，或寫成巫（楚帛書），都說明東周時月、外仍同音。●處所、位置，與"内"相對。《毛公鼎》："命女（汝）辥（乂）我邦、我家内外。"●稱謂。《臧孫鐘》："攻敔中（仲）冬戚之外孫、坪之子臧孫。"●氏。《外叔鼎》："外弔（叔）乍（作）寶䵼彝。"《師瘨簋蓋》："用乍（作）朕（朕）文考外季障。""外"當是封邑之名。外季、外叔均以邑為氏，同宗之人。●久遠也。由方位名詞引申出的時間範圍。《冉鉦鍼》："余處此南彊（疆），萬某（世）之外。"

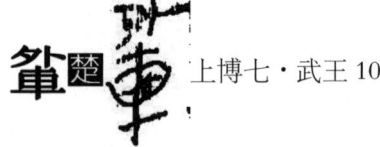 楚 清華八·邦政4

【注】從止外聲。●讀外，疏遠。《清華八·邦政4》："亓（其）立（位）受（授）能而不埑（外）。"《戰國策·趙策二》："是以外賓客遊談之士。"鮑注："外，疏之也。"

軠 楚 上博七·武王10

【注】從車外聲。●讀外。《上博七·武王10》："卣（牖）銘唯曰：'立（位）難㝅（得）而易送（失），士難㝅（得）而易軠（外）。'"外，有"疏遠"之意。詳"埑"字。

 包山 56

【注】從邑外聲。●姓氏，疑讀外。

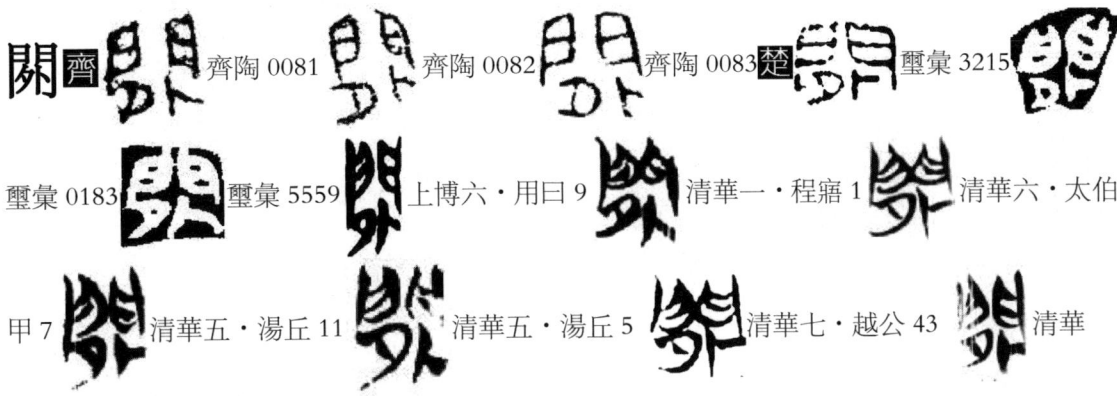

齊陶 0081　齊陶 0082　齊陶 0083　璽彙 3215

璽彙 0183　璽彙 5559　上博六·用曰 9　清華一·程寤 1　清華六·太伯

甲 7　清華五·湯丘 11　清華五·湯丘 5　清華七·越公 43　清華

九·禱辭 18　安大一 82

【注】從門外聲，"間"字繁體。●讀間。楚簡"間"字有時從"外"作。《上博二·容成 6》："昔堯處於丹府與藋陵之閜（間）。"●讀澗。《清華六·太伯甲 7》："西城洢、閜（澗），北就郟（鄔）、劉。"●讀閑，亦可讀嫻。《清華五·湯丘 11》："女（如）幸余閜（閑）於天畏（威），朕佳（惟）逆訓（順）是煮（圖）。""閑於"之語古籍常見，如《大戴禮記·保傅》："不博古之典傳，不閑於威儀之數。"《新序·雜事三》："夫齊者霸王之餘業，戰勝之遺事，閑於兵革，習於戰攻。"義同於嫻熟之"嫻（嫻）"。"閜於天畏（威）"即熟習上天之威嚴。蓋成湯認為"小臣（伊尹）能塦（展）章百義，以和利萬民，以修四時之正，以設九事之人，以長奉社稷"（7-8 簡），是個明於天威之人，故和他交談能"閜於天之威"，即習于天威，之後就要順逆是圖。●讀外。《上博六·用曰 9》："内閜（外）鬜（獨）眾，而焚丌（其）反戻（側）。"●讀闕。《清華六·太伯甲 7》"洢閜"即著名的"伊闕"。閜從外聲，外又以月為聲，"月""闕"古音同在月部，又同隸牙音，故可以相通。●讀閒或讀閑。《安大一 82》："十窹（猷）之肩（間），桑者閜（閑）=，行與子還。"《毛詩》作"桑者閑閑兮"。簡本無"兮"字。"閜"，即《説文》"閒"之古文所本。《説文》："閒，隙也。從門，從月。閖，古文閒。"閜閜，《釋文》作"閑閑"，曰："音閑，本亦作'閑'，往來無別皃。"《説文·門部》："閑，闌也。從門中有木。"段注："古多借為清閑字。"●讀間。《清華九·禱辭 18》："吏（使）此邑之閜（間）於列（癘）疾，母（毋）又（有）辠（罪）蠱。"整理者注："閜，同'間'。《楚辭·七諫》'身被疾而不間兮'，王逸注：'間，差也。'天星觀簡、新蔡簡中的'速有間'，所卜的就是疾瘳之事。"●《璽彙 0183》"郢閜（縣）愧大夫鈢"讀縣。

芥 晉　貨系 2478　匯考 129

【注】從艸外聲。●讀艾。《匯考 129》"上芥公（尉）"，"上芥"，地名。"外""艾"都是疑母祭

部字，古音極近，故"上芇"即《漢書地理志》太原郡之上艾縣。其地在今山西省平定縣東南，戰國時為趙邑。（裘錫圭《戰國貨幣考（十二篇）》）

笅 楚 清華十一·五紀79 笅 清華十一·五紀2 晉 中山王嚳壺

【注】從竹外聲。●讀簡，指書籍或文件。《中山王嚳壺》："𧘇（載）之笅（簡）篍（策），以戒嗣王。"●讀簡，核實。《清華十一·五紀2》："自日𤔲（始），乃旬笅（簡）五紀。"整理者注："五紀，即下文所謂'日、月、星、辰、歲'，故云'自日始'。旬，周遍。《詩·江漢》'王命召虎，來旬來宣'，毛傳：'旬，遍也。'笅，讀為'簡'，核實。《書·呂刑》'五辭簡孚'，蔡沈集傳：'簡，核其實也。'"

端紐制聲

制 齊 子禾子釜 楚 王子午鼎 秦 二世詔版 大騩權

【注】甲骨文作，從刀從木，會以刀斷木之意。金文同甲骨文。《王子午鼎》木字左下之，刀字左上之當為飾筆。戰國文字直至小篆均從未從刀，蓋未、木實為一字之孳乳，形音義均有關涉。《説文》："，裁也。從刀從未。未，物成有滋味，可裁斷。一曰止也。古文制如此。"《説文》古文從未作，裘錫圭認為，制字所從之未，應是木字之訛，木旁三筆，是因為刀字可作，筆劃脱離並移位造成的。古文字"折"字象以斤斫斷樹木，制字從木從刀，象以刀截割木材，所以《説文》訓為"裁"，制字與折字音義皆通，折字訓"斷"，與制字訓"裁"義本相同，制、折聲音全同，二字應是一組同源字。（《説字小記》）●制定。《二世詔版》："元年，制詔丞相斯、去疾，法度量。"●濾度、準則。《王子午鼎》："萬年無諆（期），子孫是制。"

懇 齊 陶録2·174 、 陶録2·175 陶録2·138

【注】從心制聲。●"東蒦圜里人懇"，人名。

端紐帶聲

帶 燕 璽彙5574 秦 七年上郡守間戈 睡簡·日乙25 睡簡·日
乙125 、 、 、 、 印增302

【注】甲骨文作𢂷、𢃇、𢃛，象束帶之形，下面象垂下的鬚子，有裝飾作用。戰國文字略有訛變。
《說文》："𢃛，紳也。男子鞶帶，婦人帶絲。象系佩之形。佩必有巾，從巾。"本義大帶，束衣
的腰帶。●人名。《七年上郡守間戈》："工鬼薪帶。"●帶子。《睡簡·日乙25》："乘車、寇（冠）、
帶劍。"●秦印有"帶錯"，姓氏。帶佗，戰國時趙魏名將，與吳起並稱。

印增 422

【注】從心帶聲。●秦印"馮懲"，人名。

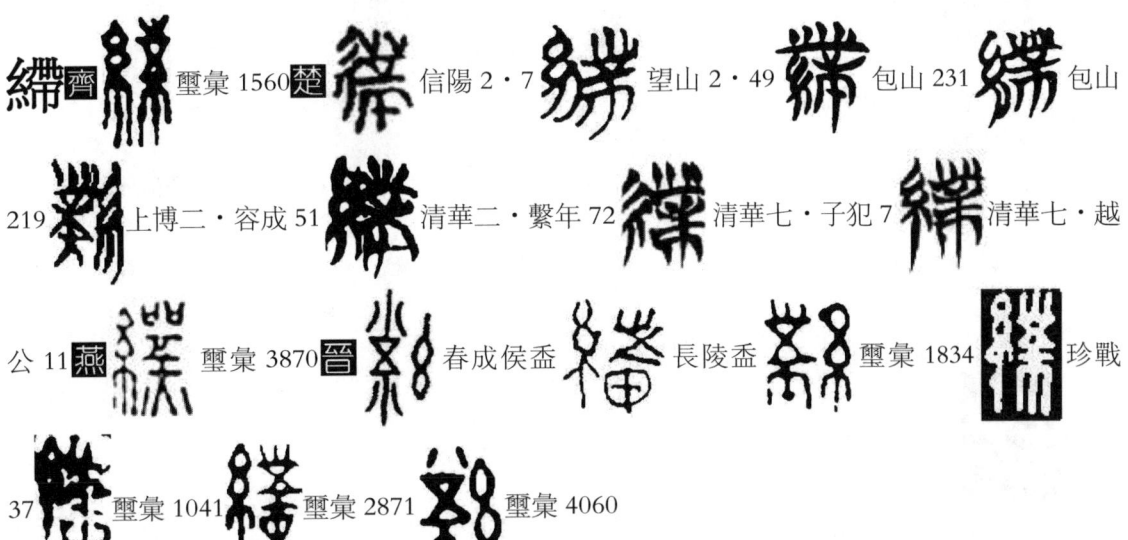

齊 璽彙 1560　楚 信陽 2·7　望山 2·49　包山 231　包山

219　上博二·容成 51　清華二·繫年 72　清華七·子犯 7　清華七·越

公 11　燕 璽彙 3870　晉 春成侯盉　長陵盉　璽彙 1834　珍戰

37　璽彙 1041　璽彙 2871　璽彙 4060

【注】從糸帶聲，"帶"字繁體。晉系文字下部筆劃封閉作中形，另見絺、𦟛、常等字。●戰國
文字多用為本義，讀帶。《清華七·子犯 7》："鏇（劍）繢（帶）衣常（裳）。"《春成侯盉》："春
成侯中貧（府）白金鑄鉌（盉）鎽鎽繢，鎽鎽疋（楚）蓋柯𨎚（連）睘（環）。"●古璽印多為
人名。

楚 曾侯 138　天星　清華九·治政 29　晉 子犯

鐘

【注】從二帶，"帶"字繁體。●多讀帶。《曾侯 138》："𢃛，毲鞅貼。"《子犯鐘》："王易（賜）
子鼀（犯）輅車、四駐（牡）、衣常（裳）、𢃛市（韍）。"●讀業，功業。"帶"（端紐月部）與
"業"（疑紐葉部）在讀音方面有聯繫。《清華九·治政 29》："聖人之𢃛（業），日可見，月可智
（知），戠（歲）可購（賴）。"或是"業"字的訛寫。

楚 　　天星

【注】從糸𢃛聲，"帶"字繁體。●讀帶。

透紐世聲

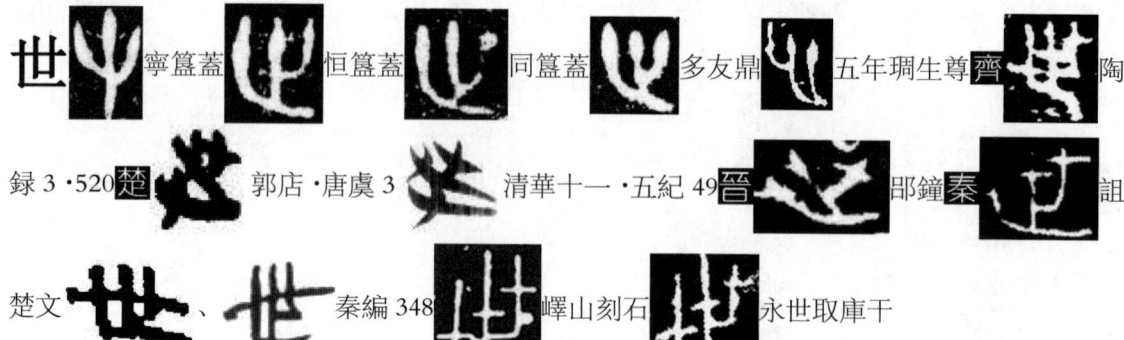

世 寧簋蓋　恒簋蓋　同簋蓋　多友鼎　五年琱生尊　齊　陶

録3·520楚　郭店·唐虞3　清華十一·五紀49晉　邵鐘秦　詛

楚文　、　秦編348　嶧山刻石　永世取庫干

【注】金文象樹木三葉形，林義光釋為“葉”之古文，謂象莖、葉之形。《詩·商頌·長髮》：“昔在中葉。”毛傳：“葉，世也。”世系、輩分，古文字或以世為聲符，形符或從木、竹、莽、立、人、夕、死等。《一式獄簋》則增從言、止。由此，可知“世”之繁構頗多，此乃東周以後，文字應用日益混亂，故有此象。小篆作世，是由金文世發展而來。《説文》：“世，三十年為一世。從卅而曳長之。亦取其聲也。”祖、父、子孫輩之間，通常相隔三十年，為一代人。●天下、世間。《郭店·唐虞3》：“北（必）正亓（其）身，狀（然）後（後）正世，聖道備歓（矣）。”●一輩一輩的。《五年琱生尊》：“子孫永保用世言（享）。”

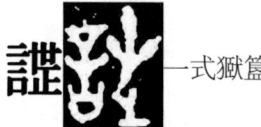

譴　一式獄簋

【注】從言從止世聲。●讀世。詳“世”字。

佊晉　鄭臧公之孫鼎

【注】從人世聲。●讀世。詳“世”字。

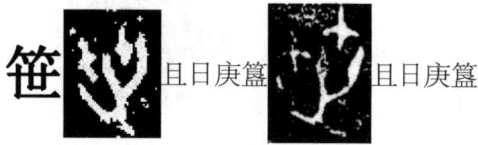

笹　且日庚簋　且日庚簋

【注】從竹世聲。●讀世。詳“世”字。

鞢　趞簋

【注】從莽世聲。●讀世。詳“世”字。

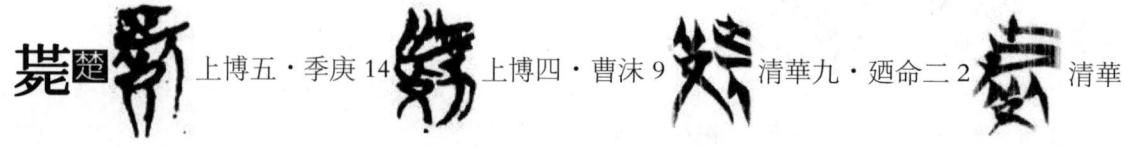

莮楚　上博五·季庚14　上博四·曹沫9　清華九·迺命二2　清華

九·廼命一10

【注】從死世聲。《上博四·曹沫9》從力當為之訛。●均讀世。《上博五·季庚14》："嵗（世）三代之連（傳）史。"●《上博四·曹沫9》："以亡道稱而没身就嵗，亦天命。"就嵗，讀為"就世"，終世。《國語·越語下》："先人就世，不穀即位。"韋昭注："就世，終世也。""没身就世"亦即"壽終正寢"。或認為從亡死聲，讀死。

 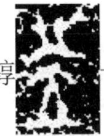 

十四年陳侯午錞　　十四年陳侯午錞　　十年陳侯午錞　　陳侯因育錞

【注】從立世聲。●均讀世。詳"世"字。

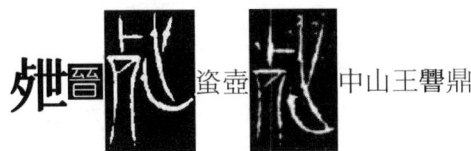

鲞壺　　中山王䜈鼎

【注】從歺世聲。●均讀世。《中山王䜈壺》："牁（將）與虘（吾）君並立于殜（世）。"詳"世"字。

清華三·良臣6

【注】從邑世聲。●讀葉。《清華三·良臣6》："又（有）郵（葉）公子喬（高）。"

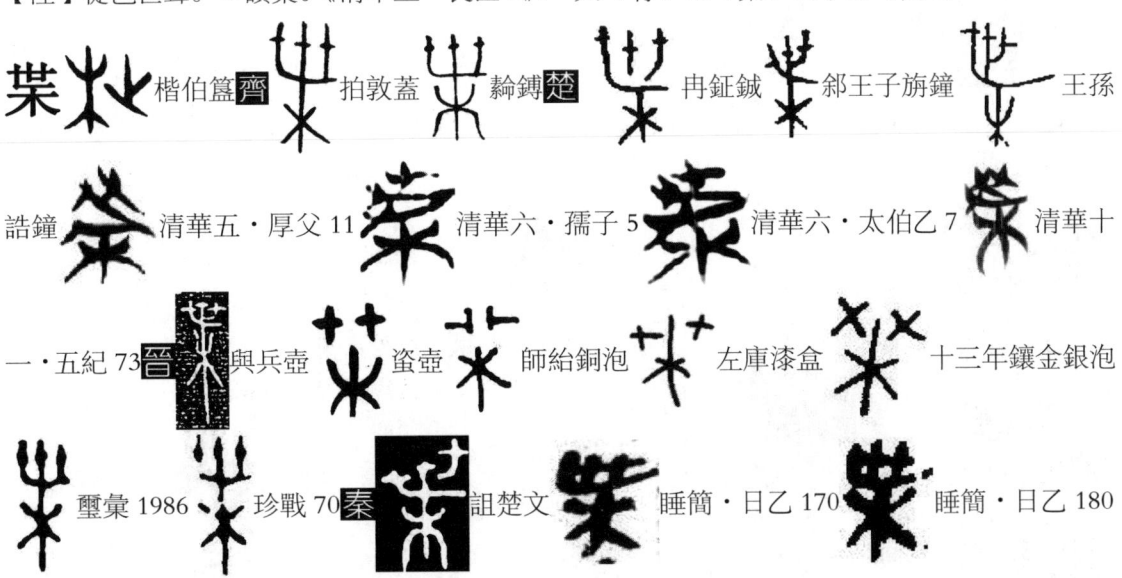

葉　　楷伯簋齊　　拍敦蓋　　䚄鎛楚　　冉鉦鋮　　鄁王子旆鐘　　王孫

誥鐘　　清華五·厚父11　　清華六·孺子5　　清華六·太伯乙7　　清華十

一·五紀73晉　　與兵壺　　鲞壺　　師紿銅泡　　左庫漆盒　　十三年鑲金銀泡

璽彙1986　　珍戰70　　詛楚文秦　　睡簡·日乙170　　睡簡·日乙180

【注】甲骨文作、、，可隸作"枼"，象樹上有葉之形。枼，金文均用為"世"，為假借，樹葉之義加形符"艸"寫作"葉"。●讀世。《楷伯簋》："十枼（世）不謹（忘），獻身才（在）畢公家。"戰國文字均讀世。●《清華六·孺子5》："今虘（吾）君既〈即〉枼（世）。"即世，亦見清華簡《繫年》第二章"武公即世"，整理者注："即世，意為亡卒。"●讀葉，枝葉。《清華五·厚父11》："曰民心隹（惟）本，厥作隹（惟）枼（葉）。"是說：人心如同樹根，人的所作所為像枝葉。

 上博二 · 容成 42

【注】從人枼聲。●讀世。《上博二 · 容成 42》："湯王天下卅=（三十）又一傑（世）而受（紂）作。"

上博八 · 命 1 清華二 · 繫年 91 包山 170 新蔡甲三

233 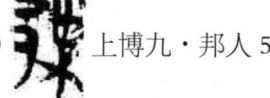上博九 · 邦人 10 上博九 · 邦人 5

【注】從邑枼聲。●讀葉。《上博八 · 命 1》："鄴（葉）公子高之子見於命（令）尹子昚。"鄴公子高，春秋時楚國人。●包山簡讀誓，地名。詳"牒"字。

秦家嘴簡 書也缶 書也缶

【注】從示枼聲。●均讀世。

秦印 47 睡簡 · 封診 92

【注】從言枼聲。●讀牒，文書。《睡簡 · 封診 92》："即疏書甲等名事關諜（牒）北（背）。"當即將甲等的姓名、身份、籍貫記錄在文書背面。

包山 164 鄂君啟舟節 上博四 · 曹沫 31

【注】從見枼聲。●《鄂君啟舟節》："內（入）湘、就牒、就鄴（洮）昜（陽）。"讀誓，地名，在今長沙北。包山有"牒尹"。●讀諜。《上博四 · 曹沫 31》："牒（諜）人來告曰。"

曾侯與編鐘 清華五 · 三壽 8 清華五 · 命訓 10 上博二 · 容成

5 上博五 · 姑成 7 上博四 · 曹沫 65 郭店 · 窮達 2 上博六 · 慎子

4 上博二 · 子羔 8 清華二 · 繫年 10 清華二 · 繫年 21 清華二 · 繫

年 77　　清華七·子犯 12　　清華九·治政 12　　清華十·四告 13

【注】從歹枼聲。楚文字枼旁與枼、某相混。●多讀世。《郭店·窮達 2》："句（苟）又（有）其殜（世），可（何）懂（難）之又（有）才（哉）。"《上博四·曹沫 65》："昔之明王之起於天下者，各以其殜（世），以及其身。"●《清華五·三壽 8》："句（苟）我與尔（爾）相念相謀，殜=至於後欰。""殜="當讀為"泄泄"或"洩洩"。《左傳·隱公元年》："公入而賦：'大隧之中，其樂也融融。'姜出而賦：'大隧之外，其樂也洩洩。'"杜注："洩洩，舒散也。"楊伯峻注："洩本作泄，今作洩者，蓋仍《唐石經》避唐太宗李世民諱改。《金澤文庫》本作泄。"《文選·張衡〈思玄賦〉》："聆廣樂之九奏兮，展洩洩以彤彤。"舊注："洩洩、彤彤，皆樂貌。""後欰"即吃飯而後，謂耽誤吃飯。簡文意為：一旦我和你們思考、討論問題，就感到非常快樂以至於耽誤了吃飯。（王寧《讀〈殷高宗問於三壽〉散札》）

渫 楚　　郭店·緇衣 6 秦　　睡簡·日甲 122　　、　　秦印 222

圖典 72

【注】從水枼聲。●讀世。《睡簡·日甲 122》："其主必富三渫（世）。"●讀禦。"渫"古音在月部心紐，"禦"古音在魚部疑紐，上古音月部與魚部字相通。《郭店·緇衣 6》："懂亞以渫民涇（淫）則民不賦（惑）。"

牒 秦　　睡簡·秦種 35

【注】從片枼聲。●木牘、書牘。《睡簡·秦種 35》："到十月牒書數，上內史。"到十月用牘寫明數量，上報內史。

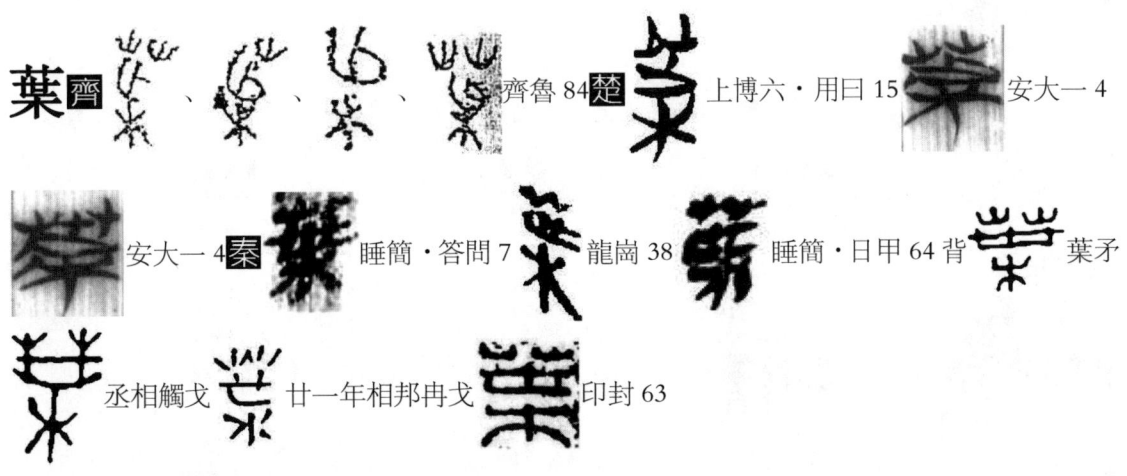

葉 齊　　、　　、　　齊魯 84 楚　　上博六·用曰 15　　安大一 4

安大一 4 秦　　睡簡·答問 7　　龍崗 38　　睡簡·日甲 64 背　　葉矛

丞相觸戈　　廿一年相邦冉戈　　印封 63

【注】從艸枼聲。●用為本義，艸木之葉也。《睡簡·答問 7》："或盜采人桑葉，臧（贓）不盈一錢，可（何）論？"《上博六·用曰 15》："辠（罪）之枝葉，良人可思。"●讀世，代也。《睡

簡·日乙 158》：“外鬼父葉（世）為姓（眚）。”●人名。《廿一年相邦冉戈》：“廿一年，相邦冉
造，雝（雍）工帀（師）葉。”●地名，原為楚地。《葉矛》：“葉。”《左傳·宣公三年》：“朝于
楚，楚人酖之，及葉而死。”注曰：“葉，楚地。”《漢書·地理志》南陽都有“葉縣”，班固自注：
“楚葉公邑。”其古城在今河南省葉縣南三十里。《印封 63》有“葉丞之印”。《漢書補注》王先
謙曰：“春秋戰國屬楚。秦昭襄王取之，見《秦紀》。”秦取葉，在昭王十五年，為此封泥之上限。
●新泰陶文習見，亦為地名。

 睡簡·日甲 90 背

【注】從广枼聲，疑“疶”之異文。●讀疶，痢疾。《睡簡·日甲 90 背》：“未，瘵也。其室寡。”

 睡簡·為吏 14　　睡簡·日甲 22 背　　關簡 53　　印封 160

【注】從辵世聲。●讀世。《睡簡·日甲 22 背》：“不終迣（世）。”●讀肆，肆意、放肆。《睡簡·為
吏 14》：“一曰誇以迣。”●秦印人名。

 伯姜鼎　　師遽方彝　　匯考 286

【注】兩聲字，丙、世雙聲，為“世”之異體。《說文》：“丙，舌皃。從谷省。象形。丙，古文
丙。讀若三年導服之導。一曰竹上皮。讀若沾。一曰讀若誓。弼字（弼）從此。”可知“丙”字
有“誓”的讀音。上古音“誓”字屬禪紐月部，“世”字屬書紐月部，聲紐發音部位相同，只有
清濁之別，韻部相同，古音相近，所以“世”字可增益“丙”旁表聲。●金文讀世，為世代之
義。●晉璽人名。

 睡簡·為吏 13

【注】從貝世聲。●借貸。《說文》：“貰，貸也。從貝世聲。”《睡簡·為吏 13》：“貰責（債）在
外。”

透紐耿聲

 匯考 292　　璽彙 1849

【注】會意字，《說文》：“耿，軍法以矢貫耳也。從耳從矢。《司馬法》曰：‘小罪耿，中罪刖，
大罪剄。’耻列切。”●均為人名。

透紐屮聲

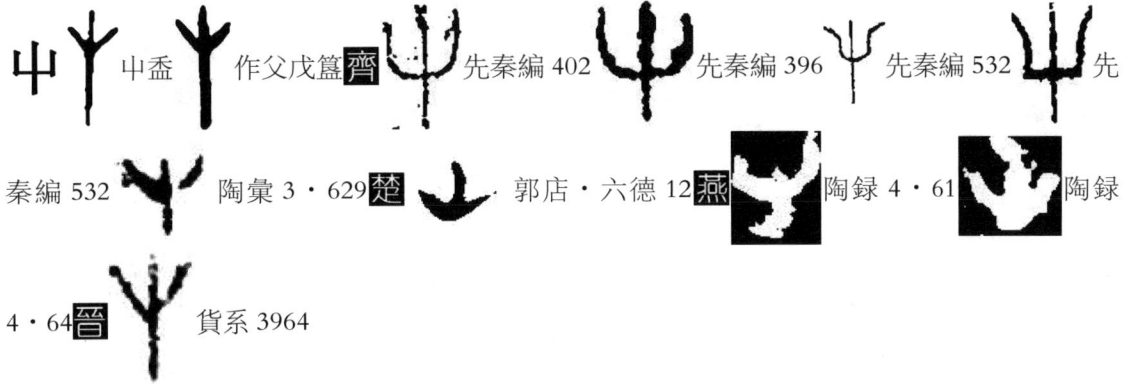

屮 中盉　作父戊簋 齊　先秦編 402　先秦編 396　先秦編 532　先秦編 532　陶彙 3·629 楚　郭店·六德 12 燕　陶録 4·61　陶録 4·64 晉　貨系 3964

【注】象草木初生之形，《說文》讀若徹。《說文》：“屮，艸木初生也。象丨出形，有枝莖也。古文或以為艸字。讀若徹。凡屮之屬皆從屮。”●金文人名。●齊陶單字，當為地名用字。●讀草。楚系文字中“屮”“艸”“卉”是同一個字的異體，只是字形繁簡的區別。《郭店·六德 12》：“唯（雖）才（在）屮（草）茚（茅）之中。”●燕陶人名。

蚩 秦　秦簡秦種 104　睡簡·秦種 86

【注】《說文》：“蚩，蟲曳行也。從虫屮聲。讀若騁。”●讀徹。《睡簡·秦種 86》：“有久（記）識者靡蚩之。”靡蚩，磨壞、磨除。

透紐設聲

設 秦　泰山刻石

【注】《說文》：“設，施陳也。從言從殳。殳，使人也。”●訂立、制定。《泰山刻石》：“夙興夜寐，建設長利，專隆教誨。”楚文字多以“埶”為設。

榖 楚　上博六·用曰 18　郭店·六德 36

【注】從木設聲。郭店簡為省文（或謂從攴語省聲，詳“吾”聲）。●讀設。《上博六·用曰 18》：“埶（設）立市（師）長，建榖（設）之政。論諫啟用，亡咎佳溫。”《周禮·天官·序官》有“設官分職”。簡文“建設之政”，當是指任官授爵這方面的政令，與上文“埶（設）立師長”義正相承。

定紐徹聲

徹 牆盤 何尊 秦 戰編 195 睡簡·日乙 62 睡簡·日乙 50

【注】甲骨文作𦝩、𦝩、𦝩、𦝩、𦝩，從鬲從又，羅振玉謂餐後撤去餐具之意（《增訂殷墟書契考釋》71 頁），與《說文》古文所從同。《說文》：“徹，通也。從彳從攴從育。𢻏，古文徹。丑列切。”金文同甲骨文。秦系文字“徹”作𢻏、“𢽬”作𢽬，加形符彳；鬲形上部訛為玄、幺，小篆又訛作育，有聲化趨勢。●讀徹，通達。《何尊》：“有爵于天，敊（徹）令苟（敬）亯（享）戈（哉）。”徹令，即達命、通曉命令。●讀徹，治也。《牆盤》：“用肇（肇）敊（徹）周邦。”《詩·大雅·江漢》：“徹我疆土。”鄭玄《箋》：“治我疆界。”●讀撤。《睡簡·秦種 10》：“禾、芻稾徹（撤）木、薦，輒上石數縣廷。”穀物、芻稾撤下來的木頭和草墊，應即向縣廷報告糧草石數。楚文字用“敊”表示撤。

𢽬 秦 、 、 秦印 264 睡簡·封診 74 睡簡·秦種 10

睡簡·日甲 144 背 璽彙 3983

【注】從刀徹聲。從刀，小篆訛為從力。●讀徹，通、達。《睡簡·封診 74》：“人已穴房内，𢽬（徹）内中。”有人已在側房挖洞直通房中。●讀徹，壞也。《睡簡·日甲 144 背》“𢽬屋”見《詩經·小雅·十月之交》“徹我墻屋”，鄭玄箋：“徹毀我墻屋。”●秦印人名。

定紐𡙡聲

𡙡 璽彙 3650

【注】何琳儀謂𡴀從羊從十，會意不明；或謂十為聲符。十或訛為𡴀。戰國文字承襲金文，𡴀或歧出一筆作𡴀，小篆遂以為從大得聲。●古璽人名。

達 牆盤 保子達簋 保子達簋 師寰簋 達盨 達盨 達簋 齊 鑰鎛 叔夷鎛 璽彙 3087 璽彙 3563 陶錄

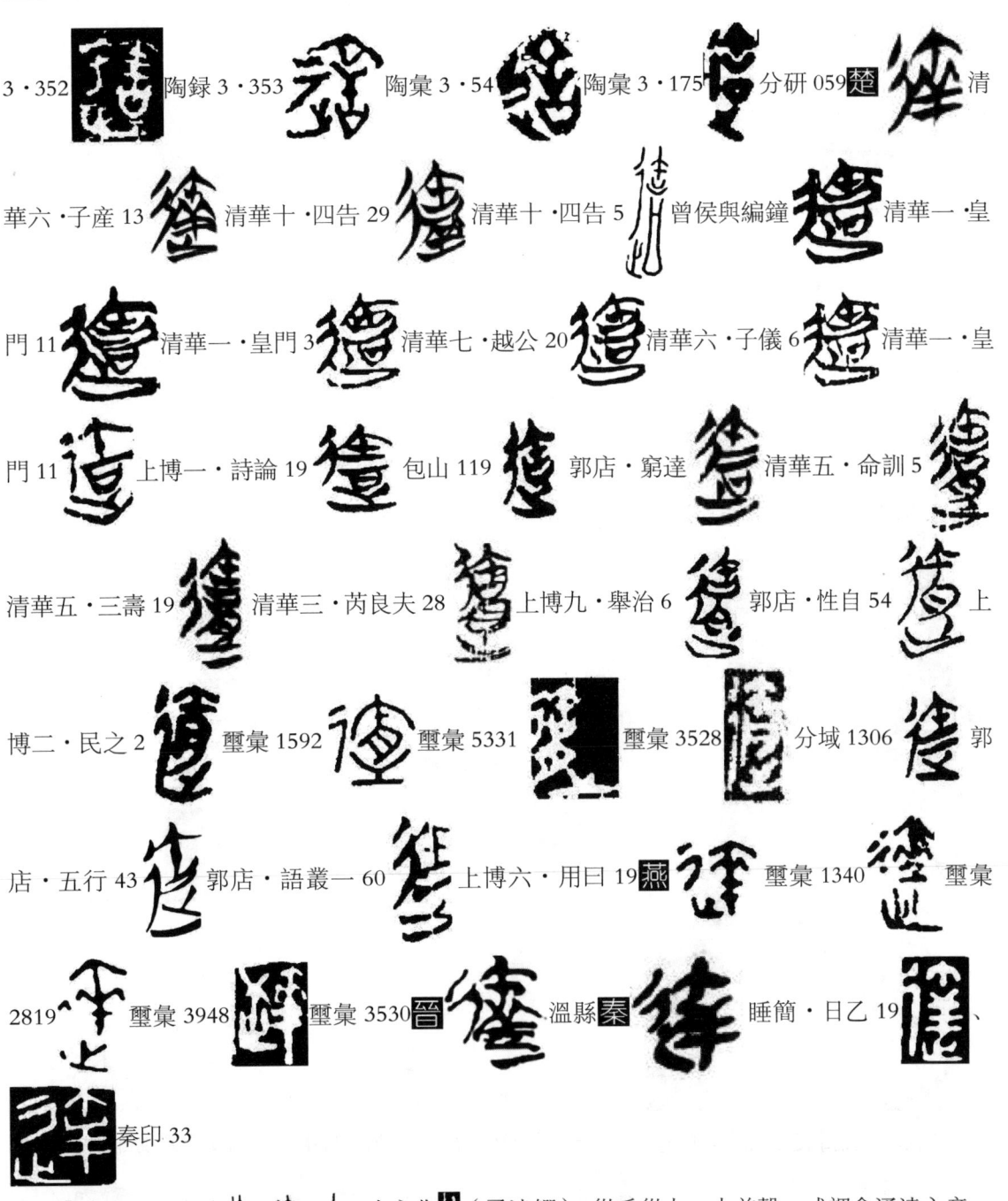

3・352　陶録3・353　　　　陶彙3・54　　　　陶彙3・175　　　分研059 楚　　　清

華六・子產13　　　清華十・四告29　　　清華十・四告5　曾侯與編鐘　　　　清華一・皇

門11　　　清華一・皇門3　　　清華七・越公20　　　清華六・子儀6　　　清華一・皇

門11　　　上博一・詩論19　　　包山119　　　郭店・窮達　　　清華五・命訓5

清華五・三壽19　　　清華三・芮良夫28　　　上博九・舉治6　　　郭店・性自54　　　上

博二・民之2　　　璽彙1592　　　璽彙5331　　　璽彙3528　　　分域1306　　　郭

店・五行43　　　郭店・語叢一60　　　上博六・用曰19 燕　　　璽彙1340　　　璽彙

2819　　　璽彙3948　　　璽彙3530 晉　　　溫縣 秦　　　睡簡・日乙19　　　

秦印33

【注】甲骨文有字作𢓊、𢓊、𠈌，金文作𢓊（子達觶），從辵從大；大兼聲。或謂會通達之意，字與《說文》或體同，然此字是否釋為"達"，待考。金文多從辵牵聲。"達"從西周金文到戰國、秦漢文字似乎有着不同的發展脈絡，一條為"燕秦"系統，作𢓊→𢓊→𢓊→𢓊→𢓊，其文字演變一脈相承。另一條，就是"齊楚"系統，作𢓊等形，右下部變形音化從舌聲。字或有增減，然午形為最基本部件。楚文字還有一類達，贅加"月"，很可能是為了表音的需要（達、月同屬月部）。秦書同文後，齊楚一類的達字被廢。●讀撻，討伐。《牆盤》："𢎖圉武王，遹征四方，達（撻）殷畮民，永不（丕）巩（恐）狄。"《詩・商頌・殷武》："撻彼殷武，奮伐荊楚。"●秦簡日名。《睡簡・日乙19》："平達之日，利以行師徒、見人、入邦。"●人名。《師袁簋》："正（征）

淮尸（夷），即釿斥（厥）邦卽（酋），曰丹、曰粦、曰鈴、曰達。"古璽多為人名用字，取其通達之意。●通也。《上博二·民之 2》："民〔之〕父母虖（乎），必達於豊（禮）樂之籓（源）。"●顯貴、顯達。《郭店·窮達 15》："窄（窮）達以昔（時），學（幽）明不再。"

 璽彙 3488

【注】從疒達省聲。●燕璽人名。

定紐大聲

839 秦 仌 十九年大良造鞅殳鐏 🔲 秦印203 🔲 秦印223 🔲 珍秦362

【注】甲骨文作大、衆、吳、天、大、木、天、禿、木、大、仌，象直立正面人形。頭部開始寫作●，乃因甲骨刻寫不便，遂變為口，最後變為一橫。古代人早就把人類看作萬物之靈，把人、天、地稱為三才，並且以人為大，所以用以表示"大"義。金文同甲骨文，或訛變作仌，此為楚器文字的特殊寫灋。《說文》："大，天大，地大，人亦大。故大象人形。古文大（他達切）也。凡大之屬皆從大。"本義是大人。引申泛指大小之大。●與"小"相對。《邵鐘》："大鐘既懸。"●程度、範圍之廣。《令鼎》："王大耤農于諆田餳（場）。"《毛公鼎》："大從（縱）不靜。"●同"太"。《作冊大鼎》："大揚皇天尹大儇（保）宔。"大保，即太保。《洹子孟姜壺》："齊侯命大子乘遽來句宗白（伯），聖（聽）命于天子。"大子，即太子。●讀天。金文天、大混用。《瘋鐘》："邵各（昭格）樂大神，大神其陟降。"大神，即天神。●大司命：神名，古人以為大司命是管人生死的壽命之神。《洹子孟姜壺》："于大嗣命用璧兩壺八鼎。"●讀泰。《上博四·曹沫8》："必恭儉以得之，而驕大（泰）以失之。"●讀泄。《安大一83》："十畝（畞）之外，桑者大（泄）=。"《毛詩》作"桑者泄泄兮"。上古音"大"屬定紐月部，"泄"屬心紐月部，音近可通。《史記·周本紀》："子靈王泄心立。"《國語·晉語》"泄心"作"大心"。毛傳："泄泄，多人之貌。"

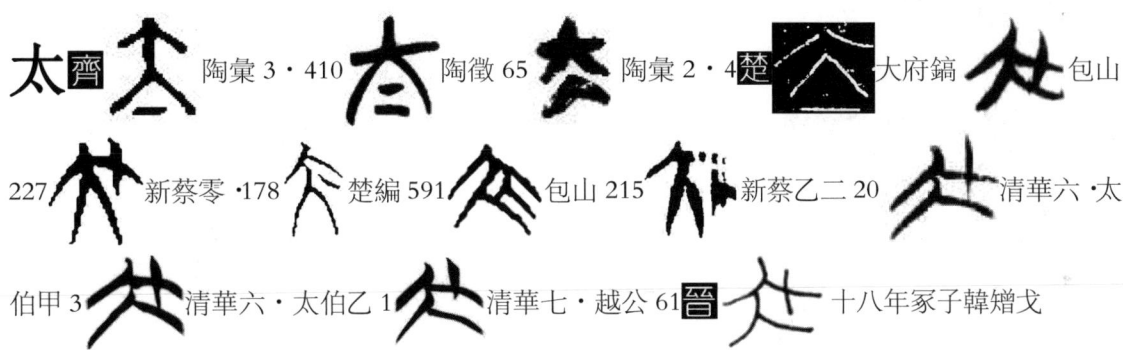

太 齊 大 陶彙3·410 古 陶徵65 大 陶彙2·4 楚 🔲 大府鎬 大 包山227 大 新蔡零·178 仌 楚編591 大 包山215 大 新蔡乙二20 大 清華六·太伯甲3 大 清華六·太伯乙1 大 清華七·越公61 晉 大 十八年冡子韓矰戈

【注】太，始見於戰國文字，為"大"的分化字。加一、丿、丶、二等為分化符號。楚簡有從卜的，可能是腋下的點與從軀幹上剝離出來的豎組成的。典籍中大、太、泰往往混用。大為象形，太為分化字，泰為假借字。●讀大。《大府鎬》："太膚（府）為王飤晉（薦）鎬。"太府，楚器多作"大府"。大府，朝廷內宮府庫長官。《周禮·冡宰下》："大府掌九貢九賦九功之貳，以受其貨賄之入，頒其貨于受藏之府，頒其賄于受用之府。"鄭玄注："大府為王治藏之長，若今司農矣。"●太一：神名，或稱"蝕太"。《包山227》："墾禱餤（蝕）太，一全豢。"●《陶彙2·4》"令嗣樂乍太室壏"，讀大。金文通作"大室"。

𣂕 楚 🔲 上博九·成甲2

【注】從攴太聲。●地名。《上博九·成甲2》："子玉受帀（師）出之𣂕。"

袚 楚 🔲 包山243 🔲 望山1·79 🔲 包山210 🔲 包山218 🔲 包

山 218

【注】從示太聲。●神靈之名。包山簡中的"祂""餟祂"，用牲之例與其他神靈無別，當是具體神名。

汰 楚 左塚漆桐 清華四·筮法 53

【注】從水太聲。●董珊認為《左塚漆桐》"汰滴"可讀為"汰侈"，"商"與"多"聲系相通，"汰侈"一詞數見《左傳》。●洗米水。《清華四·筮法 53》："才（在）上為飢（醪），下為汰。"

夶 楚 清華七·越公 28

【注】從立從大，疑"並"之訛文。●讀並。《清華七·越公 28》："王夶（並）亡（無）好攸（修）于民厶（三）工之堵。"

歼 楚 清華一·祭公 19

【注】從歹大聲。●讀世。大（定母月部）與世（書母月部）聲近韻同，可通用。《清華一·祭公 19》："我亦隹（惟）以没我歼（世）。"

袾 晉 卅年左庫工師愈戈

【注】從衣大聲。●晉器人名。

戛 楚 上博一·緇衣 8

【注】從言大聲。●讀賴。"大""賴"古音同在月部，聲音相近。《上博一·緇衣 8》："一人又（有）慶，蓋（萬）民戛（賴）之。"

郏 楚 余郏君盤 晉 匯考 142

【注】從邑大聲。●楚金文人名。●《匯考 142》"固陽郏保"，"固陽"地名，戰國魏邑，在今綏遠境烏喇特旗故九原城東北。《史記魏世家》："築長城，塞固陽。""郏保"，義不詳。

吞 齊 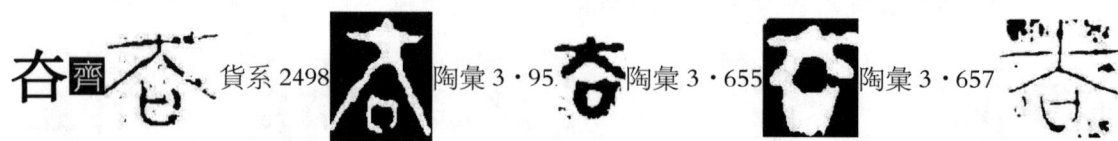貨系 2498　陶彙 3·95　陶彙 3·655　陶彙 3·657

貨系 2497　　　　貨系 2505

【注】從口大聲，"大"字繁體。●齊文字均讀大。

容 齊 　貨系 3793　　　貨系 2646

【注】從宀夻聲。●齊刀"鄭冶容刀"，讀大。舊釋為"肉"，誤。

态 晉　　璽彙 0687　　　璽彙 2424　　　璽彙 2890 秦　　陶彙 5·460

【注】從心大聲。●晉璽人名。

痣 晉　　璽彙 3209

【注】從疒态聲。●晉璽人名。

洓 晉　　港續一 46　　璽彙 1301　　璽彙 2738　　璽彙 0500　　菁華 24

【注】從水态聲。●晉璽均為人名。

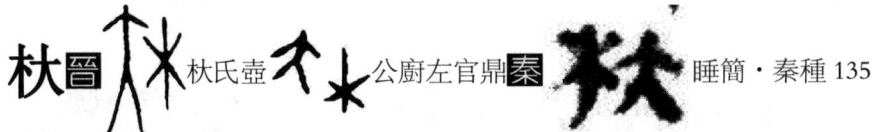
奊 齊　　分研 068

【注】從土大聲。在古文字中，其下從土之字，往往是繁體，土字等於虛設，故奊字也有可能是大的繁體。●人名。印文"子奊子"，或系封邑名。"子某子"這種稱謂在戰國諸侯大夫間甚為通行，尤其是在齊國，如山東膠縣出土的戰國銅器中有"子禾子"；陶文中也有稱"子縫子"者，此稱"子奊子"與上諸例相同。"子奊子"當為齊國統治階級中的顯赫人物。

杕 晉 　杕氏壺 　公廚左官鼎 秦　　睡簡·秦種 135

【注】甲骨文作杕、杕，從木大聲。金文小篆承之。《説文》："杕，樹貌。從木大聲。《詩》曰：'有杕之杜。'"段玉裁注："樹當作特。字之誤也。"本義為樹木孤立的樣子。●氏名，讀狄。《詩·唐風·杕杜》："有杕之杜。"釋文："杕，本或作夷狄字。"《太平御覽》引杕作狄，可資佐證。《杕氏壺》："杕氏福及，歲賢鮮于（虞）。"●讀鈦，套住囚徒脛的鐵鉗。《睡簡·秦種 135》："勿枸櫝欙杕。"不施加木械、黑索和脛鉗。

鈇楚 包山273　鈇 包山276　鈇天星 燕鄾 鄾王職矛　鈇鄾

王喜劍

【注】從金大聲。《説文》："鈇，鉗也。從金大聲。"本義為鐵鐐。●劍之方言異名。《鄾王喜劍》："鄾（燕）王喜怍（作）無旅鈇。"金文與小篆形聲皆同，然義不相關，殆非同字。●或讀軑。《包山273》："白金之鈇，其上載……。"王念孫《廣雅疏證·卷七下·釋器》："軑，輪也。"

貪晉 貪 璽補263

【注】從貝大聲。●"司馬貪"，人名。

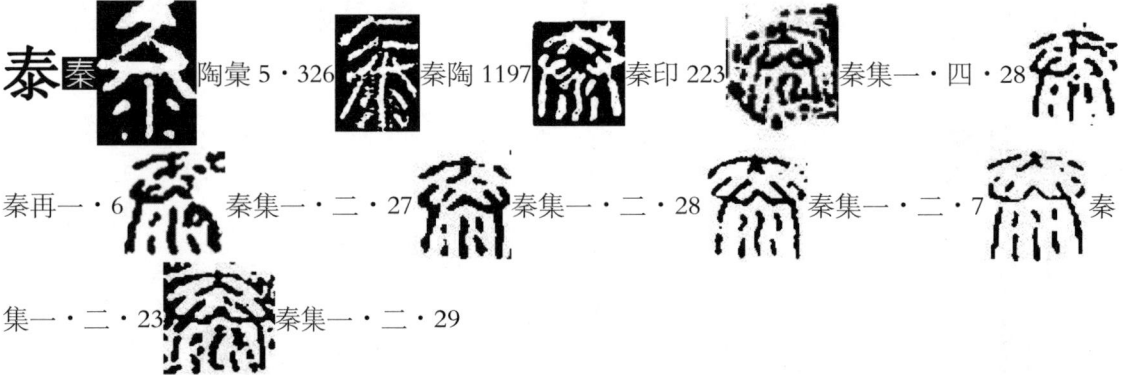

泰秦 泰 陶彙5·326　泰 秦陶1197　泰 秦印223　泰 秦集一·四·28　泰 秦

秦再一·6　泰 秦集一·二·27　泰 秦集一·二·28　泰 秦集一·二·7　泰 秦

集一·二·23　泰 秦集一·二·29

【注】《説文》："泰，滑也。從廾，從水，大聲。夳，古文泰。"●秦系文字，多讀大。《陶彙5·326》"泰沈"，讀"大沈"；大乃大匠之省。●《秦再一·6》"泰内"，即大内，官署名。戰國秦置，設於京師的物資府庫。●《秦集一·二·27》"泰倉"、《秦集一·二·28》"泰倉丞印"。泰，太者，大者也。京城儲積糧食的大倉、大庫，歷朝多置。●《秦集一·二·7》"泰醫丞印"，泰醫丞，即太醫丞，官名。戰國秦置，太醫令之佐官。●《秦集一·二·23》"泰行"即"大行"。《漢書百官公卿表》："典客，秦官，掌諸歸義蠻夷，有丞。"景帝中六年前年更名大行令，武帝太初元年前年更名大鴻臚。其屬官有"行人、譯官、別火三令丞"。參考這些記載，大行應為典客屬官，其實就是外交官，主管與周邊少數民族之交往禮儀。《左傳》屢見"行人"之記載，行人即諸侯間使者。《周禮·秋官·司寇》下有"大行人""小行人"，大行人"掌大賓之禮及大客之儀，以親諸侯"。小行人"掌邦國賓客之禮籍，以待四方之使者"。秦之"泰行"蓋因周制行人而來。●地名。《秦集一·四·28》"泰山司空"，此"泰山司空"約與泰山郡無關，當為秦始皇封祭泰山時所司建築職司。

叕 交君子叕簠　叕 交君子叕簠齊　叕 陶彙3·122楚 叕 分研

153燕 叕 璽彙5428秦 叕 睡簡·日乙145　叕 睡簡·日乙145

【注】甲骨文作叕、叕、叕，從大，手腳處加丷，疑象有所系縛之形，字義引申則有連綴之義；

大亦聲。大，定紐月部；叕，端紐月部，二字旁紐疊韻。黃德寬認為是表示植物茁壯茂盛、枝葉扶疏之貌。因為枝葉繁茂，彼此勾連，"交絡互綴"，因而可引申出"綴聯""茁壯"等義項。（參黃德寬《釋甲骨文"叕（茁）"字》）金文承之。秦簡作 、再至小篆之 ，訛錯迹象不難尋繹。作偏旁時或增口為飾（戰國璽印文字"綴"作 ）。《說文》："叕，綴聯也。象形。凡叕之屬皆從叕。"本義連綴。●人名。《交君子叕壺》："交君子叕肇（肇）乍（作）寶壺。"齊陶人名。●饘祭，聯續而祭也。《睡簡·日乙145》："席叕（饘）其後""亦席三叕（饘）。"●讀綴。《分研153》"郢戀叕官"讀"郢聯綴官"。

 清華六·子儀11

【注】從攴從土叕聲。●讀啜。《清華六·子儀11》："辟（譬）之女（如）兩犬鰥（沿）河，𣪠（啜）而㶱（㹜）。"

 安大一40　　安大一40

【注】從艸從土叕聲。●讀茁。《安大一40》："皮（彼）𦻀（茁）者葭（葭）。"《毛詩》作"彼茁者葭"。"叕"屬莊紐月部，"茁"屬莊紐物部，可通。毛傳："茁，出也。"

季受尊

【注】從欠叕聲。《說文》無。《廣韻》："齧也。一曰齕也。與𪙥同。"●人名。《歠尊》："歠休于巳季，受貝二朋。"

 郭店·五行10　　　新蔡甲三31

【注】從心叕聲。●憂也。《新蔡甲三31》："少（小）言惙（惙惙），若組若結。"《郭店·五行10》："憂心不能惙惙。"惙惙，各注家及《說文》皆訓"憂愁貌"，於文義確不可通，故"不能"二字疑衍。

 安大一28　　　安大一14　睡簡·為吏7　　睡簡·日

甲63背

【注】從手叕聲。●讀輟，止。《睡簡·為吏7》："掇民之欲政乃立。"●取。《睡簡·日甲63背》："完掇其葉二七。"●《安大一28》："幣（蔽）祓（芾）甘棠，勿戔（剗）勿掇。"《毛詩》作"勿翦勿拜"。《說文·手部》："掇，拾取也。"鄭箋云："拜之言拔也。"《廣韻》引《詩》"勿剪勿扒"，云："扒，拔也。"無論是"拜"還是"扒"，於詩意而言皆不甚允洽。黃德寬認為，簡文"掇"，

當讀劉。《説文·刀部》"刊，劉也"，"劉，刊也"，"删，劉也"。《説文》"刊""劉""删"互訓，皆指刊削之意。《毛詩》作"拜"（帮紐月部），或因其形音與"掇"相近而訛。"扒"（帮紐質部）則可能是受傳、箋影響而後起之異文。（參《略論新出戰國楚簡〈詩經〉異文及其價值》）

朘晉 璽彙 3144 秦 睡簡·日甲 156 背 關簡 348

【注】從肉叕聲。●讀餟，祭祀時供食之禮。《日甲 156 背》："穿壁直中，中三朘。"《漢書·郊祀志上》"其下四方地、為朘，食群神從者及北斗雲"，中顔師古注："朘字與餟同，謂聯續而祭也。"●晉璽人名。

娖秦 印增 482

【注】從女叕聲。●人名。

叕楚 左塚漆桐

【注】從狀叕聲。●義不詳。

貨齊 陶彙 3·780 陶彙 3·1269 楚 包山 278 反 包山 94

望山 2·10 望山 2·8 清華九·治政 37 璽彙 5701

【注】從貝叕聲。●讀贅。《包山 94》："苛腾（獲）訟聖冢（蒙）之夫=（大夫）軛（范）豎以貨田。""貨"與"贅"音近可通。《説文》："贅，以物質田。從敖、貝。敖者猶放，謂貝當復取之。"包山簡"貨田""斁田"均讀"贅田"。"贅田"抵押土地。●《清華九·治政 37》："亓（其）民乃貨立（位）賈（賈）貣（貸）亡（無）又（有）閒（間）癹（廢）。"整理者注："'貨'字楚簡習見，清華簡《治邦之道》有'邦獄眾多，婦子貨（價）賈'。'貨'當與'賈'同義。'貨'與'賈'音義並通。貨位，似指買官求位。"他們的人民於是買官、借貸沒有片刻止息。●齊陶人名。

斁楚 包山 77 曾侯 67 曾侯 66 新蔡零·377

【注】從支貨聲。●讀贅。《包山 77》："斁田。"斁田，抵押土地。●《曾侯 67》"黿組之斁"，讀綴，指車衣邊緣的綴飾。

2274

僔 楚 清華八・邦道 24　　清華八・邦道 26

【注】從人贅聲。●讀贅。《清華八・邦道 24》："婦子僔（贅）賈（賈）。"《説文》："贅，以物質錢。"段玉裁注："若今人之抵押也。"《漢・嚴助傳》："賣爵贅子，以接衣食。"贅，猶後世之抵押、典當之義。義如贅妻鬻子。

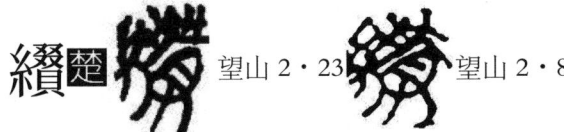

繢 楚 望山 2・23　　望山 2・8

【注】從糸贅聲。●讀綴。《望山 2・8》："組繢（綴）。"

綴 齊 璽彙 3519　　璽彙 1460　　陶彙 3・147

【注】從糸叕聲。口為贅符。●齊文字人名。

纝 楚 清華一・金縢 10

【注】從示綴聲。●《清華一・金縢 10》"邦人〔皆恐，王☒〕覍（弁），夫=（大夫）纝，目（以）攴（啓）金紾（縢）之匱。""纝"，陳劍謂即"綴"之繁體。當讀端，即"端冕""玄端""端委""端章甫"等之"端"，正與"弁"皆為"朝服"。"綴"與"端"聲母相近、韻部月元對轉，兩字相通，猶"瑞"之從"耑"聲也。（《清華簡〈金縢〉研讀札記》）

隙 逜盂綴

【注】從阝叕聲。《篇海類編》音輟。●《逜盂》："命逜事于述土，隙諆（其）各们。"義不詳。

糤 齊 匯考 45

【注】從米叕聲。口為贅符。●齊璽"右稟迊枀糤鈢"，人名。

鬻 楚 鑄客鼎　　鑄客鼎　　太子鼎

【注】從鬲從叕，雙聲字。●讀餟。《説文》："餟，酹也。從食叕聲。"《玉篇》："餟，祭酹也，饋也。"《史記・武帝紀》："其下四方地為餟食。"《注》索隱曰："餟謂聯續而祭之。《正義曰》

謂繞壇設諸神祭座，相連綴也。"餟，《前漢·郊祀志》作"腏"。《鑄客鼎》："鑄客為集脮、伸脮、鄎脮翯為之。"集腏、伸腏、鄎脮翯當為三個管理王室飲食或祭品的機構，其具體含義待考。

定紐折聲

折 作冊折尊 折斝 師袁簋 兮甲盤 小盂鼎 師同鼎

多友鼎 晉侯穌鐘 毛公鼎 翏生盨 翏生盨 虢季子白盤

齊 洹子孟姜壺 楚 王孫誥鐘 王孫誥鐘 郭店·成之31

新蔡甲一7 清華七·子犯9 上博一·詩論18 上博二·從甲5

清華一·皇門2 安大一35 清華九·成人8 晉 折邑戈 璽彙

4299 秦 不娶簋 不娶簋 睡簡·日乙255 睡簡·雜抄36 里

耶8·1028

【注】甲骨文作 、 、 、 、 ，從斤從木，象以斧斷木，會折斷之意。金文同甲骨文，木形或省作 、 ；或于 之間加 ，乃指示性符號，表示斷折之處。秦系文字誤 為手，遂為小篆所本。《說文》："斯，斷也。從斤斷艸。譚長說。 籀文折從艸在仌中，仌寒故折。 篆文折從手。"本義是折斷，如《荀子》："鍥而舍之，朽木不折；鍥而不捨，金石可鏤。"又引申為死，如"夭折"。又引申為彎曲、損失等義。●斬首也。《師袁簋》《不娶簋》《兮甲盤》："折首執訊。"《逸周書·克殷解》："以黃鉞折，縣諸太白。"孔晁注："折，絕其首。"●折斷、折傷。《睡簡·日甲67》："以桂長尺有尊（寸）而中折。"●讀誓。《洹子孟姜壺》："于上天子用璧玉備，于大無嗣折（誓）、于大嗣命用璧，兩壺、八鼎。"《上博六·天甲10》："酋（尊）且（祖）不折（誓）事。"●讀哲。《清華七·子犯9》："昔之舊聖折（哲）人之尃（敷）政命（令）荆（刑）罰。"●地名。《折邑戈》："折邑。"湯余惠先生讀制，地名，在今河南滎陽西，戰國韓地。●讀裂，即"製"字。《睡簡·日甲13正》："寇〈冠〉、尋車、折衣常（裳）、服帶吉。"●轉折。《上博七·武王3》："柚（曲）折而南，東面而立。"●讀杕。"折"，古音屬章紐月部；"杕"，定紐月部。聲紐均為舌音，韻部相同，音近可通。《上博一·詩論18》："《折（杕）杜》則情喜其至也。"《杕杜》，詩經篇名。●讀哲，智也。《王孫誥鐘》："肅折（哲）臧（臧）訧（御）。"《王孫遺鼠鐘》作"肅悊聖武"。●讀寔。《安大一35》："菽（肅）＝肖（宵）正（征），佖（夙）夜才

（在）公，折（寔）命不同。"《毛詩》作"寔命不同"。上古音"折"屬章紐月部，"寔"屬禪紐錫部，二字聲韻相近，可通。毛傳："寔，是也。命不得同於列位也。"《釋文》：《韓詩》作'實'，云：有也。"馬瑞辰云："是者，語詞。《韓詩》作'實'，訓有者，有亦語詞。"或讀誓，"誓命不同"則謂辛勞之征人待遇有差異，不作毛傳謂天賦之命不同解。●讀制。《清華九·成人8》："是裂（勞）厈（厥）折（制）正（政），反亂先型。"勞，使動用法，句謂使制政勞苦。

 挪君戟

【注】從邑折聲。所謂二止當為二中之訛。●讀制，地名。詳"折"字。

 印增587

【注】從肉折聲。●"季胏"，人名。

 王孫遺鼠鐘  上博五·三德11

【注】從心折（《王孫誥鐘》所從"折"為省形）聲。●讀哲。《王孫遺鼠鐘》："肅悊聖武。"●整理者讀墮。《上博五·三德11》："居毋悊，俊（作）毋康。""惰"是定母歌部字，"悊"是端母月部字，讀音近。

 上博六·競公7 上博一·性情11 上博二·容成21 睡簡·日

乙129 睡簡·為吏16 睡簡·日乙23 陝新703 印增592

【注】從衣折聲。●讀制。《睡簡·為吏16》："吏有五失：一曰誇以迣，二曰貴以大（泰），三曰擅裚割，四曰犯上弗智（知）害，五曰賤士而貴貨貝。"裚割，裁斷、決定。●讀製。《睡簡·日甲115背》："不可以裚（製）衣裳。"《上博六·競公7》："古（故）丌（其）祝、吏（史）裚（製）薎耑折祝之。"詳"薎"字。

 璽補228 璽補203 清華八·邦政12 清華五·厚父3

【注】從刀折省聲。●讀哲。《清華五·厚父3》："才（在）頢（夏）之劃（哲）王，廼嚴禋畏皇天上帝之命。"●讀制。《清華八·邦政12》："新則劃（制），者（故）則𫝇（傳）。"《國語·晉

2277

語一》"以制百物"，韋注："裁也。""新則制，故則附"一句主要是回應"公"所問的"邦家之政"該如何做，其大意是：邦家之政，"新的要好好裁定，舊的（如果是好的）就因循。"

諮 楚 [篆] 清華八·攝命 29

【注】從言折省聲，"誓"字省文。●讀折。《清華八·攝命 29》："余亦佳（唯）諮毀兌（説）女（汝）。"整理者注："諮，疑從言，折省聲，即'誓'字。毀，不識。""諮"王寧讀折，"毀"釋為煨，讀毀，云："'折毀'本是損壞、破壞義，引申為誹毀義，《孔叢子·陳士義》：'雖然，古之賢聖豈有似子者乎？吾將舉以折毀子者。'"

樑 楚 [篆] 郭店·性自 59

【注】從木折省聲，當為"桀"之省文。●讀制。《郭店·性自 59》："門內之絅，谷（欲）其羸（婉）也。門外之絅，谷（欲）其樑（制）也。"

鄁 [圖] [篆] 璽彙 2227   [篆] 鄁戈   [篆] 陶彙 6·148   [篆] 陶彙 6·147

【注】從邑折省聲。●《璽彙 2227》"鄁司工"，讀制，地名。"折""制"二字古音相同，例可通假。"制"為古邑名，戰國時屬韓，地在今河南滎陽縣西北，離鄭州不遠。此外，上世紀八十年代，河南鄭州出土有"鄁"字印戳陶文，其中陶文"鄁"字與印文類同，二者當是一地。

斳 楚 [篆] 上博五·弟子 23   [篆] 上博二·容成 18   [篆] 上博七·武王 3   [篆] 郭店·緇衣 26

【注】從日折省聲。●讀製。《上博二·容成 18》："不斳（製）革，不釖（刃）金，不鉻（略）矢。"●讀折。《上博五·弟子 23》："刺（列）唬（乎）其下，不斳（折）其枳（枝），飤其實者，不毀其器。"簡文可與郭店《語叢四》第 16-17 簡"利木陰者不折其枝，利其渚者不賽（塞）其溪"對讀。其理為：要想長久地從某一事物上獲得利益，就不要毀壞這個事物的根源。

穩 [篆][篆] 牆盤 [篆] 克鼎

【注】從德省，折聲。●讀哲。《牆盤》："淵穩（哲）康王。"

誓 [篆] 黼匜 [篆] 辭比簋 [篆] 辭攸比鼎 [篆] 散氏盤 [篆] 散氏盤 [篆] 散氏盤

[篆] 散氏盤

【注】從言折聲。《散氏盤》聲符多作省形。《説文》："[篆]，約束也。從言折聲。"本義發誓、立

誓。●誓言。《儺匜》："女（汝）亦既從辭（辭）從誓。"從辭從誓，意即信守諾言、誓言。●
動詞，發誓。《辭攸比鼎》："虢旅乃事（使）攸衛牧誓曰。"

 秦印 215

【注】從水折聲。●"浙江都水"，地名。

定紐曳聲

曳　以鄧匜　楚　彭子射匜　蔡子匜　東姬匜　唐子仲顲兒匜

【注】《彭子射匜》作雙手抴一倒寫的"人"，馬王堆帛書《老子》乙本242上"曳"字作"曳"，
構形相同，也從倒"人"可證。《蔡子匜》雙手位於倒"人"下部兩側。《唐子仲顲兒匜》迻加
形符"廾"，《東姬匜》迻加形符"又"，均為繁文。《以鄧匜》與《王孫遺鼠鐘》之嬃（遺）字
所從嬃吻合。嬃，為"遺"之初文，本從臼從少（小），會小物易棄之意。嬃形，秦篆訛為"臾
（臾）"。臾、曳本屬一字；從臾與從曳之字關係密切，如庚、庾。庾，《玉篇》音曳，倉也。《說
文》："庾，水槽倉也。從广臾聲。一曰倉無屋者。"瑛、瑛。《說文》："瑛，石之似玉者。從玉
曳聲。"《廣韻》："瑛，美石，次玉。"《正字通》："瑛，本作瑛。"故臾、曳形音義均有關，實為
一字之分化。曳、臾古本一字，戰國文字"曳"作曳、曳，在"臾"上加一斜筆分化而成。戰
國文字"曳"與"臾"已分為二字（偶爾相混）。然在偏旁中曳、臾相混，如"庚"作庚、庚、
庚、庚、庚，均從曳。《說文》："曳，臾曳也。從申，丿聲。"可知"曳""臾"兩字有關聯，但
分析字形有誤。段玉裁注："臾、曳雙聲，猶牽引也。"則看成是通假關係。●讀匜。古音"曳"
為喻母月部字，"匜"為喻母歌部字，兩字屬雙聲關係，故可通假。《蔡子匜》："蔡子入自乍（作）
會（沬）曳（匜）。"《彭子射匜》："彭子射之行會曳（匜）。""會"字讀沬，楊樹達先生曾指出：
"'會'古音在月部，'沬'古音在沒部，二部音近故可通作也。""會匜"是指專供洗臉時所用
之匜。彭子射匜銘文自稱"行會匜"，是指出行時洗臉所用。

庚　晉　璽彙 0108　璽彙 2851　璽彙 2855　璽彙 2858　珍戰 134　珍戰

135

【注】從厂曳聲。●晉璽均為姓氏，何琳儀讀庚。堯時掌庚大夫，以官屬氏。至春秋時，周大
夫庚皮子過，邑於緱氏。衛有庚公差。●《璽彙 0108》"庚（庚）朏嗇夫"，"庚朏"或為地名。
何琳儀疑倉廩之官。

扅　晉　璽彙 2865　璽彙 2866

【注】從戶曳聲，疑"庚"之異文。●晉璽讀庚，姓氏。

贁 楚  包山 149

【注】從貝曳聲。●地名用字。

盥 楚  王子适匜 曾少宰黃仲酉匜

【注】從皿曳聲。曳所從"人"字收縮筆劃，則與"申"近似。●讀匜。《王子适匜》："王家（子）适之遒（沫）盥（匜）。"

鍶 楚  曾兴臣匜 （ ） 王子申匜

【注】從金曳聲，從皿與從金會意同。或增從廾為繁文。●讀匜。《王子申匜》："王子龘（申）之鐳（沫）鍶（匜）。"《曾兴臣匜》："曾兴臣之會鍶（匜）。"

遀 楚 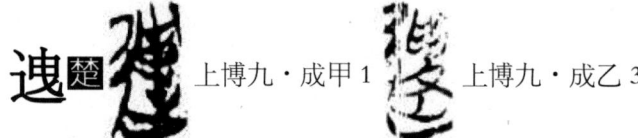 上博九·成甲 1 上博九·成乙 3

【注】疑從辵曳聲。所從聲旁很有可能由彭子射匜、以鄧匜甚至曾少宰黃仲酉匜（所從聲旁）這種形體變化而來。●讀閱。《上博九·成甲 1》："子曼（文）遀帀（師）於殷，一日而譬（畢），不敝（戮）一人。"閱、曳均屬余母月部字，可以相通。"閱"即檢閱軍隊。（《成王為城濮之行》的"受"字和"穀莬余"》）

槐 秦  印增 583

【注】從木曳聲。●"曹槐"，人名。

定紐舌聲

舌 舌爵 舌鼎 楚 上博八·志書 1 嫺加編鐘 曾公畎鐘 燕 陶彙

4·65 秦 睡簡·日甲 74

【注】甲骨文作、、、、、、、、等形，下部是嘴，上部是伸出來的舌頭。舌頭為叉狀，蓋蛇類也，蛇舌靈敏，故以其喻之。戰國文字作舌，舌形訛為干。楚文字或作舌，有可能是楚文字特有的寫法，秦文字可能在此基礎上訛為昏聲。《曾公畎鐘》字形訛變。

《說文》："舌，在口，所以言也、別味也。從干從口，干亦聲。凡舌之屬皆從舌。"本義舌頭。
●族氏名。見于《舌爵》《舌鼎》《舌鐃》等器。●燕陶人名。●《上博八·志書1》："反戾（側）
亓（其）口舌，以粜（竊）謌王。"口舌，指言辭、言語。《易·說卦》："兌為澤，為少女，為
巫，為口舌。"孔穎達疏："取口舌為言語之具也。"舌，楚簡或以"𦧺"為之。●讀括。《曾公𥱩
鐘》："沖=（淑淑）伯舌（括），小心又（有）德。"白括，亦見於曾侯與編鐘（作"箬"）和嬭
加編鐘。學界一般認為即文獻中記載的南宮括。

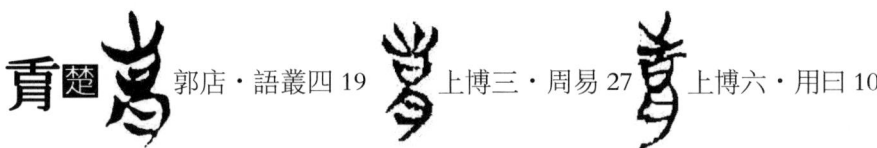 郭店·語叢四 19　　上博三·周易 27　　上博六·用曰 10

【注】從肉舌聲，"舌"字繁文。●均讀舌。《郭店·語叢四 19》："若齒之事𦧺（舌），而冬（終）
弗臖（噬）。"《上博三·周易 26》："欽（感）頌（輔）夾（頰）𦧺（舌）。"

 上博六·用曰 12

【注】從它𦧺聲。●讀舌。《上博六·用曰 12》："酡（舌）非考（巧）孨（免）。""免"疑讀辯。
免、弁、卞、辯音近可通。典籍中從免的"冕"可通作"弁"，如《論語·子罕》："冕衣裳者。"
《釋文》："冕，鄭本作弁。"又《論語·鄉黨》："見冕者。"《釋文》："冕，鄭本作弁。"弁、卞、
辯多可通作。可見"免"可讀作"辯"。巧辯，指詭辯。

 鄂君啟舟節

【注】從厂𦧺聲。●地名，可讀陰。《鄂君啟舟節》："……就屑，就芸易，逾漢……。"《水經注·沔
水》："沔水又東南逕陰縣故城西。"其地在今湖北老河口市西北漢水東岸。（《東周金文與楚簡合
證》99 頁）

鎝（楚） 郭店·老丙 7

【注】從金屑聲，"銛"之繁文。●讀銛或讀恬。《郭店·老丙 7》："古（故）曰兵者〔非君子之
器，不〕得已而甬（用）之，鎝（銛）纏為上，弗娿（美）也。""鎝纏"二字，馬王堆帛書《老
子》甲本作"銛龐"，乙本作"銛憽"，北京大學藏漢簡本作"恬僈"，傳世王弼本作"恬淡"，
他本另有"恬澹""恬愧""恬儋"等異文。"銛""恬"，古音皆在談部。但"屑"從舌得聲，"舌"
古音在月部，月部與談部古音相距甚遠。從字書和古文字材料來看，從舌得聲的字明顯分成兩
個不同的語音系列，如"舌""銛"上古音在月部，"栝""銛""猰""絬""胋""恬"則不出葉、
緝、談、侵諸部。陳斯鵬對此曾有討論："舌"這個字形，在造字之初即可同時表示語言中的兩
個詞，一個是"舌"，指舌頭（不妨記做"舌1"），一個是"銛"，指與舌頭有關的動作（不妨
記做"舌2"）。上文所討論到的字書和古文字中的讀月部的舌聲字，是諧"舌1"的，那些讀葉、
緝、談、侵等部的舌聲字，則都是諧"舌2"的。（引自石小力《東周金文與楚簡合證》98 頁）

 上博五·競建 10

【注】從見屑聲。●讀魘或讀厭，滿足。(《談談〈上博（五）〉的竹簡分篇、拼合與編聯問題》)《郭店·老丙 7》"鐍"可讀銛。銛、厭都是談部字。《上博五·競建 10》："取與䐌（厭）公。"是說豎刁、易牙二人朋比為奸，盡量滿足齊桓公的慾望與需求。

 清華一·楚居 7

【注】從奚青聲。●"武王酓髽"，人名，即楚武王。傳世文獻與金文等俱作"武王"，關於武王之名，則有"熊通""熊達"兩種寫法。"髽"和"通""達"的關係，陳民鎮有論述。(陳民鎮《清華簡《楚居》集釋》)

 包山 275　　　包山牘 1　　　包山 259

【注】從糸青聲（或從屑聲）。●讀縑或讀纖。《包山 259》："一生繕之繡。"《包山牘 1》："紝繕之純。"《望山 2·8》記載物品有"生結之裏"，中山大學古文字學研究室楚簡整理小組讀縑，朱德熙、裘錫圭、李家浩先生則讀纖。繕與"結"所指當為一物，均應讀縑或纖。"結"從占得聲，古音或歸侵部，或歸談部，"縑""纖"古音皆在談部，與"繕"音近，故可相通。《説文·糸部》："縑，並絲繒也。"《釋名·釋采帛》："縑，兼也，其絲細緻數兼於絹，染兼五色，細緻不漏水也。"《方言》卷二："繒帛之細者謂之纖。""縑""纖"音近義通，皆指細絹。

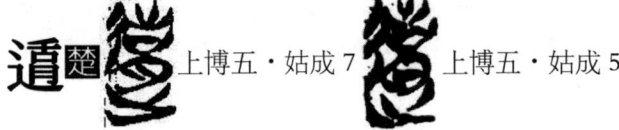 上博五·姑成 7　　　上博五·姑成 5

【注】從辵青聲。●《上博五·姑成 5》："含（今）宭（主）君不遒於虖（吾），古（故）而反亞（惡）之。"讀厭，滿足。"不遒於虖（吾）"即"不慊于吾"亦即"對我不滿"。此處的"之"代指前面的"吾"。"反惡之"指先前"君貴我而受我眾"而如今"不厭於吾。"

 、 戰表 550

【注】從骨舌聲，疑"舌"之繁文。●義不詳。或釋為"骺"。

 陶彙 3·1171

【注】從糸舌聲。《説文》："結，《論語》曰：結裘長，短右袂。從糸舌聲。"按今本《論語》作褻。●齊陶單字，應為人名。

話 話篛 話篛 楚  郭店 · 緇衣 30  清華八 · 攝命 13 清

華十 · 四告 21

【注】從言舌聲。"話"和"舌"上古音同在月部。●人名。《話篛》："話乍（作）皇母陣段。"●楚簡均用為本義，話語、言語。《郭店 · 緇衣 30》："慎尒（爾）出話，敬尒（爾）悝（威）義（儀）。"《清華八 · 攝命 13》："自一話一言，女（汝）亦毋敢逰（泆）于之。"你說的一話一言，不能打折扣。

适 齊  璽彙 5677  陶彙 3 · 932  陶録 3 · 337  陶録 3 · 337  陶彙

3 · 92 楚  王子适匜  楚子適鼎  包山 164  包山 97  包山 129

類編 8  清華五 · 三壽 14  上博五 · 姑成 7  清華三 · 良臣 3

【注】從辵舌聲。《王子适匜》舊多釋為"逜"，不確。●多用為人名。《楚子适鼎》："楚子适之䤾鎦（繁）。""适"為古人慣用人名，如孔子弟子南宮适等。《王子适匜》："王孫（子）适之逪（沫）盨（匜）。"秦系和晉系文字作"適"。●《上博五 · 姑成 7》："亡（無）道正（政）也。伐厇遣适。吾子煮（圖）之。"該句有多字難以釋讀，文義不甚明嘹。●《清華五 · 三壽 14》："余（餘）盲（享）獻釭（攻），适還蚕（妖）蚌（祥）。"原整理者注："獻，祭名。……釭，祭名。适，讀為'括'，捆束。……還，環圍。"王寧讀"享"為"饗"，《儀禮 · 士昏禮》："舅姑其饗婦以一獻之禮。"鄭注："以酒食勞人曰饗。"此即慰勞、犒賞意。後二字當讀為"獻功"，獻上功績，即報功。"饗獻功"實即"賞有功"之意。适，《説文》："疾也。"還，《爾雅 · 釋言》："返也。"《儀禮 · 鄉飲酒禮》："主人答拜還。"鄭注："還，猶退。"這裏是消退、消除意。此二句是説：多慰勞獻功者，可快速消除妖祥。●齊文字均為人名。

籀 楚  曾侯騰鐘

【注】從竹适聲。●讀括。《曾侯騰鐘》："伯籀（括）、上帝（帝），左右文武。""伯括"為人名。學界一般認為即文獻中記載的南宮括。

髻 楚  曾侯 1  曾侯 3  曾侯 13

【注】從髟從舌，雙聲字。●簡文"畫髻"為車馬器組件之一，讀沙。

秳秦印封 614

【注】從禾舌聲。字亦見于《五十二病方》360 行“先秳（刮）加（痂）潰”讀刮。●單字璽。

佸燕璽彙 3178 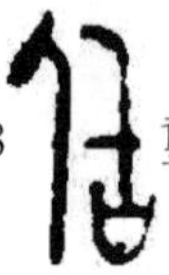璽彙 4137 璽彙 1503

【注】從人舌聲。●人名。

活晉璽補 186秦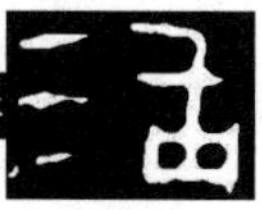、秦印 218

【注】從水舌聲。●均為人名。

闊晉兆域圖銅版

【注】從門洦（從水丙聲）聲，“闊”之異文。案：丙，甲骨文作，即“簟”的本字，象帶有編織花紋的席形。西，戰國文字作，象舌之形，為借體象形，則為獨體象形。西，《説文》“舌貌，從谷省，象形。函，古文西。讀若三年導服之導。一曰竹上皮。讀若沾。一曰讀若誓。弼字從此。”丙、西構形不同，然則形音頗近，故許慎合二為一。《説文》：“，疏也。从門活聲。苦括切。”本義闊大。●讀闊，寬也、廣也。《兆域圖銅版》：“王命賈為逃（兆）乏（窆）闊閿（狹）小大之叻。”

酟旟鼎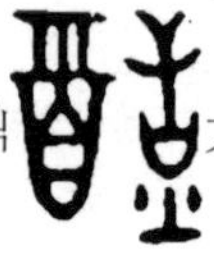大盂鼎

【注】從酉從舌（兼聲），會意為舌傷于酒之意。朱芳圃謂“酖”之本字。（《殷周文字釋叢》34 頁）《大盂鼎》增從義符火，可視為“酟”之繁文。●讀酖，酖溺于酒。《説文》“酖，樂酒也”，今以“耽”字為之。《大盂鼎》：“叡酉（酒）無敢醭（酖）。”典籍或作“湛”，《詩經・大雅》：“顛覆厥德，荒湛于酒。”鄭箋：“湛，樂于酒。”段玉裁注：“毛詩叚耽及湛以為酖。氓傳曰。耽，樂也。鹿鳴傳曰。湛，樂之久也。引申為凡樂之偁。”●引申為重也、厚也、誠也。《旟鼎》：“王姜易（賜）旟田三于待劃，師樝（楷）酟（酖）兄（貺）。”師樝誠己把田賜與旟，即師樝執行王姜賜田之命而將待劃之田貺與旟。

定紐筮聲

筮史懋壺齊陶録 3・541楚清華四・筮法 38 清華五・厚父

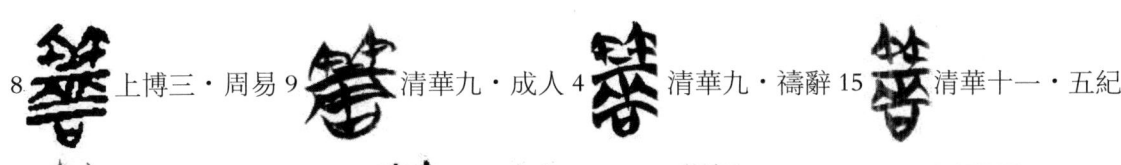

8 上博三・周易 9　　清華九・成人 4　　清華九・禱辭 15　　清華十一・五紀

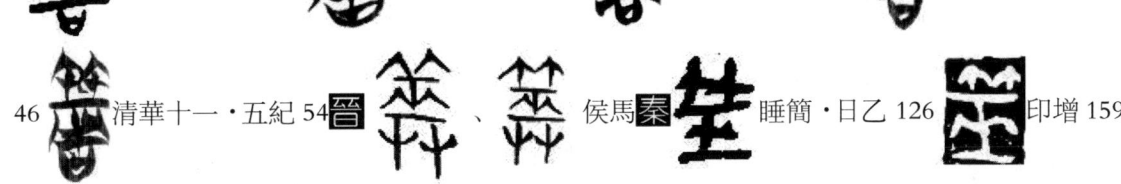

46 清華十一・五紀 54 晉 、 侯馬 秦 睡簡・日乙 126　　印增 159

【注】從竹從巫從丌，表示巫人用竹制蓍具占卜的一種迷信活動。戰國文字或省掉丌。《説文》：
"䇧，《易》卦用蓍也。從竹從筮。䇧，古文巫字。"高田忠周謂古文"筮"是"噬"之本字，
作筮乃假借耳。本義為古代一種用蓍草占卦的迷信活動。●讀蓍。《史懋壺》："覞（親）令史懋
路（露）筮。"露筮，即露蓍，古人在卜筮前，必先將蓍（筮）草置于庭院夜空星宿之下，以受
星宿靈气。●占卜。《上博三・周易 9》："原（邍）筮（筮），元羕（永）貞，吉，亡（無）咎。"
《清華六・孫子 2》："䵻（申）之以鼀筮（筮）。"楚簡或從害聲作"䇧""筮"。

定紐奪聲

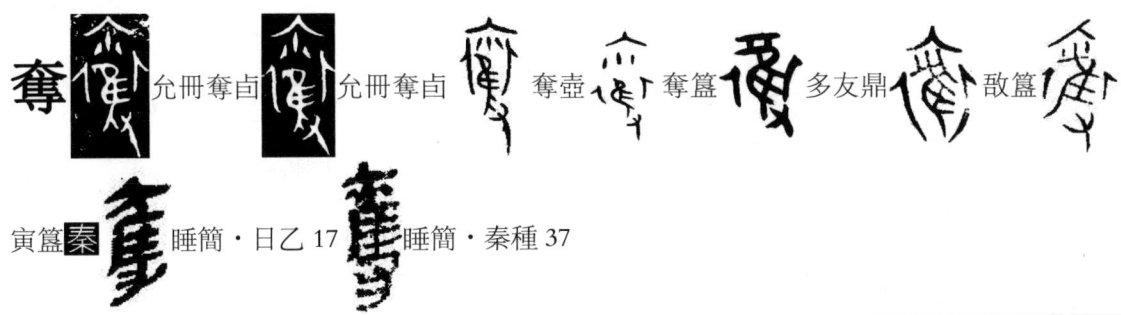

奪 允冊奪卣　　允冊奪卣　　奪壺　　奪簋　　多友鼎　　敔簋

寅簋 秦 睡簡・日乙 17　　睡簡・秦種 37

【注】從雀從衣從又，會捕鳥之意。睡虎地秦簡作奪，上部聲化為大形，為小篆所本。《説文》：
"奪，手持隹失之也。從又從奞。"本義當為奪取。●本義，奪取、強取。《敔簋》："奪孚（俘）
人四百。"秦簡亦用為本義。●人名。《奪簋》："奪乍（作）寶簋。"

樨 秦 睡簡・秦種 132

【注】從木奪聲。●疑"穡"字之誤，讀穡。《睡簡・秦種 132》："各以其樨〈穡〉時多積之。"

來紐砅聲

砅 齊 陶彙 3・1076 楚 帛書乙

【注】會意字。從水從石，會履石渡水之意。《説文》："砅，履石渡水也。從水從石。《詩》曰：
'深則砅。'濿，砅或從厲。力制切。"●何琳儀讀戾。《帛書乙》："四月、五月，是胃（謂）亂

2285

紀亡厎。”“亡砅”讀無戾。《帛書乙》諸家多釋為“砅”。楚文字中“石”作 后 形，省形則作 厂，
非從厂，故釋“砅”存疑。●齊陶單字，人名。

來紐刺聲

刺 刺攸宁鼎　　刺 刺㜝鼎　　刺 克鐘　　刺 覞方彝　　刺 大簋　　大簋蓋　　珊生

簋　　刺 刺卤　　刺 翏生盨　　楚 曾子斿鼎　　者汈鐘　　曾侯乙鐘　　上博一 詩論

6　　清華一・祭公4　　清華一・祭公8　　天星　　天星　　上博五・弟子

23　　清華十・四告17　　晉 與兵壺　　屬羌鐘　　鎏壺　　中山王嚳鼎　　中、

國錢幣19　　秦 秦公簋　　睡簡・日甲27背

【注】甲骨文作 𣎜，何琳儀謂字當從制，口旁為分化符號，刺、制均屬舌音月部。（《戰國古文
字典》915頁）《大簋》以未易木，是刺從制之佳證。（參“制”字）金文口形演化為 ⊌、日、⊌、
⊌ 等，至小篆誤以為從束。《説文》：“𣏟，戾也。從束從刀。刀者，刺之也。”本義割開。引申
為違背等義。●讀烈，顯赫、光榮。《珊生簋》：“用乍（作）朕（朕）刺（烈）且（祖）𨺕（召）
公嘗殷。”刺祖，即烈祖，指貞烈、榮耀的先祖。周金銘辭之作刺者，經傳皆作烈。《秦公簋》：
“刺刺趄趄。”“刺刺”即典籍中的“烈烈”。《詩經・商頌・長髮》：“相土烈烈。”毛傳：“烈烈，
威也。”《上博一・詩論6》：“刺（烈）攴（文）曰：‘乍競佳（維）人，不（丕）㬎（顯）佳（維）
悳（德）。’”●讀烈，功業。《班簋》：“文王孫亡弗褱（懷）井（型），亡克競㠯（厥）刺（烈）。”
《爾雅・釋詁》烈，業也。●讀列，排列、建立。《中山王嚳鼎》：“方嚳（數）百里，刺（列）
城嚳（數）十，克僐（敵）大邦。”●讀厲。《克鐘》：“佳（唯）十又六年九月初吉庚寅，王才
（在）周康刺宮。”刺（厲）宮，周厲王的宗廟。刺、厲古文通用。于省吾謂：“金文稱刺宮，
即厲王的廟。”（《讀金文劄記五則》）秦簡亦讀厲。《睡簡・日甲27背》：“人毋（無）故鬼攻之
不已，是是刺鬼。”●人名。《刺鼎》：“王易（賜）刺貝卅朋。”●刺音：周律名，相當于傳統律
名太簇。《曾侯乙鐘》：“穆音之才（在）楚為穆鐘，其才（在）周為刺音。”周律又名厲。《國語・周
語下》：“王以黃鍾之下宮，布戎于牧之野，故謂之厲。”厲、刺古文通用。●福佑。《盠方彝》：
“盠敢拜𩒨首曰：刺朕（朕）身。”《乂鼎》：“其子子孫孫永寶丝（茲）刺。”●讀列，站列。《上
博五・弟子23》：“刺（列）虖（乎）其下，不斯（折）其枳（枝），飤其實者，不毀其器。”

柬 楚 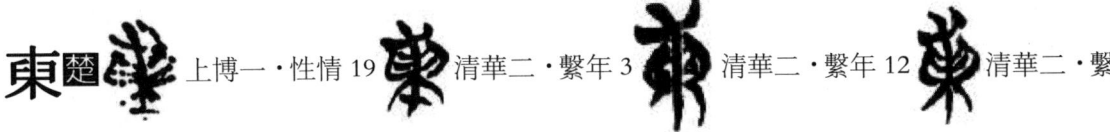 上博一·性情 19 　清華二·繫年 3 　清華二·繫年 12 　清華二·繫

年 90 　清華十一·五紀 72 晉 　鄭臧公之孫鼎

【注】為"刺"之省體。●讀厲。《清華二·繫年 90》："柬（厲）公亦見褐（禍）以死。"●讀烈，甚、猛烈。《上博一·性情 19》："丌（其）柬（烈），流女（如）也以悲。"

敕 楚  上博五·姑成 1 　上博五·姑成 1 　上博五·姑成 10

【注】從攴刺省聲，當為"刺"之異文。●讀厲，厲公之厲。阜陽漢簡《年表》用"厲"表示"厲公"之厲，當反映了秦文字的特點。

慸 楚  左塚漆梡

【注】當從心刺聲。●"慸쵥"，義不詳。或謂讀烈。

䶅 楚  曾侯 49

【注】從鼠刺省聲，疑是"獺"字異體。●疑讀獺。《曾侯 49》："䶅毯。"

翗 楚  天星

【注】從羽刺聲。●簡文"翗白羽之首"，義不詳，待考。

蓟 楚  清華九·治政 23

【注】從艸刺聲。●《清華九·治政 23》："武威，卑（譬）之若蓼蓟之易戲；文威，卑（譬）之若惥（溫）甘之屦（雋）磰（醰）。"蓼蓟，本指兩種辛辣的水草。或疑指辛辣的味道。

賴 秦  睡簡·為吏 15

2287

【注】從貝剌聲。●依賴。《睡簡·為吏 15》："治則敬自賴之，施而息之。"楚文字則用"賵""憒"、表示賴。

來紐戾聲

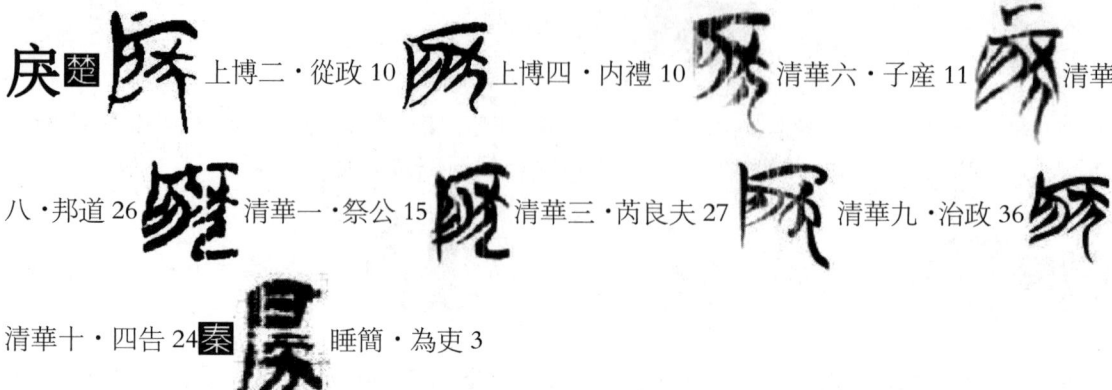

戾 楚 上博二·從政 10　　上博四·內禮 10　　清華六·子產 11　　清華八·邦道 26　　清華一·祭公 15　　清華三·芮良夫 27　　清華九·治政 36　　清華十·四告 24　　秦 睡簡·為吏 3

【注】會意字。從戶從犬，會犬于門戶止倚之意。《爾雅·釋詁》下："戾，止也。"又"戾，待也。"●至。《睡簡·為吏 3》："民將望表以戾真。"●《睡簡·為吏 3》："凡戾人，表以身，民將望表以戾真。"戾人，屬民表率。●暴惡。《會稽刻石》："貪戾傲猛。"●戾，《爾雅·釋詁》："辠也。"《清華一·祭公 15》："女（汝）母（毋）目（以）戾爭（災）辠（罪）虘（辛）甡（喪）寺（時）宎（遠）大邦。"戾、災、辠、辛、喪並列，指稱各種不好的行為。

脙 楚 清華八·天下 5

【注】從肉戾聲。●讀戾。《清華八·天下 5》："弌（一）曰脙（戾）亓（其）脩以縺（麗）亓（其）眾。"整理者注："脙，'戾'字異體。《詩·桑柔》'民之未戾，職盜為寇'，毛傳：'戾，定也。'《書·康誥》：'今惟民不靜，未戾厥心。'脩，從肉，攸省聲，疑為'修'字，謂修德。《詩·文王》：'無念爾祖，聿修厥德。'《孟子·梁惠王上》：'壯者以暇日修其孝悌忠信，人以事其父兄，出以事其長上。'縺，從糸，麗聲，讀為'麗'，訓為'附'。《後漢書·張衡傳》'夫戰國交爭，戎車競驅，君若綴旒，人無所麗'，李賢注：'麗，附也。''眾'為殘文，其後有兩字位置，疑為章節符與留白，不缺文。'麗其眾'與'安其邦'、'悅之心'，指三王得民心取天下而言。"

闑 晉 璽彙 0917　　璽彙 4039　　璽彙 5669

【注】從門從犬，疑"戾"之繁文；從門從戶取義相當。●晉璽人名。

鬩 鬩卣

【注】從攴鬩聲。●金文人名。

來紐孚聲

孚 智鼎　趞簋　黿簋　師旂鼎　商尊　禽簋　毛公鼎　儐匜

番生簋　楚簋　敦簋　商卣晉　四斗司客壺　德宮左官壺、

侯馬　貨系1340　先秦編216　先秦編216　貨系1343　貨系1348

【注】從受從●，會雙手持一物之意。《說文》：“孚，五指持也。從受一聲。”郭沫若謂：金文均作一手盛一物，別以一手抓之，乃象意字，說為五指持其是，然非從受一聲也。此為“捋”之初文，手持之物金文多作圓點，後變而為一，遂與“爰”字古文作●同形，以致在金文和文獻中常常相混。（詳《兩周金文辭大系考釋》頁）本義為用五指捋取。後來由于“孚”作了偏旁，五指捋取之義便另加形符“才”寫作“捋”來表示。●讀捋，取也。《敦簋》：“孚（捋）戎孚（俘）人百又十又三（四）人。”《師同鼎》：“孚（捋）戎金冑卅，戎鼎廿。”《詩·周南·芣苢》：“采采芣苢，薄言捋之。”毛傳：“捋，取也。”●青銅的重量單位，當時絕對值今不詳。《毛公鼎》：“取賸卅孚（鋝），易（賜）女（汝）秬鬯一卣。”《禽簋》：“王易（賜）金百孚。”文獻作“鋝”，或讀與“鍰”同。惟孚、鋝；爰、鍰諸字之間，無論字形字義皆自相似。金文中別有“爰”字，為絲之重量單位，而“孚”亦間與“爰”之用灋相當，如《辛伯鼎》：“宜絲五十爰”，《召鼎》則曰：“絲三孚。”文獻中“鋝”字亦易與“鍰”字相混。《小爾雅》云：“鋝謂之鍰。”《周禮·考工記》：“戈重三鋝。”《鄭注》引《說文》云：“鋝，鍰也。”又《尚書·呂刑》：“墨辟疑赦，其罰百鍰。”《釋文》引馬融注云：“鍰，鋝也。”

捋秦　青川木牘

【注】從手孚聲。●讀埒。《青川木牘》：“以秋八月修封捋（埒）。”《說文》：“埒，卑垣也。”《集韻》：“耕田起土也。”

佛楚　安大一14

【注】從人孚聲。●讀捋。《安大一14》：“菜=（采采）莔（芣）呂（苢），專（薄）言佛（捋）之。”

瘩晉　璽彙3411

【注】從疒埒聲。●晉璽人名。

⿰彳寽 晉 、侯馬

【注】從彳寽聲。●人名。

⿱羽⿰隹寽 楚 帛書乙

【注】從隹⿱羽寽聲。●讀雷。"尻（處）于⿱羽⿰隹寽宅"，"⿱羽⿰隹寽宅"，或讀雷澤，古澤名。其地在今山東菏澤東北面黃河南岸。

⿰骨寽 楚 信陽 2・23

【注】《古文字譜系疏證》摹作，以為從骨寽聲，存疑。●簡文"又⿰骨寽"，不知是什麼物品。

⿱雨寽 晉 侯馬

【注】從雨寽聲，疑"雷"之異文。●姓氏，讀雷。

⿰寽阝 晉 元年⿰寽阝令戈貨系 1185聚珍 254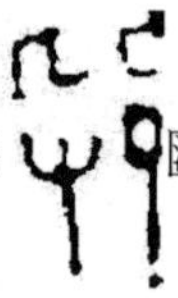匯考 100

【注】從邑寽聲。●讀埒，地名。《元年⿰寽阝令戈》："元年，⿰寽阝⿰令侖（令）夜瞢（夢）、上庫工帀（師）□□、冶闔。"黃盛璋先生曾對此戈作過考釋，認為戈銘中的"⿰寽阝"即《漢書・地理志》雁門郡之埒縣。

⿰馬寽 楚 曾侯 147

【注】從馬寽聲。●馬名。⿰馬寽，《集韻》馬毛斑白。《曾侯 147》："大首之子（牸）⿰馬寽馬為右驌。"

⿰鼠寽 楚 上博五・三德 18

【注】從鼠寽聲。●《上博五・三德 18》："⿰鼠寽⿰鼠兒飤（食）虎。"簡文"⿰鼠寽⿰鼠兒"，應為"狻猊"之別名，獅子。詳"⿰鼠兒"字。

⿰犭寽 晉 侯馬

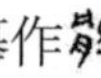

【注】從犬孚聲。● 人名。

侯馬

【注】從木孚聲。● 人名。

璽彙 1037　　璽補 229

【注】從疒孚聲。● 晉璽人名。

爰 辛伯鼎　　虢季子白盤　　散氏盤　齊 陶録 3·218　楚 曾侯與編鐘　　鄂君

啟舟節　郭店·尊德 23　　上博六·孔子 19　　清華一·楚居 2　　清華一·楚居 1

清華三·芮良夫 24　　清華六·太伯甲 2　　安大一 90　　安大一 89

安大二·仲尼 12　　清華十·四告 31　　望山 2·2　　包山 6　晉 璽彙

3769　秦 商鞅方升　　商鞅方升　　睡簡·日甲 50 背　　秦印 74

【注】甲骨文作 形、形、形、形、形、形、形、形，象二人以物相援引之形，為"援"之初文。或據《虢季子白盤》從帀（師旅）從孚（帀、孚共用一筆），會以師旅援助之意；孚亦聲。孚，來母月部；爰，匣母元部，古音近。楚簡作 形（上博六·孔子 9），與"孚"僅一筆之差，頗易相混。爰、孚形音義均有關聯，應為一字之分化，故典籍中鋝、鍰每相混用。《説文》："形，引也。從受從于。籀文以為車轅字。"本義為拉引，是"援"的本字。後來借作虛詞，表承接，相當于"于是"，如張衡《思玄賦》："爰整駕而亟行。"又借作語氣詞，如《詩經》："爰居爰處？爰喪其馬。""爰"借為虛詞後，拉引之義便另加形符"才"寫作"援"。● 順承連詞，相當於"於是"。《虢季子白盤》："王各周廟宣廚（榭），爰鄉（饗）。"● 讀鋝，重量單位。《辛伯鼎》："宝絲五十爰（鋝），用乍（作）父辛寶𣪘彝。"● 爰陵：地名。《鄂君啟舟節》："就爰陵、迸（上）江、内（入）湘。"● 讀瑗，玉器名。《吳虎鼎》："賓善夫豐生章（璋）、馬匹，賓内嗣（司）土（徒）寺萃璧、爰（瑗）。"● 改換。《散氏盤》："則爰千罰千，傳棄之。"《左傳·僖十五年》："晉于是乎作爰田。"《注》："分公田之稅舊入公者，爰之于所賞之眾。"《疏》："爰，易也。謂舊入公者，乃改易于所賞之眾。"爰千罰千，是指改換千次則罰千次。銘文是起誓的成語。● 讀援，指攀援、

執持。《安大二·仲尼12》："遉（顛）於鉤產，虞（吾）所不果爰（援）者，唯心弗智（知）而色為智（知）之者唬（乎）？" 此條簡文的意思是：顛覆於鉤產，我之所以不能攀援執持（鉤產）的原因，是不知其心性而只知其表像的緣故吧！"產"指牲畜。"鉤產"，指戎事用於攻城之器械和戰馬。

 上博八·有皇 5

【注】從子爰聲。下有合文符號。●讀緩。《上博八·有皇5》："族爰＝必譝（慎）毋鋥（忤）今可（兮）。" 爰爰，讀為"緩緩"。《玉篇》："緩，遲緩也。""緩緩"，猶言"徐徐"，寬綽緩慢之意。《楚辭·九歌·東皇太一》"疏緩節兮安歌"，"疏緩節"即簡文之"族緩緩"。

 上博九·陳公 3

【注】從鼠爰聲。●讀猿。《上博九·陳公3》："女（焉）旻（得）亓（其）䶅（猿）羿（旗）。" 簡文意指，因楚師不繼，怎麼能獲得敵人的旗幡呢？即未能取勝。

 集粹 78

【注】從疒爰聲。●晉璽"申瘦"，人名。

 援楚 清華八·邦道 21 秦 陶録 6·319 璽彙 3105 睡簡·日甲 66 睡簡·日甲 67 印增 469

【注】從手爰聲。●《睡簡·日甲66》："十二月楚援夕，日六夕十。" 一年分為朝中夕三段，最後一段為夕。楚呼十月為冬夕，十一月馬屈夕，十二月為援夕，皆在一年之終，即歲之夕。●讀緩。《清華八·邦道21》："則事青（靖），民不援（緩）。" ●秦印人名。

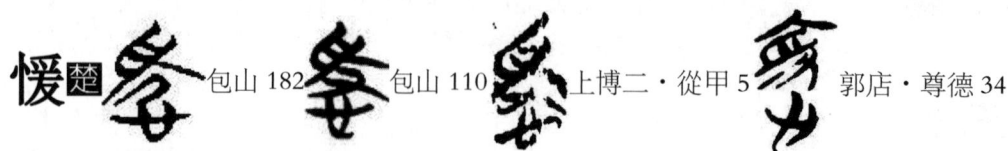 愋楚 包山 182 包山 110 上博二·從甲 5 郭店·尊德 34

【注】從心爰聲。《郭店·尊德34》增广為繁文。●上博讀緩，或謂讀寬，乃為政者需敦行的美

德。《上博二·從甲5》："君子不慅（寬）則亡（無）以頌（容）百眚（姓），不共（恭）則亡（無）以敘（除）辱。"●讀緩。《郭店·尊德34》："壴（均）不足以坪（平）正（政），慅（緩）不足以安民。"●包山簡人名。

膭 楚  包山45

【注】從肉爰聲。●"五帀（師）佶膭司敗周國受旮（幾）"，佶膭，官署名。簡文中以"佶"為名之一系職官至為複雜。"佶"讀"造"應無問題，諸官應是《周官》"冬官司空"之屬。

寏 楚  曾侯70　　清華一·祭公15

【注】從宀爰聲。●讀遠。《清華一·祭公15》："女（汝）母（毋）目（以）戻孳（災）辠（罪）虘（辜）屯（喪）寺（時）寏（遠）大邦。"●曾侯簡人名。

猨 齊  陶録3·327　　陶録3·328 楚　　包山155

【注】從犬爰聲。●均為人名。

楥 楚  郭店·語叢二15　　分研一127　　璽彙2403　　圖典142 秦　　秦

印109

【注】從木爰聲。●讀諼，欺詐。《郭店·語叢二15》："楥（諼）生於祭（欲），吁（訏）生於楥（諼）。"●楚璽"楥旦""楥齊""楥夙"、秦印"楥睘"，姓氏，或讀爰。

鍰 楚  貨系4264　　貨系4265

【注】從金爰聲。●楚金版單字。《書·呂刑》其罰百鍰。《傳》六兩曰鍰。

瑗 齊  陶録3·77　　陶録3·635 楚　　包山5

【注】從玉爰聲。●人名。

轅 晉  侯馬

2293

【注】從車爰聲。●人名。

媛_楚 包山 174　　包山 176

【注】從力爰聲，疑"援"字或體。●人名。

緩_齊 陶彙 3·1141　　陶録 2·327 _楚 包山 76　　包山 96　　上

博二·容成 1　　清華六·管仲 27　　清華八·八氣 4　　上博九·陳公 11　　湖

南 15 _秦 印典四 2565　　睡簡·為吏 43

秦印 255

【注】從糸爰聲。●讀轅。《上博二·容成 1》"軒緩是"讀軒轅氏，"轅""緩"上古音同屬匣紐元部，可通。"是""氏"相通。●齊陶、包山簡人名。●與"急"相對，慢。《睡簡·為吏 43》："緩令急徵。"

愸_楚 上博三·仲弓 17　　上博三·仲弓 13

【注】從心緩聲。●讀緩。《上博三·仲弓 13》："迧（陳）之備（服）之，愸（緩）悆（施）而逡（遜）放之。"

褒_楚 曾侯 172

【注】從衣爰聲。●人名。

鞍_楚 望山 2·22

【注】從革爰聲。●讀轅。《望山 2·22》："☒之鞍鐶。"

歚_楚 望山 1·91

【注】從矢（或認為從戈）爰聲。●人名。

陶録 3·77　陶録 3·79　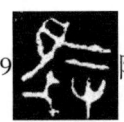陶録 3·80　清華二·繫年

127　清華二·繫年 71　清華二·繫年 72

【注】從攴（或從又）爰聲。●齊陶人名。●楚簡均讀援。《清華二·繫年 127》："以為楚敊（援）。"

秦陶 646　秦印 201

【注】從火爰聲。●人名。亦見於漢印。

安大一 44　安大一 74

【注】從囗爰聲。●讀園。《安大一 74》："圂（園）又（有）桃，亓（其）實是肴（殽）。"

來紐歺聲

錢典 84

【注】象形字。甲骨文作𠦒、𠧪、片，象殘骨之形。戰國文字承襲商周文字，或演變為严、户、
羊等形（參"死""殤"等字）。●讀列。古幣"平歺"讀平列，地名。

晉侯穌鐘　陶録 3·534　清華九·禱辭 18　清華十一·五

紀 22　清華十一·五紀 97　詛楚文　睡簡·秦

種 68　印增 153

【注】從歺從刀，會以刀分割之意；歺兼聲。戰國文字"歺"形多有訛變。歺，甲骨文作𠦒、𠧪、
𠧪，從歺從丶、丨，象殘骨分裂之形；歺兼聲。"歺"和"歹"戰國文字已混同。《説文》："𣦸，分
解也。從刀歺聲。"本義分割。"列"多見於戰國以後秦系文字，春秋秦文字則用"刺"為烈，

見秦公簋等。楚文字、三晉文字用"剌"為烈。楚文字用"戲"表示列氏、分列之意。中山國文字用"剌"表示位列之列，見中山王鼎"剌城數十"。●《晉侯穌鐘》："王至，淖淖列列尸（夷）出奔。""淖淖列列"，馬承源以為是形容夷人奔逃之狀。李學勤斷句為"王至淖列，淖列夷出奔"，並認為"淖""列"是兩處地名。銘意為：周王接著隨軍又到達淖和列，淖、列之地的夷紛紛逃竄。（《晉侯蘇編鐘的時、地、人》）●讀烈。《詛楚文》"光列"讀"光烈"。●秦印有"列禮"，姓氏。●讀裂，分裂。《睡簡·秦種127》："車蕃（藩）蓋強折列（裂）。"●讀癘。《説文·广部》："癘，惡疾也。"《清華九·禱辭18》："吏（使）此邑之闐（閫）於列（癘）疾，母（毋）又（有）辠（罪）蟲。"●《清華十一·五紀22》："䅺（疇）列五紀，以曼（文）疋（胥）天則。"整理者注："䅺，字又見䢔公盨，裘錫圭讀為'疇'。《書·洪範》'九疇'，孔傳：'類也。''列'亦訓為類。胥，相。"

 烈 秦 會稽刻石

【注】從火列聲。●功業。《會稽刻石》："皇帝休烈，平一宇內，德惠攸長。"

 裂 秦 睡簡·答問80

【注】從衣列聲。●用為本義，撕裂。《睡簡·答問80》："夬（決）裂男若女耳，皆當耐。"撕裂男子或婦女的耳朵，都應處以耐刑。

殘 楚 清華六·子儀12

【注】從戈列省聲。《篇海》許劣切。●《清華六·子儀12》："不毂（穀）欲殘（列）救兄弟，以見東方之者（諸）侯。"原整理者釋"察"，蘇建洲先生釋"列"。讀勵，盡力義。救，《廣雅·釋詁二》"助也"。勵救兄弟，盡力幫助兄弟之國。

來紐戲聲

戲 楚  清華一·楚居3 上博二·容成16 上博五·季庚

14 包山3 包山167

【注】從匸從炎從戈。李零說，"戲"楚簡或用為列，疑為古烈字。（《上海博物館藏楚竹書》（二）262頁）今就李零說。●讀癘。《上博二·容成16》"戲殁不至"讀"癘疫不至"。《山海經·西山經》"其名曰肥遺，食之已癘"，郭注："癘，疫病也。"●讀厲。《清華一·楚居3》"妣戲"，係穴熊配偶，據《楚居》的世系，其為楚王的直系祖母。

劙 楚 包山42　 包山67　 包山77　 清華八·邦道24　 上博三·周易49

【注】與"戲"同。炎或省為火。●包山簡讀列或讀烈，姓氏。《元和姓纂》卷十："列，《風俗通》古帝王列山氏之後，子孫氏焉。"《國語·魯語上》："昔烈山氏之有天下也，其子曰柱，能殖百穀百蔬。"《禮記·祭法》："是故厲山氏之有天下也，其子曰農，能殖百穀。"鄭玄注："厲山氏，炎帝也，起於厲山。或曰有烈山氏。"●讀列。《上博三·周易49》："劙其夤。"今本《周易》作"列其夤"。●讀癘。《清華八·邦道24》："邦又（有）劙（癘）殁（疫），水旱不𢎥（時）。"

劚 楚 上博三·周易45

【注】從水劙聲。●讀冽，清澈。《上博三·周易45》："汬劚（冽），寒湶（泉）飤（食）。"今本《周易》作"井冽，寒泉食"。

精紐祭聲

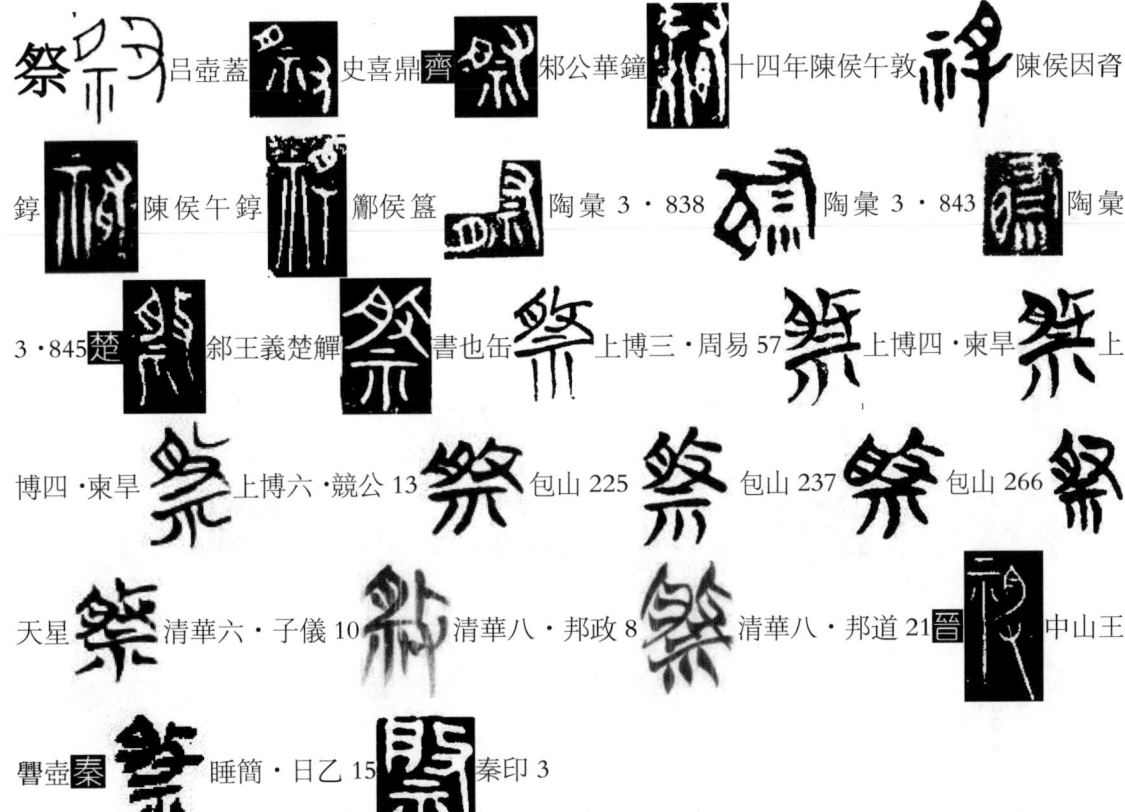

祭 呂壺蓋　 史喜鼎 齊 邦公華鐘　 十四年陳侯午敦　 陳侯因資錞　 陳侯午鐎　 酈侯簠　 陶彙3·838　 陶彙3·843　 陶彙3·845 楚 邾王義楚觶　 書也缶　 上博三·周易57　 上博四·柬旱　 上博四·柬旱　 上博六·競公13　 包山225　 包山237　 包山266　 天星　 清華六·子儀10　 清華八·邦政8　 清華八·邦道21 晉 中山王嚳壺 秦 睡簡·日乙15　 秦印3

【注】甲骨文作𥙊、𥘅、𥘂、𥘥、𥘬、𥙈、𥘐、𥘰、𥘒等形，以手持肉，會祭祀之意。金文增從示，形符迭加字，持肉于示（神）前為祭也。《包山225》所從肉旁與舟混。《説文》："𥙊，

祭祀也。從示，以手持肉。"本義為祭祀。●祭祀，古代泛指敬神尊祖活動。《書也缶》："以祭我皇祖。"《邾王子旃鐘》："以追祭祀。"

憭<small>楚</small> 郭店·語叢一84、 郭店·語叢一85

【注】從心祭聲。●讀察。《郭店·語叢一84》："憭（察）所智（知），憭（察）所不智（知）。"

蔡<small>秦</small> 、 、 、 、 印增29 類編

297 睡簡·葉書33 睡簡·日甲75背

【注】從艸祭聲。《説文》："鑅，蔡艸也。從艸祭聲。"●地名。《睡簡·葉書33》："卅三年，攻蔡、中陽。"秦文字用"蔡"為草蔡之蔡，見馬王堆帛書《五十二病方》51行，假"蔡"表示國名、地名、蔡氏之蔡；楚文字用"剿"表示草蔡之蔡。六國則用"友""邡"表示國名、地名、姓氏之蔡。●《睡簡·日甲69背》："臧（藏）於垣内中糞蔡下。"蔡，草也。●讀祭。《睡簡·日甲3》："以蔡（祭），上下群神鄉（饗）之。"●秦漢印多用為姓氏。

察<small>秦</small> 睡簡·雜抄37

【注】從宀祭聲。●察覺。《睡簡·雜抄37》："有（又）後察不死，奪後爵，除伍人。"

清紐殺聲

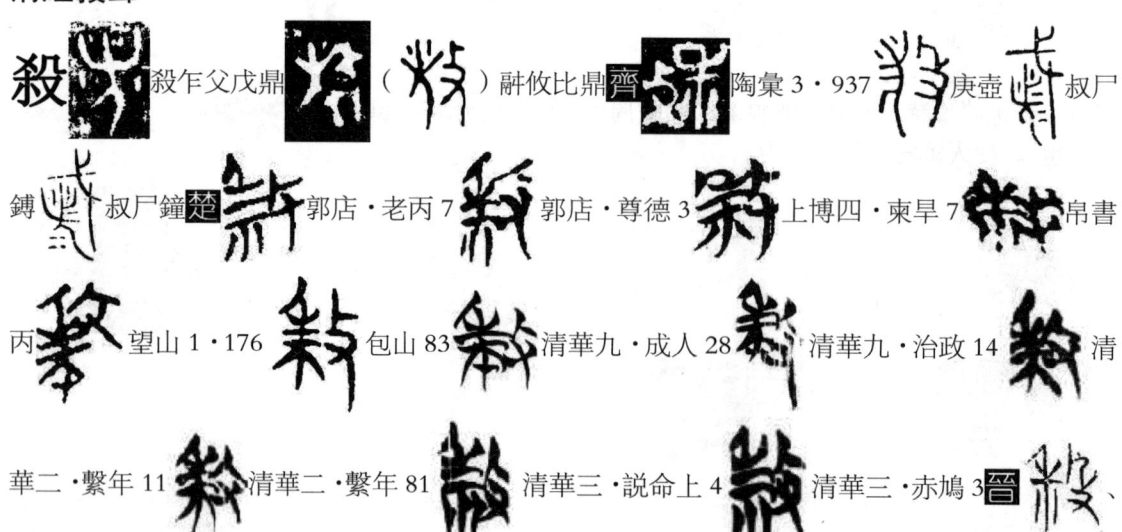

殺<small>周</small> 殺乍父戊鼎 （捄）鮮攸比鼎<small>齊</small> 陶彙3·937 庚壺 叔尸鎛 叔尸鐘<small>楚</small> 郭店·老丙7 郭店·尊德3 上博四·柬旱7 帛書丙 望山1·176 包山83 清華九·成人28 清華九·治政14 清華二·繫年11 清華二·繫年81 清華三·説命上4 清華三·赤鳩3<small>晉</small>

 侯馬 秦  睡簡 · 答問 66　 睡簡 · 秦種 84　 睡簡 · 日乙 181

嶽麓三 36

【注】《殺乍父戊鼎》作，象人散發之形，隸為"杀"。《鼾攸比鼎》作，增從攴（《叔尸鎛》則從戈，會意同），會擊殺之意。秦文字當從殳從乂朮聲。《説文》："，戮也。從殳杀聲。凡杀之屬皆從杀。，古文殺。，古文殺。，古文殺。"●殺伐。《庚壺》："殺其（闖）者，孚（俘）其士。"《鼾攸比鼎》："其且（沮）射（厭）分田邑，則殺。"●人名。見于《殺乍父戊鼎》。●讀噦。《叔尸鎛》："卑（俾）若鐘鼓，外內剴辟，殺殺爂爂。""殺殺爂爂"與銘文中"倉倉恩恩，雅雅雝雝""氭（靈）音鍒鍒雝雝"語例同。《秦公鎛》："其音鍒鍒雝雝孔煌。""殺殺"分別與"爂爂""雝雝"連言，以形容鐘聲和諧優美。《詩 · 魯頌 · 泮水》"鸞聲噦噦"，毛傳："噦噦，言其聲。"《文選 · 東京賦》薛綜注："噦噦，和鳴聲。""噦"從"歲"聲。上古音"歲""殺"同屬月部，二字聲母亦近。"歲"的聲母屬心母，"殺"的聲母屬審母二等。上古音審母二等與心母近。疑銘文"殺殺"等字，皆讀"噦噦"。因"噦噦"或用來形容鳥聲，或用來形容鐘聲，故此字在鐘銘裏或寫作從"佳"，或寫作從"金"。（《齊國文字中的"遂"》）●消減。《上博四 · 柬旱 7》："目（以）君王之身殺祭未尚（嘗）又（有）。""殺祭"，即減省祭祀的儀節。●收縮、收集。《清華九 · 成人 26》："于承嘉穀（穀）五竊（稷）之又（有）時（時）：秀蘬（萌）一時（時），芋（華）卉一時（時），稼（稼）一時（時），實果一時（時），殺一時（時），收愈（稔）一時（時）。"整理者注："五時，古書習見，《呂氏春秋》《禮記 · 月令》等謂春、夏、季夏、秋、冬五個時令，與簡文不類。惟孔家坡漢簡《日書 · 歲》載五時為生、長、殺、藏、收，簡文則言解、華、實、殺、收，與之略有差別。"

 郭店 · 性自 30

【注】從水殺聲。●疑讀怛。《郭店 · 性自 30》："哭之敶（動）心也，澉澉，其刾（烈）鐜（戀）鐜（戀）女（如）也，慸（戚）狀（然）以終。"上博《性情論》簡 18 作"浸怛"。"怛""澉"古音聲母有別，一為舌音，一為齒音；但韻母同。疑音近相通。浸，沉浸。怛，傷悲。《説文 · 心部》："怛，憯也。"《方言》卷一："怛，痛也。"《玉篇 · 心部》："怛，悲也。"《廣雅 · 釋詁一》："怛，憂也。"《詩 · 檜風 · 匪風》："顧瞻周道，中心怛兮。"毛傳："怛，傷也。"這是說"哭之動心也"，使人沉浸在傷悲之中。

 包山 91

【注】從雨殺聲，"霰"之異文。●人名。

 璽彙 1104　璽彙 2901

【注】“殺”之省文，下部變形音化從介聲。●晉璽人名。

郊晉 璽彙 2223

【注】從邑杀聲。●晉璽“郊餡”，讀殺，姓氏。《姓氏考略》據《後漢書・東夷傳》注云：“馬韓官有殺奚，後人或以官為氏。”馬韓，三韓之一，在今朝鮮半島南部。殺奚，馬韓官名。

刹晉 璽彙 3872 璽彙 3947

【注】從刀杀聲。●晉璽人名。

遬齊 鎛鎛 子禾子釜 璽彙 0155 璽彙 0282 璽彙

0232 璽彙 3233

【注】從辵杀聲。李家浩認為：“遬所從的聲符‘杀’與‘殺’字古文所從的聲符是同一個字，它的讀音應該跟‘殺’相同或相近……《說文》‘殺’字正篆作‘殺’，說從‘杀’聲，但該書未收‘杀’字……據《說文》篆文‘殺’旁的寫灋，‘殺’應該分析為從‘殳’從‘术’聲。古文字和古書中，屢見從‘术’聲之字與‘遂’字通用的例子，例如：逋盉‘命逋事（使）於述土’，戰國中山王壺‘述定君臣之位’，此兩句中的‘述’字都讀為‘遂’……古代從‘豖’聲之字與從‘殺’聲之字可以通用。例如馬王堆漢墓帛書《老子》甲本卷後佚書《五行》‘知君之〔所〕道而僁然行之’之‘掾然行之’，或作‘僁然行之’。眾所周知，在形聲字的異體中，有許多是因聲符不同而造成的。就拿‘遂’字為例。《說文》古文‘遂’和魏正始石經古文‘遂’，古文字學家多認為是‘述’字之訛。這一說灋是可信的。再從上引銅器銘文鄉遂之‘遂’和副詞之‘遂’作‘述’的情況看，‘述’與‘遂’在古代可能是同一個字的異體。齊國文字中的‘遬’，很可能是‘遂’字的另一個異體。從‘遂’字出現在地名之後和跟其他的字構成職官名等情況來看應該是指鄉遂制度中的‘遂’。”（《齊國文字中的“遂”》）據《周禮》一書，古人將王畿內土地劃分為“國”與“野”兩大區域，以“郊”為界。國都以外、郊以內的廣大地區稱為“國”，共設六鄉；郊以外的廣大地區稱為“野”，共設六遂。這就是鄉遂制度中的“鄉”和“遂”。在邊遠地區，鄉大夫的采邑還有一種跟鄉遂制度相似的都鄙制度，將其土地劃分為甸、稍、縣、都、鄙等。先秦時期，各國都實行過這種制度，不過名稱、規定等略有不同。（楊寬《古史新證》135 頁）●讀遂。《鎛鎛》：“余四事是台（以），余為大攻尼、大史、大遂、大宰，是辭（以）可事（使），子子孫永保用盲（享）。”大遂，讀大遂，指鄉遂制度中的“遂”。“大遂”與“大工厄”“大史”“大宰”並列，應該是春秋時期齊國國家管理“遂”的最高長官。齊璽均讀遂。《璽彙 0155》“魘易（陽）遂（遂）帀（師）鉩”，當為山陽地區的遂師所用之印。●讀殺，刑罰。《子禾子釜》：“中刑乓遬。”

窣 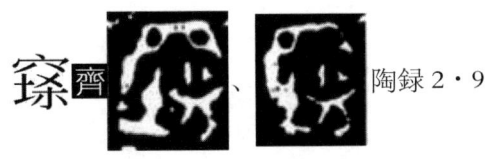 齊 、 陶錄 2・98

【注】從穴從土杀聲。"邃"之異文。● 人名。

雉  猷鐘 戎生鐘

【注】從隹杀聲，有重文符號 ニ。● 讀㰼，狀聲詞。詳"殺"字。

鋉  秦 秦公鎛， 秦公鐘， 秦子鎛， 秦公鐘

【注】從金杀聲，"鍛"字或體。均有重文符號 ニ。● 讀㰼，狀聲詞。詳"殺"字。

清紐友聲

友 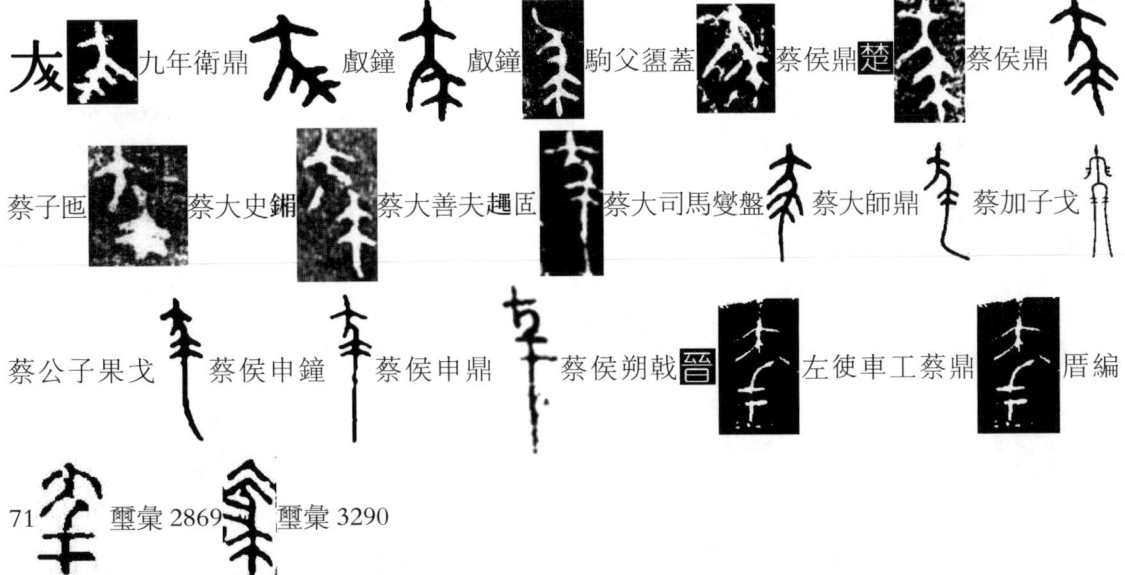 九年衛鼎 猷鐘 猷鐘 駒父盨蓋 蔡侯鼎 楚 蔡侯鼎

蔡子匜 蔡大史鎺 蔡大善夫趣匜 蔡大司馬燮盤 蔡大師鼎 蔡加子戈

蔡公子果戈 蔡侯申鐘 蔡侯申鼎 蔡侯朔戟 晉 左使車工蔡鼎 厝編

71 璽彙 2869 璽彙 3290

【注】《蔡公子果戈》兩下肢有倒毛，或疑友、衰一字之分化，友是衰的簡化字。字可硬性隸定為"友"。傳抄古文以"友"為"杀"，屬假借。"杀"又與"蔡"音近，故古文字中凡國名、地名、氏名之友（或加邑旁），均讀蔡。"友"作為偏旁亦可直接隸定為"蔡"。"殺"與"友"為一字之變，因其用法各異，故形音略有不同。（詳何琳儀《説蔡》）● 古文字多讀蔡，公元前11世紀周分封的諸侯國。蔡叔，名度，是周武王的第五子。蔡叔最初被封在蔡地，也就是今天的河南上蔡縣。蔡平侯於是將蔡國都城從上蔡遷移到了新蔡，也就是現今的河南新蔡縣。蔡昭侯遷都州來，也就是今天的安徽鳳台縣，並名新都為下蔡。蔡國沿着淮水一路東遷。戰國早期滅于楚。《蔡公子義工簠》："蔡公子義工之飤匠。"或用為姓氏，讀蔡。● 疑讀殺。《九年衛鼎》："蔡儥（轄）、畫轉。"《禮記・喪服大記》："君錦冒，黼殺。"

2301

 _齊 璽彙 3551  _晉 中山王響鼎  蔡子鼎  璽彙 1426  璽彙

1356  璽補 197

【注】從心友聲，疑"愁"之異文。愁，《廣韻》敕也。●朱德熙、裘錫圭釋為懯，讀肆，縱肆。（詳《平山中山王墓銅器銘文的初步研究》）《中山王響鼎》："介（爾）母（毋）大而忞（肆），母（毋）富而喬（驕）。"李孝定指出：甲骨文"希"，讀為"祟"；《三體石經》"蔡"之古文，與此字古文全同，皆音近相假也。又認為"殺"之古文"希"即《説文》"希"字，並引王鳴盛《尚書後按》之説，謂"古音希、窜、蔡、殺相近，故多通假。"古從希之字多讀肆，故"忞"是可以讀為肆的。●讀蔡，國名，見于《蔡子鼎》。●晉璽人名，疑讀肆。

 _晉  陶彙 4·160  港續一 116  圖典 227

【注】從水友聲。●均為人名。

 _齊 璽彙 2205 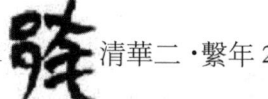 _楚 王孫霝簠  曾公畩鐘  鄂君啟車節  璽彙

0097  璽彙 0309  包山 18  包山 120  仰天 17  清華一·楚居

14 清華六·太伯甲 7 上博九·靈王1 清華二·繫年 23 清華二·繫

年 26 清華二·繫年 27 清華二·繫年 105 清華二·繫年 107 上

博九·邦人 8 璽彙 2188 璽彙 2189 璽彙 3696 _晉 訓義 1·40 璽

彙 1634 類編 209

【注】從邑友聲，地名專字。亦可隸為"鄁"。●讀蔡，地名。《鄂君啟車節》："就高丘、就下邖（蔡）、就居鄅（巢）、就郢。"《清華一·楚居15》："王自邖（蔡）復郊（鄢）。"●《璽彙0097》"下邖宛大夫"。下蔡，地名，即今安徽鳳台縣。本春秋時州來邑，蔡昭侯自新蔡（今河南新蔡縣）遷都於此，稱下蔡邑。《春秋》：哀公二年（前493）"蔡遷於州來"。●國名。《清華六·太伯甲7》："魯、衛、鄩、蔡速（來）見。"●古璽印用為姓氏，讀蔡。

 笇叔戈

【注】從竹友聲。●讀蔡。

 曾侯31 曾侯4 曾侯80

【注】從金友聲，疑鍛之異文。●何琳儀讀鍱，似馬具所附之鐶。《禮記·緇衣》"葉公之顧命曰"，《逸周書》"葉"作"祭"，是其佐證。《廣雅·釋器》："鍱，鐶也。"曾侯簡中已有鐶（環）字，簡文中是否讀鍱，存疑。

 仳夫人嬭鼎 郭店·五行21 郭店·五行34 清華一·程寤6

 璽彙2883 陶録4·207

【注】從辵友聲。●讀際。《仳夫人嬭鼎》："孟屯（春）才（在）奎之达（際）。"蔡、際為諧聲字，可通。●楚簡多讀肆，《説文》極陳也。《郭店·五行21》："不惪（德）不达（肆），不达（肆）不果。"《詩·周頌·時遇》："我求懿德，肆于時夏，允王保之。"鄭箋："肆，陳也。"言以德施行天下也。簡文意猶非以直之行而不為也。《郭店·五行34》："植（直）而述（遂）之，遫（肆）也。遫（肆）而不畏彊（強）語（禦），果也。"《清華一·程寤6》："夢，徒庶言达（肆），繹又勿亡。"吉夢，將其内容向普通民眾陳述，尋繹其内涵，讓群眾不能忘記，知道周將代商。原句斷讀存在異議。●楚璽"焱达"，人名。

 上博三·彭祖8

【注】從糸友聲。●《上博三·彭祖8》："三命四膭（仰），氏（是）胃（謂）戀（絶）紱。"或讀殺。《呂氏春秋·長利》："是故地日削，子孫彌殺。"高誘注："殺，衰也。"周鳳五讀世，謂"絶世"即"絶後"。魏啟鵬先生《楚簡〈彭祖〉箋釋》中釋為"絶祭"，亦可備一説。

清紐毳聲

毳 守宮盤　毳簋　毳盤楚　上博二·容成49　天星

【注】從三毛，會毛髮繁盛之意。《説文》："毳，獸細毛也。從三毛。凡毳之屬皆從毳。"本義鳥獸的細毛。●《守宮盤》："易（賜）守宮絲束、蒩（苴）䙆（幕）五、蒩（苴）𢄖（羃）二、馬匹、毳布三。"毳布，于省吾謂馬衣，蓋金文賞賜品常以類相從，"毳布"不與上文"絲束"，"幕帳"等相連，而承接在馬匹之後，當與馬匹有關。《孟子·滕文公上》："許子衣褐。"趙岐注："褐以毳織之，若今馬衣也。"《淮南子·覽冥》："短褐不完。"高誘注："褐，毛布，如今之馬衣也。"先秦時代，貧民與馬匹均以毛織品之粗褐為衣。（詳于省吾《讀金文劄記五則》）●人名。《毳簋》："毳乍（作）王母媿氏鐇（禱）殷。"●讀磽，土壤堅硬貧瘠，不適宜耕種。《上博二·容成49》："文王時（持）故時而孝（教）民時，高下肥毳（磽）之利盡知之。""毳"有二音一同"脆"為月部字；一同"橇"為宵部字。這裏可能是用後一種讀法。

慓㒼 侯馬

【注】從心毳聲。●人名。

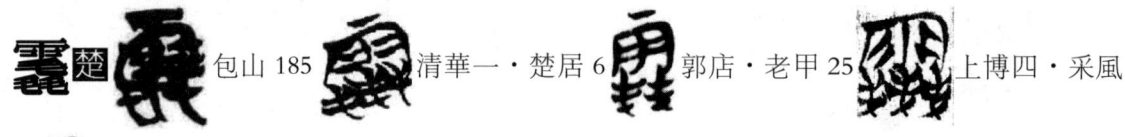霜楚　包山185　清華一·楚居6　郭店·老甲25　上博四·采風

3　上博九·陳公3

【注】從雨毳聲。●讀脆，即"膬"字或體。《郭店·老甲25》："其未菲（兆）也，易悔（謀）也；其霜（脆）也，易畔（判）也。"●清華簡人名，讀雪。毳、雪皆齒音月部字，"霜"當即楚之"雪"字。（《清華大學藏戰國竹簡（壹）》186頁）《清華一·楚居6》"酓相及酓霜及酓訓"，即《楚世家》之"熊霜""熊雪"和"熊徇"兄弟三人。《楚世家》："熊嚴有子四人，長子伯霜，中子仲雪，次子叔堪，少子季徇。熊嚴卒，長子伯霜代立，是為熊霜。熊霜元年，周宣王初立。熊霜六年卒。三弟爭立。仲雪死；叔堪亡，避難於濮。而少弟季徇立，是為熊徇。二十二年，熊徇卒。"亦見於《包山》185"熊霜适"，就應讀為"熊雪适"。此外，《上博四·采風3》"霜氏"，如何釋讀待考。

　信陽2·4

【注】從車霜聲。●讀轎。《信陽2·4》："一乘良轎。"

楚　望山2·1

【注】從市毳聲。●讀轎。《望山2‧1》"一霈。"或作"轎"。或謂"霈""轎"均讀毳，即泥行工具"橇"。《史記‧河渠書》"陸行載車，水行載舟，泥行蹈毳，山行即橋"，《索隱》："毳字亦作'橇'，同音昌芮反。"《漢書‧溝洫志》引《夏書》"陸行載車，水行乘舟，泥行乘毳，山行則梮"，孟康注："毳形如箕，適行泥上。"如淳注："毳音茅蕝之蕝。謂以板置泥上以通行路也。"

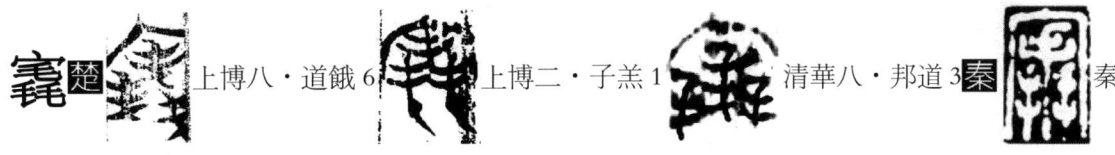
寏楚 上博八‧道餓6　　上博二‧子羔1　　清華八‧邦道3 秦 秦

風72

【注】從宀毳聲。●讀瘠。脆（臑），清紐月部；瘠，精紐支部。二字為齒音雙聲。《上博二‧子羔1》："吏（使）亡（無）又（有）、少（小）大、忌（肥）寏（瘠）弁（辨）。"●秦印"李寏"，人名。

譏楚 清華八‧邦政9

【注】從言寏聲。●讀脆。《邦政9》："眾譏（脆）女（焉）悘（誥）。"整理者：譏，讀為"脆"。郭店簡《老子》甲本"其毳也"之"毳"，今本作"脆"。《廣雅‧釋詁》："脆，弱也。"《國語‧晉語六》："臣脆弱，弗能忍俟也。"

憲楚 清華八‧邦道11

【注】從心寏聲。●《清華八‧邦道11》："母（毋）咎母（毋）憲，敱（教）以鼄（舉）之，則亡（無）悁（怨）。"整理者注："憲，疑讀作同為月部之'輟'。《吕氏春秋‧圜道》'冬夏不輟'，高注：'輟，止也。'"

從紐幽聲

幾（幽） 刺 佣生簠　刺 佣生簠 楚 曾侯14　 曾侯5　 上博
一‧詩論29 上博一‧詩論27　 九店56‧34　 郭店‧老甲1　 郭店‧老
甲1　 郭店‧六德29　 上博一‧緇衣22　 郭店‧老甲1　 郭店‧老乙4

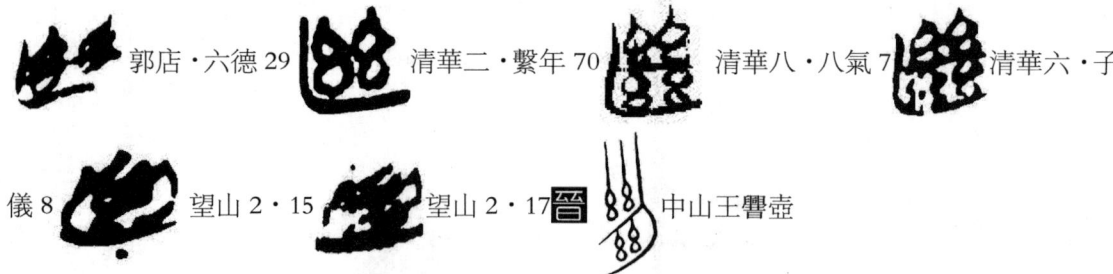

郭店·六德 29　　清華二·繫年 70　　清華八·八氣 7　　清華六·子儀 8　　望山 2·15　　望山 2·17　晉　中山王嚳壺

【注】古文字𢇍、𢆶一字。甲骨文作𢆶，從刀從糸，會以刀斷絲之意，"絕"之初文。戰國文字實際承襲甲骨文，並同《説文》古文。《説文》："絕，斷絲也。從糸從刀從卩。𢇍，古文絕。"《僃生簋》二文，也從糸從刀，當即斷糸之旨，董蓮池釋為"絕"（《金文編校補》420 頁）。戰國睡虎地秦簡作𥿮（睡簡·日乙 23），從紉，卩為迭加之音符。六國文字多作"𢇍"，為會意字，秦國文字則作"絕"，為形聲字。又《説文》："繼，續也。從糸𢆶。一曰反𢇍為繼。"古文字𢇍、𢆶似無別。●讀絕，穿過、直渡。《僃生簋》："殷㠯（厥）紉（絕）霄谷、杜木，遝谷旐菜，涉東門。"即一直穿過霄谷，是履田經過之處。●戰國文字多讀絕，斷絕。《中山王嚳壺》："以内𢇍（絕）邵（昭）公之業，乏其先王之祭祀。"《漢書·揚雄傳贊》："蓋誅絕之罪也。"顔師古注："絕謂無胤嗣也。"《郭店·老甲 1》："𢆶（絕）智（知）弃卜（辯），民利百怀（倍）。"●釋為絕，讀纂。《曾侯 5》："𢇍聶。"《史記叔孫通傳》："為綿蕝。"《索隠》："《纂文》云：蕝，今之纂字。"是其佐證。《説文》："纂，似組而赤。從系，算聲。"●讀斷。《清華八·八氣 7》："金曰佳（唯）𢆶（斷）母（毋）紉。"此字本音"絕"，音"斷"是同義換讀之故。譴，《集韻·上聲五·二十四緩》音覩緩切，與"斷"音同。●讀斷。《清華二·繫年 69》："三辟（嬖）夫=（大夫）南甹（郭）子、鄭（蔡）子、安（晏）子達（率）目（師）以會于𢆶（斷）道。""斷道"地名。整理者言："《春秋》宣公十七年：'公會晉侯、衛侯、曹伯、邾子同盟於斷道。'杜注：'斷道，晉地。'同年《左傳》云：'盟于卷楚。'注以斷道、卷楚為同地。楊伯峻《春秋左傳注》推論在今河南濟源西南。"●《清華六·子儀 8》："强弓可（兮）縵（曼）元（其）𢆶（繼、繳）也，䌜追而䍈（緝）之，莫往可=（兮何）以寅（實）音（署）。"王寧讀繼，當是"繳"之音轉。《詩·女曰雞鳴》"弋鳧與鴈"，《箋》："弋，繳射也。"《疏》："繳射，謂以繩繫矢而射也。""繳"就是繫在矢上以射飛鳥的繩子。"强弓兮曼其繳也"，就是說强弓因為射得很高很遠，所以要把其用的繳繩作得很長。"追"讀隨，"䍈"原整理者讀緝，《玉篇》："緝，續也。"《説文》："續，連也。""䌜追而緝之"即䌜隨其長度而連續之，謂栓繳於䌜上。音，讀署，《説文》："覆也。"蓋即以網掩覆義。此三句大概意思是說，為强弓製作了很長的繳，把它纏在矢上，卻沒有前去狩獵，怎麼安排人去掩捕？

絕 秦　睡簡·日乙 23　　睡簡·日甲 20　　關沮 139　　里耶 9·981

【注】從紉（𢇍、𢆶），卩為迭加之音符。●斷絕。《睡簡·日甲 20》："必絕後。"《睡簡·日乙 23》："蓋絕紀之日，利以裞（製）衣常（裳）、説孟（盟）詐（詛）。"

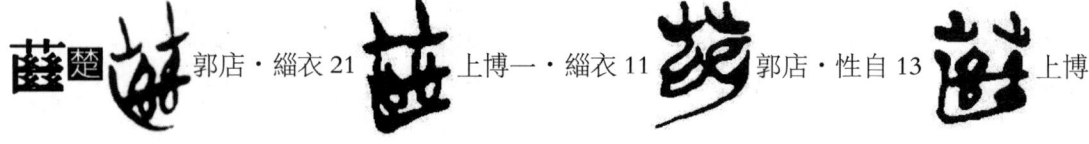

藍 楚　郭店·緇衣 21　　上博一·緇衣 11　　郭店·性自 13　　上博

一·性情 7

【注】從艸豑聲，"蔖"字或體。●讀蔖。《上博一·緇衣 11》："此以大臣不可不敬也，民之蔖（蔖、表）也。"蔖，古代演習朝會禮儀時束茅立於地以標位次。整理者注：《説文》：'朝會束茅表位曰蔖'。于簡文中則有表征之意。今本作'表'。"上博本注釋："《國語·晉語八》'置茅蔖'，《説文通訓定聲》'字亦作藂'，'字亦以纂為之'，有集聚義。"《晉語》"置茅蔖，設望表"，《注》謂立木以為表，表其位也。蔖、表二字同義連用。《郭店·性自 13》："義也者，群善之蔖（蔖）也。"義，為群善的表徵。

 清華八·邦政 11

【注】從言豑聲。●讀絶，背離之意。《清華八·邦政 11》："上下=譴（絶）惠（德）。"譴，《集韻·上聲五·二十四緩》音覩緩切，與"斷"音同。蓋此字本音"絶"，音"斷"是同義換讀之故。

禠 楚 上博五·弟子 15

【注】從衣（省形）豑聲，疑為"絶"字繁體。●《上博五·弟子 15》："其組襺（絶）嘑（乎）！隹（雖）多䎥（問）而不㕠（友）叕（賢）。""組"可用為古代佩印用的綬。引申而為官印或作官的代稱，所以去官可稱"解組"，簡文中的"組絶"疑為丟官解職之義。簡文大意似為："雖然多聞但不與賢者為友，那麼官位就不保了！"簡文只是將因果倒裝而已。

 清華七·越公 5　　清華七·越公 7　　清華三·祝辭 2

【注】從尸豑聲。●與"絶"反義，疑讀繼。《清華七·越公 5》："亦兹（使）句踐（踐）屟（繼）蓎於（越）邦。"●《清華三·祝辭 2》："救火，乃左執土以祝曰：'号（皋）！旨五尸屟朚冥=（冥冥）兹我經。'"整理者注釋：疑即讀為"絶"，意為隔斷，"朚"為"盟"字異體，讀為"明"，清華簡《繫年》屢見。"冥"字楚文字屢見，字形暫不能分析。絶明冥冥，指失火黑煙阻遮天光。

氊 楚 天星

【注】從毛豑聲，或疑"絶"之異文。●義不詳。

繼 齊 拍敦　陶録 4·180 楚 上博六·用曰 6　　上博六·用曰 14

【注】甲骨文作　、　，像連絲之形，"繼"之初文。《拍敦》所作，何琳儀曰："其形象四系相

連，二為重文符號，一為指事符號。"(《戰國文字通論》293 頁）楚簡從糸䜌聲。秦系文字作

（帛編 529），乃意符迭加字。《説文》："繼，續也。從糸、䜌。一曰反䜌為繼。""反䜌為繼"誤，䜌為絶之初文，從刀從四糸，會以刀斷絲之義。●讀繼，延續、持續。《拍敦》："䜌（繼）母（毋）呈，用祀永葉（世）母（毋）出。"●讀繼。《上博六・用曰 6》："繼原流澟（澝），亓（其）自能不沽（涸）。"

心紐戌聲

窠叔簋 　 班簋 　 康鼎 　 何尊 　 衛簋 　 頌簋 　 頌壺

休盤 　 無叀鼎 　 頌簋 　 遲鼎 楚 　 孫叔師父壺 　 包山 42

包山 162 　 九店 56・26 　 包山 12 　 清華二・繫年 137 　 清華四・筮

法 56 　 清華四・筮法 46 　 清華十一・五紀 21 　 清華十一・五紀 29

清華十一・五紀 81 分研 161 　 璽彙 0197 　 清華九・司歲 2 　 清華

九・司歲 7 　 清華九・司歲 8 燕 　 璽彙 0704 晉 　 璽彙 2897 　 溫縣

璽彙 1885 秦 　 睡簡・日乙 30 　 里耶 8・163 　 秦印 283 　 相邦

呂不韋戈

【注】甲骨文作 戌、戌、戌、戌、戌、戌、戌、戌、戌、戌、戌、戌，葉玉森謂兵器形，疑為古"戚"字。朱芳圃從之，謂戌、戚旁紐雙聲，例可通轉。《詩・大雅・公劉》："弓矢斯張，干戈戚揚。"毛傳："戚，斧也。"甲骨文金文"戌"實際與戊、戉、歲等皆斧鉞之屬，其形制並近，字形上無嚴格區別。《遲鼎》"甲戌"作戌，形與"戊"同。《頌簋》"甲戌"寫作"成"，或謂誤書。戰國文字或作戌、戌，橫筆變為丿、丶。或另加飾筆 彡作戌。《説文》："戌，滅也。九月，陽气微，萬物畢成，陽下入地也。五行，土生于戊，盛于戌。從戊含一。凡戌之屬皆從戌。"析形釋義均不確。本義為斧類的寬刃兵器。後來假借為干支名，本義不存。●地支第十一位，用以紀日。《孫叔師父壺》："隹（惟）王正月初吉甲戌。"●宋公戌：人名。《宋公戌鐘》："宋公戌之䛦（歌）鐘。"盟書、古璽多為人名。●《璽彙 0197》"司戌之鉨"。"戌"程燕讀鉞。據《周

禮》所載知"鉞"應該有專人掌管。璽文中所記"司鉞"疑與《周禮》中"司弓矢"等職官相似。其大概是負責斧鉞的收藏及頒發。(《齊官考釋三則》)

清華三·説命中 3

【注】從水戉聲，疑"滅"之省文。●均讀滅。《清華一·尹誥 2》："我哉（窮）汰（滅）顋（夏）。"

【注】從虫戉聲。●讀聿或讀遹，語助詞。《清華五·厚父 1》："厚父！威（遹）顝（聞）禹☒☒……。"《詩·文王有聲》："遹求厥寧，遹觀其成。"楊樹達《詞詮》："遹，語首助詞。"

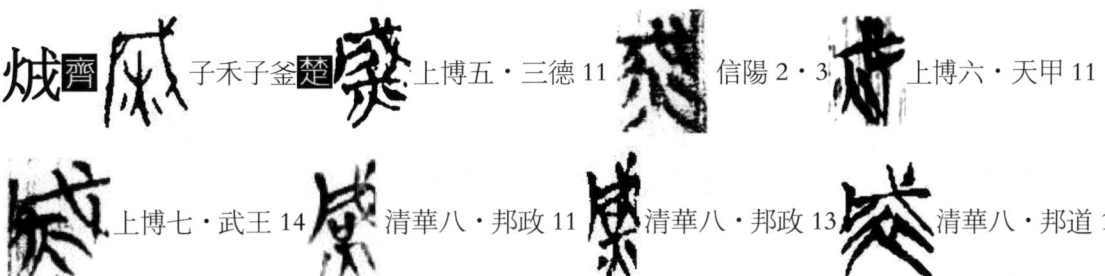

 睡簡·日甲 146  詛楚文

【注】從火戉聲；戉兼表意，會兵火所滅之意，為"滅"之本字。《清華八·邦政 11》戉訛為咸。《清華八·邦道 1》整理者謂讀為滅的祓字，實為"威"字，其"火"旁與簡 11 的 （燬）字同。●《信陽 2·3》："一威盟之柜 土蔞。"威盟，疑讀"蔑明"，眼大明亮之意。●讀滅，塗抹改動之意。《子禾子釜》："關人築桿威釜。"此銘大意：如果官吏在釜內築桿以減少其量值，或在釜外加物以添益其量值，則應當制止。●戰國文字多讀滅，滅絕、毀滅等義。《詛楚文》："伐威（滅）我百姓。"《上博六·天甲 11》："臨蚘：不言亂（亂），不言帚（侵），不言威（滅），不言友（拔），不言尙（剗）。"

【注】從水威聲。説文）：" ，盡也。"段玉裁注："此舉形聲包會意。"本義消滅、滅亡。●多

用為本義，滅絕。《郾王職壺》："滅郜（齊）之穫。"《子犯鐘》："大工（功），楚刜（荊）喪氒（厥）自（師），滅氒（厥）屬。"《清華二·繫年 7》："攻幽＝王＝（幽王，幽王）及白（伯）盤乃滅，周乃亡。" ●讀蠠。詳"頮"字。《嬭加編鐘》："余〔為婦〕為夫，余滅（蠠）頮（没）下（舒）犀（遲）。""下犀"疑即楚大師登編鐘銘文中"俍俍叚遲"之"叚遲"。"下""叚"均為牙喉音開口魚部字，古音極近。"叚遲""胡遲"是一個詞，最初用來形容鐘聲之美，後來漸變為德行之美。 ●秦印人名。

心紐奈聲

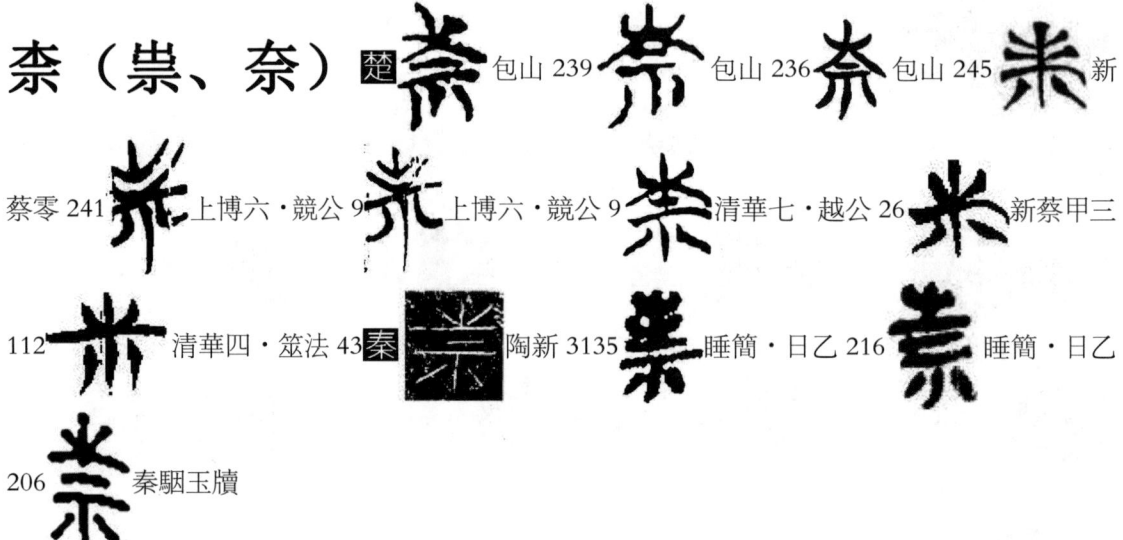

奈（祟、奈）　楚 包山 239　包山 236　包山 245　新蔡零 241　上博六·競公 9　上博六·競公 9　清華七·越公 26　新蔡甲三 112　清華四·筮法 43　秦 陶新 3135　睡簡·日乙 216　睡簡·日乙 206　秦駰玉牘

【注】甲骨文作 𣎴、𣎴，從木從示，持束薪於示神位前，會祭祀之意。甲骨文或作 𤎻、𤎻、𤎻、𤎻、𤎻、𤎻、𤎻、𤎻、𤎻，增從又，字義更顯。戰國文字可分別隸為奈、奈、祟。奈、奈為祟之初文。故古文從奈與從祟往往相通，如隸或作𣜽；款作款，或作㱿。甲骨文讀塞，祭名。 ●楚文字多讀祟，《說文》神禍也。《上博六·競公 12》："祭、正（貞）不隻祟，目（以）至於此。"戰國卜筮祭禱簡中常見採用兩次貞問，第一次貞問目的是求祟；第二次貞問則是在得祟的前提下，提出具體的祭禱方案，目的禮是除祟。 ●《清華七·越公 26》《上博六·競公 9》"祟应"，指安放宗廟祭祀鬼神之建築。楚文字或用"敓""繁""祝"為祟。秦簡亦讀祟。 ●讀奈，奈何。《秦駰玉牘》："吾竆（窮）而無奈之可（何），永懱憂盤。" ●《陶新 3135》"奈里雕"，里名。

叡（㲋）　玆簋　季姬尊　我鼎　秦 類編 91

【注】從又奈聲，為"奈"之繁文。《我鼎》從束，與從木同。《說文》："㲋，楚人謂卜問吉凶曰㲋。從又持祟，祟亦聲。讀若贅。"本義為祭名。 ●讀款。《玆簋》："孚（俘）戎兵：鈎（盾）、矛、戈、弓、備（箙）、矢、䩥、胄，凡百又卅又五叡（款）。"㲋、款二字同源，意相近。 ●祭名。《我鼎》："我乍（作）御祟（祭）且（祖）乙、匕（妣）乙、且（祖）己、匕（妣）癸，祉（延）祒繫二女（母），咸。"本銘言"祉祒繫二女"，是指御祭之後，繼續祒繫妣乙、妣癸。 ●

2310

秦印人名。

集證 226 · 1

【注】從宀叙聲。●秦公大墓漆筒墨書 "寂之寺簧"，讀敊。意為：（此器是）柴祭天時所持用的笙竽類樂器。其作用大概同於後世的遣冊，如河南信陽長台關楚墓遣策 2-03："二笙，一簫竽，皆有襪（條）。"不過後者寫於竹簡，漆筒墨書卻直接寫於器物上。

師虤鼎

【注】從豕柰聲。●讀款。《師虤鼎》："小子妭（凤）夕專由先且（祖）剌（烈）德，用臣皇辟，白（伯）亦克豪由先且（祖）蠱。"于豪亮曰："𧔥為蠱之異體字，《周易·序卦》：'蠱者事也。'" "豪由先且蠱，意即'繼承先祖之事業。'"（《陝西省扶風縣強家村出土虢季家族銅器銘文考釋》）

秦印 169　里耶 8 · 1531

【注】從柰從欠，會卜問吉凶有所欲之意。柰、欠雙聲。●人名。

心紐离聲

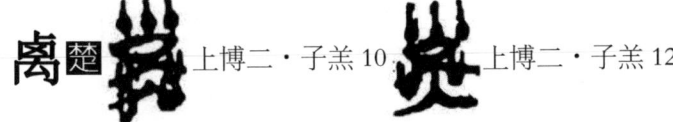上博二·子羔 10　上博二·子羔 12

【注】《上博二·子羔》所作，整理者注𧕦曰："亦作'卨'、'契'，傳說中商人始祖。《說文·内部》：'离，蟲也，從象形，讀與偰同。卨，古文离。'所列古文與簡文相近，但簡文筆劃更繁。簡文字形象頭上出歧的動物，上下肢都有所象徵，此為契名的本字。"●讀契，商族部落始祖。

郭店·語叢四 8　上博二·容成 30　上博二·容成 30

【注】學者們均認為與讀為察的 "㮇" 有聯繫，故或隸為数。頗疑與𧕦字有聯繫，㮇當從𧕦訛變而來。故字當從攴离聲為是。●讀竊。《郭店·語叢四 8》："敊（竊）鉤（鈎）者或（誅），敊（竊）邦者為者（諸）侯。"●讀契，人名。《上博二·容成 30》："舜乃欲會天墬（地）之嬄（氣）而聖（聽）甬（用）之，乃立敊（契）以為樂正。"陳偉說：簡文記 "契" 為 "樂正"，或是 "竹書作者或抄手將樂正夔誤寫成時代相同、地位也大致相當的契"，或是 "傳聞有異"，簡文的任樂正的 "契" 和《呂氏春秋·古樂》任樂正的 "質" 為一人（"質" 與 "竊" "契" 均音近可通），就是一般所說的任司徒的商契。（《〈上海博物館藏戰國楚竹書（二）〉零釋》）

竊 秦　里耶 8・1563　　嶽麓三 70

【注】從宀從米离聲。聲符訛變。●嶽麓簡用為本義，竊取、盜竊。●里耶簡人名。

糮 楚　清華一・楚居 4　　包山 120　　包山 121　　清華二・繫年

79　　清華七・越公 67　　清華七・越公 59　　清華九・成人 17　　清華十

一・五紀 57

【注】從米敲聲。《清華七・越公 67》所從，疑即米字；簡文或疊加肉為意符。●均讀竊，偷竊。《包山 120》："邾俸糮（竊）馬於下郱（蔡）而價之於易（陽）成（城）。"《清華一・楚居 4》："為枝（梗—便）室既成，無以內（納）之，乃糮（竊）若（鄀）人之牺（犆）以祭目（以）祭。"另詳"梗"字。●讀竊，私自、暗中。《清華七・越公 67》："王句（踐）乃以其厶（私）卒（卒）六千糮（竊）涉。"

厲 楚　清華十・四告 36

【注】從厂离聲。●疑讀乂。《清華十・四告 36》："畀余厲安，害糞大莫（謨）。""乂安"成詞多見。"害"可讀憲，訓為敏，《説文・心部》："憲，敏也。""糞"可讀奮。

幫紐別聲

別 秦　睡簡・秦種 35　　睡簡・答問 116　　睡簡・語書 8　　里耶

8・1047　　秦印 74　　會稽刻石

【注】甲骨文作，從刀從冎，以刀剔除骨上的肉，會分解之意。秦系文字作，是為小篆所本。●離別。《睡簡・答問 116》："子小未可別，令從母為收。"如其子年小，不能分離，可命從母為收。●分別、辨別。《睡簡・秦種 35》："別粲、穤（糯）之裏（釀）。"《會稽刻石》："初平法式，審別職任，以立恒常。"

帮紐捧聲

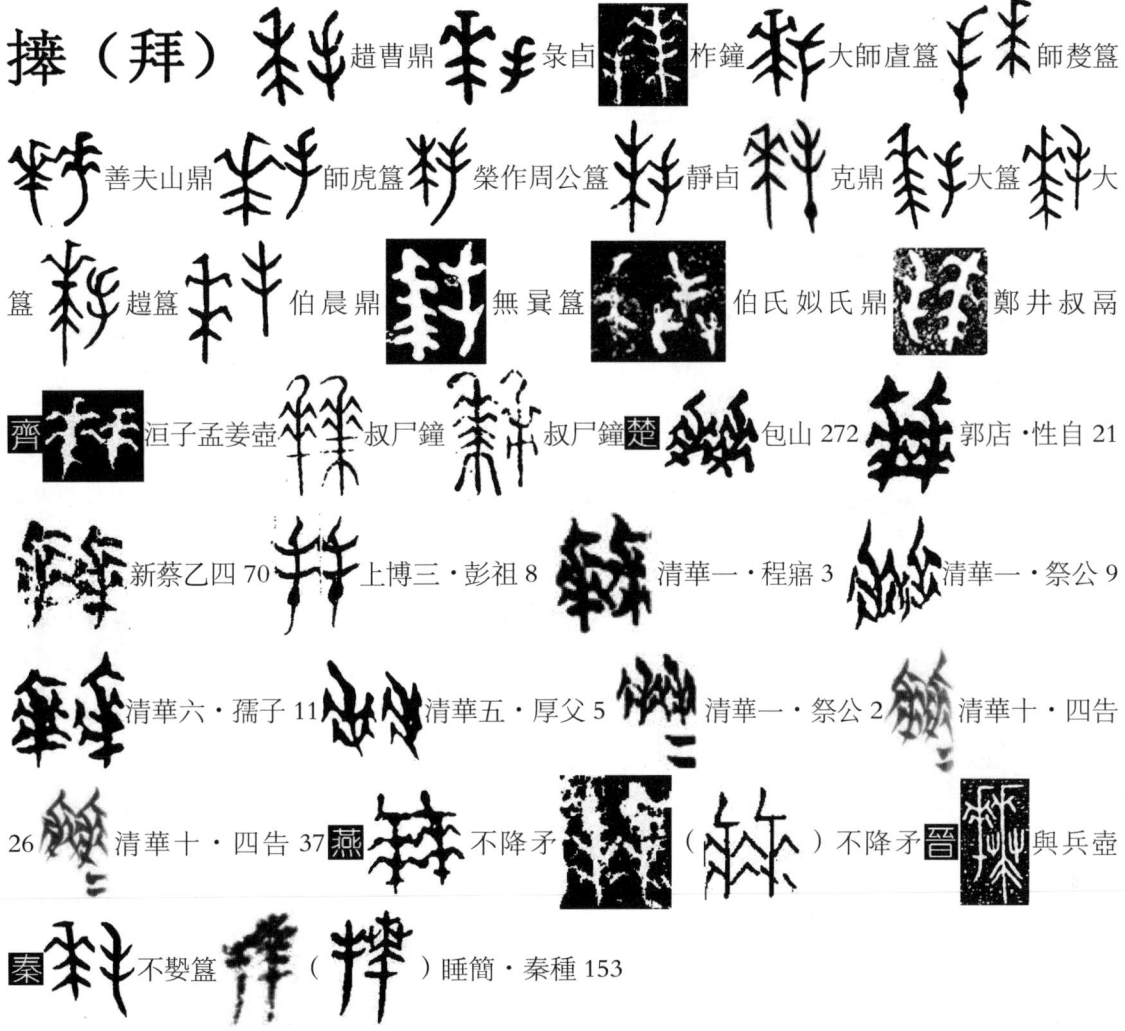

【注】從手從奉（以及從之字均有"求"義），會拜手之意。《清華一·祭公 2》等為"拜手"二字合文。楚文字均從二手，會拜手之意。《説文》："，首至地也。從手、奉。奉音忽。徐鍇曰：'奉進趣之，疾也，故拜從之。'古文拜。楊雄説：拜從兩手下。"許説亦可參考。本義是"拜"，即古代下級對上級、小輩對長輩施行的禮節。《伯氏奴氏鼎》增從廾，為繁文。自銘文觀之，"捧"為周秦文字，"拜"多為六國文字。●金文用其本義。《留壺》："留拜手諮首。"銘文往往與"諮首"相連，即拜倒在地再叩頭至手，為周代宫廷的跪拜大禮。《農卣》："農三拜諮首。"三拜諮首，先下跪拜兩手至地，再俯首于手，反復行禮三次。《書·舜典》："伯拜稽首。"《書·益稷》："皋陶拜手稽首。"與金文同。●讀拜，拜受、敬受，接受之敬辭。《洹子孟姜壺》："齊侯拜嘉命，于上天子用璧玉備一嗣（笥）。"●《鄭井叔鬲》："鄭井弔（叔）歑父乍拜鬲。"同"饒"，讀濤。●姓氏。《不降矛》："不降捧余子之貲金。"●讀拜，剪除。《上博八·有皇 1》："可冀成夫今分，能為余拜楮柧今分。"讀書會指出"拜"即"勿翦勿拜"之"拜"。"拜"猶"拔"。"楮"是一種惡木。前人謂"楮"即"穀"，"穀，惡木也"（《詩·小雅·鶴鳴》疏）。"柧"當與之同類。此句大概是説"我"（即"教保子"之人）希望被教育的對象（可能是胄子、公子一類人）長大成人之後，能為"我"剪除惡人。

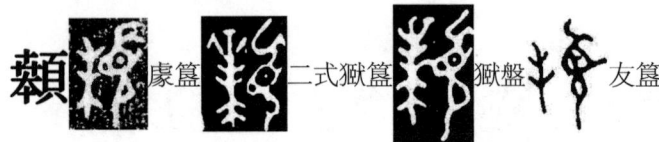

額虠簠 二式獄簠 獄盤 友簠

【注】從頁捧省聲。●讀拜。詳"捧"字。

帮紐貝聲

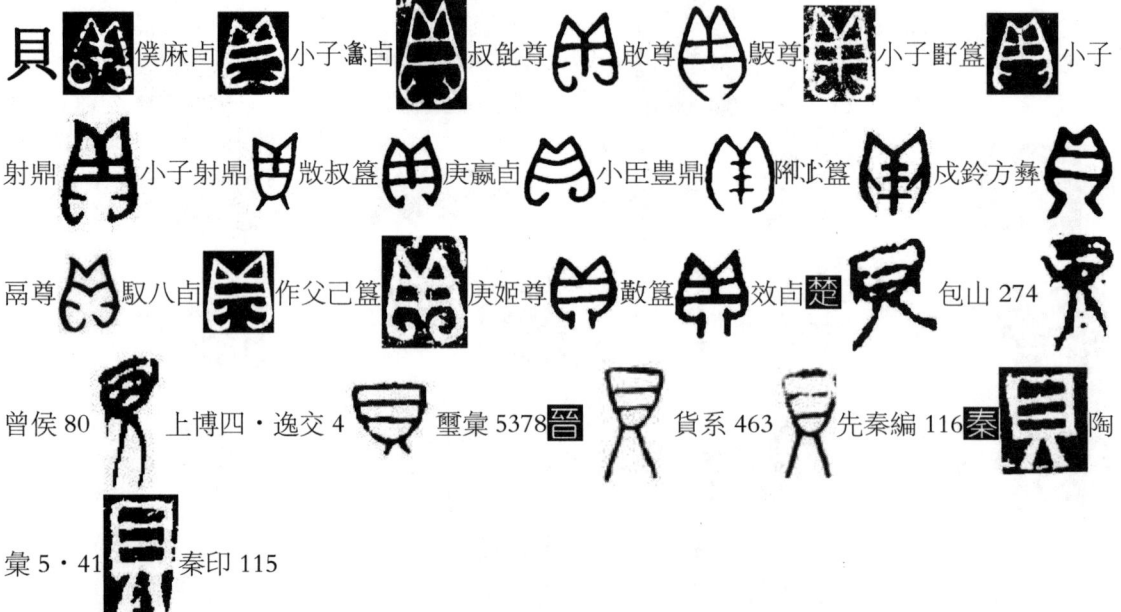

貝僕麻卣 小子𧯾卣 叔夗尊 啟尊 馭尊 小子𣝔簠 小子射鼎 小子射鼎 散叔簠 庚嬴卣 小臣豐鼎 𨜕匕簠 戍鈴方彝 鬲尊 馭八卣 作父己簠 庚姬尊 戴簠 效卣 楚包山 274 曾侯 80 上博四·逸交 4 璽彙 5378 晉貨系 463 先秦編 116 秦陶彙 5·41 秦印 115

【注】甲骨文作象形、象形、象形，象貝殼之形，殼間還有連結的韌帶。古人以"貝"為貨幣，所以"貝"旁的漢字大都與財富的意義有關。貝作偏旁常常省為目，如"賞""賈""買""貴"等字。●貨貝。《效卣》："王易（賜）公貝五十朋。公易（賜）氒（厥）𩁹子效王休貝廿朋。"貝，即用貝殼作的貨幣。休貝，即優質貝。●兜鍪（頭盔）上用貝玉等製成的裝飾物。《小盂鼎》："弓一、矢百、畫緘一、貝冑一、金盾一。"《詩·魯頌·閟宮》："公徒三萬，貝冑朱綅。"毛《傳》："貝冑，貝飾也。"

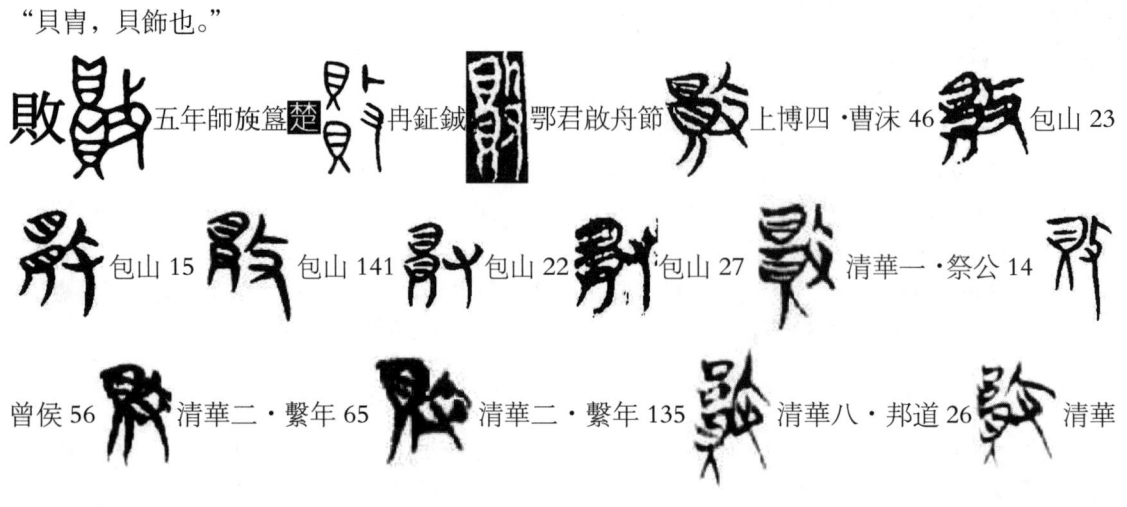

敗五年師旋簠 楚冉鉦鍼 鄂君啟舟節 上博四·曹沫 46 包山 23 包山 15 包山 141 包山 22 包山 27 清華一·祭公 14 曾侯 56 清華二·繫年 65 清華二·繫年 135 清華八·邦道 26 清華

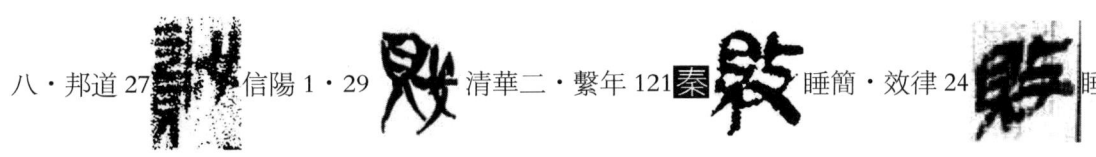

八・邦道 27　信陽 1・29　清華二・繫年 121　睡簡・效律 24　睡

簡・答問 158　青川木牘

【注】甲骨文作　、　，從攴從貝（貴重之器）。手拿棍棒擊打寶貴的貝，會毀壞之義；貝兼聲。
"敗"造字初意或與商業活動中輸錢、失利有關。金文均從兩貝作"𣀤"，與《説文》籀文同。
秦系文字省一貝，遂為小篆所本。楚簡或從戈，為異文。●勝敗之敗。《鄂君啟舟節》："大司馬
邵（昭）陽敗晉币（師）于殹（襄）陽之歲。"●毀壞。《冄鉦鍼》："鑄此鉦☒汝勿喪勿敗。"●
敗績：指軍隊失敗、潰退。《五年師旋簋》："敬母（毋）敗速（績）。"《書・湯誓》："夏師敗績，
湯遂從之。"孔傳："大崩曰敗績。"●包山簡中"司敗"作為受期人最多見，含"少司敗""御
司敗"……等等。"司敗"就是司罰，執掌刑罰。《左傳・文公十年》："臣歸死於司敗也。"注"陳
楚名司寇為司敗。"●災害。《上博二・民之 2》："四方又（有）敗，必先智（知）之，亓（其）
〔之〕胃（謂）民之父母矣。"●妨害。《郭店・語叢四 20》："善事其君者，若兩輪之相迴（轉），
而終不相敗。"

狽元卣　狽元卣　狽簋　十一年繭令趙狽矛

【注】甲骨文作　、　、　，象獸形，尾梢粗。後來尾梢變形音化為"貝"，字遂變為從犬貝聲。
●人名。《狽尊》："狽乍（作）旅彝。日辛。"●族氏名。《狽元卣》："狽。元乍（作）父戊障彝。"

璽彙 2265

【注】從艸貝聲。●晉璽"莧羝"讀貝，姓氏。

璽彙 2618　分研 231

【注】從辵莧聲。●《璽彙 2618》"遺悊"，讀貝，姓氏。●《分研 231》"吳遺"，人名。

陶彙 3・458

【注】從虫貝聲。●齊陶人名。

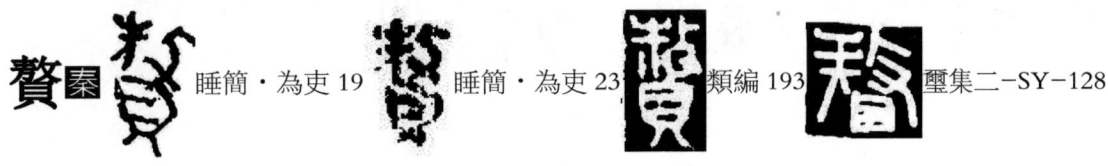

睡簡・為吏 19　睡簡・為吏 23　類編 193　璽集二 SY-128

【注】從敖貝聲。●秦簡"贅壻"亦作"贅婿"。●秦印均為人名。

帮紐市聲

【注】金文象衣蔽之形。戴家祥曰："説文七篇：'市，韠也。上古衣蔽前而已，市以象之。'其後形聲相益，孳乳寖多，有芾、韡、韠、载、紱、黻、肢、紼諸形。其實皆形聲加旁更旁字也。……
𧝌和市皆為賞賜之物，當為異體字。𧝌字從攴。乃是從下文攸字的攴旁類化來的。"（《金文大字典》中）《說文》："市，韠也。上古衣蔽前而已，市以象之。天子朱市，諸侯赤市，大夫蔥衡。從巾，象連帶之形。凡市之屬皆從市。𩎥篆文市從韋從犮。"本義為蔽前之衣服。篆文或作"载"，文獻作芾、黻。●蔽膝，蔽于前，朝覲或祭祀的服飾之一。《頌鼎》："易（賜）女（汝）玄衣黹屯（純）、赤市。"《走馬休盤》："赤市、朱黃。"《師毛父簋》："易（賜）赤市。"●讀祓，福也。《宋右師延敦》："天亓（其）乍（作）市（祓）于朕身，永永有慶。"

【注】從攴市聲。●金文讀市，蔽膝。詳"市"字。●讀祓。《清華一·程寤2》："卑（俾）靁（靈）名萺祓（祓）。"祓，除惡祭也。●《上博四·容成3》："凡民俾祓者，教而恝之，歆（飲）而飤（食）之。"簡文"俾祓"，裘錫圭讀為"罷羸"，疲困衰弱。●讀芾。《安大一28》："幣（蔽）祓（芾）甘棠，勿戔（剗）勿掇。"

【注】從水市聲。●均為人名。

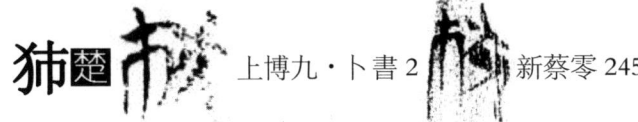

肺 楚 清華十一·五紀 93 秦 嶽麓一·占 23

【注】從肉市聲。●均用為本義。《説文》：“肺，金藏也。從肉市聲。”《嶽麓一·占 23》：“見其肺肝賜（腸）胃者，必有親去之。”

臊 楚 清華十一·五紀 84

【注】從犬肺聲。●讀肺。《清華十一·五紀 84》：“皀壄（壁）為臊（肺）肝，良（狼）為胤（腎）。”

狋 楚 上博九·卜書 2 新蔡零 245

【注】從犬市聲。●《上博九·卜書2》：“赴（兆）女（如）卬（仰）首出止（趾），而屯（純）不困廊（膚），是胃（謂）狋卜。”“狋卜”可讀為“蔽卜”，“狋”所從“市”與“蔽”皆為帮母月部字，《詩·召南·甘棠》“蔽芾甘棠”，一本作“蔽蔽甘棠”；清華簡《程寤》簡2“敊王”“敊太姒”“敊太子發”之“敊”，裘錫圭先生讀為“蔽志”之“蔽”，皆從“市”之字讀為“蔽”之例。“蔽卜”之“蔽”即隱翳、昏闇之意。

卉 晉 璽彙 1734

【注】從卉市聲。●晉璽人名。

翆 楚 包山 273 清華七·越公 8 安大一 46

【注】從羽市聲。●均讀旆。《清華七·越公8》“建翆（旆）胥（旌）”即“建旆旌”。

矟 楚 天星

【注】從矛市聲。●義不詳。

頖 楚 安大一 45

【注】從頁市聲。●讀拔。《安大一 45》：“豫（舍）頖（拔）則賸（獲）。”《毛詩》作“舍拔則獲”。上古音“市”與“友”相通。金文賞賜銘文中“市”多見，傳世文獻或作“黻”“紱”“芾”等，是其證。

柿 楚 信陽 2 · 23

【注】從木市聲。●李家浩讀桃。《信陽 2 · 23》："一柿枳。"李家浩認為："柿枳"之"柿"不是《說文》所說的"陳楚謂檟為柿"之"柿"，而是一個從"鬧"省聲的字。"柿枳"是一種席。江陵鳳凰山一六八號漢墓竹簡把桃枝寫作"逃枝"，……"逃枝"與"桃枝"古音相近，"柿枳"是"桃枝"的另一種寫法。桃枝，是指用桃枝竹編織之席。

旆 楚 曾侯 14　曾侯 62　曾侯 142　曾侯 17

【注】從㫃市聲。《說文》："旆，繼旐之旗也，沛然而垂。從㫃市聲。"本義為古代旌旗末端形似燕尾的下垂飾物。●用為本義。《曾侯 14》："一殳，二旆。"●兵車名。古代作戰时一般以兵車載旆置於軍前，故載旆的前驅兵車亦可以稱為旆。因"旆"用為兵車名，故簡文或寫作從車。曾侯簡文中所記之有大旆、左旆、右旆。《左傳》"狐毛設二旆而退之"，疑"二旆"即左旆、右旆之類。

軷 楚 曾侯 38　曾侯 122　曾侯 145

【注】從車旆聲。●讀旆。詳"旆"字。

帣 楚 曾侯 188　曾侯 189

【注】從助市聲。●疑讀賵。《曾侯 187》："王帣一軘（乘）逄（路）車，三匹驪。"《說文新附》："賵，助也。"《禮記·檀弓上》："使子貢說驂而賵之。"注："賵，助喪用也。"

芾 楚 上博三·周易 51　上博三·周易 51 秦 睡簡·日甲 65 背

【注】從艸市聲。●讀沛（旆），幡幔。《上博三·周易 51》："豐丌（其）芾（沛），日中見茇，折丌（其）右肱（肱），亡（無）咎。"●讀茇，草根。《睡簡·日甲 65 背》："以莎芾（茇）、牡棘枋（柄），熱（爇）以寺（待）之，則不來矣。"莎芾，莎草的根。

滂紐登聲

癶 晉 訓義 1 · 9

【注】象形字。像左右二足分張之形，人兩足分張則行而不正，字之本義即行步不正。"癶"

本義為兩足分張，引申為弓張也。●"𣥐疼"，人名。

 圖典 439

【注】從止𣥐聲，疑"發"之省文。●"𣥐棣"，人名。

 港印 38

【注】從水𣥐聲。●"弄𣥐"，人名。

小臣鼎 齊   璽彙 3709   陶彙 3·337   陶錄 2·382   陶錄

2·366 楚   姑發者反之子通劍   清華三·祝辭 1   清華十·四時 29   包山

148   包山 2   郭店·老丙 3   郭店·老甲 7   上博四·柬旱 16   清華八·

八氣 4   清華八·八氣 1   清華八·邦道 11   圖典 148   清華一·程寤 1

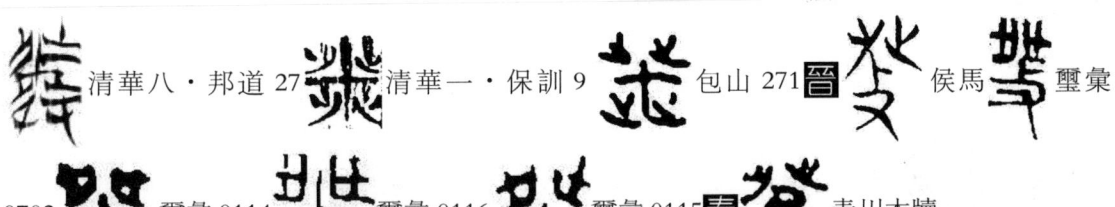

清華八·邦道 27   清華一·保訓 9   包山 271 晉   侯馬   璽彙

0702   璽彙 0114   璽彙 0116   璽彙 0115 秦   青川木牘

【注】甲骨文作𣥐、𣥐，從攴𣥐聲，"撥"之初文。金文從攴𣥐聲。《小臣鼎》攴形訛變。戰國楚系文字，從二𣥐，攴旁訛為𠬝或省為十。楚文字或增止、丮為繁文。秦系文字《青川木牘》作𤼯，攴旁演變為𠬝旁，為小篆所本。齊陶有一類文字舊釋為"芟"，當從𣥐，与古文字中一般所見的"艸"旁有細微的差別，當釋為"𣥐"。●讀發。晉璽多見"𣥐（發）弩""左𣥐（發）弩"，"發弩"是官名。《漢書·地理志》南郡下自注"有發弩官"，顏師古注："主教放弩也。"●放、射。《清華五·湯丘 2》："身體矔（痤）㔻（平），九交（竅）𣥐（發）明。"●讀廢。《小臣鼎》："𢵇（密）白（伯）于成周休毗（畀）小臣金，弗敢𣥐（廢）。"《上博五·競建 03》："發古（故）慮（度），行古（故）作。發（廢）作者死，弗行者死。"●讀𢽳。《包山 271》"紫𣥐"讀"紫𢽳"。●讀伐。《郭店·老甲 7》："果而弗發（伐），果而弗喬（驕），果而弗孫（矜），是胃（謂）果而不弝（强）。"●讀芟，割草。《青川木牘》："及𣥐千（阡）百（陌）之大草。"《説

文解字注》："春秋傳曰。癹夷薀崇之。隱六年左傳。今癹作芟。"●人名。《圖典 148》"四水癹（發）"，讀發，為古人習用之人名。齊陶人名。

 楚 天星

【注】從革癹聲。●簡文"白鞁"，讀紳。曾侯簡作"鞁"。

 齊 陶録 2·466　　 陶録 2·469

【注】從邑癹聲。●"豆里人邸"，人名。

 晉 中山王𧧏鼎

【注】從立癹聲。●《中山王𧧏鼎》："于（烏）虖，語不竣绎（哉）。"舊多讀悖，違背。張政烺曰："癹即《說文》癹字，竣蓋廢立之廢。"（張政烺《中山王𧧏壺及鼎銘考釋》）文義：此語不可違犯。對比《中山王𧧏鼎》"長"作䙴，"童"作䢵，《中山王𧧏壺》"位"作媦，䙴、䢵、媦皆從立，兼有"立"義，而無廢義，竣字造字結構當與之相若，故竣字不當有廢義。陳漢平讀發，文義為"古語、俗語不是這樣說的嗎？"（《金文編訂補》314 頁）

 楚 上博五·鮑叔 8

【注】從戈癹聲。●讀伐。《上博五·鮑叔 8》："是歲也，晉人戝（伐）齊。"

 齊 璽彙 0546

【注】從畐從癹，雙聲字。●讀發。印文原作𦥑，為"畐里"合文，人名，可讀"發里"，意為"發於里巷之中"。《孟子·告子下》"舜發於畎畝之中"，可為其絕佳注釋。

 齊 陳發戈

【注】從犬癹聲。●人名。

 楚 清華六·子產 18

【注】從心癹聲（癶訛為艸），當即“憿”字。《集韻》：“憿，心起也。”●讀廢。《清華六・子產 18》：“我是巟（荒）幻（怠），民屯蕟（廢）然。”趙平安先生認為“蕟從心從癹，很可能是廢的專字。……屯訓皆，蕟然即廢然。”《莊子》之“廢然”與“怫然”當意相反，“怫然”為暴怒之貌，“廢然”當為平靜、平和之貌，猶“釋然”。在此當為頹廢委頓之貌。這兩句是說：如果我在事務上荒廢懈怠，民眾都會頹廢萎靡。

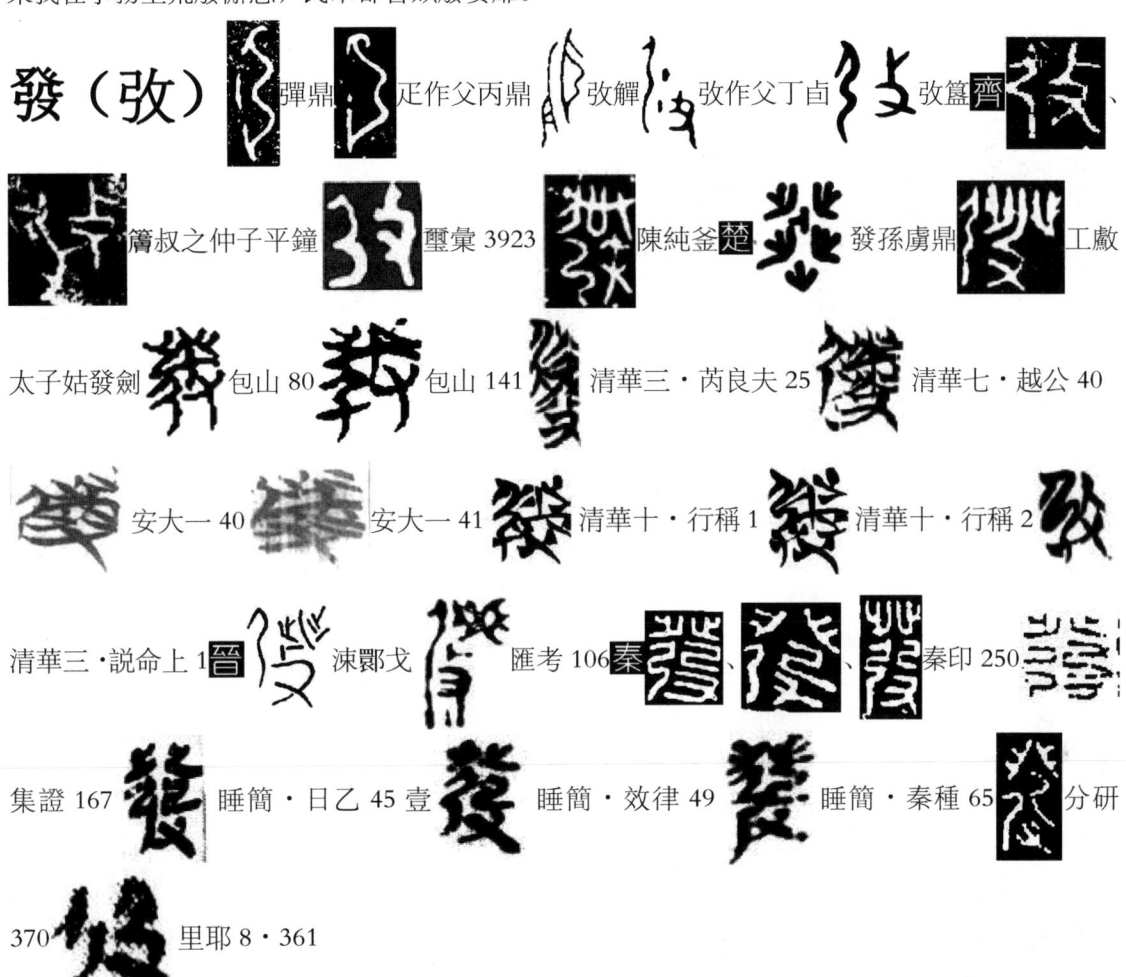

發（弢）彈鼎 疋作父丙鼎 弢觶 弢作父丁卣 弢簋 齊、簷叔之仲子平鐘 璽彙 3923 陳純釜 楚 發孫虜鼎 工敵太子姑發劍 包山 80 包山 141 清華三・芮良夫 25 清華七・越公 40 安大一 40 安大一 41 清華十・行稱 1 清華十・行稱 2 清華三・說命上 1 晉 涑鄙戈 匯考 106 秦、、秦印 250 集證 167 睡簡・日乙 45 壹 睡簡・效律 49 睡簡・秦種 65 分研 370 里耶 8・361

【注】甲骨文作、、、、、。裘錫圭在《釋“勿”“發”》一文中指出象弓弦被撥後不断顫動之形，為“發”之初文。而為之繁體，加上“攴”旁是為使其撥動弓弦之義更突出，故出現將“”旁省作“弓”旁的“弢”字。而後，“攴”旁又被加上兩趾之形變為聲旁“癶（癹）”，表意字“弢”就變為形聲字“發”。戰國文字若《工敵太子姑發劍》等多從弓癹聲，為後起形聲字。●《清華三・說命上 1》：“惟弢人得敓（說）于尃（傅）厰（巖）。”整理者讀弼，“弼人”當為與制弓有關的職官。或疑讀射。《禮記・射義》：“詢聲而發。”鄭玄注：“發，或為射。”“射人”之職習見於《禮記》《周禮》及《儀禮》諸書，此不煩舉。●《涑鄙戈》：“涑鄙發弦（弩）戈冶珍。”《匯考 106》有“左發弩”，秦印有“發弩”，秦封泥（集證 167）有“琅邪（瑯邪）發弩”。“發弩”是官名。●發現、察覺。《睡簡・日乙 45 壹》：“不可以臧（藏）蓋，臧（藏）蓋，它人必發之。”●《包山 85 反》：“既發竽，遅（將）以廷。”發竽，疑讀發札，送出發出文件。●讀廢。《清華七・越公 40》：“王必親見而聖（聽）之，戠（察）之而訐（信），亓（其）

才（在）邑司事及官市（師）之人則發（廢）也。"●讀撥。《安大一 40》："一發五郫（豝）。"
"壹發五豝"，"言一撥開蘆葦發現五頭小野豬"（參高亨《詩經今注》第三四頁，上海古藉出版社一九八〇年）。或說"發"為射箭之義。●齊系文字作"弢"，讀發。《簷叔之仲子平鐘》："中（仲）平善弢戲（祖）考。"即仲平善於發揚祖考之美德。

　曾侯 214

【注】從貝發聲。●簡文"所賥石梁肆賥枏新田之盟"。何琳儀謂"發"之繁文。《廣雅·釋詁》："賥，稅也。"石梁，177 號簡有職官名"石梁"。

　曾侯 122　　曾侯 44　　曾侯 124

【注】從革發聲。●《曾侯 44》"軍，轙賥"，《曾侯 122》"軍，轙鞏賥，屯玄組之縢（縢）"，疑讀紼，彎、韗一類的東西。《詩·小雅》紼纚維之。《傳》紼，縛也。

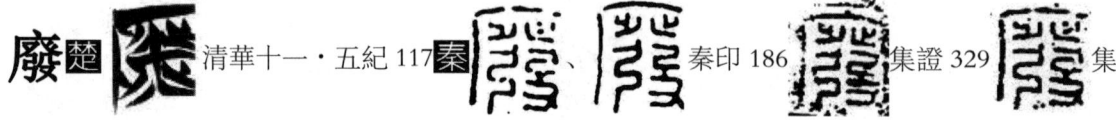　清華十一·五紀 117　　　秦印 186　　集證 329　　集證 331

【注】從广發聲。●《清華十一·五紀 117》："大盟（明）貗（彌）巨，匡廢図（攝）韋（威）。"疑用為本義。自居先生以"貗（彌）巨匡廢"連讀。"彌"蓋訓為彌合，《廣雅·釋詁二》："彌，合也。""巨"讀為"矩"訓為法度，"匡"訓為正，《爾雅·釋言》："匡，正也。""廢"讀法，故"貗巨匡廢"猶言"合度正法"。●秦封泥"廢丘""廢丘丞印"，地名，即犬丘，西周都城之一，在今陝西興平市東南。秦置廢丘縣，西漢改為槐里縣。"鄭、槐里、棫林、犬丘為一地。"（周宏偉《西周都城諸問題試解》）

　上博三·周易 26　　　上博三·周易 26

【注】從肉弢聲，"腓"的異體字。"胈"，馬王堆漢墓帛書《周易》作"腿"，今本作"腓"。"腿"之聲旁"肥"為並紐微部字，"腓"亦為並紐微部字，"腿"很可能是"腓"字的異體。"胈"字聲旁"弢（發）"為帮紐月部字。從聲紐上看，跟"腿"和"腓"字屬於帮、並旁紐雙聲。從韻部上看，"胈"字跟"腿"和"腓"為微、月旁對轉關係。●讀腓。《說文》："腓，脛腨也。從肉，非聲。"《上博三·周易 26》："欽丌（其）胈，凶，尻（居）吉。"《易·咸》："六二：咸其腓。"孔穎達疏："腓，足之腓腸也。"《韓非子·揚權》："腓大於股，難以趣走。"《莊子·天下》："禹治水，腓無胈，脛無毛。""腓"字當訓為"小腿肌"，即"腿肚"。此處指小腿。依據今本當讀為"咸其腓，凶，居，吉"。其大意為：傷了小腿，有兇險。居家不出，吉利。

　鉨彙 3573

2322

【注】從𣂤從北，雙聲字。● "𣂤𣂤"，可讀為 "廩發"，為人名私璽。"廩"字為職業或氏，"發"字為人名，為職業（或氏）加名字的人名格式。上古人名前面冠以職業是很常見的，如見於《莊子》的有 "匠石"，見於《孟子》的有 "奕秋"。古人的氏來源複雜，職業也是其中之一，此 "廩"字在此視為倉廩之 "廩"或姓氏 "廩"，在本質上是沒有衝突的。

並紐友聲

【注】從犬，加短橫表示行有所礙，"跋"之初文，指事字，犬亦聲。或謂《中山王𧊒壺》從人，下加一點為指事。象人腳下有物、越而過之形，為 "跋"之初文。後從犬乃形之訛。《說文》："𤟎，走犬皃。從犬而丿之。曳其足，則剌友也。"本義為越、踩、踏、登等義。●讀跋。《中山王𧊒壺》："允𦂅（哉）若言，明友（跋）之于壺而時觀焉。"《篇海》："足後為跋，故書文字後曰跋。"●《曾侯170》或讀駊。《玉篇》駊騀，蕃中馬也。●讀拔，攻伐、攻取。《上博六·天甲11》："臨卦：不言𨶜（亂），不言帚（侵），不言威（滅），不言友（拔），不言歬（剒）。"歬讀剒，剪滅。●讀祓，福。《上博五·三德18》："好昌天從之，好旺天從之，好友（祓）天從之，好長天從之。"

法45

【注】從首友聲。金文從犬。楚文字犬、友作偏旁混同。楚文字資料中，"髮"字有兩種形體，一種從首友聲，一種從頁友聲。《清華四·筮法45》整理者釋為𩕃（髮），待考。●讀髮，指馬身之毛。《召尊》："甲午，白（伯）懋父賜（賜）𥝩（召）白馬，妹黃𩕃（髮）散。"●讀祓，福也。《爾雅·釋詁》祓，福也。《牆盤》："𩰀毓子孫，繁（繁）𩕃（福）多𩱽（釐）。"緐髮多釐，即《叔向父簋》的 "降余多福繁釐"。《國諸鼎》："用匄俾魯祟（福），用妥（綏）𩕃𥞤（祿）。"●讀髮，頭髮。《信陽2·9》："一笲，其實：一浣帽，一沫帽，一捉𩕃（髮）之帽。""捉髮"為握乾頭髮或捏乾頭髮之意。

【注】從广𩕃（髮）聲。●《清華七·越公16》："亡（無）良鄴（邊）人再（稱）癥悬（怨）晉（惡），交誣（鬥）吳雩（越）。"疑讀發，表示起的意思。《呂氏春秋·音律》"無發大事"，高

誘注："發，起也。"《國語·周語（上）》"士氣震發"，韋照注："發，起也。""稱發怨惡"和後文"播棄怨惡"可對應。

頗  上博九·靈王 2 安大一 88

【注】從頁犮聲。"髮"之古文。●讀髮，頭髮。《安大一 88》："軫（参）頗（髮）女（如）云（雲），不屑（屑）俒（髦）也。"《毛詩》作"鬒髮如雲"。《上博九·靈王 2》亦讀髮。

髮  睡簡·日乙 194 睡簡·封診 86 睡簡·日甲 60 背

【注】從髟犮聲，為小篆所本。《説文》："𩓾，根也。從髟犮聲。𩠐髮或從首。頌古文。"本義為頭髮。●頭髮。《日乙 194》："西北鄉（嚮）擇（釋）髮而駒（呴）。"

夏  清華十一·五紀 110

【注】從須犮聲。●讀髮。《清華十一·五紀 110》："以亓（其）夏（髮）為韭，以亓（其）穋（眉）須（鬚）為𦱌（蒿）。"

肱 秦 睡簡·封診 54

【注】從肉犮聲。《廣韻》股上小毛也。《韻會》膚毳皮。●秦簡本義，人身上的細毛。特指腿腳上的細毛。《封診 54》："其手毋肱。"手上沒有汗毛。毋肱，讀無肱。《文選·司馬相如〈難蜀父老〉》："心煩於慮而身親其勞，躬胝胝無肱，膚不生毛。"劉良注："肱，股上小毛也。言艱苦至使皮膚累繭而不生毛也。"

彶 卯簋

【注】從彳犮聲，"跋"之或體。●讀跋。《卯簋》："今余非敢履先公又雚彶。"《詩·鄘風》大夫跋涉。《傳》草行曰跋，水行曰涉。

拔 秦 睡簡·答問 81  里耶 8·918 秦集 346

【注】從手犮聲。楚系文字作"𢷎"。●用為本義，拔除。《法律答問 81》："縛而盡拔其須麋（眉）。"●《秦集 346》"拔鄉之印"，鄉名。

2324

軷^秦  印增 538

【注】從車犮聲。●秦印人名。

柭^燕 公孳里雕戈 ^楚 清華三·芮良夫 20　　清華三·芮良夫 22

【注】從木犮聲。●疑為里名。《公孳里雕戈》："左軍之攻僕大夫敗之卒，公孳（孳）里雕之大夫，巨柭里痀之攻戈。"●讀閉，閉門時用以加鎖的中立直木，即《説文通訓定聲》所謂"豎木為閉"之"閉"。《清華三·芮良夫 20》："女（如）闈（關）柭屝（扃）鈇（鍵），繩（繩）劃（準）既政（正）。"屝，讀扃，皆屬見母耕部。扃，從外關閉門戶的門閂。鈇，從金关聲，當釋為"鍵"。王筠《説文句讀·戶部》："扃與木部楗，蓋內外相對，皆關閉之器。在門內者謂之楗，在門外者謂之扃也。""關柭"一為橫木，一為直木；"扃鍵"一為外閉之器，一為內閉之器。"關柭""扃鍵"兩相對言，皆為閉門之器，句式整齊。

迭^燕  璽彙 1688

【注】從辵犮聲。●燕璽"丁迭"，人名。

茇^楚 上博三·周易 51

【注】從艸犮聲。●草舍。《上博三·周易 51》："日中見茇。"《詩·召南·甘棠》："蔽芾甘棠，勿翦勿伐，召伯所茇。"鄭玄箋："茇，草舍也。"

並紐果聲

果  拔虎鼎 ^楚 郭店·性自 63　　郭店·性自 23　　郭店·老乙 15

上博一·性情 14　清華十·四時 1　清華十·四時 21

【注】從臼從木，會雙手於土中拔木之意，"拔"之異文。●金文人名。●讀廢。《郭店·性自 63》："窬（貌）谷（欲）壯（莊）而毋果（拔），谷（欲）柔齊而泊。"按，犮聲和發聲可通。●《郭店·性自 23》："凡聖（聲），其出於情也信，肰（然）句（後）其內（人）果人之心也敏（厚）。"裘錫圭按語疑讀撥。按《左傳·襄公二十九年》"公叔發"，《禮記·檀弓上》鄭玄注引作"公叔拔"。●《清華十·四時 1》"果（發）通（湧）"讀發。"發湧"，指星象出現。

包山 174　　包山 185

【注】從雨果聲，"霢"之異文。霢，《集韻》分物切，音弗，雨貌。●包山簡人名。

並紐伐聲

伐　大保簋　　小臣謎簋　　小臣謎簋　　文父丁簋　　過伯簋　　　鼎

禽簋　　犾馭簋　　牆盤　　仲伐父甗　　致簋　　鄂侯鼎　　馱鐘

虢季子白盤　　霥生盨　　虢仲盨蓋　　兮甲盤　　多友鼎 齊 叔尸鎛

陳璋壺 楚 冉鉦鋮　　帛書丙　　郭店·太一 9　　上

博五·三德 14　　上博一·詩論 8　　清華一·耆夜 1　　清華二·繫年 14

清華二·繫年 42　　清華六·太伯乙 7　　清華十·行稱 8 晉 晉侯銅人

貨系 454　　　晉編 1220　　　侯馬　　十七年春成侯鈹

秦 不嬰簋蓋　　嶧山刻石　　睡簡·日乙 62

【注】甲骨文作 朾、朾、秡、疒、矜、秫、矜、秊、秊、秝、秝、秝、㪍、秝、㪍、㪍、㪍。異形挺多，秫等象以戈擊人之形，或省戈作 疒；矜則象以斧斤殺人之形；秊象人持戈鉞之形，示有殺伐之舉，或有殺伐之權，雖有施受之別，而殺伐之意相同。金文僅從人從戈作，與小篆同。●進攻。《多友鼎》："唯十月用嚴（玁）狁（狁）放（方）興（興），廣（廣）伐京自（師）。"銘文中伐可用于對方伐己，也可用于己伐對方。●人名或族氏名。《仲伐父甗》："中（仲）伐父乍（作）姬尚母旅甗（甗），其永用。"《伐鼎》："伐。"●《五年春平侯矛》："邦左伐器工帀（師）長董。" 伐器：攻伐之兵器。吳振武認爲：趙鈹中的"伐"字，顯然相當于齊戟中的"造"；所謂"邦左〔右〕伐器"，實應是"邦左〔右〕庫治器"的意思。（《趙鈹銘文"伐器"解》）●征

2326

伐。《郭店·太一9》：“伐於嫚（強），責於［弱，谓上下之道也］。”

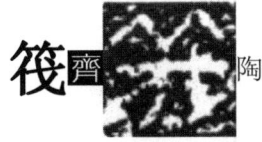 筏 齊 陶録 4·31

【注】從竹伐聲。● “右宮馬筏”，人名。

 旗 楚 楚旗鼎

【注】從㫃伐聲。● “楚旗”，人名。

並紐罰聲

罰 儚匜 智鼎 髓簋 師旂鼎 妝伯卣 大盂鼎 散氏盤

散氏盤 齊 叔尸鐘 楚 郭店·緇衣 27 郭店·成之 5 上博一·緇衣

15 上博四·曹沫 21 清華一·祭公 19 清華七·越公 27 清華五·命

訓 10 晉 鎣壺 秦 睡簡·為吏 4 睡簡·秦種 14

【注】從言從剛（剛），會言語剛直而有責罰之意。《說文》：“䇚，辠之小者。從刀從詈。未以刀有所賊，但持刀罵詈，則應罰。”許慎釋為小罪。古有五刑，墨罰、劓罰、剕罰、宮罰、大辟，是五刑之屬皆為罰，罰非專屬罪之小者。罰之本義當為因其罪而定其刑，即處罰、懲辦。● 懲罰。《智鼎》：“求乃人，乃弗得，女（汝）匄罰大。”● 出錢贖罪。《儚匜》：“便（鞭）女（汝）五百，罰女（汝）三百孚（鋝）。”● 罰客：疑為掌冶鑄之吏。《陳喜壺》：“罰客敢為塦壺九。”“罰客”與鑄客性相類似，乃掌冶鑄的職官，稱罰客者疑其本身系出自刑徒。● 刑罰。《郭店·緇衣27》：“《康誥》云：‘敬明乃罰。’”

並紐吠聲

 吠 晉 璽彙 3785

【注】會意字。從口從犬，會犬叫之意。●晉璽人名。

並紐敝聲

敤（敝）　　散氏盤 齊　　匯考 37 楚　　曾公畋鐘　　包山 260

上博五·鮑叔 4　　清華八·邦道 14　　清華七·越公 71　　清華一·程寤 2

清華一·程寤 7　　安大一 28　　清華十·四告 18 秦　　詛楚文 詛

楚文　　睡簡·秦種 105　　睡簡·日乙 129　　印增 304

【注】甲骨文作𢼨、𢼊、𢼋、𢽉、𢽊，從巾從攴，裘錫圭先生謂象持杖拍打破布，點表示彈出的灰塵。（《古文字論集》638 頁）金文𢽉，舊釋為“播”，對比馬王堆帛書“敝”作𢽊、𢽋、𢽌，“蔽”作𢽍，可知𢽉當為“敝”字，字之左旁被寫成釆，可看作是變形音化，即有意識地把“敝”改造成從釆聲的字。古音“敝”在並紐月部，“釆”在並紐元部，音極近。六國文字多作“敤”；秦文字作“敝”，繼承甲骨文。●地名。《散氏盤》：“奉（封）于敤𤭛、楮木，奉（封）于葯述。”●齊璽“敤陵右司馬敀鈢”，“敝陵”地名，確切地望待考。此璽當為敝陵地區右司馬屬下管理敀（廠）的官員所用之印。●讀敝，凋敝。《清華一·程寤 7》：“隹（惟）杼（梓）敤（敝），不義逃（芇）于商。”●讀幣。《清華一·程寤 2》：“敤（幣）告宗方（祊）杢（社）襛（稷）。”幣，玉帛之類。告，祭告。幣告，謂以幣告，不用牲。●讀弊。《上博五·鮑叔 4》：“皮（疲）敤（弊）齊邦。”●讀蔽。《安大一 28》：“敤（蔽）攼（芾）甘棠，勿戔（剪）勿掇。”《毛詩》作“蔽芾甘棠”。《詩集傳》：“敝芾，盛貌。”●讀蔽，遮蓋。《包山 260》：“一敤虆。”●讀蔽，本義為屏障，引申有庇護之意。《曾公畋鐘》：“敤（蔽）邡（蔡）南門，所（鎮）雁（應）京社。”《左傳·昭公十八年》：“葉在楚國，方城外之蔽也。”杜預注：“為方城外之蔽障。”《左傳·昭公二十年》：“齊氏用戈擊公孟，宗魯以背蔽之。”《左傳》以“葉”為方城之蔽，而銘文是說以曾為蔡南門之蔽，可以類比。●壞也。《睡簡·秦種 105》：“器敝久恐靡者，還其未靡，謁更其久。”●《詛楚文》：“唯是秦邦之嬴眾敝賦。”敝賦，對自己軍隊的謙稱。古代按田畝出車徒，故稱兵卒、車輛為賦。《左傳·襄公八年》：“蔡人不從，敝邑之人不敢寧處，悉索敝賦，以討于蔡。”

幣 秦　　嶽麓一·占 30

【注】從巾敝聲。●古代泛指車馬皮帛玉器等禮物。《嶽麓一·占 30》：“夢見五幣。”楚文字用

"帀""敝"表示幣。秦文字用"幣"。

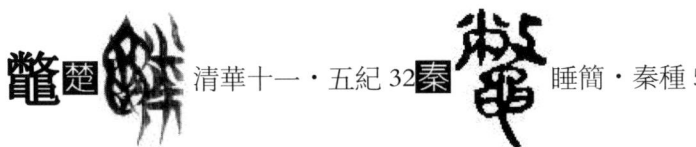

清華十一・五紀 32　　睡簡・秦種 5

【注】從黽敝聲，同"鱉"。楚文字從帀聲。●均讀鱉，用其本義。《睡簡田律 5》："毒魚鼈（鱉）。"

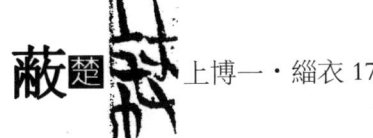

上博一・緇衣 17

【注】從艸敝聲。●讀敝，掩也。《上博一・緇衣 17》："古（故）言則慮丌（其）所冬（終），行則旨（稽）丌（其）所蔽（敝）。"

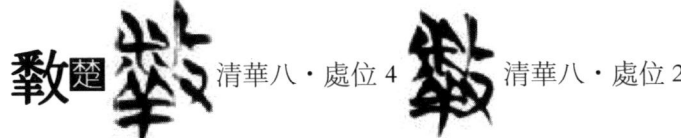

清華八・處位 4　　清華八・處位 2

【注】從羊敝省聲，疑為"敝"之訛。●讀弊。《清華八・處位 2》："還（旋）内（入）它政、敫（弊）政、櫑（猛）政。"

博一・詩論 20　　上博二・魯旱 2　　上博六・競公 10　　上博七・吳命 9　　清華

二・繫年 68　　貨系 1350　　貨系 1352　　貨系 1353　　先秦編 216　　先

秦編 217　　先秦編 217

【注】楚文字為"敝"字省體。三晉文字省"帀"內豎筆，贅加口旁。●讀敝。《上博七・吳命 9》："皆帀（敝）邑之昇（期）也。"●讀幣。《上博一・詩論 20》："吾以《木瓜》得帀（幣）帛之不可去也，民性固然。"我從《木瓜》一詩體悟到了饋贈幣帛之事（饋贈之禮）不可缺少的道理。●三晉文字讀幣。

清華八・攝命 22　　清華八・攝命 22　　清華八・攝命 23

【注】從帛尚聲。●讀幣。《清華八·攝命22》："女（汝）勿受鮪（幣），不明于民。"

 清華十·行稱4

【注】從刀尚聲。●讀幣。《清華十·行稱4》："再（稱）均民，利分劕（幣）母（毋）又（有）貴戔（賤），必均。"

 郭店·六德46　　清華九·治政18　　清華九·治政42

【注】從辵希聲。●讀敝，當訓為"終"，其義與"盡"相近。《左傳·襄公三十年》："國之禍難，誰知所敝。"王引之《經義述聞·春秋左傳中》："敝，猶終也，言不知禍難所終也……《緇衣》曰：'故言必慮其所終，而行必稽其所敝。'是敝與終同義。"《郭店·六德46》："厽（三）者，君子所生与（與）之立，死與之遾（敝）也。"●讀敝，棄也。《清華九·治政18》："佻（盜）賊之不爾（弭）、金革之不遾（敝），此則侯王、君公之卹。"盜賊不止息、兵甲不棄置，這就是諸侯們的憂愁。

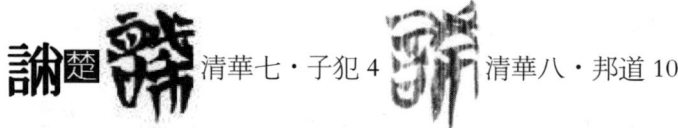 清華七·子犯4　　清華八·邦道10

【注】從言尚聲。●讀敝。《清華七·子犯4》："虔（吾）宔（主）之式（二）晶（三）臣，不鬨（拜）良註（規），不謞（敝）又（有）善。"●讀蔽。《清華八·邦道10》："譏（察）亓（其）訐（信）者以自改（改），則惉（過）謞（蔽）。"

 包山204　　包山213

【注】從竹尚聲，"箃"字或體。●讀蔽。《包山204》："凡此箃也，既妻（盡）遾（逯）。"《左傳》昭公十四年"叔魚蔽罪邢侯"，杜注："蔽，斷也。"簡文"箃"與《左傳》之"蔽"義相通。"凡此箃也"，謂凡此次占卜之說辭之結果。

 清華九·成人9

【注】從艸尚聲。●讀敝。《清華九·成人9》："五覰（盜）不罰，五審訐（信）蒝（敝）。"

 郭店·語叢三55

【注】從糸尚聲,所從市形訛為囲。●讀幣,幣帛也。《郭店·語叢三 55》:"𡧍（賓）客之用繉（幣）也……"《禮記·禮器》說:"賓客之用幣,義之至也。"前五字與簡文完全相同。

 陶彙 3·296　 齊陶 0906

【注】從黑畨聲。●齊陶人名。

 包山 233

【注】從广尚聲。●《包山 233》:"少又（有）𢝊（感）於宮室痲。"劉信芳讀蔽。凡宮室門、車門之遮蔽物稱"蔽",《爾雅·釋器》:"輿竹,後謂之蔽。"簡 260"敝戶"即宮室門之蔽。

明紐末聲

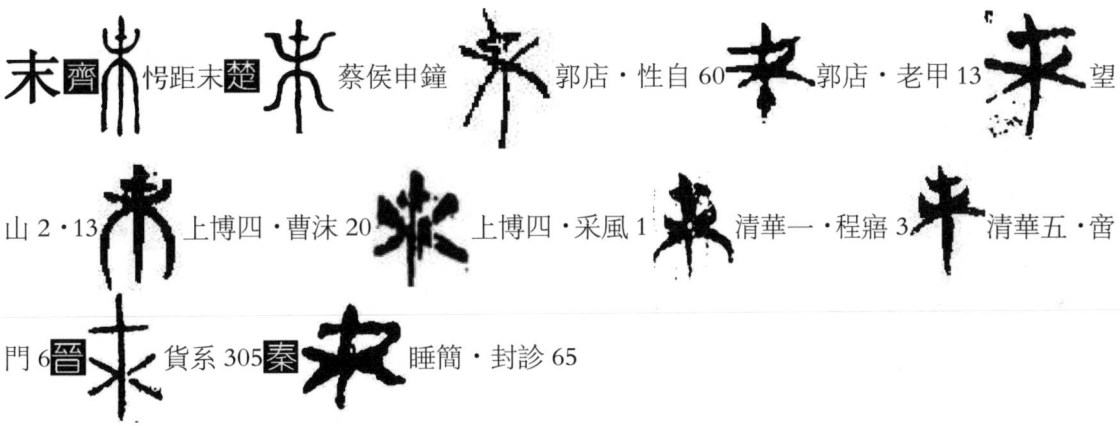 恕距末楚 蔡侯申鐘　郭店·性自 60　郭店·老甲 13　望

山 2·13　上博四·曹沫 20　上博四·采風 1　清華一·程寤 3　清華五·啻

門 6晉 貨系 305秦 睡簡·封診 65

【注】金文字形于"木"上加一點,指明樹木末梢所在處。《說文》:"末,木上曰末。從木,一在其上。"本義樹梢。引申為細小。●低微、淺陋。《蔡侯申鐘》:"余唯（雖）末少子,余非敢寧忘。"●《恕乍距末》:"恕乍（作）距末,用差（佐）商國。""距末"指弓弩,詳"距"字。●讀物。《清華一·程寤 3》:"忻（祈）于六末山川。"物、末音近可通,參見（《古字通假會典》608 頁"勿-末"條）。"六物"指"歲、時、日、月、星、辰",與"山川"並舉。●"未"之誤書。《郭店·老甲 13》:"為亡（無）為,事亡（無）事,末〈未-味〉亡（無）末〈未-味〉。"●《郭店·性自 60》:"凡交毋剠（烈）,必吏（使）又（有）末。"末,《小爾雅·廣言》《周書·皇門》"萬子孫用末被先王之靈光",注皆曰:"終也。"

 上博五·三德 14

【注】從殳末聲。●讀減。《上博五·三德 14》:"是奉（逢）凶朝（孽）,天材（災）繉=（混混）,弗殺（減）不隱（隕）。"

髳  上博九·卜書 3

【注】從彡末聲。●《上博九·卜書 3》："狋（兆）小沈，是胃（謂）髳。"疑讀昧，即昏暗不明之意，此指兆象而言。

眛  秦陶 633 、 秦印 65 印增 128

【注】從目末聲。●秦陶秦印人名。

餗  關簡 373

【注】從食末聲。●《關簡 373》："肥牛，善食之，而歓（飲）以餗，一月已。"整理者注："肥牛，即使牛肥壯之術。餗，疑讀為沫，當指雨潦之水。""餗"當是"粖"異體字。《說文》："䊳，涼州謂䊳為䊳。從弼糜聲。粖，䊳或省從末。"《廣雅》："粖、粥、籽、糜，饘也。"王仁昫《刊謬補缺切韻》《玉篇》並云："粖，糜也。"字亦作糩，《說文》："糩，麷也。"米粥謂之粖、糩，麥粥謂之麷，其義一也。豆粥亦謂之粖。其語源都是"末"，取細末、細粉為義。簡文言飲牛以粥糜也，特不知是米粉還是麥粉或豆粉製作的粥糜。

茉  璽彙 2297

【注】從艸末聲。●晉璽"茉☒"，讀末，姓氏。

明紐苜聲

䩉（苜）  元年䣙令戈 璽彙 1166 珍戰 109

【注】從肉苜聲。《說文》："苜，目不正也。從丷從目。凡苜之屬皆從苜。莧從此。讀若末。"●晉文字均為人名。

𡨋  璽彙 1548

【注】從宀䩉聲。●晉璽人名。

雦  璽彙 1079

2332

【注】從隹肎聲，疑"鶂"之異文。●晉璽人名。

璽彙 2015

【注】從广雗聲。●晉璽人名。

璽彙 1755　珍戰 74　分研一 276

【注】從刀肎聲。●晉璽人名。

璽彙 0485　璽彙 1499　璽彙 3789　璽彙 1271　璽彙

0931 類編 118

【注】從戈肎聲，"臙"字異文。●晉璽人名。

剢（莫）璽彙 0539　璽補 162

【注】從刀莫聲。《説文》："莫，火不明也。從首從火，首亦聲。"●晉璽人名。

薎（楚）郭店·六德 36

【注】從戈薎聲，疑"薎"字或體。●讀薎，訓為無。《郭店·六德36》："此六者客（各）行亓（其）戜（職），而杏（訕）旹薎緐（由）迮（作）也。"

薎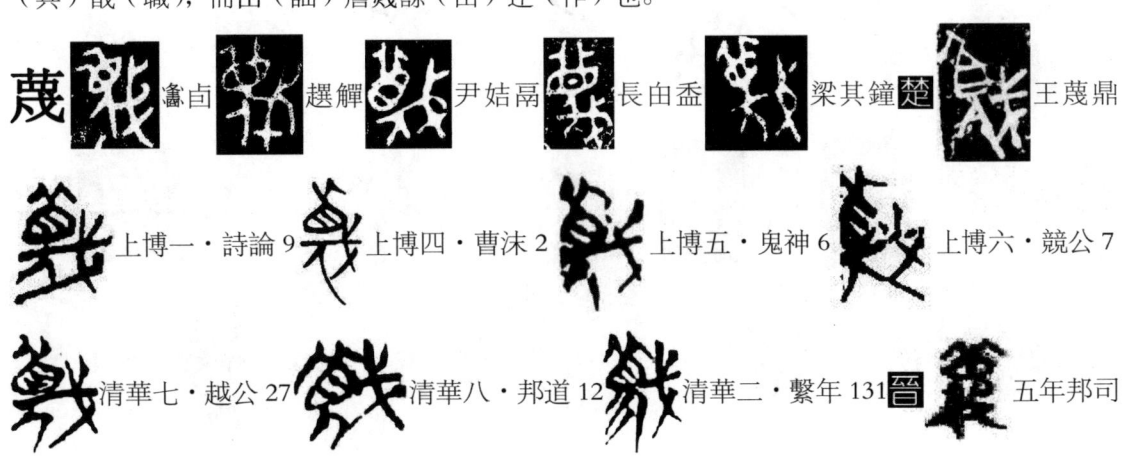

盥卣　趩觶　尹姞鬲　長由盉　梁其鐘（楚）王薎鼎

上博一·詩論 9　上博四·曹沫 2　上博五·鬼神 6　上博六·競公 7

清華七·越公 27　清華八·邦道 12　清華二·繫年 131（晉）五年邦司

寇鈹　　璽彙 1515　　　訓義 1・37秦　　詛楚文　　　印增 139

【注】甲骨文作，徐中舒謂象以眉目代首之形，戈貫其身，會以戈擊人之義，與甲骨文"伐"所會意同，且"蔑""伐"古音近，金文又多見"蔑曆"之語，實與後世"伐閱"（指功績和資歷）同義，為伐旌功曆之義，故蔑、伐實為一字，後漸分化出二字。（《甲骨文字典》412 頁）金文也可分析為從伐首聲。《說文》："，勞目無精也。從首，人勞則蔑然；從戍。"本義殺伐，與"伐"同，如《國語》："蔑（伐）殺其人。"●讀伐，嘉也、夸美也。《長由盉》："穆王蔑長由。"●蔑曆：周天子或王公大臣對下級人員的政績表示勉勵和嘉獎的習語。《競卣》："競蔑曆。"《師余簋》："余其蔑曆。"《長由盉》："長由蔑曆。"器銘或以某人名字標在蔑曆兩字之間。《彔致卣》："白（伯）雝（雍）父蔑彔曆。""蔑曆"在金文中的用灋，唐蘭先生曾經歸納為兩大類：一類是上級對下級的蔑曆；另一類是作器者的自我蔑曆。學界對"蔑曆"詞義的解釋迄無定論，管燮初先生認為"蔑曆"有"嘉勉"的意思。●訓為無。《上博一・詩論 9》："《天保》其得祿蔑疆矣。""蔑疆"，相當於金文成語"無疆"。●讀篾。《上博六・競公 7》："古（故）亓（其）祝、吏（史）敠（製）蔑尚折祝之。"蔑，讀篾。《國語・越語上》："西至於姑蔑。"《舊音》蔑作篾。《玉篇・竹部》："篾，竹皮也。"《正字通・竹部》："篾，《埤倉》：析竹層也。"篾與筵為同一物品。《玉篇・竹部》："筵，小破竹也。""製篾"，就是製作占卜用的小竹片。"尚"，應讀籌，為動詞，即"楚人名結草折竹以卜曰籌"。字又作"篅"。清代趙翼《蘇州元妙觀登三層樓》詩："周廊千步地，列肆百區廛。祝卜筵籌集，遊觀履舃騈。""籌折"，即折竹占卜。又寫作"折籌"。柳宗元《天對》："折籌刻筵，午施旁豎。"●拋棄。《詛楚文》："蔑灋皇天上帝及丕顯大神巫咸之恤祠、圭玉、犧牲。"《国语・周语中》："不奪民時，不蔑民功。"灋，讀廢。

　清華八・攝命 6

【注】從言蔑省聲。●讀勱。《說文》："勱，勉力也"。《清華八・攝命 6》："不啻（適）女（汝）鬼（威），則由讈（勱）女（汝）訓言之譔。"

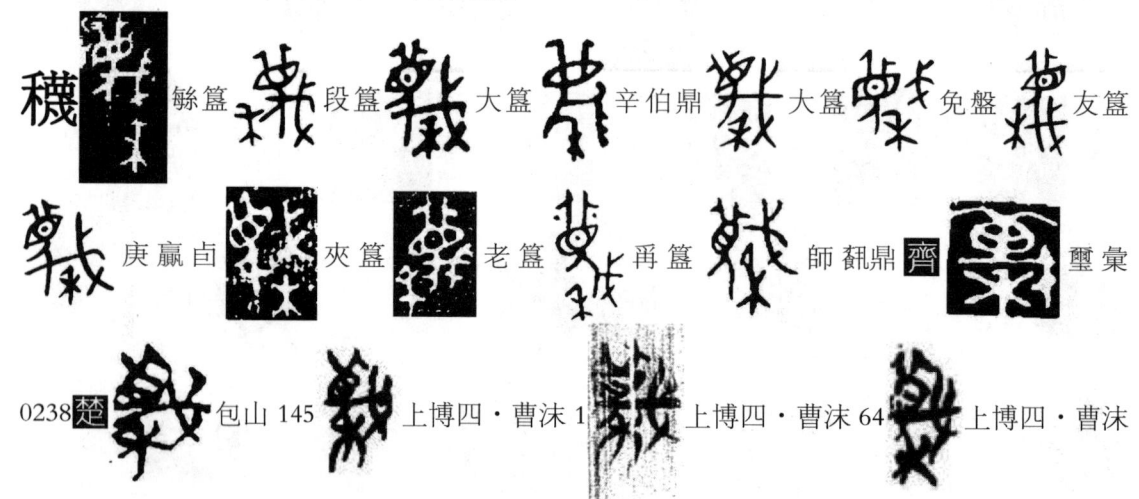

穮　　絲簋　　　段簋　　　大簋　　　辛伯鼎　　　大簋　　　兔盤　　　友簋

　　庚嬴卣　　　夾簋　　　老簋　　　再簋　　　師虤鼎　齊　　璽彙

0238楚　　包山 145　　　上博四・曹沫 1　　　上博四・曹沫 64　　　上博四・曹沫

 64 清華一·耆夜 12  清華一·皇門 1  璽補 201

【注】從禾蔑聲，與小篆同。戰國文字常省作"蔽"。《說文》："穢，禾也。"金文中均借為"蔑曆"字。●讀蔑。《段簋》："王穢（蔑）段曆。"穢段曆，猶言"穢曆段"。見"蔑"字。●《上博四·曹沫》讀沫，"曹沫"為人名。文獻中此人名寫作："曹劌""曹翽""曹沫""曹昧"。整理者註釋說："敯穢，即'曹沫'。簡文'曹'作'敯'或'菣'，'沫'作'蔑'、'穢'、'敯'、'蔽'、'蕾'。'敯'字古文字所用為'造'，與'曹'讀音相同（都是從母幽部字）；'穢'字從蔑或從萬，'蔑'或'萬'與'沫'讀音亦相同（都是明母月部字）。古書所見異名，如'劌'、'翽'是見母、曉母的月部字，讀音也相近。"●讀邁，二者均是明母月部字，其意為"行"，指時光消逝。《清華一·耆夜 12》："日月亓（其）穢（邁），從朝迧（及）夕。"朱熹《詩集傳》："逝，邁，皆去也。"●讀蔑，訓無。《詩經·大雅·板》"喪亂蔑資，曾莫惠我師"，毛傳："蔑，無。"《清華一·皇門 2》："穢（蔑）又（有）耆耇桅（據）事嘳（屏）朕立（位）。""嘳"讀屏，屏藩。●讀末，訓"終"。《清華一·皇門 6》："穢（末）被先王之耿光。"今本《皇門解》作"用末被先王之靈光"，孔晁注："末，終。"●讀蔑，拋棄。《清華七·越公 27》："穢（蔑）棄怨罪，不稱民惡。"《國語·周語下》："上不象天，而下不儀地，中不和民，而方不順時，不共神祇，而蔑棄五則。"

 印增 132

【注】從目蔑省聲。●秦印"谷薯"，人名。

明紐萬聲

 萬  小臣宅簋  華季嗌盨  邿伯祀鼎  伯吉父簋  邕子良人甗 中義

鐘 有伯君黃生匜 士山盤 奚子丙車鼎 噩侯簋 兮仲簋 封仲

簋蓋 陳公孫𪈮父瓽 叔㚢父簋 伯侯父盤 史宜父鼎 渠伯鼎 召

尊 鄧伯吉射盤  釁伯匜  白大師盨  散叔簋 芳卣 師毀鼎 浮公

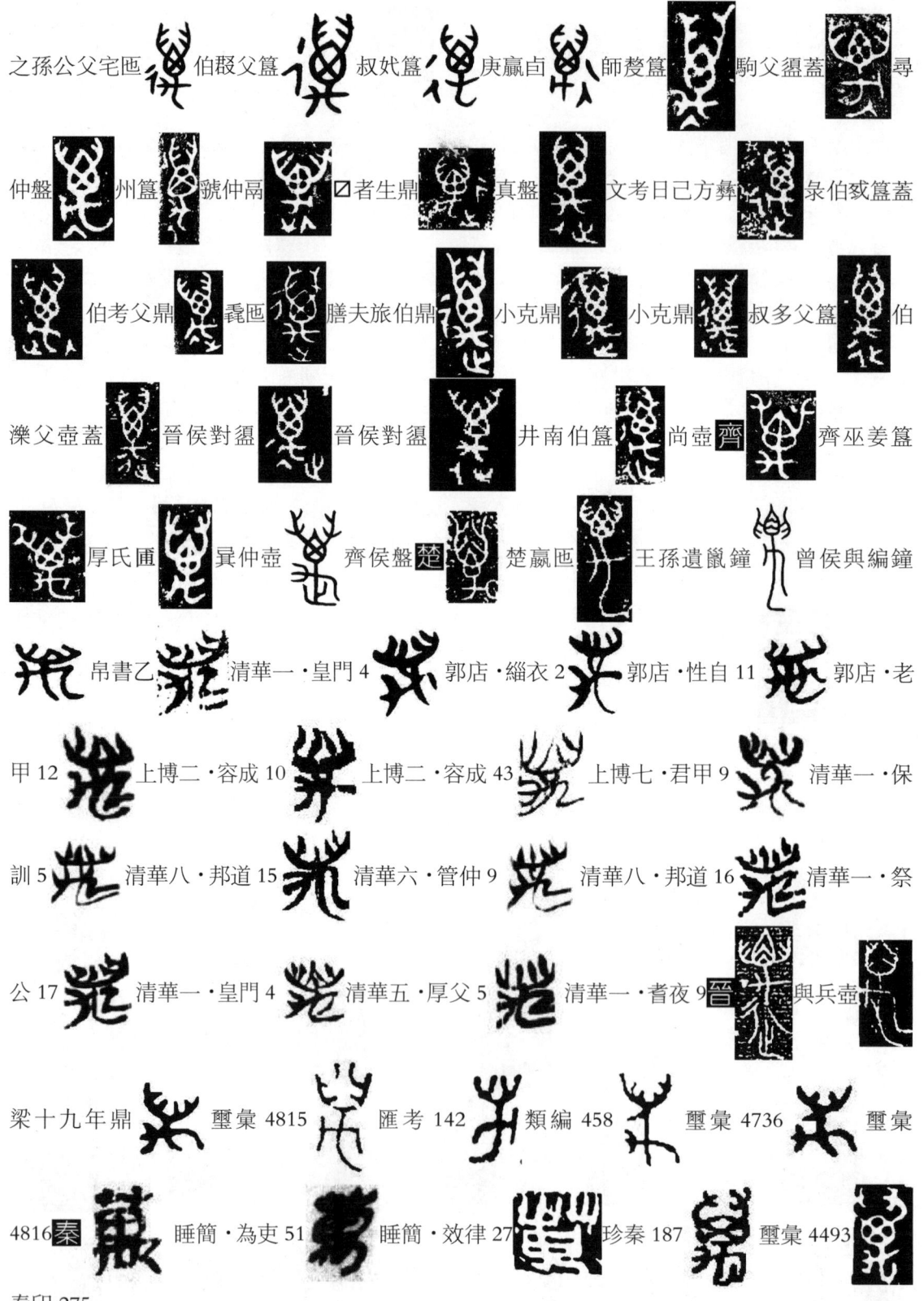

之孫公父宅匜　　伯叚父簠　　叔妖簠　　庚嬴卣　　師嫠簠　　駒父盨蓋　　尋

仲盤　　州簠　　虢仲鬲　　☒者生鼎　　真盤　　文考日己方彝　　泉伯取簠蓋

伯考父鼎　　毳匜　　膳夫旅伯鼎　　小克鼎　　小克鼎　　叔多父簠　　伯

濼父壺蓋　　晉侯對盨　　晉侯對盨　　井南伯簠　　尚壺 齊　　齊巫姜簠

厚氏匜　　異仲壺　　齊侯盤 楚　　楚嬴匜　　王孫遺者鐘　　曾侯與編鐘

帛書乙　　清華一・皇門4　　郭店・緇衣2　　郭店・性自11　　郭店・老

甲12　　上博二・容成10　　上博二・容成43　　上博七・君甲9　　清華一・保

訓5　　清華八・邦道15　　清華六・管仲9　　清華八・邦道16　　清華一・祭

公17　　清華一・皇門4　　清華五・厚父5　　清華一・耆夜9 晉 與兵壺

梁十九年鼎　　璽彙4815　　匯考142　　類編458　　璽彙4736　　璽彙

4816 秦　　睡簡・為吏51　　睡簡・效律27　　珍秦187　　璽彙4493

秦印275

2336

【注】甲骨文作 、 、 、 、 、 ，與"蠆"同形，象蠍類之形，蠍子的鉗、身、尾俱全。金文尾部繁化而分化出"萬"字。字或增止、土、彳、辵等。小篆從厹者，乃"萬"尾之形訛。戰國文字承襲金文，或省上方二鉗作 、 ，頭部遂與戰國齒、臼二字相混。《説文》："，蟲也。從厹，象形。"本義是蠍子。因蠍子極毒，故惡毒之極稱為萬惡。●數，十千為萬。《小盂鼎》："孚（俘）人萬三千八十一人。"●虛指數之巨大，無限、無數。王充《論衡·藝增》："夫千與萬，數之大名也。萬言眾多。故《尚書》言萬國，《詩》言千億。"《史頌簋》："頌其萬年無疆。"萬年無疆，祝福壽命無限的頌詞。《叔尸鎛》："不（丕）顯皇祖，其乍福元孫，其萬福屯（純）魯。"萬福，即各種福份。《詩·小雅·采菽》："樂只君子，萬福攸同。"●讀蔑。《清華六·管仲9》："型（刑）正（政）既萬（蔑）。"《國語·周語》"不蔑民功"，韋注："棄也。"●讀賴。《清華五·帝門15》："𧻚（起）事又（有）穫，民長萬（賴）之，此胃（謂）岂（美）事。"●讀礪，砥礪。《郭店·性自10》："凡眚（性）或敁（動）之，或逆之，或交之，或萬（礪）之。"●《匯考142》"萬山歾為"，"萬山"為地名，在今湖北襄陽縣西北十里，即漢皋山。印文文義待考。●《上博二·容成43》"無萬（勵）於民"，讀勵，勸勉、鼓勵。《國語·吳語》："請王勵士，以奮其朋勢。"●讀厲。《上博七·君甲9》："傑（桀）、受（紂）、幽、萬（厲），瘳（戮）死於人手。"

䲥 楚 書也缶

【注】從月萬聲；從月，出于歲月之語境。●讀萬。《伯亞臣鑪》："用祈釁（眉）壽䲥（萬）年無彊（疆），子孫永寶是尚。"

醨 楚 、 清華二·繫年61

【注】從酉萬聲。●讀厲。《清華二·繫年61》："王會者（諸）侯于醨（厲），奠（鄭）成公自醨（厲）逃歸。"

讕 楚 書也缶

【注】從言萬聲。●讀萬。《書也缶》："䜌（蠻）書之子孫，萬黇（世）是匬（寶）。"

蕅 楚 包山255

【注】從艸萬聲。●讀蘱，艾蒿，初生可食。《爾雅·釋草》萍，蘱蕭。《注》今蘱蒿也。《包山255》："蕅蘆（菹）一砢（缶）。"

蒇 楚  上博五·競建6　帛書乙　上博六·用曰16　上博四·昭王5

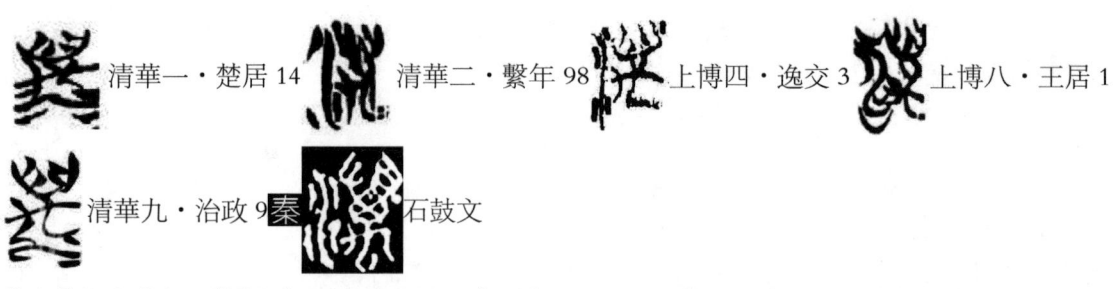

【注】從水萬聲。《説文》"硛"之異文。《上博六·用曰16》劉雲釋為潣,中間所謂的心字,其實是萬字,萬與兩邊的水形粘連所致。(《釋《用曰》中的"潣"字》)●楚文字多讀賴。《上博五·競建6》:"甚才(哉),吾不潣(賴),二三子不諦(謫)怒寡人,至於使日食!"《廣雅·釋詁》曰:"賴,恃也。"簡文"不賴"乃無所憑藉(即無臣下之規諫)而陷於惡之意,是以下文云"二三子不諦(謫)怒寡人"。●讀瀨。瀨,《説文》水流沙上也。《上博四·逸交3》:"交=(交交)鳴鶝,集于中潣(瀨)。"《楚辭·九歌》石瀨兮淺淺。《上博四·昭王5》:"窣目(以)夫=(大夫)歈=(飲酒)於坪(平)潣(瀨)。"整理者讀漫,"瀨"從孟蓬生讀。《石鼓文》:"潣又(有)小魚,其斿(游)趣=(蹣蹣-汕汕)。"《帛書乙》:"以涉山陵,瀧汨凶潣。"亦應讀瀨。詳"汨"字。●《清華一·楚居14》"栖潣"地名。●讀厲,堅强。《上博六·用曰16》:"鰥之身,潣吝(文)惠武,善(恭)弔(淑)目(以)成。"《論語·述而》:"子溫而厲,威而不猛,恭而安。"

【注】從心萬聲。●讀瀝。《上博四·柬旱16》:"三日,大雨,邦蠇(瀝)之。"●讀萬。《上博六·競公6》:"而湯清者與旻(得)蠇(萬)福安(焉)。"●讀礪,砥礪。《上博一·性情4》:"蠇(礪)告(性)者,宜(義)也。"

蠆（蠆）

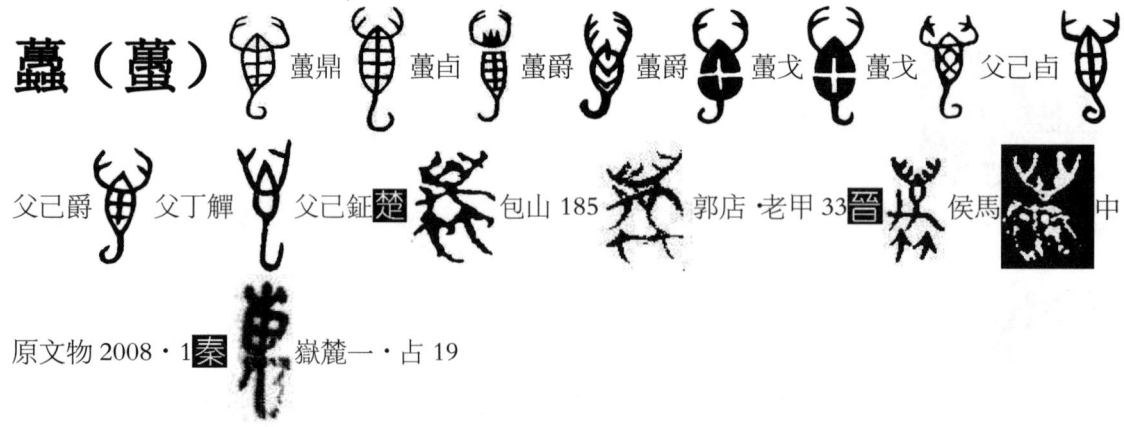

原文物 2008·1 秦 嶽麓一·占19

【注】從虫萬聲,象蠍子一類的毒蟲。蠆、蠆一字。《説文》:"🕷,毒蟲也。象形。🕷蠆或從虫。丑芥切。"蠆為月部字。段玉裁注:"或從虫。蠍尾有單鉤者。有雙鉤者。故或從虫。"本義為蟲名。蠆、萬初本一字,後孳乳分化為二。●族氏名。見于《父己鉦》《父己卣》《父丁觶》等器。●晉文字均為人名。●用為本義。《玉篇》蝎蟲。《郭店·老甲33》:"蜂蠆蟲它(蛇)弗蠆(螫)。"《詩·小雅》彼君子女,卷髮如蠆。

2338

穮 楚 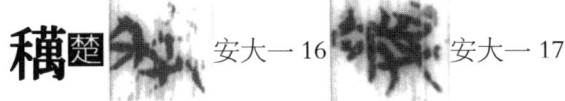 安大一 16　　安大一 17

【注】從禾萬聲。●讀秣。《安大一 17》："寺（之）子于遏（歸），言穮（秣）亓（其）馬。"毛傳："秣，養也。"

糠 秦  睡簡·秦種 180　　睡簡·秦種 182

【注】從米萬聲。●《說文》："糠，粟重一秅，為十六斗大半斗，舂為米一斛曰糠。"與"糲"同，脫粟也。《睡簡·秦種 180》："食糠（糲）米半斗。"

癘 秦 印增 587

【注】從广糠聲。●秦印人名。

蠆 楚 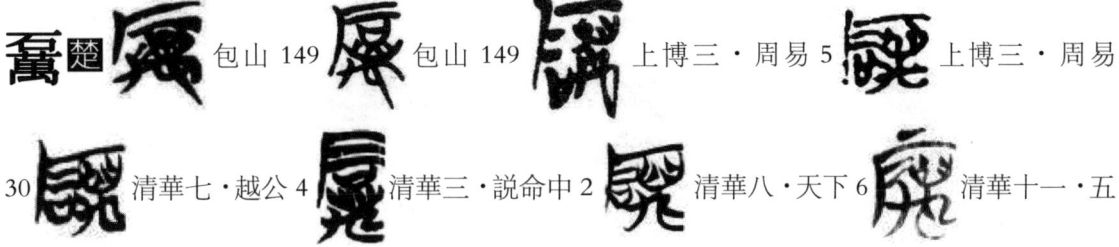 包山 149　　包山 149　　上博三·周易 5　　上博三·周易

30　　清華七·越公 4　　清華三·說命中 2　　清華八·天下 6　　清華十一·五

紀 99

【注】從石萬聲，"礪"之省文。●用為本義，讀礪，磨刀石。《清華三·說命中 2》："緐（慎）之於乃心。若金，用惟汝作蠆（礪）。"《書·費誓》礪乃鋒刃。《傳》磨石也。●讀厲，《玉篇》危也。《上博三·周易 5》："飤（食）舊惪（德）貞蠆（厲），冬（終）吉。"《易·乾卦》厲無咎。●讀勵，激勵。《清華七·越公 4》："夗（寡）人不忍君之武蠆（勵）兵甲之鬼（威）。"●讀礪，砥礪。《清華八·天下 6》："弌（一）曰蠆（礪）之，弍（二）曰懃（勸）之，三曰駮（驚）之，四曰懟（壯）之，五曰戁（鬭）之。"●包山簡地名。

礪 子仲匜

【注】從止礪聲。●讀厲，國名，在今湖北隨州北。《子仲匜》："魯大嗣（司）徒子中（仲）白（伯），乍（作）其庶女礪（厲）孟姬膡（媵）它（匜）。"厲，即魯女孟姬所適之國名。

埜 齊  郳公輕鐘　宋公圖作濫叔子鼎 楚 上博一·緇衣 8　　郭店·太一 7

郭店·老丙 13　　郭店·太一 7　　上博二·民之 14　　上博四·曹沫 5

上博四・曹沫 63 清華五・命訓 11 璽彙 3668 晉 璽彙 4484

【注】從土萬聲，"萬"字繁文。●讀萬，虛指數之巨大。《邾公牼鐘》："至于𡐓（萬）年。"《郭店・緇衣 13》："𡐓（萬）民贎（賴）之。"●《上博四・曹沫 5》讀沫，人名，簡文或作"穢"。

𥗼 楚 上博四・曹沫 39 上博四・曹沫 39 上博三・周易 22 上博三・周易 5

【注】從石𡐓聲。●讀礪。《上博四・曹沫 39》："人之兵不砥𥗼（礪），我兵必砥礪。"砥礪，本指磨石，引申指磨練、鍛煉，簡文即此義。●讀厲。《上博三・周易 5》："飤（食）舊悳（德）貞𥗼（厲），冬（終）吉。"

厲 散伯簋 九年衛鼎 楚 上博六・用曰 13 晉 、、晉編 1384 秦 睡簡・封診 54 睡簡・日甲 5 印增 373

【注】從厂萬聲。《説文》："厲，旱石也。從厂，蠆省聲。𠩾或不省。"戴家祥謂，唐寫本《文選集注》引説文"厲，磨石也"，唐寫本玉篇引作"厲，摩石也"，摩磨同音通假，是《説文》原作"磨石"無疑。石字作為偏旁在甲骨文裏作𠂆，在《説文》裏作厂，如"厥，發石也"，"厝，厲石也"，"厗，唐厗，石也"等均是。厲訓"磨石"從厂當是石之省。後人不明厂義，復加石旁作礪。《説文》新附字："礪，礦也。從石厲聲。經典通用厲。"厲與礪的聲皆同。礪是厲的形旁重復字。（詳《金文大字典上》）本義為磨刀石，是"礪"的本字。秦系文字訛為從广。●讀癘，麻風病。《睡簡・封診 54》："令謕（號），其音氣敗。厲（癘）殹（也）。"叫他呼喊，其聲嘶啞，是麻風病。●人名。《九年衛鼎》："衛𠂤（以）邦君厲告于井（邢）白（伯）、白（伯）邑父。"●讀厲，《玉篇》危也。《睡簡・日甲 5》："利以除兇厲。"《易・乾卦》厲无咎。●讀萬。《散伯簋》："其厲（萬）年永用。"●《晉編 1384》"五兩斗（半）厲"，讀糲。《説文》粟重一秙，為十六斗大半斗，舂為米一斛曰糲。●《上博六・用曰 13》："兇（凶）井（刑）厲政。"《玉篇》："厲，虐也。""厲政"即虐政，殘暴的政策法令。《孟子・公孫丑上》："且王者之不作，未有疏於此時者也；民之憔悴於虐政，未有甚於此時者也。"

濿 楚 清華十一・五紀 104

【注】從水厲聲。聲符省簡。隸定為"濿"。●整理者讀礪。《清華十一・五紀 104》："黄帝乃備（服）支（鞭），迪（陳）兩参，連（傳）五芜，丮濿（礪）武。""勵武"猶言"勵士"，《國語・吴語》："請王勵士，以奮其朋勢。"

癘 秦 睡簡·答問 121　　睡簡·答問 122　　印增 296

【注】從广萬聲。《説文》："癘，惡疾也。從广，蠆省聲。"●秦簡本義，惡瘡、麻風。《睡簡·答問 121》："癘者有辠，定殺。"麻風病人犯罪，應定殺。

購 楚 仳夫人嬭鼎　　余購遬兒鐘　　郭店·緇衣 13

【注】從貝萬聲。《説文》："購，貨也。"《正字通》或曰貨多，故從萬，與贏字異義通，非貨名購也。●讀賴。《余購遬兒鐘》："余義楚之良臣，而遬之字（慈）父。余購遬兒，得吉金鑄鋁，以鑄龢鐘，以追孝先祖，樂我父兄，飲食歌舞。"《郭店·緇衣 13》："吕刑云：'一人有慶，萬民購之。'"其中的"購"字，《禮記·緇衣》和今本《尚書》皆作"賴"。"余賴遬兒，得吉金鑄鋁"是説"我依靠我的兒子遬，得到吉金鑄鋁"。《仳夫人嬭鼎》："長購丌（其）吉，羕（永）壽無彊（疆）。""長購其吉"即"長恃其吉"也。金文、楚簡中用為"賴"的"購"字，可以理解為"賴（從貝刺聲）"字同意符異聲符的異體字，而不必看成《説文》訓"貨也"之"購"的假借。

禡 示 遣伯盨　　遣伯簋 楚　　天星　　清華九·成人 10

【注】從示萬聲。●後世字書也有"禡"字，見《集韻·祭韻》，為厲鬼之"禲"的省體。天星觀楚簡之"禡"，似即用此義。●或謂讀賴。"賴"有求取義。《方言》卷十三："賴，取也。"《説文》訓"賴"為"贏"，古書傳注則多訓"利"訓"恃"，實則贏利、恃賴、求取諸義俱相關聯。《遣伯簋》："遣白（伯）乍（作）再宗彝，其用夙夜享卲（昭）文神，用禡旂（祈）釁（眉）壽。""禡旂（祈）"屬近義連用。金文習見"祈匄"連用，如《殳季良父壺》"用祈匄釁（眉）壽"，文例正與遣伯簋、遣伯盨相仿佛。遣伯二器之"禡"蓋因用在向文神求取的語境，故字從"示"作。

蠤 楚 安大一 101

【注】從薎省、從萬，雙聲字。●讀邁。《安大一 101》："今者不樂，日月亓（其）蠤（邁）。"《毛詩》作"日月其邁"。

元部

影紐安聲

安 睘尊　鼄鼎　安父簠　敄方鼎　睘卣　師艅鼎

安父簠　佣生簠　佣生簠　佣生簠　何嬈安瓶齊　薛子仲

安簠　國差罎　陶彙 3 · 551　陳純釜　璽彙 0237　璽彙

2200　璽彙 0289　璽彙 1944　貨系 2547　齊幣 108楚　郭店 · 老

甲 25　上博二 · 民之 3　上博八 · 顏淵 3　包山 105　清華九 · 成人

23　璽彙 0178　清華二 · 繫年 70　清華七 · 越公 29　曾侯 48　曾

侯 50　安大一 114　清華十 · 四告 22　清華十 · 四告 32　清華十 · 四

告 35　分研一 196　者汈鐘　上博四 · 曹沫 5　上博四 · 曹沫 17

上博一 · 緇衣 21　上博一 · 詩論 3　郭店 · 魯穆 4　清華七 · 子犯 1

清華二 繫年 29　清華六 孺子 14　清華八 邦政 9　清華八 邦道 20

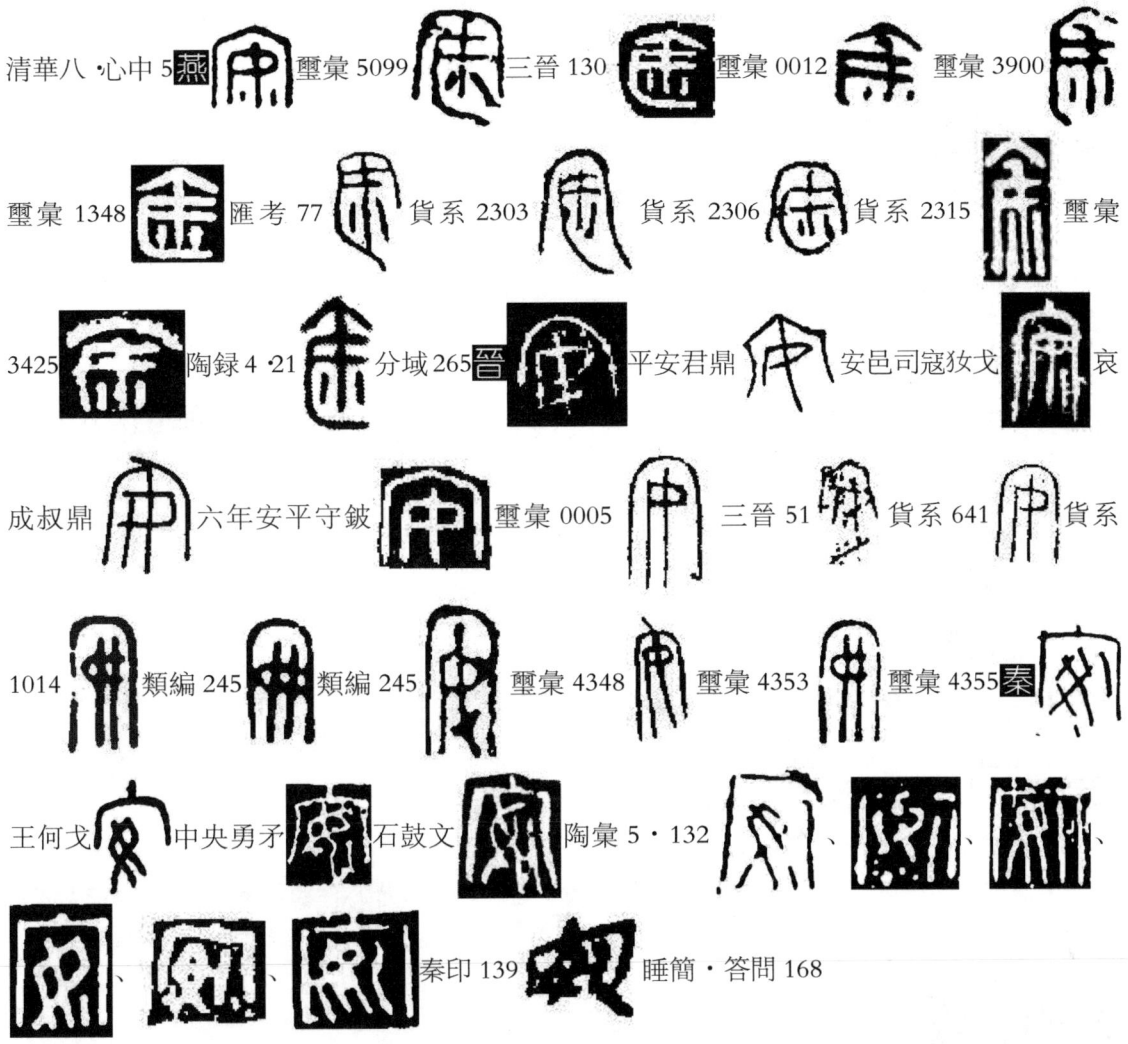

清華八·心中 5　璽彙 5099　三晉 130　璽彙 0012　璽彙 3900

璽彙 1348　匯考 77　貨系 2303　貨系 2306　貨系 2315　璽彙

3425　陶録 4·21　分域 265　平安君鼎　安邑司寇狄戈　哀

成叔鼎　六年安平守鈹　璽彙 0005　三晉 51　貨系 641　貨系

1014　類編 245　類編 245　璽彙 4348　璽彙 4353　璽彙 4355　秦

王何戈　中央勇矛　石鼓文　陶彙 5·132　、　　、

、　　、　　秦印 139　睡簡·答問 168

【注】甲骨文作宷、宷、宷、宷、宷等形，從女從宀，會意為安靜之意。金文同甲骨文，或從女在厂下，厂、宀皆表屋形，會意同。女旁多作增飾筆劃，猶"保"字之作𨳶，唯飾筆形狀各異。齊系文字多從厂，加飾筆多作□形。燕系文字女旁下多作兩飾點宷、宷，獨具特色。秦系文字女字右邊加飾筆，與小篆不同。戰國文字常作省形，如省宀作宷、宷、宷、宷，其特點是"女"下加一斜畫的偏旁；另見于偏旁者，如"鞍"作𩎮，"馻"作𩥇，"郯"作𨛜。《説文》："宷，靜也。從女在宀下。"本義為平安、安靜。●安靜、安定。《國差𦉜》："齊邦𩔖靜安寧。"晉空首布（貨系 641）"安周"，猶言安定周圍之意。晉璽（璽彙 4353）"安官"，安居官位之意，成語璽。●善也。《師𩛥鼎》："乃用心引正乃辟安德。"《國語·晉語》："孝、敬、忠、貞，君父之所安也。"韋昭注："安，猶善也。"●問安、省視。《𤔔卣》："王姜令乍（作）冊𤔔安尸白（夷伯），尸白（夷伯）賓𤔔貝、布。"●讀按，察行也。《倗生簋》："殹妊彶𢼸，𢎺（厥）從格白（伯）安彶旬。"殹妊和𢼸陪格伯察行其田。《睡簡·為吏 6》："安驕而步，毋使民懼。"●安邑、安陽、安陵、武安、平安、安陰、安陵等等，均為地名。●齊刀（貨系 2547）"安邦"，定邦。●讀焉。《上博民之 4》："豊（禮）亦至女（焉）。"字形常常省宀作宷形，均見於楚系文字。應當是從"安"分化出的專表虛詞的字，與"非"分化自"飛"同例。本書隸定為"女"。《郭店·魯穆 4》："𩃬（寡）人惑女（焉），而未之得也。"●"信安君""平安君""春安君"等等，為封君封號。

●讀晏。《清華二·繫年70》：“既會諸侯，邾（駒）之克乃敓（執）南鄗（郭）子、鄭（蔡）子、安（晏）子以歸。”

 上博四·曹沫60

【注】從口女聲。●讀焉。《上博四·曹沫60》：“明慹（慎）旨戒，吾牉（將）弗克？”

 璽彙0362

【注】從水安聲。●此璽當釋為“東易浂澤王勺耑”。燕文字中，“安”字多作　、　等形，與璽文中第三字的右半部分看起來幾乎一樣，只是下部的兩點畫集中到一起變成了一點。璽文中的地名“東陽”“浂澤”具體指何地待考。

 陶錄3·490

【注】從火安聲。●單字，應為人名。

 纕安君鈈 　睡簡·日乙2

【注】從心安聲，會安心之意，疑“安”之繁文，如“圖”或從心作　。●讀安，人名。《纕安君鈈》：“纕忞（安）君。”●秦簡“忞結”或作“恖結”，日名。李家浩認為是忞字異體。

 包山66

【注】從告安聲。●“登（鄧）敤”，人名。

 上博五·君禮7

【注】從身安聲。●讀偃。《上博五·君禮7》：“身毋躬（偃）、毋倩（綪）。”倩，讀綪或讀綎，訓為屈。謂身體不要過於往後仰也不要往前屈。

 上博五·弟子4 　上博七·凡乙19 　上博七·凡甲26

【注】從人安聲。《上博五·弟子4》右部所從“安”字“宀”旁的左邊一撇太長，與左上部人旁相交。佞，《說文》晏也。與安通。●讀偃，人名。《上博五·弟子4》：“佞（偃）子聑（聞）之曰……。”偃子即子游。●讀安，平安。《上博七·凡甲26》：“厖（危）佞（安）廌（存）忘（亡）。”

晏  印增 22

【注】從艸安聲。●"莫翠"，人名。

案

【注】從木安聲。●讀按。《睡簡·語書7》："今且令人案行之，舉劾不從令者，致以律。"案行，巡行視察。

毬  曾侯 35

【注】從毛安聲。●讀鞍，馬鞍。《曾侯35》："緣毬，豻尾之緪。"

鞍  曾侯 83

【注】從革安聲。●本義，指馬鞍。《曾侯83》："緣鞍，豻尾之緪。"

駿  十三年戈

【注】從馬安聲。●人名。

鞍 靳 曾侯 115 靰 天星

【注】從韋安聲。●讀鞍，馬鞍。《曾侯115》："緣鞍，緎緪。"

綏包山 267　上博六·用曰 12

【注】從糸安聲。●讀鞍，馬鞍。《包山 267》："轤薦之綏（鞍）。"●讀晏，平靜、安處。《上博六·用曰 12》："而綏亓（其）又（有）寧。"

銨包山 271

【注】從金安聲。●讀鞍，馬鞍。《包山 271》："魠（豻）顤（貘）之韚（韀）銨。"

錂上博七·武王 8

【注】從皿銨聲。●讀盤。《上博七·武王 8》："錂（盤）銘曰：'與其溺於人，寧溺於淵，溺於淵猶可遊，溺於人不可救。'"或認為隸為鎧，而讀盟。

郒集成 419　包山 95　包山 157　包山 170　清華一·楚居 15　清華一·楚居 14　貨系 2089

【注】從邑安聲。●楚文字多讀鄢，地名。《包山 157》："郒（鄢）少宰尹鄩訧目（以）此等至命。"《清華一·楚居 15》"郒郢"即鄢郢。"鄢郢"，見諸傳世文獻。●晉方足小布"郒陽"，地名。

陕陕陰令戈　陕陰鼎

【注】《陕陰鼎》所作，當今學者多釋為"陕"（如陳英傑《戰國金文補證三則》等），字當從阝安聲。此字又見于橋形布幣，吳良寶在《古幣考釋兩篇》釋為"陕陰"，二字形符"𨸏"共用合文符號=。●陕陰：地名。《陕陰鼎》："十三年，陕陰（陰）命（令）率、上官冢子疾、冶勑鑄，腐（容）伞（半）。"

痿陶彙 9·40　鄝子痿戈　鄩子痿簠　包山 108　包山 225　上博八·道餓 2　璽彙 5499　璽彙 3756　分研一 63　匯考

310

【注】從广安聲，疑"癜"之或體。●古文字均為人名，均應讀偃。古書中以"偃"為名者不乏其人，是春秋戰國時期最常見的人名用字之一。

影紐扒聲

【注】甲骨文作 、 、 、 、 、 ，象旂幟形。金文同甲骨文。金文或訛作 、 、 等形，上從止形，均見于偏旁。戰國文字承襲金文，或對稱作 。《說文》："，旌旗之遊，扒蹇之皃。從中，曲而下，垂扒相出入也。讀若偃。古人名扒，字子遊。凡扒人之屬皆從扒。 古文扒字。象形。及象旌旗之遊。"高鴻縉曰："扒當即旂之初文，象形，名詞。……許釋扒蹇之皃，蓋就其借意言之，非本意也。讀若偃，必有誤。周人或于扒加斤為聲符作旂，或又加單（即干盾，執旂者常並執盾以自衛）為意符作 ，金文常以 代祈。祈，周時作 、作 也。旂，秦人或又造旖字。音意無二。清各家皆泥許說，未能正之。甲文'其立 ' 耳云立，更足證明為名詞旂，而非扒蹇之皃也。"（《中國字例》二篇 168 頁）上古音"旂"羣母文部，"扒"匣母元部；聲母同屬見組、韻部旁轉。從古文字實際情況來看，"扒"應該有"讀若偃"的讀音，許說並非無據。●讀旂，旂幟。《休盤》："王乎（呼）乍（作）冊尹冊賜休：玄衣㡿屯（純）、……緣（鑾）扒（旂）。"●族氏名。《扒爵》："扒。"

十四年銅虎

【注】從目扒聲，"翰"之省文。翰，《說文》以為"看"之或體。《說文》："，睎也。從手下目。翰，看或從軑。"本義即為"看"。●中山雜器讀看。古代行郊廟之禮，依古濾陳尊罍而不實酒，稱"看器"。《宋史·禮志》："舊禮，郊廟尊罍數皆准古，而不實三酒、五齊、明水、明酒，有司相承，名為'看器'。"《十四年銅牛》："十四葉，床麃嗇夫䣄（徐）哉靷（制）䁆器。"●燕璽人名。

【注】從言扒聲。●金文讀祈。《伯公父簠》："用䜈（旂）釁（眉）壽多福無彊（疆）。"●人名。《曾侯213》："䜈一夫。"

旋 召卣 麥盉 陶彙 3·269 睡簡·封診 65

【注】甲骨文作 𣂈、𣂈、𣂈、𣂈、𣂈，從足從㫃，會人隨軍旅的指揮而周轉之意；㫃兼聲。《說文》："𣂈，周旋，旌旗之指麾也。從㫃從疋。疋，足也。"本義指周旋，現在還有"凱旋"一詞。引申泛指旋轉，如《荀子》："列星隨旋，日月遞照。"又引申為不久、立即等義。●《麥盉》："乍（作）盉，用從井（邢）侯征事，用旋徒（走）夙夕，爾御事。"旋走：與"奔走"意義相近。奔忙、操勞之意。《詩·周頌·清廟》："駿奔走在廟。"●讀繯。《玉篇》："繯，維也。"《睡簡·封診 64》："旋通繫頸。"旋通，即上吊的繩套。

洀  格伯簋

【注】從水㫃聲。●金文地名。

柿  戰編365 　貨系2341 　貨系2340

【注】從木㫃聲。●讀寒，地名。

𣂈 燕卓 屬羌鐘　卓 屬羌鐘　楚𣂈 王孫誥鐘　𣂈 包山131　𣂈 璽彙2371　𣂈 清華

六·子產22　𣂈 上博八·李頌1　𣂈 上博七·君甲2　𣂈 清華八·邦道25　𣂈 清華四·筮

法27　𣂈 清華五·封許3　𣂈 清華九·治政23　𣂈 清華九·成人12　𣂈 上博五·三

德5　𣂈 上博九·邦人10　𣂈 清華二·繫年119　𣂈 清華八·邦道1　燕𣂈 璽彙

0053　𣂈 璽彙2805　𣂈 璽彙2819　𣂈 璽彙2823　𣂈 璽彙2830　𣂈 璽彙2835　晉𣂈 韓

少夫戟 𣂈 十六年喜令戈　𣂈 六年襄城令戈　𣂈 五年鄭令韓伴戈　𣂈 守相信平君鈹

𣂈 鄭令韓恙戈　𣂈 璽彙0006　𣂈 璽彙2338　𣂈 分研一282

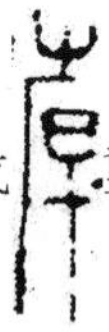

【注】從放從旦；放、旦雙聲。中間日或作田形，另如"借"作 (璽彙 2545)、 (璽彙 2805)，二字均出於韓文。戰國文字放旁或對稱作 、 。旦旁或省作 、 、 等形。《説文》："晜，日始出，光倝倝也。"字今多作偏旁。●讀韓，國族名。春秋末年，韓氏與趙魏三分晉室而為諸侯，稱為戰國七雄之一。《䲹羌鐘》："賞于倝（韓）宗，令于晉公，卲（昭）于天子。"●讀韓，姓氏。《六年襄城令戈》："六年，戥（襄）城佁（令）倝（韓）漕。"●《清華六·子產 22》"倝樂"，當讀燕或讀宴，"燕樂"或"宴樂"乃恒語。●讀晉。《上博八·李頌 1》："倝（晉）冬之旨（祁）寒，杲亓（其）方苙可（兮）。"字從倝聲。"倝"是"戟"的聲符，而"戟"或從"丯"得聲，清華一《祭公之顧命》之"祭"亦從"丯"聲，郭店《緇衣》"祭公"寫作"晉公"，可見倝、晉在古音上有聯繫。旨讀祁，"祁"有"盛大"義，"祁寒"意為"严寒，极冷"。●讀捍。《清華五·封許 3》："倝（捍）補（輔）斌（武王），攼敦殷受，咸成商邑。"●《清華四·筮法 27》"月夕倝之"，讀乾。●讀幹。《上博五·三德 5》："邦遊（失）倝（幹）棠（常），少（小）邦則戔（殘），大邦迻（過）剔（傷）。"幹、常都是指不變之法則，不可更易的準則、規範。●疑讀幹。《清華八·邦道 1》："司倝為弱，以不廬（掩）於志，以至於邦家昏亂。"皇，整理者釋為寁，《説文》："癡不行也。"寁從字形上看更像是倝，但下部訛為土形。由此推測，"司倝"很可能當讀為"枝幹"，指臣屬。●當讀焉，表示反問。"倝"為見紐元部字，"焉"為匣紐元部字。《清華九·治政 23》："今夫又（有）國之君牅（將）或倝（焉）不跤（足）才（哉）？"現在擁有國家的君主或許財用不夠吧？《清華八·邦道 25》："虘（吾）倝（焉）遊（失）此？母（毋）乃虘（吾）尃（敷）均，是亓（其）不均？"●《清華九·成人 12》："市無倝（放），商無瘣（肆），價不裳（常），無型。"讀放，如周官懸掛於市亭之旌也。《説文》："倝，日始出，光倝倝也。從旦放聲。"又："放，旌旗之游。"《周禮·地官·司市》"上旌于思次以令市"，注："上旌者，以為衆望也，見旌則知當市也。思次若今市亭也。"●《分研一 282》為"韓侯"合文，複姓。《璽彙 4063》有"韓侯汌"，《類編 155》有"韓侯昌"。

 晉 匯考 253

【注】從與（三晉文字習見偏旁，無法隸定）倝聲。●人名。

 秦 、 、 印增 586

【注】從馬倝聲。●秦印人名。

 齊 祈室銅柱 晉 七年宅陽令矛隝登戟

【注】從酉放聲。《廣韻》衣險切，音奄。《玉篇》掩光也。●晉器人名。

 楚 鄬子㽙自鑄 鄬子㽙自鑄 清華二·繫年 71

【注】從鳥臷聲（🔲為臷之錯訛），"翰"之異文。●讀翰，高也、急也。《易·賁》："白馬翰如。"《經典釋文》："翰，高也。黃云馬頭高舉也。"《詩·小雅·小苑》："翰飛戾天。"毛傳："翰，高也。"《許子𤮃自鑄》："中（終）鶾（翰）戲（且）𦩗（揚），元鳴孔煌。"是指鐘聲既高且揚或既急且揚。中假為終，猶"既"也。●讀鸛。《清華二·繫年71》："齊人為成，以鶾（鸛）、骼、玉笭（笴）、與聜于之田。"

翰 秦  里耶 8·1662　 里耶 8·1259

【注】從羽臷聲。《説文》："翰，天雞赤羽也。从羽臷聲。"●《里耶 8·1662》"白翰羽"，白雉的羽毛，用作鏃矢之材料。

旗 秦  石鼓文

【注】從飛臷聲，"翰"之或體。●讀翰。《石鼓文》："四旗（翰）𪅏=。"《禮·檀弓》戎事乘翰。《注》翰，白色馬也。

鶾  鶾叟父鼎

【注】從隹臷聲，"翰"之異文。●人名。《鶾叟父鼎》："鶾叟父乍（作）旅鼎。"或以為姓氏，疑讀韓。

憨 楚  包山 90

【注】從心臷聲。●人名。

 包山 85　王孫遺鼠鐘　沈兒鏄　清華六·子儀 14

【注】從言臷聲。●讀翰。《王孫遺鼠鐘》："中（終）諏（翰）戲（且）謁（揚），元鳴孔皇。"●包山簡人名。●讀宴。《清華六·子儀14》："臺上又（有）兔，梭（樛）枳當欐，玘（竢）客而譖（宴）之。"詳"玘"字。

翰 楚 郙王子旆鐘

【注】從口臷聲。●讀翰。《郙王子旆鐘》："中（終）乾（翰）戲（且）謁（揚），元鳴孔皇。"

153 秦印 108

【注】從木倝聲；倝省作 ，乃戰國文字之特點。《説文》："榦，築牆端木也。"段玉裁注："端謂兩頭也。假令版長丈。則牆長丈。其兩頭所植木曰榦。按詩多以翰為榦。故爾雅毛傳曰。翰，榦也。言六書之假借也。榦俗作干。"本義版干。引申指骨干。"榦"今簡化為"干"。●夯築土牆所用的立木。《睡簡·雜抄 24》："工擇榦，榦可用而久以為不可用，貲二甲。"工匠選擇夯牆用的立木，立木本可使用而標上不可使用的記號，罰二甲。●骨干。《䜌壺》："枋（方）譻（數）百里，隹（惟）邦之榦（干）。"惟邦之干，意為國家棟樑之材。文獻作"翰"。《詩·大雅·崧高》："維申及甫，維周之翰。"毛傳："翰，干也。"●枝幹。《上博八·李頌 2》："戰（守）勿（物）弱（强）榦（幹），木一心可（兮）。"戰勿，讀為"守物"。●讀幹，《廣雅·釋詁一》正也。《上博三·周易 18》："榦（幹）父之盅（蠱），又（有）子，攷亡（無）咎，薦（厲）冬（終）吉。"能匡正父輩的弊亂，能承先軌，堪其任者也。●秦封泥常見以"榦"為職官者，如"少府榦官""少府榦丞""北宮榦丞"等等，均讀幹，主管。《漢書·百官公卿表》少府屬官無榦丞，而治粟內史屬官有"幹官長、丞"。如淳曰："幹音莞，或作幹。幹，主也，主均輸之事，所謂'幹鹽鐵而榷酒酤'也。"《百官公卿表》少府屬官有"均官長、丞"，《補注漢書》王先謙曰："均官見《穀永傳》。"又引沈欽韓云："王莽于長安及五都立五均官，五穀、布帛、絲綿之物均官用本價取之。此少府均官蓋本主市賈者。"治粟內史之幹官與少府之均官職責相近，但又不完全相同。也可能秦時少府有幹官，為宮廷選購所需之物，漢改稱均官，又稍擴大其職權範圍。《百官公卿表》云："初幹官屬少府，中屬主爵，後屬大司農。"可見少府最初是有幹官的。

【注】從弓倝聲。●讀韓，姓氏。

【注】從水倝聲。●讀旱。《上博四·柬旱 1》："柬（簡）大王泊澣（旱），命龜尹羅貞於大顕（夏）。"

【注】從金軟聲。●讀韓，姓氏。《韓鍾劍》："鍬（韓）鍾之鑲（造）鎵（劍）。"●包山簡"翏鍬"人名。

韓秦  睡簡·葉書24　韓 睡簡·日甲22背　、　、　、　、

韓 秦印98　韓 吉大128

【注】從韋軟聲。秦系文字多作韓，與《説文》同。●用為國名。《睡簡·葉書24》："攻韓。"●秦印用為姓氏。

乾秦 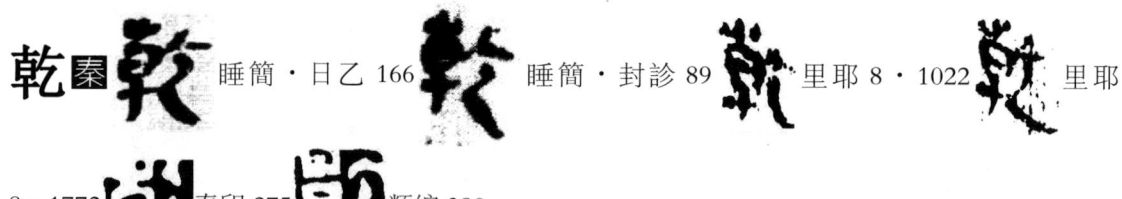 睡簡·日乙166　　睡簡·封診89　　里耶8·1022　　里耶

8·1772.　秦印275　　類編380

【注】從乙軟聲。●乾燥。《睡簡·日甲51背》："其居所水則乾。"●秦印人名。

斡秦 類編429

【注】從斗軟聲。●秦印"斡恆"，姓氏。亦見於漢印，作 、 （漢印1210），均為姓氏。

韓秦 印增586

【注】從軟從晏，雙聲字。●秦印單字。

影紐晏聲

晏楚  者汃鐘　 清華一·金縢9　 清華五·三壽19晉　 長陵盉

【注】甲骨文作 、 、 ，象女子晏坐之形， 象頭，篆文變為從日者，蓋古文字每與空廓中加點為飾，遂似從日也。（詳《甲骨文字典》1316頁）《説文》："晏，安也。從女日。《詩》曰：'以晏父母。'"●讀宴。《者汃鐘》："晏（宴）安乃壽。"●讀纓。《長陵盉》："晏繃又蓋。肇絞。"

偄楚  鄂侯鼎　 望山2·48

【注】從人晏聲，疑偃之省文。●讀宴。《鄂侯鼎》："王休俒（宴），乃射。"●疑讀筵。《望山 2·48》："二笶（莞）俒（筵），需（靈）光之純。"

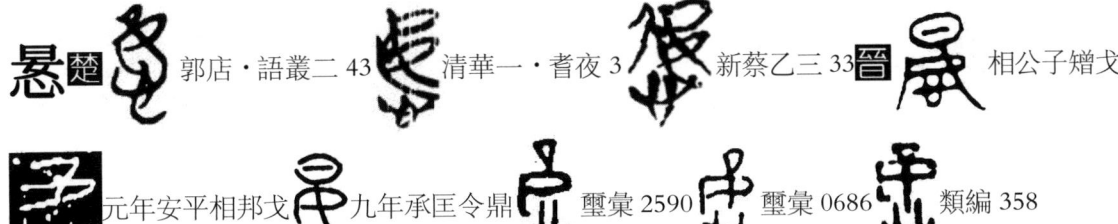

恩 楚 郭店·語叢二 43　　清華一·耆夜 3　　新蔡乙三 33　晉 相公子矰戈

元年安平相邦戈　　九年承匡令鼎　　璽彙 2590　　璽彙 0686　　類編 358

【注】從心晏聲（或俒聲），疑"慁"之省文。●晉文字均為人名。《相公子矰戈》："邵（昭）恩之歲，相公子矰之告（造）。"●讀宴，宴請。《清華一·耆夜 3》："恩（宴）目（以）二公。"●讀揎，提拔。《郭店·語叢二 43》："嚀，自恩（揎）也。惻，退人也。"

毼 楚 曾侯 98

【注】從毛晏聲。●讀鞍。《曾侯 98》："熅毼，膔模之毼。"

郔 楚 包山 145　　包山 186　　燕客量

【注】從邑晏聲。●讀燕，國名。《包山 145》："郔（郾-燕）客登（鄧）余善。"

宴 宴簠　　宴簠 齊 邾公華鐘　　齊陶 0200　　齊陶 0639 楚

邾王子旃鐘

【注】從宀晏聲。"宴""匽"本為一字之形變。乚即室外之地也。從宀與從乚會意同，從宀以專其宴饗之義。《說文》："宴，安也。"本義宴饗，即以酒肉款待賓客。●宴會、享樂，銘文或作"匽"。《邾王子旃鐘》："目（以）宴目（以）喜。"●人名。《宴簠》："宴用乍（作）朕文考日己寶殷。"

宴 齊 璽彙 0235

【注】從穴晏聲。●"宴肺（市）信鈢"，裘錫圭先生釋為宴，讀晏。（《戰國文字中的"市"》）古穴、宀二旁通，如"寓"字在侯馬盟書作"窝"。"晏"可能指晏城，其地在今山東齊河縣，春秋時期為齊晏嬰之食邑。該璽應為齊晏地的市官所用之物。

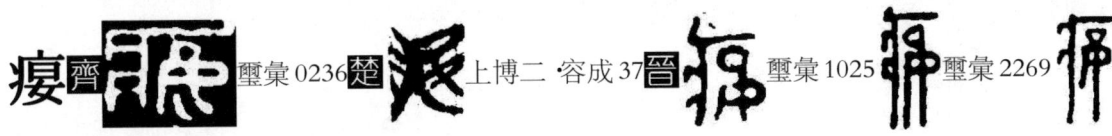

瘨 齊 璽彙 0236 楚 上博二·容成 37 晉 璽彙 1025　　璽彙 2269

璽彙 3418

【注】從疒妟聲，疑“瘻”之或體。●齊璽“⿸疒妟慶信鈢”，讀妟，姓氏。●讀瘻。《上博二·容成37》：“婁（僂）者攴（事）謱（數），⿸疒妟（瘻）者煮鹽。”●晉璽均為人名。

⿰車妟 楚 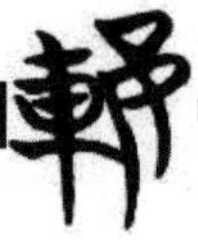曾侯71

【注】從車妟聲。●《曾侯71》：“苲疌，苲⿰車妟。”疑“笮疌”和“笮⿰車妟”是同類物品。望山二號墓23號簡是記車馬器的，文中有“⿰亻妟”“晉”。李家浩先生讀“⿰亻妟”為“筵”，讀“晉”為“薦”，《說文》竹部：“筵，竹席也。”艸部：“薦，薦席也。”此“⿰車妟”可能讀筵。因為是車席，所以也可以從車。

⿰糸妟 楚 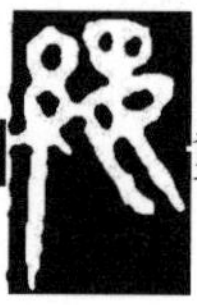璽彙1573 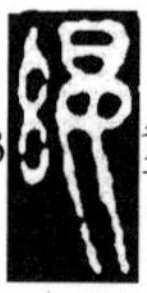璽彙5623 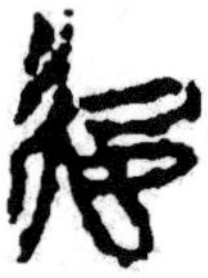信陽2·15 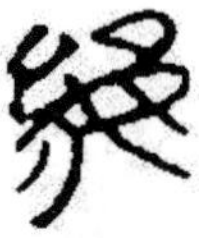望山2·13 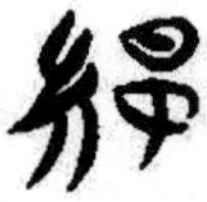包山146 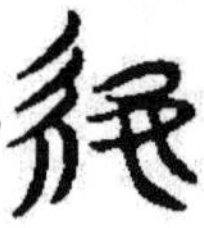包山277 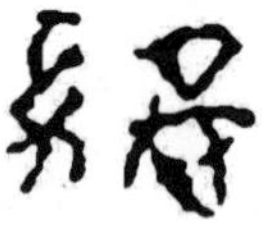包山32 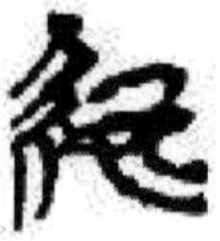包山277 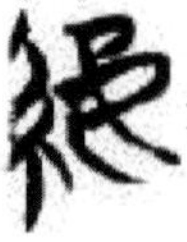清華五·封許6 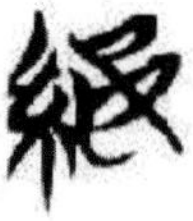清華七·越公30 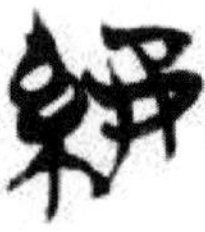清華九·治政42

【注】從糸妟聲，“纓”之異文。●楚簡多讀纓。《信陽2·15》：“一青緅⿰糸妟（纓）組。”●楚璽人名。

⿰土妟 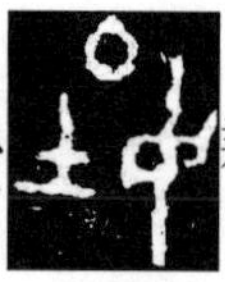殷簋蓋

【注】從土妟聲，疑“堰”之省文。●疑讀堰。《殷簋蓋》：“用大葡（備）于五邑⿱穴木⿰土妟。”

⿰鳥妟 楚 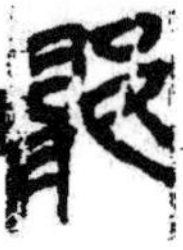上博二·子羔11 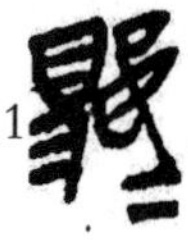上博一·詩論10 包山85

【注】從鳥妟聲，“鴳（鶠）”之省文。●讀燕。體型小，翅膀尖而長，尾巴分叉像剪刀。《上博二·子羔11》：“又（有）⿰鳥妟（燕）監（銜）卵而階（錯）者（諸）丌（其）前，取而軟（吞）之。”●讀燕。《上博一·詩論10》：“《⿰鳥妟⿰鳥妟》之情。”“燕燕”，《詩經》篇名。《詩·邶風·燕燕》：“燕燕于飛，差池其羽。”孔穎達疏：“此燕即今之燕也，古人重言之。”●《包山85》“黃⿰鳥妟（鶠）”，亦可讀“黃燕”，人名。

鮼 秦 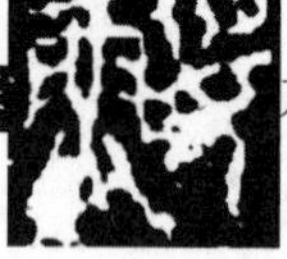石鼓文

【注】從魚妟聲，“鰋”之異文。或作“鮎”，今通作“鯰”。●鯰魚。《石鼓文》：“鰋鯉處之，君子漁之。”《說文》：“鮼，鮀也。從魚妟聲。鰋，鮼或從匽。”

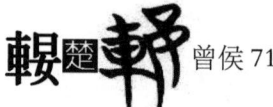

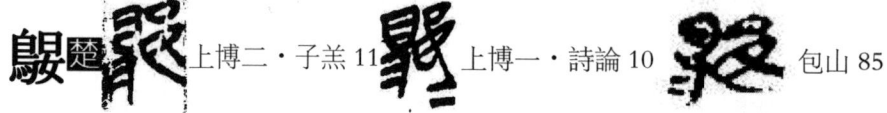

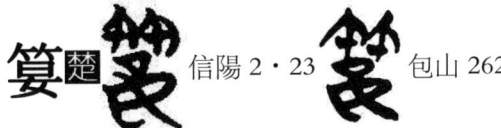

⿱⿰羽妟立 晉 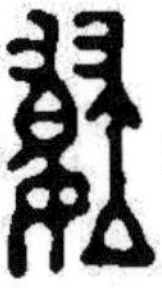 分研 238

【注】從羽從立妟聲。●晉璽“武⿱⿰羽妟立”，人名。

⿱竹妟 楚 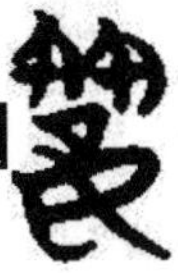 信陽 2・23 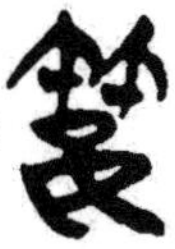 包山 262

【注】從竹妟聲。●均讀筵。《包山 262》：“二⿱竹妟（筵）。”《説文》：“筵，竹席也。”指寢睡用的竹席。

⿰氵⿱竹妟 燕  璽彙 0626

【注】從水⿱竹妟聲，燕系文字日旁常常省略，如“昜”等等。●人名。

⿰貝妟 楚 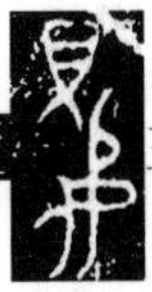 王子嬰次盧 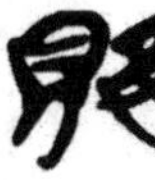 包山 27 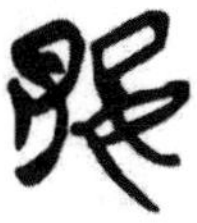 包山 278

【注】從貝妟聲，疑“賏”之省文。●均為人名，可讀嬰。《王子嬰次盧》：“王子⿰貝妟（嬰）次之庚（炒）盧。”

⿰王妟 楚 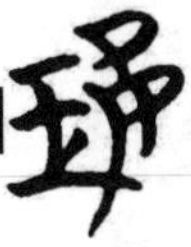 曾侯 57 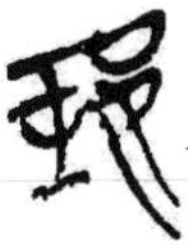 上博六・競公 12 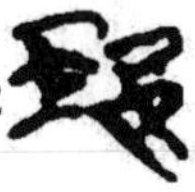 新蔡乙一 24 晉 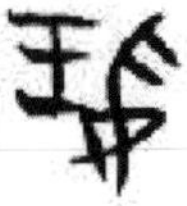 侯馬  六年鄭令韓熙戈

【注】從玉妟聲，“瓔”之省文。●晉系文字人名。●讀纓。《曾侯 57》：“六⿰王妟（瓔），四鞁，六轡。”

⿱⿰王妟糸 齊 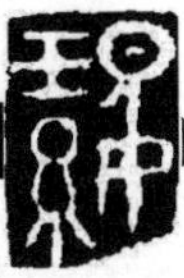 陶彙 3・1247  陶彙 3・1248

【注】從糸⿰王妟聲，“纓”之或體。●齊陶單字，應為人名。

⿰糸⿱妟貝 齊 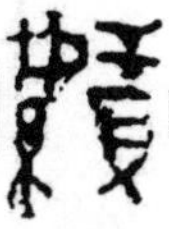 陶彙 3・1246 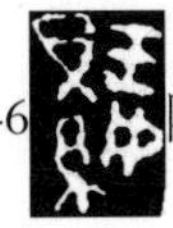 陶彙 3・283 、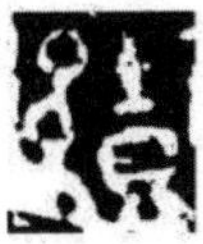 陶録 2・161

【注】從貝⿱⿰王妟糸省聲。聲符“妟”省為女；或省女。●人名。

⿱妟糸 齊 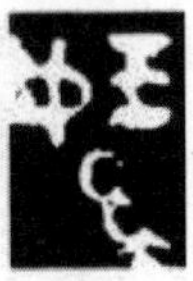、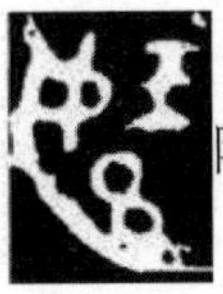 陶録 2・209 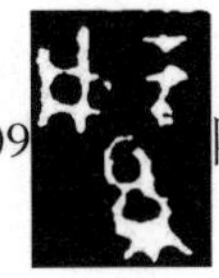 陶彙 3・229

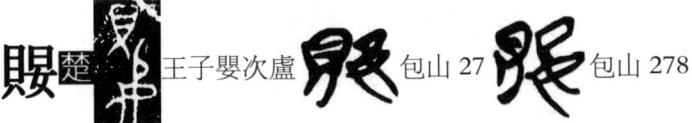

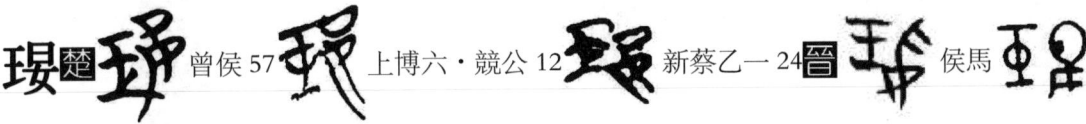

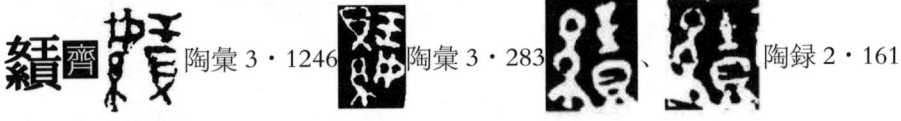

【注】"繢"之省文。●人名。

【注】從貝瑗聲，"瓔"之或體。聲符"旻"或省略日旁。●古文字多為人名。●讀縵。《新蔡乙一 17》："頭（夏）栾育=（之月）已丑旮=（之日），目（以）君不瘳（懌）之古（故），邊（就）禱三楚先屯一瘁（羘），彎（縵）之尗玉。"

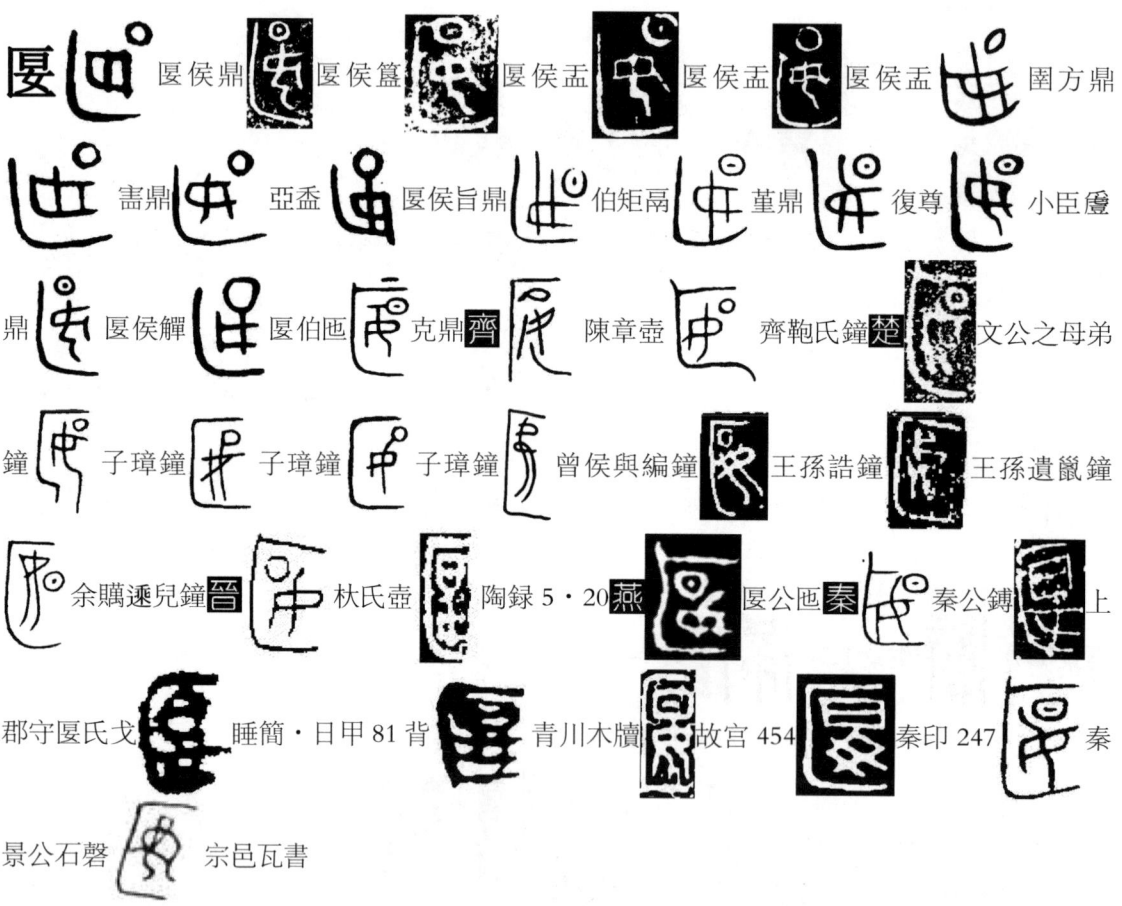

【注】從乚旻聲。乚兼表意，象庭院形，會女子匽安于庭中日下之意。《鄂侯鼎》從厂形，為乚之倒書。"匽"與"安"為同源字，二者取意相同而書寫形式有別。《沇兒鐘》等乚或作匸，為小篆所本。《說文》："匽，匿也。"本義宴安，引申藏匿。●讀郾，國名，即文獻之"燕"。燕、郾今古同字。燕為公元前十一世紀周分封的諸侯國。姬姓。開國君主是召公奭。地望在今河北北

部和遼寧西端，建都薊（今北京城西南隅）。戰國時成為七雄之一。公元前 222 年為秦所滅。《復尊》："匽（燕）侯賞復门衣、臣妾、貝。"●讀宴，宴飲。《鄂侯鼎》："王休宴。"《易·需·象傳》："君子以飲食宴樂。"《經典釋文》引鄭玄言："宴，享宴也。"《沇兒鏄》："㦰（余）目（以）匽（宴）目（以）喜，目（以）樂嘉賓。"以宴以喜，金文習語，意為用以宴慶、娛樂。文獻或作"宴嬉""燕喜"。《詩·小雅·六月》："吉甫燕喜，既多受祉。"《文選·西征賦》："暨乎秅侯之忠孝淳深，陸賈之優遊宴嬉。"金文或用"用宴以喜"，《王孫遺鼠鐘》："用匽台（以）喜。"●燕王喜：戰國末燕國國君，名喜。公元前 254 年即位，前 222 年被秦軍所殺。燕亡。傳世《郾王喜矛》即為他專用的兵器。●讀堰。《宗邑瓦書》："北到于桑匽（堰）之封。"桑堰，地名。

偃 秦 睡簡·封診 56、 吉大 156、 陶彙 9·69、 類編 12、

秦印 157

【注】從人匽聲。●仰臥。《睡簡·封診 56》："男子死（屍）在某室南首，正偃。"●秦文字多為人名。

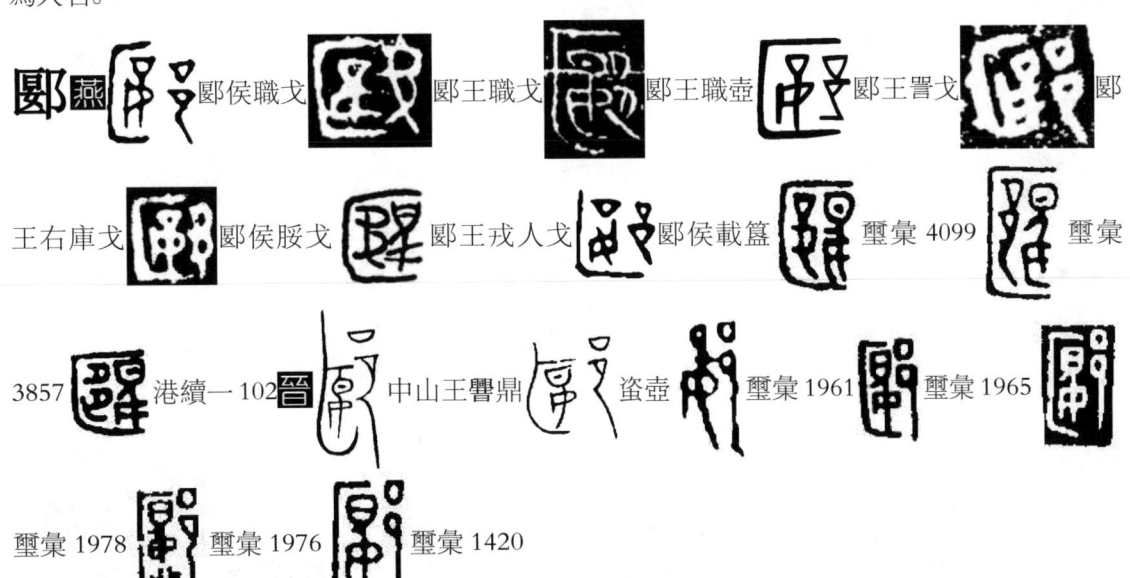

郾 燕 郾侯職戈、 郾王職戈、 郾王職壺、 郾王譻戈、 郾王右庫戈、 郾侯脮戈、 郾王戎人戈、 郾侯載簋、 璽彙 4099、 璽彙 3857、 港續一 102 晉 中山王嚳鼎、 蚉壺、 璽彙 1961、 璽彙 1965、

璽彙 1978、 璽彙 1976、 璽彙 1420

【注】從邑匽聲。《璽彙 1976》增從心。《說文》："鄢，潁川縣。從邑匽聲。"古縣名，古郾子國地，戰國屬魏，秦置郾縣。故城在今河南省郾城縣南。中國周代燕國亦稱為"郾"。●國名。金文始作"匽"，繼則作"郾"，典籍或作燕。詳"匽"字。●古璽印讀匽或讀偃，姓氏。

勴 晉 璽彙 2940、 璽彙 3834、 璽彙 3095

【注】從力匽聲。●晉璽人名。

2357

影紐燕聲

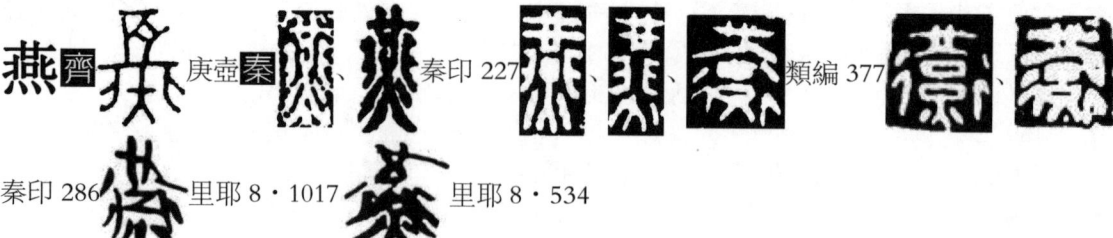

燕《齊》、匽庚壺《秦》、燕秦印227、燕、燕、燕類編377、燕、燕秦印286、燕里耶8·1017、燕里耶8·534

【注】甲骨文作燕、燕、燕，像一隻飛動的燕子。金文字形綫條化。秦印文字或訛為從行。《説文》：“燕，玄鳥也。籲口，布翄，枝尾。”本義為燕子。古代多借作“宴”，表示宴飲，如《漢書》：“帝與齊王燕飲。”●國名，即“匽”。《庚壺》：“庚率百乘舟入鄭（莒），從河台（以）☒伐燕☒丘。”●秦印姓氏。秦文字用“燕”表示燕氏之燕。楚文字用“郾”，齊文字用“匽”，三晉文字用“郾”，燕文字用“郾”表示。

影紐夗聲

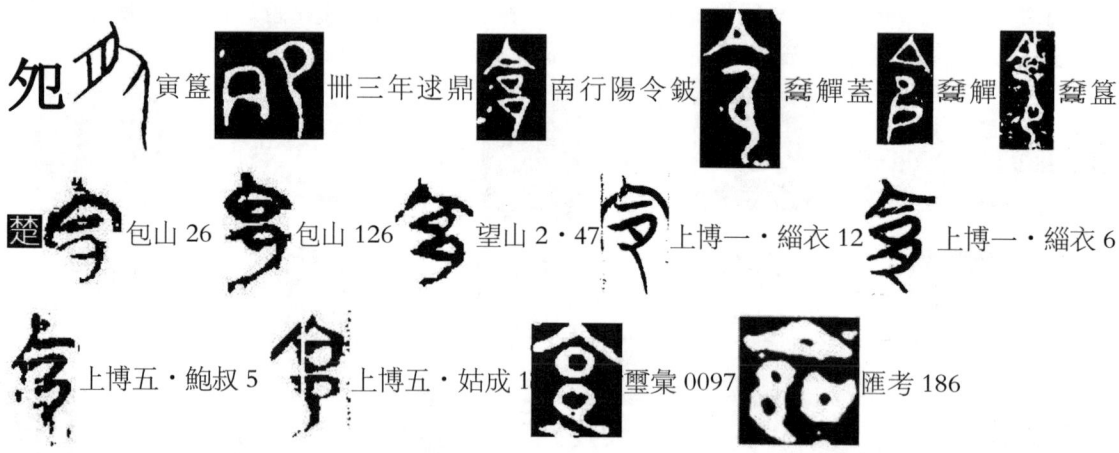

夗《寅簋》、夗《卌三年逑鼎》、夗《南行陽令鈹》、夗《益觶蓋》、夗《益觶》、夗《益簋》、夗《楚》、夗包山26、夗包山126、夗望山2·47、夗上博一·緇衣12、夗上博一·緇衣6、夗上博五·鮑叔5、夗上博五·姑成1、夗璽彙0097、夗匯考186

【注】甲骨文作夗、夗，從肉從乃，會意，疑“胬”之初文。《集韻》：“擘，《説文》手擘也。或作腕，胬。”金文與甲骨文同形。夗形進一步訛變，變為楚簡之“夗”作夗，或作夗，加口（圓）為聲符。楚文字又有讀為館的“宫”，似乎要視文意而別。戰國楚系文字“怨”大多作“悁”，李家浩認為從文字風格來看可能不是楚國抄本，而是魯國抄本。“夗”至小篆演變順序為夗→夗→夗→夗，夗先變成“人”旁，再由“人”旁進一步演變成“卩”旁。“夗”在偏旁中或省為夗、夗形，在古文字中與勹字相混。●讀怨。《卌三年逑鼎》：“用乍（作）余我一人夗（怨）。”《寅簋》：“乃乍（作）余一人夗。”楚簡多讀怨。《上博一·緇衣6》：“晉冬者（祈）寒，少（小）民亦佳（唯）日夗（怨）。”夗，是與今本“宛”字直接對應的字形。《上博五·鮑叔5》：“百眚（姓）皆夗（怨）悳，鑪（奄）然將亡。”楚文字或用“冐”“悁”表示怨。●人名。《南行陽令鈹》：“左庫工市（師）司馬夗。”包山簡“少夗”“大夗”均為人名。●讀餐，祭名。《益觶》：“唯白（伯）初夗于宗周。”●《上博五·姑成1》：“姑（苦）成豙（家）父事敕（屬）公為士，夗行正誚弙（强）。”讀憲。上古音“宛”屬影母元部，“憲”屬曉母元部，二字韻相同，聲母都屬喉音，可通。“憲”有“法令、法度”意，“夗行”意為“依法令行事”。正讀政，糾正、治理之意。“誚弙”與《史牆盤》“訊圉”義近是“迅猛强圉”之意。“誚弙”在此虛用作名祠指為姑成

家父所正的某種人。●《璽彙0097》"下邜尕大夫"。在楚地竹簡中，"宛"字還有一些其他用法：如楚簡中常見地名＋"宛"＋"大夫"或地名＋"行"＋"宛"＋"大夫"等，趙平安先生對這種用法的"宛"有詳細研究，認為從語音上講，它們可能通"縣"（"宛"，影紐元部，"縣"匣紐元部）。（《戰國文字中的"宛"及其相關問題研究——以與縣有關的資料為中心》）

能匋尊　　　　智簋　　　智簋楚　郭店·尊德3

【注】從口夗聲。●金文均為人名。《能匋尊》："能匋易（賜）貝于㠁（厥）智公，大宧（廩）五朋，能匋用乍（作）文父日乙寶障彝。"●讀怨。《郭店·尊德3》："殺甏（戮），所以敘（除）智（怨）也。"

袤楚　　信陽2·15　　　曾侯25

【注】舊釋為"裒"，不確。當從衣夗聲。●讀緣。（單育辰《楚地遣策"宛"字的用法》）"宛"影紐元部，"緣"喻紐元部，影紐與喻紐有可通之例，如《國語·晉語》"以鼓子苑支來"，《左傳·昭公二十二年》"苑支"作"鳶鞮"，其中"苑"為影紐元部，"鳶"為喻紐元部，且二字同為元部。《信陽2·15》："七布巾，一絲袤。"一共有七條布巾，其中有一條布巾的邊緣是以絲為飾的。●曾侯簡人名。

登楚　望山2·46

【注】從豆夗聲。●讀盌。盌，《説文》小盂也。《望山2·46》："四登（盌），又（有）盍（蓋）。"疑簡文"四登"指墓內出土的四件銅敦。

盌殳　叔子毃卮　　　叔子毃卮

【注】從殳盌聲。●讀盌，今字作碗。《叔子毃卮》："弔（叔）子毃乍（作）孟姜祖大宗盌（盌）。""盌"一類器皿，除後世寫作"碗"外，還寫作"椀"。《廣雅·釋器》"盌"與"椀"同訓為"盂"。在"盌"一類器皿的不同名稱中，還有名為"桸""盉""銚"的。（詳李家浩《關於東周器名"和"及其異體的釋讀——兼釋戰國文字"酥"和人名、複姓中的"和"》）

怨楚　清華九·治政42　晉　侯馬秦　睡簡·為吏13　　睡簡·為吏

25

【注】從心夗聲。三體石經作⿱夗心，《説文》古文作⿱夗心。●讀冤。侯馬"怨死"讀冤死。整理者說："惌—借用為冤字，音淵，冤屈的意思。《説文》以為惌是怨的古體字。《一切經音義》：'怨，

屈也。'《詩・都人士》注：'苑，猶屈也。'《説文》：'冤，屈也。'故怨字可與冤字通用。"●怨恨、抱怨。《睡簡・為吏13》："和平毋怨。"秦文字用"怨"表示怨，楚文字多用"悁""肙"表示怨恨之怨。齊文字用"怨"來表示怨（三體石經、《説文》）。●《清華九・治政42》："夫亂者乃違心怨（悁）悁（怨），不楫（輯）君事以辱亓（其）君。"整理者釋為悁，訓憂。當讀惋。"惋"古有怨恨義，《戰國策・秦策二》"受欺於張儀，王必惋之"，鮑彪注："惋，尤恨。"張衡《四愁詩》"何為懷憂心煩惋"，張銑注："惋，怨也。""惋""怨"同義連用。

郊 _楚

【注】從邑夗聲。或贅加口旁。包山簡為"郄邘"二字合文。蕭聖中據清晰的紅外影像，認為《曾侯12》右旁是從宀主聲。●讀宛，地名，當為宛地專用字。

娿 _秦

【注】從女夗聲。●《睡簡6號》："驚多問新負娿：得毋羔也。""新負"即"新婦"，指作信人"驚"的妻子，其名"娿"。

苑 _秦

148・251

【注】從艸夗聲。●秦文字多指禁苑，王室畜養禽獸的苑囿，禁止百姓入內。出土文獻記載苑名、苑吏眾多，有"杜南苑臣""東苑""鼎湖苑臣""白水之苑"等。●秦印"苑贏"，姓氏。漢印有"苑光""苑勝""苑廣"；後漢有苑康，太山太守；唐代有苑咸，成都人，司經校書中書舍人；五代有苑玫，淮南節度副使。

宛 _秦 秦印138　　湖南100　　璽彙3629　　睡簡・日乙194

睡簡・日乙14  于京66

【注】甲骨文作，從宀夗聲。秦簡或作惌，為《説文》異體。《説文》："宛，屈草自覆也。從宀夗聲。宛或從心。""屈草自覆"謂草彎曲自相覆蓋也。本義彎曲。●秦印有"宛狼""宛臣""宛狀"，姓氏。●《于京66》"宛丞之印"，"宛"秦屬南陽郡，今河南南陽市。●《睡簡・日乙14》："惌結之日，利以結言，不可以作大事，利以學書。""惌結"，日名，或作"宛結"。

菀 _秦 印增25

【注】從艸宛聲。●"菀陵之臣"，地名。

窞 仲義父鼎　仲義父鼎　仲義父鼎　仲義父鼎　庚嬴鼎

【注】《金文編》原釋為"客"字。劉釗指出："甲骨文有宛字作（《合集》30268），所從夗與此文宀下所從之形體全同，其下從口應是加口繁化的異體，因此也應釋為宛。"（見劉釗《古文字構形研究》）《庚嬴鼎》所作，據文意釋"宛"無疑。●人名。《仲義父鼎》："中（仲）義父乍（作）新窞寶鼎。"●讀饗，祭名。同"饗"。《庚嬴鼎》："王窞（饗）瑂宫，卒事。"

饗 呂鼎　臣辰卣　臣辰盉　窞鼎　臣辰盉　戍嗣鼎

【注】從食宛聲，為"饗"字繁文。餐，《玉篇》同餪。●疑假借為"裸"，祭名。《呂鼎》："王餐于大室。"《臣辰盉》："隹（唯）王大禴（禴）于宗周，祐饗莽京年，才（在）五月既望辛酉。"《戍嗣鼎》："隹（唯）王饗大室，才（在）九月。"

綩 沈子它簋

【注】《金文編》原釋為"緼"，郭沫若謂"緼"之省文。案：此文右旁與"夗"形體極近，當為"夗"字。此文下不從皿，金文亦未見"盈"字，而且釋"緼"于銘文也讀不通，緼，《説文》訓為"緩也"，此文則用為祭名，故只應釋為"綩"。綩字見《集韻》，或體作綩，音"宛"。銘中應借為饗，金文中以饗為祭名者習見。●讀饗，祭名。唐蘭讀裸，古代酌酒灌地的祭禮。《沈子它簋》："令乃鵬沈子乍（作）綩于周公宗，陟二公，不敢不綩。"

隁 楚　璽彙0358

【注】從阜夗聲，疊加奐為聲符。●楚璽"隁鉨"讀苑。"苑璽，應該是掌管苑囿的官員所用璽印。此官大概相當於《周禮》中的'囿人'"。（《"苑璽"考》）同字晉璽作。

豋 楚　上博七·君甲9　上博七·君乙9

【注】從旱從夗，旱、夗皆聲（上古音"干"屬群母元部；"旱"屬匣母元部；從"夗"之字亦屬元部）。●讀乾。《上博七·君甲9》："桀、紂、幽、厲，戮死於人手，先君需（靈）王軑（乾）溪云蕬（爾）。"簡文"豋溪"讀作"乾溪"，楚靈王建乾溪之臺而速禍之事，文獻多有記載。

邍（邍） 乃孫罍　單伯鬲　應侯簋　倗生簋　散氏盤　隁

尊　晉侯對盨　晉侯對盨　晉侯對盨　陳公子叔原父甗齊　魯邍父簠

魯邍鐘楚　曾子原彝簠晉　鄭饔原父鼎　彙考212秦　石鼓文

【注】當從死聲，彖為累加聲符。或增田為義符。《説文》："邍，高平之野，人所登。從辵、備、彔。闕。"《説文》從備從彔作"邍"，乃傳寫之訛。本義指"田獵"義之"原"，引申為高平之地，經典通作"原"。●族氏名。《原氏仲簠》："邍（原）氏中（仲）乍（作）淪中（仲）嬀家母塍（媵）簠。"●人名。《魯邍鐘》："魯邍乍（作）龢鐘，用亯（享）考（孝）。"●讀原，訓為"再"。《霸伯盂》："以俎或（又）延，白（伯）或（又）邍（原）毁（贈）用玉，先車，賓出。"《爾雅·釋言》："原，再也。"邢昺疏："重，再也。"《禮記·文王世子》："食下，問所膳，命膳宰曰：'末有原。'"鄭玄注："原，再也。"●讀原。《石鼓文》："邍（原）淫（隰）陰陽。"高平、廣平之地曰原。

貛（獂）楚 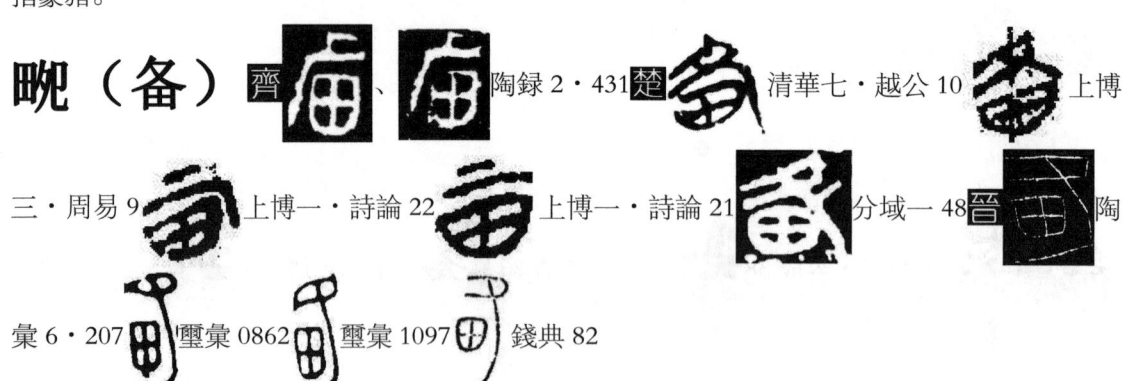 安大一77

【注】從犬邍省聲。簡文左下所從與金文"邍"字右下所從同，"獂（貛）"字異體。《集韻·元韻》："貛，《博雅》：'貛，豕屬。'或從犬。"●讀狟。《安大一77》："古（胡）詹（瞻）尔廷（庭）又（有）縣貛（狟）可（兮）。"《毛詩》作"胡瞻尔庭有縣狟兮"。上古音"原"屬疑紐元部，"狟"屬匣紐元部，二字音近可通。《説文》："貛讀若桓。"鄭箋："貉子曰狟。"簡本此字作"獂"，本指豪豬。

畘（备）齊 庙、庙 陶録2·431楚 清華七·越公10 上博

三·周易9 上博一·詩論22 上博一·詩論21 分域一48晉 陶

彙6·207 璽彙0862 璽彙1097 錢典82

【注】"邍"之省文。也可分析為從田死聲。●趙幣"平畘"讀平原，地名。●讀邍，今作原，平原。《清華七·越公10》："坪（平）畘（邍）。"●讀原，推原也。《上博三·周易9》："畘（原）筮，元羕（永）貞，吉，亡（無）咎。"

倡晉 貨系1807 先秦編242

【注】從人眢聲。●趙方足小布讀原。同"眢"字。

智 楚 清華五·三壽1　　清華三·說命中1　　清華九·治政42

【注】從勻從眢，雙聲字。●讀洹，水名。《清華五·三壽1》："高宗觀於智（洹）水之上，參（三）壽與從。""原"疑母元部，"洹"匣母元部。洹水，位今河南安陽市北。●讀原。《清華三·說命中1》："王智（原）比厥夢。"原，察度即推究之義。《管子·戒》"春出原農事之不本者"，尹知章注："原，察也。"●讀原，平原。《清華九·治政42》："為旹（時）以相見坪（平）智（邍）之审（中），戠（鑿）杜敘（除）軐（軔），被麞（甲）緵（纓）韋（胄），以眾相向。"

鄱 晉　　璽彙2139

【注】從邑眢聲。●晉璽"鄱壬"，讀原，姓氏。

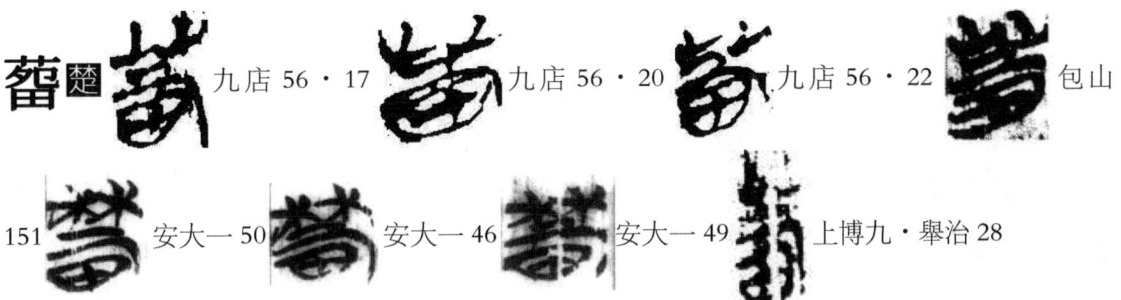

蕾 楚 九店56·17　　九店56·20　　九店56·22　　包山

151　　安大一50　　安大一46　　安大一49　　上博九·舉治28

【注】從艸眢聲。安大簡從林。●讀眢。《包山151》："城田一索畔（半）蕾（眢）。""一索半眢"應是指田界範圍。●九店建除名。●讀宛。《上博一·詩論22》："《蕾（宛）丘》吾善之；《猗嗟》吾喜之。"●讀宛，仿佛、好像。《安大一49》："蕾（宛）才（在）水之审（中）央。"

影紐夑聲

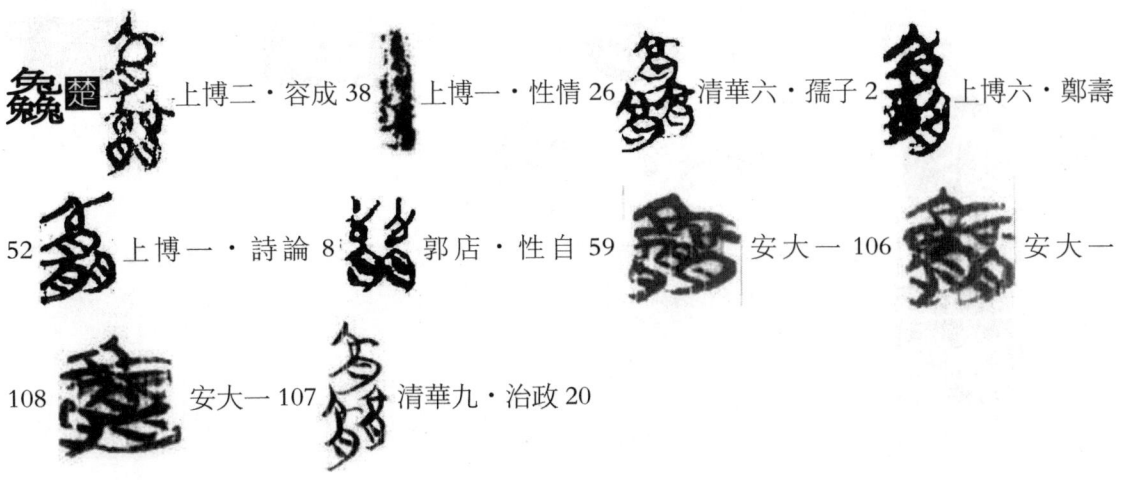

夑 楚 上博二·容成38　　上博一·性情26　　清華六·孺子2　　上博六·鄭壽

52　　上博一·詩論8　　郭店·性自59　　安大一106　　安大一

108　　安大一107　　清華九·治政20

【注】《説文》兔部："毚，疾也。從三兔。闕。"按，説解中的"闕"，是指這個字的讀音不清楚。這個問題隨着上海博物館藏戰國竹簡的陸續公佈已經得到解決。《上博二·容成38》從三個"兔"，《上博一·詩論8》省掉其中兩個"兔"的頭部，它們無疑都應該釋寫作"毚"。古文字中經常有省略相同偏旁的現象，如"雧"省作"集"、"欁"省作"襄"，何琳儀先生把這種現象稱為"刪簡同形"。"毚"字也存在這種現象，常常把所從的三個"兔"省掉一個作"毚"。例如上博竹簡《性情論》26 號"門内之治，欲其毚也"，郭店竹簡《性自命出》59 號與"毚"對應的字就作"毚"。"毚"字的讀音與"宛"字相近。●讀琬。《上博二·容成38》："〔傑〕不量其力之不足，起師以伐岷山氏，取其兩女晉、毚。"根據古本《竹書紀年》所記岷山氏之二女名"琰""琬"，可知"晉"應讀為"琰"，"毚"即為"琬"。●讀宛。《上博六·鄭壽53》："殺左尹毚，少師無忌。"根據《左傳》昭公二十七年所記楚左尹名"卻宛"，可知"毚"應讀為"宛"。《上博一·詩論8》：《小毚》，其言不惡，小有佞焉。""小毚"即《詩經·小雅》中的一篇"小宛"。●讀婉。《説文》："婉，順也。""宛"也可訓"順"，如《管子·五行》："天為粤宛，草木養長，五穀蕃實秀大。"尹知章注："宛，順也。"《郭店·性自59》："門内之絧，谷（欲）其毚（婉）也。門外之絧，谷（欲）其折（制）也。"對門内的親人要講恩，處事要婉轉。《清華六·孺子2》："古（故）君與夫=（大夫）毚（宛）女（焉），不相㝵（得）晉（惡）。""宛"整理者讀晏，不如讀婉更直接。●《安大一106》："毚（宛）亓（其）死〔也〕，佗（他）人吕（以）愈（愉）。"《毛詩》作"宛其死矣"。毛傳："宛，死貌。"《釋文》："宛，本亦作苑。"●讀晏。《清華九·治政20》："則考（孝）孚（勉）毚（晏）惠以並事之。""晏"，訓為"安"。惠，訓"順"，如《詩·邶風·燕燕》："終溫且惠，淑慎其身。"毛傳："惠，順也。"

【注】從頁毚聲。●人名。《長子顥臣簠》："長子顥臣擇其吉金。"

曾侯 67　　曾侯 49　　曾侯 51　　曾侯 53

【注】從龜毚省聲。●《曾侯49》："龜組之綏。"讀冤。《説文》："冤，曲也。"又："繑，繑冤也。""冤組之綏"是一種用蟠曲相絞的方法編織的組帶，此編織方法俗稱蟠龍絞。

包山 271　　包山 273　　包山牘 1

【注】從革毚省聲，"鞘"之繁文。●李家浩讀犍，公牛。《包山271》："鞘（鞘）牛之革鞻（鞦）。"

珍秦 339

【注】冤，漢印作（漢印 875），《説文》把"冤"字分析為從"兔"從"宀"會意，但張富海

2364

先生認為所謂"兔"是"毚"之省，是"冤"字的聲符。其説可信。●秦印人名。

娩 秦 嶽麓三 111　　嶽麓三 125　　嶽麓三 125　　嶽麓三 132

【注】從女冤聲。●人名。

影紐冐聲

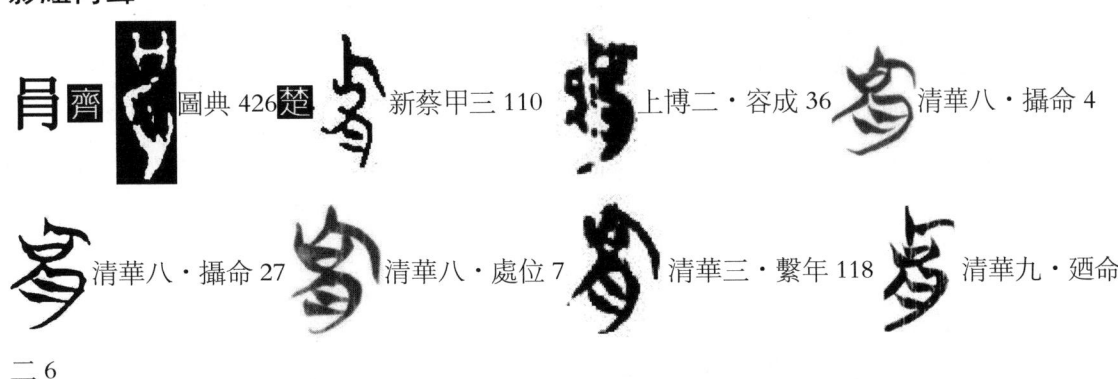

冐 齊 圖典 426 楚　　新蔡甲三 110　　上博二・容成 36　　清華八・攝命 4

清華八・攝命 27　　清華八・處位 7　　清華三・繫年 118　　清華九・廼命
二 6

【注】《包山 273》"鞭"所從兩個"兔"的頭部省去頂端的撇筆作 ，在此基礎上把收筆不寫出
頭作 ，就會變成"冐"上部的寫法。再進一步，把起筆也不寫出頭作 ，就會同"冐"上部的
寫法十分相近。從有關資料來看，它應該是從"毚"字簡省分化出來的，"冐"與"冐"實際上
都是"兔"字的變體。（劉洪濤《釋"冐"—兼釋"鬲"字》）●讀怨。《清華八・攝命 27》："民
朋亦則興安（仇）冐（怨）女（汝）。"《清華三・繫年 118》："楚冐（以）與晉固為冐（怨）。"
《清華九・廼命二 6》："母（毋）或以而必（密）逐（邇）、寮朋、宦禦之古（故），弜（強）請
於朕，以自乍（作）查（樹）冐（怨）。"●齊陶"畏冐"，應為人名。

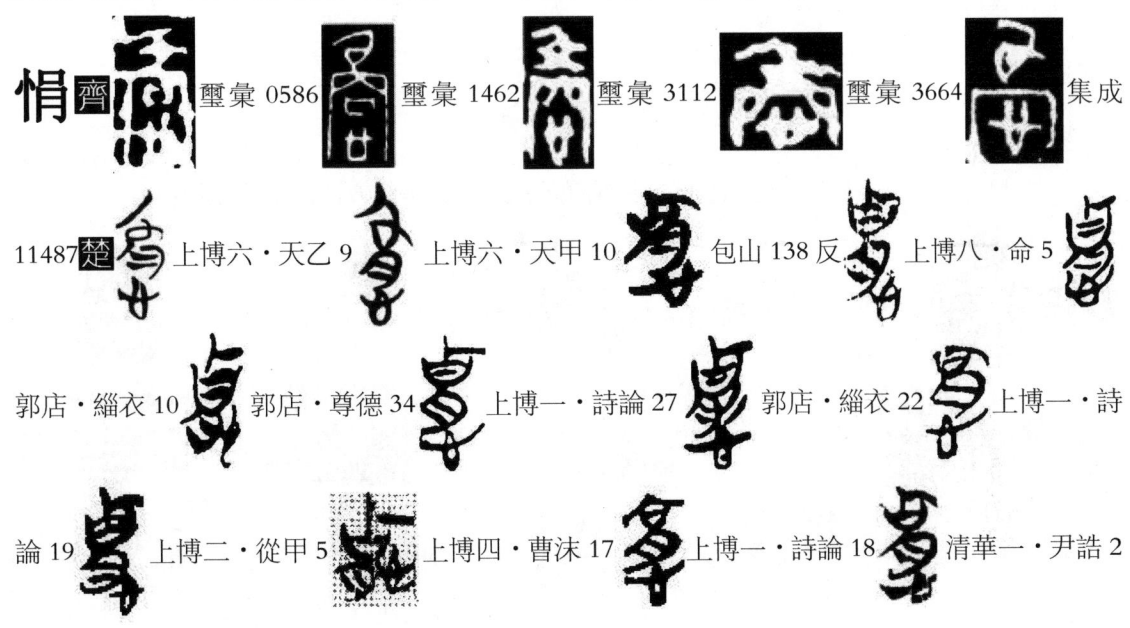

悁 齊 璽彙 0586　　璽彙 1462　　璽彙 3112　　璽彙 3664　　集成

11487 楚 上博六・天乙 9　　上博六・天甲 10　　包山 138 反　　上博八・命 5

郭店・緇衣 10　　郭店・尊德 34　　上博一・詩論 27　　郭店・緇衣 22　　上博一・詩

論 19　　上博二・從甲 5　　上博四・曹沫 17　　上博一・詩論 18　　清華一・尹誥 2

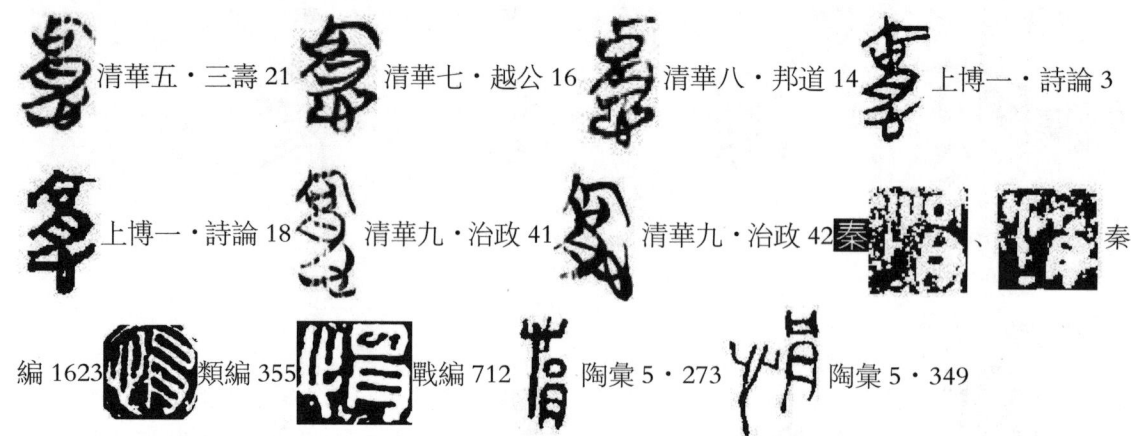

【注】從心肙聲，楚文字為"怨"專字。齊陶、《上博六·天乙》上部從兔。《上博一·詩論3》增宀為繁文。●楚簡多讀怨。《上博四·曹沫17》："不可以先作悁（怨）。"《上博一·詩論27》："猶有悁（怨）言。"《包山138反》："與其戴（仇）又（有）悁（怨）不可諮（證）。"●秦陶"左悁""左司悁瓦"，"悁"疑讀埍。埍，《說文》："徒隸所居也。一曰女牢。一曰亭部。"●秦印、齊璽人名。

【注】從手肙聲。●秦印"捐疾"，人名。與"去病""棄疾"為人名義近。

【注】從犬肙聲。●晉璽人名。

【注】從水肙聲。=為省略符號。●秦陶"左司涓瓦"，讀埍。詳"悁"字。●晉璽人名。

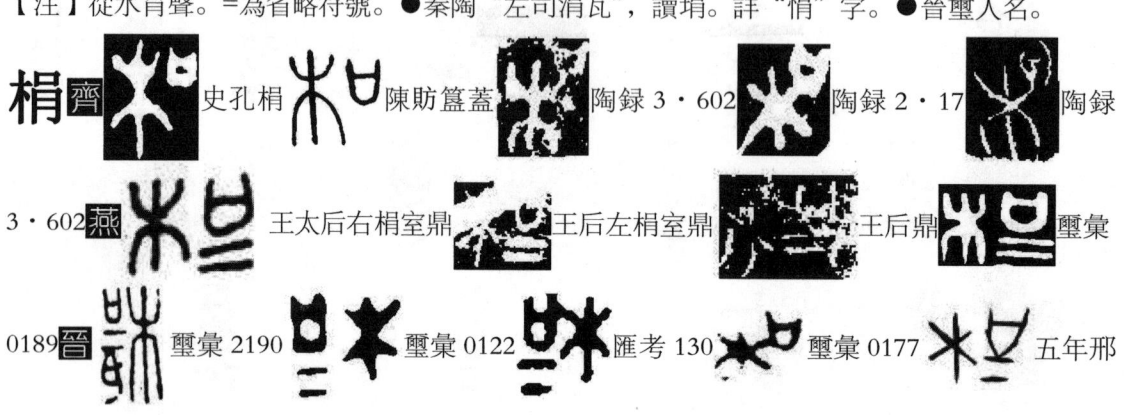

令戟  璽彙 4000 分研一 279

【注】從木昌聲。齊文字和和從和之字多見，如 （蔡大史鋼）、 （哀成叔鋼）、 （子禾子釜）、 （左關鋼），此字舊釋為"鋼"，從字形上可從；小篆從禾旁的一些字，古文字有時從木作，如"穌"，篆文從禾，金文一律從木。又篆文從木的一些字，古文字有時從禾作，如"休"字，篆文從木，早期金文也從木，六國時則一律從禾。《伯遊父觚》自名為" "，李學勤釋為"觚"，認為該字右邊 就是"只"字，與《說文》"只從口，象氣下引之形"相符合。"只"與"后""氏"古音同，文獻中"后"又作"觚"，所以"觚"應該就是"觚"字。同時李學勤認為舊釋為"鋼"的這個字，中間均從木而非禾，器名應該為"鋼"，均不得從禾得聲，應從"只"聲，是"后"的通假字，故這些青銅器應該叫"后"。（李學勤《釋東周器名后及有關文字》330頁）李家浩先生對自名為和、鋼、觚的相關器物器形、文義進行了疏通，認為所謂"口"是"昌"的省寫。（詳《關於東周器名"和"及其異體的釋讀——兼釋戰國文字"酟"和人名、複姓中的"和"》）今從李家浩說。●《匯考130》"邮采棺凸（尉）"，《璽彙0122》"亡陞棺凸（尉）"，均讀苑。●讀涓。《王太后右棺室鼎》："王太后右棺室。"馮勝君同意李家浩的意見，並進一步認為燕國銅器銘文中的"棺"應讀為"涓"，古代有洒掃、清潔之意。"棺（涓）室"當為由宦官組成的為王太后或王后服務的機構。（《戰國燕青銅禮器銘文彙釋》）●《璽彙2190》"文是棺"人名。●人名，讀乞。《陳肪簠蓋》："余墜（陳）中（仲）舋孫，釐弔（叔）棺子。"簠銘"釐叔棺"的"棺"即陳釐子乞的"乞"的異文。上古音"乞"屬溪母物部，"棺"屬曉母元部。溪曉二母都是喉音，關係密切，如從"乞"得聲的"迄""汔""鈧"即屬曉母。物元二部字音有關，如物部的"勿""没"與元部的"勉"相通；元部的"宛""苑""冤"與物部的"鬱"相通。●器皿自稱，今字作碗。《璽彙0177》"迖關醬（醬）棺"，指盛醬用的"棺"。《玉篇》木部："棺，古玄切，椀謂之棺，盂屬也。""盌""棺"古音相近。上古音"盌"屬影母元部，"棺"屬曉母元部，二字韻部相同，聲母相近。影、曉二母都是喉音，關係密切，跟"棺"一樣從"昌"得聲的"悁""娟""弲""削"等字即屬影母。"棺"與"盌"當是同源詞。古代椀的用途十分廣泛，其中之一就是用來盛酒。《齊民要術》卷七《造神麴并酒》篇說："椀盛酒、脯、湯餅。"●《五年邢令戟》"工帀（師）閭棺沱"、《璽彙4000》"門棺袄"、《分研一279》"問棺"（后二例作合文），均為複姓，可讀涓。《淮南子·時則》"禁外徙，閉門閭，大搜客"，高誘注："門，城門也；閭，里門也。""閭涓""門涓"大概本指主管里門和城門打掃清潔之事的人，其後代子孫以其祖先職事為氏。●餘例為地名。

鋼金 蔡大史鋼 齊 子禾子釜 左關鋼 晉 哀成叔鋼

【注】從金棺聲。●器皿自稱，詳"棺"。《左關后》："左關之鋼。"《子禾子鋼》："左關釜節於敭（廩）畚（釜），關鋼節於敭（廩）䤨。"《哀成叔鋼》："哀成弔（叔）之鋼。"

 醋棺 楚 清華六·子產23

【注】從酉棺聲，即"醋"的異體。●讀醋。《清華六·子產23》："好畬（飲）飤（食）醋（醋）

釀以再（稱）聎（勑）者。"有人修飾華麗的宮室和衣裘，喜歡追求美味的飲食，以此來夸耀自己財大勢大，這種人會引起社會不安，故子產整飭之。《説文》："酶，酶酒也。"又："酶，酶也。"《玉篇》："酶，公縣切，以孔下酒也。""酶"後世作"瀝"。"酶釀"指經過過濾不帶糟的美酒。

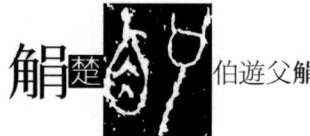伯遊父觡

【注】從角肙省聲。●器名自稱，詳"椻"字。

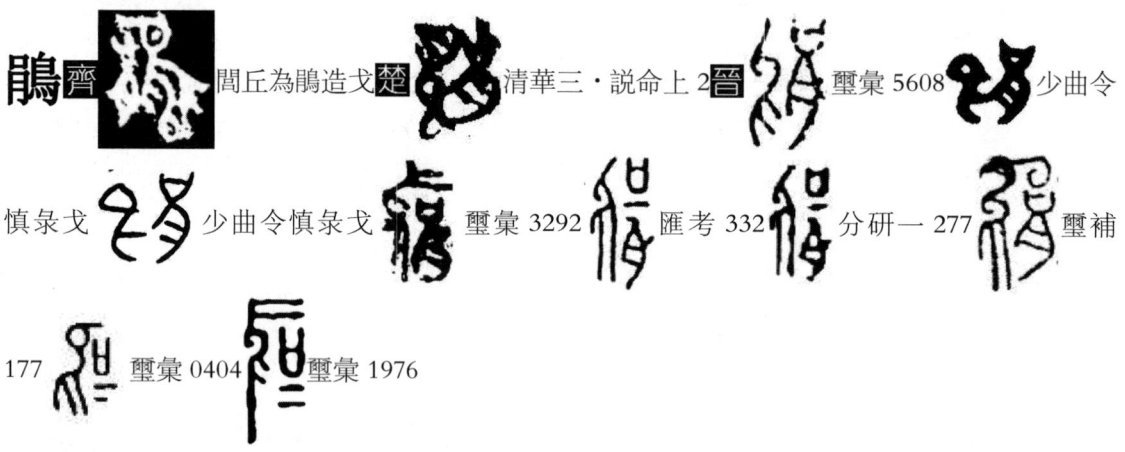

【注】從鳥肙聲。戰國文字"鳥"常作簡形，几至不辨。《璽彙0404》《璽彙1976》或釋為鳴。●讀鳶。《清華三·説命上2》："敓（説）方竿（築）城，縢降甬（庸）力，乎（厥）敓（説）之㡿（狀），鵑肩如惟（椎）。""鳶肩"謂兩肩上聳，像鴟鳥棲止時的樣子。●古文字多為人名。《伯鵑壺》："十一年，命（令）少曲慎彔，工帀（師）☒☒，冶鵑。"

珍戰129

【注】從心鵑聲。●晉璽人名。

陶彙6·90　璽彙3877

【注】從佳肙聲，"鵑"之異文。●晉文字人名。

清華六·子産26

【注】從心雊聲。●讀晏。《清華六·子産26》："上下雊（晏）胥（輯）。"《補正》引石小力先生云："'雊'字當從心，雊聲，雊即鵑字異體。鵑從肙聲，肙，古音影母元部，疑可讀為同音之'晏'，《詩經·衞風》'言笑晏晏'，《傳》：'和柔也。'與輯意近。"

詯  清華十・四告 4

【注】從言冐聲。●讀怨。《清華十・四告 4》："暴唬（虐）從（縱）獄，盍=（藹藹）爭詯（怨）。"

剈  曾孟嬴剈簠

【注】疑從刀冐聲。《説文》："剈，挑取也。從刀冐聲。"本義剜割挑取。●人名。《曾孟嬴剈簠》："曾孟嬴剈自乍（作）行簠。"

粡  包山 131

【注】從米冐聲，"稍"之異文。●包山簡人名。

 璽彙 5671

【注】從廾粡聲。●人名。

稍  苑城夫人鼎  秦印 133  匯考 344 璽彙

0838 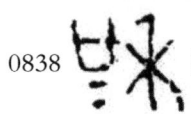 璽彙 5110  璽彙 1898 璽彙 2292

【注】從禾冐聲。●《苑城夫人鼎》讀苑，地名。●餘例多為人名。

絹  信陽 2・15 望山 2・21 包山 267  包山 267  包

山 277  包山 268  包山 271 秦印 254

【注】從糸冐聲。《包山 268》"占"下弧筆剝離成兩筆。絹，《廣韻》縑也。●繒帛。《包山 267》："靾牛之革韝（鞁），紕絹之純。"●《信陽 2・15》："一紡帬與絹。""絹"從辭例上看當是衣物一類的東西，似乎不是古籍訓為"縑"的意義。

騽^燕  璽彙 1237　　璽彙 5490

【注】從馬冐聲。●燕璽人名。

輈^楚  新蔡甲三 237

【注】從車冐聲。●簡文"墨禱一乘大洛（路）黃輈，一鞃玉睪☐……"，所指不詳。

郿^楚 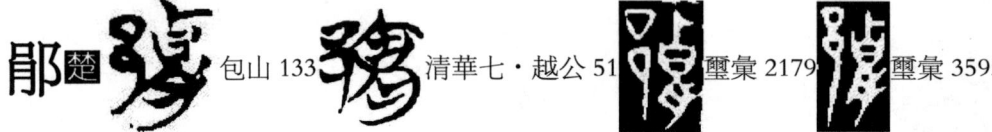 包山 133　　清華七·越公 51　　璽彙 2179　　璽彙 3595

【注】從邑冐聲。●包山簡讀宛，地名。●讀縣。《清華七·越公 51》："鄝（邊）郿（縣）成（城）市。"簡文和《清華七·越公 52》"鄝（邊）還（縣）成（城）市"可對讀。●楚璽"郿遺""郿才"，姓氏。

痛  班簋

【注】疑從广冐聲。《説文》無。●國名，地望在今山東省曲阜縣東。典籍作"奄"，亦或作"蓋"。《班簋》："王令毛公旨（以）邦冢君、土（徒）馭、或人伐東或（國）痛戎，咸。"

曉紐厂聲

厂^厂　散氏盤

【注】甲骨文作╒，象山崖之形。甲骨文厂、石一字，自古文觀之，厂乃石之分化字。厂為山之崖岩可居人者，广為屋形，原不同字，惟金文二者一作╔，一作╒，形近易混，偏旁中每得任作。《説文》："厂，山石之厓岩，人可居。象形。凡厂之屬皆從厂。斦籀文從干。呼旱切。"本義指山崖，後不單用。●地名。《散氏盤》："登于厂源（原）。"

屵^齊  璽彙 2057

【注】從山厂聲。《説文》："屵，岸高也。"《總要》："屵，同岸。"●齊璽人名。

鴈（雁）^秦　里耶 8·444

【注】從鳥人，厂聲。《説文》："鴈，騀也。從鳥人，厂聲。"●"鴈門"，地名。

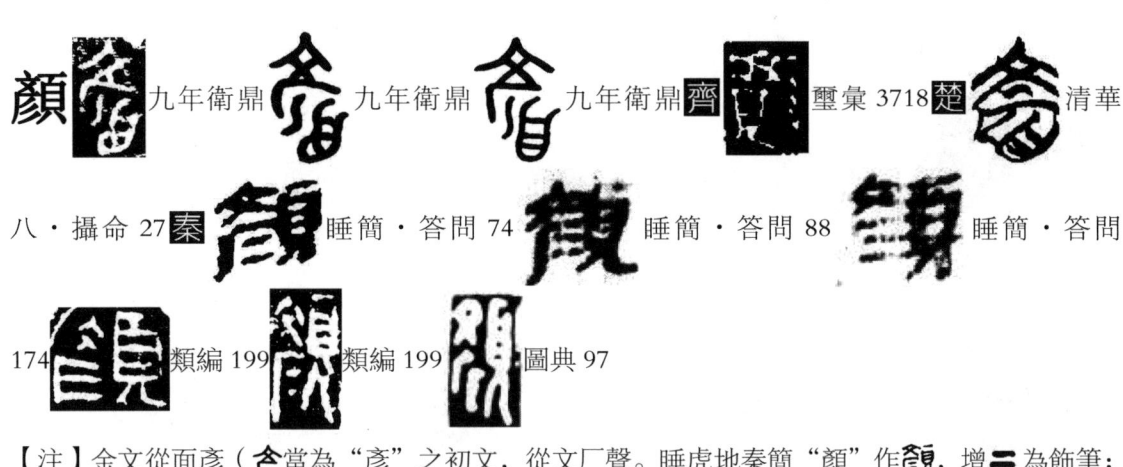

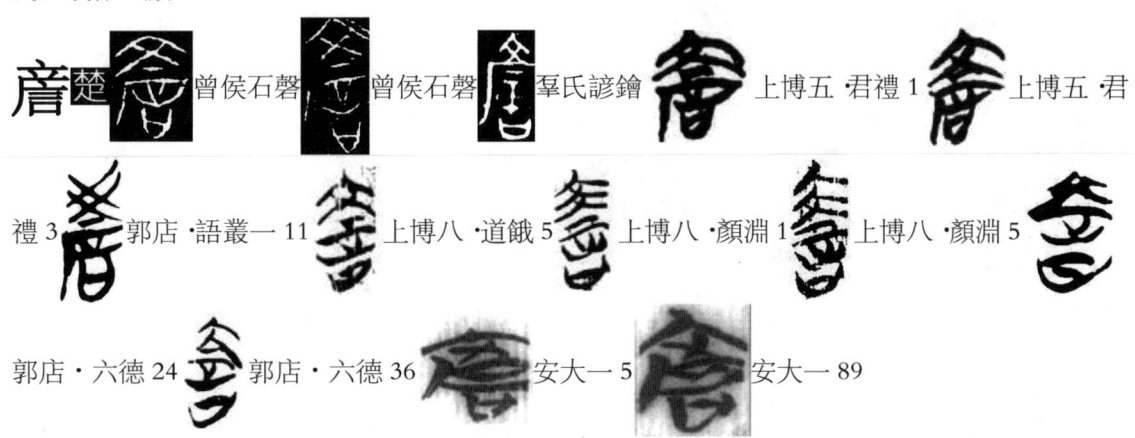

【注】金文從面彦（仒當為"彦"之初文，從文厂聲。睡虎地秦簡"顏"作顏，增二為飾筆；小篆演化為彡，文旁演化立形，為隸書所本）省聲。目為面形，前作目，即表人之面。如金文"眉"之作峝也。篆文"面"作圓，所從口即金文目之延長也。顏、面當同源，"顏"乃"面"追加聲符"彦"而成。戰國文字從頁彦聲。《説文》："顏，眉目之閑也。籀文。"段玉裁注；"各本作眉目之間。淺人妄增字耳。今正。眉與目之間不名顏。……顏為眉間。醫經之所謂闕。道書所謂上丹田。相書所謂中正印堂也。……凡羞媿喜憂必形于顏。謂之顏色。故色下曰顏气也。"本義兩眉之間，即印堂。●人名。《九年衛鼎》："我舍顏陳大馬兩。"●讀安。《清華八·攝命27》："余害（曷）叚（假），不（丕）則高逢乃身，亦余一人永肯（安）在立（位）。"●秦簡本義，額上。《睡簡·答問174》："或黥顏頯為隸妾。"有的認為應在額上和頸部刺墨為隸妾。●秦印姓氏，或作"顏"。

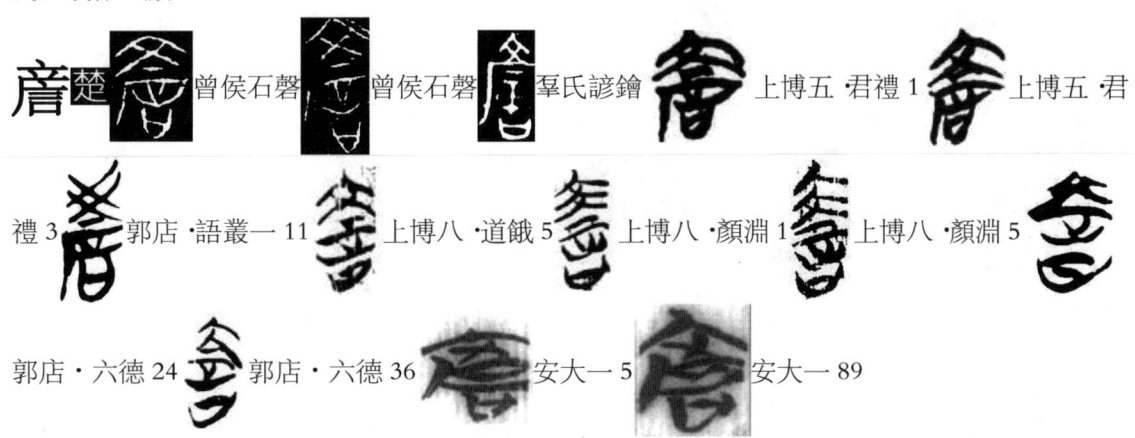

【注】從言彦省聲，"諺"之初文。"諺"是個部分表意的雙聲符字，古音"言""彦"均在疑紐元部。郭店簡疑"詹"字訛體，"文"字形上部的筆畫寫交叉。上博簡最上部的"宀"字形為"厂"字形改變位置和書寫角度的寫法。●曾侯律名或讀炭，引申為不足。●人名。《羣氏諺鐘》："羣氏詹（諺）乍（作）羞（膳）鐘。"●讀顏。《郭店·語叢一11》："又（有）勿（物）又（有）緐又（有）緩，而句（後）詹生。"●《郭店·六德24》："六者客（各）行亓（其）戠（職），而苔（讒）詹（諂）蒺緐（由）迮（作）也。"舊釋為奢，《玉篇·言部》："誇，逞也。奢，古文。"李零謂從言從彦省，讀諂（《楚地出土戰國簡册十四種》306頁），正確無誤。●讀媛，美女。《安大一89》："墨（展）女（如）人也，邦之詹（媛）可（兮）。"《毛詩》作"邦之媛也"。上古音"詹"屬疑紐元部，"媛"屬匣紐元部，音近可通。●讀言。《安大一5》："詹（言）告币（師）氏，言告言逗（歸）。"毛傳："言，我也。"●讀言。《上博八·道餓5》："門人既茶（除），

而司寇不至。㦰（言）遊去。"言遊，人名。

 清華三·琴舞 16

【注】從女彥省聲。●讀彥。《清華三·琴舞 16》："文非敷（陳）帀（斯），不顝（墜）卣（修）婪（彥）。"《爾雅》："美士為彥。"《禮記·大學》："人之彥聖。"意謂"不墜失美士"。

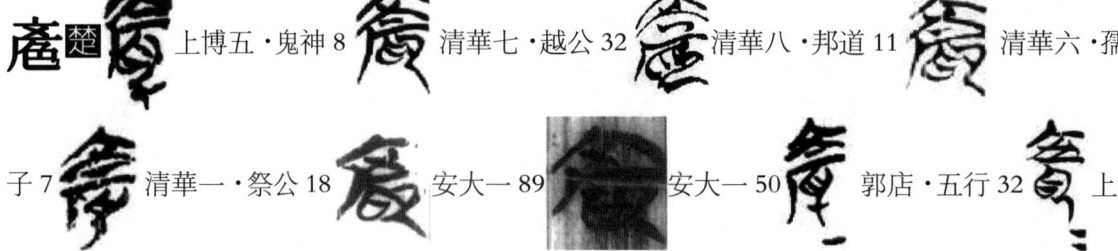 上博五·鬼神 8　　清華七·越公 32　　清華八·邦道 11　　清華六·孺

子 7　清華一·祭公 18　　安大一 89　　安大一 50　　郭店·五行 32　　上

博九·史𧻸 8

【注】從色彥省聲。《郭店·五行 32》等為"顏色"二字合文。●多讀顏。《清華八·邦道 11》："與亓（其）顝（顏）以頄（柔）之，則眾不戔（賤）。"

 上博二·容成 44　　信陽 2·28

【注】從火彥省聲，"炭"之異文。●均讀炭。《上博二·容成 44》："視（真）盂焱（炭）其下，加𥻲（圓）木於其上，思（使）民道（蹈）之。"

 齊父丁鼎　　仲姬敦　　仲姬敦

【注】從弓彥省聲。●人名。《仲姬敦》："中（仲）姬弰之盞。"

 陳販簠蓋

【注】從初彥省聲。《説文》無。●疑讀産。《陳販簠蓋》："余墜（陳）中（仲）𨭖孫，釐弔（叔）桐子。"郭沫若曰："殆産之異……産者，生之初也，故從初。"

 大市量　　新蔡甲三 203　　郭店·性自 7　　包山 145　　上博

九·陳公 19　　貨系 2476

【注】從鳥彥省聲，"鴈"之異文。《新蔡甲三 203》"雁首"合文，可知《大市量》亦為"雁首"二字合文。●讀雁。幣文"鳶即"疑讀雁次，是趙國雁門的一個重要城邑。或讀安次，地名，渤海郡，在今河北安次。●讀雁。《郭店·性自 7》："牛生而伥（長），鳶（鴈）生而戩（伸）。"雁生來就伸長脖子。●容量名。大市量自名"雁首"，其容積為"赤"（4500ML）的九分之一。（《東周金文與楚簡合證》107 頁）

墇 ^楚 清華二·繫年 117　　清華二·繫年 116

【注】從土鳶（從隹）聲。簡文或增從水。●讀岸，地名。《清華二·繫年 117》："釛（韓）啓章衛（率）自（師）栽（救）赤墇（岸）。"

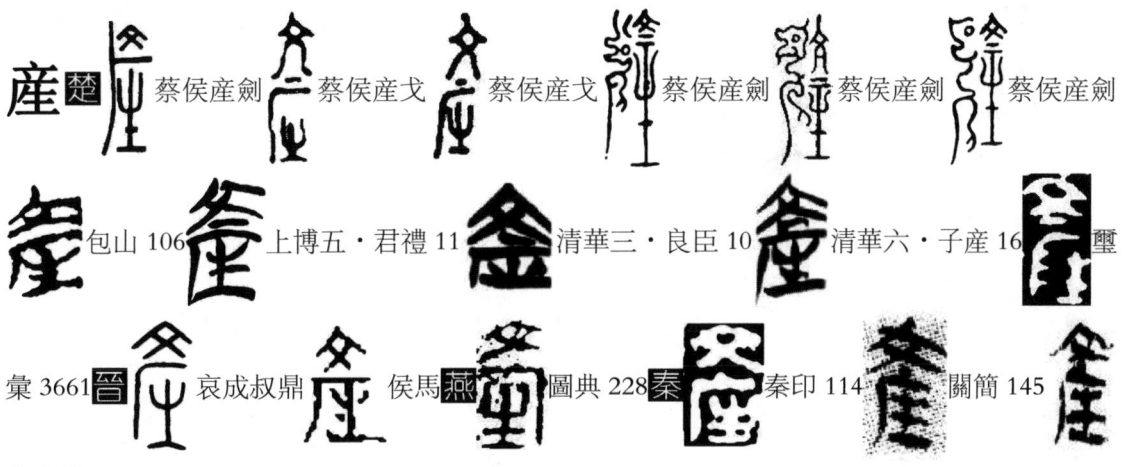

產 ^楚 蔡侯產劍　蔡侯產戈　蔡侯產戈　蔡侯產劍　蔡侯產劍　蔡侯產劍

包山 106　上博五·君禮 11　清華三·良臣 10　清華六·子產 16　璽彙 3661 ^晉 哀成叔鼎　侯馬 ^燕 圖典 228 ^秦 秦印 114　關簡 145 北大簡

【注】從生（象植物生長形）彥省聲（古文字"彥"作偏旁時常省作𠂤）。《蔡侯產劍》等繁化作鳥蟲文。《説文》："產，生也。"本義出生。●出生。《哀成叔鼎》："正月庚午，嘉曰：余鄭邦之產，少去母父。"●人名。《蔡侯產戈》："蔡侯產之用戈。"《上博五·君禮 11》"子產"，人名。●燕璽"產鄩"、楚璽"產☒"姓氏。

顏 ^秦 、　秦印 172

【注】從見產聲，"顏"字或體。●秦印"顏謹""顏昭"讀顏，姓氏。

櫇 ^楚 包山 116

【注】從乘產聲；疊加乘為聲符，或以為"產"之異文。●人名。

隡 ^楚 清華七·子犯 13

【注】從阝產聲，疑為"岸"字異體。●讀岸。《清華七·子犯 13》："見受（紂）若大隉（岸）牁（將）具陞（崩），方走去之。"

曉紐奐聲

師奐父簠 師奐父簠 單叔奐父簠 燕 郾侯脮戈 郾王職戈

璽彙 0729 晉 、 、 侯馬 秦 七年丞相奐殳戈 陶

新 2964 陝新 614 印增 100

【注】從人從穴，從廾，會從他人穴有所取之意。戰國文字省作。或省廾形僅作、、。《說文》："爾，取奐也。一曰大也。從廾，夐省。呼貫切〖注〗臣鉉等曰：夐，營求也。取之義也。"本義取換、交換，為"換"之本字。典籍中多用作盛也、多也、粲明也。《詩·大雅》伴奐爾遊矣。《禮·檀弓》美哉奐焉。●人名。《師奐父簠》："師奐父乍（作）旅須（簠）。"燕璽亦為人名。●讀換，改換。侯馬盟書中"改換"的"換"字作、（奐）、、（窢）等形。●《郾王職戈》："郾（燕）王職乍（作）奐萃鋸。""奐萃"疑讀為"安萃"，安車之萃（卒）。"奐""瑗"二字古通，"暖""安"二字古通，"奐"可讀安。"安車"見於《周禮·春官·巾車》："王後之五路：重翟，錫面朱總；厭翟，勒面繢總；安車，雕面鷖總，皆有容蓋……。"鄭玄註："安車，坐乘車。凡婦人車皆坐乘。"●秦陶"西奐"，地名。

窢 師窢父盤 師窢父簋 史窢簋 牆盤 姬窢母豆

【注】從宀奐聲，與小篆同。《說文》："爾，周垣也。從宀奐聲。隙窢或從阝。"本義指圍牆，亦指院落。●疑應讀夐。《牆盤》："廣齡（答）楚荊（荊），隹（唯）窢南行。"孟蓬生先生認為："實際上奐、夐上部均從，二者皆從之得聲。"《說文》："奐，取奐也。一曰大也。從廾，夐省聲。"《說文》："夐，營求也。從夏，從人在穴上。《商書》曰：高宗夢得說，使百工夐求，得之傅巖。""夐"訓遠、遼遠。《廣雅·釋詁一》："夐，遠也。"《穀梁傳·文公十四年》："長轂五百乘，綿地千里，過宋、鄭、滕、薛，夐入千乘之國。"范寧注："夐，猶遠也。"《穀梁傳·僖公四年》："桓公曰：'昭王南征不反，菁茅之貢不至，故周室不祭。'"《左傳·僖公四年》："昭王南征而不復，寡人是問。""征"，遠行。《爾雅·釋言》："征，行也。"昭王"唯夐南行"與昭王"南征"，義正合。（詳張崇禮《金文考釋五則》）●餘例為人名。

襖 晉 、 、 侯馬

2374

【注】從衣奐聲。●盟書讀換，詳"奐"字。

 秦印 218

【注】從水奐聲。●秦印人名。

 璽彙 5562　璽彙 4111　璽彙 4112　璽彙

璽彙 4123　璽彙 4116　類編 426　類編 426　璽彙 1650　匯考 76

【注】從口奐聲。●燕國官璽讀苑，所以養禽獸也。奐，曉紐元部；苑，影紐元部。影、曉同為喉音，韻部相同。"阮""苑"二字古通，"院"《説文》或體作"寏"，因此，"喚"可讀為"苑"。●讀轅。燕私璽"逮喚"讀軒轅，複姓。奐、援二字古通，轅、援，轅、爰古通。（徐在國《燕國文字中的"奐"及從"奐"之字》）

 璽彙 2240　璽彙 2225

【注】從邑喚聲。●燕璽"嘟綴""嘟繯"，姓氏，讀轅。漢代有轅固生，博士；又有轅豐，建始間為長安令；明代有轅樸，鴻臚丞。

 璽彙 2514　璽彙 3489

【注】從乏奐聲。●《璽彙 3489》"奀戚"，姓氏。《璽彙 2514》"狷生奀"人名。

 清華八·攝命 1

【注】"夐"應分析為從昗奐聲，出土秦漢文字中"夐"的寫法可以證明這一點。昗，鄔可晶釋"奐"。（《試釋清華簡〈清華八·攝命〉的"夐"字》）●讀惸。《清華八·攝命 1》："余弗造民庚（康），余亦夐窮亡可事（使）。"旬聲和夐聲可通，《詩·邶風·擊鼓》"于嗟洵兮"，釋文引《韓詩》"洵"作"夐"。清華簡《清華三·説命 1》"旬（徇）求"之"旬（徇）"，《説文》引作"夐"。《詩·小雅·正月》"哿矣富人，哀此惸獨"，孔疏："哀哉此單獨之民窮而無告。""夐窮"可解為孤獨困窘。

 睡簡·答問 202

【注】從玉夐聲。●《睡簡·答問 202》："可（何）謂'瓊'？'瓊'者，玉檢殹（也）。"簡文

中指玉上面的封檢。

譓 秦 睡簡・封診36　　里耶9・982

【注】從言㪅聲。● 征求。《玉篇》有所求也。《睡簡・封診36》：“以書譓首曰：'有失伍及菡（遲）不來者，遣來識戲次。'”用文書徵求辯認首級説，“如有掉隊遲到的，派來軍戲駐地辯認。”

匣紐寒聲

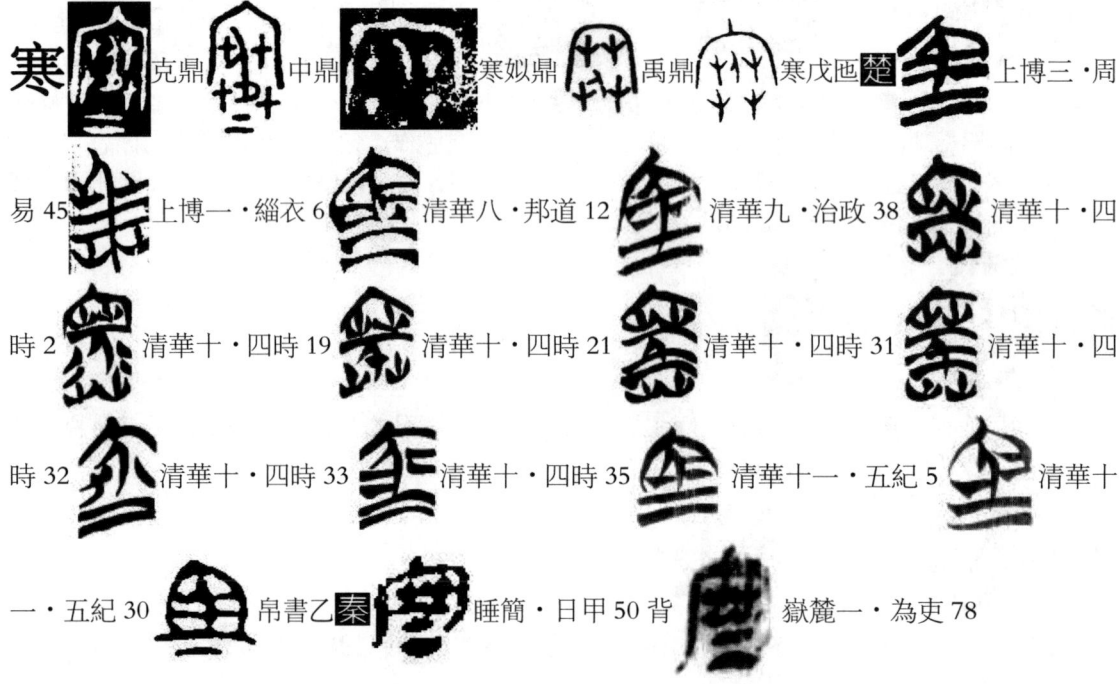

寒 克鼎　　中鼎　　寒妞鼎　　禹鼎　　寒戊匜 楚　　上博三・周

易45 上博一・緇衣6　　清華八・邦道12　　清華九・治政38　　清華十・四

時2 清華十・四時19　　清華十・四時21　　清華十・四時31　　清華十・四

時32 清華十・四時33　　清華十・四時35　　清華十一・五紀5　　清華十

一・五紀30 帛書乙 秦 睡簡・日甲50背　　嶽麓一・為吏78

【注】金文從宀從㞢從人（人或增從止，乃古文書寫之慣例）。〓象冰形。人蜷曲在室内，以草避寒，會天冷之意。《説文》：“寒，凍也。從人在宀下，以茻薦覆之，下有仌。”本義冷，寒冷。● 寒山：地名，具體地望不詳。《克鼎》：“易（賜）女田于寒山。”● 氏。《寒戊匜》：“寒戊乍（作）寶它（匜），其子子孫孫永用。”● 戰國文字多用為本義，寒冷。《睡簡・為吏31》：“衣食饑寒。”

牆盤

【注】從鬳寒聲；字從鬳，當與管理、治理義相涉。● 讀幹。《牆盤》：“鬳邦上下，亟獄逗慕，昊鉊（照）亡斁（斁）。”鬳邦，讀幹主。《墨子・非命》“上帝山川鬼神必有幹主”，亦作“管主”。猶後世言“主管”。

塞 秦 天簡・日甲35

【注】從足寒省聲。《説文》："蹇,跛也。從足,寒省聲。"●用為本義,引申為委屈。《天簡·日甲35》："臧困屋屎糞土中,蹇木下。"

蹇 秦 秦印27、、、印增54

【注】從走,寒省聲。●秦印人名。

騫 秦 印增388

【注】從馬寒省聲。聲符"寒"與"寋"混淆。《説文》："騫,馬腹縶也。從馬,寒省聲。"●人名。

鶱 秦 秦印72、、印增142

【注】從鳥,寒省聲。●秦印"郭鶱"人名。

匣紐焉聲

焉 晉 中山王嚳壺、、、、溫縣 秦 睡簡·日甲69背

睡簡·答問133 睡簡·秦種24 二世詔版 詛楚文

【注】從鳥從正,疑會黃鳥顏色為五行正色之意。秦小篆作上下結構。《説文》："焉,焉鳥,黃色,出于江淮。象形。"本義焉鳥,今未審何鳥也。自借為助詞而本義廢。●句末語气詞。《中山王嚳壺》："為人臣而返(反)臣其宝(主),不祥莫大焉。"楚文字則作"女"。

暚 晉 溫縣

【注】從日焉聲。●讀焉,語助詞。

鄢 秦 睡簡·葉書14·2、里耶8·807、里耶16·52、分研212

【注】從邑焉聲。●地名。《説文》："鄢，南郡縣。孝惠三年改名宜城。從邑焉聲。"《睡簡·葉書 14·2》："七年正月甲寅鄢令史。"●秦印"王鄢"，人名。

偃秦 里耶 8·1263 圖典 395

【注】從人焉聲。●《圖典 395》"偃陵丞印"，"偃陵"為地名。●里耶簡辭例殘缺。

匣母丸聲

丸秦 關簡 321

【注】構形不明。《説文》："丸，圜，傾側而轉者。從反仄。"《説文》以為以"仄"字反轉會意，表示丸傾側易轉，不一定可信。馬王堆帛書作 🖋 （帛編 385）。●藥丸。《關簡 321》："人所恒炊（吹）者，上棗莫以丸礜，大如扁（蝙）蝠矢而乾之。"棗莫、礜石，均為中藥名，是將"棗莫"和"礜"兩冶做成藥丸如蝙蝠屎大小阴干。

骫秦 璽彙 5699 印增 147

【注】《説文》："骫，骨耑骫奊也。從骨丸聲。於詭切。"●人名。

匣紐萑聲

萑晉 璽彙 1852

【注】從隹，上有二角，象貓頭鷹。《説文》："萑，鴟屬。從隹從丫，有毛角。所鳴，其民有旤。凡萑之屬皆從萑。讀若和。"●晉璽人名。

膲晉 璽彙 2176

【注】從肉萑聲，"臒"之省文。●晉璽人名。

瘫晉 璽彙 2447

【注】從广膲聲，疑"癱"之異文。●晉璽人名。

 璽彙 0957

【注】從角舊聲。●"肖（趙）舊"，人名。

 璽彙 1788

【注】從疒舊聲。●晉璽人名。

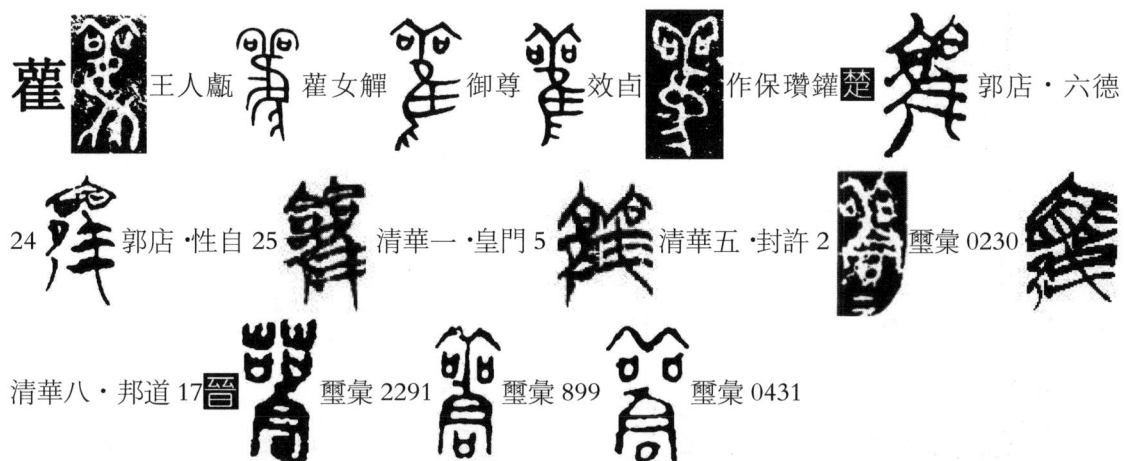

雚 王人嚭 雚女觶 御尊 效卣 作保瓚鑵 楚 郭店·六德

24 郭店·性自 25 清華一·皇門 5 清華五·封許 2 璽彙 0230

清華八·邦道 17 晉 璽彙 2291 璽彙 899 璽彙 0431

【注】甲骨文"萑"作 、 、 、 、 、 、 、 、 、 、 ，從隹，上有二角（角形或訛為艸，或省為一角），即貓頭鷹。甲骨文或繁化作 、 、 、 、 、 、 、 、 、 、 ，從萑從吅，會貓頭鷹鳴叫之意。吅、萑雙聲。金文承之。戰國文字或作 ，隹形對稱，下加口為飾。楚簡兩 常省為一 ，參"索"，下常加一短橫，參宰、定、賽、宅等字。《說文》："雚，小爵也。從萑吅聲。《詩》曰：'雚鳴于垤。'"本義當為鳥名，即貓頭鷹。●讀觀。觀省，古代的一種娛遊。《效卣》："隹（唯）四月初吉甲午，王雚（觀）于嘗。"《逪父癸方彝蓋》："王才（在）圃雚京。"過去大多學者一般把甲骨文和西周金文中的某些"雚"字讀為灌祭之"灌"和"祼"。賈連敏先生（《古文字中的"祼"和"瓚"及相關問題》）等一些學者的論文早已釋出了甲骨文和西周金文中的"祼"字和"瓚"字（祼字從瓚），那麼甲骨文、西周金文中習見的"雚"字，就不應讀為灌祭之灌或祼祭之祼。周寶宏列出了"雚"的具體義項。（詳《近出商周金文字詞考釋（八則）》）●讀觀，察也。《清華八·邦道 17》："雚（觀）亓（其）頁（貌）。"●地名。《雚母觶》："雚母。"《王人嚭輔嚭》："王人嚭輔歸雚，鑄其寶。"●讀鑵。《作保瓚鑵》："乍（作）寶瓚（祼）雚（鑵）。"●讀勸。《清華一·皇門 5》："先王用又（有）雚（勸），以瀕（賓）右（佑）于上。"●《璽彙 0230》"雚=之鈢"合文，"雚"下有重文符號 ，讀"雚君之璽"，雚為地名。●晉璽人名。

 上博四·逸多 1

【注】從艸雚聲。●讀萑。《上博四·逸多 1》："多薪多薪，莫如蒦（萑）葦。"《說文》："萑，

艸多兒。從艸佳聲。"

 新蔡甲三 32

【注】從邑雚聲。● "酄喜"，姓氏。《姓氏詞典》據《姓觿》收載。其注云："以地名為姓氏。酄，春秋魯國下邑。地在今山東肥城縣西。"

 清華六·太伯甲 8

【注】從艸酄聲，當為"酄"之繁文。●讀酄，地名。《清華六·太伯甲 8》："乃東伐齊鄿（酄）之戎為徹（烈）。"

 秦印 293

【注】從角雚聲。●秦印"觀得"，為姓氏。

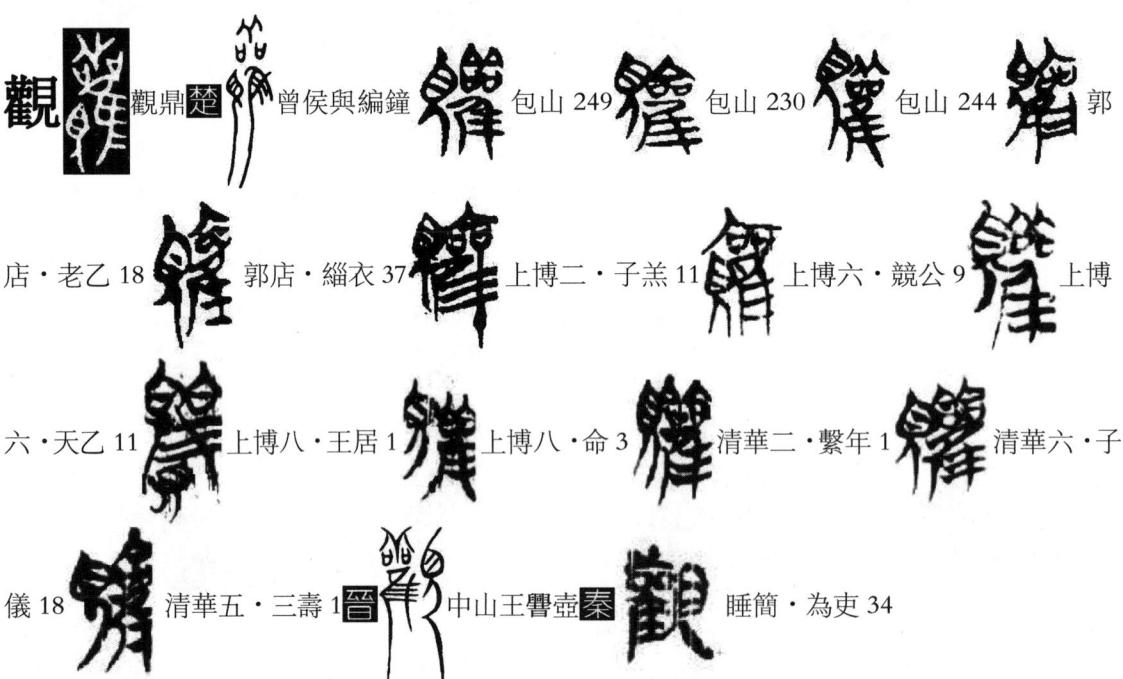

【注】甲骨文、金文借"雚"為"觀"。古文字或增從見，則為形聲兼會意也。《說文》："觀，諦視也。從見雚聲。古文觀從囧。"本義是看、觀察。●看、審視。《中山王䁖壺》："允犿（哉）若言，明发（跋）之于壺而時觀焉。"《論語·為政》："視其所以，觀其所由，察其所安。"《郭店·老乙 18》："以邦觀邦，以天下觀天下。"●人名，見于《觀鼎》。●包山簡讀觀，姓氏。觀丁父，春秋時鄀人，後為楚軍師。

 包山 259　 清華五・三壽 15　 清華五・三壽 15　清華五・三壽

 17　清華五・三壽 121

【注】從心雚聲。●讀歡。《包山 259》："一會戁之駒。"會戁，讀合歡。《禮記・樂記》："故酒食者，所以合歡也；樂者，所以象德也；禮者，所以綴淫也。"●讀勸。《清華五・三壽 15》："戡（陳）豐（禮）戁（勸）忨（規），專（輔）民之怣（化），民戁（勸）毋皮（頗），寺（是）名曰義。"

 上博四・內禮 10　 上博一・性情 15

【注】從目雚聲。●讀觀。《上博一・性情 15》："舊（觀）《坓（賚）》《武》，則懠（齊）女（如）也斯复（作）。"●讀勸。《上博四・內禮 10》："從人舊（勸）肰（然），則孚（免）於戾。"

 上博一・詩論 3

【注】從人舊聲。●讀觀。《上博一・詩論 3》："《邦風》，丌（其）內（納）勿（物）也專（溥），僟（觀）人谷（俗）安（焉），大酓（斂）材安（焉）。"

 璽彙 2467　 匯考 294

【注】從欠雚聲。●晉璽人名。

 包山 189　 秦印 46　類編 155　 璽彙 5536

【注】從言雚聲。●均為人名。

 清華九・成人 24

【注】從再雚聲。●讀權。《清華九・成人 24》："再（稱）而虇（權）之，縫（通）而菉（原）之。"

灌 安大一 5 秦 睡簡·日甲 51 背 印增 433

【注】從水雚聲。●灌木。《睡簡·日甲 51 背》："以廣灌為戩以燔之。"廣灌，疑為植物名。●讀澣。《安大一 5》："專（薄）灌（澣）我衣。"《毛詩》作"薄澣我衣"。上古音"灌"屬見紐元部，"澣"屬匣紐元部，二字可通。毛傳："澣，謂濯之耳。"

趯 叔趯父卣  叔多父簠  叔多父簠 秦  高陵君鼎 印增 58

【注】從走（或增彳，同意）雚聲，與小篆同。《說文》："趯，行趯趍也。一曰行曲脛兒。從走雚聲。"段玉裁注："廣韻：趯，曲走兒。"●人名。《叔多父簠》："師趯父孫孫弔（叔）多父乍（作）孟姜障毁。"秦文字亦為人名。

驩 秦  秦印 192

【注】從馬雚聲，與"歡"同。●人名。

獾 秦 、、 印增 598

【注】從犬雚聲。受"蒦"字類化，加手旁。●人名用字。

權 清華四·筮法 53  清華六·子儀 3  安大一 59  清華十一·五紀 63 秦  睡簡·封診 65 睡簡·為吏 27

【注】從木雚聲。●秤錘。《清華六·子儀 3》："女（如）權之又（有）加橈也。"●權衡。《為吏 27 貳》："以權衡求利。"●《安大一 59》："于差（嗟），不再（承）權塱（輿）。"《毛詩》作"不承權輿"。"權輿"，孟蓬生認為是"句（指植物萌芽）"的緩讀。（參看孟蓬生《"權輿"音義探源》）《大戴禮記·誥志》："於時冰泮發蟄，百草權輿。"其中"權輿"用作動詞，為"萌芽"義，意義較為抽象。

歡 侯馬 燕  璽彙 2814 璽彙 4108

【注】從攴藋聲。●均為人名。

 攤 [楚] 包山 83

【注】從土藋聲，“壎”之異文。《説文》：“壎，樂器也。以土為之，六孔。从土熏聲。況袁切〚注〛坃、壎，古文。”●地名。

 鑵 [金] 仲作旅鑵蓋 伯飲鑵 歸釟進觶 歸釟進觶 [楚] 郭店 語叢一 101

【注】從金藋聲。《歸釟進觶》從欠從𠙴，其器形與《伯飲鑵》同，可知亦是“鑵”字，謝明文認為：也可能是由“莧”字變體訛變而來。“藋”，見母元部，“莧”，匣母元部，兩者韻部相同，聲母同屬牙喉音，又中古同屬合口一等字，可知“藋”“莧”音近。亦可讀鑵。（詳《談談金文中宋人所謂“觶”的自名》）●器名，其器形特徵是：橫截面多為圓形或橢圓形，敞口，束頸、鼓腹較深，腹徑略大于口徑，下有較高圈足，有的有蓋。宋人稱“觶”，謝明文聯繫《仲作旅鑵蓋》《作寶瓚鑵》等器，指出：“宋人所謂觶的那類器物，西周當時應該是稱作‘鑵’”，“現在考古學界稱為‘鑵（罐）’的那類器物在當時很可能並不稱作‘鑵’。”（同上引）《仲作旅鑵蓋》：“中（仲）乍（作）旅鑵。”羅振玉曰：“此鑵殆受卣中之酒，持以灌地，故視飲器中之觶，容量較大而形制全同。以器既用以灌，遂以灌名。”（《丁戊稿》21頁）●或讀懽，懽勢。《郭店·語叢一 101》：“鑵，可去可逭（歸）。”

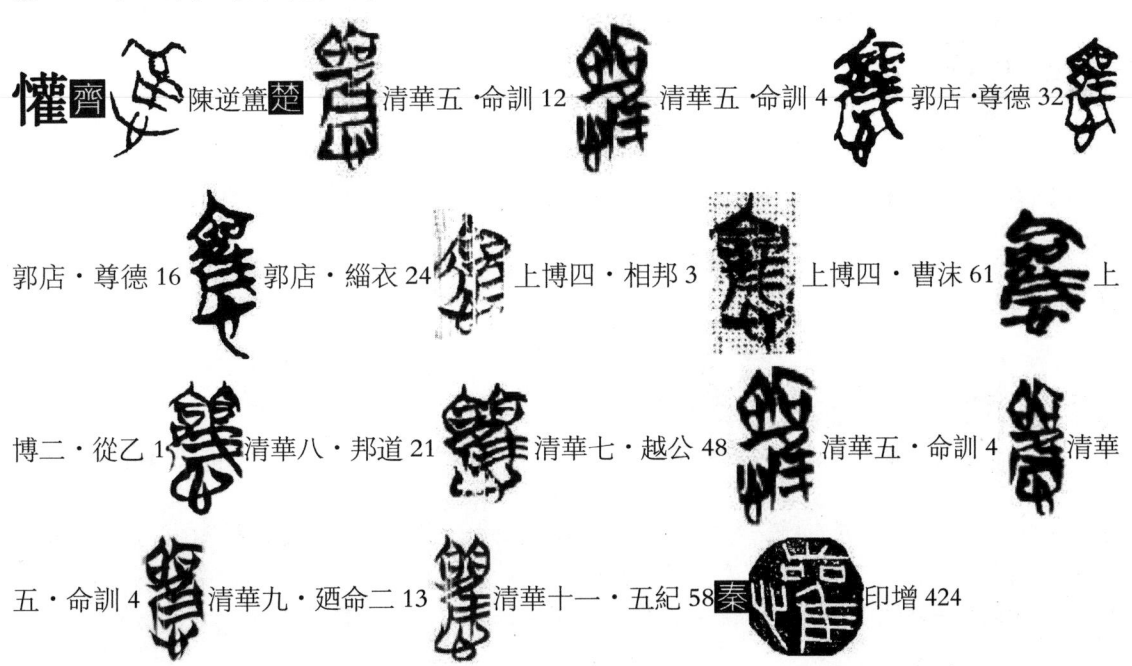 懽 [齊] 陳逆簠 [楚] 清華五·命訓 12 清華五·命訓 4 郭店·尊德 32

郭店·尊德 16 郭店·緇衣 24 上博四·相邦 3 上博四·曹沫 61 上

博二·從乙 15 清華八·邦道 21 清華七·越公 48 清華五·命訓 4 清華

五·命訓 4 清華九·廼命二 13 清華十一·五紀 58 [秦] 印增 424

【注】《陳逆簠》從心萑聲；萑、藋一字之孳乳，故字可釋為“懽”。楚簡從心藋聲。《説文》：“懽，喜款也。從心藋聲。《爾雅》曰：‘懽懽愮愮，憂無告也。’”段玉裁注：“懽與歡音義皆略同。”《孝經》：“得萬國之懽心。”●擔憂、操勞。《陳逆簠》：“余陳趄子之啻（嫡）孫，余寅事齊侯，懽

血（恤）宗家。"《集韻》："懂懂，憂也。" ●楚簡多讀勸。《曹沫 61》："以懂（勸）其志。"

 僅 楚 　清華八·天下 6

【注】從人雚聲。 ●讀勸。《清華八·天下 6》："弌（一）曰礪（礪）之，弍（二）曰僅（勸）之。"

簍 楚 　郭店·老甲 23

【注】郭店簡為"籥"之誤字。 ●讀籥。《郭店·老甲 23》："天地之間，其獣（猶）囷（橐）簍〈籥〉與？"《老子》："天地之間，其猶橐籥乎？"吳澄注："橐籥，冶鑄所用噓風熾火之器也。為函以周罩於外者，橐也；為轄以鼓扇子內者，籥也。"

勸 楚 　清華七·越公 31

【注】從力雚聲。 ●用為本義，規勸。《清華七·越公 31》："日睛（靖）薜（農）事以勸惡（勉）薜（農）夫。"

襓 秦 　嶽麓一·為吏 49

【注】從衣雚聲。 ●讀權。《嶽麓一·為吏 49》："二曰不智（知）所使則以襓（權）索利。"

匣紐昱聲

昱 楚 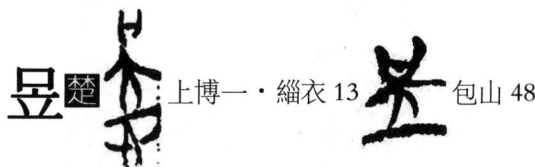　上博一·緇衣 13　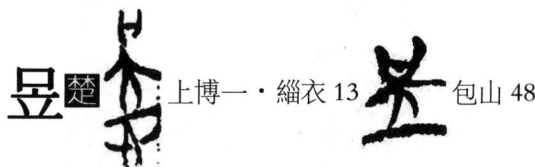　包山 48

【注】此字構形不明，暫存疑待考。《上博一·緇衣 13》為"昱心"合文。 ●包山簡姓氏。 ●疑讀勸。《上博一·緇衣 13》："喬（教）之目（以）惪（德），齊之目（以）豊（禮），則民又（有）昱＝（勸心）。"《郭店·緇衣 24》與之對應的字作"懂（勸）"，有學者讀恥。

郢 楚 　包山 41

【注】從邑昱聲。●包山或作昱，姓氏。

椙  左塚漆桐

【注】從木昱聲。●漆桐 C 邊單字，讀權。

匣紐莧聲

莧  莧子匜 晉 二十四年郫陰令戈 戰表 1378

【注】甲骨文作，象細角山羊之形。金文作（《史頌簋》所從）。《説文》："莧，山羊細角者。從兔足，苜聲。凡莧之屬皆從莧。讀若丸。寬字從此。"本義細角山羊。●人名。《二十四年郫陰令戈》：廿四年，郫陰（陰）命（令）萬為、右庫工帀（師）莧、冶豎。"

鄍 晉  璽彙 2178

【注】從邑莧聲。●晉璽"鄍☒"姓氏，疑讀寬。

圓  齊侯盤 齊 （ ）璽彙 3 · 327

【注】從囗莧聲。●國族名。《齊侯盤》："齊侯乍（作）媵（媵）**寡圓**孟姜盥殷（盤）。"●齊陶姓氏，或讀寬。

澗 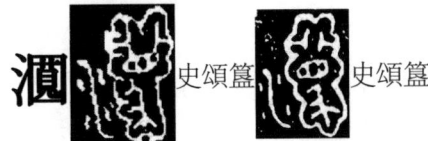 史頌簋 史頌簋

【注】從水圓聲。●《史頌簋》："隹（唯）三年五月丁巳，王才（在）宗周，令史頌䢔（省）蘇（蘇）澗，友里君、百生（姓），帥䞍（偶）盩于成周。"䢔，何景成以為從啻聲，讀瀆，作疏通講。澗，讀滿。史頌器銘文主要是記載周王命令史頌前往疏導蘇地水漫之事，安撫當地的里君百姓。（《史頌器銘"瀆蘇滿"新解》）

湏 楚  清華十 · 四時 1 清華十 · 四時 22

【注】從水莧聲。●讀滿。簡文"湏（滿）溢"，整理者注："湏，從水，莧聲，'滿'字異體，字見於甲骨文（《合集》二八二五四）和金文（史頌器），參見何景成：《史頌器銘'瀆蘇滿'新解》（《吉林大學古籍研究所建所三十周年紀念論文集》，上海古籍出版社，二〇一四年）。與'盈'

同，指星象全部出現。溢，指星象西垂。”

曾侯 71

【注】從广莧聲。●人名。

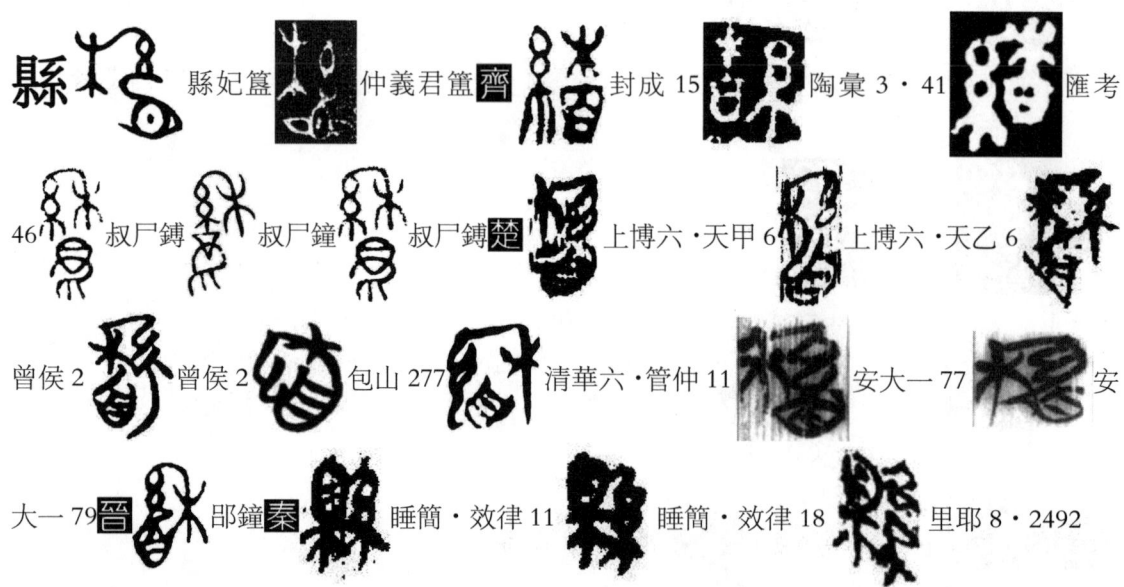

【注】從广莧聲。秦簡下增ㄅ形，乃受“鬼”“龍”等字類化所致，是為小篆“莧聲”所本。《說文》：“寬，屋寬大也。從广莧聲。”本義房屋寬敞。●《史密簋》：“廣伐東或（國），齊自（師）族土（徒）☒人，乃執畕（鄙）寬亞。”張懋鎔曰：“執畕（鄙），就是加緊加強邊境防守的意思。所謂亞者，相對邊鄙而言，乃畿內之地也。所謂執畕（鄙）寬亞，是當時的軍事用語，相當于後世所謂的内馳外張。”（詳《古文字與青銅器論集》37 頁）執畕，就是加強邊境防守的意思。寬亞，即内地防務力量的寬緩，這是執畕的必然結果。●不嚴苛。《睡簡·為吏 12》：“寬以治之。”秦文字用“寬”表示寬，楚文字用“愄”，三晉文字用“完”。

匣紐縣聲

縣妃簋 仲義君簋〔齊〕 封成 15 陶彙 3·41 匯考 46 叔尸鎛 叔尸鐘 叔尸鎛〔楚〕 上博六·天甲 6 上博六·天乙 6 曾侯 2 曾侯 2 包山 277 清華六·管仲 11 安大一 77 安大一 79〔晉〕 邵鐘〔秦〕 睡簡·效律 11 睡簡·效律 18 里耶 8·2492

【注】從木從糸從首，象懸首木上之形，孫詒讓釋為“懸”之初文。小篆變為鼎（倒首之形）從糸，亦會意。《說文》：“縣，系也。從系持鼎。”本義懸掛，當為“懸”的本字。借為州縣之縣。《廣韻》：“縣，郡縣也，《釋名》曰：‘縣，懸也，懸于郡也。’古作‘寰’。”《穀梁傳》隱公

元年"寰内諸侯"，陸德明《釋文》："寰，音縣，古縣字。一音環，又音患。寰内，圻内也。"楊士勳疏："寰内者，王都在中，諸侯四面遠之，故曰寰内也。"《匡謬正俗》卷八："宇縣、州縣字本作'寰'，後借'縣'字為之。所以謂其字者，義訓系著。……末代以'縣'代'寰'，遂更造'懸'字，下輒加'心'以為分別。"故金文"縣"或作"還""鄂""睘"，而"睘"與"縣"古音同屬匣母元部，音近可通。周代的"縣"是指國都或大城邑四周的廣大地區，如《國語·周語中》："國無寄寓，縣無施捨，……國有班事，縣有序民。"這裏所説的"國"即指國都，"縣"即指國都四周的廣大地區。天子稱王畿為縣即由此而來。●讀懸，吊掛。《邲鐘》："大鐘既縣（懸）。"《商君書·修權》："先王縣權衡，立尺寸，而至今瀆之，其分明也。"●國邑名。古縣國為康叔之後，地望在陝西扶風一帶。《縣改簋》："白（伯）屖父休于縣改曰。"縣改，即縣國諸侯之妻。●讀縣，地方行政區劃名。始于春秋時期，最初置于邊地，秦、晉、楚等大國往往把新兼併所得土地置縣，春秋後期，各國才把縣制逐漸推行到内地。《叔尸鐘》："其縣三百。"●《匯考46》"平陵縣左稟（廩）鉨"。"平陵縣"是"都"下一級的行政單位，是包括平陵縣城及其周圍轄區而言的，此璽當為平陵縣左廩所用之印。●縣，匠人測量垂直的工具，見《考工記·旅人》"豆中縣"鄭注。《清華六·管仲11》："執惪（德）女（如）縣，執正（政）女（如）繩（繩）。"即主張以法治國。

匣紐袁聲

袁 　楚子袁鼎　　分研一444

【注】甲骨文作 、 、 ，從衣從又從○（"璧"之初文），或以為從○（圓）得聲，會衣旁有佩玉帶屬之意。或作 ，省璧形。"袁"為"褑"之初文。褑，《集韻》於元切，音袁。《篇海》同褑。褑，《玉篇》佩衿也。《爾雅·釋器》佩衿謂之褑。《注》佩玉之帶上屬。甲骨文或作 、 、 ，增從止，止旁或訛作 形。金文作 （《師遽方彝》 所從），其璧形移入衣内。●人名。《楚子袁鼎》："楚子袁乍（作）□貞（鼎）。"●《分研一444》"袁膚（府）之鉨"，黃錫全認為"袁膚"當讀為"圓府"，即楚之"錢府"。

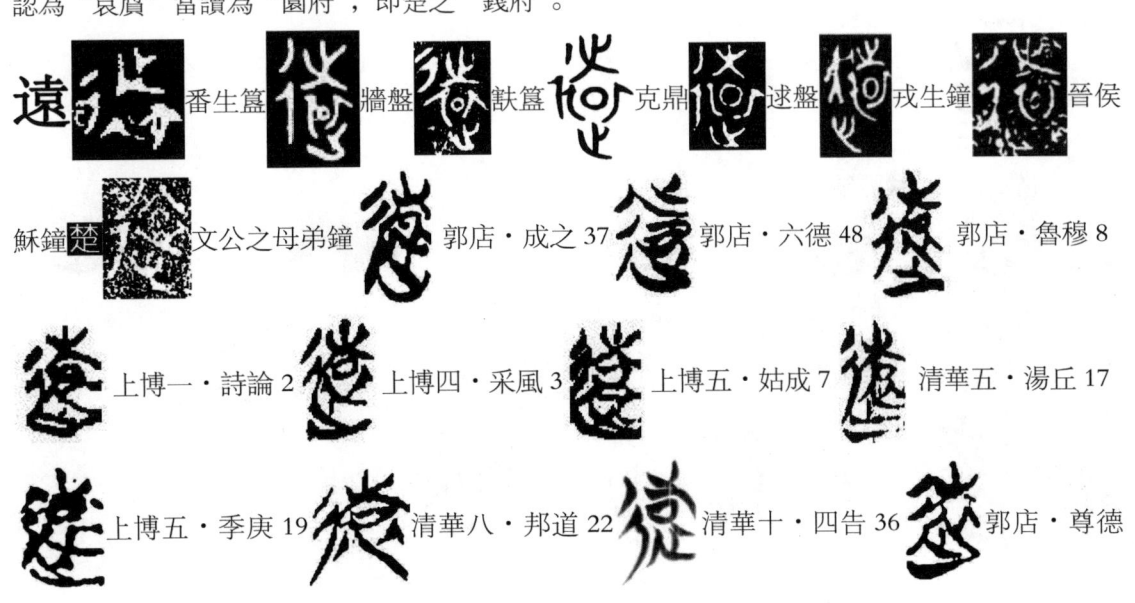

遠　　番生簋　　牆盤　　㝬簋　　克鼎　　逑盤　　戎生鐘　　晉侯

鮇鐘　　文公之母弟鐘　　郭店·成之37　　郭店·六德48　　郭店·魯穆8

上博一·詩論2　　上博四·采風3　　上博五·姑成7　　清華五·湯丘17

上博五·季庚19　　清華八·邦道22　　清華十·四告36　　郭店·尊德

16 包山 89  包山 207 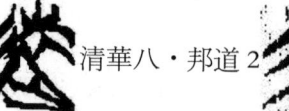 郭店 · 緇衣 43  清華八 · 邦道 2  清

華一 · 楚居 2  安大一 109  上博九 · 成甲 3  清華七 · 子犯 12  清

華九 · 治政 8  清華十 · 四告 28  睡簡 · 日甲 56 背  睡簡 · 日乙 140

會稽刻石  泰山刻石  美陽銅權

【注】甲骨文作 𧾷、𧾷，從彳袁聲。金文同甲骨文，或從辵袁聲。《說文》："𧾷，遼也。從辵袁聲。𧾷古文遠。"本義走路走得長。●古文字多用為本義，遙遠、邊遠。《克鼎》："更（惠）于萬民，釀（柔）遠能獻（邇）。"●深遠。《獻簋》："陀陀降余多福憲（憲）覃宇慕遠獻。"遠獻：謀略深遠。《牆盤》："鼠更乙且（祖），述匹乓（厥）辟，遠獻複（腹）心。"●讀蔿或讀蓮，楚氏名。《上博九 · 成甲 3》"遠（蔿）白（伯）理（嬴）"，人名。

 清華八 · 邦道 5

【注】從止從又從衣，為"遠"字早期甲骨文寫法在楚簡中的遺留。●讀遠。《清華八 · 邦道 5》："皮（彼）天下之龠（銳）士之𧾷（遠）才（在）下立（位）而不由者。"一說該字從止從又，衣聲，讀為音近之"隱"，隱處。

 璽彙 1655

【注】從匚遠聲。●燕璽人名。

 束盉蓋

【注】從队袁聲。●疑讀環。《束盉蓋》："束易（賜）市縊（鑾）旟。"

 郭店 · 老甲 9 郭店 · 五行 22 新蔡甲三 42

2388

【注】從見袁聲，"睘"之異文。●讀渙。《郭店·老甲9》："睘（渙）唬（乎）其奴（如）懌（釋）。"
●讀遠。《郭店·五行22》："不睘（遠）不敬，不敬不嚴。"從見袁聲，故可通作"遠"，蓋目視
之為睘，與行之為遠之別也。

【注】從口袁聲。●陵園、園寢。《麗山園鍾》："麗山園容十二斗三升。"●園林。《睡簡·日甲
78背》："臧（藏）於園中草下。"●讀圓。《睡簡·日甲77背》："盜者園（圓）面。"

【注】從宀袁聲。晉璽從袁省聲。《師寰簋》下部衣形訛為竹形。高田忠周曰："宋儒釋此字為
寰，清儒亦承之。似是。唯不說袁、睘通用之理，為粗漏矣。夫睘字從目袁聲，故金文環字有
作瑗（《師遽方彝》之）者，直從袁聲，寰亦當作袁耳。"（《古籀篇》二十三第2頁）《説文新
附》："寰，王者畿內縣長也。從宀袁聲。"本義王畿，古代帝王京城周圍千里以內的地方。●讀
寬。《中山王䂆壺》："慈孝寰（寬）惠，與（舉）孯（賢）迷（使）能。"●餘例為人名。《袁盤》：
"王乎（呼）史減冊易（賜）袁。"

【注】從車袁聲。●車轅。《睡簡·秦種125》："及大車轅不勝任。"《睡簡·答問179》："騷馬
蟲皆麗衡厄（軛）靾䡇轅軸。"

【注】從玉袁聲。●讀環。《師遽方彝》："王乎（呼）宰利易（賜）師遽珛圭一、瑗（環）章（璋）
四。"詳"環"字。

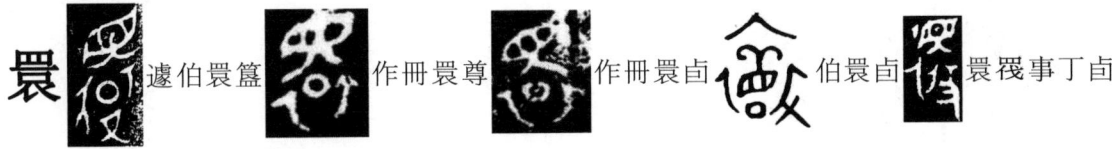

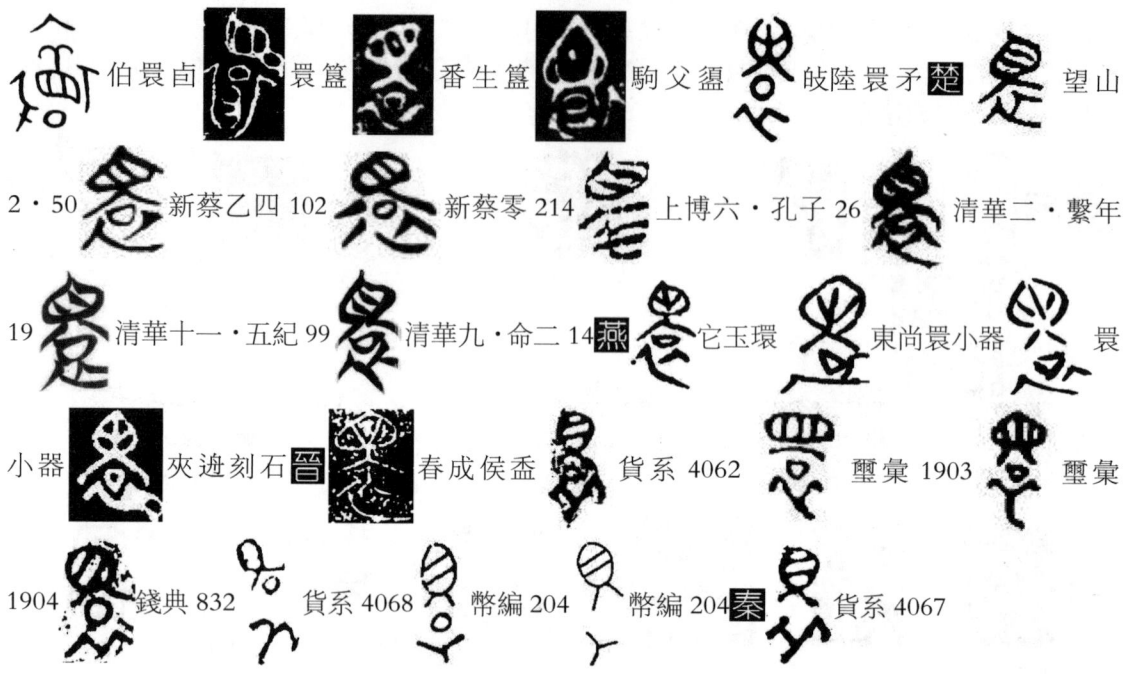

【注】從目袁聲。"睘"在古文字（楚文字、三晉文字、燕文字）中常讀縣，故字或增邑作"鄡"。《說文》作瞏，《説文》："瞏，目驚視也。從目袁聲。《詩》曰：'獨行睘睘。'"《説文》義非其本，字形亦失。本義當為環，玉璧的一種。後"睘"作了偏旁，遂加形符玉寫作"環"。●讀環，玉璧之一種。《番生簋》："易（賜）朱市、恩黃（衡）、鞞鞜、玉睘（環）。"●讀環，環形銅鏈。《春成侯盉》："蓋柯聯（連）睘（環）。"蓋、鍪以銅鏈環相連，正是此類盉的性質特點。●讀還，返還。《駒父盨蓋》："四月，睘（還）至于蔡，乍（作）旅盨。"●人名。《睘卣》："隹（惟）十又九年，王在庤（岸），王姜令乍（作）冊睘安尸（夷）伯。"●讀圓或讀圜。秦圓錢"半睘"，一兩圜錢的一半，即半兩。●讀縣。《睘小器》："方城睘小器。"方城縣，縣名。"睘小器"出土于河北易縣，"睘"前之字是地名，舊多不可考。詳"還"字。

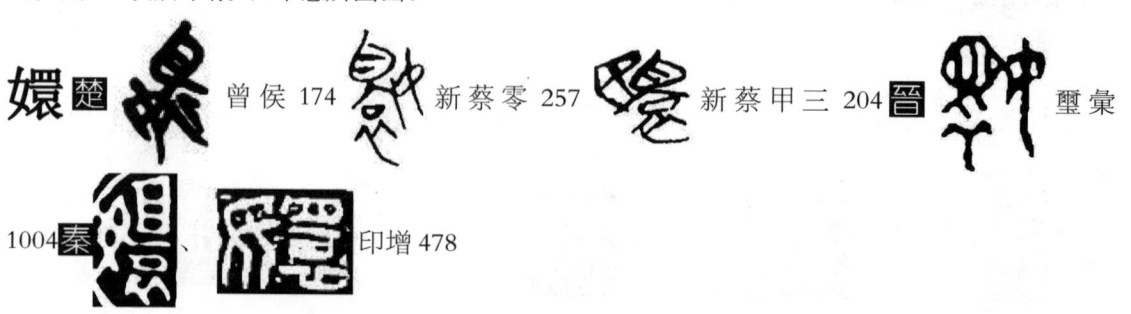

清華八·邦道4

【注】從心睘聲。●《清華八·邦道4》："不迟（及）高立（位）厚飤（食），以居不懁。"《説文》"懁，忈也"，段注："獧下曰：一曰急也，此與義音同。"《論語·子罕》"子曰：沽之哉，沽之哉，我待賈者也"，注："我居而待賈。"簡文"以居不懁"可於此對讀。意為：得不到合適的任用，"以居不懁"，不急於出山。

2390

【注】從女睘聲。●古文字多為人名。●新蔡簡讀亥。《新蔡甲三 204》："癸嬛（亥）之日。"新蔡葛陵楚簡常常用"睘"或從"睘"之字來表示地支之"亥"，用"睘"者如乙四 102，零 214，零 717 等，用"嬛"者如甲三 8、18，甲三 204，零 257，乙四 105，乙四 63、147，零 294、482，乙四 129，零 77、154，零 170 等，用"還"者如甲三 32，甲三 342-2 等。上古音"亥"屬匣母之部，"期"屬溪母之部，韻部相同，聲母都是牙喉音，讀音相近。朱德熙等先生在考釋望山楚簡時曾經引述過"其""亥"相通的材料，如《淮南子·時則》"爨其燧火"，高誘注："其，讀荄備之荄。"《易·明夷》"箕子之明夷"，陸德明《釋文》引劉向本"箕子"作"荄滋"。《孟子·萬章下》"晉平公於亥唐也"，《抱樸子·逸民》"亥唐"作"期唐"。《曹沬之陳》"還年而問于曹蔑曰"，"還年"可以直接讀為"期年"。故亥聲、睘聲可通。

還 　免簋　　　散氏盤　　　元年師旋簋　　　絲還鼎　　噩侯鼎

齊 　司馬楸鑄　　璽彙 5681　楚 邊 　包山 10　　包山 180　　郭店·成之 38

新蔡甲一 12　　新蔡甲三 142　　上博六·天乙 7　　清華二·繫年 138

清華五·三壽 14　　清華七·越公 35　　清華八·處位 2　　清華八·邦

道 9　　安大一 82 燕 　鼎尚還戈　　右洺州還矛　　鼎行還戈 秦

睡簡·日甲 57 背

【注】甲骨文作𤰆、𪔂、𪓐，從行從眉從方，唐蘭釋此字為"還"的本字。自卜例觀之，釋為"還"可通。金文從辵（或從彳）睘聲。《璽彙 5681》為"還子"合文。《說文》："還，復也。從辵睘聲。"本義返回。●返回。《鄂侯馭方鼎》："王南征，伐角、僪，唯還自征。"《駒父盨蓋》："四月，還至于蔡，乍（作）旅盨。"●讀縣。古文字中"縣"通常寫作"還""睘"或"鄝"。（《著名中年語言學家自選集：李家浩》16 頁）《免簋》："令免乍（作）嗣（司）土（徒），嗣（司）奠（鄭）還散（廩），眔吳（虞）、眔牧。"《元年師旋簋》："官嗣（司）豐還ナ（左）又（右）師氏。"《免簋》之"鄭"應該是穆王所都的"西鄭"（在今陝西華縣北）。《師旋簋》的"豐"即豐京。豐京是周文王所建的都城，到武王時雖然遷都于鎬，但由于豐京還保留着周王宗廟，又與鎬相距甚近，故西周諸王常在豐舉行宗教活動和政治活動，因此，豐實際上仍然是周都之一。"鄭""豐"都是周都，那末"鄭縣""豐縣"之"縣"就都是指國都之"縣"。"縣"後來多指"縣鄙"，指王畿以內國都以外的地區或城邑四周的地區。到春秋戰國時期，就逐漸演變為"郡縣"之"縣"，指隸屬于國都、大城或郡的一種邑。《清華七·越公 35》："至於鄝（邊）還（縣）

小大遠泥（邇），亦夫婦皆耕。”●讀旋，迴旋、轉彎。《散氏盤》：“道目（以）東一奉（封），還，目（以）西一奉（封）。”

 清華十・四告 45

【注】從見睘聲。字有合文符號。●或讀煢。《集韻・清韻》：“嬛，獨也。通作煢。”《清華十・四告 45》：“禺（遇）天喪覉（亂）於我家，覵=（煢煢）余未又（有）智（知）。”按：覵，“矏”字異體，《說文・目部》：“矏，兒初生瞥者。⋯⋯瞥，過目也。又，目翳也。”是“矏”為“初生目翳”，因此“矏矏”當為蒙昧無知無見貌，與下文“額額”類似，故下言“余未有知”。

 陶彙 5・352　　　　北大簡

【注】從口睘聲；聲符或從目袁省。此字見於漢印作 （漢印 529）。●讀園。秦陶“東圜”讀東園。

 它玉環　　中山玉器　　中山玉器

【注】從厂睘聲。●讀環，玉器名。

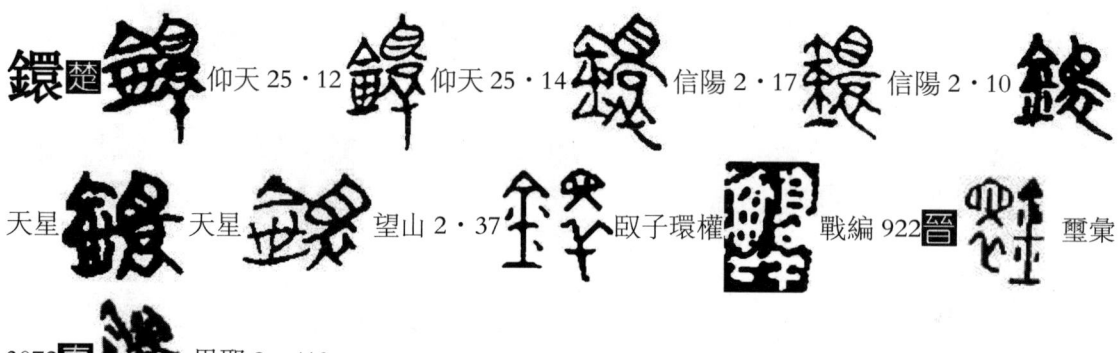 仰天 25・12　　仰天 25・14　　信陽 2・17　　信陽 2・10

天星　　天星　　望山 2・37　　叚子環權　　戰編 922　　璽彙

3072　　里耶 8・410

【注】從金睘聲；或睘省聲。●讀環，玉器。《信陽 2・10》：“一小鐶。”《叚子環權》：“叚子之官鐶。”●晉璽“鐶兔”姓氏，讀環。

 毛公鼎　　包山 213　　曾侯 115　　望山 1・28　　望山

1・109　　望山 1・114　　望山 1・54　　天星　　它玉環　　秦

2392

印 5  睡簡·答問 102 睡簡·雜抄 25

【注】從玉睘聲。戰國楚系文字多從睘省聲。《説文》："環，璧也。肉好若一謂之環。從玉睘聲。"本義是一種圓形玉器，中間有孔，邊和孔徑相等。●玉器名，內孔和外圈相等的璧，古代作為日常交往的禮品。《毛公鼎》《番生簋》："玉環。"《包山 213》："備（佩）玉一環。"●環繞。《睡簡·日甲 21 背》："道周環宇，不吉。""周"，環也。《小爾雅·廣言》："周，帀（匝）也。""周環"乃同義複詞。●讀還，逃回。《睡簡·雜抄 26》："虎未越泛蘇，從之，虎環（還），貲一甲。"詳"泛"字。●讀原，寬宥從輕。《睡簡·答問 102》："免老告人以為不孝，謁殺，當三環之不？不當環，亟執勿失。"老人控告不孝，要求判以死刑，應否經過三次原宥的手續，不應原宥，要立即拘捕，勿令逃走。按，"環"有拒絕、推卻義，《周禮·夏官》注："猶卻也。"簡文或用為此義。●《睡簡·為吏 13》："令數囚環，百姓榣（搖）貳乃難請。"囚環，追回。●秦印"環兼"，姓氏。

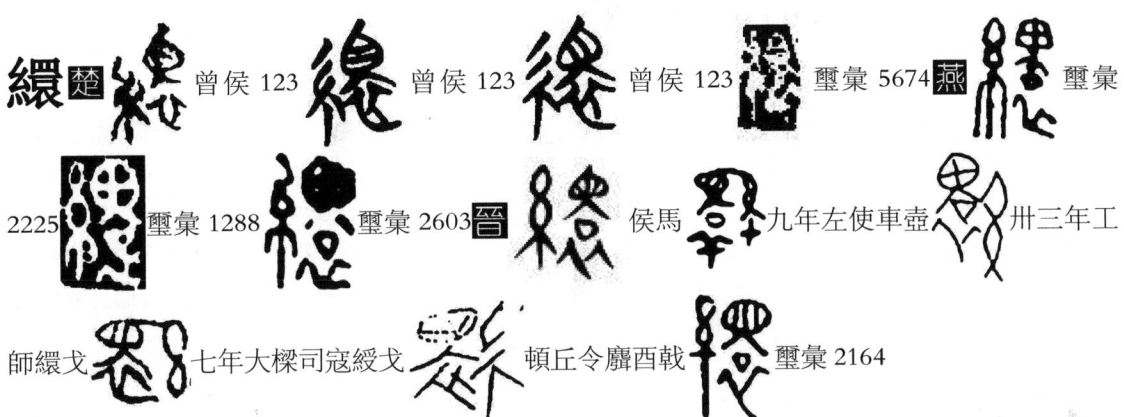

繸 楚 曾侯 123　曾侯 123　曾侯 123　璽彙 5674　燕 璽彙

2225　璽彙 1288　璽彙 2603　曾 侯馬　九年左使車壺　卅三年工

師繸戈　七年大樑司寇綏戈　頓丘令廧酉戟　璽彙 2164

【注】從糸睘聲；或睘省聲。《説文》作"繯"，《説文》："繯，落也。從糸睘聲。"《玉篇》環也。《廣韻》系也。《類篇》維也。●多用為人名。《卅三年工師繸戈》："工帀（師）繸。"●用為本義，組絡。《曾侯 123》："一綯，組繸。"●《璽彙 2603》"繸盰"姓氏，讀環。

 楚 清華十一·五紀 94

【注】從人睘聲。●整理者讀嬛。《玉篇·女部》："嬛，孤特也。"《集韻·清韻》："嬛，獨也。通作煢。"《清華十一·五紀 94》："晵（暑）戻（熱）儇=（嬛嬛），會燹（氣）為瘗（狂）。"整理者注："'儇'下有重文符，讀為'嬛嬛'。《詩·閔予小子》'嬛嬛在疚'，鄭箋：'嬛嬛然孤特，在憂病之中。'或作'煢煢'，《左傳》哀公十六年：'煢煢余在疚。'"睘、曼相通，《方言》卷十二："儇，虔，謾也。"故"儇儇"蓋當讀為"漫漫"，《文選·揚雄〈甘泉賦〉》："正瀏濫以弘惝兮，指東西之漫漫。"李善注："漫漫，無厓際之貌也。"

 楚 上博二·容成 44

【注】從糸偎聲。●讀圖。《上博二·容成44》："視（寘）盂炭（炭）其下，加爂（圖）木於其上，思（使）民道（蹈）之。"

三年武陰令鈹

【注】從門睘聲。●"司馬闌"，人名。

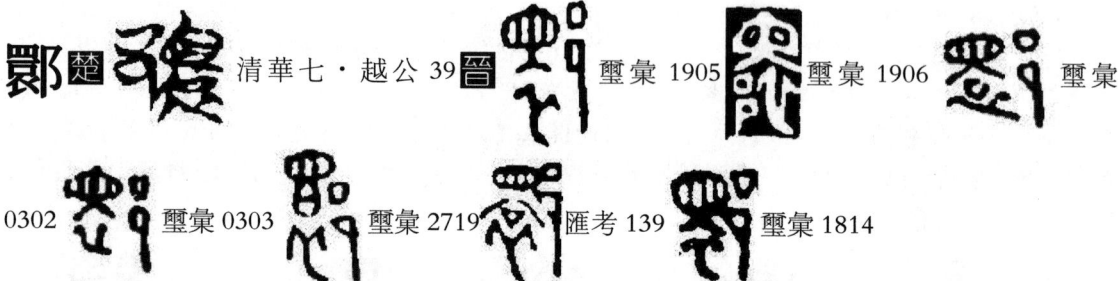清華七·越公39 晉 璽彙1905 璽彙1906 璽彙0302 璽彙0303 璽彙2719 匯考139 璽彙1814

【注】從邑睘聲。●讀縣。《涑郹戈》："涑郹發弢（弩）戈冶珍。""涑郹"當是涑水邊上的一個縣，即因涑水而得名。涑水在山西省西南部，其地在戰國時屬魏。●《璽彙0302》"脩武郹（縣）吏"。"縣吏"一詞見於先秦古籍，《管子大匡》："凡縣吏進諸侯士而有善，觀其能之大小，以為之賞，有過無罪。"縣吏，職官名，三晉在戰國後期推行郡縣制，故地方上設有縣吏一職。三晉官璽數見"縣吏"印，如《璽彙2719》"右郹（縣）吏"、《匯考139》"郹（縣）吏"、《璽彙1814》"郹（縣）吏"、《璽彙1903》"睘（縣）吏"。●《璽彙1905》"郹（縣）丞"，戰國時期已有"縣丞"。縣丞的地位頗高，僅次於縣令。

斁父乙尊 楚 清華二·繫年12

【注】從攴睘聲，或睘省聲，疑"擐"之異文。●人名。《斁父乙尊》："斁戝（肇）事，用乍（作）父乙旅障彝。"●讀轘，用車分裂人體的酷刑。《清華二·繫年12》："車斁（轘）高之渠彌（彌）。"

匯考251 秦 秦印295

【注】從立睘聲。●均為人名。

匣紐馬聲

侯馬

【注】《説文》：“馬，馬一歲也。從馬；一，絆其足。讀若弦。一曰若環。”●人名。

見紐干聲

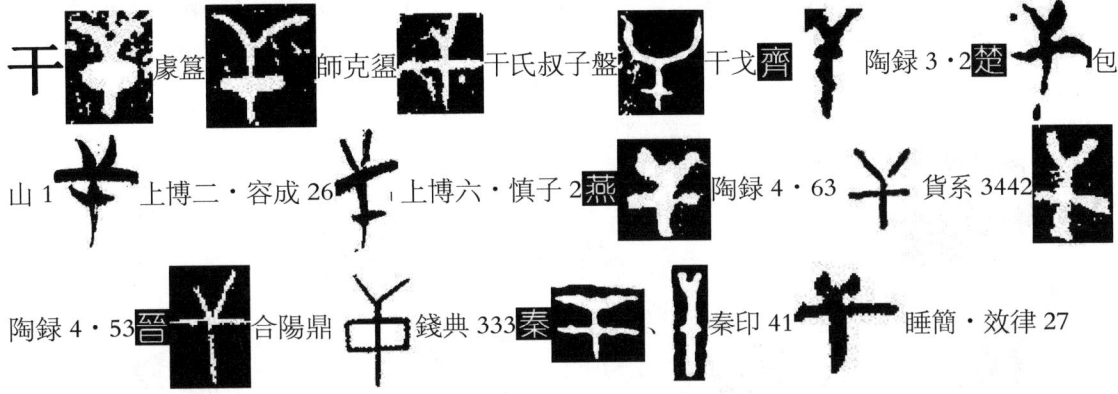

【注】甲骨文作𡴤、𡴤，下部為盾之象形，上部為羽飾。甲骨文或作𠦝，盾牌形省為十。金文同甲骨文。《説文》：“𠦝，犯也。從反入，從一。凡干之屬皆從干。”本義當指武器，如《韓非子》：“執干戚舞。”現在還有“大動干戈”的成語。●防御武器，即“盾”。《虞簋》：“易（賜）袞胄、干戈。”●讀敦、捍。《毛公鼎》：“以乃族干吾王身。”干吾，吳大澂釋為“敦敦”，敦古作御。敦敦，文獻作“捍御”，守御、保衛也。《列子·揚朱》：“人者，爪牙不足以供守衛，肌膚不足以自捍御。”●個數。《睡簡·效律27》：“某廥禾若干石。”某倉貯有穀物若干石。●姓氏。《干氏叔子盤》：“干氏弔（叔）子乍（作）中（仲）姬客母孌（媵）般（盤）。”秦印有“干欺”“干被”，均為姓氏。●《上博二·容成26》讀澗，水名。《書·禹貢》伊洛瀍澗。●讀焉。《上博二·慎子2》：“僉（儉）莫夈（偏）干（焉）。”

㟒

【注】從山干聲。●簡文“旁㟒”，地名。

呌（旱） 𠮷 清華十一·五紀94

【注】從口干聲。●整理者讀悍。《清華十一·五紀94》：“會燹（氣）為痙（狂），旱（悍）燹（氣）為瘍，痙（腫）瘤（潰）不巳（已），卡＝（上下）亡（無）方。”整理者注：“會，合。旱，即‘旱’，讀為‘悍’，猛烈。《素問·腹中論》：‘芳草之氣美，石藥之氣悍。’瘤，從广，胃聲，可參清華簡《楚居》‘渭自髀（脅）出’之‘渭’，讀為‘潰’。《素問·五常政大論》：‘其動瘍湧，分潰癰腫。’”

肝

【注】從肉干聲。●用為本義，肝臟。《嶽麓一·占23》：“見其肺肝賜（腸）胃者，必有親去之。”●燕璽“單肝”，人名。

罕  集證 138 集證 91 秦再二·10

【注】從网干聲。《説文》作罕，通作罕。《説文》："罕，网也。從网干聲。" ●《秦再二·10》 "罕丞之印"、《集證 91》"罕士"，官名。秦印有"狡士"（管理王犬），則"罕士"可能是管理 秦王田獵所用網罕之人。《周禮·春官·序官》："羅氏，下士一人、徒八人。""羅氏掌羅烏鳥。 蜡則作羅襦。中春羅春鳥。""罕"職責大概近於羅氏。

財  左塚漆梪

【注】從貝干聲。●漆梪"旬財"，義不詳。

訐 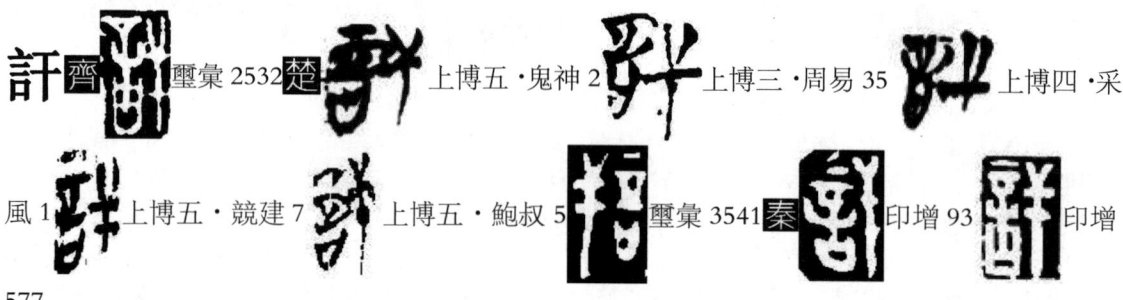 璽彙 2532 上博五·鬼神 2 上博三·周易 35 上博四·采
風 1 上博五·競建 7 上博五·鮑叔 5 璽彙 3541 印增 93 印增
577

【注】從言干聲。●《上博三·周易》讀蹇，卦名，《蹇》卦象征行走艱難。訐，音與謇、蹇通， 意亦相近。●楚簡多讀諫。《上博五·鬼神 2》："焚聖人，殺訐（諫）者，側（賊）百眚（姓）。" 《上博五·競建 7》："天地盟（明）棄我矣；近臣不訐（諫），遠者不方（謗）。"《上博五·鮑叔 5》："臣雖欲訐（諫）或不得見。" ●齊璽"訐絑"姓氏。●秦印"王訐"，人名。

奸  襄奸鼎 睡簡·答問 172

【注】從女干聲。●人名用字。《襄奸鼎》："襄奸。"鼎銘原作 ，于"宀"形下作義、奸二字。 ，以其與"奸"同形，故錄于此。然是否釋"奸"，存疑。●姦淫、私通。《睡簡·答問 172》： "同母異父相與奸，可（何）論？" ●欺騙、作弄等義。《睡簡·答問 61》："嗇夫不以官為事， 以奸為事，論可（何）殹（也）？"

扞 陶彙 5·288

【注】從手干聲。●秦陶"左扞"，官名。讀犴，古代鄉亭的牢獄，引申為獄訟之事。《廣韻》 犴，獄也。亦作"岸獄"。《詩·小雅·小宛》："哀我填寡，宜岸宜獄。"陸德明釋文：《韓詩》 作犴，音同。雲鄉亭之系曰犴，朝廷曰獄。"

玫  五年師旋簋 大鼎 五年師旋簋 者汈鐘 上博七·吳命 5

攷 帛書乙5　攷 清華六・管仲21　𣪊 上博二・子羔12　攷 清華五・封許3

攷 清華三・芮良夫23

【注】從攴干聲。《説文》：“𣪊，止也。從攴旱聲。《周書》曰：‘敦我于艱。’”本義捍衛、護衛，同捍。●讀捍，遮擋、護衛。《大鼎》：“王乎（呼）善（膳）大（夫）騩召大目（以）乒（厥）友入攷（捍）。”入攷，進入宮內擔任保衛任務。《上博七・吳命5》：“攷芒（亡）尔社褮（稷）。”“攷芒”疑與“殘亡”同義。《墨子・所染》：“國家殘亡，身為刑戮，宗廟破滅，絕無後類。”●疑讀旰。《説文》：“旰，晚也。”《清華六・管仲22》：“好宜（義）秉惪（德），又（有）攷（旰）不解（懈）。”有旰不解（懈），指武王到天黑都不鬆懈，形容其為政勤勉。●讀搴。《上博二・子羔12》：“遊於玄咎之內，冬見芙，攷（搴）而薦之。”詳“芙”字。●讀干。《清華五・封許3》：“攷敦殷受，咸成商邑。”《説文》：“干，犯也。”敦，殷墟卜辭作“𢉙”，有攻伐之義。

迁 楚 迁 連迁鼎　迁 曾侯123　迁 清華五・命訓5　迁 清華八・邦道1

【注】從辵干聲。馬敘倫謂走部之“趕”當與此一字。《説文》：“𨗲，進也。從辵干聲。讀若干。”段玉裁注：“干求字當作迁。干犯字當作姦。”●人名。《連迁鼎》：“連迁之行升（鼎）。”●讀奸。《清華八・邦道1》：“乃剌（斷）迁（奸）閱（杜）匿（慝）。”《清華五・命訓5》：“六亟（極）既達，九迁（奸）具（俱）寠（息）。”●《曾侯123》：“一革迁。”疑讀為《説文》訓為“臂鎧”的“釬”。古書或作“扞”“捍”“軒”。《漢書・酷吏傳》：“被鎧扞持刀兵者。”顏師古注：“扞，臂衣也。”

赶 楚 赶 清華七・越公4　赶 清華七・越公1

【注】從走干聲。●《清華七・越公1》：“（吳王夫差起師伐越＝王勾踐）赶隥（登）於会旨（稽）之山。”“赶隥（登）”，《説文》：“赶，舉尾走也。”此處義為奔竄。又疑讀為迁。《説文》：“迁，進也。”《廣韻》：“迁，登也，躋也。”

彳干 楚 彳干 清華四・筮法49

【注】從彳干聲。●讀旰。旰，《説文》晚也。《左傳・襄十四年》日旰不召。《前漢・張湯傳》日旰，天子忘食。

忓 齊 忓 陶彙9・24 楚 忓 奋忓盤　忓 奋忓鼎

【注】從心干聲。《説文》：“𢘁，極也。”段玉裁注：“極者，屋之高處。干者，犯也。忓者，以

下犯上之意。"●人名。《酓忓鼎》："楚王酓（熊）忓（悍）戰隻（獲）兵銅。"酓忓，即楚幽王熊悍。商承祚曰："干、旱同聲通假，故捍、稈、悍……又得作扞、稈、忓也。是忓即悍也。説文訓忓為極，悍為勇，㥂為姦之古文，皆非。"●齊陶單字，人名。

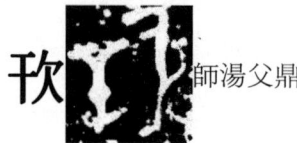 欤 師湯父鼎

【注】從欠干聲。●讀干。銘文"彤欤"，讀彤干，紅色的盾。

宇楚 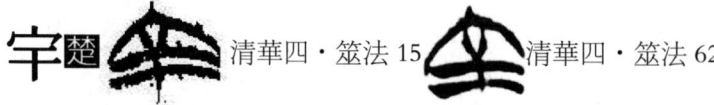 清華四・筮法 15　清華四・筮法 62

【注】從宀干聲。●讀旱。

邗楚  包山 189　清華七・子犯 7　清華七・子犯 14　邗王戈

晉 邗 趙孟介壺

【注】從邑干聲，與小篆同。《説文》："邗，國也，今屬臨淮。從邑干聲。一曰邗本屬吳。"本義為古國名，吳滅之，因號吳邗。●國名，典籍作"干"，亦稱"吳"。邗國本在江邊，即廣陵。後吳滅邗，即自名邗，或作干。邗王即吳王。《趙孟介壺》："禺邗王于黃沱（池）。"銘文所記即春秋時魯哀公十三年（前 482）夏，吳與晉會于黃池爭長一事。●包山簡姓氏。●讀蹇。《清華七・子犯 7》"邗（蹇）叔"，宋人，受百里奚推薦，秦穆公迎為上大夫，《韓非子・説疑》以其與百里奚等並為"霸王之佐"。

閈  毛公鼎楚 閈 清華七・子犯 4晉 閈 中山王嚳鼎

【注】從門干聲，與小篆同。《説文》："閈，門也。從門干聲。汝南平輿里門曰閈。"本義里巷的門，又泛指門。"閈"還有另一種用灋：《墨子・備城門》"行棧内閈"，孫詒讓閒詁："閈，即閉字。"岑仲勉《墨子城守各篇簡注》認為"閈"自有"閉"之義。《墨子・備城門》："為闔門兩扇，令各可以自閉。"道藏本、吳鈔本"閉"亦作"閈"。王羲之書《黃庭經》"閉"字如此作。●讀奄或讀掩，訓為"覆"。訓為"閉"的"閈"字，當與"闇"音近義通，或即異體。《説文》："闇，閉門也。"錢坫《説文斠詮》："今揜門字如此。"揜門"即今"掩門"，訓為"閉"。"閉門"的"閈"與"闇"字，當即"掩門"之"掩"。干與奄、音古音相近。《毛公鼎》："亡不閈于文武耿光。"銘意為"不廷方"無不覆于文王、武王的光輝之下，亦即文王、武王"奄"有不廷方。（張崇禮《釋金文中的"閈"字》）《説文》："奄，覆也。"《詩經・魯頌・閟宮》："奄有下國。"鄭箋："奄，猶覆也。""奄有龜蒙。"鄭箋："奄，覆也。"《國語・吳語》："今君掩王東海。"注："掩，蓋也。"●讀諳，訓為"悉"。《説文》："諳，悉也。"《玉篇》："諳，知也。"《中山王嚳鼎》：

"昔者，郾（燕）君子襘（噲）賭（叡）弇夫豟（悟），戙（長）為人宝（主），閆于天下之勿（物）矣。""諳于天下之物"義為熟悉、知曉天下的事情（同上引）。●讀扞，阻止、遮蔽的意思。《清華七·子犯4》："虗（吾）宝（主）之式（二）晶（三）臣，不閆（扞）良䇅（規）。""不閆良䇅（規）"就是不阻止有益的規諫的意思。亦可讀奄。

斤方彝　斤觗　斤　遣卣　畏卣　斤　遣尊 楚　斤 清華三·良臣
10

【注】從广干聲。于省吾謂"斤"為"岸"之初文。（《讀金文劄記五則》）或以為釋為"庍"。案：庍，睡虎地秦簡作斤，《説文》："庍，邸屋也。"邸屋者，謂開拓其屋使廣也。開拓之際必有所斥除也，邸卻之義即由此引申。"斥"由"庍"字訛變，其訛變過程為庍→庍→斤→斤。金文此數形與"庍"之訛形同，然其時尚早，"庍"訛為"斤"當為後世事也。故字不當釋為"庍"。●地名，或讀岸。《遣尊》："隹（唯）十又三月辛卯，王才（在）斤。"●清華簡人名。

啟　盠駒尊　庍　麥尊

【注】從攴庍聲。于省吾謂從广攷聲，與從广干聲之"斤"同字；"斤"者，"岸"之初文。（《讀金文劄記五則》）●地名。《盠駒尊》："王拘駒啟，易（賜）盠駒，霎雷雒子。"《麥尊》："霎王才（在）啟。"或指辟雍大池的岸上。

麻　散氏盤　麻　庚嬴卣

【注】從木斤聲。斤、庍形近易誤，金文之"麻"並非小篆之"榭"。●地名。《散氏盤》："陟州剛，登麻，降棫，二奉（封）。"●讀管。《庚嬴卣》："易貝十朋，又丹一麻。"干為聲符，干與管為同部聲轉字。丹一麻，即丹砂一管。

戕 晉　斤文　集成11562

【注】從戈斤聲。古文字斤、斤一字。●《六年安陽令矛》"戕餗"，人名。

岸 秦　庍　秦印183

【注】從山斤聲。●秦印人名。

炭 秦　關簡317

【注】從火，岸省聲。●用為本義，《説文》燒木餘也。《關簡 317》：“燔以為炭火。”

汗 楚 上博八・蘭賦 4 秦 秦印 223 關簡 316

【注】從水干聲。●用為本義，汗水。《關簡 316》：“令汗出。”●讀旱。《上博八・蘭賦 4》：“信葉（蘭）其蔑也，風汗（旱）之不罔（罔）。”

泾 秦 石鼓文

【注】從土汗聲。●讀瀚。《石鼓文》：“鱻之龜=（迫迫），泾=（瀚瀚）趰=（溥溥）。”句之“鱻”字似可讀攔，指將捕獲的魚放在水中圍欄中。“泾=（瀚瀚）趰=（溥溥）”指圍欄中魚多的樣子。

豻 秦 睡簡・日甲 71 背

【注】從豸干聲，楚文字作“鼾”。●同説文。《睡簡・日甲 71 背》：“多〈名〉虎豻貙豹申。”《説文》：“豻，胡地野狗。”

犴 燕 璽彙 3354 秦 、秦印 190

【注】從犬干聲。燕璽所從犬形，應該是犬的地域性寫法。●均為人名。

⿰鼠干 楚 望山 2・29 天星 曾侯 1 包山 271 曾侯 22

【注】從鼠干聲，“豻”之或體。●讀豻，用為本義。豻，《説文》胡地野狗。《曾侯 1》：“豻殉之箙。”“豻殉”，疑讀為“豻幭”，豻毛為幅。《集韻》：“幭，群幅也。”引申為邊幅。

䚧 秦 圖典 402

【注】從角干聲。●讀犴。秦陶“左䚧”，詳“扞”字。

竿 楚 天星 上博五・三德 21 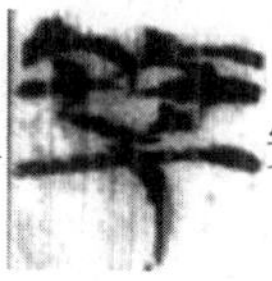安大一 98

【注】從竹干聲。●天星簡“白羽之䇥竿”，《上博五・三德 21》“竿之長”，均用為本義，竹子的主幹。●旗杆。《安大一 98》：“敎（孑）=竿斾（旌），才（在）孫（浚）之城。”《毛詩》作“孑

子干旌"。"竿"，阜陽漢簡《詩經》、三家《詩》皆同。《毛詩》為借字。

杆 [楚]  上博六·孔子 14

【注】從木干聲。●讀岸。《上博六·孔子 14》："睪（擇）尻（處）危杆（岸）。"

芉 [秦]  秦漢印範卷四 3.3

【注】從艸干聲。●"芉壻"，應為姓氏。

刊 [秦]  睡簡·日甲 66 背

【注】從刀干聲。●斫削。《睡簡·日甲 66 背》："刊之以蒚。"

釬 [楚]  信陽 2·14

【注】從金干聲。●讀盂。《信陽 2·14》："二釬。"盂，《玉篇》盤也。《廣韻》大盌名。

軒 [楚]  上博四·柬旱 18　　包山 267　　曾侯 50　　曾侯 4　　曾侯

26　天星 [晉] 璽彙 2496 [燕] 璽彙 0308 [秦] 秦印 268

【注】從車干聲。●車名。古代建築物欄杆上的板稱"軒"。"軒車"車廂兩旁有較高的屏潘，與建築物欄杆上有軒形近，所以二者同名。《曾侯 4》"圓軒，紡褬，紫裏……"，"圓車"疑為圓形的軒。203 號簡"圓軒"則用為車名，當是因為有"圓軒"而得名。關於軒和圓軒的區別，詳見鵬宇碩士論文《曾侯乙墓竹簡文字集釋箋證》79 頁。●燕璽"左軒僑頁壯"，確切義待考。

衦 [楚]  信陽 2·15　　曾侯 125 [燕] 璽彙 0493 [晉] 璽彙 3510

陽城令戈

【注】從衣干聲。●指經摩光之衣。《說文》："衦，摩展衣。"《信陽 2·15》："一丹緅之衦。"衦，商承祚謂即後世之汗衣。●古璽印均為人名。

軒_楚  包山牘1

【注】從車干聲。●讀軒。《集韻》：“軒，馬被具。”《包山牘1》：“（豻）韜之韆軒。”

圩_楚  望山2·56

【注】從土干聲。●簡文“一圩”，疑讀盂，《玉篇》盤也。《廣韻》大盌名。

戏_楚  清華三·說命中6  上博四·曹沫16

【注】從戈干聲。●讀干，干戈之“干”專字。《清華三·說命中6》：“且惟口迟（起）戎出羞，惟戏（干）戈作疾。”●讀捍。《上博四·曹沫16》：“其城固足以戏（捍）之。”

旱_楚 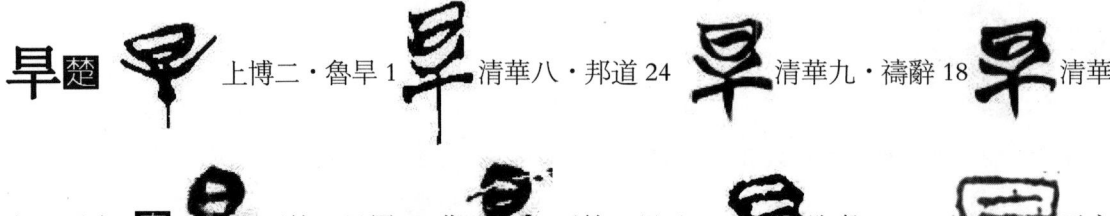 上博二·魯旱1 清華八·邦道24 清華九·禱辭18 清華

十·司歲1_秦  睡簡·日甲38背 睡簡·日乙53 陶彙5·451 于京

50 于京51 、 陶錄6·287

【注】從日干聲。●用為本義，《說文》不雨也。《睡簡·日甲33》：“正月以朔，旱，歲善。”●地名。秦封泥（于京51）“旱田之印”，為旱之田官所用之印。旱在今陝西漢中市漢台區西南。

稈_齊  子禾子釜

【注】從木旱聲。《說文》無。《正字通》俗杆字。干聲即旱聲，《說文》稈、稈同字，金文玟、敨亦同字，均可證也。●讀杆，木棒。《子禾子釜》：“關人築稈（杆）威龠（釜）。”

焊_楚  上博一·性情18

【注】從火旱聲。●《上博一·性情18》：“哭之敳（動）心也，滞（浸）焊，丌（其）〔烈〕䜌（戀）䜌（戀）女（如）也，戚肰（然）以冬（終）。”簡文“滞焊”，讀“浸殺”，或主張“是

2402

漸趨衰弱之義"。《郭店 · 性自命出 30》對應的字句作 "减殺"。或認為是描寫悲痛欲絕之狀，可讀怛，伤悲。

 清華八 · 邦道 6　　　清華八 · 邦道 6　　　清華三 · 説命中 4

【注】從雨旱聲。●均讀旱。《清華八 · 邦道 6》："水霏（旱）、雨霏（露）之不厎（度）。"

 清華三 · 祝辭 5

【注】從彳旱聲。●讀干。《清華三 · 祝辭 5》："牺（將）殘（射）得（干）音（函）。"

 上博六 · 用曰 11

【注】從竹旱聲。●讀竿。《上博六 · 用曰 11》："塱（舉）箄（竿）於埜（野），德徑于康。惡好弃（棄）忧（尤），五井（刑）不行。"或讀罕，"舉罕於野，德徑於康"為對句，且押韻，疑其意指像湯那樣舉網得民，是因為其行德政，能使民速得康樂。

 陶彙 5 · 132

【注】從手（作干形，疑因手訛，或因旱下部而類化）旱聲。●秦陶人名。

 陶録 2 · 219　　　陶彙 3 · 52　　　秦陶 452　　　睡簡 · 日乙

100　　　　　、　　　　、　　　秦印 212　　　類編 392

【注】從心旱聲。●用為本義，凶悍。《睡簡 · 日乙 100》："取妻，妻悍。"●齊陶、秦漢印人名。

 子刜子戈

【注】從刀悍聲。●人名。

 、　　　、　　　陶録 3 · 277

【注】從車從戈旱聲。●單字，應為人名。

見紐建聲

建　兮建父丁爵　　兮建觚　　小臣廬鼎　　卅二年逑鼎齊　　建陽戈

楚　曾公畎鐘　　蔡侯申鐘　　清華五·厚父2　　清華二·繫年18　　曾

侯17　清華十一·五紀116　　清華十一·五紀25　　清華十一·五紀2　上

博二·容成22　郭店·老乙15　　郭店·老乙10　　清華一·祭公13　　清華

七·越公26　　上博六·天甲1　　上博六·天甲1　清華三·芮良夫12　上博九·舉

治34　清華十·四時18　　清華十·四時26　　璽彙0338燕　　陶録

4·166　璽彙0596　　璽彙1671晉　建中山侯恣鉞　　八年相邦鉞　　相邦

建信君鉞　相邦建信君劍　　相邦見信君鉞　　匯考92　　璽彙

1375秦　睡簡·日乙32　　睡簡·日乙16　　睡簡·日甲16　　秦印36

【注】較早的金文象手持器在庭院中有所豎立之形。張亞初謂："建字初義正象一人立於庭隅用手持棍棒夯築之形"，"本義確實與土木建築有關。"《古文字源流疏證釋例》《小臣廬鼎》下從土形，演變為《蔡侯申鐘》下所從之土旁；人雙手持物之形演變為"聿"形，乚則為庭院形。《卅二年逑鼎》土旁或省作一。《中山侯恣鉞》所從"土"旁與乚旁共用下部的橫筆，形成借筆。戰國"建"字或從聿從止作"遺"，如聖、遺（郭店·老乙），遺（上博二·容成22），這種寫灋可能是由於形體訛變造成的。其所從聿旁下端的橫筆在演變的過程中從聿旁中遊移出來而與乚旁

粘連在一起作 ∠ 形，進而又訛變作"止"形此類訛變又如"疑""老"等字。在古文字的形體演變中有這樣一種現象，一個筆劃從它們原先的部件中遊移出來，與其他部件進行重新組合，形成新的變體。這種變化就完全破壞了原字的構形，例如"丞"字。"聿"多見於六國文字，秦系文字則作 建、隶、建，第一種"建"字所從的 ⺄ 應是由 ∠ 演變來的，《說文》小篆承襲了這種寫灋；而第二種"聿"則作"隶"形。第三種"建"字從辵從聿的寫灋很可能是受到六國文字影響而形成的新的變體。●創立、設置。《蔡侯申鐘》："建我邦國。"《小臣䚄鼎》："䚄（召）公建匽（燕）。"楚簡多用為本義。《清華七·越公26》："既聿（建）宗廟（廟），攸（修）柰（崇）应。"●《璽彙0338》"建易"、《建陽戈》"建易（陽）"，地名。●封君號。《匯考92》"建安君"，"建安"為地名，地望不詳，此印乃是三晉建安的封君用印。另有《八年相邦劍》"建躳（信）君"。

橻 [秦] 里耶 8·406

【注】從木建聲。●"男子皇橻"，"皇橻"人名。

駤 [秦] 石鼓文

【注】從馬建聲。●馬壯健，或說同犍。《石鼓文》："左驂旛旛，右驂駤駤，避（吾）以隮（躋）于邍（原）。"

犍 [楚] 王孫誥戟　王子午戟　曾侯乙戟

【注】從戈建聲。●讀戟。詳"戟"字。

鄻 [齊] 璽彙0652

【注】從邑建聲。●"王鄻信鉨"，人名。

見紐見聲

見　見鼎　賢簋　賢簋　見尊　見簋　見盨　匽侯鼎　瘐鐘　牆盤　作冊魖卣　乖伯簋 [楚]　鄂君啟車節　郭店·五行10　郭店·五行23

上博五·弟子6　　上博五·弟子16　　上博六·用曰19　　上博一 詩論16　　上博一 詩

論23　　上博一·詩論24　　上博四·相邦4　　上博四·昭王8　　上博四·曹沫

30　　上博七·君乙1　　清華八 處位4　　清華六·子產5　　清華一 尹至3

清華七·越公15　　清華二·繫年28　　清華九·禱辭9　　清華十·四時42

清華十一·五紀3　　清華十一·五紀103 晉　　中山王 譻壺　　韓氏私官壺　　信安君

鼎 匯考253　　、　　侯馬 秦 睡簡·日乙154　　睡簡·效律12　　睡簡·日

乙176

【注】甲骨文作 、 ，從卩從目，跪則近睞，會看見之意。金文同甲骨文。春秋戰國之間"見"字下部人形已作直立形，遂與"視"之初文相混。《説文》："見，視也。從兒從目。凡見之屬皆從見。"本義為看到。如《詩經》："一日不見，如隔三秋。"●看見。《中山王 譻壺》："則臣不忍見施（也）。"●進見、拜見，下對上也。《牆盤》："散史剌（烈）且（祖）乃來見武王，武王則令周公舍圖（宇），于周俾處。"●助動詞，表示被、加。《沈子它簋》："見猒（厭）于公。"《史記·屈原賈生列傳》："信而見疑，忠而被謗。"●見事：即述職。《匽侯鼎》："匽侯旨初見事于宗周，王賞旨貝廿朋，用作姒寶尊彝。"楊樹達《書康誥見士于周解》指出，康誥"見士于周"的"士"應讀事，"見事于周"的文例與"見事于宗周"同，"見事猶言述職"。（《積微居小學述林》卷六）●見服：謁見天子，聽命受事。《作冊魖卣》："公大史咸見服于辟王。"●讀現，現數。《睡簡·效律12》："縣料而不備其見（現）數五分一以上。"●讀現，呈現。《清華六·子產5》："共（恭）愯（儉）、整齊弈見又（矣）。"《爾雅·釋言》："弈，同也。""弈見"即"同現"。

莧 楚  上博三·周易39

【注】從艸見聲。●《上博三·周易39》："莧芖（陸）夬=（夬夬），中行亡（無）咎。"莧陸，草名，今所謂馬齒莧。

槻 楚 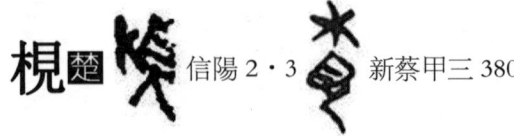 信陽2·3　　新蔡甲三380

【注】從木見聲。●讀楬。《信陽2·3》："一彤鼗，二橐（袍），四梶。"出土寶物有四根鳳足狀的木柱，可插入鼓座虎背的方鍪中，即簡文所記之"四梶"。"楬"謂樹立之木柱。

 清華三·芮良夫18

【注】從心從臼見聲。●讀潔。"潔""見"同屬見母，韻部月、元對轉。《清華三·芮良夫17》："□□紅（功）裚（績），靠（恭）醫（潔）盲（享）祀。""恭潔享祀"即強調享祀要恭敬、清潔。

 上博五·鮑叔3

【注】從介醫省聲。加注介聲（"見""介"聲同韻近）。●讀潔。《上博五·鮑叔7》："祭服毋紁（黹），器必盨（蠲）憨（潔），毋內錢（殘）器。"蠲潔，亦作"蠲絜"，清洁。

 清華四·筮法59

【注】從雨見聲，"霰"之或體。●讀霰。《清華四·筮法59》："為雪（雪），為雺（露），為霓（霰）。"

 庚姬鬲  庚姬鬲  庚姬鬲

【注】從女見聲。金文"女"作 中，延伸左右兩筆則訛為 卄 形。或釋為"媿"，不確。金文"媿"均作 卄 形。《說文》無。娹，《集韻》音峴，女字。●人名用字。《庚姬鬲》："庚姬乍（作）弔（叔）娹隨鬲，其永寶用。"

 璽彙2324

【注】從邑見聲。●晉璽"郹伏"，人名。

 璽彙1532　璽彙4076

【注】從土見聲。亦可隸為"垷"。●晉璽人名。

說 晉  璽彙 1798

【注】從言見聲。●晉璽人名。

寡  寡兒鼎 齊  齊侯匜  齊侯盤

【注】從宀從𢍜從見，見亦聲。銘文中無實義可說，形義不詳。●人名。《寡兒鼎》："蘇公之孫寡兒羼（擇）其吉金，自乍（作）飤鐈。"●國族名。《齊侯盤》："齊侯乍（作）賸（媵）寡圓孟姜盥般（盤）。"

鋧 楚  包山 276

【注】從金見聲。●讀靦，應指馬項上的繫圈。《包山 276》："二馬之鋧。"

現 齊  璽彙 3234 楚  清華十一・五紀 118  清華十一・五紀 118  清華十一・五紀 119

【注】從玉見聲。《璽彙 3234》或釋為"項"。●齊璽"郘現"人名。●讀管，即以管樂器演奏的樂曲。《清華十一・五紀 118》："三現（管）三訶（歌），散（散）軍之義（儀）。"

絸（繭） 楚  包山 268  包山 277  清華三・琴舞 13  清華一・祭公 18 秦  睡簡・日甲 13 背

【注】從糸見聲，"繭"之古文。《說文》："繭，蠶衣也。從糸從蟲，黹省。絸，古文繭從糸見。"●讀繭。《包山 268》："絸組之繻。"《包山 277》："一絸組綏。"《睡簡・日甲 13 背》："非繭乃絮。"●讀諫，謂"勸諫"也。《清華三・琴舞 13》："秋（咨）爾多子！笙（篤）亓（其）絸（諫）卲（劭）。"卲，亦當從整理者之觀點，讀劭，義為"勸勉"。《漢書・成帝紀》："先帝劭農，薄其租稅。"此句簡文意為："篤實地實行勸諫和勸勉之事"。

鞎 楚  包山 268  包山 271  包山 273

【注】從革見聲。●讀韅。《包山 273》："䩞鞎（韅）、鞅。"詳"韅"字。

覞 牆盤　麥方尊　癲鐘　癲簋　癲簋　虢季子白盤　戎生鐘　追簋　追簋　史頌簋　史頌鼎　追夷簋　晉 晉姜鼎

【注】從覞從尹，雙聲聲。"尹"亦為"覞"加注的聲符。《沈子它簋》從顯省，尹聲，是"顯"可從"尹"聲之明證，而"覞"與"顯"為一對聲符不同的異體字。《說文》："覞，日見也。從日從見，見亦聲。"●讀顯，詳"顯"字。《虢季子白盤》："王曰：白父，孔覞又（有）光。"這是宣王對子白的褒獎詞，讚揚其職功昭彰明耀。《戎生鐘》："用雫王令（命），今余弗叚濾（廢）其覞（顯）光。"

見紐肩聲

肩 齊 陶彙 4·57　楚 析君戟　清華三·說命上 2　清華三·琴舞 3　新蔡乙四 61　清華八·攝命 8　上博五·君禮 7　上博六·天甲 7　上博六·天甲 6　安大一 82　清華十·病方 1　清華十一·五紀 82　清華十一·五紀 82　晉 璽彙 3217　璽彙 1411　秦 秦印 74　睡簡·日甲 75 背

【注】甲骨文有 ，徐寶貴以為應釋為"肩"字，象牛肩胛骨之形。楚簡加羨畫"卜"形。齊陶就是《清華十·病方 1》翻轉之後的形體。楚文字肩多從攴。《上博六·天甲 6》"視百正，寡（顧）還敃（肩），與卿、夫=（大夫）同恥尾（度）"，從毛，疑受到同簡後面"尾（度）"的影響而類化，遂改"攴"旁為"毛"旁。如同《民之父母》8 "命"作 ，是受到下面"又"字的影響，劉釗先生稱為"隨文改字"。●本義，肩背。《睡簡·日甲 75 背》："疵在肩。"《新蔡乙四 61》："以其肩背疾。""肩背"並稱在古醫書中常見。《上博五·君禮 7》："敃（肩）毋發（廢）。"謂肩部不要下垂。●《清華三·琴舞 3》："弼（弼）寺（持）元（其）又（有）肩。"又肩，有肩，有所承擔、擔負。今按："有肩"指成王。●人名。《析君戟》："斨（析）君墨肩之郚（造）鉌（戟）。""黑肩"之名亦見於《左傳》桓公五年，故釋"肩"可從。與"黑肩"之名類似者，如晉成公名"黑臀"，楚連尹襄老之子名"黑要"，楚金文"赤目"（《集成》4612），漢簡"青肩"（《江陵

鳳凰山西漢簡牘》10 號墓第 25 號簡）等，皆以身體某部位之特征來命名。晉璽亦為人名。●《清華八·攝命 8》："今亦肩（股）窓（肱）難（勤）乃事。"整理者注："或説'肩肱'猶云'股肱'，訓為輔佐。"或以為讀股，原簡肰字右下作"肶"，可以分析為從尸肶聲，肶、股從攴與從殳多互換之例，是肰可解為"股"之異構。然楚文字"股"作"肶""及""肠"，是説存疑。●讀間。《安大一 82》："十儡（畝）之肩（間），喪者閑（閑）=，行與子還。"上古音"肩""間"皆屬見紐元部，音同可通。

貒_秦  石鼓文

【注】從豕肩聲，"豣"之異文。●讀豣。《石鼓文》："遴（吾）毆其樸，其來遺=，射其貒（豣）蜀（獨）。"《説文》："豣，三歲豕，肩相及者。从豕开聲。"

見紐<u>鄤</u>聲

鄤（裸） 何尊 德方鼎 毓且丁卣 内史亳觚 不栺方鼎 不栺方鼎 我鼎 噩侯鼎 庚嬴鼎 榮簋 小盂鼎 鮮盤 守宮盤 毛公鼎 鮮盤 史獸鼎 伯裸簋

【注】甲骨文與"福"同字。金文象單手或雙手執酒器澆酒（非爵形）于地以祭祀之形，或增從冂、示，為復增之義符。當為"裸"字古文。裸，為後起形聲字。王國維《觀堂集林·再與林博士論〈洛誥〉書》云："古裸字即借用果木之果。《周禮》故書之果，乃其最初之假借字，而裸乃其孳乳之形聲字也。故果字最古，裸字次之。惟《論語》《戴記》始有灌字。"●讀裸，古代酌酒灌地的祭禮。《禮記·郊特牲》："灌用鬯臭。"鄭玄注："灌謂以圭瓚酌鬯始獻神也。"文獻或作"裸"，《詩·大雅·文王》："裸將于京。"孔穎達疏："助其灌鬯之禮而行之于京師。"《周禮·大宗伯》鄭玄注："裸，灌也。"灌、裸古同字。《何尊》："佳王初鄤宅于成周，復再斌（武）王豐，鄤（裸）自天。"是説仍舊按照武王當初舉行過的大禮儀式，在天室裏舉行裸祭。●賜裸賓客。周王以爵杯酌香酒招待朝見的諸侯或重臣亦謂之裸，也叫賜裸或行裸禮。《守宮盤》："鄤（裸）周師。"銘意為，守宮向周師獻酬酌的酒。《周禮·春官宗伯》："以肆先王，以裸賓客。"鄭玄注《注》："爵行曰裸。"賈公彥《疏》："至于生人飲酒亦曰裸，故投壺禮云'奉觴'、'賜灌'，是生人飲酒爵行，亦曰灌也。"《史獸鼎》："尹賞史獸鄤（裸）。"

見紐开聲

开_楚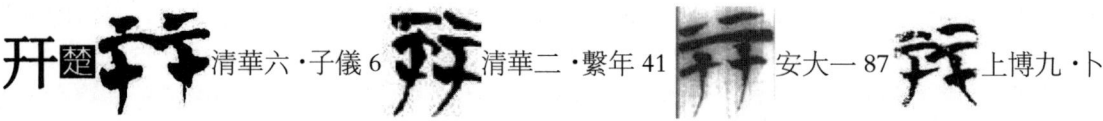

 書4 囯 貨系1608 貨系1610

【注】甲骨文作开，從二主，會對偶平齊之意。金文作开（"麗"字所從），加〇為飾。戰國文字承襲商周文字，或演化為开、开等形。●韓方足布"开陽"讀沃陽，地名。《史記·殷本紀》"沃甲"，索隱"《系本》作'開甲'"，是其佐證。《漢書·地理志》雁門郡有"沃陽"，在今内蒙涼城西南。●讀汧。《清華六·子儀6》："开（汧）可（兮）非=（霏霏）。"●讀笄。《安大一87》："君子皆（偕）壽，杯（副）开（笄）六加（珈）。"《毛詩》作"副笄六珈"。

 訮 上博八·鬼神7

【注】從言开聲。●讀研，研究。《上博八·鬼神7》："昔鬺（融）之氏（是）帀（師），訮尋顯（夏）邦。"《字彙·石部》："研，究也。""尋"也有究義。朱駿聲《說文通訓定聲》："尋所以度物，故揣度以求物謂之尋。"《正字通·寸部》："尋，探求也。"《淮南子·俶真》："下揆三泉，上尋九天。"因此，"訮尋"即"研尋"，而"研尋"復辭同義，皆為探究、研究之意。"研尋夏邦"，即研究中國。

 睯 包山120 清華六·子儀17秦 天簡·日甲30

【注】從目开聲。或為左右結構。●《清華六·子儀17》："尚端（端）項賠（瞻）遊目以睯我秦邦。"《說文》："盰，蔽人視也。从目开聲，讀若攜手。一曰直視也。睯，盰目或在下。苦兮切。"有"遮人視綫"和"直視"兩解。此處或表示直視。●《包山120》："尖=（小人）命為睯以傳之。"李守奎讀箐。認為包山楚簡之"箐""笑""子"等字記錄的是同一個詞。"笑"即"箐"，"箐"與"开"都是見紐元部字，所以從"开"聲的"睯"與從"关"聲的"笑"也應該記錄的是同一個詞。"小人命為睯以傳之"的意思是：小人請求，發佈拘捕文書以逮捕……。

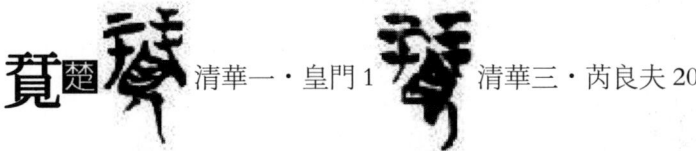 熭 新蔡甲三323

【注】從火睯聲。●"熭一豕"，義不詳。

覵 清華一·皇門1 清華三·芮良夫20

【注】從見开聲；覵、睯當為一字異體。●讀研。《清華三·芮良夫20》："覵（研）憗（甄）嘉惟，料（調）和庶民。"考察甄別好的謀略，協調民眾，使民眾和諧相處。●讀開，訓通。《清華一·皇門1》："隹（惟）莫覵（開）余嘉悳（德）之兑（說）。"莫，爲無人之義。此句今本作"維其開告于予嘉德之説"，陳逢衡注："開告，啓迪也。嘉德，美善之德。説，謂言説。"

2411

戽 _楚  清華六・子儀 16

【注】從戶开聲，"開"之異體。●讀開。《清華六・子儀 16》："戽（開）而不盧（闔）。"

汧 _楚  清華二・繫年 122 _秦 汧 陶彙 5・329 石鼓文

【注】從水开聲。●水名。《石鼓文》："汧殹沔=（沔沔），丞（承）皮（彼）淖（沼）淵。"●地名。《清華二・繫年 122》："晉自（師）述（逐）之，内（入）至汧水。"秦陶地名。

筓 _楚  天星 清華五・封許 6 _秦 龍崗 140

【注】從竹开聲。●讀斻、或讀旝。《清華五・封許 6》："緣（鸞）鈴（鈴）索（素）斻，朱筓元（軑）。""朱斻/旝"與望山簡所記"彤斻/旝"相同，指紅色的斻旗。"朱斻"又見於曾侯乙簡。"朱斻"無疑就是清華簡之"朱筓"，皆指紅色的斻旗。元，試讀為"軑"，《説文》："車轅耑持衡者，從車，元聲。"《論語・為政》："大車無輗，小車無軏。"字作"軏"，從"兀"，與"元"字對轉。朱筓軑，當為軑部所繫紅色裝飾。●《龍崗 140》："租筓索不平一尺以上，貲一甲。""索"即繩索。"筓"本意指簪，用以貫發或固定弁、冕的飾物，這裏可能指插在田地中用以固定繩索且起標識作用的工具（如木樁之類）。田部官吏在確定某戶某一地段屬於"稅田"之後，在其四周插上標識物，拉起繩索，這或許就是"租筓索"。

茾 _秦  睡簡・秦種 131 茾 睡簡・秦種 131

【注】從艸开聲。●藥草。《睡簡・秦種 131》："其縣山之多茾者，以茾纏書。"整理者曰："茾，疑讀為菅，一種柔軟可制繩索的草。"

弿 _楚 弿作父辛器

【注】從弓开聲。《説文》："弿，帝嚳躲官，夏少康滅之。從弓开聲。《論語》曰：'弿善躲。'""弿善躲"，段玉裁注：按今論語作"羿"。●人名。《弿作父辛器》："易（賜）弿貝五朋。"

庎 _秦  睡簡・封診 84 庎 嶽麓三 178

【注】從广开聲，"屛"字或體。●讀屛，使之倒地。《睡簡・封診 84》："甲懷子六月矣，自畫與同里大女子丙鬭，甲與丙相捽，丙債庎甲。"甲已懷孕六個月，昨日白晝和同里的大女子丙鬥毆，甲和丙互相揪住頭髮，丙把甲摔倒。

 郭店·語叢四 18

【注】從虫开聲。●蟲名，訓百足之蟲。《郭店·語叢四 18》："善史（使）其下，若蚈蝆（蛩）之足，眾而不割（害），割（害）而不僕（仆）。"

 類編 150

【注】從犬开聲，疑"豣"之異文。《玉篇》："豣或作豣。三歲豕為豣。"●秦印"滄犴"，人名。

 上博九·陳公 16  元年相邦春平侯矛 睡簡·日乙 134 睡簡·日甲 16 獄麓一·為吏 76 戰編 780

【注】從門开聲。●人名。《元年相邦春平侯矛》："冶軑（韓）開戟齊（劑）。"●秦除日名。《睡簡·日甲 24 正》："開日。"●打開。《上博九·陳公 16》："女（如）開阰，女（如）攻阰。"

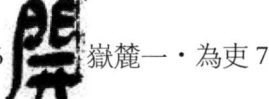 虡簋

【注】疑從衣开省聲，張亞初釋為"衦"。（《古文字分類考釋論稿》）《説文》無。《類篇》衣名。《廣韻》古衣也。●或為衣物、衣飾。《虡簋》："易（賜）衦胄、干戈。"

見紐姦聲

妳  亞膊觚 允冊妳觚

【注】甲骨文作𡚽、𡙣、𡙛、𡚽，從二女會意，如"獄"從二犬。《説文》："𡚽，訟也。"訟者，爭也。周易睽傳曰："二女同居，其志不同行。"革傳曰："二女同居，其志不相得。"此為本義。●人名。《允冊妳觚》："妳乍（作）乙公寶彝。"

姦 楚 長由盉 婦疊 楚 包山 183 清華十·四告 13

【注】從女從妳，會奸邪之意。妳亦聲。姦、妳元部疊韻。《婦疊》舊名《戶姦疊》，銘拓為 ，三女並列之形當非姦字，殷商彝銘文字圖畫意味濃郁，文字結構也未凝固，繁簡不定，三女並列與一女所表達的意思並無多大不同，只是人數之多寡而已，所謂"戶"字，實際是"帚"字，

因而婦疊銘可看作一個整體，其實是"婦"字的繁體。《說文》："姦，私也。從三女。姦古文姦從心旱聲。"《說文》古文為悍字，用作姦，假借。奸為後起形聲字。本義為姦邪。●讀奸，姦邪。《長由盉》："井白（伯）氏彊不姦。"井伯對王事大為敬誠。不姦，誠而不偽也。《清華十·四告13》："忩（戁）我王或（國），萬殜（世）勿姦。"●包山簡人名。

見紐柬聲

【注】從束從二點，不從八。小篆訛為從八。林義光曰："柬，束也。與束義同音異。柬本義為束，故與束同音之字如簡編之簡，諫諍之諫，欄楯之欄，並有約束義。柬從束，注二點以別于束，亦省作束，如《孟鼎》諫或作𦌋，是其證也。"（《文源卷六》）楚簡或與"束"混同。《說文》："柬，分別簡之也。從束從八。八，分別也。"析形釋義均不確。本義當為揀束。●象聲詞，形容鐘鼓聲鏗鏘有力。《令狐君嗣子壺》："柬柬畱畱，康樂我家。"柬柬戱戱，形容鐘鼓之聲的和樂、廣大。"柬柬"，金文又作"闌闌"。《王孫遺鼠鐘》："闌闌龢鐘。"文獻作"簡簡"。《詩·商頌·那》："奏鼓簡簡。"毛傳："其聲和大，簡簡然。"柬、闌、簡古音相通。●地名。《邑鼎》："自新邑于柬。"●《鮑子鼎》："鮑子作媵仲匋妣，其隻皇男子，勿或柬已，它它熙熙，男女無期……子孫孫永保用。"張崇禮認為：戰國簡帛文字中"柬"與"簡"常見通假，故"柬"可讀簡，訓為簡慢、怠惰。《字彙·竹部》："簡，慢也。"《詩經·邶風·簡兮》："簡兮簡兮。"朱熹集傳："簡，簡易，不恭之意。"《管子·八觀》："禁罰威嚴，則簡慢之人整齊。"《呂氏春秋·處方》："少不悍辟，而長不簡慢矣。"高誘注："簡，惰也。""其與皇男子，勿或簡已"，告誡仲匋妣以後隨侍丈夫，不要簡慢、怠惰。（《讀鮑子鼎銘文劄記》）"隻"可讀與。詳"隻"字。●讀簡，簡易、簡單等義。《清華五·啻門16》："正（政）柬（簡）目（以）成，此胃（謂）岂（美）正＝（政）。"●讀練。《關簡375》："取柬灰一升，漬之。"

番生簋 諫簋 臣諫簋 述盤 作冊封鬲

曾孟嬭諫盆 上博七·武王7 上博五·鮑叔9 清華六·趙

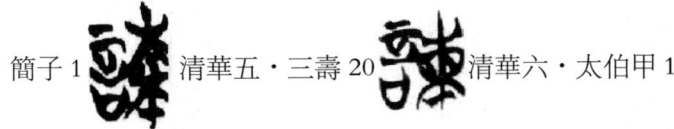

簡子 1 清華五・三壽 20 清華六・太伯甲 12

【注】從言柬聲，與小篆同。《説文》："諫，證也。從言柬聲。"本義直言規勸。●人名。《諫簋》："嗣（司）馬共右（佑）諫入門，立中廷。"●用諫四方：金文習語，用以警戒、整飭全國。《番生簋》："用諫四方。"《周禮・司諫》鄭玄注："諫，猶正人。以道正人。"●《逨盤》："黹諫諫克匍保氒（厥）辟考（孝）王、㝬（夷）王，又成于周邦。""黹"通廣，大也；諫諫，猶簡簡，大也。●治也、理也。《逨盤》："保奠周邦，諫辪（乂）四方。"《作冊封鬲》："諫辪（乂）四或（國）。"●進諫。《清華六・太伯甲 4》："為臣而不諫，卑（譬）若饋而不䣛。"

包山 181

【注】從女柬聲。●人名。

秦集一・五・27

【注】從水柬（訛為東）聲。●秦封泥"湅布之丞"，官名。《周禮・冬官・㡛氏》："㡛氏湅絲。"孫治讓《正義》"凡治絲帛通謂之湅"。《華嚴》引《珠叢》云："'煮絲令熟曰湅'，練亦湅借字。"《禮記・禮運》："治其麻絲，以為布帛。"湅布，當掌治衣。

陶彙 3・1045 陶録 3・356

【注】從心柬聲。●齊陶單字，人名。

包山 86 信陽 1・24 上博八・蘭賦 1 璽彙 2255

【注】從艸柬聲。●晉璽"萰固"，姓氏，讀蘭。包山簡亦為姓氏。●讀蘭，蘭花。《上博八・蘭賦 1》："緩才（哉）萰（蘭）可（兮）。"

晉編 1184

【注】從广柬聲。●晉璽人名。

鄂侯馭方鼎 馭方鼎 王孫遺者鐘 王子午鼎 王孫誥鐘

家丞禺戈陶彙 5・365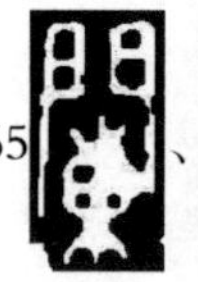、秦印 230睡簡・答問 139里耶 8・1716

【注】從門柬聲。《説文》："闌，門遮也。從門柬聲。""門遮也"指門前的柵欄。銘文中多用其假借義。●讀簡。《王孫遺巤鐘》："闌闌龢鐘。"闌闌，即簡簡，形容鐘聲宏亮悠揚。《詩・商頌・那》云："奏鼓簡簡。""簡簡"為讚美樂聲之辭。●無符傳出入。《漢書・汲黯傳》注："無符傳出入為闌。"《睡簡・答問 48》："告人曰邦亡，未出徼闌亡，告不審，論可（何）殹（也）？"控告他人説逃出國境，實際没有私出邊界，所控告不實，應如何論處？●完畢、了結。《鄂侯馭方鼎》："馭方卿（合）王射。馭方休闌，王宴，咸酓（飲）。"休闌，指禮儀或慶典的結束。或説讀僩，《説文》："僩，武貌。"

讕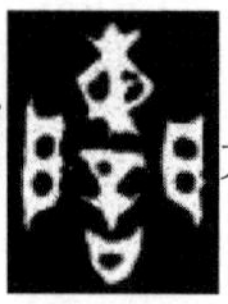大盂鼎

【注】從言闌聲，與小篆同。《説文》："讕，怟讕也。從言闌聲。讕讕或從閑。"本義抵賴。●讀諫，進諫。《大盂鼎》："敏朝夕入讕（諫），亯（享）奔走，畏天畏（威）。"此字當為諫之異文；闌從柬聲，則闌聲柬聲得通，方浚益云："諫從門若焰之或作燗，瞰之或作矙。"（《綴遺齋彝器款識考釋卷二》）

蘭 秦 集證 156・378

【注】從艸闌聲，字形上部有缺失。●"蘭干丞印"，蘭干，地名。《漢書・地理志》天水郡有"蘭干"縣，未説明始置年，後人皆以為漢置，由此封泥可證明秦時已有。《漢書補注》引吴卓信云："《典略》馬騰父子碩嘗為蘭干尉。"蘭干縣今已不存，或以為在舊鞏昌府（今隴西縣）境。漢印有"蘭干左尉"（漢印 52）。

籣 秦 里耶 8・752

【注】從竹闌聲。●《里耶 8・752》："竹籣一。""籣"，《校釋》："古代盛弩箭器，可背負。《漢書・韓延壽傳》：'令騎士兵車四面營陳，被甲鞮鞪居馬上，抱弩負籣。'顏師古注：'籣者，盛弩矢者也，其形如木桶。'""籣"，文獻或作"韊""韣"。

監引鼎闌卣宰椃角䢅方鼎

【注】從柬從間，雙聲字。"柬"和"間"皆為聲符。古音"柬"和"間"，都是見紐元部字，"闌"為來紐元部，見母與來母的關係非常密切，已為學界所公認。●讀管，地名。《宰椃角》："王在。"官聲、間聲可通。《詩・鄭風・溱洧》："士與女，方秉蕑兮。"《漢書・地理志》引"蕑"

作"菅"。玄應《一切經音義》卷十二引《聲類》云"菼，蘭也"，并謂菼字"又作菅、菺"，可為佐證。菅，在今河南鄭州市。

利簋　　戌奯鼎　　王錫貝簋　　戌奯鼎

【注】從宀𩫖聲。●讀管，地名。《利簋》："王才（在）𩫖（管）𠂤（師）。"管師，指駐紮在管的軍隊。

璽彙3714　　郭店·五行39　　陶彙9·92　　陶録

6·443　　里耶8·34

【注】從糸柬聲。●讀簡。《郭店·五行39》："柬〈柬（簡）〉之為言，猷（猶）練（簡）也，大而晏者也。"練"為"簡"字之借，義為簡核、核實。簡文"簡之為言，猶簡也，大而晏者也"，是説簡嚴的意思，就猶如簡實，親近犯了大罪也要據實斷獄，做到公正清明。●《陶彙9·92》"練印"，這是染練作坊業主壓抑的印跡。●《璽彙3714》"練☒信鉥"，應為人名。

見紐毌聲

中甗　　中鼎　　中鼎　　九店56·27　　晉姜鼎　　錢典65　　璽

補247

【注】《中甗》所作，象以繩索穿二貝之形。《晉姜鼎》訛為𢇛，從二毌。●讀貫。貫穿、開通。《晉姜鼎》："卑（俾）毌（貫）涌（通）𢀖，征緐（繁）湯（陽）。"《中鼎》："王令中先眚（省）南或（國），毌（貫）行。"貫行，貫通道路，以利行師。《詩·七月》："遵彼微行。"毛傳："微行，牆下徑也。"楚簡亦讀貫，開通。《九店56·27》："利目（以）毌（貫）戾（戶）秀（牖）。"●讀貫，地名。趙幣"毌它"即"貫地"，"地"為地名後綴。●晉璽"毌琈"，姓氏，讀貫。漢印中有"貫壽""貫赫""貫宰"等。

曾侯4　　曾侯10

【注】從刀毌聲。●讀貫，穿也。《曾侯4》："刪（貫）鐈（鐈）。"

清華六·子產17

【注】從心毌聲，即"慣"字。●可讀摜。《清華六·子產17》："紷（治）絣（辨）繲（解）思（摜），悃（炳）則任之，善則為人。"摜，《說文》："習也。"段注："此與《辵部》'遺'音義皆同，古多叚'貫'為之。""習"即習熟，今言熟悉是也。詳"繲"字。

【注】從門毌聲，"關"字異體。●讀關。《清華十·四時6》："廿（二十）日，四闐（關）皆正，殷風乍（作）。"殷風，大風。《璽補146》"關市"指位於交通要道的集市。

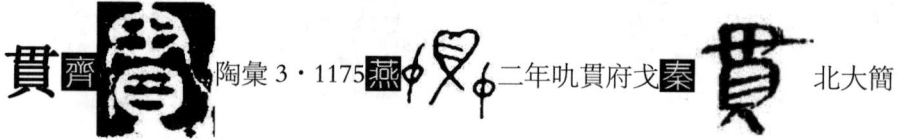

【注】從貝毌聲。《貫府戈》二毌訛為 ╫。●齊陶單字。●地名。見于《貫府戈》。

【注】從攴貫聲，"貫"之繁體。●讀貫，擊中之意。《叔尸鐘》："剒伐夏后，敵辝（厥）靈師，伊少臣隹（唯）輔。"《儀禮·鄉射禮》不貫不釋。《注》貫，猶中也。

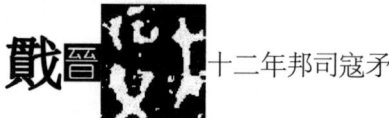

【注】從戈貫聲。●人名。

見紐串聲

九·舉治6

【注】早期金文作 ╪，與"串"字同形，均為族氏名，銘文中無義可說，徑釋為"串"存疑，蓋"串"作 ╪ 形始于戰國。《說文》無。本義為把物品連貫在一起。●族氏名，見于《串父辛鼎》《串父辛簋》等。●讀患。《上博九·舉治6》："我左串（患）右難，虐（吾）欲達中柿（持）道。"《上博八·成王15》："民皆又（有）夬（乖）鹿（離）之心，而或（國）又（有）相串（患）割（害）之志。"該詞與前之"夬（乖）鹿（離）"相對成文，似可讀為"患害"。

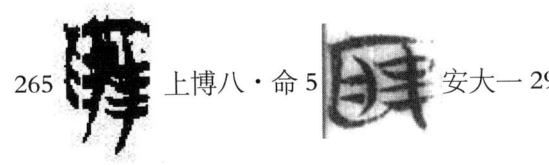

265 上博八·命5　　安大一29

【注】從耳串聲，"聯"之或體。"關"或作"闌"，可謂佐證。●讀貫，通貫。《包山265》："一聨耳鼎。"《上博八·命5》："我不能聨（貫）壁而見（視）聖（聽）。"貫壁，鑿通墻壁。●疑讀聯。《望山2·2》："丹縅聨（聯）綷（縢）之縕。"●讀穿。《安大一29》："隹（誰）胃（謂）雗（雀）亡（無）角？可（何）目（以）聨（穿）我屋。"《毛詩》作"何以穿我屋"。"聯"屬來紐元部，"穿"屬昌紐元部，二者音近可通。●楚璽人名。

邥 [楚]　上博二·容成16

【注】從邑串聲，聲符當為呂之訛。●讀呂。《上博二·容成16》："質既受命，作為六律六邥〈邵-呂〉。"

患 [楚]　郭店·老乙5　　郭店·性自42　　分研一24　[秦]　嶽麓一·為吏31

【注】從心串聲。●憂患。《郭店·性自42》："甬（用）智之疾者，患為甚。"用智之急速的，以憂患為最甚。楚文字或用"忩"表示患。

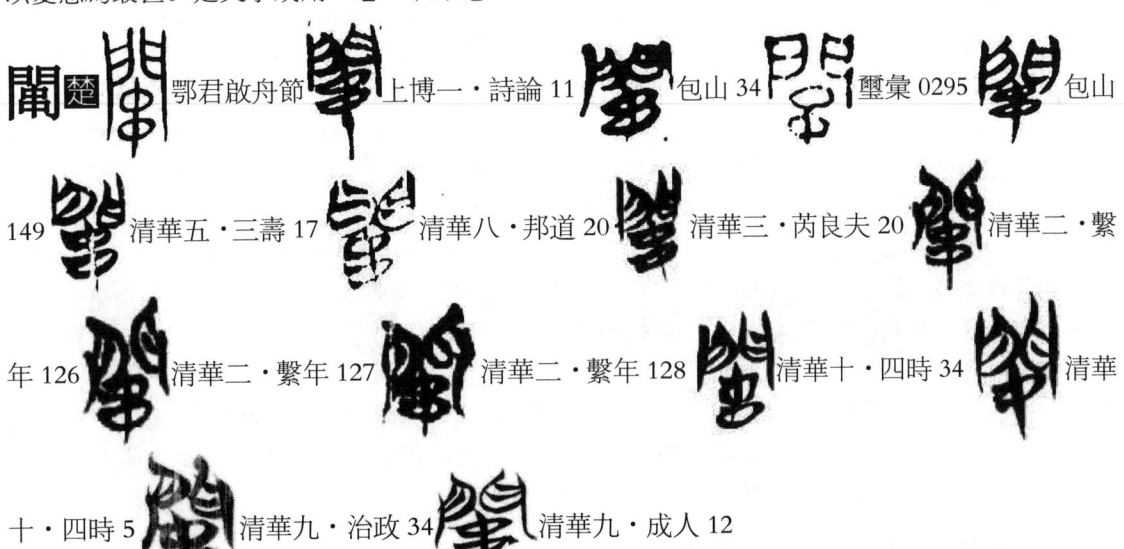

闡 [楚]　鄂君啟舟節　　上博一·詩論11　　包山34　　璽彙0295　　包山149　　清華五·三壽17　　清華八·邦道20　　清華三·芮良夫20　　清華二·繫年126　　清華二·繫年127　　清華二·繫年128　　清華十·四時34　　清華十·四時5　　清華九·治政34　　清華九·成人12

【注】從門串聲，"關"之異文。《說文》"患"之古文作𢙇，從關聲，可證"關"確可從串聲。《說文》："關，以木橫持門戶也。"本義為關閉。●多讀關，邊塞、關口。《鄂君啟舟節》："女（如）載馬、牛、羊台（以）出内（入）闡（關），則政（征）于大府（府）。"●讀宣。關，見母元部；宣，心母元部。《清華五·三壽17》："闡（宣）義和藥（樂）。"《詩·文王》："宣昭義問。"朱熹

2419

集傳："宣，布也。"

弨 楚 清華三·説命上 2

【注】從弓串聲。●讀關。《清華三·説命上 2》："惟殷人得敚（説）于専（傅）厰（巖），乓（厥）卑（俾）繲（繃）弓、紳、弨、辟矢。"《左傳》昭公二十一年"豹則關矣"，注："關，引弓。"

見紐桊聲

桊（关） 楚 曾季关臣盤　　曾子季关臣簠　　曾子季关臣簠　　郭店·窮

達 6 清華六·子儀 2 清華二·繫年 115 清華二·繫年 116 清華九·治

政 35 燕 陶録 4·166

【注】桊、弅易混。桊，完整形態應作，構形不明，戰國他系文字均作此。秦系文字則作，上部訛為火形，小篆則作。之演化訛變過程為→→（見銀雀山漢墓竹簡《孫子兵灋》桊所從）→→（"桊"也有作"十"而與"弅"相混的，參《戰國古文字典》150 頁–151 頁，1003 頁–1005 頁）。而"朕"所從的弅則是由→→→（見小篆朕所從），這兩個偏旁來源不同，在小篆中結體也各別。楚系文字弅、桊存在相混的情況，如"朕"或作（清華一·保訓 3），所從弅訛為桊；"桊"作（包山 240），桊則訛為弅。秦系文字关、弅亦已混同。《説文》："，搏飯也。從廾釆聲。"桊，隸變後作"关"。●人名。《曾季关臣盤》："曾季关臣鑄其盥盤。"●讀管。《郭店·窮達 6》："关（管）寺（夷）虘（吾）竻（拘）縶（囚）弅（桎）縛。"管夷吾，即管仲。●讀券。《清華六·子儀 2》："乃桊（券）冊秦邦之掔（羡）余（餘），自䂞月至于秋窐（日）備焉。"券冊，此用為動詞，登記於券冊，即登記之意。掔，原整理者讀"賢"。《補正》引馬楠先生説讀"羡餘"，云："羡餘，見《周禮·小司徒》'凡起徒役，毋過家一人，以其餘為羡'。賈疏以為一家正卒一人，其餘為羡卒。"（《清華六整理報告補正》）●讀浣。《清華二·繫年 116》"妁（趙）关（浣）"，人名。●讀完。《清華九·治政 35》："廥（府）定（庫）倉家，是以不實，車馬不关（完），兵虜（甲）不攸（修）。"

巻 楚 清華六·子產 22　　清華六·子產 23

【注】從止关聲。●《清華六·子產 22》"巻單"疑讀"捲戰"。《説文》："捲，氣勢也。從手卷聲。《國語》曰：'有捲勇。'"據段注字亦作"拳""攉"。"捲戰"謂負氣爭鬥，猶今言"打架鬥毆"。●讀愆。《清華六·子產 23》："此胃（謂）由善臂巻。"簡文是説遵從善道，鮮少過失。詳

"臂"字。

砉 [楚] 郭店·忠信 3 [晉] 五年司馬權

【注】從石关省聲。●讀權，石權。《五年司馬權》："目（以）禾石（秅）砉皋石。"●讀耽。《郭店·忠信 3》："訇（蹈）而者（之乎）砉（耽），信之至也。"意為：踐履諾言而至於沉迷（愛好、專心），這是"信"的表現，與上句"大舊（久）而不逾（渝），忠之至也"是分別概說忠、信的狀態，句意可以相對。（董珊《讀〈上博六〉雜記（續四）》）

賶 [楚] 上博六·鄭壽 7

【注】從見砉省聲。●讀瞻，瞻望。《上博六·鄭壽 7》："函（謙）龏（恭）里（淑）悳（德），民是睯（瞻）疌（望）。"

悇 [楚] 上博一·詩論 4　　上博一·詩論 29　　上博一·性情 31　　上博一·性情 35　　上博四·相邦 1　　左塚漆梮　　清華八·處位 3　　清華八·邦道 2　　清華八·邦道 9　　上博三·仲弓 17　　清華九·治政 30　　清華九·治政 12

【注】從心关聲。●楚文字多讀患。《清華八·邦道 2》："昔之明者早知此悇（患）而遠之，是以不殆。"《上博一·詩論 28》："《青蠅》知悇（患）而不知人。"●讀倦。《清華八·處位 3》："悇（倦）蚕（厭）政事。"漆梮"悇民"讀為倦民，使百姓疲倦。《上博三·仲弓 17》："臤（賢）者型（刑）正（政）不繯（緩），惪（德）孝（教）不悇（倦）。"

誄 [齊] 璽彙 194　 [楚] 包山 193

【注】從言关聲。●人名。

卷 [秦] 睡簡·日甲 87　印增 353

【注】從卪关聲。●讀圈。《睡簡·日甲 87》："春三月庚辰可以筑（築）羊卷（圈）。"●秦印人

名。

 楚 包山 254 秦  睡簡・日甲 23 背  睡簡・日甲 22 背

【注】從囗卷聲。●用為本義，牢圈。《說文》養畜之閑也。《玉篇》牢也。《睡簡・日甲 23 背》："圈居宇西北，宜子與。"●《包山 254》"金囷"。囷，圈字省文，讀圈。

 楚 曾侯 212  清華九・治政 12 晉  侯馬 秦  戰編 791  類編

 361 睡簡・答問 90

【注】從手关聲。●曾侯簡地名用字。●用為本義，拳頭。《睡簡・答問 90》："邦客與主人鬪，以兵刃、投（殳）梃、拳指傷人，擎以布。"●讀倦。《清華九・治政 12》："昔之為百眚（姓）牧，以臨民之中者，必敬戒母（毋）拳（倦）。"

 楚  包山 123  包山 120

【住】從人拳聲。●簡文"邟傛"人名。

 楚  清華十一・五紀 7  清華十一・五紀 24  清華十一・五紀 35  清

 華十一・五紀 80 清華十一・五紀 90

【注】從舟拳聲。●《清華十一・五紀 7》："月、娄、軬穿、少昊、司录（祿）、大嚴，尚正司義。"整理者注："娄，下文又作'螻'。軬穿，下文又作'軬窮'。少昊，金天氏。簡三五云'月式之，娄則之，軬窮尚飲，少昊尚辰，司祿量，大嚴藏'，似皆與飲食相關。"

 秦  秦印 255  陶彙 5・7  、  印增 509

【注】從糸关聲。秦系文字关、弁已經混同。●秦印人名。秦陶"咸亭郦里綦器"，亦為人名。

 秦  戰編 486  秦印 299

【注】從禾关聲。●秦印人名。

券 楚  包山 168　 新蔡甲三 26　 上博六·孔子 20

【注】從力券聲。●包山簡"舟斬公券"，人名。●讀倦。《上博六·孔子 20》："女（如）夫見人不猒（厭），餌（問）豊（禮）不券（倦）。"

券 秦  睡簡·答問 179　 睡簡·秦種 81

【注】從刀券聲。●契券。《睡簡·答問 146》："亡久書、符券、公璽、衡贏（纍）。"丟失了記書、符券、官印、衡器的權。《睡簡·雜抄 80:》"而人與參辨券。"辨，分。參辨券，可以分成三份的券書。

垈 晉  匯考 141　 秦 集證 217·226

【注】從土券聲，疑"埢"之省文。●秦陶"巨垈"，人名。●《匯考 141》"謜垈"讀完。《汗簡》引王存義《切韻》"完"字作"𡵉"，《古文四聲韻》"完"字作"𡵉"，均與印文"垈"字近似。"謜垈"讀"信完"，猶言印完，是用於封緘之印。曹錦炎認為"垈"字，當讀為"券"，義為信物或憑證，當是古璽的另一種別稱，于義亦通。

圈 秦 秦印 114

【注】從囗垈聲。●秦印"廩圈（圈）"，讀圈，牢圈。

朕 楚 郭店·唐虞 26

【注】從肉券聲。●讀倦，倦惰、厭倦之意，楚文字或作"惓""佚"。此義秦文字則用"卷""倦"表示（馬王堆帛書）。《郭店·唐虞 26》："四枳（肢）朕（倦）陸（惰），耳目耽（聰）明衰。"

佚 楚  上博二·從甲 12　 新蔡甲三 235　 清華九·治政 36

【注】從人券聲。●讀倦。《上博二·從甲 12》："壽（庸）行不佚（倦），恃（持）善不猒（厭）。"

鄭 楚  包山 182　 璽補 8

【注】從邑券聲。●包山簡讀卷，姓氏。衛姬姓之後，見《潛伏論·志氏姓》。●《璽補 8》"鄭

（沅）陵疾（侯）参（三）鈢”，讀沅，地名。

陝  陝簋

【注】從阝𦎧聲。●金文人名。

觠  新蔡零 193

【注】從角𦎧聲。●辭義殘缺。

鋞  清華三·芮良夫 20 、 上官豆  柏室門鋞

【注】從金巻聲。●讀巻，器名，形如豆。《説文》：“𧯇，豆屬。從豆巻聲。”《上官登》：“台（以）為大迏之從鋞。”鋞，上官登的自名。《詩·大雅》“卬成于豆，于豆于登”，毛傳：“木曰豆，瓦曰登。”●讀鍵。《柏室門鋞》：“柏室門鋞。”《方言》：“戶鐉，自關而東，陳、楚之間謂之鍵，自關而西謂之鑰。”《淮南子·主術訓》：“五寸之鍵制闔之門。”清華簡亦讀鍵。《清華三·芮良夫 20》：“女（如）闈（關）枳屋（局）鋞（鍵），繩（繩）刺（準）既政（正）。”詳“枳”字。

躲  戴叔朕鼎 魯少司寇盤

【注】從舟𦎧聲。●人名。《戴叔朕鼎》：“弌（戴）弔（叔）躲自乍（作）饋（饙）鼎。”●讀塍。《魯少司寇盤》：“魯少嗣（司）寇封孫宅乍（作）其子孟姬娶躲（塍）般（盤）也（匜）。”

樏  庚壺

【注】從水躲聲。●讀盥。《庚壺》：“台（以）鑄其樏（盥）壺。”

盥  轉盤 中子化盤 哀成叔豆

【注】從皿躲聲。盥、鋞均可釋為“巻”；從金者，着眼于“巻”所用的材質，從皿者，應是着眼于其類屬。猶“盌”之作盌，或從金作鋺。●讀巻，器名，形如豆。《説文》：“𧯇，豆屬。從豆巻聲。”《哀成叔豆》：“哀成弔（叔）之盥。”●讀盥。《中子化盤》：“用羃（擇）其吉金，自乍（作）盥（盥）盤。”

洑 信陽 2·9

【注】從水类聲，“淃”之省文。●讀浣。《信陽 2・9》：“一泆（浣）帩（巾）。”

溢 楚  郤王義楚盤

【注】從皿泆聲。●讀盥。《郤王義楚盤》：“郤（徐）王義楚羼（擇）其吉金自乍（作）溢（盥）盤。”

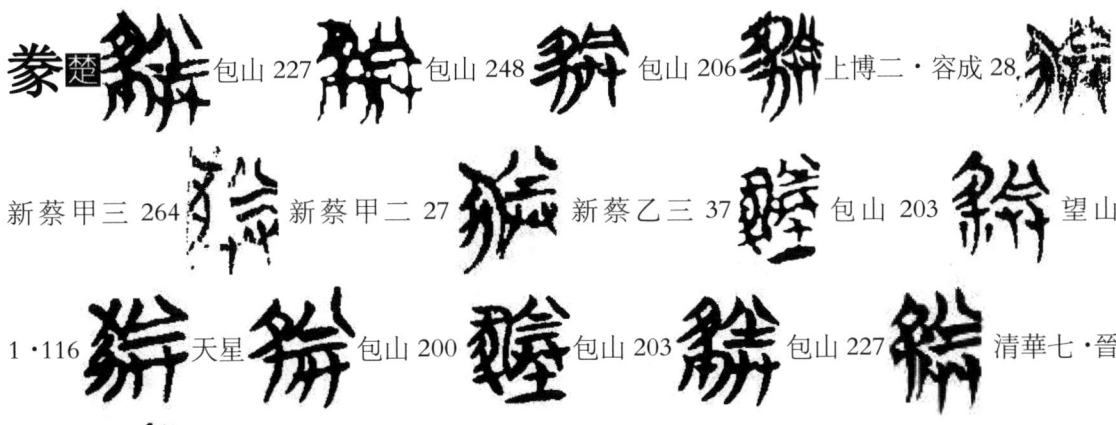

豢 楚  包山 227  包山 248  包山 206  上博二・容成 28  新蔡甲三 264  新蔡甲二 27  新蔡乙三 37  包山 203  望山 1・116  天星  包山 200  包山 203  包山 227  清華七・晉文公 3 秦  秦駰玉牘

【注】從豕类聲。●《清華七・晉文公 3》：“肥蒭羊牛、豢犬豕。”《孟子・告子上》“猶蒭豢之悅我口”，《韻會》：“羊曰芻，豕曰豢，皆以所食得名。”芻謂草食，豢謂以穀圈養。簡文“蒭羊牛、豢犬豕”指祭祀一事。●疑讀換。《上博二・容成 28》：“宿於野，復穀（穀）豢土。”“復穀換土”指更換穀物的品種和讓土地輪休。●《包山 203》：“各戠（特）豯（豢），酉（酒）飤（食）。”簡文的中指豕。

朕 楚  新蔡零 308  新蔡乙二 16  新蔡乙四 76  新蔡乙三 53

【注】從舟豢聲。●讀豢，簡文中指犧牲。《新蔡乙三 53》：“禱於亓（其）社一朕（豢）。”

茾 楚  包山 263  信陽 2・23

【注】從艸类聲。●均讀莞，莞席。《包山 263》：“二茾（莞）筈（席）。”莞，一名小蒲。《詩・小雅・斯干》：“下莞上簟。”箋：“莞，小蒲之席。”《說文》：“莞，草也，可以作席。”

笄 楚  望山 2・48  包山 133  包山 190  上博五・季庚 4  清華

六・管仲 1  清華二・繫年 45  清華二・繫年 46

【注】從竹龹聲，“箞”之省文。●讀莞。《望山 2・48》：“二[竹龹]（莞）[亻旦女]（筵），霝（靈）光之純。”●讀券。《包山 99》：“邔昜（陽）之俈[竹龹]=（[竹龹]，[竹龹]）公邋。”“俈箞”應是機構名稱，“箞公”是職官。●上博簡、清華簡多讀管。《清華六・管仲 1》“[竹龹]中”即管仲。

[龠龹] 楚  清華八・虞夏 1

【注】從龠龹聲。●讀管。《清華八・虞夏 1》：“乍（作）樂《孚[龠龹]（管）》九成。”“孚管”之“管”的專字。孚管，簡文中為夏之樂名。

栚 楚  信陽 2・3  包山 260  清華七・子犯 12

【注】從木龹聲。“棬”之省文。●信陽簡和包山簡，是與瑟相關的一種器物，與訓“牛鼻桊”之“桊”無關。《包山 260》：“一瑟，又（有）栚。”●整理者讀桎，足械。《清華七・子犯 12》：“殺某（腜）之女，為栚（桎）檡（梏）三百。”孟躍龍：整理者讀“栚”為“桎”，只是從辭例比勘得出的推測，並没有真正解決字形和讀音的問題，……我們認為該字實為“栚”之訛字，從木、灷（朕字右旁所從）聲，訛而從龹（卷字上部所從）。灷聲字古音侵部或蒸部，但又可讀入職部，與質部之“桎”語音相通。簡文之“栚”從“龹”作，與《保訓》“朕”（例如：簡 3 ）字從“龹”作同例，可以互證。不論我們假定栚字在蒸職部，還是在侵緝部，從音轉實例上看，都可以跟“桎”字相通。簡文，内容可與上博簡《容成氏》對讀。《容成氏》簡 44：“於是乎作為九成之台，寘盂炭其下，加圓木於其上，使民道之，能遂者遂，不能遂者入而死，不從命者從而桎睪（梏）之。於是乎作為金桎三千。”簡文之“為炮為烙”即《容成氏》之“寘盂炭其下，加圓木於其上”，簡文之“栚檡”即《容成氏》之“桎睪”。（《清華七》“栚（桎）”字試釋）

[疒龹] 楚  包山 3  上博六・競公 1  上博六・競公 9  上博六・競公 13

【注】從疒龹聲，疑“痵”之省文。●均為人名。《上博六・競公》“割[疒龹]”文獻中的寫法為：“裔款”“裔欵”“會譴”。（《上海博物館藏戰國楚竹書（六）》164 頁）痵、款、譴古韻同。“割”上古音屬見紐月部，“裔”從“衣”得聲屬影紐微部，“會”屬匣紐月部，三者聲母同屬喉牙音，韻部旁對轉，亦可通。

[示龹] 楚  新蔡甲三 195

【注】從示龹聲。●神名，或地名。《新蔡甲三 195》：“舉禱五山、祈[示龹]☒。”

袯晉 璽彙 2344

【注】從衣关聲，疑"褖"之省文。●晉璽人名。

楚 清華六·子儀 18

【注】原整理者謂右半為关省聲。●讀鸛。《清華六·子儀 18》："臣觀於漳滋，見啟（獨）鳥（鸛）遰（徛）濟，不終，需鳥（鸛），臣亓（其）歸而言之。"文意為：我在漳水邊觀察，見到一隻鳥單足渡河，沒有渡成，在等待另一隻。我回去之後把這些說出來。

見紐眔聲

眔簋晉 類編 55 璽彙 3323 璽彙 3524 西泠印社古銅印選 7

吉大 54

【注】從大眔聲。眔，《說文》讀若"卷"。《說文》："眔，目圍也。從眀厂。讀若書卷之卷。古文以為丑字。"從大，會意不明。或謂"眔"表示目光的流動，從大表示人形。《集韻》："眔，于建切，音偃。大貌。一曰拳勇字。"馬王堆漢墓作 （五行·97），讀願。●人名。《眔簋》："眔乍（作）皇且（祖）益公、文公、武白（伯）、皇考靜白（伯）鼎彝。"●晉璽均為姓氏。

秦 睡簡·為吏 23 集證 181

【注】從頁眔聲。●讀願，欲願。今通作"願"。《睡簡·為吏 23》："止欲去顜。"楚文字、中山文字以忨為願。●秦漢印人名。

楚 清華二·繫年 90

【注】從阝眔聲。●讀鄢。《清華二·繫年 90》："敗楚自（師）於隖（鄢）。"

楚 上博八·成王 13

【注】從手眔聲。●《上博八·成王 13》："是撢（譴）之不果，毀之不可。"讀譴，與"毀"相應。《論衡·自紀》："《呂氏》《淮南》，懸於市門，觀讀之者，無訾一主。今無二書之美，文雖眾盛，猶多譴毀。"

 包山 174

【注】從女冊聲。"嬛"之省文。●包山簡人名。

 清華六・子儀 14

【注】從木冊聲。疑為"棬"之或體。●讀圈,《説文》"養畜之閑也"。《清華六・子儀 14》:"臺上又(有)兔,栐(樛)枳當橢,钇(竢)客而轐(宴)之。"臺上有兔,用彎曲的樹枝當圍欄,等待用它們宴請客人。

見紐く聲

 弊編 295 弊編 295

【注】《説文》:"く,水小流也。《周禮》:'匠人為溝洫,耜廣五寸,二耜為耦,一耦之伐,廣尺深尺謂之く。'倍く謂之遂,倍遂曰溝,倍溝曰洫,倍洫曰巜。甽,古文巜從田,從川;畎,篆文く從田,犬聲。六畎為一畮。"古文作畎(甽),篆文作畎。●幣文"く氏"為地名,或讀端氏。(説詳《古文字譜系疏證》2642 頁)春秋末年三家分晉,徙晉君於端氏。在今山西陽城北。

見紐盥聲

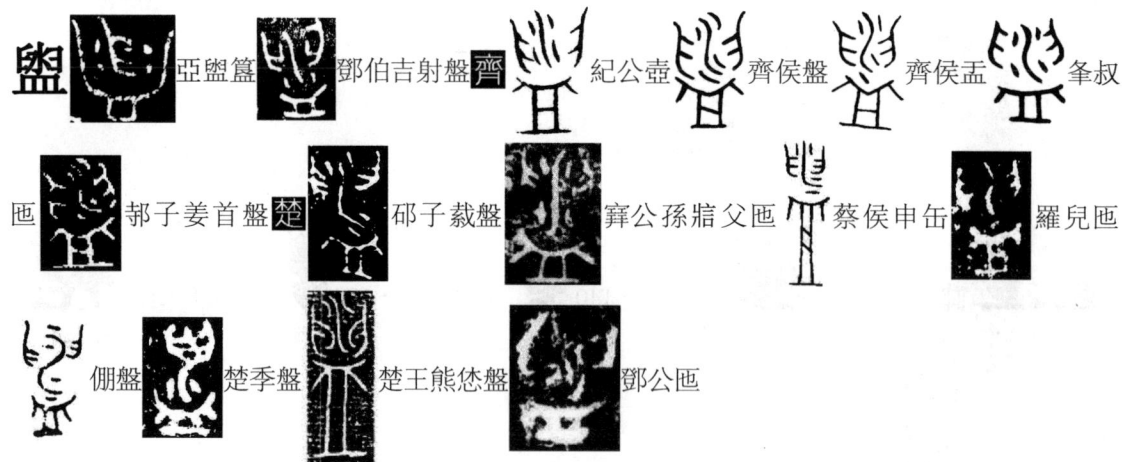

亞盥簋 鄧伯吉射盤(齊) 紀公壺 齊侯盤 齊侯盂 夆叔匜

邿子姜首盤(楚) 邡子裁盤 窨公孫指父匜 蔡侯申缶 羅兒匜

倗盤 楚季盤 楚王熊悆盤 鄧公匜

【注】甲骨文作 𥃙、𥃙、𥃙、𥃙、𥃙、𥃙,從皿從手,會洗手之意。金文同甲骨文。但多從臼從水從皿,會意與甲骨文同。《説文》:"盥,澡手也。從臼水臨皿。《春秋傳》曰:'奉匜沃盥。'"本義是洗手,如《左傳》:"奉匜(古代舀水器具,形狀似瓢)沃盥。"●洗手。《倗盤》:"倗之盥盤。"《鄧公匜》:"靀(鄧)公☐自作盥它(匜)。"

見紐甹聲

 小臣謎鼎　　　大保簋

【注】甲骨文作 ᐅ、ᐅ、ᐅ、ᐅ、ᐅ、ᐅ、ᐅ、ᐅ，當為"遣"之本字。從臼從自；或增口為飾符。自者，師省，所遣者也；臼象兩手遣之。李孝定曰："甹字小篆從𠂤，金文從自，許訓小塊，則從自為是，字蓋象兩手捧小塊委棄之，引申為遣送。"（《甲骨文字集釋》第十四）是亦為一説。金文承之。楚文字或聲化從辛作 ᐅ，辛或收縮筆畫作 ᐅ、ᐅ，ᐅ或訛為從音作 ᐅ。《説文》："甹，甹商，小塊也。從𠂤從夬。臣鉉等曰：夬，古文賣字。"從夬則從臼之訛。甹、遣原為一字，後分化為二。●讀譴，過失、錯誤。《大保簋》："王降征令于大保，大保克敬亡甹（譴）。" ●讀遣。《小臣謎簋》："唯十又一月，甹（遣）自䐩𠂤（次），述東陜，伐海眉。"

 宁鼎　　遣叔鼎　　遣小子鯆簋

【注】從辵甹聲。●金文均用為人名。

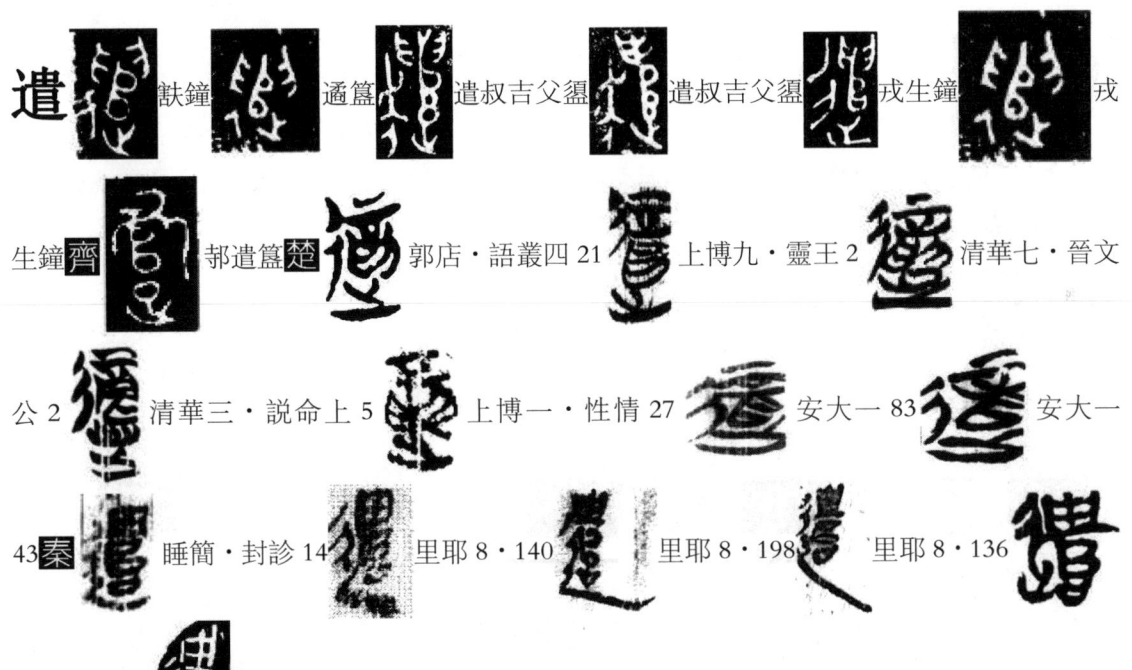

遣 鈇鐘　　逎簋　　　遣叔吉父盨　　遣叔吉父盨　　戎生鐘　　戎生鐘齊　　郘遣簋楚　　郭店・語叢四21　　上博九・靈王2　　清華七・晉文公2　　清華三・説命上5　　上博一・性情27　　安大一83　　安大一43秦　　睡簡・封診14　　里耶8・140　　里耶8・198　　里耶8・136

里耶9・981　　印增64

【注】"甹"為"遣"之本字（詳"甹"字）。金文或另加義符辵、彳，均表示動作。《説文》："遣，縱也。從辵甹聲。"段玉裁注："糸部曰縱，緩也。一曰舍也。"本義釋放。●派遣、調遣。《鈇鐘》："𠭯孿乃遣間來逆邵（昭）王。" ●上級對下級的訓示。《晉姜鼎》："辥（乂）我萬民，嘉遣我，易（賜）鹵責（積）千兩。" ●人名。《𪅂鼎》："𪅂肇（肇）從遣征，攻龠（鐈）無啻（敵）。" ●讀譴，過失、錯誤。《逎簋》："逎御無遣。"無遣，為西周金文常見之吉語。●疑讀滯，訓為積聚、積壓，指舊債積壓。《清華七・晉文公2》："命訟訣（獄）敂（拘）執睪（釋），遣（滯）

責母（毋）又（有）貴。"貴疑讀舁，《説文》："舉也。"意為：下令釋放牢獄中囚禁的犯人，積壓已久的舊債，就不用再償還了。●往也。《郭店・語叢四 21》："善吏（使）其民者，若四峕（時）一遣一茷（來），而民弗害也。"●讀逝。《清華三・説命上 5》："一豕乃觀保以遣（逝）。"

齊 郱造遨鼎 楚 安大一 112 安大一 43

【注】從欠遣聲。楚文字從欠即本於此。●金文人名。《郱造遨鼎》："郱舩（造）遨乍（作）寶鼎。"●讀噬，發語詞。《安大一 112》："皮君子=，遨（噬）肎適（適）我？"《毛詩》作"噬肯適我"。遨，《韓詩》作"逝"，《魯詩》作"遷"，並音近可通。（白於藍《戰國秦漢簡帛古書通假字彙纂》第五一三頁）

楚 曾侯與編鐘 秦 睡簡・日乙 158

【注】從言遣省聲。●讀譴，譴問。《睡簡・日乙 158》："高王父譖（譴）適（謫）。"●讀遣。《曾侯與編鐘》："王譖（遣）命南公，営宅汭土。"

楚 曾侯乙鐘

【注】從卩遣省聲。●讀衍，有延伸擴大之義。《曾侯乙鐘》："割（姑）肆（洗）之鄙商。"

楚 曾侯乙鐘 清華九・迺命二 14

【注】從水遣省聲。●讀衍。詳"鄙"字。●整理者讀逝，訓為去。《清華九・迺命二 14》："惠（德）牂（將）虔（吾）言而潰（逝）舊念，惥（圖）睘（還）詷（辭）以亂虔（吾）邦政。"

楚 清華五・湯丘 16 清華五・啻門 17

【注】從立遣省聲。●《清華五・湯丘 16》："五味皆哉（載），不又（有）所踳。"程燕先生認為讀噬，"不有所噬"指不全部吃。或認為讀滯，上古遣、滯可通。此句意為五味皆設（從人的角度來講，即各種味道的食物都食用），不滯於其中某一味（即不偏嗜）。●疑讀滯。《清華五・啻門 17》："型（刑）踳以亡常，此胃（謂）亞（惡）型（刑）。"刑罰滯重而無常，這叫惡刑。或謂可以讀愆，意思是過，全句的意思是"刑罰過度而無規律"。

楚 上博三・彭祖 2

【注】從女遣省聲。●讀衍。《上博三·彭祖 2》："大篷（往）之矍；慗（難）易款欲。"今本《老子》二十五章"大曰逝，逝曰遠，遠曰反"，郭店《老子甲》作"大曰衍，衍曰轉，轉曰反"。"衍"與"逝"異詞同義，皆訓流、訓行。流行則遠去，故"衍"引申有"遠"義。"大往之衍"猶"大往之行"，指人死而遠去，不再回來。（周鳳五《上博楚竹書《彭祖》重探》）

、陶錄 3·427清華三·良臣 10

【注】從臼遣省聲。●均為人名。

清華八·邦道 22

【注】從水矍聲。●讀澨。《清華八·邦道 22》："坒（滌）浴（谷）矍（澨），諠（慎）舟航，則遠（遠）人至。"整理者注："澨，《楚辭·湘夫人》'朝馳余馬兮江皋，夕濟兮西澨'，王注：'澨，水涯也。'"

楚曾侯石磬曾侯石磬　郭店·語叢四 19上博三·周易

33清華六·子產 21上博七·吳命 5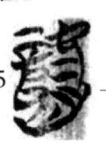上博九·陳公 9

【注】從欠（或作次）矍聲。●《曾侯石磬》讀衍。詳"酄"字。●讀噬。"遣"上古音在元部，"篷"則在祭部，祭、元二部對轉可通。《郭店·語叢四 19》："若齒之事膏（舌），而冬（終）弗齝（噬）。"《上博三·周易 33》："悷（悔）亡（無），隨（陸）宗齝（噬）肤（膚），戟（往）可（何）咎。"●《上博七·吳命 5》："齝（噬）敢居我江宁（濱），曰：'余必攷芒（亡）爾社褪（稷），目（以）宝（廣）東海之表。'"　"噬"可作發語詞。《詩·唐風·有杕之杜》："彼君子兮，噬肯適我。"朱熹《集傳》："噬，發語辭。"●讀逝，往也。《上博九·陳公 9》："乃齝（逝）整師徒。"於是前去整治士卒。

郭店·老甲 22包山 96　清華六·子儀 18

【注】從水齝聲。●包山簡人名，同"澨"。●讀逝。《郭店·老甲 22》："大曰澨（逝），澨（逝）曰連，連曰反。"●讀澨，水邊。《清華六·子儀 18》："臣觀於漳澨（澨），見皷（獨）鼿（鶴）逾（倚）濟，不終。"《左傳》成公十五年："則決睢澨。"

包山 139 反包山 96包山 98包山 137　上博九·靈

壬4

【注】從水，皆、欠雙聲。●《包山98》人名。●《包山96》"澈㝵（反）人䡚（范）臣"，地名。讀滋，"滋㝵"地望待考。

溪紐侃聲

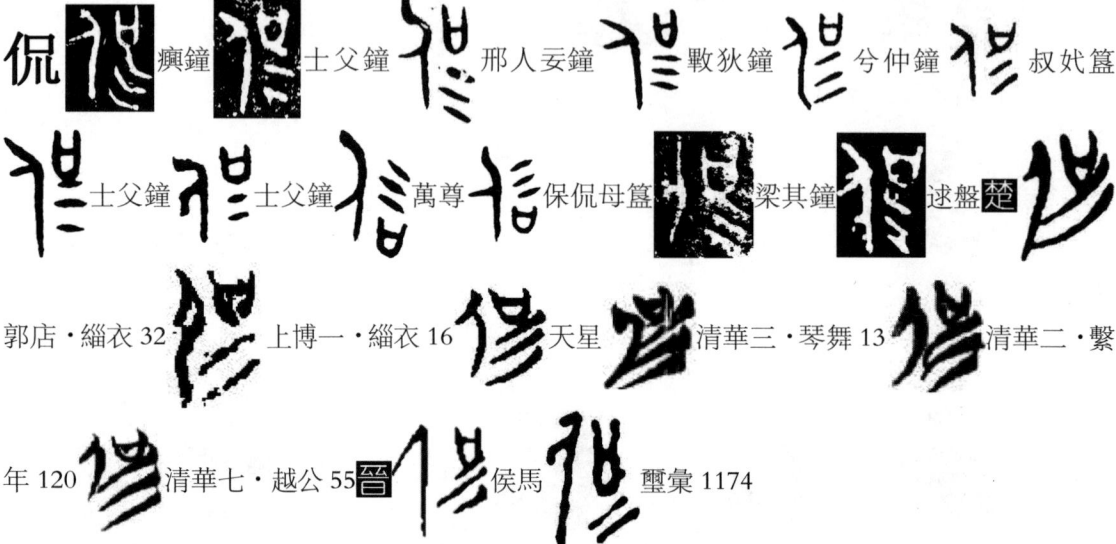

侃　瘝鐘　　士父鐘　　邢人妘鐘　　敄狄鐘　　兮仲鐘　　叔妘簠

士父鐘　　士父鐘　　萬尊　　保侃母簠　　梁其鐘　　迷盤 楚

郭店·緇衣32　　上博一·緇衣16　　天星　　清華三·琴舞13　　清華二·繫

年120　　清華七·越公55 晉　　侯馬　　璽彙1174

【注】從伬從彡（小篆訛為從川），然其系何字，眾說未詳。阮元謂"侃義同衎"。林義光進而認為"侃"是"衎"的古文，曰："按伬為古文信，無考。侃古不從川，侃者衎之古文，和樂也（兮仲鐘用衎喜前文人，太保彝王衎太保，衎皆作侃）。和樂之言有文飾故從人口彡。論語冉有子貢侃侃如也，與下大夫言侃侃如也，皇孔並云和樂貌。冉有子貢之于孔子，孔子之于下大夫，皆無所用其剛直，剛直者誾誾之訓，侃誾古同音。漢以後相承以侃侃為剛直者誤也。"《文源卷十》《説文》："侃，剛直也。從伬，伬，古文信；從川，取其不舍晝夜。《論語》曰：'子路侃侃如也。'""剛直也"當為引申義。本義和樂之貌。●和樂也。《兮仲鐘》："用侃喜前文人。"侃喜，和樂喜悦。或作"喜侃"。《士父鐘》："用喜侃皇考。"《漢書·韋賢傳》："我徒侃爾，樂亦在而。"典籍或作"衎"，《詩·商頌·那》："奏鼓簡簡，衎我烈祖。"毛傳："衎，樂也。"●人名用字。《保侃母簠》："保侃母易（賜）貝于庚宮，乍（作）寶毁。"晉文字亦為人名。●讀愆。《清華三·琴舞13》："勿請福之侃（愆）。"不讓上天所賜之福喪失。愆，喪失、失掉。《左傳·昭公二十六年》："王昏不若，用愆厥位。"杜預注："愆，失也。"

遾　保遾母壺 楚　　清華八·攝命17　　安大一108

【注】從辵侃聲。《説文》無，《集韻》與愆同。●金文人名，讀侃。"保遾母"應即見于《保侃母簠》之"保侃母"。●讀愆。《清華八·攝命17》："母（毋）朋多朋，鮮隹（唯）楚（胥）台（以）殀（夙）夕敄（敬），亡（罔）非楚（胥）以斝（墮）遾（愆）。"以上句例整理者云："句謂毋結交朋黨，鮮有相率夙夕敬者，皆相率以墮愆。"●讀衍。《安大一108》："莪（椒）樛之實，坕（蕃）遾（衍）溋（盈）舉（承）。"

2432

⿰言侃 晉 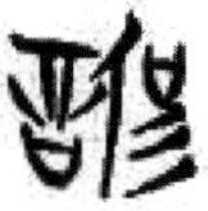、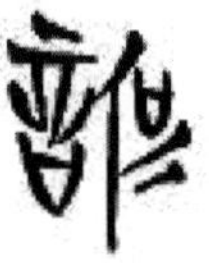 侯馬

【注】從言侃聲，“愆”之異文。●人名。

⿱侃心 楚 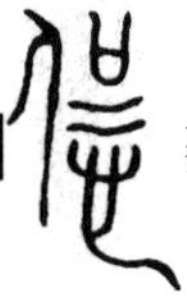 蔡侯申鐘 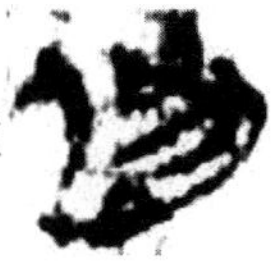 包山 85 晉 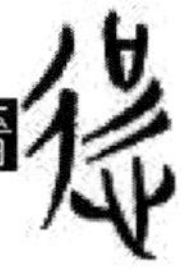 侯馬

【注】從心侃聲，此與《說文》“愆”字籀文（從言，與從心會意同）略同。《說文》：“愆，過也。從心衍聲。㥶或從寒省。諐籀文。”侯馬盟書或作⿰言侃、⿰言⿱侃心，迭加“言”為聲符。本義為過錯。●讀愆，失誤、過失。《蔡侯申鐘》：“豫令祗祗，不⿱侃心（愆）不貣（忒）。”《詩·大雅·假樂》：“不愆不忘。率由舊章。”鄭玄箋：“愆，過。”不愆不忒，意為始終如一，不予變更。●餘例為人名。

⿰言⿱侃心 晉 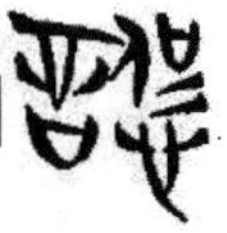、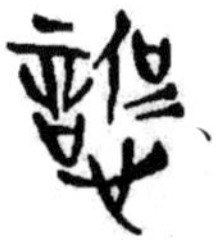、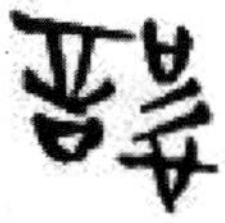 侯馬

【注】從言⿱侃心聲。●人名。

⿱侃䖵 楚 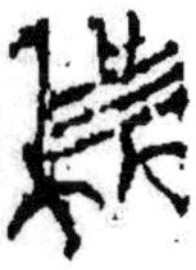 上博三·周易 50 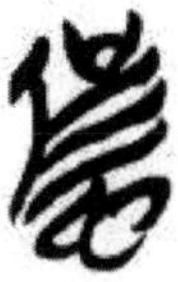 清華十·四告 21

【注】從䖵（或從虫）侃聲。●讀衎或讀侃。《上博三·周易 50》：“鳿（鴻）漸于堅（阪），畬（飲）飤（食）⿱侃䖵=（衎衎），吉。”衎衎，和樂貌。●讀愆。《清華十·四告 21》：“母（毋）迷於猷，母（毋）⿱侃虫（愆）於⿱啚心（圖）。”

⿰氵侃 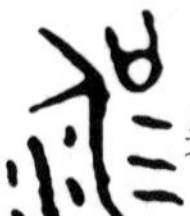 昊生鐘

【注】從水侃聲。《玉篇》《集韻》謂⿰氵侃同涎，《古文字類編》因釋⿰氵侃為涎。●讀侃，和樂貌。《昊生鐘》：“用喜⿰氵侃（侃）前文人。”

疑紐閒聲

閒（澗） 齊 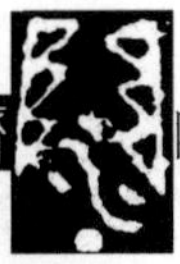 陶彙 3·1021 楚 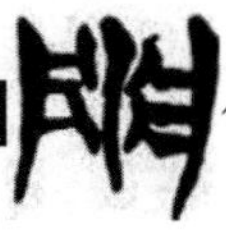 包山 10 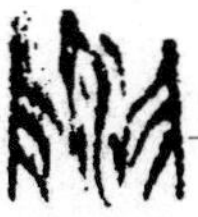 上博三·周易 50 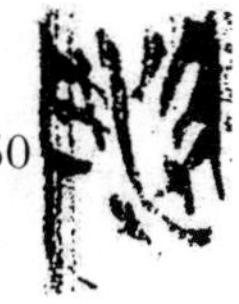

上博五·三德 12 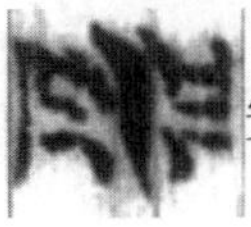 安大一 22 晉 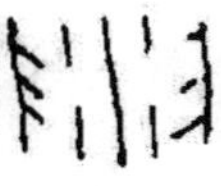 晉編 1585 秦 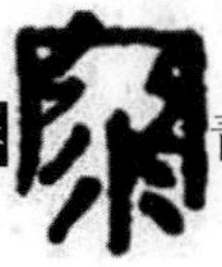 青川木牘

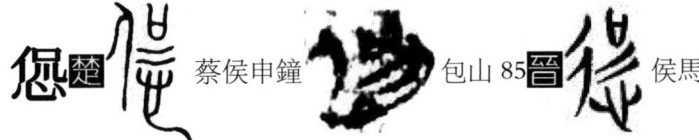

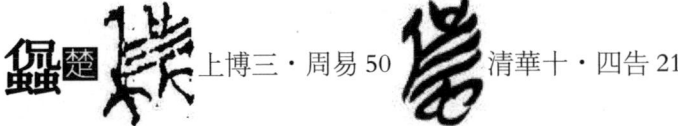

【注】《説文》訓"澗"為"山夾水也"，𣲤于其訓正合。𣲤，為"澗"之初文。●多讀澗，山澗、澗水。《上博五·三德12》："監川之都，𣲤𡭇之邑。"𡭇，讀憑。●讀干。《上博三·周易50》："瑂（鴻）𣸦（漸）于𣲤（干）。"《詩·衛風·考槃》"考槃在澗"，《經典釋文》："澗，《韓詩》作干。"又《詩·小雅·斯干》："秩秩斯干。"毛亨傳："干，澗也。""鴻漸于干"，孔穎達疏："鴻，水鳥也。干，水涯也。漸進之道，自下升高，故取譬。鴻飛，自下而上也。初之始進，未得禄位，上無應援，體又窮下，若鴻之進於河之干，不得安寧也，故曰'鴻漸於干'也。"●人名用字，可讀愆。《包山10》："郚戲上連囂之還寒（集）瘳（廖）族𣲤一夫。"李零謂戰國文字多見，用於人名應即"愆"字。"澗"古音見母元部，"愆"為溪母元部，鄰紐同部，音極相近。

 侯馬　璽彙 1380

【注】從止𣲤省聲。●均為人名，可讀愆。

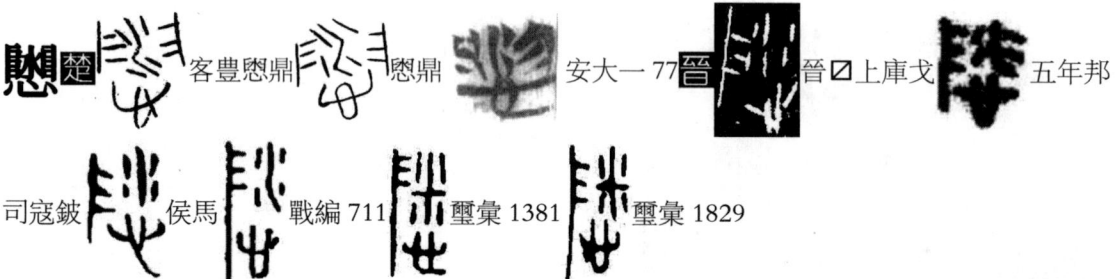 客豊愿鼎　　愿鼎　　安大一 77　晉　晉☒上庫戈　　五年邦

司寇鈹　侯馬　戰編 711　璽彙 1381　璽彙 1829

【注】從心𣲤聲。●多為人名，可讀愆。《晉☒上庫戈》："冶愿。"《客豊愿鼎》："客豊愿。"●讀干。《安大一 76》："欪（坎）＝伐桓（檀）可（兮），今牆（將）至（寘）者（諸）河之愿（干）可（兮）。"《毛詩》作"寘之河之干兮"。

 璽彙 3356

【注】從角𣲤聲。●燕璽"翏生𧢲"，人名，可讀愆。

 侯馬

【注】從言𣲤省聲。●人名。盟書或作𣲤、愿。

溪紐辛聲

竒（哶） 父己亞哶史鼎　蠢哶簋　楚　嫵加編鐘　嫵加編鐘

【注】甲骨文作舌、舌，從口辛聲。《説文》："咩，語相訶歫也。從口歫辛。辛，惡聲也。讀若
檗。"案：辛，甲骨文作舌、舌、舌、舌、舌、舌、舌、舌，象刑具之形。《説文》："辛，辠也。從干
二。二，古文上字。凡辛之屬皆從辛。讀若愆。張林説。去虔切。"●族氏名。《父己亞咩史鼎》：
"亞咩。"●讀辭，第一人稱代詞，我。《嫻加編鐘》："台（以）長奇（辭）預（夏）。"此句意
為光揚華夏。辛，本溪母元部；從辛之字多轉至月部。

秭父甲簋

【注】甲骨文作秭，從禾亏聲。當與乂禾有關，乂、刈字或體。●人名，或為管理刈獲之事的
小臣。《秭父甲簋》："秭乍（作）父甲寶殷。"

孬 楚 清華一·祭公 20

【注】從子亏聲。●讀孽。《清華一·祭公 20》："孬（孽）不（傅）之。""孽"由除草引申為治
也，更引申出襄助、輔弼之意。"傅"有保傅、輔相之意。

朝（朔）

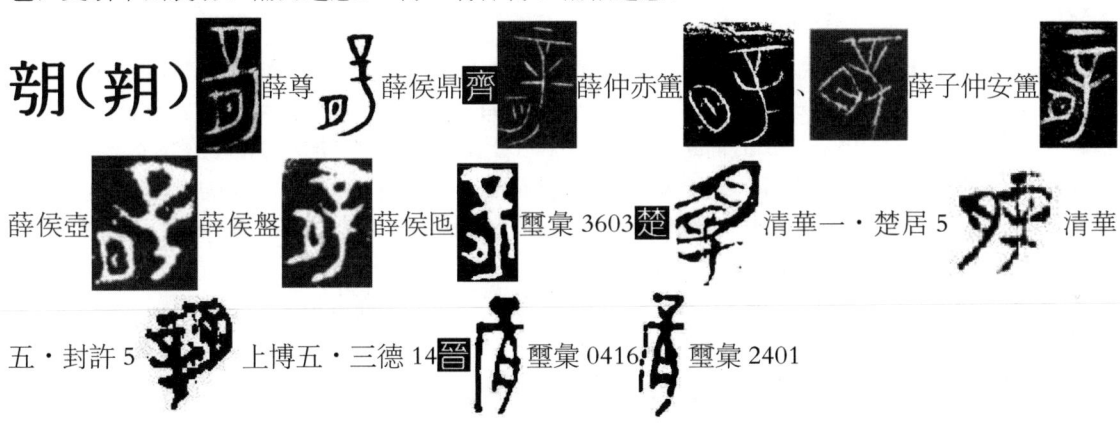

薛尊　薛侯鼎 齊　薛仲赤簠　薛子仲安簠

薛侯壺　薛侯盤　薛侯匜　璽彙 3603 楚 清華一·楚居 5　清華

五·封許 5　上博五·三德 14 晉 璽彙 0416　璽彙 2401

【注】甲骨文作舌、舌、舌、舌、舌、舌，從月從亏，雙聲字。古文字多用為薛姓專用字。金
文多訛亏為辛、辛。字則可隸為"朝"。古文字"辭"作辭（毛公鼎）、辭（叔趯父卣），讀乂，
輔相之意。辭、朝本二字，字形、字義皆不同。但是到戰國時期二字開始相混，後逐漸統一使
用辭而朝淘汰。●讀薛。國名，任姓，祖先奚仲為夏代的車正，傳説馬車的創造者。周初分封
為諸侯。居于薛（今山東滕州南），一度遷于邳（今山東微山西北）。春秋後期薛國遷到下邳（今
江蘇邳縣西南）。戰國初被齊國所滅，其地遂為齊的采邑。典籍作"薛"。《薛侯匜》："薛侯乍（作）
弔（叔）妊殷（襄）躾（縢）它（匜）。"●讀艾。《清華一·楚居 5》"酓（熊）朝（艾）"就是
《史記·楚世家》所載之"熊艾"。●讀乂。《清華五·封許 5》："束（簡）朝（乂）三（四）方
不珌。"乂，《爾雅·釋詁》："治也。"●讀孽。《上博五·三德 14》："是奉（逢）凶朝（孽），天
材（災）纕＝（混混），弗殺（滅）不隱（隕）。"●古璽讀薛，人名或姓氏。

朝 楚 璽彙 2281　璽彙 2282　清華十一·五紀 96

【注】從屮朔聲。●楚璽"荊義""荊弝"均讀薛，姓氏。●讀孽。《清華十一·五紀96》："天乍（作）夭（妖），神乍（作）荊（孽），民不敬，自遺罰。"

何尊　毛公鼎　叔趯父卣　叔趯父卣　宗婦鄁嬰盤

宗婦鄁嬰盤　克鼎　師旬敦齊　庚壺晉　晉公盆　璽彙

2261　吉林200秦　睡簡·為吏6　相邦辥君漆豆　秦印277

【注】甲骨文作𠂤、𠂤、𠂤、𠂤、𠂤、𠂤、𠂤，從自從干；干兼聲。裘錫圭曰："干若乀，于契文或簡作千，為乂之初文。"（詳《釋𠂤𥞉》）"刈草"本有治義，字從自（訓眾），則為治人者專字也。所從之自本作𠂤，後訛為𠂤，並進而訛為𠂤，劉釗先生在考釋侯馬盟書姓氏字𣏯形和古璽𣏯等形（《古璽文編》附錄四九第2欄）為"比"字時，曾指出："自金文始，文字形體演變有一個規律，即常在中直劃上加點，點又拉長為'一'，戰國文字又往往變為✔或凵。如'官'字所從之'𠂤'作𠂤→𠂤→𠂤，'自'字作𠂤→𠂤→𠂤等。'比'字由𣏯至𣏯復至𣏯，正反映了這一規律。"（《古文字構形學》318頁）又如"內"字中上的豎筆上加小點，或作一橫，古璽文字又常作𣏯（璽彙0699）、𣏯（璽彙4866）等。《何尊》尚同甲骨文。《毛公鼎》干訛為"辛"。《說文》："辥，辠也。從辛𠭥聲。"所釋為引申義，本義治理，同"乂"。●讀乂，治也。辥、乂古音同屬月部，為同聲通假。《克鼎》："保辥（乂）周邦，㽙尹四方。"保乂，保衛和治理。文獻多見，《書·康王之誥》"保乂王家"，孔傳："安治王家。"《睡簡·為吏6》："賢鄙溉辥。"●讀乂，輔相、輔佐。《毛公鼎》："亦唯先正𤳲辥（乂）乓（厥）辟，𤳲𤳲董大命。"●讀薛，氏。《相邦辥君漆豆》："八年相邦辥（薛）君造。"●秦封泥"辥（薛）丞之印"，此薛丞當為薛縣（今山東薛城）之佐官。

楚　清華八·攝命2　清華十·四告32晉　晉姜鼎

【注】從月辥聲。月也兼聲，當為雙聲字。●均讀乂。《清華八·攝命2》："宓（宏）臂（乂）亡誠（斁）。"《晉姜鼎》："臂（乂）我萬民。"《清華十·四告32》："用臂（乂）庶䜌（艱），以𨻙（恪）殂（夙）夜服（股）左（肱）王身。"詳"誠"字。

秦　　秦印10　秦集三·一·35　睡簡·為吏34　考古

1995·10

【注】從屮辥聲。薛、辥本一字，古文字中辥到戰國後期才加屮分化出薛字。漢嵩山少室石闕

銘作。●讀辥，罪。《睡簡·為吏 34》："璽而不發，身亦毋薛（辥）。"●秦印讀薛，姓氏。

 睡簡·為吏 27

【注】從手薛聲。●讀乂，俊傑。《睡簡·為吏 27》："尊賢養薛（乂）。"

 秦印 10

【竹】從木薛聲。●"薛究"，姓氏，本姓薛，避仇改為薛。

溪紐羍聲

上博六·孔子 16  左塚漆桐

【注】楚系文字所作，與《三體石經》"踐"字古文所從 形近；當為辛字之變體。甲骨文中"宰"字作 （《甲骨文編》317 頁），金文作 （《金文編》525-526 頁），所從的"辛"旁上部增加了四道短橫筆劃，由 形變成 形。《匽壺》銘中"踐"字右上部像二口之形的部分（ ），就是"辛"或"辛"字上部四道筆劃的類化。董珊、陳劍二位先生舉出的兩枚印章， （璽彙 1834）、 （璽彙 3870），正可以說明這種演變關係。三體石經的字，與"踐"字也應該是通假關係。劉釗認為只要上部是作 、 的，下部不論是從"又"從"廾"、從"口"，還是從"人"或從類似"大"或"矢"之形都可以統一隸定為"羍"。（詳《利用郭店楚簡字形考釋金文一例》）●多讀察。《清華八·處位 2》："女（如）前尻（處）既奴（若）無羍（察），唯𢊊（俊）良人能敓（造）御柔。"漆桐"羍杏"應讀為"察本"。劉釗認為簡文中的羍：是一個可用為"察""淺""竊"三字的聲旁的借音字。他又進一步推論這個借音字"有可能就是辛字的變體。""'羍（辛）'字古音在溪紐元部，與精紐元部的'淺'和清紐月部的'察'音都不遠，而'竊'字在典籍中又分別可與'察'和'淺'相通。"（同上引）《說文》："辛，辠也。從干二。二，古文上字。凡辛之屬皆從辛。讀若愆。"辛，本溪母元部；從辛之字多轉至月部。●讀竊。《上博八·志書 1》："反戾（側）亓（其）口舌，以羍（竊）讒王，夫=（大夫）之言。"●讀察。《郭店·五行 37》："不束（簡），不行。不匿，不羍（察、辨）於道。"郭店楚簡（五行）第 37、39 簡的 字，此字按帛書本《五行》與之相當的字來看，當讀辯。 也可能讀辯。金文中含有"羍"旁抑或來源不同，如"業""對"，還有傳統釋為讀為"撲"的"戰""戲"等字。另一方面楚簡中含有"羍"旁的字也並不都讀為"察"、淺"的。林澐認為 從刀。包山簡中有一個字 （包山 22、27），右旁可以分析為從"羍"從"又"從"刀"，如果從"羍""辛"互通的觀點來看，把從"刀"的釋為"辨"，加言旁的釋為"辯"，似乎也不是不可以。（詳《究竟是"朁伐"還是"撲伐"》

樸 [楚]  望山 2·38

【注】從木業聲。●簡文"□貍（狸）之樸，白金之勿"，待考。

黪 [楚] 清華七·晉文公1

【注】從二業相幷，"業"字繁文。●讀察。《清華七·晉文公1》："黪（察）於妞（好）妝（臧）嬨（媥）壚（斐）皆見。""嬨壚"與"妞臧"為反義詞組，指宗親貴族成員的善惡、好壞。

屛 [楚] 、屛 上博三·恒先1 屛 清華九·治政23 屛 清華九·治政35 屛
清華十·四告19

【注】從厂業聲。●讀質。《上博三·恒先1》："恒先無又（有），屛、青（靜）、虛。"李零先生指出："（此字）乃楚簡察、竊、質、淺、帶等字的聲旁，字形隸定還值得研究……疑讀為質。"●《清華九·治政23》："武威，卑（譬）之若蓼莉之易戲；文威，卑（譬）之若惥（溫）甘之屛（雋）暷（暺）。"疑讀雋，肥美、雋永。●讀淺。《清華九·治政35》："亓（其）惪（德）屛（淺）於百眚（姓）。"●讀察。《清華十·四告19》："惪能豐（禮）卲（節），心善耳（揖）襄（讓），若臣（熙）屛=（察察）。"整理者注："《廣雅·釋訓》：'察察，著也。'《漢書·五行志下》：'不敢察察言。'"

斸 [楚] 屛 清華五·封許6

【注】從斤屛聲。下增土繁化。●《清華五·封許6》："贈爾鳶（薦）彝、斸□、龍鬲，釁（璉），蘬（鑵），鉦，卺勺、盤……。"楚文字與金文或許同形不同字，金文有"斸"字，劉釗讀斵或讀踐。此處疑讀盞，《説文·玉部》："瑂，玉爵也。夏曰瑂，殷曰斝，周曰爵。從玉戔聲。盞，或從皿。"《禮記·明堂位》："爵用玉瑂仍雕。"孔穎達疏："瑂，夏后氏之爵名也。以玉飾之，故曰玉瑂。"《方言》卷五："盞，杯也。自關而東，趙魏之間曰椷，或曰盞。"郭璞注："盞，最小杯也。"

賏 [楚] 賏 清華六·子產22

【注】從見業聲。李家浩先生曾指出：據古文字特點，橫畫左端或下曳作一豎像曲尺形。如繼（織，《子儀》10）、繼（織，《子儀》14）、昰（是，《魯邦》03）。所以此字本來應作賏，則可隸定為賏。●人名，整理者讀蔑。《清華六·子產22》："乃執（設）六甫（輔）：子羽、子刺、賏（蔑）明、卑登、佲（倍、馮）之炎（鞭-辨）、王子百。"蔑明，駟氏，名明，字蔑。《良臣》簡10"蔑明"的"蔑"作䝿，其下增添丰聲（見母月部）。上博四《曹沫之陣》"曹沫"之"沫"從蔑或從萬，古書又作"劌"（見母月部）可證。"契"從丰聲；商的始祖"偰"又作"卨"，《説

2438

文》：“禼，蟲也。從厹，象形，讀與偰同。”“竊”從禼聲，可見“竊”“蔑”聲音相近。

轐楚 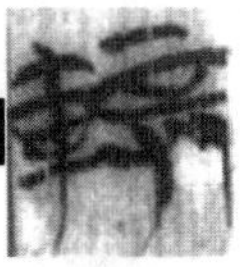 安大一 45

【注】從車菐聲，“輚”之異體。“菐”實際是“辛”之繁體，上古音“辛”屬溪紐元部，“戔”屬精紐元部，古音相近。●讀俴。《安大一 45》：“少（小）戎轐（俴）筒（收）。”毛詩作“小戎俴收”。毛傳：“俴，淺。”

鏷楚 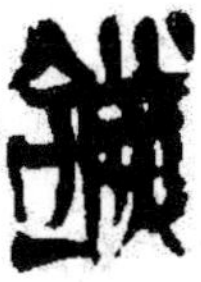 包山 260

【注】從金菐聲。●《包山 260》：“一寑（寢）鏷。”整理者釋為“鏷”，借作“蓐”。《釋名·釋牀帳》：“褥，辱也，人所坐褻辱也。”李家浩認為右旁與郭店竹書《五行》46 號“浅（濮）”字所從聲旁相近。疑此字在這裏應該讀薦。“寢薦”指寢臥用的薦席。

僕楚 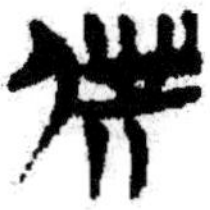 郭店·語叢二 19 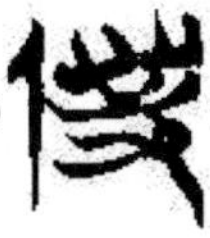 清華八·天下 7 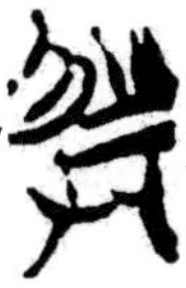 上博六·孔子 13

【注】從人菐聲。●讀竊。《郭店·語叢二 19》：“返生於忩（欲），僕（竊）生於返。”●讀察。《清華八·天下 7》：“女（如）弗僕（察），邦冡（家）亓（其）𤔔（亂）。”《上博六·孔子 13》：“色不僕（察），出言不忑（忌）。”簡文“色不察，出言不忌”是説邪民不會察言觀色，説話無所忌諱，講話時機不恰當，正與《論語·季氏》“未見顏色而言謂之瞽”意思相同。

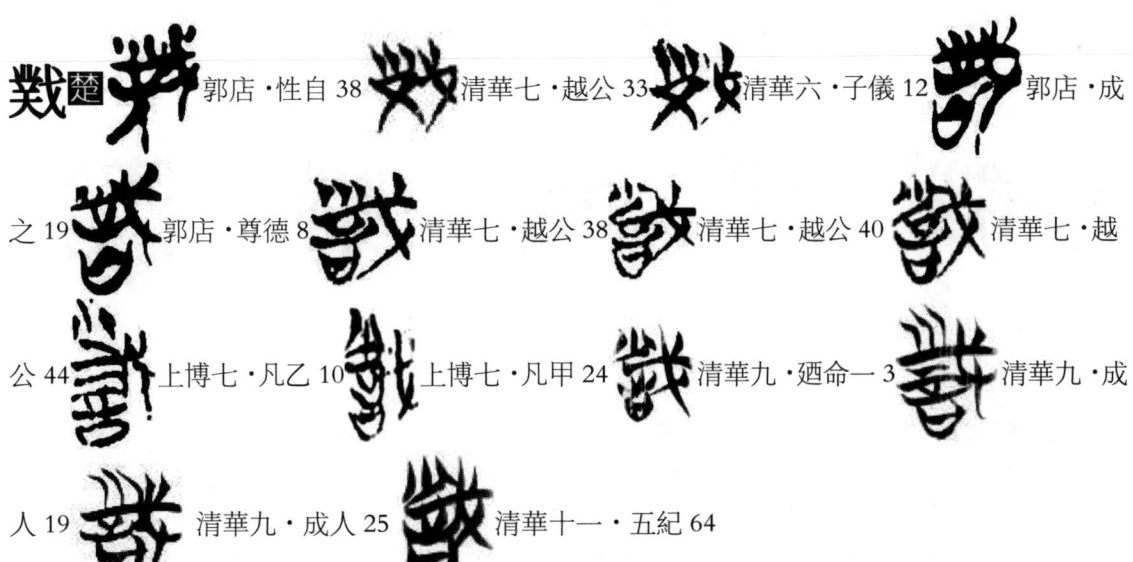

⿰菐戈楚 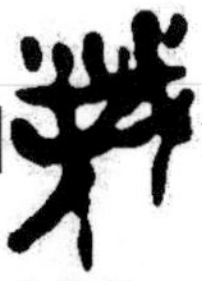 郭店·性自 38 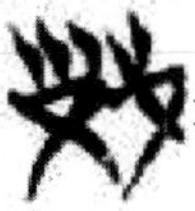 清華七·越公 33 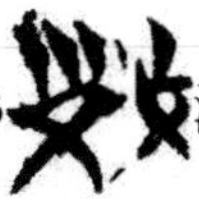 清華六·子儀 12 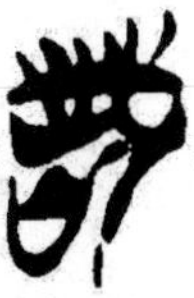 郭店·成之 19 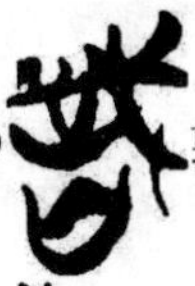 郭店·尊德 8 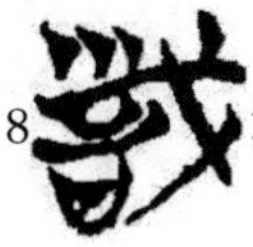 清華七·越公 38 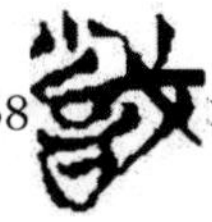 清華七·越公 40 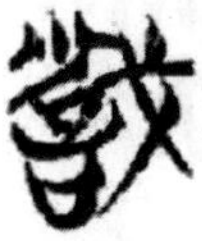 清華七·越公 44  上博七·凡乙 10 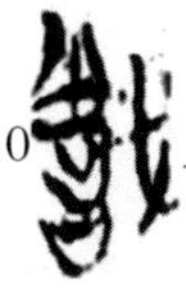 上博七·凡甲 24 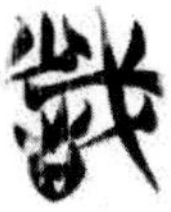 清華九·迺命一 3 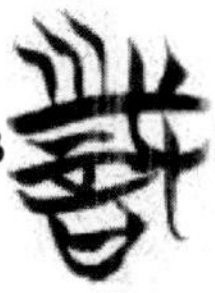 清華九·成人 19 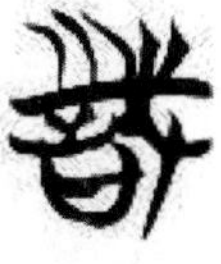 清華九·成人 25 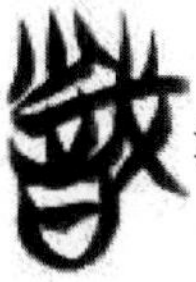 清華十一·五紀 64

【注】從戈菐聲。●多讀察。《清華七·越公 40》：“王必親見而聖（聽）之，⿰菐戈（察）之而訐（信），亓（其）才（在）邑司事及官帀（師）之人則發（廢）也。”《清華七·越公 33》“有察”和有司、有正等結構相同，專指掌管糾察的官員。

譙楚 郭店·窮達 1 郭店·五行 13 郭店·語叢一 68 包山

27 清華八·邦道 10 上博九·舉治 25 清華八·邦道 10 清華八·邦

道 11 上博四·曹沬 45 上博六·孔子 27 上博六·孔子 6

【注】從言粲聲，"譙"之異文。●多讀察。《上博四·曹沬 45》："其賞淺且不中，其誅厚且不譙
（察）。"《包山 27》："乙亥之日不以死於其州者之譙（察）告。"《上博九·舉治 25》："……譙（察）
之在堯，堯訡（始）用之。"

轐楚 上博四·曹沬 46

【注】從車粲聲。●讀察。《上博四·曹沬 46》："少則惕（易）轐。"

剗楚 上博五·三德 10 包山 19 包山 36 包山 140 上

博二·容成 18

【注】從刀粲聲。●讀蔡，指野草。《上博二·容成 18》："田無剗（蔡），宅不空，關市無賦。"
●讀殘。《上博五·三德 10》："毋俊（作）大事，毋剗（殘）裳（常）。"●包山簡地名，讀蔡。
《包山 140》："登人所漸木四百兊（枚）於剗（蔡）墬（地）襄溪之中。"

鄵楚 包山 41 包山 48 包山 188 包山 183 珍戰

140 上博九·陳公 3

【注】從邑粲聲。"鄵"之異文。●讀蔡。《包山 183》："鄵（蔡）易人陳楚。"《珍戰 157》"鄵（蔡）
易（陽）信鈢"亦當讀蔡。李守奎先生在《楚文字編》中釋該字為"鄵"，吳良寶先生在《楚地
"鄵易"新考》一文中也同意將該地名隸定為"鄵易"，并疑可讀為"蔡陽"。上古音"蔡"屬
清母、月部，"戔"屬精母、元部，聲母均為齒音，月、元二部可對轉。《漢志》南陽郡有蔡陽
縣，在今湖北襄樊市東。

鄰楚 包山 43 包山 140 反

【注】從邑剗聲。●包山簡地名，同"剗"。吳良寶讀蔡。（《楚地"鄸易"新考》《古文字學論稿》430 頁）

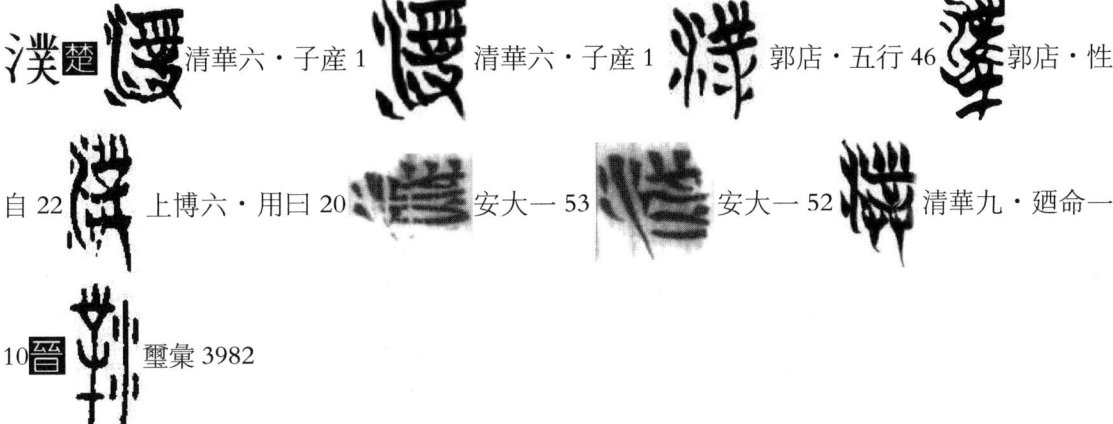

濼 [楚] 清華六·子產1　慢 清華六·子產1　濼 郭店·五行46　澤 郭店·性

自22　瀁 上博六·用曰20　　安大一53　　安大一52　　清華九·廼命一

10 [晉] 　璽彙3982

【注】從水羮聲，"淺"之異文。《清華六·子產1》受"至"之類化，上面多一橫。《郭店·性自22》為"淺澤"二字合文。●多讀淺。《清華六·子產1》："濼（淺）以信罙=（深，深）以信濼（淺）。"《郭店·性自22》："芺（笑），豊（禮）之澤=（淺澤）也。樂，豊（禮）之深澤也。"●晉璽人名。●讀殲。《安大一53》："皮（彼）倉（蒼）者天，濼（殲）我良人。"亦可讀殘。

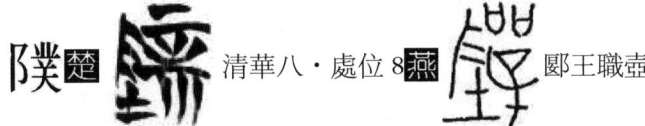

陕 [楚] 清華八·處位8 [燕] 　郾王職壺

【注】從阝（古文字從阝者習慣加土旁）羮聲。《清華八·處位8》所從與"亏"相混。《郾王職壺》之"叩"是辛→羮演變的過度階段。或謂"叩"為疊加聲符。辛，元部溪紐。叩，元部曉紐。疊韻，溪曉旁紐。●讀殘。《郾王職壺》："克邦陕城，滅鄦（齊）之穫。"●讀踐。《清華八·處位8》："旻（得）啟（度）之陕（踐），齻（貢）乃古（固）為頼（美）。""度"是綜合性的。踐，整理者引《禮記·曲禮上》"修身踐言"，鄭注："踐，履也，言履而行之。"有好的稅賦制度，國庫之蓄有如農田之有水庫，國富民強，當然是"美"的。

墣 [燕] 　郾王職壺

【注】從立羮聲。●讀踐。《郾王職壺》："唯郾（燕）王職墣（踐）慇（胙、祚）承祀。"

墣 [楚] 清華二·繫年44

【注】從土羮聲。●讀踐。《清華二·繫年44》："閖（盟）者（諸）侯於墣（踐）土。"

溪紐件聲

 里耶 8·529 背

【注】會意字。《説文》："件，分也。從人，從牛。牛，大物，故可分也。"本義指把物體分割開。引申指被分割開的部分，成為量詞。●《里耶 8·529 背》："大二件將☐。"語義不詳。

溪紐犬聲

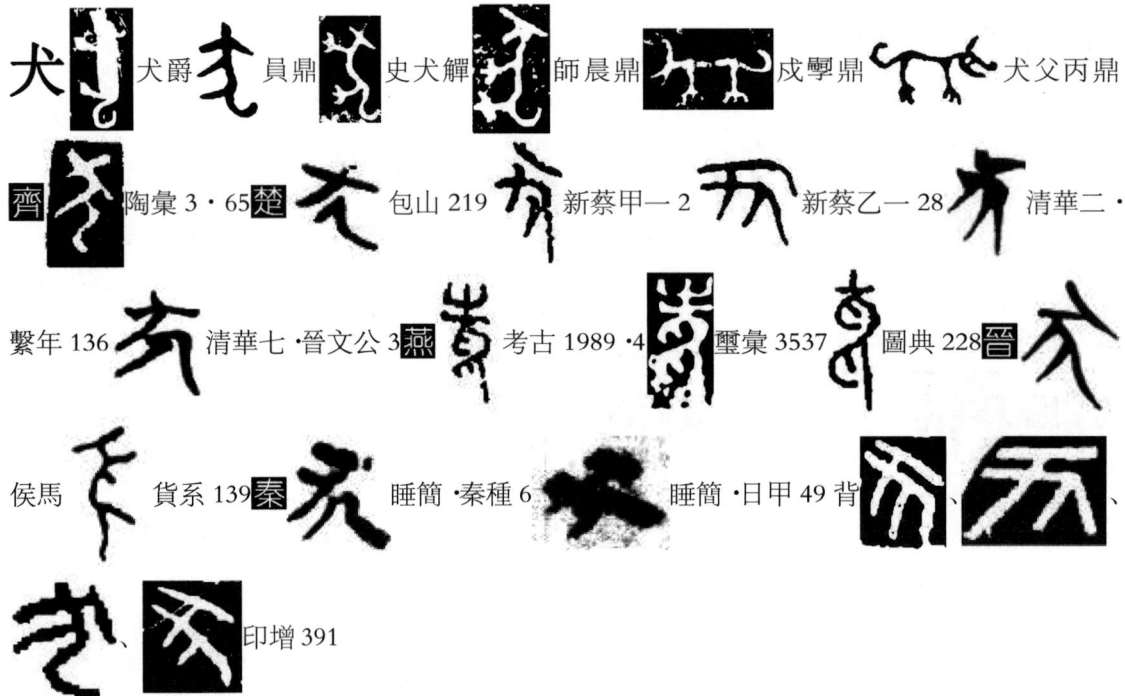

犬 犬爵　員鼎　史犬觶　師晨鼎　戌嬰鼎　犬父丙鼎

齊 陶彙 3·65　楚 包山 219　新蔡甲一 2　新蔡乙一 28　清華二·

繫年 136　清華七·晉文公 3　燕 考古 1989·4　璽彙 3537　圖典 228　晉

侯馬　貨系 139　秦 睡簡·秦種 6　睡簡·日甲 49 背

印增 391

【注】甲骨文作 、 、 、 、 、 、 、 、 、 ，象犬形；其特點瘦腹卷尾。與"豕"字形相似但有別，"豕"作 ，突出其腹肥尾垂之狀。金文同甲骨文。戰國文字綫條化，作 、 、 、 、 等形。《説文》："犬，狗之有縣蹏者也。象形。孔子曰：'視犬之字如畫狗也。'"本義為狗。"犬"後來多作偏旁，于是就另加聲符"句"寫作狗。●家畜名，即狗。《員鼎》："王令員執犬。"●族名。《戌嗣子鼎》："犬魚。"●燕璽"犬言""犬旺"，疑為姓氏。

沈 晉 十七年春平侯鈹 秦 圖典 405

【注】從水犬聲。●均為人名。

畎 楚 上博六·慎子 5

【注】從田犬聲。《説文》本作く，水小流也。●《字彙・田部》："畎，田中溝廣尺深尺曰畎。"《上博六・慎子 5》："逡（遵）畎備（服）㝫（晦）。"楚簡或作"甽"。

 鈒 楚 璽補 59

【注】從金犬聲。●"美鈒旅鈢"，地名用字。

 疢 晉 璽彙 0794 璽彙 1026 秦 分研 259

【注】從疒犬聲。●均為人名。

 罖 秦 秦再 32

【注】從网犬聲。●秦封泥"罖原禁丞"。此泥記載了一處未見記載的禁苑。"罖"字不見字書，上從网、下從犬，為俘獲相關禽獸之意。《讀史方典紀要・西安府・藍田縣》白鹿原條記"《水經注》狗枷川經白鹿原西，原上有狗枷堡，秦襄公時堡也"。狗受枷，正合上网下犬會意，疑"罖原"即處於現今藍田白鹿原上，為秦襄公時所建的禁苑之一。

 袄 晉 璽彙 4000

【注】從衣犬聲。●晉璽人名。

溪紐虞聲

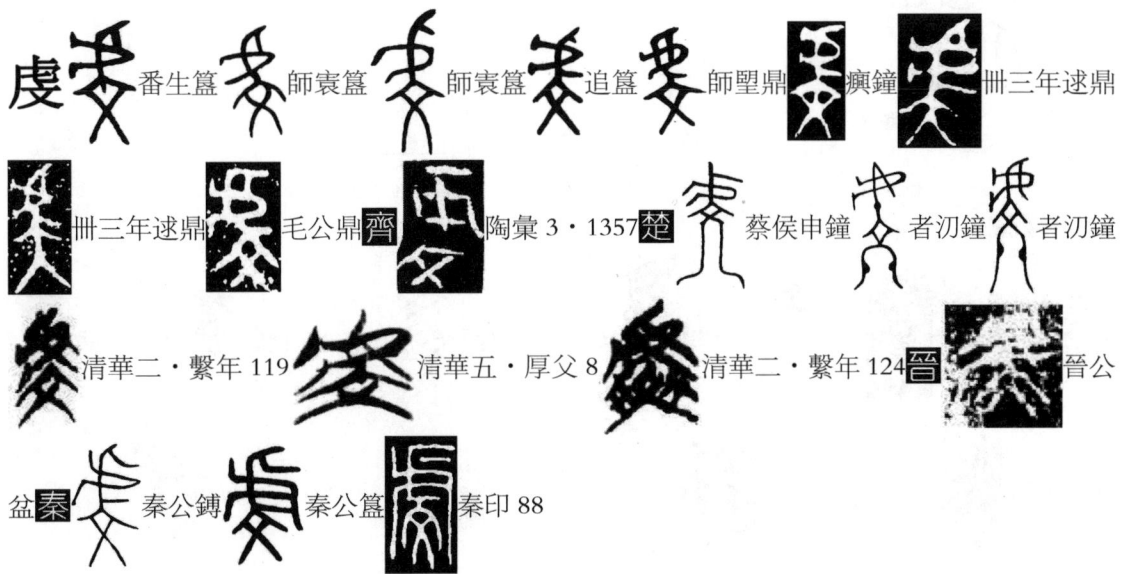

虔 番生簋　師袁簋　師袁簋　追簋　師望鼎　癲鐘　卌三年逑鼎

卌三年逑鼎　毛公鼎 齊　陶彙 3・1357 楚　蔡侯申鐘　者汈鐘　者汈鐘

清華二・繫年 119　清華五・厚父 8　清華二・繫年 124 晉　晉公

盆 秦　秦公鎛　秦公簋　秦印 88

【注】從虍從文，會虎身紋飾之意。《卌三年逑鼎》從大（大、文同源），為變體。《說文》：“，虎行貌。從虍文聲。”段玉裁注：“按聲當是衍字。虎行而箸其文。此會意。”本義虎行走的樣子。吴大澂曰：“虔有敬畏之意。見龍則龔，見虎則畏。此虔共之義也。”（《己侯鐘·愙齋集古録》二冊）因此引申為虔誠、誠心。●敬也。《毛公鼎》：“虔夙夕𦤎我一人。”《蔡侯申鐘》：“有虔不易，𨊠（佐）右（佑）楚王。”●真誠、心誠。《清華五·厚父8》：“廼（乃）虔秉氒（厥）德。”

⿰扌虔 秦  印增 469

【注】從手虔聲。●人名。

⿱虔廾 齊  叔尸鐘  叔尸鐘  叔尸鎛 楚  包山 141  包山 143  清華五·封許 5 晉  ☒年芒碭守令戈

【注】從廾虔聲。《清華五·封許5》下加“又”與從“廾”相近。●讀虔，敬也。《叔尸鎛》：“尸不敢弗憼戒，⿱虔廾（虔）恤氒（厥）死事。”《清華五·封許5》：“女隹（惟）臧耆爾猷，⿱虔廾（虔）血（恤）王家。”

⿺辶虔 秦  陶彙 5·172

【注】從辵虔聲，“⿺走虔”之異文。●秦陶人名。

⿺走虔 秦  秦印 28

【注】從走虔聲。●人名。

疑紐鬳聲

鬳 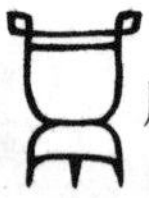 鬳戈  見甗  師趛甗  王孫壽甗 齊  羕陵公戈 楚  之利殘器 

望山 1·4  清華九·禱辭 7  清華六·子産 1  清華六·子産 26  清華六·子

產 27 燕 ▨ 九年將軍戈 ▨ 璽彙 2746 ▨ 璽彙 2747 ▨ 璽彙 2749 ▨ 璽彙 2750 ▨ 璽

彙 3506 ▨ 幣編 203 晉 ▨ 璽彙 4022 秦 ▨ 睡簡・日甲 67

【注】甲骨文作▨、▨、▨、▨、▨、▨、▨，"鬳"為"甗"之古文。甲骨文象器物形，下邊是鬲（蒸鍋），上邊是甑（底有帶眼的箅子），兩個部分可以鑄為一體，也可以合為一體。這類似現在的蒸鍋，甑底有箅子，使用時將食物放在箅子上，在鬲中燒水，利用產生的蒸汽把食物蒸熟。金文同甲骨文，但多增從虎旁以表音。甑形或訛為貝、鼎等形。《王孫壽甗》甑形訛為目。隸變後寫作"鬳"，後多用作偏旁，復加形符"瓦"，寫做"甗"，還其本義。《清華六・子產 1》趙平安先生釋"鬳"讀獻。(《清華簡（陸）》文字補釋（六則))《説文》："▨，鬲屬。從鬲虍聲。"本義為鬲類炊具，是"甗"的古文。《説文》分為"鬳""甗"二字。●器名。《見甗》："見乍（作）鬳（甗）。"《博古陶録》："甗之為器，上若甑而足以炊物，下若鬲而足以飪物，蓋兼二器而有之。"金文中甗均以獻、鬳為之，無從瓦之甗。●讀獻，進也。《兼陵公戈》："鬳（獻）鼎之歲，兼陵公伺之裦所鄀（造），冶己女。"●讀獻。《睡簡・日甲 67》："九月楚鬳（獻）馬。"獻馬，楚代月名。●讀鮮。趙幣（幣編 203）"虞虎"，疑讀"鮮虞"，地名。《璽彙 4022》為"鬳于"二字合文，讀鮮于，複姓。●燕璽有"鬳豎""鬳彊""鬳留""鬳臣"等，姓氏，讀獻。姬姓，晉獻公之後。見《風俗通》。

▨ 燕 ▨ 璽彙 3447

【注】從虍從酉，"鬳"之異文。●"鬳生慪（慮）"，姓氏，疑讀獻。

▨ 齊 ▨ 耶盂

【注】從升鬳聲。●讀獻。《耶盂》："耶（聽）所鬺（獻）為下寢盂。"

▨ 秦 ▨ 里耶 8・2246

【注】從瓦鬳聲。●"士五（伍）甗"，人名。

▨ ▨ ▨ 寠甗 ▨ 子邦父甗 ▨ 多友鼎 ▨ 史獸鼎 ▨ 楷伯簋 ▨ 寓鼎 ▨ 伯

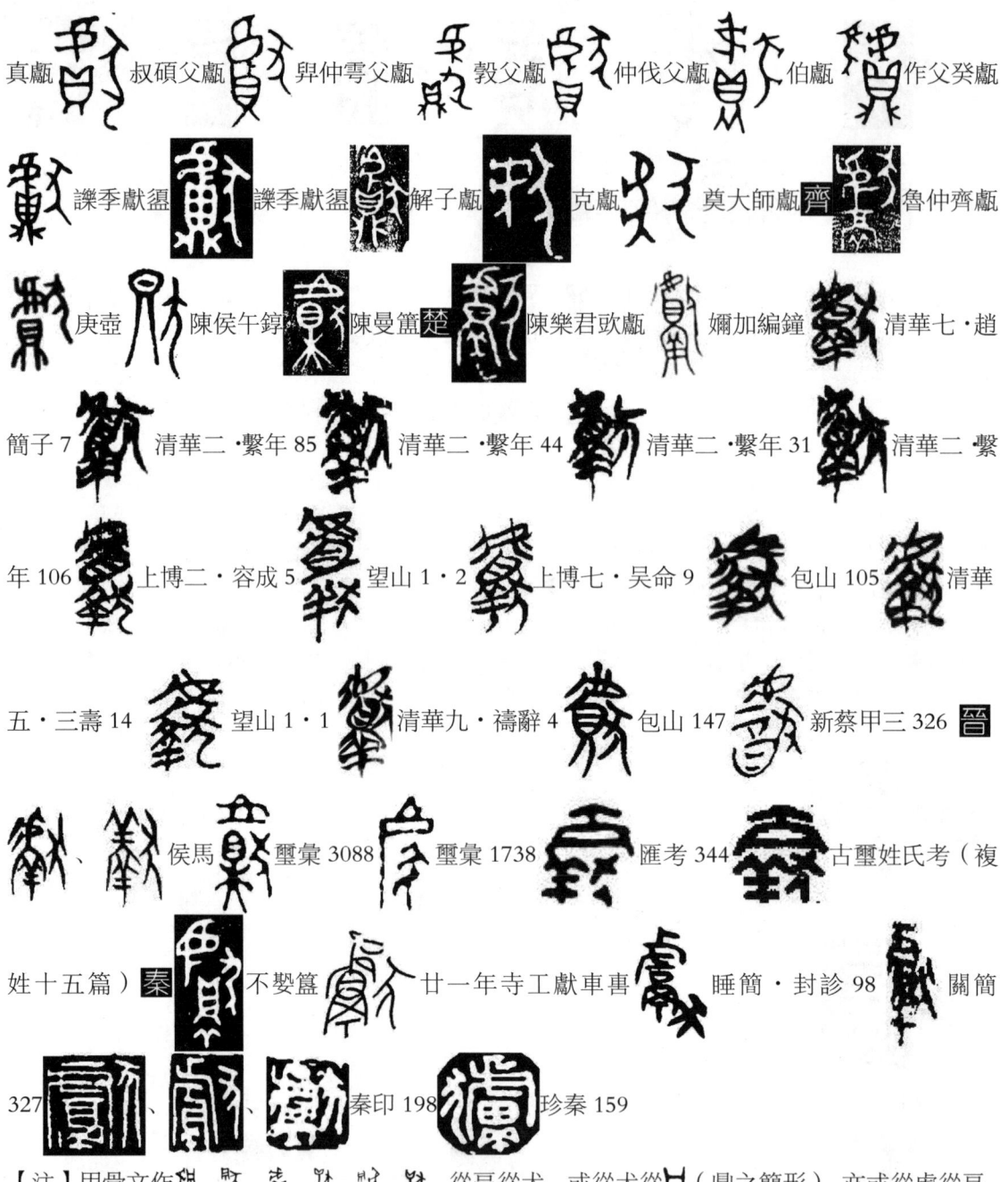

真甗　　叔碩父甗　　　舁仲雫父甗　　　　彀父甗　　仲伐父甗　　　　伯甗　　　作父癸甗

譔季獻盨　　　譔季獻盨　　　解子甗　　　　克甗　　　　莫大師甗齊　　　魯仲齊甗

庚壺　　陳侯午錞　　陳曼簠楚　　　陳樂君歈甗　　　嬭加編鐘　　　清華七·趙

簡子 7　　　清華二·繫年 85　　清華二·繫年 44　　清華二·繫年 31　　清華二·繫

年 106　　　上博二·容成 5　　　望山 1·2　　　上博七·吳命 9　　　包山 105　　　清華

五·三壽 14　　　望山 1·1　　　清華九·禱辭 4　　　包山 147　　　新蔡甲三 326　　晉

、　　　　侯馬　　　　璽彙 3088　　璽彙 1738　　　匯考 344　　　古璽姓氏考（複

姓十五篇）秦　不娶簠　　廿一年寺工獻車專　　睡簡·封診 98　　　關簡

327　　　、　　　、　　　秦印 198　　珍秦 159

【注】甲骨文作𢛳、𤘭、𡔲、𤢛、𤜬、𤜾，從鬲從犬，或從犬從𦉥（鼎之簡形），亦或從虎從鬲。以鼎鬲蒸狗作為祭品，進獻于宗廟，會進獻之意。金文同甲骨文，多增犬（可視為聲符）作𤣥，是為小篆所本。金文或從虎從犬作𤘬，或從貝從犬作𧸯，均為省形。楚文字所從的"鬲"上部訛為"目"，下部訛為"羊"。古文字鬳、獻一字。《說文》："獻，宗廟犬名羹獻。犬肥者以獻之。從犬鬳聲。"自甲骨文觀之，從犬虎從鼎鬲皆會意為鼎實，非僅謂犬肥者也。本義是獻祭。引申為奉獻等義。●金文多讀甗。《莽妊甗》："莽妊媵（賸）獻（甗）。"《博古圖錄》："甗之為器，上若甑而足以炊物，下若鬲而足以飪物，蓋兼二器而有之。"●奏報。《史獸鼎》："癸未，史獸獻工于尹，咸獻工。"于省吾謂"獻工于尹"，即奏其事于尹。"獻"猶今人言呈報也。《詩·小雅·瓠葉》："酌言獻之。"毛傳："獻，奏也。"●奉獻、奉上。《膳夫克盨》："用乍（作）旅盨，

佳（唯）用獻于師尹、佣（朋）友。"《詩·大雅·行葦》："或獻或酢，洗爵奠斝。"鄭玄箋："進酒于客曰獻。"●獻民：在周代為官的殷代遺老。《釱簋》："肆余目（以）餚士獻民，再盉先王宗室。"張政烺謂"獻民"即殷民，是殷的故家世族。《逸周害·作雒解》："俘殷獻民于九畢。"孔晃注："獻民，士大夫也。"●獻人：即"民獻"，賢者、才能出眾的人。《善夫山鼎》："山，令女（汝）官嗣（司）歆（飲）獻人于晃。"《書·大誥》："今翼日，民獻有十夫予翼。"孔傳："今之明日，四國人賢者有十夫來翼佐我周。"●讀鮮。鮮聲、獻聲可以通假，詳《古字通假會典》178頁"獻-鮮"條。《古璽姓氏考（複姓十五篇）》"獻邘"，讀"鮮于"，複姓。

睡簡·秦種 122　睡簡·答問 190　嶽麓三 40

【注】從水獻聲。《説文》："瀗，議皋也。從水獻。與法同意。"與"讞"同。●讀讞，請也、呈報。《睡簡·秦種 122》："欲以城旦舂益為公舍官府及補繕之，為之，勿瀗。"如要使用城旦、舂擴建官有房屋衙署或加以修補，即可進行，無須呈報。●讀獻。《睡簡·答問 190》："可（何）謂'甸人'？'甸人'守孝公、瀗（獻）公冢者殹（也）。"獻公，人名。

鄭邢叔甗　包山 266

【注】從金獻聲，器名之專字。與《説文》"鬳"之異體同形。●讀甗。《鄭邢叔甗》："奠（鄭）丼（邢）弔（叔）乍（作）季姞獻（甗）。"《包山 266》："一鉛鑯（甗）。"

驫羌鐘　驫羌鐘

【注】舊釋為敵，不確。字左邊並非從鬲，而是"虜"之省文。故字當從攴虜省聲，隸定為"𢾖"。●人名，讀虔。《驫羌鐘》："驫羌逻（作）戎毕（厥）辟，軑（韓）宗𢾖（虔）達（率）征秦迮齊。""韓宗𢾖"即韓景侯虔。（《東周金文與楚簡合證》59 頁）

疑紐言聲

言　伯矩鼎　敔卣　弭仲簠齊　言☐左戈楚　楚王領鐘　包山 14　上博五·競建 9　上博五·季庚 14　清華八·攝命 8　包山 157　璽彙 3231晉　侯馬　璽彙 4284　璽彙 4285　貨系 1379　貨系 1376　貨系

3995  中山王鼎  泰山刻石  睡簡·秦種128  睡簡·日157  睡

簡·封診45 、  秦印42

【注】甲骨文作 、、、、、。從舌，上加一橫，表示言語生於舌。金文同甲骨文。言、音作偏旁常混用，獨體則有別。言下之口加一橫為晉系文字習慣寫法。《説文》："言，直言曰言，論難曰語。從口辛聲。凡言之屬皆從言。"本義為説、説話。●説也。《中山王鼎》："此易言而難行（也）。"●讀音。《楚王領鐘》："楚王領自乍（作）鈴鐘，其聿其言。"金文言、音互通。●《伯矩鼎》："白（伯）矩乍（作）寶彝，用言王出内（入）事（使）人。"《卣》："作旅彝，孫子用言出入。"《彌仲簋》："用饗大正，音王賓。"于省吾讀歆，饗也。（《鄂君啟節考釋》）這些"言"字，張崇禮改讀這（《談談甲骨、金文中用為"這"的"言"字》）。《説文》："歆，神食气也。"《詩·大雅·生民》："其香始升，上帝居歆。"鄭玄注："其馨香始上行，上帝則安歆享之。""歆"是指祭祀時神靈享用祭品的香氣，也指用食品祭祀鬼神。《左傳》僖公三十一年："鬼神非其族類，不歆其祀。"杜預注："歆，猶饗也。"杜注用了一個"猶"字，表明"歆"和"饗"是有區別的。"歆"字專用於祭祀，故傳世典籍中不見其用於生人的例子。《伯矩鼎》的"出入使人"和《卣》的"出入"都是指使臣、使者，《彌仲簋》的"王賓"指賓客，也可以説是王派來的使臣，他們都是生人，所以"言"讀為"歆"並不合適。而讀為"這"、訓為"迎"，與使者、賓客都是外來者的身份相吻合。銘文中至今未見"言"後接"父兄"之類的賓語，原因可能正在於此。《儀禮·士冠禮》："冠之日，主人紒而迎賓。""迎賓"一語先秦古籍習見，且沿用至今。按，《玉篇·辵部》"這，宜箭切，迎也"，傳統字書中對"這"訓為"迎"還有很多記載，如《正字通》："這，倪殿切，音彥，迎也。《周禮》有'掌訝'，主迎訝。古作這。毛晃曰：'凡稱此箇為者箇，俗多改用這字。這，乃迎也。'《佩觿》集與毛同。"《廣韻·線韻》："這，迎也。"慧琳《一切經音義》："這，音彥，《蒼頡篇》云：'這，迎也。'"●《貨系1376》等"言易"讀圜陽，亦作"圓陽"。在今陝西神木東，戰國時先屬魏，后屬趙。●讀焉。《郭店·六德33》："男女卞（辨）生言（焉），父子新（親）生言（焉），君臣宜（義）生言（焉）。"

 上博七·武王1

【注】從玉言聲。●讀頊。頊，曉母屋部；琂，疑母元部，二字古音近。《上博七·武王1》："不智（知）黃帝、耑（顓）琂（頊）、堯、（舜）之道在（存）乎？"

 伯猗父鬲猗璽彙2846 璽彙3068

【注】從犬從言（兼聲），會犬吠之意。《説文》無。《廣韻》犬爭也。《楚辭·九辯》："猛犬狺狺以迎吠。"狺，《玉篇》同猗。《説文》："，犬吠聲。從犬斤聲。"●人名。《伯猗父鬲》："白（伯）猗父乍（作）井（邢）姬、季姜隨鬲。"晉璽人名。

 圓 秦 十鐘 2・55

【注】從口言聲。●秦文字地名，讀圓。詳"洀"字。

 洀 晉 洀陽戈

【注】從水言聲。●讀圓。《洀陽戈》："洀陽冶瘩釙（鑄）也。"《水經注》河水南過圓陽縣東，圓水出上郡白土縣圓谷，徑其縣南又東徑圓陰縣，南流注于河。三晉文字用"言""洀"表示地名圓，秦文字用"圓"。"圓水、圓陽之'圓'本是一誤字，或説是一個假借字。作'圓'者亦非先秦古寫。真正的古寫當如幣文作'言'。眾所周知，古代用作水名的字，往往可以添加'水'旁。言陽既因言水而得名，則戈銘'洀陽'和幣文'言易'無疑是同一個地名，只是寫法上略有不同而已。"（吳振武《新見古兵地名考釋兩則》）

 窨 秦 里耶 8・1579 里耶 8・1162

【注】從穴言聲。●"祠窨"，義不詳。

善（善）

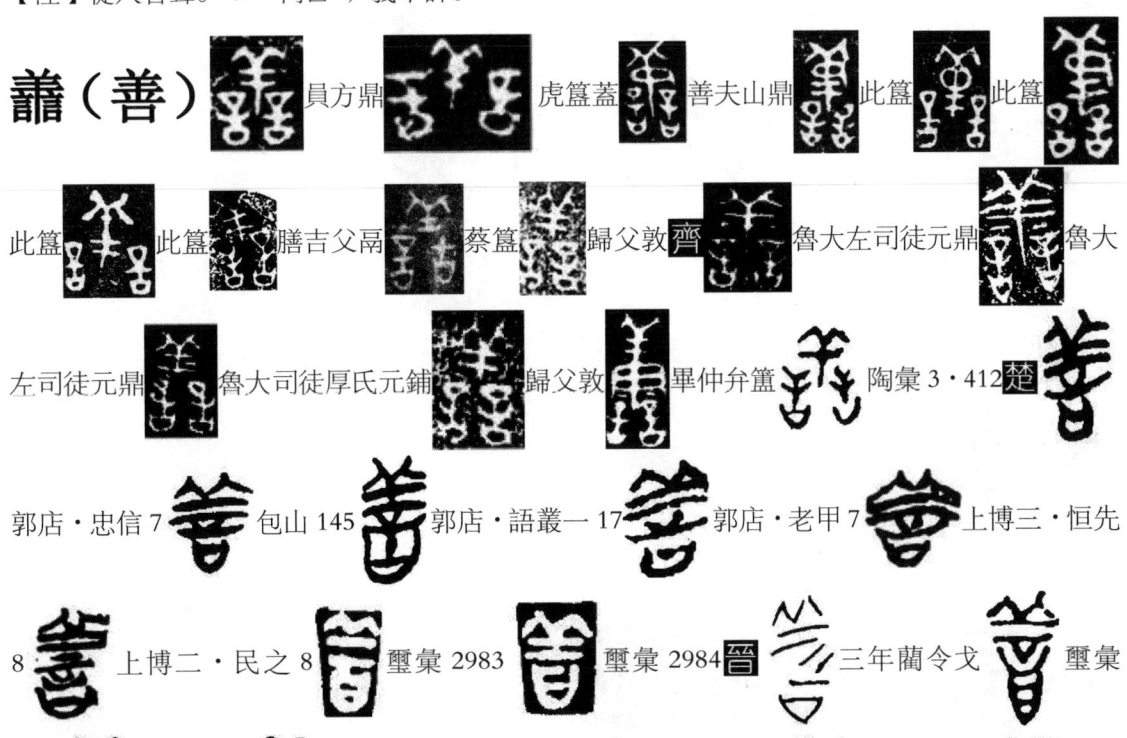

員方鼎 虎簋蓋 善夫山鼎 此簋 此簋

此簋 此簋 膳吉父鬲 蔡簋 歸父敦 齊 魯大左司徒元鼎 魯大

左司徒元鼎 魯大司徒厚氏元鋪 歸父敦 畢仲弁簋 陶彙 3・412 楚

郭店・忠信 7 包山 145 郭店・語叢一 17 郭店・老甲 7 上博三・恒先

8 上博二・民之 8 璽彙 2983 璽彙 2984 晉 三年蘭令戈 璽彙

4540 璽彙 4548 璽彙 4494 研究 76 璽彙 3088 璽彙 3379 璽彙

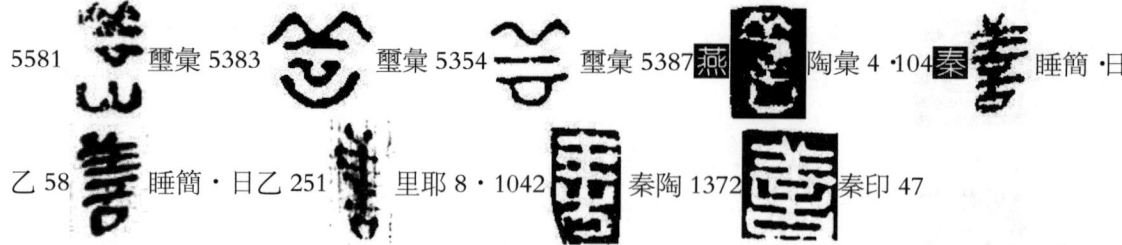

5581 　璽彙 5383 　璽彙 5354 　璽彙 5387 　燕 陶彙 4·104 秦 　睡簡·日

乙 58 　睡簡·日乙 251 　里耶 8·1042 　秦陶 1372 　秦印 47

【注】甲骨文作 、 、 、 、 、 、 、 、 、 、 、 。甲骨文從羊
從 ，或簡化為 、 等形，此字實是《說文》之"譱"字，所從之誩當由 訛變而來。譱
即膳食之膳初文。大概殷人以羊為美味，故"譱"有吉美之義。金文從誩從羊（羊形或有繁化）；
誩（言字繁文）兼聲。戰國文字承襲金文，多從一言作 ，楚系文字羊形常作 形。《說文》："譱，
吉也。從誩從羊。此與義美同意。 篆文善從言。"本義吉祥。●古文字多用為本義，嘉也。《諫
簋》："母（毋）敢不善。"●讀膳，具食也。《𪉟公孫敦》："𪉟公孫鑄其善（膳）𣪘（敦）。"●
膳夫：官名。職掌周王及王后，太子的御廚房事宜，為太史寮屬官之一。《克鼎》："王命善（膳）
夫克舍于成周遹正八𠂤（師）之年。"《周禮·天官·冢宰》："膳夫掌王之食飲膳羞，以養王及
後世子。"從銘意看，周代膳夫的權力遠遠超越《周禮》所載職權範圍，可以出入宮廷，傳達王
命，干預政事。（王文耀《中國古代職權的起源和衍化》）●讀繕。《睡簡·雜抄 15》："稟卒兵，
不完善（繕），丞、庫嗇夫、吏貲二甲。"

膳 齊 齊侯敦 楚 𦞦余敦 郭店·語叢一 15 　郭店·語叢一 92 　郭店·語

叢一 84 　郭店·語叢三 26 　郭店·語叢三 25 　郭店·語叢三 52

【注】從肉譱（善）聲；善也兼表意。《說文》："膳，具食也。"本義飯食。●具食、備置食物。
《齊侯敦》："齊侯乍（作）𦞦（媵）寡圓孟姜膳𣪘（敦）。"●讀善，改善。《郭店·語叢三 47》：
"莫得膳（善）其所。"●讀善，擅長。《郭店·語叢三 38》："不膳（善）罯（擇），不為智。"
●讀善，和善。《郭店·語叢一 92》："㤅（愛）膳（善）之胃（謂）𢛳（仁）。"

郭店·語叢三 25

【注】從旨膳省聲。●讀善，美好、吉祥。《郭店·語叢三 25》："𢛼（義），蕭（善）之方也。"
義是善的方向或法則。

散 楚 清華七·子犯 7 晉 　八年陽城令事壯戈

【注】從攴善聲。●晉戈"冶敔、敔"，人名。●讀膳，《說文》："具食也。"《清華七·子犯 7》：
"乃各賜之鐱（劍）緒（帶）衣常（裳）而敔（膳）之。"或如字讀，"善之"即夸讚之、認為
"之"好的意思。

2450

彁璽彙5501

【注】從弓善聲。●單字璽。

襄匯考225

【注】從衣從卄善聲。●晉璽人名。

繕睡簡・雜抄41　睡簡・秦種89

【注】從糸善聲。●修補。《睡簡・秦種41》："令戍者勉補繕城，署勿令為它事。"《左傳・隱公元年》："繕甲兵，具卒乘。"楊伯峻注："繕，修補也。甲兵，指武器。"

齸秦印287

【注】從齒善聲。●秦陶"咸郦里齸"人名。

豬包山257　包山257

【注】從豕善聲。●讀膳。《包山257》："燈（蒸）豬（膳）一笲。"

瘖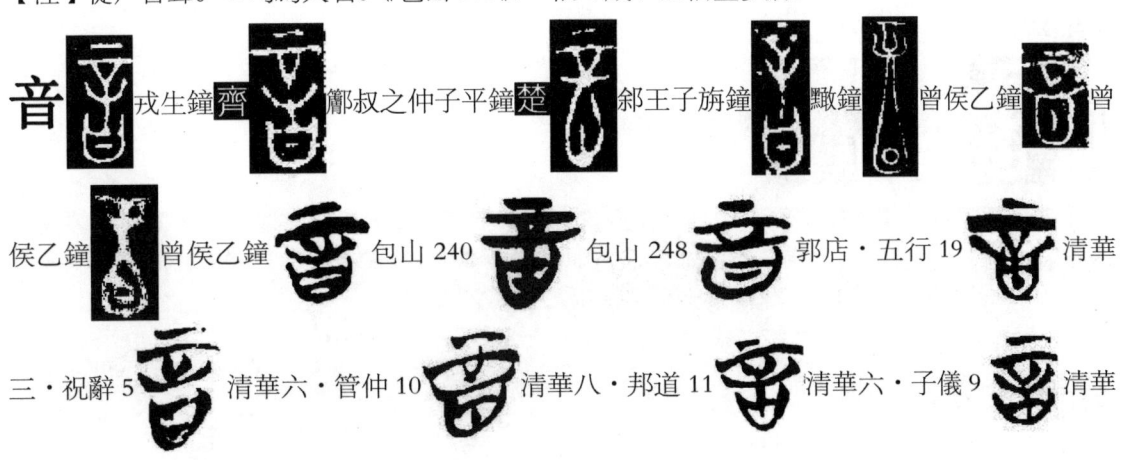包山173　十六年鄭令趙距戈

【注】從疒善聲。●均為人名。《包山173》："悁（威）王佁室翏瘖。"

音　戎生鐘　郮叔之仲子平鐘　邾王子旃鐘　瞂鐘　曾侯乙鐘　曾侯乙鐘　曾侯乙鐘　包山240　包山248　郭店・五行19　清華三・祝辭5　清華六・管仲10　清華八・邦道11　清華六・子儀9　清華

2451

五·三壽 13  安大一 14 安大一 47 璽彙 4284 陶彙

4·101 秦公鎛 秦公鎛 秦景公石磬 睡簡·日甲 34 背

【注】甲骨文作，卜辭中音、言、舌為一字。金文于言字下部的口中附加一小橫劃，作為指事字的標誌（表示聲音出自于口），以區別于言，而仍以言字為聲。《説文》："晉，聲也。生于心，有節于外，謂之音。宮商角征羽，聲；絲竹金石匏土革木，音也。從言含一。凡音之屬皆從音。"本義聲音。●樂聲、鐘聲。《秦公鎛》："其音鍒鍒雖雖孔煌。"●人名。《殷簋》："王乎（呼）内史音令（命）殷。"●泛指聲音。《上博三·恒先 6》："音非音，無胃（謂）音。言非言，無胃（謂）言。"《清華六·子儀 9》："熷追而翔（緝）之，莫往可＝（兮何）以宜（實）音（署）。"疑當讀署。《説文》："署，覆也。"蓋即以網掩覆義。《史記·天官書》曰："畢曰罕車，主弋獵。"蓋古人弋射之矢均輕細，欲其飛之疾而遠，射中鳥獸常不死，故縛以繳，防獵物帶矢逸去；又置專人持罩、罕建於車上，以追逐掩取之，即"署"也。這裏應當是指負責掩捕之人或工作。

 晉 、 晉編 362

【注】從興（三晉文字習見偏旁，無法隸定）音聲。●晉璽均為人名。

 楚 曾侯漆書

【注】從尚省，音聲。●不詳。

 晉 璽彙 2142 璽彙 2426

【注】從宀音聲，疑"窨"之異文。●晉璽人名。

 毛公鼎 秦 鳳翔中山鼎

【注】從厂音聲。秦系文字從之厂之字往往變為广，猶席、度、庶等字本從厂若石，秦系文字皆改為從广。《玉篇》有庯字，為古地名，當即此字。●人名。《毛公鼎》："毛公庯對揚天子皇休，用乍（作）障（尊）鼎。"●秦金文"庯里"，里名。

 楚 者減鐘

【注】從刀音聲。下有重文符號。●讀喑。《者減鐘》"轟轟剖剖"，讀"嘁嘁喑喑"，均為象聲字。

疑紐誩聲

誩 燕 鄾王誩戈　鄾王誩戈　鄾王誩戈　璽彙3892

【注】從言從吅，雙聲字。吅，《說文》："驚嘑也。從二口。凡吅之屬皆從吅。讀若讙。"●讀喙，人名。"誩"是個雙聲符字，古音"吅"在曉紐元部，"言"在疑紐元部，"喙"在溪紐月部，音極近。《鄾王誩戈》："鄾（燕）王誩乍（作）巨攼鋸。""鄾王誩"即《史記·燕召公世家》中記載的"燕王噲"。《璽彙3892》"公孫誩"，"誩"當是燕國習見人名。

儳 燕 陶録4·59

【注】從人誩聲。●"窑（陶）攻（工）儳"，人名。

疑紐元聲

元 ｜ 狽元卣　｜ 厤鼎　｜ 番匊生壺　｜ 取子鉞　｜ 師兌簋　｜ 番生簋　｜ 伯呂盨

｜ 陳伯元匜 齊　｜ 厚氏匜　｜ 邾公華鐘　｜ 魯大司徒厚氏元鋪　｜ 魯大司徒元盂

｜ 陳逆簋　｜ 考古1973·1　｜ 節可忌豆 楚　｜ 黃韋俞父盤　｜ 余購迟兒鐘

楚屈叔佗戈　｜ 王孫誥鐘　｜ 楚屈叔佗戈　｜ 書也缶　｜ 清華一·皇門3　｜ 清

華一·金縢3　｜ 清華五·三壽19　｜ 清華十一·五紀40　｜ 清華二·繫年56

清華二·繫年119 晉　｜ 少虡劍　｜ 子孔戈　｜ 貨系144　｜ 元年郘令戈　｜ 侯馬

大 先秦編 64 **秦** **元** 秦公簋 **元** 睡簡·葉書 1 **元** 秦印 1

【注】甲骨文作 **元**、**元**、**元**、**元**、**元**、**元**、**元**、**元**、**元**、**元**、**元**，從人從上，人之上會意為首。戴家祥謂元、兀形同，聲同、韻同、而且義同，實為一字。**元**之與**元**，亦猶《齊侯鼎》天字作**元**。金文同甲骨文。小篆整齊化。《説文》："**元**，始也。從一從兀。"本義是頭，如《孟子》："勇士不忘喪其元。" ● 古文字多用引申義，大也。《番生簋》："番生不敢弗帥井（型）皇且（祖）考不（丕）桮元德。" ● 表時間，第一。《師虎簋》："隹（惟）元年六月既望甲戌。"元年，帝王或國君即位之年。 ● 排行之長。《番匊生壺》："番匊生鑄賸（媵）壺，用賸（媵）厥（厥）元子孟改乖。"《左傳·襄公二十五年》："庸以元女大姬，配胡公。" ● 元配：相當第一夫人。《陳逆簠》："台（以）乍（作）厥（厥）元配季姜之祥器。" ● 元士：爵名，即上士。《多友鼎》："命武公遣乃元士，羞追于京自（師）。"《孟子·萬章下》："元士受地視子男"，"君一位、卿一位、大夫一位、上士一位、下士一位、凡六等。"元士即上士，級別介于大夫與下士之間。 ● 《季子之子劍》："季子之子之元用鑴（劍）。""元用"一詞是春秋戰國時期兵器銘文上慣用的詞語。郭沫若曾指出："'元用'這兩個字在兵器銘文裏面多見，普通的彝器作'寶用'，武器則多作'元用'。元者善之長也，是頂好的意思，'元用'大約就是説頂好的武器吧。"（《奴隸制時代》130 頁）王人聰認為"元用"一詞中的"元"應訓為"寶"。《吕氏春秋·召類》："愛惡循義，文武有常，聖人之元也。"高誘注云："元，寶。""元"訓為"寶"，"用"也可訓為"寶"，"元用"是由兩個近義的詞素構成的同義並列復合詞，可以連用，也可單用，都是寶或寶貝的意思。（詳《釋元用與元弄》） ● 元鳴孔皇：金文習語，形容響亮的鐘聲音色雄渾，余音繚繞。借喻天子、諸侯的聖德宏偉廣大，恩澤沐浴四方。《王孫遺諆鐘》《沈兒鎛》："元鳴孔皇。"

兓 **楚**  上博七·君甲 3

【注】從二元相并，應為"元"之繁文。 ● 讀管。《上博七·君甲 3》："竽兓（管）臭（衡）於芾（前）。""衡於前"猶"橫於前"。**元**或讀瑟，是瑟的一個變體。簡文"竽兓（瑟）臭（衡）於芾（前）"，竽、瑟連用，古書習見。《韓非子·解老》："竽也者，五聲之長者也。故竽先則鐘瑟皆隨，竽唱則諸樂皆和。"《楚辭·九歌·東皇太一》："疏緩節兮安歌，陳竽瑟兮浩倡。"

远 **晉**  陶録 5·32 **远** 陶録 5·33

【注】從辵元聲。 ● 晉陶"远豆"，應為人名。

黿 **楚** **黿** 清華十一·五紀 32

【注】從黽元聲。 ● 用為本義，動物名。爬蟲綱鱉科，似鱉而大。《清華十一·五紀 32》："魚鱉（鱉）黿鼉。"

閂（燕）匯考 91

【注】從門元聲。元加飾筆，燕文字習見。●"閂市☒鑰"，"閂"為地名，璽文第三字暫不識。此璽為該地市官署所用官印。

愿（忢）（楚）上博一·詩論 14　上博五·鮑叔 4　上博三·彭祖 4

上博三·仲弓 26　清華六·管仲 19　清華六·子產 21　清華三·芮良夫 26

清華七·越公 50　清華七·越公 19　清華一·皇門 13　珍戰 41

（晉）中山王䳉壺

【注】從心元聲，與小篆同。此當意願之"願"古字，作"願"者乃後世事。●讀願，意願、心願。《中山王䳉壺》："天不斁（斁）其又（有）忢（願），迲（使）得孯（賢）在（士）良猹（佐）貯。"楚文字多讀願。《上博一·詩論 14》："以琴瑟之悦，擬好色之忢（願）。"楚璽（珍秦 41）"呈忢（願）"，當為成語璽。●讀願，願望、希望。《中山王䳉壺》："貯忢（願）從在大夫，以請（靖）郾（燕）彊（疆）。"●讀覼，研習。《清華七·越公 50》："凡五兵之利，王曰忢（覼）之，居者（諸）左右。"●讀元。《清華一·皇門 13》："既告女（汝）忢（元）悳（德）之行。"

頑（秦）秦印 173

【注】從頁元聲。●秦印人名。

牭（秦）陶新 2657

【注】從牛元聲，字書不見。●秦陶"咸完里牭"，人名。

邧（晉）璽彙 2135

【注】從邑元聲。●晉璽"邧䂞"，姓氏，或謂讀元。

2455

阮 戰編 948 陶彙 3 · 907 印增 547

【注】從阝元聲。●秦印姓氏。或用為人名。

沅 鄂君啟舟節 戰編 735 匯考 173 秦里耶

8 · 1722 里耶 8 · 855

【注】從水元聲。《説文》:"沅,水。出牂牁故且蘭,東北入江。"許慎訓水名。●水名,即沅江。源出貴州省云霧山,東流經湖南常德等縣市,到漢壽縣入洞庭湖。《鄂君啟舟節》:"内(入)緊(資)、沅、澧。"●《匯考 173》"沅陽"、里耶簡"沅陵""臨沅",均為地名。

恋 陶録 2 · 560

【注】從心沅聲。●"東酷里垂容丘恋",人名。

宪 魯正叔盤

【注】從穴元聲。《玉篇》五丸切,音岏。窟也。●人名。《魯正叔盤》:"魯正弔(叔)之宪乍(作)鑄其御般(盤)。"

完 秦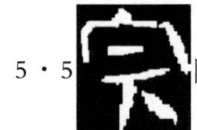睡簡 · 答問 124 睡簡 · 日乙 81 睡簡 · 秦種 7 陶彙

5 · 5 陶彙 5 · 133 印增 281 晉 分研一 297 圖典 317 匯考

148 璽彙 4911

【注】從宀元聲。●完備、完善。《睡簡 · 雜抄 15》:"稟卒兵,不完善(繕),丞、庫嗇夫、吏貲二甲,法(廢)。"●秦簡罪刑,對囚犯不剃去頭髮,不施加肉刑。《睡簡 · 答問 84》:"士五(伍)甲鬭,拔劍伐,斬人髮結,可(何)論?當完為城旦。"●讀丸。《睡簡 · 日甲 27 背》:"以犬矢為完(丸)。"《説文 · 宀部》:"完,全也。從宀、元聲。古文以為寬字。"又:"寬,屋寬大也。從宀、莧聲。"《莧部》:"莧,山羊細角者。從兔足、苜聲。凡莧之屬皆從莧。讀若丸。寬字從

2456

此。"文獻中從"完"聲的"莞"與"莧""捖"與"丸"也有通假之例。（參看高亨《古字通假會典》159頁"莞-莧"條、158頁"捖-丸"條）。●秦陶"完里"，里名。●讀寬。《圖典317》"城完舍"、《分研一297》"司馬完念"，"完念""完舍"讀"寬舒"，以古成語為人名。《匯考148》"冐（尹）余完之君鈢"，"余完"讀舒寬。《璽彙4911》"明上完下"讀"明上寬下"。●秦印"完樓"，姓氏。

 莞 秦 里耶 8 · 1686

【注】從艸完聲。●《里耶 8 · 1686》："莞席十。"《説文》："莞，草也，可以作席。"楚文字作"芜""筊"。

 邭 秦 陶彙 5 · 87 秦印 290

【注】從邑完聲。●"咸邭里"，或作"完"，里名。

 院 秦 睡簡 · 答問 186 嶽麓一 · 為吏 1

【注】從阝完聲。●圍墻。《睡簡 · 答問 186》："越里中之與它里界者，垣為'完（院）'不為？巷相直為'院'；宇相直者不為'院'。"越過里與其他里之間的界牆，該牆是不是"院"？兩巷相對，其間的牆是院；兩屋相對，其間的牆不是院。

 睆 晉 分研一 299 秦 秦印 64

【注】從目完聲，"睅"之或體。《説文》："睅或從完。"聲符"旱""完"替換。旱，元部見紐。完，元部疑紐。疊韻，見疑旁紐。●人名。

 芞 爰子蚖鼎

【注】從它元聲，"蚖"字或體。●人名。《爰子蚖鼎》："爰子芞之飤䤹（繁）。"

觥 楚 仰天 23

【注】從角元聲。●簡文"贏觥"，或謂讀璏。《説文 · 玉部》："璏，劍鼻玉也。"《漢書 · 王莽傳上》"欲獻其璲"，顏師古注："服虔曰：'璲音瓊。'蘇林曰：'劍鼻也。'璲字本作璏，從玉，彘聲。後轉寫者訛也。"此墓出土銅劍的鞘上有玉劍璏，"青白色，正面刻有縠紋"。"贏觥"似

指此物。

 芫 楚 曾侯161 上博五·君禮10

【注】從艸元聲。●讀玩。《上博五·君禮10》："芫（玩）䞇之徒。"詳"䞇"字。●曾侯簡人名。

 筦 秦 、 印增159

【注】從竹完聲。●秦印人名。

 玩 楚 天星 新蔡零272 秦 陝新849

【注】從玉元聲。●天星"玉玩"，用為本義。●秦印"玩忠"，姓氏。

 晃 晃鼎 楚 望山2·49 上博二·容成52 上博四·內禮8 包

山263 包山219 晉 貨系1839

【注】甲骨文作 、 ，象人首戴冠形，後變形音化從元聲。戰國文字從冃元聲，"冠"字或體。●人名。《晃鼎》："晃。"●戰國文字多讀冠。《上博二·容成52》："武王於是乎素晃（冠）弁。"《包山219》："逯（歸）晃（冠）繵（帶）於二天子。"●魏方足小布（貨系1839）"晃昜"，讀冠陽，地名。

 冠 秦 里耶8·1363 秦再一·14 印封672 秦再一·15

【注】從又（或從寸）晃聲。秦文字冠或訛為寇，《睡簡·日乙189》"甲乙夢被黑裘衣寇〈冠〉"，寇即為冠之訛。●本義，帽子。《里耶8·1363》："以赤雄雞冠。"●《秦再一·14》"尚冠"，《秦再一·15》"尚冠府印"。"尚冠"，官名，掌侍君主冠冕，屬少府。《通典職官八》："秦置六尚，謂尚冠、尚衣、尚食、尚沐、尚席、尚書。"

 涀 齊 陶録2·554·2 陶録2·554·4 陶録2·554·3

【注】從水晃聲。●齊陶人名。

 尹叔鼎

【注】從阝晃聲。●人名。《尹叔鼎》："尹弔（叔）乍（作）隈姑媵（媵）鼎。"

端紐丹聲

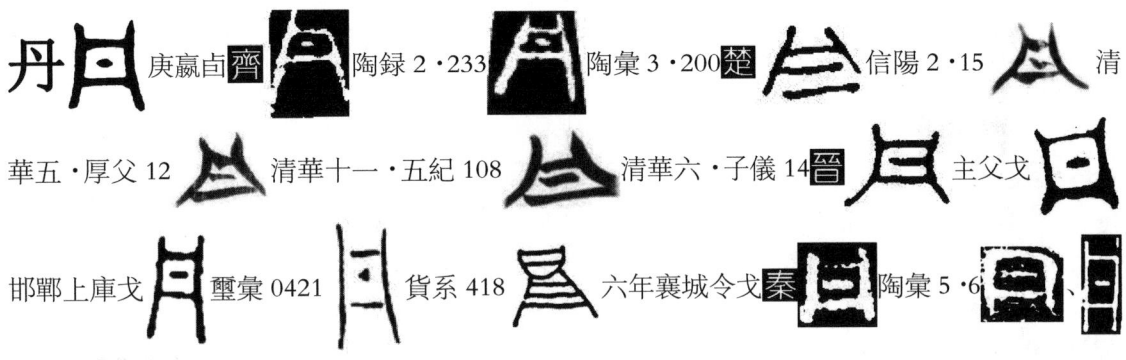

丹 庚嬴卣 齊 陶録 2·233 陶彙 3·200 楚 信陽 2·15 清

華五·厚父 12 清華十一·五紀 108 清華六·子儀 14 晉 主父戈

邯鄲上庫戈 璽彙 0421 貨系 418 六年襄城令戈 秦 陶彙 5·6 、

秦印 90 秦編 788

【注】甲骨文作 日、冂、月，從廾，一點指礦物形。林義光曰："古丹沙以栐盛之。庚嬴尊彝云。錫貝十朋又丹一栐（桸）是也。栐者截竹以盛物。今鄉俗猶常用之。廾象栐，●象丹在其中。"（《文源》卷 1）金文小篆從之。●紅色。《信陽 2·15》："一丹緅之衿。"●丹砂，俗稱朱砂，又名辰砂。《庚嬴彝》："錫貝十朋又丹一栐。"《漢書·地理志上》顏師古注："丹，赤石也。" ●讀鄲，地名，戰國趙都邯鄲。《邯鄲上庫戈》："甘（邯）丹（鄲）上庫。"戰國晉器銘文"邯鄲"或以"甘丹"合文為之，如《六年襄城令戈》 。或作 （十二年少曲令邯鄲□戈），"甘丹"共用邑旁。

那 晉 侯馬 璽彙 4035 、 分研一 280

【注】從邑丹聲。●讀鄲。古璽印或作"邯那"合文，"甘丹"共用邑旁。"邯鄲"，複姓。

鵬 沈子它簋蓋 齊 陶徵 271

【注】從鳥丹聲。《玉篇》鳥名。●《沈子它簋》："令乃鵬沈子乍（作）紲于周公宗，陟二公，不敢不紲。"或謂讀嬋。《劉向·九歎》惟楚懷之嬋連。王逸注："嬋連，族親也。言屈原與懷王俱顓頊之孫，有嬋連之族親。思深而意篤也。"

旃 齊 叔尸鎛 叔尸鎛 楚 邾王子旃鐘 郭店·語叢三 2 曾侯

115 <small>曾侯 86</small> 曾侯 79 曾侯 86 曾侯 89 <small>秦</small> 秦印 129

【注】秦文字從认丹聲。《叔尸鎛》增從辵。此字西周金文作"旗"，戰國文字或作"旗""旗"，均為"旃"之繁體。《説文》："旃，旗曲柄也。所以旃表士眾。從认丹聲。《周禮》曰：'通帛為旃。'旃旃或從亶。"本義赤色的曲柄旃。●人名。《郄王子旃鐘》："郄（徐）王子旃翼（擇）其吉金。"●讀旃，戎車建旃。《叔尸鎛》："戮齰三軍徒旃。"徒旃，指徒卒和車兵。《曾侯 46》："鴞旃，墨毛之首。"飾鴞羽于旃旗之上。

絹 <small>楚</small>  望山 2 · 48

【注】從糸丹聲，"丹"字繁體。●讀丹。《望山 2 · 48》："絹絨之繝（襡）。"

闁 <small>齊</small>  陶彙 3 · 624

【注】從門丹聲。●"丘齊平里王闁"，人名。

汩 <small>秦</small>  睡簡 · 效律 45 印增 177 印增 601

【注】從水丹聲。●讀丹，紅色。《睡簡 · 效律 45》："殳、戟、弩，鬃汩相易殹（也），勿以為贏、不備，以職（識）耳不當之律論之。"殳、戟、弩塗黑色和塗紅色的調換了，不要認為是超過或不足數的問題，應按標錯次第的法律論處。●秦印人名。

端紐旦聲

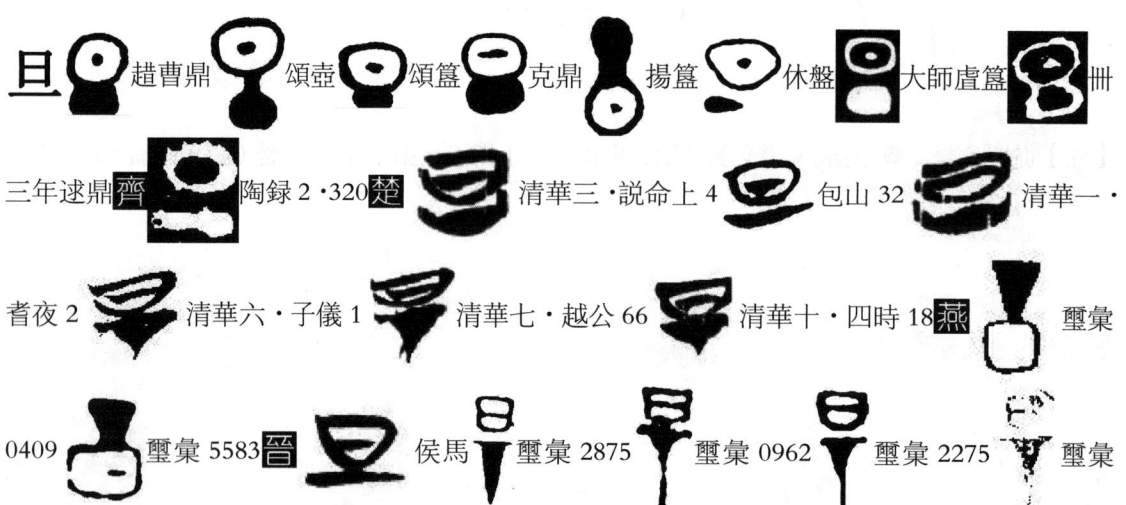

旦 <small>趙曹鼎</small> 頌壺 頌簋 克鼎 揚簋 休盤 大師盧簋 冊

三年逑鼎 <small>齊</small> 陶錄 2 · 320 <small>楚</small> 清華三 · 説命上 4 包山 32 清華一 ·

者夜 2 清華六 · 子儀 1 清華七 · 越公 66 清華十 · 四時 18 <small>燕</small> 璽彙

0409 璽彙 5583 <small>晉</small> 旦 侯馬 璽彙 2875 璽彙 0962 璽彙 2275 璽彙

2460

0670 秦 　上郡守慶戈　　　上郡守慶戈　　　陶彙 5・300　　　　　　秦印 128

【注】甲骨文作 ，從日從〇（〇即日之影，後金文填實），以日影相接之形表示日初升之時。吳大澄曰："旦象日初出未離于土也。"（《説文古籀補》卷七）何琳儀謂，甲骨文從日丁（〇）聲，至金文丁形收縮並填實作●形，至戰國更濃縮作一，均可參。●天明、清晨。《袁盤》："旦，王各（格）大室，即立（位）。"包山簡多用作姓氏，或作"但"。秦印有"旦興印""旦宏"均為姓氏。●讀亶。《爾雅・釋詁》"亶，信也""亶，誠也"。《包山90》的"旦無有龔怵"，是說確無龔怵其人。●《睡簡・答問 69》："擅殺子，黥為城旦、舂。""城旦"是針對男犯人的刑罰，其意思是"治城"，即築城。●餘例多為人名。

但 楚 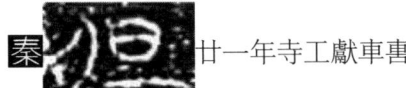 仰天 10　　　伊 包山 96　　　上博六・用曰 20　　　清華一・金縢 4

秦 廿一年寺工獻車專

【注】從人旦聲。《説文》："但，褐也。"本義脱去上衣，露出身體的一部分，經傳皆以"袒"為之。●人名。《廿一年寺工獻車專》："廿一年，寺工獻、工上造但。"●疑讀袒，指古代行禮時脱去上衣的左袖露出褐衣。《上博六・用曰 20》："又（有）但之深，而又（有）弔之濮（淺）。"《儀禮・鄉射禮》："司射適堂西，袒決遂。"鄭玄注："袒，左免衣也。"《禮記・檀弓上》："主人既小斂袒、括髮。"孔穎達疏："凡弔喪之禮，主人未變之前，弔者吉服而弔，吉服謂羔裘玄冠緇衣素裳，又袒去上服，以露褐衣，則此褐裘而弔是也。""弔"原讀作"淑"，這裏如字讀，指祭奠死者或對遭喪事及不幸者給予慰問。《儀禮・士喪禮》："君使人弔，徹帷，主人迎於寢門外。"從禮數的多少來看，"袒"要比"弔"所表現禮數多，即有所謂的深淺之別。●《包山 96》姓氏，或作"旦""邨"。《通志・氏族略》平聲條下有但氏"漢有西域都護但欽，又濟陰太守但巴"。

屆 楚  上博五・弟子 10

【注】從尸旦聲。●讀擅。《説文》："擅，專也。"《上博五・弟子 10》："袋（勞）以城（成）事，印以屆（擅）官。"《荀子・君道》"天子三公，諸侯一相，大夫擅官，士保職，莫不法度而公，是所以班治之也"、又"合符節，別契券者，所以為信也"。此當以印信而專官事。

軀 楚  清華十・四告 1　　　軀 清華十・四告 6

【注】從身旦聲。●讀旦，指周公旦。《清華十・四告 1》："軀（旦）隹（惟）之，又（有）殷競戜（蠢）不若。"

菁華 14

【注】從門旦聲。《玉篇》臬也，門旁橛，所以止扉也。●晉璽"陳閒"，人名。

郭店·忠信 8

【注】從彳旦聲。●讀亶，誠也。《郭店·忠信 8》："亓（其）言尔（爾）信，古（故）徂而可受也。"或謂讀邅，訓"轉"。《楚辭·九歌·湘君》："邅吾道兮洞庭。"王逸《章句》："邅，轉也。"簡文"其言尔信，故邅而可受也"的意思就是：君子的言語如此可信，故雖展轉傳遞而仍可接受。

郭店·緇衣 7　韓担鈹

【注】從手旦聲。●讀癉、或讀疸。《郭店·緇衣 7》："下民卒担（疸）。"傳世本作"癉"，表示病乏之義。

包山 23

【注】從攴旦聲，或謂"担"之異文。●《包山 23》："邰之櫋里之敀無又（有）李競由（思）。"讀亶。《爾雅·釋詁》"亶，信也"，"亶，誠也"。是說櫋里確無李競由其人。

齊陶 0002　齊陶 0023　齊陶 0006　齊陶 0019　怛

立事歲戈

【注】從心旦聲。●人名。新泰陶文屢見"陳怛立事歲"，"陳怛"疑為戰國晚期齊國大將田單。

溫縣

【注】從疒旦聲。●人名。

清華一·楚居 5

【注】從舟旦聲。●《清華一·楚居 5》"酓（熊）舻"，人名，《史記·楚世家》作"熊䵣"。

迌 楚 郭店·尊德 37　　郭店·尊德 38　　郭店·窮達 7

【注】從辵旦聲，"邅"字初文。●讀邅。《郭店·窮達 7》："白（百）里迌（邅）遺（鬻）五羊，為故（伯）數（牧）牛。"《屈原·離騷》："邅吾道夫崑崙。"《注》："邅，轉也。楚人名轉曰邅。"《郭店·尊德 37》："夫唯是，古（故）悳（德）可易而攺（施）可迌（邅）也。"

坦 楚 包山 157　　包山 175　　清華一·金縢 2　　清華一·金

縢 2　　安大一 73　　安大一 74　　安大一 77

【注】從土旦聲。●讀壇，指土築的高臺，用諸祭祀。《清華一·金縢 1》："周公乃為三坦（壇）同𧉢（墠）。"《包山 175》亦讀壇。●讀廛。《安大一 77》："古（胡）取尔禾三百坦（廛）可（兮）。"《毛詩》作"胡取禾三百廛兮"。"坦""廛"二字古通。《史記·扁鵲倉公列傳》："纏緣中經維絡。""纏，或作繟。"《漢書·古今人表》"安陵繟"，顏注："繟，即纏字也。"毛傳："一夫之居曰廛。"孔疏："謂一夫之田百畝也。"●讀旃。《安大一 74》："尚斳（慎）坦（旃）才（哉）。"《毛詩》作"上慎旃哉"。上古音"坦"屬透母元部，"旃"屬章母元部，二字音近可通。《集韻·旱韻》"坦，或作壇"，從"亶"聲字與從"丹"聲字典籍中常通。《説文·㫃部》："㫃，旃或從亶。"《穀梁傳》昭公九年"置旃以為轅門"，《周禮·夏官·大司馬》賈疏引"旃"作"㫃"（參《古字通假會典》第二〇三頁）。毛傳："旃，之。"馬瑞辰《毛詩傳箋通釋》："之、旃一聲之轉，又為'之焉'之合聲，故旃訓之，又訓焉。"

邟 楚 包山 27　　包山 102　　燕 璽彙 0086　　璽彙 0061　　璽

彙 0120

【注】從邑旦聲。●包山簡姓氏，或作旦、但。●燕璽地名。

砠 燕 璽彙 5406

【注】從石旦聲。●燕璽單字，當為人名。

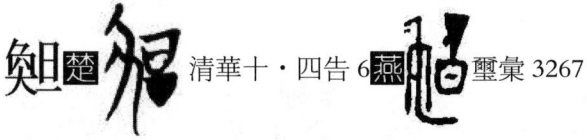

奾 楚 清華十·四告 6　　燕 璽彙 3267

【注】從奐從旦，雙聲字。●燕璽"奾張"姓氏，讀旦。●楚簡讀旦，指周公旦。簡文或作"妲"。

胆 齊 齊陶 0005　　齊陶 0001　　齊陶 0156　　齊陶 0082　　齊

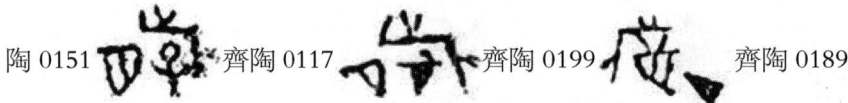

陶 0151　　齊陶 0117　　齊陶 0199　　齊陶 0189

【注】從月從刄旦聲。聲符或省為丁。●陶工人名。

助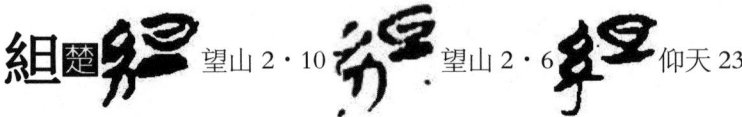

侯馬

【注】從力旦聲，疑“勯”之省文。●人名。

組 楚  望山 2·10　　望山 2·6　　仰天 23

【注】從糸旦聲。●讀靻。《説文》：“靻，柔革也。从革，从旦聲。”《望山 2·6》：“紫黃之組。”

袒 楚  郭店·六德 28　　上博五·三德 9

【注】從衣旦聲。●袒露也。《上博五·三德 9》：“毋凶備（服）目（以）亯（享）祀，毋衿衣交袒。”“褚”與“袒”同義，《禮記·玉藻》：“錦衣以褚之。”●《郭店·六德 28》：“袒免，為宗族也，為弸（朋）友亦肰（然）。”“袒免”，袒衣免冠，古代喪禮。

詎 楚  郭店·成之 25

【注】從言旦聲。●《郭店·成之 25》：“《詎命》曰：‘允帀（師）淒（濟）悳（德）。’此言也，言信於眾之可以淒（濟）悳（德）也。”或釋為詔。李學勤先生釋為“詎”，認為《詎命》即《説命》。“説命”寫作“術令”和“詎命”，並不是基於讀音的借音，而是基於意義的同義詞替換。（《釋郭店簡《成之聞之》的“詎命”——兼論幾組旦聲字與亶聲字》）

桓 楚  安大一 76

【注】從木旦聲。●讀檀。《安大一 76》：“欯（坎）＝伐桓（檀）可（兮）。”《毛詩》作“坎坎伐檀兮”。

亶 秦 秦印 98　　珍秦 204　　嶽麓一·為吏 14　　嶽麓一·為吏 44

【注】從亩從旦，雙聲字。亩、亶古侵元通轉，來端鄰紐，故二旁聲音相近，亶旁當後起，應是在亩旁基礎上又迭加上去的一個聲旁“旦”。●《秦印 98》“亶耐”姓氏。東漢有“亶誦”，善律曆。●讀擅。《嶽麓一·為吏 44》：“三曰亶（擅）折割。”

  里耶 8 · 656　　里耶 8 · 1563

【注】從肉亶聲。●人名用字。

  　秦印 174

【注】從頁亶聲。●秦印"顫里典"，地名。"里典"文獻或稱"里正"。《韓非子·外儲說右篇》："秦昭王有病，百姓里買牛而家為王禱。因使人間之，何里為之？賞其里正與伍老，屯甲。""里典"見於《睡簡·封診 52》，稱"里典"而不稱"里正"，顯然是避秦始皇諱正字。●餘例為人名。

 睡簡·秦種 106

【注】從手亶聲。●擅自。《睡簡·秦種 106》："毋擅叚（假）公器，者（諸）擅叚（假）公器者有罪。"不得擅自借用官有器物，凡擅借官有器物的有罪。

 里耶 8 · 2034

【注】從女亶聲。●人名。

 睡簡·秦種 147

【注】從巾亶聲，《玉篇》亦作袒。●讀氈。《睡簡·秦種 147》："城旦舂衣赤衣，冒赤幬（氈），拘櫝檡杙之。"城旦舂身穿紅色囚服，頭蓋紅色毛巾，施加木械、黑索加脛鉗。

  印增 210  類編 171　 于京 62　　里耶 8 · 581

【注】甲骨文作，從木亶聲。秦文字同。●秦印"檀穿""檀佗"，姓氏。檀弓，戰國時魯人，善於禮。●秦封泥"白檀丞印"，"白檀"秦屬漁陽郡，其治地在今河北灤平縣北。●《里耶 8 · 581》"檀木"，木名。

 清華一·金縢 1

【注】從土亶聲。所從亶，上面亩形省為尒。在戰國文字中，從亩之字所從亩旁可省作尒形，詳"斀"字。字嚴格隸定應為"壿"。●讀墠。《清華一·金縢1》："周公乃為三坦（壇）同壿（墠），为一坦（壇）于南方，周公立焉，秉璧戴圭。"在《金縢》篇中坦、壿二字皆為"壇"之異體，今本《金縢》與"壿"對應之字作"墠"。而壇、墠音義接近，二者常連言，指祭祀之場所。對言則有"封土曰壇，除地曰墠"之別。墠者，指平整過的土地。孔傳云："因太王、王季、文王請命於天，故為三壇。壇築土，墠除地，大除地，於中為三壇。"

室 楚 𡎸 郭店·五行32 𡎸 清華十一·五紀49 𡎸 清華十一·五紀52 𡎸 清華十一·五紀53 𡎸 清華九·禱辭16 𡎸 清華十一·五紀50 𡎸 清華十一·五紀52 𡎸 清華十一·五紀53

【注】從土亶省聲。亶，從亩旦聲。亩字所從尒戰國文字或訛為米、釆，詳"耼（聞）""鈢""尒"等字。●讀壇。《清華九·禱辭16》："亓（其）豊（禮）膚（獻）於壴（壇）南方。"《禮記·祭法》："燔柴於泰壇，祭天也。瘞埋於泰折，祭地也。"鄭玄注："壇、折，封土為祭處也。"●《清華十一·五紀49》："夫是故凡攻祝、祭祀、齋宿、室敘、工事，不夫曰夫，不香曰香，不旨曰旨，不嘉曰嘉。"簡文"室敘"與"攻祝""祭祀""齋宿"祭祀有關的詞並列，可讀作"壇除"，即壇墠，除地築壇，古書又作"除壇"。《國語·周語上》："王乃使司徒咸戒公卿、百吏、庶民、司空除壇於籍，命農大夫咸戒農用。"《禮記·祭法》："天下有王，分地建國，置都立邑，設廟、祧、壇、墠而祭之，乃為親疏多少之數。"鄭注："封土曰壇，除地曰墠。"●讀旒。《郭店·五行32》："中心兌（悅）室（旒），遷於兄弟，稾（就）也。""旒"，發語詞，亦有助詞"之"或"焉"義。《小爾雅》："旒，焉也。"《詩·唐風·采苓》"舍旒舍旒"，鄭："旒之言焉也。"

徏 楚 𢓜 郭店·唐虞7 𢓜 郭店·唐虞1 𢓜 郭店·唐虞20

【注】從彳室聲，或從辵亩（亩、亶二字古音同，詳"亩"字）聲。●讀禪。《郭店·唐虞1》："湯（唐）吳（虞）之道，徏（禪）而不徝（專）。"《唐》篇中的此字根據文意釋為"禪"可確定無誤。在文獻中，"單"與從單聲之字和"亶"屢見通用。（室、徏諸字，說見石小力《清華簡《五紀》的"壇"與郭店簡《唐虞之道》的"禪"》）

端紐展聲

展 秦 展 、 展 、 圓 印增332 屐 睡簡·封診2 屐 里耶8·1563 屐 里耶8·1564

【注】從尸，襄省聲。今通作"展"。襄，從衣玨聲。《説文》："玨，極巧視之也。從四工。凡玨之屬皆從玨。工為巧。故四工為極巧。極巧視之、謂如離婁之明、公輸子之巧、旣竭目力也。凡展布字當用此。展行而廢矣。玉篇曰。玨今作展。"●陳也。《睡簡·封診2》："必先盡聽其言而書之，各屢其辭。"楚文字以"廛"為屢。

端紐單聲

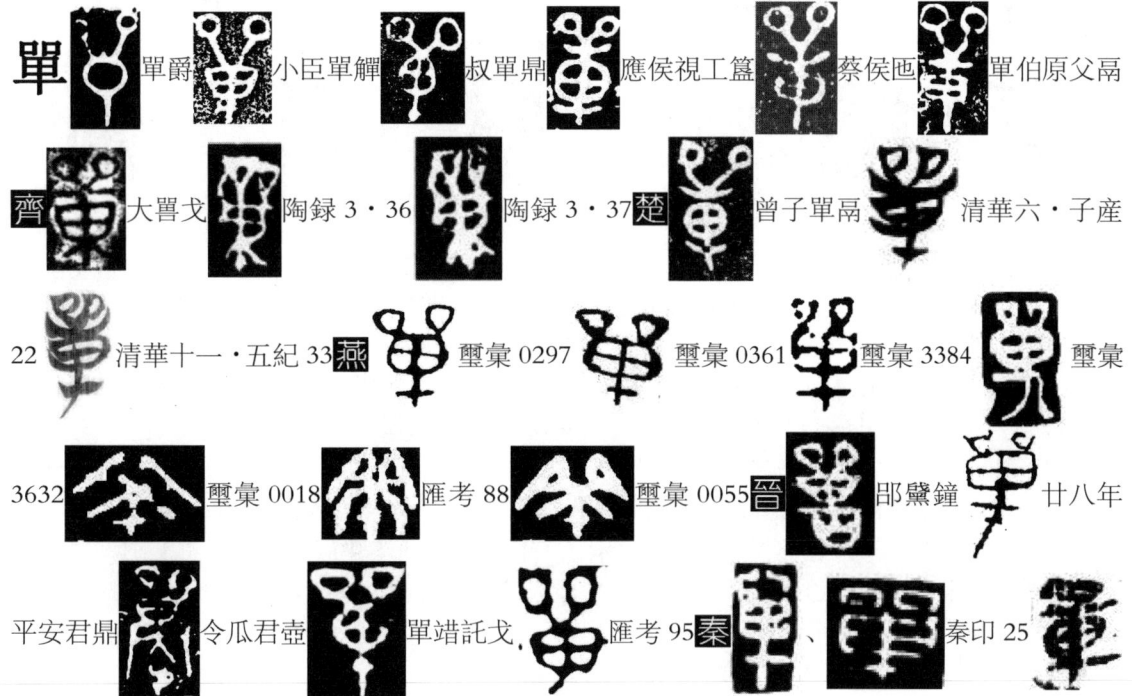

單 單爵 小臣單觶 叔單鼎 應侯視工簋 蔡侯匜 單伯原父鬲 齊 大嘼戈 陶錄3·36 陶錄3·37楚 曾子單鬲 清華六·子產 22 清華十一·五紀33燕 璽彙0297 璽彙0361 璽彙3384 璽彙 3632 璽彙0018 匯考88 璽彙0055晉 邵鸞鐘 廿八年 平安君鼎 令瓜君壺 單诰託戈 匯考95秦 、 秦印25 睡簡·日乙62

【注】甲骨文作𝖞、𝖞、𝖞，象帶杈的木棍形。徐中舒曰："此字初形應象捕獸之干，作𝖞形，後于兩歧之端縛石塊而成𝖞形，更于歧下縛以繩索，使之牢固，遂成𝖞形。此即《説文》單字篆文所本，𝖞本為狩獵之具，故狩、獸之初文從𝖞作。"（《甲骨文字典》121頁）金文同甲骨文。楚文字多繁化從口作"嘼"。燕璽中"單"字的寫法通常有兩種，一種豎筆上有短橫，還有一種下部作三叉形。●國名或邑名。周成王封少子臻于單邑，疑與單國有關。《蔡侯匜》："蔡侯乍（作）姬單膌（媵）也（匜）。"《春秋·莊公元年》："夏，單伯送王姬。"楊伯峻《春秋左傳注》引郭沫若説："單乃成周畿内采邑。"●人名。《小臣單觶》："周公易（賜）小臣單貝十朋。"●《廿八年平安君鼎》："卅三年，單父上官嗣喜所受坪（平）安君者也。"單父，地名，春秋時期為魯邑，戰國初屬衛，後被魏占領，直至秦統一。秦置單父縣，治今山東單縣。《匯考95》"單父左司馬"。●《璽彙3632》"單鼎"、秦印"單志"，姓。單氏，見《通志·氏族略·以邑為氏》。●讀戰。《清華六·子產22》："乃敶（禁）叒（捲）單（戰）、相冒、軈（燕）樂。"《睡簡·日乙62》："利單（戰）伐。"

嘼 師寰簋 師寰簋 小盂鼎 裯兼父鼎 嘼卣 王母鬲 聑單簋

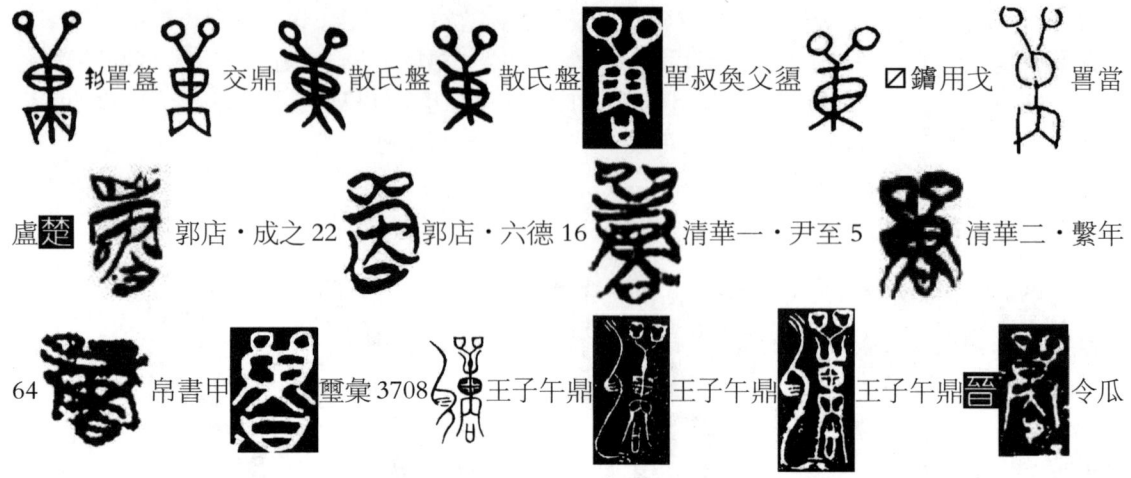

盧 **楚** 郭店·成之22　郭店·六德16　清華一·尹至5　清華二·繫年
64 帛書甲　璽彙3708　王子午鼎　王子午鼎　王子午鼎晉　令瓜
君壺

【注】甲骨文作、。金文或加丙（"柄"之初文）旁繁化。裘錫圭先生認為"嘼"在古文字中
即"單"的繁化（下加口）。陳劍先生進而指出古文字中"嘼"皆當釋為"單"。戰國文字"戰"、
的用例可資佐證，如戰國文字"戰"從單作（䇂壺），又從"嘼"作（侖忏鼎）；"獸"字
作（睡簡·種120）、（曾侯乙磬）、（馬王堆帛書·老子甲36），又從單作（睡簡·日
甲31背）。"單"本為元部字，因為字與"獸（狩）"字所從之、、形近，受了"獸"的
讀音的影響，後來就音變讀入幽部，並與"嘼"混為一字，訓為"牲畜"。《説文》："嘼，牲也。
象耳、頭、足厶地之形。古文嘼，下從厹。凡嘼之屬皆從嘼。"嘼"表"牲畜"，與"畜"就成
了同義詞，又因為二字形近，于是"嘼"又有了"畜"的讀音。●讀嘽，重言形況詞，與"簡
簡"連用，見于命瓜君壺、王子午鼎。《命瓜君壺》："乍鑄尊壺，柬柬嘼嘼，康樂我家，犀犀康
盄，承受屯德。"舊多誤釋為"獸"。李零先生舉數證釋"嘼"為"單"，讀為見于《詩經·大雅·崧
高》的"嘽嘽"。（《論東周時期的楚國典型銅器群》）嘽，《集韻》徒案切，音憚。嘽嘽，喜樂盛
也。《王子午鼎》："余不畏不差，惠于政德，愄（淑）于威義（儀），闌闌（閑閑）嘼嘼。"《王
子午鼎》所從不清，當從嘼聲。●舊據傳統讀音"嘼"與"獸"音近，讀酋或讀首。《小盂鼎》：
"執嘼（酋）一人。"《師袁簋》："今余肇（肇）令女（汝）達（率）帀（師），曼、夆、僰、屍、
左右虎臣，正（征）淮尸（夷），即斷乒（厥）邦嘼（酋），曰冄、曰夆、曰鈴、曰達。"冄、夆、
鈴、達，即這次戰役中淮尸（夷）各部的"邦酋"。邦酋，專指周代邊遠方國或部族的首領。這
類用灋的"嘼"也應該釋為"單"字繁文，但對它當如何解釋，現在還沒有確定的見解。●讀
戰。《邵鐘》："余頡岡事君，余嘼乩武，乍（作）為余鐘。"這是器主夸耀自己的忠心和勇武。
●讀單，國名或邑名，詳"單"字。●楚璽（璽彙3708）"嘼安信鈢"。讀單，姓氏。《元和姓纂》：
"周成王封少子臻於單邑，為甸內侯，因氏焉。襄公、穆公、靖公。二十余代為周卿士。漢功
臣中牟侯單右將。"●讀憚。《郭店·六德16》："句（苟）淒（濟）夫人之善它（施），夗（勞）
亓（其）牀（臟）忧（憂）之力弗敢單（憚）也。"

　曾侯乙鐘

【注】從彳嘼聲。●"徰鐘"，樂律名。

上博六·用曰 14

【注】從走畾聲。●簡文"恒民趲敗"讀墮。"墮敗"是同義詞連用。字書有"躂"字,《集韻·箇韻》釋其義為"踏",讀音是丁賀切。

包山 262　　天星

【注】從毛畾聲。●讀氈。《包山 262》:"一白氊(氈)。"

清華二·繫年 117　　清華二·繫年 136

【注】從市畾聲。●讀斾。《清華二·繫年 136》:"楚人妻(盡)棄亓(其)檔(斾)、幕、車、兵。"

大盂鼎

【注】從辵單聲。●讀戰。《大盂鼎》:"易賜乃且祖南公斾,用遷。"旄斾用於軍旅戰陣,"遷"釋讀"戰",遠勝舊說釋為"狩"。

清華十·司歲 3

【注】從蚰單聲。●讀單。《清華十·司歲 3》:"蠿(單)菸(閼)之歲(歲)。"太歲在卯曰單閼,詳"睪(是聲)"字。

惲楚　　上博四·曹沬 34　　清華八·邦政 7 晉　　中山王譽鼎

【注】從心單聲,與小篆同。《説文》:"惲,忌難也。一曰難也。"本義畏懼。●害怕、擔心。《中山王譽鼎》:"寡懼其忽然不可夏(得),惲惲卷卷,忘(恐)隕社禝(稷)之光。"惲惲卷卷,即兢兢業業,勤快、謹慎而惟恐有失貌。《詩·大雅·云漢》:"兢兢業業,如霆如雷。"毛傳:"兢兢,恐也;業業,危也。""惲惲"與"兢兢"同義。業加心旁,乃受惲從心旁的類化。●畏也。《上博四·曹沬 34》:"君毋惲自勞,以觀上下之情偽。匹夫寡婦之獄訟,君必身聽之。"●讀坦,寬也。《清華八·邦政 7》:"亓(其)宮室睪(坦)大以高。"《莊子·秋水》:"明乎坦塗。"

2469

嬋  圖典 139

【注】從女單聲。●"咎嬋"，人名。

鄲  鄲孝子鼎　鄲孝子鼎　晉 鄲狐戈　璽彙 2137　秦 分域

 2938 秦印 123

【注】從邑單聲，與小篆同。《説文》："鄲，邯鄲縣。"本義為地名。●讀單，春秋周畿內國名。《鄲孝子鼎》："王四月，鄲孝子台（以）庚寅之日，命鑄飤鼎兩。"●戰國趙地"邯鄲"，銘文或作"甘丹"。

墠  楚 郭店·成之 28 晉 三年蒲子戈　晉編 1824

【注】從土單聲。●義為除。《郭店·成之 28》："及其專長而厚大也，則聖人不可由與墠之。"《詩經·鄭風·東門之墠》："東門之墠，茹藘在阪。"●三晉文字人名。

樿  晉 璽補 235

【注】從木單聲。●"宗樿"，人名。

癉  秦 天簡·日甲 14

【注】從疒單聲。●《天簡·日甲 14》："不得癉疾。"《説文》："癉，勞病也。"

禪 虢姜簋蓋

【注】從示單聲，與小篆同。《説文》："禪，祭天也。"本義祭祀天地山川。●祭。《虢姜簋蓋》："用禪追孝于皇考更中（仲）。"《廣雅·釋天》："禪，祭也。"此用于人鬼，指祭祀皇考更中（仲）。

戰  楚 郭店·成之 6　畲忓鼎　郭店·老丙 10　上博四·曹沫 13

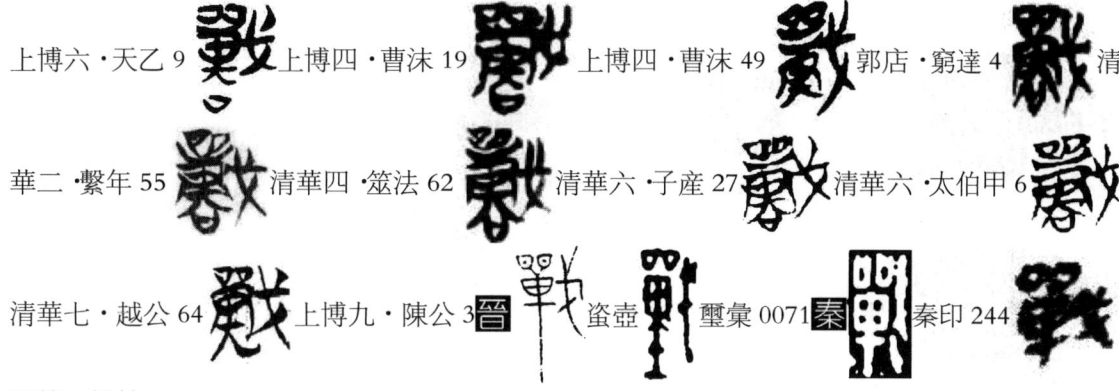

上博六·天乙 9　上博四·曹沫 19　上博四·曹沫 49　郭店·窮達 4　清
華二·繫年 55　清華四·筮法 62　清華六·子產 27　清華六·太伯甲 6
清華七·越公 64　上博九·陳公 3　畜壺　璽彙 0071　秦印 244

睡簡·雜抄 36

【注】從戈單聲。單或演化為畜，蓋單、畜一字之分化。《說文》："戰，鬥也。從戈單聲。"本義戰鬥、作戰。●戰鬥、作戰。《畬忓鼎》："楚王畬（熊）忓（悍）戰隻（獲）兵銅。"《郭店·老丙 10》："古（故）［殺人眾］，則以怢（哀）悲位（莅）之；戰勳（勝）則以喪豊（禮）居之。"●讀憚。《畜壺》："隹（唯）司馬貯欣諾戰（憚）忿（怒）。"●讀丹。《璽彙 0071》"戰丘司寇"，"戰丘"為地名，可讀為"丹丘"。戰從單聲，"戰"與"丹"音近可通。尖足布幣地名"甘丹"（貨系 894）即"邯鄲"。"丹丘"原為中山地，後歸趙，其地望應在今河北唐縣境。

秦　睡簡·封診 58　睡簡·封診 68

【注】從衣單聲。禪，《說文》衣不重也。●讀單，單衣。《睡簡·封診 68》："衣絡禪襦、帬各一。"身穿絡制的單衣和裙各一件。

楚　清華十一·五紀 32　晉　邵鐘

【注】甲骨文作　、　，象帶尖嘴的鼉魚。金文嘴跟頭變形音化從"單"，遂從黽單聲。《說文》："鼉，水蟲。似蜥易，長大。"本義爬行動物，吻短，體長，背部、尾部均有麟甲。穴居江河岸邊，皮可以蒙鼓。亦稱揚子鰐、鼉龍、豬婆龍。●用為本義。《清華十一·五紀 32》："魚鼈（鱉）黽鼉。"●鼉鼓：即用鼉皮蒙的鼓。《邵鐘》："大鐘既縣（懸），玉鑮鼉鼓。"

楚　安大二·仲尼 10

【注】從竹單聲。●竹器。《安大二·仲尼 10》："一簞飲（食），一勺漿（漿），人不勳（勝）丌（其）惎（憂），异（己）不勳（勝）其樂，虐（吾）不女（如）韋（回）也。"

端紐孨聲

孨齊 陶彙3·226　　陶錄3·223　晉 分研229

【注】從三子，會屛弱之意。孨、屛一字之孳乳。●古文字均為人名。

僝齊 陶彙3·302

【注】從人孨聲。●齊陶人名。

屛 廟屛鼎秦　屛陵矛　屛陵矛　秦印280　圖典410

【注】從尸孨聲，字會意不明。從尸與從人通，故字亦可釋為"僝"。《説文》："屛，迮也。一曰呻吟也。從孨在尸下。臣鉉等曰：尸者，屋也。"段玉裁注："按此迮當為笮。今之窄字也。"本義狹窄。●廟屛：人名。《廟屛鼎》："廟屛乍（作）鼎。"●屛陵，地名，在今湖北公安西。《屛陵矛》："屛陵。"●秦印人名。

寠晉 璽彙2569

【注】從宀孨聲。●晉璽人名。

端紐專聲

專 專鏡齊　專車季鼎秦　陶彙4·58

【注】甲骨文作、、、、、、、、，從叀從又（或從廾），用手轉動紡錘紡綫，會轉動之意。其上代表三股綫，紡磚旋轉，三綫繞成一股。金文同甲骨文。《專車季鼎》省中間之形，與"叀"易混，唯據形中豎之曲直別之。戰國文字承襲金文，多省底部形作、、、。●讀郭，春秋時魯的附庸國。《春秋·成六年》取郭。《郭車季鼎》："專（郭）車季乍（作）寶鼎。"●秦陶人名。

傳 傳尊　傳小臣傳簋　傳散氏盤　中甑楚　傳包山

120秦 傳睡簡·秦種46　傳睡簡·答問184　傳璽彙0583　傳類編

152 、 秦印 154 秦集一·五·26

【注】甲骨文作 、 、 ，從人專聲。《傳尊》與甲骨文同。《散氏盤》聲符作 ，二為省略符號。《説文》：" ，傳遽也。從人專聲。"本義為驛車，如《左傳》："晉侯以傳召伯宗。"●《散氏盤》："我既付散氏田器，有爽，實余有散氏心賊，則爰千罰千，傳棄之。"傳棄，執而放逐之。棄，在此解釋為流放。《孟子·萬章下》："庶人不傳質為臣，不敢見于諸侯，禮也。"趙岐注："傳，執也。"●《睡簡·秦種 46》："月食者已致稟而公使有傳食。"傳食，指按照驛傳人員職級、爵位，規定不同的伙食標準。●驛傳。《睡簡·秦種 47》："駕傳馬。"秦印有"傳舍""傳舍之印"。傳舍，供往來使者及車馬飲食休息的驛傳機構。秦有傳舍，見《戰國策·魏策》管鼻之令翟强與秦事章"令鼻之入秦之傳舍，舍不足以舍之"。傳舍戰國時各國皆有，文獻亦敷見。秦文字用"傳"為傳遽之傳，楚簡或用"連""遄"等，燕文字用"連"。●通行憑證。《睡簡·封診 48》："令吏徒將傳及恒書一封詣令史。"●傳喚、逮捕。《包山 120》："尖=（小人）命為晉以傳之。"

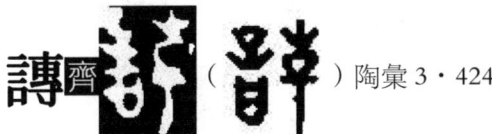叔僮觶

【注】從土傳聲，"塼"之繁文。塼，古同"磚"。●人名。《叔僮觶》："弔（叔）僮乍（作）楷公寶彝。"

（ ）陶彙 3·424

【注】從言專聲。●齊陶人名

璽彙 1870 璽彙 1871 璽彙 1872

【注】從邑專聲。●晉璽有"鄟宰之""鄟安""鄟笨"等，姓氏，讀專。專諸，春秋時吳堂邑人，以匕首刺吳王僚。

睡簡·為吏 3 鴨雄緣齋藏中國古璽印精選 276 璽集二－SY－114

【注】從車專聲。●讀傳。《睡簡·為吏 3》："孤寡窮困，老弱獨轉。"●秦印人名。

痽 璽彙 1782

2473

【注】從广專聲。或誤釋為"瘏"，同印"事"作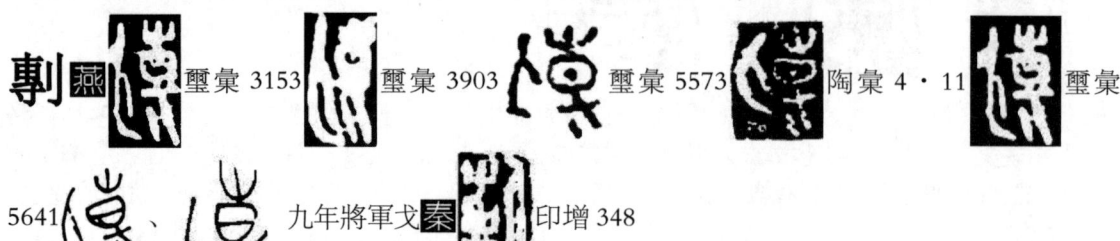，下部作⺕形。●晉璽人名。

劃_燕傳 璽彙 3153　璽彙 3903　傳 璽彙 5573　傳 陶彙 4·11　傳 璽彙

5641 傳、傳　九年將軍戈_秦劃 印增 348

【注】從刀專聲，"斷"之古文與此同。《玉篇》："劃，徒官切。截也。"●人名。《二十五年陽春嗇夫維戈》："工帀（師）敔、冶劃。"●燕璽有"劃叽""劃达"，姓氏。●讀傳，"驛傳"之"傳"，用為動詞，和《左傳·莊公九年》"公喪戎路，傳乘而歸"用瀘類似。《九年將軍戈》："九年將軍張二月劃（傳）宮戊丌（其）虞（獻）。""傳宮"，即乘傳至宮。"戊其獻"，戊為日辰，但也可能是兵器製造者的私名。

榑_晉木專 璽彙 0254

【注】從木專聲。●晉璽"左邑穌榑"，義不詳。

連 傳 傳央尊_楚傳　雁節　傳 郭店·尊德 28　傳 清華五·厚父 8　傳 郭店·老

甲 22　傳 璽彙 0203　傳 清華一·保訓 3　傳 清華一·保訓 9　傳 上博五·季庚

14 傳 上博六·用曰 10　傳 上博六·用曰 4　傳 郭店·唐虞 13　傳 郭店·唐虞 1　傳 郭

店·唐虞 1_燕傳 騎傳馬節

【注】從辵（或從彳）叀聲。連，即"遄"字，《龍龕手鑒·辵部》："遄，俗；遄，今。速也，疾也。"從古文字實際情況看，"遄"字出現應很早，未必是俗字。●楚文字多讀傳。《清華一·保訓 3》："昔歬（前）人連（傳）保（寶），必受之曰（以）詞（僮）。""僮"未必卽孩童，指晚輩。●讀專，《廣雅·釋言》："專，擅也。"《清華五·厚父 8》："緤（肆）女（如）其若龜筮（筮）之言亦勿可連（專）改。"《郭店·唐虞 1》："湯（唐）吳（虞）之道，徑（禪）而不徲（專）。"●讀轉。《上博六·用曰 10》："春秋還連（轉），而諗既及（及）。"整理者注："'春秋還轉'言四時代序也。"《上博六·用曰 4》："民日愈（愉）樂，連相弋（代）耕。"

倎_楚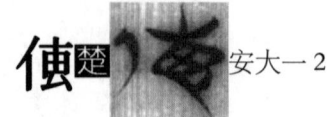 安大一 2

【注】從人叀聲。●讀轉。《安大一2》："舀（悠）=才（哉）=，遱（輾）偅（轉）反昃（側）。"

劃 䚇 量侯簠〔楚〕 信陽2·1 望山2·53 包山137 郭店·語叢

二35 郭店·六德42 上博四·采風3 清華八·心中5 清華三·芮良

夫11 清華三·芮良夫19 清華三·芮良夫22 清華七·趙簡子5 上

博五·三德10 上博八·李頌1 上博四·曹沫62 郭店·六德30 清華

十一·五紀125 清華八·心中5〔晉〕 二十五年戈

【注】從刀叀聲，"剸"之省文。與"斷"《說文》古文同。《郭店·六德30》省掉上邊的中形，與"皀"混同。●讀斷，副詞，表示肯定語気。《量侯簠》："量侯尉柞（作）寶障段，子子孫邁（萬）年永寶，劃（斷）勿喪。"●讀斷，斷案、判決。《包山102》："以其為其踵（兄）邯（蔡）瘴劃（斷），不瀘（法）。"●讀斷，斷絶。《郭店·六德30》："人又（有）六悳（德），厽（三）新（親）不劃（斷）。"●讀團，《說文》圓也。《信陽2·1》："四劃（團）瓡（錋）。"《班婕好詩》："裁為合歡扇，團團似明月。"●疑讀摶或讀團，意謂聚集。《清華三·芮良夫11》："和劃（摶）同心，母（毋）又（有）相放（勒）。"《上博八·李頌1》："劃（摶）外罳（疏）审（中），眾木之絽可（兮）。"●讀準，準則。（沈培《試說清華簡〈芮良夫〉跟"繩準"有關的一段話》）《清華三·芮良夫19》："約結繼（繩）劃（準），民之闡（關）閟（閉）。"約、結、繩、準，四個名詞並列，指社會規範和制度。●《上博四·采風3》"廛（輾）劃（轉）之實"，讀轉，曲目名。●晉戈人名。

遄〔楚〕 王命傳賃節 曾侯212 帛書甲 郭店·語叢四20

【注】從辵劃聲。●讀傳，驛舍、驛傳，古代專供遞送公文的人或來往官員暫住、換馬的處所。《王命傳》："王命命遄（傳），賃一檐（擔），飲之。"●讀轉。《郭店·語叢四20》："善事其君者，若兩輪之相遄（轉），而終不相敗。"楚簡或用"劃""迌""徂"表示轉。

稦〔楚〕 清華九·迺命二2

【注】從禾叀聲。●讀摶，聚集。《清華九·廼命二 2》："昔先人高考祖父之能丗（世）兼（永）從祉（貢）祭，以至於丝（茲），不唯穮（摶）和，同心穆（戮）力，相收斂（會）也？"《史記·秦始皇本紀》琅琊刻石云"普天之下，摶心揖志"。

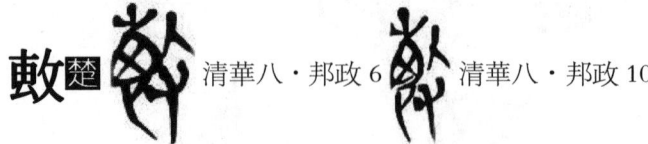 清華八·邦政 6　　清華八·邦政 10

【注】從攴叀聲。●讀摶，集聚、聚合。《清華八·邦政 6》："父兄與於終要，弟子不敄（摶）遠人。""遠人"指"非親之人，即没有親緣關係的人"。

 上博六·莊王 3

【注】從土叀聲。●讀傳。《上博六·莊王 3》："𡎚（載）之塼（傳）車目（以）走（上）虖（乎），殹（繄）四航目（以）逾虖（乎）？"

端紐耑聲

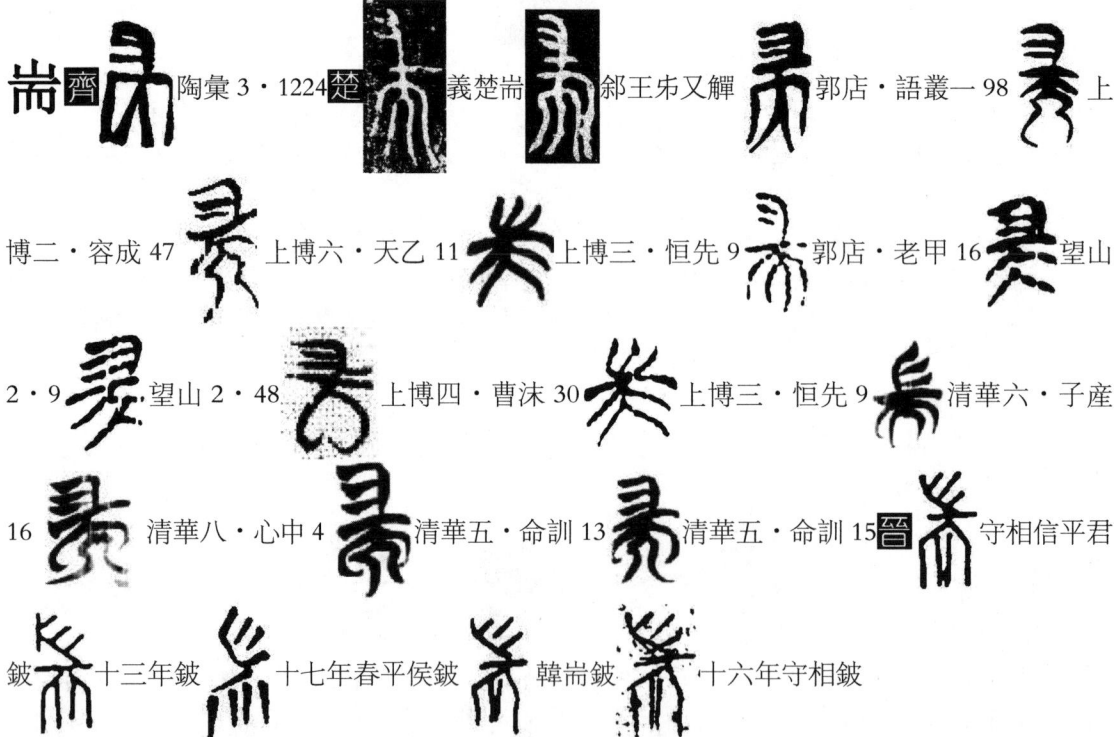

耑 齊 陶彙 3·1224　楚 義楚耑　邾王弔又觶　郭店·語叢一 98　上博二·容成 47　上博六·天乙 11　上博三·恒先 9　郭店·老甲 16　望山 2·9　望山 2·48　上博四·曹沫 30　上博三·恒先 9　清華六·子產 16　清華八·心中 4　清華五·命訓 13　清華五·命訓 15　晉 守相信平君鈹　十三年鈹　十七年春平侯鈹　韓耑鈹　十六年守相鈹

【注】甲骨文作𣎵、𣎵、𣎵、𣎵、𣎵，上象草木枝葉初生之形，下象根須，戴家祥謂"耑"之本字。春秋時期以後，甲骨文"耑"字下象根形的部分訛變得與"而"非常接近。葉玉英認為"耑"字下部變從"而"是變形音化現象。古音"而"在日紐之部，"耑"在端紐元部，從"而"聲的字，如耎、需、端、耎均為元部字，可證"耑"與"而"于音可通。（《古文字構形與上古

音研究》374 頁）秦系文字和"帚"相混。《說文》："耑，物初生之題也。上象生形，下象其根也。凡耑之屬皆從耑。"本義為植物初生的頭。引申泛指物體的一頭。後由於"耑"作了偏旁，物體的一頭便用"端"來表示。●讀觶，古代飲酒器。形似瓶，侈口，圈足。觶、耑均屬端紐元部。《義楚觶》："義楚之祭耑。"詳"鍴"字。●人名。《十三年鈹》："攻（工）君（尹）軱（韓）耑。"《十六年守相鈹》："大攻（工）君（尹）韓耑。"●楚文字多讀短。《郭店・老甲 16》："難（難）惕（易）之相城（成）也，長耑（短）之相型（形）也。"《上博四・曹沫 30》："三行之後，苟見耑（短）兵。"●讀端，端坐。《清華六・子產 16》："勞惠邦政，耑（端）使於三（四）哭（鄰）。"●讀顓。《上博七・武王 1》："不智（知）黃帝、耑（顓）琘（頊）、堯、堃（舜）之道在（存）乎？"●讀端，頂端。《郭店・語叢一 98》："喪，怠（仁）之耑（端）也。"

偒 楚 包山 30　璽彙 1586　璽集二-SY-66

【注】從人耑聲。●均為人名。

惴 楚 清華五・三壽 18　清華六・子產 5　清華十一・五紀 102　秦 秦印

213 秦駰玉牘

【注】從心耑聲。●讀端，正。《清華五・三壽 18》："衣備（服）惴（端）而好訐（信）。"《大戴禮記・保傅》"端冕"，盧辯注："端，正也。冕服之正。"●惴惴，恐懼不安。《秦駰玉牘》："惴=（惴惴）孛（小子）。"●整理者讀端。《清華六・子產 5》："闅（文）腥（理）、型（形）醴（體）、惴（端）分（冕）。"●秦印"馮惴"人名。

敓 楚 清華八・處位 5　清華九・成人 25

【注】從攴耑聲。●讀端。《清華八・處位 5》："吏人乃奴（若）無前不忘，印（抑）後之為敓（端）。""前不忘"有如前事不忘。失卻前事不忘，後事之師將無師、無法，是有簡文"後之為端"。●讀揣。《清華九・成人 24》："墮（隨）而敓（揣）之。"揣，稱量忖度也。

喘 晉 璽彙 0444

【注】從口耑聲。●晉璽人名。

諯 楚 清華七・子犯 8　清華六・子儀 17　安大一 53　璽補 11

璽彙 3276　　璽彙 2155　秦　類編 78　　類編 78

【注】從言耑聲。●楚簡讀端，端正。《清華七·子犯 8》："凡民秉尼（度）諯（端）正譖（僭）
弍（忒），才（在）上之人。"●讀惴。《安大一 53》："臨亓（其）穴，諯（惴）=亓（其）栗（慄）。"
《毛詩》作"惴惴其慄"。●《璽補 11》"軍諯"，劉海宇先生認為"軍諯"同"軍計"一樣，都
是負責軍政之計簿事項機構所用之璽。●晉璽人名。

楚簋　　楚簋　齊　　洹子孟姜壺

【注】從辵耑聲，與小篆同。《説文》："𧗞，往來數也。從辵耑聲。《易》曰：'昌事𧗞往。'"本
義疾速。●讀鑾。《楚簋》："内史尹氏冊命楚，赤🅾市、綊（鑾）旂，取𧗞五乎（鋝）。"

楚　郭店·老甲 38　　清華三·祝辭 1　秦　商鞅鈹

【注】從水耑聲。●人名。《商鞅鈹》："十六年大良造庶長，鞅之造，畢湍侯之鑄。"●讀揣。《郭
店·老甲 38》："湍而羣之，不可長保也；金玉涅（盈）室，莫能獸（守）也。""揣"為控持、
"群"為聚會，則"湍（揣）而群之"即"藏而聚之"，與前句"持而盈之"相似。●《清華三·祝
辭 1》："又（有）上亢=，又（有）下坐=，司湍彭=。""亢=""坐=""彭="，王寧讀為"皇皇"
"堂堂""彭彭"，三者意思差不多，主要盛大、强大之意，都是對神靈的讚美之詞。"有上"謂
天神，"有下"謂地祇，"司湍"謂水神。（《清華簡三《祝辭》"亢亢""堂堂"補説》）

楚　曾侯 176　　清華四·筮法 4　　清華九·廼命二 13　秦　睡
簡·語書 2　　睡簡·答問 43　　嶽麓一·質一 31　　嶽麓三 166
、　、　　印增 412　　圖典 407

【注】從立耑聲；秦系文字聲符穿透豎筆，則與"帚"相混。●或讀彫。《曾侯 176》："端毅。"
或讀篆，詳"㟴"字。●正也。《睡簡·語書 2》："以矯端民心，去其邪避（僻）。"●故意。《睡
簡·答問 43》："端為，為誣人；不端，為告不審。"

楚　曾侯 73　　包山 274　　上博五·三德 11　秦　睡簡·日甲 25

背 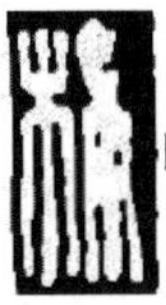 印增 218

【注】從木耑聲。●讀揣。《上博五・三德 11》:“毋椯（揣）深，毋厇（度）山。”●讀段。《睡簡・日甲 25 背》:“取桃枱〈棓〉椯（段）四隅中央。”●《曾侯 73》:“南陵連𧮫（囂）愇馭椯轂。”簡文或作“端轂”，可讀篆。篆，據《考工記・輪人》“陳篆必正”鄭玄注:“篆，轂約也。”孫詒讓《周禮正義》注“夏篆”云:“約者，於轂間瑑刻之為圻堮，故謂之約。……故此夏篆亦謂當瑑刻之處，以五采畫其革也。”篆在元部定紐，端（耑）在元部端紐，二字音近可通。《詩・商頌・烈祖》鄭玄箋云:“諸侯來助祭者，乘篆轂之車。”其篆刻、上染之處均在轂間。

鍴 楚 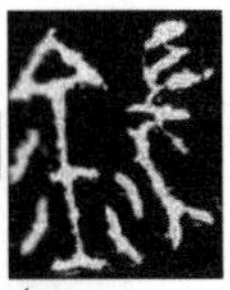 郐王義楚觶 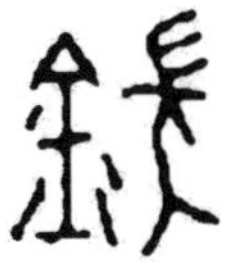 郐王義楚觶 燕 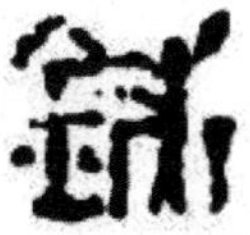 璽彙 0126 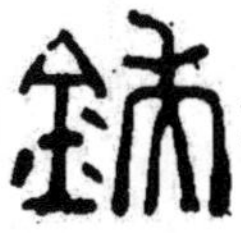 璽彙 0363  璽彙 0364 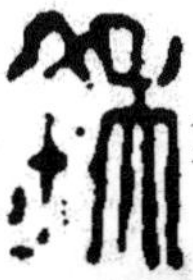 璽彙 0365  璽彙 0367 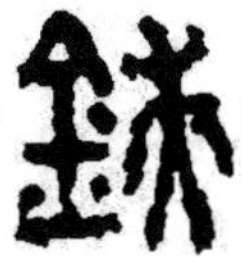 陶彙 4・018  璽彙 0361 秦 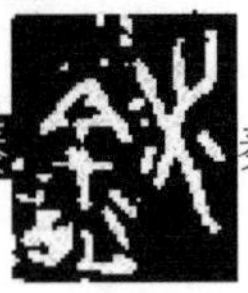 秦編鐘 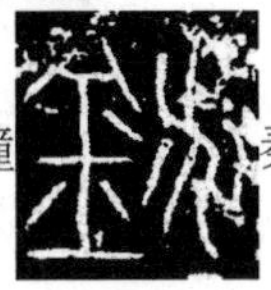 秦景公石磬

【注】從金耑聲。●酒器名，宋人稱“觶”，在西周應該稱作“鑵”，在東周時候的徐國則稱之為“鍴”。觶、鍴為轉聲字。《郐王義楚觶》:“郐（徐）王義楚羼（擇）余吉金，自酢（作）祭鍴。”郭沫若曰:“器形與觶同而名曰鍴若耑，知鍴即是觶也。王國維謂《說文》觶、觛、巵、䏶、䚠五字實是一字，有專文釋之，甚備。”（《兩周金文辭大系考釋》162 頁）●此字戰國燕系璽印文字常見，如“東易（陽）海澤王勹（符）鍴”“易（陽）安都王勹（符）鍴”“單佑都市王勹（符）鍴（瑞）”“右朱貞鍴”等，均讀瑞，“符”“瑞”聯文，功用相當于“璽”。《周禮・春官・典瑞》注:“瑞，節信也。典瑞若今符璽郎。”或謂讀“揣”，訓為“捶”，因其用於捶鍛壓抑印文而得名。●《秦編鐘》:“霝音鍴=雝=。”陳世輝說讀端。端雍，即肅雍。端端雍雍，形容鐘聲敬和嚴正。

瑞 楚 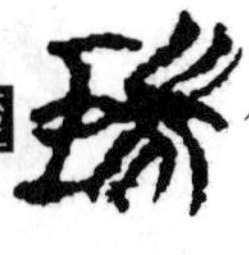 包山 22

【注】從玉耑聲。●包山簡人名。

耑 楚 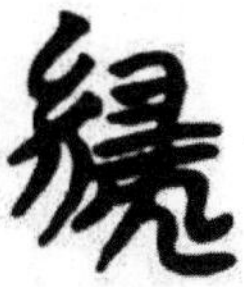 包山 267 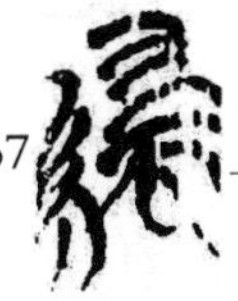 上博五・鮑叔 3

【注】從糸耑聲。●包山簡讀褍。《說文》:“褍，衣正幅。從衣耑聲。”《包山 267》:“絣（縢）組之耑。”●讀短。《上博五・鮑叔 3》:“畝纆耑（短），田纆長，百糧（量）筩（鍾）。”詳“纆”字。

襦 楚  清華七·晉文公 1

【注】從衣耑聲。●讀端。《清華七·晉文公 1》："晉文公自秦入于晉，襦冕□□。"簡文"襦冕"舊讀"端冕"或讀"端坐"。"襦冕"當讀"端委"，指一種禮服。詳"冕"字。

賟  毛公鼎  曶鼎  戲簋  髃簋  髃簋  趞簋  親簋  矜簋

【注】從貝耑聲；聲符多作簡形。或增從彳、辵，為繁構。統一隸定為賟。賟，《玉篇》腕賟，小有財也。●指金屬貨幣，馬承源謂圓形金鉼。《毛公鼎》："取賟卅爰（鋝），易（賜）女（汝）秬鬯一卣。"《曶鼎》："用遺征（延）賣（贖）絲（茲）五夫、用百寽（鋝）。"

歂 晉  陸陰令戈

【注】從欠耑聲。●人名。

褍 楚  清華十一·五紀 17

【注】從彳耑聲。●讀規。《清華十一·五紀 17》："巨（矩）方褍（規）員（圓）。"整理者注："褍，從耑聲，讀為'規'。規，支部字，古音支部與歌部音近，對轉與元部'耑'聲字相通。或以為'規'為形聲字，從夫，見聲，如小徐本《説文》；'見'為元部字，與'耑'聲字相通。"

透紐䢃聲

征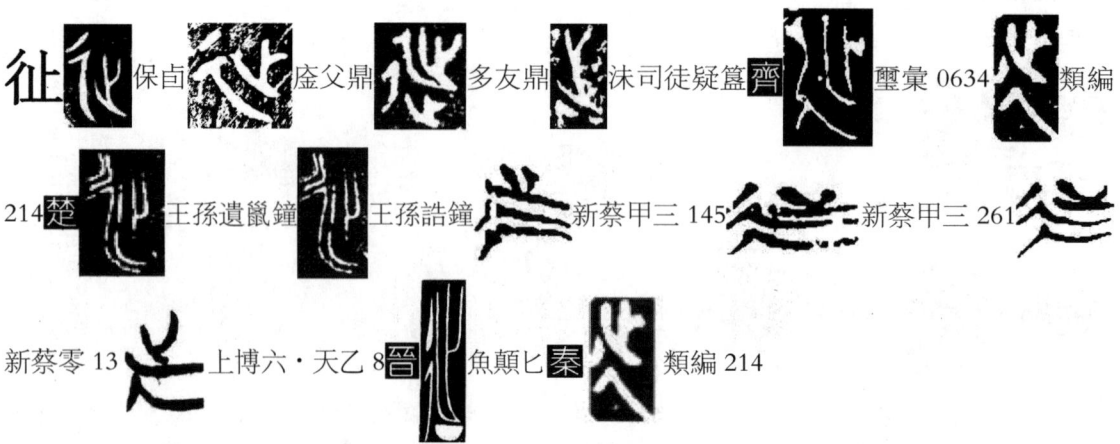

【注】甲骨文作，從彳從止，象人行走在路上，會走長路之意。在卜辭中有行走連

綿之義。金文同甲骨文，《魚顛匕》加"丁"為疊加音符，與定、真異文加"丁"同例。春秋銅器銘文中，彳變成㣎（《說文》中㣎旁不見於古文字，所謂的㣎旁實由彳旁訛變而來），於是孳乳為"延"。到了戰國秦漢時期，人們習慣上把"延"所從的"止"的豎畫的頂端左側也加一斜畫（戰國文字中在豎畫的頂端左側加一斜畫的情況，李家浩先生曾舉出"匍""瓔""歲""陳"四個例子，詳李家浩《傳遽鷹節銘文考釋》），故延、延一字。早期古文字有"延"無"延"。●讀延，長也、久也。《王孫遺鐕鐘》："延永余德，龢繁民人。""延"與"永"同義連用。●讀延，延續。《德方鼎》："隹（唯）三月王才（在）成周，延珷福自蒿（鎬），咸。"銘文意為成王先在鎬京祭祀，再至成周，繼續主持對武王福祭。●語助詞，典籍作"誕"，是表示一種時間先後關係的連詞，義同今語乃、于是。《沬司徒疑簋》："王來伐商邑，延令康侯啚（鄙）于衛。"《保卣》："王令保及殷東或（國）五侯，延兄六品。"●讀延，進也、侍也。《呂鼎》："王饗于大室，呂延（延）于大室。"文獻中不乏此例，《尚書·顧命》："逆子釗于南門之外，延入翼室。"《儀禮·士虞禮》："尸及階，祝延尸，尸升。"《韓非子·說林下》："衛將軍文子見曾子，曾子不起，而延于座席。"此言呂得進入大室，與于報祭。●人名。《延盤》："延乍（作）周公障彝。"●迻也、遷移也。後世作"徙"。《智鼎》："用遺延（延）賣（贖）絲（茲）五夫、用百孚（鋝）。"文記智初以匹馬束絲贖五夫，今改以百鋝贖之。●讀延，引導、迎接。《禮記·曲禮上》："主人延客祭，祭食，祭所先進。"鄭玄注："延，導也。"《霸伯盂》："既稽首，延（延）賓、瓚（贊）賓，用虎皮再（乘），毀，用章（璋），奏。"●讀筵。《上博六·天乙8》："天子四辟延（筵）筶（席），邦君三辟，夫＝（大夫）二辟，士一辟。"●新蔡簡的"延鐘""脡鐘""遳鐘"和"醒鐘"都可以讀為"棧鐘"。詳"脡"字。

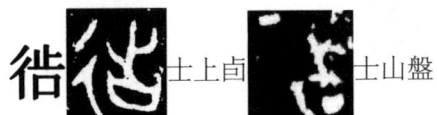

士上卣 士山盤

【注】從口延聲。●讀延，延續。《士上卣》："隹（唯）王大禴（禴）于宗周，徟窨莽京年。"詳"延"字。●讀誕，表示一種空間的慨念，從一個地方到另一個地方。義同今語乃、于是。《士山盤》："王乎（呼）乍（作）冊尹冊令（命）山曰：于入芋侯，徟往蠚。"

叔趯父卣

【注】從酉徟聲。增酉旁，應與《叔趯父卣》用來喝酒的性質有關。●讀延，進也、侍也。《叔趯父卣》："唯用諆（其）徟女（汝）。"詳"延"字。

延 楚 清華六·孺子11 秦 睡簡·答問160 睡簡·日甲50背 里耶8·687 陶彙5·418 、 秦印37 秦印36 類編62 類編62 秦風185

【注】從丿征聲。延，彳旁末筆向右延伸，而"征"彳旁多向左延伸。●讀涎。《睡簡·日甲50背》："人毋（無）故一室人皆箽（垂）延（涎）。"●延及、連帶。《睡簡·答問160》："燧（遺）火延燔里門，當貲一盾。"失火連帶燒毀里門，應罰一盾。●讀誕。《清華六·孺子11》："乳=（孺子）或延（誕）告。"誕告，廣泛告知。《書·湯誥》："王歸自克夏，至於亳，誕告萬方。"孔傳："誕，大也。以天命大義告萬方之衆人。"簡文指把大夫們的罪過廣泛告知鄭國百姓。

新蔡甲三233　　新蔡零164

【注】從心延聲，"愆"之異文。●祭名。《新蔡甲三233》："鄸少（小）司馬陳𪘬愆皀（以）白靁（靈）為君坪夜君貞。"

舍脡簠　　舍脡簠　　舍脡簠　　蔡簡甲三201　　新蔡甲三136　　新蔡甲三212　　新蔡零8　　信陽2·18　　包山145　　包山184　　清華三·說命下3　　上博五·弟子1　　上博五·弟子2　　清華九·治政8

【注】從月延聲。延、月雙聲。●人名，讀元。《舍脡簠》："楚王舍（舍（熊）脡（元）攽（作）鑄金簠。"延，古音喻紐元部；元，疑紐元部，韻部相同，聲紐一為牙音，一為喉音，古音甚近，可以相通。"舍延"即考烈王熊元。●祭名。《蔡簡甲三201》："☑擇日于八月脡祭景平王，以逾至文君。"脡，徐在國先生說是祭名。●鐘名。新蔡簡的"征鐘""脡鐘""遳鐘"和"醒鐘"都可以讀為"棧鐘"。相當于信陽楚簡的"脡鐘"、天星觀楚簡的"鐯鐘"。據李家浩先生研究，棧鐘是一種較小的編鐘。●讀延，長也。《清華三·說命下1》："弼兼（永）脡（延）助余一人。"●讀延，人名。《上博五·弟子1》："脡（延）陵季子，其天民也唬（乎）？"●讀延，延續。《清華九·治政8》："定㞷（厥）身，脡（延）及（及）庶祀。"

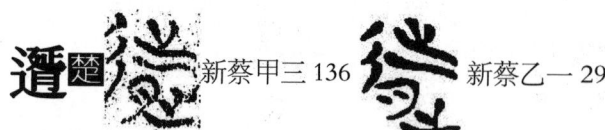

新蔡甲三136　　新蔡乙一29

【注】從止脡聲。●讀棧。詳"脡"字。

包山126　　包山127　　天星

【注】從金脡聲。●包山簡"𡑊鐯"，人名。●天星簡讀棧。詳"脡"字。

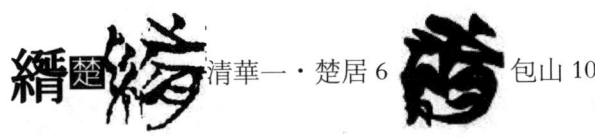 清華一·楚居 6　　包山 100

【注】從糸脡聲。●《清華一·楚居 6》"酓（熊）繵"，讀延。《楚世家》："摯紅卒，其弟弑而代立，曰熊延。"《包山 100》"邵繵"亦為人名

 清華十·四告 1

【注】從秣脡聲。●整理者讀薦。《清華十·四告 1》："繗（薦）廜（表）非盪（討）余又（有）周。"詳"盪"字。

 侯馬

【注】從宀脡聲。●人名。

 新蔡乙三 63　　清華九·成人 1　　璽補 164

【注】從丙延聲。省"止"或"彳"。或以為丙為疊加之聲符。傳抄古文"延"作（汗簡 1·9）、（古文 2·4）。其音理詳石小力《東周金文與楚簡合證》64 頁。●新蔡簡讀棧。詳"脡"字。●讀延。《清華九·成人 1》："王則蕙（悚）替（惕）愳（畏）忘（恐），郾（越）譖（懲）歬（前）罰醒（延）。"延，《説文》"長行也"，《爾雅·釋詁》"長也"。簡文"延"承上謂"淫行"之延。"罰延"者，謂"失型""現妖""淫行"之類不可長，罰而止之也。"懲前罰延"猶成語懲前毖後。●《璽補 164》"長醒"，人名。

 清華六·子儀 11

【注】從梴從次，即"涎"字的繁構。●讀沿。涎，從延得聲，延、沿，二字皆為元部喻母，音同可通。《清華六·子儀 11》："辟（譬）之女（如）兩犬藗（沿）河，歠（啜）而懯（狋）。"意思是：就好像兩犬沿着河邊喝水，彼此發怒，齜牙咧嘴。

透紐扇聲

扇 睡簡·答問 150

【注】《説文》："扇，扉也。從戶，從翅聲。"●門扇。《睡簡·答問 150》："實官戶扇不致，禾稼能出，廷行事貲一甲。"倉房門扇不緊密，穀物能從裏面漏出，成例應罰一甲。

透紐彖聲

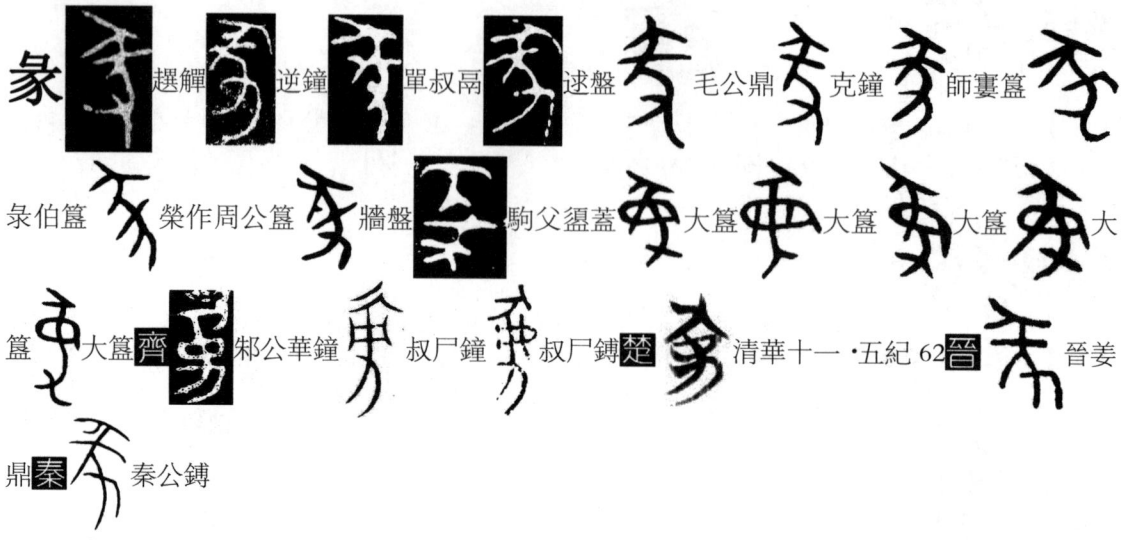

彖 趞觶 逆鐘 單叔鬲 逨盤 毛公鼎 克鐘 師衰簋

彔伯簋 榮作周公簋 牆盤 駒父盨蓋 大簋 大簋 大簋 大

簋 大簋齊 郳公華鐘 叔尸鐘 叔尸鎛楚 清華十一·五紀62晉 晉姜

鼎秦 秦公鎛

【注】彖，陳劍釋為"彖"字。（陳劍《金文"彖"字考釋》）從字形來說，彖形的特點是"豕"字中多出來的一筆位於"豕"的頸部。這一筆跟"豕"字中象"豕喙"加豕頸的形結合，筆順及筆劃形態、交接位置發生變化，就演變成了《說文》所謂的"彑（彐）"字。同類的演變例子如"彘"字。西周金文"彘"字作（裘衛盉）、（三年瘅壺），後來象"豕喙"形的兩筆跟表示豕頸的一豎筆和表示"豕"的軀幹的一橫筆結合，就變為它上部所從的"彑（彐）"了，如馬王堆漢墓帛書《五十二病方》第27行"彘"字作。"彖"形下半、加上本屬於"彑（彐）"形的下一橫筆跟余下的筆劃結合起來則成為"豕"字。但比"豕"字其實是還少一筆的，嚴格隸定的話全字應該作"彔"。"彔"形下半後來又添加一筆從而變成普通的"豕"形，這應是出於文字系統"類化"的要求，努力將文字中不成字的部件寫成形體相近的某字，以便於學習、記憶和書寫的緣故。金文余下形體皆為"彖"之異文。●讀墮，不敬也。《秦公鎛》："秦公曰：丕顯朕皇祖受天命，竈（肇）又（有）下國。十又二公，不彖才（在）上。嚴𡄹（恭）夤天命，保𧻜㽙（厥）秦，虩事緣（蠻）夏。""惰"與"它""地""施"都是舌音歌部字，可以相通。"不惰在（于）上"，就是"敬在（于）上"，與西周金文中習見的說先人"嚴在上"意近，指先人恭敬地在上帝左右。●讀墮或讀惰，引申為"懈惰""懈怠"。《克鐘》："克不敢彖，敷奠王命。"《史牆盤》："孝友史牆，夙夜不彖，其日蔑曆。"《清華十一·五紀62》："盟盟（明明）不彖（墮）。"●疑讀隳，意為"毀棄"。《趞觶》："趞蔑曆，用作寶尊彝。世孫子毋敢彖，永寶。""隳"字晚出，較早的古書此義多寫作"墮"。《說文》字頭作"陀"，解釋為"敗城𨸏曰陀"。●讀鬲，鬲、彖音近相通。《單叔鬲》："單叔作孟嬬（祁）障彖（鬲），其萬年子子孫孫永寶用。"

隊 縣改簋 保員簋晉 侯馬

【注】從阜彖聲；在六國文字中，"墜（地）"字所從的"彖"一般省作了"豕"。●讀施，施陳。《保員簋》："辟公易（賜）保員金車，曰：用事。隊（施）于寶叚（簋）。"《縣改簋》："隸敢隊（施）于彝曰：其自今日，孫孫子子母（毋）敢朢（忘）白（伯）休。"隊（施）于彝，就是指作這篇銅器銘文以記錄此事，文例與《禮記·祭統》所引衛孔悝鼎銘結尾言"施于烝彝鼎"相合。銅器銘文中意思相近的話還有：中方鼎說"（中）執于寶彝"，史喭簋說"（史）喭由于彝"。

●盟書"晉邦之隊"，讀地。

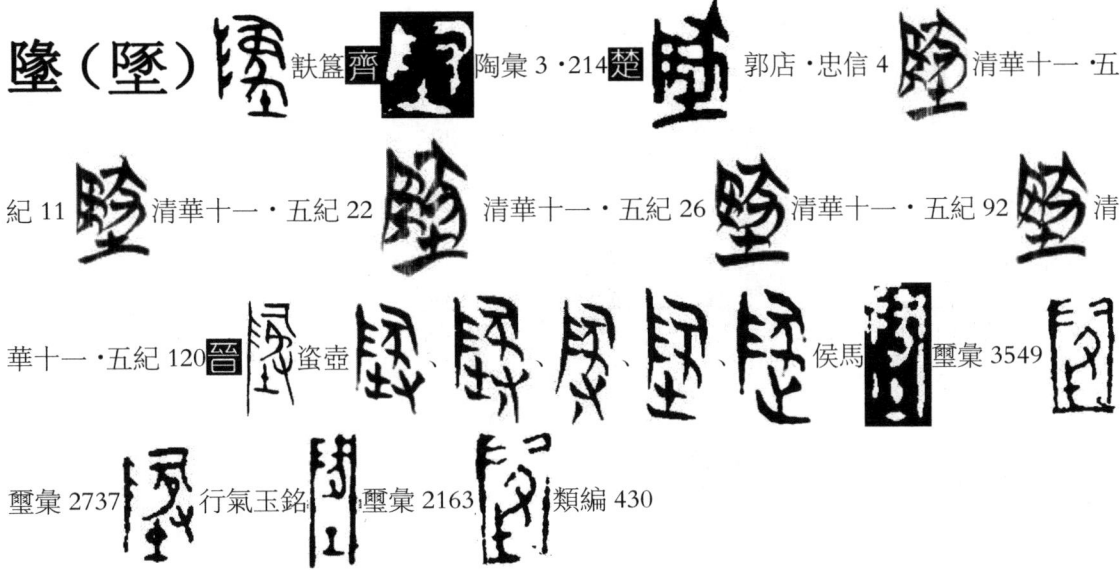

【注】從土隊聲。三晉文字《坴壺》從⿰，實際也是"彖"字；三晉文字"隊（地）"或作"陸"，如侯馬盟書"隊（地）"從彖作⿰，也從豕作⿰。"隊"銘文中讀施、地，彖、它、地、施都是歌部字，讀音相近，可以相通。●讀施，施加。《訣簋》："簀㒥㑴（朕）心，隊于三（四）方。"⿰，張政烺先生指出即《說文·土部》"地"字的籀文⿰；"地"當讀施，訣簋銘"簀㒥朕心，施于四方"，意與《尚書·洛誥》"惟公德明，光于上下，勤施于四方"相近。（《周厲王胡簋釋文》）●古文字多讀地，土地。《坴壺》："敬命新陸（地）。"新地，即新開闢的土地。銘文記載中山國在桓公復國後徙都靈壽，王譽時又辟啟封疆"方數百里"，即謂新地。《郭店·忠信4》："不兌（說）而足敚（養）者，陸（地）也。"《行氣玉銘》："天其本在上，隊其本在下。"●齊陶人名。

【注】當從衣隊（"彖"都省作了"豕"）聲。●晉璽人名。

彙 2618

【注】從它隊（"彖"都省作了"豕"）聲，疑"地"之繁文，它為疊加聲符。●晉璽人名。

【注】從糸隊（"彖"都省作了"豕"）聲。●晉璽人名。

塚 晉  璽彙 1793　　 璽彙 3498　　 璽彙 2862

【注】從土豖（當為彖省）聲，疑"墬"之省文。●晉璽人名，可讀地。在六國文字中，"墬（地）"字所從的"彖"都省作了"豖"。

愙 齊  璽彙 3508　、 陶録 2・390

【注】從心塚聲。齊陶文聲符從立作"愙"，為異文。●《璽彙 3508》"水丘亡愙"，讀地。傳世文獻中屢見人名"無地"；"水丘"為複姓。●齊陶人名，亦可讀地。

掾 秦  睡簡・效律 52　　 睡簡・效律 55

【注】從手彖聲。●一種屬吏。《睡簡・效律 52》："其他冗吏、令史掾計者。"其他群吏、令史掾參預會計的。

喙 秦 天簡・日乙 217

【注】《説文》："喙，口也。從口彖聲。"●用為本義，口。《天簡・日乙 217》："長喙而脱。"

邃 秦  陶彙 9・7

【注】從辵彖聲。●秦陶"徐邃"人名。

餤  訣簋

【注】從食彖聲。●讀元。《訣簋》："肆余曰（以）餤士獻民，再盩先王宗室。"《孟子・萬章章句下・第二節》："天子之卿受地視侯，大夫受地視伯，元士受地視子、男。"

盠  衛鼎　 衛鼎　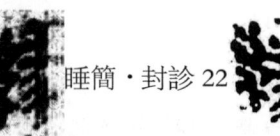 盠方彝　 盠尊

【注】從皿彖聲。●金文人名。

緣 秦 睡簡・封診 82　　 睡簡・封診 22　　 里耶 8・145　　 嶽麓一・占 6

2486

【注】從糸彖聲。秦系文字彖、录作為偏旁偶爾相混。●《睡簡·封診82》："繆繒五尺緣及殿（純）。"《爾雅·釋器》："緣謂之純。"●沿着。《嶽麓一·占6》："春夢飛登丘陵，緣木生長燔（繁）華，吉。"此簡文可讀為"春夢飛登丘陵、緣木、生長燔（繁）華"，指春天夢見"飛登丘陵""緣木""生長燔（繁）華"這三件事，吉。其中"緣木"可以直接理解為攀爬樹木，與《楚辭·九章·思美人》"令薜荔以為理兮，憚舉趾而緣木"用法同。其中"飛登丘陵""緣木"的主體可以是夢者，也可以是夢象，"生長燔（繁）華"是夢象，所見之景。

屪秦 秦印293 睡簡·秦種27

【注】從尸彖聲。●秦簡疑讀蟓，小蟲。《睡簡·秦種27》："見屪之粟積，義積之，勿令敗。"如發現有小蟲到了糧堆上，應重加堆積，不要使穀物敗壞。●秦印人名。

剝（剝）秦  關簡317 里耶8·490

【注】從刀彖聲。剝，實際是"剝"字。馬王堆帛書《五十二病方》："即以刀剝其頭。"又："先剝之。"其"剝"字寫法與此字寫法全同。●讀剝，切割。《説文·刀部》："剝，裂也。從刀，從录。录，刻割也。"《左傳·昭公十二年》："君王命剝圭以為鍼柲。"杜預注："破圭玉以飾斧柄。"《關簡316》："柏（恒）多取檿桑木，燔以為炭灰，而取牛肉剝（剝）之。"《里耶8·490》："徒隸牧畜死負、剝賣課。"是指牲畜死後賠償和分割出賣。課，是考核的意思。通過考核產生出名次，是課的引申義。

貈秦 嶽麓一·占16 龍崗34

【注】從舟彖聲。陳劍先生則認為所從的"彖"形也應該看作"豕"旁通作"彖"旁之例。●讀豚。《嶽麓一·占16》："夢見豦貈（豚）、狐生（腥）臬（臊）。"《龍崗34》："取其豺狼、豦貈（豚）、狐狸……。"

蠡秦 戰編872 秦印256 印增512

【注】從蚰彖聲。●均為人名。

蒙秦 類編19

【注】從艸彖聲，"篆"之異文。●人名。

額秦 睡簡·日甲72背

【注】從頁象聲。●讀喙。《睡簡·日甲72背》："盜者大面，頭（短）額（喙），疵在鼻。"

閣 楚 清華七·越公21 清華九·禱辭15

【注】疑難字。學界眾説紛紜，驟難斷其優劣。疑此字從象聲。（可參《清華七〈清華七·越公〉簡21"象（從門）"字補説》）●疑讀馳。"象""它""地""施"與"弛"等字，俱韻近可通，而"馳"字在此可訓作"車馬疾行"，即《説文》釋"馳"所云"大驅也"。簡文"孤用委命重臣，閣冒兵刃，匍匐就君，聽命於門"，或猶《史記·秦本紀》中所云"於是岐下食善馬者三百人馳冒晉軍，晉軍解圍，遂脱繆公而反生得晉君"，"馳冒"在此可解作"車馬疾行衝擊"之意。或釋為蒙，然"蒙冒兵刃"不辭。《清華九·禱辭15》："四方之明逞（歸）我，彭=徨=章=閣=鬻=。""閣"為疑難字，暫讀馳。詳"彭"字。

透紐穿聲

穿 晉 璽彙0381 秦 睡簡·日乙196 睡簡·日甲143背

秦印146

【注】《説文》："穿，通也。從牙在穴中。"●穿鑿。《睡簡·日甲38》："可以穿井、行水、蓋屋、飲樂、外除。"●晉璽、秦印人名。

透紐羴聲

羴 羴鼎 羴父辛斝 羴爵 楚 郭店·性自24 上博一·性情14 清華

二·繫年124

【注】甲骨文作，從三羊或四羊，羊多必有一種難聞的味道，以此會膻气之意。金文但從二羊，只求達意不拘一形也。戰國文字、小篆實際同甲骨文。《説文》："羴，羊臭也。從三羊。凡羴之屬皆從羴。羶羴或從亶。"本義是羊的膻气。此字如今用假借字"膻"。●族氏名。《羴父辛斝》："羴。父辛。"●讀鮮。《郭店·性自24》："聑（聞）芺（笑）聖（聲），則羴（鮮）女（如）也斯憙（喜）。"李零："'鮮如'，猶'粲然'，'粲'與'鮮'讀音相近，形容笑貌。"亦可讀侃。●讀顯。《清華二·繫年124》："述（遂）以齊侯貪（貸）、魯侯羴（顯）、宋公畋（田）、衛侯虔……。"即魯穆公顯，簡120作"魯侯侃"。

羼 楚 嬭加編鐘

【注】從尸羴聲。●《孏加編鐘》："孱（侃）其平龢，休惪（淑）孔䀉（皇）。"讀侃，和樂貌。清華簡《繫年》簡124"魯侯羴"，簡120作"魯侯侃"；郭店簡《性自命出》以及上博簡《性情論》所見"羴如"，當讀作"侃如"。

透紐廛聲

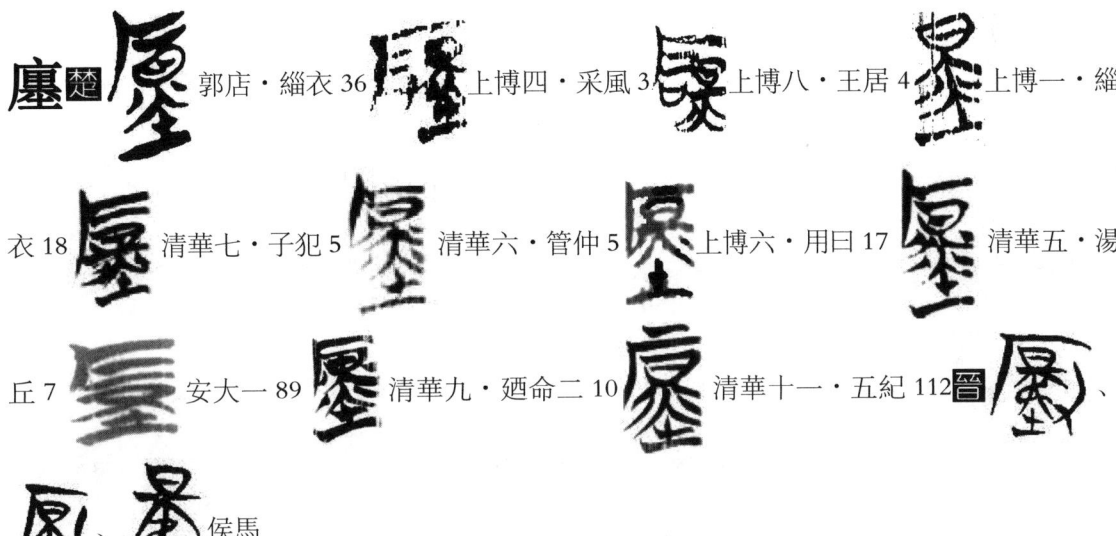

廛 楚 郭店・緇衣36 上博四・采風3 上博八・王居4 上博一・緇衣18 清華七・子犯5 清華六・管仲5 上博六・用曰17 清華五・湯丘7 安大一89 清華九・迺命二10 清華十一・五紀112 晉 、、侯馬

【注】從石從土鼎聲。或認為從"炅"聲，古文字的"炅"是"熱"的異體，"熱"屬日母月部，"廛"定母元部；二字同為舌音，對轉疊韻。楚文字"廛"結構待考。●楚簡多讀展。《清華六・管仲5》："廛（展）之，尚詻（格）之，尚勿（勉）之。"《穀梁傳》成公七年"展斛角而知傷"，楊士勛疏："省察也。"廛，亦可讀躔，《説文・足部》："躔，踐也。"《上博一・緇衣18》："《少（小）邑（雅）》員（云）：'䏭（允）也君子，廛（展）也大城（成）。'"《上博六・用曰17》："僉（斂）之不骨（過），而廛（展）之亦不能。"●讀擅。《清華七・子犯5》："事又（有）訛（過）女（焉），不忻以人，必身廛（擅）之。"●《上博四・采風3》"廛（輾）剸（轉）之實"讀輾，曲目名。●侯馬盟書人名，硬性隸定為"勴""曡"等，字或作"助"。且、廛聲近。

瘻 齊 璽彙2654

【注】疑從疒廛聲。●齊璽人名。

纏 楚 上博四・曹沫18 秦 睡簡・秦種131 十鐘3・21 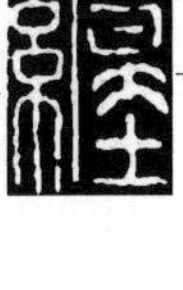十鐘3・11 陝新659

【注】從糸畫聲。●秦簡本義，纏繞。《睡簡·秦種131》：“其縣山之多荓者，以荓纏書。”●讀繕。《上博四·曹沫18》：“城壽（郭）必攸（修），纏（繕）虜（甲）利兵。”●秦印人名。

【注】從辵畫聲。●包山簡均為人名。《包山99》：“邔昜（陽）之俈笑＝（笑，笑）公邅。”●讀輾。《安大一2》：“舀（悠）＝才（哉）＝，邅（輾）使（轉）反昃（側）。”

定紐台聲

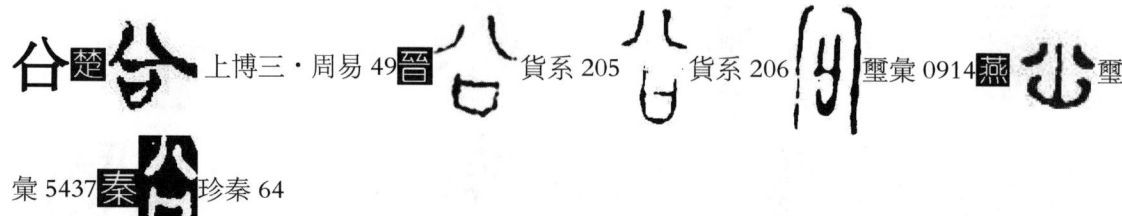

【注】從口從八（表示分開），會人咧嘴嬉笑之意。●秦印姓氏，或讀兌。燕璽單字。●晉布當為地名，地望不詳。●《上博三·周易49》：“蒿（厲）台心。”讀薰或讀熏。《説文》：“台，讀若沇州之沇。”《説文》“沇”字古文作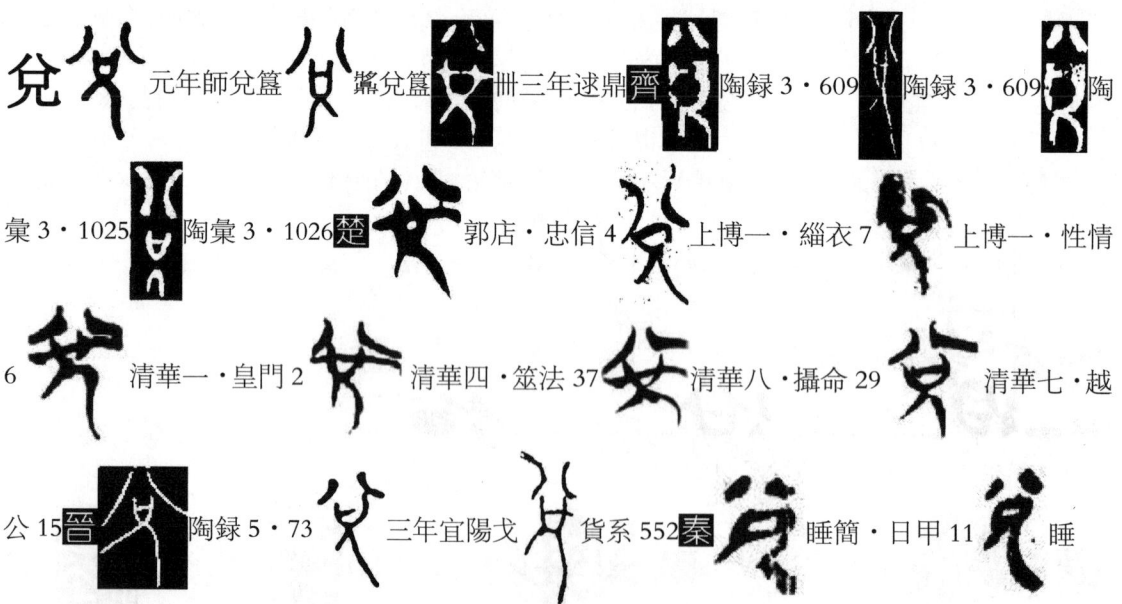，從水從台。“沇”字從允聲。上古音“允”屬匣紐文部字，“薰”為曉紐文部字。所以“台”可讀為“薰”。馬王堆帛書本、阜陽漢簡本和今本與台對應之字皆作“薰”。“薰”應同“熏”，“熏心”，意思就是“心像火燒一樣痛苦”。

【注】甲骨文作、、、、、，從人台聲。兌，定紐月部，台，定紐元部，月元為陽入對轉。《説文》：“兌，説也。從兒台聲。”本義為喜悦，是“悦”的本字。由于“兌”作了偏

旁，喜悅之義便另加形符"言"寫作"説"來表示。後"説"又被借義所用，喜悅之義便又造了形聲字"悦"。●人名。《兑簋》："兑乍（作）朕皇考弔（叔）氏噂段。"●讀悦。《郭店·忠信 4》："古（故）行而鯖（爭）兑（悦）民。"●讀説。《清華八·攝命 29》："余亦佳（唯）譆煨兑（説）女（汝）。"秦簡亦讀説。●讀脱，開脱罪責。《清華七·越公 15》："孤敢兑（脱）皋（罪）於夫=（大夫）。"●讀銳。《睡簡·日甲 69 背》："盜者兑（銳）口，希（稀）須（鬚）。"

脱  類編 123　　脱 秦印 75　　脱 睡簡·效律 58

【注】從肉兑聲。●失。《睡簡·效律 58》："計脱實及出實多於律程。"脱實，失實。會計帳目不足或多過實有數超出了法律規定的限度。●秦印人名。

睨  嶽麓一·質一 26　　睨 秦表 145

【注】從女區聲。●嶽麓簡"己亥睨嫗死"，"睨嫗"為人名。秦陶文"姚睨"，人名。

郣

新蔡甲三 315

【注】從邑兑聲。●"龍郣"，地名。

説  郭店·成之 29　説 分研 242　説 睡簡·日乙 23　説 睡簡·日

甲 162　説 戰編 141

【注】從言兑聲。●讀悦。《睡簡·日甲 162》："巳，朝見，不説（悦）。"《郭店·成之 29》："道不説（悦）之司（詞）也。"楚文字或用"敚""兑"表示悦。

逜  郭店·老甲 27　逜 郭店·老乙 15　逜 郭店·性自 46

【注】從辵兑聲。●讀兑。《郭店·老甲 27》："閔（閉）其逜（兑），賽（塞）其門，和其光，迵（同）其斬（塵）。"●讀脱。《郭店·老乙 15》："善建者不拔，善保（抱）者不逜（脱）。"

敚  敚戟 齊　敚 陶彙 3·1337　敚 陶彙 3·1340　敚 陶彙 3·728　敚 陶彙

3·1341 楚 〔字形〕 包山 39　〔字形〕 望山 1·24　〔字形〕 包山 100　〔字形〕 包山 91　〔字形〕 新蔡

乙三 61 〔字形〕 新蔡乙三 50　〔字形〕 郭店·語叢二 42　〔字形〕 上博一·詩論 14　〔字形〕 上博二·子

羔 5 〔字形〕 上博五·競建 5　〔字形〕 上博四·曹沫 63　〔字形〕 上博二·魯旱 2　〔字形〕 上博三·周

易 22 〔字形〕 清華二·繋年 42　〔字形〕 清華八·邦道 27　〔字形〕 清華三·說命上 1　晉 〔字形〕 屬

羌鐘

【注】從攴兌聲，“奪”之古字，戰國文字習見。《說文》：“〔字〕，強取也。《周書》曰：‘敓攘矯虔。’從攴兌聲。”段玉裁謂“敓”是爭敓的正字，後人假“奪”為“敓”，“奪”行而“敓”廢。秦系文字以“奪”為之，漢人承之。●讀奪，強取。《屬羌鐘》：“武侄寺力，富敓（奪）楚京。”●《上博三·周易 22》讀遜，即遜卦。遜卦古文中經常寫作“遁”，阜陽簡作“椽”，帛書作“掾”，馬國翰《歸藏》及秦簡皆作“遂”，上博簡作“豚”。●《清華三·說命上 1》讀說。傅說，人名。●讀悅，喜悅、取悅等義。《上博四·曹沫 63》：“君乃自過以敓（悅）於萬民。”《上博一·詩論 14》：“以琴瑟之敓（悅），擬好色之願。”《郭店·語叢二 21》：“玗（好）生於敓，從生於玗（好）。”●讀奪，剝奪。《上博一·詩論 14》：“此吕（以）生不可敓（奪）志，死不可敓（奪）名。”●讀稅，徵收賦稅。《包山 100》：“以其敓湯沴與〔字〕澤之古（故）。”●讀說，祭名。《上博二·魯旱 2》：“衆（庶）民智（知）敓之事褫（鬼）也。”文獻作說。《周禮·春官·大祝》云：“掌六祈以同鬼神示，一曰類，二曰造，三曰禬，四曰禜，五曰攻，六曰說。”“敓”祭常出現於竹簡當中，因此《周禮》中的“說”應與竹簡中的“敓”為同一祭祀。禳災求福之祭。《魯邦大旱》記載，大旱之時一般民眾曉得以“敓”消災救患，孔子也主張“毋愛珪璧幣帛於山川”，可見舉行“敓”祭時也應當獻上珪、璧、幣、帛等若干祭品。若無鬼神作祟，則無“說”。●讀脫。《上博三·周易 22》：“車敓（脫）复（輹）。”●讀閱，檢閱。《清華九·治政 21》：“以敓（閱）民㸚（務）。”

〔字〕 齊 〔字形〕 陶錄 2·256 楚 〔字形〕 清華九·治政 14

【注】從心敓聲。●讀悅。《清華九·治政 14》：“百眚（姓）和〔字〕（悅）。”●齊陶人名。

〔字〕 楚 〔字形〕 清華二·繋年 48

【注】從糸敓聲。●讀脫。《清華二·繫年48》："女（焉）繠（脫）緟（申）公義（儀）。"

 陶彙3·105  陶録2·109  陶録2·149

【注】從蚰敓聲，疑"蛻"之繁文。●齊陶人名。

 上博一·性情36

【注】從心兌聲。●歡樂、喜悦。《上博一·性情36》："甬（用）身之弁者，悦為甚。"

 陶録3·293

【注】從人悦聲。●齊陶單字，應為人名。

【注】從示兌聲，或從示敓聲。楚文字祝、繠當為一字異體，統一隸定為祝。●讀說，祭名。《包山203》："轟（興，舉）石被常（裳）之繠（敓），龗禱於卲（昭）王，戠牛，饋之。"簡文"繠"為動詞的名詞性表達。●讀祟。《包山249》："又（有）繠（祟）見於繼（絶）無後者與漸木立。""絶無後者"指未成年或無子而死的兄弟輩。由於這些亡靈沒有後人奉祀，容易作祟。漸木位，即斷木為神位。

【注】從門兌聲。●檢閱。《睡簡·答問164》："已閱及敦（屯）車食若行到緜（䌛）所乃亡，皆為'乏緜（䌛）'。"已經參加檢閱、共同乘車和吃口糧，或已到服徭役地點，然後逃亡，都作為乏徭。●讀穴。《睡簡·為吏22》："樓椑矢閱。"●秦印人名。

 秦印221

【注】從水兌聲。●人名。

稅_楚  清華八・邦道26  匯考141 秦 龍崗203

【注】從禾兌聲。●用為本義，租稅。《清華八・邦道26》："侯〈医〉（殹）虐（吾）秅稅，是亓（其）疾至（重）唬（乎）。"詳"秅"字。●《匯考141》"稅公"含義待考。

說  璽彙2293 璽彙0822 圖典337

【注】從言稅聲。●人名用字。

綒_晉  侯馬

【注】從糸兌聲；聲符訛變。●讀紬。盟書"綒繹"讀"紬繹"。劉熙《釋名・釋綵帛》："紬，抽也，抽絲端出細緒也。"《史記・曆書》"紬績日分"，《索隱》："紬績者，女工紬緝之意。"《漢書・谷永傳》"燕見紬繹"，師古曰："紬讀曰抽，紬繹者，引其端緒也。"

鵨_楚  清華三・良臣2

【注】從鳥兌聲。●讀說。簡文"𠬢鵨"即"傅說"，人名。

船_楚  冉鉦鋮 秦 睡簡・日甲128背 秦印167、 秦編1352 秦集一・二・84 秦再一・22 西安一六・16

【注】從舟㕣聲。㕣，定紐元部；船，船紐元部。二字韻部相同，同為舌音。《說文》："船，舟也。從舟，鉛省聲。"本義舟船。●秦簡用其本義，舟船。《睡簡・日甲128背》："丁卯不可以船行。"●《冉鉦鋮》漫漶不清，疑用其本義。●秦封泥"都船丞印""陽都船印""船司空丞"等均為官名。●秦印有"船虞"，姓氏。或為官名，古有"舟虞"。《國語・魯語下》："叔向退，召舟虞與司馬，曰：'夫苦匏不材於人，共濟而已。'"韋昭注："舟虞，掌舟。"

定紐次聲

次  佟戒鼎 楚 上博三・周易53 清華一・保訓10 秦 分研380

【注】甲骨文作 、、、、、，象人口液外流形；欠兼聲。次，《集韻》"涎"本字。按古文字"次""次"二字寫灋有別。"次"即"涎"字的古寫。于省吾先生《釋次、盜》和張政烺先生《殷虛甲骨文羨字説》兩文都曾對古文字中的"次"字作過考證，于先生的文章還特別提到古文字"次""次"二字在寫灋上的不同，讀者可以參看。《焂戒鼎》所作，象人口水湧出狀，顯然是"次"字而非"次"字。《説文》："次，慕欲口液也。從欠從水。凡次之屬皆從次。㳄，次或從侃。㰇，籀文次。" ● 讀盜。上古音"盜""次"通，詳《古字通假會典》748 頁"盜-次"條。《説文》："盜，私利物也。從次，次欲皿者。"《説文》以"私利物也"會盜賊之盜，又以"欲也，欲皿為盜"牽合其義。《焂戒鼎》："用校于比，用獄次（盜）。"獄次，即伺捕盜賊之意。 ● 讀延。《清華一・保訓 10》："命未又（有）所次（延）。"次，元部邪紐，同"涎"；"延"係元部喻紐字，自可通轉。延，《戰國策・齊策》注："及也。" ● 讀羨。《上博三・周易 53》："遯（旅）既宋（次），裵（懷）亓（其）次，旻（得）僮（童）僕（僕）之貞。"《説文・次部》："羨，貪欲也。從次、從羑省。"朱駿聲《説文通訓定聲》已指出"次亦聲"。羨，有餘、剩餘。《詩・小雅・十月之交》："四方有羨。"毛亨傳："羨，餘也。"簡文"懷其羨"的"羨"用於商旅，當指商旅所得之贏利。帛書本作"茨"，今本作"資"，當是簡本"次"之訛誤。 ● 秦印人名。

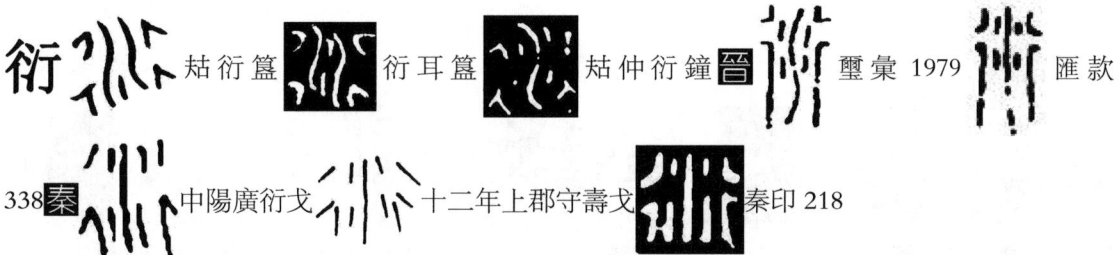

羨 秦　七年丞相倗殳戈　嶽麓三 3　嶽麓三 5

【注】從羊次聲（秦漢文字中"次"往往省作"次"）。舊摹作，其完整形態當為形。石繼承釋為"羨"，同時還公佈了某私人藏家所收藏的一件秦矛，骹部刻有"沙羨"（其中"羨"作），與此戈銘寫灋基本相同。(《加拿大蘇氏藏秦戈銘文補釋》) ● 地名。《七年丞相倗殳戈》："沙羨。"置用地名。"沙羨"在秦代應當是南郡屬縣。據《漢書・地理志》《續漢書・郡國志》的記載，其地在漢代屬江夏郡，所治在今湖北武漢武昌區西金口附近。嶽麓簡均為"沙羨"地名。

定紐衍聲

衍　秝衍簋　衍耳簋　秝仲衍鐘 晉　璽彙 1979　匯款

338 秦　中陽廣衍戈　十二年上郡守壽戈　秦印 218

【注】甲骨文作、、、、，從水（或從川，大水也），從行（或從彳，同），會大水循河漫流之意。金文從川，戰國文字易川為水旁，蓋川、水一字之分化。《説文》："，水朝宗于海也。從水從行。"本義為大水循河漫流。引申指溢出，如《尚書》："至今衍于四海。"又引申為盛多，如杜篤《論都賦》："國富人衍。" ● 古文字多為人名。 ● 廣衍：地名，《漢書・地理志》屬西河郡，但沿革失考。

定紐斷聲

斷 秦 睡簡·答問 115　　睡簡·答問 83

【注】從斤從𢇇（多讀絶），會以刀斷絲之意。《説文》：“𢇇，截也。從斤從𢇇。𢇇，古文絶。 古文斷從𠤕。𠤕，古文叀字。《周書》曰：‘詔詔猗無他技。’亦古文。”本義截斷。●讀斷，斷案、判決。《睡簡·答問 50》：“獄未斷。”楚文字作“劗”，與《説文》古文同。“斷”楚文字多從叀作。●截斷。《睡簡·答問 83》：“嚙斷人鼻若耳若指若脣，論各可（何）殹（也）？”

定紐段聲

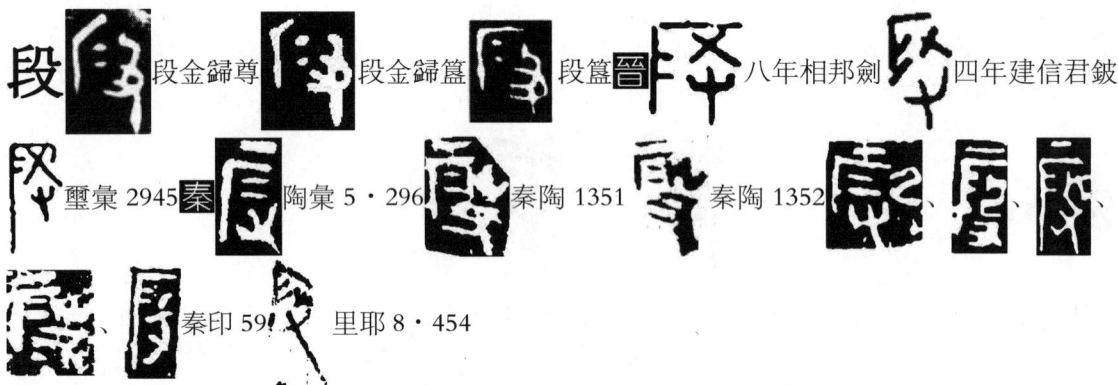

段 段金歸尊　　段金歸簋　　段簋 晉　　八年相邦劍　　四年建信君鈹

璽彙 2945 秦 陶彙 5·296　　秦陶 1351　　秦陶 1352　、　　、　、

、　秦印 59　里耶 8·454

【注】從殳從厂，會于厂上鍛鑿之意，點象所鑿之物，疑鍛、碬之初文。陶文作厘，厂訛為石形。《説文》：“段，椎物也。從殳，耑省聲。”“耑省聲”不確。本義是錘擊，當是碬、鍛的本字。與“叚”易混。●讀鍛，鍛造。《十八年平國君鈹》：“邦右伐器段工帀（師）吳痤。”●氏，或以官為氏者。《段金歸尊》：“段金歸乍（作）旅彝。”秦印有“段干義”“段慧”等，姓氏。●人名。《段簋》：“王嬹（蔑）段曆。”

定紐鳶聲

鳶 鳶觚　　鳶鼎　　鳶鼎 楚　　帛書丙　　上博五·競建 5 秦　睡

簡·日甲 24 背　睡簡·日甲 30 背　睡簡·日甲 51 背

【注】甲骨文作𢎨，從戈從隹，會鳶鳥兇猛之意。秦簡作鳶，易戈為弋，有聲化趨勢。鳶、弋均屬定紐。小篆訛戈為弋作“鳶”。秦簡或作𪇰，為鳶的異體字。《説文》：“鳶，鷙鳥也。從鳥弋聲。與專切。”《詩·大雅》鳶飛戾天。●金文族徽文字，依據字形，可釋為“鳶”。《鳶觚》：“鳶。”●讀弋，射。《睡簡·日甲 30 背》：“鬼，鳶（弋）以芻矢，則不來矣。”●讀説。《上博五·競建 4》：“高宗命傅鳶（説）量（禳）之以祭。”傅説，人名，為商代高宗賢相。“鳶”字喻

母元部，"説"字喻母月部，韻部對轉，可通。●《睡簡・日甲 51》："以廣灌為戲以燔之，則不來矣。"義不詳。

泥紐反聲

　印增 333

【注】字會意不明。《説文・尸部》："反，柔皮也。"段玉裁注："《周禮》所謂攻皮也。函人職曰：革欲其柔滑而腥脂之則奐。《廣雅》曰：反，弱也，是與奐音義同。"●秦印"忌反"，人名。

　印增 405

【注】從赤反聲。後世多省為"赦"。●人名。

泥紐奐聲

　睡簡・封診 57　　龍崗 28　　嶽麓三 241

【注】從而從大（或從天），會人鬍鬚柔軟之意。《説文》："奐，稍前大也。从亓而聲，讀若畏偄。而沇切。"同"軟"字。●讀濡，沾漬。《睡簡・封診 57》："某頭左角刃痏一所，北（背）二所，皆從（縱）頭北（背），袤各四寸，相奐。"●讀墺。《龍崗 27》："禁毋敢取奐（墺）中獸。"《龍崗 32》："時來鳥，黔首其欲弋射奐獸者，勿禁。"胡平生先生考證"奐"即"墺"，"就是臨近某一區域、界邊的空地，用今天的話來説，就是一條'隔離地帶'。"該枚簡內容或即要求吏徒應圍繞着"奐"對禁苑進行巡邏、巡行。（《雲夢龍崗秦簡〈禁苑律〉中的"奐（墺）"字及相關制度》）

泥紐肰聲

望山 1・13　　郭店・尊德 2　　郭店・老丙 2　　上博一・詩論 24

上博二・容成 18　　上博二・容成 21　　清華一・祭公 20　　清華八・邦道

23　清華三・説命上 4　　清華七・晉文公 4

【注】戰國文字從犬從肉，會犬肉之意；犬亦聲。●楚文字均讀然。《上博一・詩論 24》："敓（悦）

亓（其）人，必好丌（其）所為；亞（惡）丌（其）人者亦肰（然）。"

 璽補 126

【注】從竹肰聲。●"軐（韓）生篍"，人名。

 郭店·語叢一 28　郭店·語叢一 67　郭店·語叢一 30　上博五·季庚

21

【注】從虍肰聲；增虍，反映了齊系文字的特點。郭店簡犬形訛變。《上博五·季庚 21》所作，或認為從戔肰聲。●均讀然。《上博五·季庚 21》："愳＝（威）則民虋（然）之。"《郭店·語叢一 28》："其智（知）尃（博），虋（然）句（後）智（知）命。"

 清華六·太伯甲 5　清華六·太伯乙 5

【注】徐在國謂從頁肰聲。（《清華六〈鄭文公問太伯〉札記一則》）乙本從夂肰聲。●讀厭，"厭"即"壓"字古文。《説文》："厭，笮也。"段注："笮者，迫也。此義今人字作'壓'，乃古今字之殊。"《清華六·太伯甲 5》："奮亓（其）胹（股）拡（肱），以顩於烏呱（耦、偶）。"振奮肱股之士的士氣，以強大的兵力壓迫對方的烏合之眾。

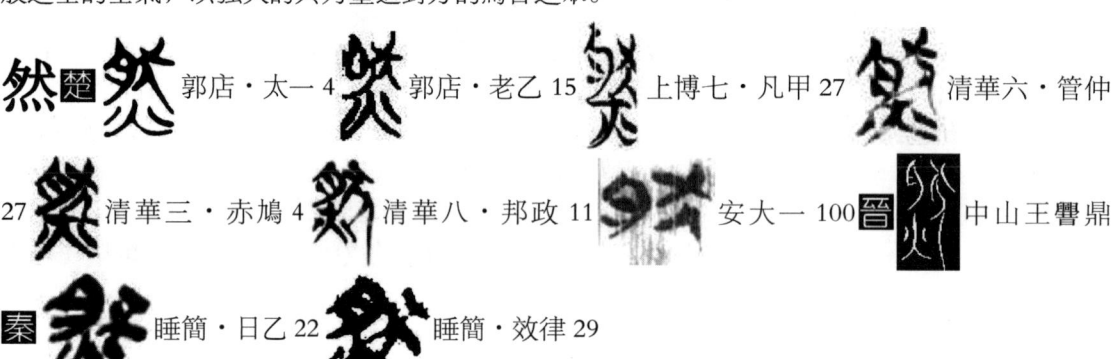 郭店·太一 4　郭店·老乙 15　上博七·凡甲 27　清華六·管仲

27　清華三·赤鳩 4　清華八·邦政 11　安大一 100　中山王䶎鼎

睡簡·日乙 22　睡簡·效律 29

【注】從火肰聲。春秋時期吳國的《者減鐘》或從火難聲作䕼。《説文》："然，燒也。從火肰聲。蘸或從艸、難。"戴家祥曰："然初義或為燃火炙燒犬肉，又引申為一般物質的燃燒。徐鉉等曰：'今俗別作燃，蓋後人增加。'此説不明然、燃本古今字。'然'後借為語詞，又復加火旁，以還其初義。'然'另有或體為'蘸'，從艸從難，難亦聲，草為燃燒的主要物質。故從艸。漢書地理志下集注：'蘸，古然火字。'均可證然為燃之初字。"（《金文大字典中》）本義為燃燒，為"燃"的本字。●銘文中用為副詞詞尾，表狀態，突然、忽然等。《中山王䶎鼎》："寡懼其忽然不可昜（得），惴惴恐恐，忑（恐）隕社禝（稷）之光。"●讀熱。《郭店·老乙 15》："桑（燥）勅（勝）蒼（滄），青（清）勅（勝）然（熱）。"秦文字以"熱""㷁"為熱。

縱 楚　縱、縱　天星

【注】從糸然聲。●文義待考。

來紐連聲

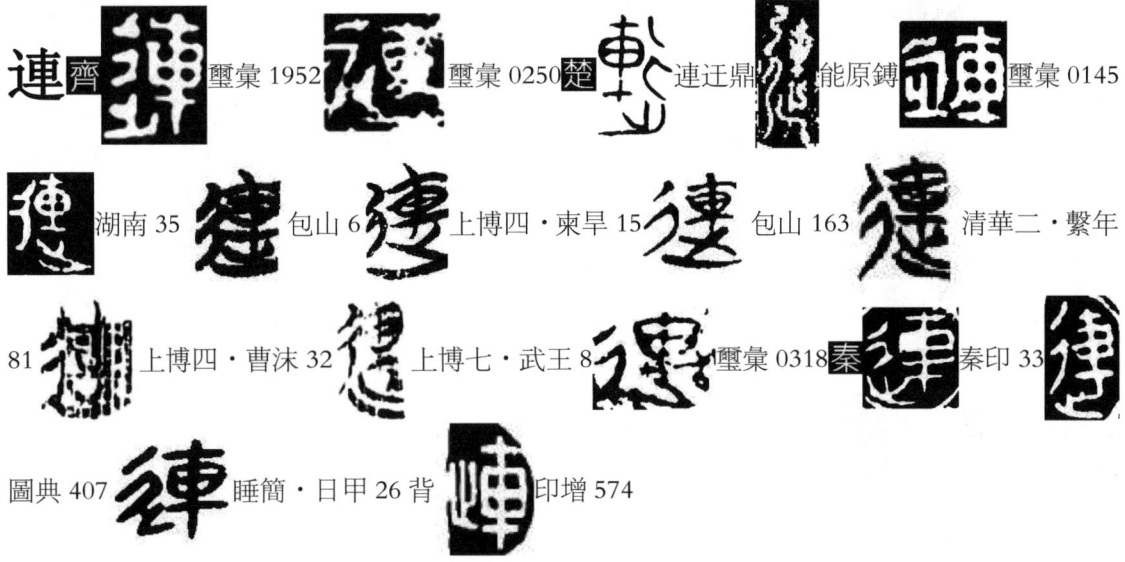

連 齊 璽彙 1952 璽彙 0250 楚 連迁鼎 能原鎛 璽彙 0145

湖南 35 包山 6 上博四·柬旱 15 包山 163 清華二·繫年

81 上博四·曹沫 32 上博七·武王 8 璽彙 0318 秦 秦印 33

圖典 407 睡簡·日甲 26 背 印增 574

【注】會意字。從辵從車，會挽車行走之意。《説文》：“連，員連也。從辵從車。”本義為人拉
的車。人與車相屬不絶，故引申為連屬字。●人名。《連迁鼎》：“連迁之行升（鼎）。”●讀輦。
《上博四·曹沫 32》：“其將帥盡傷，車連（輦）皆載，曰將早行。”●讀戾（《上博七·武王踐
阼》校讀）。《上博七·武王 9》：“惡危危於忿連（戾）。”《論語·陽貨》“古之矜也廉，今之矜也
忿戾”，何晏注引孔安國説“惡理多怒”。●《睡簡·日甲 26 背》：“連行奇（踦）立。”連行，
連步。●《包山 6》“連敖”，楚習見職官。還見於燕客銅量、曾侯乙墓竹簡及璽印，何琳儀認為
“莫敖”與“連敖”是正、副的關係。李家浩認為“連敖”即職掌軍事的官。曹錦炎進一步指
出“連敖”之“連”是楚國的一種居民編制，“連敖”當是楚國連一級組織的軍事首領。劉紹剛
認為“連敖”是掌車馬的軍史。“連敖”執掌待考。●《璽彙 0145》連尹之璽，可能是“連囂”
的雅稱或別稱，此璽可能是秦漢之際在楚軍使用的官名璽。●秦印有“連咄”“連屬”，姓氏。
秦印或作“㪚”，有可能是“連”之省文。印文“㪚慶”讀連，姓氏。

嗹 楚 清華四·別卦 8

【注】從口連聲。原簡左邊篇旁損壞不清，右邊為連。●讀㪚，即“家人”卦。馬國翰《歸藏》
作“㪚家人”，秦簡作“㪚”。㪚、連從為元部字，聲母一為心母，一為來母，可以通轉。

來紐卯聲

卯 尸祭缶 卯公之子匜 齊 陶録 3·311 陶録 3·311 楚

次□缶 ⟨ 上博二·子羔 11 ⟨ 包山 265 ⟨ 望山 2·46 秦 睡

簡·日乙 185 睡簡·日甲 74 秦編 1864

【注】甲骨文作 ，象睪丸之形。戰國文字截取甲骨文部份形體填實睪丸作 。或作 ，為與"卯"區別，中間加短橫，是為小篆所本。睡虎地秦簡"卵"或作 （ ），增絲（戀）以標音，此為秦系文字所特有之規律。《說文》：" ，凡物無乳者卵生。象形。凡卵之屬皆從卵。"本義卵子，特指蛋。●卵圓形、卵形器。引申指器物之大腹、鼓腹。《尸祭缶》："羇（擇）其吉金，自乍（作）卵缶。"《包山 265》："二卵缶。"●鳥卵。《上博二·子羔 11》："又（有）鼹（燕）監（衛）卵而階（錯）者（諸）丌（其）前，取而軟（吞）之。"《睡簡·日乙 185》："得於肥肉、鮮魚、卵。"

（ ）睡簡·秦種 4

【注】從戀從卵，雙聲字。●讀卵，鳥卵。《睡簡田律 4》："取生荔、麛鱻（卵）轂。"

訓義 1·17 晉 匯考 341

【注】從弓卵聲。●人名。

訓義 1·124

【注】從疒卵聲。●晉璽人名。

【注】廾即為"卵"的訛變。卵，睡虎地秦簡中作 、 等形，在楚系文字望山簡中一般作 （望山 53）形，而" "字所從卵旁在曾侯有作 形的， 、 形兩側肥胖的地方瘦化為綫條就成了 形。今本《說文》以"廾"為"磺（礦）"之古文，段玉裁將其移於"卵"字下，增"古文卵"三字，并於"磺"及"卵"字下辨之甚詳，以為漢代人以"卵"釋"磺"，並非言"卵"為"磺"之古文，更不讀"磺"，今本是後人由於誤解而妄改，王筠《句讀》亦讚成其說，皆是也。"卵"後音轉為"蛋"（來、定旁紐雙聲），而古實無用為"卵"義的"蛋"字，只稱"卵"。●讀卵。《次□缶》："自乍廾缶。"●《廾尚城睘小器》"廾尚"讀泉上，地名。●趙幣讀關，地名。●讀關。《上博四·逸交 4》："閵（間）廾（關）愸司，皆（偕）上皆（偕）下。""間關愸司"即"間關謀治"。間關，諸家囿於《小雅·車轄》"間關車之轄兮"，而曲為之說。實際上"間關"義同於"黽勉"，乃勉力、努力之義。《邶·穀風》："黽勉同心，不宜有怒。"毛傳："言黽

2500

勉者，思與君子同心也。”“愳司”當從季旭升説，讀為“謀治”。所以“間關愳司”即“黽勉謀治”，而“皆華皆英”“皆上皆下”“皆少皆大”則是君子謀治的結果。(《楚簡逸詩〈交交鳴鷩〉考論》)

釗 楚　清華五·封許 7　秦　陶彙 5·444

【注】從金卵聲，或廿聲。卵、廿一字之繁簡。●《清華五·封許 7》為周王對呂丁的賞賜物。簡文疑讀䤅。《説文》：“䤅，小觚也。”段本改作“厄也”，注云：“各本作‘小觚也’，《廣韵》同，《玉篇》作‘小厄也’，《御覽》引《説文》亦作‘小厄也’。今按‘厄’下云：‘圓器也。一名䤅。’則此當作‘厄也’無疑。”《説文》言“厄”為“圓器也”，《急就篇》顏注云“飲酒圓器也”，《字略》云“圓酒器也”，疑䤅之器腹形如卵(爵腹亦有如卵者)，故亦稱“卵”，音轉為“䤅”，“䤅”“蛋”音同。簡文此器為銅鑄，故加“金”旁。●秦陶單字人名。

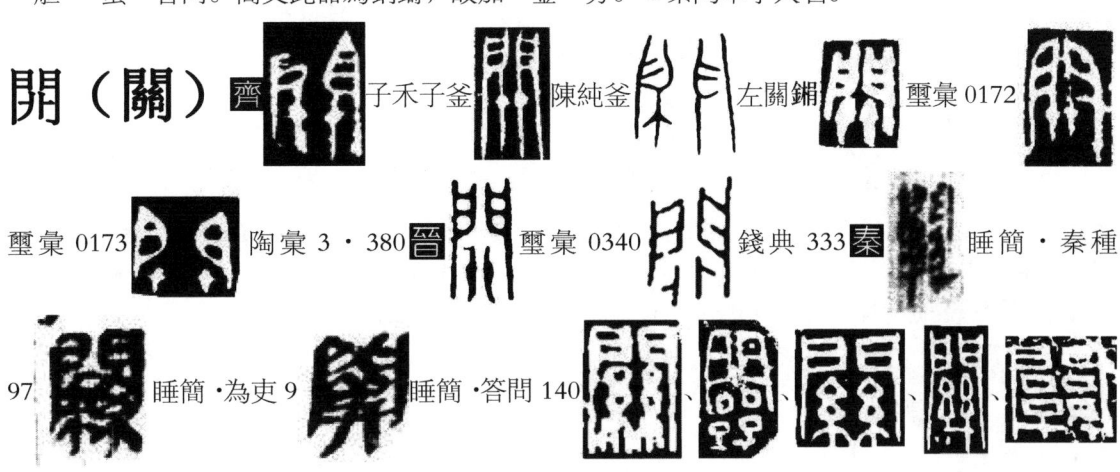
開（關）　齊　　子禾子釜　　陳純釜　　左關錔　　璽彙 0172　璽彙 0173　陶彙 3·380　晉　璽彙 0340　錢典 333　秦　睡簡·秦種 97　睡簡·為吏 9　睡簡·答問 140　、　、　、　印增 461

【注】從門卵聲。或作開，從門廿聲。睡虎地秦簡“關”作䦆，從䜌(䜌省作絲)聲，䜌所從之“絲”“卯”皆聲，小篆“關”所從絲即䜌之省變，故小篆“關”實仍從門卵聲。●關人：專門職掌關卡要道的貨物流通及稅收的官員。《子禾子釜》：“如關人不用命。”文獻作“司關”。《周禮·地官·司徒》：“司關，掌國貨之節，以聯門市，司貨賄之出入者，掌其治禁，與其征廛。”●城門。《陳純釜》：“命左關市(師)敕成左關之䜌(釜)。”左關，安陵城之東門，古時以東為左。《睡簡·為吏 9》：“門戶關籥(鑰)。”關，楚文字作“闈”“間”“闌”。●秦印有“關穿”“關參”“關為”，均為姓氏。

來紐輦聲

輦　　輦作妣癸卣　　輦作妣癸卣　　輦卣

【注】從車從㚘，象二人挽車形，會挽車之意。《説文》：“輦，挽車也。從車，從㚘在車前引之。”段玉裁注：“謂人挽以行之車也……按夫部㚘，並行也。輦字從此。輦設輅于車前。用索挽之。

故從車犾會意。犾在前。車在後。故連字下曰負車。連輦古今字。”本義古時用人拉或推的車。《戰國策・趙策》：“恃輦而行。”●人名。《輦卣》：“輦乍（作）寶障彝。”《輦作妣癸卣》：“輦乍（作）匕（妣）癸障彝。”

來紐孫聲

孫（兹） 孫駒父鼎 晉 璽彙 2662

【注】甲骨文作、，從二糸、三糸，其上斜筆相連。金文同甲骨文。“孫”即“聯”之初文。戰國璽印文字“聯”正作，裘錫圭指出與有別，認為可能是“聯接”之“聯”的本字，曰：“說不定‘聯’字另有已經失去的本義，‘孫’才是聯接之‘聯’的本字。”（《戰國璽印文字考釋三篇》）古文字“孫”要根據具體文意分辨之；楚文字“孫”有時候是絲的異寫。詳“絲”字。●人名。《孫駒父鼎》：“孫駒父乍（作）旅鼎，永寶用。”晉璽人名。

 兹 小臣孌卣 小臣孌玉瑗 戕系爵

【注】甲骨文作、、、、、、、、、、、、、、、、，從爪從孫（“聯”之本字），會系聯之意。“孌”之省文。金文同甲骨文。●人名。《小臣孌卣》：“王易小臣兹，易（賜）才（在）帝（寢）。”

 係 晉 璽彙 1683

【注】從人孫聲。●晉璽人名。

 嚙 晉 璽彙 1983 璽彙 0415

【注】從肉孫聲，“臠”之省文。●晉璽人名。

 慤 晉 璽彙 0386 璽彙 2676

【注】從心孫聲，疑“戀”之省文。●《璽彙 2676》“慤睪之”讀戀，姓氏。●《璽彙 0386》“王慤”為人名。

 瞖 師旂鼎

【注】從目孫聲，“矕”之省文。矕，《說文》目矕矕也。《類篇》目美貌。●《師旂鼎》：“白（伯）懋父乃罰得瞖古三百孚（鋝）。”瞖古：或謂貨幣之名稱，詳“古”字。

 叔噩父簋　叔噩父簋　叔噩父簋

【注】從鳥絲聲，"鷥"之本字。《金文編》原釋為"鵉"。裘錫圭釋為"鷥"，謂"絲"本從絲而不從絲。（《戰國璽印文字考釋七篇》）●氏名。《叔噩父簋》："弔（叔）噩（鄂）父乍（作）鷥姬旅毁。"

 叨孿簋　亞孿父辛盉　士山盤　伯筊父簋　趺鐘

【注】從子絲聲。此字舊釋為"孴"。董蓮池釋為"孿"。（《釋孿》）《伯筊父簋》絲旁銹蝕，但仍可辨認。●族氏名，見于《亞孿父辛盉》《亞孿父辛觶》等器。●讀蠻。《趺鐘》："南或（國）艮孿敢臽（陷）處我土。"

 伯嗣簋

【注】從山絲聲，當為"巒"之省文。裘錫圭釋為"巒"，蓋古文從絲聲的字均可省從88或88。金文用作人名，與通常表衣物之顏色的"幽"字用灋不同。《說文》："巒，山小而銳。從山絲聲。"本義小而尖的山。●人名。《伯嗣簋》："白（伯）嗣乍（作）白（伯）嵒寶毁，世子孫孫寶用。"

 望山 2·48　清華十·四告 16

【注】從首絲聲。●簡文"一匿綬繡。五魯白之甑（甑）"。此文位於起居用的莞筵之後，疑此字當讀枕，上古音"澀"屬書母緝部，"枕"屬章母侵部，章、書皆舌上音，侵、緝陽入對轉。很可能"繡"就是"枕"的異體，因枕是"薦首"用的，故字從首。●讀顯。《清華十·四告 16》："俞告不（丕）繡（顯）帝分（賓）壬（任）、明典司義，者魯大神。"整理者注："俞，助詞，無實義，可用於句首，也可用於句中（見本篇第二〇簡）。賓任，動賓結構，與明典、司義並列，皆為官名。壬，一說釋'工'。"

 天亡簋

【注】從頁絲聲。●讀顯，詳"顯"字。

 清華五·啻門 8

【注】從解絲聲。●讀顯。《清華五·啻門 8》："九月纚（顯）章（彰），十月乃成。"前文是生筋肉，接着是生肌膚，接着是正型，接着是"顯章"，應即顯現標誌，古人可能以為此時才知胎兒性別，或是指顯現紋理，比如眼鼻耳目的綫條等等。

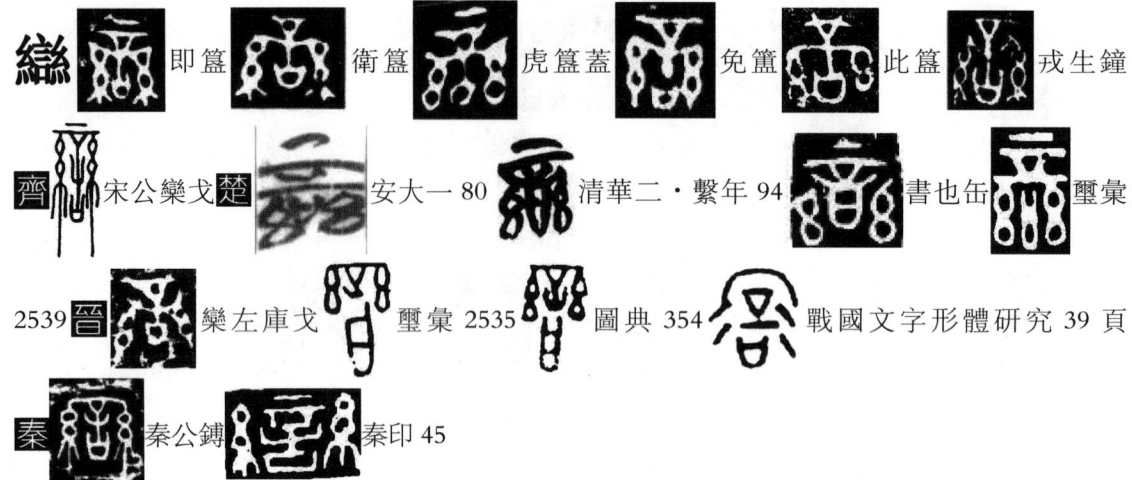

【注】從言從絲（“聯”之初文），言為迭加之音符。《説文》：“**絲**，亂也。一曰治也。一曰不絶也。從言絲。**蠿**，古文絲。”所謂“不絶”，應是“絲”之本義，亦即“絲”之本義。絲、絲、聯一字之孳乳。古文**蠿**實際是“**亂**（亂）”字，從**受**從絲，象雙手絞絲之形，故《説文》訓“亂也。一曰治也”，實則是借“絲”為“亂”。古文字中“絲”之本義已不見，多孳乳為欒、鑾、戀等。●讀蠻，指邊遠的少數民族。《虢季子白盤》：“賜（賜）用戉（鉞），用政（征）絲（蠻）方。”蠻方，南方古族的泛稱。《周禮·夏官·職方氏》：“辨其邦國、都鄙，四夷、八蠻、七閩、九貉、五戎、六狄之人民。”《秦公鎛》：“嚴龏（恭）夤天命，保蠻辥（厥）秦，虩事絲（蠻）夏。”蠻夏，泛指邊遠地區和中原各族。●讀鑾，指車衡上方的鑾鈴。《頌鼎》：“易（賜）女（汝）玄衣黹屯（純）、赤市、朱黃（衡）、絲（鑾）旂。”絲旂，即鑾旂，配飾有鑾鈴的旂幟。《集韻》通作鸞。《古今注》禮記云：“行前朱鳥鸞也。前有鸞鳥，故謂之鸞。鸞口銜鈴，故謂之鑾鈴。今或為鑾，或為鸞，事一而義異也。”《石鼓文》“鑾車”即指裝有鑾鈴之車。●《璽彙2539》“絲敢”、《圖典354》“絲涅”、《璽彙2535》“絲紿”，姓氏。漢有絲秘，為汝南郡太守。或可讀欒。●讀欒，人名。《宋公欒戈》：“宋公絲（欒）之賠（造）戈。”宋公欒，春秋時宋國國君，即宋景公兜欒。●讀欒，地名。《欒左庫戈》：“絲（欒）左庫。”又作“欒城”。其地春秋屬晉，戰國屬趙。《左傳·哀公四年》：“國夏伐晉，取邢、任、欒、鄗、逆畤、陰人、盂、壺口。”杜注：“欒城在平棘縣西北。”在今河北趙縣西。●讀貫。《安大一80》：“三戴（歲）絲（貫）女。”《毛詩》作“三歲貫女”。上古音“絲”屬來紐元部，“貫”屬見紐元部，二字音近可通。《史記·匈奴列傳》“士力能毌弓”，《漢書·匈奴傳》“毌”作“彎”。《史記·秦始皇本紀》“士不敢彎弓而報怨”，《陳涉世家》“彎”作“貫”。毛傳：“貫，事也。”

【注】從弓絲聲。●秦印“彎癃”，姓氏。“楊彎”，人名。

【注】從艸絲聲。●讀卷。《安大一6》：“菜=（采采）蘒（卷）耳，不盈（盈）**跂**（傾）匡（筐）。”《毛詩》作“采采卷耳”。“卷耳”之“卷”，《爾雅·釋草》作“菤”。“蘒”“卷”古音相近，“蘒

耳"當讀為"蒼耳"或"卷耳"。毛傳："卷耳，苓耳。"

 安大一 1 秦 秦編 1737

【注】從門䜌聲。●秦陶地名。●讀關。《安大一 1》："闗（關）=疋（雎）鳩，才（在）河之州（洲）。"《毛詩》作"關關雎鳩"。

 中伯作孌姬盨 中伯作孌姬盨

【注】從女䜌聲。《説文》："孌，慕也。"本義為美好貌。●姓，典籍亦作"䜌"。《中伯盨》："中白（伯）乍（作）孌姬旅盨用。"《廣韻》何承天云："姓也。漢有䜌秘，為南郡太守。"

 睡簡·語書 5　睡簡·為吏 40　詛楚文　印增 578

【注】從攴（或從又）䜌聲。●改變。《詛楚文》："變輸（渝）盟刾（約）。"秦文字用"變"表示變。六國文字用"弁"。

 類編 359

【注】從心䜌聲。●秦印"戀☐"，或為姓氏。戀祕，漢時南郡太守。戀，一作䜌。

 三年鈹

【注】從阝䜌聲。●讀欒，地名。

 散氏盤

【注】從宀䜌聲。●讀言。《散氏盤》："余又爽𤔽，爰千罰千。"爽𤔽，讀爽言，指違背諾言。

 清華二·繫年 93　清華二·繫年 93

【注】從邑䜌聲。●讀欒，姓氏。《清華二·繫年 93》："䢵（欒）䞓（盈）出奔齊。"

 尹小叔鼎 楚　上博五·姑成 6　上博五·姑成 7　上博五·姑成

10 石鼓文

【注】從金（金文從二金）䜌聲。楚簡或作省形。《説文》："鑾，人君乘車，四馬鑣，八鑾鈴，象鸞鳥聲，和則敬也。從金，從鸞省。"古代帝王的車駕上有鑾鈴，故亦作帝王車駕的代稱。鑾儀，指帝王的車駕及儀仗。鑾旂，指帝王儀仗中的旂。●車駕上的鑾鈴。《石鼓文》："囗囗鑾車，𦱠㩜真囗。"金文多以"䜌"代"鑾"。詳"䜌"字。●讀鑾。《尹小叔鼎》："尹小弔（叔）乍（作）鑾鼎。"●讀欒，姓氏。《上博五·姑成6》："鑾（欒）箸（書）欲乍（作）難。"

里耶8·1487　　印增512

【注】從虫䜌聲。●《里耶8·1487》："遷陵道里毋䘃更者，敢言之。""䘃"當讀變。張家山漢簡《奏讞書》案例一，其中的"變夷"讀作"䘃夷"，即"變""䘃"相通之佳証。"變更"一詞古書常見。"道里"，解釋為"道路里程"。

石鼓文

【注】從肉䜌聲。●《石鼓文》："䐜之鯊=（迫迫），洭=（瀚瀚）趍（溥溥）。"讀攔，指將捕獲的魚放在水中圍欄中。

考母壺　　考母壺　　聯子觶 晉　　璽彙2389 秦　　任鼎　　秦

印231

【注】甲骨文 、 ，從耳從糸，從絲者有連續之意，卜辭用作"連"。《考母鬲》作 ，《考母壺》作 ，此二文與甲骨文同。何琳儀、黃錫全將此二文釋作"聯"，指出聏乃"聯"字初文。（《"瑚璉"探源》）《聯子觶》作 ，此字從耳從糸，無疑也應釋為"聯"。演變至戰國璽印作 （璽彙2389），從耳絲聲，為小篆所本。●均為人名。

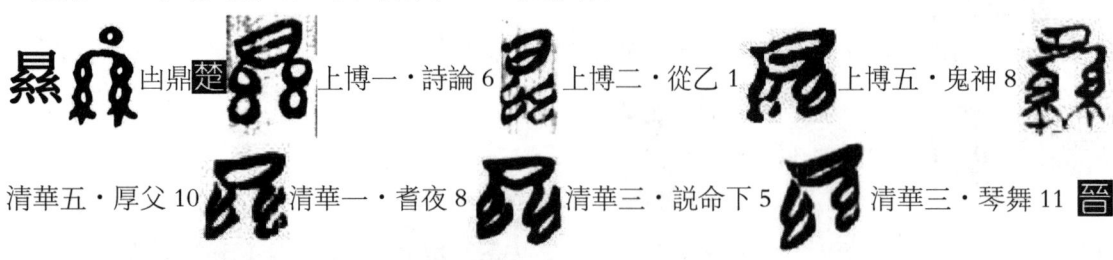

由鼎 楚　　上博一·詩論6　　上博二·從乙1　　上博五·鬼神8

清華五·厚父10　　清華一·耆夜8　　清華三·説命下5　　清華三·琴舞11 晉

工𣊟山形器　　、　　侯馬　　温縣

【注】從日絲聲。自古文字觀之"𣊟"應為"顯"之省文。●人名。《工𣊟山形器》："左使車工

㬎。”●讀顯。《甶鼎》：“甶敢對揚天子不（丕）㬎（顯）休。”●戰國文字多讀顯。《清華一・耆夜 8》：“不（丕）㬎（顯）逨（來）各（格），歆（歆）毕（厥）𨠭（禋）明（盟）。”詳“禋”字。盟書亦讀顯。

濕 晉  平都戈 秦  嶽麓一・為吏 11

【注】從水㬎聲。《說文》：“濕，水。出東郡東武陽，入海。從水㬎聲。桑欽云：出平原高唐。”今則用為“干濕”字。●讀隰。《平都戈》：“濕成。”“濕成”可讀隰城，地名。《左傳・僖公二十五年》：“殺之于隰城。”注曰：“隰城即隱十一年傳之隰郕，當在今河南省武陟縣境內。”趙國貨幣文字有“垤城”，即“隰城”。

㵎 晉  十二年邦司寇矛  考古 1990・8

【注】從疒㬎聲。《字彙》力火切，音臝。羸也。《正字通》瘰字之訛。●均為人名。《十二年邦司寇矛》：“上庫工帀（師）司馬㵎、冶⊠。”

顯  乍冊封鬲 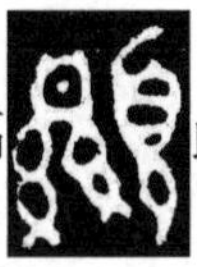 此簋  頌簋  虢叔旅鐘  師兌簋  公臣簋  班簋  乖伯簋 齊  叔尸鐘 楚  上博三・周易 10  曾侯 3  清華一・祭公 7  清華八・攝命 25  清華八・攝命 25 晉 、 侯馬 秦  詛楚文  秦公鎛

【注】從㬎從絲（聯），雙聲字。㬎、絲、顯皆元部字。《說文》“㬎，日見也”，就金文用例來看，金文“顯”都用作顯赫之義，此“㬎”之本義“明顯”義的引申。金文“顯”或作“覭”“顯”“顯”等形。《說文》：“顯，頭明飾也。從頁，㬎聲。”當為引申義。本義顯明。楚文字、三晉文字或用“㬎”表示顯。●顯赫、顯揚。《大盂鼎》：“不（丕）顯文王，受天有大令。”丕顯：古成語，意為光明正大，用于對天子、諸侯及祖先德行的歌頌讚美。●明顯、清楚。《班簋》：“允才顯，隹（唯）敬德，亡逌（攸）違。”●讀韅，或作韅。《曾侯 3》：“削顯（韅）。”

顯  沈子它簋

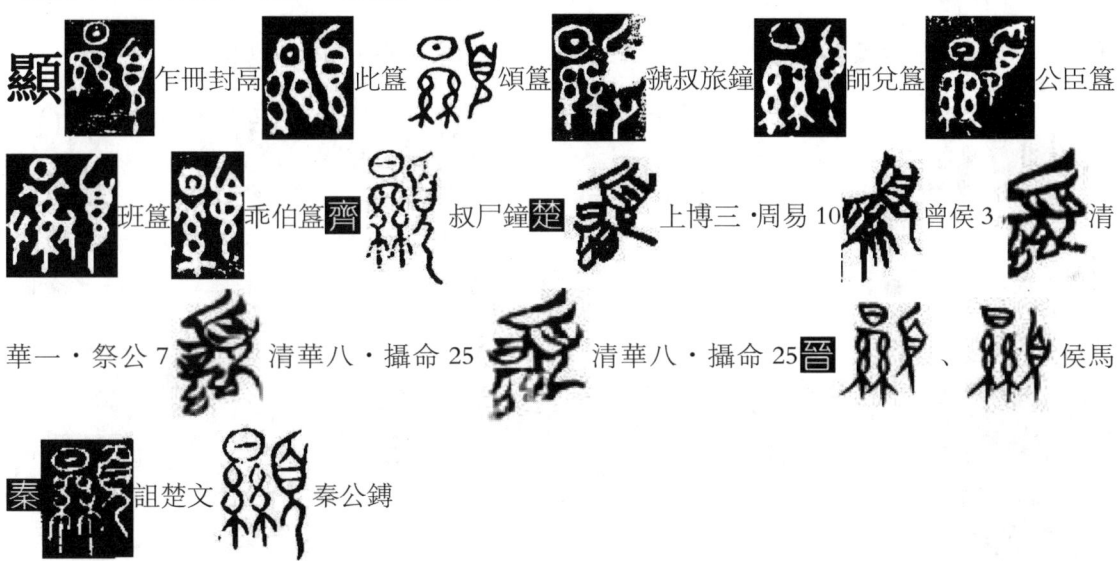

【注】從尹、顯，雙聲字。●讀顯，詳"顯"字。

顯 楚 曾侯80 秦 睡簡·答問179

【注】從革顯聲。●讀韅。《曾侯80》"鞏（韅）、靷"，《曾侯3》"削顯（韅）、靷"，韅、靷均指御馬鞏繩。《左傳》僖公二十八年："鞏靷鞅絆。"注："在背曰鞏，在胸曰靷，在腹曰鞅，在後曰絆。"《說文》等書的解釋略有不同，但均指駕車馬的皮件。此義亦見於秦簡，《睡簡·答問179》："騶馬蟲皆麗衡厄（軛）鞅鞏轅絆，是以炎之。"

聹 楚 清華二·繫年55

【注】從耳㬎聲。●讀董，地名。《清華二·繫年55》："秦公以戰于聹（董）舍（陰）之古（故）。"

齶 楚 清華二·繫年54

【注】從牙㬎聲。●讀董，地名。《清華二·繫年54》："敗于齶（董）舍（陰）。"

堅 楚 清華三·良臣6 晉 貨系1487　貨系1490　聚珍244　三晉71

【注】從土㬎聲。●地名用字。趙幣"堅城"讀隰城。●人名，讀隰。《清華三·良臣6》"堅朋"即隰朋。

溼 散氏盤　史懋壺　伯姜鼎 楚 郭店·太一3　安大一43 秦 石鼓文

【注】甲骨文作 、、、、，從水從絲。即古溼字。絲，絲相連形，絲畏水，故以此會意。或又增從止，象足履濕之形。金文同甲骨文，或增從土，會意為土濕也。戰國文字聲化從㬎聲。今濕、溼混為一字。《說文》："，幽溼也。從水；一，所以覆也，覆而有土，故溼也。㬎省聲。"本義是濕，與干相對。典籍通作"濕"。●讀隰。《散氏盤》："我既付散氏溼（隰）田。"《詩·周頌·載芟》："千耦其耘，徂隰徂畛。"鄭玄箋隰為"新發田也"。《石鼓文》："邍（原）溼（隰）陰陽。"《爾雅·釋地》："下濕曰隰，大野曰平，廣平曰原，高平曰陸……陂者曰阪，下者曰隰……。""邍隰"應為為高平和低濕之地。《安大一42》："阪又（有）桑，溼（隰）又（有）㭉（楊）。"●宮室名。《伯姜鼎》："王才（在）莽京溼宮。"《史懋壺蓋》："王才（在）莽京溼宮。"●讀濕。《郭店·太一3》："溼（濕）澡（燥）復相補（輔）也。"

2508

上博一·詩論 26

【注】從阝 至聲。●讀隰。《上博一·詩論 26》："陧（隰）又（有）長（萇）楚，得而愍（侮）之也。""隰有萇楚"，《詩經》篇名。

上博二·容成 18

【注】從彳 至聲。●讀隰。《上博二·容成 18》："禹乃因山陵坪（平）徑（隰）之可坴（封）邑者而緐（繁）實之。"

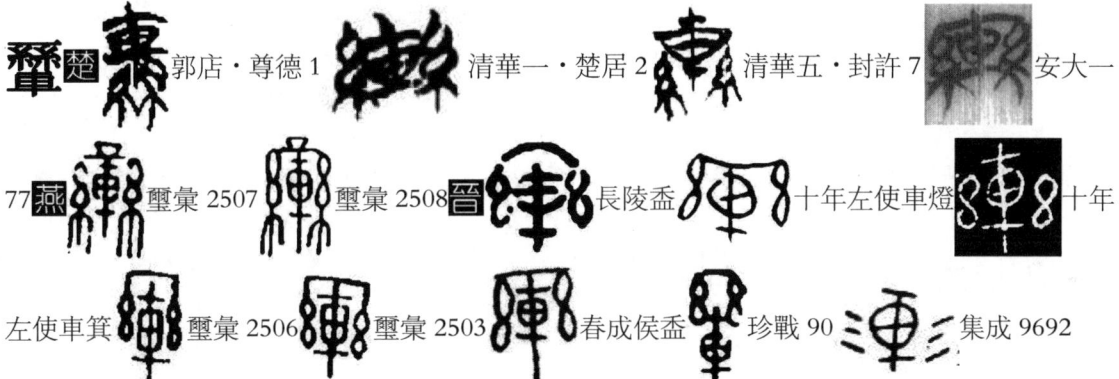

璽彙 2122   璽彙 2123

【注】從邑絲聲。●晉璽 "鄉諭" 讀欒，姓氏。"梜鄉"，人名。

郭店·尊德 1   清華一·楚居 2   清華五·封許 7   安大一 77 燕   璽彙 2507   璽彙 2508 晉   長陵盉   十年左使車燈   十年左使車箕   璽彙 2506   璽彙 2503   春成侯盉   珍戰 90   集成 9692

【注】從車絲聲，"蠻" 之省文。蠻，《字彙》："音聯。綴也。"●讀鏈，盉之鏈帶。《長陵盉》："又（有）盍（蓋）鏈（蠻）縖。"●讀連，連接、相連。《春成侯盉》："蓋柯鏈（連）景（環）。"蓋、鋬以銅鏈環相連，正是此類盉的性質特點。●讀璉。《清華五·封許 7》："龍鬲，鏈（璉），蘆（鏪）。"《論語》："瑚璉也。"《注》宗廟中黍稷器。●古璽印有 "鏈亡忌""鏈居""鏈丁立" 等，姓氏，疑讀連或讀欒。●讀連，訓為戾。《郭店·尊德 1》："濫（懲）忿鏈（戾），改忌勭（勝），為人上者之敄（務）也。""忿連" 應讀作 "忿戾"。《論語·陽貨》："古之矜也廉，今之矜也忿戾。""戾" 古音為來母月部，"連" 古音為來母元部，聲韻皆通。文意為：戒慎抑止無理的忿恨暴虐，改更導正猜忌與好勝之心，是作為人上之君主的要事。●讀戀。《郭店·性自 30》："其刣（烈）鏈（戀）鏈（戀）女（如）也，悲（戚）肰（然）以終。"戀戀，形容非常顧念、思念。●讀漣。《安大一 77》："今洀（將）至（賓）者（諸）河之（干）可（兮），河水清歔鏈（漣）可（漪）。"

晉侯對盨   晉侯對盨   妏簋   敢簋   迦尊   伯剄簋

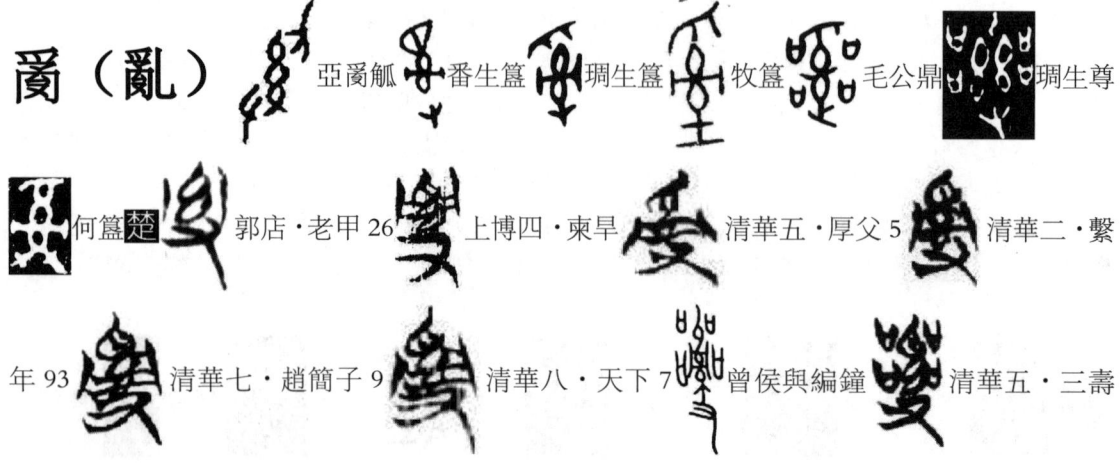

楚上博六・用曰 10清華八・處位 7清華一・祭公 6安大二・仲尼 11晉兆域圖銅版

【注】從辵𢇍聲，或增卩為繁文。裘錫圭在《釋𢇍及從𢇍諸字》一文辨認出璽印文字中的彎、鸞、戀諸字，並指明“䜌”本身就是一個從言𢇍聲的形聲字，作為聲符在以上諸字中寫作“𢇍”。黃德寬謂“𢇍”“系”一字異讀，指出：“𢇍”為“系”的本字，因象聯聚眾絲之形，又用此形表示“聯”，讀聯；“䜌、顯、聯”等字中正是以此音作聲符的，所以古文字中“䜌”及從“𢇍”聲諸字與“系”形同而音異。其後以“䜌”取代“𢇍”並派生出“聯”字，它們與“系”就徹底分化了。“㬎、隰、濕、𨗈”等以“𢇍”為聲符與“系”的音讀分歧，可能也是這種一字多用、音讀不一造成的。（詳《“𢇍”及相關字的再討論》）如“月”和“夕”字形本來不分，“立”和“位”更是如此，一形兩用，讀音不同，完全依靠上下文判定。●讀隰。《晉侯對盨》：“甚（湛）樂于邍（原）𨗈（隰）。”馬承源在《晉侯對盨》一文中指出：“𨗈，讀隰。邍隰一詞，見于文獻，《周禮・夏官》：‘邍師，掌四方之地名，辨其丘陵墳衍邍隰之名。’《說文》：‘邍，高平之野人所登’，‘隰，阪下濕也’。《爾雅・釋地》：‘下濕曰隰，大野曰平，廣平曰原，高平曰陸……陂者曰阪，下者曰隰……’邍隰為高平和低濕之地。”●讀襲，襲擊。《左傳》莊公二十九年：“凡師，有鐘鼓曰伐，無曰侵，輕曰襲。”“輕曰襲”，說明“襲”是一種特別的軍事行動。《左傳》襄公二十三年經：“齊師襲莒。”注：“輕行掩其不備曰襲。”《𢦚簋》：“𢦚達有𤔲（司）、師氏奔追𨗈（襲）戎于䣄林，博（搏）戎䵦（胡）。”《敔簋》：“王令敔追𨗈（襲）于上洛炂谷。”●讀襲，及也。《廣雅・釋詁》：“襲，及也。”《楚辭・九歌・大司命》：“綠葉兮素枝，芳菲菲兮襲予。”注：“襲，及也。”《兆域圖銅版》：“怏（殃）𨗈子孫。”“殃襲子孫”，就是“殃及子孫”。●讀襲。《漢書・揚雄傳》注：“襲，繼也。”《清華一・祭公 6》：“孳（茲）由（迪）𨗈（襲）斈（學）于文武之曼悳（德）。”●讀聯。《上博六・用曰 10》：“則行口之𨗈（聯），春秋還遖（轉），而詥既返（及）。”

來紐𤔔聲

𤔔（亂）亞𤔔觚番生簋琱生簋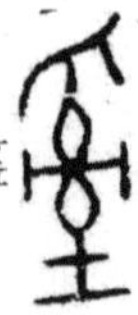牧簋毛公鼎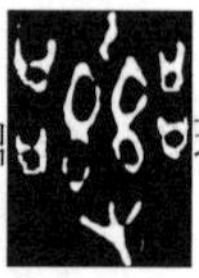琱生尊何簋楚郭店・老甲 26上博四・柬旱清華五・厚父 5清華二・繫年 93清華七・趙簡子 9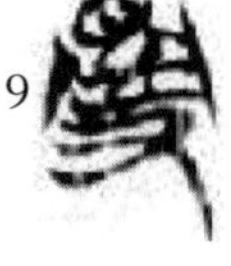清華八・天下 7曾侯與編鐘清華五・三壽

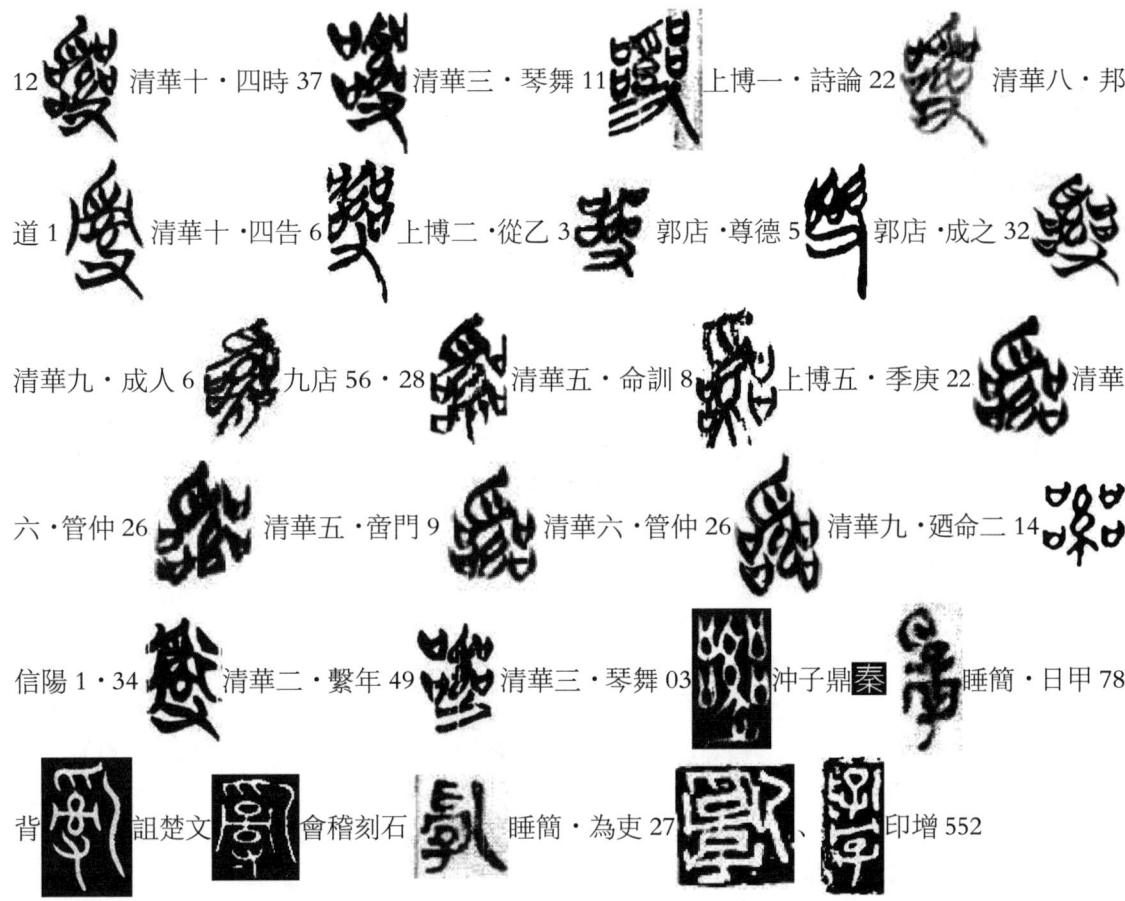

12 清華十·四時 37　　清華三·琴舞 11　　上博一·詩論 22　　清華八·邦

道 1 清華十·四告 6　　上博二·從乙 3　　郭店·尊德 5　　郭店·成之 32

清華九·成人 6　　九店 56·28　　清華五·命訓 8　　上博五·季庚 22　　清華

六·管仲 26　　清華五·啻門 9　　清華六·管仲 26　　清華九·廼命二 14

信陽 1·34　　清華二·繫年 49　　清華三·琴舞 03　　沖子鼎 秦 睡簡·日甲 78

背　　詛楚文　　會稽刻石　　睡簡·為吏 27　　　　、印增 552

【注】金文上下是兩隻手，中間的架子上纏着絲，會雙手理絲之意。丩為理絲之架，或以為裝飾符。《毛公鼎》從咒作，戰國文字習見，與《三體石經》"亂"作相吻合，為"亂"之異文。郭沫若謂，治絲時其聲嚚騷，故字從咒；下從止，蓋金文從又與從止每相混。《何簋》多出一"手"形。古文字中作為意符時，一個手形和兩個手形往往無別。《説文》："𤔔，治也。幺子相亂，受治之也。讀若亂同。一曰理也。徐鍇曰：'曰冂，坰也，界也。'古文𤔔。"本義當治理亂絲。又指混亂。按亂的本義，也可反訓為治，如《尚書》："其能而亂（治理）四方。"後由于"𤔔"作了偏旁，于是就另加義符乚（草木屈曲形）寫作"亂"。●讀亂，背叛、違抗。《㺱生簋》："余弗敢亂（亂）。"《左傳·文公七年》："兵作于内為亂。"●讀靬，柔軟的皮革。《番生簋》："朱亂𢎩（靬）斳（靳）、虎冟熏裏。"郭沫若疑讀為靬。《説文·革部》訓"靬"為"柔革"。或謂讀鞃。《説文》："鞃，去毛皮也。"《毛公鼎》："易（賜）女（汝）秬鬯一卣……朱嬰（鞃）𢎩（靬）斳（靳）、虎冟（冪）熏裏。""朱嬰"，銘文中或言"朱虢"，《吳方彝》："朱虢（鞃）斳（靳）、虎冟熏（纁）裏。"文獻作"鞃"，《詩·齊風·載驅》："簟茀朱鞃。"●治也。《説文》："亂，治也。"《廣雅·釋詁》："亂，治也。"《尚書·盤庚》："茲予有亂政同位，具乃貝玉。"孔安國傳："亂，治也。"《何簋》："乃令柯（何）亂三族。"意思是派遣柯治理三族。《清華五·厚父 5》："佳（惟）曰其勤（助）上帝𤔔（亂）下民。"

 隔伯鼎

【注】從阝寉聲。●金文人名。

離卣

【注】從隹寉聲。●金文人名。

精紐𢦏聲

𢦏（翦） 牆盤 𢦏 㾓鐘 我 曫方鼎楚 𢦏 清華一 · 尹至 5 𢦏 清

華一 · 尹誥 2 𢦏 清華三 · 説命中 3 𢦏 清華十 · 四告 29

【注】甲骨文作 𢦏、𢦏、𢦏、𢦏，可隸作為 “𢦏”，是翦除草木之 “翦” 的表意初文，字形象以戈翦斷樹木頂端之枝條形，《詩經 · 召南 · 甘棠》云 “蔽芾甘棠，勿翦勿伐”。（詳陳劍《甲骨金文 “𢦏” 字補釋》）楚簡增口為飾。𢦏隸定為 “𢦏”。●讀翦或讀殘，翦除、殲滅。《牆盤》：“雩武王既𢦏殷。”《㾓鐘》：“雩武王既𢦏殷。”正即《詩經 · 魯頌 · 閟宮》所云 “后稷之孫，實維大王。居岐之陽，實始翦商。至于文武，纘大王之緒……” 的 “翦商”。翦或作戩。《説文 · 戈部》：“戩，滅也。……《詩》曰‘實始戩商’。”《曫方鼎》：“隹（唯）周公于征伐東尸（夷），豐白（伯）、專（薄）古（姑）咸𢦏。” 所記為周初周公東征，攻滅東夷商奄（古書或作 “商蓋”，或單稱 “奄”）、薄姑（古書或作 “蒲姑”“亳姑”）之事，古書記載此事正用 “踐” 或 “殘” 字。《尚書序》：“成王東伐淮夷，遂踐奄。” 又：“成王既踐奄，將遷其君于蒲姑。” 兩 “踐奄” 偽孔傳皆釋為 “滅奄”。孔穎達《正義》：“鄭玄讀‘踐’為‘翦’，翦，滅也。”《史記 · 周本紀》：“召公為保，周公為師，東伐淮夷，殘奄，遷其君薄姑。” 西周金文 “𢦏” 字的兩種用例，釋讀翦、踐等字，都正好跟古書有關記載若合符節。●楚簡亦讀翦。《清華一 · 尹至 5》：“自西𢦏（翦）西邑，亾（裁）元（其）又（有）顕（夏）。”《清華一 · 尹誥 2》：“我𢦏（翦）戚（滅）顕（夏）。” 舊多釋為 “捷”。古書中只有 “翦滅” 的説法，如《左傳 · 成公二年》“余姑翦滅此而朝食”，《後漢書 · 鮑永列傳》“翦滅篡逆之策” 等，未見 “捷滅” 的説法。從辭例上看，簡文 “𢦏” 也應該釋讀為 “翦”。《清華三 · 説命中 3》：“古我先王滅顕（夏）、燮郛（強）、𢦏（翦）菩（蠢）邦，惟庶相之力乘（勝）。”

𢦏楚 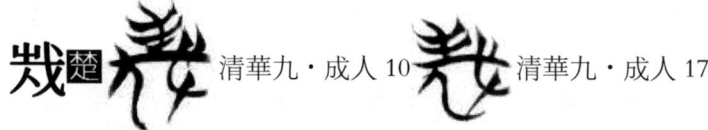清華九 · 成人 10 𢦏 清華九 · 成人 17

【注】從人𢦏聲。●讀殘。《清華九 · 成人 17》：“𢦏豥（家）焚宗，大攻少（小），無壑（赦）。” 簡文謂内亂。《韓非子 · 揚權》“公子既眾，宗室憂唫”，注：“宗室謂大宗，適子家也。庶子既眾，勢凌適子，故憂唫也。” 簡文謂眾庶子𢦏焚大宗之室家，大宗打擊小宗（眾庶子），兄弟相殘，危及邦國社稷，此所以 “無赦” 也。

精紐屑聲

屑（饡） 牆盤

【注】從尸（人形）從食，會人就食之意。《玉篇》："屑者，饡之古文。"《説文》："饡，從食贊聲。以羹澆飯也。" ●讀纘，繼也。《牆盤》："天子圞屑（纘）文武長剌（烈）。"纂與纘通。《前漢·班固敘傳》纂堯之緒。

屎（㑸） 齊 陳侯因脅錞 楚 競孫匜 清華二·繫年 14

【注】《陳侯因脅錞》作㑸，《金文編》釋為"㑸"，《説文》以"㑸"為"敉"字或體。《説文》："敉，撫也。從攴米聲。《周書》曰：'亦未克敉公功。'讀若弭。㑸敉或從人。"《説文》訓為撫，文獻中多以敉功、敉命連用。《書·立政》："亦越武王，率惟敉功。"蔡沉集傳："敉功，安天下之功。"此義與銘意不協。㑸、屑當為一字，古文字從"米"從"食"可相通，如"饎"篆文或作"糦"，"餈"篆文或作"粢"，"粒"古文或作"䭫"等等。根據古文字構型規律，字可隸定為"屎""㑸"，然字既不從尸聲，也不從米聲，均應讀纘。●讀纘，繼也。《陳侯因脅錞》："聖（紹）緟高且（祖）黃啻（帝），㑸嗣（嗣）趄文。"㑸嗣趄文，繼嗣桓公的文德。《競孫匜》："追孝屎（纘）棠（嘗）。"追孝前人，繼承祭祀。《清華二·繫年 14》："成王屎（纘）伐商邑。"

精紐薦聲

薦 亞形薦父丁觚 師眉簋 楚 清華四·筮法 61 郭店·成之 5

郭店·成之 9 清華五·封許 6 上博四·柬旱 上博一·緇衣 5 包山

265 郭店·語叢四 9 上博二·容成 48 上博七·凡乙 19 上博六·天乙

8 清華七·越公 26 上博四·曹沫 1 上博四·曹沫 414 清華三·赤

鳩 14 晉 侯馬 王二年鄭令戈 璽彙 2743

【注】甲骨文作 𣥑、𣥐、𣥒，象牛形；雙角、高肩、翹尾。《亞廌父丁觚》作 𣥍，《金文編》原釋為"豸"（甲骨文"豸"作 𣥑），林澐指出應釋為"廌"，《恒簋》灋字從廌作 𣥏，與此同。（見《新版〈金文編〉正文部分釋字商榷》）《師眉簋》字形繁化，上一角（"廌"字最基本特徵），為小篆所由。《說文》："𧗕，解廌，獸也，似山牛，一角。古者決訟，令觸不直。象形，從豸省。凡廌之屬皆從廌。"本義是犍牛。古文字"廌"以及從廌之字多讀薦，故併入精紐元部。●族氏名，見于《亞廌父丁觚》。●讀薦，推舉。《師眉簋》："兄（既）乎師眉，廌王為周客。"銘意為，師眉薦于王為周客，王既惠之。"廌"古文字多讀薦。廌、薦二字形體相關，故典籍亦往往混用不別，如《易·豫卦》"殷薦之上帝"，《釋文》"薦本作廌"。●楚文字多讀存，在也。《上博四·曹沫14》："三代之陳皆廌（存），或以克，或以亡。"《郭店·成之5》《上博一·緇衣5》《清華三·赤鳩14》等均讀存。薦、荐古通；荐從存聲。●讀慶。《清華四·筮法61》"廌忌"即"慶忌"，應視為"慶"字之省。"慶忌"是澤精。《管子·水地》："故涸澤數百歲，谷之不徙，水之不絕者生慶忌。慶忌者，其狀若人，其長四寸，衣黃衣，冠黃冠，戴黃蓋，乘小馬，好疾馳。以其名呼之，可使千里外一日反報。此涸澤之精也。"●讀薦，進也。《清華七·越公26》："乃大廌（薦）𢓕（攻），以忻（祈）民之𥁋（寧）。"●盟書為人名，可讀慶。

侯馬

【注】從攴廌聲。●讀薦。盟書"巫咸祝史𢾭綐"，𢾭綐，讀薦瑞。

【注】從邑廌聲。●趙三孔布"陽鄜"，地名。

郭店·窮達4   清華八·處位5   清華十·四時11   清華十·四

時11

【注】從水廌聲。●均讀津，渡口。《清華八·處位5》："洀（抑）不由無澦（津）以出。"廌，古有薦音。薦、津古音通。

牗齊 牗蕚戈

【注】從牛廌聲，疑"犘"之異文。●或讀薦，姓氏。《牗蕚戈》："牗蕚造戜（戟）。"

邵王之諻簋   邵王之諻簋   邵王之諻簋   包山265

【注】從皿廌聲。●讀薦，享、獻祭，用為形容詞。《昭王之諻簋》："邵（昭）王之諻（媓）之盧（薦）𣪘（殷）。"薦簋、薦壺、薦鬲、薦簠，均指薦祭所用之器。《包山265》："二☒廌（薦）之鼎。"

璽彙 1219

【注】從彳鷹聲。●齊璽人名

郭店·成之 35

【注】從才鷹聲。●讀津。《郭店·成之 35》："攜（津）沙（梁）婧（爭）舟，其先也不若其後也。"

類編 6

【注】從糸鷹聲。●齊璽"王纗"，人名。

新蔡乙二 42、天星

【注】從示鷹聲。●讀薦，祭祀、獻祭。

清華十一·五紀 26、清華十一·五紀 79

【注】從目（以）鷹省聲。●讀津。《清華十一·五紀 26》："大角、天艮（根）、本角、駟、心、膚（津）、笄（箕）。神尚南門，後正北抖（斗）。"《清華十一·五紀 79》："備馬於駟，發獸於心，雎（甕）壅（障）於膚（津），茮（簡）易（揚）於笄（箕）。""津"為渡口，在渡口用土堆積起隄防，用於阻攔水流，與文義自然密合無間。

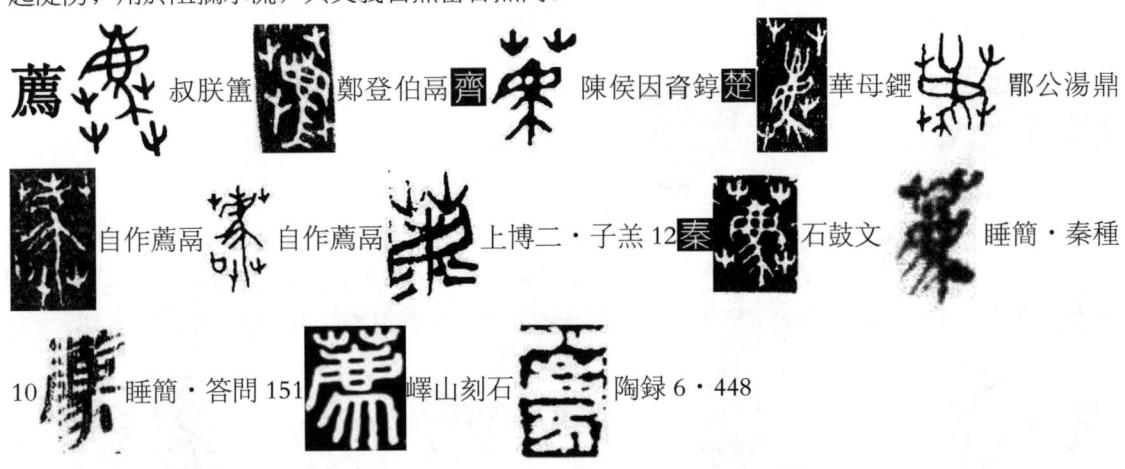

薦　叔朕簠　鄭登伯鬲　齊　陳侯因資錞　楚　華母鎣　鄦公湯鼎

自作薦鬲　自作薦鬲　上博二·子羔 12　秦　石鼓文　睡簡·秦種

10　睡簡·答問 151　嶧山刻石　陶錄 6·448

【注】從艸從廌（兼聲），會獸食草之意。廌或省為艸。《説文》："薦，獸之所食艸。"《爾雅·釋

草》：“薦，黍蓬。”《莊子齊物論》：“麋鹿食薦。”崔注“甘草也”。轉義為“進也”“陳也”。薦也是一種祭祀。《公羊傳》注：“無牲而祭，謂之薦。”●用為形容詞，享、獻祭。《鄭登伯鬲》：“奠（鄭）登白（伯）乍（作）弔（叔）嬭薦鬲。”薦壺、薦鬲、薦簠，均指薦祭所用之器。●動詞，進獻、供奉。《陳侯因𦅫錞》：“者（諸）侯蓙（貪）薦吉金，用乍（作）孝武趄公祭器錞（敦）。”《儀禮·士昏禮》：“贊者薦脯醢。”鄭玄注：“薦，進也。”《上博二·子羔12》：“遊於玄咎之内，冬見芺，孜（搴）而薦之。”詳“芺”字。●馬食之草。《石鼓文》：“驕驕（濟濟）馬薦（薦），蓆蓆芃芃。”●草墊。《睡簡·秦種10》：“禾、𦭊橐徹（撤）木、薦，輒上石數縣廷。”《廣雅·釋器》：“薦，席也。”●《睡簡·秦種10》：“勿用，復以薦蓋。”薦蓋，墊蓋。

清紐畀聲

、  陶錄3·54 [晉] 侯馬 秦  印增103

【注】畀，金文作 （《何尊》 𢍰字所從），從廾凶聲。戰國文字承襲金文，侯馬盟書作 ，凶或訛作 、 形，或訛為角旁（與畀同形，而非一字）。睡虎地秦簡作 ，“畀”之繁文，遂為《說文》或體 “𢍰” 字所從。《說文》：“𢍰，升高也。從廾凶聲。 畀或從𠂤。 古文畀。”●侯馬“勿畀兄弟”，讀遷（徙）。●餘例為人名。

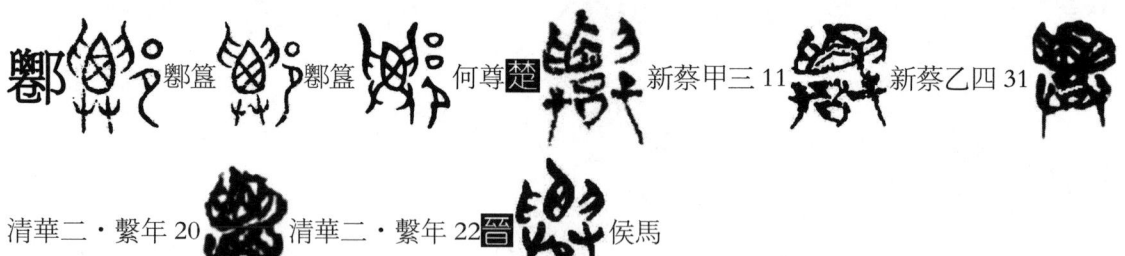

鄬簠 鄬簠 何尊[楚] 新蔡甲三11 新蔡乙四31 清華二·繫年20 清華二·繫年22[晉] 侯馬

【注】從邑畀聲，當為“鄬”之省文。《何尊》邑作 ，多家均有所疑，然銘文有泐損，不得至論。《說文》：“鄬，地名。”本義為地名。●人名，見于《鄬簠》。●讀遷。《何尊》：“隹王初鄬宅于成周。”盟書、楚簡均讀遷。

睡簡·秦種153 睡簡·雜抄11

【注】從𠂤畀聲。●均讀遷。《睡簡·秦種153》：“從軍當以勞論及賜，未拜而死，有罪法耐𢍰（遷）其後；及法耐𢍰（遷）者，皆不得受其爵及賜。”從軍有功應授爵和賞賜的，如還沒有拜爵本人已死，而其後嗣有罪依法應耐遷的；以及本人依法應耐遷的，都不能得到爵和賞賜。

遷[楚] 郭店·五行32 清華二·繫年14 清華二·繫年17 清華二·繫

年 15　清華十・四時 8　<秦>里耶 5・35　　、　秦印 32　戰編 96

【注】從辵鄹聲。楚簡從止鄹聲，為異文。●轉移、至也。《郭店・五行 32》："中心兑（悦）重（㴲），鼍（遷）於兄弟，橐（就）也。"楚文字或用"遂"表示遷。●秦印人名。

樐<楚>望山 2・45　　包山 87

【注】從木鄹聲。隸為"樐"。●當讀桄，几案。《望山 2・45》："一牛樐，一豕樐，一羊樐。"《禮記・明堂位》："俎用桄、嶡。"《注》："虞俎名桄，桄形四足，如案。夏俎名嶡，嶡亦如桄，而橫柱四足，中央如距。"賀云："直有脚曰桄，如脚中央橫木曰嶡。"李家浩先生謂"樐"即《包山 87》的"桄"。●《包山 87》"樐官璽邊"。"樐官"周鳳五謂製造"樐"這種高足案的工匠。

虜<楚>上博六・用曰 6

【注】疑從虎鄹省聲。●讀唇。《上博六・用曰 6》："虜（唇）亡齒倉（寒）。"整理者張光裕先生釋為"唇"，並説下部可能從"數"，但是"數"是心紐屋部；"唇"是船紐文部，聲韻關係不近。字可能從"遷"，只是把"廾"旁省略了。《周禮・遂師》："共丘籠及蜃車之役。"鄭玄注："蜃，《禮記》或作槫，或作輇。"可見辰聲、全聲可通，後者便是從母元部，與"遷"清紐元部，無疑是非常接近的。

清紐爨聲

爨<秦>睡簡・答問 192　　、　秦印 52

【注】會意字。《説文》："爨，齊謂之炊爨。臼象持甑，冂為竈口，廾推林内火。"●炊也。《睡簡・答問 192》："可（何）謂'爨人'？古主爨竈者殹（也）。"楚文字作"龕（允聲）"。●秦印有"爨午""爨氏"，姓氏。《華陽國志》昌寧大姓有爨習。●秦簡的"爨月"，當為楚曆十一月。《睡簡・日甲 112 正》："九月、十月、爨月作事北方。"

清紐竄聲

竄<秦>關簡 312　　里耶 8・1520　　印增 292

【注】會意字。《説文》："竄，墜也。從鼠在穴中。"亦見於馬王堆帛書作（帛編 311）。●讀撮。《關簡 312》："取車前草實，以三指竄（撮），入酒若鬻（粥）中，歈（飲）之，下氣。"三指撮，一種古代用藥的估量方法。●人名。《里耶 8‧1520》："一人絨：竄。"

從紐叙聲

叡𤳚匜 師旃鼎

【注】甲骨文作叙、𢼑、𢽳、𢿘、𣂈，從貝叙聲或少聲。金文從貝叙聲。叙，從歺從又，會殘穿之意，甲骨文金文僅見於偏旁，餐、粲均從叙得聲。《説文》："叡，叙探堅意也。從叙從貝。貝，堅寶也。"本義為擒取。●張崇禮讀爰，相當于秦漢的法律文書"爰書"。《説文》"叙"字"讀若殘"。豳公盨銘文的字，裘錫圭先生釋為"濬"，已成學者共識。此字中川表意，○（圓）為加註的聲符，爰和從○聲的"袁"通用。上博簡《周易》簡 54 的字，馬王堆帛書和今本皆作"渙"，孟蓬生先生認為是雙聲字，所從"睿""爰"皆聲。《説文》以"睿"為"叡"字古文，"濬"為"睿"字古文。所以，從語音上看，"叡"讀為"爰"應無問題。《師旃鼎》："引目（以）告中史書，旃對𢼸（厥）叡于障彝。"《𤳚匜》："白（伯）揚父乃成叡。""厥叡"即指書券內容。"成叡"即形成這種法律文書。（詳張崇禮《釋金文中的"叡"字》）

斲師寰簋

【字形】從斤叡省聲。●諸家多讀叡，同本義，殘殺。《師寰簋》："正（征）淮尸（夷），即斲𢼸（厥）邦𠃊（酋），曰冉、曰𣏸、曰鈴、曰達。"郭沫若曰："叡之者，謂殘害之。"（《兩周金文辭大系考釋》146 頁）

叡豳公盨

【注】從川叙聲，○（圓）為加註的聲符。上博簡《周易》簡 54 的字，馬王堆帛書和今本皆作"渙"，孟蓬生先生認為是雙聲字，所從"睿""爰"皆聲。《説文》以"睿"為"叡"字古文，"濬"為"睿"字古文。《説文》："睿，深通川也。從谷從卜。卜，殘地；坑坎意也。《虞書》曰：'睿畎澮距川。'濬，睿或從水。浚，古文睿。"全字為"疏通水道"之意，今字作"濬""浚"，皆為後起形聲字。●讀濬，與"浚"為一字之異體，疏通也。《正字通》："濬，通作浚。"《豳公盨》："天令（命）禹專（敷）土，隓（墮）山，叡（浚）川。"這一句是講禹受天命，劃定九州、開通山道、疏決大川以治理洪水之偉績。濬，心紐真部，與"叙"同屬精組，韻部旁轉。

叡秦公鎛

【注】從目從谷省叙聲。《説文》："叡，深明也。通也。從叙從目，從谷省。睿古文叡。叡籀文

叡從土。"●明智、聰明。《秦公鎛》:"余雖小子,穆穆帥秉明德,叡專明井(刑)。"

睿（楚）上博三·周易 29　睿　上博三·周易 28　睿　上博六·用曰 18　睿　帛書乙

睿　包山 165　睿　包山 170　睿　包山 183　睿　清華十·四告 40

【注】從攴叡省聲,"叡"之異文。●讀睿。《上博六·用曰 18》:"迲(起)事乍(作)志,叡元(其)又(有)审成。"●讀浚,深也。《上博三·周易 28》:"叡(浚)亙(恆),貞凶,亡(无)卣(攸)利。"深求恆久之理。●包山簡人名用字。

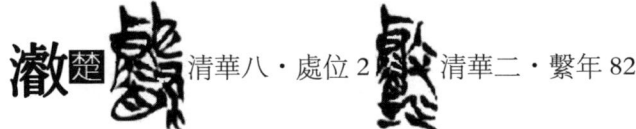

澈（楚）清華八·處位 2　　清華二·繫年 82

【注】從水叡聲。●讀俊。"俊"是對人才的常見修飾語。《清華八·處位 2》:"唯澈(俊)良人能敚(造)御柔。"整理者讀浚,或讀睿。●讀塹。《清華二·繫年 82》:"為長澈(塹)而洍之。"

敱（楚）曾公䣆鐘

【注】從火叡省聲。●讀駿。《曾公䣆鐘》:"南公之剌(烈),敱(駿)聖(聲)又(有)敔(聞)。""駿"和"浚"古同音,而"濬"和"浚"為一字異體。王弼本《周易·恆》初六、上六"浚恆"之"浚",鄭本作"濬",上博簡《周易》作"叡"。《尚書·益稷》"濬畎澮"之"濬",《史記·夏本紀》作"浚"。"駿聲有聞"可譯為"大的聲名被傳播"。

濬（楚）上博一·性情 19　濬　郭店·性自 31　濬　清華五·湯丘 19　濬　清華五·啻

門 13　濬　清華九·成人 28

【注】從水叡省聲。《郭店·性自 31》目形訛為貝。●讀睿。《清華五·湯丘 19》:"君既濬明。"濬明,意聰明睿智。●讀浚。《上博三·周易 28》:"初六:濬(浚)亙(恆),貞凶,亡(无)卣(攸)利。"《郭店·性自 31》:"濬(浚)深賮(鬱)舀(陶),其剌(烈)則流女(如)也以悲,條(攸)狀(然)以思。"《爾雅·釋言》:"浚,深也。"

濬（楚）清華十·四告 19

【注】從井濬省聲。●讀濬,深也。《清華十·四告 19》:"弋(式)卑(俾)曾孫有濬(濬)

壓=（壯壯），不（丕）瞀（謀）威義（儀）。"

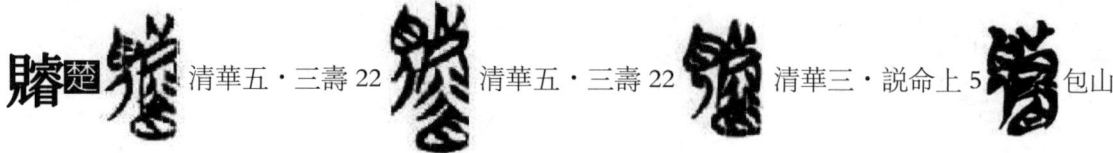

睹 楚 清華五·三壽22　　清華五·三壽22　　清華三·説命上5　　包山

82　　包山167　　包山177 晉 中山王𗊯鼎

【注】從見叡省聲，疑"睿"之繁文。字兼表意，從睿從見，會遠見卓識之意。《説文》古文作"睿"，此增從見，目、見為相近之義符，則"睹"字因加旁而形符重復，為"睿"之繁文，"叡"之異文。包山簡原釋為睸，認為從"冒"主要是右部與"冒"相同。此字右邊明顯從"睿"，從睿應為省體，故應釋為"睹"。古文字中"目"旁與"見"旁可通用，"睹"或為"睿"字，"睿"字見於《説文》。●讀叡，明智、聰明。《中山王𗊯鼎》："昔者，郾（燕）君子噲（噲）睹（叡）弅夫猊（悟）。"《清華五·三壽22》："音色柔丂（巧）而睹（叡）武不罔。"●《清華三·説命上5》："一豕乃睹保以遣（逝）。"讀旋。睿，喻紐月部；旋，邪紐元部，二字皆屬喉音，元月陽入對轉，故可通。《廣雅·釋詁四》："旋，還也。"●包山簡人名。

璿 楚 上博二·容成38　　新蔡乙一13　　清華九·治政28

【注】從玉叡省聲。●美玉。《上博二·容成38》："壋（築）為璿室，戜（飾）為条（瑤）臺，立為玉閈（門）。"《清華九·治政28》："青黄金、玉、珠、玫、璿、玝戜（飾）散（歲）至。"

𤕝 楚 上博三·周易54　　上博三·周易54　　上博三·周易54

【注】從睿、爰，雙聲。或從屮為繁文。●讀渙，卦名。《渙》卦象征渙散。"睿"月部喻母字，"渙"元部曉母字，韻部對轉，喻、曉亦多通轉之例。

惥 楚 清華四·別卦8

【注】當從心睿省聲。●讀渙，卦名。

粲 秦 睡簡·秦種134　　睡簡·日甲57背　　睡簡·秦種35　　里耶111

【注】從米叔聲。《説文》："粲，稻重二秅，為粟二十斗，為米十斗，曰毇。為米六斗大半斗曰粲。"●上等米。《睡簡·秦種35》："已獲上數，別粲、糯（糯）秥（黏）稻。"●女刑徒。《睡簡·秦種56》："城旦春、春司寇、白粲操土攻（功），參食之。"白粲，令罪人選精米以供祭祀。

增146

【注】"殘"之異文。殞,《說文》"禽獸所食余也,從歺從肉。"殘缺義後寫作"殘"。●龍崗簡"得殞",本義。●何琳儀讀幰。《集韻》:"幰,群幅也。"引申為邊幅。《曾侯1》:"犴殞之籇。""犴殞",疑讀為"犴幰",犴毛為幅。●晉璽、秦印人名。

類編150

【注】甲骨文作🔸、🔸、🔸,"餐"之異文。●秦印"滄狅",人名。

從紐戔聲

告21

【注】甲骨文作🔸、🔸、🔸、🔸,從兩戈,羅振玉謂其字本為戰爭之"戰"的表意初文。(《甲骨文字詁林》,第三冊2391頁)越國文字常綴加🔸,乃裝飾符號;劍銘字"踐"或作🔸,可知矣。《說文》:"🔸,賊也。從二戈。《周書》曰:'戔戔巧言。'"本義為戰爭。引申為殘殺,如《經典釋義》:"戔,本亦作殘。""戔"或讀踐、殘,當為後起義。蓋西周中晚期金文用"哉"來表示"踐""翦",殷墟甲骨文中不大可能就已經有用"戔"來表示"踐""殘"的。(陳劍《甲骨金文"哉"字補釋》)●人名。見于《伯戔盤》。●讀踐,人名。《越王句踐之子劍》:"欱(句)戔(踐)之子。"●楚簡多讀賤。《上博八·顏淵9》:"能=(能能),戔(賤)不槀(肖)而遠

之，則民智（知）欽（禁）矣。""戔不肖而遠之"，意為輕視小人并疏遠之。《上博四·曹沫21》："貴戔（賤）同等。" ●讀殘。《上博五·三德4》："戔（殘）亓（其）新（親），是胃（謂）邊（罪）。" ●讀踐，猶言四方疆土。《上博六·用曰14》："克輨戎事，台（以）異（翼）四戔（踐）。" ●《清華七·越公12》："遠夫甬（勇）虥（殘）。""虥"是"戔"繁構，讀殘，或讀踐，赴也。 ●《安大一28》："幣（蔽）芰（芾）甘棠，勿戔（剗）勿掇。"《毛詩》作"勿翦勿拜"。《韓詩》《魯詩》作"剗"。"戔"當讀剗，《漢書·敘傳》韋昭注："剗，削也。""剗""翦"同屬精紐元部，音同可通（參《古字通假會典》195頁）。故亦可據《毛詩》讀翦。 ●讀粲。《清華十·四告21》："卑（俾）妜=（斐斐）戔=（粲粲）。"《詩經·小雅·大東》："西人之子，粲粲衣服。"毛傳："粲粲，鮮盛貌。"

鄸楚 清華二·繫年70　　清華二·繫年69　　上博九·卜書2

【注】從邑戔聲。 ●讀蔡。《清華二·繫年70》："既會諸侯，郘（駒）之克乃敓（執）南靣（郭）子、鄸（蔡）子、安（晏）子以歸。"

屆楚 清華十一·五紀10　　清華十一·五紀53　　清華十一·五紀69

【注】從厂戔聲。 ●讀賤。《清華十一·五紀10》："天下豊（禮）以事屆（賤），義以寺（待）相女（如），炁（愛）以事宯（賓）配，慇（仁）以共替（友），中（忠）以事君父母。"

騣楚 安大一46

【注】從馬戔聲。 ●讀俴。《安大一46》："騣（俴）駟孔羣。"《毛詩》作"俴駟孔群"。"騣""俴"諧聲可通。

餞楚 安大一78　餞晉 匯考37　　訓義1·8

【注】從食戔聲。楚簡食省為皀。 ●讀餐。《安大一78》："皮（彼）君子可（兮），不傃（素）餞（餐）可（兮）。"上古音"餐"屬清紐元部，"餞"屬從紐元部，二字音近可通。 ●晉璽人名。

悈楚 九店56·15

【注】從心戔聲。 ●義不詳。

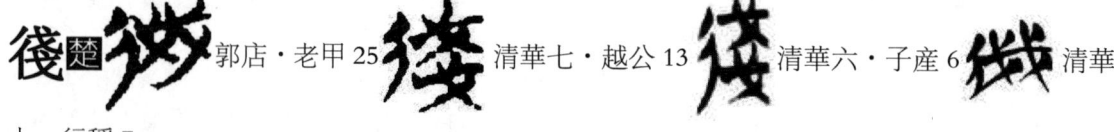

淺楚 郭店·老甲25　　清華七·越公13　　清華六·子產6　　清華十·行稱7

【注】從彳戔聲。●讀散。《郭店·老甲25》："亓（其）幾也，易後（散）也。"《清華十·行稱7》："奴（如）弗為，叟（吝）貨資速後（散）芒（亡）。"●讀踐，指攻占。《清華七·越公13》："虗（吾）先卣（始）後（踐）雫（越）堅（地）以至于今。"

佬 楚 清華八·邦道 2　清華八·邦道 3　清華八·邦道 3　清華八·邦道 3

清華三·芮良夫 16　清華三·芮良夫 7　清華九·治政 36

【注】從人戔聲。●讀悓。《清華三·芮良夫16》："自记（起）佬（悓）盧（虐），邦甬（用）不宿（寧）。"《集韻·寒韻》："悓，忮也。"《説文·心部》："忮，很也。"段玉裁注："很者，不聽從也。"虐，無節制。《清華三·芮良夫7》："民之佬（悓）矣，而隹（誰）啻（適）為王？"●讀賤。《清華八·邦道3》："是以不羿（辨）貴佬（賤），隹（唯）道之所才（在）。"

粀 楚 清華七·越公 16

【注】從米戔聲。●當讀殘。《清華七·越公16》："茲虗（吾）二邑之父兄子弟朝夕粀（殘）然為豺狼。"

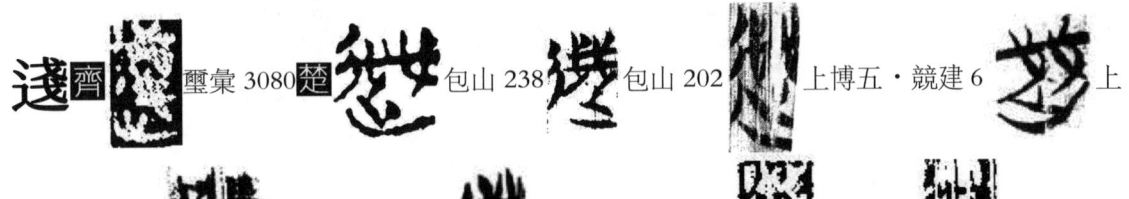

遂 齊 璽彙 3080 楚 包山 238　包山 202　上博五·競建 6　上

博七·吳命 8　上博九·卜書 8　清華三·説命上 5　珍戰 144　上博六·慎子 6

【注】從辵戔聲，"踐"字異文。●讀踐，猶履也。《包山202》："獻（且）雀（爵）立（位）迡（遲）遂（踐）。"遲踐，指升遷遲。《上博七·吳命8》："管（孰）爲帀（師）徒，遂（踐）履陳堅（地）。"●讀遷。《上博五·競建6》："不遂（遷）於善而敫（説）之。"●楚璽人名。●讀散。《清華三·説命上5》："乃遂（散），邑人皆從。"文義為：傅説來伐，失仲與其邑人皆散滅。《上博九·卜書8》："我周之孫=（子孫），亓（其）遂（散）于百邦，大貞邦亦兇。"文義為：我周之子孫散處百邦，都已衰落。大問邦事，也還是屬於凶。

賤 秦 睡簡·封診 36

【注】從肉戔聲。●《睡簡·封診36》："深到骨，類劍迹；其頭所不齊賤賤然。"賤賤，古籍或

作"戔戔""殘殘"，眾多貌。

踐 秦 睡簡·封診 68　　里耶 8·651

【注】從足戔聲。●讀跣，赤足。《睡簡·封診 68》："衣絡禪襦、帬各一，踐☒。"身穿絡制的短衣和裙各一件，赤足。●里耶簡有關於"踐更"的內容。秦漢平民中的丁男（有時也包括丁女）每年須為官府更替服役，稱作"更"；輪到的可以出錢僱人代替，受錢代人服役叫踐更。《漢書·食貨志》董仲舒言秦"月為更卒"，顏師古注："更卒，謂給郡縣一月而更者也。"《漢書·昭帝紀》注引如淳曰："更有三品：有卒更，有踐更，有過更……一月一更，是謂卒更。貧者欲得顧更錢者，次直者出錢顧之，月二千，是謂踐更也。"

堎 楚 帛書甲

【注】從土戔聲，疑"陵"之異文。●讀踐。《帛書甲》："而〈天〉堎（踐）是格。"

猤 楚 清華七·越公 5

【注】從犬戔聲。●讀踐，人名，指勾踐。

淺 楚 越王句踐劍　　信陽 2·14　　帛書甲 秦 秦印 219

【注】從水戔聲。《説文》："淺，不深也。"本義深淺之淺。●用為本義，與"深"相對。《信陽 2·14》："二淺缶。"●讀踐。《越王劍》："戉（越）王敌（句）淺（踐）自乍（作）用僉（劍）。"敌淺，人名，即越王勾踐。

棧 秦 詛楚文

【注】從木戔聲。●《詛楚文》："鞋輸棧輿。""棧輿"讀棧車，低劣之車。《韓非子·外儲説左下》："孫叔敖相楚，棧車牝馬。"

剗 秦 詛楚文

【注】從刀戔聲。●滅也。《詛楚文》："剗伐我社稷，伐滅我百姓。"

賤 楚 上博四·采風 4

【注】從見（視）戔聲。左旁義符為"視"，其義或即為"賤視""鄙視"。●讀賤。簡文"子之
賤奴"讀為"子之賤奴"，可釋為"你所鄙視的奴隸"。

錢[楚] 包山 265　上博五·鮑叔 3　璽彙 5505　[秦] 睡簡·秦種

65　睡簡·效律 9　睡簡·雜抄 11　里耶 8·60　印增 532

【注】從金戔聲。●讀盞。《包山 265》："二枳錢（盞）一盤。"●讀殘。《上博五·鮑叔 7》："器
必盪（蕩）憖（潔），毋內錢（殘）器。"●秦簡用為本義，錢幣。

賤[楚] 郭店·成之 17　清華七·越公 42　上博一·緇衣 10　清華十

一·五紀 31　[秦] 睡簡·為吏 2　相邦儀戈

【注】從貝戔聲。●多用為本義，與"貴"相對。《清華七·越公 42》："乃母（毋）有貴賤，刑
也。"●輕視。《睡簡·為吏 18》："五曰賤士而貴貨貝。"●《相邦張儀戈》："工師賤工卯。"賤
工，指鄙賤或技藝不高的工匠。或說"賤"為人名。

賤[楚] 清華三·良臣 7

【注】從員戔聲。●讀踐。《清華三·良臣 7》："雩（越）王句賤（踐）又（有）大（舌）同（庸）。"

盞[楚] 大膚鼎　王子申盞盂　贈於敔盞　大膚簠　仲姬敦　望

山 2·46　安大一 110

【注】從皿戔聲。《說文》以之為"琖"字或體。《說文新附字》："琖，玉爵也。夏曰琖，殷曰
斝，周曰爵。從玉戔聲。盞，或從皿。"本義小杯子。《方言》郭璞注謂"盞，最小杯"。古文凡
從戔者，均有小意。如"淺"即小水，"箋"即小紙。●容器名。《王子申盞盂》："王子申乍（作）
嘉嬭盞盂。"盞盂，即淺盂，一種淺而小的盂。●讀粲。《安大一 110》："今夕可（何）夕，見此
盞者？"《毛詩》作"見此粲者"。毛傳："三女為粲，大夫一妻二妾。"《廣韻》引《詩》作"姦"。
《說文》作"姦"。《說文·女部》："姦，三女為姦。姦，美也。""盞"上古音屬莊紐元部，"粲"

"娞""效"並屬清紐元部，音近可通。

 衒鼎

【注】從行戔聲。為"踐言"專字。●人名用字。

從紐歬聲

【注】甲骨文作 、 、 、 、 、 、 、 ，從舟從止，會舟船前進之意。林義光謂 象履形，字象以足穿履在路上行走之義。金文多作簡形。戰國楚文字作 ，葉玉英認為，止形變形音化從払聲。古音"歬"在從紐元部，"払"在影紐元部。楚音中影母與心母關係密切。（詳《古文字構形與上古音研究》361頁）《說文》："肯，不行而進謂之歬。從止在舟上。"本義為借船前進，是"前"的本字。引申泛指前進，如《史記》："及出壁門，莫敢前。"後來由于"歬"作了偏旁，其義便借當剪刀的"前"字來表示。"前"被借用于表示"前進"義之後，又再加"刀"另造"剪"字。●先、先前。《師訊鼎》："齰明黔（令）辟前王，事余一人。"●前文人：有文德的先祖先考。《善鼎》："唯用妥（綏）福唬（乎）前文人。"《兮仲鐘》："用侃喜前文人。"《追簋》："用享孝于前文人。"●前引、引導。《迴尊》："迴歬（前），王寶（賞）。"《儀禮·特牲饋食禮》："尸謖祝前，主人降。"鄭玄注："前，猶導也。"迴歬，謂迴是樂隊的指揮或樂舞的前導。●方位詞。《上博三·周易10》："顯比，王晶（三）驅，遊（失）前含（禽）。"

翦（秦） 陶彙3·1371　陶彙3·1371　秦印69　類編115

【注】從羽歬聲。《禮記·文王世子》："不翦其類也。"注："割截也。"此義古文字或作"戔"。●秦文字均為人名。

譖（晉） 璽彙1802　璽彙2007　璽彙3269

【注】從言歬聲，疑"譖"字或體。●晉璽人名。

遄（楚） 包山185　包山193　清華一·楚居1

【注】從辵歬聲，"前"之繁文。●讀前。《清華一·楚居1》："遄（前）出于喬（騩）山，砥（宅）尻（處）爰波。"●包山簡人名。

湔（晉） 貨系2464　璽彙2136　匯考125

【注】從水歬聲，"湔"之省文。●讀原。"前""原"二字音近可通。《貨系2464》"陽湔"、《匯考125》"陽湔右旟"。李家浩讀為"陽原"，當即《漢書地理志》幽州郡屬縣之"陽原"，其地在今河北陽原縣西南，戰國時屬趙。（詳《安徽大學漢語言文字研究叢書·李家浩卷》114頁）

猶（晉） 陶彙9·11

【注】從犬歬聲。●"文是猶"，人名。

籥（箭） （楚）鄂君啟車節（秦）里耶8·454

【注】從竹歬聲。歬從舟已訛為從月。小篆從竹前聲。《説文》："箭，矢也。從竹前聲。"本義箭矢。●箭矢。《鄂君啟車節》："母（毋）載金革黽箭。"《里耶8·454》："竹箭。"

輴（晉） 璽彙1127

【注】從車歬聲。●晉璽人名。

2527

從紐全聲

全 楚 貨系 4171　包山 241　包山 210　包山 227　清華十

一・五紀 49　清華十一・五紀 61　清華九・治政 43 燕　郾王喜矛 晉　侯

馬 秦 睡簡・日甲 75 背　睡簡・答問 69　秦印 93

【注】戰國文字作全，構形不明。或中加飾筆作全，睡虎地秦簡作全，受"金"字類化。作全者，與晉系文字"百"字形體相同，僅據文意區別。●《睡簡・答問 69》："其子新生而有怪物其身及不全而殺之。"不全，畸形。●《郾王喜矛》："郾（燕）王喜怎（作）全跣利。"何琳儀謂："全，同全，疑讀為輇或輴。《穆天子傳》'是曰壺輴'注：'輴，音遄，速也。與遄同。'所謂'全跣（長）利'，大概是矛的特稱，意謂矛頭長而鋒利。"（何琳儀《戰國文字通論（訂補）》105 頁）●讀牷。《清華九・治政 43》："古（故）邵（灼）龜、鰈（矜）祀、祇（磔）禷（禳）、祈祿，㷉（沉）☐珪辟（璧）、我（犧）全（牷）、饋罍，以忻（祈）亓（其）多福。"犧牷，古代祭祀時用的全體之牲。泛指祭祀用的牲畜。●完備。《上博五・鮑叔 7》："祭服毋紁（蔽），器必盤（蠲）慭（潔），毋内錢（殘）器，犧牲、珪璧必全女（如）祜（故）。"●秦印"全宣"，姓氏。

絟 秦 印增 508

【注】從糸全聲。●人名。

牷 秦　睡簡・日甲 91 背

【注】從牛全聲。●讀全。《睡簡・日甲 91 背》："生子不牷（全）。"

從紐泉聲

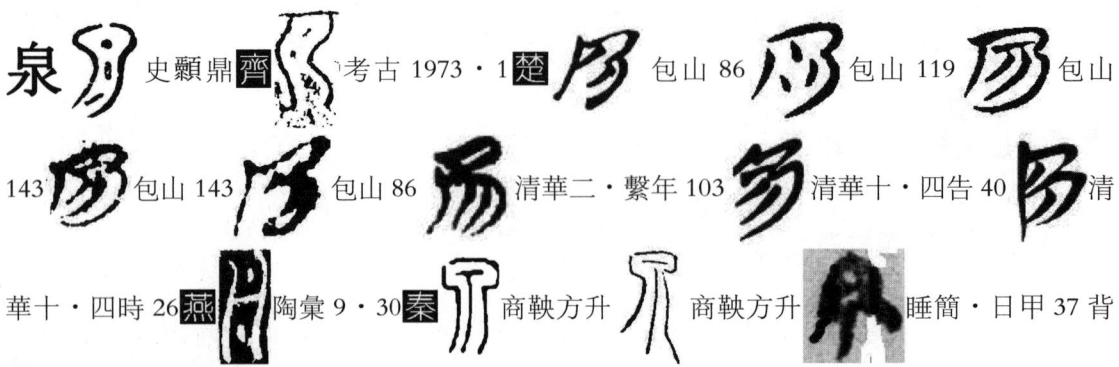

泉 史顆鼎 齊　考古 1973・1 楚　包山 86　包山 119　包山

143　包山 143　包山 86　清華二・繫年 103　清華十・四告 40　清

華十・四時 26 燕　陶彙 9・30 秦　商鞅方升　商鞅方升　睡簡・日甲 37 背

 秦編 1670　集證 316

【注】甲骨文作 、 、 、 、 、 、 、 、 、 ，象山石間泉水往外流出形。金文同。《說文》："泉，水原也。象水流出成川形。凡泉之屬皆從泉。"本義為泉水。上古錢幣作泉形，取其流通不絕，故又用以表示錢幣。此義後用"錢"來表示。燕系文字作 （晉系文字泉與之相近，《鄭右廩壺》"寰"從泉作 ），是由 演變來的。●人名。《史顯鼎》："史顯乍（作）朕皇考釐中（仲）、王母泉母隙鼎。"●用為本義，泉水。《睡簡・日甲 37 背》："屈（掘）湲泉。"●《集證 316》"重泉丞印"，《商鞅方升》"重泉"。重泉：地名。《漢書・地理志》左馮翊有"重泉縣"，今陝西蒲城縣東南五十里。

趥 晉  匯考 204　　趙君壺

【注】從走泉聲。吳振武對戰國文字中的"泉"有很好考證，謂 就是泉字，多見於燕器，但也影響到三晉文字，可參看《燕國銘刻中的"泉"字》《〈燕國銘刻中的"泉"字〉補說》二文。●《匯考 204》"趥竝（灒）叠"，讀爰，姓氏。

逺 晉 梁十九年鼎

【注】從辵泉聲。燕系、晉系文字 為泉字。●《梁十九年鼎》："逺逺魯辟，矱（祖）眚（省）朔旁。"語例與上海博物館藏舊十九年鼎"穆穆魯辟，矱（祖）眚（省）朔旁"相類。吳振武讀趥。趥趥，裘錫圭讀爰爰，寬舒閒雅之貌。相當於鐘銘的"越越（爰爰）"而不是"趄趄（桓桓）"。"逺"字所從的聲符與"原""袁""爰"三字古音極近。

諒 楚 清華一・耆夜 2　　包山 85

【注】從言泉聲，"諑"字異體。●楚文字均為人名。《清華一・耆夜 2》："辛公諒辝（甲）為立（位）。"

顤 晉 分域 234

【注】從頁泉聲，似即"顤"字異體。"顤"從"原"聲，《說文》訓"大頭"。"原""泉"二字古有通假跡象。《左傳・昭公三年經》："滕子原卒。"《公羊傳》"原"作"泉"。故此從泉之"顤"或可釋為顤。同理，包山楚簡中所見的一個從言泉聲之字，似即"諑"字異體。●燕璽人名。

蒝 楚 郭店・性自 47　　清華七・晉文公 7　　清華九・成人 24 晉 璽補

2529

231  、、、、 分研一 151 璽彙 1936 璽彙 3288

璽彙 0332 匯考 108

【注】從泉從廿。雙聲字。●晉璽多為姓氏，讀原。●地名，讀原。《清華七·晉文公 7》：“元年克蒝（原），五年啟東道。”●讀原，謹慎老實義，後世寫作“願”。《郭店·性自 47》：“又（有）其為人之蒝（願）女（如）也，弗校（輔）不足。”●讀原，推究。《清華九·成人 24》：“鐘（通）而蒝（原）之。”

鄵晉 璽彙 1938 璽彙 1937 分研一 151 分研一 286 璽補 143

【注】從邑蒝聲。●讀原，姓氏。

湶楚 包山 3 包山 100 上博三·周易 45 郭店·成之 14

信陽 1·48 清華十·四時 33 燕 右湶州矛 郾王職戈 璽彙

2508 璽彙 0363

【注】從水泉聲，“泉”之繁文。●讀泉，地名。《郾王職戈》：“湶埅都叡。”“湶州”地名。《漢書·地理志》漁陽郡有泉州，其地在今天津市武清縣西南，戰國時屬燕。●讀源。《郭店·成之 14》：“窮湶（源）反本。”●讀泉。《上博三·周易 45》：“茿鍥（冽），寒湶（泉）飤（食）。”

濛楚 郭店·成之 11

【注】從艸湶聲，疑為“湶”字異體。●讀源。《郭店·成之 11》：“是君子之於言也，非從末流者之貴，窮濛（源）反者（本）者之貴。”

燥齊  澎公宜脂鼎

【注】從火泉聲。●整理者讀爨，炊、煮。《澎公宜脂鼎》：“澎（濫）公宜脂（旨）余（擇）其叩（臧）金，用鑄其燥宜鼎。”“燥宜鼎”指“（用來）煮肉的鼎”。謝雨田讀煎，“泉”聲字與“前”聲字關係密切，兩者可通。（詳《新出宜脂鼎銘文小考》）

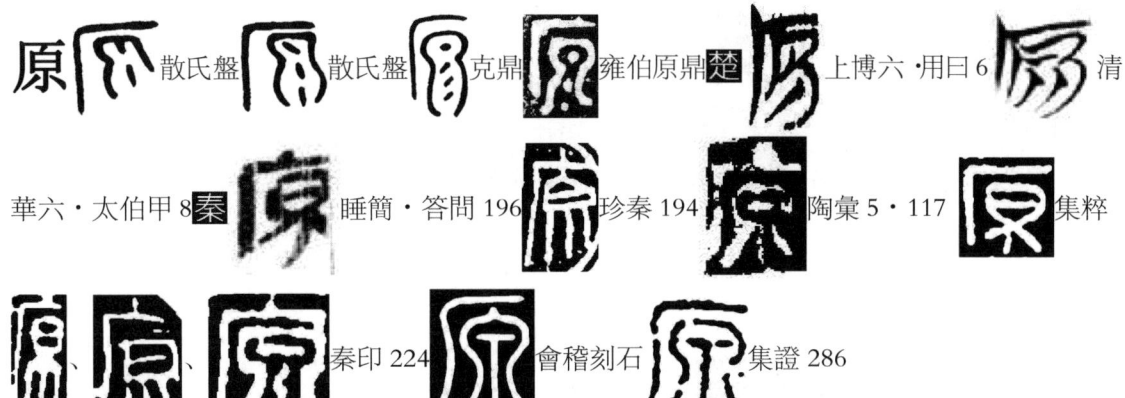

【注】從泉從厂（山石之厓岩），會水流出山厓之意；泉兼聲。《説文》："𤽎，水泉夲也。從灥出厂下。𤽎篆文從泉。"本義為水源。●地名。《散氏盤》："奉（封）于原道。"●人名。《雍伯原鼎》："雝（雍）白（伯）原乍（作）寶鼎。"雍伯原，西周晚期雍國君主，名原。●監督。《睡簡·答問196》："或曰守囚即'更人'殹（也），原者'署人'殹（也）。"一説看守囚犯的就是更人，進行督察的是署人。●平原。《睡簡·為吏28》："原壄（野）如廷。"凡水發源之地，都比較濕潤低平，如《詩·小雅·常棣》："原隰既平，泉流既清。"●《散氏盤》："原人虞芍。"原人：原邑地區的人。●秦印姓氏。"原"為姬姓古國，始封之君是周文王第十六子原伯。封地河內，在今山西沁水，後東遷，在今河南濟源西北。周有原莊公，世代為周卿士。（《通志·氏族略·以邑為氏》）●推原。《會稽刻石》："本原事跡。"●《克鼎》："易（賜）女（汝）田于陣原。"陣原，地名，王國維謂即《詩·大雅·公劉》"瞻彼溥原"之溥原。●讀源，水源。《上博六·用曰6》："繼原流淲（濟），亓（其）自能不沽（涸）。"

陶録3·483

【注】從井原聲，"原"之異文。●單字，用為人名。

上博二·民之2

【注】從竹原聲。●讀源。《上博二·民之2》："民〔之〕父母虎（乎），必達於豊（禮）樂之簾（源）。"

【注】從心原聲。印文或為左右結構。《説文》分為"愿""願"為二字。"愿，謹也。""願，大頭也。"意義截然不同。●秦印"慎言敬愿""敬愿"均為成語璽。《墨子·非命中》："初之列士桀大夫，慎言知行。"慎言，即出言謹慎。敬，敬畏。《説文》："愿，謹也。"《尚書·皋陶謨》："愿而恭。"謹慎恭敬，為秦士吏處事格言。

【注】從水原聲。《散氏盤》聲符上所從人，為厂之形變。"原"有表義作用，指水源。《説文》本作"原"，則水為復增義符，本義水源、源泉。●地名。《散氏盤》："内陟芻，登于厂源（原）。"●《璽彙2316》吳振武釋為"陽源塦（府）"，為三晉官府用璽。  為"源"字，"原"旁所從"厂""泉"兩部分有借筆。《漢書地理志》代郡屬縣有陽源，在今河北省陽原縣西南，戰國屬趙。（《燕國銘刻中的"泉"字》）

【注】從豕原聲。《説文》豕之逸也。《博雅》豕屬。●豪豬。《龍崗254》："取其豺、狼、豲、貀、狐、狸。"●《于京57》"豲道丞印"。"豲道"地名，在秦屬隴西郡，其地在今甘肅隴西縣。●秦印人名。

從紐雟聲

【注】《説文》："雟，肥肉也。從弓，所以射隹。長沙有下雟縣。徂沇切。"《前漢·蒯通傳》："通論戰國時説士權變，亦自序其説，凡八十一首，號曰雟永。"《注》："雟，肥肉也。言其所論甘美而深長也。"●秦印"雟亭""雟都"，齊璽"雟☒☒"，姓氏。漢有雟不疑，渤海人，京兆尹。

心紐傘聲

【注】象傘形。本字為"繖"。●擋雨或遮太陽的用具。《睡簡·日甲45背》："人過于丘虛，女鼠抱子逐人。張傘以鄉（嚮）之，則已矣。"

心紐山聲

山  父壬尊　　父戊尊　　山丁爵　　山仲簋　　且庚瓬　克鼎　　毓祖丁尊　善夫山鼎　召叔山父簋　　　奢虎簋齊　陳子山徒戟

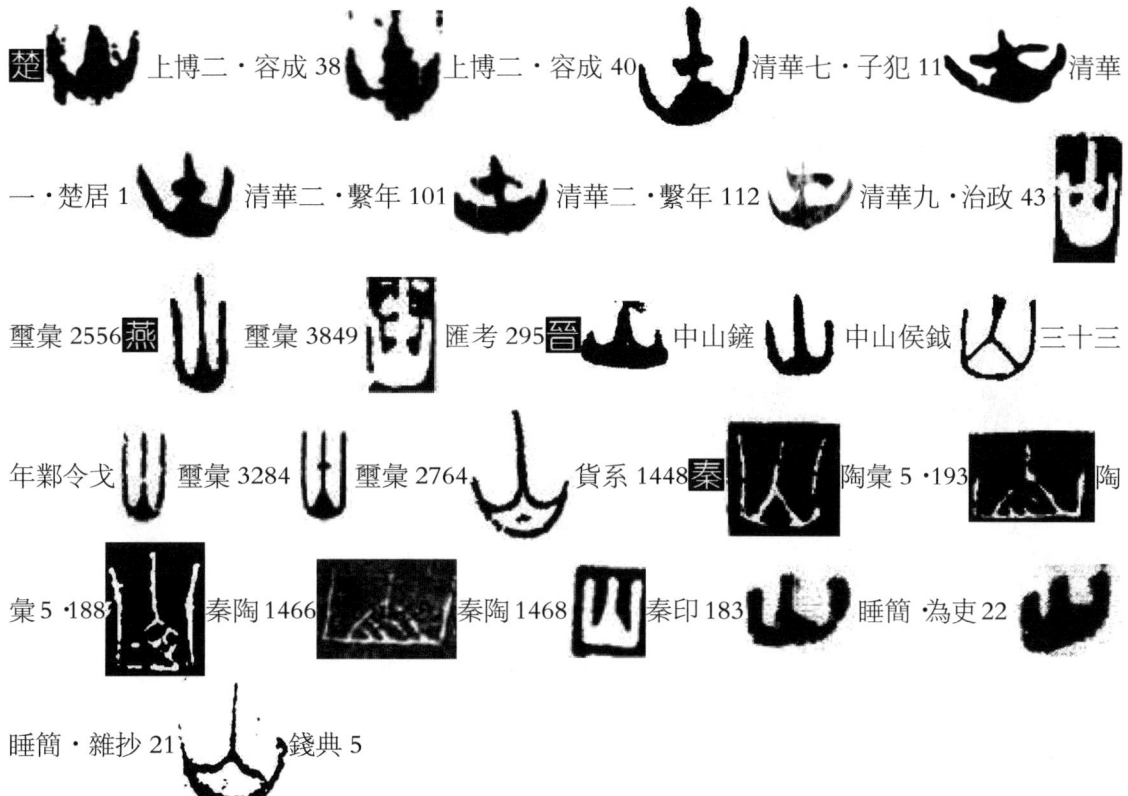

楚上博二・容成 38上博二・容成 40清華七・子犯 11清華一・楚居 1清華二・繫年 101清華二・繫年 112清華九・治政 43璽彙 2556 燕璽彙 3849匯考 295 晉中山鐘中山侯鉞三十三年鄴令戈璽彙 3284璽彙 2764貨系 1448 秦陶彙 5・193陶彙 5・188秦陶 1466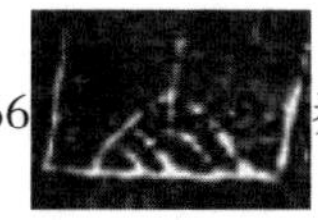秦陶 1468秦印 183睡簡・為吏 22睡簡・雜抄 21錢典 5

【注】甲骨文作、、、、，象山峰並排之形。甲骨文"火"作、、、、、，與"山"字易混，當于文義別之。金文突出了中間的主峰。戰國文字或加飾筆作、、等形。小篆綫條化。《説文》："，宣也。宣气散，生萬物，有石而高。象形。凡山之屬皆從山。"本義是山峰。●古文字多用為本義，山峰、山岳。《敔卣》："王出獸南山，寏遡山谷，至于上侯。"●人名。《善夫山鼎》："山敢對揚天子休命。"●氏名。《父戊尊》："山父戊。"《山御簋》："山御。"●秦文字中"廬山""衡山""麗山"等均為地名。●《上博二・容成 38》"昏山是"，讀"岷山氏"。《左傳・昭公十一年》作"有緍"，《韓非子・難四》作"婚山"，《楚辭・天問》作"蒙山"，《竹書紀年》作"岷山"。《太平御覽》卷一三五"皇親部"引《竹書紀年》："後桀伐岷山，岷山女於桀二人，日琬、日琰。桀受二女，無子，刻其名于苕華之玉，苕是琬，華是琰。"●《上博二・容成 40》"鬲山是"，即"鬲山氏"，或作"歷山氏"，地名，在今山西垣曲、永濟一帶。

屃 楚清華二・繫年 15

【注】從尸山聲，"岏"之異文。●讀扞，保護、保衛。《清華二・繫年 15》："是秦先=（先人），殜（世）乍（作）周屃（扞）。"

辿 晉菁華 39

【注】從辵山聲。●晉璽人名。

 璽彙 2325

【注】從阝（古文字常增土繁化）山聲。●燕璽"阤𢠽"讀山，姓氏。山祁，春秋時晉大夫。山濤，字巨源，為魏晉名士，"竹林七賢"之一。將離職，欲召嵇康自代，嵇康寫了著名的《與山巨源絕交書》。

 分域 946

【注】從邑山聲。●"邖不☒"，姓氏。

璽彙 0155

【注】從广邖聲。●讀山。"瘬易（陽）迻（遂）帀（師）鉨"，當為山陽地區的遂師所用之印。

璽彙 0363 匯考 295

【注】從水山聲。或釋為"谷"，李家浩認為"戰國文字往往把'口'旁寫作'山'形"（《燕國"洀谷山金鼎瑞"補釋》），本書即有大量例證，詳"碧"字。吳振武認為從山水聲，隸為"峸"，讀"泉水山"。（詳《燕國銘刻中的"泉"字》）●燕璽"潀汕山金貞端"，地名。●《匯考 295》"辛汕"，人名。

 郭店·六德 24　　　郭店·六德 36

【注】從犬山聲。●李零讀讒。《郭店·六德 24》："六者客（各）行亓（其）戠（職），而杏（讒）訽（詔）薆繇（由）迮（作）也。"訽，李零謂從言從彥省，似可讀詔。（《楚地出土戰國簡冊十四種》306 頁）

心紐㪔聲

 㪔車父壺　　㪔車父簠　　㪔伯車父鼎　　㪔伯車父鼎

【注】甲骨文作、，從林從攴，會以攴芟除草木之意。篆文從秫為林之訛。《散姬鼎》"散"作，㪔旁正從林作，可證。李孝定謂"雀"之省文。《說文》："雀，繳雀也。從隹，㪔聲。一曰飛雀也。會以手執杖于林中驅鳥分散也。"《說文》："秫，分離也。從攴從林。林，分㪔之意。"《正字通》："㪔，剝麻也，即分離之意。"段玉裁注："散行而㪔廢矣。"●讀散，國名，彝器或

作"散"，典籍亦作"散"。《散伯車父鼎》："楸白（伯）車父乍（作）邦姞障鼎。"散，始為國名，後為氏名。

【注】從肉楸省聲。肉、月相混。●讀散。《清華六·子產23》："此胃（謂）由善臀㤔。"散，訓為鮮，《爾雅·釋詁下》："鮮，罕也。"又："鮮，寡也。"張儒和劉毓慶指出："古散、鮮通用。《禮記·月令》：'則穀實鮮落。'王引之《經義述聞》：'鮮之言散也。'""㤔"讀愆。簡文是說遵從善道，鮮少過失。●讀散。《上博六·用曰9》："又（有）泯=之不達，而臀（散）亓（其）可章。"有混混沌沌不易聽到的東西，一旦散煥出來就特別彰著。

【注】從雨楸省聲。字應隸作"霖"，"霰"之省文。《説文》："霰，稷雪也。從雨散聲。"本義流淚的樣子。●讀潸，流淚。《盗壺》："弗可逻（復）得，霖霖（潸潸）流霖（涕）。"潸潸，流涕貌。楚文字或作"霰"。

簡·秦種117

【注】《散姬鼎》從肉楸聲。楸，多省作形。《陳散戈》作，為"散戈"二字合文。《説文》："散，雜肉也。從肉楸聲。"按散為雜，無雜肉之意。●國名。周王朝統轄下的小國，地在今陝西寶雞縣。《散伯簋》："散白（伯）乍（作）夨姬寶段。"《散氏盤》："用夨戳（撲）散邑，乃即散用田。"●讀殺。《陳貝散戈》："塦（陳）貝散盍（戈）。"《陳散戈》："陳散戈。"于省吾曰："散字古兵器中習見……《方言三》：'散，殺也。東齊曰散。'散、殺一聲之轉。"（《雙劍誃吉金陶錄下》考釋3頁）散戈：殺伐之戈。●或謂讀柵。《睡簡·秦種117》："興徒以斬（塹）垣離（籬）散及補繕之。"徵發徒眾為苑囿建造塹壕、牆垣、藩籬並加補修。

【注】從走散聲。●《石鼓文》："滿又（有）小魚，其斿（游）趣趣。"趣趣，與"跚跚"音義

同。《詩·小雅》：“南有嘉魚，烝然汕汕。”朱駿聲云：“按《詩》罩罩汕汕皆重言形況字，魚游水貌。”則鼓文“趣趣”又“汕汕”之假借也。

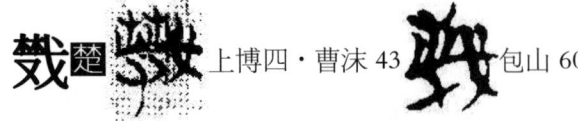 上博四·曹沫 43　　包山 60

【注】多數學者認為字從散聲。●整理者讀散。《上博四·曹沫 42》：“三軍戲（散）果有機乎？”散裹，可能指打退敵人包圍的辦法。●包山簡人名。其左下十字形，實際是“又”字。

 陶彙 3·1231　　上博四·曹沫 42　　清華十一·五紀 118　　清華十一·五紀 120

【注】此與魏三字石經“捷”字古文作戲相似，僅從木和從林之別。當今大部分學者認為從散聲。●均讀散。《清華十一·五紀 118》：“三現（管）三訶（歌），戲（散）軍之義（儀）。”整理者注：“現，從玉，見聲，讀為同在見母元部的‘管’，即以管樂器演奏的樂曲。先秦禮儀往往詩樂歌舞相配，《禮記·祭統》：‘升歌《清廟》，下而管《象》，朱幹玉戚以舞《大武》。’三管三歌，《儀禮·大射儀》‘乃歌《鹿鳴》三終……乃管《新宮》三終’，正是管樂三終並歌詩三終。散軍，《禮記·樂記》載武王既克殷，偃武修文，‘散軍而郊射’。”《上博四·曹沫 42》與“戲”為異體。

 清華十一·五紀 100　　清華十一·五紀 119

【注】當從止散省聲。●整理者讀散。《清華十一·五紀 100》：“執（設）錐（錐）為盍（合），唬（號）曰武戲（散）；執（設）枋（方）為尚（常），唬（號）曰武壯。”

心紐鮮聲

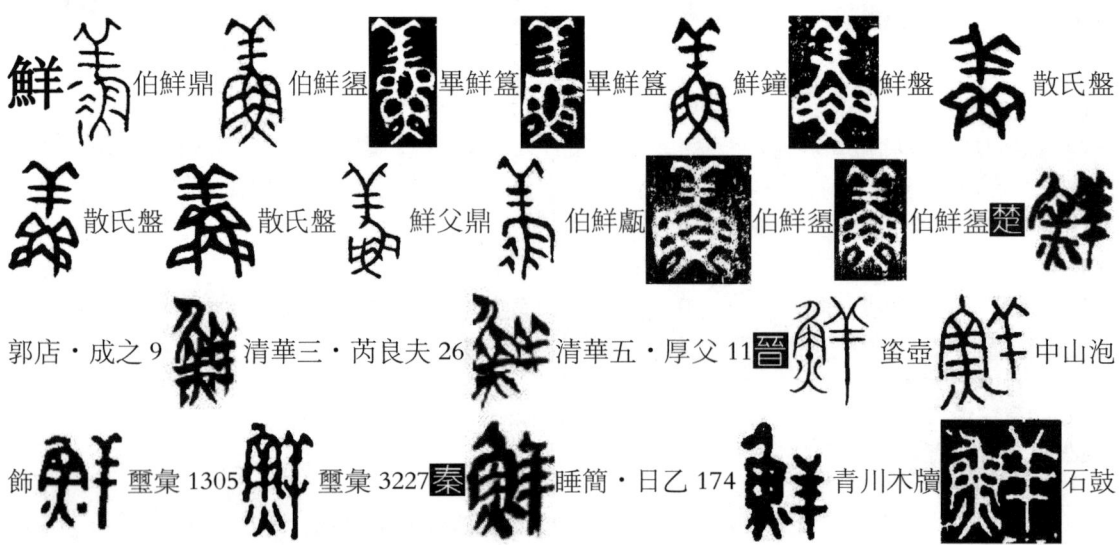

伯鮮鼎　伯鮮盨　畢鮮簋　畢鮮簋　鮮鐘　鮮盤　散氏盤　散氏盤　散氏盤　鮮父鼎　伯鮮甗　伯鮮盨　伯鮮盨　郭店·成之 9　清華三·芮良夫 26　清華五·厚父 11　盜壺　中山泡飾　璽彙 1305　璽彙 3227　睡簡·日乙 174　青川木牘　石鼓

、、秦印 226

【注】從魚從羊，會鮮美之意。古代造字者將味道鮮美的"羊"和"魚"加在一起而創制了"鮮"字，亦猶"善"之從羊也。《説文》："鮮，魚名，出貉國。從魚，羴省聲。"本義鮮美。●人名。《鮮父鼎》："鮮父乍（作）寶障彝。"●新鮮肉食。《䜌壺》："以取鮮薑，鄉（饗）祀先王。"《周禮·庖人》鄭眾注："鮮謂生肉。"●鮮于：國名，即鮮虞。春秋時小國，為白狄的一支，分佈在今河北境內，以正定為中心，春秋時常受晉國侵擾，春秋末年建立中山國。《杕氏壺》："杕氏福及，歲賢鮮于（虞）。"今河北省正定縣西北四十里有鮮虞亭，即其故地。秦印有"鮮于趣"，以地名為複姓。●寡也。《郭店·成之 9》："走（上）句（苟）昌之，則民鮮不從怠（矣）。"●讀蘇。《青川木牘》："鮮草，雖非除道之時，而有陷敗不可行，相為之☐☐。"●鮮明。《石鼓文》："帛（白）魚鱳=（鱳鱳），其籩氐鮮。"

睡簡·雜抄 25 秦駰玉牘

【注】從艸鮮聲。●《秦駰玉牘》："典灋（法）薜（鮮）亡。"薜，讀鮮，少、盡也。李零讀散。●《睡簡·雜抄 25》："虎未越泛薜。"詳"泛"字。

心紐鱻聲

鱻鼎齊 陶録 3·513楚 左塚漆桐

【注】從三魚，會鮮美之意，"鮮"之異文。《説文》："鱻，新魚精也。從三魚。不變魚。"段玉裁注："其字蓋皆本作鱻。凡鮮明，鮮新字皆當作鱻。自漢人始以鮮代鱻。……此釋從三魚之意。謂不變其生新也。他部如麤纛焱等皆謂其生者。鱻則謂其死者。死而生新自若，故曰不變。"●人名。《鱻鼎》："公貿用牝休鱻，用乍（作）寶彝。"●齊陶人名。

包山 265

【注】從金鱻聲（古文字鱻、鱻應為一字）。●簡文"一纁鱻鼎"，未詳。

心紐羴聲

羴秦 睡簡·日乙 191 、 北大簡

【注】從竹從弄，本為計數之器具。"算"之異體。《説文》："筭，長六寸。計歷數者。從竹從弄。言常弄乃不誤也。"●讀算，計算。《睡簡・日乙 191》："不可卜筭〈筮〉，為屋。"或以為"筮"字之誤。

心紐𪔂聲

𪔂 駒父盨 麩鐘 駒父盨 伯簋 函皇父鼎 楚 曾子斿鼎

【注】甲骨文作、、，從廾從鼎，會舉鼎供設酒食之意，"饙"之初文。秦系文字鼎訛為目。●讀饙，陳放。《函皇父鼎》："函皇父乍（作）琱娟（妘）般（盤）盉隮器鼎段𪔂（饙）。"●讀篡，篡奪。《駒父盨》："亾（無）敢不𪔂逆王命。""篡逆"見於傳世文獻。《後漢書・鮑永傳》："永因數為諫陳興複漢室，剪滅篡逆之策。"

算 楚 新蔡甲三 352 清華十一・五紀 2 清華十一・五紀 121 清華十一・五紀 4 清華八・八氣 1 清華十一・五紀 22 秦 秦印 81

【注】從竹𪔂聲。或𪔂省聲。●計算。《清華八・八氣 1》："自各（冬）至以算六旬癹（發）⿱既火（氣）。"《清華十一・五紀 4》："天下之𦥓（數）算，隹（唯）后之聿（律）。"●秦印單字，應為人名。

⿱宀𪔂 晉 杕氏壺

【注】從宀算聲。郭沫若曰："⿱宀𪔂即是從宀𪔂聲之字。𪔂即算之繁文。算從竹具……古從鼎從貝之字每互訛。從宀算聲當即訓寘、訓具、訓陳之饙之本字。蓋⿱宀𪔂之亡，而後人用饙字代之也。"（《金文叢考》406 頁）●讀饙，陳放。《杕氏壺》："𠬝（弋）獵毋後，⿱宀𪔂在我車。"郭沫若曰："言弋獵時亦具陳于車中已備酌飲。"（《兩周金文辭大系考釋》228 頁）

簒 秦 睡簡・封診 72 印增 364

【注】從厶算聲。《説文》："簒，屰而奪取曰簒。从厶算聲。"●會陰。《睡簡・封診 72》："盡視其身、頭髮中及簒。"徹底驗看全身，頭髮内以及會陰部。此義馬王堆帛書作"纂"。

睡簡·日甲62背

【注】從匚算聲。●淘米器。《睡簡·日甲62背》："凡鬼恒執匴以入人室，曰'氣（餼）我食'云，是是餓鬼。"

心紐亘聲

回（亘）回弢方簋楚 曾回嫚鼎 曾侯乙鐘

【注】甲骨文作𤭖、𤰫、𤰱、𤯎，象水中漩渦回轉盤旋之形，或于上增短畫作𤭖；蓋古文字往往增短畫為飾。或說回、回本一字，上加短橫分化出回；《說文》"回"字古文作𤭖，與𤰱同。金文同甲骨文（可參看趄、垣等字）。戰國文字承襲金文，多有省減，或作𤭖，與"官"之省文易混。回、互隸變后混同（詳"互"字），秦印"恆"作𤭖，回、互仍未混淆。《說文》："𤭖，轉也。從口，中象回轉形。𤰱古文。"本義當為水迴旋，與"回"字同源。引申為盤旋。●人名。《曾回嫚鼎》："曾回嫚非彔（祿），為爾行器，爾永祐福。"●讀宣。《曾侯乙鐘》："割（姑）肆（洗）之才（在）楚號為呂鐘，其阪（反）為回（宣）鐘。"宣鐘，楚律名。

亘楚、 曾侯乙鐘

【注】從匚回聲。●讀宣，楚律名。鐘銘或作"回""宣""洹"。

但楚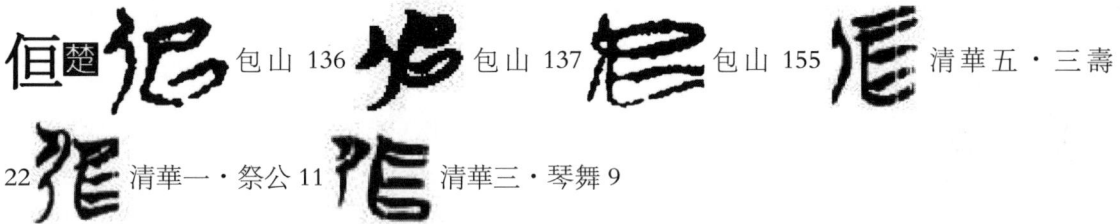包山136 包山137 包山155 清華五·三壽22 清華一·祭公11 清華三·琴舞9

【注】從人回聲。或隸為"眉"。●讀桓，姓氏。《包山137》："信謀（察）鄗（問）智（知）舒慶之殺但（桓）卯。"簡文中但、趄、宣當為同一姓氏的異寫。●讀寬。"宣"為元韻心紐，"寬"為元韻溪紐，兩字韻部相同可相通。《清華一·祭公11》："亦尚眉（寬）戜（壯）畀（厥）心。"與《逸周書·祭公》的"寬壯"同，可讀作古書"寬綽"或金文"縮綽"，意思是"寬緩"而非"明善"。（《讀清華簡〈祭公之顧命〉札記一則》）●讀宣。《清華三·琴舞9》："眉（宣）再（稱）亓（其）又（有）若，曰亯（享）合（答）余一人。"《爾雅·釋言》："宣，徧也。"盡選臣子中有美善道德的人，舉薦給我。

疸楚疸多壺

【注】從广回聲。●人名。

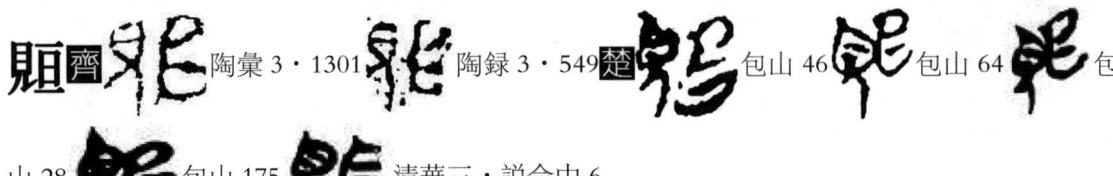

瞡_齊 陶彙3·1301　　陶録3·549　楚 包山46　包山64　包

山28　包山175　清華三·說命中6

【注】從見回聲，"覒"之省文。●齊陶單字，為人名。包山簡人名。●讀覒。覒，《集韻》須兗切，音選，見也。《清華三·說命中6》："汝克覒貝（視）四方，乃府（俯）貝（視）墬（地），心毀惟備。"

昰 昰父丁鼎

【注】從止回聲，"趄"之省文。●人名。

逗 逗 史趄簋　牆盤　　許男鼎 楚 吳王光趄戈　郭店·窮達6　上博

三·仲弓1　上博六·競公12

【注】從辵回聲，"趄"之異文。●讀宣，大也。《牆盤》："龘邦上下，亟獄逗慕，昊劭（照）亡斁（斁）。"趄慕，唐蘭釋為大謨。●多讀桓，人名或謚號。《上博三·仲弓1》："季逗（桓）子吏（使）中（仲）弓為宰（宰）。"《郭店·窮達6》："而為者（諸）侯相，墨（遇）齊逗（桓）也。"●讀翰。《上博六·競公12》："善才（哉），虗（吾）☑晏子是殹（襄）逗之言也。""良翰"，指賢良的輔佐。詳"殹"字。

徎 楚 徎 清華九·治政10

【注】從彳回聲。下有合文符號。●讀宣。《清華九·治政10》："上弁（辨）則正=成=（政成，政成）則上=徎=（上宣，上宣）則亡（無）敵（敵）。"君主彰明就沒有可與對抗的。

趄 瘋鐘　史牆盤　邘仲簋蓋　　齊史趄簋　虢季子白盤

齊 陳侯因𦦲錞 楚 曾公瞁鐘　者汈鐘　曾侯4　包山13　曾姬

無卹壺　新蔡乙四44　清華五·封許3　清華二·繫年111　清華二·繫

年 119　清華六·管仲 8　清華六·管仲 24　中山王嚳壺　秦公簋

【注】甲骨文作　、　、　、　、　，甲骨文及商代金文從止回聲；回亦表意，象旋轉回環之意。楊樹達謂"趄"為盤桓之"桓"本字。西周以後形符逐漸繁化為從走或辵。《說文》："趄，趄田，易居也。從走亘聲。"金文"趄"字于典籍多作"桓"。●用于對死者的謚稱，蓋趄為大、武之義。《曾姬無卹壺》："聖趄之夫人曾姬無卹，虖安茲、漾陵、蒿閒（間）之無囮（匹），甬（用）乍（作）宗彝障壺。"●讀桓，威武貌。《秦公簋》："剌剌趄趄。"趄趄，即文獻"桓桓"。《詩·泮水》："桓桓于征。"毛傳："桓桓，威武貌。"《清華五·封許 3》："趄趄（桓桓）不（丕）苟（敬）。"●讀桓。《陳侯因咨錞》："皇考孝武趄（桓）公。"趄公：即齊桓公，春秋時齊國國君，春秋時第一個霸主。●人名。《史趄簋》："史趄乍寶簋，其萬年用。"●《曾侯 4》"畫趄"，讀輵。關於轅、輵的區別詳見鵬宇碩士論文《曾侯乙墓竹簡文字集釋箋證》74 頁。

垣　垣上官鼎　兆域圖銅板　三晉 100　三晉 100　貨系 4055　匯考 113　上郡守戈　睡簡·秦種 195　睡簡·日甲 138 背　睡簡·日甲 100　漆垣戈　五年邦司寇劍　、　、　、　印增 516

【注】從土亘聲，與小篆同。《說文》："垣，牆也。從土亘聲。　籀文垣從　。"本義是牆。●牆也。《兆域圖銅板》："中宮垣內宮垣。"●築牆。《睡簡·秦種 55》："城旦之垣及它事而勞與垣等者，旦半夕參。"城旦築牆和作其他與築牆相當的勞作，早飯半斗，晚飯三分之一斗。●《垣上官鼎》："垣上官肨（載）四分齏。""垣"為地名，魏邑，吳振武以為在今山西垣曲縣東南。上官，掌膳食的食官，朱德熙、裘錫圭兩先生曾作過考證。銘中的"上官"當是隸屬于垣邑的，也即此鼎的置用場所。●漆垣、武垣等，均為地名。《五年邦司寇劍》："武垣。"●秦印"垣蓬""垣同""垣噴私印"等，姓氏。漢代有垣恭之，西河太守；晉代有垣延，弘農太守。

宣　虢季子白盤　鄆簋　曾子仲宣鼎　曾侯乙鐘　包山 58　包山 191　包山 135　清華十·四告 38　幣編 118　璽彙

4354 幣編 118 秦 詛楚文 珍秦 37 文博 1998·1 、 秦印 138

【注】甲骨文作 、 、 ，從宀亘聲。亘兼表意，謂寬大迴旋通光透气之室。金文同甲骨文。《説文》：“宣，天子宣室也。從宀亘聲。”本義高大的房子、大宮室，是天子公開布政曉諭天下的地方，猶如現在高大豁亮的辦公廳。引申泛指寬大、發佈、傳達、擴散等義。●宮廷建築物名稱。《虢季子白盤》：“王各（格）周廟宣廚（榭）。”宣榭，有楹柱而無牆壁的建築物。●人名。《曾子仲宣鼎》：“曾子中（仲）宣☐用其吉金，自乍（作）寶貞（鼎）。”●傳播、宣揚。《晉姜鼎》：“余不叚妄（荒）寧，巠（經）離（雍）明德，宣㠯我猷。”●宣鐘：楚律名。《曾侯乙鐘》：“其反為宣鐘。”●秦印“宣曲喪事”。“宣曲”應為地名，殆在長安附近。《索隱》韋昭曰：“宣曲，地名，高祖功臣有宣曲侯。《上林賦》云‘西馳宣曲’。當在京輔，今闕其地。”至漢，其地有宣曲宮。《漢書·東方朔傳》：“上大歡樂之……後乃私置更衣，從宣曲以南十二所，中休更衣，投宿諸宮，長楊、五柞、倍陽、宣曲尤幸。”顏師古曰：“宣曲宮名，在昆明池西。”既然漢高祖時已有宣曲侯，則宣曲當為秦地，一如“倍陽”即秦頻陽宮。●《清華十·四告 38》：“先吉玉宣辟（璧）。”整理者注：“《詛楚文》：‘又秦嗣王，敢用吉玉宣璧，使其宗祝邵蠚，布憝於丕顯大神厥湫（亞駝、巫咸），以底楚王熊相之多罪。’”《爾雅·釋器》：“璧大六寸謂之宣。”

窅 秦  集粹 534

【注】從穴亘聲，疑“宣”之訛文。●人名。

組 楚  天星。

【注】從糸亘聲。●義不詳。

輯 楚 清華三·良臣 6 清華三·良臣 8 晉 集粹 41

【注】從車亘聲。●讀桓。《清華三·良臣 6》：“齊輯（桓）公又（有）龠〈管〉寺（夷）虞（吾）。”●晉璽單字，當為人名。

洹  洹秦簋 伯喜父簋 伯喜父簋 伯喜父簋 齊 、

洹子孟姜壺 楚 曾侯乙鐘 清華五·繫年 127 清華五·繫年 3 清華十·四時 4 燕 蠭生戈

【注】甲骨文作，從水亘聲。金文小篆同。《説文》："洹，水。在齊魯閑。"本義為水名。●金文多為人名。●讀宣，楚樂律名。《曾侯乙鐘》："洹鐘之才（在）晉為六墉。"●讀桓。《洹子孟姜壺》："洹子孟姜用气（乞）嘉命。"洹子，即田桓子，事齊莊公，甚有寵。●《清華十·四時4》："廿=（二十）四日四門皆遈（逾），洹雨乍（作），以生眾木。"整理者注："從'亙'之字有'大'義，洹雨即大雨。"

⿱竹洹 齊  叔夷鎛

【注】從竹洹聲。●讀桓。《叔夷鎛》："又（有）共（恭）于⿱竹洹武靁（靈）公之所。"

桓 楚  天星 秦  秦印108

【注】從木亘聲。●秦印"桓段"，姓氏。春秋時齊大夫有桓跳。

⿰食亘 晉 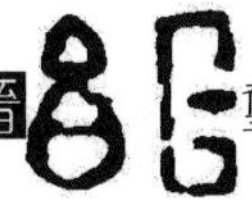 璽彙3335

【注】從食亘聲。●《璽彙3335》"⿰食亘氏㞣（尉）"。"⿰食亘氏"為地名，讀元氏。《左傳·僖公四年》"屈完"，《漢書·古今人表》作"屈桓"，可為佐證。《史記·趙世家》孝成王十一年"城元氏"，在今河北元氏西北。或説讀館，三晉文字"官"或省為𠂤形。"館氏"為地名，或即典籍之"館"地，又作"館陶"，在山東館陶縣西南四十里，"城西北七里有陶丘，亦曰陶山，趙置館於丘側，漢因以名縣"。

⿰亘鳥 楚  清華一·祭公9

【注】從鳥亘聲。●簡文"羅（畢）⿰亘鳥"，人名。

⿰革亘 楚  天星

【注】從革亘聲。疑"韗"之省文。●義不詳。

⿰亘阝 齊  ⿰亘阝左造戟 燕  匯考90

【注】從邑亘聲。●地名。《⿰亘阝左戈》："⿰亘阝左告（造）戟（戟），冶腹所☐。"●讀垣。《匯考90》"武⿰亘阝（垣）都市鍴（瑞）"，"武垣"當為燕地名，地望待考。此璽為該地市官所用之印。（《古璽彙考》90頁）

⿰言亘 燕  璽彙3416  類編77

【注】從言叵聲。●燕璽"詎生諫""詎☒"，姓氏。

 類編 46

【注】從攴叵聲。●"☒廠（嚴）敢鉢"，人名。

 璽彙 0191

【注】從阝叵聲；古文字從阝者習慣贅加土旁，字嚴格隸定應該為陸。●燕璽"隬陰都信陜左"，"信陜"當為地名，為"隬陰"的管轄地，具體地待考。璽文中"左"應和"右"相對，是職官名。

 璽彙 3452　璽彙 3322　璽集二-SP-76

【注】從夐從叵，雙聲字。●燕璽"觟己""觟生狋説""觟之戎"，讀桓，姓氏。

心紐尋聲

 尋鼎

【注】從叟從目，會雙手聚目引視之意。與"受"字訛體（詛楚文）同形。戰國文字目形或省為日。●金文人名。

 貨系 1987　貨系 1990　貨系 1991

【注】從邑尋聲。●魏方足小布"鄩氏"疑讀泫氏，地名。《顏氏家訓》："擐當作撏。"《説文》"驉"讀若弦，一曰若環。可知尋、玄聲可通。泫氏，在今山西高平。《竹書紀年》曰"晉烈公元年，趙浣城泫氏（趙浣修築泫氏城）"及"周威烈王十七年，晉取泫氏、獲澤"，都指的是這裏。

幫紐班聲

 班 班簋　珥叔盨 齊　邘公孫班鎛 楚　上博三·周易 22

清華六·子產 24　包山 85 秦　秦印 6　印增 13

【注】從二玉，從刀，會刀分瑞玉之意。瑞玉為古代信物，中分為二，各執一半。《説文》：“班，分瑞玉。從珏從刀。”本義分瑞玉，如《尚書》“班瑞玉于群後”。引申為分開等義。●多用為人名。《班簋》：“班非敢覓。”《邾公孫班鎛》：“班拜稽首曰。”●得勝班師。《敔簋》：“王令敔追𩦹于上洛𢛴谷，至于伊，班。”●分佈之義，也可讀閑。《上博三‧周易 22》：“班車茷，利又（有）卣（攸）逞（往）。”

 曾侯 171

【注】從馬班聲。●讀斑或讀班，雜色馬。《曾侯 171》：“駜為右驂，宋客之騮為又（右）𩢨（騑）。”

帮紐剡聲

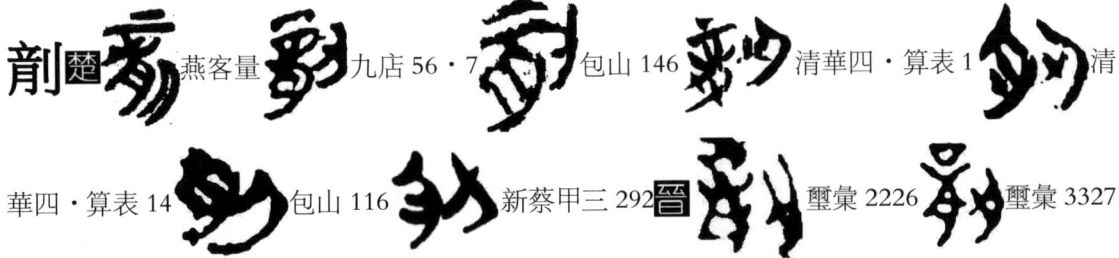 燕客量　九店 56‧7　包山 146　清華四‧算表 1　清

華四‧算表 14　包山 116　新蔡甲三 292　晉　璽彙 2226　璽彙 3327

【注】“剡”是楚文字中數字“半”的一個特殊寫法。“剡”之省形簡化則為刞，此字與秦文字“刞”同形不同字。“剡”字的形體究竟應如何分析，至今還沒有完滿的解釋。李學勤認為從肉辡省聲。●讀半。《包山 116》：“金三益（鎰）刞（半）益（鎰）。”《燕客量》：“少攻差（佐）孝癸，鑄廿金剡以賘。”郾客銅量容量 2300ML，據董珊先生研究，其容積為楚國量制基礎單位“赤”的一半。其自名“剡”無疑讀為“半”，郾客銅量可據其自名命名為“郾客銅半”。●《璽彙 3327》“宦剡”、《璽彙 3328》“晶鄲宦剡”，舊多讀為“廩筲”，指倉廩所用之量器，李學勤讀半。董珊進一步認為：“今見用作量器名稱的‘半’，最初都應該是‘半+中心詞’，後來省略中心詞，‘半’就能充當這一量制單位習慣上的名稱，再後來就有一些‘半’被用作量器名稱了。”（《楚簡簿記與楚國量制研究》）

 郭店‧五行 47　晉　璽彙 0324

【注】從宀剡聲。●讀半，量器名稱。《璽彙 0324》“黍丘宦（廩）𡪼”，“黍丘”為地名，見於典籍，戰國間數易其主。據李家浩考證，此印中的“黍丘”或屬魏，或屬宋，屬宋的可能性較大。此印當是黍丘所屬的陶器等作坊用來鈐印所製的量器時所用的印。（《安徽大學漢語言文字研究叢書‧李家浩卷》107 頁）●《郭店‧五行 47》：“𡪼〈喻〉而智（知）之胃（謂）之進之。”帛書本作“喻”。𡪼似為“喻”字變體，讀喻，即曉諭。

帮紐半聲

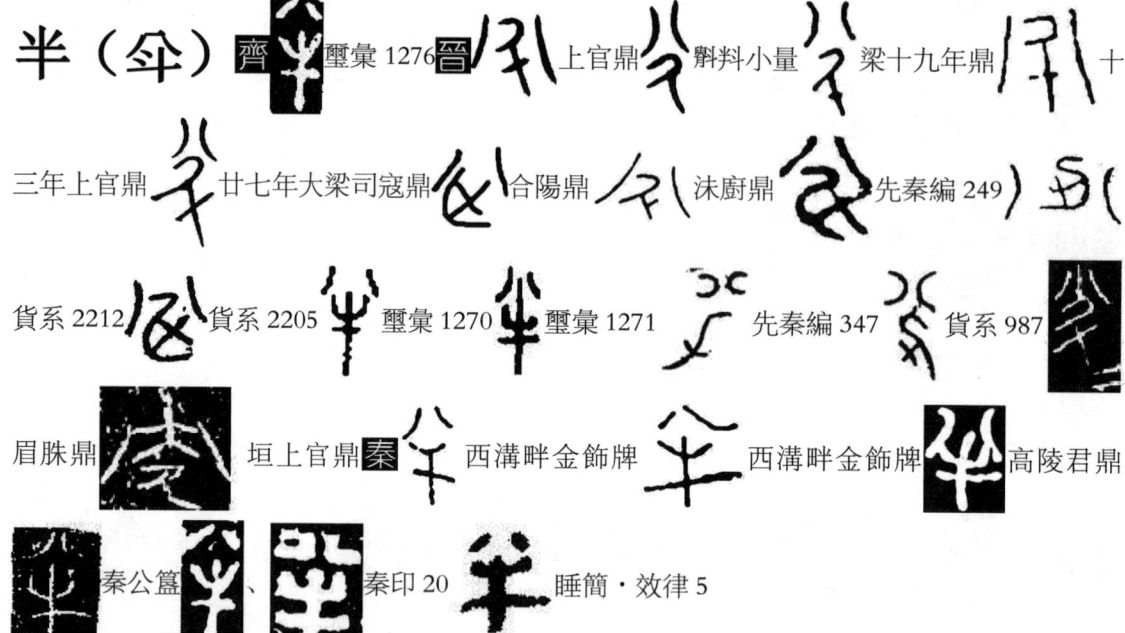

半（半） 齊 璽彙 1276 晉 上官鼎 斜 料小量 梁十九年鼎 十

三年上官鼎 廿七年大梁司寇鼎 合陽鼎 沫廚鼎 先秦編 249

貨系 2212 貨系 2205 璽彙 1270 璽彙 1271 先秦編 347 貨系 987

眉胀鼎 垣上官鼎 秦 西溝畔金飾牌 西溝畔金飾牌 高陵君鼎

秦公簋 秦印 20 睡簡·效律 5

【注】從八（分）從斗，取分斗之意會物量之半；八兼聲。秦系文字從牛從八；所謂從牛者，乃斗形之訛。《眉胀鼎》為"少半"合文。《垣上官鼎》為"大半"合文。《説文》："半，物中分也。從八從牛。牛為物大，可以分也。凡半之屬皆從半。"本義為一半，二分之一。●容量的二分之一。《秦公簋》："西一斗七升大半升（蓋）。"《平安君鼎》："齋五益（鎰）六釿半，釿四分釿坪。"《梁十九年鼎》："肘（載）少半（半）。"少半，就是三分之一。半，齊文字作"斜"，三晉文字則用"半"，楚文字用"剛（剀）"，秦用"半"。●秦印"勿半非有"，"半"是半錢，為戰國及秦貨幣最小單位，即一分錢也不貪有。

料 齊 子禾子釜

【注】從升（古文字"斗""升"作偏旁無別）半聲。《説文》："料，量物分半也。"古代是量物取其容量的一半，或指半斗。●讀半，量詞。《子禾子釜》："左關釜節于敯（廩）畚（釜），關鋪節于敯（廩）枡。"銘意為，左關釜之量值應受節于官方倉廩之釜（即以廩釜作為左關釜的量值標準），關鋪以廩枡作為標準。

迸 楚 上博四·柬旱 14

【注】從辵半聲，"迸"之異文。●讀返。《上博四·柬旱 14》："侯大夁（宰）遜，迸進大夁（宰）。""返進太宰"是王發出的動作，然後王詢問太宰自己應該怎麼做。

畔 楚

郭店·老甲 25 包山 151 上博二·容成 45 清華七·越公

14 秦 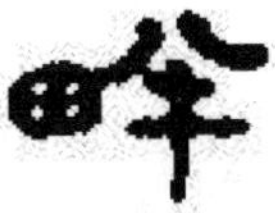 青川木牘  印增 524

【注】從田半（𠔁）聲。●多讀半，過半。《清華七・越公 14》："凡吳之善士𤖤中畔（半）死已（矣）。"●讀叛，叛亂。《郭店・老甲 30》："夫天多期（忌）韋（諱），而民爾（彌）畔（叛）。"《上博二・容成 45》："於是唬（乎）九邦畔（叛）之。"●疆畔，田界。《青川木牘》："正疆畔。"●秦印"略畔之丞"，地名。張家山 M247 漢簡《二年律令》簡 451 列舉縣、道名"武城、翟道、烏氏、朝那、陰密、郁郅、藺（鹵）、楬邑、歸德（德）、眗（眗）衍、義渠道、略畔道、朐衍道"，其中有"略畔"。

⿰糸畔 楚  上博三・周易 5

【注】從糸畔聲。●讀鞶，《説文》大帶也。《上博三・周易 6》："或賜⿰糸畔（鞶）紳（帶），冬（終）朝晶（三）褫（解）之。"

⿰忄𠔁 晉  四年鄭令韓怑戈  三年⿱亼⿱由一令戈

【注】從心𠔁聲，"怑"之異文。《集韻》薄半切，音伴。怑憿，不順也。●晉器人名。

⿰阝怑 晉  港續一 7

【注】從阝怑聲。●晉璽"王⿰阝怑"人名。

⿵門𠔁 晉 、、 侯馬  溫縣

【注】從門𠔁聲。●侯馬盟書"敢不⿵門𠔁其腹心"，讀判。

⿸疒半 晉  璽彙 3808

【注】從疒半聲。●晉璽人名。

帮紐反聲

反  柞伯簋  小臣謎簋  頌鼎  九年衛鼎 楚  姑發者反之子通劍 

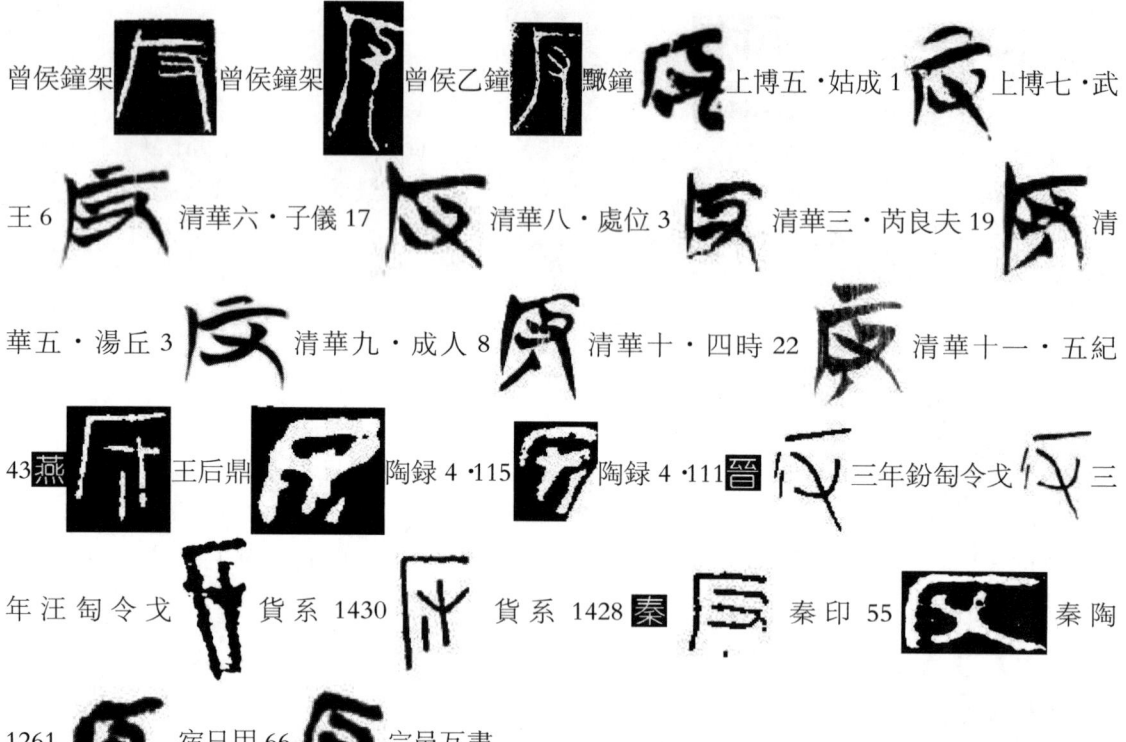

曾侯鐘架　　曾侯鐘架　　曾侯乙鐘　　驫鐘　　上博五·姑成1　　上博七·武王6　　清華六·子儀17　　清華八·處位3　　清華三·芮良夫19　　清華五·湯丘3　　清華九·成人8　　清華十·四時22　　清華十一·五紀43　燕王后鼎　　陶録4·115　　陶録4·111　曾三年鈖匋令戈　　三年汪匋令戈　　貨系1430　　貨系1428　秦秦印55　　秦陶1261　　宿日甲66　　宗邑瓦書

【注】甲骨文作 、 ，從又（手形）從厂。楊樹達謂厂為山崖，會以手攀崖也。諸家均以為"反"為"扳"之初文，在經傳中常寫作"扳"，如《禮記》中"攀援"就寫作"扳援"。後反通用為覆（翻轉，如《荀子》"定楚國，如反手爾"）意，後人乃迭加形符手作"扳"。戰國文字于"厂"下每加飾筆，如《中山王嚳壺》"返"作 ，所從 即是，此為《說文》古文所本。六國文字"又"下多加飾筆。●返回、歸還。《頌鼎》："頌拜韻首。受令（命）冊佩以出，反（返）入（納）堇（瑾）章（璋）。"反入，即返納。銘意為，然後又重新返回向王獻納玉質美好的璋。●背叛。《小臣謎簋》："歔東尸（夷）大反。"或用于被動語氣，策反。《師袁簋》："反工吏，弗速（迹）東邲（或）。"反工吏，策動臣工官吏叛亂。●讀鈑，銀餅。《九年衛鼎》："朏帛（白）金一反（鈑）。"唐蘭曰："白金是銀，反通鈑，一鈑即一塊銀餅。《爾雅·釋器》：'餅金謂之鈑。'"（《陝西省岐山縣董家村新出西周重要銅器銘辭的譯文和注釋》）●樂律術語。饒宗頤曰："反指半音。"用于樂律，指高八度音。《曾侯乙鐘》："割（姑）韡（洗）之宮反。"●或謂讀編。《驫鐘》："驫羃（擇）吉金，盝（鑄）其反（編）鐘。"鐘銘或作"訮"。陳雙新認為"反"表示高頻音，銘意為：驫選擇上好的銅料鑄造聲音高亢響亮的樂鐘。（《驫鐘銘文補議》）●讀板。《清華三·芮良夫19》："反反（板板）亓（其）亡（無）成。"反反，讀為"板板"。《大雅·板》"上帝板板，下民卒癉"，毛傳："板板，反也。"孔穎達疏："《釋訓》云：'板板，僻也。'邪僻即反戾之義，故為反也。"

恢　楚　郭店·窮達15

【注】從心反聲。●讀反，反省。《郭店·窮達15》："古（故）君子悖（惇）於恢（反）昌（己）。"

齊 璽彙 0242 璽彙 3598 十鐘 1 · 22

【注】從囷反聲。●齊璽 "畈隻信鉨" "畈彊" "畈斦廿"，當為姓氏。

晉 匯考 254

【注】從立反聲。●晉璽 "張竝"，人名。

楚 曾侯乙鐘

【注】從口反聲。●讀反，樂律術語。詳 "反" 字。

楚 瞂鐘 清華七 · 越公 38

【注】從言反聲。●《瞂鐘》他器作 "反"，此或增從言，知 "詉" 為繁文，為樂律之專字。詳 "反" 字。●讀反，反叛。《清華七 · 越公 38》："凡市賈爭訟，詉（反）伓（背）訕（欺）巳（治），戙（察）之而諻（孚），則劼（詰）斣（誅）之。"

秦 睡簡 · 日乙 22

【注】從人反聲。●讀返。《睡簡 · 日乙 22》："遠行不仮（返）。"

齊 貨系 2575 楚 鄂君啟舟節 楚王熊章鎛 楚王熊章鐘 郭店 · 六德 37 包山 122 天星 燕 璽彙 2825 晉 盗壺 中山王譻鼎

【注】從辵反聲。或從彳作 "彶"，與古文同。《說文》："返，還也。從辵從反，反亦聲。《商書》曰：'祖甲返。' 彶《春秋傳》返從彳。" 本義返回。●還、歸。《楚王熊章鐘》："隹（唯）王五十又六祀，返自西㕍。" 此義楚簡或作 "迻"。●讀反，反而、反倒。《中山王譻壺》："為人臣而返（反）臣其宝（主），不祥莫大焉。" 銘意為，為人臣而反以其王為臣（言譮反為子之臣也）。●讀反，上下顛倒。《郭店 · 六德 37》："亓（其）返（反），夫不夫，婦不婦，父不父，子不子，

君不君，臣不臣，緍（昏）所緜（由）迮（作）也。”

 璽彙 2513

【注】從肉反聲。●晉璽人名。

 上博三·周易 50　上博四·曹沫 43　二十年鄭令戈　鄭令

韓羌戈  睡簡·日甲 75 背　石鼓文

【注】從𨸏反聲。《說文》：“𨸏，坡者曰阪。一曰澤障。一曰山脅也。從𨸏反聲。”本義山坡、斜坡。●人名。《二十年鄭令戈》：“右庫工帀（師）䏍阪、冶贛。”●用為本義，山之坡。《上博四·曹沫 43》：“行阪濟障。”《石鼓文》：“☒☒☒除，帥皮（彼）阪☒。”

 新蔡甲三 386

【注】從邑坂聲。●地名。

 阪方鼎　曾侯乙鐘　清華八·處位 9　安大一 43

【注】從土反聲，或從𠦝反聲。城、坒、壞、堵、堝金文從土或又從𠦝，與此同例。《集韻》“坂”同“阪”。●讀反，樂律名。《曾侯乙鐘》：“割𣍘（姑洗）之才（在）楚號為呂鐘，其坂（反）為宣鐘。”大意為：曾國的姑洗律相當于楚國的呂鐘律；取姑洗之半所發出的高八度音（即姑洗之反），其律名叫做宣鐘。●地名。《坂方鼎》：“王商（賞）甂貝。”●讀返。《清華八·處位 9》：“坂（返）以為政。”●讀阪，山坡。《安大一 43》：“坂（阪）又（有）㓼（漆），溼（隰）又（有）栗。”

 包山 96

【注】從宀反聲，“宧”之異文。●地名。

 包山 43　郭店·窮達 7　上博一·緇衣 4　上博二·容成

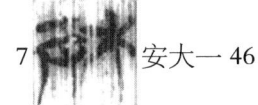 7 安大一 46

【注】從木反聲。●讀版。《包山 43》："十月辛巳之日不逞（歸）板於登（鄧）人以至（致）命於鄧。"《周禮·秋官·職金》："則供其金版"。楚國金幣有版金，自銘為"鄧冉""陳冉"等。●《上博一·緇衣 4》："上帝板板，下民卒疸。"清華簡作"反反"，詳"反"字。●讀鞭。《郭店·窮達 7》："為敀（伯）戮（牧）牛，戰（釋）板（鞭）桎而為喈卿。"

版 睡簡·秦種 131

【注】從片反聲。●書寫用的木版。《睡簡·秦種 131》："縣及都官取柳及木桼（柔）可用書者，方之以書；毋（無）方者乃用版。"

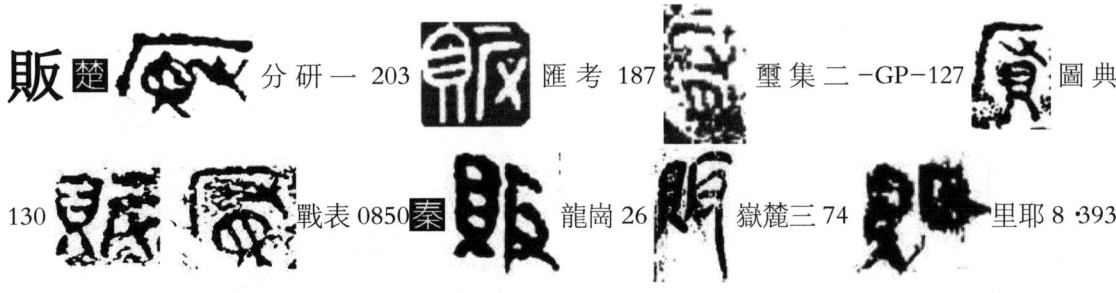

販 分研一 203　匯考 187　璽集二 -GP-127　圖典 130　戰表 0850　龍崗 26　嶽麓三 74　里耶 8 ·393

【注】從貝反聲。●出賣。《龍崗 26》："沒入其販假毆（也）。"●《璽集二 -GP-127》《圖典 130》"南販"，地名。或指在南門設置攤位。《分研一 203》"北門販"。

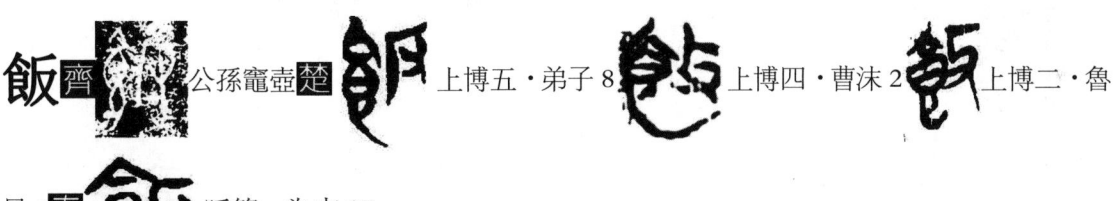

飯 公孫竃壺　上博五·弟子 8　上博四·曹沫 2　上博二·魯旱 6　睡簡·為吏 27

【注】從食反聲，與小篆同。金文又有"饙"字，作橫。于省吾曰："饙即飯之本字，説文飯食也。饙、飯古今字，從萅與從反聲同。"（詳《十二家吉金陶録·敓簋》）《説文》："飯，食也。"本義吃飯。●齊國月名，所指月份不詳。《公子土斧壺》："公孫竃立事歲，飯者月。"●多用為本義，吃飯。《上博二·魯旱 6》："公剴（豈）不飯（飯）杕（粱）畝（食）肉才（哉）也。"《上博四·曹沫 2》："昔堯之鄉（饗）坙（舜）也，飯於土輻（塯），欲（啜）於土型（鉶）。"詳"輻"字。●飯食。《睡簡·為吏 27》："享（烹）牛食士，賜之參飯而勿鼠（予）肴。"

紴 信陽 2·12

【注】從糸反聲。●讀鞶，古人用來盛放手巾細物的小繡囊。《信陽 2·12》："緅與青綘（錦）之紴（鞶）襄（囊）七。"《禮記·內則》："夙夜無愆，視諸衿鞶。"鄭玄注："鞶，鞶囊也。男鞶革，女鞶絲，所以盛帨巾之屬。"

鈑 楚 䟽孫宋鼎

【注】從金反聲。●金文或作“鎘”，鼎、簋皆可名之為鎘。《䟽孫宋鼎》：“䟽孫宋之飤鈑。”

帮紐般聲

般 士山盤作冊般甗趞曹鼎寰盤寰盤幹氏叔子盤函皇父簋兮甲盤畬父盤叔五父盤休盤吴盤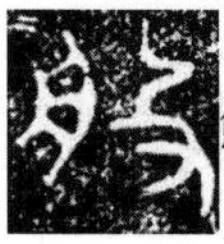穌甫人盤師寏父盤吕服余盤毛叔盤 齊 取膚盤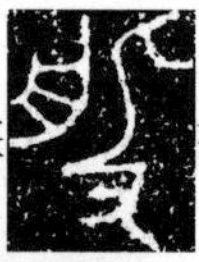魯少司寇盤魯司徒仲齊盤曩伯逘父盤 楚 楚季苟盤集成10150仰天25清華九·成人28 秦 十鐘3·27、秦印167秦風45

【注】甲骨文作，從凡（盤形）從殳，制盤時旋轉陶坯，會盤旋之意。由于古代“凡”與“舟”形近似，金文盤形多訛為舟形，故小篆從舟從殳。《説文》：“，辟也。象舟之旋，從舟。從殳，殳，所以旋也。古文般從支。”本義為旋轉制盤，如《晉書》：“般（盤旋）辟俯仰。”甲骨卜辭殷先王“盤庚”也作“般庚”。●讀盤。常與盉、匜連用，蓋沃盥時盤盉、盤匜皆配合使用。《真盤》：“真乍（作）寶般（盤）。”●人名。《作冊般甗》：“王商（賞）乍（作）冊般貝。”●宫名。《趞曹鼎》：“隹（唯）七年十月既生霸，王才（在）周般宫。”●官名。秦封泥“私官左般”（秦再一·24）、“私官右般”（秦再一·25）。“私官左般”“私官右般”就是私官屬下的兩個機構，專門負責製作盤裝食品。●地名。秦封泥“般陽丞印”，濟南郡有般陽縣。應劭曰：“在般水之陽。”漢封泥有“般陽”“般陽丞印”。●讀返。《清華九·成人28》：“至復般（返）純若，濬去兇央（殃）。”“復反”謂終而有始也。簡文“濬”用比喻義，順時行德政，渫治積弊，兇殃為之去也。

槃 楚 曾侯乙鐘曾侯乙鐘

【注】從般從釆，般、釆雙聲；為“變”之異文。●讀變，音律用語。《曾侯乙鐘》：“號為槃鐘。”

瞗 璽彙 2721 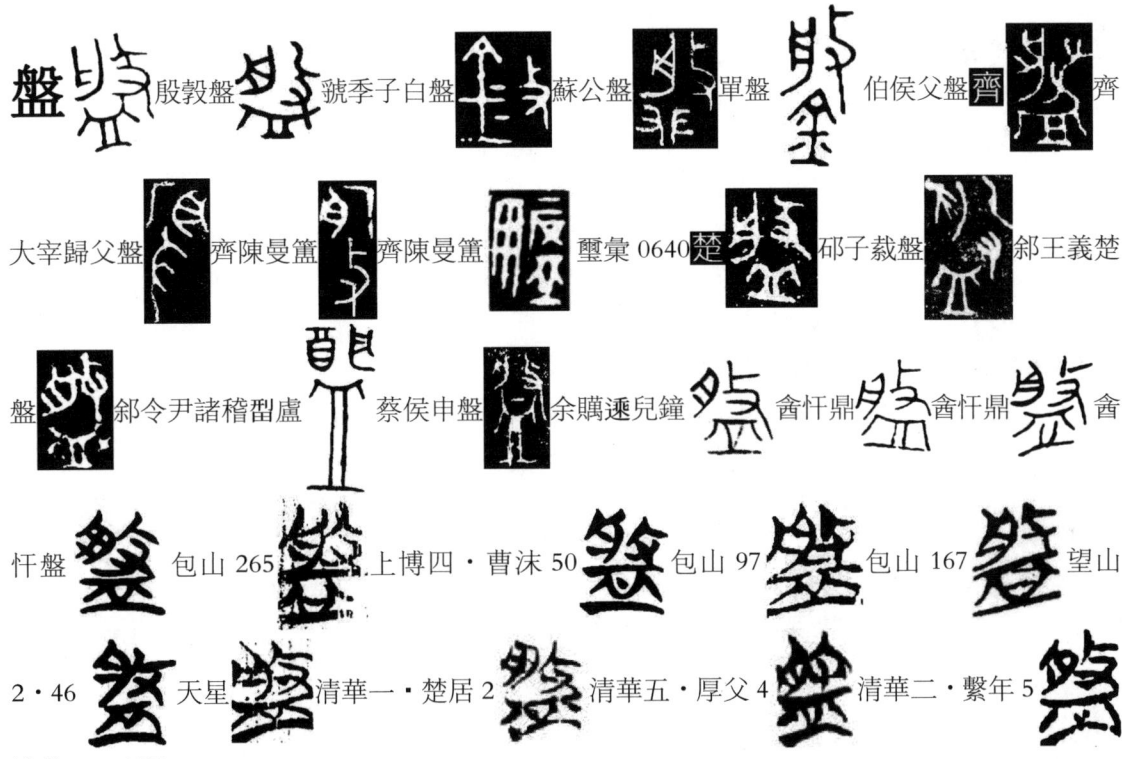膌 上郡守慶戈 、 、 瞗 秦印 65

【注】從目般聲。● 習見人名。《上郡守慶戈》：“卅七年，上郡守慶造，漆工瞗。”戰國策有田瞗。

饊 膌 印增 582

【注】從食般聲。● “饊平”，人名。

盤 殷毅盤 號季子白盤 蘇公盤 單盤 伯侯父盤 齊

大宰歸父盤 齊陳曼簠 齊陳曼簠 璽彙 0640 楚 邳子裁盤 郐王義楚

盤 郐令尹諸稽盟盧 蔡侯申盤 余贎逐兒鐘 舍忻鼎 舍忻鼎 舍

忻盤 包山 265 上博四·曹沫 50 包山 97 包山 167 望山

2·46 天星 清華一·楚居 2 清華五·厚父 4 清華二·繫年 5

清華五·封許 7

【注】甲骨文作 、 ，從攴從凡從口，與“般”為一字。後金文或加形符皿、金；小篆益之以木作“槃”，均繁文。《蘇公盤》從金攴聲，器銘自名為盤，當為“盤”之異文，與“鈑”同形不同字。金文或從廾般聲，或從厂般聲，或作鎜，均為“盤”之異文。戰國楚系文字舟異化為肉，參祭、履、前等字。《説文》：“槃，承盤也。從木般聲。鎜古文從金。盤籀文從皿。”本義盥器，盛行于商周時代。引申泛指盤子。因盤是圓形，所以引申為迴旋等義。● 承水器。盤是古代盥器。貴族盥洗時，用匜提水澆洗，以盤承水。西周早期則流行盤、盉同組的盥器制度。《免盤》：“用乍（作）般（盤）盉，其萬年寶用。”《伯侯父盤》：“白（伯）侯父媵弔（叔）媯塦母鎜（盤）。”● “盤”也可用為酒器。《沇兒鎛》：“用盤歈（飲）酉（酒），龢（和）遆百生（姓）。”● 飲食器。《舍忻盤》：“正月吉日，窒（室）鑄少（炒）盤。”● 讀泮。《清華一·楚居 2》：“季聿（連）聑（聞）亓（其）又（有）甹（聘），從，及之盤（泮）。”整理者認為：“讀

2553

為'泮'，水涯。"(《清華大學藏戰國戰國竹簡（壹）》183 頁。）●《清華五·厚父 4》："不盤於康。"整理者言："《書·無逸》：'文王不敢盤於遊田，以庶邦惟正之供。文王受命惟中身，厥享國五十年。'孔穎達疏引《爾雅·釋詁》云：'盤，樂也。'《詩·蟋蟀》：'無已大康，職思其居。'陳曼簠：'齊陳曼不敢逸康。'康，安樂。"

睡簡·封診 60

【注】從疒般聲。●疤痕。《睡簡·封診 60》："其腹有久故瘢二所。"瘢，《説文》痍也。《徐曰》痍處已愈，有痕曰瘢。

清華十一·五紀 99

【注】從女般聲。●讀班。《清華十一·五紀 99》："兒（變）詣（詣）進退，乃為唬（號）嫚（班）。"整理者注："兒，讀為'變'。變詣進退，即兵家所強調的用兵求變，《孫子兵法》有《九變》《虛實》等篇。嫚，讀為'班'，指次列。一説此字從卂，從攴，為'卂'字異體，唬攴，即簡——五之'唬卂'。"

信陽 2·8　信陽 2·8　信陽 2·14

【注】從舟從凵從金，"盤"字或體。●讀盤。《信陽 2·8》："二浍（沬）鑾。"或以為承尊器，從金，舟、凵雙聲，疑即見於《周禮·司尊彝》之"舟"："司尊彝掌六尊六彝之位，詔其酌，……裸用雞彝、黃彝，皆有舟。"鄭司農云："舟，尊下台，若今時承架。"李學勤先生説"（舟）是用來托彝的器具，因其戴物，故名為舟。（彝、舟、瓚）這三種東西是成組的，行裸時彝放在舟上，用瓚從彝中酌取鬱鬯。所謂舟乃是承放尊的一種盤形器。"

並紐㚉聲

㚉瓯

【注】甲骨文作㚏、㚔，從二夫，會二人相伴並行之意。或從二天，會意同。《説文》："林，並行也。從二夫。輦字從此。讀若伴侶之伴。"本義為伴侶。小篆"㚉"訛為炗。●金文人名。

、秦印 116、秦陶 1088

【注】從貝㚉聲。●秦印有"賛珸"，為姓氏。《吕氏春秋》相馬賛君。唐代南詔有賛衛；宋代有賛寧，史館編修。

 戰表 868

【注】從邑贊聲。●秦封泥"酂丞之印"。《漢書·地理志》有二酂。其一在南陽郡，為侯國，即舊湖北光化縣。《漢書·蕭何傳》："以酂戶二千四百封何曾孫慶為酂侯。"顏師古注："酂，南陽縣也。"其二為沛郡縣，在今河南永城縣西，今名酂城鎮。王輝認為秦縣酂應在湖北，與河南之酂無關。

瓚 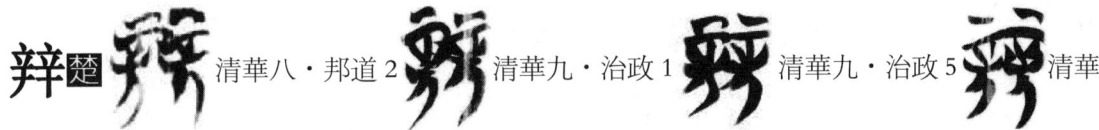 庚嬴鼎 史獸鼎 伯公父瓚

【注】《伯公父瓚》所作，《金文編》原釋為"爵"，但器形與"爵"明顯不同，當指文獻中的"瓚"。●《伯公父瓚》："白（伯）公父乍（作）金瓚，用獻用酌。"瓚是一種極為少見的禮器，本是一種以玉為柄的祼（灌）酒器，《詩經·大雅·旱麓》"瑟彼玉瓚，黃流在中"，說的正是此種器物。每當盛大的祭祀時，君主用瓚從罍等大型貯酒器中挹取鬯酒，然後緩緩地將酒注于地上，以祭享自己的祖先，此為祼禮。

並紐辡聲

辡  清華八·邦道 2　清華九·治政 1　清華九·治政 5　清華九·治政 9

【注】《說文》："辡，辠人相與訟也。從二辛。凡辡之屬皆從辡。"●讀辨。《清華八·邦道 2》："是以不辡（辨）貴俴（賤），隹（唯）道之所才（在）。"《清華九·治政 1》："六詩者，所以節民，辡（辨）立（位）。"

辨　辡篹　辨篹　作冊魖卣　小子生尊楚　清華十一·五紀

84　清華十一·五紀 116 秦　睡簡·語書 10　睡簡·秦種 81　于京 58

【注】從刀辡聲。高田忠周謂字從刀辡聲。又辡訓罪人相與訟也，從二辛會意，然則斷訟獄曰辨，辨從辡聲，形聲而包會意也。（《古籀篇二十八》）《說文》："辨，判也。"本義為判別，引申為區分、辨別。●人名。《辨篹》："辨乍（作）文父己寶隩彝。"●辨明、瞭解。《作冊魖卣》："公大史咸見服于辟王，辨于多正。"辨于多正，公大史的地位為官員們所明察，即公大史被官員們所瞭解。唐蘭讀徧，曰："辨讀為徧……辨于多正，是說徧及各執政者。"（《論周昭王時代的青銅器銘刻》）《史記·禮書》萬民和喜，瑞應辨至。《注》同徧。●辨別。《睡簡·秦種 81》："其入贏者，亦官與辨券，入之。"秦簡或用"辯"。楚文字用"夆""訣"。●讀辦，治也。《小子生

尊》："王令生辨事☑公宗。"辨、辦為同源字，可通。●地名。秦封泥"下辨丞印"，"下辯"秦屬隴西郡，其治在今甘肅成縣西北。

辯  睡簡・為吏 15、　　　　　　印增 556

【注】從言辡聲。●讀辨，辨別。《睡簡・為吏 15》："辯短長。"楚文字用"詯""㪻"表示辯。

辮  類編 7　　　印增 505

【注】從糸辡聲。●秦印"辮瑣""辮惡"，疑為姓氏。

辮  類編 359

【注】從心辡聲。●秦印"馮辮"，人名。

並紐釆聲

釆  天舟作父乙卣、　釆卣、　、　　清華三・祝辭 1

【注】甲骨文作　、　、　、　、　等形。何琳儀謂，從又從少（"沙"之初文），會手于沙中摸索分辨之意。（《戰國古文字典》1059 頁）又（手形）或演變為　、　。《說文》："釆，辨別也。象獸指爪分別也。凡釆之屬皆從釆。讀若辨。　古文釆。"本義辨別，《唐韻》"辨"本字。今審、釋、悉、番等字從此。●人名。見于《釆卣》《天舟作父乙卣》等。●讀幣。《清華三・祝辭 1》："乃敳（執）釆（幣）以祝曰。"

緤  清華九・禱辭 4

【注】從帛釆聲。●讀幣。《清華九・禱辭 4》："敢獻玄柬〈熏－纁〉之緤（幣）三束。"

裻 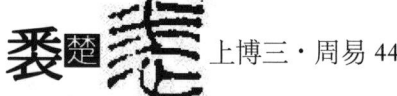 上博三・周易 44

【注】從衣釆聲，"裶"之異文。裶，《玉篇》敝衣也。●讀裶，《玉篇》敝衣也。《上博三・周易 44》："㝝浴（谷）弫（射）豺（鮒），佳（唯）裻（裶）縷。"今本作"甕敝漏"。

翔  璽彙 2061

【注】從月釆聲。●晉璽人名。

 迷^齊 璽彙 1945 璽彙 2184

【注】從辵釆聲。●齊璽人名。

 郲^齊 璽彙 0098 ^楚 包山 100

【注】從邑釆聲。●齊璽"罩郲大夫鉨","郲"讀鄩。"嶧"或作"繹",魯邑名。"鄩"或作"蕃",亦魯邑名。(《古璽雜識續》)●包山簡讀蕃,地名。

 蝨^楚 上博二·容成 5

【注】從蚰釆聲。●讀鱉。《上博二·容成 5》:"肣(禽)獸朝,魚蝨(鱉)獻。"

 科^楚 清華七·越公 4 清華七·越公 23 清華一·尹至 5

【注】從斗釆聲。●讀播。《清華一·尹至 5》:"夏科民,內(入)于水,曰畕(戰)。"《國語·晉語二》注:"散也。"《書·大誥》"于伐殷逋播臣",疏云:"播謂播蕩逃亡之意。"《清華七·越公 4》:"科(播)棄宗廟(廟)。"播棄,棄置。

 妠^楚 上博一·緇衣 15

【注】疑"科"之省文,"番"之古文。《説文》:"番,獸足謂之番。從釆;田,象其掌。蹞,番或從足從煩。妠,古文番。"●讀播。《上博一·緇衣 15》:"《呂型(刑)》員(云):'妠(播)型(刑)之由(迪)。'"郭店簡作"膰"。

 敊^花攴 師旅鼎 ^花攴 師旅鼎^晉 四年令韓詅戈

【注】從攴釆聲。《説文》"播"古文作敊,與金文實為一字;蓋釆、番古本一字,亦猶"宋"之篆文從番作"審"。睡虎地秦簡"播"始改從番聲,作播。《説文》:"播,種也。一曰布也。從手番聲。敊古文播。"本義播種。●讀播,流亡、遷徙。《師旅鼎》:"義(宜)敊(播),叡乓(厥)不從乓(厥)右征。"《左傳·昭公二十六年》:"茲不穀震盪播越,竄在荊蠻。"《後漢書·袁術傳》:"天子播越。"李賢注:"播,遷也,越,逸也。言失其所居。"●《四年令韓詅戈》"工帀(師)敊憙",人名。

仲獒簋

【注】從犬敆聲，"獒"之初文。《説文》："𤟤，頓僕也。從犬敝聲。《春秋傳》曰：'與犬，犬獒。'獒，獒或從死。" ●人名。《仲獒簋》："中（仲）獒乍（作）氒（厥）文考宮弔（叔）寶鬠彝。"

番　番匊生壺　　番匊生鼎　　王作番改鬲　　魯侯鬲　　丹叔番盂

番生簋蓋　　番仲榮匜　楚　番君匜　　番伯畬匜　　番叔☐龠壺　番

君醽伯鬲　番🐚伯者君盤　番🐚伯者君鼎　番🐚伯者君鼎　番🐚伯者君鼎

番🐚伯者君匜　番君伯黻盤　番君召簋　番子鼎　番仲戈

上都公簠　包山 46　包山 98　上博七‧凡甲 15　上博六‧競公 9　上

博六‧用曰 18 晉　史番鼎　璽彙 1658　璽彙 1656　璽彙 1657　璽彙

1655 秦　十鐘 3‧39　、　、　印增 39

【注】從田釆聲。《説文》："番，獸足謂之番。從釆；田，象其掌。𤲛番或從足從煩。𤰴古文番。"本義獸足。典籍多用其引申義。●國名。《番匊生壺》："番匊生鑄鶣（滕）壺。"番國，為祝融八姓（己、董、彭、禿、妘、曹、斟、羋）中己姓的一支，至西周時期，己姓後裔如蘇、番等被封為諸侯國。從《詩經》和出土文獻來看，番之立國至遲應在西周中期。西周時期番國的地望無文獻記載。至春秋前期南遷至淮河上游的信陽市平橋區一帶，或稱"鄱""潘"。番國在春秋時期較早歸於楚國，從信陽平橋區向東遷移至固始縣。公元前 504 年吳人伐楚，獲潘子臣，取番地，番國最終消失。番國貴族在春秋中期便入楚王室為官，如潘崇、潘尪、潘黨等。尤其是潘崇，在春秋時期楚國歷史進程中具有舉足輕重的地位。番國文化呈現出中原文化、淮河流域文化與楚文化的融合。●讀播。《上博七‧凡甲 15》："下番（播）於鼎（淵）。" ●讀潘，姓氏。《包山 85》"番班"，番氏即文獻常見的楚國潘氏，包山楚簡均寫作番。

膰〔楚〕　上博八·有皇 6　　　上博八·有皇 6

【注】從肉番聲。●《上博八·有皇 6》：“論三夫之旁也今可（兮），膠膰秀（誘）余今可（兮）。蜀（獨）論三夫今可（兮），膠膰之靖也今可（兮），論夫三夫之精也今可（兮）。”整理者説：膠，古代學校名。《禮記·王制》：“周人養國老於東膠，養庶老于虞庠。”鄭玄注：“東膠亦大學，在國中王宮之東。”“膰”，《説文》作“膰”，古代祭祀用的熟肉。《周禮·春官·大宗伯》：“以脤膰之禮，親兄弟之國。”賈公彥疏：“脤是社稷之肉，膰是宗廟之肉。”後亦稱致送祭肉屬“膰”。《左傳·僖公二十四年》：“天子有事，膰焉。”“膠膰”，指致送學校的祭肉。告訴多人傳佈的譏謗流言，多人詆毀是因為受“致送學校的祭肉”（意思是好的待遇）之誘。告訴你們這些小人（三夫），致送學校的祭肉是很精細啊，你們可以去請求（得到）啊！

膰〔楚〕　郭店·緇衣 29

【注】從月番聲。●讀播。《郭店·緇衣 29》：“《吕坓（刑）》員（云）：‘膰（播）坓（刑）之迪。’”

歠〔晉〕　陶彙 3·749　　聖彙 1823

【注】從欠番聲，或疑“噃”之異文。●晉璽人名。

畋〔楚〕　信陽 1·24　　清華九·治政 39

【注】從支番聲，“播”之異文。●均讀播。《清華九·治政 39》：“譖（讒）臣囂（崇）亓（其）者（圖）裕（欲）之不聿（違），以厶（私）利亓（其）身，出則畋（播）情旸（揚）亞（惡）。”在外就放縱意願、彰顯邪惡。

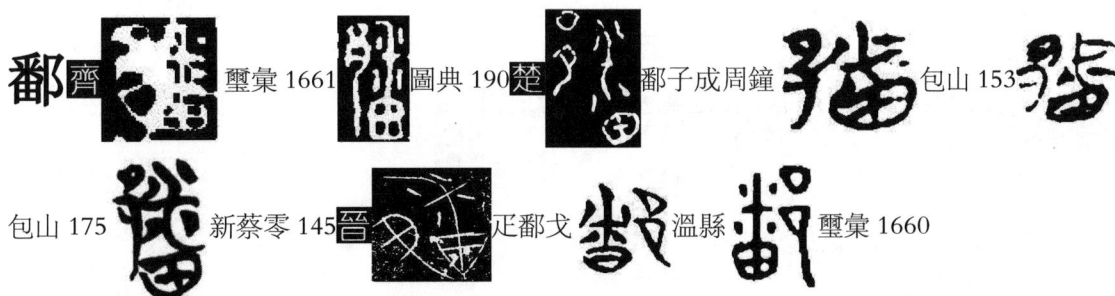

鄱〔齊〕　聖彙 1661　　圖典 190　〔楚〕　鄱子成周鐘　　包山 153　　包山 175　　新蔡零 145　〔晉〕　疋鄱戈　　溫縣　　聖彙 1660

【注】從邑番聲。●《鄱子成周鐘》：“隹（唯）正月初吉丁亥，鄱子成周，與楚自乍（作）穌鐘。”銘文中“鄱”當為“番”之增旁字，也作“潘”，為楚國附庸小國。●《聖彙 1660》“鄱莊”、《圖典 190》“鄱賈”均為姓氏。●讀靡，地名。《疋鄱戈》：“疋鄱。”疋鄱，疑應讀“胥靡”，即《左傳·襄公十八年》“楚師伐鄭，……蒍子馮、公子格率鋭師侵費滑、胥靡、獻于、雍梁”及

《昭公二十六年》"（七月）庚辰，王入于胥靡。辛巳，王次于滑"之"胥靡"，地在今河南省偃師縣東南，春秋時先屬鄭，後屬周。（吳振武《東周兵器銘文考釋五篇》）

 璽彙 2141　　　　　璽彙 0352

【注】從艸鄱聲，"蕃"之異文。●《璽彙 2141》"蘜受"，讀蕃，姓氏。●《璽彙 0352》"獏蘜噩丘昌里坿（府）"，"獏蘜"為地名。

 秦印 221　　　璽彙 1470　　　戰表 1567　　　于京 40

【注】從水番聲。●秦印姓氏。●《于京 40》"潘旌"，讀播旌，地名。《漢書地理志》臨淮郡有播旌。播旌秦屬東海郡，其治地失考。

 蔡侯申盤　　　蔡侯申尊　秦　秦編 126　　　睡簡·秦種 127　　　北大簡

【注】從艸番聲，與小篆同。《説文》："蕃，艸茂也。從艸番聲。"本義草木茂盛，引申為繁殖、生息。●多也、盛也。《蔡侯盤》《蔡侯尊》："子孫蕃昌。"●讀藩。《睡簡·秦種 127》："蕃（藩）蓋強折列（裂），其主車牛者及吏、官長皆有罪。"草圍和車傘生生斷裂了，主管牛車的人和領用牛車的吏和官長都有罪。●秦封泥"蕃丞之印"，蕃為地名。

 六年上郡守間戈

【注】從竹番聲。●人名。《六年上郡守間戈》："上君（郡）守閑（間）之造，高奴工師簹，鬼薪工臣。"

 新蔡甲三 318　秦　龍崗 38　　印增 211

【注】從木番聲。●《新蔡甲三 318》："☒橎與其國。"義不詳。●龍崗簡為木名。

 印增 582

【注】從竹橎聲。●人名。

燔[秦] 睡簡·答問 159　　 睡簡·日甲 51 背　　 新郪虎符　　 杜虎

符  關簡 354　　 印增 399

【注】從火番聲。《說文》：“燔，蓺也。從火番聲。”本義焚燒。●焚燒。《新郪虎符》：“燔隊（燧）事，雖母（毋）會符，行殹（也）。”燔燧之事，指以烽火告警之軍情。

轓[楚] 曾侯 75　[晉] 珍戰 100

【注】從車番聲。●車廂。《曾侯 75》：“刑轓之輪。”轓，《廣韻》車大箱也。●晉璽“賦轓”，人名。

旛[秦] 石鼓文

【注】從㫃番聲。●讀幡。《石鼓文》：“左驂旛旛，右驂騧騧，避（吾）以隮（躋）于邍（原）。”“旛旛”讀“幡幡”，猶言翩翩。

繙[楚] 包山牘 1

【注】從糸番聲，《說文》為“翻”之異文。●簡文“繙笲”或讀繙紆，有花紋的絲織物。

韗[楚] 睡簡·日甲 81 背

【注】從韋番聲。●秦簡人名。《日甲 81 背》：“丙名曰韗可癸上。”

鞴[晉] 璽補 204

【注】從革番聲，“韗”之異文。●“宋鞴（韗）”，人名。

播[秦] 珍秦 57　　 秦印 286　　 分研 383

【注】從半從番，半為疊加聲符，"番"之繁文。●秦印人名。

印增 573

【注】從兌番聲。●"行"，人名。

睡簡·封診 77

【注】從手番聲。●散佈。《睡簡·封診 77》："其穴壞在小堂上，直穴播壞，被（破）入內中。"秦文字多用"播"表示播，楚文字用"坙""番""敨"等表示。

安大二·仲尼 2

【注】從辵番聲。●讀沛。《安大二·仲尼 2》："去身（仁），亞（惡）唬（乎）成名？造迺（次）、遉（顛）遱（沛）必於此。"《論語·里仁》"君子去仁……"，何晏《集解》引馬融曰："造次，急遽。顛沛，偃僕。雖急遽、偃僕不違仁。"

並紐煩聲

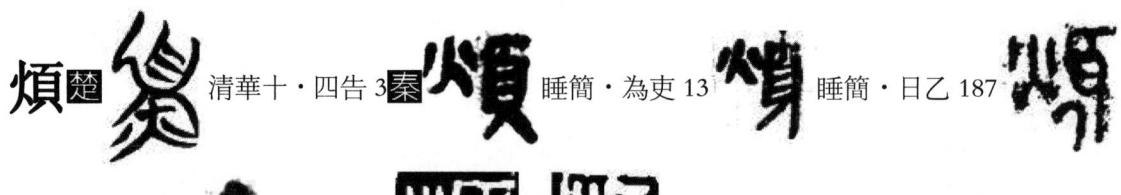清華十·四告 3　睡簡·為吏 13　睡簡·日乙 187

陶錄 6·457　里耶 8·63　　印增 347

【注】會意字，從火從頁，會煩熱之意。●煩多。《睡簡·為吏 13》："毋發可異史（使）煩請。"煩請，反覆請問。楚文字用"綷"表示煩亂、煩多之煩。●《睡簡·日甲 69 正》："煩居東方。"《韓詩外傳》卷三："人主之疾，十有二發，非有賢醫，莫能治也。何謂十二發？痿、蹶、逆、脹、滿、支、膈、盲、煩、喘、痺、風，此之曰十二發。""煩"是所謂"十二發"之一。《說文·頁部》："煩，熱頭痛也。"段玉裁注："《詩》曰：'如炎如焚。'陸機詩云：'身熱頭且痛。'"周廷案《韓詩外傳校注》對於"煩"的解釋是："煩躁也。內熱曰'煩'，外熱曰'躁'。"●《清華十·四告 3》："弗明乓（厥）服，煩辤（辭）不迁（征）。""煩辭"蓋猶傳世文獻的"煩言"，氣憤或不滿的話。《左傳·定公四年》："噴有煩言，莫之治也。"《大戴禮記·曾子本孝》："故惡言不出於口，煩言不及於己。""不征"猶言"不信"。《莊子·逍遙遊》："行比一鄉，德合一君，而征一國者，其自視也亦若此矣。"《釋文》引司馬云："征，信也。"

並紐弁聲

弁 斈 師西簋　斈 師西簋 齊  齊大宰歸父盤　斈 偏將軍虎節 楚 卓 郭店・五行

32 斈 上博五・三德 10　卓 上博五・三德 5　斈 包山 240　斈 上博一・詩論 8　斈 上

博一・詩論 22　斈 清華八・邦政 7　卓 信陽 2・7　斈 清華五・三壽 11　斈 清華一・保

訓 6　斈 清華七・越公 62　卓 郭店・老甲 2 晉 斈 司馬成公權 分研 273　斈

斈、斈、斈、斈、斈 侯馬　卓 璽彙 1523　占 集粹 153 秦、斈、

斈、斈 印增 337

【注】甲骨文作 斈、斈，金文作 斈（亞弁父癸簋），或釋為“弁”，從廾，像人戴冠冕之形。《説文》“覍”之本字。《説文》：“覍，冕也。周曰覍，殷曰吁，夏曰收。從兒，象形。斈，籒文覍從廾，上象形。斈，或覍字。”《師西簋》從 斈 從廾，斈 象冠冕，以手持之，與《説文》籒文合。弁，多見於戰國文字，多省廾為又，或以人易又，或加 ＝ 為飾符，或從攴繁化。楚文字“弁”與“吏”區別在於上部，一作 斈，一作 斈；但也有混同的情況，如《郭店・老甲 2》。●弁身尸（夷）：少數民族部落名。《師西簋》：“嗣（司）乃且（祖）啻（嫡）官邑人、虎臣，西門尸（夷）、彙尸（夷）、秦尸（夷）、京尸（夷）、弁身尸（夷）。”●楚文字多讀變。《清華一・保訓 6》：“埊（舜）既旻（得）中，言不易實弁（變）名。身丝（茲）備（服）隹（惟）允。”黃懷信先生指出，“言不易實變名”，宜讀“言不易實，變名”，謂舜言事不改其實際內容，而變其名，此卽孔子所謂“正名”，取其中正。（《清華簡《保訓》集釋》）“身茲服惟允”，意指自身行事講求一個“信”。盟書亦讀變。●讀辯。《郭店・老甲 2》：“三言以為弁（辯）不足。”●讀辮。《信陽 2・7》：“弁（辮）繢（繢）。”●《上博一・詩論 8》：“《小弁》。”詩經篇名。●讀反。《上博一・詩論22》：“《猗嗟》曰‘四矢弁（反），以御亂’，吾喜之。”●《偏將軍虎節》讀偏。“偏將軍”一詞又見於郭店簡《老丙》簡 9“偏將軍居左，上將軍居右”，與虎節銘文時代相合。●秦印有“弁祿”“弁胡”“弁平”“弁疾”等，姓氏，或作卞。《左傳》晉有弁糾。

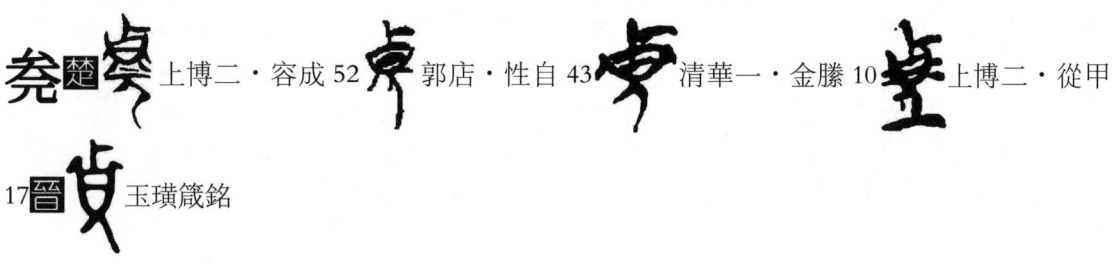

堯 楚 斈 上博二・容成 52　卓 郭店・性自 43　斈 清華一・金滕 10　斈 上博二・從甲

17 晉 斈 玉瓚箋銘

【注】從人（或元，均為人形）弁省聲。●讀冕。《上博二·容成 52》："武王於是乎素冠𡘺（冕），以造〈告〉吝于天。"●讀忭。《郭店·性自 43》："甬（用）身之𡘺者，兌（悦）為甚。"李零："簡文常見用為'變'的'弁'，寫法與此不同，這裏應當是用為'忭急'之'忭'。"身體表現最為急切的，要數喜悦。●疑讀慢。《上博二·從甲 17》："少（小）人先之，則𡘺（弁）敬之。""弁敬"，讀為"慢侮"。《春秋繁露·竹林》："君慢侮而怒諸侯，是失禮大矣。"●讀變。《玉璜箴銘》："上弁（變）下睡。"

齊 璽彙 2598

【注】從水堯聲。●齊璽"洤鄲"姓氏，疑讀党。

楚 清華八·攝命 22

【注】從宀弁聲。●讀辯。《清華八·攝命 22》："民其聖（聽）女（汝），寺（時）隹（唯）子乃弗受䚢（幣），亦尚㝟（辯）逆于朕。"句謂繳納訴訟費是聽汝斷獄的，汝不受理，官司會一直申辯上訴于朕。言下之意，你這不是給朕找麻煩嗎！

楚 新蔡乙四 98

【注】從三龜，弁聲。●《新蔡乙四 98》："鄭卜子悷目（以）𧕦頁之𧕦為君三戠（歲）貞。"義不詳。

楚 包山牘 1　　郭店·緇衣 18　　上博一·緇衣 10　　上博六·用曰 9
清華五·封許 6　清華六·子產 17

【注】從糸弁聲，"緐"之異文。●讀緐。《清華五·封許 6》為周王對呂丁的賞賜物，按"緋"即《説文》"緐"字或體，訓為"馬髦飾"。●讀辨。《清華六·子產 17》："絅（治）緋（辨）瓣（解）思（撰），㤅（炳）則任之，善則為人。""治緋"乃治事、辨事也。《周禮·天官冢宰》"弊群吏之治：……六曰廉辨"，鄭注："辨，謂辨然于事分明，無有疑惑也。"故有"辨事"之説。"治辨"一詞，《荀子》一書中多見，如《禮論》："君者，治辨之主也"。詳"瓣"字。●讀變。《上博一·緇衣 10》："喬（教）此目（以）遊（失），民此目（以）緋（變）。"●讀繁或讀煩。《上博六·用曰 9》："民道緋（煩）多，而亦不可沽。"繁、煩皆有繁雜、紛亂之義。"民道"一詞，當也指制約民眾的法律。該句末一字隸定作"沽"，當讀罟。"罟"原意為網，引申為"法網"。《詩經·小雅·小明》："豈不懷歸，畏此罪罟。"簡文意思很明顯，是説針對百姓的法律煩多，但還是不能制約民眾。

蕍 楚  安大一 22

【注】從艸緐聲。簡文字形不同之處在於所從"弁"上部沒有"卜"形，下部從"廾"。與《師酉簋》同。此類從"廾"的"弁"見於《説文》："覍，冕也。周曰覍，殷曰吁，夏曰收。從兒，象形。，籒文覍從廾，上象形。，或覍字。"●讀緐。《安大一 22》："于目（以）采蕍（緐）?于渚於止（沚）。""弁""緐"上古音皆屬並紐元部，音同可通。毛傳："緐，鞶蒪也。"

敤 楚  望山 1 · 17  望山 1 · 37

【注】從欠弁聲，疑"纞"之異文。●讀纞。《説文》："纞，欠貌。"《望山 1 · 17》："善敤。""善"是多次，頻繁的意思。馬王堆漢帛書《陰陽十一脈炙經乙本》"陽明脈"下云"病寒，喜信（伸），數吹"，"吹"當讀欠。簡文"善纞"與帛書"數欠"同意。

昚 齊  陶彙 3 · 136  陶彙 3 · 156  陶彙 3 · 156 晉  十四年戈

【注】從目弁聲，疑"矕"之異文。●齊陶人名。《十四年戈》"工帀（師）昚"，公師名。

胉 晉  璽彙 2969

【注】從肉弁聲。●"郘胉"，人名。原印作，也可能為一字，疑"郎"字之誤。

訷 楚  清華八 · 邦政 8

【注】從言弁聲。●讀變。《邦政 8》："亓（其）樂緐（繁）而訷（變）。"

韯 楚  曾侯乙鐘  曾侯乙鐘  曾侯乙鐘

【注】從音弁聲。從音作，當是變音之專字。●讀變，音律用語。弁、變古音相近可通。《曾侯乙鐘》："犀（夷）則之商，為刺音韯（變）徵。"

姅 楚  郭店 · 語叢一 34

【注】從女弁省聲。●讀繁。《郭店·語叢一 34》：“豊（禮）妻（齊）樂霝（靈）則戚，樂每（繁）豊（禮）霝（靈）則訬（慢）。”

 徛 楚 曾侯樂鐘 326·6

【注】從彳弁聲。●曾侯讀變，詳“誹”字。

 恋 楚 清華十·四告 20 晉 侯馬

【注】從心弁聲，疑“忭”之異文。●讀變。《清華十·四告 20》：“母（毋）恋（變）於義，母（毋）蠡（失）於到。”盟書“而敢或恋改”，亦讀變。

 郱 楚 璽彙 2208 晉 璽彙 2233

【注】從邑弁聲（或堯聲）。●姓氏，疑讀覓。

 垈 楚 信陽 2·28 清華一·楚居 9 清華二·繫年 29 清華六·太

伯甲 11 清華六·太伯乙 10

【注】從土弁聲，“弁”之訛體。●讀筭，古代一種圓形竹器。《信陽 2·28》：“一垈（筭）紫☒。”●《清華二·繫年 29》《清華一·楚居 9》“垈囂”，人名。有學者認為是從弁省土聲，讀堵。整理者：即堵敖熊囏。《左傳》莊公十四年：“楚子如息，以食入享，遂滅息。以息媯歸，生堵敖及成王焉。”“垈”古書或作“堵”“杜”“壯”“莊”等，古音皆近，當是所本不同。《清華六·太伯甲 11》：“女（如）由皮（彼）孔咠（叔）、遊（佚）之㠯（夷）、帀（師）之佢鹿、垈（堵）之俞珊（彌），是四人者。”《左傳·僖公六年》：“鄭有叔詹、堵叔、師叔三良為政，未可間也。”堵氏為鄭之大族，“堵之俞彌”即“堵俞彌”，鄭大夫。

 莝 楚 新蔡乙四 94 新蔡甲三 346

【注】從艸垈聲。●讀繁。簡文“莝（繁）丘”，地名。

 罞 楚 新蔡甲三 237

【注】從网弁聲。●簡文"罌禱一乘大洛（路）黄鞘，一鞂玉罪☐……"，所指不詳。

 曾侯 142

【注】從馬弁聲，"駢"之異文，《正字通》俗駢字。●讀駢。《曾侯 142》："莆之駢為左驂，慶（卿）事（士）之騮為左騙（服）。"《説文》："駢，駕二馬也。從馬并聲。"

 包山 256　　包山 259　　包山 258　　信陽 2·13　　信陽

2·13　　望山 2·35　　望山 2·48

【注】從竹弁聲、或堯聲。●竹器。《望山 2·48》："二曼（文）笲。"《信陽 2·13》"一陽笲""一少（小）陽笲"。"陽笲"其意不明，大概是一種盛器。

畚 秦 畚 睡簡·秦種 64

【注】從田弁聲。●器名，或用蒲草等編制。《睡簡·秦種 64》："官府受錢者，千錢一畚，以丞、令印印。"

並紐樊聲

樊 爐叔樊鼎　　小臣氏樊尹鼎　　樊君鬲 楚　　樊夫人龍嬴壺

樊夫人龍嬴盤　　樊夫人龍嬴匜　　樊君夔盆　　樊君夔匜　　樊君□簠

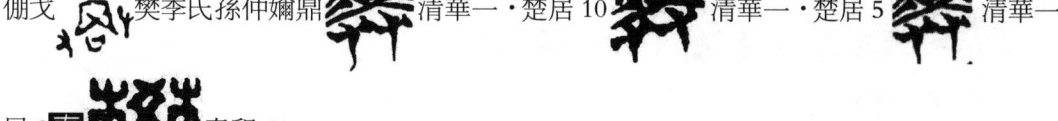
倗戈　　樊季氏孫仲嬭鼎　　清華一·楚居 10　　清華一·楚居 5　　清華一·楚

居 8 秦 秦印 51

【注】從癶（與廾同）從棥（棥，從林從爻，會交木為藩籬之意），棥亦聲。棥或簡化作 ，猶樊之作焚。《樊君簠》增飾從口。清華簡"酓（熊） （樊）"， 當卽"樊"字。樊字的

演變過程比較清楚，為 ⬚→⬚→⬚→⬚。⬚ 則是 ⬚ 之省。《説文》："⬚，鷙不行也。從㕚從枋，枋亦聲。"本義是籬笆。●人名。《盧叔樊鼎》："盧弔（叔）樊乍（作）易姚寶鼎。"《小臣氏樊尹鼎》："小臣氏樊尹，乍（作）寶用。"●從出土文獻與傳世文獻來看，樊國有二，即位于齊地的由土著東夷人建立的嬴姓樊國和位於信陽的周宣王分封仲山父所建的姬姓樊國。嬴姓樊國後為近鄰莒國所滅，而姬姓樊國滅于楚，公室被安置於今襄陽，於是今襄陽有樊城（邑）之名，楚文王曾以樊城（邑）為都稱樊郢。（《有"樊"銅器與樊國史地考論》）《樊君鬲》："樊君乍（作）弔（叔）嬴鬲脵（媵）器寶⬚。"該鬲應是有別于仲山父姬姓樊國的嬴姓樊國國君"樊君"為同姓女子"叔嬴芊"所作媵器，"叔"為排行，"嬴"為姓，"芊"為私名。河南信陽即為周宣王分封仲山父所建的姬姓樊國所在地，出土青銅器有《樊夫人龍嬴鬲》《樊夫人龍嬴盤》《樊君夒盆》等，出土器物有濃厚的楚文化風格，是樊與楚關係相近的佐證。●讀盤。《楚居》"畬樊"，《漢書·古今人表》作"熊盤"，樊與盤皆脣音元部字。《楚世家》作"熊勝"，疑是"般（盤）"字訛誤，係形近致訛。李守奎先生則指出了具體的訛變原因。（《〈楚居〉中的樊字及出土楚文獻中與樊相關文例的釋讀》）

筥大史申鼎

【注】疑從邑從食樊省聲。●周忠兵先生讀樊。（《莒太史申鼎銘之"樊仲"考》）《筥大史申鼎》："隹（唯）正月初吉辛亥，鄺（郚）申之孫簹（筥）大史申，乍（作）其造貞（鼎）十。"樊仲之"孫"申在莒國擔任太史之職，表明齊地樊國滅于莒國之後，其公室後代仍被莒國重用。鼎銘中的"樊仲"顯然應與周宣王重臣"樊仲父"無關。

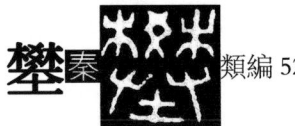類編 52

【注】從土樊聲。●秦印"𡎯過"，姓氏，疑讀樊。

類編 84

【注】從邑樊聲。秦文字"邑"常省為"卩"。如"鄁"作⬚（里耶 8·1811），"巷"作⬚（嶽麓二·數 67）。●秦印"鄻擇"，姓氏。《説文》京兆杜陵有鄻鄉。當以地為氏。

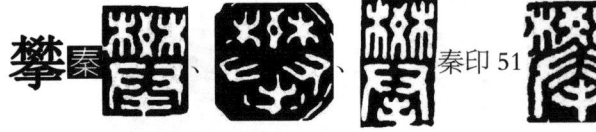、　　、　秦印 51　　集粹 711

【注】從手樊聲。●秦印人名。

北大簡

【注】從糸樊聲。●義不詳。

罧 楚　天星　　上博二·容成 41　　上博四·昭王 7　　清華三·赤鳩 5

上博八·王居 1　　包山 130 反

【注】李守奎認為"樊"字簡體。(《〈楚居〉中的樊字及出土楚文獻中與樊相關文例的釋讀》,《文物》2011 年第 3 期)詳"樊"字。●楚簡屢見,多讀返。《包山 130 反》:"須左司馬之罧(返)行, 酒(將)以餌(聞)之。"《上博四·昭王 7》:"罧逃珤(寶), 王命靷(龔)之脄母(毋)見。"《清華三·赤鳩 5》:"湯罧(返)腥(廷), 少(小)臣饋。"●讀判。《上博二·容成 41》:"於是乎罧宗鹿(戮)族戔(殘)群安(焉)備。"此句釋讀多有分歧,可參看孫飛燕《〈容成氏〉校釋》。判宗、戮族、殘群結構相同, 意思相近。剖分其宗、殺戮其族、殘毀其群, 都是指商人對夏人的處置, 經過如此處置, 夏民乃服。鹿, 亦可讀離, "判宗離族"也較其他讀法順暢。

罧 楚　　　、　　包山 255

【注】從日罧聲。●疑讀籃。《包山 255》:"醢肉酺(醢)一罧、菣(戴)酺(醢)一罧。"

並紐夋聲

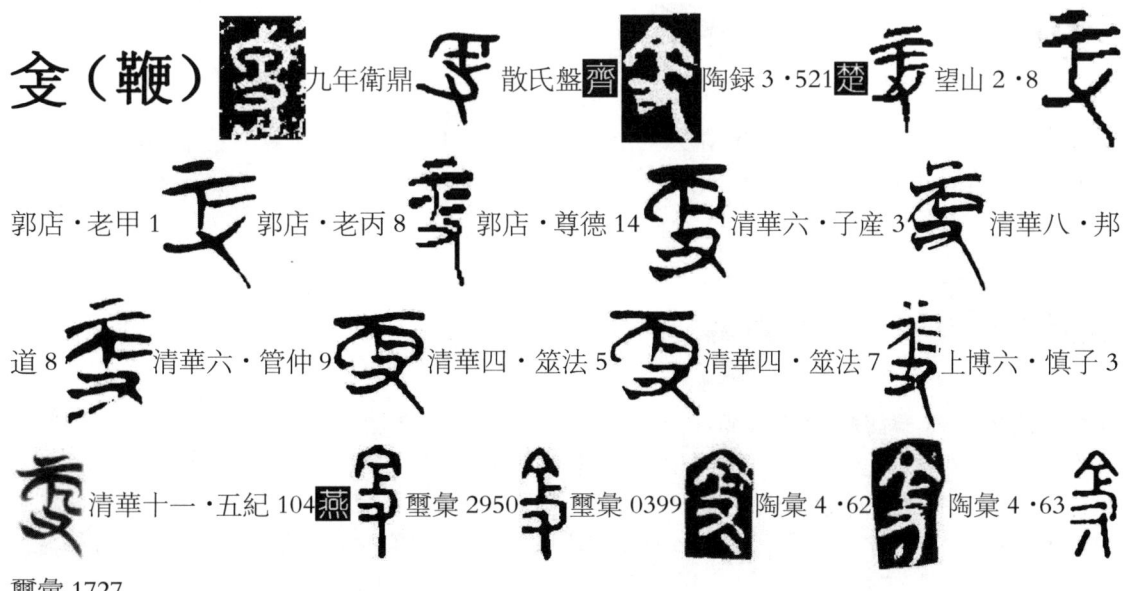

夋(鞭)　　九年衛鼎　　散氏盤 齊　　陶錄 3·521 楚　　望山 2·8

郭店·老甲 1　　郭店·老丙 8　　郭店·尊德 14　　清華六·子產 3　　清華八·邦

道 8　　清華六·管仲 9　　清華四·筮法 5　　清華四·筮法 7　　上博六·慎子 3

清華十一·五紀 104 燕　　璽彙 2950　　璽彙 0399　　陶彙 4·62　　陶彙 4·63

璽彙 1727

【注】夋, 西周金文作𡱊, 象手持鞭形, 與《說文》"鞭"之古文同。《散氏盤》鞭索形與下部相連而類"爪"。戰國文字鞭首或呈三角形或"二"形。"夋"與"更"來源不同。更, 甲骨文

作🔲，金文作🔲（輔師𤰈簋），戰國文字璽印文字作🔲、🔲（詳"更"字）。楚文字🔲或省為卞。《説文》："🔲，驅也。從革俊聲。🔲古文鞭。"從革俊聲者當為後起字。本義為鞭子、鞭打。●讀鞭，鞭子，馭馬用具。《九年衛鼎》："矩取𤔲（省）車較𣝣（幀），𡧪（軜）虎㡆（帽）、蔡儞（轄）、畫轉、弁（鞭）帀（席）鞹。"●讀鞭，鞭打、鞭刑，刑罰之一種。《散氏盤》："余又爽戀，弁（鞭）千罰千。"金文或增從人作"俊"，則字義更顯鞭打。●讀變。《清華八·邦道8》："弁（變）亓（其）正（政），則民改（改）。"《清華四·筮法7》："凡弁（變），𣌾（數）而出，乃述（遂）。凡弁（變），𣌾（數）而入，乃退。"本卦例當即是指行事中途遇到變故，筮得"數而出"則繼續完成所行之事，筮得"數而入"則放棄所行之事。●讀緶，辮織。《望山2·8》："黃弁組之𦃰。""緶"與"編""辮"音義皆近。●讀辨。《清華六·子産3》："子産所旨（嗜）欲不可智（知），内（納）君子亡（無）弁（辨）。"●讀辯。《郭店·尊德14》："教以弁（辯）兑（説）。"●讀偏。《上博六·慎子3》："共（恭）目（以）為豊（禮），僉（儉）莫弁（偏）干（焉）。"●餘例為人名。

卞 ^楚  郭店·六德5

【注】楚文字為"弁"之省文。●讀變。《郭店·六德5》："君子不卞女（如）衍（道）。""弁"字異體之"卞"字，在此疑讀變。為政之君子不能改變以上所説的道理而行。

惓 ^齊  璽彙1319 ^楚 清華一·程寤8

【注】從心弁聲。楚簡從心弁省聲。●齊璽人名。●讀變。《清華一·程寤8》"不惓"，讀不變。

宔 ^楚 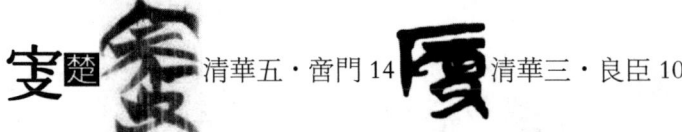 清華五·啻門14 清華三·良臣10

【注】從广弁聲。或從厂弁聲。●讀變。《清華五·啻門14》："悳（德）宔（變）亟執譌目（以）亡成，此胃（謂）亞（惡）悳（德），唯（雖）成或（又）澀（渝）。"●《清華三·良臣10》人名。

褏 ^楚  安大一101 清華九·治政10

【注】從衣弁聲。●讀褊，狹隘、狹小。《安大一101》："隹此褏（褊）心，是目（以）為訕（刺）。"《毛詩》作"維是褊心"。"此"，《三國志·何夔傳》注引《詩》與簡文同。《廣雅·釋言》："是，此也。"●《清華九·治政10》："皮（彼）洒於愧（逸）樂，而褏（褊）於悳（德）宜（義）。"整理者讀褊，引申有"匱乏"義，如《春秋繁露》："仲舒伏地再拜對曰：'仲舒智褊而學淺，不足以決之。'""褊於德義"，即在德義方面狹隘而有所欠缺。

枝 ^楚  清華一·楚居4

【注】從木夋聲，即見於《墨子·公輸》《玉篇》等的"梗"字。《漢書·司馬相如列傳》注："梗，即今黃梗木也。"●讀便。《清華一·楚居 4》："為枝（梗—便）室既成，無以內（納）之，乃毈（竊）若（都）人之牶（橦）以祭目（以）祭。""梗室"與祭祀有關，或即"便室""便房"。

俊（便）　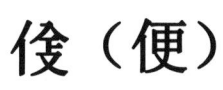 、 　儵匜_楚  上博四·曹沫 35  上博四·曹

沫 18 秦陶彙 5·365 便 睡簡·語書 1 便 睡簡·語書 4 便 睡簡·語書

17 便 睡簡·日甲 49  印增 311

【注】從人夋聲，象以鞭鞭人之背，為"夋"之繁文，後孳乳為"傻（便）"。《說文》："便，安也。人有不便，更之。從人更。"《說文》所釋，非古字古義。"傻（便）"假作他用，乃新造從革便聲之"鞭"字。●讀鞭。《儵匜》："我義（宜）便（鞭）女（汝）千。"《睡簡·日甲 49》："以若（箬）便（鞭）毄（擊）之。"●讀便。《上博四·曹沫 18》"便嬖"，受寵愛者。●秦陶"便里"，地名。●順也、利也、宜也。《睡簡·語書 1》："古者，民各有鄉俗，其所利及好惡不同，或不便於民，害於邦。"●秦印"便洵"，姓氏。漢有少府便樂成。

誃 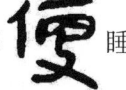_楚 郭店·五行 34  上博五·三德 3  上博二·民之 9

【注】從言夋聲，"辯"字或體。●讀辨。《郭店·五行 34》："中心誃（辨）肰（然）而正行之，植（直）也。"●讀辯。《上博二·民之 9》："亓（其）才誃（辯）也，敗（美）矣！厷（宏）矣！大矣！"

朘 _燕 璽彙 5571

【注】從肉夋聲。●燕璽人名。

戔 _楚 郭店·語叢一 75

【注】從爪夋（本從攴，改為從殳，會意同）聲，疑"夋"字繁體。硬性隸定為"戔"。●讀變。《郭店·語叢一 75》："迻戔不逮從一術（道）。"迻疑讀欲。意謂變來變去反而不及從一而終，也即以不變應萬變之意。

鄰 _齊 璽彙 2133

【注】從邑金聲。●晉璽"鄭釟"讀卜，姓氏。

璽彙 4057

【注】從尚省金聲。●晉璽"下沱（池）夋"，人名。

右輇車器　　　　夾遊刻石

【注】從車金聲，疑"鞭"之繁文。●燕器讀輴。《右輇車器》："右輇。"輴，《玉篇》小車也。

璽彙 5627

【注】從食金聲。●齊璽人名。

明紐市聲

里耶 8 · 1454

【注】《說文》："市，相當也。闕。讀若寧。"●人名。

並紐絲聲

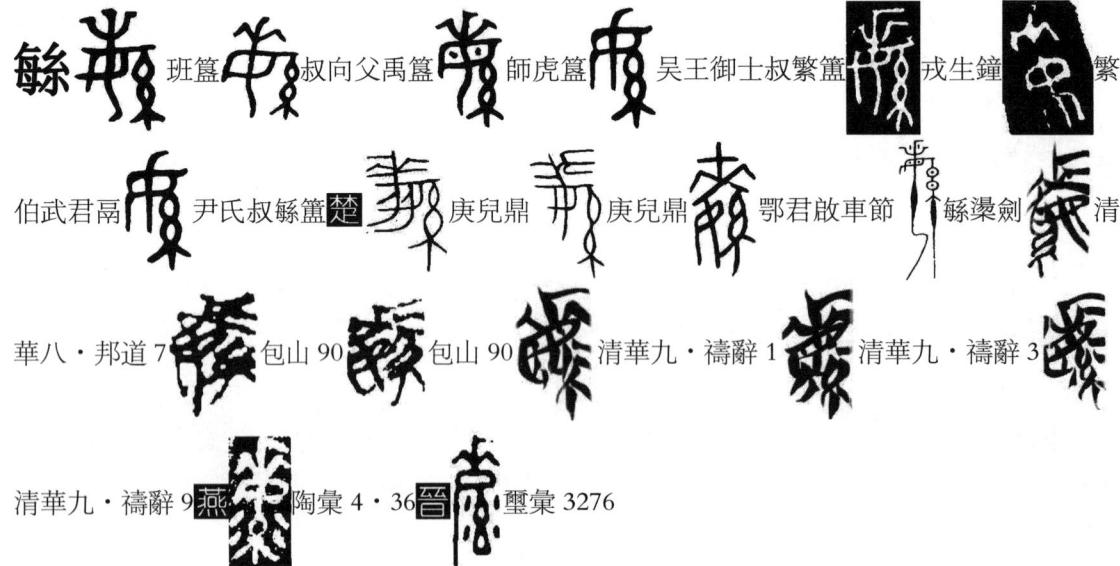

【注】從糸每聲，"繁"之古文。楚系文字每旁所從屮作夾，與來同形。每或作女，從女與從母會意同。《說文》："繙，馬髦飾也。從糸每聲。《春秋傳》曰：'可以稱旌絲乎？'繙絲或從弁。"

舁，籀文弁。"段玉裁注："馬髦飾也。馬髦，謂馬鬣也。飾亦妝飾之飾。蓋集絲條下垂為飾曰
緐。引申為緐多。又俗改其字作繁。俗形行而本形廢。引申之義行而本義廢矣。"本義當為馬飾。
引申為眾也、多也。今字通作"繁"。●本義馬大帶，經胸前及腹下，典籍或作"繁""鞶"。引
申為馬政之官。《師虎簋》："嗣（司）ナ（左）右戲緐（繁）刜（荊），今余隹（唯）帥井（型）
先王令，令女（汝）更乃曼（祖）考啻（嫡）官。"繁荊，即繁旌，此為官名。●繁多。《叔向
父禹簋》："降余多福緐（繁）肇（釐）廣啟禹身。"●古國名。《班簋》："乍（作）四方亟（極），
秉緐、蜀、巢令，易（賜）鈴鑾（勒），咸。"●人名。《吳王御士叔繁簠》："吳王御士尹氏叔緐
（繁）乍（作）旅匡。"●鼎之別名，形狀同鼎。《庚兒鼎》："庚兒自乍（作）飤緐，用徵用行。"
●地名。《繁湯劍》："緐（繁）湯（湯）之金。"先秦時代繁陽有南北之別，南繁陽屬楚，在今
河南省新蔡縣北，為我國古代南方重要銅產地之一。北繁陽屬魏，在今河南內黃縣東北，是魏
國東北方邊境上的重要縣邑。關于古文字資料中"繁陽"之國別，湯余惠先生有詳實考證。（湯
余惠《戰國文字中的繁陽與繁氏》）《包山90》"緐（繁）易（陽）"。●晉璽"緐端"姓氏，讀繁。
●讀販。《清華九‧禱辭3》："奴（如）百浧川之逯（歸）圏（海），奴（如）緐（販）內（入）
肺（市）。"整理者注："緐，讀為同在元部的'販'。類似的比喻已見於里耶秦簡，作'如見父，
如見母，如見黑，如見白，如見妻，如見子'（陳偉：《里耶秦簡牘校釋》第二卷，武漢大學出
版社，二〇一八年，第一三六頁）。"

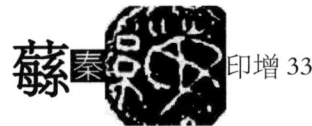 蘇 秦 印增 33

【注】從艸緐聲。●秦印單字。

 蘩 楚 蘇 安大二‧仲尼 1 秦 里耶 8‧466 里耶 8‧307

【注】從攴蘇聲。楚文字蘇省聲。●"蘩陽"，地名。●讀繁。《安大二‧仲尼1》："芋（華）蘩
（繁）而實厚，天；言多而行不足，人。"

 譏 緐 璽彙 1963

【注】從言緐聲，疑"誨"之繁文。●晉璽人名。

 鼎 鼏 寡兒鼎 降人鼏簋 （鼏）仲義君鼎 鼏 居簋 楚 □子鼏盞
乙鼎

【注】從冂緐聲。也可分析為從" ⺆ （宛）"從"緐"，則緐、宛雙聲。●鼎、簋皆可名之為鼏。

容庚曰："𣪠，鼎彝之別名。"（《金文編》651 頁）《寰兒鼎》："蘇公之孫寰兒罪（擇）其吉金，自乍（作）飤𣪠。"張世超讀飯。飯、𣪠古音同，或許飤𣪠、食𣪠的𣪠就是它作為器名"飯"的名字。（詳《金文形義通解》2289 頁）

 曾伯霥簠 晉  璽彙 2129

【注】從邑緐聲，為地名之專字。●讀繁。《曾伯霥簠》："克狄淮尸（夷），印燮鄴（繁）湯（陽），金道鍚（錫）行。"●晉璽"鄴㠯"讀繁，姓氏。

 蘇作且己罍 楚  清華八·邦政 8

【注】從艸緐聲，與小篆同。《説文》："蘇，白蒿也。"本義白蒿。●讀繁。《清華八·邦政 8》："元（其）樂蘇（繁）而訛（變）。"●人名。《蘇乍且己彝》："蘇乍（作）且己障彝。"

 楚 清華四·別卦 2

【注】從二丰緐聲。●讀賁，即"賁"卦。帛書作"縈"。"縈"在元部并母，"賁"在文部幫母，韻部旁轉，同為唇音，古音近。

 牆盤

【注】從泉緐聲。《説文》："𤽎，泉水也。"《集韻》泉名，在魏郡。●讀繁，多也。《牆盤》："繁（繁）猶（福）多釐（釐），橢角（祿）𤽎（燉）光。"

 鄧公乘鼎 倗鼎 倗鼎

【注】從鼎緐聲，為器名之專字。●鼎之自名。《倗鼎》："楚弔（叔）之孫倗之飤𪔂。"詳"𣪠"字。

 楚 蔡大師鼎

【注】從金緐聲，為器名之專字。●鼎之自名。《蔡大師鼎》："蔡大帀（師）腏媵（滕）鄦（許）弔（叔）姬可母飤鐖。"詳"𣪠"字。

 晉 㘩叔子戟

【注】從車緐聲，當為經籍"繁纓"之"繁"專字。●馬大帶，經胸前及腹下，典籍或作"繁""鞶"。《禮記·禮器》："大路繁纓一就，次路繁纓七就。"孔穎達疏："繁，謂馬腹帶也。引申為馬政之官。《㝬叔子戟》："㝬弔子之左轙（繁）夆輅戟。"

明紐宀聲

 宀尊

【注】甲骨文作介、介、尒、介、∩、∧、∧等形。作介者，象棚舍形，此為田野中臨時寄居之處，其結構簡易，暴露于野，即古文所謂"廬"。《說文》："廬，寄也。秋冬去，春夏居。從广盧聲。"六、廬古音同，故得借為數詞六。甲骨文作∩者，象房屋的側面形，實為"宀"之初文，∩與介形近，故甲骨文亦借為六。●人名。

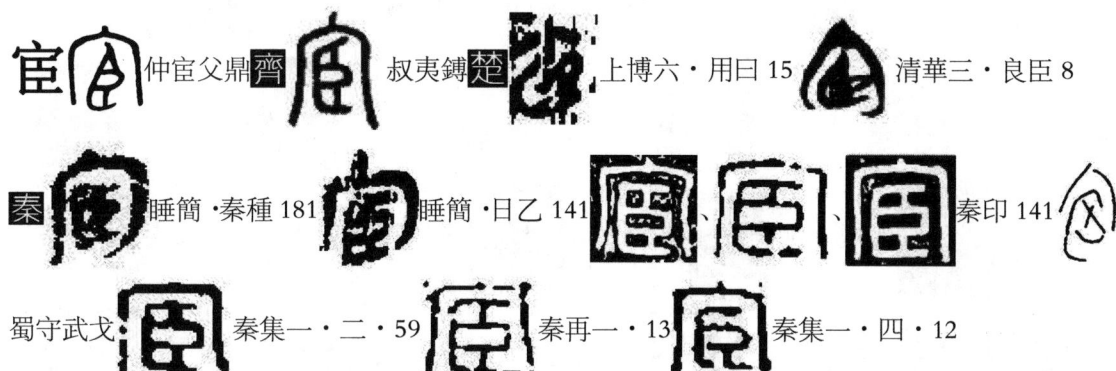

宦 仲宦父鼎 齊 叔夷鎛 楚 上博六·用曰 15 清華三·良臣 8

秦 睡簡·秦種 181 睡簡·日乙 141、、 秦印 141

蜀守武戈 秦集一·二·59 秦再一·13 秦集一·四·12

【注】甲骨文作 、 ，從囗從目，囗象宮室外輪廓形，與宀同，臣、目本一字，故甲骨文可釋為"宦"，會臣隸執事于室內之意。金文從臣宀聲，與小篆同。《說文》：" ，仕也。從宀從臣。"本義是帝王的奴僕，如《國語》："卑事夫差，宦士三百人于吳。"引申為管家、宦官。●為官、執行職守。《叔尸鐘》："女（汝）不象夙夜，宦執而政事。"●人名。《仲宦父鼎》："中（仲）宦父乍（作）寶鼎。"●《秦集一·二·59》"宦者丞印"，官名。《漢書·百官公卿表》少府屬官有"宦者令、丞"。戰國時趙設宦者令，為宮廷內侍奉皇帝及其家屬的特殊官員。《史記·廉頗藺相如列傳》"藺相如……為趙宦者令繆賢舍人"。"宦者丞印"封泥的出土，證明秦亦有作為宦官機構的宦者。《秦集一·四·12》"北宮宦丞"，當為北宮宦者丞之省文。睡虎地秦簡亦有"宦者"。《睡簡·秦種 181》："不更以下到謀人，粺米一斗，醬半升，采（菜）羹，芻稾各半石。宦奄如不更。"爵為不更到謀人的，每餐粺米半升，有菜羹，並供應芻稾各半石。宦者與不更同例。●《秦再一·13》"宦走"，官名。宦當為宦者，宦官。走或為"牛馬走"（見《史記太史公自述》）之意，為驅使之臣僕。或謂"走馬"即"趣馬"之意，為宦官中管馬之人。●《上博六·用曰 15》："轞（違）難宦於朝夕，而考（巧）於左右。"義不詳。

官 夔尊 無叀鼎 揚簋 趙簋 小臣傳簋 楚 郑陵君豆

鑄客鼎 包山 182 曾侯 142 曾侯 149 清華一·金縢

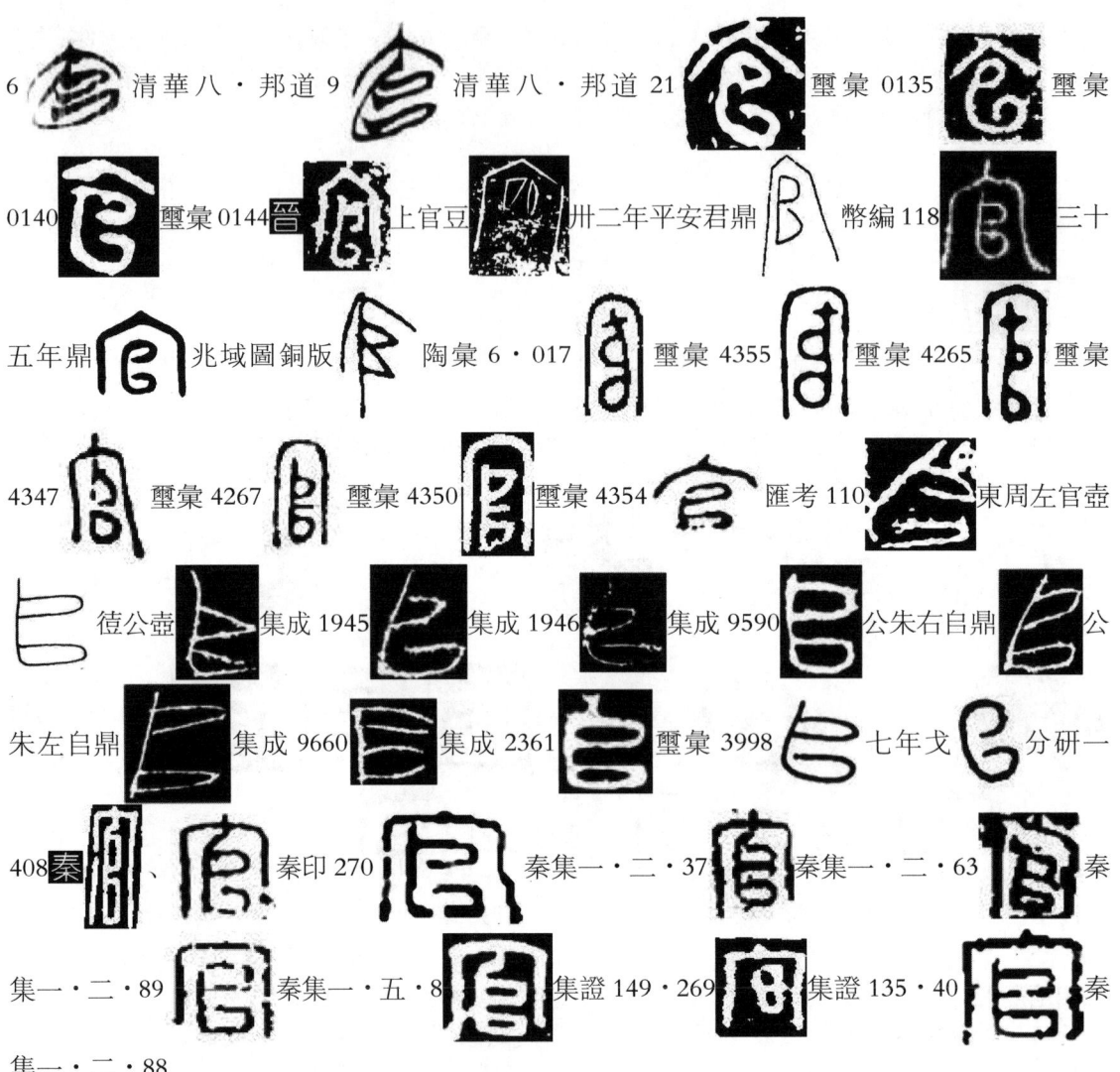

6 清華八・邦道9 清華八・邦道21 璽彙0135 璽彙0140 璽彙0144晉 上官豆 卅二年平安君鼎 幣編118 三十五年鼎 兆域圖銅版 陶彙6・017 璽彙4355 璽彙4265 璽彙4347 璽彙4267 璽彙4350 璽彙4354 匯考110 東周左官壺 㥀公壺 集成1945 集成1946 集成9590 公朱右自鼎 公朱左自鼎 集成9660 集成2361 璽彙3998 七年戈 分研一408秦 、 秦印270 秦集一・二・37 秦集一・二・63 秦集一・二・89 秦集一・五・8 集證149・269 集證135・40 秦集一・二・88

【注】甲骨文作、、，從宀（兼聲）從𠂤，會師旅止息之地，"館"之初文。三晉文字或省為𠂤，訛變作巳，遂與"㠯"字混同；巳有時候要根據文例才能區分。《説文》："𪭝，史，事君也。從宀從𠂤。𠂤猶眾也。此與師同意。"本義指客舍，典籍中多用為館舍之義。《禮記・曾子問》："公館。"鄭玄注："公館若今縣官也。"後來"官"為引申義專用，"客舍"之義便另加形符"食"寫作"館"。●讀館，館舍、官舍。《競卣》："白（伯）𡊮父皇競，各于官，競蔑曆，賞競章（璋）。"《𪔂卣》："公酓（飲）才（在）官（館）。"●官職。《師虎簋》："令女（汝）更乃𠭥（祖）考啻（適）官，嗣（司）𠂇右戲緐（繁）荆（荊）。"●《師晨鼎》："隹（唯）小臣、善（膳）夫、守☒、官犬。"官犬，管理犬的官吏，相當《周禮》中"犬人"一職。《周禮・秋官・犬人》："凡相犬、牽犬者屬焉。"●上官：魏國食官名，用器之所。另有下官，為同類官署。《卅二年平安君鼎》："上官。坪（平）安邦𨨏（鑄）客，䵣（容）四分盉。"《信安君鼎》："下官，䵣（容）伞（半）。"●官司：管理、負責。《揚簋》："王若曰：揚，乍（作）嗣（司）工，官嗣（司）量田甸。"●讀縮。《䣄陵君王子申豆》："官（縮）攸無彊（疆）。"●讀管。《清華一・金縢6》："官（管）弔（叔）𨓤（及）亓（其）羣𡄹（兄）俤（弟）。"●三晉文字作"𠂤"者，舊讀師，均應讀官。《東周左官壺》："廿九年十二月，為東周左𠂤（官）佢壺。""左官""右官"，

屬私官，主管王后宮之事。朱德熙、裘錫圭指出：這些自字都是官字簡體，以古璽文而論，"安官"之"官"字作◎，或又簡化作◎，"私官"之"官"字作◎，又作自。凡此均可證所謂左師右師之自應為"官"之簡體，應讀為左官右官。又指出見于古璽之◎、◎等類從自之字即從"官"之簡體，即應是"館""輨"等字，這也是戰國以自為官的重要證據。（《戰國銅器銘文中的食官》）●《匯考110》"官事"見於《論語·八佾》"官事不攝，焉得儉"，義為官府之事。●《秦集一·二·37》"大官丞印"。"大官"同"太官""泰官"，相家巷遺址流散秦封泥有"泰官丞印""泰官庫印"（即儲存宮廷膳食原料的倉庫）封泥。古代文獻多作"太官"，個別也作"大官"，如《漢書·東方朔傳》載"大官丞日宴不來"。《漢表》少府屬官有"太官令丞"，師古曰"太官主膳食"。●《秦集一·二·63》"内官丞印"。《漢書百官公卿表》："初，内官屬少府，中屬主爵，後屬宗正。"秦時何屬待考。内官本指君之近臣，《左傳·宣公十二年》："内官序當其夜，以待不虞。"杜預注："内官，近官。"後指宦官，《史記·李斯列傳》："高固内官之廝役也，幸得以刀筆之文進入秦宮。"秦時内宮的職掌不很清楚。●《秦集一·二·89》"私官丞印"。私官，官名，戰國秦已置，乃皇后食官。私官，曾見於戰國、秦代的青銅器銘文，如咸陽塔兒坡出土的"三十六年私官鼎"。私宮應比照中官設有令、丞。私官丞應為私官令之副。●《秦集一·五·8》"官臣丞印"。官臣，春秋時期稱受天子之命得以自置官吏治理家邑的卿大夫。官臣出現較早，鄭玄注《周禮·大宗伯》"六命賜官"謂"受天子命能自置收吏以治家邑者為官臣"。"官臣丞"為"官臣"之屬官。●《集證149·269》"官田臣印"，或以為"官田"即"公田"。曹錦炎則以為秦印"官田"與"公田"並見，二者所指不同。今按官與公義同，睡虎地秦簡《法律答問》："亡久書、符券、公璽。""公璽"即官印。至於二者稱呼不同，或許是時代早晚不同使然。"臣"或為管理官田之官。●《集證135·40》"西宮中官"，西宮見於西周金文，西宮為嬪妃所居之宮。秦時有南、北宮，可能當時也有東、西宮，典籍失載。朱德熙、裘錫圭以為"中官"不全是宮中之官的泛稱，很多可能與"中私官"相當，是皇后的食官。"西宮中官"與"王后中官"性質相近，可能是西宮諸妃之食官。另有《秦集一·二·88》"中官丞印"。

倌 楚 包山 15　包山 157　邨子環權　璽彙 3580

【注】從人官聲。●均讀官。《邨子環權》："邨子之倌（官）環。"《包山 15》："邵行之夫=（大夫）盤阿呀執儀（僕）之倌登（鄧）虜（虢）。"

瞷 晉 璽彙 0834

【注】從目倌省聲。●晉璽人名。或以為自聲，似乎是《厚趠鼎》◎之省文。

婠 秦 印增 477

【注】從女官聲。●秦印人名。

脂 秦 番陽脂漆盒

【注】從肉官聲。●漆書"番陽脂"，疑讀館。

宴 楚 　清華十一·五紀 56　　　清華十一·五紀 60

【注】從又官聲。●讀官。《清華十一·五紀 56》："百宴（官）百攻（工）。"

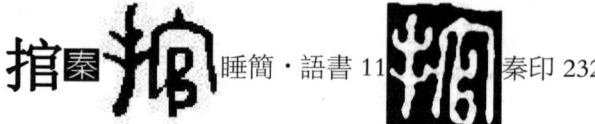

搹 秦 　睡簡·語書 11　　　秦印 232

【注】從手官聲。●秦簡讀腕，手腕。《睡簡·語書 11》："因恙（佯）瞋目扼搹（腕）以視（示）力。"●秦印"王搹"，人名。

綰 　蔡姑簋　　牆盤　　瘼鐘　　善夫山鼎　　卌三年逨鼎

【注】甲骨文作　，從宀從啻，疑"綰"之或體。金文從啻官聲。金文中習見"綰命""綰綽""綽綰"語。裘錫圭曰："金文的求福之辭屢以'綰綽'或'綽綰'與'永命'或'眉壽'連言。綰綽與寬緩意近，綰命大概就是長命的意思。"（《史牆盤銘解釋》）●讀綰，寬綽、寬裕。《牆盤》："上帝司（后）稷尹保受天子綰（綰）令：厚福豐年。"綰令，為求福之辭，意為長命。《史伯碩父鼎》："用祈（祈）匃百彔（祿）釁（眉）壽，綰（綰）綽（綽）永令（命），萬年無彊（疆）。"綰綽：形容壽命綿長。金文或作"綽綰"。《蔡姑簋》："用祈（祈）匃釁（眉）壽，綽綰（綰）永令（命），彌屖（厥）生。"《詩》《書》均作"寬綽"。《詩·淇澳》："寬兮綽兮。"《書·無逸》："不永念厥辟，不寬綽厥心。"綰、寬古音同為元部，可以通假。

綰 楚 　清華九·廼命二 7　晉　璽彙 1379　璽彙 2655　璽彙 3162　集

粹 129　璽彙 1211　秦　商鞅方升　、　、　、

印增 507　睡簡·秦種 5

【注】從糸官聲。三晉文字官常省為　，故　隸定為綰。《説文》："綰，惡也，絳也。從糸官聲。一曰綃也。讀若雞卵。"《説文》今本説解有誤。錢坫曰："既以絳為本訓，不應先言惡而後言絳，且本無惡義，絹當為綃。"張舜徽曰："宋本作綃，猶未誤也。今作絹者，由形近而訛耳。"文獻多用如"綰"，系結、打結。●讀棺。《睡簡·秦種 5》："唯不幸死而伐綰（棺）享（槨）者，是不用時。"只有因死亡而需要伐木製造棺槨的才不受季節限制。●讀緩。《清華九·廼命二 7》："而敥（默）政事民人善否、替由，賜奐（予）綰（緩）䋆（丞）之古（故）。"●晉璽人名。

宔 齊 文物 2008.1　楚 上博五·姑成 1　晉 吉林 6　璽彙

0068 璽彙 1696　璽彙 2564　璽彙 2563　匯考 349　璽彙

2314 圖典 139

【注】從土官聲。或官省聲。●《璽彙 0068》徐在國釋為"会（陰）宔司寇"，第二字可分析為從"土""官"聲之字，"土"旁為贅加義符，讀館。 為"自"的省體。"官"與"館"二字音近古通，"会宔"可讀"陰館"，地名，見於《漢書地理志》，隸屬雁門郡，在今山西省代縣西北，戰國屬趙國。●讀館，訓舍，這裏指征百豫前綫的臨時住所。《上博五·姑成 1》："躬與士尻（處）宔（館）旦夕絧（治）之。"●《璽彙 2564》"宔胙"、《圖典 139》"宔沄"，姓氏。

瞳 晉  璽彙 0171

【注】從目宔省聲。其左上半部所從的即"自"之省。●"瞳陽門"，應為地名。

鶬 楚  璽彙 3644

【注】從鳥官省聲。隸定為"鶬"。●"鶬定"，姓氏，疑讀官。

涫 晉 璽彙 2586

【注】當從水官省聲。隸定為"涫"。●"涫果"，姓氏，疑讀官。

郬 楚  天星 晉 璽補 176

【注】從邑官聲。或官省聲。●晉璽"郬（官）軠"，姓氏，讀官。楚簡亦為姓氏。

棺 齊 陶錄 3·603　陶彙 3·1150 晉 兆域圖銅版　璽彙

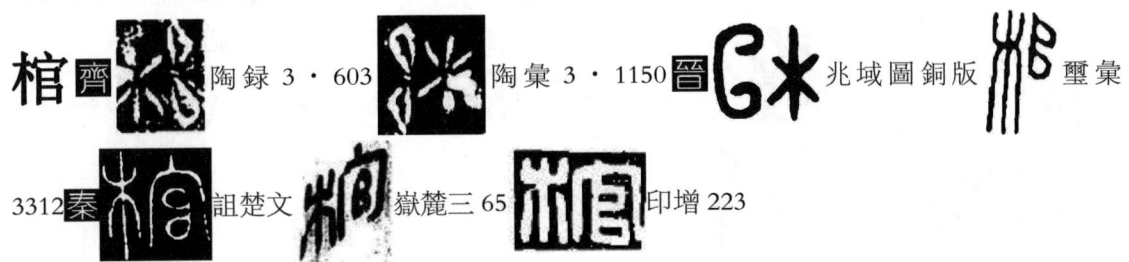

3312 秦 詛楚文　嶽麓三 65　印增 223

【注】秦文字從木官聲，六國文字從木官省聲。戰國時候官可以省作自（又訛為回），𝙲米據字形應釋為桓，據文義則釋為棺。《說文》："棺，關也，所以掩尸。"本義為棺木。●棺木。《兆域圖銅版》："丌（其）萆（椑）柤（棺）中柤（棺）眡（視）厷后。"《詛楚文》："寘（置）者（諸）冥室檳棺之中。"●晉璽"勤棺"，人名。齊陶單字，應為人名。

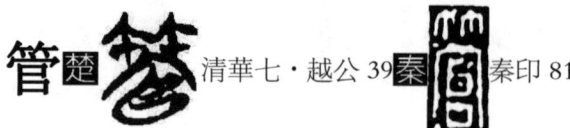

管 楚　清華七·越公 39　秦　秦印 81

【注】從竹官聲。●讀官。《清華七·越公 39》："又（有）管（官）帀（師）之人或告于王廷。"●秦印"管眉"姓氏。

輨 楚　璽彙 2499　　璽彙 2500　晉　璽彙 2497　　璽彙 2498

【注】從車官省聲。隸定為"輨"。●"輨莒""輨強""輨都塚"等，均為姓氏，讀管。

館 晉　璽彙 2443　　戰表 23　秦　印增 179

【注】從食官聲。或官省聲。隸定為"館"。●人名。

菅 秦　　、　秦印 10

【注】從艸官聲。●秦印"菅里"，地名。

鞕 晉　璽彙 3073

【注】從革官省聲。隸定為鞕。●"鞕剏"，姓氏，疑讀管。

明紐面聲

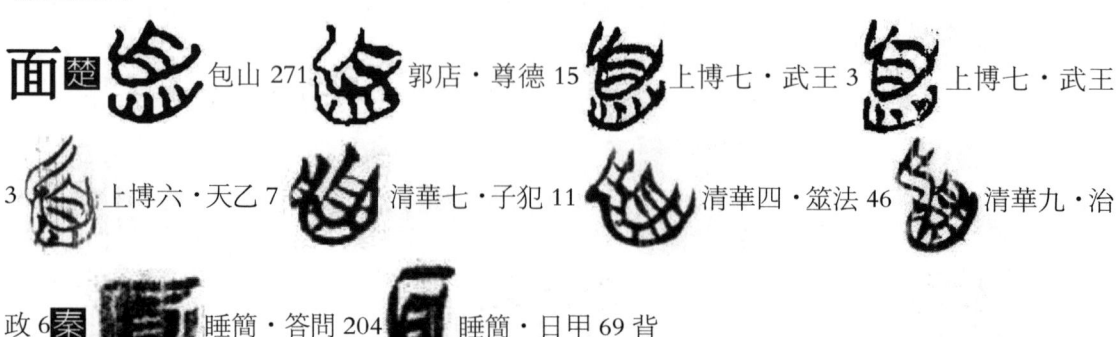

面 楚　包山 271　　郭店·尊德 15　　上博七·武王 3　　上博七·武王

3　上博六·天乙 7　　清華七·子犯 11　　清華四·筮法 46　　清華九·治

政 6　秦　睡簡·答問 204　　睡簡·日甲 69 背

【注】甲骨文作、、、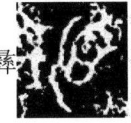，象面目之形。《師遽方彝》所從當即"面"字，⟨象面部。秦系文字作，承襲金文。楚系文字從百從臼，字形可能跟"本（）""沈（）"等字所從一樣，可以看作"臼穴"之"臼"，表示比"百（首）"低的部位。●面向。《睡簡·日甲13背》："乃繹（釋）髮西北面坐。"●面部。《睡簡·日甲69背》："面有黑子焉，疵在耳。"●讀䩅。《集韻》馬䩅當面皮。《包山271》："四馬之凵面。"●讀湎，沉迷。《郭店·尊德15》："教以事，則民力趮（嗇）以面（湎）利。"

 左塚漆梮

【注】從糸面聲。●當讀湎。"湎"指沉溺於酒。漆棋局的"康湎"當倒言成"湎康"，指沉溺於飲酒的享樂。

 貈卣

【注】從豸面聲。●人名。

 師遽方彝   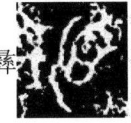 師遽方彝

【注】從玉面聲。《說文》無。●玉器。《師遽方彝》："王乎（呼）宰利易（賜）師遽㺱圭一、環章（璋）四。"楊樹達引《說文》《國語·晉語》《漢書·西域傳》《漢書·食貨志》等，證古縵、幕、漫皆有無紋理之義，曰："㺱圭蓋謂無紋飾之圭，與下云環璋為有紋飾者正相反。"（《積微居金文說》135頁）或謂讀瑁，玉器名。《說文·玉部》："瑁，諸侯執圭朝天子。天子執玉以冒之，似犁冠。《周禮》曰：'天子執瑁四寸'從玉冒，冒亦聲。玥，古文省。"《考工記》鄭玄注："名玉曰冒者，言德能覆蓋天下也。"

 天星

【注】從貝面聲。●讀面。"賈鑑"讀面鑑，即面鏡。

 毛公鼎   清華五·厚父6   清華九·治政10

【注】金文構形不詳，以其與《書·酒誥》"罔敢湎于酒"之語例同，故學者均釋為"湎"。楚文字從水面聲。《說文》："湎，沈于酒也。從水面聲。"本義沉迷，多指沉迷于酒色。●讀湎，沉迷于酒。《毛公鼎》："母（毋）敢湎（湎）于酒。"《清華五·厚父6》："湎（沉）湎于非彝。""沉湎"和"湎"詞義相當。

明紐髟聲

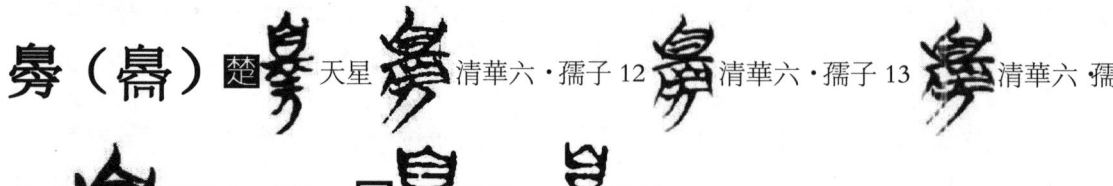

鼻（鼻）楚 天星 清華六·孺子12 清華六·孺子13 清華六·孺子15 清華十·四告16 晉 戰編222 戰編222

【注】鼻，甲骨文作 ，從自丙聲。邊為疆土之始，故從自。自，始也。金文作 （《大盂鼎》 所從），增從方為聲符，從方亦取邊境四方之意。戰國文字承襲金文。或作 （《詛楚文》"邊" 作 ），以旁易方，蓋旁、方一字之孳乳。小篆從 、 ，乃丙、方之訛。《清華十·四告16》 下面訛為冊。《説文》：" ，行垂崖也。從辵鼻聲。"本義邊遠的地方。●天星簡"童組之鼻"， 讀邊。●讀遍。《清華十·四告16》："敢用一丁 （脯）白豚，先用 （芳） ，鼎（遍）邵（昭） 奉妊（任）。"●晉璽人名。《清華六·孺子12》"鼻父"亦為人名。

敫 秦 清華九·廼命二15

【注】從攴鼻省聲。●《清華九·廼命二14》："母（毋）或不善等會，詣（暨）告言逐（彌） 速……而忘（妄）牆（將）敫喪，以不旻（得）所 （籌）旨。"整理者注："將，訓為'牽率'， 詳《乃命一》注〔一二〕。敫，字左半為'邊'字所從，從鼻得聲之'鼻'、'寡'皆有'不見' 義。籌，謀劃。"

邊 大盂鼎 散氏盤 仲儵父鼎 楚 曾侯172 秦 詛楚文 詛楚文 關簡139 會稽刻石

【注】從彳（或辵，同）鼻聲。●周緣、邊界、邊地。《大盂鼎》："我聞殷述（墜）令，佳（唯） 殷邊侯、田（甸）雩（與）殷正百辟，率肆于西（酒）。"●邊柳：地名。《散氏盤》："至于邊柳。" 或謂柳本為樹名；邊，旁也、畔也。

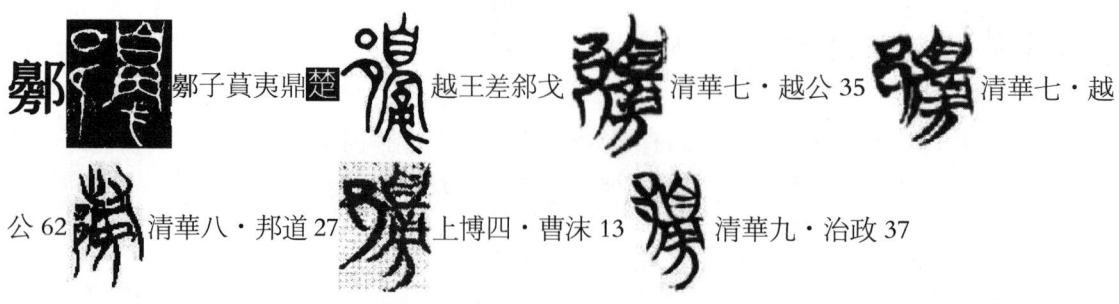

鄒 鄒子薡夷鼎 楚 越王差郤戈 清華七·越公35 清華七·越 公62 清華八·邦道27 上博四·曹沫13 清華九·治政37

【注】從邑鼻聲。●楚文字均讀邊。《越王差郤戈》："以攸（修）□鄒（邊）土。"《上博四·曹 沫13》："吾欲與齊戰，問陳奚如？守鄒（邊）城奚如？"《上博七·鄭甲1》："鄒（邊）人秣（來）

告。"鄹（邊）人"指駐守邊境的官員、士兵等，典籍習見。《國語·魯語上》："晉人殺厲公，邊人以告。"●人名。《鄹子蒉夷鼎》："鄹子蒉夷為其行器。"

清華七·晉文公 1

【注】從女鼻聲。●整理者讀媥。《説文》："媥，輕貌"。《清華七·晉文公 1》："樊（察）於妞（好）妝（臧）嫚（媥）鹽（斐）皆見。"詳"妞"字。

曾侯 136　　曾侯 138

【注】從鳥鼻聲。●讀邊。簡文"鼻鼻"讀翠邊，翠羽為緣飾。

天星　　上博八·鷗鶇 1

【注】從羽鼻聲。●天星簡"縫組之翼"，讀邊。●讀翩。"邊"為帮母元部字，"翩"為滂母真部字，二字上古聲母皆唇音，韻部為旁轉關係，自可相通。《上博八·鷗鶇 1》："婁（鷗）栗（鶇）翼（翩）飛今可（兮）。""翩飛"形容鳥飛之貌。

包山 254

【注】從金鼻聲。●讀籩，竹豆。《包山 254》："四鐼，一鐼盍（蓋）。"

包山 58

【注】從夷鼻聲。●人名。

明紐綿聲

縣（綿）楚信陽 2·8　秦　于京 55　印增 502

【注】《説文》："縣，聯微也。从系从帛。武延切。"後世多作"綿"。●《信陽 2·8》："羊（駤）綿之純。"應當指一種紅色的綿作的緣飾。或謂讀縵。《説文》"縵，繒無文也。漢律曰：賜衣者，縵表白裏。"●《于京 55》"縣諸丞印"、《印增 502》"縣諸"，地名。《史記六國年表》："綿諸乞援。"《水經注》卷一六："渭水又曆橋亭南面是入綿諸縣。"《漢書地理志》："天水郡，……罕开，

綿諸道。"綿諸，秦屬隴西郡，其治地在今甘肅天水市東。

明紐㒼聲

㒼篕　㒼篕齊　陶彙 3 ·356　陶彙 3 ·357　陶彙 3 ·361

【注】字構形不明。朱芳圃謂象形字，曰："象獸宰殺後，從胸前擘開，析為兩半之形。兩半分量相等，故引申有平義。孳乳為瞞。戰國文字或省減作㒼。《説文》目部：'瞞，平目也。從目，㒼聲。'"（《殷周文字釋叢》中）《説文》："㒼，平也。從廿，五行之數，二十分為一辰。兩，㒼平也。讀若蠻。"《玉篇》當也。●人名。《㒼篕》："王命㒼罘弔（叔）糨父歸（饋）吳姬龢（飴）器。"●齊陶"楚郭巷㒼里鄙"，里名。

秦　印增 127

【注】從目㒼聲。●人名。

秦　集粹 843　秦印 219　陶彙 9 · 79　陶録 6 · 439

【注】從水㒼聲。●多為人名。●秦印有"滿據"，姓氏。

蟎鼎

【注】從虫㒼聲，"蠻"之或體，《説文》㒼讀若蠻，可謂佐證。●人名，可讀蠻。

明紐曼聲

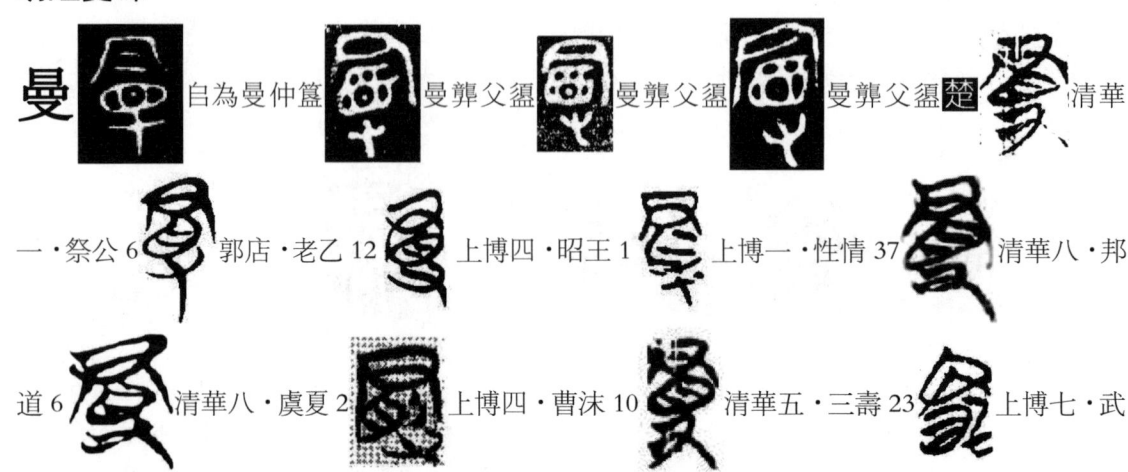自為曼仲篕　曼靠父盨　曼靠父盨　曼靠父盨楚　清華

一 · 祭公 6　郭店 · 老乙 12　上博四 · 昭王 1　上博一 · 性情 37　清華八 · 邦

道 6　清華八 · 虞夏 2　上博四 · 曹沫 10　清華五 · 三壽 23　上博七 · 武

2584

王 2守丘刻石 睡簡·封診 23

【注】甲骨文作 ，郭沫若謂從目（或作面），用兩手張目，會引目遊觀之意，當為"曼"的初文。屈原《哀郢》"曼余目以流觀兮"即其義。（詳《卜辭通纂》154頁）甲骨文或作 ， 即"面"字。"曼"從"面"屬變形音化現象，古音"曼""面"均為明紐元部字。金文另加冃為聲旁。金文或作 （《自鼎》 所從），省去上爪形，許慎遂誤以為"冒聲"。《上博七·武王 2》所從"又"訛為"毛"；或以為從毛冒聲。《說文》：" ，引也。從又冒聲。"本義為引目流盼。引申指拉長，又引申指柔美、細柔等義。●姓。《曼龔父盨》："曼靠（龔）父乍（作）寶盨。"●人名。《鄧孟壺蓋》："㝅（鄧）孟乍（作）監曼（嫚）障壺。"●讀晚。《上博四·曹沫 10》："曼（晚）哉，吾聞此言。"楚簡"曼"聲和"免"聲字多通用，另如郭店《老子》乙本簡 12"大器曼成"，今本《老子》"曼"作"晚"，《馬王堆帛書》老子乙作"免"，《北大老子》作"勉"。●讀慢。《清華八·邦道 6》："百榖（穀）曼（慢）生，以痎（瘥）不成。"整理者注："曼，讀慢。《詩·大叔于田》'叔馬慢忌'，毛傳：'慢，遲。'百穀慢生'謂百穀不以時熟。"●讀冕。《清華八·虞夏 2》："百（首）備（服）乍（作）曼（冕）。"《上博七·武王 2》："耑（端）備（服）㡃（冕）。"●長。《睡簡·封診 23》："黑牝曼𡄙（縻）有角。"黑色母牛，套有長套繩，有角。●讀嫚。《清華五·三壽 23》："覲夏之歸商，方曼于苕，甬（用）肖卲（昭）句（后）成湯，弌（代）傑（桀）尃（敷）有下方。"覲，此當讀殄（同為文部舌音字），《爾雅·釋詁》："滅、殲、殄，盡也。""曼"當讀為"嫚"，《說文》："嫚，侮傷也。"段注："傷各本作易，今正。《人部》曰：'侮者，傷也。'傷者，輕也。""苕"同讀為格鬥之"格（挌）"，此指戰爭。肖，當讀嫳（乂），《說文》："治也"，此為勸其改正之意。意思是：我們興兵征伐天下，滅夏回商的時候，眾人對戰爭產生輕易之心，因此我勸告昭后成湯改正，才取代桀廣有下方。

嫚鄧公簋 鄧公簋 鄧孟作監曼尊壺 伯氏姒氏鼎 曾

叵嫚鼎 珍秦 140

【注】從女曼聲。《鄧孟壺蓋》作 ，從女冃聲（亦可視為曼省聲）。《說文》：" ，侮易也。從女曼聲。"本義輕侮、侮辱。《傳·昭二十年》："其言僭嫚于鬼神。"●人名。《鄧公簋》："㝅（鄧）公乍（作）雁（應）嫚齛舲（媵）叚，其永寶用。"秦印"陰嫚"，人名。

謾里耶 9·981 里耶 8·503

【注】從言曼聲。●欺騙。《里耶 9·981》："謾者訾遣詣廷。"

鄤貨系 1210

【注】從邑曼聲。● "鄤邖" 讀饅訕。《集韻》饅訕，亭名。

隁仲孛簋　　　　自鼎　　　　自鼎

【注】從阝曼聲。《説文》所無。●讀鄤，姓氏。《隁仲孛簋》："隁中（仲）孛乍（作）父日乙隩段。"方浚益謂隁當為鄭國地，典籍作 "鄤"。鄭有二鄤，一在鄭之東，一在鄭之西北。（詳《綴遺齋彝器款識考釋》卷九·14 頁）

輚 楚　上博七·吳命 5　秦　銅車馬當顱

【注】從車曼聲。●讀冕。《上博七·吳命 5》："又（有）軒輚（冕）之賞。"●讀輓。《銅車馬當顱》："輚右一。"《説文》："輓，引車也。"

斁 楚　清華七·越公 7

【注】從攴曼省聲。下從土為贅符。隸定為 "斁"。●疑讀滅，即滅絶之滅。《清華七·越公 7》："余亓（其）必斁（滅）屬（絶）雩（越）邦之命于天下。"

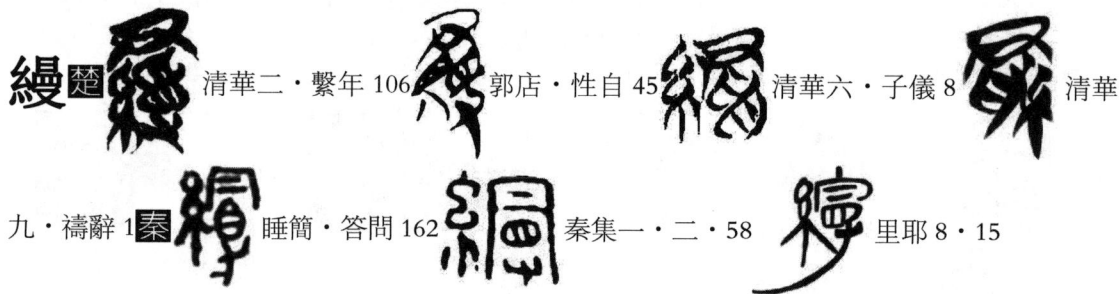
縵 楚　清華二·繫年 106　　郭店·性自 45　　清華六·子儀 8　　清華
九·禱辭 1 秦　睡簡·答問 162　　秦集一·二·58　　里耶 8·15

【注】從糸曼聲。《清華六·子儀 8》從糸曼省聲。●讀挽。《清華六·子儀 8》："弜（強）弓分縵（挽）亓（其）鑾（繼）也，繪追而羿之。"用強弓挽回飛絶的鳥兒。●秦簡讀鞔，鞋幫。《睡簡·答問 162》："以錦縵履不為，然而行事比焉。"用錦做鞋幫，不算錦履，然而成例同樣論處。●讀慢。《説文》："慢，惰也。"《郭店·性自 45》："不又（有）夫互（恆）怡（始）之志則縵。"●《秦集一·二·58》"左職縵丞"。《説文》："縵，繒無文也。漢律曰：賜衣者縵表白裏。"據《三輔黃圖》，織室作文繡郊廟之服，故此 "縵丞" 應為左織室下治無文之繒帛的官署。

褸 楚　郭店·成之 7

【注】從示曼聲。●讀冕。《郭店·成之 7》："君黼（袗）褸（冕）而立於笶（阼），一宮之人不勤（勝）敬。""黼" 舊讀袗，白於藍先生指出 "袗冕" 一詞典籍未見，認為 "黼褸" 應讀作 "袞冕"。詳 "黼" 字。

蔓 秦　里耶 8・765

【注】從艸曼聲。●簡文"蔓柏"地名。

明紐免聲

免 宁　免簋 宁　史免匡 楚　上博一・緇衣 13　郭店・性自 25　郭店・唐虞

7　包山 53　清華一・楚居 8　清華一・楚居 9 秦　類編 164　類編

328　類編 328　睡簡・效律 29　睡簡・雜抄 3

【注】甲骨文作、、、、、，徐中舒曰：甲骨文從凶從人，凶象羊角形為飾之帽，故即從人戴月之免。免字《說文》失收，而以後起字形聲字"冕"代"免"。（《甲骨文字典》960 頁）金文實同甲骨文，象人戴帽形。即月，帽之初文；月兼聲。《金文編》注："從從人，據魏三字石經免古文作，篆文作知之。……段玉裁訂入兔部非是。"秦系文字在帽形上加人形飾筆。本義當為帽子。後逐加音符月作"冕"來表示，如《左傳》："服冕乘軒。""冕"後特指帝王的禮帽。●人名。《免簋》："免對揚王休，用乍（作）障段。"秦印均為人名。●免官、免除、任免等義。《睡簡・秦種 82》："官嗇夫免，復為嗇夫。"●氏。《師閔鼎》："師閔乍（作）免白（伯）寶鼎。"● "免"有逃避之義，如《韓非子・內儲說上》："誠得如此，臣免死罪矣。"《上博一・緇衣 13》："齊之目（以）型（刑），則民又（有）免心。"郭店簡作"孚"，傳世本作"遯"。●讀冕。《郭店・唐虞 7》："孝，忎（仁）之免（冕）也。"●讀勉。《郭店・性自 25》："蘆（觀）佋（韶）顕（夏），則免（勉）女（如）也斯僉（儉）。"

勉 楚　清華六・子產 1　清華六・子產 17 燕　璽彙 1901 秦　秦虎形

轄　會稽刻石　睡簡・日乙 146　睡簡・日甲 159 背　睡簡・雜

抄 41　秦印 263

【注】從力免聲。●全力。《睡簡・雜抄 41》："令戍者勉補繕城。"●《睡簡・日甲 111 背》："勉

壹步。"勉壹步，進一步。●人名。《秦虎形轄》："卅六年，私工，工勉。一。"，《銘圖》釋為"俛"。●勉勵。《清華六·子產1》："勉以利民＝（民，民）用信之。"楚文字或以"孚"表示勉。

輓 秦 龍崗 57

【注】從車免聲。●簡文"輓車"，引車。

明紐孚聲

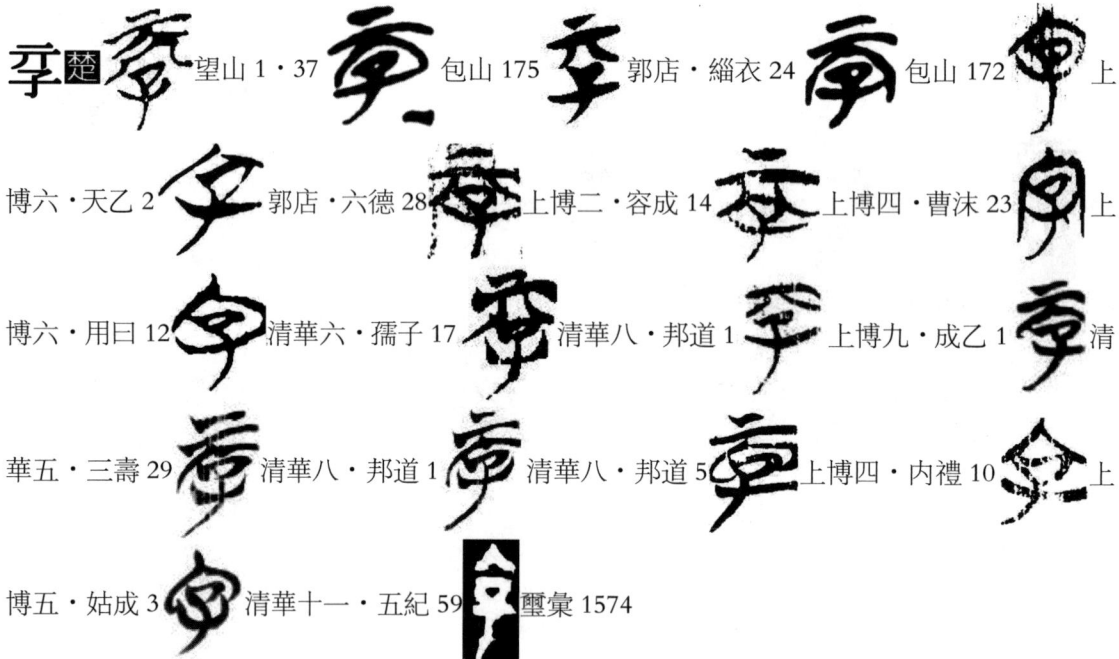

孚 楚 望山 1·37　　包山 175　　郭店·緇衣 24　　包山 172　　上

博六·天乙 2　　郭店·六德 28　　上博二·容成 14　　上博四·曹沫 23　　上

博六·用曰 12　　清華六·孺子 17　　清華八·邦道 1　　上博九·成乙 1　　清

華五·三壽 29　　清華八·邦道 1　　清華八·邦道 5　　上博四·內禮 10　　上

博五·姑成 3　　清華十一·五紀 59　　璽彙 1574

【注】李零最早指出此字疑為"娩"字的古體。（《郭店楚簡校讀記（增訂本）》82頁）同時，又可用來表示"免除"之"免"。趙平安對此字來源進行了推測，認為是由甲骨文常見的 、  演化而來，像以手接生助分娩之形。（《從楚簡"娩"的釋讀談到甲骨文的"娩"——附釋古文字中的"冥"》）金文作 （角戊父娩鼎），楚文字所作，"冂"形訛為"丌"；或訛為"宀"。產道中像胎兒的部件替換為義符"子"，省去兩手。"娩"字或作 ，與"字"形混。《說文·子部》："字，乳也。"《廣雅·釋詁一》："字，生也。"《易·屯卦》"女子貞不字，十年乃字"，虞翻注："字，妊娠也。""字"有生育、妊娠的意思，或許是"娩"的誤識；也可能是由"娩"的誤識衍變而來，即由於將"娩"誤識為"字"，而導致人們後來直接用"字"來表示生育、妊娠的意思。此字後世失傳。楚文字中尚有另外一類"免"字形，為"冕"之初文。●讀悶。《望山 1·37》："目（以）不能飲（食），目（以）心孚（悶）。"●讀免，指放下，同"釋"。《上博二·容成 14》："舜於是乎始孚（免）藪（笠）、枱（鉬）、耨、莍（鍤），价而坐之。"●讀勉。《上博四·曹沫23》："二三子孚（勉）之。"●讀免，逃避、離開。《郭店·緇衣 24》："教之以正（政），齊之以坓（刑），則民又（有）孚（免）心。"今本《禮記·緇衣》作"民有遯心"。上博簡作"免"。

●袒衣免冠，古代喪禮。《郭店·六德 28》："袒孚（免），為宗族也，為弸（朋）友亦肰（然）。"
●《上博六·用曰 12》"若矢之孚於弦"，讀挽，拉、牽引。曹植《名都篇》："左挽因右發，一縱兩禽連。"也可能讀銜。《列子·仲尼》："善射者，能令後鏃中前括，發發相及，矢矢相屬；前矢造準而無絕落，後矢之括猶銜弦，視之若一焉。"

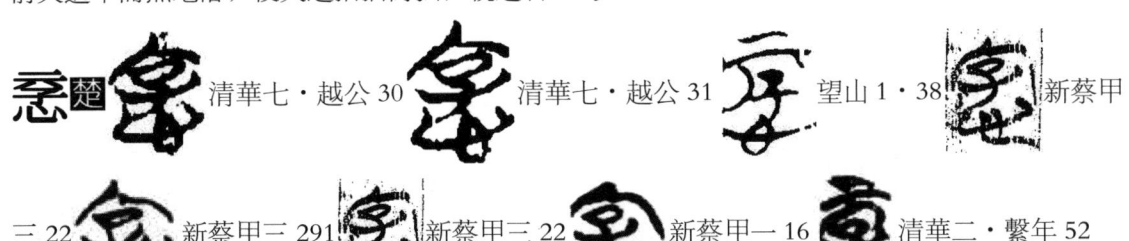

清華七·越公 30　　清華七·越公 31　　望山 1·38　　新蔡甲三 22　　新蔡甲三 291　　新蔡甲三 22　　新蔡甲一 16　　清華二·繫年 52

【注】從心孚聲。●讀勉。《清華七·越公 30》："王親涉沟（溝）淳湎（沏）塗，日睛（靖）蓐（農）事以勸悉（勉）蓐（農）夫。"●讀悶。《望山 1·38》："目（以）心悉（悶）。"《新蔡甲三 22》："怀膚悉（悶）心之疾（背膚悶心之疾），速瘳速瘛（瘥）。"●讀憫，人名。《清華二·繫年 52》："夫=（大夫）悉（憫），乃膚（皆）北（背）之曰。"

清華四·筮法 50

【注】從弓孚聲。本當從尸，楚文字尸旁有時訛為弓。●讀娩。

天星　　新蔡甲三 233　　新蔡甲三 131　　新蔡零 135

【注】從疒孚聲。●楚卜筮簡習見，讀悶，病症。《新蔡甲三 131》："骼疾，以（以）心瘁（悶），尚毋死。"

包山 259

【注】從韋孚聲，"鞔"字異體。●讀鞔。《包山 259》："一韗韗（鞔）。"

安大一 100

【注】從頁孚聲，"俛"字異體。《説文·頁部》："頫，低頭也。從頁，逃省。太史《卜書》頫仰字如此。楊雄曰：人面頫。俛，頫或從人免。"學者多認為"俛"本從"免"聲，上古音屬明紐元部，和"頫"是同義換讀的關係。●讀宛。《安大一 100》："好人定=，頯肰（然）左頯。"《毛詩》作"宛然左辟"。毛傳："宛，辟貌。婦至門，夫揖而入，不敢當尊，宛然而左辟。"詳"頯"字。

緝部

影紐邑聲

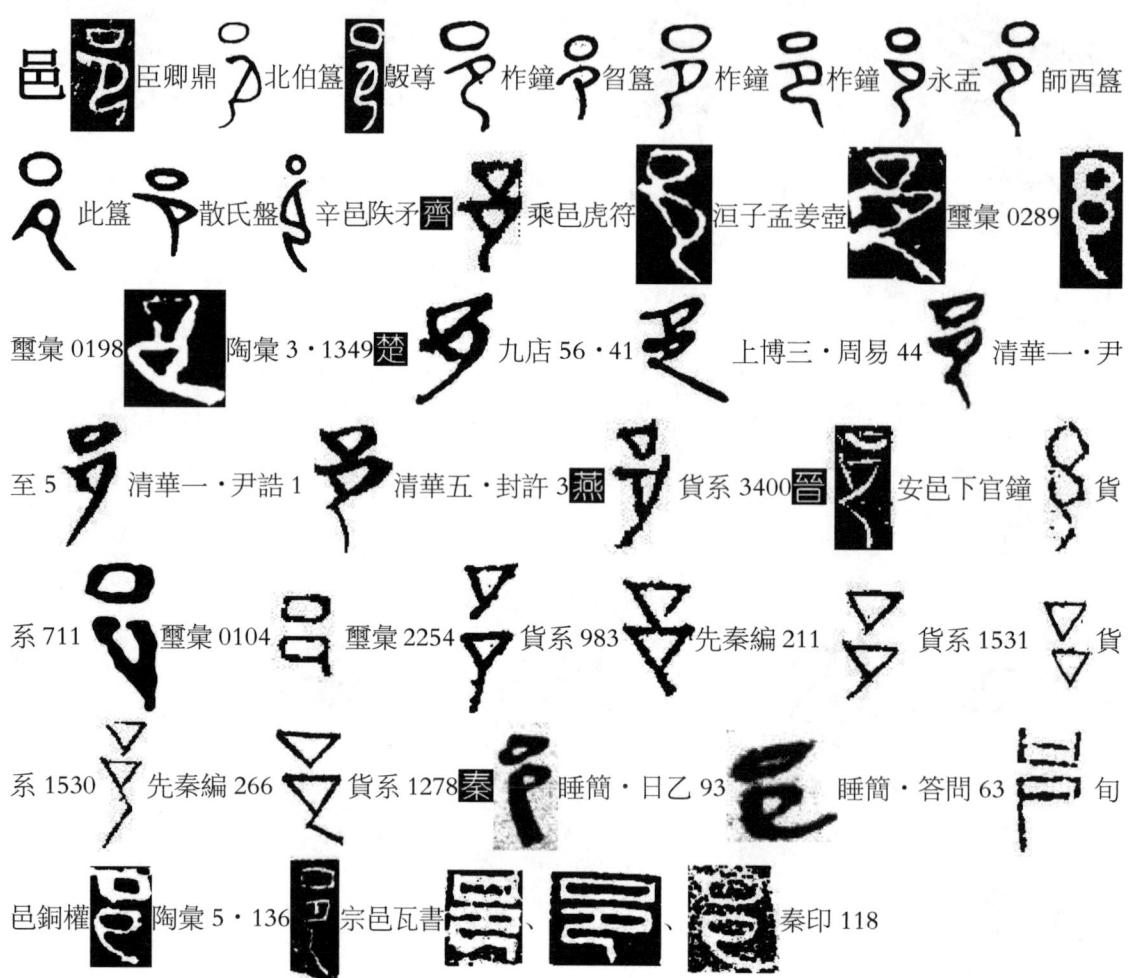

【注】甲骨文作 𝅘、𝅘、𝅘、𝅘，從丁（"城"之初文）從卩，會城邑有民人之意。金文承之。戰國文字或收縮筆劃作𝅘等形，至不易識。《説文》："𝅘，國也。從口；先王之制，尊卑有大小，從卩。"羅振玉曰："凡許書所謂卩字，考之卜辭及古金文皆作𝅘，象人跽形。邑為人所居，故從口從人，猶'㐭'為倉廩所在，故從口從亶。"（《增訂殷墟書契考釋》卷中）本義采邑。引申為國都，如《詩經》："商邑翼翼（整齊貌）。"又引申指封地、城市等義。●行政區域單位。《綸鎛》："侯氏易（賜）之邑，二百又九十又九邑。"《周禮·地官·小司徒》："九夫為井，四井為邑，四邑為丘，四丘為甸，四甸為縣，四縣為都。"鄭玄注："四井為邑，方二里。"●都邑。《臣卿簋》："公遣眚（省）自東，才（在）新邑。"《史記·五帝本紀》："一年而所居成聚，二年成邑，三年成都。"●國家的特稱。《何尊》："隹（唯）珷（武）王既克大邑商。"《書·武成》："不休震動，用附我大邑周。"大邑，乃首都之謂。●邑人：都邑平民，或謂生產奴隸。《師酉簋》："𤔲（司）乃且（祖）啻官邑人、虎臣。"《師晨鼎》："疋（胥）師俗𤔲（司）邑人。"●族氏名。《邑爵》："邑。"●人名。《小臣邑斝》："王易（賜）小臣邑貝十朋。"《邑觶》："邑乍（作）寶障

彝。"

 郭店·語叢二 36

【注】從水邑聲。● 簡文為"伙"之訛文，詳"伙"字。

 璽彙 0694　　璽彙 0695　　璽彙 3030

【注】從心邑聲。● 晉文字均為人名。

 璽彙 0301

【注】從食邑聲。● 晉璽"昌䣕娠吏"，"昌䣕"讀昌邑，地名。

 陶彙 3·26　　陶録 2·15

【注】從广邑聲。● 齊陶地名。

 陶彙 3·673

【注】從糸邑聲。● 齊陶地名。

  里耶 8·2200　　印增 329　　 類編 290

【注】從衣邑聲。● 用為本義。《里耶 8·2200》："弓弩裛二。""裛"，《校釋》解釋説："裛，《説文》：'書囊也。'《廣雅·釋器》：'裛謂之帙。'王念孫疏證：《説文》：帙，書衣也。或作裛。'這裏指裝弓弩的囊袋。"● 秦印人名。

 里耶 8·1275

【注】從阝邑聲。● "阹陵"，地名。

 田齊銅量　匯考 167　　匯考 167　　匯考 166　　上博五·姑

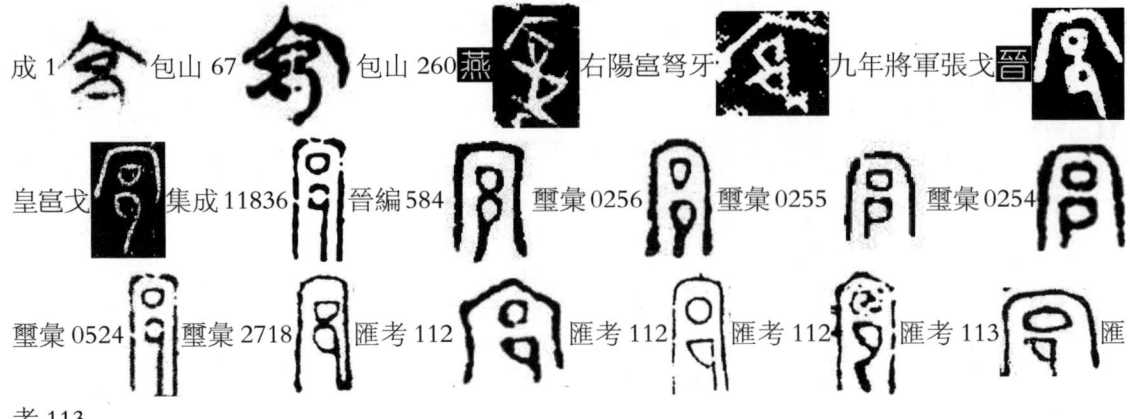

成 1 〔包山 67〕 〔包山 260〕 〔燕〕 〔右陽宮弩牙〕 〔九年將軍張戈晉〕

皇宮戈 〔集成 11836〕 〔晉編 584〕 〔璽彙 0256〕 〔璽彙 0255〕 〔璽彙 0254〕

璽彙 0524 〔璽彙 2718〕 〔匯考 112〕 〔匯考 112〕 〔匯考 112〕 〔匯考 113〕 〔匯考 113〕

考 113

【注】"宮"字有很多釋法，之前有釋為"邑""宮""序""舍"。此字釋讀令人糾結，李家浩在《戰國文字中的"宮"》中最新考釋認為古璽中的"宮"為機構名，應該讀為"館"。●暫讀館。古璽中的"館"是一種機構，如《璽補 19》"余子宮"、《璽補 21》"邢宮之鉥"等等。《匯考 167》"鄭碼行宮大夫鉥"，"行館"是行旅宿食之所。●讀鞬。《包山 260》："一竹枳，綵（錦）宮。"

【注】從火宮聲。●讀緩。《清華十·病方 1》："忎目濤（煮）目（以）澡（澡）目疾，戲（且）目（以）寏（緩）之。"

匣紐合聲

合 〔珥生簋齊〕 〔陳侯因脊錞晉〕 合 〔合陽矛秦〕 〔秦公鎛〕 〔睡簡·封診〕

72

【注】甲骨文作合，從口從人，人為蓋形，下部器形，一器一蓋表示器皿相合之意。會、倉等字皆從此作。戰國文字或用"倉"表示合。●讀會，會合。《珥生簋》："珥生有事，召來合（會）事。"《説文》"會"字古文作"㑹"。會事，參與處理政務、要事。●讀答，應答，報答。《陳侯因脊錞》："渾（朝）聞（問）者（諸）侯，合（答）揚厈（厥）德。"或謂"合"乃"答"之初文，從二𠮛（𠈌亦為口形）相對，對答之意出焉。《説文》："荅，小未也。從艸合聲。""荅"為小未，即小豆。"答"則為答應、對答字，然文獻多荅、答不分。●符合。《秦公鎛》："刺刺（烈烈）邵文公、靜公、憲公，不象于上，邵合皇天。"●合陽：地名。《合陽矛》："合陽◻庫冶臣。"●讀祫。《睡簡·日甲 156 背》："祝曰：先牧日丙，馬祺合神。""祫"謂合祭。以上簡文大意：於祀先牧之丙日，行馬祺禮儀，合祭諸馬神。《春秋公羊傳》文公二年："大祫者何？合祭也。"

郃秦 〔十七年丞相啟狀戈〕 〔十七年丞相啟狀戈〕

【注】從邑合聲。《説文》："郃，左馮翊合陽縣。從邑合聲。"地名，在今陝西合陽東南。●讀合，

地名。《十七年丞相啟狀戈》："十七年，丞相啟、狀造，郃陽嘉、丞兼、庫脾、工邪。"今作"合陽"。

卿〔靜簋〕〔覞方彝〕〔令鼎〕〔咢侯鼎〕

【注】從二卩相向，合聲。劉宗漢曰："卿，即合之繁構，加二人相對而坐，以示合聚人眾之意。"（《覞方彝考釋》）《說文》無。●合也、會也。銘文中皆用于合射之禮。《令鼎》："王大耤（藉）農于諆田，賜（觴）。王射，有嗣（司）眔師氏、小子卿（合）射。"《鄂侯馭方鼎》："馭方卿（合）王射。"

迨〔保卣〕〔成甬鼎〕〔牆盤〕〔仲馭臣盤〕

【注】甲骨文作、、、，從辵（或從彳）從合，表會合之義；合兼聲。李孝定謂迨、佮、會古應為一字。《說文》"會"古文作"佮"。《說文》："詥，遝也。從辵合聲。"古文字均讀會。●讀會，朝見天子，臣與君會合也。《成甬鼎》："丁卯，王令宜子迨（會）西方。"《保卣》："遘（遘）于四方，迨王大祀，祓于周。"銘意為，成王平亂後在宗周大祀，四方諸侯都與會助祭。這是殷周之際銘文末敘述當年發生的大事作為紀年的一種習慣。●讀會。《牆盤》："上帝降懿德大甹，匍（撫）有上下，迨（會）受萬邦。"

拾〔秦印235〕

【注】從手合聲。●秦印人名。

欱〔圖典97〕

【注】從欠合聲。●秦印人名。

敆〔史密簋〕

【注】從合從攴，會用手使器皿與蓋會合之義。合亦聲。《說文》："敆，合會也。"《爾雅·釋詁》合也。古同"合"。●讀合，會合、合而擊之。《史密簋》："東征敆南尸（夷）、膚虎，會杞尸（夷）、舟尸（夷），莝不墜，廣伐東或（國）。"

匋〔禹鼎〕〔瘓鐘〕〔瘓鐘〕

【注】從勻合聲，小篆訛為從勹從合。《說文》："匋，帀也。從勹從合，合亦聲。"本義環繞、重

迻。●合也、會也。《癲鐘》："匍有四方，匐受萬邦。"。●周匝、重迻，表程度之甚。《禹鼎》："鮊（肆）自（師）彌宋（怵）匐匡（恇），弗克伐噩（鄂）。"彌宋（怵）匐匡（恇），謂六師懼怯之甚。

苔  睡簡·秦種 38

【注】從艸合聲。《説文》："苔，小尗也。從艸合聲。""苔"為小尗，即小豆。●小豆。《睡簡·秦種 38》："黍、苔歆大半斗，叔（菽）歆半斗。"黍子、小豆每歆三分之二斗，大豆每歆半斗。

翕  集粹 844

【注】從羽合聲。●秦印人名。

歙  秦印 171

【注】從欠翕聲。●秦印人名。

韐  裘衛盉

【注】從韋合聲，與《説文》"韐"或體同。《説文》："韐，士無市有韐。制如榼，缺四角。爵弁服，其色韎。賤不得與裳同。司農曰：'裳，纁色。'從市合聲。韐韐或從韋。"段玉裁注："韐或從韋。按經典有韐無韐。韐行韐廢矣。"本義為蔽膝之服飾，圓角、長方形。●市屬。《裘衛盉》："奉韐一，才廿朋，其舍田三田。"唐蘭曰："韐《説文》又作韐，是市（紱）的一種，'制如榼，缺四角'，當是橢圓形，賁韐，是雜色皮的蔽膝（圍裙）。"（《陝西省岐山縣董家村新出西周重要銅器銘辭的譯文和注釋》）

給 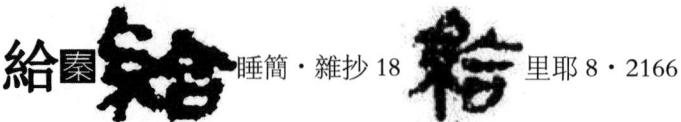 睡簡·雜抄 18　　　里耶 8·2166

【注】從糸合聲。●用為本義，供給。《睡簡·秦種 179》："給之韭葱。"●疑讀緝，即綆、根，量詞。《睡簡·雜抄 18》："徒絡組五十給。"《睡簡·雜抄 17》："徒絡組廿給。"

洽  類編 367

【注】從水合聲。●秦印人名。

畣  包山 277

【注】從缶合聲。●簡文“一畣”，義不詳。

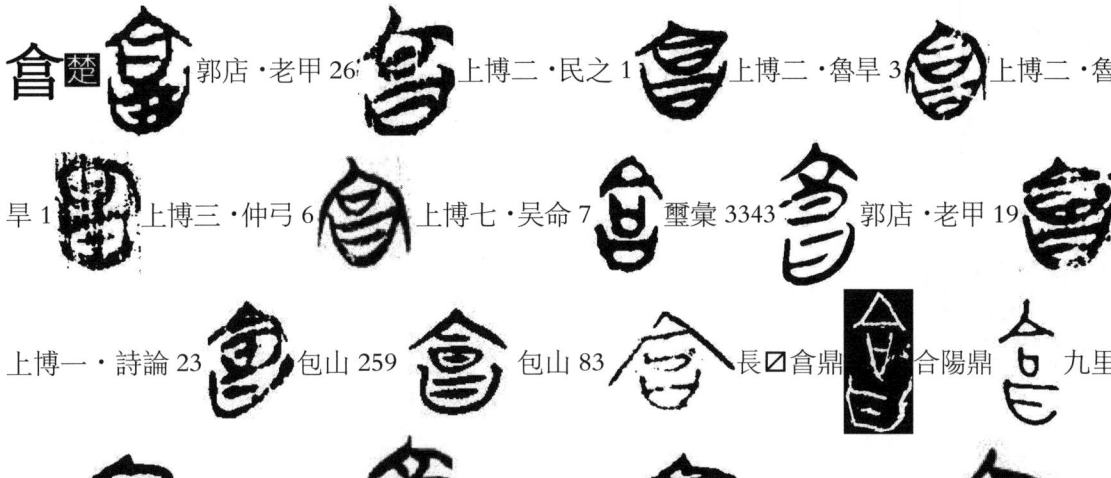

倉楚郭店·老甲26上博二·民之1上博二·魯旱3上博二·魯旱1上博三·仲弓6上博七·吴命7璽彙3343郭店·老甲19上博一·詩論23包山259包山83長□倉鼎合陽鼎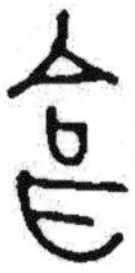九里墩鼓座清華七·子犯2清華五·三壽2清華七·趙簡子5清華八·處位8

【注】從曰（或從口）合聲。倉，《玉篇》古文會字。●多讀答。《清華七·趙簡子5》：“成剸（剸）倉（答）曰：‘齊君遊（失）正（政），臣不旻（得）翻（聞）亓（其）所繇（由）。’”●讀合，地名。《合陽鼎》：“十九年，邛干為倉（合）陽，庴（容）夂（半）齋。”●讀會。《九里墩鼓座》：“余以倉同生九禮。”●讀合。《郭店·老甲26》：“倉（合）抱之木生于毫末。”

罯楚清華三·說命下4

【注】從网倉聲。●捕鳥的網。《清華三·說命下4》：“厥其禍亦羅於罯罛。”

韐楚天星

【注】從韋倉聲。●義不詳。

詥楚清華八·邦政12上博五·競建2上博五·競建5

【注】從言倉聲。或從言合聲。●均讀答。《上博五·競建5》：“隰朋詥（答）曰：‘公身為亡道……。’”

敆楚安大一47

【注】從攴倉聲。●讀合。《安大一47》：“龙犀（盾）是敆（合），鈇（鋈）目（以）結（艘）納（軜）。”《毛詩》作“龍盾之合”。

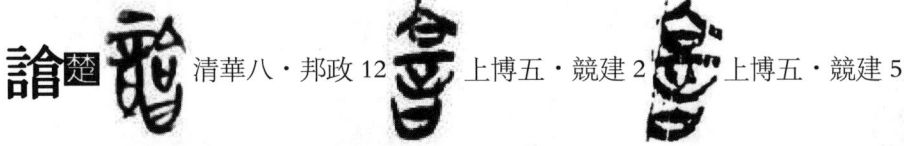

饊 齊  筥侯少子簋

【注】從蚰斂聲，疑“斂”之繁文。●會聚。《筥侯少子簋》：“鄶（筥）侯少子秚乞孝孫不巨，饊趣吉金。”

鞜 秦 詛楚文

【注】從革會聲，“鞜”之繁文。●讀鞈。《詛楚文》：“鞜輪棧輿。”《管子》注曰：“鞈革，重革。當心著之，可以禦矢。”《集韻》云輪為“刀韒”，即刀鞘。鞜輪，革制刀鞘。“棧輿”即棧車也，《周禮·春官·巾車》“士乘棧車”，鄭《注》“不革鞔而漆之”。車不革鞔則簡陋，故曰棧也。

溪紐及聲

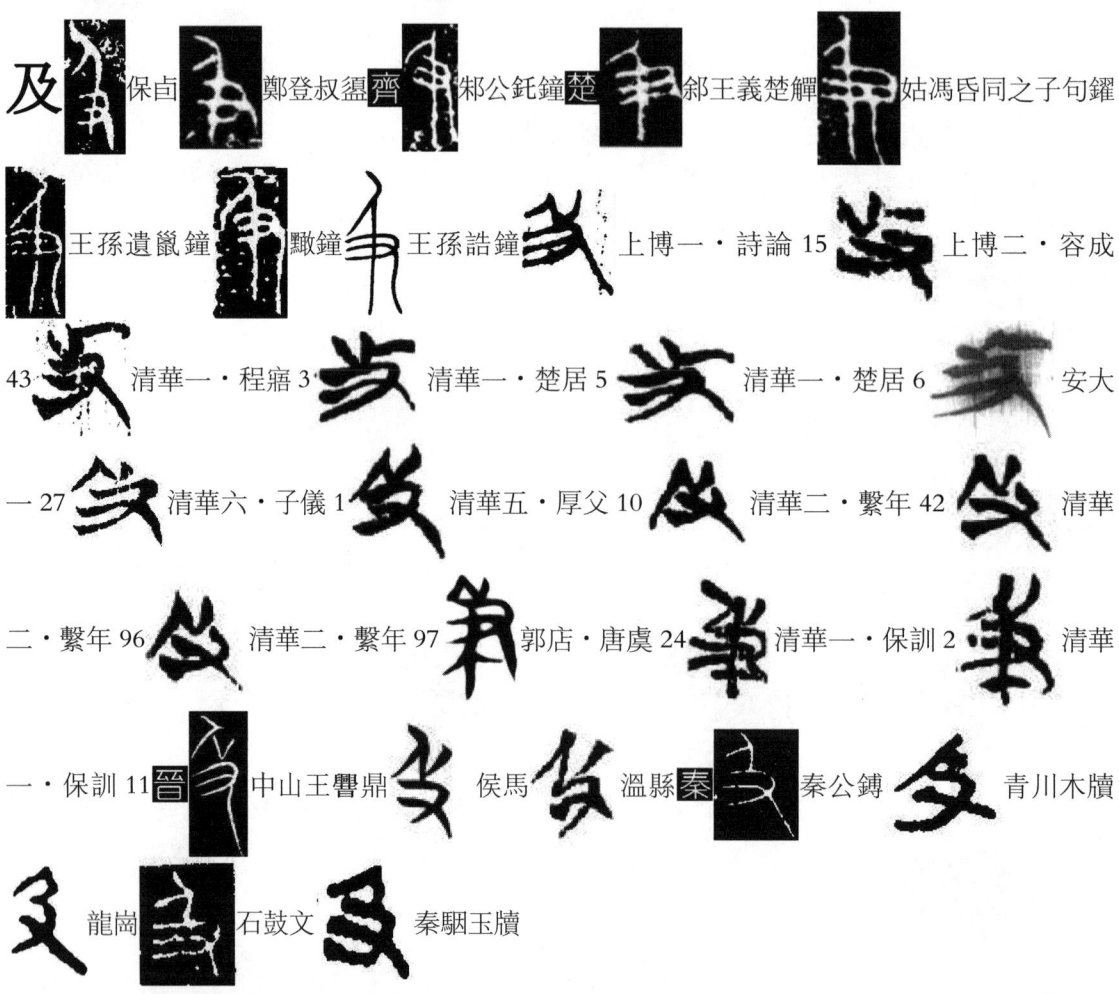

及　保卣　鄭登叔盨 齊　邾公釛鐘 楚　郘王義楚觶　姑馮昏同之子句鑃

王孫遺鼠鐘　䣄鐘　王孫誥鐘　上博一·詩論15　上博二·容成

43　清華一·程寤3　清華一·楚居5　清華一·楚居6　安大

一27　清華六·子儀1　清華五·厚父10　清華二·繫年42　清華

二·繫年96　清華二·繫年97　郭店·唐虞24　清華一·保訓2　清華

一·保訓11 晉　中山王𧊒鼎　侯馬　溫縣 秦　秦公鎛　青川木牘

龍崗　石鼓文　秦駰玉牘

【注】甲骨文作𓏬、𓏬、𓏬、𓏬、𓏬、𓏬、𓏬、𓏬，從又從人，會追擊之意。金文同甲骨

文。戰國文字如《中山王𪐴鼎》表示"人"的部分加飾筆。郭店楚簡作、，人形進一步訛變，以致會意不顯。郭店楚簡或作，葉玉英認為"及"字寫作屬變形音化現象，即把"及"改造成從"聿"聲。古音"及"在群紐緝部，"聿"在以紐物部。以聲言之，在上古音裏，以母與見系聲母關係非常密切；就韻而言，緝部與物部同屬入聲，且主要母音相同，例可通轉。(《古文字構形與上古音研究》364頁) ●延及、遍及。《中山王𪐴鼎》："及參殴（世），亡不若（赦）。"《王孫遺諆鐘》："及我朋友。" ●介詞或連詞，和、與。《姑馮昏同之子句鑃》："台（以）樂賓客，及我父𡊮（兄）。" ●動詞，逮捕。《保卣》："乙卯，王令保及殷東或（國）五侯。"即王命令太保逮捕殷之東國五侯。 ●讀急。《清華六·子儀1》："公益及（急）。"

毛公鼎 楚 上博五·競建9

【注】從人及聲。 ●讀急，立即、馬上。《毛公鼎》："司余小子弗伋，邦𢨠（將）害（曷）吉。"銘意為，我的嗣位若不急於圖治，則邦國之政事將如何能好轉？ ●讀隰。《上博五·競建9》："伋（隰）俚（朋）异（與）𩠐（鮑）舅（叔）㿝（牙）皆拜。"隰朋，人名。詳"汲"字。

鄭虢仲簋 鄭虢仲簋 晉侯對盨 晉侯對盨蓋 𩰚比盨 楚 吳王闔廬劍 秦 不娶簋

【注】從彳及聲，"及"字繁體。《説文》："𢓉，急行也。"又《廣韻》遘也。 ●讀其，語气副詞，加強祈使語義，義同"當"。《鄭虢仲簋》："奠（鄭）虢中（仲）乍（作）寶殷，子子孫孫伋永用。"金文習見"其永用""其永寶用"，其例至多，"伋"與"其"語澴位置一致，當為同一詞。"伋"當讀其。"其"上古音群母之部，"伋"見母緝部，見、群旁紐，之、緝通轉，二字語音相近，當可通假。上古之部與緝部相通不乏其例。如《史記·周本紀》："衛叔封布茲。"司馬貞《索隱》："茲亦作芨。"茲，之部，芨，緝部。 ●讀其，程度副詞，相當于"極""甚"。《師訇簋》："鄉（向）女（汝）伋屯（純）恤周邦。""伋屯（純）恤（恤）周邦"意謂"極為屯（純）恤（恤）周邦"。 ●《晉侯對盨》："晉侯𩰚（對）乍（作）寶𨻻伋須（盨）其用田獸（獸）。"伋盨，當與"行盨"同義。 ●地名。《𩰚比盨》："其邑伋罘句商兒罘雔弋。"伋、句商兒、雔弋，均為地名。 ●讀及，與也、和也。《不娶簋》："女（汝）伋戎大臺（敦）𢾭（搏）。"謂與戎大搏斗。《鄭登伯鼎》："奠（鄭）登白（伯）伋（及）弔（叔）嬭乍（作）寶鼎。" ●《鮑叔鼎》："中（仲）匋始（姒）及（及）子思。"吳鎮烽認為"及"是介詞，猶跟、同，銘文意譯作"仲匋姒嫁給子思"。

楚 上博六·競公2

【注】從水伋聲。 ●讀急。《上博六·競公2》："二子㲺（急）牊（將）……是言也。"簡文缺失

2597

内容當為急告之内容。

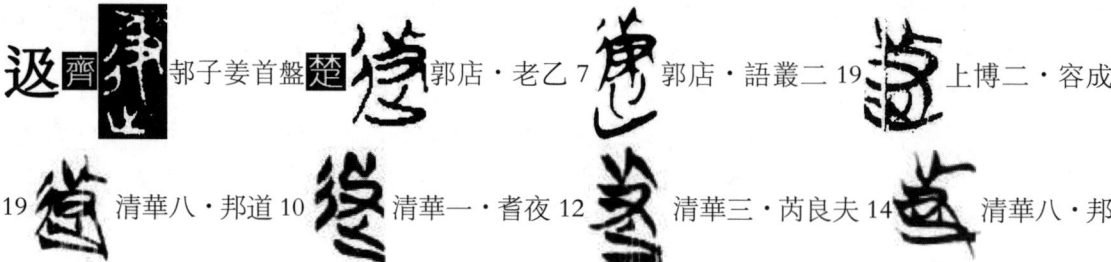

迟【齊】郜子姜首盤 **楚**郭店・老乙 7 郭店・語叢二 19 上博二・容成

19 清華八・邦道 10 清華一・耆夜 12 清華三・芮良夫 14 清華八・邦

道 27

【注】從辵及聲。●讀及，介詞，猶跟、同。《郜子姜首盤》："寺（郜）子姜首迟（及）寺（郜）公典為其媵盤。"銘文意思就是説郜子姜首嫁給了郜公典。郜子姜首應為齊國女子，嫁到了郜國。關于盤的作器者則有兩種可能，一種可能是郜公典為其妻作，另一種可能就是齊國給其女郜子姜首作的媵器。無論作器者是誰，此盤都是為郜子姜首所作。因此，盤名宜定作"郜子姜首盤"。●楚簡亦多讀及。《清華八・邦道 27》："以事之於邦，迟（及）元（其）坒（野）郪（里）四鄹（邊）。"讀汲，釋為"急切追求"。《郭店・語叢二 19》："迟生於念（欲），僕生於迟。"

訳【楚】清華一・皇門 7

【注】從言及聲。下有合文符號。●讀汲。《清華一・皇門 7》："乃隹（維）訳=（訳訳—汲汲）疋（胥）區（驅）疋（胥）敂（教）于非彝。"疋，讀胥，《爾雅・釋詁》："相也。"驅，驅使，謂緊隨其後。教，教唆。非彝，非法。

急【楚】上博五・弟子 5 **晉**璽補 232 **秦**睡簡・秦種 183 睡簡・秦種 183

【注】從心及聲。●緊急。《睡簡・秦種 54》："更隸妾節（即）有急事。"●緊。《睡簡・封診 71》："索終急不能脱。"

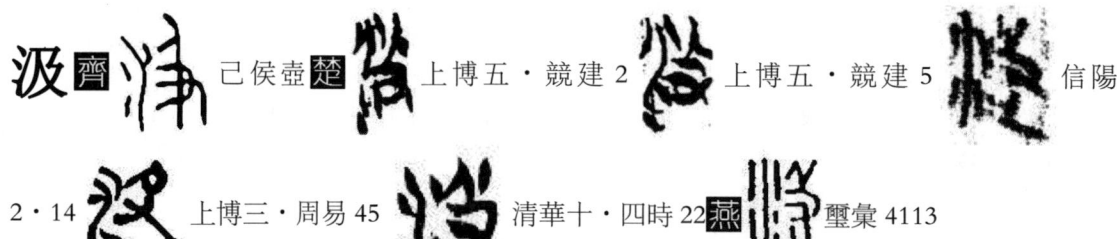

汲【齊】己侯壺 **楚**上博五・競建 2 上博五・競建 5 信陽

2・14 上博三・周易 45 清華十・四時 22 **燕**璽彙 4113

【注】從水及聲。《説文》："汲，引水于井也。"本義從井裏打水。●用為本義，取水。《己侯壺》："己（紀）侯乍（作）鑄壺，吏（使）小臣以汲，永寶用。"《信陽 2・14》："一汲坅（餅）。"汲水之瓶。●讀隰。《上博五・競建 5》的整理者馬承源先生注"汲（隰）朋"為春秋時齊人，以公族為大夫，助管仲相桓公稱霸業，嘗平戎於晉。簡文或作"級""伋"。"隰"上古音屬邪紐緝部，"級""汲""伋"見紐緝部，兩組字屬疊韻，可相通。

2598

閾 秦 印增 604

【注】從門汲聲。●人名。

脥 楚 上博五·競建 4

【注】從肉汲聲。●《上博五·競建 4》："青（請）量（襄）之以衰脥。""衰脥"一詞待考。

邟 晉 璽彙 2124

【注】從邑及聲。●晉璽"邟疦"，讀及或讀汲，姓氏。

馭 齊 璽彙 3705 楚 安大一 45

【注】從馬及聲。●《安大一 45》："加（駕）亓（其）駻（騑）馭（驥）。"《毛詩》作"駕我騏舝"。上古音"馭""舝"二字遠隔，難以相通。疑"馭"讀驥。從"及"得聲之字，上古音多屬見紐緝部，"驥"見紐脂部，音近可通。●齊璽"偁馭☒鉢"，人名。

极 秦 石鼓文 印增 220

【注】從木及聲。●疑讀及。《石鼓文》："极深以☒（漿），☒于水一方。"意及行到水之深處，用漿划船而行。

鈒 晉 璽彙 3875

【注】從金及聲。●晉璽人名。

疫 晉 璽彙 1262 璽彙 2484 訓義 1·86

【注】從疒及聲。●晉璽人名。

級 楚 郭店·語叢四 5 清華六·子儀 13 上博五·鮑叔 9 上

博八·道餓 1 睡簡·為吏 7 睡簡·秦種 155 、秦印 253

【注】從糸及聲。●讀急，緊急。《郭店·語叢四 5》："凡斂（說）之道，級者為首。既得其級，言必又（有）及之。"句子可以理解為"既然抓住了重點，那麼言談一定要涉及到"。●級別、等級。《睡簡·秦種 155》："欲歸爵二級以免親父母為隸臣妾者一人。"《睡簡·為吏 7》："在膔（體）級。"體級，等級制度。●讀急，訓為困難、窮迫，即《論語·雍也》"君子周急不繼富"、《大戴禮記·五帝德》"知民之急"、《管子·問》"舉知人急"之"急"。《上博八·道餓 1》："豖（家）眚（姓）甚級（急），生未又（有）所奠（定）。"●秦印人名。

吸 秦印 22

【注】從口及聲。●秦漢印均為人名。

欧 秦印 288 印增 593

【注】從欠及聲。●秦印"樂欧""囗欧"人名。

圾 晉侯馬 楚 清華二·繫年 29

【注】從土及聲。●讀及，有至義。《清華二·繫年 29》："圾藼（表）於汝。"用現代漢語解讀應為"在汝水邊樹立標識（界標）"。●盟書"圾庶子"，為人名。

竝 秦、、印增 599

【注】從立及聲。●人名。

端紐緝聲

緧（纁） 楚清華六·子儀 16 清華六·子儀 12

【注】從糸從馬，會羈絆之意，"纁"之異體。《說文》："纁，絆馬也。從馬，口其足。《春秋傳》曰：'韓厥執纁前。'讀若輒。緧，纁或從糸執聲。陟立切。"●讀緧，人名。《清華六·子儀 12》："義（儀）父，昔緧（緧）之行，不穀（穀）欲戮救（求）兄弟，以見東方之者（諸）侯。"原整理者注："緧，即《說文》馬部'纁'：'絆馬也。從馬，口其足。《春秋傳》曰：'韓厥執纁前。'讀若輒。緧，纁或從糸，執聲。'此處讀為'質'，指人質，疑指晉太子圉。"按："緧"當即公

子縶（字子顯），秦國公子。根據《國語·晉語》的記載，秦穆公曾經聽從公子縶的建議，先後用軍隊護送晉公子夷吾（晉惠公）和重耳（晉文公）歸國即位，可能此二人也都是由公子縶親自護送回國的。

疑紐昏聲

旮（昏）　叔旮妊簋　楚 上博六·競公 10　晉 珍戰 119　圖典

316　璽補 240

【注】"旮"即《説文》"昏"之籀文。《説文》："昏，盛貌。從弄，從日。讀若薿薿。一曰若存。旮，籀文昏，從二子。一曰旮即奇字晉。"●金文、晉璽人名。●地名，讀攝。《上博六·競公 10》："旮（攝）目（以）東。""昏"可讀為"攝"，詳見徐在國《上博（六）文字考釋二則》。

厤　厤季簋　厤季卣

【注】從厂旮聲。●金文人名。

磼 楚　新蔡甲一 4　新蔡甲三 111　新蔡乙一 50　帛書乙

清華一·金縢 4　清華二·繫年 133　包山 207

【竹】從石旮聲。●楚文字多讀厭。《包山 207》："弄於楚（野）墬（地）宔（主）一豰（殺），宮墬（地）宔（主）一豰（殺）。""旮"即見於《説文》的"昏"字異體。《説文》"昏，盛貌。從弄，從日。讀若薿薿。一曰若存。旮，籀文昏，從二子。一曰旮即奇字晉。"《説文》錄有"昏"字三個讀音，均與"厭"字音異。在楚文字中"磼"字可讀為"厭"，徐在國等先生已有論焉。（《新蔡葛陵楚簡劄記（二）》如新蔡簡所見"王孫磼"，又作"王孫厭"。《清華一·金縢 4》："尔（爾）之卸（許）我=（我，我）則磼（厭）璧與珪。""磼"可讀厭，説見徐在國《上博（六）文字考釋二則》。陳民鎮則讀瘞。（《清華簡《金縢》集釋》）《爾雅·釋天》云："祭地曰瘞埋。"公的目的是溝通已為人鬼的先王，故用瘞埋。故稱若（"之"猶"若"也，見《經傳釋詞》）許，則瘞埋玉璧與玉珪，否則，則攜之以歸。玉璧與玉珪，皆告神之用，乃溝通天地神祇之禮器。《新蔡甲三 111》："紅（功）逾而磼之。"亦可讀瘞。"磼"字還有待進一步的探討。

蝨 楚　清華八·處位 3

【注】從土睪省聲，即"壓"字異體。●讀厭。《清華八·處位 3》："卷（倦）壓（厭）政事。"今有懶政、惰政，不作為，根源甚古。

定紐譶聲

譶 楚 清華七·越公 31　　　清華七·越公 43

【注】《説文》："譶，疾言也。從三言。讀若沓。"本義説話快。●《清華七·越公 31》："雩（越）庶民百眚（姓）乃再（稱）譶蕙（悚）思（懼）曰：'王亓（其）又（有）縈（勞）疾？'"整理者曰：譶，《説文》："疾言也。"《正字通》："與'沓、嗒、諮、讕'並同。"皆為多言。稱譶，猶儳譶。左思《吳都賦》："儳譶泉繆，交貿相競。"注："儳譶，眾言語喧雜也。"●讀及，連詞。《廣韻》中"譶，直立切，入輯，澄。""及"是齒音緝部字，"譶"和"及"音義并近。《清華七·越公 43》："譶（及）於左右，舉（舉）雩（越）邦乃皆好訐（信）。"

譶 晉 鳳羌鐘 楚 清華二·繫年 93　　　清華二·繫年 94　　　清華二·繫年 46

【注】從宀譶聲，疑"譶"之繁文。●讀襲，襲擊。李家浩先生認為"譶"從蟲聲，上古音"譶"屬定母緝部，"襲"屬邪母緝部，二字韻部相同，聲母關條密切。《清華二·繫年 93》："樂盈譶（襲）巷（絳）而不果。"《鳳羌鐘》："譶（襲）敚（奪）楚京，賞于斡（韓）宗。"古書亦有"襲奪"一詞，如《史記·魏世家》："秦將商君詐我將軍公子卬而襲奪其軍，破之。""襲奪"是出其不意而奪取之意。（《東周金文與楚簡合證》10 頁）

定紐沓聲

沓 晉 璽彙 3111　　　秦 戰編 304

【注】甲骨文作🦶，從水從口，會口若懸河之意。●均為人名。

蹹 晉 璽彙 5655　　璽彙 0932　　璽彙 3124　　古璽姓氏考（複姓十五篇）　　璽補 227　　璽補 218

【注】從立沓聲，"蹹"之或體。●晉璽人名。

八年启令戈

【注】從車沓聲。《廣韻》車釭轄也。●人名。《八年启令戈》：“八年，启命（令）☑轄。”

陷 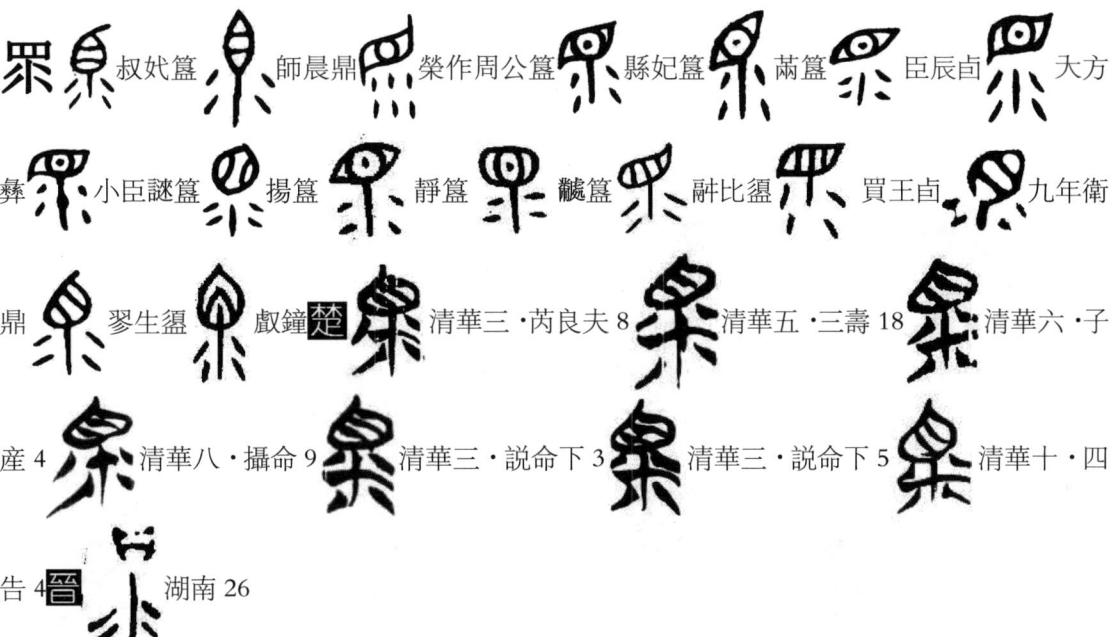七年安陰令戈

【注】從阝沓聲。●人名。

定紐眔聲

眔 叔妏簋 師晨鼎 榮作周公簋 縣妃簋 兩簋 臣辰卣 大方

彝 小臣謎簋 揚簋 靜簋 鱐簋 鄐比盨 買王卣 九年衛

鼎 翏生盨 戲鐘楚 清華三·芮良夫 8 清華五·三壽 18 清華六·子

產 4 清華八·攝命 9 清華三·説命下 3 清華三·説命下 5 清華十·四

告 4晉 湖南 26

【注】甲骨文作𓂢、𓁹、𓁼、𓁻、𓁾、𓁿等形。上面是眼睛之形，下為眼淚，郭沫若謂象珠淚漣漣流下之形（詳《金文叢考》229 頁），可從。《説文》分為眔、㿑二字。《説文》：“眔，目相及也。從目，從隷省。”本義當為淚滴相連。陳斯鵬認為“眔”本屬喉牙音緝部，再聯繫其原始字形，認為它應該是“泣”的初文。由于“眔”很早就被假借為虛詞，本義漸晦，故另造形聲字“泣”字以繼承“眔”的音義。（詳《“眔”為“泣”之初文説》）●讀暨，動詞，及于。胡小石謂：“眔猶暨也……由目相及引申為相暨及。卜辭凡言眔，義皆為暨，古金文並同。”今各家皆認為其字相當于傳世典籍中的“暨”，故多將其直接寫為“暨”。“眔”用為“暨”，表示及、與等義，屬假借，二字本不相侔。《九年衛鼎》：“乎（厥）東彊（疆）眔散田，乎（厥）南彊（疆）眔散田。”●讀暨，動詞，訓為“及”，意思是參與。《沫司徒疑簋》：“濬（沫）嗣（司）土（徒）逆（疑）眔啚（鄙）。”“沫司徒疑”在同出器物銘文裏或稱“沫伯疑”，其人以“沫”為氏，職官為司徒。按西周青銅器銘文，凡涉及土地許可權之事，均需三有司即司徒、司馬、司空參加。此次康侯封建，劃定邊境，沫地也包括在內，這便是簋銘所説“眔鄙”。●讀暨，介詞，引進動作的偕同物件。《縣改簋》：“易（賜）君我佳（唯）易（賜）壽（儔），我不能不眔縣白（伯）

萬年保。"●讀暨,連詞,表示並列關係,相當于及、和。《令鼎》:"有嗣罖師氏、小于卿(合)射。"黃盛璋謂:"西周金文早期並列連詞有'罖'無'及','及'用做連詞為時是比較晚的,它不能早于穆、恭以前……格伯簋始有'及',時已屬恭王,智鼎(孝王時器)中也有連詞'及',但與智鼎同時的蔡簋又復用'罖'。直到厲王時代如師晨鼎、斷比盨仍然用'罖'。秦以後'及'字盛行,'罖'字始不見。"(黃盛璋《保卣銘的時代與史實》)●人名。《買王卣》:"買王罖障彝。"●讀懷。《清華三·芮良夫8》:"心之惪(憂)矣,塾(靡)所告罖(懷)。"●讀鰥或讀瘝。《清華八·攝命9》:"通(恫)罖(瘝)寡罖(鰥)。"上"罖"是動詞,哀憐義,字亦作"瘝";下"罖"是名詞,指可哀憐之人,字亦作"鰥"。●整理者讀既。《清華三·説命下1》:"罖(既)亦醤(詣)乃服,勿易俾邲(越)。"

叔尸鐘

【注】從行罖聲,"遳"字或體。●讀罖,連詞。《叔尸鐘》:"女(汝)康能乃又(有)事,衞(罖)乃敵(敵)寮。"

睡簡·秦種105　睡簡·答問143

【注】從辵罖聲。●秦簡本義,及。《睡簡·秦種105》:"器敝久恐靡者,遳其未靡,謁更其久。"器物用舊而恐標記磨滅的,要趁標記尚未磨滅,報請重新標記。●追究。《睡簡·答問143》:"法(廢)令、犯令,遳免、徙不遳?遳之。"廢令,犯令的罪,對已經免職或調任的應否追究?應予追究。

作冊嗌卣　毛公鼎　冊三年逨鼎楚　清華八·邦道15　上博

六·用曰16　清華九·治政43　清華九·廼命一3　清華十·四告34

【注】從魚罖聲。《韓詩外傳》:"東海之魚名曰鰈,比目而行,不相得,不能達。"罖訓目相及,故鰥從魚從罖會意。《説文》:"鰥,魚也。從魚罖聲。""鰥"之本義,當指魚類。然很早以來,鰥寡就是古成語,表示老而無妻或無夫的人。《孟子·梁惠王·下》:"老而無妻曰鰥。"《禮記·王制》:"老而無夫者謂之寡。"●鰥寡:配偶喪亡的老年男女。《四十三年逨鼎》:"毋葬橐,葬橐佳(唯)又宥從(縱),乃救(侮)鰥寡。"《毛公鼎》:"母(毋)敢葬橐,葬橐乃救(侮)鰥寡。"與文獻用瀍同,《書·康誥》:"不敢侮鰥寡。"《詩·小雅·鴻雁》:"哀此鰥寡。"●讀矜。《清華八·邦道15》:"鰥(矜)惄(惻)聖君,上有怵(過)不加之於下=(下,下)有怵(過)不敢以憮(誣)上。""鰥"古音為見紐文部,多與見紐真部的"矜"相通。"矜惻"義為哀憐惻隱。(胡敕瑞《讀清華簡(捌)札記》)《清華九·治政43》:"古(故)邵(灼)龜、鰥(矜)祀、祝

（磔）禩（禳）、祈褆，渠（沉）☑珪辟（璧）、我（犧）全（牷）、饋邕，以忻（祈）亓（其）多福。”“矜祀”應指“慎重地祭祀”。

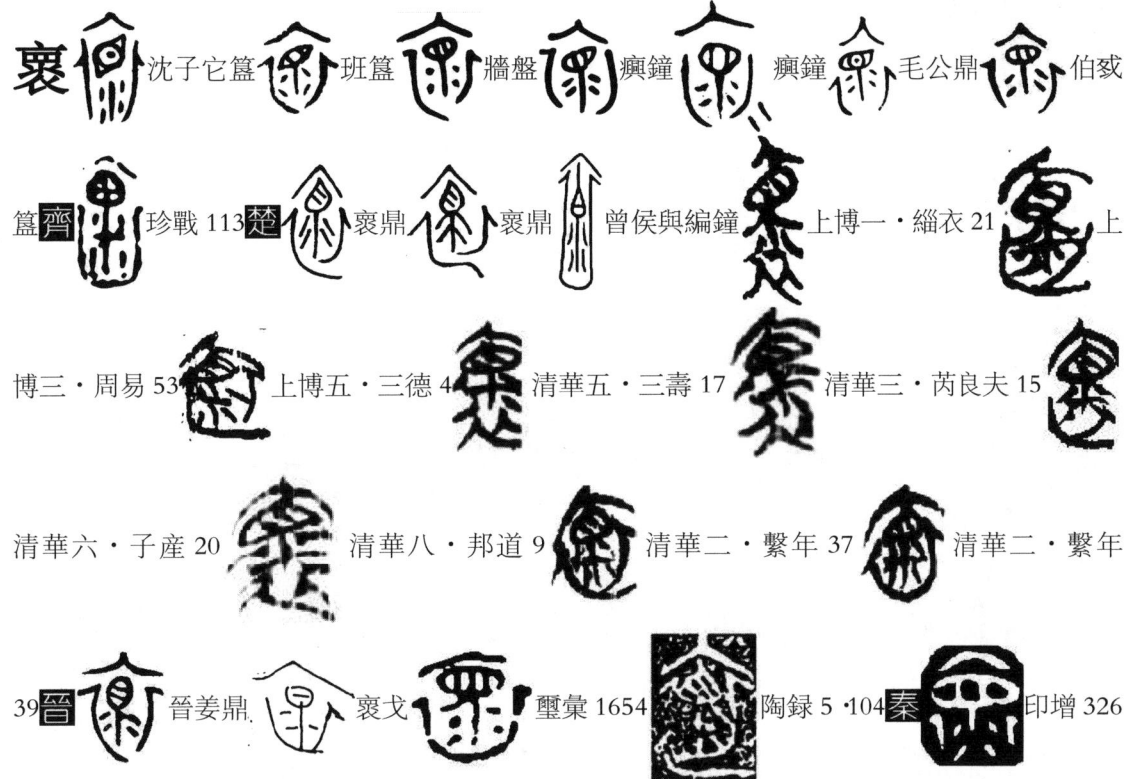

褱 沈子它簋 班簋 牆盤 瘐鐘 瘐鐘 毛公鼎 伯戔

簋 齊珍戰113 楚 褱鼎 褱鼎 曾侯與編鐘 上博一·緇衣21 上

博三·周易53 上博五·三德4 清華五·三壽17 清華三·芮良夫15

清華六·子產20 清華八·邦道9 清華二·繫年37 清華二·繫年

39 晉 晉姜鼎 褱戈 璽彙1654 陶錄5·104 秦印增326

【注】從衣從眔，會包藏所及之意；眔兼聲。《說文》：“褱，俠也。從衣眔聲。一曰橐。”段玉裁注：“俠當作夾。轉寫之誤。亦部曰。夾，盜竊褱物也。從亦有所持。俗謂蔽人俾夾是也。腋有所持。褱藏之義也。在衣曰褱。在手曰握。今人用懷挾字。古作褱夾。”是褱當為懷之初文，《師古注》褱，古懷字。●讀懷，思念、懷念。《沈子它簋》：“乃沈子其頪褱（懷）多公能福。”《清華八·邦道9》“懷樂”一詞，先秦傳世文獻見于《管子·立政》：“懷樂家室，重去鄉里，鄉師之事也。”●給予。《牆盤》：“褱（懷）猶彔（祿），黃耇彌生。”《瘐鐘》：“褱受余爾䚦福，瘐其萬年，檣角龏（熾）光。”●安撫，使來、至。《毛公鼎》：“雁（膺）受大命，衔（率）褱（懷）不廷方。”●使懷念、使歸附。《晉姜鼎》：“用康䙉（柔）妥（綏）褱（懷）遠猷（邇）君子。”句意為，用此鼎以娛樂懷來遠近的士大夫。●讀鬼。《伯戔簋》：“隹（唯）用妥（綏）神褱（鬼），號前文人。”于省吾曰：“褱乃鬼之借字。”●褱井：胸懷典型，猶言效灋典型。《班簋》：“文王孫亡弗褱（懷）井（型），亡克競氒（厥）剌（烈）。”●讀懷，地名。《十四年州戈》：“☑年褱☑工帀（師）☑。”原為晉地，《左傳·宣公六年》：“赤狄伐晉，圍懷及邢丘。”後屬魏，《史記·秦本紀》昭襄王：“四十一年夏，攻魏，取邢丘、懷。”在今河南省武陟縣西南。●讀壞。《上博五·三德4》：“邦豙（家）亓（其）褱（壞）。”

嬶 季宮父簋

【注】從女褱聲。《廣韻》音懷。安和也。●人名。《季宮父簋》：“季宮父乍（作）中（仲）姊

⿰女褱姬俟（媵）⿷匚既（⿷匚舌）。”

榱楚 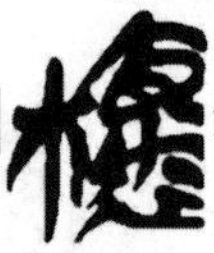清華十・四告 42

【注】從木褱聲。●讀槐。《清華十・四告 42》：“集止于喪（桑）棘榱（槐）桐百桓（樹）。”

傀楚 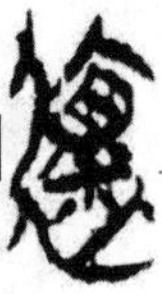上博六・天甲 9 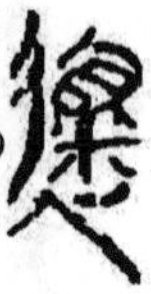上博六・天甲 8

【注】從人褱聲。●讀懷。《上博六・天甲 9》：“事䰟（鬼）則行敬，傀（懷）民則目（以）悳（德）。”

懷楚 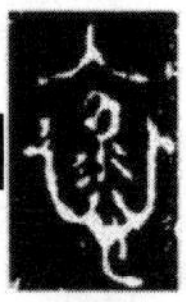曾孫懷匿 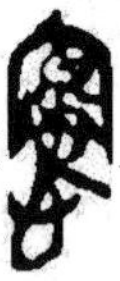上博六・用曰 6 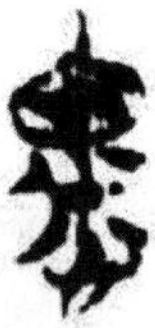郭店・尊德 33 燕 璽彙 3929 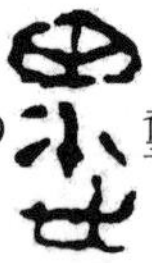璽彙 2712 秦 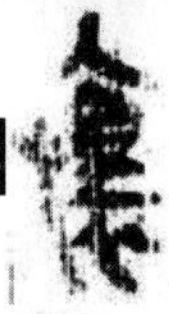睡簡・封診 84 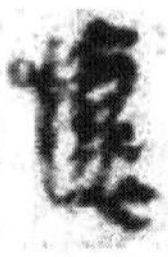（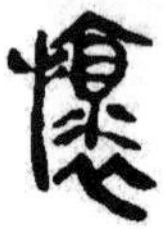）睡簡・日甲 112 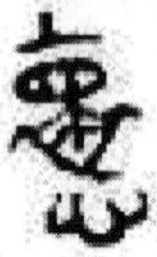秦懷后磬 秦印 212

【注】從心褱聲。或從心褱省（罘）聲。●《上博六・用曰 6》：“**⿰阝昔**心懷惟，各又（有）亓（其）異煮（圖）。”**⿰阝昔**，讀錯。《方言》卷六：“錯，藏也。周秦曰藏。”《廣雅・釋詁四》：“錯，藏也。”《論語・衛靈公》“則可卷而懷之”，朱熹《集注》：“懷，藏也。”《莊子・秋水》“兼懷萬物”，成玄英《疏》：“懷，藏也。”是“錯”“懷”同義。“惟”，上古音屬微部喻母四等，疑讀為微部匣母之“違”。《荀子・修身》“辟違而不愨”，王念孫《讀書雜誌》：“僻、違，皆邪也。《周語》‘動匱百姓以逞其違’，《晉語》‘若有違質，教將不入’，韋並注曰：‘違，邪也。’”“圖”，從陳偉先生讀。“錯心懷違，各有其異圖”，猶言包藏禍心，各自都有自己的圖謀。●《秦懷后磬》：“氒（厥）名曰懷后。”懷后，李學勤說指懷念賜器主以福的周王后。●秦印“懷令之印”，懷，地名。●懷藏。《睡簡・日甲 112 背》：“掓其畫中央土而懷之。”即拾取其畫地後中心部位的土揣在懷中。●燕璽人名。

壞楚 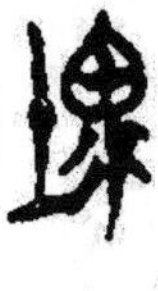郭店・唐虞 28 秦 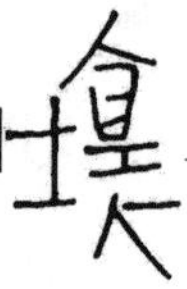二十一年相邦冉戈 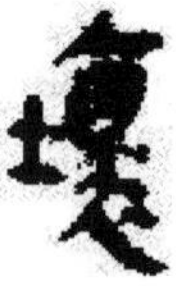睡簡・秦種 121 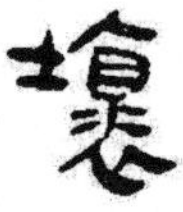睡簡・雜抄 40 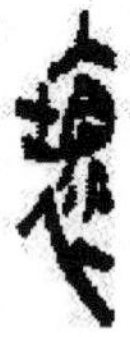睡簡・日甲 143 背

【注】從土褱聲，與小篆同。郭店簡從土罘聲，與《說文》古文同。《說文》：“壞，敗也。從土褱聲。古文壞省。籒文壞。臣鉉等按：攴部有敷，此重出。”本義倒塌（指建築物遭到破壞）。

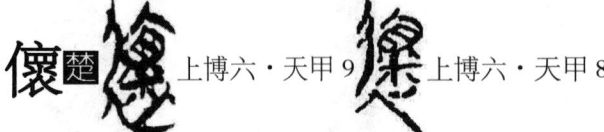

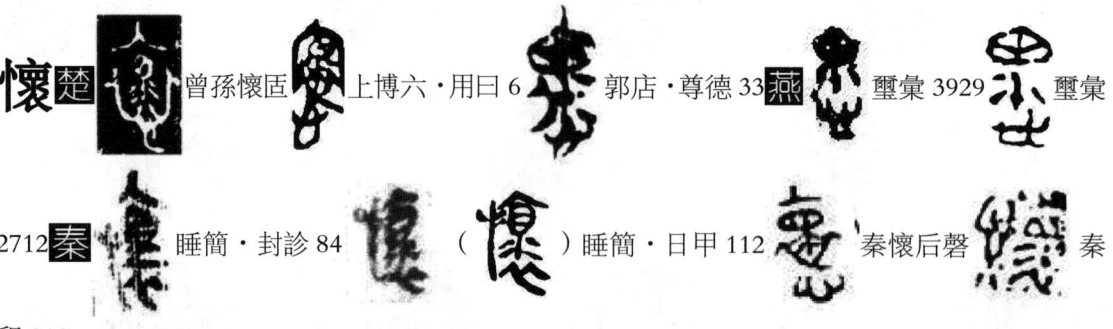

●讀懷，地名。《二十一年相邦冉戈》："壞（懷）德、雖（雍）。""壞德"即"懷德"，見于《漢書‧地理志》左馮翊下，在今陝西大荔東南。雖，亦為地名。《左傳‧僖公十三年》："秦于是乎輸粟于晉，自雍及絳相繼。"在今陝西鳳翔南，原為秦舊都。●敗壞。《郭店‧唐虞28》："聖者不才（在）上，天下北（必）壞。"●拆毀。《睡簡‧秦種121》："縣毋敢擅壞更公舍官府及廷。"縣不准擅自拆改官有的房舍衙署。

 新蔡甲三 268

【注】從水褱聲。●簡文"延至於瀤（淮）"，讀淮。楚簡或作"渌"。

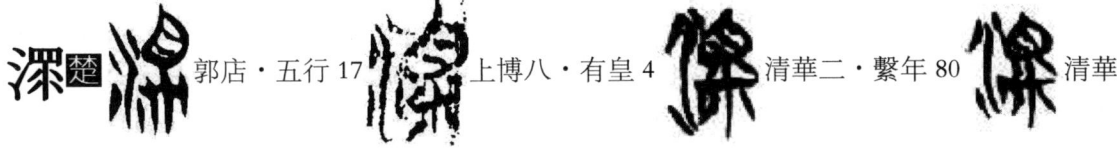 郭店‧五行 17　　上博八‧有皇 4　　清華二‧繫年 80　　清華二‧繫年 99

【注】從水罙聲，"罙"之繁文。●多讀泣。《郭店‧五行17》："瞻望弗返（及），渌（泣）涕女（如）雨。""泣"溪紐緝部，"渌"定紐緝部，"立"來紐緝部，來、定皆為舌音，韻為緝部。●讀淮。《清華二‧繫年80》："靈王伐吳，為南渌（淮）之行。"南渌，《左傳》作"南懷"，地名。"南淮"，即淮水之南。

定紐十聲

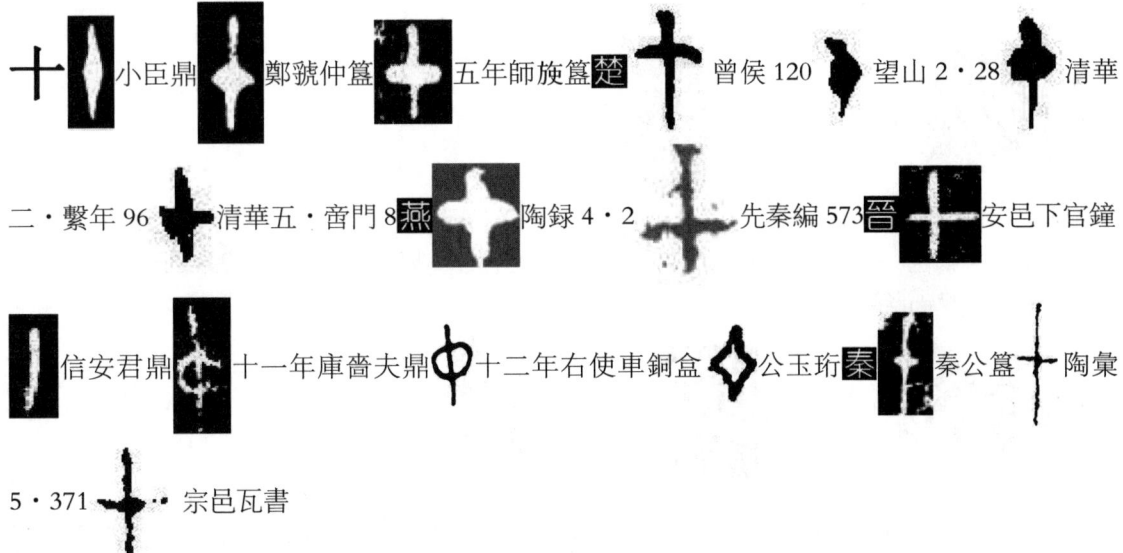

5‧371　宗邑瓦書

【注】甲骨文作●、│、│、│、│。徐中舒謂："│為古代之算籌，豎置一籌表示數量十，以與橫置之算籌'一'相區別。"（《甲骨文字典》218頁）卜辭中十之五倍以上數字，皆置倍數于"十"之下，如，"五十"作𠂇、"六十"作𠂇。金文開始在豎畫中間加圓點，戰國以後寫成一橫一豎的"十"。《十二年右使車銅盒》所作，中山王墓諸器習見，與"中"相混。《說文》："十，數之具也。一為東西，│為南北，則四方中央備矣。"許慎所釋非本義，而是"十"的引申義。本義為

數目"十"。●古文字均用為數詞。《守簋》:"金十鈞。"《同卣》:"隹(惟)十又一月。"

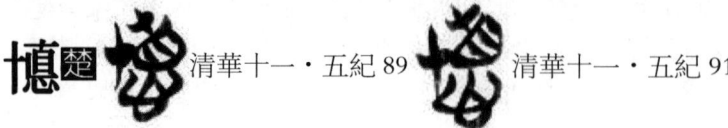憶楚 清華十一·五紀89 清華十一·五紀91

【注】從憶十聲。●整理者讀十,疑為表示十進制的專字。《清華十一·五紀89》:"四曰幾(機),二曰攷(巧),憶(十)曰好。"

什秦 睡簡·雜抄36

【注】從人十聲。《説文》:"什,相什保也。從人、十。"《唐韻》:"十人為什。"●《睡簡·雜抄36》:"敦(屯)長、什伍智(知)弗告。"什伍,古代戶籍編制,五家為伍,十戶為什,相聯相保。

攷楚 郭店·語叢四15 上博四·曹沫30 分研一485

【注】從攴十聲,疑"執"之或體。●讀審,謹慎。上古音"十"字在禪紐緝部,"審"字在書紐侵部,聲紐相近,韻部屬對轉關係。《上博四·曹沫30》:"三行之後,句(苟)見耑(短)兵,攷(審)毋悬(殆),毋思民矣(疑)。"《郭店·語叢四15》:"聿(盡)之而悬(疑),必攷鉊。"攷鉊,陳劍讀為"審喻",意為"明白地告知"。《禮記·文王世子》:"大傳審父子君臣之道以示之;少傳奉世子,以觀大傳之德行而審喻之。"

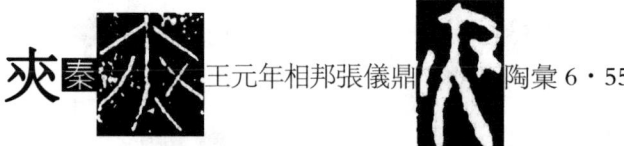夾秦 王元年相邦張儀鼎 陶彙6·55

【注】從亦十聲。到了小篆,"夾"變為從二"入",遂易與從二"人"之"夾"字訛混。《説文》:"夾,盜竊褒物也。從亦,有所持。俗謂蔽人俾夾是也。弘農陝字從此。"漢弘農陝縣字從夾;陝隘字從夾。●讀陝,地名。

陝秦 卅四年蜀守戈 陶彙6·54 印增547

【注】從阝夾聲。《説文》:"陝,弘農陝也。古虢國,王季之子所封也。從阝夾聲。"地名,即今中國河南省陝縣,周初為周公、召公分治的界限。《公羊傳·隱五年》:"自陝而東者,周公主之。自陝而西者,召公主之。"●地名,見于秦器。《卅四年蜀守戈》:"陝。"

庚晉 貨系1403 貨系1408 貨系1406

【注】從广夾聲；加口為飾，"陝"字或體。●晉橋形布，讀陝。

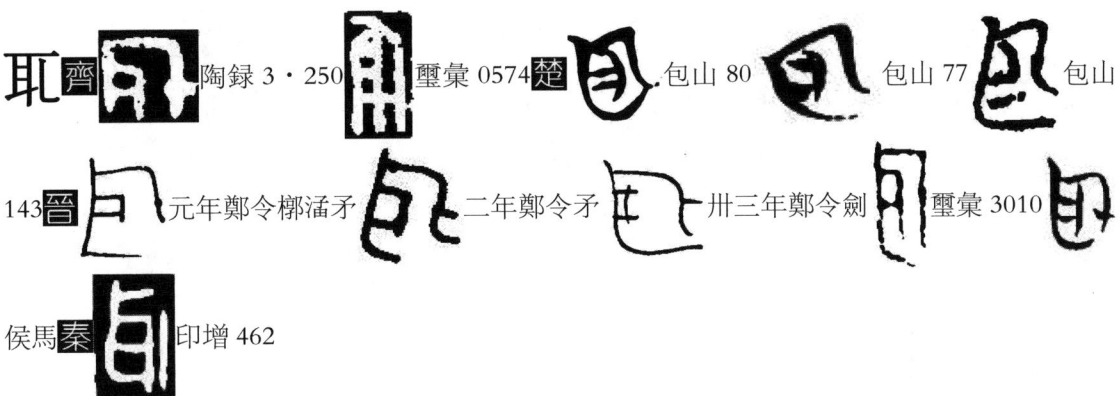

耴[齊]陶録 3 · 250 　璽彙 0574 [楚] 　包山 80 　包山 77 　包山 143 [晉] 　元年鄭令橺滽矛　二年鄭令矛　卅三年鄭令劍 　璽彙 3010 　侯馬 [秦] 　印增 462

【注】從耳十聲（"輒"字從此）。耴，端母葉部；十，禪母緝部，同為舌音，韻部旁轉。戰國文字習見，《類篇》或作"䎴"。《說文》："耴，耳垂也。從耳下垂。象形。《春秋傳》曰'秦公子耴'者，其耳下垂，故以為名。"許慎以為象形字，象耳下垂之狀。●戰國文字均為人名。《元年鄭令橺滽矛》："坒（往）庫工市（師）皮耴、冶君（尹）貞戲（造）。"

聞[晉] 　璽彙 3086

【注】從門耴聲。●晉璽人名。

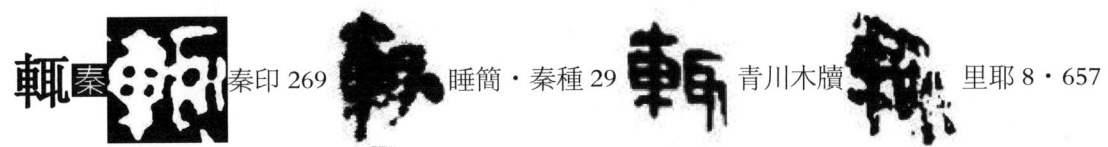

輒[秦] 　秦印 269 　睡簡 · 秦種 29 　青川木牘 　里耶 8 · 657

【注】從車耴聲。●秦文字本義，即、就。《青川木牘》："輒為之。"●秦印人名。

鴟[楚] 　璽彙 2527

【注】從鳥耴聲。●楚璽人名。

敢 　沈子也簋

【注】金文從攴從耳，《說文》以為耴省聲。《說文》："敢，使也。從攴，耴省聲。"●《沈子也簋》："烏虖（乎），隹（唯）考敢叉念自先王先公，迺妹克卒告剌（烈）成工（功）。"郭沫若曰："敢字，《說文》云'使也'，叉當讀為守，下'克又井型敤'乃'克守型教'正假為守。"（《兩周金文辭大系考釋》48 頁）

定紐習聲

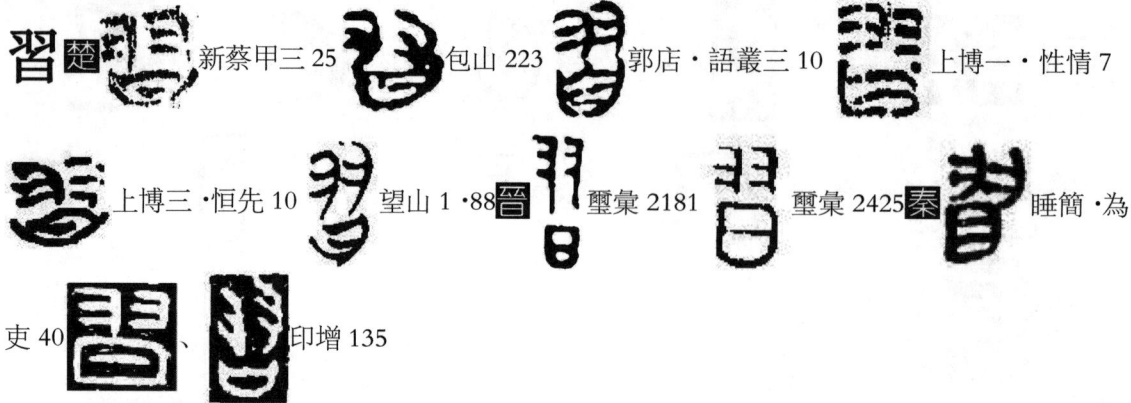

習 ^楚 新蔡甲三 25　包山 223　郭店・語叢三 10　上博一・性情 7

上博三・恒先 10　望山 1・88 晉 璽彙 2181　璽彙 2425 ^秦 睡簡・為

吏 40、印增 135

【注】甲骨文作，從日彗聲。《説文》訛為從羽從白。《説文・習部》："習，數飛也。從羽，從白。"字有多次重複練習之意。●溫習、複習。《郭店・語叢三 10》："起（起）習曼（文）章，益。"●讀襲，訓為又、再。《包山 223》："屈宜習之。"望山楚簡中亦見"習"，連邵名指出的"習"通"襲"，"習卜"是指又用龜甲進行了一次占卜。●習性、習慣。《睡簡・為吏 40》："變民習浴（俗）。"●《上博一・性情 7》："習也者，又（有）以習亓（其）眚（性）也。""習亓（其）眚（性）"，修養性情。《北史・常爽傳》："由是言之，六經者先王之遺烈，聖人之盛事也，安可不避心寓目習性文身哉？"●讀襲（"襲""習"都是邪母緝部字），重疊。《上博三・恒先 10》："舉（舉）天下之名虛諔（樹），習目（以）不可改也。"《左傳・襄公十三年》："先王卜征五年，而歲習其祥，祥習則行。不，則增修德而改卜。"楊伯峻注："'習'一本作'襲'。習與襲通用，重復也。祥，吉祥。歲習其祥，謂五年之中每年卜征都吉。"●晉璽人名。

飁 ^楚 上博七・凡甲 14　上博七・凡乙 9

【注】從風習聲。●讀吸。《上博七・凡甲 14》："夫凡（風）之至，管（孰）颭飁（嘘吸）而迸之？"

遛 ^楚 安大一 10

【注】從辵習聲。●讀揖。《安大一 10》："眾（蟲）斯之羽，遛=（揖揖）可（兮）。"《毛詩》作"揖揖兮"。簡本"遛遛"當從《毛詩》讀為"揖揖"。《毛傳》："會聚也。"

定紐龘聲

龘 ^楚 嫋加編鐘

【注】甲骨文作，《説文》："龘，飛龍也。從二龍。讀若沓。"《嫋加編鐘》從二龍，一正一反，

其中一龍从匕，即牝龍。●《嬭加編鐘》："龓＝豫政，乍（作）旂（辭）邦㝵（家）。"義不詳。
或疑龍之繁文，讀恭，恭敬之意，那麼"龓龓豫政"就是"恭敬地施行政令"的意思。

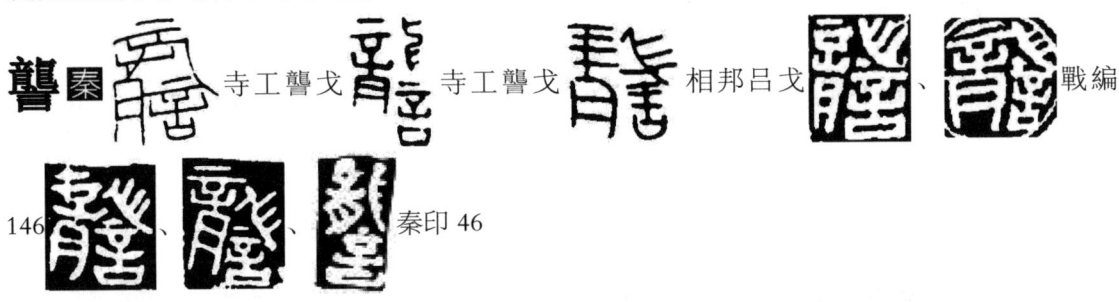

146 秦印 46

【注】從言讋省聲。《説文》讋、襲均為龘省聲。龘，讀若沓，古音在定母緝部。讋，古音在章
母葉部。二字同屬舌音，韻部旁轉。古文字"遝-沓"（《簡帛古書通假字大系》902 頁）可通，
"遝-襲"（《古字通假會典》534 頁）亦可通。故"襲-沓"相通。《説文》："讋，失气言。一曰
不止也。從言，龘省聲。傅毅讀若慴。𧮫，籀文讋不省。"●秦文字均為人名。《寺工讋戈》："☑
年寺工讋、工嘉。"

襲（袞）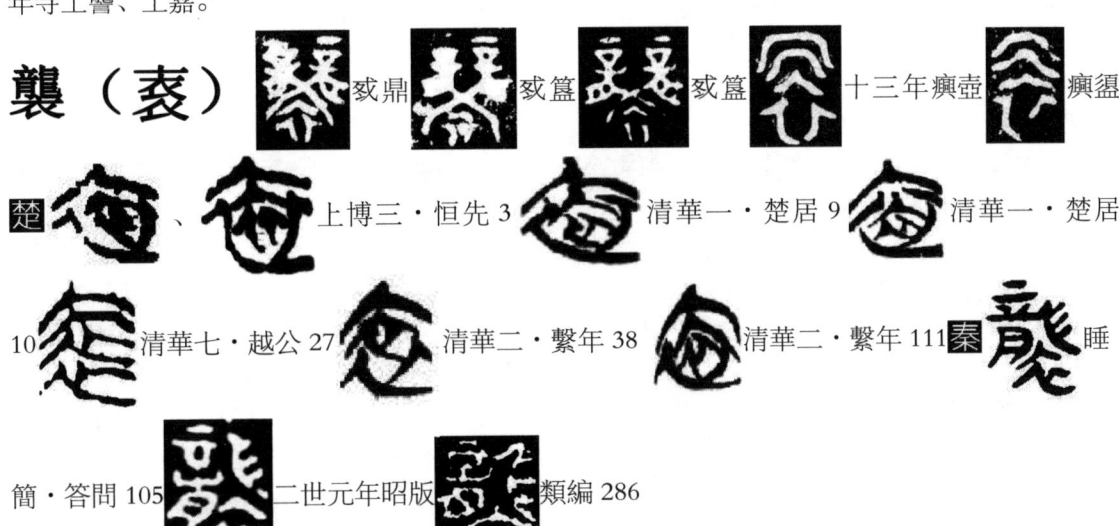

【注】金文從衣龘聲，與《説文》籀文同。《説文》："襲，左衽袍。從衣，龘省聲。𧝓，籀文襲
不省。"《瘴壺》所作，為"襲"之異文；在新近公佈的清華簡繫年中，簡 38 與簡 111 中有一個
字分別作"㥦"和"㥦"形，由文例可以知道此字為"襲"字，此字與金文中的㥦字合觀，可
證㥦就是"襲"字，為會意字，衣外加衣之形，會外衣之意。●觸及、陰佑。《㲋簋》："休宕㽙
（厥）心，永襲㽙（厥）身。"《廣雅·釋詁》："襲，及也。"●外衣。《瘴盨》："易（賜）敁（裼）
襲。""裼"與"襲"是相對的一對名詞，袒去上服以露裼衣，謂之裼，掩其上服不露裼衣謂之
襲。"裼、襲"，是兩件衣服，通俗的解釋就是内衣與外衣。●因襲、沿襲。《清華一·楚居 9》：
"至坴（莊）嚣（敖）自福丘遷（徙）袞（襲）箸（鄀）郢。"《小爾雅·廣詁》："襲，因也。"
"徙襲"意即因襲前王之郢而居之。《清華七·越公 27》："王作安邦，乃因司袞（襲）常。"《二
世元年昭版》："今襲號而金石刻辭不稱始皇帝。"《睡簡·答問 105》："告者罪已行，它人有（又）
襲其告之，亦不當聽。"控告者已經處罪，又有別人接替控告，也不受理。秦文字用"襲"表示
沿襲之襲，楚文字或用"遝"，三晉文字用"遝""㝵"。●襲擊。《睡簡·日甲 35 背》："有眾虫
襲人入室，是野火偽為虫。"

闗^楚 䦏 清華七·越公 26　䦏 清華七·越公 68　䦏 清華六·太伯甲 6

【注】從門袁聲。●讀襲，破國入侵之專名。《清華六·太伯甲 6》："輚車闗（襲）焱。"指鄭桓公遮擋戰車，掩人耳目，輕裝突襲，攻下制邑。

泥紐入聲

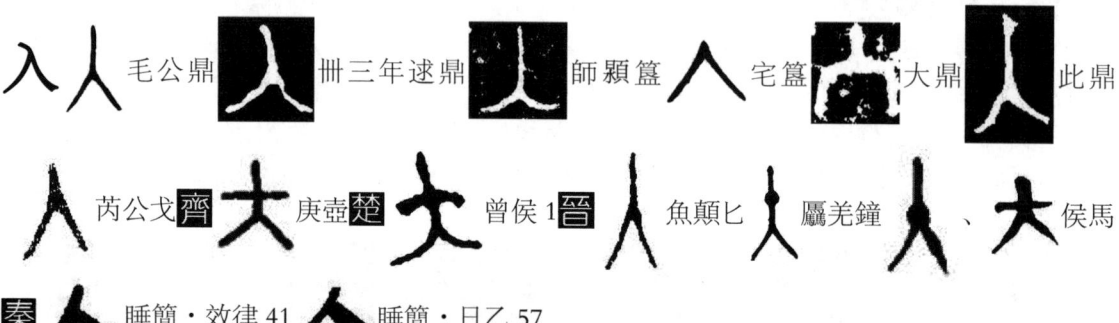

入 人 毛公鼎　人 卌三年逨鼎　人 師穎簋　人 宅簋　人 大鼎　人 此鼎

人 芮公戈^齊　大 庚壺^楚　大 曾侯 1^晉　人 魚顛匕　人 屬羌鐘　人、大 侯馬

人^秦 睡簡·效律 41　人 睡簡·日乙 57

【注】甲骨文作人、人，象銳端之形，形銳可以入物也。孫常敘謂"入"是從"内"分化出來的一個字。（《漢語辭彙》56 頁）作人者，與"六"字同形。金文同甲骨文，或加飾筆作人，或變圓轉，尖銳之形稍失。《說文》："人，内也。象從上俱下也。"本義是進入、出入。又《廣韻》納也，得也。秦系文字入、人相混，唯據文意別之。●《師晨鼎》："嗣（司）馬共右師晨（晨）入門，立中廷。"入門，金文習語，指受冊封時進入宫廷的儀式。金文或言"入右"。●讀納，繳納、上繳。《睡簡·日乙 41》："入其贏旅衣札。"●讀納。《頌簋》："反入覲章。"反入，即反納之意。●《九年衛鼎》："乃用鄉（饗）王出入事（使）人，眔多傗（朋）友，子孫永寶。"出入，金文習語。《周禮·夏官·大僕》："出入王之大命。"鄭玄注："出大命，王之教也，入大命，群臣所奏行。"●讀芮，國名。《芮公戈》："入（芮）公戈。"●秦簡讀本義，進入。《睡簡·秦種 60》："百姓犬入禁苑中而不追獸及捕獸者，勿敢殺。"秦文字用"入"表示入，楚文字、齊文字多用"内"表示入，三晉文字多用"入"為入。

汭^楚 余子汭鼎

【注】從水入聲，"汭"字或體。《說文》："汭，水相入也。從水從内，内亦聲。"●人名。《余子汭鼎》："余（徐）子汭之鼎，百載用之。"

泥紐廿聲

廿 U 宰槉角　U 四十二年逨鼎　U 伊簋^齊　廾 陶錄 2·749^楚　U 匽客銅

量 　曾姬無衈壺　 　曾侯石磬燕　 　廿年距末　 　陶彙4·17晉

鼄羗鐘　兆域圖銅版　 二十五年戈秦　 　秦印42·　 　睡簡·秦種182

【注】甲骨文作 🅅、V、U、U、U、U、U、U、U、ᘜ。徐中舒謂， 為古代之算籌，豎置一籌表示數量十，並聯兩豎之算籌表示二十之數。(《甲骨文字典》219頁)卜辭中十之五倍以上數字，皆置倍數于"十"之下，如，五十 、六十 。金文開始在 中間加圓點，十寫作 ，戰國以後寫成一橫一豎的"十"。兩個"十"的下端連成一起，就是"二十"，也作"廿"。《説文》："廿，二十並也。古文省。"本義是二十。●數詞，二十之數。《克鼎》："隹（唯）王廿又三年九月，王才（在）宗周。"

來紐立聲

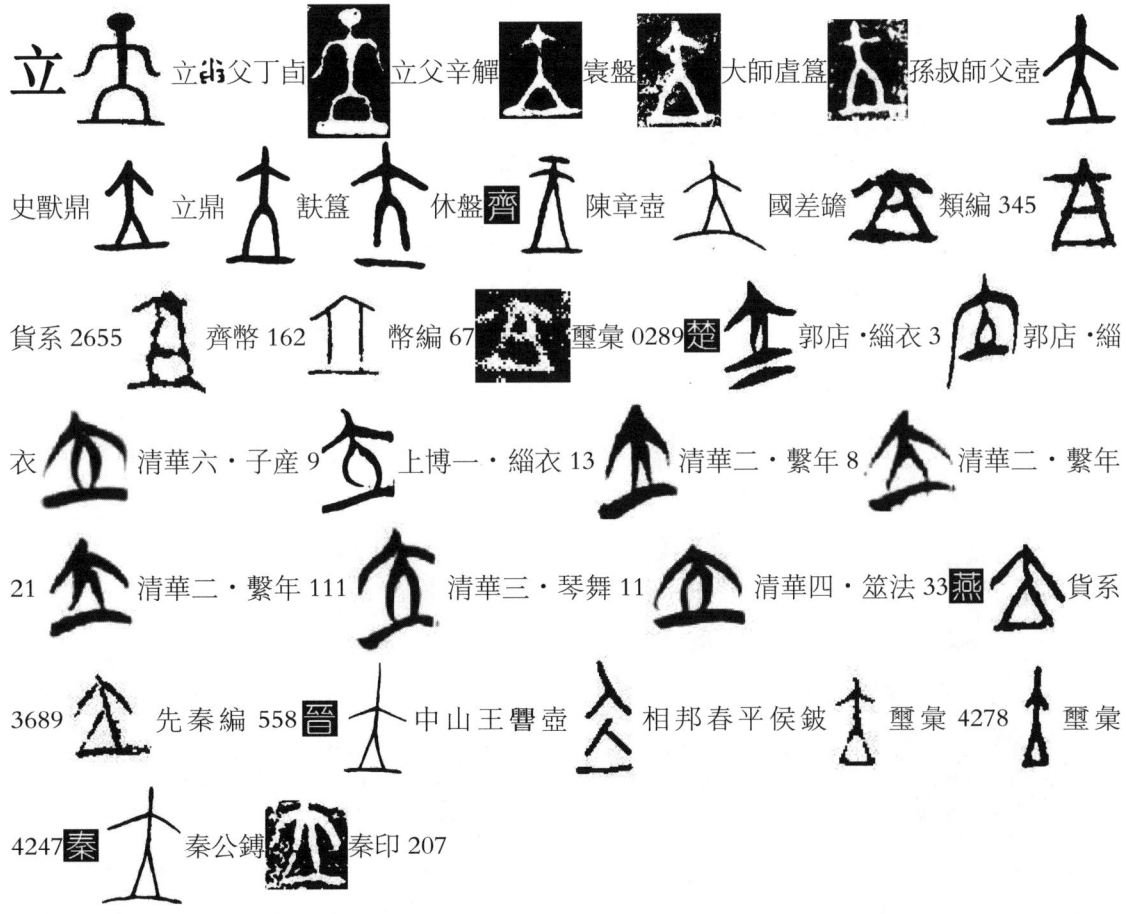

立 　立 父丁卣　 　立父辛觶　 　褒盤　 　大師虘簋　 　孫叔師父壺

史獸鼎　 立鼎　 訣簋　 休盤齊　 陳章壺　 國差𦉜　 類編345

貨系2655　 齊幣162　 幣編67　 璽彙0289楚　 郭店·緇衣3　 郭店·緇

衣 　清華六·子產9　 上博一·緇衣13　 清華二·繫年8　 清華二·繫年

21 　清華二·繫年111　 清華三·琴舞11　 清華四·筮法33燕　 貨系

3689　 先秦編558晉　 中山王䚈壺　 相邦春平侯鈹　 璽彙4278　 璽彙

4247秦　 秦公鎛　 秦印207

【注】甲骨文作 ，從大從一（表示所立之地），象人正面站立之形。金文小篆同。《説文》：" ，住也。從大立一之上。"本義是站立，如《左傳》："華元逃歸，立于門外。"引申指設立、建立，如《商君書》："各當時而立灋。"又引申指站立的地方，此義後來寫作"位"，如《楚辭·天部》：

"登立為帝。"●站立。《頌鼎》:"立中廷。"●讀位,位置、職位。《頌鼎》:"即立(位)。"●立工:猶言立事,主事、臨事也。《史獸鼎》:"尹令史獸立工于成周。"●讀蒞。《國差罎》:"國差(佐)立事歲,咸丁亥。"立事,蒞臨政事。《史記·范雎蔡澤傳》:"明主立政。"司馬貞索隱:"立,蒞也。"李學勤謂戰國時代齊器的蒞事者都是陳氏,如王孫陳棱、王孫陳這。蒞事所在地有縣、鄙、黨、關、門等。蒞事的"再""參""四"指任職界數。(《戰國題銘概述》)何琳儀謂"立事"者可以是王,也可以是執政大臣,還可以是地方官。(《戰國文字通論》)●讀蒞,本意是指走到近處察看,也指治理、通知、管理。《上博一·緇衣13》:"龍(恭)目(以)立(蒞)之,則民又(有)悐(遜)心。"

岂 晉 璽補239

【注】從山立聲。●"岂復",人名。

栌 楚 清華四·筮法50

【注】從木立聲。《說文》:"栌,折木也。从木立聲。"●疑即《包山250》之"漸(斬)木立(位)"之立。"漸"讀斬,訓為"斷"。斷木複立在古人看來是"木為變怪"的妖祟,《漢書·五行志》中猶載有許多斷木立的災異,如"上林苑中大柳樹斷僕地,一朝起立";"社有大槐樹,吏伐斷之,其夜樹複立其故處"。漸木位,即斷木為神位。《國語·晉語八》:"楚為荊蠻,置茅蕝,設望表。"韋注:"望表,謂望祭山川,立木以為表,表其位也。""漸木位"應即這一類神位。

昱 晉 分研252

【注】從日立聲。《說文》:"昱,明日也。從日立聲。""昱日"之昱,古文字多從翼作曊、躍、曉等。●晉璽"郏(梁)昱",人名。

脑 楚 上博九·成甲4 上博九·成甲3 晉 璽彙2711

【注】從肉立聲。●晉璽人名。●上博簡義不詳。

朗 晉 立事劍 五年司馬權 秦 石鼓文

【注】從月立聲,疑"昱"之異文。《太玄·告》:"日以昱乎晝,月以昱乎夜。"後一昱應作朗,從月見月明之意。●讀類。古文字"立"及其諧聲字有"立"(來母緝部字)、"位"(匣母物部字)二音;類,來母物部字,與"立"聲同韻異,與"位"韻同聲異。《說文》:"䩉,臨也。從立、從隶(小徐本:從隶聲)。""䩉"即古書中"莅""涖"字之《說文》正體。而"莅""涖"從"立"為基本聲符。"䩉(莅、涖)"是來母物部字,與"類"字聲、韻皆同。由此可見,"朗"

可讀為"類"。石鼓文"其朔（類）孔庶"是說魚的種類很多。● 人名。《五年司馬權》："五年，司馬成公朔。""成公"是復姓，常見于戰國古璽文字。

【注】從厂立聲。李孝定謂居處字作𠪚，象人坐几上；居室字作庢，從广從立會意，今則居行而庢廢。《誨鼎》字形略訛。《說文》："庢，石聲也。从厂立聲。"段玉裁注："謂石峉之聲。吳都賦曰。拉擸雷砐。崩巒弛岑。拉卽庢字也。"金文與小篆同形不同字。● 讀居，居住。《長由盉》："穆王才（在）下減庢。" ●《清華七·越公 26》："既（建）宗廟（廟），攸（修）奈（祟）庢。"奈庢，讀為"祟庢"，指安置鬼祟，消除災禍的建築。

【注】從宀立聲，疑為"庢"之異文。● 晉布單字，當為地名。

【注】從水立聲。● 用為本義。《說文》無聲出涕也。《徐鉉曰》泣，哭之細也。《上博四·柬旱 14》："王仰而句（喟），而泣謂太宰。"楚文字或作"㵺"。● 晉璽人名。

【注】從艸立聲。●《嶽麓一·為吏 14》："[卑] 苙不亶。"辭義待考。● 晉璽人名。漢印有"苙君長印"，當為姓氏。《中國姓氏大全》注云："苙，中草藥名，即白芷，當以此獲姓，或為笠氏所改。"

【注】從示立聲。● 讀位，靈位之位專字。《包山 205》："卲（昭）吉為祄，既禱至（致）福。"詳"位"字。

【注】從匸從力立聲。● 晉璽人名。

位 楚 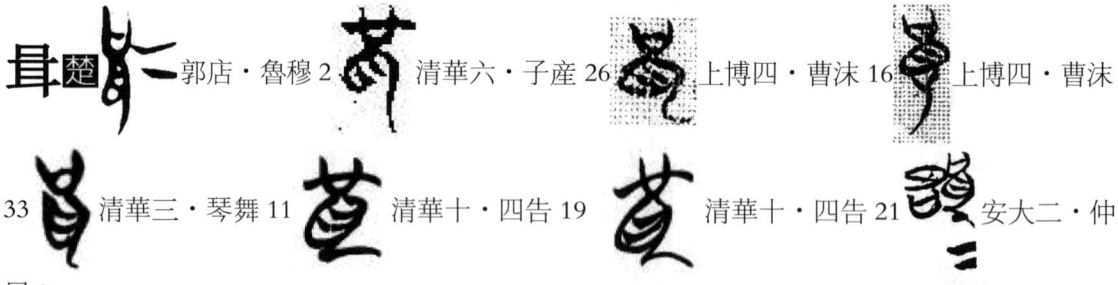 包山 224　郭店·緇衣 25　天星　清華八·邦道 26

【注】從人立聲。甲骨文金文立、位一字，作人，象人站在地上，既表示站立，也表示站立的處所。《説文》："位，列中庭之左右謂之位。從人、立。"本義為站立之位，位置。引申泛指方位，如《孫子兵灋》："四時無常位。"中山文字用"胃"。●讀莅。《郭店·緇衣 25》："共（恭）以位（莅）之，則民又（有）愻（遜）心。"●《包山 224》："臧（臧）敢為位，既禱至（致）命。"《周禮·春官·肆師》："凡師甸用牲于社宗則為位。"《疏》："師謂出師征伐，甸謂四時田獵。二者在外，或有祈請，皆當用牲社及宗時，皆肆師為位祭也。"為位祭，即設靈祭祀。

清紐咠聲

咠 楚 　郭店·魯穆 2　　清華六·子產 26　　上博四·曹沫 16　　上博四·曹沫

33　清華三·琴舞 11　　清華十·四告 19　　清華十·四告 21　　安大二·仲尼 3

【注】從口從耳。《安大二·仲尼 3》"誹="是"言咠"合文。《説文》："咠聶語也。"●讀揖。《郭店·魯穆 2》："公不敓（悦），咠（揖）而退之。"●讀輯。《上博四·曹沫 16》："上下和戲（且）咠（輯）。""輯"，訓為"和"，指上下和睦團結。"和輯"見於典籍。《管子·五輔》："舉錯得，則民和輯；民和輯，則功名立矣。"《淮南子·本經訓》："世無災害，雖神無所施其德；上下和輯，雖賢無所立其功。"●讀緝，整治。《清華三·琴舞 11》："弋（式）克（核）亓（其）又（有）辟，甬（用）頌（容）咠（緝）余。"《文選·王儉〈褚淵碑文〉》："是時天步初夷，王途尚阻，元戎啟行，衣冠未緝。"呂延濟注："緝，理也。"語意為：啊！希望你們審核你們的君主，來修飾和規諫我。

矠 楚 　清華六·子儀 9

【注】從矛咠聲。●讀及，追上。《清華六·子儀 8》："弜（強）弓分緩（挽）亓（其）鑾（蠻）也，繒追而矠之。"用箭追捕射擊它們。

禃 楚  新蔡零 243　　新蔡零 533

【注】從示咠聲。●辭例殘缺。

葺 楚  上博四·曹沫 48

【注】從艸耳聲。●讀輯。《上博四·曹沫48》："不卒則不恒，不和則不葺（輯）。"輯，《正韻》睦也。《書·湯誓》輯寧爾邦家。

 郭店·緇衣 34

【注】從入耳聲，"畊"字或體。入，緝部日紐；十，緝部禪紐。入、十旁紐，皆舌面音。●讀緝。《郭店·緇衣34》："《寺（詩）》員（云）：'穆=（穆穆）文王，於畊（緝）逗（熙）敬虫（止）。'"《詩·大雅·文王》："穆穆文王，於緝熙敬止。"毛傳："緝熙，光明也。"

 清華十一·五紀 120　睡簡·為吏 23　睡簡·為吏 19

【注】從土耳聲。《篇海類編》同"墔"。●讀婿。《睡簡·為吏19》："贅埋（墔）後父，勿令為戶。"朱駿聲《說文通訓定聲》："贅而不贖，主家配以女，則謂之贅婿。"指身份低下之人。●讀輯。《清華十一·五紀120》："天之五正，且斃（蔽）比絅（治）埋（輯），五新（親）五樓（德），天下之算。"詳"斃"字。

 宗邑瓦書

【注】從車耳聲。●《宗邑瓦書》："自桑障（郭）之封以東，北到桑匽（堰）之封一里廿輯。"袁仲一說假為"聚"，村落；李學勤讀楫，樹木；黃盛璋說為步的單位，十步或六步為一輯。

 秦印 232

【注】從手耳聲。●秦印"揖童"，姓氏。

 清華九·治政 42　嶽麓一·為吏 60

【注】從木耳聲。《說文》："舟櫂也，從木耳聲。"●划船用具。《嶽麓一·為吏60》："深楫不具。"●讀輯，和、睦。《清華九·治政42》："夫亂者乃違心怨（惋）悁（怨），不楫（輯）君事以辱亓（其）君。"作亂的人就產生異心並且怨恨，不服君主的事務而辱沒君主。

從紐人聲

人 [燕] 貨系 2922

【注】《說文》："人，三合也。從入一，象三合之形。凡人之屬皆從人。讀若集。"●燕刀不詳。

從紐雥聲

包山 182

【注】從三隹，會群鳥之意。●讀集，姓氏。

（ ）睡簡·答問 193

【注】從木雥聲。雥、櫫上古音都在從母緝部，聲韻全同。●採集薪柴的人。《睡簡·答問 193》："可（何）謂'集人'？古主取薪者殹（也）。"●金文人名。

曾侯 142　曾侯 173　曾侯 163

【注】從邑櫫聲。●地名。《曾侯 142》："鄭君之騏為右驂。"

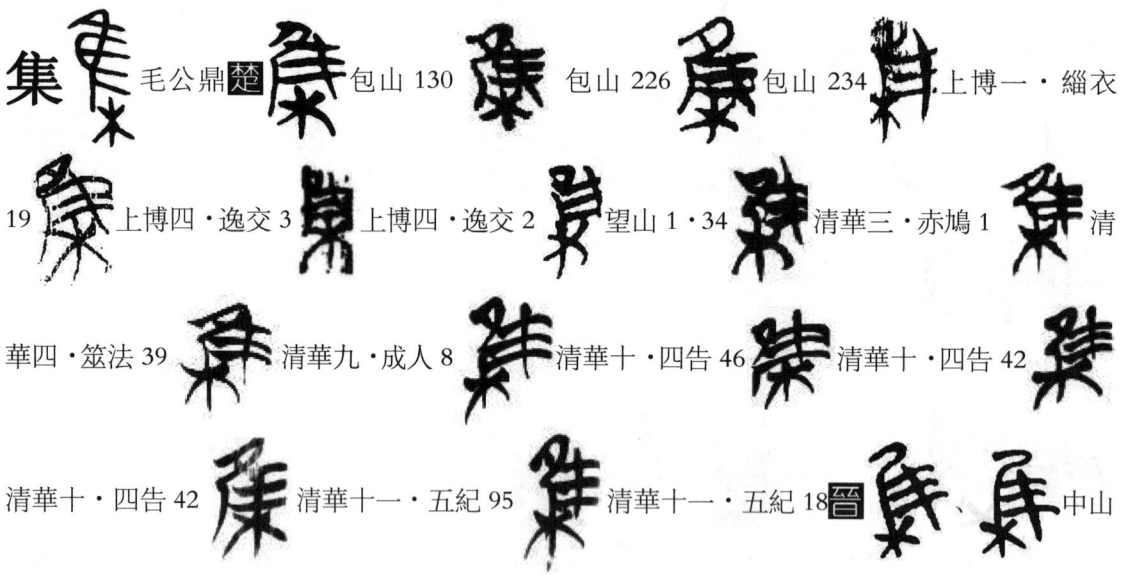毛公鼎 包山 130　包山 226　包山 234 上博一·緇衣

19 上博四·逸交 3　上博四·逸交 2　望山 1·34　清華三·赤鳩 1　清

華四·筮法 39　清華九·成人 8　清華十·四告 46　清華十·四告 42

清華十·四告 42　清華十一·五紀 95　清華十一·五紀 18 中山

玉器

【注】甲骨文作 、 、 、 、 ，從隹（或從鳥）從木，會鳥聚集之意。《説文》："雧，羣鳥在木上也。從雥從木。集，雧或省。"本義是群鳥棲止在樹上，如《詩經》："黃鳥于飛，集于灌木。"後來引申為聚集、集合等義。●降落。《上博一·緇衣 19》："集大命于氏（是）身。"引申為成就。《毛公鼎》："唯天叀（將）集氒（厥）命。"指上天成就其大命（于文武）。《書·文侯之命》："惟時上帝集厥命于文王。"孔穎達《疏》："上天成就大命于文王。"●棲身、停留。《上博四·逸交 2》："集于中渚"《國語·晉語二》："人皆集於苑，己獨集於枯。"韋昭注："集，止也。苑，茂木貌。己，里克也。喻人皆與奚齊，己獨與申生。"●讀雜。《清華九·成人 8》："毋集（雜）英相亿（化），飤（食）飤（食）不改。"

【注】從宀集聲。集之下"木"旁與"隹"左旁共劃，古文字加宀為飾者習見，故為"集"字異體。●多讀集，戰國時楚國官員用字，如集胠、集糟、集酺等。李學勤曰："'集'字之義可能同于'司'，各器都是烹飪器或溫器，他們應為管理王室飲食的有司。"（《戰國題銘概述（下）》）《大府鎬》："大腐（府）為王飤晉（薦）鎬，寁（集）胠（廚）。"《鑄客鼎》："鑄客為寁（集）酺為之。"鑄客替集酺作的鼎。●鳥棲止於樹。《上博八‧李頌1》："鼪鳥之所寁（集）也。"《詩‧唐風‧鴇羽》："肅肅鴇羽，集于苞栩。"毛亨傳："集，止。"

清華八‧邦政8

【注】從攴集聲。●讀雜。《邦政8》："亓（其）未（味）𢾍（雜）而歆（齊）。"

清華九‧禱辭19

【注】從頁集聲。●讀集。《清華九‧禱辭19》："百種皆頪（集），吏（使）此收內（入）。"

郭店‧尊德39　包山258　包山牘

【注】從艸集聲。●讀集。《郭店‧尊德39》："童（重）義萃（集）釐（理），言此章也。"●整理者讀荅，小豆。《說文》："荅，小未也。"《包山258》："菽（芝）二筒、萃二筒。"

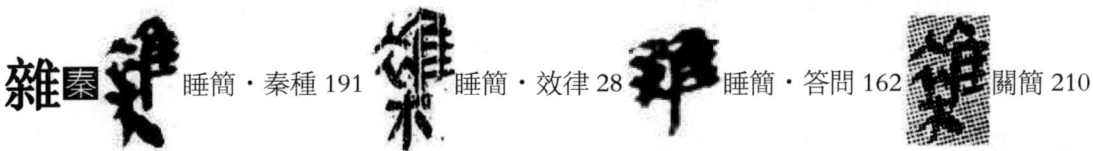睡簡‧秦種191　睡簡‧效律28　睡簡‧答問162　關簡210

【注】從衣集聲。《說文》："雜，五彩相會。從衣集聲。"●共。《睡簡‧秦種21》："縣嗇夫若丞及倉、鄉相雜以印之。"●俱。《睡簡‧秦種18》："其乘服公馬牛亡馬者而死縣，縣診而雜賣（賣）其肉。"●《睡簡‧秦種200》："尉雜。"尉雜，律名，關於廷尉職務的各種法律。

 包山 95

【注】從毛雜聲（楚文字衣作卒）。●《包山 95》："胃（謂）杏<u>毳</u>（雜）其弟宛而，<u>戀</u>殺之。" 李零讀捽。謂杏揪其弟之髮，而競（某<u>戀</u>）殺之。

心紐卅聲

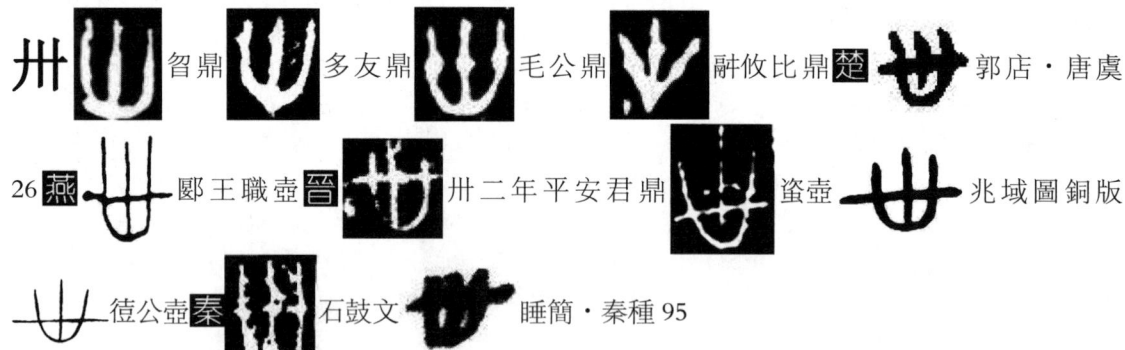

【注】甲骨文作 <u>山</u>、<u>山</u>、<u>山</u>、<u>山</u>、<u>山</u>、<u>山</u>。徐中舒謂，<u>|</u>為古代之算籌，豎置一籌表示數量十，並聯兩豎之算籌表示二十之數，並聯三豎之算籌以表示三十之數（《甲骨文字典》220 頁）卜辭中十之五倍以上數字，皆置倍數于 "十" 之下，如，"五十" 作<u>十</u>、"六十" 作<u>十</u>。金文開始在豎畫中間加圓點（《多友鼎》等無圓點則與 "山" 字易混），十寫作<u>十</u>，戰國以後寫成一橫一豎的 "十"。兩個<u>十</u>的下端連成一起，就是 "二十"，三個<u>十</u>相連就是 "三十"。《説文》："卅，三十並也。古文省。凡卅之屬皆從卅。" 本義三十。●數詞，三十之數。《剌鼎》："王易（賜）剌貝卅朋。"

心紐卌聲

【注】甲骨文作<u>山</u>、<u>山</u>、<u>山</u>、<u>山</u>、<u>山</u>，用並連的四枚豎直的算籌來表明四十之數（詳 "十" "卅" "廿" 等字）。金文承之。《説文》無。本義是四十。●四十也。《智鼎》："則付卌秭。"

並紐乏聲

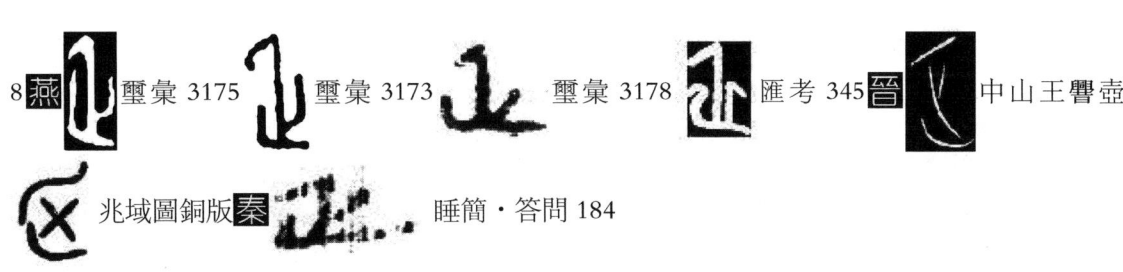

8 燕 璽彙 3175　璽彙 3173　璽彙 3178　匯考 345 晉 　中山王䚕壺

兆域圖銅版 秦 　睡簡·答問 184

【注】湯余惠謂正、乏二字形體上的差別僅在字上的一筆，正字作橫劃而乏作斜劃，大概是取非正即乏之意。●匱乏，引申為斷絶、廢黜。《中山王䚕壺》："以内絕（絶）邵（昭）公之業，乏其先王之祭祀。"●讀窀，陵墓、墓穴。《兆域圖銅版》："王命賈為逃（兆）乏（窀）闊関（狹）小大之叩。"張克忠曰："乏假為窀。《説文》：'窀，葬下棺也。'"（《中山王墓青銅器銘文簡釋——附論墓主人問題》）朱德熙、裘錫圭曰："逃乏當讀為兆窀。'兆窀闊関（狹）小大之叩'指整個陵墓設計的規劃。"（《平山中山王墓銅器銘文的初步研究》）●燕璽有"乏生居""乏章""乏腹"，讀泛或讀法，姓氏。●《清華一·程寤 7》："隹（惟）杍（梓）敝不義，迻（芃）于商，卑（俾）行量亡乏。"亡乏：整理者讀"乏"為"犯"。《馬王堆漢墓帛書·十六經·正亂》："帝曰：毋乏吾禁。"即勿犯吾禁。王寧認為如字讀，文意為：梓樹是可以遮蔽不義的良材，移植於商，可以使材用不匱乏。●廢。《睡簡·秦種 115》："御中發徵，乏弗行，貲二甲。"為朝廷徵發徭役，如耽擱不加徵發，應罰二甲。●《睡簡·答問 164》："可（何）謂'逋事'及'乏繇（徭）'？律所謂者，當繇（徭），吏、典已令之，即亡弗會，為'逋事'；已閱及敦（屯）車食若行到繇（徭）所乃亡，皆為'乏繇（徭）'。"乏繇，即缺徭，沒有服徭役，法律術語。

胅 齊 陶彙 3·696　璽補 115

【注】從肉乏聲。●齊陶人名。

宅 燕 璽彙 3500 晉 集粹 293

【注】從宀乏聲。●燕璽"宅思"讀法，姓氏。

芝 秦 嶽麓一·為吏 76

【注】從艸乏聲。●讀乏。《嶽麓一·為吏 76》："老病孤寡，芝（乏）絶當巢。"末字整理者隸定爲"巢"，意義存疑。疑"巢"讀爲從"周"得聲的"賙"，其表周濟救助義。

柉 齊 陶彙 3·400　陶録 2·351 燕 集成 11910

【注】從木乏聲。●齊陶人名。

泛 楚 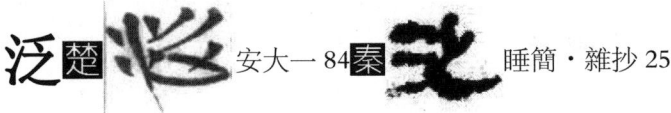安大一 84 秦 睡簡·雜抄 25

【注】從水乏聲。●當讀盤。《睡簡·雜抄 25》："虎未越泛薛，從之，虎環（還），貲一甲。"秦簡整理小組認為讀罢，弃也。薛，疑讀鮮，生肉。整理小組對整條律文的解釋是："射虎車以兩輛為一組。虎還沒有弃掉肉餌走開，就加以追逐，使虎逃回，罰一甲。虎逃走，沒有獵獲，每車罰一甲。虎要進犯，出車徒步射虎，沒有獵獲，罰一甲。豹逃走，沒有獵獲，罰一盾。"另外，對于"泛薛"一詞，整理小組還推測可能是聯綿詞，與蹁躚、蹣跚同意。字當讀盤，于省吾先生在《雙劍誃諸子新證·管子一》中考證："按'汍'同'洀'，古'盤'字。……盤山謂山之盤迴者，上言'蔓'山謂山之蔓延者，相對為之。"即，"泛"的意思可解釋為盤曲、曲折。"薛"，疑讀鮮。《爾雅·釋山》："小山別大山，鮮。"宋邢昺疏曰："謂小山與大山分別不相連屬者，名鮮。李巡云：'大山少，故曰鮮。'""泛薛"一詞的意思應該是山體盤曲、山脉較短的小山，在獵律律文中指的是狩獵所在區域的地形地勢。●浮也。《安大一 84》："泛皮（彼）白（柏）舟，才（在）皮（彼）审（中）河。"《毛詩》作"汍彼柏舟"。汍、泛先秦典籍二字每通用無別。《莊子·秋水》"泛泛乎其若四方之無窮"，《釋文》："泛泛，孚劍反，字又作汍。"

侵部

匣紐咸聲

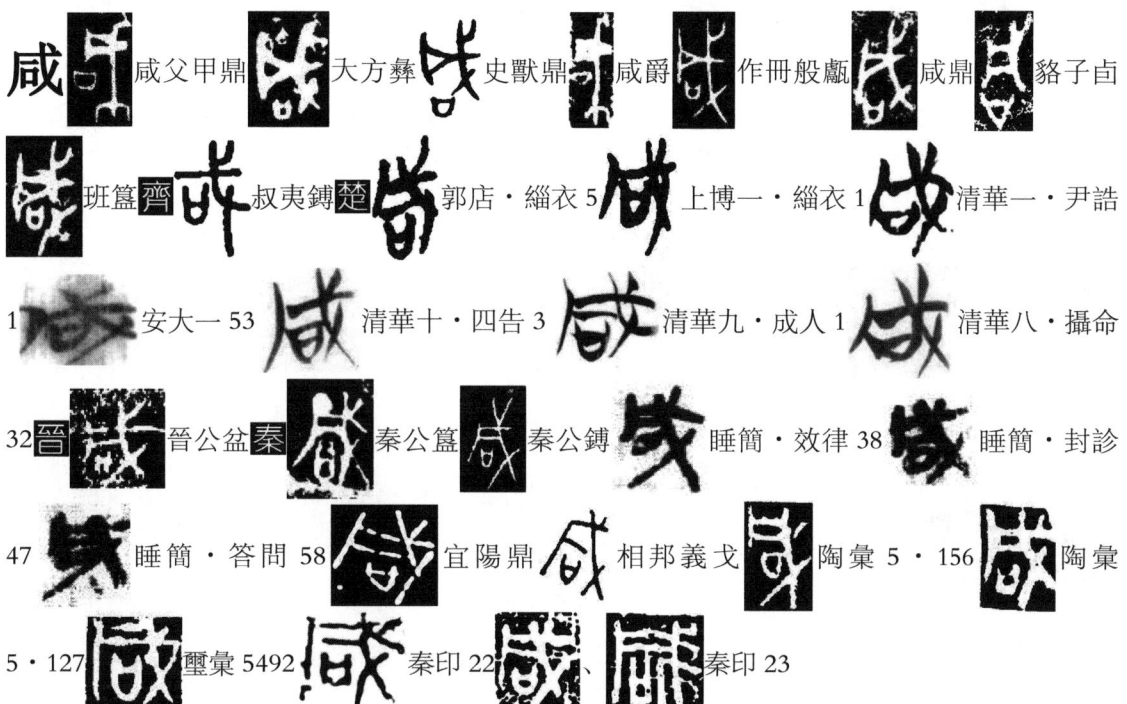

咸父甲鼎　大方彝　史獸鼎　咸爵　作冊般甗　咸鼎　貉子卣　班簋　叔夷鎛　郭店·緇衣5　上博一·緇衣1　清華一·尹誥1　安大一53　清華十·四告3　清華九·成人1　清華八·攝命32　晉公盆　秦公簋　秦公鎛　睡簡·效律38　睡簡·封診47　睡簡·答問58　宜陽鼎　相邦義戈　陶彙5·156　陶彙5·127　璽彙5492　秦印22　秦印23

【注】甲骨文作 、 、 、 、 、 ，從戌（斧鉞形）從口，征戰殺伐有呼應之聲，會呼助威勢之意，為"喊"之初文。吳其昌謂"咸"之本義乃為一戌一碪（砧板）之形。其碪形之 逐步衍變為 ，于是戌雖顯，而碪形遂湮。（《金文名象疏證》）本義當與"殺"有關。《說文》："咸，皆也。悉也。從口從戌。戌，悉也。"皆也、盡也，典籍多用此義，如《尚書》："庶績咸熙。"●皆也、悉也。《秦公簋》："咸畜胤士。"●已經，示所行之事皆具。《史懋壺蓋》："王才（在）葊京溼宮，窺（親）令（命）史懋路筮，咸。"●畢、終。揚雄《灋言》："迄始皇三載而咸，時、激、地、保、人事乎？"《鄂侯馭方鼎》："王宴，咸酓（飲）。""咸酓"即"飲咸"之倒文，飲酒告終。●氏名。《咸父乙簋》："咸父乙。"咸氏是一個古老的姓氏群體，黃帝有一個曾孫叫帝嚳，帝嚳手下有個大臣叫咸邱黑，咸邱黑的後代有的用咸作為姓氏，是今天咸氏的起源。●咸陽：秦國都城。《史記·秦始皇本紀》："收天下之兵，聚之咸陽。"《元和郡縣誌》云："山南曰陽，水北曰陽，縣在北山之南，渭水之北，故曰咸陽。"其地在今陝西省咸陽市東。《十三年相邦儀戈》："咸陽工師田。"秦印有"咸陽丞印""咸陽工室丞""咸陽亭丞"等。《漢書·地理志》右扶風有"渭城"縣，云："渭城，故咸阳。高帝元年更名新城，七年罷，屬長安，武帝元鼎三年更名渭城。"可見咸陽漢初稱新城，武帝以後稱渭城。●讀鍼。《安大一53》："隹（誰）從穆公，子車咸（鍼）虎。"《毛詩》作"子車鍼虎。""咸""鍼"諧聲可通。

上博五·姑成6　上博五·姑成7

【注】從衣省咸聲。●讀顑。《上博五・姑成6》："⿱咸衣（顑）衾（頷）以至於含（今）才（哉）。"學者多讀為"顑頷"，《離騷》："長顑頷亦何傷。"注："不飽貌。"引伸為不足、没有成就。

鹹楚 清華八・八氣4 清華十一・五紀79 清華二・繫年103

【注】從鹵咸聲。或從卤、咸省，雙聲。●用為本義，鹽味。《清華八・八氣4》："辛為叕（發），鹹為淳。"淳，《廣雅・釋詁》："漬也。"鹹為淳，《黄帝内經・素問》作"鹹耎"。●地名。《清華二・繫年103》："者（諸）侯同盟（盟）于鹹泉以反晉。"●讀咸，皆也。《清華十一・五紀79》："后事鹹（咸）成，萬生行象則之。"

感秦 卲宮盉 秦印213 里耶8・184

【注】從心咸聲，與小篆同。《説文》："感，動人心也。"本義感動。●秦文字均為人名。《卲宮盉》："卲宮私官，四斗少半（半）斗。私工工感。"

宬楚 清華八・攝命2

【注】從宀咸聲。●讀湛。《清華八・攝命2》："宬（湛）圂在惪（憂）。"是乃國君憂天下之憂。語同《毛公鼎》"溷湛于艱"。

椷秦 印增217

【注】從木咸聲。●秦印"椷脊"，人名。

減楚 者減鐘 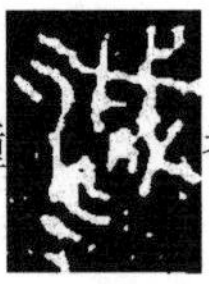者減鐘秦 睡簡・效律60 睡簡・秦種78 印增447

【注】從水咸聲，與小篆同。《説文》："減，損也。"本義減少。●減少、縮減等義。《睡簡・秦種78》："及隸臣妾有亡公器、畜生者，其日月減其衣食。"隸臣妾有丢失官府器物或牲畜的，應從丢失之日起按月扣除隸臣妾的衣食。●讀咸。《睡簡・日甲27正》："啻（帝）以殺巫減（咸）。"●人名。《者減鐘》："工歔王皮難之子者減睪（擇）其吉金。"者減，吴王皮難之子。

⿱減皿楚 、者減鐘

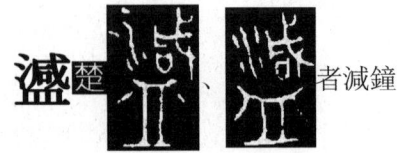

【注】從皿減聲。●人名，銘文又作"減"。

贎  焂戒鼎

【注】從貝咸聲。●讀簞。《焂戒鼎》："韐白（伯）慶易（賜）焂戒贎（簞）弜（弼）。"詳"簞"字。

緘  毛公鼎 秦 里耶 8·913

【注】從糸咸聲（或咸省聲）。《說文》："緘，束篋也。"段玉裁注："所吕束匧也。所吕二字今補。篋者，笥也。束者，縛也。束之者曰緘。"本義捆束東西的繩索。●封閉、閉上。《毛公鼎》："女（汝）母（毋）敢妄（荒）寍（寧），虔夙夕蕫我一人，雝（雍）我邦小大猷，母（毋）所緘，告余先王若德，用卬（仰）邵（昭）皇天。"所緘，謂閉口不言也。●用為本義，繩索。《里耶 8·913》："枲參絇（糾）緘表三丈四。"糾，絞合的繩索。《說文》："糾，繩三合也。""枲參糾緘"，似指用三股粗麻搓成的繩索。

諴  都公諴簠 楚 下都雍公諴鼎

【注】從言緘聲，"諴"字繁文。小篆從言咸聲。●均為人名。《都公諴簠》："蠚（都）公諴乍（作）旅匠。"《下都雍公諴鼎》："下蠚（都）雝（雍）公諴乍（作）障鼎。"

箴 楚  清華九·廼命一1 秦 睡簡·答問 86

【注】從竹咸聲。●讀針。《睡簡·答問 86》："鬭以箴（針）、鈹、錐，若箴（針）、鈹、錐傷人，各可（何）論？"●諴也。《清華九·廼命一1》："朕唯箴女（汝）于丝（茲）又（有）庶。"

戠 楚  清華三·芮良夫 18 燕 郾侯載器

【注】楚文字中以戠為基本形的字，讀為"箴"可以貫通相關辭例，然對字形的分析仍莫衷一是。商承祚將戠字所從之戈視作咸省，所從之 為"竹"省，從而釋作"箴"字。古文字中"咸"旁可以省作"戈"旁，如傳抄古文中的"緘"字作 （傳編 1308）。●讀箴。《清華三·芮良夫 18》："正（胥）忎（訓）正（胥）孝（教），正（胥）戠（箴）正（胥）愳（誨）。"《郾侯載器》"戠（箴）教"連讀。

戴 齊 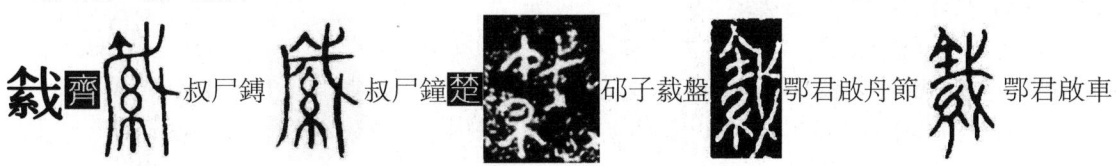 叔尸鎛 叔尸鐘 楚 邧子戴盤 鄂君啟舟節 鄂君啟車

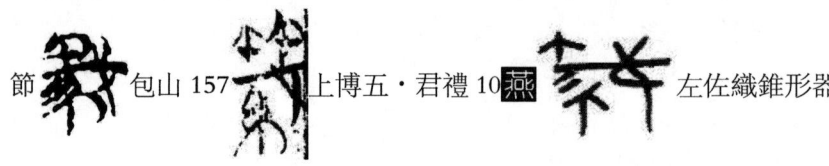

節 包山 157　上博五·君禮 10　燕　左佐織錐形器

【注】從糸戠省聲。字或隸定為"裁"。裘錫圭、李家浩等釋"裁"為"緘"，認為簡文和鄂君啟節的"緘尹"應即見於古書的楚國職官"箴尹"或"鍼尹"。●疑讀箴。《鄂君啟舟節》："裁尹逆、裁嵌（令）阹，為鄂君啟之賸（府）商鑄金節。"包山簡"舟裁"當為職官名，待考。《上博五·君禮 10》："昔者仲尼裁徒三人，弟徒五人。"《晏子春秋·外篇重而異者》："父慈而教，子孝而箴，兄愛而友，弟敬而順。"《左傳》昭公二十六年"子孝而箴"，杜預注："箴，諫也。"●疑讀職。《叔尸鎛》："余命女（汝）裁（職）差（佐）卿，為大事。"

竅　楚　清華五·湯丘 4　清華八·攝命 29

【注】當從宀戠聲。●讀箴。《清華五·湯丘 4》："方惟䎡（聞）之，乃竅（箴）……。"《清華八·攝命 29》："佳（唯）朕□□□竅（箴）教女（汝）。"

匣紐马聲

马　楚　仰天 7

【注】《說文》："马，嘾也。艸木之華未發函然。象形。凡马之屬皆從马。讀若含。"隸變后作巳，在偏旁中與卩、巴、已略別相混。作偏旁時多將輪廓形的筆劃填實作乁。●疑讀檢，封檢之義。《說文》檢，書署也。

竕　楚　上博七·吳命 9

【注】從立马聲。●讀犯。《上博七·吳命 9》："佳三夫=（大夫）亓（其）辱昏（問）之，今日佳（唯）不慰（敏）既竕（犯）矣。"原整理者隸定為從"立"從"卩"，讀為"蒞"。讀書會讀為"犯"，認為該字右旁當為"氾"之聲符。（程少軒執筆《上博七·吳命》校讀）

屵　晉　璽彙 3417　璽彙 5348　上範廚鼎

【注】從艸马聲。所從的⊍當為"艸"省作。另如"萷""芒""萴""藥""茆"等，艸均省為屮。●讀范。《上範廚鼎》："上屵（范）床（廚）。賡（容）四分。""上范"地名，當與"范"地有關。春秋時范邑，即今山東省梁山縣西北范城。西漢置為范縣。古地名中相同地名往往分上下表示地理方位。如上邦、下邦，上尋、下尋，上曾與曾，上蔡、下蔡，上若、下若，上陽、

下陽等。上范當在范地之上（西、北方位）。●《璽彙3417》"屵弗厶尒"、《璽彙5348》"屵子"，均讀范，姓氏。

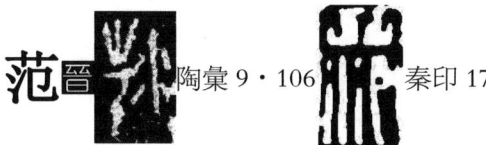
范 晉 陶彙9・106 秦印17

【注】從水屵聲。●齊陶"十六年范工帀比高☑"，當為地名。●秦印"范赤"，姓氏。秦文字或用"笵"表示范氏之范。楚文字則用"軓"。齊文字有"範"字，用作人名，可能是"範"字異體。燕文字用"範"表示范氏之范。在三晉文字中，范氏字或作"範""邯""勘"，或省為"屵"。

竝 晉 夋壺

【注】從立屵聲。李學勤、李零謂𡴪為"范"之省作，從立，應為無義之飾筆；戰國文字每喜加"立"為飾，如"長"寫作𢕱，"飼"寫作釕，此文之"立"疑也是此類無意飾筆，故字徑可釋為"范"。范、犯古音同，銘文中即是借"范"為"犯"。（詳《平山三器與中山國史的若干問題》）●讀犯，違背。《夋壺》："雨（零）祠先王，丗丗（世世）母（毋）竝。"

勘 晉 璽彙3166 璽彙3168 璽彙3169 璽彙4071 吉林228

【注】從力屵聲。●晉璽讀范，姓氏。

勘邑 晉 璽彙2166 璽彙2167

【注】從邑勘聲。●晉璽讀范，姓氏。

邯 晉 璽彙2169 璽彙2170 璽彙2171 平陶令范昊戈

【注】從邑屵聲。●《璽彙2169》"邯華"、《璽彙2170》"邯讓"讀范，姓氏。

枆 燕 璽彙0054 璽彙0287 璽彙5552

【注】從木屵聲。●地名，讀范。《璽彙0054》"枆（范）渾都左司馬"。"范渾"地名。

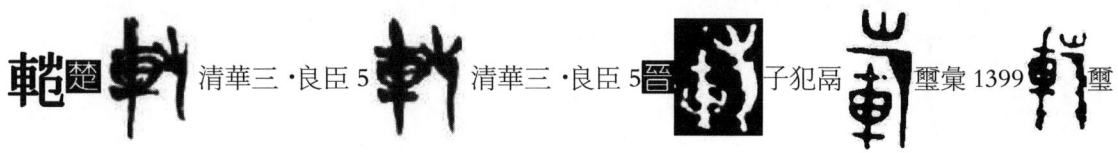
軓 楚 清華三・良臣5 清華三・良臣5 晉 子犯鬲 璽彙1399 璽

 彙 1825　璽彙 1941　璽彙 1846

【注】從車邑聲。●讀犯。《清華三・良臣 5》："晉文公又（有）子軋（犯），又（有）子余（餘）。"●晉璽均為人名，可讀犯。

笵 集證 170・566　　、秦印 289　上郡守疾戈　璽彙

3105　印增 580　　、　　、　　印增 581

【注】從竹马聲。"笵"為范字省文。●均為姓氏，讀範。《上郡守疾戈》："王六年上郡守疾之造笵禮。"

容 過耳 303

【注】從穴马聲。●秦印"涿容"，人名。

氾 嶽麓一・為吏 23　　氾 里耶 9・982　　印增 439

【注】從水马聲。●《里耶 9・982》："史逐將作者氾中。""史"，官名，官府中的低級辦事員吏。"逐"，疑為人名。"將"，帶領。"作者"，勞作者。"氾中"，地名。●《嶽麓一・為吏 23》："園氾毋槮（搜）。"氾，污穢、不潔之物。《漢書・王褒傳》："水斷蛟龍，陸剸犀革，忽若彗氾畫塗。"王念孫《讀書雜誌・漢書十一》："彗者，埽也；氾者，污也。謂如以彗埽穢。"槮，或與"蒐"通。《穀梁傳》桓公四年"秋曰蒐"，陸德明釋文："蒐，麇氏本又作搜。"《文選・陸機〈辨亡論〉》"蒐三王之樂"，李善注："蒐，與搜古字通。"朱駿聲《說文通訓定聲・艸部》："蒐，又借為搜。"蒐，有聚集義。《爾雅・釋詁下》："蒐，聚也。"《左傳》成公十六年："蒐乘補卒，秣馬利兵。""園氾毋蒐"，意指園裡的穢物不要聚集太多，應及時清理。●秦印讀范，姓氏。

范

秦印 80　　陶彙 9・85

【注】從竹氾聲。●讀范，姓氏。

篓 印增 581

【注】從女笵聲。●"婺印"，人名或姓氏。

犯 秦 睡簡·雜抄 26　睡簡·日乙 142　吉大 146　集證

220·257 詛楚文　印增 394

【注】從犬马聲。●冒犯。《詛楚文》："敢數楚王熊相之倍（背）盟犯詛。"秦文字用"犯"表示犯，進犯。楚文字用"軋""塈"。●秦印人名。

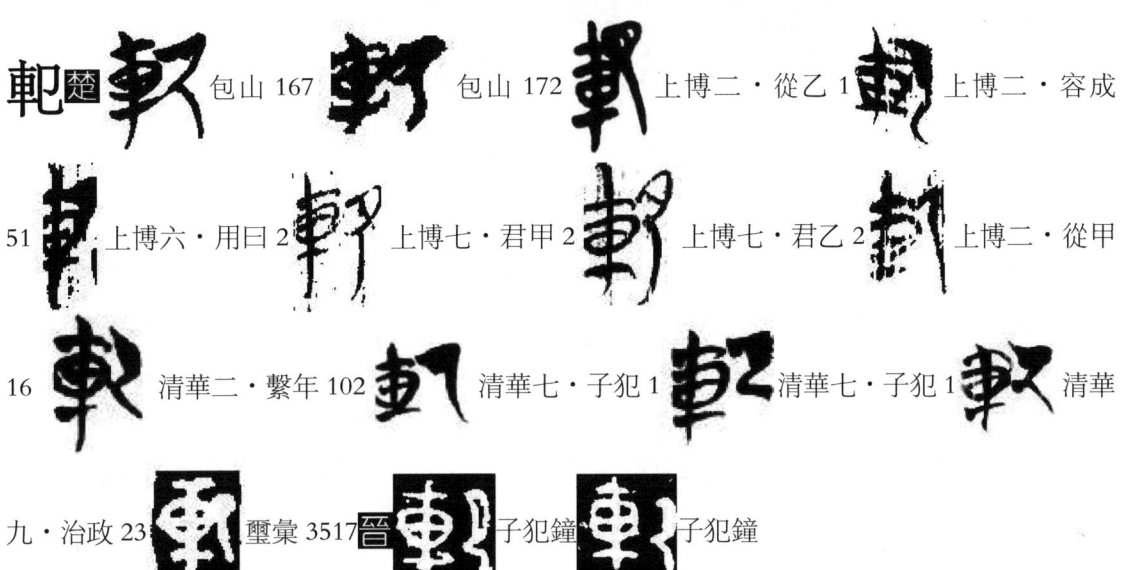

軋 楚 包山 167　包山 172　上博二·從乙 1　上博二·容成

51 上博六·用曰 2　上博七·君甲 2　上博七·君乙 2　上博二·從甲

16 清華二·繫年 102　清華七·子犯 1　清華七·子犯 1　清華

九·治政 23　璽彙 3517 晉　子犯鐘　子犯鐘

【注】從車马聲。"軋"，《説文》作"軓"，即"笵"之正字。《周禮·考工記·輈人》："軓前十尺而策半之。"鄭玄注："書或作軋。"鄭珍《輪輿私箋》："其字即濾笵正字。古作軋、軓、笵。"《説文》"軓，笵軷也。"本義古代車箱前面的檔板。●讀犯，人名。《子犯鐘》："王易（賜）子軋（犯）輅車。"子軋，《左傳》作子犯，是晉卿狐偃的字。子犯是晉文公重耳的舅舅，又稱舅犯。晉文公為公子時，在外十九年，子犯與兄毛從之。文公爭霸，子犯輔助左右，功第一。●讀范，楚文字習見姓氏。《上博七·君甲 2》："軋（范）乘曰：……。"●讀犯。《上博六·用曰3》："冒難軋（犯）央（殃），非憮（撫）於福，亦力孚（勉）目（以）母（毋）忘。"冒着危險、頂着禍患（去規諫君王），這一定不是順應於福澤的作法，但也要盡力去做，不要忘記。

愬 楚 上博二·從甲 16

【注】從心軋聲。●《上博二·從甲 16》："以軋（犯）賡愬見不訓（順）行以出之。"讀犯，是"惡意"或者"有意"的侵犯。《禮記·表記》："以怨報德，則民有所勸；以怨報怨，則民有所懲。"簡文的"以犯賡犯"，與"以怨報怨"義近，意思是為了有所懲戒而用侵犯回應惡意侵犯。

郭店·語叢三 45

【注】從止軷聲。●讀犯。《郭店·語叢三 45》：“卯則雝（難）軷（犯）也。”

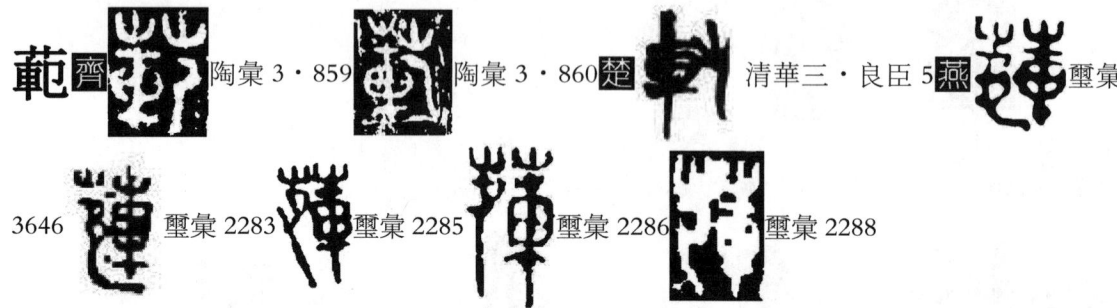

範 陶彙 3·859　　陶彙 3·860　　清華三·良臣 5　　璽彙

3646　　璽彙 2283　　璽彙 2285　　璽彙 2286　　璽彙 2288

【注】從艸軷聲，“範”字或體。●燕璽有“範二申”“範丑”“範齒”，讀范，姓氏。●齊陶人名。

匣紐函聲

函  函皇父鼎　　函交仲簠　　函皇父匜　　毛公鼎　　陶錄

2·104　　包山 222　　清華六·孺子 3　　璽彙 2271　　璽彙

5269　　不嬰簋　　印增 265

【注】甲骨文作 ，象以函盛矢形。金文承之。小篆所從之马，是函上掛環之訛變。《說文》作“圅”，今字作“函”。《說文》：“圅，舌也。象形。舌體马马。從马，马亦聲。 俗圅從肉、今。”俗體當為從肉今聲，同音字“含”亦從今得聲可證。本義是指箭袋子。●讀陷，陷入。“函”匣母侵部字；“陷”匣母談部字。二字雙聲，韻部旁轉。《毛公鼎》：“俗（欲）女（汝）弗目（以）乃辟圅（陷）于囏（艱）。”《清華六·孺子 3》：“虗（吾）君函（陷）於大難之中。”●姓氏。《函皇父鼎》：“函皇父乍（作）琱娟（妘）䵼兔鼎。”函氏，春秋時在許地（今河南許昌）。秦印有“函輿餘”。

印增 603

【注】從門函聲。●“闞璽”，當為人名。

敢^齊 璽彙 0630　璽彙 0631　陶録 2·154

【注】從攴函聲。●人名用字。

匣紐東聲

東 師龢鼎^齊 嗣料盆　嗣料盆蓋^楚 、曾侯乙鐘

【注】甲骨文作 、、、。徐中舒謂象草木垂實之形，、為省形。于省吾謂"東"即"丰"之形變。（詳《甲骨文字釋林·釋丰》）《師龢鼎》所作，為異體。小篆聲化從马。《説文》："，木垂華實。從木、马，马亦聲。凡東之屬皆從東。"卜辭中用為風名，《合集》1429："西方曰彝風曰東。"●人名。《嗣料盆》："嗣料東所寺（持）。"●讀函，鐘名。《曾侯乙鐘》："東音。"《周禮·春官·大司樂》："歌函鐘，舞大夏，以祭山川。"注："函鐘一名林鐘。"●讀範。《師龢鼎》："東辢白（伯）大師武。"東辢，或謂讀"範圍"，訓為法則。銘文"辢"作。

 ^楚　（ ）曾侯乙磬

【注】字以東為聲符，下部似從羽從工。●讀函，詳"東"字。

 晉侯穌鐘

【注】從艸東聲。●讀范，地名。

鄍 ^楚 清華六·太伯甲 6

【注】從邑東聲。●疑讀函，地名。《清華六·太伯甲 6》："吾勝（獲）鄍、邨（訾）。"《説文》"東"從马聲，"讀若含"。疑地在函冶，春秋時為晉國範氏邑，《國語·晉語九》公序本、《説苑·貴德》"範、中行有函冶之難"。或地在函陵，今河南新鄭。

練^晉 溫縣

【注】從糸東聲。●不詳。

見紐今聲

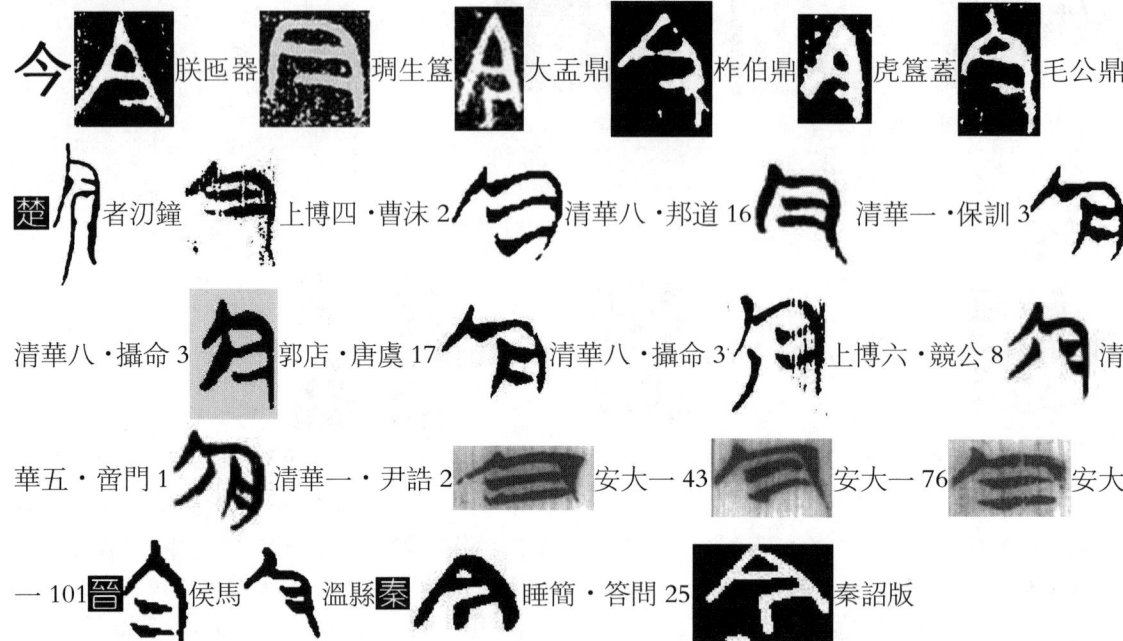

今 朕匜器　珮生簋　大盂鼎　柞伯鼎　虎簋蓋　毛公鼎

楚 者汈鐘　上博四·曹沫 2　清華八·邦道 16　清華一·保訓 3

清華八·攝命 3　郭店·唐虞 17　清華八·攝命 3　上博六·競公 8　清

華五·啻門 1　清華一·尹誥 2　安大一 43　安大一 76　安大

一 101 晉 侯馬　溫縣 秦 睡簡·答問 25　秦詔版

【注】甲骨文作 、 、 。林義光謂 象口含物，當為“含”之初文。 為口之倒文（∧），亦口字，按林說甚確。甲骨文中倒口多變為 形，如 （合）、 （龠）、 （倉）等字可證。故甲骨文中舊被釋為“今”的都應改釋為“含”，假借為“今”。“今”為時間名詞，無形可象，故假借“含”為之。戰國文字多作 、 ，∧旁已不對稱。戰國時期“含”除了沿襲甲骨文、金文之形外，還增“口”為繁飾作 （郭店·語叢一 38）、 （中山王䝿鼎）、 （上博二·子羔 8），由從口諸字仍讀“今”來看，可知“今”“含”還未分化。馬王堆帛書“今”“含”已截然分用，由此可知“今”與“含”真正分化當在漢初。後在文字使用過程中，假借為時間概念上的現時。●此時、現時。《師兌簋》：“今余佳（唯）䵼（申）就乃令，令女（汝）䵼嗣（司）走馬。”

聆 齊  齊陶 0212　齊陶 0213

【注】從耳今聲。●“墜（陳）聆”，人名。

琴 秦 秦印 246

【注】秦文字從玨今聲。楚文字則從丌金聲。詳“琴”字。●秦印“琴戎”，為姓氏。戰國時趙有琴高；明代有琴彭，交趾人；又有琴惟和，莨州知州。

岑 秦  睡簡·為吏 48　印增 366

【注】從山今聲。●讀矜。《睡簡·為吏 48》：“毋窮窮，毋岑岑，毋衰衰。”矜，《釋言》苦也。《注》可矜憐者亦辛苦。《詩·小雅》爰及矜人。《注》貧窮可憐之人也。

 璽彙 5556

【注】從广岑聲，疑"岑"之繁文。或隸為"㟁"，戰國文字往往把"口"旁寫作"山"字形。●"坪㟁都璽"讀陰。"坪陰"為燕地名，具體地望待考。此璽應為平陰都官署用印。

 望山 2·9

【注】從匚今聲。臽，《集韻》胡南切，音含，受物器。●讀函，鎧甲。《望山 2·9》："兩馬，皆又（有）臽。"

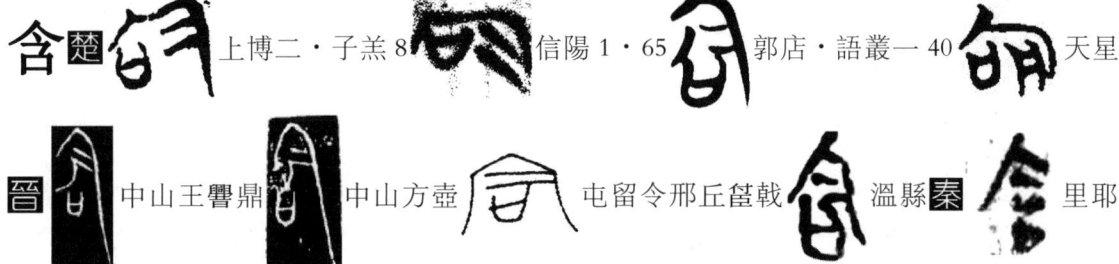 上博二·子羔 8 信陽 1·65 郭店·語叢一 40 天星

中山王𡐦鼎 中山方壺 屯留令邢丘𦥑戟 溫縣 里耶

8·2388

【注】戰國時期所謂"含"為"今"之繁文（詳"今"字），金文中每加口旁而字義不變，如"豐"之作豐等。趙成曰："含乃今之繁形。……鼎銘'嗚呼，念之哉'之念作✎，從含從心，即從今從心，可證。"（《中山壺中山鼎銘文試釋》）●古文字多讀今，為"今"字繁文。《中山王𡐦鼎》："五年覆吳，克並之，至于含（今）。"《郭店·語叢一 40》："《春秋》所以會古含（今）之事也。"●人名。《屯留令邢丘𦥑戟》："司寇鄭含。"

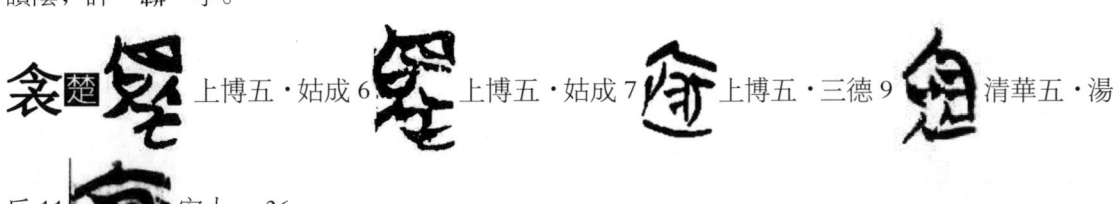 安大一 45

【注】從韋含（今）聲。即"韐"字，"紟"之異體。●《安大一 45》："遊環㹽（脅）敺（驅），韐（紟）紳（靷）鈌（鋈）繂（續）。"《毛詩》作"陰靷鋈續"。紟，繫衣襟的帶子。《禮記·內則》"衿纓綦屨"，《釋文》："衿，本又作紟。"整理者認為"韐"指皮製之帶。或認為如《毛詩》讀陰，詳"韓"字。

裧楚 上博五·姑成 6 上博五·姑成 7 上博五·三德 9 清華五·湯

丘 11 安大一 36

【注】從衣今聲。●讀頷。《上博五·姑成 6》："㱃（顧）裧（頷）以至於含（今）才（哉）。"詳"㱃"字。●整理者讀錦，彩色也。《上博五·三德 9》："毋凶備（服）目（以）言（享）祀，

2633

毋衿衣交袒。"交袒，《禮記·玉藻》："锦衣以裼之。""裼"與"袒"同義。●讀貪。《清華五·湯丘11》："剴（豈）敢目（以）衾（貪）擧（舉）？"●《安大一36》："保（抱）衾與禱（幬），折（寔）命不猷（猶）。"毛傳："衾，被也。"

貪（楚） 上博二·從甲5　上博六·競公6　郭店·語叢三19（秦） 會稽刻石

【注】從貝今聲。●均讀貪。《上博六·競公6》："今君之貪惛（昏）蛊（苛）匿（慝）。"楚文字"貪"或作急、衾等形。

戒（楚） 清華五·湯丘13　清華一·耆夜1　清華一·祭公12　清

華十·四告5（晉） 王立事鈹

【注】從戈今聲。●楚簡均讀戡，訓勝。《清華一·耆夜1》："武王八年延（征）伐邟（耆），大戒（戡）之。"《清華一·祭公12》："戒（戡）乓（厥）戡（敵）。"後世寫作"戡"，《説文》古文引《商書》即作"戒"。顧頡剛、劉起釪二先生所著《尚書校釋譯論》指出："然由《説文》'戒'字知壁中本原作'戒'，後易為'戡'，或易為'堪'。"（《清華簡《耆夜》集釋》）●晉兵器"司馬戒"，人名。

穸（楚） 包山15　包山15反　清華一·尹至5

【注】從宀今聲。●讀戡。《清華一·尹至5》："自西戗（翦）西邑，穸（戡）亓（其）又（有）顕（夏）。"●包山簡人名。

訡（楚） 清華一·皇門9

【注】從言今聲。●讀讒。《清華一·皇門9》："是人斯廼訡（讒）惻（賊）〔☒☒，〕目（以）不利乓（厥）辟乓（厥）邦。"今本作"是人斯乃讒賊媢嫉，以不利于厥家國"。闕文當如今本作"媢嫉"，嫉妒。

頜（楚） 楚王頜鐘

【注】從頁今聲，郭沫若謂"頜"之異文，可從。●楚王頜：人名。《楚王頜鐘》："楚王頜自乍（作）鈴鐘，其聿其言。"

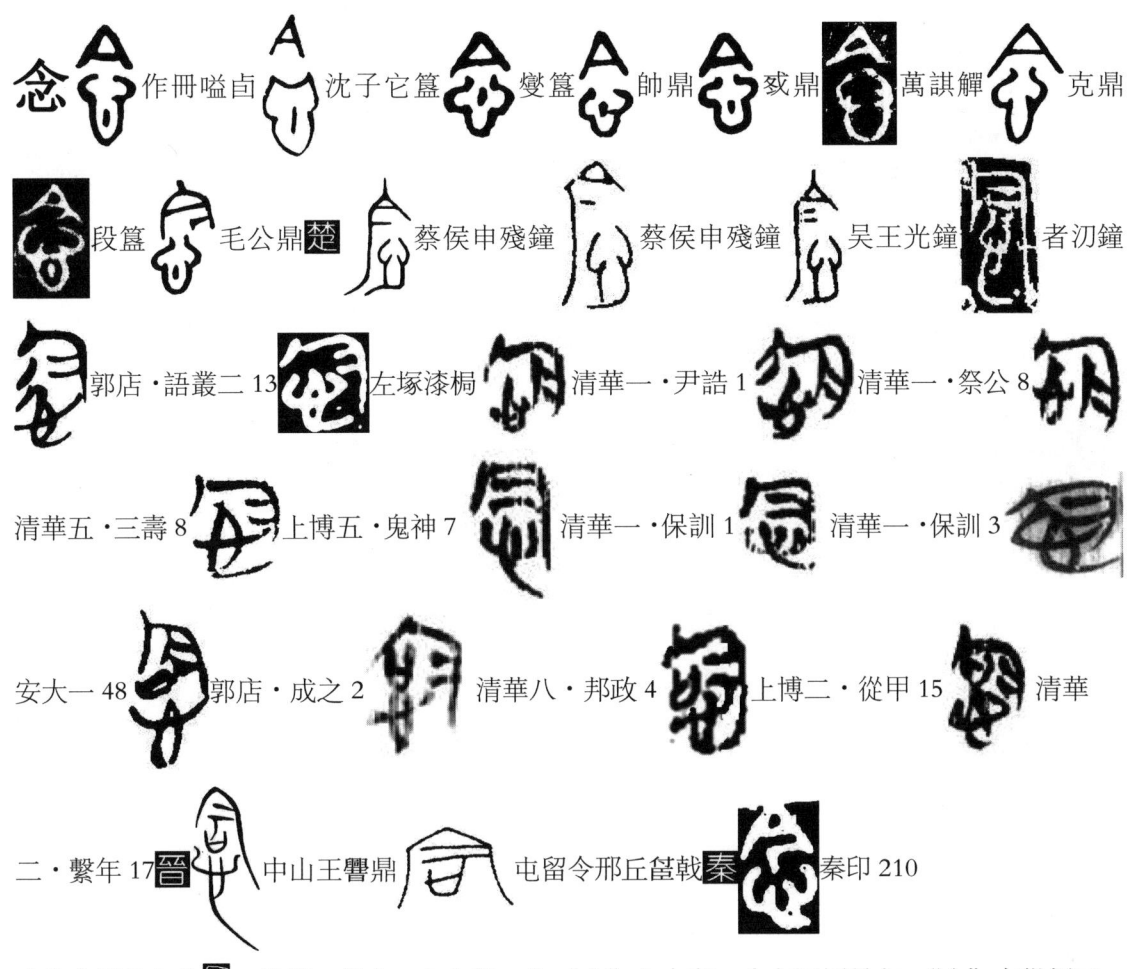

念作冊嗌卣沈子它簋孌簋帥鼎㲋鼎萬諆觶克鼎段簋毛公鼎 楚蔡侯申殘鐘蔡侯申殘鐘吴王光鐘者汈鐘郭店·語叢二13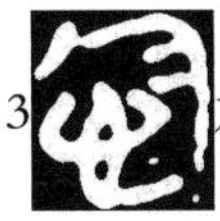左塚漆梮清華一·尹誥1清華一·祭公8清華五·三壽8上博五·鬼神7清華一·保訓1清華一·保訓3安大一48郭店·成之2清華八·邦政4上博二·從甲15清華二·繫年17 晉中山王䂂鼎屯留令邢丘𥫗戟 秦秦印210

【注】甲骨文作，從倒口從心、心亦聲，為“念”之本字。金文同甲骨文。“念”本從倒口，而倒口形又與“今（含）”作混同（或出于表聲要求），于是“念”又寫作，變形音化成為一個雙聲符字。就韻而言，“念”“今（含）”“心”都屬侵部；以聲言之，“念”在泥紐，“今（含）”在匣紐，“心”在心紐。西周金文中心母與匣母相通的例子習見。（詳葉玉英《古文字構形與上古音研究》406頁）《說文》：“，常思也。從心今聲。”《說文》所釋為引申義。●思念、懷念。《克鼎》：“永念于阜（厥）孫辟天子。”●念器：謂紀念之彝器。《孌簋》：“用乍（作）宮中（仲）念器。”●記取、記住。《中山王䂂鼎》：“于（烏）虖，念之𢦏（哉）。子子孫孫永定保之，母（毋）竝（替）阜（厥）邦。”●讀貪。《郭店·語叢二13》：“念（貪）生於𧮫（欲），伓生於念（貪）。”《上博二·從甲15》：“毋惻（賊）、毋惪（貪）。”●讀堪。《清華一·保訓3》：“忎（恐）弗念（堪）冬（終）。”“今”和“甚”同屬侵部，兩聲字常相通用。

餘 楚清華九·成人27

【注】從食念聲。●讀稔，莊稼成熟。《清華九·成人26》：“于承嘉穀（穀）五𥡴（稷）之又（有）時（時）：秀䕭（萌）一時（時），芋（華）卉一時（時），𥞥（稼）一時（時），實果一時（時），殺一時（時），收餘（稔）一時（時）。”

迨 楚  上博六·慎子 6

【注】從辵今聲。●疑讀今。《上博六·慎子 6》：“遳（察）迨，為民之古（故），仁之至！”

欽 秦  睡簡·日甲 56 背

【注】從欠今聲。●鬼名。《睡簡·日甲 56 背》：“欽鬼之氣入焉。”

歛 楚  上博三·周易 41

【注】從玉欽聲。●讀含。《上博三·周易 41》：“㠯（以）苞橐芯（瓜），歛（含）章，又（有）惪（隕）自天。”“歛章”，讀為“含章”，包含美質。《易·坤》：“六三，含章可貞。”孔穎達疏：“章，美也。”《三國志·魏志·管寧傳》：“含章素質，冰絜淵清。”

娹 秦  秦印 297

【注】從女欽聲。●秦印“李娹”，人名。

豻 秦  睡簡·日甲 13 背

【注】從豸今聲。●秦簡鬼名。《睡簡·日甲 13 背》：“皋！敢告璽（爾）豻琦。某，有惡晢（夢），走歸豻琦之所。”

龕  眉壽鐘 眉壽鐘 牆盤 楚 清華十·四告 17

【注】從龍今聲。容庚説：“《説文》各本作龕，合聲。段氏本據《九經字樣》改今聲，與此正合。《逸周書·祭公解》：‘用克龕紹成康之業’，亦誤作龕。”（《金文編》759 頁）字本從龍今聲，《説文》誤為合聲。《説文》：“龕，龍皃。從龍合聲。”●讀堪，可也、能也。《眉壽鐘》：“龕事舷（朕）辟皇王，䁆（眉）壽永寶。”“龕”與“堪”“戡”字通，今人用堪、戡字，古人多假龕。《牆盤》：“龕（堪）事㡉（厥）辟，其萬年永寶用。”龕（堪）事㡉（厥）辟，言能勝任事君之事也。●讀戡，攻克、平定。《清華十·四告 17》：“剌（烈）且（祖）武王大龕（戡）㡉（厥）啻（敵）。”《灋言·重黎》：“劉龕南陽。”

貪 楚  清華五·厚父 12

【注】從見今聲。●《清華五·厚父 12》："迺（乃）是隹（惟）人曰：天貪（覝）司民，厥徙（征）女（如）𣈭（友）之服於人。"整理者讀監。可讀覝。"戓"即"㦰"，則"貪"當即"覝"，也即眈字。《說文·見部》："覝，內視也。"《說文·目部》："眈，視近而志遠。"這裏是說天視司民，就如同友之事于人。

鈴 楚 包山 171

【注】從色今聲。●簡文"亡鈴"，人名。

邻 楚 包山 23 包山 23

【注】從邑今聲。●地名。

黔 秦 陶彙 5·389 陶彙 5·398 商鞅方升 于京 19 里

耶 8·1796 天簡·日甲 13

【注】從黑今聲，與小篆同。《說文》："𪒠，黎也。從黑今聲。秦謂民為黔首，謂黑色也。周謂之黎民。《易》曰：'為黔喙。'"本義黑色。●戰國及秦代對國民的稱謂。《商鞅方升》："廿六年，皇帝盡並兼天下諸侯，黔首大安，立號為皇帝。"《史記·秦始皇本紀》："廿六年，⋯⋯分天下以為三十六郡，置郡守、尉、監。更名民曰黔首。"

禽 子 㝅盉 北子華觶 多友鼎 大祝禽鼎 禽簋 敔簋 麥尊 楚

楚公逆鐘 秦 不㛮簋二 不㛮簋 石鼓文 印增 550

【注】甲骨文作𤿎、𤿎、𤿎、𤿎、𤿎、𤿎、𤿎，以"𤿎（華）"為擒。後𤿎訛為金文及小篆之𤿎、𤿎，金文于此加聲符"今"，並為小篆所本。"𤿎"也是"离"的初文，也就是說，"禽（擒）"與"离"為一字分化。"𤿎"加"今"聲分化出"禽"，加"林（后省為屮）"聲分化出"离"。林潔明考證："其辭義當為禽獲之禽，殆金文𤿎之所從出字。象𤿎形。捕鳥獸之具也。今聲。其本義當為擒獲，動詞。"（《金文詁林》第十五冊）《說文》："禽，走獸總名。從厹，象形，今聲。禽、离、兕頭相似。"本義是捕捉，是"擒"的本字，如《荀子》："服者不禽。"引申專指鳥獸的總稱，如《三國志·華佗傳》："吾有一術，名曰五禽（虎、鹿、熊、猿、鳥）之戲。""禽"專指鳥獸的總稱後，捕捉之義便另加形符"扌"寫作"擒"。●讀擒，捕獲、俘獲。《不㛮簋》："多禽，折首執訊。"●讀擒，俘虜。《不㛮簋》："王令我羞追于西，余來歸獻禽。"獻禽，古代

軍禮之一。軍隊凱旋歸來在太廟舉行獻上俘虜的儀式，向祖宗報告勝利的消息，與文獻中"獻囚""獻俘"義同。《詩·魯頌·泮水》："淑問如皋陶，在泮獻囚。"銘文中或言"告禽"。《敔簋》："隹（唯）王十又一月，王各于成周大廟，武公入右敔，告禽（擒）。" ● 人名。《禽簋》："禽用乍（作）寶彝。""禽"即伯禽，周公旦長子。成王平定奄國後，以奄國及其人民分封給周公，國號魯。周公不就封，以伯禽為魯侯。

 楚 楚公逆鐘

【注】從辵禽聲。 ● 疑讀勤。《楚公逆鐘》："求氒（厥）用祀四方首，休多禽（勤）。"銘文或作"禽"。

 禽 楚 上博三·周易10　上博三·周易28　清華三·祝辭4

上博九·卜書4　清華十·四告48　清華十·司歲6　清華十·四告16

【注】從凶今聲，蓋為"禽"字異體。《説文》："凶，惡也，象地穿交陷其中。""凶"字即象捕獸所設陷阱，并以"×"指示禽獸落于坎陷中。 ● 多讀禽，擒獲。《上博三·周易10》："顯比，王晶（三）驅，遊（失）前禽（禽）。" ● 讀擒。《清華十·四告48》："曾孫亓（其）禽（擒）之彧（馘）之。" ● 讀洽。《清華十·司歲7》："劦（協）禽（洽），卬受舒（序）。"整理者注："劦禽，歲星紀年，相當於干支紀年法中的未年，《釋天》作'協洽'，《史記·天官書》作'葉洽'，孔家坡日書《司歲》作'蓋給'。劦，'劦'字省體，與'協'、'葉'、'蓋'古音皆在葉部，音近可通。禽，從凶，今聲，'禽'字異體，古音群母侵部；洽，匣母緝部；給，見母緝部，三字音近可通。"

 胗 楚 望山1·125　上博二·容成5　清華一·皇門9 晉 圖典337

【注】從肉今聲，"函"之異文。望山簡作"胗"；所謂含，實際是楚文字"今"之異寫。 ● 讀禽。《清華一·皇門9》："卑（譬）女（如）戎夫，喬（驕）用從胗（禽），亓（其）由（猶）克又（有）隻（獲）？"全句意為農夫不事稼穡，卻去追逐禽獸，行畋獵之事。《上博二·容成5》："胗（禽）獸朝，魚蠠（鼈）獻。" ● 望山簡"社☒亓古胗"，義不詳。 ● 晉璽"彭胗"，人名。

 鈐 秦 秦印226

【注】從魚今聲。 ● 秦印人名。

嶽麓三 120　　嶽麓三 119　　嶽麓三 125

【注】從鼠今聲。●人名。

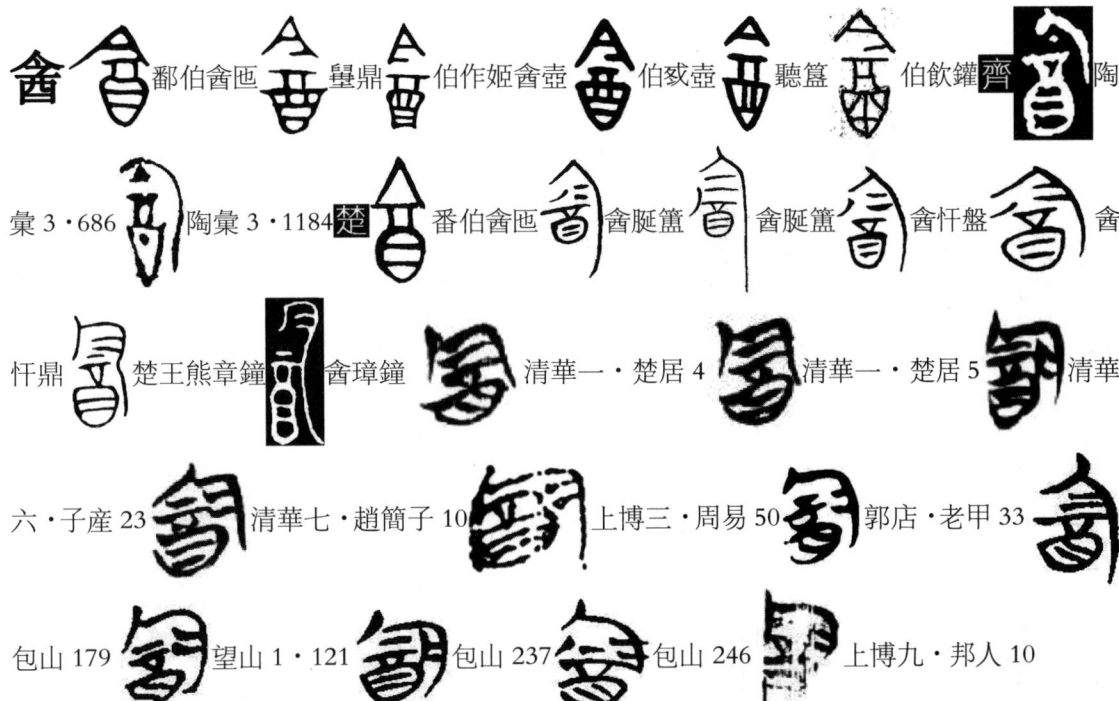

郡伯酓匜　　　鼉鼎　　　伯作姬酓壺　　　伯致壺　　　聽簠　　　伯酓鐘 齊陶

彙 3·686　陶彙 3·1184 楚　番伯酓匜　　酓脡簠　　酓脡簠　　酓忏盤　　酓

忏鼎　楚王熊章鐘　　酓璋鐘　　清華一·楚居 4　　清華一·楚居 5　　清華

六·子產 23　　清華七·趙簡子 10　　上博三·周易 50　　郭店·老甲 33

包山 179　　望山 1·121　　包山 237　　包山 246　　上博九·邦人 10

【注】甲骨文作酓、酓、彫、彫、彭、彫、酳、酳、酳、盨、盨、彫、酳，象人俯身吐舌捧尊就飲之形，人形或省作彡（實為飲酒之形之簡寫）。向下之口舌訛作亼，遂聲化為“今”。金文從酉今聲，為“飲”之省文。古文字酓、歙一字，詳“歙”。●人名。《番伯酓匜》：“隹（唯）番白（伯）酓自乍（作）它（匜）。”●飲酒、飲用。《上博三·周易 50》：“鳿（鴻）漸于堅（阪），酓（飲）飤（食）衎=（衎衎），吉。”●讀熊，氏名。《酓脡匜鼎》：“楚王酓（熊）脡（元）乍（作）盟鉈貞（鼎）。”酓脡，當即史書考烈王熊元。《楚世家》記戰國以下之楚王名，或單稱名，或加氏稱熊某，如悼王稱熊疑，宣王稱熊良夫，威王稱熊商，懷王稱熊槐，考烈王稱熊元皆是。“熊”讀入喻紐，“酓”讀入影紐，古讀清濁不分，於聲至近。●讀能。《上博九·邦人 10》：“古（故）為鄴（葉）連囂（敖）與郏（蔡）樂尹，而邦人不再（稱）酓（能）女（焉）。”簡文意思是，擔當兩種職務皆能勝任，而邦人不稱贊。●讀厭。段玉裁《說文解字注》“酓”字條下云：“《夏本紀》用為饜字，假借也。”“酓”“饜”皆為影母談部字。《利鐘》：“往已，余之客，酓酓孔協，萬葉之後，亡疾自下。”“酓酓”猶《詩·小雅·湛露》“厭厭夜飲”之“厭厭”，毛傳：“厭，安也。”陸德明《經典釋文》：“厭，于鹽反。韓詩作愔愔，和悅之貌。”又《秦風·小戎》：“厭厭良人，秩秩德音。”毛傳：“厭厭，安靜也。”“酓酓孔協”在此解釋為安靜和悅、美好和諧。

歙（酓、飲）

　　異仲壺　　善夫山鼎 齊　　魯元匜　　余贎遫兒鐘

余購逐兒鐘 楚　包山 202　上博四·曹沫 11　上博五·三德 12　天星

上博二·容成　上博四·昭王 1　清華一·耆夜 1　清華一·耆夜 6

清華一·耆夜 4　清華二·繫年 27　上博六·用曰 8　上博九·卜書 4 晉

中山王嚳壺　璽彙 2100 秦　睡簡·答問 15　睡簡·日乙 132

【注】從欠酓聲。"酓"為"歙"之省形，猶"飤"省為"食"。《說文》無"酓"字。《清華二·繫年 27》為"飲酒"二字合文。《上博六·用曰 8》為"歙"之省文，讀飲。《說文》："歙，歡也。從欠酓聲。凡歙之屬皆從歙。🔵古文歙從今、水。🔵古文歙從今、食。"本義是喝酒。今字通用"飲"。●飲酒、飲用。《伯作姬飲壺》："白（伯）乍（作）姬酓（飲）壺。"《中山王嚳壺》："氏（是）以遊夕飲飤。"飲飤，猶俗語"吃喝"。《上博六·用曰 8》："非稷之糧（種），而可歙（飲）飤（食）。"●給人喝。《上博二·容成 3》："凡民俾（匍）匐者，教而誨之，飲而食之，使役百官而月請之。"●人名。《膳夫山鼎》："山，令女（汝）官嗣（司）歙（飲）獻人于晁。"

慭 齊　璽彙 2096　陶録 2·543

【注】舊釋為"戆"，誤。其右上側有一小點，這個小點不是泐痕，而是"欠"旁的殘筆。當從心歙聲。隸定為"慭"。●人名。

惷 楚　清華三·芮良夫 4

【注】從心酓聲。●讀貪。《清華三·芮良夫 4》："母（毋）惏（婪）惷（貪）猙（狡）昆（焜）。"

淦　永盂

【注】從水酓聲。●讀陰，山北水南為陰。《永盂》："賜畀永氒（厥）田淦（陰）易（陽）洛。"

隂　敔簋

【注】從阝酓聲。●讀陰。《敔簋》："內伐渼、昂、參泉、裕敏、隂陽洛。"水南為陰，水北為

陽，故"陰陽洛"即洛水之南北。

高卣蓋

【注】從厂酓聲。●讀飲。《高卣蓋》："王厴（飲）西宮。"

侯馬

【注】從皿酓聲。●侯馬"盦章"人名；或謂姓氏，可讀熊。

曾子原彝簠

【注】從邑酓聲。●人名。《曾子原彝簠》："曾子鼉（原）魯為孟姬鄯鑄媵（媵）匜。"

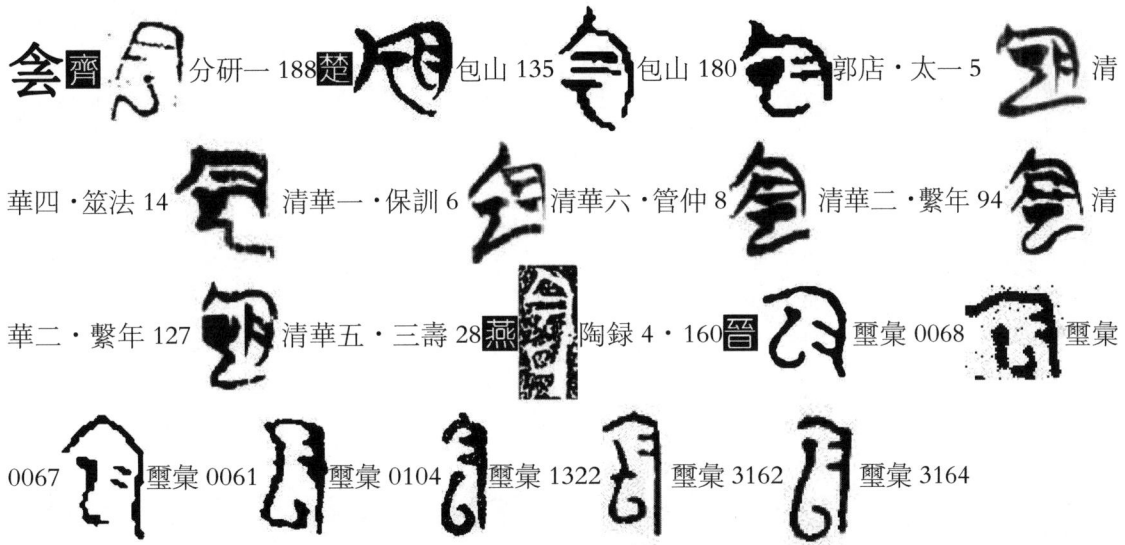

【注】從今從云，雙聲字，"霒"之省文。《説文》："霒，云覆日也。從雲今聲。于今切。侌，古文或省。"●讀陰。《璽彙1322》"武侌（陰）"，當為地名，地望待考。戰國璽印文字和貨幣文字中又有"武陽"，或與其相關。《璽彙0104》"侌（陰）成君邑大夫俞安"，"陰成"，地名，見於《戰國策趙策》和《魏策》。舊注將"陰成"分為陰、成兩邑，"陰成"當為魏邑名。《中國歷史地圖集》即以"陰城"為一地，在今河南省盧氏縣和洛寧縣之間。此璽為陰成邑之封君屬下的大夫印。《清華一·保訓5》："測侌（陰）旸（陽）之勿（物），咸川（順）不諑（逆）。"●古璽印有"侌隶"侌身""侌距"等，均為姓氏，讀陰。

包山131　　包山132　　包山139反

【注】從邑侌聲。●讀陰，地名。

躳^楚  上博七・凡甲 20

【注】從身㝱聲。●讀窮。《上博七・凡甲 20》："鼠（一）言而禾〈夂（終）〉不躳（窮）。"

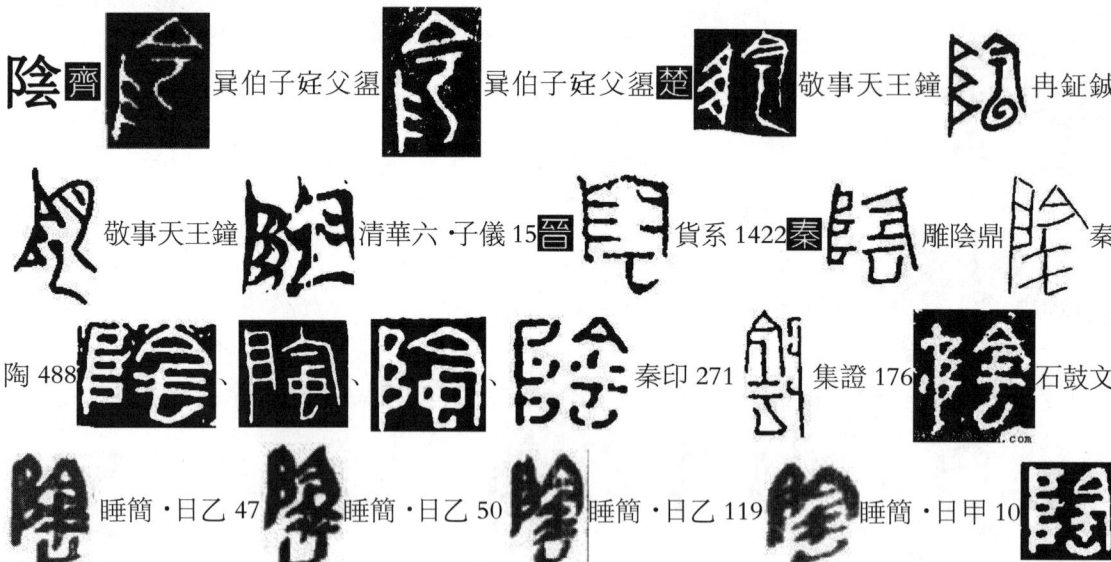

陰^齊 異伯子㜏父盨 異伯子㜏父盨^楚 敬事天王鐘 冉鉦鋮

敬事天王鐘 清華六・子儀 15^晉 貨系 1422 ^秦 雕陰鼎 秦

陶 488、 、 、 秦印 271 集證 176 石鼓文

睡簡・日乙 47 睡簡・日乙 50 睡簡・日乙 119 睡簡・日甲 10

集證 343

【注】甲骨文作 、 、 ，從隹今聲。卜辭用作天相專用字，即陰晴之陰。金文從阝㝱聲。《説文》："陰，闇也。水之南、山之北也。從阝㝱聲。"本義為陰天。如《韓非子》："夏居山之陰。"引申泛指陰暗、陰謀等義。戰國文字或作"陰"。●山的北面，水的南面。《敬事天王鐘》："江漢之陰陽。"●引申為哲學概念，表示自然界兩種對立和互相消長的矛盾勢力。《異伯盨》："其陰其陽。"即泛指事物的兩個方面。●《集證 343》"樂陰右尉"，"樂陰"地名。●秦印有"陰頪""陰滑"等，為姓氏。

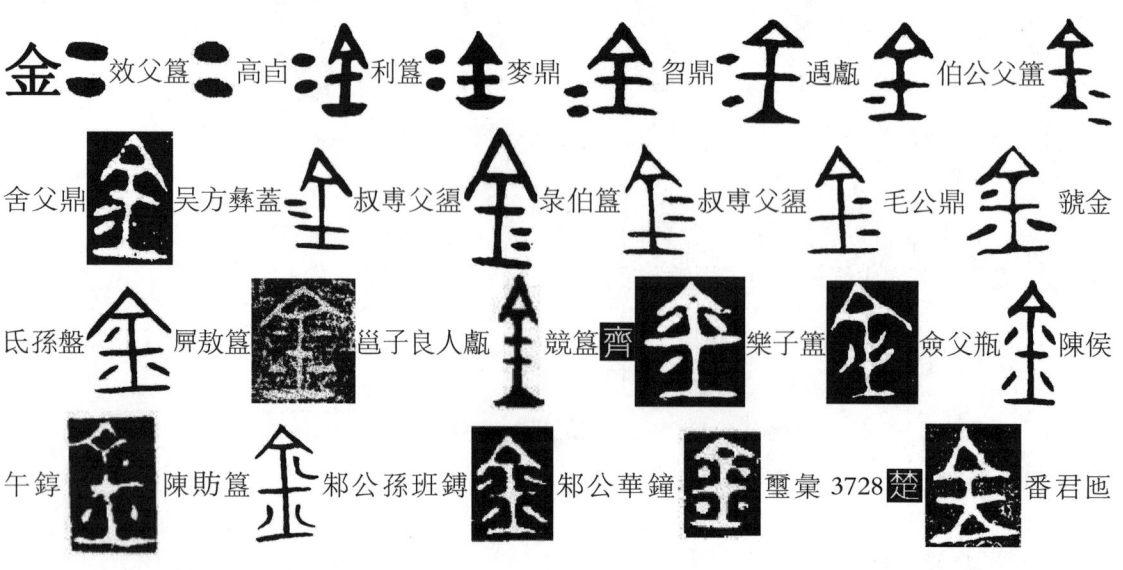

金 效父簋 高卣 利簋 麥鼎 智鼎 遇甗 伯公父簋

舍父鼎 吳方彝蓋 叔尃父盨 彔伯簋 叔尃父盨 毛公鼎 虢金

氏孫盤 屛敖簋 邕子良人甗 競簋^齊 樂子簠 僉父瓶 陳侯

午錞 陳肪簋 邾公孫班鎛 邾公華鐘 璽彙 3728^楚 番君匜

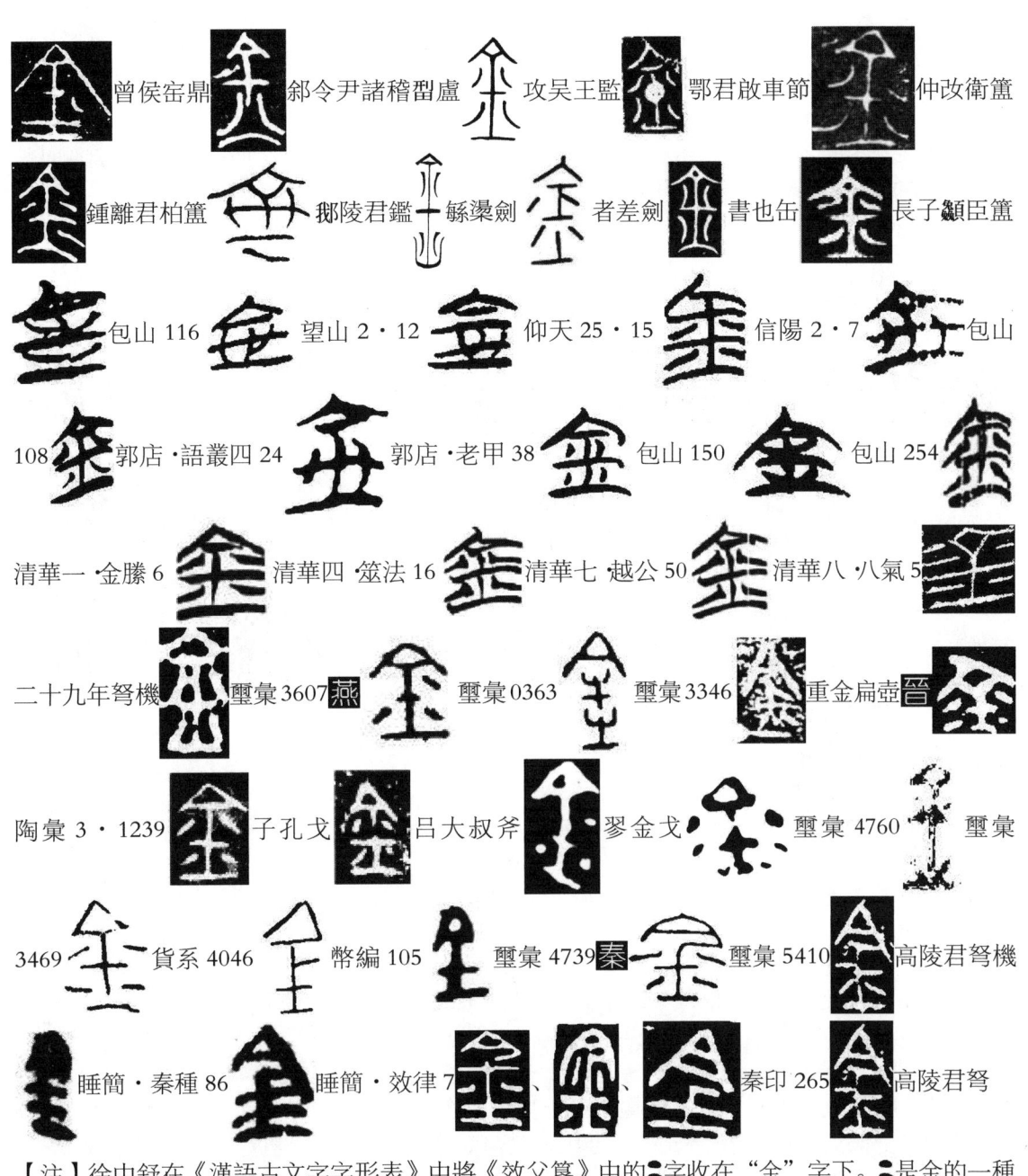

曾侯乙鼎　　郤令尹諸稽盟盧　攻吳王監　　鄂君啟車節　　仲攺衛簠

鍾離君柏簠　　郳陵君鑑　緜樂劍　　者差劍　　書也缶　　長子𩰫臣簠

包山 116　　望山 2·12　　金　仰天 25·15　　信陽 2·7　　包山

108　郭店·語叢四 24　　郭店·老甲 38　　包山 150　　包山 254

清華一·金縢 6　　清華四·筮法 16　　清華七·越公 50　　清華八·八氣 5

二十九年弩機　　璽彙3607 燕　　璽彙0363　　璽彙3346　　重金扁壺 晉

陶彙 3·1239　　子孔戈　　吕大叔斧　　廖金戈　　璽彙 4760　　璽彙

3469　貨系 4046　　幣編 105　　璽彙 4739 秦　　璽彙 5410　　高陵君弩機

睡簡·秦種 86　　睡簡·效律 7　　　秦印 265　　高陵君弩

【注】徐中舒在《漢語古文字字形表》中將《效父簋》中的⊜字收在"金"字下。⊜是金的一種特殊形體，即象兩個金屬銅料塊，是金字最初的寫灋。後來增加偏旁變為𨥩；隨着文字進一步的演變，⊜形逐漸變成飾筆，由"兩點"變成"三點"或"四點"，如𨤾、金等；再往後索性將所有飾筆一併省去，如𨥭。《金文編》"鈞"字條下收有⿰钅匀（智鼎）字，其下注曰"不從金"，又有⿰钅匀（守簋）、⿰钅匀（幾父壺），將兩種形體相比較可以發現：⿰钅匀字所從的⊜形正可與⿰钅匀字所從的金字相對應。《成周鈴》"鈴"作⿰钅令，其左半部分所從⊜形正與《番生簋》中鈴字左半部分所從金字相對應。《小臣謎卣》"賜金"二字的合文作⿰钅金，亦可證明⊜是金字。金文多增從土，疊加聲符今，會土生金之意。《説文》："金，五色金也。黃為之長。久薶不生衣，百煉不輕，從革不違。西方之行。生于土，從土；左右注，象金在土中形；今聲。凡金之屬皆從金。𨤾古文金。"本義為金屬，金文中多指銅。●銅。《九年衛鼎》："朏帛金一反（鈑）。"《小臣宅簋》《師兑簋》《吳方彝》

和《泉伯簋》所載賞賜物中均有"金車"，指銅制車。或言"金車"指錯金之車。《郾侯庫彝》：
"金壴（鼓）。"金鼓即銅鼓。奏樂時用以節制速度，烘托气氛，戰斗中用以號令士兵，激厲斗
志。●金黄色。《師蝥簋》："易（賜）女叔市、金黄（衡）、赤舄、攸（鋚）勒，用事。"《詩・小
雅・車攻》："赤芾金舄，會同有繹。"鄭玄箋："金舄，黄朱色也。"●金節：古代用以證明身份
的憑證。《鄂君啟舟節》："見其金節則母（毋）政（征）……不見其金節則政（征）。"《周禮》
規定："掌節掌守邦節而辨其用，以輔王命。守邦國者用玉節，守都鄙者用角節。凡邦國之使節，
山國用虎節，土國用人節，澤國用龍節，皆金也，以英蕩輔之。"●古璽印"金才多""金石鈢"，
為姓氏。

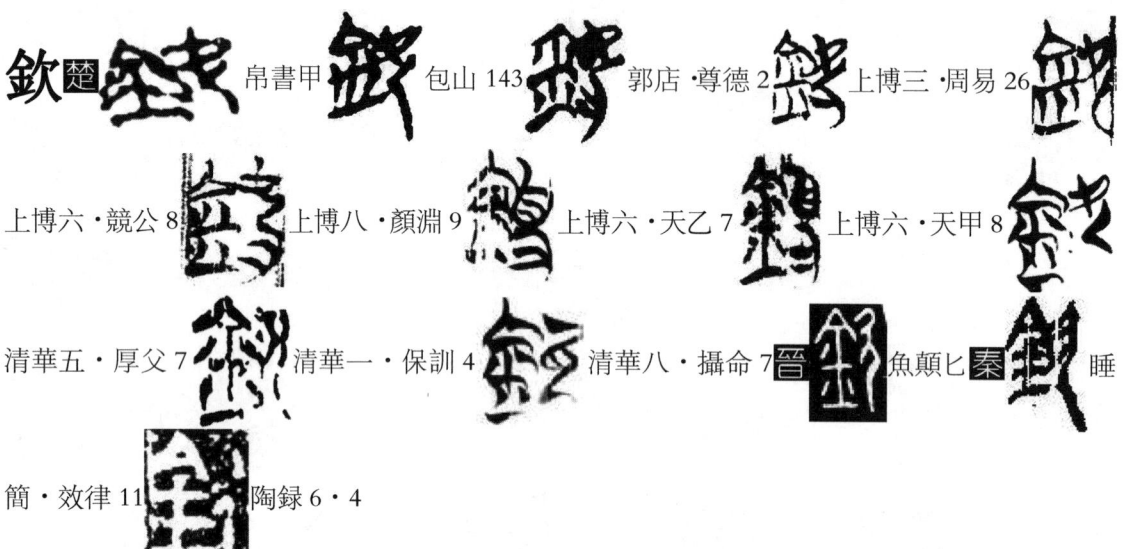

欽 楚 帛書甲　包山 143　郭店・尊德 2　上博三・周易 26

上博六・競公 8　上博八・顏淵 9　上博六・天乙 7　上博六・天甲 8

清華五・厚父 7　清華一・保訓 4　清華八・攝命 7 晉 魚顛匕 秦 睡

簡・效律 11　陶録 6・4

【注】從欠金聲，與小篆同。《説文》："鈥，欠皃。"段玉裁注："凡气不足而後欠，欽者，倦而
張口之貌也。"《後漢書・周變傳》："變生而欽頤折頞，丑狀駭人。"●敬也。《魚顛匕》："曰：
欽弋，出斿（游）水蟲，下民無智，參蠤（蚩）蚘（尤）命。""曰"為王見魚頭有感而發。戴
侗《説文解字注箋》曰："屏气欽斂之貌，引之為欽敬。"●讀禁。《上博八・顏淵 9》："女（如）
進者藋（勸）行，退者智（知）欽（禁），則丌（其）於教也不遠矣。"●尊敬、恭敬。《上博五・季
庚 19》："毋欽遠，毋詣逐（邇）。"不要欽敬遠的，不要指責近的。詣，讀指。●讀歆。"金"見
母侵部，"歆"曉母侵部，古音相近。《上博六・天甲 8》："凡天子欽（歆）夔（氣），邦君飮（食）
盪（濁），夫=（大夫）承（承）鳶（薦），士受余（餘）。""歆氣"與"食濁"為對，當指攝取
食物之精華。簡文反映了周代"至敬不饗味而貴氣嗅"的飲食觀念，禮以別異的特徵。●讀感，
交感、通感、感應。"欽"與"咸"音近。《上博三・周易 26》："欽（感）：卿（亨），利貞，取
女吉。"●讀咸，都、一律。《睡簡・效律 11》："縣料而不備者，欽書其縣料殹（也）之數。"稱
量物資而不足數的，都要記明稱量出的數量。

淦 卜淦戈 楚　上博六・用曰 4　清華八・邦道 23　清華五・三壽

17　清華九・禱辭 15 晉　錢典 242 秦　秦印 220

【注】從水金聲。●讀陰。《清華八·邦道23》："卑（譬）之若日月之徐（敘），弋（代）淦（陰）弋（代）易（陽）。"●浸淫、擴散之意。《説文》："淦，水入船中也。"段注："淦者，浸淫隨理之意。"《清華五·三壽17》"監微莫淦"意思監督不好事物的壞苗頭不使擴散，意思同於《宋書·吳喜傳》"且欲防微杜漸，憂在未萌"之"防微杜漸"。●秦印"新淦丞印"，地名。●讀咸。《清華九·禱辭15》："晉（巫）視龜筮，淦（咸）吉又（有）慶。"

 上博二·子羔12

【注】從色金聲，是金色之"金"專字。●讀金，金錫之"金"。《上博二·子羔12》："塦（懷）三忎（年）而畫（劃）於雇（膺）生，乃唬（呼）曰：'鉓！'是契也。"契生而呼曰"金"，蓋與商得金德之説有關。《吕氏春秋·應同》："及湯之時，天先見金（有人在此讀斷）刃生於水。湯曰：'金氣勝！'金氣勝，故其色尚白，其事則金。"從《子羔》説契"生乃呼曰'金'"來看，古代應有商自始祖契即得金德之説。王嘉《拾遺記》："商之始也，有神女簡狄遊於桑野，見黑鳥遺卵於地，有五色文，作'八百'字。簡狄拾之，貯以玉筐，覆以朱絨，夜夢神母謂之曰：'爾懷此卵，卵生貴子，以繼金德。'狄乃懷卵，一年而有娠，經十四月而生契。"

鉊 [楚] 清華九·治政26

【注】整理者認為從百金聲。●讀欽，訓為"敬"。《禮記·内則》："欽有帥。"鄭玄注："欽，敬也。"孔穎達疏："當教之令其恭敬使有循善道。"《清華九·治政26》："鉊（欽）敚（教）以敉（撫）之。"意即"敬重地地對待教化以安撫人民"。

詥 [楚] 清華五·三壽25　清華三·琴舞6

【注】從言金聲。●讀禁。《清華三·琴舞6》："非天詥（禁）悳（德），殷（緊）莫肎（肯）曹（造）之。"此句意為：不是天禁止德行，但是沒有人肯成就（德行）。

鈙 [楚] 上博八·命3　清華九·成人11　菁華218

【注】從攴金聲。●"鈙"與"搇""捦"或為一字之異，而與"擒""禽"當屬於音同義近的同源詞，其同源義當為"執持""擒執"。《上博八·命3》："唯（雖）鈙於釜（斧）鑕（鑕），命勿之敢韋（違）。"《説文》："鈙，持也。從攴，金聲。讀若琴。"這段簡文是"葉公子高子之子"回答"令尹子春"的謙敬語，大意是説"我即使被執持於斧鑕之下殺掉，您的命令也不敢違抗。"●楚璽"鈙鉆"。從許慎用"持"訓"鈙"來看，"鈙"與"持"當相類。《説文》："鉆，可以句鼎耳及鑪炭。從金谷聲。一曰銅屑。讀若浴。"段玉裁注："句讀如鉤，鉤鼎耳舉之，鉤鑪炭出之之器也。……一曰屑。《食貨志》：'民盜摩錢以取鉆。'"楚璽"鈙鉆"字面意思就是"掌持鼎鉤"，這與執戟、掌節、司尊彝、典樂等官名的命名方式相類似。●讀禁。《清華九·成人11》：

“乃丨（章）㞢（之）五兇，隹（惟）鈙（禁）隹（惟）尾（度），隹（惟）相隹（惟）見（視）。”禁、度、相、視皆指對五兇的態度。

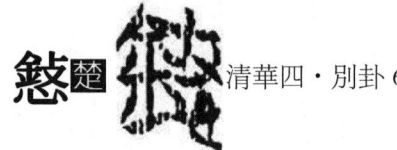

⿱鈙心 楚 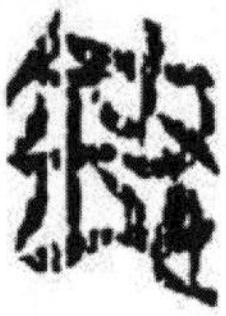 清華四・別卦 6

【注】從心鈙聲，疑為“欽”的異體字。●讀咸，即“咸”卦。帛書、馬國翰《歸藏》及上博簡都作“欽”，秦簡作“咸”。欽、咸同為侵部，聲母同為牙音。

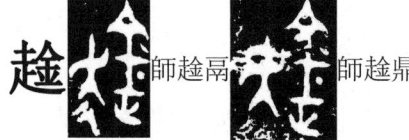

趛 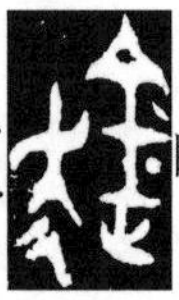 師趛鬲 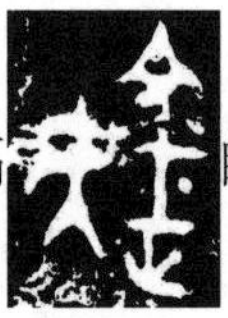 師趛鼎

【注】從走（或從走之異形字“䢖”）金聲，與小篆同。《説文》：“趛，低頭疾行也。從走金聲。”本義低頭疾行。●彝器所見，均用作人名。《師趛鼎》：“師趛乍（作）文考聖公、文母聖姬障彝。”

衜 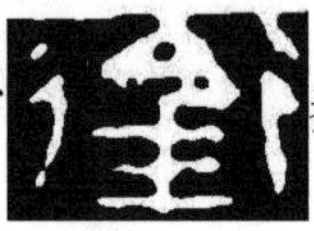 秦印 267 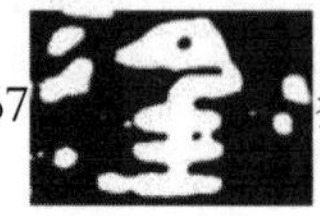 秦風 49 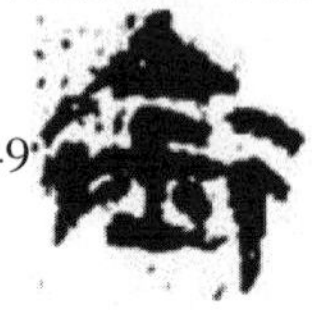 里耶 8・2030

【注】從行金聲。●秦文字均為人名。

唫 楚 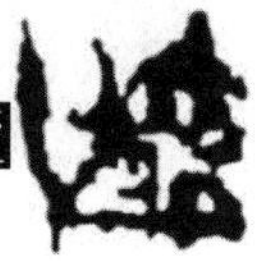 上博二・容成 2 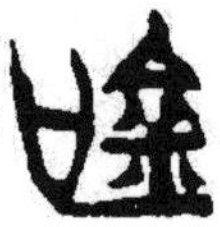 上博二・容成 36

【注】從口金聲。●讀喑，或作瘖，啞也。《上博二・容成 36》：“於是乎有唫（喑）、聾、皮（跛）、冥、瘦（瘻）、矛（瞀）、婁（僂）飼（始）迟（起）。”

⿱金心 楚 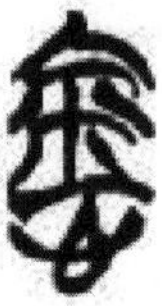 清華一・耆夜 8

【注】從心金聲。●讀歆。《清華一・耆夜 8》：“不（丕）㬎（顯）逨（來）各（格），⿱金心（歆）氒（厥）醒（禋）明（盟）。”詳“醒”字。

⿰言⿱金心 楚 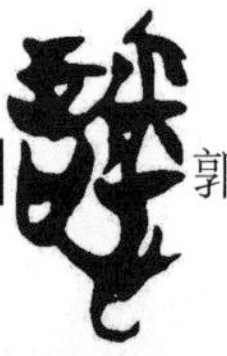 郭店・性自 33

【注】從言⿱金心聲。●讀吟、或讀唫。《郭店・性自 33》：“⿰言⿱金心（吟），遊恷（哀）也。”

⿰阝金 齊 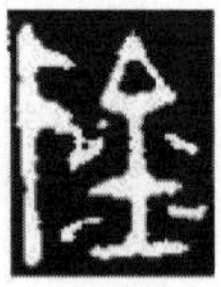 陰平劍 燕 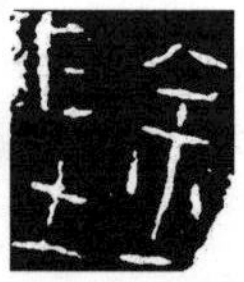 茌陰睘小器 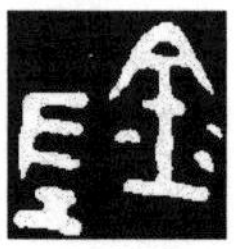 璽彙 0011 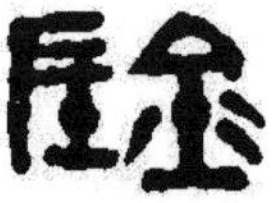 璽彙

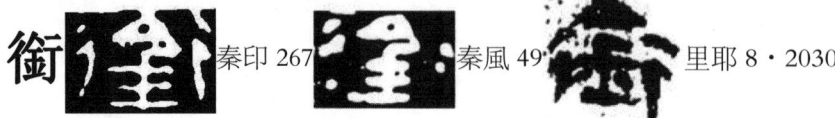

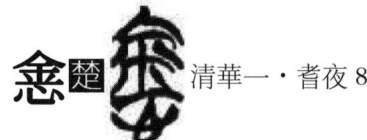

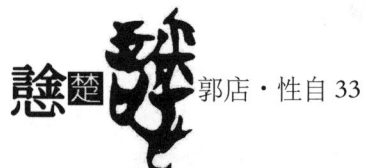

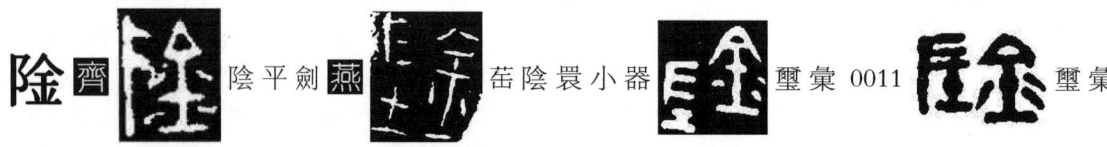

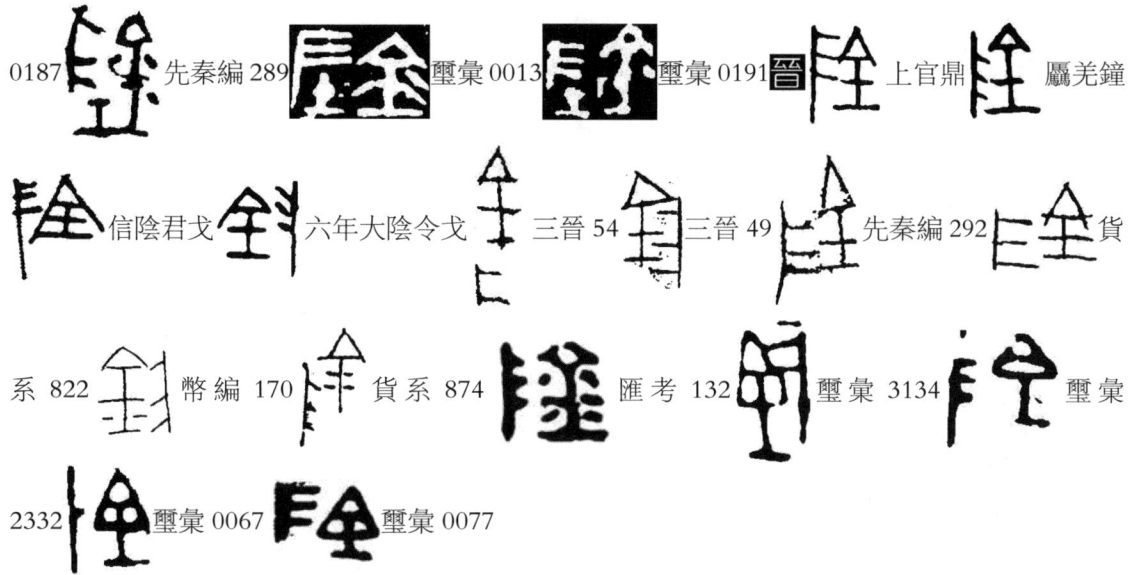

0187 先秦編 289　璽彙 0013　璽彙 0191 晉 陸 上官鼎　陸 屬羌鐘

陸 信陰君戈　六年大陰令戈　三晉 54　三晉 49　先秦編 292　全 貨

系 822　幣編 170　貨系 874　陸 匯考 132　璽彙 3134　璽彙

2332　璽彙 0067　璽彙 0077

【注】從阝金聲。●戰國文字多讀陰，為地名用字。《屬羌鐘》："入戕（長）城先，會于平陸（陰）。"《璽彙 0013》有"平陸（陰）都司徒"。此璽為平陰都司徒所用官印。●《陰平左庫劍》："陸（陰）平左庫之䣛（造）。"陰平：地名，見于《漢書·地理志》東海郡，何琳儀先生認為其地在今山東棗莊西南。●《璽彙 0067》何琳儀釋為"会（陰）陸（陰）司寇"。印文"会陸"讀"陰陰"。前一個"陰"是地名，可能是周、晉之"陰"。後一個"陰"是地名後綴，即《説文》所謂"山之南，水之北"之"陰"。

砼 燕　璽彙 2319　璽彙 2320　璽彙 2321

【注】從石金聲，"岑"之異文。●燕璽"砼忻""砼緵""砼悅"，讀岑，姓氏。

廑　廑父鼎　廑父鼎

【注】從广金聲。●金文人名。

鄐 楚　包山 180　清華六·太伯甲 8　清華六·太伯乙 7

【注】從邑金聲。●地名，包山簡或作"鄐"。

鈢 楚　包山 266

【注】從木金聲。●讀禁，承酒尊之器。《包山 266》："一少（小）房。二鈢（禁）。"《禮·禮器》："大夫士棜禁。"《疏》承尊者皆用禁，名之禁者，因為酒戒也。

輯（晉）璽彙 2501　　璽彙 2502　　璽彙 5640

【注】從車金聲，疑"軡"之異文。●晉璽姓氏，疑讀黔。

醔（齊）陶彙 3·783

【注】從酉金聲。●齊陶人名。

黅（秦）秦印 202

【注】從黑金聲。《玉篇》黃黑如金也。《廣韻》淺黃色也。●秦印人名。

裣 致鼎（楚）上博四·昭王 7

【注】從衣金聲，與小篆同。《説文》："衿，交衽也。"《廣韻》與衿同。《詩·鄭風》青青子衿。朱駿聲曰：字亦作衿或襟。●裣、衿、襟音通義同，均指交領。金文指一種斜交領的衣服。《致鼎》："王卿（俎）姜事（使）内史友員易（賜）致玄衣朱襮（襮）裣（衿、襟）。"《上博四·昭王 7》："王訋（召）而余（舍）之袞（緅）裘（袍）。靠（襲）之胇被（披）之，亓（其）裣（衿）視〈現〉。"

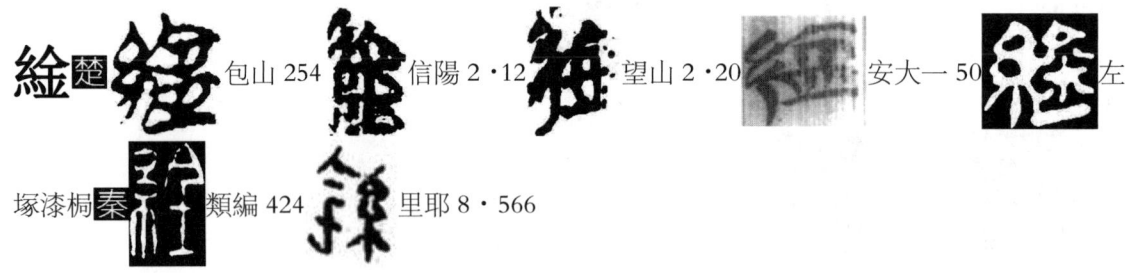

綊（楚）包山 254　　信陽 2·12　　望山 2·20　　安大一 50　　左

塚漆桐（秦）類編 424　　里耶 8·566

【注】從糸金聲，"綊"之異文。《説文》綊，籀文從金作綊。●多讀錦。《包山 254》："二素（素）王（皇）綊（錦）之綉（韜）。"《安大一 50》："君子至之，綊（錦）衣觚（狐）裘。"●秦印人名。●漆桐"綊民"疑讀"念民"。陳偉武讀禁。

棯（楚）曾侯漆箱　　曾侯 67　　曾侯 42

【注】從市金聲，疑"衿"之異文。●《曾侯 42》"二紫棯之籈"，讀衿、或讀錦。

錦（秦）睡簡·答問 162　　里耶 8·2204

【注】從帛金聲。●精美鮮艷的絲織品。《里耶 8·2204》：“錦繒一丈五尺八寸。”●《睡簡·答問 162》：“毋敢履錦履。”錦履，用雜色絲綫織成的有花紋的鞋。

捡秦 天簡·日甲 38

【注】從手金聲。●疑讀鎮。《天簡·日甲 38》：“為人美，不捡。”美，疑讀黴。《廣雅·釋器》：“黴，黑也。”《楚辭·九嘆》：“顏黴黧以沮敗。”“為人美（黴）”就是説膚色黧黑。疑“不捡”當讀為“頎鎮”。《説文》：“頎，曲頤也。從頁，斤聲。”《玉篇·寢韵》：“鎮，曲頤也。”“頎鎮”可能是同義詞連用，表示“曲頤”。古書説人貌醜常有“鎮頤”一項，如《漢書·揚雄傳》載《解嘲》云“蔡澤，山東之匹夫也，鎮頤折頞，涕涎流沫”，顏師古注：“鎮，曲頤也。”《文選》“鎮”作“顄”，劉良注：“言澤醜貌也。顄，口向前引也。”“曲頤”指下巴上翹，大概就是現代方言俗語所説的“鞋拔子臉”。

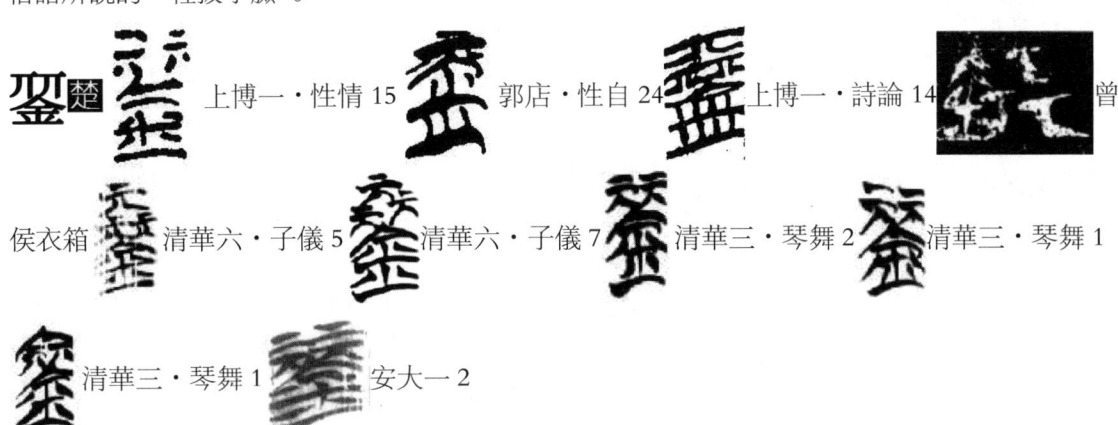
鎏楚 上博一·性情 15　　郭店·性自 24　　上博一·詩論 14　　曾

侯衣箱　清華六·子儀 5　　清華六·子儀 7　　清華三·琴舞 2　　清華三·琴舞 1

清華三·琴舞 1　　安大一 2

【注】楚文字從丌（或疊加形符）金聲。●均讀琴，用為本義，樂器名。《上博一·詩論 14》：“以鎏（琴）瑟之悦，擬好色之願。”

端紐 | 聲

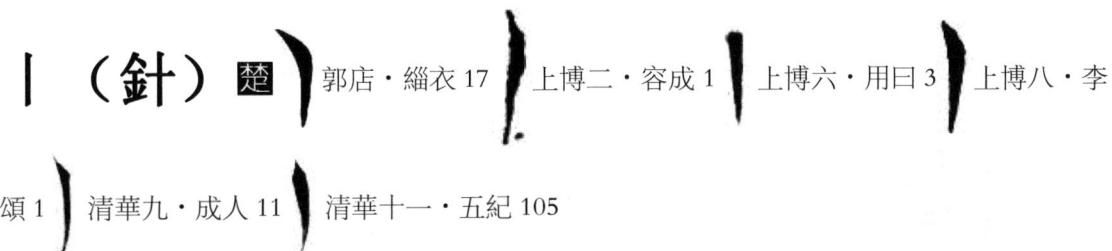
| （針）楚　郭店·緇衣 17　上博二·容成 1　上博六·用曰 3　上博八·李

頌 1　清華九·成人 11　清華十一·五紀 105

【注】是“針”字的象形初文。●讀沌或讀敦。《上博二·容成 1》“樺 | 是”，讀“渾沌氏”（《史記·帝王本記》）或讀“渾敦氏”（《左傳·文公廿八年》），上古傳説中之帝王。●《上博六·用曰 3》：“| 亓（其）又（有）成意（德）。”“| 亓”，讀“及其”，“及”為時間介詞，常跟“其”連用。《郭店·唐虞之道 18-19》：“方在下位，不以匹夫為輕；及其有天下也，不以天下為重。”●《清華九·成人 11》：“乃 | （章）屮（之）五兇，隹（惟）鈙（禁）隹（惟）尾（度），隹（惟）相隹（惟）貝（視）。”整理者讀章，“簡本《緇衣》引《詩》‘出言又（有）|’，傳本和《詩·都

人士》皆作'出言有章'。"章，明也，條理也，成事成文曰章。"五兇"之"五"用五行之數，方位有五，時（季節）亦有五，"章之五兇"者，檢視條理不同時地之"兇"。●整理者讀撼。《清華十一·五紀106》："希（肆）赹（越）高鬼（畏），｜（撼）正（征）且（阻）黃（橫），敢（圉）女（汝）水，睪（梏）乃隼（準）於方，武乃図（攝）韋（威）。"詳"隼"字。

訮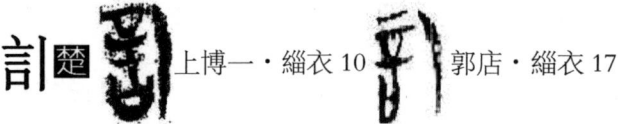 上博一·緇衣10　郭店·緇衣17

【注】從言｜聲。●讀訓或讀信。《郭店·緇衣17》："亓（其）頌（容）不改，出言又（有）訮（訓）。"

端紐占聲

占 陶彙3·145　包山197　包山201　包山200　望山1·44　清華十一·五紀91　燕編57　睡簡·雜抄32　睡簡·封診11

【注】《説文》："占，視兆問也，從卜口。"●多用為本義，占筮。《包山197》："占之：恆貞吉，少又（有）悤（慼）於躳=（躬身）。"●申報、上報。《睡簡·雜抄32》："匿敖童，及占瘝（癃）不審，典、老贖耐。"隱匿敖童，及申報廢疾不準確，里典、伍老應贖耐。●上報登記。《睡簡·封診11》："甲黨（倘）有它當封守而某等脫弗占書，且有罪。"甲是否還有其他應加查封而某等脫漏未加登記，如果有，將是有罪的。

宧 上博二·子羔1

【注】原文從宀從占，下引李學勤先生文認為所謂"占"是"古"字之訛變。楊澤生認為從宀貴省聲。（《〈上海博物館所藏竹書（二）〉補釋》）貴，見母物部；瞽，見母魚部，音近。●簡文可確定讀瞽，字形待考。《上博二·子羔1》："又（有）吳（虞）是（氏）之樂正宧（瞽）宲（瞍）之子也。"

詀 郭店·老甲4

【注】從言占聲。●讀厭，滿足。《郭店·老甲4》："天下樂進而弗詀（厭）。"

启 清華十·四告44

【注】從戶占聲。●讀占。《清華十·四告44》："孚=（小子）戜（畏）卬（恤）大敬，不旻（得）

2650

叿（厥）居。"《荀子·成相》："臣愚不識，請占之五泰。"楊倞注："占，驗也。"《方言》卷十：
"凡相候謂之占。"

 郭店·緇衣 36　　上博一·緇衣 18

【注】從石占聲。●讀玷，汙點。《上博一·緇衣 18》："白珪之砧（玷）尚可磨，此言之砧（玷）
不可為。"

 璽彙 1227　　璽彙 2804

【注】從心痁聲，疑"痁"之繁文。●燕璽人名。

 上博五·鮑叔 5

【注】從心占聲。●疑讀厭。《上博五·鮑叔 5》："百姓皆夗（怨）㤴，盧（奄）然將亡。"

 上博七·凡甲 10

【注】從羽從厂占聲。●讀炎。《上博七·凡甲 10》："日之始出，可（何）古（故）大而不㠱（炎）？"
《玉篇》："炎，熱也。""不炎"就是不熱。

 印增 579

【注】從羽占聲。●秦印"習㿽"，義不詳。

 望山 2·8

【注】從糸占聲。●《望山 2·8》："生紸之裏。"中山大學古文字學研究室楚簡整理小組讀縑，
朱德熙、裘錫圭、李家浩先生則讀纖。與"絹"所指當為一物，詳"絹"字。

 印增 592

【注】從衣占聲。●"祜生"，人名。

笘  印增 161

【注】從竹占聲。●秦印人名。

點  分研 177 秦印 202

【注】從黑占聲。或從墨，隸定為"點"。●均為人名。

觢  包山 182

【注】從色占聲。●簡文"少妾觢"，人名。

沾  上博九·卜書 3

【注】從水占聲。●《上博九·卜書3》："凥（處），不沾不汙（污），乃沾大浴（谷）。"這裏的意思是：居住的地方不是靠近沼澤，就是靠近大山谷。

婇  秦印 239

【注】從女沾聲。●秦印"趙婇"，人名。

透紐突聲

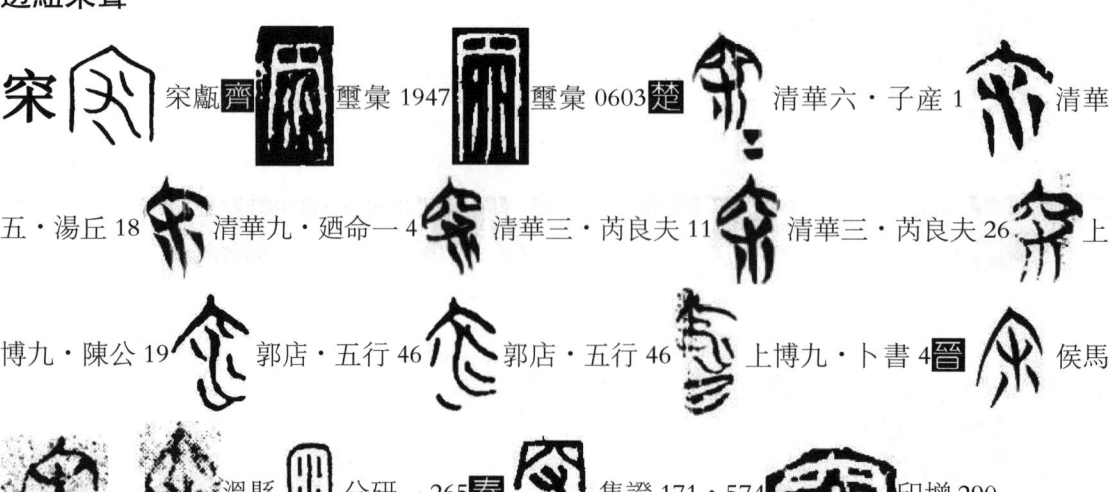
突 突觥齊 璽彙 1947 璽彙 0603 楚 清華六·子產 1 清華五·湯丘 18 清華九·廼命一 4 清華三·芮良夫 11 清華三·芮良夫 26 上博九·陳公 19 郭店·五行 46 郭店·五行 46 上博九·卜書 4 晉 侯馬 溫縣 分研一 265 秦 集證 171·574 印增 290

【注】從宀從又，會用手探宀之意。或說從宀术聲（定紐物部）。戰國"罙"或作，從"穴"作，但"穴"旁是後來由宀旁分化出來的一個偏旁，後來從"穴"作者，推其古當從宀作。又，"穴"由宀分化出來之後，從穴從宀仍常無別，如侯馬盟書"罙"字即從宀作。戰國文字术旁或加飾筆作。●金文人名。《分研一 265》或釋為"司馬罙"，人名。齊璽"王罙""郯罙"人名。●讀深。《清華五·湯丘 18》："罙（深）鼡（淵）是淒（濟）。"《郭店·五行 46》："罙（深），莫敢不罙（深）。"●讀探。《清華三·芮良夫 11》："必罙（探）其厇（宅）。"

探 秦  里耶 8·985

【注】從手罙聲。●辭例殘缺。

毿 楚  曾侯 171

【注】從毛罙聲。●人名。

寂 楚  清華八·處位 8  清華八·處位 8

【注】從攴罙聲。●讀探。《清華八·處位 8》："道寂（探）厇（度）葺（取）寎（定）亓（其）含（答）。"道探、度取，互文，猶視年之豐耗，量入以為出也。定其答，猶制國用也。

深 楚  上博四·柬旱 8  清華八·天下 1  郭店·成之 4  郭店·性

自 31  上博一·詩論 2  上博九·舉治 29  清華九·治政 34 晉  中山王響壺

秦  睡簡·秦種 11  睡簡·秦種 15  里耶 8·2088  石鼓文

印增 433

【注】甲骨文作、，從水罙聲。戰國文字同。《説文》："，水。出桂陽南平，西入營道。"本義或指水深，並非水名。●多用為本義，與"淺"相對。《郭店·成之 4》："君子之於啻（教）也，其道民也不憲（浸），則其淳也弗深惢（矣）。"或用為動詞，加深。《清華八·天下 1》："今之獸（守）者，高亓（其）壄（城），深亓（其）澀而利其橁歐。"●感情之深切。《中山王響壺》："旃（故）諪（辭）豐（禮）敬則臤（賢）人至，曑惢（愛）深（深）則臤（賢）人窺（親）。"●秦印"深鴻"，應為姓氏。

 上博九・陳公 14

【注】從土罙聲。●讀深。《上博九・陳公 14》："童（踵）之於後，吕厚王卒。三鼓乃行，窑（深）内王窏（卒）不㞷（止），述（遂）鼓乃行。"文意上，由"童（踵）之於後"到"深入王卒"，層次井然，合乎邏輯。

透紐審聲

審（宷）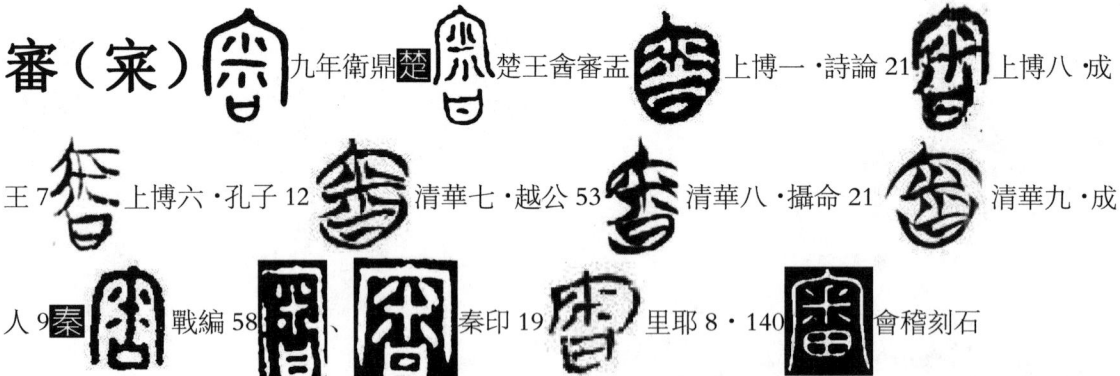

人 9 秦 戰編 58、 秦印 19 里耶 8・140 會稽刻石

【注】"宷"是"審"的古文。《説文》以審、宷為一字，蓋番、采為一字也。金文 是宷的繁形，采形訛為米形並益以口旁。春秋金文作 ，口旁内加飾點。戰國文字承襲兩周金文，口旁或訛作田形，如"憲"作 。《説文》："宷，悉也。知宷諦也。從宀從采。徐鍇曰：'宀，覆也。采，別也。包覆而深別之。宷，悉也。' 篆文宷從番。"本義為詳究、考察。●讀審，的確。《九年衛鼎》："余審貯（賈）田五田。"我確實同意交換農田五百畝。《吕氏春秋・先己》："審此言也。"高誘注："審，實也。"●人名。《楚王酓審盂》："楚王酓審之盂。"●讀審，悉也。《清華八・攝命 21》："乃身劼（載）隹（唯）明隹（唯）盧（寅），女（汝）亦母（毋）敢鬼（威）甬（用）不審不允。"●讀審，訊問案件。《清華七・越公 53》："王乃整（敕）民、攸（修）命（令）、宷（審）刑。"●讀湛。《上博一・詩論 21》："〈審（湛）零（露）〉之賹（益）也，丌（其）猷（猶）鉈（馳）與？"今本《詩・小雅・南有嘉魚之什》篇名作《湛露》。"湛""審"為同部聲轉字。●讀審，周密。《上博八・成王 7》："弗邀（朝）而自至，弗審而自周，弗會而自剚（斷）。" "弗會而自斷"指不召開公會便可以決斷，與前文"弗朝而自至，弗密而自周"相應，皆是行 "天子之正道"的效果。●秦印有"審任信""審登"，姓氏。漢有審食其。●讀箴。箴、審古通，詳《古字通假會典》231 頁。《清華九・成人 9》："五覝（盜）不罰，五審（箴）訐（信）蕃（敝）。"論者："'審'（侵部書母）當讀為'箴'（侵部章母）。《國語・楚語上》'莊王使士亹傅太子箴'，箴，或本作'審'。'箴'指箴誡。《後漢書・崔駰列傳》：'或荒耽嗜欲，不恤萬機；或耳蔽箴誨，厭偽忽真。'是'箴'和'蔽'並用之例，可供參考。'五箴信蔽'意為各種箴誡被蒙蔽而不彰。"（轉引自《清華（九）《成人》試説》）●詳細、周密。《會稽刻石》："初平法式，審別職任，以立恒常。"

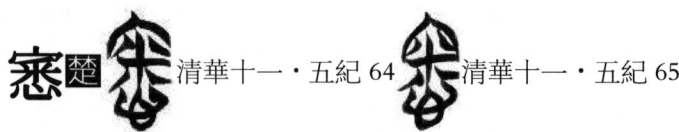 清華十一・五紀 64　　 清華十一・五紀 65

【注】從心宷聲。●整理者讀審。《清華十一·五紀64》：“月之悳（德）行宷（審），夫是古（故）后行宷（審）。”行審，運行審正，不偏斜。

憲𡩡 侯馬

【注】從心審聲。●不詳。

定紐甚聲

甚 甚鼎　甚父戊觶　甚父戊觶　晉侯對盨齊　陶彙3·268

陶彙3·288楚　郭店·唐虞24　清華二·繫年27　清華二·繫年36

郭店·老甲36　郭店·尊德37　上博二·子羔2　上博二·魯旱4　清華

八·邦道13　新蔡乙四24　清華一·保訓2　清華八·攝命2　清華

一·祭公2秦　睡簡·為吏2　詛楚文

【注】高鴻縉謂象口含食物，復有匕引物而食之形，由文口生意，故托以寄太甚（口食不止）之意。（《中國字例二篇》）匕形或增飾點作𦥯（《毛公鼎》𦥯所從）。戰國文字口形上下移動，或加八為飾。戰國文字匕形訛為匹形作甚（詛楚文），遂為小篆所本。《説文》：“甚，尤安樂也。從甘，從匹耦也。𠥓古文甚。”本義為安樂，虛化為副詞。●人名。《甚鼎》：“甚諆肇乍（作）父丁障彝。”●過分、過度。《郭店·老甲36》：“甚悆（愛）必大䍮（費），厚（厚）臧（藏）必多賓（亡）。”●讀湛。《晉侯對盨》：“其用田獸（獸），甚（湛）樂于邍（原）迿（隰）。”●厲害、嚴重。《上博一·性情35》：“凡甬（用）心之喿（躁）者，思為甚。”●超過、勝過。《上博二·魯旱4》：“丌（其）欲雨或甚於我。”《國語·周語上》：“防民之口，甚於防川。”

偡秦 印增592

【注】從人甚聲。●人名。

嫶 周嫶生簠

【注】從女甚聲，與小篆略同。《説文》："媅，樂也。"本義安樂。●人名。《周朲生簋》："周朲生乍（作）楷娟（妘）媵（媵）段，其孫孫子子永寶用。"

清華一·祭公 13

【注】從宀甚聲。●讀戡，《廣雅·釋訓》："盛也。"《清華一·祭公 13》："宔（皇）寔（戡）方邦，不（丕）隹（惟）周之旁（旁），不（丕）隹（惟）句（后）稷（稷）之受命是羕（永）昺（厚）。"

【注】從言甚聲。《説文》："諶，誠諦也。從言甚聲。《詩》曰：'天難諶斯。'"本義真誠、忠誠。●人名。《諶鼎》："諶其萬年釁（眉）壽，子孫孫永寶用亯（享）。"

【注】從冊甚聲。●讀諶。《師虎鼎》："虎拜頴首，休白（伯）大師肩勘（諶）。"《説文》："諶，誠諦也。從言甚聲。《詩》曰：'天難諶斯。'"

湛

一·五紀 32

【注】從水甚聲，與小篆同。《説文》："湛，没也。從水甚聲。一曰湛水，豫章浸。湛古文。"按"甚"之古文作匷，則"湛"古文不應作湎，或當有誤。段玉裁注："湛沈古今字。沉又沈之俗也。"本義沉没。●讀甚，程度副詞。《儳匜》："牧牛，歔，乃可（呵）湛（甚），女（汝）敢目（以）乃師訟。"乃可湛，意為你應受的譴責甚是嚴重。"可"讀呵。●讀堪。《毛公鼎》："烏虖，遹余小子，圂湛于囏（艱）。"圂，讀未。圂湛，即未堪。銘意為，我才智短淺未堪當此國政之艱難。●《清華五·厚父 13》："母（毋）湛于酉（酒）。"湛，《大盂鼎》作"醓"，王國維先生認為是"醓"字的異體，讀酖，沉溺、迷戀的意思，典籍亦作"湛"。從尤之字常和從甚之字相通用，如《書·微子》"沈酗于酒"，《漢書·霍光傳》引沈作湛；《詩·大雅·抑》"荒湛於酒"，《漢書·五行志》引湛作沈；《書·無逸》"惟耽樂之從"，《論衡·語增篇》引耽作湛；《詩·小雅·鹿鳴》"和樂且湛"，《經典釋文》湛又作耽。●讀沈。《清華十一·五紀 32》："亓（其）水湛（沈）澤，五穀（穀）矑（濾）酉（酒），盥（蠲）盙濯汽（溉）浴泝。"

惈楚 清華五·三壽 17

【注】從心甚聲。●讀湛。《清華五·三壽 17》："聞義（儀）和藥（樂），非衺（壞）于堪（湛）。"《國語·周語下》："虞于湛樂。"韋注："湛，淫也。"

堪晉  集粹 72 秦  睡簡 · 封診 67  睡簡 · 日乙 184、

  印增 516

【注】從土甚聲。●地面的土臺。《睡簡 · 封診 67》：“堪上可道終索。”在土台上面可以懸掛繩索。●晉璽人名。

諶楚  上博五 · 鮑叔 4

【注】疑從辵甚聲。●讀堪。《上博五 · 鮑叔 4》：“簋（敦）諶（堪）怀（背）忢（愿），皮（疲）敊（敝）齊邦。”《文選 · 揚雄 · 甘泉賦》“屬堪輿以壁壘兮”，李善注：“張晏曰：堪輿，天地總名也……許慎曰：堪，天道也，輿，地道也。”“敦堪背願”，意為違背天道的意願。

遱  遱邡鐘

【注】從壬遱聲；疊加音符壬。●人名。《遱邡鐘》：“會（舒）王之孫、尋楚鈇之子遱邡，羃（擇）𠂤（厥）吉金。”

翜楚  天星

【注】從羽甚聲。●義不詳。

黮晉  六年冢子戟 秦  印增 404

【注】從黑甚聲。●均為人名。

朼晉  私官鼎

【注】從匕甚聲。●“私官朼”，人名。

斟秦  印增 536

【注】從斗甚聲。●秦印單字。

偡  陶録 2·85

【注】從人甚聲。●齊陶人名。

戡  郭店·性自 42

【注】從戈甚聲；戈、甚共用筆畫。●讀甚，表示程度之深。《郭店·性自 42》：“凡甬（用）心之枭（躁）者，思為戡（甚）。甬（用）智之疾者，患為甚。”

剆  上博九·舉治 23

【注】從刀甚聲。●讀堪。《上博九·舉治 23》：“金重不流，玉則不剆（堪）。”疑簡文是説黃金值錢了就難以流通，玉也難當上幣之任。

定紐尤聲

沈 沈子它簋 沈子它簋 秦印 221 陶彙 5·326 詛楚文

里耶 8·886 里耶 8·1214 里耶 8·1233 里耶 8·2193

【注】甲骨文“沈”“沉”同形，作、、、、、，從水從牛（或作羊），象牛羊沉入水之形，用來祭山川。金文從水尤聲。尤，甲骨文作（甲 2389），金文均見於偏旁，楊樹達認為即“儋”字之象形初文，謂象人荷擔，兩端有物，以手上扶擔木之形。《説文》：“，陵上滈水也。從水尤聲。一曰濁黙也。”本義是沉没。後由于“沈”專用作地名和氏，遂又造了一個相當于“沈”的“沉”，這樣二字有個明確的分工。●《沈子它簋》“沈子它”人名。秦簡人名，為抄手。●《詛楚文》：“不畏皇天上帝及大沈厥湫之光烈威神。”大沈厥湫，水神。●秦印姓氏。楚文字“沈”則作“渃”“都”。

殳  戰編 0191

【注】從殳尤聲。●秦印“殳費”，讀沈，姓氏。

黙  秦印 203

【注】從黑尤聲。●秦印人名

阢  印增 610

【注】從阝尤聲。●"戲阢"，人名。

芁  番生簋

【注】金文從茻尤聲，小篆從艸尤聲；從艸與從茻會意同。《説文》："芁，艸也。從艸尤聲。"本義草名。●旗幟飾物。《番生簋》："易（賜）朱市、……朱旂旜（旐）金芁二鈴。"強運開曰："金芁當即飾旂旐之物。《説文》訓芁為艸，乃其本義。"（《説文古籀三補》卷一・6頁）

妣  戰編 808

【注】從女尤聲。●秦印人名。

耽  印增 462

【注】從耳尤聲。●人名。

旮  王人旮輔甗　　曾子伯旮盤　　上博九・卜書 2

【注】從臼尤聲，疑"沈"之繁體。楚系文字多見。"旮"即"旯"字之變，單育辰曾對楚簡中"旮"字字形作了分析，他認為上部應從人，人形上加的 ✦ 是飾筆，下從的"臼"，象坑阱之形。"沈"與"陷"音義皆近，乃同源詞，所以"旮"可以從"臼"作。●人名。《王人旮輔甗》："王人旮輔歸蘿（觀）鑄其寶。"●讀沈或讀沉，沈滯。《上博九・卜書 2》："赴（兆）道=（道首）內（納）止（趾），是胃旮（沈）。"

郗  包山 85　　包山 193　　上博九・卜書 3

【注】從邑旮聲，此字亦可隸作"郗"。●讀沈。字在簡文中用作姓氏，即沈姓之沈。《廣韻・寢韻》："沈，古作郗，亦姓。"

禠  清華十・四告 38

【注】從示酓聲。●讀醓。《説文》："醓，肉汁滓也。"《清華十·四告38》："禧（醓）索血明（盟）。"整理者釋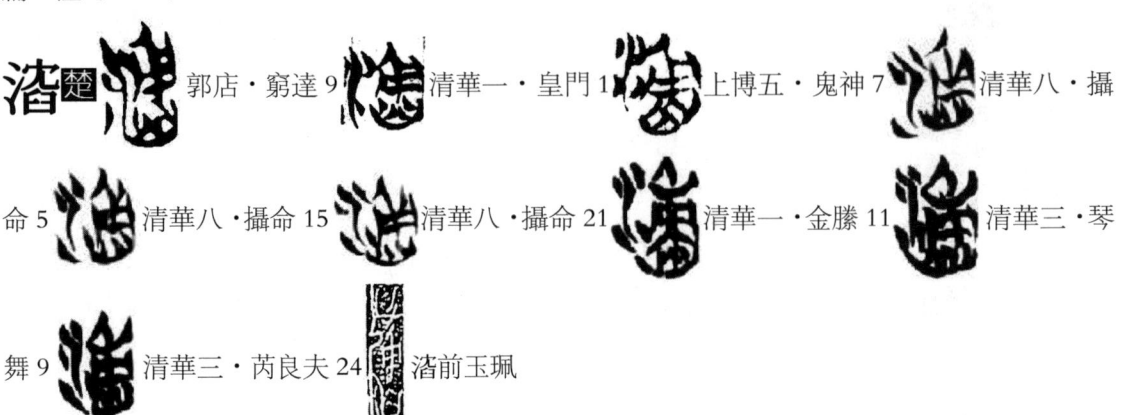為索，注："禧，疑'醓'字異體。戰國文字'醓'字異體眾多，有從水旁、從酉旁、從肉旁者，因跟祭祀有關，也可從示旁。黃德寬將'禧（醓）索血明'讀為'醓菹血盁'，參本篇一注〔一一〕。"

滔 楚 〔郭店·窮達9〕 〔清華一·皇門1〕 〔上博五·鬼神7〕 〔清華八·攝命5〕 〔清華八·攝命15〕 〔清華八·攝命21〕 〔清華一·金縢11〕 〔清華三·琴舞9〕 〔清華三·芮良夫24〕 滔前玉珮

【注】從水酓聲，"沈"字繁體。●讀沖，沖子。《清華八·攝命5》："母（毋）闌（閉）于乃佳（唯）滔（沖）子少（小）子。"《書·盤庚下》"肆予沖人"，偽孔傳："沖，童也。"孔穎達疏："沖、童聲相近，皆是幼小之名。"故"沖人""沖子"即"童人""童子"。《清華一·皇門1》："縣（肆）朕滔（沖）人非敢不用明刑。"朕沖（童）人，周公自稱。《逸周書·世俘》武王亦自稱"予沖（童）子"。簡書"沖"字上從"沈"，知今本"沈"當讀為"沖"。蓋漢人不識"沈"讀為"沖"，直接隸為"沈"而讀為"沉"。《清華一·金縢11》："昔公堇（勤）裒（勞）王豕（家），佳（惟）余滔（沖）人亦弗及（及）智（知）。"●讀耽。《上博五·鬼神7》："滔（耽）巫（淫）念惟。"詳"坙"字。●讀沉。《郭店·窮達9》："初滔（沉）酗（鬱），後名易（揚），非其憲（德）加（嘉）。"

醓 楚 〔醓戎想簠蓋〕 〔郐醓尹鉦鋮〕 〔包山165〕 〔包山177〕 〔上博六·莊王1〕 〔璽彙0001〕

【注】從酉酓聲，"酖"字或體。●讀沈，官名。《上博六·莊王1》："臧（莊）王既成亡（無）鐸（射），目（以）昏（問）醓（沈）尹子桱（莖）曰。"簡文"沈尹子桱"見《呂氏春秋·不苟論》："沈尹莖游於郢五年，荊王欲以為令尹。沈尹莖辭曰……荊王於是使人以王輿迎叔敖，以為令尹。十二年而莊王霸。此沈尹莖之功也，功無大於進賢。"包山簡習見"醓尹"。《郐醓尹鉦鋮》"郐（徐）醓尹"亦讀"沈尹"。關於"沈尹"是官稱還是氏稱，學者聚訟紛紜。由沈尹亦見於徐國銅器來看，其應為官稱。與徐沈尹征城稱謂類似的如"徐贅尹皆鼎、郐令尹者旨睟"（集成10391），格式均為"國名+官稱+私名"，這證明征城中的"沈尹"亦為官稱，徐國設有"沈尹"一職，與楚國相同。此外，徐國的"令尹""贅尹"等官名均與楚國相同，這説明徐國官制曾受到楚國的影響。（《東周金文與楚簡合證》81頁）●《包山138》"醓差郊（蔡）惑、坪

弒公郝（蔡）冒"，蔡為氏、惑為名，"沈差"與"坪弒公"相對，是人名前的官爵。包山簡 49、108 有"喬差"，是簡 107"喬尹"的佐官，"沈差"也應是沈尹之佐（左）官。《璽彙 0001》"王右醋鉨"。"右沈"與左沈相對，可能是低於沈尹的一級官員。包山簡 49 有"佐（左）喬尹"、簡 44 有"右芋尹"，都是相應尹官的左、右下屬官員。"右沈"和沈差、喬差都省略尹字，推知此璽全稱可能是"王右沈尹鉨"，與"王輰右司馬鉨"（璽彙 0063）都是楚國中央官員的官璽。

 信陽 2 · 23

【注】從木旮聲，"枕"之繁文。●讀枕。《信陽 2 · 23》："一綧（錦）索楮（枕）。"

楮 楚 上博一 · 詩論 29

【注】疑從市旮聲。●讀枕。《上博一 · 詩論 29》："《涉秦（溱）》丌（其）鑾（絶）律而士，《角楮（枕）》婦。"此字左旁從"市（巾）"，與絲織品有關；"角枕"恰可與《唐風 · 葛生》篇的"角枕"相聯繫，故釋為"枕"當無疑問。旮，李家浩認為是旮字異體，此是把"尤"旁所從"一"的左右兩豎寫到橫畫之上作"八"字形，並在"人"旁下方左右兩側各加一飾筆。此字右旁如何分析，學者意見不一。

定紐沃聲

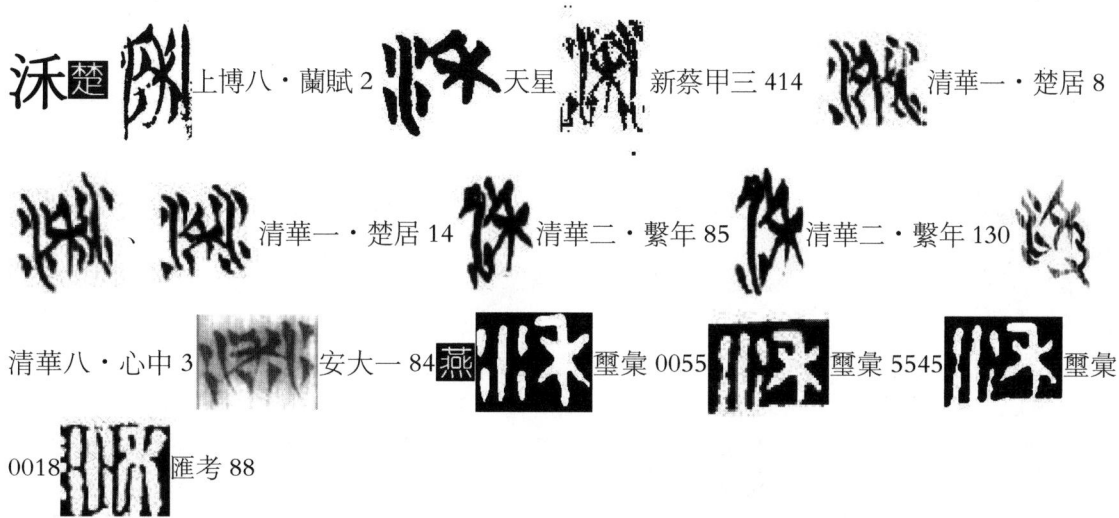

沃 楚 上博八 · 蘭賦 2　　天星　　新蔡甲三 414　　清華一 · 楚居 8

、 清華一 · 楚居 14　　清華二 · 繫年 85　　清華二 · 繫年 130

清華八 · 心中 3　　安大一 84　　燕 璽彙 0055　　璽彙 5545　　璽彙 0018　　匯考 88

【注】這個字的釋讀，迄今尚無定論。黃德寬認為"淋"，像禾沉沒水中形，"沉（沈、湛）"之古字。（《釋新出戰國楚簡中的"湛"字》）從㳖、從禾，禾亦聲。或省一水作"沃"。俗作"沉"。●讀湛。《清華八 · 心中 3》："心情母（毋）又（有）所至，百體四叟（相）莫不嵒湲。"《方言》卷十三："湛，安也。"郭璞注："湛然，安貌。""嵒湲"猶言"逸安""安佚"。嵒，從馬省形，從田，疑為"奔逸"之"逸"字。湲，即"沃"字繁體。根據文意，"逸沉"疑指放縱沉淪。《上博八 · 蘭賦 2》："汗（旱）其不雨，可（何）淋而不沽（涸）？""湛"本指沉物於水中，很自然可以引申出表示"水""潮濕""潤澤"等義。●讀湛，地名。《清華一 · 楚居 8》："至文王自

疆浧（郢）遷（徙）居淋郚。"淋郚，在湛水之濱。●《璽彙0018》"沃單都司徒"。璽文第二字  疑是"單"字。"沃單"讀為"黏蟬"。《漢書·地理志》樂浪郡下有"黏蟬"，在戰國時可能是燕國屬縣。《史記·朝鮮列傳》："自始全燕時，嘗略屬真番、朝鮮，為置吏，築障塞。"可證戰國時期燕國的勢力範圍確實已到達朝鮮。●讀氾，地名。《清華二·繫年130》："楚人涉沃（氾）。"●讀髧。《安大一84》："淋（髧）皮（彼）兩髳（髦），是（實）隹（維）我義（儀）。"《毛詩》作"髧彼兩髦"。毛傳："髧，兩髦之貌。"

㹺 楚  清華九·治政43

【注】從牛沃聲。●讀沉。《清華九·治政43》："古（故）邵（灼）軀、鱖祀、祳（磔）禳（禳）、祈褁，㹺（沉）☑珪辟（璧）、我（犧）全（牷）、饋鬯，以忻（祈）亓（其）多福。"

盉 晉  哀成叔鼎

【注】從皿沃聲。●《哀成叔鼎》："君既安叀（惠），亦弗其盉蔓，嘉是隹（唯）哀成弔（叔）。""盉蔓"二字義不詳。劉剛認為讀染。這句話的意思就是："哀成叔安仁和惠，也從來沒有沾染不好的品行，嘉的諡號就是哀成叔。"（《釋染》）

淋 楚  清華九·成人9

【注】疑為"淋"之異文。●讀沈。《清華九·成人9》："五霸（栢）淋（沈）迻（滯），五諢（辭）不聖（聽）。"淋迻，整理者讀"沈滯"。（參黄德寬：《清華簡新見"湛（沈）"字說》）

濼 楚 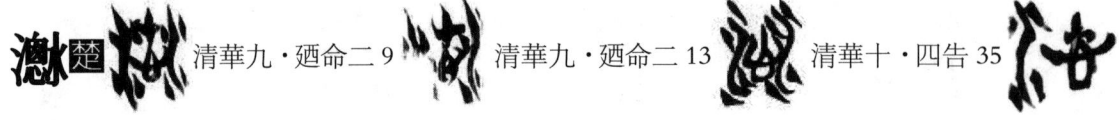 清華九·廼命二9　 清華九·廼命二13　 清華十·四告35　

清華五·厚父9

【注】"淋"之異文，"沈"字異體。●整理者讀忱。《清華九·廼命二9》："天命非濼，昌唯宜悳（德）。"整理者注："'天命非濼'之'濼'為'沈'字異體，說詳本輯《成人》注〔三一〕，楚文字齒音侵部、東冬部多可相通。此處讀為'忱'，訓為'誠'。《詩》《書》中習見'天命不誠'之語，如《詩·大明》'天難忱斯'，《蕩》'其命匪諶'，《書·大誥》'天棐忱辭'、'天棐忱'，《康誥》'天畏棐忱，民情大可見，小人難保，往盡乃心'，《君奭》'若天棐忱，我亦不敢知曰其終出於不祥'。孫詒讓《尚書駢枝》：'謂天命無常，不可信也。'（中華書局，二○一○年，第一二九頁）又清華簡《厚父》簡九有'天命不可濼斯，民心難測'，'濼'亦為'濼'字之省。"●整理者讀沈。《清華九·廼命二12》："母（毋）或不相孫（遜）爻（教）於善，殀（夙）夜從事，而相覙（瞖）於不共命，濼（沈）迻（滯）不歡（勸），曓（就）骱内以出於外。"●《清華五·厚父9》依字形可釋為聰，《說文》"聰，察也"。《清華五·厚父9》："天命不可濼斯，民心難測。"謂天命不可知曉察覺。簡文或許與"濼（沈）"有聯繫。

定紐呈聲

呈  璽彙 0252　 信陽 2·10　 上博六·孔子 17　 郭店·唐虞

19　 上博五·鬼神 7　 上博八·成王 13

【注】從爪壬聲。楚文字呈、至相混。●讀徑。《信陽 2·10》：“呈〈至（徑）〉二夲（寸）。”●
讀淫。《上博五·鬼神 7》：“渚（耽）呈（淫）念惟。”呈，舊釋為坙（坐），劉釗釋為呈，簡文
“渚呈念惟”中的“渚呈”一詞讀為“耽淫”。“耽淫”意為“沉湎”。《三國志·魏志·齊王芳
傳》：“皇帝芳春秋已長，不親萬機，耽淫內寵，沈漫女德。”是其證。所以簡文“耽淫念惟”是
“沉湎于思念”的意思。（《上博五·鬼神》“耽淫念惟”解）《上博八·成王 13》：“丌牊（狀）
膏（驕）呈（淫）。”●讀輕。《郭店·唐虞 19》：“方才（在）下立（位），不以阤夫為呈〈至（輕）〉。”

埕  璽彙 5589　 璽彙 0204　 分研 173

【注】從土呈聲。●楚璽人名。

硁  清華十一·五紀 106

【注】從石呈聲。當為“硁”之誤字；楚文字至、呈混同。●讀磬。《清華十一·五紀 106》：“雋
（鳥）硁〈硁（磬）〉開〈龠（籥）〉配牁（將），天之五禂（瑞）迊上，枼（世）萬恩（留）尚
（常）。”

遅  清華五·命訓 9　 清華五·命訓 13　 清華五·命訓 10

【注】從辵呈聲。●讀淫。《清華五·命訓 13》：“埶（藝）不遅（淫），豊（禮）又（有）旹（時）。”

淫  上博一·緇衣 4　 郭店·尊德 16　 清華一·保訓 11　 清

華一·保訓 4　 三年上郡戈詛楚文　 睡簡·語書 4　 睡簡·語書 3

 印增 440

【注】從水㸚聲。《説文》：“㶷，侵淫隨理也。從水㸚聲。一曰久雨為淫。”本義浸淫。●多用為本義，沉湎、沉浸。《郭店・尊德 16》：“教以懽（權）慜（謀），則民淫悁遠豊（禮）亡新（親）慐（仁）。”簡文所作，與《古文四聲韻》作𤲬同。●放縱、恣肆。《上博一・緇衣 4》：“歎（謹）惡㠯（以）虛（御）民淫，則民不惑。”●刑徒人名。《三年上郡戈》：“徒淫。”

定紐尋聲

尋 子口鼎　　　眚仲之孫簠　　　尋伯匜 齊　　　尋仲匜　　　尋仲盤

楚 遷邨鐘 晉 弊編 283 秦 闗簡 57 （　）睡簡・日甲 13

【注】甲骨文作𠬞、𠂔、𠂢、𠂤、𠂇、𠂇、𠂹、𠂤、𠃊、𠃊、𠨎、𠨟、𠨟，象人兩臂張開，丈量至另一隻手之間的距離，也就是量兩臂的長度，字下端或加“口”，蓋意在表示用口説出所量的長度。唐蘭以為“尋”之古文，曰：“實尋之古文。由字形言，八尺曰尋。《大戴禮記・王言》云：‘舒肘知尋。’《小爾雅》云：‘尋，舒兩肱也。’按：度廣曰尋。古尺短，伸兩臂為度，約得八尺。卜辭偏旁之𠂢正象伸兩臂之形。其作丨者，丈形。”（《天壤閣甲骨文存考釋》42 頁）卜辭或作𠨟，李學勤隸作“�”，並謂“𨇾”是在“尋”字上再加聲符“㐭”。（《續釋“尋”字》）“㐭”為廩之初文。“𨇾”可以理解為雙聲符字，從“㐭（廩）”得聲之字與從“尋”得聲的不少字彼此同音，如“覃”和“蕈”為定紐侵部字，“撢”和“襑”在透紐侵部，“尋”“潯”和“鐔”“鱏”均為邪紐侵部字，等等。金文同甲骨文，《尋仲盤》加“又”，意在強調手的動作。小篆來源於“𨇾”，其演變順序為𠨟→𡮣（帛編 125）→尋（衡方碑）→尋（郭有道碑）。戰國楚系文字加攴繁化。《説文》：“𡨄，繹理也。從工從口從又從寸。工、口，亂也。又、寸，分理之。彡聲。此與𣥐同意。度，人之兩臂為尋，八尺也。”説解淩亂不可據。金文或增從口、巾，均為繁文。●國名，典籍作“鄩”。《尋仲盤》：“尋中（仲）𦝱（媵）中（仲）女子寶般（盤）。”鄩國地望不明。●祭名。《秦公簠》：“乍（作）尋宗彝，㠯（以）卲皇且（祖）。”天子、諸侯在宗廟正祭後次日再祭謂之“繹”，又稱“尋”。●人名。《遷邨鐘》：“尋楚猷之子遷邨，羃（擇）丮（厥）吉金。”●布帛之單位。《里耶 5・7》：“布四尋。”《周禮・地官・媒氏註》八尺曰尋，倍尋曰常。《小爾雅》四尺謂之仞，倍仞謂之尋。●《睡簡・日甲 13》：“寇〈冠〉、尋車、折衣常（裳）、服帶吉。”整理者釋作製，讀制。劉釗釋為尋，李家浩認為，“尋”字與“作”字義近。

 琱生尊 　　　琱生尊

【注】從巾尋聲，為絲織物長度單位專用字。●讀尋，布帛之單位。《琱生尊》：“召姜㠯（以貽）琱生𢦏五幬（尋）、壺兩。”

 上博一・詩論 2

【注】從艸尋聲。●讀覃。《淮南子・天文》:"火上蕁,水下流。"高誘注:"蕁,讀若《葛覃》之覃。"《淮南子・原道》:"故雖游于江潯海裔。"高誘注:"潯,讀《葛覃》之覃也。"《爾雅・釋言》:"流,覃也。覃,延也。"《經典釋文》:"覃本又作姈。孫叔然云:'古覃字'。"《説文》:"覃,長味也。"《廣雅・釋詁二》:"覃,長也。"《上博一・詩論 2》:"《頌》,平德也,多言後,其樂安而遲,其歌申而蕁,其思深而遠,至矣!"或釋為蕩,讀易,平易、和易。《易傳・繫辞》:"卦有小大,辭有險易。"

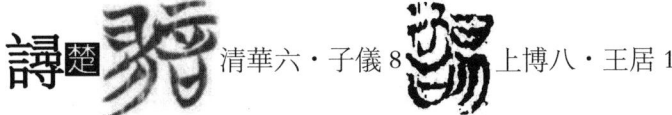 睡簡・日乙 130

【注】從衣尋聲。《説文》:"褥,衣博大。从衣尋聲。"●《睡簡・日乙 130》:"凡褥車及寇〈冠〉。"《睡簡・日甲 115 背》:"六月己未,不可以褥新衣,必死。"義均不詳。

 清華六・子儀 8　上博八・王居 1

【注】從言尋聲。●讀覃。尋,侵部邪母;覃,侵部定母,音近可通。《清華六・子儀 8》:"君又謂言,余隹(誰)思(使)于告之。"覃,滋味深長。《説文》:"覃,長味也。"覃言,指含有深意的話語。●《上博八・王居 1》讀鄩,地名。

 鶹鑄楚　包山 157　包山 157 反　新蔡乙三 16　新蔡乙四 16　清華一・楚居 16　類編 146

【注】從邑尋聲。《説文》:"鄩,周邑也。從邑尋聲。"中國春秋時周邑名,在今河南省鞏義市西南。●地名。《鶹鑄》:"與鄩之民人、都啚(鄙)。"●楚地名用字,在簡文中有多種寫法。

 新蔡甲三 30

【注】從艸鄩聲。●讀鄩,地名。

 新蔡乙一 12　新蔡甲三 183　新蔡乙一 26　上博五・鬼神 7

上博六·競公 10　　上博七·凡甲 27　　新蔡乙一 16　　清華十一·五紀

90  上博五·鬼神 7

【注】從攴尋聲。●新蔡簡讀鄩，地名。●讀尋，研究、探尋。《上博八·鬼神 7》："昔黸（融）之氏（是）帀（師），訐敯顕（夏）邦。"詳"訐"字。●讀尋，長度單位。《上博六·競公 10》："一丈夫執敯之幣、三布之玉。"●讀尋。《上博七·凡甲 27》："敯牆（牆）而豊（禮）。""敯牆"，讀為"尋墙"，隨着、循着墙走。《左傳·昭公七年》："一命而傴，再命而傴，三命而俯，循墙而走。"

 新蔡甲三 259

【注】從土敯聲。●讀鄩，地名。

 包山 120　　新蔡乙三 29

【注】從艸敯聲，"蕁"之繁文。●"下邿（蔡）藭（蕁）里人"，地名。

 郭店·成之 34

【注】從竹敯聲，"簹"之繁文。●讀簟，簟席。《郭店·成之 34》："君子簹箔（席）之上戁（讓）而受學（幼）。"《荀子·非十二子》："奥窔之間，簟席之上。"王天海先生按"簟席，竹席，古人坐卧之具"。

 新蔡甲三 178　新蔡甲三 159　新蔡甲三 240　包山 12

 新蔡甲三 204　新蔡甲二 6

【注】從邑敯聲。●讀鄩，地名。

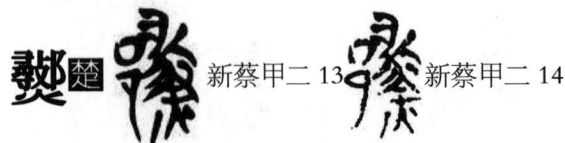 新蔡甲二 13　新蔡甲二 14

【注】從火鄩聲。●讀鄩，地名。

⿰尋由 楚  上博一・詩論 16  安大一 3  安大一 4

【注】從由尋聲。此字右半所從是“由”字不是“古”字（按上博簡 9、16、20、24 均有“古”字，作形，與此字右旁有别），此字當隸定為⿰尋由。“由”旁為贅加的聲符。●讀覃。《上博一・詩論 16》：“吾以《䈞（葛）⿰尋由（覃）》得氏（祇）初之詩，民性固然。”《葛覃》詩經篇名。●讀覃。《安大一 3》：“葛之⿰尋由（覃）可（兮），陀（施）于中（中）浴（谷）。”尋，古音屬邪母侵部；覃，屬定母侵部。聲母皆屬舌尖音，韻部相同。《爾雅・釋言》“覃，延也”，《釋文》：“覃，徒南反。本亦作𤮊字。”“𤮊”是“蕁”的聲旁，同“尋”。毛傳“覃”字訓釋本於《爾雅・釋言》。

⿰宷尋 楚  郭店・成之 24

【注】從尋從宷，尋、宷雙聲。●讀誠。《郭店・成之 24》：“型（形）於中，登（發）於色，其⿰宷尋也固悉（矣），民篙（孰）弗信。”

⿰尋戈 楚  攻敔王光劍

【注】從戈尋聲。●讀撏。撏，《揚子・方言》取也。《攻敔王光劍》：“攻敔光自乍（作）用鐱（劍）趄余允至克⿰尋戈多攻。”克⿰尋戈多攻，謂能取得很多功績。

定紐覃聲

覃  覃父癸爵  覃父丁甗  亞共覃父甲鼎  父己爵  父丁爵  父乙卣  覃父乙簋 晉  晉姜鼎

【注】早期金文作，象器形，“壇”之初文；上或從鹵（或謂鹹省聲），遂孳乳為覃。鹹鹵乃調味之物，器中放置鹽鹵，則訓為長味也。徐中舒曰：“覃，篆文作，乃金文形之訛變。為壇形的原始象形字，覃所從之形則為文字漸趨整齊畫一後便于寫作的書體，甲骨文偏旁從覃的字都通作此形。西周以後的金文偏旁從的字又多訛作……其形與亯字倒文極相似。亯篆文作，因此，說文遂以為從反亯之形。”（《四川彭縣蒙陽鎮出土的殷代二觶》）戰國文字上訛為西形，下訛為早形或子形，如“譚”之作（秦印），“瞫”之作（守瞫戈）。覃、鹽一字。鹽，《包山楚簡》作“盧”，而《毛公鼎》“簟（簟）”字從竹、盧聲，銘文中用為“簟”，故盧、覃一字。睡虎地秦簡中出現“鹽”字，加上“監”聲，“監”和“盧”共用偏旁“皿”，這就分化出“鹽”字。《說文》：“，長味也。從𣆪，咸省聲。《詩》曰：‘實覃實吁。’古文覃。篆文覃省。”段玉裁注：“此與西部醰音同義近。醰以覃會意也。引申之凡長皆曰覃。”“覃”作名

詞用時，就是"鹽"；作形容詞用時，則解為"長味也"。"長味也"的意義來自"覃"字上部的
"鹵"。●安定、平靜。《晉姜鼎》："每揚乎（厥）光剌（烈），虔不彖，魯覃京自（師），辥（乂）
我萬民。"魯通嘉。魯覃，形容政治局面和社會環境的安定、平靜。《後漢書‧侯瑾傳》："覃
思著述。"李賢注："覃，靜也。"●餘例為族氏名、人名。

糧  瞉簋

【注】糧，甲骨文作 （卜辭用為稻，見"稻"字），從米覃省聲。《瞉簋》作 ，林澐指出"該
字下部乃覃字所從，與甲文  為同一個字"。小篆作左右結構。《説文》："糧，糜和也。從米覃
聲。讀若鄲。"段玉裁注："糜和謂菜屬也。凡羹以米和之曰糝糜。或以菜和之曰糧。"●讀道。
《瞉簋》："陀陀降余多福，宪（憲）糧宇慕遠猷。"張政烺、唐蘭均釋為"糧"，讀道。

暽  守暽戈

【注】從日覃聲。●人名。《守暽戈》："廿二年，臨汾守暽、庫係、工歜造。"

簟  番生簋 秦印 81

【注】從竹覃聲。《説文》："簟，竹席也。"銘文中屢有"金簟弼"，當為本義之引申。●金簟弼：
車輛旁銅制的遮蔽物。《番生簋》："易……金簟弼、魚葡（箙）、朱旂虘（旐）金芃二鈴。""簟
弼"即簟茀。《詩‧大雅‧韓奕》："簟茀錯衡。"鄭玄箋："簟茀，漆簟以為車蔽，今之藩也。"
●秦印"目簟"，應為人名。

鱏  蔡公孫魚鱏戈

【注】從魚覃聲。●人名。《蔡公孫鱏戈》："蔡公孫鱏之用戈。"蔡公子器此前多有出土，如蔡
公子頒戈、蔡公子果戈、蔡公子從戈、蔡公子加戈、蔡公子義工簠等，蔡公孫器則是首次發現。

瞫  秦印 66

【注】從日覃聲。●秦印人名。

瞫  戰編 220 、 印增 581

【注】從竹暉聲。●秦印人名。

 里耶 8 · 1373

【注】從金覃聲。●"鐔成"，地名。

 印章 577

【注】從言覃聲。●人名。

泥紐男聲

編 454 睡簡 · 答問 167　睡簡 · 日甲 9 背　睡簡 · 日甲 73 背

【注】甲骨文作𝌆、𝌇、𝌈、𝌉、𝌊，從田從力（耒形），在田裏耕作是古代男人的主要職責，因此用田、力來表示男人。金文同甲骨文，或增從爪。"力"旁曲畫或濃縮作點畫。《説文》："𤰞，丈夫也。從田從力。言男用力于田也。凡男之屬皆從男。"本義為男人，如《禮記》："三十而有室，始理男事。"周朝的五等爵位都由男子充任，所以"男"被借為五等爵位（公、侯、伯、子、男）的第五等。●男女之"男"。《翏生盨》："其百男、百女、千孫，其邁（萬）年𧶧（眉）壽永寶用。"《師𡪍簋》："余用乍（作）朕（朕）後男𩨬障段。"後男，與"後人"義同，而專指男性後代。●叔男父：人名。《叔男父匜》："弔（叔）男父乍（作）為𩇫（霍）姬𦝢（媵）旅它（匜）。"

"叔"是行第。●爵位之稱號。《許男鼎》:"鄦(許)男乍(作)成姜逗女(母)般(媵)𦉞貞（鼎）。"許男,是以國名加爵位稱呼人的方式。許,國名;男,爵稱。文獻記載西周的爵稱,除周王以外,是公、侯、伯、子、男五種。

烱齊　陶録 3 · 412　　陶録 3 · 413

【注】從火男聲。●單字,應為人名。

泥紐南聲

南 大盂鼎　南姬爵　衛簋　無昪簋　無昪簋　南宮姬鼎

　射南簋　吳王姬鼎　兮甲盤　大盂鼎　射南簋　𤷪尊　善夫山鼎

　散氏盤　妣㜮母簋　狀馭簋　無叀鼎　大保玉戈　晉侯穌鐘

齊　洹子孟姜壺　洹子孟姜壺　匯考 42　分研一 144　陶彙

3 · 126　陶彙 3 · 142　陶彙 3 · 508　陶録 2 · 660　楚 工𤞷太子姑發劍

曾侯與編鐘　冉鉦鋮　包山 38　包山 231　望山 1 · 77　新蔡甲

三 393　清華二 · 繫年 69　清華二 · 繫年 80　清華二 · 繫年 112　清華

八 · 八氣 2　清華三 · 良臣 3　安大一 50　安大一 9　清華十一 · 五紀

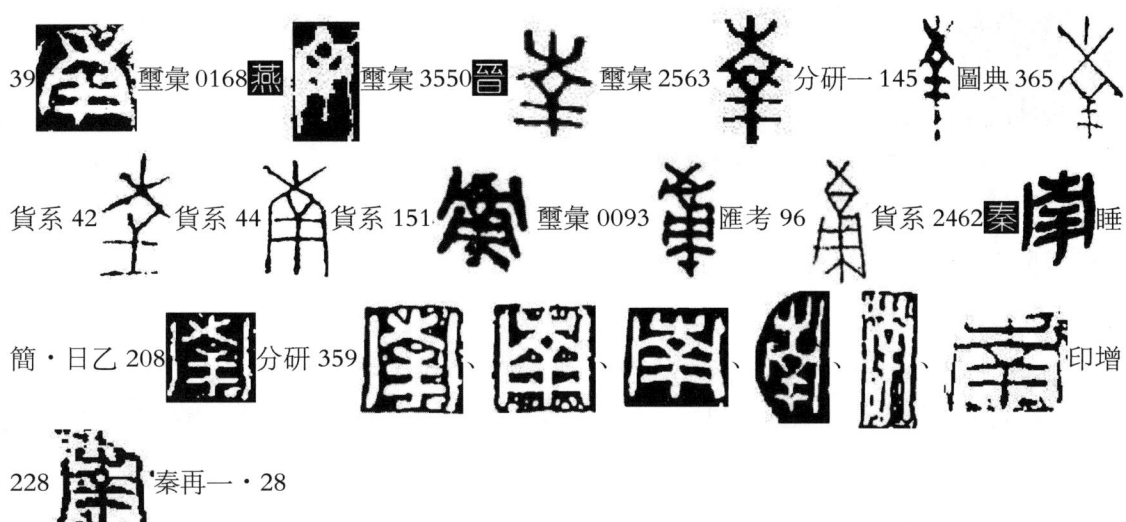

39　璽彙 0168 燕　　璽彙 3550 晉　　璽彙 2563　　分研一 145　　圖典 365

貨系 42　　貨系 44　　貨系 151　　璽彙 0093　　匯考 96　　貨系 2462 秦　　睡

簡·日乙 208　　分研 359　　、　　、　　、　　、　　印增

228　　秦再一·28

【注】甲骨文作 凷、甴、甴、甴、甴、甴、甴、甴、甴、甴、甴、甴、甴。郭沫若謂"南"本象
鐘、鎛形，上端有紐可以懸掛。卜辭有 甶字，象以手持槌擊南形。《詩經·小雅》："鼓瑟鼓琴，
笙磬同音。以雅以南，以籥不僭。""南"即指樂器。金文小篆多有訛變，《射南簋》所作，與"庚"
易混。《說文》："甹，艸木至南方，有枝任也。從宋羊聲。甹 古文。"析形釋義均不確。本義是
一種打擊樂器，如《詩經》："以雅以南。"又指南方的樂器名和樂舞名。故又引申指南方。由此
看來，南方的"南"是引申不是假借。●方位名，與"北"相對。《九年衛鼎》："夆（厥）南彊
（疆）眔散田，眔政父田，夆（厥）西彊（疆）眔厲田。"●人名。《鬲比簋蓋》："王令眚（省）
史南目（以）即虢旅。"●南國：泛指南方各方國。《禹鼎》："廣伐南國東國。"●南疆：泛指南
方偏遠地區。《冉鉦鍼》："余處此南隨（疆）。"●南宮子：神名。或稱南宮朱雀，專負責掌管南
方朱雀星座的神。《洹子孟姜壺》："于南宮子用璧二備，玉二嗣（笥）。"《史記·天官書》："南
宮朱雀。"司馬貞索隱引《文耀鉤》："南宮赤帝，其精為赤烏也。"●南山：地名，具體地望不
詳。《啟卣》："王出獸南山。"據銘意，南山為周王之狩獵場所。●古璽印多用為地名。《璽彙 0093》
何琳儀釋為"南宮將行"，"南宮"為地名，見於《漢書地理志》信都國，在今河北南宮西，此
印為趙璽。秦印"南陵丞印""南郡府丞""南陽邸丞"等均為地名。●《匯考 96》"咎（皋）郎
（狼）郡（縣）南府"，當是趙國皋狼縣南府的官署所用之印。●南宮，複姓。《南宮乎鐘》："嗣
（司）土（徒）南宮乎乍（作）大鑴（林）鬱（協）鐘。"《圖典 365》有"南宮聽"。●秦印有
"南盧""南顆"，為姓氏。

 楚　璽彙 1568

【注】從言南聲。●楚璽人名

 楚　清華五·厚父 6

【注】從水南聲。●讀沉。湳，泥母侵部；沉，定母侵部。湳、沉古音很近。《清華五·厚父 6》：
"湳（沉）湎于非彝。"

 敵簋

【注】從攴南聲。●人名。《敵簋》："敵。"

 清華九·治政 23

【注】從甘南聲。●讀覃。《清華九·治政 23》："武威，卑（譬）之若蓼莉之易戲；文威，卑（譬）之若恖（溫）甘之犀（雟）竇（覃）。"《玉篇·甘部》："覃，長味也。"雟覃，指味道醇厚長久。

泥紐壬聲

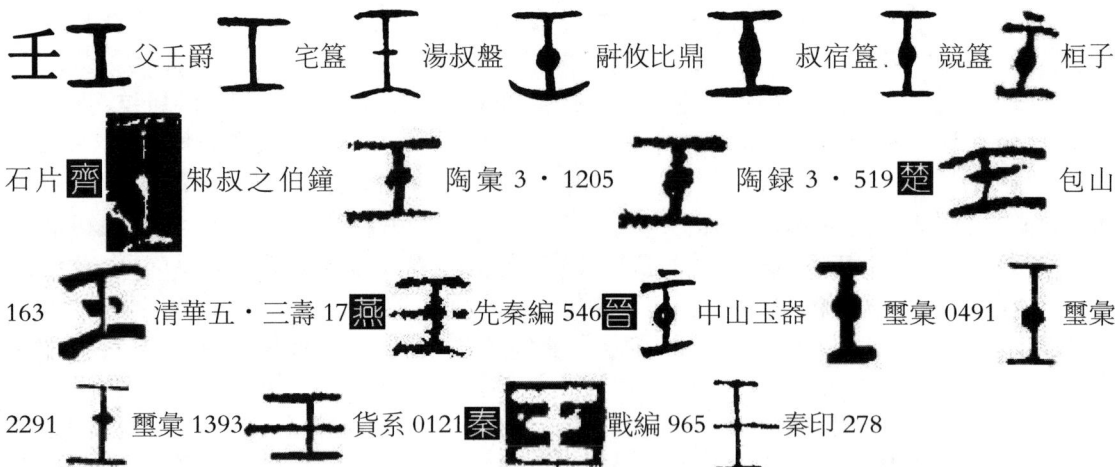

【注】甲骨文作 工、工、王，象古代織布機上承持經綫的機件，即"箱"。經綫從箱齒間通過，它的作用是把緯綫推到織口。由它決定經綫的位置、密度並勒緊緯綫。或為與"工"字相區別，于豎筆加圓點作 王。金文同甲骨文。戰國文字延伸圓點變為橫，為小篆所本。《説文》："王，位北方也。陰極陽生，故《易》曰：'龍戰于野。'戰者，接也。象人裹妊之形。承亥壬以子，生之敘也。與巫同意。壬承辛，象人脛。脛，任體也。凡壬之屬皆從壬。"析形釋義均不確。本義為持經之箱。後借為天干的第九位，與地支相配用來紀年、紀月、紀日。後"壬"為借義所專用，有關紡織之義便另加形符"糸"寫作"紝"。●天干第九位名，用以紀日。《縣改簋》："隹（唯）十又二月既朢（望），辰才（在）壬午。"●先公先王及先妣的廟號。《員尊》："員作父壬寶尊彝。"●《璽彙 0491》"壬尚"，姓氏。

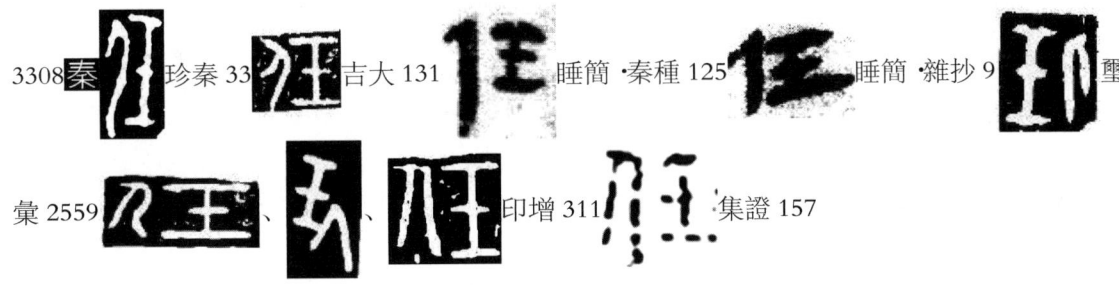

3308秦 ⋯⋯ 珍秦 33 ⋯⋯ 吉大 131 ⋯⋯ 睡簡·秦種 125 ⋯⋯ 睡簡·雜抄 9 ⋯⋯ 璽

彙 2559 又 、 、 印增 311 ⋯⋯ 集證 157

【注】甲骨文作 ⋯⋯、⋯⋯、⋯⋯、⋯⋯、⋯⋯、⋯⋯，從人從壬；壬兼聲。壬本為"箈"，承經綫並勒緊緯綫，故"任"本義當為承受，形聲兼會意也。《說文》："任，符也。從人壬聲。"本義當為承受。引申挑擔、荷、肩負等義。《詩·大雅·生民》："是任是負。"注："任，猶抱也。"又引申指負擔、擔子等義。●姓，金文通作"妊"。《作任氏簋》："乍（作）任氏從（從）殷。"●保舉。《睡簡·答問 145》："任人為丞。"●勝任。《睡簡·語書 7》："今若弗智（知），是即不勝任、不智毆（也）。"●承擔。《上博四·內禮 4》："止之而不可，隱（隱）而任。"楚文字或用"妊""貢"表示任，"妊"可能是負任之"任"的專字。●《集證 157》"任城丞印"。《漢志》東平國有任城縣，"故任國，太昊後，風姓。莽曰延就亭"。"任城"在秦約屬薛郡，在今山東省濟寧市東南。●秦印有"任相""任祿"為姓氏。六國文字做"邗"。

秎 ⋯⋯ 秎尊

【注】從禾任聲。《說文》無。《集韻》禾弱也。●人名。《秎尊》："秎乍父丁尊彝。"

惁楚 ⋯⋯ 王孫遺者鐘

【注】從心任聲。●讀任。《王孫遺者鐘》："余惁訋心，征永余德。""訋"即"台"，《爾雅·釋詁》"台，我也"。銘意為，我以誠心永保我的德行。

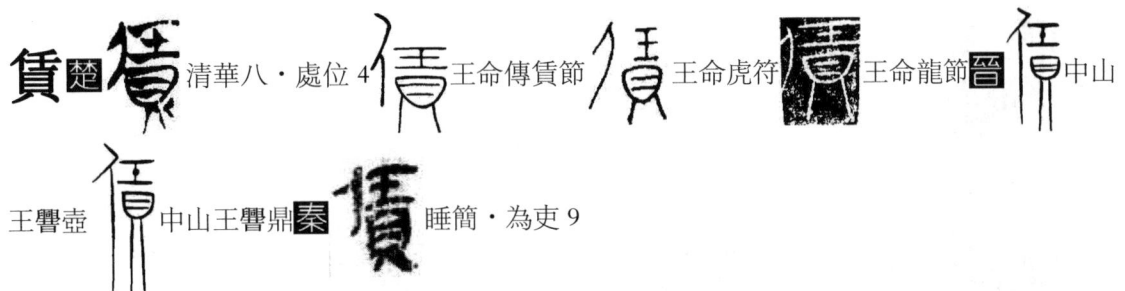

賃楚 ⋯⋯ 清華八·處位 4 ⋯⋯ 王命傳賃節 ⋯⋯ 王命虎符 ⋯⋯ 王命龍節晉 ⋯⋯ 中山

王嚳壺 ⋯⋯ 中山王嚳鼎秦 ⋯⋯ 睡簡·為吏 9

【注】從貝任聲，與小篆同。《說文》："賃，庸也。"本義給人做雇工。●讀任，負擔、任事。《王命龍節》："王命命𨒅（傳），賃一櫓（擔），飤之。"銘意為，以王命令傳驛，有負一擔之物以傳輸者，當與飤之。●讀任，責任。《中山王嚳鼎》："迮（使）智（知）社稷之賃（任）。"中山文字或用"貢"表示任。●讀任，委也。《中山王嚳壺》："余智（知）其忠諶（信）旃（也），而讓賃（任）之邦，氏（是）以遊夕歈（飲）飤（食）。"●《清華八·處位 4》："宔（主）賃百迓（役），乃斁（敝）於亡。"《說文》："賃，庸也。"《史記·范雎列傳》："臣為人庸賃。"《周禮·天官·大宰》"以九職任萬民……閒民無常職，轉移執事"，鄭司農注："閒民，謂無事業者，轉移為人執事，若今傭賃也。"

2673

紅齊 璽彙 2610 楚 紅 清華六·子儀 10　紅 清華一·耆夜 3　紝 清華三·赤鳩 2

【注】從糸壬聲。●《清華六·子儀 10》：“攺（施）之續兮而奮之，織紝之不成，吾可（何）以祭稷（祀）？”織紝，乃古之成詞，古書習見，如《左傳·成公二年》：“以執斲、執鍼、織紝皆百人。”《墨子》書中多言“紡績織紝”。句意為：讓某人從事紡績而督促他努力工作，如果織紝的工作完不成（指做成祭服），我穿什麼去祭祀？●讀任。《清華一·耆夜 3》：“紝尼（昵）羿（兄）俤（弟）。”“任”“昵”義近，“任昵兄弟”即信任親近兄弟。詳“尼”字。●《清華三·赤鳩 1》：“湯句（后）妻紝夃胃（謂）少（小）臣曰。”“紝夃”蓋即商湯所娶有侁氏（或作有莘氏）之女。紝夃乃其私名，古書未見。●齊璽人名。

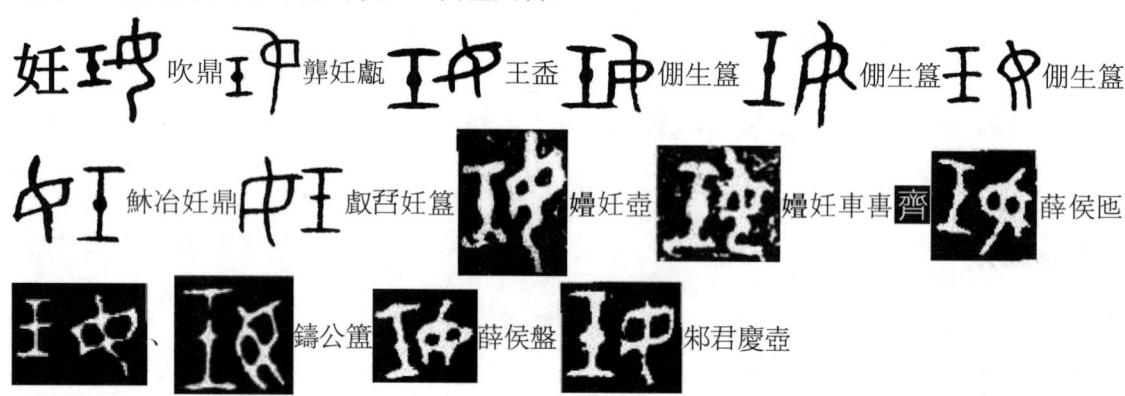

妊坤 吹鼎 坤 靠妊甗 工中 王盉 工中 倗生簋 工中 倗生簋 王中 倗生簋

中工 鮴冶妊鼎 中王 戲吾妊簋 坤 嬗妊壺 坤 嬗妊車曺齊 工中 薛侯匜

王中、坤 鑄公簠 坤 薛侯盤 工中 邾君慶壺

【注】甲骨文作 𡚏、𡚦、𡚧、𡚨，從女壬聲。金文承之，然壬字中豎多增圓點或短橫，以別于工。《說文》：“妊，孕也。從女從壬，壬亦聲。”本義為古姓，黃帝少子禹陽，受封于任（今山東任城），以國為氏。卜辭用作人名。以聲同，許慎遂訓為懷孕字。●讀任，古姓，典籍或作“任”。《薛侯匜》：“薛侯乍（作）弔（叔）妊設（襄）脁（媵）它（匜）。”

㝐 𠬝白㝐父盤

【注】從宀妊聲。●人名。《𠬝白㝐父盤》：“𠬝白㝐父朕（媵）姜無㫃（沫）盤。”

妡楚 妡 郭店·性自 62 𠂟 清華十·四告 16

【注】從力壬聲，“任”字或體。●讀任，承擔。《郭店·性自 62》：“凡息（憂）患之事谷（欲）妡（任），樂事谷（欲）後。”●讀任，指先任。《清華十·四告 16》：“敢用一丁脅（脯）白豚，先用嘞（芳）𩰖，鼎（遍）邵（昭）羍（禱）妡（任）。”

邗齊 璽彙 2056 璽彙 2057 楚 狂 清華六·子儀 16　狂 清華二·繫年

2674

119**晉** ⬚ 璽彙 5265　⬚ 璽彙 2054

【注】從邑壬聲。●讀任，責任。《清華六·子儀 16》："君不尚（當）芒（荒），鄙（隔）方（妨）者（諸）邘（任）。"此句當讀為"君不當荒，隔防諸任"。"隔防諸任"即把自己和責任隔離開來，就是放棄責任的意思。●古璽印有"邘胴""邘户""邘臧"等，讀任，姓氏。

郴 楚 ⬚ 包山 221

【注】從井邧聲。●讀邧，姓氏。《包山 221》："郴朕以少寶為左尹邵𧊪貞。"李守奎先生《楚文字編》隸定作"郴"。對比《繫年 112》的⬚，張新俊先生釋為"邢"，可以讀龔，用作姓氏。

貢 楚 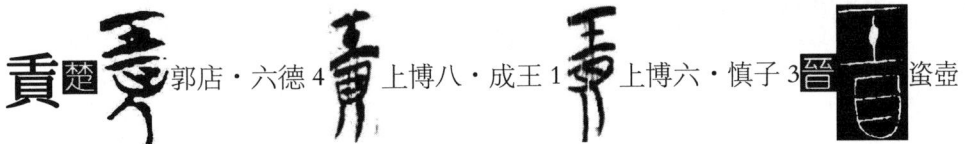 郭店·六德 4　⬚ 上博八·成王 1　⬚ 上博六·慎子 3 晉 ⬚ 蚕壺

【注】從貝壬聲，"賃"字省文。●讀任。《郭店·六德 4》："聚人民，貢（任）坓＝（土地），足此民尔（爾）生死之甬（用）。"《廣雅·釋詁一》："任，使也。"又引《孟子·離婁上》云："任土地。""任土地"之意，應如朱熹所注："謂分土受民，使任耕稼之實。"《蚕壺》："或得臂（賢）狅（佐）司馬貯，而冢（屬）貢（任）之邦。"●讀任，重任、任務。《上博八·成王 1》："成王既邦（封）周公二年，而王㽙（重）亓（其）貢（任）。"

隫 秦 ⬚ 類編 479

【注】從阝貢聲。●"隫華"，人名。

績 楚 ⬚ 上博九·舉治 20

【注】從糸貢聲。●《上博九·舉治 20》："四正受績（任），五事皆李（理）。"讀任，意為四方之界，皆有所任。

衽 秦 ⬚ 睡簡·日甲 68 背

【注】從衣壬聲。●衣襟。《睡簡·日甲 68 背》："乃解衣弗衽，入而傅（搏）者（著）之，可得也。"

猏 燕 ⬚ 璽彙 1675

【注】從犬肝聲。●燕璽人名。

來紐林聲

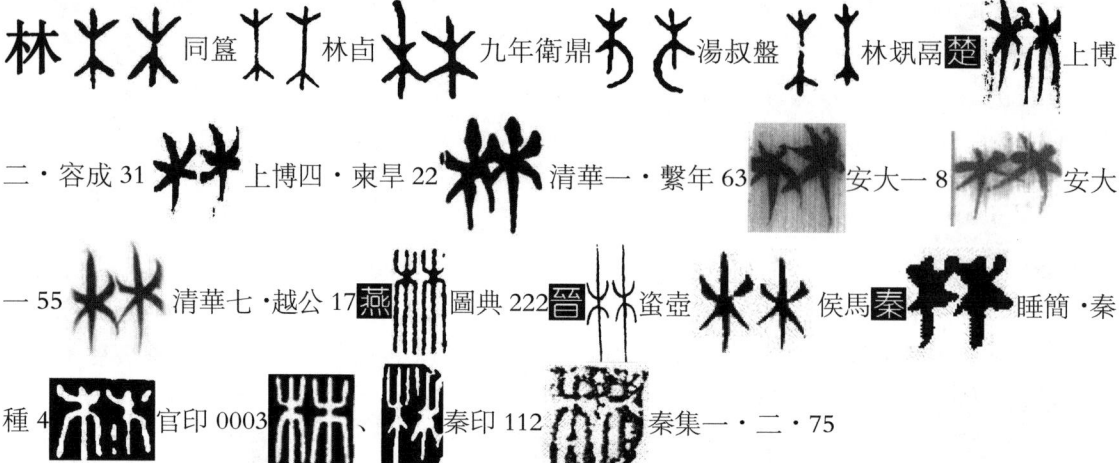

林 同簋 林卣 九年衛鼎 湯叔盤 林妝鬲 楚 上博

二·容成 31 上博四·柬旱 22 清華一·繫年 63 安大一 8 安大

一 55 清華七·越公 17 燕 圖典 222 晉 蚉壺 侯馬 秦 睡簡·秦

種 4 官印 0003 、 秦印 112 秦集一·二·75

【注】甲骨文作 、 、 、 ，從二木，會樹木眾多之意。這種把兩三個同樣的事物放在一起以表示數量多的構字濾還有 "多" "品" "晶" "星" 等字。●森林。《蚉壺》："于皮（彼）新杢，其遣（牆）女（如）林。"《詩·大雅·大明》："殷商之旅，其會如林。"●官名，專掌保護巡守林木。《同簋》："王命同左右吳大父嗣（司）易（場）、林、吳（虞）、牧。"文獻稱 "林衡。"《周禮·地官》："林衡掌巡林麓之禁令，而平其守。以時計林麓而賞罰之。若斬木材，則受濾于山虞，而掌其政令。" "林衡" 掌管林麓， "虞人" 掌管山澤，兩者關係密切。因此典籍中掌管山林之官也往往通稱為 "衡" "虞" "虞衡" "麓"。●《秦集一·二·75》"上林丞印"，即上林苑丞之印。上林苑始建于秦，約位於今西安市西。《史記秦始皇本紀》："諸廟及章台、上林皆在渭南。" 漢武帝建元三年擴建整茸，又於元鼎元年置水衡都尉職掌上林苑。●《圖典 222》"林瑟"，姓氏。

替 齊 西替鐘 西替簠 楚 上博六·競公 8

【注】從口林聲。《廣韻》同 "啉"。《廣韻》酒巡匝曰啉，出酒律。《集韻》飲畢曰啉。古代稱飲酒一巡為 "啉"。然古文字 "替" 未必與此同字。●人名。《西替鐘》："西替乍（作）其妹斬鏻（禱）鉦鐘。"●讀林。《上博六·競公 8》："山替（林）史（使）莫（衡）守之。"

惏 楚 清華三·芮良夫 4

【注】從心林聲。●讀婪。《清華三·芮良夫 4》："母（毋）惏（婪）惥（貪）狣（狡）昆（悃）。"《説文·心部》："惏，河內之北謂貪曰惏。"段玉裁注："惏與女部'婪'音義同。"

謹 楚 清華四·別卦 5

【注】從言從开從四從土，以林為基本聲符。●讀臨，即 "臨" 卦。帛書作 "林"，今本《周易》

作"臨"。臨、林古籍中多有相通之例。

禁 秦 嶧山刻石 集證 149 、 秦印 4 睡簡·秦種

117 睡簡·秦種 6

【注】從示林聲。●多指禁苑。《睡簡·秦種 6》："百姓犬入禁苑中而不追獸及捕獸者，勿敢殺。"秦印有"宜春禁丞""陽陵禁丞"。●禁止。《睡簡·秦種 12》："田嗇夫、部佐謹禁御之，有不從令者有罪。"

番伯鐳

【注】從臼從酒林聲。●讀鐳。《番伯鐳》："唯番冶官曾自乍（作）寶酉（鐳）。"

龗 楚 新蔡乙四 130 包山 199

【注】從黽（鼃）林聲，疑"靐"之異文。●讀靈。包山簡"訓龗"為卜具，具體所指不詳，簡文或作"靐"。新蔡簡或作"龗"。

來紐亩聲

亩 臣辰父癸鼎 燕 匯考 88 聖彙 3395 晉 土勻錍 曶

聖彙 2226 亩里三斗鼎 聖彙 0324 聖彙 3327

【注】甲骨文作 、 、 、 、 、 ，象在大石上架木而成倉庫（上有蓋）形，"廩"之初文。金文同甲骨文。《亩里三斗鼎》倉庫蓋形訛為 。《說文》："亩，穀所振入。宗廟粢盛，倉黃亩而取之，故謂之亩。從入，回象屋形，中有戶牖。凡亩之屬皆從亩。廩 亩或從广從禾。"本義倉廩。●金文人名。●戰國文字均讀廩，倉廩。《土勻錍》："土勻亩，四斗錍。"此為趙國土勻倉廩用器。

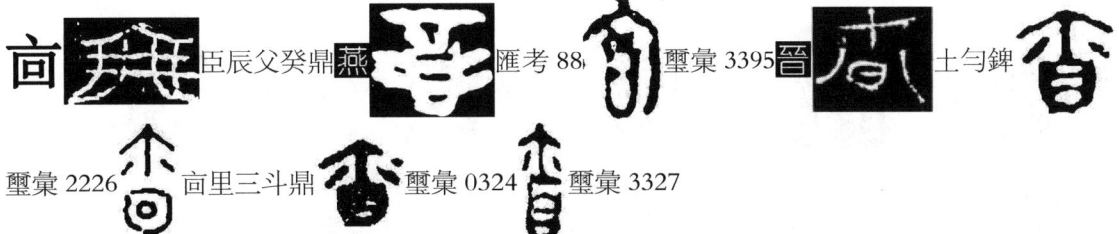

敽 楚 清華九·治政 11

【注】從攴亩聲。●讀稟，接受。《清華九·治政 10》："上惷（愚）則下遊＝執＝（失執，失執）則聽＝古＝（惟古，惟古）則生智，眾多智則反敽（稟）正（政）。"古，讀故，解釋為"心思"

"計謀"比較合適。稟政，即"受政""受命"。反稟政，乃不受政命也。

鄂君啟舟節　　璽彙 0004　　匯考 130

【注】從邑㐭聲。●讀郴。《鄂君啟舟節》："内（入）㗊（耒）、就郘（郴）、内（入）聚（資）。"㗊，《金文編》原釋為"鄩"。此文右旁作㗊，上無〇旁，而有無〇旁是金文晶與㐭的區別所在。且㐭與晶聲音相差很遠，故此文釋"鄩"誤。朱德熙、李家浩隸為"郘"。"郘"不見字書，但字當從㐭得聲，朱、李二先生說銘中應讀郴，據節銘，這個郴所指之地為耒水邊上之郴縣。（詳《鄂君啟節考釋（八篇）》）●讀林。《璽彙 0004》"郘襄君"，李家浩讀作"林鄉"，地名，戰國時屬魏，在今河南新鄭東北。《史記魏世家》中有相關記載"從林鄉軍以至於今"。（《戰國官印考釋（六篇）》）●《匯考 130》"郘采梋厽"，"郘采"為地名，地望待考。

大盂鼎　　能匋尊　　陶彙 6·108　　右啇鼎

【注】從宀㐭聲，為"㐭"之繁文。●讀稟，稟受。《大盂鼎》："今我隹（唯）即井（型）啇于玟（文）王正德。"銘意為：今我以文王的正德為典範效瀍而稟受之。●晉陶"滎陽啇匋"，讀廩。

鄭右廩壺

【注】從泉㐭聲。徐在國先生認為乃"廩"字繁體，加"泉"是義符，表示倉廩就像泉水一樣不竭。●讀廩。《鄭右廩壺》："奠（鄭）右廩。"

楚公豪鐘　　楚公豪鐘　　楚公豪鐘　　清華八·攝命 24　　清華七·越公 55　　清華七·越公 58　　清華六·子產 22　　清華六·子產 25

【注】從攴㐭聲。●讀林。《楚公豪鐘》："楚公豪自乍（作）寶大敽（林）鐘。"●讀婪，貪婪。《清華八·攝命 24》："女（汝）母（毋）敽（婪）。"●讀禁。《清華六·子產 22》："乃敽（禁）卷（捲）單（戰）、相冒、㪘（燕）樂。"詳"卷"字。

清華十·四告 22

【注】從金從貝敽聲。●讀林。《清華十·四告 22》："天子賜我鑱（林）寶、金玉庶器。""林寶"猶言眾寶。《白虎通·五行》："林者，眾也。"

 吳生殘鐘

【注】從刀稟聲。●"大劇鐘",讀林。

 父乙觶

【注】從火肎聲。●金文族氏名。

 九店 56‧54

【注】從竹肎聲。●讀廩。《九店 56‧54》:"箇(廩)尻(居)西北,不吉。"

 包山 150　包山 150　新蔡甲一 12　上博七‧君甲 9　清

華二‧繫年 57

【注】從艸肎聲,疑"稟"之省文。●《包山 150》"上菌",地名。楚文字"肎""爾"易混。陳劍以為:郭店《老子》(老甲 30)和上博(上博四‧曹沫 2)之字無疑分別是"爾(彌)"和"懸(彌)",但由此並不能必然得出相近的九店、新蔡、包山簡諸字所從皆只能為"爾"而不能是"肎"的結論。……以我們現在對戰國文字中不同來源的、本來寫法不同的偏旁的訛混情況的嚴重的認識,"爾""肎"兩偏旁在楚文字中寫得很接近,實在不足為奇。包山簡兩形為同一人名,其所從到底是"爾"還是"肎"難定。蘇建洲總結"肎""爾"有兩處不同:一、"肎"下有封口;"爾"則沒有。二、"肎"下部大約作"Ⅹ"形;"爾"字下則作"✕"形。對於《郭店‧老甲 30》簡"而民爾(彌)叛"之,蘇建洲解釋雖然下面是密封狀,但裏面的筆畫較接近"✕"形,所以仍可以判斷為"爾"字。(《也説〈君人者何必安哉〉"先君霝王乾溪云肎(從艹)"》)●讀命。《上博七‧君甲 9》"云菌",讀為"隕命",死亡、喪身。《左傳‧成公十三年》:"天誘其衷,成王殞命。"

 虢叔鐘　戲鐘　兮仲鐘　大簋　冊三年述鼎　冊三年述鼎

【注】從肎從林,肎、林雙聲。此字金文習見,多用為"林鐘"之義,異體眾多,多以菌、稟為基本聲符。●讀林。《兮仲鐘》:"兮中(仲)乍(作)大菌(林)鐘。"林鐘,即編鐘。《廣雅‧釋詁三》:"林,眾也、聚也。"●讀林,林衡,官名。《鄭義伯罍》:"我㠯(以)菌獸。"●讀吝。《大簋》:"余弗敢菌(吝)。"

 痍鐘　痍鐘

2679

【注】從金酓聲。從金標鐘之質料。●讀林。《瘋鐘》："追孝于高且（祖）辛公、文且（祖）乙公、皇考丁公，龢鑰（林）鐘。"林鐘，即編鐘。

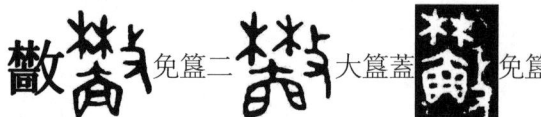克鐘

【注】從刀酓聲。●讀林。《克鐘》："寶劃（林）鐘。"

免簋二 大簋蓋 免簋

【注】從攴酓聲。●讀吝。《大簋》："余弗敢斂（吝）。"●讀廩。《免簋》："令女（汝）足（胥）周師嗣（司）斂（廩）。"

珝生簋 楚 清華二·繫年123 清華八·邦政4 齊 璽彙0319

陶彙3·829 陶彙3·967 秦 寺工師初壺 睡簡·雜抄11 睡簡·雜抄14 睡簡·秦種54

【注】從禾靣聲；齊文字靣下作人形。●賜。《珝生簋》："公乇（厥）稟貝，用獄諜，為白（伯）又祇又成，亦我考幽白（伯）、幽姜令。"●讀廩，領取。《睡簡·雜抄14》："軍人稟所、所過縣百姓買其稟，貲二甲，入粟公。"軍人在領糧地方和路經的縣出賣軍糧罰二甲。●發放廩給《睡簡·秦種49》："其不從事，勿稟。"●讀禁，法禁。《清華八·邦政4》："亓（其）型（刑）壁（易），邦夥（寡）稟（禁）。"《周禮·秋官·司寇》："乃立秋官司寇，使帥其屬而掌邦禁，以佐王刑邦國。"鄭玄注："禁，所以防姦者也。"●《清華二·繫年123》"稟丘"，地名。

稟丘戈

【注】從广稟聲。《說文》以為"靣"之或體。●稟丘，地名。《稟丘戈》："稟丘。"

秦 里耶8·839

【注】從人稟聲。●簡文"傈（廩）人"，讀廩。廩人，管理穀物的收藏出納。

兮仲鐘 兮仲鐘

【注】從金稟聲。● 讀林。《兮仲鐘》：“兮中（仲）乍（作）大鐻（林）鐘。”林鐘，即編鐘。《廣雅·釋詁三》：“林，眾也、聚也。”

 邢人妄鐘

【注】從米從攴稟聲。● “𣂤鐘”讀林鐘。

【注】從米從㐭（兼聲），會倉廩藏米之意，“㐭”之繁文。加禾加米，以示所藏也。《説文》將“㐭（廩）”與“稟”分為二字，“㐭（廩）”訓“穀所振入也”，以為儲穀之所，乃名詞。“稟”則訓“賜穀也”，以為動詞，古文字二字則通用不別。《説文》：“稟，賜穀也。從㐭從禾。”《歐陽氏曰》古者給人以食，取之倉廩，故因稱稟給，稟食。引申為供也，給也，受也。● 授給、賜予。《農卣》：“事（使）氒（厥）舂（友）妻農，乃𩰫（稟）氒（厥）奴。”意為，王使人以女妻農，又恐農衣食不給，復令稟給其妻孥。● 讀林。《師㝊鐘》：“師㝊肇（肇）乍（作）朕（朕）剌（烈）且（祖）虢季、宽（宽）公、幽弔（叔）、朕（朕）皇考德弔（叔）大稟（林）鐘，用喜侃前文人。”林鐘，即編鐘。● 齊文字均讀廩，倉廩也。《左廩戈》：“左稟（廩）。”●《寺工師初壺》：“二年，寺工師初、丞抍、廩人莽三斗北寢（寢）。”廩人：職官名，掌管糧食出入倉廩。

【注】從攴稟聲，“稟”之繁文。● 讀廩，是用來收藏交納糧食穀物的場所。出土的帶有文字銘刻的“廩”，齊璽最多。“廩”是齊官璽中比較常見的職官，齊幾乎各地都有廩，且分左、右。秦漢時期有倉無廩，戰國時期倉廩制度較亂。● 讀廩。《陳純釜》：“左關之畚（釜）節于𣂤（廩）畚（釜）。”《子禾子釜》：“左關釜節于𣂤（廩）畚（釜）。”廩釜，戰國時齊國官方計量倉廩糧食的標準器。《左傳·昭公三年》：“齊舊四量：豆、區、釜、鍾。四升為豆，各有其四，以登于釜。釜十則鍾。”

 陶彙 3·1328

【注】從邑稟聲。●齊陶讀廩。

 柞鐘

【注】從金稟聲。●"大鏅鐘"，讀林。

 兮仲鐘

【注】從金向聲。●"大鍢鐘"，讀林。

 四年咎奴曹令戈

【注】從睸向聲。●"付瞷"，人名。

 蚕伯簋　　蚕姜鼎

【注】甲骨文作 𧒒，從虫向聲，"蟺"之初文。向、亶古侵元通轉，來端鄰紐，故二旁聲音相近，亶旁當後起，應是在向旁基礎上又迭加上去的一個聲旁"旦"。古文字在形體演變中迭加聲旁不乏其例，如金文"參"本寫作 𤔡，後又迭加聲符"三"，寫作 𤕨。《説文》："蟺，夗蟺也。"本義為蚯蚓、鱔魚。●人名。《蚕伯簋》："蚕白（伯）乍（作）寶䵼彝。"《蚕姜鼎》："蚕姜乍（作）旅鼎。"

 亢鼎

【注】從㔾蚕聲。●讀壇，實酒之器物。《亢鼎》："目（以）鬱彗（貫）㔾䵼（壇）牛一。"㔾，即㔾酒。金文多見賞賜"秬㔾一卣"。這裏鬱與㔾分列，可見鬱是已經製作好的配酒香料，尚未與酒調和。酒肯定比香料多。因此，裝酒的壇一定比裝香料的瓶大。鬱瓶㔾壇，即鬱一瓶㔾一壇。銘意為，賜給鬱、㔾、牛各一貫、一壇、一頭。

 憻季遽父卣　　憻季遽父尊

【注】從心蚕聲，"憻"之異文。憻，《篇海》與"坦"同。●人名。《憻季遽父卣》："憻季遽父乍（作）豐姬寶䵼彝。"

 廬 番生簋　　㥛利簋

【注】從㫃童聲，"旝"之或文。《説文》："㫃，旝曲柄也。所以㫃表士眾。從㫃丹聲。《周禮》曰：'通帛為㫃。'㸿㫃或從宣。"本義赤色的曲柄㫃。●讀㫃，旌㫃之繆遊也。《番生簋》："易（賜）朱市、恩黃（衡）、……朱㫃㸿（㫃）金芠二鈴。"郭沫若曰："朱㫃㫃者，謂朱㫃繆遊同色也。"●人名。《利簋》："用乍（作）㸿公寶障彝。"

來紐臨聲

臨 大盂鼎　毛公鼎　叔臨父簋　董臨作父乙簋蓋楚　曾侯與編鐘

上博六·天乙11　郭店·老甲11　清華一·耆夜8　上博六·天甲11　清

華八·邦道3　清華二·繫年67　上博四·柬旱1　上博六·慎子6　上博

六·天甲11　上博六·天乙11　清華十·四告43　包山53　包山79

上博五·弟子9　上博五·弟子9　秦臨　守暉戈　睡簡·日乙136　睡

簡·為吏37　守暉戈　秦印162　集證311

【注】金文象人俯視眾物之形，會臨視之意。乃目之側視形，象物形，小篆變為品。楚簡口與臣之間的連筆受右側人旁的影響也變作人形。《説文》："臨，監臨也。從臥品聲。"析形不確。本義從高處往下看。●監臨，自上視下。《大盂鼎》："古（故）天異（翼）臨子，灋保先王。"言天對于文王之慈惠，特加殊異之臨視也。《毛公鼎》："鯡（肆）皇天亡罦（斁），臨保我有周。"臨保：指神靈保佑。《清華一·耆夜8》："明明上帝，臨下之光。"●蒞臨。《伯唐父鼎》："乙卯，王餐荐京，王莽辟舟，臨舟龍，咸莽。"●人名。《叔臨父簋》："弔（叔）臨父乍寶簋。"●地名。《守暉戈》："廿二年，臨汾守暉、庫係、工歔造。"李學勤先生指出該戈銘"守"當是"守令"的省稱。臨汾，又作"汾城"，《史記·秦本紀》昭襄王五十年："十二月，益發卒軍汾城旁。"《集解》引《括地志》云："臨汾故城在絳州正平縣東北二十五里，即古臨汾縣城也。"在今山西新絳東北。●《集證311》"臨晉丞印"，地名。《漢書·地理志》左馮翊有"臨晉縣"，云"故大荔，秦獲之更名"。《秦代陶文》拓本368瓦文有"臨晉廖"，可見秦有臨晉縣。●姓氏。《包山79》："上臨邑公臨旎、下臨邑臨得。"是楚亦有臨邑，簡文中之臨氏當係以地名為氏者。●面對。《郭店·老甲11》："臨事之紀，誓（慎）冬（終）女（如）佁（始），此亡（無）敗事矣。"●統治、治理。《上博五·季庚4》："敬城（成）亓（其）惠（德）目（以）臨民＝（民，民）睦（望）

亓（其）道而備（服）安（焉）。”

⿰臨見 楚  曾侯與編鐘

【注】從見臨聲。●讀臨。《曾侯與編鐘》：“王遣命南公，營宅沃土，君此淮夷，⿰臨見（臨）有江夏。”《穀梁·哀公七年》：“《春秋》有臨有天下之言焉。”注：“臨有，撫有之也。”《國語·晉語》：“臨長晉國者。”賈逵注：“臨，治也。”“臨有江夏”即撫有江夏，治理江夏，也就是轄有江夏。

精紐先聲

先  衛子叔旡父旅簠

【注】從人從，象人戴簪形。《説文》：“，首笄也。從人，匕象簪形。凡先之屬皆從先。俗先從竹從朁。”金文中偏旁旡常訛為先，如“愛”本從旡作（睡簡），又作（盗壺），旡訛為先。旡、欠在偏旁中亦混作，如“既”本從旡作（遹甗），楚簡則從欠作（郭店·五行 10）。欠也常混為旡，“吹”從欠作（吹方鼎）、又從旡作（虞司寇壺）。“飲”本從欠（善夫山鼎）、又作（中山王礜壺），欠訛為先。故《衛子叔旡父旅簠》亦可視為“旡”字。●人名。《衛子叔旡父旅簠》：“衛子弔（叔）先父乍（作）旅匿。”

兓  散盤  子兓爵  兓尊  𦉢卣

【注】從二先。高鴻縉曰：“（先）字原倚人畫其首發戴簪形。由物形生意。故即簪字初文。名詞。戰國時秦用籀文多復體。作者應即籀文。秦漢以後作簪。從竹（以其為竹制）朁聲。”（《古籀篇》五十一）《説文》：“，朁朁，鋭意也。從二先。”●讀朁。《説文》：“朁，曾也。”《散氏盤》：“我兓付散氏田器，有爽，實余有散氏心賊，則爰千罰千，傳棄之。”●讀僭。《𦉢卣》：“非令（命），曰乃兄兓（僭）鼻（畀）女（汝）。”就是説没經王命，你的兄長賜僕于你便是僭越。

鬵 秦  秦印 53  戰編 173

【注】從鬲兓聲，古同“甑”。●秦印人名。

灊 秦  印增 431

【注】從水鬵聲。●不詳。

朁  番生簋  戎生鐘 楚  包山 177  包山 179  上博二·容成

38  左塚漆桮 清華五·畬門 8 清華八·處位 4 上博六·用曰 11

清華十一·五紀 128

【注】從甘兓聲。《説文》：" ，曾也。"　"曾"是副詞，表出乎意料；相當于乃、竟，《詩》曰："朁不畏明。"　●讀僭，差也、亂也。《番生簋》："嬰王立（位），虔夙夜專求不朁德，用諫四方。"劉釗謂"不朁"為美譽之詞。疑"朁"應讀僭，訓為亂。《詩經·小雅·鐘鼓》："以雅以南，以龠不僭。"《釋文》："僭，亂也。"　●讀僭。《上博六·用曰 11》："亞（惡）猒慨（既）閼（亂）節，朁（僭）行冒還。"　"僭"與"冒"同義並舉。《説文》："僭，假也。"《字彙·冂部》："冒，又假稱曰冒。"後又有"僭冒"一詞，見《宋史·樂志九》："風移僭冒，政治淳熙。"《左傳·昭公元年》："楚又行僭，非所害也。"杜預注："僭，不信。"　●讀僭，僭越。《清華八·處位 4》："堂（將）邅（超）啟（度），執（設）朁（僭）萬而方（旁）受大政。"萬，萬舞，諸侯設萬，僭越也。　●讀潛。《清華五·畬門 8》："亓（其）燹（氣）朁（潛）緟癹（發）絧（治），是亓（其）為長戲（且）好才（哉）。"詳"緟"字。　●《包山 177》"朁（潛）妾"讀潛，姓氏。《姓氏考略》："古潛地在楚地，以地為氏。"　●《上博二·容成 38》："〔桀〕不量其力之不足，起師以伐岷山氏，取其兩女朁、螤。"根據古本《竹書紀年》所記岷山氏之二女名"琰""琬"，可知"朁"應讀琰，"螤"讀琬。

 楚 清華一·尹至 5

【注】從心朁聲。　●讀僭。《清華一·尹至 5》："執（摯）氏（度），執（摯）惪（德）不矗（僭）。"《廣雅·釋詁》云："僭，差也。"《尚書·湯誥》云："天命弗僭。"孔傳云："僭，差。"按該句謂伊尹謀劃有方，盛德無失。

 秦 里耶 8·1574　里耶 8·781

【注】從竹朁聲。　●《里耶 8·1574》："敦長簪襃襄壞（襃）德中里悍出。"簪襃，亦作"簪褭"，秦漢時爵位名，列為第三級。

 楚 清華七·子犯 8

【注】從言朁聲。　●讀僭。《詩·抑》"不僭不賊"，毛傳："僭，差也。"《清華七·子犯 8》："凡民秉氏（度），端（端）正譖（僭）弌（式），才（在）上之人。"　"秉度"意為"秉持法度"。譖弌，讀"僭忒"，與"端正"對文，當為"秉度"的兩個方面。是説一般民眾其所稟受的訓教是端正還是僭忒，全在於上邊的人。

 楚 清華七·子犯 9

【注】從辵替聲。●讀僭，差也。《清華七·子犯9》："上繩（繩）不遊（失），斤（近）亦不遷（僭）。"

潛晉　璽彙 2584　璽彙 2585　秦　印增 442

【注】從水替聲。●晉璽"潛劼""潛固"，姓氏。詳"替"字。●秦印人名。

蠶齊　不蠶諮戈楚　上博四·采風 3　清華六·子儀 2秦　睡簡·日甲 94

【注】從蚰替聲。《不蠶戈》，《銘圖》釋為"蠶"，可從；與楚簡"蠶"作可互相印證。●《清華六·子儀 2》："自蠶月㝵=（至於）眯（秋）室備女（焉）。"蠶月，即夏曆三月。室讀至。"秋至"是戰國時代"秋分"的古稱。●《不蠶諮戈》可讀替。諮，為器主人名。"不蠶諮"的大致意思為"偉大英明的諮"。

諮　戎生鐘

【注】從言替聲。●毀也。《戎生鐘》："劼（嘉）遺鹵賚（積），卑（俾）諮征緐（繁）湯（陽）。"諮，《廣雅·釋詁》："毀也。"鐘銘的這兩句辭，和春秋初的晉姜鼎銘文有些類似。鼎銘云："魯覃京自（師），辥（乂）我萬民。嘉遺我，易鹵積千兩，勿灋（廢）文侯覲命。"

清紐侵聲

侵　鐘伯侵鼎秦　龍崗 121　會稽刻石

【注】甲骨文作、，從牛從帚（或從攴），會以帚驅牛之意；攴兼聲。攴，卜辭用為進犯義。《合集 006059》："攴（侵）我西鄙。""攴"為"侵"之初文。唐蘭釋攴曰："卜辭從又持帚，只當是攴字耳。說文無攴字，于蔑、冡、祳、撳、驪、繸、堫等字並謂從侵省聲……今卜辭有攴字，則侵字正從攴聲，其余從攴作之字，亦非從侵省矣。"（《殷墟文字記》27 頁）金文、秦文字均從人攴聲。《說文》："，漸進也。從人、又持帚，若埽之進。又，手也。"本義為進犯。引申為逐漸，如《三國志》："侵晨（天濛濛亮）進攻。"●侵犯。《會稽刻石》："外來侵邊。"此義楚文字作"戡"。●人名。《鐘伯侵鼎》："大币（師）鐘白（伯）侵自乍（作）石（礩）沱（鼉）。"

郡楚　新蔡乙三 23

【注】從邑攴省聲。●"郡里"，地名。

【注】從爿寢省聲。●讀寢，停止、止息。《郭店·六德4》："新（親）父子，和大臣，帰（寢）四叟（鄰）之帝咙，非恖（仁）宜（義）者莫之能也。""帝咙"，疑讀"抵牾"。簡文強調主政者能因兼修仁義之德，而感化四鄰，將可止息四鄰之紛爭。●讀寢。《安大一47》："蠹（載）帰（寢）蠹（載）興。"《毛詩》作"載寢載興"。●讀寐。《安大一2》："要（窈）翟（窕）昆（淑）女，佰（寤）帰（寐）求之。"簡文"帰"何以讀寐，學者們分別提出了誤寫説、異體説、版本不同説、通假説、詞彙演變説和不入韻説，未有定論。

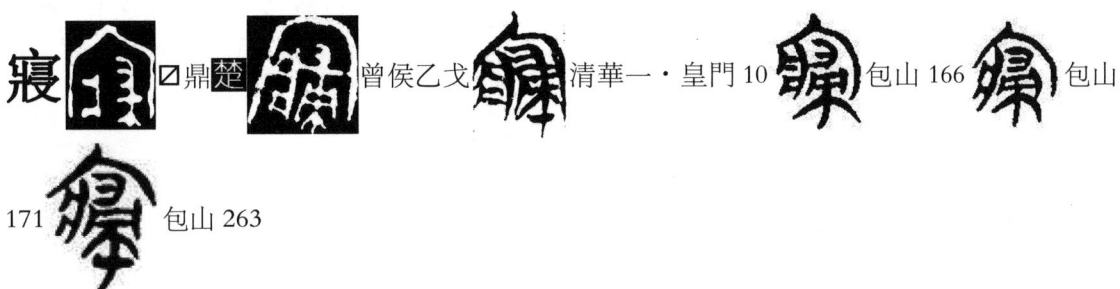

【注】從广帰聲。●臥室、居室。《包山263》："一㝱（寢）鏷。"●《曾侯乙戈》："曾侯乙之㝱（寢）戈。"寢戈，近身護衛用的武器。《左傳·襄公二十八年》："癸言王何而反之，二人皆嬖，使執寢戈而先後之。"杜預注："寢戈，親近兵杖。"

【注】從㝱，增從意符夢，為"寢"之繁文。《説文》："癮，病臥也。從㝱省。"或謂從㝱曼（"侵"之本字）省聲。●讀寢。《即盂》："為下㝱盂。"《周禮·天官·宮人》："宮人掌王之六寢之脩。"鄭玄注："六寢者，路寢一，小寢五……是路寢以治事，小寢以時燕息焉。"疑"下寢"為"小寢"之屬，是君王及諸侯宴息之所。

【注】從見曼省聲。●讀親。《清華七·越公51》："王乃帰（親）使（使）人情（請）訇（問）羣大臣及鄢（邊）鄄（縣）成（城）市之多兵、亡（無）兵者，王則貼=（比視）。"

信陽 2・21

【注】從艸㝱省聲，與《玉篇》"𦾕"並非一字。"𦾕"《玉篇》同帚。●讀寢。《信陽 2・21》："一繰（緇）紫之𦾕（寢）裯（綢）。"

小臣𢼲卣　乙未鼎　寢敄簋　師遽方彝　寢盉盤　劇罻

辰寢出簋　寢小室盂楚　清華十・四告 42 秦　秦景公石磬　秦景

公石磬

【注】甲骨文作𡩋、𡨦、𡨥、𡨧、𡨨、𡨩，李孝定謂從宀，當是㝱（"侵"之本字）省聲。亦有從宀從㝱不省者，是為證。金文同甲骨文。●讀寢，宮寢、居室。《麥尊》："王目（以）侯內（入）于寑（寢），侯易（賜）玄周（琱）戈。"據此可知，天子亦可在其寢宮之內行賞賜之事。●讀寢，廟寢，廟之後殿。《師遽方彝》："王才（在）周康寢（寢），鄉（饗）醴。"《爾雅・釋宮》："無東西廂有室曰寢。"《漢書・外戚傳》："序昭穆于前殿。"顏師古注引如淳曰："廟之前曰殿，半以後曰寢。"●或曰殷代官職有稱寢者。《寢魚爵》："王易（賜）寢（寢）魚貝。"

郭店・成之 4

【注】從心寑聲。●讀浸，漸浸、指潛移默化。《郭店・成之 4》："君子之於善（教）也，其道民也不憲（浸），則其淳也弗深悆（矣）。"

復公仲簋蓋

【注】從女寑聲。●讀寢。《復公仲簋蓋》："用乍我子孟嬝婦小障（尊）媵毀。"

上博九・邦人 1

【注】從人寑聲。●讀寢。簡文"𠈔尹"讀"寢尹"，官名，司王之寢處。

𠅘師戈

【注】從止帚聲。●讀寢。《皿師戈》：“皿自（師）𢦏戈。”“𢦏戈”讀寢戈。詳“寢”字。

寢 楚 上博八·李頌 1 秦 官印 0015 集證 135 二年寺工師

初壺 雍工壺

【注】甲骨文作 ，從水帚聲。戰國文字文字承之。小篆從水壹聲。《說文》：“ ，水。出魏郡武安，東北入呼沱水。從水壹聲。壹，籀文寖字。”段玉裁注：“按沈浸，浸淫之字多用此。隸作浸。壹，籀文寖。”卜辭用作地名。●讀寢。《二年寺工師初壺》：“二年，寺工師初、丞拊、府人莽三斗北寖（寢）。”《雍工壺》：“雍工敀三升北寖（寢）。”該壺應是北寢使用之器物。●秦印“上寢”應為秦始皇寢園用印。“寢”即寢殿、就是在墓側起“寢”。蔡邕《獨斷》說“古不墓祭，至秦始皇出‘寢’。起之於墓側，漢因之而不改，故今陵上稱寢殿，有起居、衣冠、象生之備，皆古‘寢’之意也。”始皇稱“上”，屢見於載籍。《史記·秦本紀》：“四月，上宿雍。”《秦始皇本紀》秦始皇死于出巡途中，丞相李斯決定暫時秘不發喪，“獨子胡亥，趙高及所幸宦者五六人知上死”。“上”指秦始皇。始皇二十六年追尊莊襄王為太上皇，可能正是因為始皇稱“上”的緣故。●讀侵。《上博八·李頌 1》：“亂木曾枳（枝），寖（侵）𠛷（毀）丨可（兮）。”“寖𠛷”，讀為“侵毀”。《後漢書·循吏傳》：“河決積久，日月侵毀，濟渠所漂數十許縣。”侵，副詞，逐漸。《易·遯》：“浸而長也。”孔穎達疏：“浸者，漸進之名。”《楚辭·遠遊》：“形穆穆以浸遠兮，離人群而遁逸。”

㛼 珚生簋

【注】從女帚聲，與“寢”同字，從女從人會意皆同。●人名。《珚生簋》：“余獻㛼氏以壺。”

浸 楚 上博一·性情 18 郭店·語叢二 17 清華七·越公 67

【注】從水壹省聲，“寖”之省文。●讀侵。《清華七·越公 67》：“不鼓不槀（躁），以浸（侵）攻之。”郭店簡疑讀侵。《郭店·語叢二 17》：“浸生於念（欲），惡生於浸。”●讀浸，沉浸。《上博一·性情 18》：“哭之歍（動）心也，浸（浸）焊（恒），丌（其）〔烈〕𤔛（戀）𤔛（戀）女（如）也，戚狀（然）以冬（終）。”焊，傷悲。

戠 齊 祈室銅柱 楚 帛書丙 包山 269 包山牘 1 包山

273 新蔡甲一 7 上博三·周易 13 清華二·繫年 102 清華二·繫年

116 清華二・繫年127　清華七・晉文公6

【注】從戈戔省聲，"侵"之異文。●多讀侵。《上博三・周易13》："不賉（富）目（以）丌（其）臸（鄰），利用戠（侵）伐，亡（無）不利。"●包山簡讀綅。《説文》："綅，絳綫也。從糸，侵省聲。《詩》曰：'貝胄朱綅。'"●《祈室銅柱》"戠遝"，詳"遝"字。

上博二・容成2

【注】從宀戠聲。●讀寢，停止、止息。《上博二・容成2》："其德酉清，而上愛下，而一其志，而戠（寢）其兵，而官其材。"

郭店・性自30

【注】從水戠聲，"浸"字異體。●讀浸。《郭店・性自30》："哭之軟（動）心也，濈濈，其刞（烈）䜌（戀）䜌（戀）女（如）也，慼（戚）肰（然）以終。"詳"濈"字。

天星

【注】從羽戠聲。●讀綅。詳"戠"字。

成伯孫父鬲

【注】《成伯孫父鬲》所作，《金文編》釋為滑。董蓮池謂川為米之變形，猶《史免匜》"稻""梁"字所從之米，如是，字當隸為"糐"。●糐嬴：人名。《成伯孫父鬲》："成白（伯）孫父乍（作）糐嬴䠱鬲。"

從紐毚聲

睡簡・答問12　　關簡369　　　、　　印增391

【注】《説文》："毚，狡兔也，一曰兔之駿者，從㲋兔。士咸切。"《詩・小雅》躍躍毚兔，遇犬獲之。●讀纔，時間副詞。《睡簡・答問12》："甲乙雅不相智（知），甲往盜丙，毚（纔）到，

乙亦往盜丙。"

心紐三聲

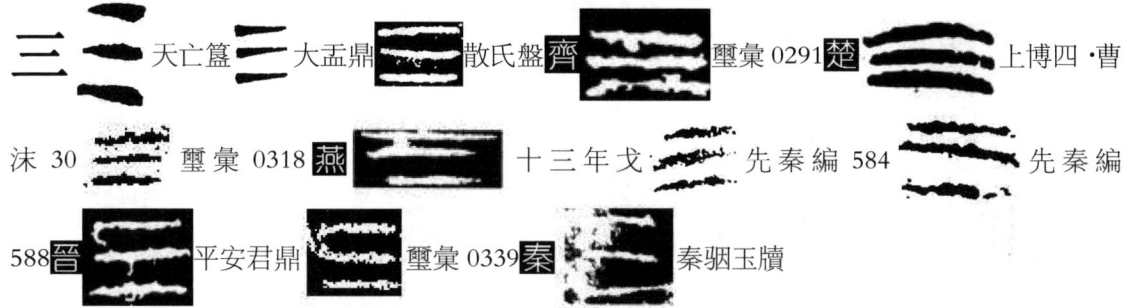

三　　天亡簋 ﹦　大盂鼎 　散氏盤 〔齊〕　璽彙 0291 〔楚〕　上博四·曹

沫 30 　璽彙 0318 〔燕〕　十三年戈 　先秦編 584 　先秦編

588 〔晉〕　平安君鼎 　璽彙 0339 〔秦〕　秦駰玉牘

【注】甲骨文作 ﹦、三，三根長短相同的算籌平放在一起，表示數目字"三"。卜辭中從一到四皆是指事字，都是以積畫為數，分別寫作 一、二、三、三，從五到九皆是假借字。金文同甲骨文。西周金文或假"參"為之。《説文》："三，天地人之道也。從三數。凡三之屬皆從三。弎古文三從弋。"古文寫作弎，同一、二寫作弌、弍一樣，是晚周時期的異體字。本義為數字"三"。●數詞。《貉子卣》："王令士道歸貉子鹿三。"●《璽彙 0318》"連囂之☒三"。李家浩認為，是與漢虎符、竹使符第一至第五性質類似的計數。最後一字也是數字，與"公卒之四"（璽彙 5560）、"西州巨四"（璽彙 0316）二印相同，亦應該是軍璽，"連囂"即指掌軍事的官。（《楚國官印考釋〈四篇〉》）

弎 〔楚〕 　清華四·算表 1

【注】從弋（常寫作戈旁）三聲。●讀三。

仨 〔晉〕 　四年成陰啬夫戟

【注】從人三聲。●人名。

心紐彡聲

杉 　乘父士杉盨

【注】甲骨文作 彡，從木彡（《説文》："彡，毛飾畫文也。象形。凡彡之屬皆從彡。所銜切。"與作為祭名的"彡"非一字）聲。金文承之。《説文》作榽。《説文》："榽，木也。從木黏聲。"本義木名。●人名。《乘父士杉盨》："乘父士杉其肇（肇）乍（作）其皇考白（伯）明父寶殷。"

心紐參聲

葡參父乙盉　　裘衛盉　　馱鐘　　克鼎　　盠尊　　盠方彝

毛公鼎　　□□鎛　　侯古堆鎛 齊　　陶彙 3·6　　璽彙 3752　　陶彙

3·10　　陶彙 3·20 楚　　者減鐘　　者減鐘　　郭店·語叢三 67　　帛書

甲　　帛書乙　　清華六·子產 24　　清華四·筮法 28　　上博五·姑成 1

上博五·姑成 6　　上博五·姑成 10　　清華五·三壽 1　　清華三·琴舞 5

清華三·說命下 9　　上博六·用曰 1　　安大一 47　　安大一 3

曾侯 122　　清華七·子犯 4　　清華八·虞夏 2　　安大一 35　　清

華七·越公 47　　包山 12　　郭店·性自 12　　清華八·邦道 21 燕　　璽彙

2511　　璽彙 3847 晉　　與兵壺　　中山王嚳鼎　　魚顛匕　　蘭令趙狽矛　　璽

彙 2104　　璽彙 1106　　璽彙 2435　　璽彙 1520　　璽彙 2070　　璽彙 3773　　璽

彙 2570　　璽彙 0673　　梁鼎　　梁十九年鼎　　先秦編 178　　先秦編

179　　先秦編 178 秦　　秦印 130　　睡簡·日乙 88　　睡簡·秦種 55

睡簡·效律 6  秦陶 1120 集證 292

【注】商代金文作 ，從卪從星，會人頭頂參星西方七宿之一之意。後疊加三為聲。或省人形而作 。戰國文字"三"或橫或豎作 、 、 、 等形。三與人或訛作 、 ，遂與"参"相混。戰國文字作 ，為"參"之簡形。參、品，二字有別，"參"作 形，"品"作 形。《梁鼎》有 、《上樂鼎》有 ，均為"參（三）分"合文，為計量單位。《説文》：" ，商星也。從晶㐱聲。 參或省。"本義是參宿三星，如杜甫詩："人生不相見，動如參與商。"引申為三，如《商君書》："此臣所謂參教（賞、刑、教）也。"●讀三。《盠方彝》："參有嗣（司）：嗣（司）土（徒），嗣（司）馬、嗣（司）工（空）。"《梁上官鼎》："宜諪（信）家子，胯（容）參分。"容參分，指三分之一齏。《與兵壺》："參拜頜（稽）首于皇考刺俎（祖）。""參拜"即"三拜"。鐘銘多用"再拜稽首"，"參拜稽首"則偶現。戰國文字多讀三。《上博六·用曰 1》："心目迈言，是善敗之經。參節之未得，豫（舍）命乃縈。"大意是説：心、目、口是行政成敗的關鍵。（心、目、口）三節如果不能相互配合默契，那麼發號施令就會混亂。●祝壽之詞。《獣鐘》："參壽佳（唯）利，獣其萬年，畯保四或（國）。"參壽，祝福人之壽命如參宿三星，長存不衰。或以為三壽分為上、中、下三壽，均指高壽也。●參照、比照。《魚顛匕》："欽弋，出游（游）水蟲，下民無智，參蝨（蚩）蚘（尤）命。"由魚頭引發聯想，想起蚩尤的悲慘下場，若下民無知，就會遭遇蚩尤一樣的命運。●《清華一·祭公 14》："至于萬啻（億）年，參舒（敘）之。"參，《荀子·解蔽》注："驗也。"舒，讀敘，《國語·晉語三》注："述也。"意云夏商敗亡為後世引為教訓。●《集證 292》"參川尉印"，"參（三）川"地名。《漢書·地理志》河南郡注：秦三川郡，高帝更名。

傪晉  戲傪量

【注】從人參聲。●人名。《戲傪量》："戲傪。"

受晉 璽彙 3289　匯考 320　類編 469　璽彙 3768　璽彙 3971

【注】從又參聲，疑"摻"之省文。六國文字"又"多加飾點，非"寸"。●晉璽人名。

燦晉  秦漢印範卷三 3

注】從火參聲。"燥"之俗字。●"史（事）燦"，人名。

鄒晉  璽彙 2245　璽彙 2226

【注】從邑參聲。●讀三。《璽彙 2245》"鄒（三）蜀（州）蒼"，三州，複姓。第二文 釋為"蜀"，

讀州。《璽彙 2226》原文作，為"鄒（三）蜀"合文。

 驂 楚  曾侯 169  曾侯 143 秦  石鼓文

【注】從馬參聲。●秦以前車獨轅，兩側各駕兩匹馬，靠近車轅的兩匹馬稱作服，這兩匹馬也稱作左服、右服；兩服之外的兩匹馬稱作驂，這兩匹馬相應地稱為左驂、右驂。《石鼓文》："左驂𤊥𤊥，右驂騏騏。"

 癆 晉  璽彙 2966  分研一 266

【注】從疒從肉參聲，或以為"瘮"之繁文。瘮，《玉篇》寒病也。●晉璽人名。

 篸 楚  九店 56 · 7  分研一 160

【注】從竹參聲。●楚璽"鄙闈攴篸"，義不詳。●讀參。《九店 56 · 7》："☑觿四十檐（擔）六檐（擔），糙三劑一篸☑。"

心紐心聲

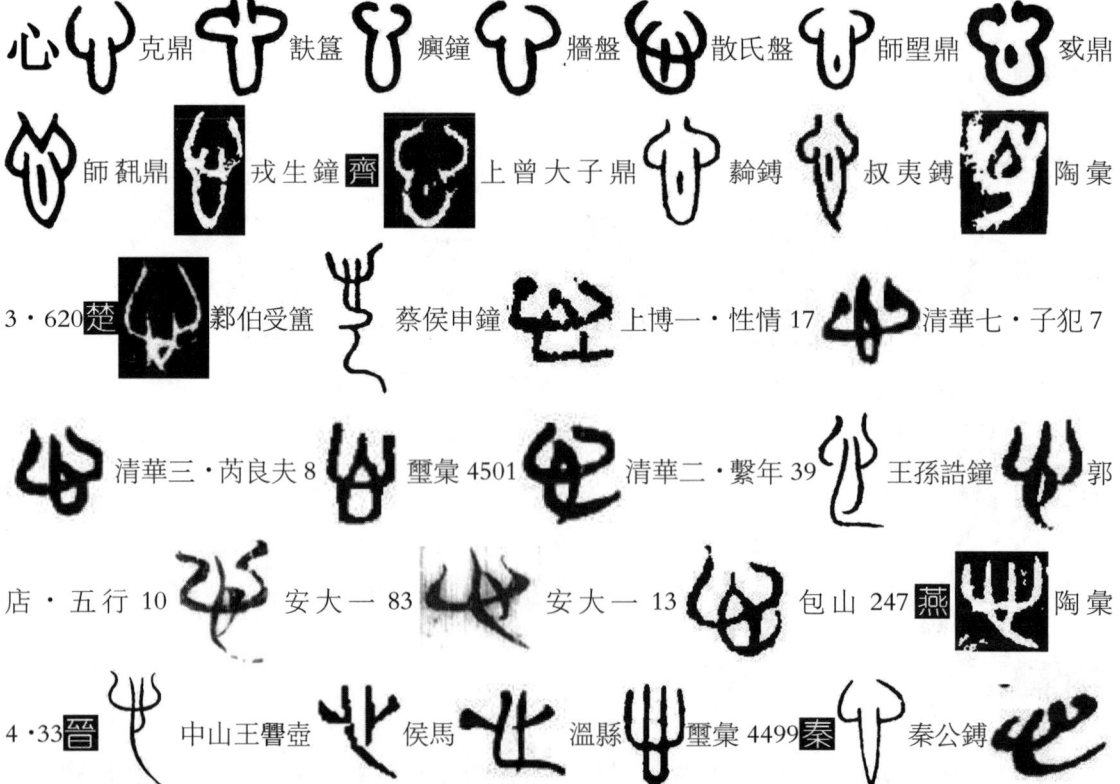

心 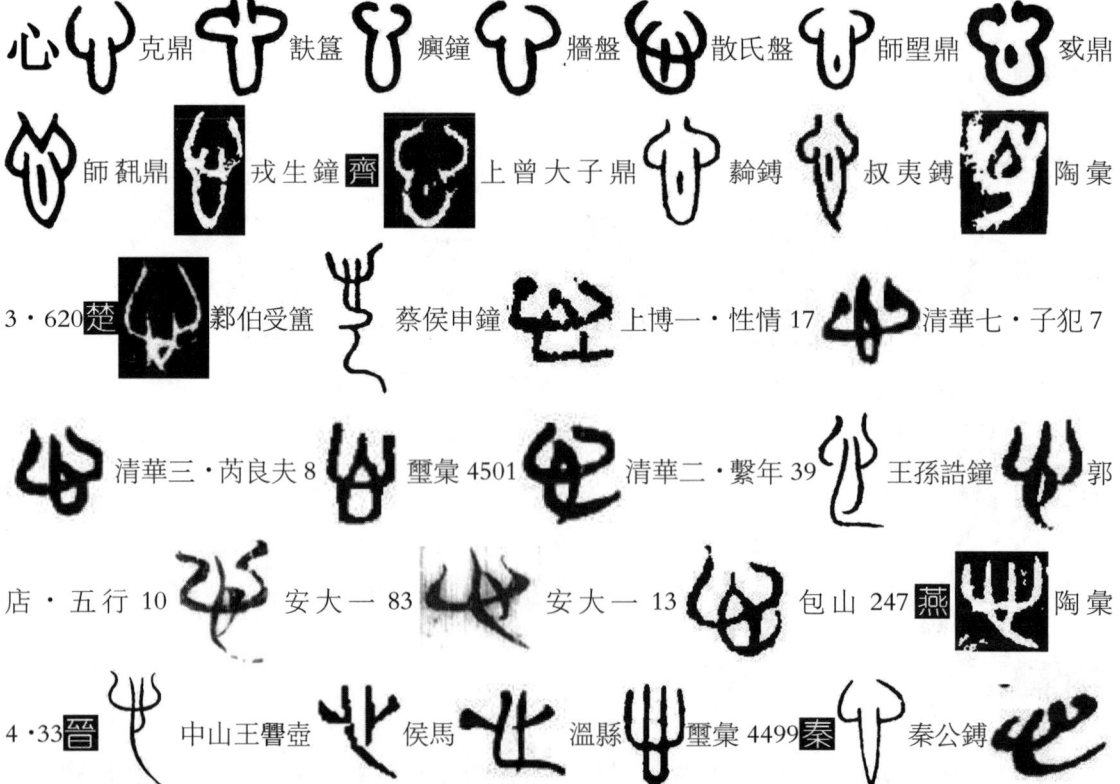 克鼎 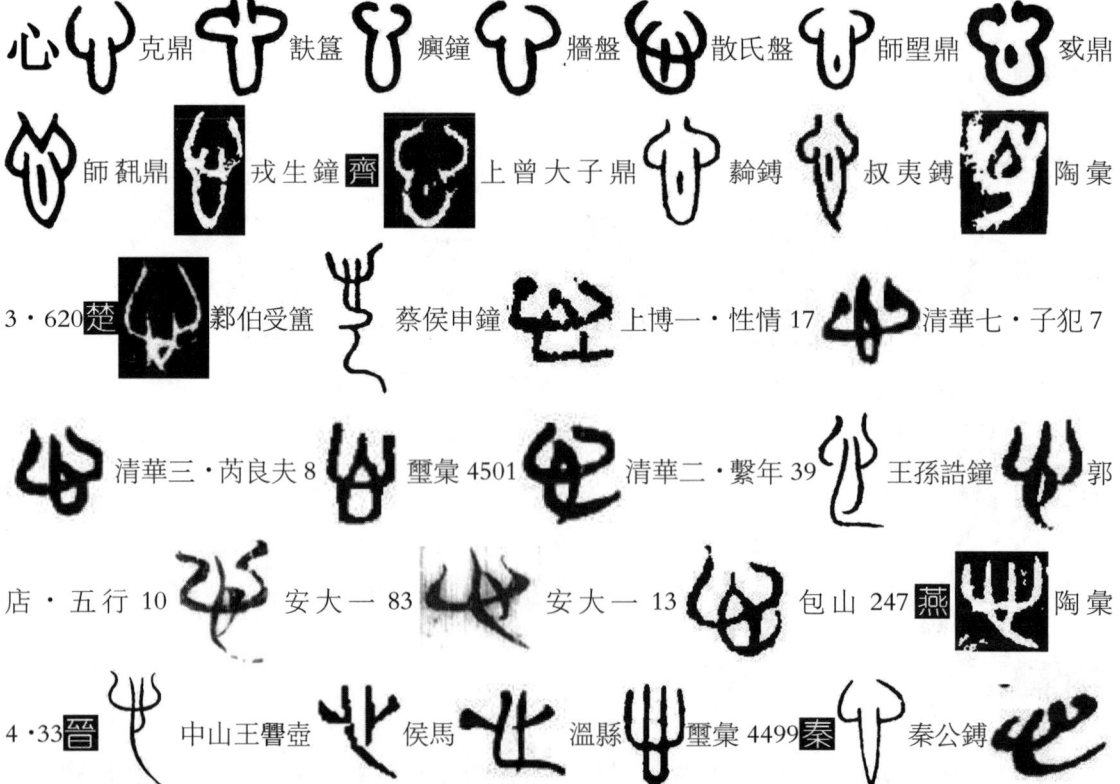 趞簋 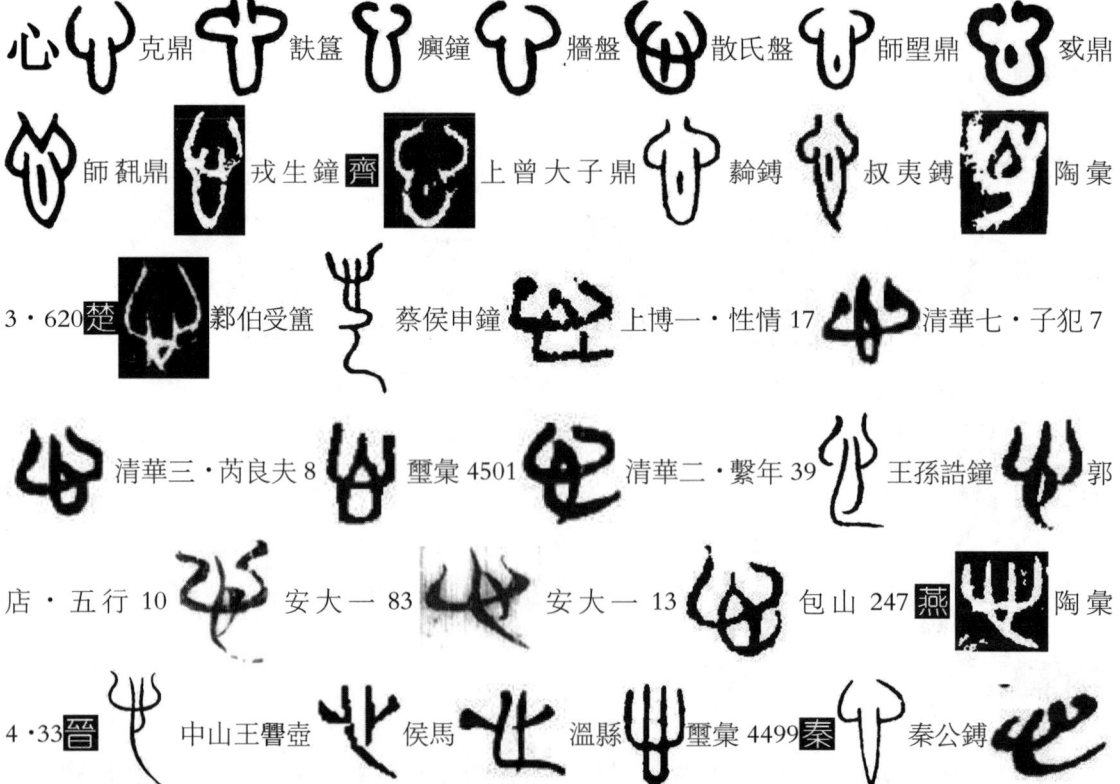 癲鐘 牆盤 散氏盤 師望鼎 㝬鼎

 師奫鼎 戎生鐘 齊 上曾大子鼎 㝬鎛 叔夷鎛 陶彙

3 · 620 楚 鄬伯受簠 蔡侯申鐘 上博一 · 性情 17 清華七 · 子犯 7

 清華三 · 芮良夫 8 璽彙 4501 清華二 · 繫年 39 王孫誥鐘 郭

店 · 五行 10 安大一 83 安大一 13 包山 247 燕 陶彙

4 · 33 晉 中山王䁈壺 侯馬 溫縣 璽彙 4499 秦 秦公鎛

睡簡・答問 52　　睡簡・日乙 192　　睡簡・語書 5　　睡簡・日乙 96

秦印 208

【注】甲骨文作 ，象心臟的形狀。金文同甲骨文。《王孫誥鐘》作 ，則心右出之筆不始于秦小篆也。《師觀鼎》所作，與"恩"易混。《説文》："，人心，土藏，在身之中。象形。博士説以為火藏。凡心之屬皆從心。"博士，漢醫官。本義心肺之心。心在五行中屬火，故《説文》以為"火藏"也。古人認為心臟是在人胸部的正中心，故引申指中心、中央等義。●思想、意念。《散氏盤》："實余有散氏心賊。"《管子・心術上》："心也者，智之舍也。"《詩・小雅・巧言》："他人有心，予忖度之。●秦簡二十八宿之一。

沁楚  清華一・祭公 15　　清華一・祭公 19　　清華十一・五紀 73

【注】從水心聲。●讀咸。《清華一・祭公 15》："既沁，乃又（有）顁（履）宗，不（丕）隹（惟）文武之由。"沁，清母侵部，疑讀為匣母侵部之"咸"，訓為"終"。卽沁，今本作"卽畢"。●《清華一・祭公 19》："我亦隹（惟）以沁我殀（世）。"整理報告隸定為"没"。季旭昇按語釋為沁，讀湛，訓為"没"，《文選》鄒陽《獄中上書自明》："然則荊軻湛七族。"將此句譯為"我能用這種態度一直維持到去世"。●讀陰。《清華十一・五紀 73》："一沁（陰）一易（陽）。"

芯秦 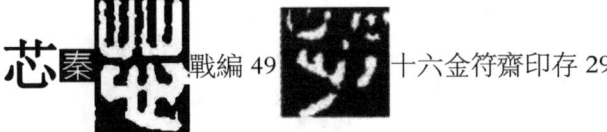 戰編 49　　十六金符齋印存 29

【注】從艸心聲。●秦印人名。

忘晉  璽彙 2115

【注】從宀心聲。●晉璽人名。

諗楚  清華八・邦政 7

【注】從言忘聲。●讀佞。《清華八・邦政 7》："邦豪（家）牁（將）毀，亓（其）君聖（聽）諗（佞）而棘（速）弁（變）。"《爾雅・釋詁》邢疏："謂諂佞也。"

匜晉  圖典 326

【注】從匚心聲。●"裛匜"，人名。

滂紐品聲

品  保卣  鮮簋 **楚**  上博六·孔子3 **秦**  里耶8·1923

【注】甲骨文作 、 、 、 ，從三口（象物形），古人以三為多數，用三口表示繁庶眾多之義。《説文》："品，眾庶也。從三口。凡品之屬皆從品。"本義是眾多。殷商祭祀，直系先王與旁系先王有別，祭品各有等差，故後世品有"等級"之義。●指人或事物的類別、品類。《榮作周公簋》："易（賜）臣三品：州人、重人、臺（庸）人。"《穆公鼎》："易（賜）玉五品。"《書·禹貢》："厥貢惟金三品。"●動詞，品定、評定。《大盂鼎》："令盂目（以）區入，凡區目品。"郭沫若曰："此言命盂以所驅俘之車馬牛羊入驗，凡所驅俘者均已品定也。下目字讀為已。"（《兩周金文辭大系考釋》38頁）●《上博六·孔子3》："品勿（物）不竆（窮），君子流亓（其）觀女（焉）。"品物，亦見于《易》之彖辭。《易·乾》之《彖》曰："大哉乾元！萬物資始，乃統天。雲行雨施，品物流形，大明終始，六位時成，時乘六龍，以禦天。乾道變化，各正性命。""品"有眾庶、眾物之意。簡文意謂士如同品物一樣無窮無盡，君子對他們能周覽遍觀。

嵒 **楚** 包山185

【注】從山品聲。《説文》："山巖也。從山。品聲。讀若吟。"●讀嚴，姓氏。

明紐凡聲

凡  殷簋  智鼎  融比盨  散氏盤  多友鼎  彊伯簋

 散氏盤  元年師兌簋  元年師兌簋  鄭同媿鼎  幾父壺  同

自簋  同自簋 **齊**  陶録2·386 **楚**  帛書甲  包山4  新

蔡甲一10  上博四·曹沫21  上博五·三德6  清華八·攝命22

清華七·子犯10  清華十·司歲13  上博七·凡甲25  上博七·凡乙

18  清華一·金縢13  清華八·邦道1  清華四·筮法1  清華

四·筮法 32　　清華十·司歲 2　　清華十·四時 40　　先秦編 559　　璽彙

3296　貨系 178　　貨系 179　　新郪虎符　秦印 257　　睡簡 語書 9

睡簡·日乙 119

【注】甲骨文作 ﹅、﹅、﹅、﹅，郭沫若謂"盤"之初文。金文或增口為繁文。西周文字凡、同二字舊常混淆，詳"同"字。戰國文字凡、同或混淆。秦系文字與"卅"相混。《上博七·凡甲 25》與"咸"混同。●讀泛，泛舟，引申為巡視。《天亡簋》："乙亥，王又（有）大豐，王凡三方，王祀于天室。"●副詞，總共、一共。《散氏盤》："凡十又五夫。"●一切、皆。《小盂鼎》："王乎（呼）☒☒令盂㠯（以）區入，凡區㠯品。"《上博七·凡甲 25》："凡百勿（物）不死女（如）月。"●讀風。《上博七·凡甲 14》："夫凡（風）之至，管（孰）颮飆（噓吸）而迋之？"

机 楚　　包山 183　　新蔡甲三 409　　秦　嶽麓一·為吏 65

【注】從木凡聲。●包山簡地名。●讀泛，不切實。《嶽麓一·為吏 65》："親鐵（賢）不机（泛）不欲外交，事無冬（終）始不欲多業。"

梵 秦　　印增 226

【注】從林凡聲。●秦印"黃梵"，人名。

逃 楚　　清華一·程寤 7

【注】從辵凡聲（聲符重疊）。●讀芃，茂盛。《清華一·程寤 7》："隹（惟）杍（梓）敝，不義逃（芃）于商。"《說文》："芃，艸盛也。從艸凡聲。"

宑 齊　　陶彙 3·732

【注】從宀凡聲。●齊陶單字，人名。

鳳　　中鼎　　中鼎　　中鼎　　中鼎

【注】甲骨文作🐦、🐦、🐦、🐦、🐦、🐦、🐦、🐦、🐦、🐦、🐦、🐦、🐦、🐦等形。象鳳鳥有冠、花瓴、長尾形，有的另加聲符凡、兄。甲骨文借"鳳"為"風"，例如甲骨卜辭"今日不鳳"即"今日不風"。金文同甲骨文。🐦源自甲骨文鳳尾之形，這種符號後來又分離為◉、七兩部分，分別和"凡"聲組合成古文🐦和戰國帛書中的🐦、🐦形風字，許慎于《説文》中將風字解釋為從"虫"，以"風動虫生"為解，非是。"鳳"字則在甲骨文的基礎上作了簡化。《説文》："🐦，神鳥也。從鳥凡聲。🐦古文鳳，象形。鳳飛，羣鳥從以萬數，故以為朋黨字。🐦亦古文鳳。"本義神鳥名。秦系文字始見於馬王堆帛書作🐦（帛編148），從鳥凡聲。●生鳳：周人對鳳的別稱。《中鼎》："中乎（呼）歸生鳳于王。""中呼歸生鳳于王"是被動句，是説"中被王命令手下人員饋贈生鳳"。

騟晉 三十年鼎　十六年喜令戈

【注】從舊凡聲。●人名。

風楚 🐦、🐦帛書乙　🐦上博一·詩論27　🐦上博八·命2　🐦清華五·三壽5　🐦清華三·芮良夫21　🐦清華五·三壽9　🐦清華一·金縢9　🐦清華一·金縢13　🐦清華四·筮法18　🐦清華四·筮法47　🐦清華七·越公55　🐦安大一55　🐦清華十·四時3　秦🐦會稽刻石　🐦睡簡·日甲57背　🐦睡簡·日甲64背　🐦于京36

【注】從虫凡聲。●多用為本義。《清華一·金縢9》："天疾風以雷，禾斯晏（偃）。"●《于京36》"風丞之印"，"風"為地名。《水經注》卷四："關之直北，隔河有層阜，巍然獨秀，孤峙河陽，世謂之風陵。"《元和郡縣志》："風陵堆山，在縣南五十五里。與潼關相對。""風丞"殆為祭祀風陵即女媧陵之職，其地秦屬河東郡，今在山西永濟縣西南。

偑秦 🐦龍崗5

【注】從人風聲。●簡文疑佩之訛文。《龍崗5》："關合符，及以傳書閱入之，及諸偑〈佩〉入司馬門久☑。"整理者注：佩，疑指佩戴標誌。秦漢時官吏都佩有印信綬帶，疑本簡中"佩"為入關門後發的一種佩戴的標誌物，如後世入宮時發給的牙牌之類。

葉部

匣紐盍聲

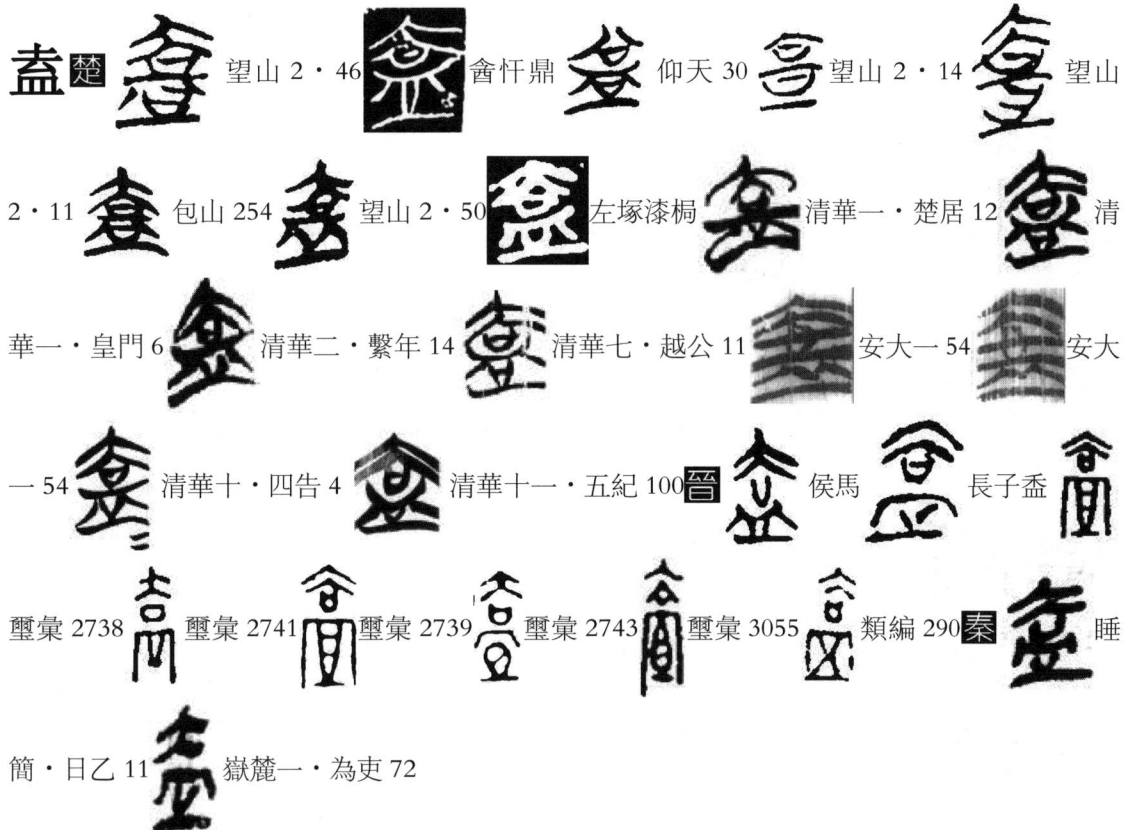

盍 楚　 望山 2·46　　　　　　　 畬忏鼎　　　　　 仰天 30　　　　 望山 2·14　　　　　　　 望山

2·11　 包山 254　　　 望山 2·50　　　　　 左塚漆桐　　　　 清華一·楚居 12　　　 清

華一·皇門 6　　　 清華二·繫年 14　　　 清華七·越公 11　　　　 安大一 54　　　　 安大

一 54　　　 清華十·四告 4　　　 清華十一·五紀 100　晉　　　 侯馬　　　 長子盉

璽彙 2738　　　 璽彙 2741　　　 璽彙 2739　　　 璽彙 2743　　　 璽彙 3055　　　 類編 290　秦　 睡

簡·日乙 11　 嶽麓一·為吏 72

【注】從皿去聲。去，作杏，象器皿上有蓋之形，並不是離去之去，而是葉部字。小篆從"去"
得聲之字的讀音分成兩系。一系是屬魚部的，如"呿""祛"等。一系是屬葉部收-P尾的，如
"劫""怯""阹""鈁"等。從"去"得聲的魚部字，所從的是離去的"去"。從"去"得聲的
葉部字，所從的則是象器蓋相合的"去（盍）"。（詳參看裘錫圭《談談古文字資料對古漢語研究
的重要性》●金文讀蓋，器蓋之蓋。《畬忏鼎》："窀（室）盥（鑄）喬（鐈）貞（鼎）之盍（蓋）。"
楚文字用"盍"表示器蓋、覆蓋、蓋屋之蓋，而用"箁"表示車蓋，用"割""害"表示為連詞
之蓋。●器名，其形如豆。《郳陵君王子申豆》："郳陵君王子申，攸挙（載）敆（造）鈇盍。"
●讀奄。《清華一·皇門 6》："王用能盍（奄）又（有）四叟（鄰）遠土。""蓋""奄"通用，《左
傳》昭公九年"商奄"，《墨子·耕柱》《韓非子·説林上》等作"商蓋"。奄，擁有。《詩·執競》：
"奄有四方。"●《清華七·越公 11》《清華一·楚居 12》讀闔，指吳王闔閭。●讀害。漆桐"民
盍"，當讀為"民害"。"盍"匣紐盍部，"害"匣紐月部，月、盍二部音近可旁轉。方框第四欄
的内容常有對比關係，如"五强""三强"對比"五弱""三弱"，"民害"正可與"人善"（或倒
言成"善人"）對比。●《類編 290》"盍裓"，讀蓋，疑為姓氏。《前漢·曹參傳》聞膠西有蓋公，
善治黄老言。●讀藹。《清華十·四告 4》："暴唬（虐）從（縱）獄，盍=（藹藹）爭詛（怨）。"
整理者注："'盍'聲字與'謁'聲字相通，參見白於藍：《簡帛古書通假字大系》第九三一一九

三三頁。藹藹，爭怨的樣子。”或謂讀嗑，《説文・口部》：“嗑，多言也。”

⿰骨盇 楚  新蔡甲三 131

【注】從骨盇聲。●讀脅。《新蔡甲三 131》：“⿰骨盇疾，以（以）心痵（悶），尚毋死。”

⿰忄盇 楚  上博六・用曰 3

【注】從心盇聲。●疑讀愆（古音溪紐元部），意為過。簡文“罪之枝葉，良人可思，[而亦]不可⿰忄盇”，當指要謹小慎微，防微杜漸之意。

⿰盇攴 楚  包山 170

【注】從攴盇聲。●包山簡人名。

⿸戶盇 楚  清華六・子儀 16

【注】從戶盇聲，或即“闔”之異體。●讀闔。《清華六・子儀 16》：“⿸戶开（開）而不⿸戶盇（闔）。”

⿸厂盇 楚  清華八・邦道 1 晉  六年令戈

【注】從厂盇聲。●人名。《六年令戈》：“右庫工帀（師）⿸厂盇向。”●讀盇。《清華八・邦道 1》：“以不⿸厂盇（盇）于志，以至于邦豙（家）⿱昏心（昏）⿱䜌又（亂）。”整理者注：“⿸厂盇，讀為‘掩’，《廣雅・釋詁》：‘取也。’不掩於志，指不能實現其目標。或説‘⿸厂盇’為‘闔’字異體，疑讀為‘盇’，《爾雅・釋詁》：‘合也。’”由下文“以至於邦家昏亂”來看，“⿸厂盇”讀為“盇”訓為“合”是。“⿸厂盇”當是“⿷匚盇”字異體，且由《治邦之道》篇中“医”書為“⿸厂矢”來看，寫手似有將“匚”書為“厂”的書寫習慣。

⿰盇阝  晉司徒伯⿰盇阝父鼎

【注】從邑盇聲。《説文》：“⿰盇阝，地名。”●人名。《晉司徒伯⿰盇阝父鼎》：“晉𤔲（司）徒白（伯）⿰盇阝父乍（作）周姬寶障鼎。”

搕 秦  關簡 336

【注】從手盍聲。●以手覆蓋。《關簡 336》："即兩手撎病者腹。"撎，《唐韻》烏合切，音罨，以手覆也。

 璽彙 1694 <秦> 印增 296

【注】從疒盍聲。●均為人名。

讅 <楚> 清華三·琴舞 15

【注】從言盍聲。●讀藹。《清華三·琴舞 15》："畏（威）義（儀）讅=（藹藹）。"畏（威）義（儀）讅讅（藹藹），形容天子容儀之盛。

趌 <秦> 秦公鎛 秦公簋

【注】從走盍聲。●讀藹。《秦公鎛》："趌趌允義，龔（翼）受明德。"《秦公簋》："咸畜胤土，趌趌文武，鎮（鎮）靜不廷，㑟（柔）燮百邦。"孫詒讓謂趌字當從蓋省聲，即《説文》"趌"字之異文，蓋、曷古音同部。二 為重文符號。趌趌，即趌趌，勇猛精進貌。《説文》："趌，趌趌也。從走曷聲。"《集韻》："音厥，怒走也。"于省吾先生讀藹藹，謂："此云'藹藹文武'指百辟胤土之文士、武士言之。是'藹藹'正形容文武多士容止之盛也。""趌"從走，盍聲。"盍"為"蓋"之初文。"蓋""藹"古音同屬月部字，"趌""藹"可通。《爾雅·釋訓》："藹藹濟濟，止也。"郭璞注："藹藹、濟濟皆賢士盛多之容止。"

蓋 <楚> 郭店·窮達 3 <秦> 秦公簋 戰編 35 類編 13 印封 71

睡簡·日乙 23

【注】從艸盍聲。盍、蓋匣母葉部，聲韻俱同。●器蓋。《秦公簋》："西一斗七升大半升，蓋。"●讀葛。《郭店·窮達 3》："咎（皋）繇（陶）衣胎（枲）蓋（葛），冒（帽）絰（經）㡓（幏）懂（巾）。"●秦簡多用為本義，苫也、掩也、覆也。《睡簡·秦種 195》："它垣屬焉者，獨高其置芻廥及倉茅蓋者。"有其他牆垣和它連接的，可單獨加高貯芻草的倉和用茅草覆蓋的糧倉。●秦漢印多為人名。或為姓氏，《前漢·曹參傳》聞膠西有蓋公，善治黃老言。

歃 <秦> 秦印 286

【注】從欠蓋聲。●秦印人名。

鄐 <秦> 漢印 582

【注】從邑蓋聲。●秦印"鄐詌"讀蓋，姓氏。

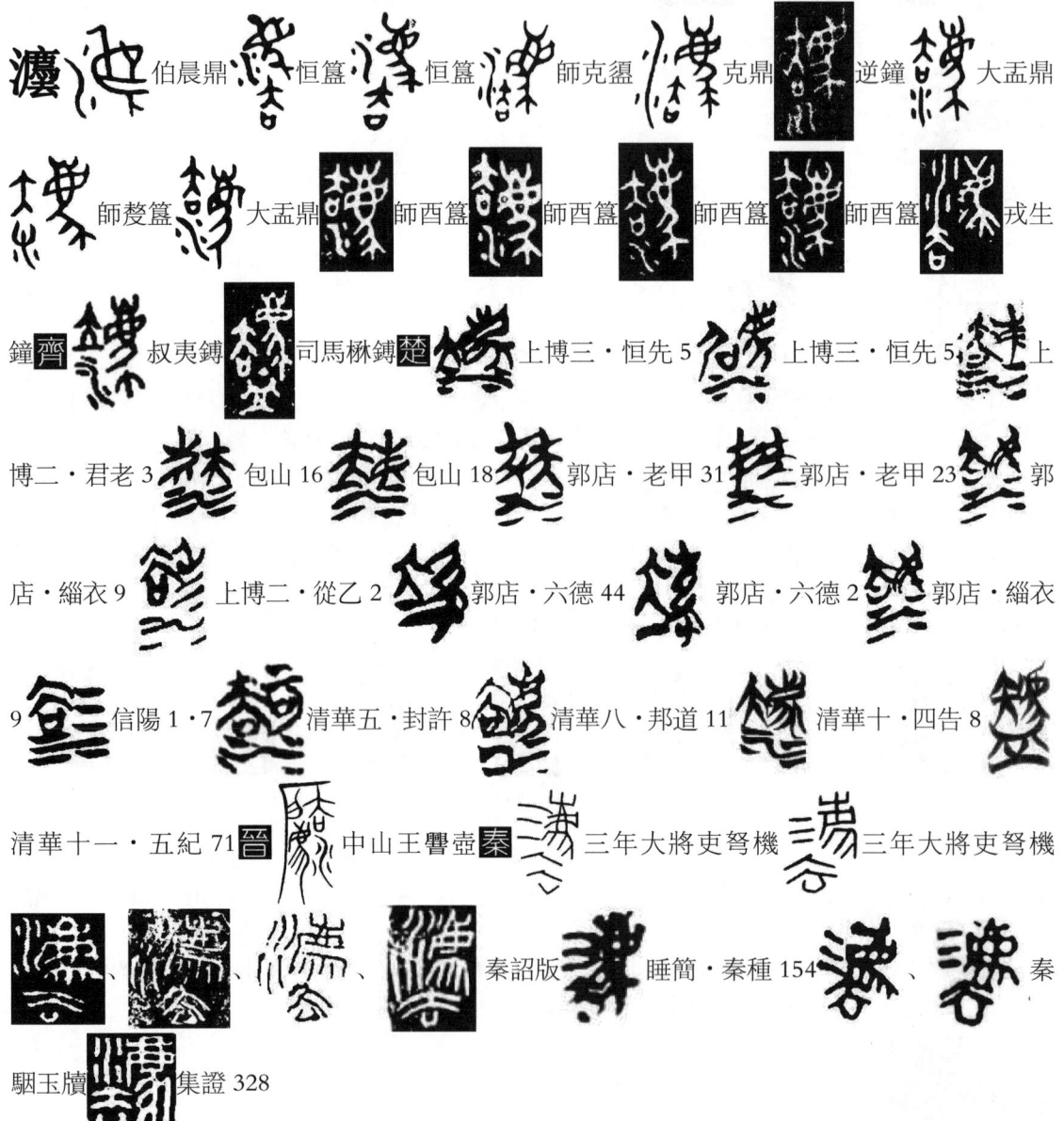

蠥 楚 清華五・命訓 12

【注】從廌盍聲。●讀法。《清華五・命訓 12》："行之以尚=（權，權）不蠥（法）。"

瀍 伯晨鼎 恒簋 恒簋 師克盨 克鼎 逆鐘 大盂鼎

師敖簋 大盂鼎 師酉簋 師酉簋 師酉簋 師酉簋 戎生

鐘 齊 叔夷鎛 司馬楙鎛 楚 上博三・恒先 5 上博三・恒先 5 上

博二・君老 3 包山 16 包山 18 郭店・老甲 31 郭店・老甲 23 郭

店・緇衣 9 上博二・從乙 2 郭店・六德 44 郭店・六德 2 郭店・緇衣

9 信陽 1・7 清華五・封許 8 清華八・邦道 11 清華十・四告 8

清華十一・五紀 71 晉 中山王譽壺 秦 三年大將吏弩機 三年大將吏弩機

、 、 、 秦詔版 睡簡・秦種 154 、 秦

駰玉牘 集證 328

【注】從水從廌去（盍省）聲。裘錫圭指出，過去認為是會意字的"瀍（法）"字也有可能是從"去（盍）"聲的。（詳參看裘錫圭《談談古文字資料對古漢語研究的重要性》。廌，據說是一種獨角獸，又叫獬豸，這種獸是一種能"別曲直"的神異之獸，它"性知有罪……有罪則觸，無罪則不觸"，故金文從水、廌，會廌觸不直者訣訟公平如水之意。《中山王譽壺》增從戶為聲符。楚簡"瀍"所從之"夫"是由從大之形進一步演化而來的，屬變形音化現象。戰國時始見省減之"法"，與《説文》省體同。●讀廢，大也。《大盂鼎》："瀍保先王。"王國維曰："瀍讀為廢。

廢，大也。《詩·小雅》'廢為殘賊'，《釋詁》：'廢，大也。'”（《觀堂古今文考釋·盂鼎銘考釋》）●讀廢，廢除、背棄。《晉姜鼎》：“勿灋（廢）文侯覬命。”●效灋。《中山王䒑壺》：“節于醴（禋）醑（禩），可灋可尚（常），以鄉（饗）上帝，以祀先王。”●讀廢。《三年大將吏弩機》：“灋丘。”“'灋丘'即廢丘，原名犬丘，西周晚期犬戎曾居于此”。（吳振烽《三年大將吏弩機考》）漢則稱槐里，《封泥彙編》79·6 有“槐里承印”，陳直先生亦藏“槐里市久”陶文。廢丘故城在今陝西興平縣東南十里。●讀廢，浪費。《作冊般黿》：“王一射，射三，率亡灋（廢）矢。”●戰國文字多讀廢。《睡簡·雜鈔1》：“任法（廢）官者為吏，貲二甲。”《上博五·季庚15》：“失=（先人）斎=（之所）灋勿记（起）。”楚文字用“灋”“發”表示廢，中山文字用“竣”。

䲰_楚 清華五·命訓15　清華五·命訓15　清華六·子產20

【注】從薦去（盍省）聲。●讀法。《清華五·命訓15》：“以耑（權）從䲰（法）則不行=（行，行）不必䲰（法）。”

葢 禽簋_齊　齊侯盤　齊侯匜

【注】從林去（盍省）聲。●讀奄。《禽簋》：“王伐葢（蓋）侯。”所記為周初周公東征，攻滅東夷商奄（古書或作“商蓋”，或單稱“奄”）之事。《尚書序》：“成王東伐淮夷，遂踐奄。”●人名。《齊侯盤》：“齊侯乍（作）楸姬寶般（盤）。”

陆_晉 匯考108

【注】從阝去（盍省）聲。●裘錫圭釋為“陆（部-合）陽壴（府）”，首字“陆”從“盍”得聲，“盍”“合”音義皆近。印文“陆陽”讀為“合（郃）陽”，戰國屬魏，在今陝西合陽縣，此為魏國官印。

竝_燕 匯考204

【注】從立去（盍省）聲。●讀廢。印文“趨竝（灋）垕”，“竝垕”讀灋丘，當以地名為人名者。

欰_楚 上博三·周易55　上博三·周易14

【注】從欠去（盍省）聲。●讀盍，合也。《上博三·周易55》：“觼（渙）亓（其）血，欰易出。”《上博三·周易14》：“母（毋）頛（疑）塱（朋）欰（盍）噩（簪）。”今本、馬王堆漢墓帛書本對應文字分別是“勿疑朋盍簪”“勿疑朋甲毚”。

匣紐劦聲

劦  劦壺齊 陶彙3·837 楚 清華七·越公61 清華十·司

歲6 清華五·封許6 晉 璽彙0460

【注】甲骨文作𠃊、𠂇、𠂇、彡、𡿨、𡿨、𡿨、𢎛、𢎛、𢎛、卅、𢆶、𢆶，象三耒相並形，會合力同耕之意；或增從口。金文同甲骨文。戰國文字構形特異。在偏旁中或從二力，如"脅"作𠂇𠂇（璽彙1566）。《説文》："𠀎，同力也。從三力。《山海經》曰：'惟號之山，其風若劦。'凡劦之屬皆從劦。"本義為合力並耕。由於"劦"作了偏旁，其本義便另加形符"十"寫作"協"。●讀勒。《清華五·封許6》"攸劦（勒）"即鍌勒。"劦"古有二讀，一為胡頰切音協，一為力制切音戾，《説文》"劦"字下段注："按此字本音戾，力制切，十五部。"此字在此應音戾，與"勒"同來紐雙聲、質職通轉音近。《廣雅·釋器》"羈、鞦，勒也"，即此。●讀協。《清華七·越公61》："必（庇）卒（卒）劦（協）兵，乃由王卒（卒）君子六千。"●齊陶晉璽人名。

脅  龏簋 雟伯作兄癸卣 雟伯作兄癸卣 戍鈴方彝 豳公盨

【注】從口劦聲，"劦"字繁體。●祭名，當即大合祭之祫祭，蓋"劦"有合力之意。此種祭祀在最後舉行，或同時聯合它祀典一併舉行。《龏作父乙簋》："隹（唯）王廿祀脅日，遘于匕（妣）戊武乙奭、豕一。"《戍鈴方彝》："才（在）九月，隹（唯）王十祀脅日五。"劦日，秋天大合祭的日子。《禮記·王制》："天子犆礿、祫禘、祫嘗。"鄭玄注："祫，合也。天子諸侯之喪畢，合先君之主于祖廟而祭之謂之祫。"商、周王家宗廟之制，五年一禘，三年一祫。禘祭在夏，祫祭在秋。●讀協。《豳公盨》："好德耽（婚）遘（媾），亦唯脅（協）天。"

脅 晉  璽彙1566 秦 秦印74

【注】從肉劦聲。●均為人名。

茘 秦  睡簡·秦種4

【注】從艸劦聲。《説文》："茘，艸也。似蒲而小，根可作㕞。從艸劦聲。"●《睡簡·秦種4》："不夏月，毋敢夜草為灰，取生茘、麛鷇（卵）鷇。"據整理者注釋，"生茘"指剛出芽的植物；"麛"指幼鹿，這裏泛指幼獸；"鷇"指需哺食的幼鳥。這段律文大意是說，沒到夏季，不許燒草為灰以及採摘剛發芽的植物，也不許捕捉幼獸、幼鳥，等等。

耣（䚩）  冊劦父丁簋 智鼎 楚 清華六·子儀9 清華

十・四告 12

【注】從二耒相并，或疑"劦"字或體。"力"即"耒"之本字。所從肉形為甲骨文耒形之訛。●金文人名。●《清華六・子儀 9》："余愧（畏）亓（其）或（式-忒）而不訐（信），余隻（誰）思（使）于韽（協）之。"整理者釋為"脅"讀協。王寧讀戾。段玉裁於《説文》"劦"下注云："按此字本音戾。"此疑當讀戾，與上句"信"質、真對轉為韻。《爾雅・釋詁》："戾，辜（罪）也。"此用為動詞，即怪罪、責備義。這兩句意思是：我擔心他善變而不誠信，我派誰去責備他？●讀協。《清華十・四告 12》："母（毋）韋（違）朕言，罘余和韽（協），惟乍（作）立正（政）立事。"

 清華八・攝命 4　 清華八・攝命 9

【注】從攴（或從殳，同）韽聲。●均讀協。《清華八・攝命 4》："今是亡其奔告，非女（汝）亡其韽（協），即行女（汝）。"文意為：王室缺人手奔告以應對各地訴求，只有攝是合適人選，即命攝履職巡視。

癲鐘　癲鐘　癲鐘　癲鐘　南宮乎鐘　王由尊　王由尊
王由尊　戎生鐘　者減鐘　清華一・尹誥 2　清華三・芮良夫 13　秦

秦公鎛

【注】甲骨文作 、 、 、 、 、 、 ，從赫從狀，字宋以來多釋為"協"，于銘意可通。《金文編》原析《王由尊》為 、 為二字，比照《癲鐘》《秦公鎛》等器，當釋一字。《説文》無。●讀協，和洽。《秦公鐘》："昌（以）康奠鷬（協）鈑（朕）或（國）。"楚文字均讀協。《清華一・尹誥 2》："我克鷬（協）我甹（友）。"●地名。《王由尊》："王由攸田鷬，乍（作）父丁障。"攸、鷬均是地名。銘意是說：王由攸往畋于鷬。

 叔尸鎛　叔尸鐘

【注】從言鷬省聲。●讀協。《叔尸鐘》："龢鷬獻（協）而又（有）事。"

見紐甲聲

甲　夨方鼎　甲鼎　秴父甲簋　獄盤　利簋　牆盤

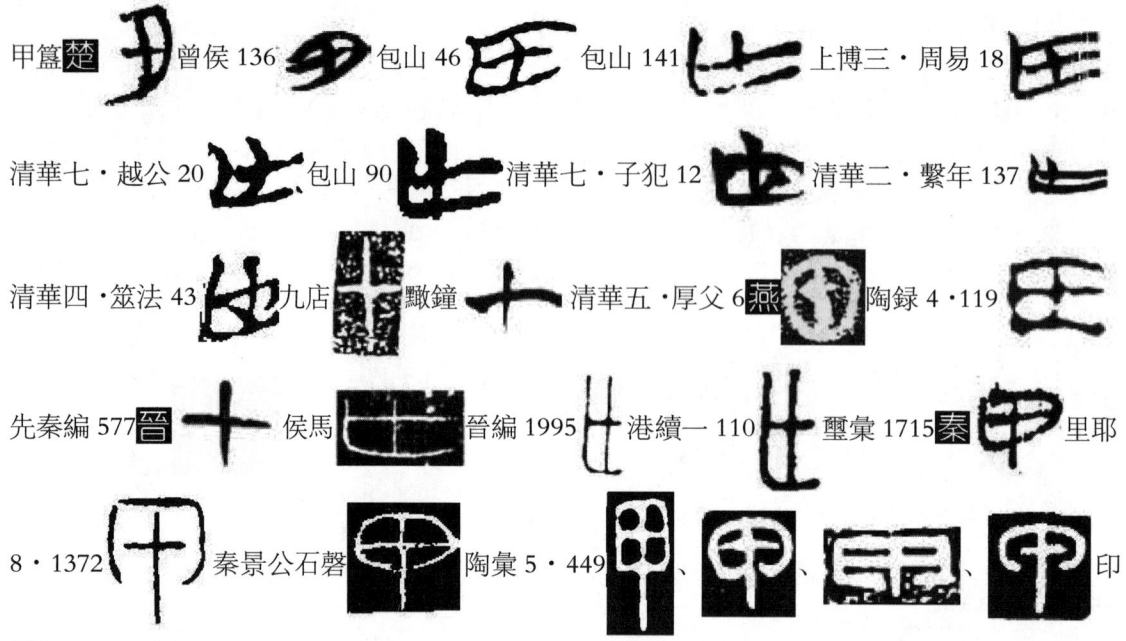

甲 篇 楚 曾侯 136　　包山 46　　包山 141　　上博三·周易 18

清華七·越公 20　　包山 90　　清華七·子犯 12　　清華二·繫年 137

清華四·筮法 43　　九店　　 镻鐘　　清華五·厚父 6 燕　　陶録 4·119

先秦編 577 晉　　侯馬　　晉編 1995　　港續一 110　　璽彙 1715 秦　　里耶

8·1372　　秦景公石磬　　陶彙 5·449 、　　、　　、　　印

增 551

【注】甲骨文作□、□、□、□、十。劉宗漢謂七、甲不僅同形，"而且音通、義通，都是起源于古人以利器在器物上所作的'十'字形刻畫。"(《釋七、甲》)林義光謂："甲者皮開裂也。十象其裂文。《易》：'百果草木皆甲宅。'鄭玄注：'皮曰甲，根曰宅。'《史記·曆書》：'甲者萬物剖符甲而出也。'"(《文源》卷三)甲骨文或作□，郭沫若謂十同七字相混，故加□以別之。于省吾曰："□，首甲也，從□象首甲之形，十聲，十，古文甲乙之甲。"(《甲骨文字釋林·釋甲》)初義有待再考。金文同甲骨文。戰國文字承襲商周文字，或向下延長中間豎筆作□、甲，遂為小篆所本。秦漢以後則甲行而十廢。楚簡作□者，與"亡"易混，九店簡作□，有繁化現象，很可能是為了與"亡""乍"區別而添加了區別符號。戰國文字偶與"田"混。●天干第一位，用以紀日。《師兌簋》："隹(惟)元年五月初吉甲寅。"●人名。《甲盉》："甲乍寶尊彝。"《兮甲盤》："王易(賜)兮甲馬三(四)匹。"兮甲：人名。●先公先王及先妣的廟號。《致方鼎》："烏虖(嗚呼)！王唯念致辟剌(烈)考甲公。"●護身衣。《新郪虎符》："凡興士被甲，必會君符，乃敢行之。"《杜虎符》："兵甲之符。"兵甲，指軍備及戰爭。秦文字假"甲"表示兵甲之甲，楚文字、齊文字用"虜"表示，三晉文字用"牵"表示。

閘 晉  璽彙 5328 秦 璽彙 5329

【注】從門甲聲。●古璽單字，或用為本義。《説文》："閘，開閉門也。"2000 年發現的廣州南越國大型木構水閘遺址中即有水閘。

魍 秦  嶽麓一·占 40

【注】從鬼甲聲。●竊鬼。《嶽麓一·占 40》："魍君為祟。"

 仰天 12

【注】從竹甲聲。●讀匣。《仰天 12》："皆贙（藏）於一笚之中。"

見紐夾聲

夾壺蓋　　夾卣　　大盂鼎　　禹鼎　陶録 3・391　　信陽

2・7　上博三・周易 27　　上博二・容成 25　　上博六・競公 8　　清華

一・祭公 6　　清華一・耆夜 1　　清華四・筮法 48　　清華七・越公 66

上博九・靈王 1　　清華十・四時 37　夾迯刻石　　睡簡・日甲 151

【注】甲骨文作 𡗕、𡗕、𡗕、𡗕、𡗕，象兩人夾持一人之狀，會夾持之意。金文同。《説文》："夾，持也。從大俠二人。"本義為夾持、輔助。●夾輔、輔佐。《禹鼎》："不（丕）顯超超皇且（祖）穆公，克夾鹽（召）先王。""夾召"同義連文。一作"召夾"。《大盂鼎》："盂，乃鹽（召）夾死嗣（司）戎，敏諫罰訟。""召""夾"，都是輔助、佑助的意思。●人名。《夾卣》："夾乍（作）父辛障彝。"●訓為"介"，指助賓客行禮者。《清華一・耆夜 1》："卲公保奭為夾（介）。"●讀頰。《上博三・周易 26》："欽（感）頌（輔）夾（頰）胥（舌）。"●讀狹。《睡簡・日甲 151》："夾頸者貴。"●夾持。《上博九・靈王 1》："戁（執）事人夾蔡人之軍門，命人毋敢徒出。"楚之執事人夾持在蔡人軍門左右，目的是檢查申人進出，看他們是否都拿了蔡人的器物出來。

 嶽麓三 125

【注】從女夾聲。●人名。

 秦印 172　　　睡簡・日甲 79 背

【注】從頁夾聲。●面頰。《睡簡・日甲 79 背》："盜者赤色，其為人也剛履，疵在頰。"●秦印人名。

惢 齊  璽彙 3121　　　 陶彙 3・1319

【注】從心夾聲。●均為人名。

挾 秦  里耶 8・1721　　　 龍崗 17　　　 龍崗 276　　　 圖典 400

【注】從手夾聲。●攜帶、挾持。《龍崗 17》："亡人挾弓、弩、矢居禁中者。"●秦印"女挾"，人名。

陝 秦  印增 545

【注】從阝夾聲。同"狹"。●秦印"趙陝"，人名。

闕 晉 兆域圖銅版

【注】從門夾聲，當即"陝（狹）"字異構，從門與"闕"從門取意同。《説文・自部》："陝，隘也。隘也。從阝夾聲。"段玉裁注："俗作陿，峽，狹。"陝西字小篆作陝，從阝夾聲。●讀狹或讀陝，狹窄。《兆域圖銅版》："闊闕（狹）小大之叨。"

匧 秦 睡簡・答問 204

【注】從匸夾聲，同"篋"。《説文・匸部》："匧，藏也。篋，匧或從竹。"●陪同人員的稱號。《睡簡・答問 204》："可（何）謂'匧面'？耤（藉）秦人使，它邦耐吏、行殹與偕者，命客吏曰'匧'，行殹曰'面'。"假使秦人出使，有他國能幹的官吏和隊伍陪同，稱他國官吏為匧，其隊伍為面。

㾓 齊  陶彙 3・376 晉 璽彙 1707　　　 璽彙 1972　　　 璽彙 2260

【注】從疒夾聲。●戰國文字人名。

梜 秦  里耶 8・145

【注】從木夾聲。●人名。

 仰天 32

【注】從糸夾聲。●義不詳。

 曾侯䃺缶

【注】從石夾聲，土為贅符。"硤"之繁文。●《曾侯丙方缶》："曾侯丙之䢔缶，䃺以為長事。""硤以為長事"董珊認為應釋讀"攝以為凶事"，"長"可讀"凶"，指此缶既作水器沐缶，又兼作酒器尊缶"。（詳《曾侯丙方缶銘文解釋》）

 曾侯 116

【注】從弓夾聲，土為贅符。疑"甲"字異體。●疑讀甲。《曾侯 116》："一凶彊，三矢，劃箔（席）。"或謂從弓聲，一種弓名。

疑紐業聲

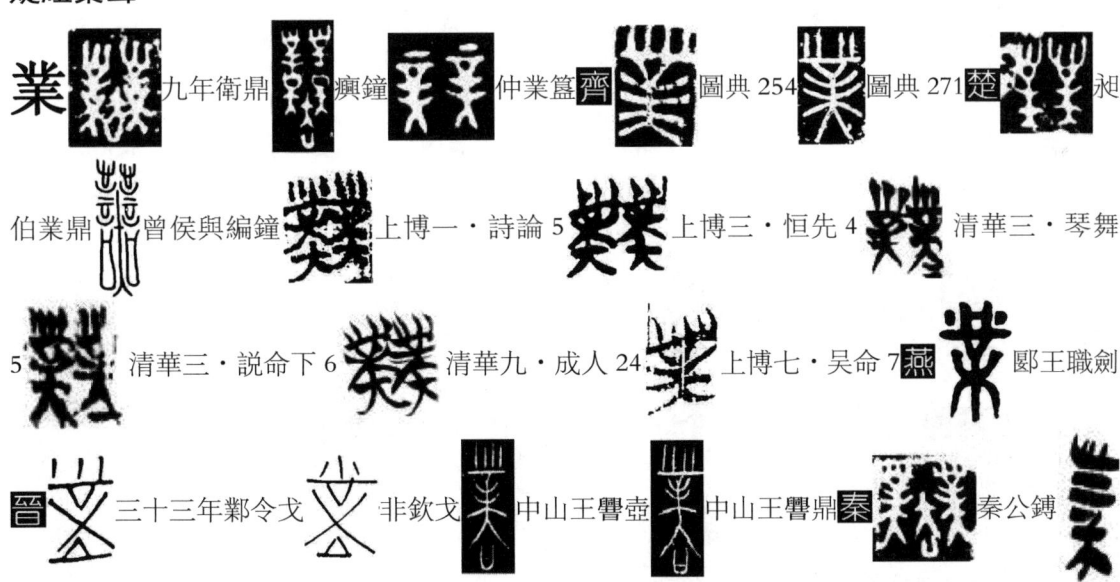

嶽麓一·為吏 66

【注】《昶伯戔鼎》所作，象兩個並立的銅人（即鐘虡）舉筍上捷業如鋸齒之大版，與《説文》古文同。《秦公鎛》加注音符號去。楊樹達謂："戔字從古文業，去蓋加聲旁字。與罔字之亡、甈字之㞢同。去古音在模部，得為古文業之聲旁者。去聲之字如狚、劫皆讀入帖部，業與狚、劫音近，去得為狚、劫之聲旁，亦得為業之聲旁矣。"（《金文説》40 頁）戰國文字多省作 業。或作 業，當是 業與 去共用筆劃 大 而成。《吳命》第 7 簡中 業 和 業 所從相同，比鄴城陶文和中山王 譽

壺 "業" 字中部稍簡，但可以肯定是 "業" 字。《説文》: "業，大版也。所以飾縣鍾鼓。捷業如鋸齒，以白畫之。象其鉏鋙相承也。從丵從巾。巾象版。《詩》曰: '巨業維樅。' 古文業。"

●基業、事業。《中山王𰯼壺》: "以内絕（絶）邵（昭）公之業。" 楚簡多讀業。《上博一·詩論 5》: "秉㝰（文）之悥（德），目（以）為丌（其）糵（業）。"《上博七·吳命 7》: "答曰: '三大夫辱命于寡君之業。'" ●讀鄴，地名。《三十三年鄴令戈》: "卅三年業（鄴）蹫（令）戁左庫工帀（師）、臣冶山。" 齊陶 "業" 即古鄴城。（《釋〈吳命〉7 號簡 "業" 字》）●《曾侯與編鐘》: "有嚴曾侯，業業厥聲。" 業，高大雄壯貌。《詩·大雅·常武》: "赫赫業業。"《小雅·采薇》: "戎車既駕，四牡業業。" 毛傳: "業業，壯也。" 高亨注: "業業，高大貌。"《大雅·烝民》: "仲山甫出祖，四牡業業。" 毛傳: "業業，言高大也。" ●讀乂，輔相、佐助。《秦公鎛》: "嚴龏（恭）夤天命，保糵乓（厥）秦，虩事䜌（蠻）夏。" 楊樹達曰: "糵與辥、乂、艾皆同聲，銘文保糵，猶《書》云 '保乂'，《詩》云 '保艾'，《克鼎》諸器之 '保辥' 也。《爾雅·釋詁》云: '艾，相也'。凡言 '保糵'、'保乂'、'保艾'、'保辥' 者，皆謂相保也。"（同上引）●安、安定。《瘨鐘》: "大神其陟降嚴祐，糵妥（綏）厚多福，其豐豐彖彖，受余屯（純）魯。" 楊樹達謂糵與乂、艾同聲，其義相通。鐘銘糵、妥同義連用，謂安定也。●《清華三·琴舞 5》: "糵（業）糵（業）畏載（忌）。" 糵糵，即 "業業"。《大雅·雲漢》"兢兢業業，如霆如雷"，毛傳: "兢兢，恐也；業業，危也。" ●讀藹。《清華三·説命下 6》: "汝亦惟有萬福糵＝（業業），在乃服。" 原注讀為 "藹藹"。業，疑紐葉部，藹，影紐月部，可通。《爾雅·釋訓》: "藹藹，濟濟，止也。" 郭璞注: "皆賢士盛多之容止。" ●《上博三·恒先 4》: "糵＝（業業）天墜（地），焚＝（紛紛）而多采（彩）。"《詩·大雅·常武》: "赫赫業業，有嚴天子。" 毛《傳》: "赫赫然盛也，業業然動也，嚴然而威。" 朱熹《集傳》: "赫赫，顯也；業業，大也；嚴，威也。天子自將，其威可畏也。" 李零釋作 "察察"。●《清華九·成人 24》: "煮（圖）䛊（辭）又（有）糵，隹（惟）齊非均（均）。" 整理者讀辨，注: "糵，即 '𢆷' 之繁構，讀為 '辨'，訓為 '別'。均，讀為 '均'，與 '齊' 義近。惟齊非均，與《呂刑》'惟齊非齊' 近同。《荀子·王制》: '先王惡其亂也，故制禮義以分之，使有貧富貴賤之等，足以相兼臨者，是養天下之本也。書曰: 維齊非齊，此之謂也。'"《呂刑》之 "惟齊非齊"，句法為 "非齊者"，"齊" 之，蓋量刑權衡之 "齊" 也。簡文糵，疑讀察。

 糵 楚　　清華十·四告 47　　清華十·司歲 9

【注】從曰糵聲。●讀業。《清華十·四告 47》: "弋（式）陟降卡（上下），古糵（業）乃家，母（毋）念罦（斁）哉。" 整理者注: "業，表示治理的意思，古書又作乂、艾、辥等，參看楊樹達:《秦公簋跋》（《積微居金文説》卷二，第四十三頁）。" 或謂 "古糵" 讀 "故業"，即以往的基業、事業，與 "乃家" 為對言。●讀閹。《清華十·司歲 9》: "糵（閹）茅（茂），未受舒（序）。"《淮南子·天文訓》: "太陰在戌，歲名曰閹茂。"

懜 晉　　中山王𰯼鼎

【注】從心業聲。懜，《集韻》懼也、危也。●讀懜，戒懼。《中山王𰯼鼎》: "懜懜惓惓，㤅（恐）隕社禝（稷）之光。"《爾雅·釋訓》: "業業，危也。"《詩·大雅·云漢》"兢兢業業，如霆如雷"，

以"業"表"⿰忄業"，故疑此處本當也用"業"字，因隨上面"憚"字而加了一"心"旁，遂成為"懼"義之"業"的專字。

鄴 晉  十四年鄴下庫戈  溫縣

【注】從邑業聲。●地名。《十四年鄴下庫戈》："十四年，鄴下庫。"《説文》："鄴，魏郡縣。從邑，業聲。"段《注》："漢魏郡治鄴縣，今河南彰德府漳縣，西二十里有故鄴城。"按鄴原屬魏，後趙悼襄王六年"魏與趙鄴"，但僅三年後"秦攻鄴，拔之"。（均見于《史記·趙世家》）●溫縣盟書"瘧才鄴敢不尕尕焉中心事丌（其）宔（主）"，義不詳。

⿰業支 楚 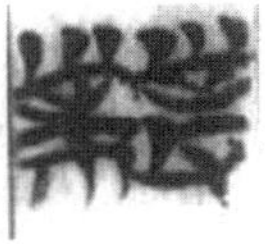 安大一 45

【注】整理者認為從支⿰業業聲。然字左旁其實是"帶"字，右旁也很可能是讀為淺、竊、察的那個字。也有可能從⿰示攴⿰業業聲。暫從整理者説。●讀脅。《安大一 45》："遊環⿰業支（脅）敺（驅），軨（紷）紳（靷）鈇（鋈）緯（續）。"《毛詩》作"遊環脅驅"。上古音"業"屬疑紐葉部，"脅"屬曉紐葉部，二字音近，故"業"可以作"脅"的聲符。

定紐闒聲

闒 秦  里耶 8·1386  嶽麓柒 146

【注】從門㒳聲。陳劍先生認為，"㒳"形應係自"習"分化。（詳《"㒳"形來源補説》）●里耶簡辭例殘缺。嶽麓簡原文作："諸榦官徒有亡者，作所官移其告闒諜（牒）作所縣=（縣，縣）聽其官印論之。"整理者原注謂："闒諜：'諜'通'牒'，即牒書。《説文·門部》：'闒，樓上户也。'簡文'闒'可能作'牒'的形容詞。闒諜，或爲記録逃亡者信息的文書。"

定紐涉聲

涉  倗生簋  倗生簋  倗生簋  倗生簋  散氏盤  散氏盤

楚  曾公畎鐘  上博三·周易 2  上博四·柬旱 11  郭店·老甲 8

 帛書乙  包山 128  上博一·詩論 29  上博五·季庚 7  清華

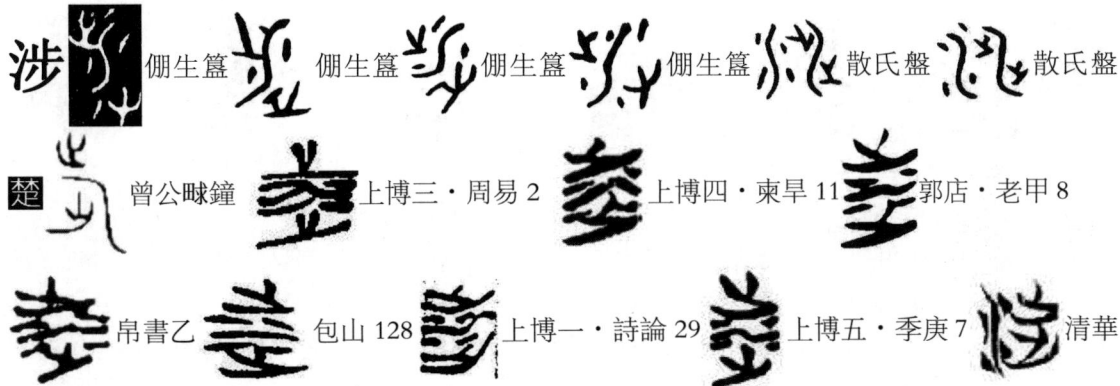

七・越公30  清華七・越公65  清華七・越公67  清華二・繫年21  清華二・繫年68  清華二・繫年34  璽補204 晉  璽彙2758 秦  涉戈  石鼓文  印增448

【注】甲骨文作、、、、、、、、、，從止臨水，會趟水過河之意。金文同甲骨文。戰國文字多呈上下結構中間作一水形，《散氏盤》作，右邊與“兆”訛變後的字形很相像，這大概就是《散氏盤》“涉”字要再加上水旁，使得“涉”與“兆”區別開來的一個原因（詳“兆”字）。戰國秦漢文字“涉”則在《散氏盤》的基礎上繼續簡化水形，作、、。林、水作形符相通，故隸變後作涉、𣵀二形。《說文》：“，徒行厲水也。從林從步。篆文從水。”本義是徒水過河，如屈原《九章》：“江與夏之不可涉。”《廣韻》：“涉，徒行渡水也。”●初義為步行渡水，引申為渡河。《散氏盤》：“自濡涉㠯（以）南，至于大沽。”楚簡多用為本義。《清華七・越公30》：“王親涉沟（溝）淳瀏（泑）塗，日賸（靖）蓐（農）事以勸悥（勉）蓐（農）夫。”●入也。《倗生簋》：“殷乎（厥）剩（绝）霄谷、杜木、邍谷旅菜，涉東門。”東門，楊樹達曰：“此非水名，不得以渡涉為解。”（《金文説》225頁）●族氏名。《車涉觚》：“車涉。”●地名。《涉戈》：“涉。”《戰國策・趙策一》：“韓欲有宜陽，必以路、涉、端氏賂趙。”在今河北省涉縣西北。●涉獵。《上博五・季庚7》：“君子涉之。”之，指“書”“詩”和“儀”。涉獵，指閱讀學習。《漢書・賈山傳》：“山受學祛，所言涉獵書記，不能為醇儒。”顏師古注：“涉若涉水，獵若獵獸，言歷覽之不專精也。”

⿱罒涉  伯晨鼎

【注】從目涉聲。●人名。《伯晨鼎》：“用乍（作）朕文考⿱罒涉公宮障鼎。”

泥紐聶聲

聶 楚  曾侯8  曾侯63 秦  戰表1179  秦印232  類編389  睡簡・為吏2

【注】《説文》：“聶，附耳私小語也。從三耳。”戰國文字作偏旁常常省作“珥”。“珥”“聶”二字古音近，可以通用，王莽年號居攝之“攝”，居延漢簡有時就寫作“珥”。●讀懾，畏懼。《睡簡・為吏2》：“肖人聶心，不敢徒語恐見惡。”●讀攝，訓為緣。《曾侯6》：“狐白之聶。”●秦印有“聶華”“聶解”“聶益耳”，姓氏。《通志・氏族略・以邑為氏》云：“聶（聂）氏，衛大夫食采於聶，因氏焉。”

父辛鼎

【注】從二耳。《說文》：“聑，安也。從二耳。丁帖切。”或謂“聑”為“聶”之省文。●族氏名。《父辛鼎》：“聑父辛。”

上博六·用曰 4

【注】從心聶聲。●讀攝。《上博六·用曰 4》：“愳好弃（棄）忧（尤），五井（刑）不行。”攝，有收取之義。《莊子·胠篋》：“將為胠篋探囊發匱之盜而為守備，則必攝緘縢，固扃鐍，此世俗之所謂知也。”陸德明《釋文》引崔譔曰：“攝，收也。”

伯侯父盤雅子奭瓡　郭店·緇衣 45　清華八·攝命 1

清華八·攝命 28　清華八·攝命 32　清華八·攝命 30　清華十·司歲 2

【注】從大聶聲，疑“儑”之異文。●人名。《伯侯父盤》：“白（伯）侯父胜（勝）弔（叔）媯奭母盤（盤）。”●楚簡均讀攝。《郭店·緇衣 45》：“俚（朋）友貞（攸）奭（攝），奭（攝）以悢（威）義（儀）。”《清華十·司歲 2》：“奭（攝）罡（提）之哉（歲），亥受舒（序）。”●《清華八·攝命》讀攝，人名。

璽彙 0545

【注】從言聶聲。●燕璽人名。

、天星　清華八·邦道 22　清華一·楚居 3　清華九·治政 25

【注】從立聶聲，“攝”之異體。●讀攝。《清華八·邦道 22》：“斂（謹）迲（路）室，塁（攝）沘（圯）梁。”路室，客舍。“塁”即“攝”，整飭。沘，讀圯。《說文》：“東楚謂橋為圯。”●《清華一·楚居 3》：“𠈨（厥）𢆶（狀）塁（聶）耳。”塁，即“聶”字異體。聶耳，整理者引《山海經·海外北經》“聶耳之國……為人兩手聶其耳”，郭璞注：“言耳長，行則以手攝持之也。”妣𡥏在傳說中“厥狀聶耳”，為穴酓（穴熊）之妻，是為楚人著名的先妣。

清華九·廼命二 8

【注】疑從水瞾聲。●《清華九·迺命二 8》："母（毋）或從而必（密）逐（邇）之讒＝（讒，讒）非良㥁（圖），不綸之灒女（焉）取資，虐（吾）咸☒乒（厥）工。"整理者注："謹，讀為'讒'。'不綸之灒'，綸，絲帶。'灒'字右半疑即'瞾'字（字形見《殷墟甲骨拾遺》四四九 𡨙），釋為'攝'，訓為'筏'，《春秋繁露·山川頌》'小者可以為舟輿浮攝'。句謂從密邇之讒非良圖，猶無綸系之筏。或釋'𡨙'為'冀'，見孫亞冰：《殷墟卜辭中的冀與冀方》，《古文字研究》第三十二輯，中華書局，二〇一八年，第一一一～一一七頁。'取資'，詳《乃命一》注〔一五〕。'咸'下闕一字，或可補為'付'。《書·堯典》'百工'猶云'百官'。句謂從爾密邇之讒言而取資，吾咸付其有司。"

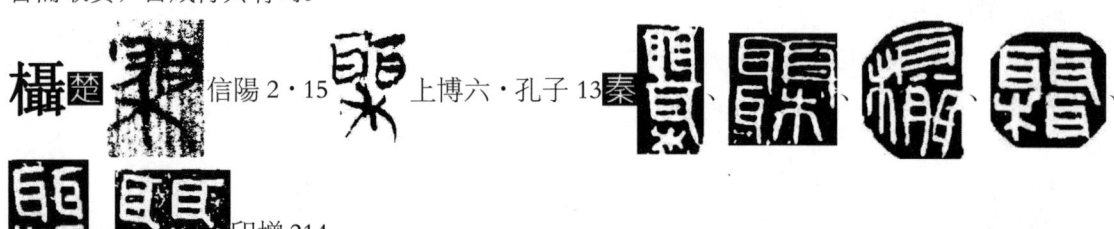

攝 楚 信陽 2·15 上博六·孔子 13 秦

、 、 、

印增 214

【注】從木聶聲。●讀攝。《信陽 2·15》："一綫常（裳），赭膚之純，帛攝。"《儀禮·既夕》"貳車白狗攝服"，鄭玄注："攝，猶緣也。"●讀攝。《上博六·孔子 13》："大為毋攝。""攝"常訓為"整"，亦訓為"收""斂"，有自我整飭、收斂、約束一類意思。《左傳·襄公十四年》："不書，惰也。……書于伐秦，攝也。"杜預注："能自攝整。"●秦印人名。

㹦 楚 曾侯 62

【注】從市聶聲，當為"韠"之異文。●讀攝，訓為緣。簡文"脁韍，貘㹦"蓋指"虎韍"有貘皮的緣飾。

泥紐㗊聲

㗊 楚 清華二·繫年 138 晉 王立事鈹

【注】甲骨文作 、 ，從三口相連，會多言之意。與從三口從山之"㠯"相混。《說文》："㗊，多言也。從品相連。《春秋傳》曰：'次于㗊北。'讀與聑同。尼輒切。"●讀攝，地名。《清華二·繫年 138》："齊自（師）至㗊（攝），述（遂）還。"●人名。《王立事鈹》："上庫工帀（師）樂㗊。"或釋為星。

鄙 齊 璽彙 2177

【注】從邑㗊聲。●齊璽"鄙胥"讀聶，姓氏。

泥紐図聲

上博一・緇衣 23 　上博四・曹沫 37 　清華十一・五紀 106 　清華十一・五紀 115

【注】《説文》：“図，下取物縮藏之。從口從又，讀若聶。”《上博七・凡甲 4》有字作，當從又聲，為“固”之省文。●讀攝，佐助、輔助。《上博一・緇衣 23》：“堋（朋）訇（友）卣（攸）図（攝），図（攝）昌（以）威義（儀）。”朋友之間要依靠威儀互相幫助。郭店簡作“奭”。●《上博四・曹沫 37》：“是故長民者毋図爵。”“図爵”，讀為“攝爵”。“毋図爵”可能是説為君者不可惜爵而不授。

來紐鼠聲

師袁鼎 師袁鼎 郭店・性自 54 　九店 56・25

【注】金文象禽獸有毛髮鼠鼠之形。《説文》：“鼠，毛鼠也。象發在凶上及毛髮鼠鼠之形。此與籀文子字同。”本義為毛髮。●讀臘，祭名。周人于歲末對祖先之宜祭，典籍作“臘”。《師袁鼎》：“余用乍（作）朕（朕）後男鼠障段。”《禮・月令》：“孟冬臘先祖五祀。”鄭注：“臘謂以田獵所得禽祭也。”●氏。《鼠季鼎》：“鼠季作嬴氏行鼎。”●李零讀禮。《郭店・性自 54》：“蜀（獨）处而樂，又（有）内鼠者也。”内鼠，讀為“入禮”，應指能深入到“禮”的内在精神。●讀納。《九店 56・25》：“昌（以）鼠田邑。”

清華八・處位 10 清華三・芮良夫 6 石鼓文 睡簡・日甲 144 睡簡・日甲 47 睡簡・日乙 19 、印增 66

【注】從辵鼠聲。●讀獵。《石鼓文》：“君子員（云）邋（獵），員（云）邋（獵）員（云）遊（遊）。”●讀躐。《清華八・處位 10》：“用邋（躐）歐（貢）而改，又（有）救於前甬（用）。”整理者注引《禮記・學記》“幼者聽而弗問，學不躐等也”，孔疏：“躐，踰越也。”《禮記・王制》“越紼而行事”，注：“越猶躐也。”疏：“越是踐躐之義，故曰越猶躐也。”

、陶録 2・390

【注】從邑鼠聲。●人名。

髊 楚  清華一·楚居 3　　清華一·楚居 3

【注】從骨鼠聲。●讀脅。《楚居 3》："麗不從行，渭（潰）自髊（脅）出，妣𨾊賓于天，晉𢼸脤亓（其）髊（脅）目（以）楚。"詳"渭"字。

徿 楚  清華七·越公 59　　清華七·越公 59　　安大一 77　　安大一 80

【注】從彳鼠聲。楚文字"扁"旁與"鼠"旁有訛混之例。整理者注安大簡："不獸不遷：《毛詩》作'不狩不獵'。……'遷'，作'遷'，從'走'從'虜'訛；第三章作'獵'，疑'獵'字異體。"●讀躐。《清華七·越公 59》"歡（禁）御莫徿（躐）""亡（無）敢徿（躐）命"，"躐"表示逾越，意思是不守規矩、不聽從命令。

襰 楚  清華六·子儀 9　　清華六·子儀 10

【注】從示鼠聲。●讀獵。《清華六·子儀 9》："昔之襰（獵）可（兮）余不與，今茲之襰（獵）余或（又）不與。"從前的狩獵活動我沒有參與，現在的狩獵我又沒有參與。

歡 楚  蔡侯申尊　　郭店·語叢三 12

【注】從攴鼠聲。《說文》無。●讀厲。《蔡侯申尊》："歡敬不惕，肇蹉（佐）天子。"于省吾曰："歡字應讀作厲。歡從鼠聲，歡、鼠雙聲。《論語·子張》'聽其言也厲'，鄭注訓'厲'為'嚴正'。"（《壽縣蔡侯墓銅器銘文考釋》）容庚曰："歡敬不惕即蔡侯申鐘之有虔不易。"（《金文編》224 頁）●讀獵。《郭店·語叢三 12》："凥（處）而亡歡習也，員（損）。"獵習，涉獵學習。

鑞 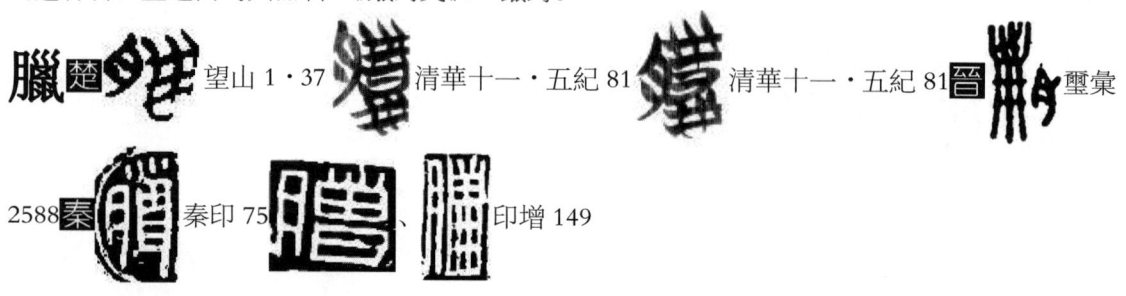 鑞鎛戈

【注】從金鼠聲。《說文》無。《玉篇》錫鑞也。《集韻》本作鑞。《爾雅·釋器·錫謂之鈏注》白鑞。錫鉛合金，可以焊接金屬，亦可製造器物，也叫"白鑞"或"錫鑞"。●鑞鎛，應指兵器鑄造材料，並進而為兵器名。《鑞鎛戈》："鑞鎛。"

臘 楚 清華十一·五紀 81　　清華十一·五紀 81　　晉 璽彙 2588　　秦 秦印 75　　印增 149

【注】從肉鼠聲。●讀脅。《望山 1·37》："肎（胸）膫（脅）疾。"清華簡亦讀脅。●晉璽、秦印人名。

獵 晉　盦壺 秦　睡簡·雜抄 27

【注】從犬鼠聲，與小篆同。《説文》："，放獵逐禽也。"本義為打獵。●打獵。《盦壺》："茅（苗）搜狷（田）獵，于皮（彼）新杢，其遣（膾）女（如）林。"《春秋穀梁傳·桓公三年》："春曰田，夏曰苗，秋曰搜，冬曰狩。"《書·無逸》："不敢盤于游田。"孔穎達疏："田謂畋獵。"《易·恒》："田無禽。"孔穎達疏："田者田獵也。"

輟 楚　九店 56·31　包山 150　上博六·用曰 14　清華十·行稱 6

【注】從車鼠聲。●讀獵。《上博六·用曰 14》："克輟（獵）戎事，台（以）異（翼）四戔（踐）。"九店簡"田輟"，讀田獵。●包山簡人名。

賮 楚　清華九·成人 22

【注】從貝鼠聲。●讀獵。《清華九·成人 22》："又（有）眾無脂（稽），則審（中）幾之于示所。爭賮（獵）内（入）于公。""爭獵"謂獵獲物之爭，爭功也。句謂爭訟屬性為公之物，斷為歸公也。

精紐鼜聲

鼜（睫）　覛父丁簋　師俞簋蓋　微絲鼎　窄鼎　叔尸鎛

走簋　師獸簋

【注】此字金文習見，舊釋頗多，可參見劉桓《重釋金文"攝"字》。甲骨文有、、、、、、、、、、，舊釋為"智"。《新甲骨文編》釋為"睫"。陳劍認為甲骨文所謂的"智"字，其左半以"映（睫）"字表意初文的繁簡各體作為聲符；形左半為目上的睫毛，連帶畫出目形和正面的人形，其構形原理與"髭"相同。金文"覛"字左半或左上部分以"映（睫）"字表意初文的簡體（）為聲符。聲符目形上面的筆劃或寫作艸形（），按照筆劃可隸定為"苜"。而在傳抄古文中，有不少聲符作"苜"也即"映（睫）"的字可以表示"監"聲字和"兼"聲字。（詳《甲骨文舊釋"智"和"盭"的兩個字及金文"覛"字新釋》）金文多從井，當為表聲。●讀兼，同時、全面。《毛公鼎》："命女（汝）覛嗣（司）公族，雩（與）參有嗣（司）、小子、師氏、虎臣，雩（與）朕褻事。"《師獸簋》："余令女（汝）死（尸）我家，

飘嗣（司）我西扁（偏）東扁（偏）僕馭、百工、牧、臣妾。"《師兌簋》："余既令女（汝）疋（胥）師龢父，嗣（司）ナ（左）右走馬，今余隹（唯）䰨（申）豪乃令，令女（汝）飘嗣（司）走馬。"上引各例都可以翻譯為"全面管理……"。金文常見"死（尸）司"，意為"主管"，強調的則是"負責管理""主持管理"。師兌簋前文説"司左右走馬"，後文變而説"兼司走馬"，所謂"全面管理走馬"，就是就"走馬"這一集合名詞中包含有左、右走馬等多人而言的。●讀兼，用作動詞，意為"同時具備""同時占有""同時承擔某事"，翻譯時要根據上下文補出一個動詞。《鄘簋》："昔先王既命女（汝）乍（作）邑，飘五邑祝。"●讀兼，連詞。《克鼎》："易（賜）女（汝）丼征匍人，飘易（賜）女（汝）丼人奔于量。"丼征匍人，就是丼族所徵發的匍人，被周王轉而賜給克為克服役。"丼人奔于量"是指奔走於糧田服役的丼族人，其本身也被周王賜給克服勞役，所以"兼"字連接兩句説"並且賜給……"。

清紐舂聲

舂 楚 清華五・三壽 24 秦 秦陶 900

【注】會意字。從倒矢從臼，所從之"臼"並不象杵臼形，而應與"鑿"字所從的"臼"形取義相同，只是表示箭插入某處後造成的窪陷。因此"舂"字顯然是象箭插入某一區域之形，應該就是《説文》訓為"刺內也"的"插"的本字。《説文》將本象"倒矢"形的"𢆉"誤認為從"干"。《説文》："舂，春去麥皮也。從臼，干聲。一曰干所以舂之。"●讀攝。《説文》："媣，疾言失次也。從女舂聲，讀若懾。""媣"從舂聲讀若"懾"，則"舂"疑亦可讀為"懾"或"攝"。《説文》"懾，一曰服也"，"攝"訓"引持"，亦收斂意，與"佚"為放縱意相反，《清華五・三壽 24》"舂（懾、攝）佚無常"即或收斂或放縱，反復無常。●秦陶"宮舂"，疑為人名。

𤮰 倗生簋 倗生簋 倗生簋 倗生簋 逆鐘

【注】從皿舂聲。上部從"臼"，下部從倒"矢"從臼，"臼"字與下部"皿"字共用筆劃。古文字在表示用手進行的某種動作的會意字中，有時有從手形（又、爪、収、臼）或省去手形（又、爪、収、臼）的兩種寫灋。這樣的兩種寫灋表示的只是繁簡體的不同。以"臼"旁為例，如金文"遘"字繁體作𧻟（𢆷生盨），簡體作𨓱（盂鼎），"教"字繁體作𢾫（沈子它簋），簡體作𢼊（鄭侯載簋）就是顯例。故𤮰字所從的"舂"是繁體，是更為早期的寫灋。金文𤮰可解為從舂從皿（與臼共用一筆），皿為復增之義符。劉釗謂是"歃血"之"歃"的異體，字從"皿"或是表示飲血之器。（詳《"舂"字源流考》）《説文》"齊謂舂曰㿿"之"㿿"字疑即金文之訛。●讀舂。《倗生簋》："乎（厥）書史戠武，立𤮰成壨。"立舂，謂起土，指在田地中樹立標誌物。《漢書 溝洫志》："舂土為云。"言以舂起土之盛。壨，從土從二邑，此指田界的邊道。●人名。《逆鐘》："弔（叔）氏令史𤮰。"

歃 楚 曾侯 2 曾侯 11

【注】從攴舀聲，"插"字異體。古文字中從"攴"與從"手"在用為表義偏旁時可以相通，字書中有不少從"手"為義符的字就有從"攴（攵）"的異體，正説明了"敔"與"插"的關係。●《曾侯2》："一縣（懸）箙，彔（綠）魚，敔䨅。"疑讀楅。《類篇》楅，重緣也。●《曾侯11》："旍、鐈、敔、兼……。"此為一組兵器，"敔"當讀舀。《方言》卷五："舀，燕之東北，朝鮮洌水之間謂之斛。"斛者銚也，有如敔亦謂之挑。銚乃兵器，《吕氏春秋·簡選》："鉏櫌白梃，可以勝人之長銚利兵。"高誘注："銚，長矛也。""兼"讀鐮，本為農具，然亦有鐮狀鈎兵。

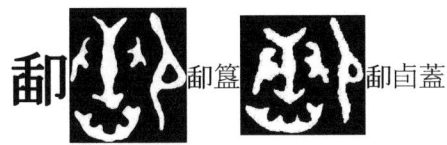 劻簋　　劻卣蓋

【注】從卩舀聲。左旁與《倗生簋》的"盅"字上部所從之 結構完全相同，顯然也應該釋為"舀"。●人名。《劻簋》："劻乍（作）父乙寶尊段。"

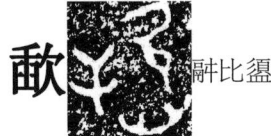 斛比盨

【注】從欠舀聲。●邑名。《斛比盨》："其邑复歡。"

清紐妾聲

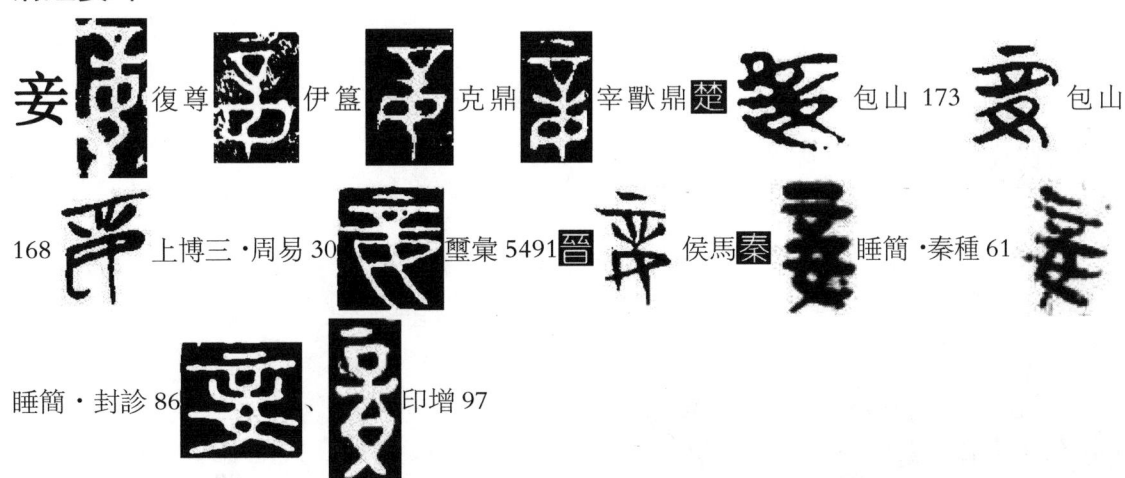
妾　　復尊　　　伊簋　　克鼎　宰獸鼎　楚　包山 173　包山 168　　上博三·周易 30　　璽彙 5491　曾　侯馬　秦　睡簡·秦種 61　　睡簡·封診 86　　印增 97

【注】甲骨文作 ，從女從 。于省吾云："古文字于人物之頂上每加 、 、 等形，即辛字……在人則為頭飾，在物則為冠角類象形形。"（《甲骨文字釋林》）或謂"童""妾"上加 （辛），疑是有辠的標記，郭沫若謂辛乃剞劂（刻鏤刀）之象形（詳"辛"字）。金文同甲骨文。《説文》："妾，有辠女子，給事之得接于君者。從辛從女。《春秋》云：'女為人妾。'妾，不娉也。"本義是女奴，如《書經》："臣（男奴）妾逋逃。"後來多指小老婆，如《穀梁傳》："毋以妾為妻。"又作為舊社會女子自謙之詞。●女奴。《逆鐘》："僕庸臣妾。"臣妾，代貴族家中的男女僕役。男曰臣，女曰妾。《書·費誓》："臣妾逋逃。"孔傳："役人賤者，男曰臣，女曰妾。"《睡簡·秦種 109》："小隸臣妾可使者五人當工一人。"隸臣，男性。隸妾，女性。●《睡簡·答問 5》："人臣甲謀遣人妾乙日盜主牛。"人妾，私家奴、婢。

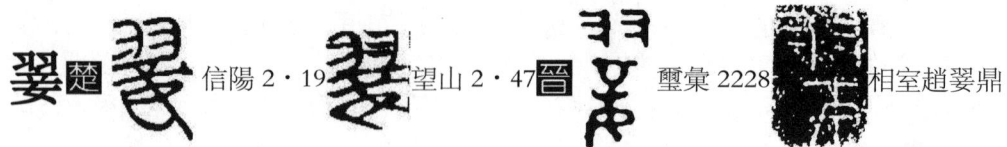

【注】從羽妾聲。●讀翣。《説文》："翣，棺羽飾也。天子八，諸侯六，大夫四，士二。下垂。從羽妾聲。"《信陽 2·19》："一長羽翣，一𦌊翣，二竹箑。"《説文通訓定聲·謙部》："《世本》：'武王作翣。'漢制以木為匡，廣三尺高二尺四寸，衣以畫布，柄長五尺。喪葬用物。"●晉文字人名。

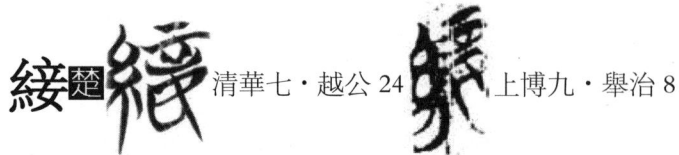

【注】從糸妾聲。●讀接，交接。《清華七·越公 24》："夫婦交綾（接），皆為同生。""交接"表示交往、接觸的意思，有結交之意。

【注】從竹妾聲，"箑"之異體。●讀箑。《包山 260》："二竹箑。"箑，《説文》扇也。《廣韻》扇之別名。

【注】從艸妾聲。●《上博二·容成 14》："舜於是乎始免藝（笠）、丝（鉏）、耨、葽（鍤），价而坐之。"疑讀鍤，從李零説。"鍤"是初母葉部字，"葽"是清母葉部字，讀音相近。鍤是鏟類農具。

【注】從木妾聲。●秦簡讀接。《睡簡·為吏 33》："夜以桖（接）日。"●秦印人名。漢印有"桖孺""桖福之印"，當為姓氏，讀接。《中國姓氏大全》云："戰國時齊國接子的後代。"

從紐聿聲

【注】從又，從二倒矢。陳劍認為：形省去其中一個"倒矢"形偏旁，下方本代表矢鏃的"中"形再演變為'止'形，就變成後代的"（建）"形了。……"/建"應該就是"挾矢"之"挾"的表意初文。（陳劍：《釋"建"即相關諸字》）●讀鋏。《清華七‧越公3》："敦力鋻、鎗（槍）、建（鋏）、弳，秉橐（枹）臂（振）鳴……。""挾"也應該是某種兵器，可讀鋏。《集韻‧帖韻》："鋏，劍也。"●秦印"姚建"人名。《清華八‧攝命32》"士建右白（伯）斞（攝）"，亦為人名。●《曾侯54》："革建，屯貂定之𣪊。"可讀薦，席類之物。《説文》："薦，薦席也。"

渫 [楚]鼎 [令]鼎 [越]鼎 司父鼎讀[楚] 信陽2‧14[晉] 類編

310

【注】此字舊多釋為"渫"。唐蘭曰："實則從又持兩禾和從又持兩矢都是兼字。《儀禮》：'兼諸弣。'注：'並矢于弣。'在漁獵社會裏，弋射是生產方式之一，挾兩矢以備射是常事。由于從兩禾的兼和從兩矢的兼，聲義全同，字形也差不多，後世又不大明瞭兼挾兩矢的意義，所以從兩矢的兼字就被廢止而專用從兩禾的兼字了。"（《説文解字六書疏證》卷二十一）。此字爭議較多，因僅用為國名、人名，無義可説，今因陳劍説，隸為"渫"。●國名。《越鼎》："佳（唯）王來各于成周年，厚越又（有）遷于渫公。"《令鼎》："王歸自諆田，王馭渫仲僕（僕）。"●晉璽人名。●《信陽2‧14》"一渫坅"，讀汲。瓶用于汲水故稱汲瓶。

 [楚]曾侯4

【注】從囟建聲。●簡文"革醚"，不知何物。

 [楚]清華七‧越公42

【注】從言建聲。●讀接。《清華七‧越公42》："凡雩（越）庶民交逮（接）、言語、貨資、市賈乃亡（無）敢反不（背）訏（欺）已（詒）。"

從紐戩聲

戩（捷） 嚞鼎 冊三年逨鼎 冊三年逨鼎[齊]庚壺 [呂]

行壺  陶録2‧18

【注】金文象以戈截艸形，從邑者，或為表音。郭沫若謂："戩當是古捷字，魏三字石經、春秋

殘石、鄭伯捷，捷字古文作戜，從木，此從中，與彼同意。"（《兩周金文辭大系考釋》20 頁）或以為釋"戜"，不確。●讀捷，克捷、制勝。《寲鼎》："王令戜東反尸（夷），寲肇（肇）從遺征，攻龠（虖）無啻（敵）。"《吕行壺》："唯三月，白（伯）懋父北征，唯還，吕行戜（捷），孚馬，用乍（作）寶陴彝。"吕行戜，即吕軍行得捷。●讀捷，獲也。《庚壺》："庚戜（捷）其兵。"《廣韻·枼韻》"捷，獲也"。又《穀梁傳·莊公三十一年》"軍得曰捷"。●齊陶單字，人名。

心紐燮聲

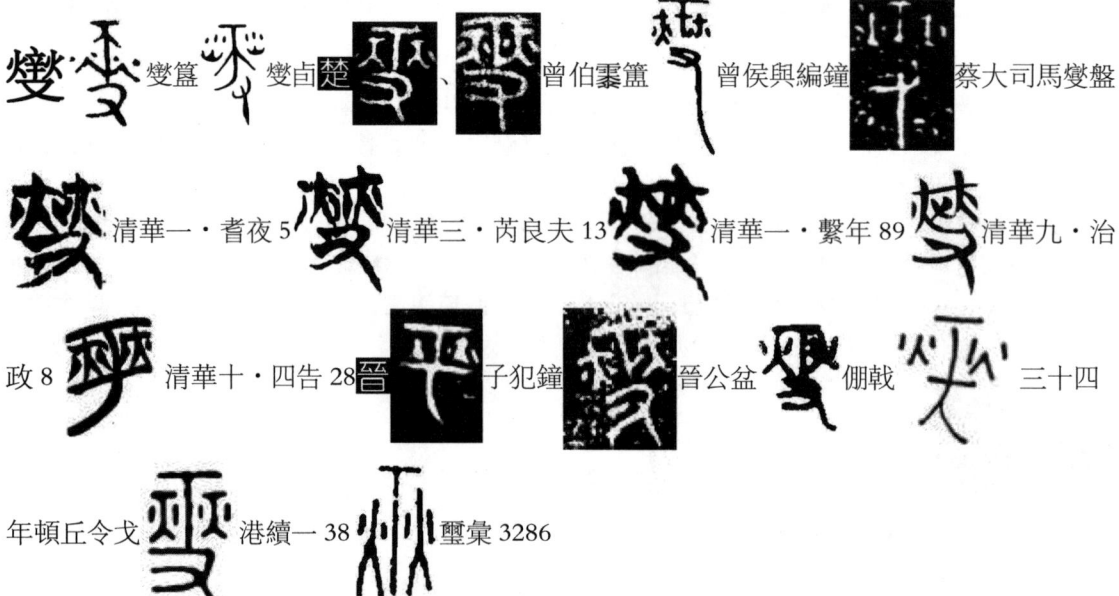

燮簋　燮卣　　、　曾伯霖簋　曾侯與編鐘　　蔡大司馬燮盤

清華一·耆夜 5　清華三·芮良夫 13　清華一·繫年 89　清華九·治

政 8　清華十·四告 28　子犯鐘　晉公盆　倗戟　三十四

年頓丘令戈　港續一 38　璽彙 3286

【注】甲骨文作 心、 ，從又持 從焱，象手持木柴撥火之形，會撥火使旺之意。故曰燮理，當為"燮"之初文。古文字燮、燮為一字。金文手持物形訛變。《説文》："燮，大熟也。從又持炎、辛。辛者，物熟味也。"●讀燮，協調、和也。《晉公盆》："秉德劏劏，□燮萬邦。"《清華一·耆夜 5》："方臧（壯）方武，克燮（燮）戜（仇）戜（讎）。"《清華三·芮良夫 13》："畏（威）燮（燮）方戜（讎）。"《曾伯霖簋》："印燮繇湯。"語例與《詩·大明》"燮伐大商"相似。●人名。《燮簋》："隹（唯）八月初吉庚午，王令燮在（緇）市、旂。"三晉文字多為人名。●《璽彙 3286》"燮巨梁"，疑讀燮，姓氏。《姓氏考略》亦收載，其注云："出燮父之後。"燮父，唐堯之後，姓伊祁氏。●讀歃。《曾侯與編鐘》："廐（吾）用燮謞楚。"燮、歃，雙聲疊韻。燮，借為歃血同盟的歃。據《左傳·定公四年》隨人自稱與楚國"世有盟誓，至於今未改"，可證。"謞"從高聲，謞、寮均為宵部。"謞"借為"同官曰寮"的寮。《禮記·曲禮上》："寮，友稱其弟也。"注："寮，友同官者。"這句話意為我曾國與楚國是歃血為盟的友邦。●人名。《清華一·繫年 89》："楚王子波（罷）會晉文子燮（燮）及者（諸）侯之夫＝（大夫）。"

燮秦　秦公鎛　秦印 55

【注】從言燮省聲，為"燮"之孳乳字。《説文》："燮，和也。從言從又、炎。籀文燮從羊。羊，

音飪。讀若濕。"籀文作"爕",所謂從羊者,為爕所從 ❙ 之訛。爕、爕當同字(卜辭中用為一字),《說文》分為二字。本義為以木柴撥火使旺,又引申為調理、諧和。●協調、和也。《秦公鎛》:"趩趩文武,鈂(鎮)靜不廷,釀(柔)爕百邦。"《書·洪範》:"爕友柔克。"孔傳:"爕,和也。世和順,以柔能治之。"金文多作"爕"。

談部

影紐猒聲

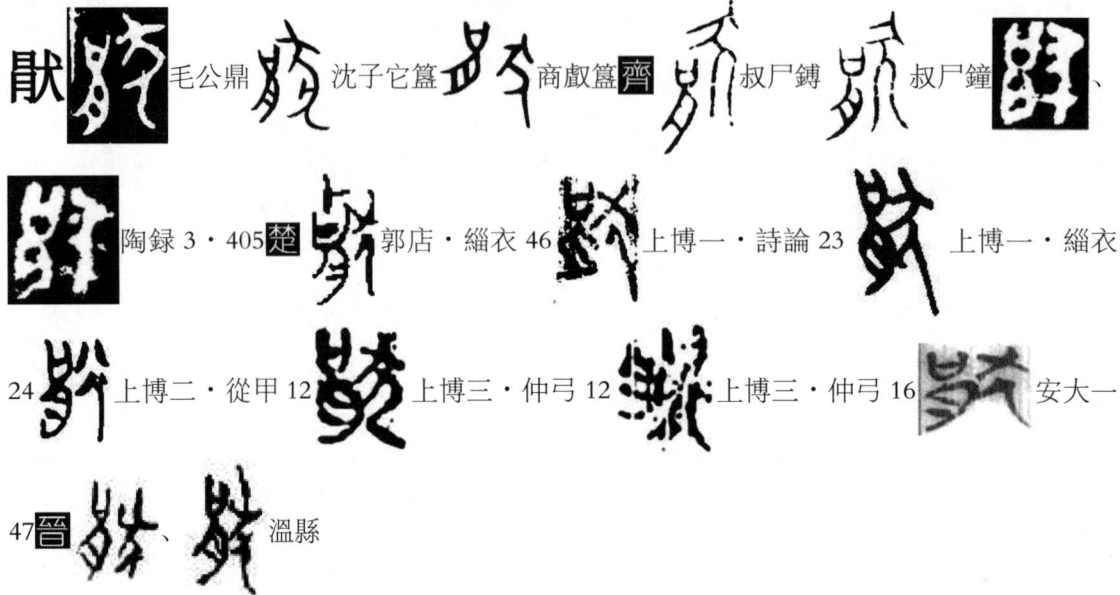

猒 毛公鼎 沈子它簋 商戲簋 齊 叔尸鎛 叔尸鐘 、

陶録 3·405 楚 郭店·緇衣 46 上博一·詩論 23 上博一·緇衣

24 上博二·從甲 12 上博三·仲弓 12 上博三·仲弓 16 安大一

47 晉 、 溫縣

【注】從肙犬聲。劉釗先生認為"肙"字可能本即"猒"字初文，象口啖肉形，故字有"飽"義，"犬"字乃後來追加的意符或音符。（《古文字構形學》119 頁）"猒"當是個部分表義的雙聲符字，古音"猒"在影紐談部，"肙"在影紐元部，"犬"在溪紐元部，音極近。小篆變形音化為從"甘"，並以甘為聲。《説文》："𩠡，飽也。從甘從肰。猒或從肙。"高鴻縉曰："猒為饜足之本字。從犬含甘肉會意。後加厂為音符作厭。及厭借為厭惡之厭乃又加食為意符作饜。故猒、厭、饜為古今字。"（《古文字詁林卷四》773 頁）本義飽足。●讀厭，滿、充足。《毛公鼎》："皇天引猒氒（厥）德，配我有周。"《書·洛誥》："萬年厭于乃德。"《叔尸鎛》："余引猒（厭）乃心。"銘意為，（你能那樣），我的心可長滿足。●人名。《商戲簋》："魯士商戲肇（肈）乍（作）朕皇考弔（叔）猒父障段。"●讀厭，憎惡、嫌棄。《郭店·緇衣 46》："我龜既猒（厭），不我告猷（猶）。"●溫縣盟書"群則（賊）夫所不猒者"讀狷。狷，《集韻》有所不為也。

黬 齊 陳黬戈

【注】從黑猒聲。《正字通》同"黶"。●人名。

猒 齊 璽彙 0482 秦 陝新 635 嶽麓一·為吏 40

【注】從广猒聲。"厭"之異文。●讀厭，抑止。《嶽麓一·為吏 40》："猒（厭）忿止欲。"●齊璽、秦印人名，讀厭。

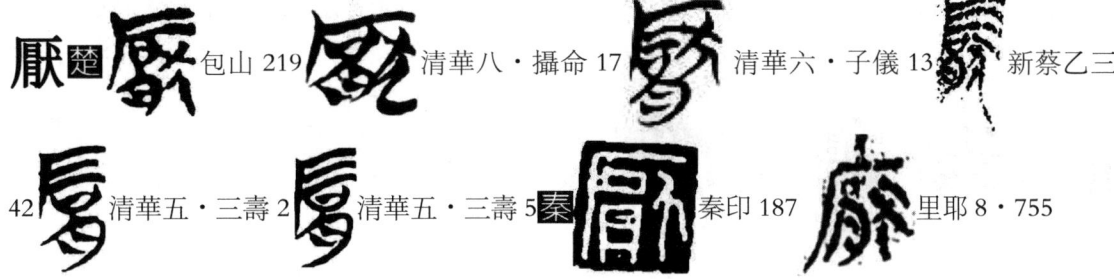

厭 楔 包山 219　清華八·攝命 17　清華六·子儀 13　新蔡乙三

42 清華五·三壽 2　清華五·三壽 5　秦 秦印 187　里耶 8·755

【注】從厂猒聲。楚系文字厂下多加飾筆。●包山祭名。《包山 219》："厭一貀（貃）於坓（地）宝（主）。"《禮記·曾子問》："攝主不厭祭。"注："厭，厭飫神也。"●《清華五·三壽 2》："可（何）胃（謂）厭？可（何）胃（謂）亞（惡）。"原整理者注：厭，同"猒"，足也。按：《説文》："厭，笮也。從厂猒聲。一曰合也。"段注："《周語》：'克厭天心'，韋注：'厭，合也。'韋注《漢書敘傳》亦同。按《蒼頡篇》云：'伏合人心曰厭。'"此為合意、稱心、喜歡之意。●《清華六·子儀 13》："不穀（穀）佀（宿）之靈忞（陰），厭年而見之，亦唯咎之古（故）。"厭年，猶"期年"，相當於今言"滿一年"。對此二字音理的論證，可參蘇建洲等《清華二〈繫年〉集解》133 頁注。《説文》："厭，笮也。從厂猒聲。一曰合也。"段注："《竹部》曰：'笮者，迫也。'此義今人字作'壓'，乃古今字之殊。""厭"可訓"合"，"厭年"當即古籍中常見的"期年"。《説文》："期，會也。"又云："會，合也。""厭""期"義同，故"厭年"即"期年"，可能是古楚語的一種説法。

黶 秦 ＜印＞、印增 402

【注】從黑厭聲。●人名。

壓 楚 包山 188

【注】從車厭聲。●人名。

繊 楚 包山 259

【注】從糸厭聲。●讀厭。《包山 259》："一生絹之繊。"《儀禮·既夕》："冠六升，外縪，纓條屬厭。"

影紐奄聲

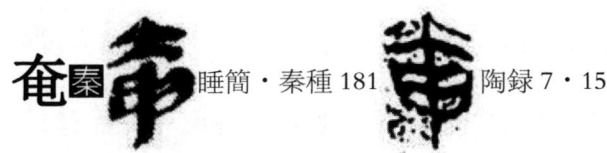

奄 秦 睡簡·秦種 181　陶録 7·15

【注】從大從申。該字説解衆多，然無定論。按《説文》從大從申；申，展也，會廣大伸展有所覆蓋之意。《説文》："奄，覆也。大有余也。又，欠也。從大從申。申，展也。"本義當爲覆蓋。●讀閹。《睡簡·秦種181》："宦奄如不更。"宦者與不更同例。

闇^秦　　秦印 230　　類編 394

【注】從門奄聲。●秦印人名。

菴^秦　陶彙 9·33

【注】從艸奄聲。●秦陶人名。

掩^秦　陝西臨潼陶

【注】從手奄聲。秦文字用"掩""剡"表示掩埋之掩。楚文字用"埯""弇"表示。●秦陶人名。

影紐弇聲

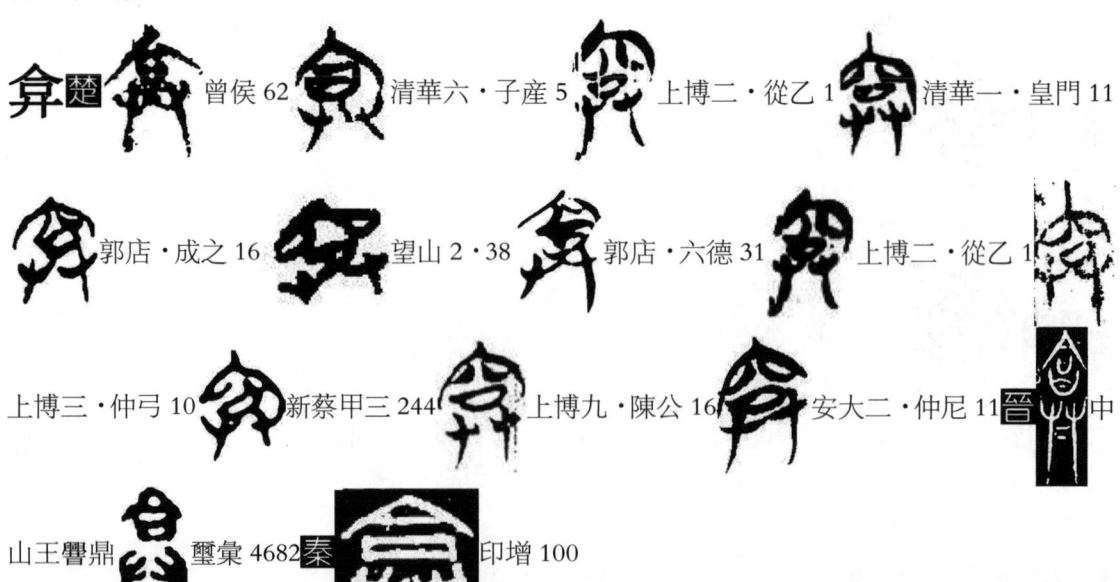

弇^楚　　曾侯 62　　清華六·子産 5　　上博二·從乙 1　　清華一·皇門 11

郭店·成之 16　　望山 2·38　　郭店·六德 31　　上博二·從乙 1

上博三·仲弓 10　　新蔡甲三 244　　上博九·陳公 16　　安大二·仲尼 11^晉　中

山王譻鼎　　璽彙 4682^秦　　印增 100

【注】從廾從合（亼），會掩蓋之意。戰國楚系文字或作，從廾從容，與《説文》"弇"古文同。《説文》："弇，蓋也。從廾從合。古文弇。"本義覆蓋。《爾雅·釋器》："圜弇上謂之甗。"釋文："弇，古奄字。"今字作掩。●《中山王譻鼎》："昔者，郾（燕）君子噲（噲）賭（叡）

奔夫貓（悟）。"睹"同"叡"，明智、聰明。《呂氏春秋·孟冬紀》："其器宏以奔。"高誘注："奔，深也。"叡奔，即深明。●讀鞥。《曾侯62》："奔屭，紫綳。"《望山2·38》："白金之勿，赤金桶，弈（奔）旻（吝）至，白金……。"何琳儀讀鞥。《説文》："鞥，轡鞥。從革奔聲。讀若膺。一曰龍頭繞者。"墓中出土很多馬轡頭，故何説可從。●晉璽"奔☐"，讀奄，姓氏。●《清華六·子産19》："共（恭）憸（儉）、整齊奔見又（矣）。"《爾雅·釋言》："奔，同也"，"奔見"即"同現"。●楚簡作"弈"者，多讀掩，覆蓋遮蔽。亦可如字讀，《廣雅·釋詁二》："奔，覆也。"《上博三·仲弓10》："夫臤（賢）才不可弈（掩）也。"《上博二·從乙1》："弈戒先達（匿）。""弈（掩）戒"即將戒令掩藏起來，即不用或者罕用戒令刑罰之意。《郭店·成之16》："是以民可敬道（導）也，而不可弈（掩）也。"●讀淹，淹博。《郭店·成之23》："墮（陳）之弈（淹）也，訓（辭）之工（功）也。"

 曾侯70

【注】從邑奔聲，當為"郗"之異文。《説文》："郗，周公所誅郗國。在魯。从邑奄聲。"古書一般作奄。●簡文"所馭郗尹之敗車"，讀奄，地名。

 曾侯2 曾侯23 曾侯36

【注】從韋奔聲，"鞥"字異體。●讀撘。《曾侯2》："二鞥。"疑"鞥"即撘軓，亦即《詩·小戎》"陰靷鋈續"之"陰"。陰，撘軓也。鄭箋："撘軓在軾前，垂輈上。"孔疏："'陰，撘軓'者，謂輿下三面材，以板木橫側車前，所以陰映此軓，故云撘軓也。靷者，以皮為之，系於陰板之。陰，蔭也，橫側車前，所以蔭荃也。"撘軓與車輿之間常插有扶蘇等盾以蔽車。考古發現秦始皇陵2号銅車前輿的車轓上正有一塊簸箕狀的蓋板，恰好遮掩着輿前那段較短的軓，正與文獻記載相合。撘、陰古音近。

 上博二·容成47

【注】從衣從眀奔聲。贅加又為飾符。●讀褰。《上博二·容成47》："文王於是乎素端、襷裳以行九邦，七邦逑（來）備（服）。"褰，溪母元部；奔，影母談部，二者均為喉牙音，韻部通轉。襷裳，撩起下裳。

匣紐炎聲

 炎 召尊 召尊 令簠 楚 包山102 帛書乙 秦 睡簡·答問179

【注】甲骨文作炎、炎、炎、炎、炎，從重火，或從三火，火上加火，會火焰猛烈沖騰之意。金文從重火，與小篆同。《説文》：“炎，火光上也。從重火。”本義是火光上升、焚燒，如《尚書》：“火炎昆岡，玉石俱焚。”●讀郯，國名。嬴姓小國，故地在郯城縣。《令簋》：“隹（唯）王于伐楚白（伯），才（在）炎。”●用火熏。《睡簡·答問179》：“以火炎其衡厄（軛）。”●地名。《召尊》：“隹（唯）九月，才（在）炎目（次）。”●包山簡人名。

 璽彙 3616

【注】從人炎聲。●楚璽“倓鉥”，人名。

談 齊  陶録 2·228  陶録 2·229 楚 郭店·語叢四 23 晉 璽彙

1418 戰表 289 秦 、 、 印增 84 秦陶 386

【注】從言炎聲。●交談、言談。《郭店·語叢四 23》：“士又（有）慜（謀）友則言談不勺（弱）。”●餘例多為人名。

郯 楚  包山 81  包山 141 燕  璽彙 0190 秦  印增 251

【注】從邑炎聲。●均為地名。

敥 楚 清華十一·五紀 48

【注】從攴炎聲。●讀鍁，長矛也。《清華十一·五紀 48》：“不以刀敥（鍁）為象，不以車馬為跊（度）。”刀敥，或釋作“人更”。

淡 楚 郭店·老丙 5

【注】從水炎聲。●《説文》薄味也。《郭店·老丙 5》：“古（故）道［之出言］，淡可（呵）其無味也。”

埮 齊  陶録 3·339 楚 望山 2·56 上博四·昭王 3

【注】從土炎聲。●讀掩。《上博四·昭王 3》：“不幸僕之父之骨在於此室之階下，僕將埮（掩）亡老。”●《望山 2·56》“埮匕”讀鍁。詳“鍁”字。●齊陶人名。

敠_楚  上博七・鄭乙5  上博七・鄭甲5

【注】從攴埯聲。●讀掩。《上博七・鄭甲5》："敠（掩）之城丕（基）。"從"炎"得聲的字與從"奄""弇"得聲相通的例子，出土文獻又見於《上博四・昭王3》"僕將埯（掩）亡老"、《張家山漢簡・二年律令・金布律》"不知何人，廟（掩）貍而謾之"。

錟_楚  信陽2・27

【注】從金炎聲。錟通作銛，《史記・始皇本記》引《過秦論》："非錟於句戟長鎩也。"《陳涉世家》及《文選》錟作銛。●《信陽2・27》："一錟枇（匕）。"《儀禮・有司》："司馬在羊鼎之東，二手執桃匕枋，以挹湆注於疏匕。"鄭玄注："桃（或作挑，下同）謂之歃……。字或作桃者，秦人語也……桃，長枋，可以抒物於器中者。"簡文的"錟枇"當即經文所謂的桃（挑）匕。錟（銛）和桃（挑）意訓相應，古籍例證甚多。

痰_楚  曾侯128

【注】從疒炎聲。●人名。

娕_秦  戰表1688

【注】從女炎聲。●秦陶人名。

猋_晉  璽補170

【注】從犬炎聲。●"陳猋"，人名。

綖_楚  信陽2・13 信陽2・15 望山2・21

【注】從糸炎聲。《説文》："綖，白鮮衣貌，謂衣采色鮮也。"●色彩鮮艷。《信陽2・15》："一綖常（裳）。"《淮南子・氾論訓》綖麻索縷。

蠻 子蠻父乙爵

【注】從疋從四火，疑"跋"之繁體。●人名。《子夒父乙爵》："子夒（跋）才（在）寚。"

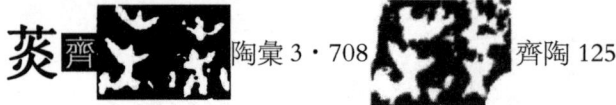

茨 齊 陶彙3·708　　齊陶1251

【注】從艸炎聲，"菽"字或體。●齊陶"茨氏圖☑豆"，地名。

剡 秦 睡簡·封診61

【注】從衣剡省聲。剡，馬王堆帛書作 （帛書177）。●讀掩。《睡簡·封診61》："令甲以布帬剡貍（埋）男子某所。"

罽 秦 秦印151

【注】從网剡聲。《正字通》以為罽、罳二字通用。《説文》："罳，魚網也。從网劂聲。劂，籀文銳。"剡、劂應均從炎得聲。張家山漢簡《二年律令》簡430-431"廠（掩）埋而言讇之"，"廠"讀掩，字形作 ，當承之於秦文字。《説文》"劂，籀文銳"，上古音"兌"定母月部，"剡"餘母談部，同為舌音，韻部通轉。●秦印均為人名。

瑊 楚 清華四·筮法57

【注】從玉從目炎省聲。●讀玦。《説文》："罳，魚网也。從网劂聲。劂，籀文銳。""銳"從兌聲。"兌"定母月部，"夬"見紐月部。二字疊韻。

琰 楚 望山2·56

【注】從玉炎聲。●簡文"☑琰匕"。整理者注：指陶制的錟匕。"錟匕"見《信陽2·27》簡，相當於古書"桃（挑）匕"。

昝 牆盤　昝 九年衛鼎　昝 卌三年逑鼎　牧簋

【注】舊釋為"舜"，當從口炎聲。（《試為西周金文和清華簡〈清華八·攝命〉所謂"舜"字進一解》）●讀憯或讀暫。《文選》卷十三《風賦》"憯悽惏慄"，李善注：《楚詞》曰：'憯悽增欷'，鄭玄曰：'憯，憂也。'"《方言》卷一"暫，憂也。宋衛或謂之慎，或曰暫"，注："暫者，憂而不動也。"《集韻》卷八："暫，閉目思也，一曰憂也。"《牆盤》："祖屖乙且（祖），述匹辠（厥）辟，遠猷腹（腹）心，子（茲）歐（納）昝明。"《尹姞鼎》："休天君弗望（忘）穆公聖昝明貾事先王。"《逑鐘》："丕顯朕皇考克昝明辠（厥）心。"●人名。《九年衛鼎》："矩乃眔遝昝令壽商眔音（意）。"●讀讇，訴也。《四十三年逑鼎》："雪乃訊庶又昝，毋敢不中不井（型）。"

師虎鼎 趞篡

【注】從阝沓聲。●讀譖，訴也。《趞篡》：「啻（適）官僕、射、士，訊小大又階。」●階明，金文中習見，或作「沓明」。《師虎鼎》：「用井（型）乃聖且（祖）考，階明龄（令）辟前王，事余一人。」詳「沓」字。

沓楚 清華八·攝命 10　　清華八·攝命 22　　清華八·攝命 4

【注】當從自炎聲（或炎省聲）。●可讀慴或讀瞈。《清華八·攝命 10》：「敬學沓明。」《集韻》卷八：「瞈，閉目思也，一曰憂也。」敬學思明，可以成辭。●讀譖，訴也。《清華八·攝命 22》：「凡人有獄有沓（譖），女（汝）勿受䩱（幣）。」秦漢司法簡牘「譖訊」例多見。《論語·憲問》「公伯寮愬子路於季孫」，注：「愬，譖也。」《逸周書·謚法》：「譖訴不行曰明。」「獄」字本含爭訟義，「獄譖」可以視為早於「獄訟」的用語。《清華八·攝命 4》：「雺（越）御事庶百又告有沓（譖）。」《説文》：「譖，愬也。」又「訴，告也，從言庠聲。」諑或從言朔作諑，或從朔心作愬。又告有沓，猶有告有訴也。（陳斯鵬《舊釋「粦」字及相關問題檢討》）

匣紐臽聲

臽 臽父戊觚　　㦰鐘楚　　上博九·卜書 2晉　　璽彙 2296　　匯考

218秦 睡簡·日乙 101　　睡簡·日乙 243

【注】甲骨文作、、、、、、、、、、，象人掉進陷坑之形。金文從甲骨文。或作，人下增從女，猶「丮」下或增從止，此古文繁縟多增益筆劃也；從曰為甲骨文凵之訛。楚文字與「沈」所從完全一樣。陳劍先生已指出「改『臽』上『人』為形近之『尤』以標音」，謝明文先生亦曾專文論述過這個現象。因「臽」聲化為「尤」的現象，致使「臽」「沈」二字形體完全相同。《説文》：「臽，小阱也。從人在臼上。」本義為掉進坑中，是「陷」的本字。由于「臽」作了偏旁，于是便另加形符「阝」寫作「陷」來表示。●讀陷，侵入。《㦰鐘》：「南或（國）艮戀敢臽（陷）處我土。」●秦簡讀陷，除日名。

賠楚 清華九·迺命二 5

【注】從貝臽聲。●讀貪。《清華九·迺命二 5》：「母（毋）或以貨賠（貪）之由，亂政改（改）茷（斁）。」

邵 楚 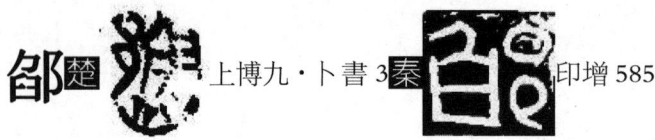 上博九·卜書 3 秦 印增 585

【注】從邑召聲。●簡文"卦（兆）少（小）邵"讀陷。"陷"訓為"坎""坑"。●秦印"邵丙"，姓氏。

胎 晉 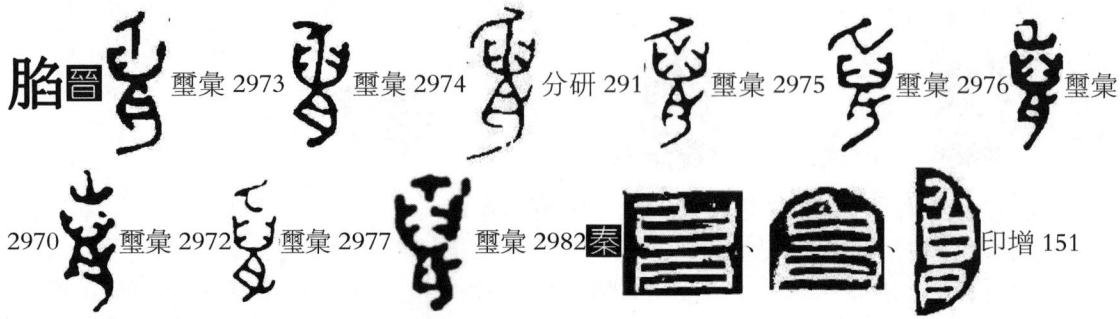 璽彙 2973　 璽彙 2974　 分研 291　 璽彙 2975　 璽彙 2976　 璽彙 2970　 璽彙 2972　 璽彙 2977　 璽彙 2982 秦 、 、 印增 151

【注】從肉召聲。𠆦旁變為乚，裘錫圭先生指出這些都是"人"的變形，相似情況亦見於"沈"字。●三晉文字讀閻，氏名。秦印亦為姓氏。

郜 秦  印增 585

【注】從邑胎聲。●"郜柏"，姓氏。

腏 晉  璽彙 1423　 璽彙 3761　 璽彙 2739

【注】從火胎聲，疑"焰"字繁體。●晉璽人名。

窅 晉  璽彙 0913

【注】從宀胎聲，疑"窗"之異文。●晉璽人名。

瘤 晉  璽補 248

【注】從疒胎聲，"瘤"字或體。●晉璽人名。

攽 晉 晉侯穌鐘

【注】從攴召聲。●讀陷。《晉侯穌鐘》："晉侯達（率）㽙（厥）亞旅小子、或人先攽（陷）入。"

 洀御事罍  洀御事罍　　拼洀冀簠

【注】從水臽聲，與小篆同。《説文》："洀，泥水洀洀也。一曰繅絲湯也。從水臽聲。"本義同"淹"。●地名，地望不可考。《洀御事罍》："洀御事乍（作）障罍，其萬年無疆。"

 嶽麓一・為吏 74　　睡簡・日甲 5　　睡簡・雜抄 35　　青川木牘

【注】從阝臽聲。●《青川木牘》："大除道及阪險。十月，為橋，修波堤，利津梁，鮮草離。非除道之時，而有陷敗不可行，輒為之。""陷敗"即損壞也。《字彙・支部》："敗，損也。"《論衡・論死》："死而形體朽，精氣散，猶囊橐穿敗，粟米棄除也。"《呂氏春秋・論威》："雖有大山之塞，則陷之。"高誘注："陷，壞也。"●陷落。《睡簡・雜抄 35》："城陷。"●《睡簡・日甲 5》除日名。

 上博四・曹沫 60

【注】從辵臽聲。●讀陷，指陷敗，遭到失敗。《上博四・曹沫 60》："毋冒以迠（陷），必過前攻。"《六韜・戰騎》："明將之所以遠避，闇將之所以陷敗也。"司馬遷《報任少卿書》："身雖陷敗，彼觀其意，且欲得其當而報於漢。"

 戰編 780　　、　　秦印 229　　睡簡・日乙 88　　睡簡 11號

【注】從門臽聲。●秦印姓氏。三晉文字作"脂"。●秦簡人名。

 睡簡・日乙 32　　睡簡・日乙 5　　、　　印增 291

【注】從穴臽聲。秦文字作 ▨ 者，或謂從角，當釋為窞。●秦簡讀陷，除日名。●秦印"窞舉""窞隋"，姓氏，讀闇。

倡 晉  璽彙 3799　　璽彙 0523

【注】疑從人臽聲。●晉璽人名。

見紐兼聲

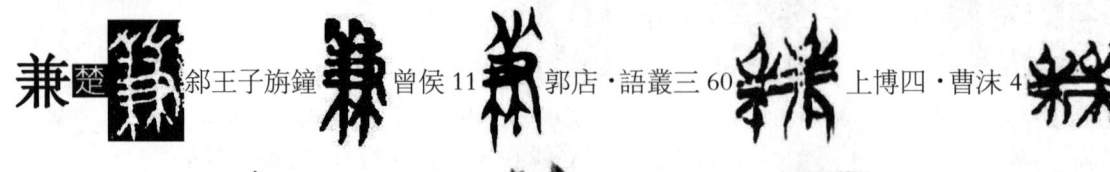

兼 楚 [印] 邾王子旆鐘　兼 曾侯 11　郭店·語叢三 60　上博四·曹沫 4

上博四·曹沫 48　清華七·趙簡子 9　清華九·治政 14　安大一 49

安大一 48 燕　陶彙 4·42 秦　十七年丞相啟狀戈　秦陶量　秦印

135　睡簡·秦種 137

【注】從禾從又（手），手持兩禾，會合並之義。《説文》："兼，並也。從又持秝。兼持二禾，秉持一禾。"本義為並有。引申為兼併、合併，如《韓非子》："其兼天下不難矣。"●兼及。《邾王子旆鐘》："㠯（以）樂嘉賓、倗（朋）友、者（諸）叚（賢），兼㠯（以）父戠（兄）、庶士。"●人名。《十七年丞相啟狀戈》："丞兼。"●兼併。《始皇詔版》："盡並兼天下諸侯。"●讀蒹。《安大一 48》："兼（蒹）苦（葭）蒼=，白雺（露）為霜。"《毛詩》作"蒹葭蒼蒼"。"兼""蒹"諧聲可通。

歉 秦 [印]　商鞅方升　始皇詔十六斤權　始皇詔版　始皇詔權

始皇詔權

【注】從欠兼聲。《説文》："歉，歉食不滿。"本義吃不飽。李商隱《行次西郊作詩》："健兒立霜雪，腹歉衣裳單。"●歉絀、缺歉。《商鞅量》："法、度、量、則，不壹、歉、疑者，皆明壹之。"銘意為：法律、度、量、令則中有不壹齊、缺歉、可疑的，都明確統一起來。

嫌 秦 [印]　戰編 806

【注】從女兼聲。●秦印人名。

嗛 秦 [印]　戰編 74　印增 43　里耶 8·682

【注】從口兼聲。●均為人名。

謙  清華四·別卦 5

【注】從言兼聲。●卦名，帛書作"嗛"，歸藏作"兼"。

溓  清華八·邦道 13　清華八·邦道 26　圖典 86

【注】從水兼聲。《説文》："㶒，薄水也。一曰中绝小水。"本義水波平靜。●疑讀慊，不滿、怨恨。《清華八·邦道 26》："古（故）萬民溓（慊）疠（病）。"●秦印"溓累"，人名。

廉  睡簡·為吏 9

【注】從广兼聲。●本義為棱角，引申為正直。《睡簡·為吏 9》："精（清）廉毋謗。"

廉  清華六·孺子 16

【注】此字舊多認為從秝聲。學者們注意到，戰國文字中其實一直没有出現過明確的從"秝"得聲的字，"歷""曆"等詞都是用與之音近的"鬲"聲字表示的。古音在錫部的"秝"很可能僅見於秦文字系統。李守奎釋為兼。（《〈鄭武夫人規孺子〉中的喪禮用語與相關的禮制問題》）當從厂兼聲。●讀兼。《清華六·孺子 16》："虐（吾）先君智（知）二三子之不忘＝（二心），甬（用）厴（兼）受（授）之邦。"陳劍："兼"作總括副詞，義為"俱、同時"，這裏的語義指向是"授之邦"的"之"，即前文之"二三子"，正是多數名詞。

壓 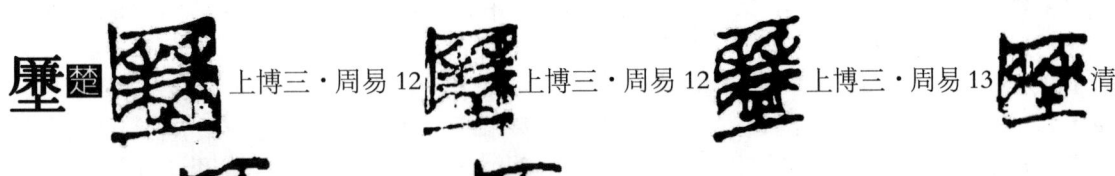 上博三·周易 12　上博三·周易 12　上博三·周易 13　清

華七·越公 32　清華七·越公 41　清華八·處位 4

【注】從土廉聲。楚文字或省為壓，與秦系文字從秝者相混。●讀謙。《上博三·周易 12》："壓＝（謙謙）君子，甬（用）涉大川，吉。"●讀斂。《清華七·越公 32》："亓（其）見蓐（農）夫老弱堇（勤）壓（斂）者，王必舍（飲）飤（食）之。"整理者讀秝。當讀斂。"廉""斂"皆為來母談部字，《説文》："庲，廣也。"段注："庲斂，古字作庲廉。"二字的聲符亦往往可通，如"嗛"，《説文通訓定聲》云："嗛，字亦作噞。""險"，《説文通訓定聲》云"左襄二十九年傳'險而易行'又為嶮"。"慊"，《説文通訓定聲》云："又為溓為憸，《廣雅·釋詁四》'慊，貧也。'《淮南·原道》'不以慊為悲'注：約也。""鹻"，《集韻·鹻韻》："鹻，或作鏚。"凡此皆可證二字古通。"斂"指稼穡收穫，所謂"勤斂"，就是指農夫老弱努力地、勤勞地從事耕作收穫活動。《清

華七·越公 41》："乃亡（無）敢增歷（斂）亓（其）政（征）以為獻於王。""斂"就是賦斂之意。《清華八·處位 4》："夫不啟（度）政者，印（抑）歷（斂）無訛（訾）。"《管子·君臣》"吏嗇夫盡有訾程事律"，注："訾，限。程，準也。事律，謂每事據律而行也。"歷（斂）無訛（訾）者，稅賦無度也。

郭店·語叢二 4

【注】從刌從攴兼聲。●讀廉。《郭店·語叢二 1》："利（黎）生於恥，斂（廉）生於利（黎）。"裘錫圭按語疑斂為兼字異體，讀廉。

見紐甘聲

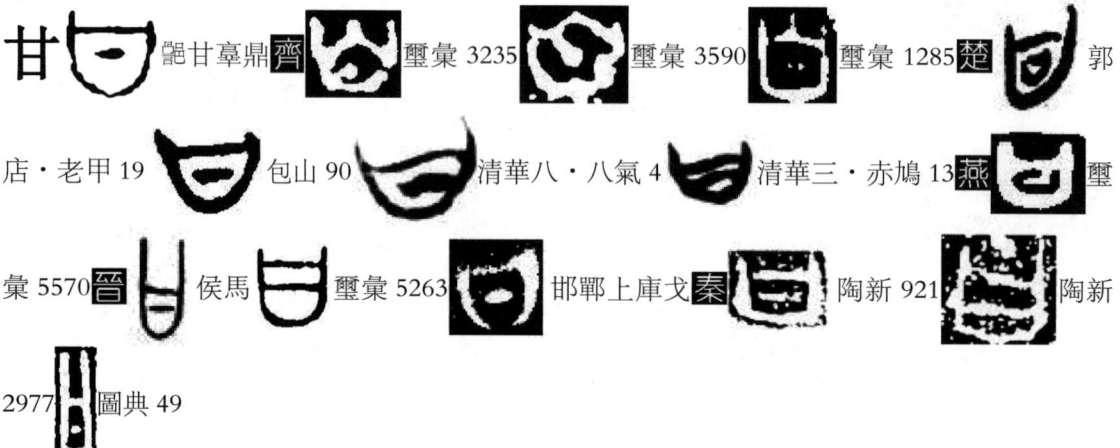

【注】甲骨文作日，從口有物，會甘美之意。《郭店·老甲 19》將短橫寫作圓形，與"昌"混同。《説文》："日，美也。從口含一。一，道也。凡甘之屬皆從甘。"本義是甜，如《詩經》："誰謂茶苦？其甘如薺。"●《圖典 49》"甘纏"，姓氏。●《璽彙 3235》"甘士市"，"甘士"，複姓。《璽彙 1285》原釋文作"皇歆"。施謝捷釋為"甘士歆"。此璽之"甘"與《璽彙》3235、3590 同。●人名。《鼑甘辜鼎》："鼑甘辜肇乍（作）障鼎。"●讀邯，地名。《邯鄲上庫戈》："甘（邯）丹（鄲）上庫。"《六年襄城令戈》"邯鄲"合文作皇。●《清華三·赤鳩 13》："是思句（后）聑（昏）嬰（亂）甘心。"甘心，《衛風·伯兮》"願言思伯，甘心首疾"，毛傳："甘，厭也。"鄭箋："我念思伯，心不能已如人心嗜欲所貪，口味不能絶也。"

【注】從子甘聲。●晉璽"刊士""刊馬""刊瘍""刊岾""刊綰"等，均為姓氏。

二年寺工師初壺、印增 466

【注】從手甘聲，與小篆同。《説文》："鉗，脅持也。"本義脅持、夾住，與"鉗"同。●人名。《二年寺工師初壺》："二年，寺工師初、丞拑。"

箮 齊 璽彙 0156　　璽彙 0314　　匯考 61 楚　　曾侯 54　　分研 166

【注】從竹甘聲。●讀藍。齊璽印陶文多有"戠箮"，徐在國隸作"箮"。齊系文字"甘"（或從甘之字）作又作。"戠箮"讀"職藍"，官名，掌管藍草，與《周禮·地官·司徒》掌染草的官職相當。齊官"職藍師"與楚官"藍尹"職掌同。若釋為"籃"成立，則可證《説文》"籃"字古文下部所從當源於齊系文字字。又為《説文》古文與出土文字互證提供一佳例。（詳徐在國《試説〈説文〉"籃"字古文》）●楚璽"陳箮"，人名。●讀簾。《曾侯 54》："紫幹之裏，繢箮。"指婦人之車，指車帷。

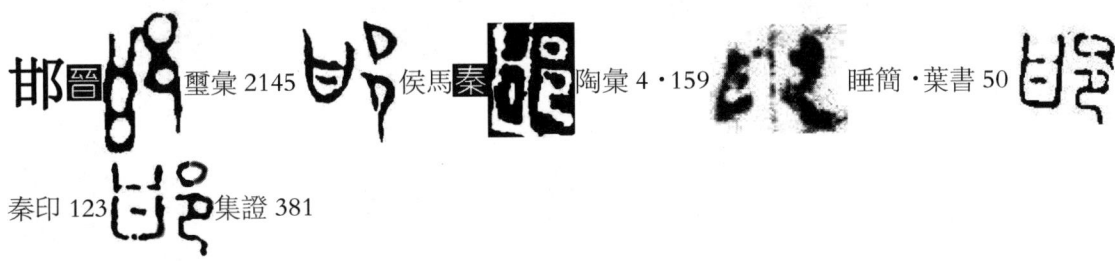

邯 晉 璽彙 2145　　侯馬 秦　　陶彙 4·159　　睡簡·葉書 50

秦印 123　　集證 381

【注】從邑甘聲。●《集證 381》"邯鄲之丞"，地名。《漢書·地理志》："趙國，故秦邯鄲郡。高帝四年為趙國，景帝三年復為邯鄲郡。"

泔 秦　　北大簡　　印增 444

【注】從水甘聲。●秦簡不詳。●秦印姓氏。

坩 晉　　弊編 120

【注】從土甘聲。●周空首布讀甘，地名。《左·僖二十四》"初甘昭公有寵於惠后"，注："甘昭公，王子帶也，食邑於甘，河南縣西南有甘水也。"在今河南洛陽西南。

疳 晉　　璽彙 1544

【注】從广甘聲。●晉璽人名。

恬 秦　　、　秦印 211　　類編 380　　里耶 9·3　　里耶 9·9

【注】從心，甛省聲。●秦文字均為人名。

2737

鉗  戰表 1904

【注】從金甘聲。● "毛鉗"，人名用字。

見紐敢聲

敢 　恒簋蓋 　塘伯戝簋 　榮作周公簋 　元年師旅簋 　媵虎簋 　無

夷鼎 　梁其鐘 　無叀簋 　廿七年衛鼎 　邢人妄鐘 　五年師旅簋

大師虘簋 　師嫠簋 　趩鼎 　大簋蓋 　救簋蓋 　邢人妄鐘

武敢矛齊 　齊陳曼簠 　叔夷鎛 　陶録 2 ·430 　璽彙 3715 楚 　蔡侯申鐘

徐贅尹皆鼎 　郭店 · 五行 46 　郭店 · 五行 46 　郭店 · 老甲 18 　上博

二 · 民之 5 　上博二 · 從甲 14 　上博二 · 從甲 14 　上博二 · 容成 18 　清

華八 · 攝命 7 　清華八 · 攝命 10 　清華八 · 攝命 16 　清華八 · 邦道

19 　清華一 · 金滕 6 　清華五 · 三壽 12 　清華六 · 孺子 12 　安大一 33

清華九 · 禱辭 1 　清華九 · 禱辭 4 燕 　陶彙 3 ·1351 　陶彙 4 ·1

匯考 345  甾壺  中山王嚳壺  邵鐘 璽彙 3404 集粹 70 、

侯馬 、 溫縣 守丘刻石 秦 秦駰玉牘 秦駰玉牘

、 、 、 、 、 、 秦編 630 新郪虎符

【注】甲骨文作 、 、 、 、 、 、 ，從又（手形；或從廾，雙手之形）從 （干）從豕，以手持干擊豕，會勇敢進取之意。周初金文省 為 ，省 為 。豕之形體多變。隸變後楷書寫作敌、敢、殳。秦漢文字又或作攴、殳。或訛為𣪊。●自言冒昧之辭，西周貴族慣用語。《頌鼎》：“頌敢對揚天子不（丕）顯魯休。”《儀禮·士虞禮》：“敢用絜牲剛鬣。”鄭玄注：“敢，冒昧之辭。”●與“可以”“能夠”義近。《新郪虎符》：“凡興士被甲，用兵五十人以上，必會王符，乃敢行之。”●讀嚴。《叔尸鐘》：“虩虩成唐（湯），又敢才（在）帝所。”

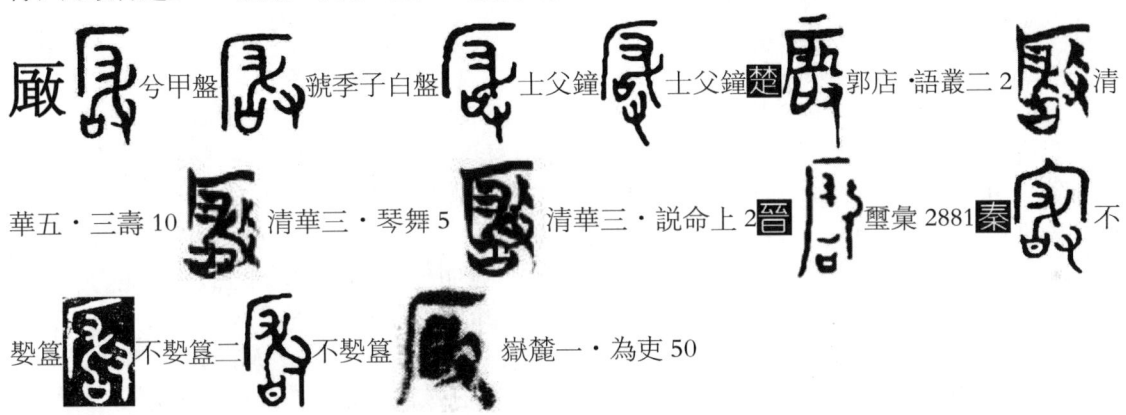

兮甲盤 虢季子白盤 士父鐘 士父鐘 楚 郭店 語叢二 2 清華五·三壽 10 清華三·琴舞 5 清華三·說命上 2 晉 璽彙 2881 秦 不

嫛簋 不嫛簋二 不嫛簋 嶽麓一·為吏 50

【注】從厂敢聲。或從宀，與從厂同意。《說文》：“𢉖，䃽也。一曰地名。從厂敢聲。”戴家祥謂，《說文》無㪚而有廠，訓作“䃽也”，穀梁傳僖公三十三年“女死必于殽之岩䃽之下”。岩、䃽並列，義當相近。廠從厂敢聲，厂訓“山石之厓岩”，疑廠即岩之本字（詳《金文大字典》上）。●讀嚴，威嚴。《士父鐘》：“用喜侃皇考，其廠（嚴）才（在）上。”《清華三·琴舞 5》：“廠（嚴）余不解（懈）。”●讀獫或讀獫。《虢季子白盤》：“博（搏）伐廠軷（獫狁），于洛之陽。”廠軷，即獫狁，是邊裔部族名。●晉璽人名。●讀嚴，或讀險。《博物志》卷一：“周在中樞，三河之分，風雨所起，四險之國。”《清華五·三壽 10》“四廠（險）”指國家四周的邊塞，亦指四方邊緣之地。

醶 楚 郭店·語叢一 64

【注】從旨廠省聲。●讀嚴。《郭店·語叢一 64》：“型非醶也。上下䧪（皆）得其所之胃（謂）信。”

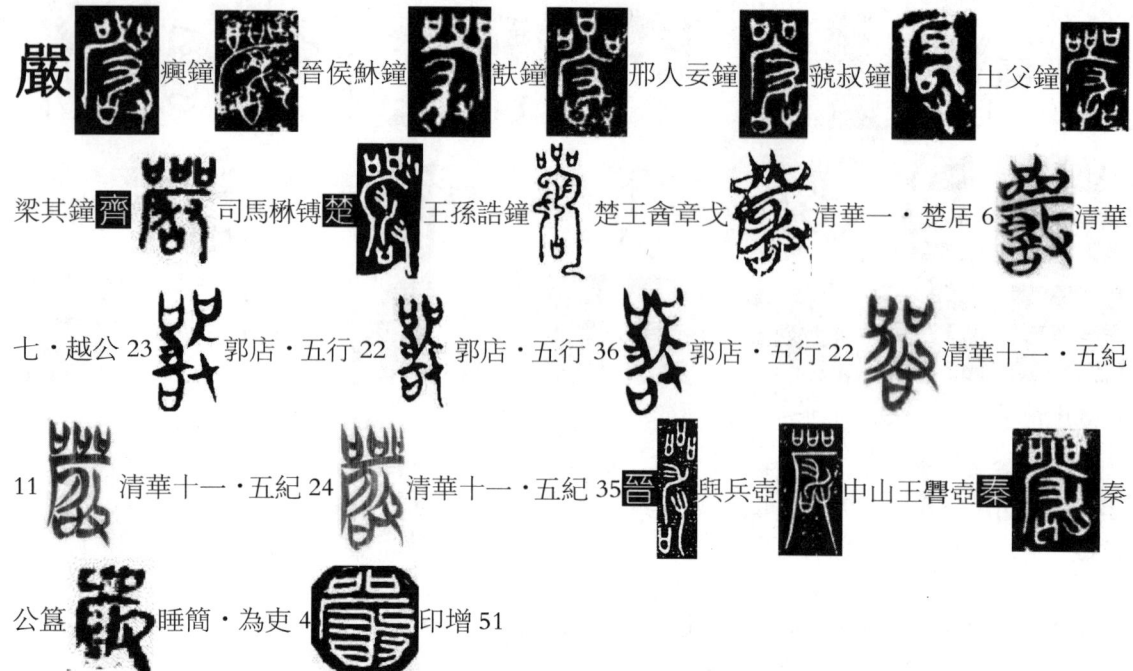

嚴 瘋鐘　　晉侯穌鐘　　猷鐘　　邢人妾鐘　　虢叔鐘　　士父鐘

梁其鐘 齊　司馬楙鑄 楚　王孫誥鐘　楚王酓章戈　清華一·楚居 6　清華

七·越公 23　郭店·五行 22　郭店·五行 36　郭店·五行 22　清華十一·五紀

11　清華十一·五紀 24　清華十一·五紀 35 晉 與兵壺　中山王嚳壺 秦　秦

公簋　睡簡·為吏 4　印增 51

【注】裘錫圭先生指出"嚴"所從之𠕇即《説文》訓為"多言也"之"㗊"（㗊，甲骨文作、、從三口而以連之，會絮聒之義。或迻加人形作、，為繁體。金文𠕇即甲骨文之訛變），故"嚴"之形體結構當分析為從㗊敢聲。"嚴"是疑紐談部字，"㗊"是娘紐葉部字。以聲言，同為鼻音。以韻言，有陰入對轉的密切關係。可見這兩個字不但意義相似，字音也很接近。"嚴"很可能是由"㗊"，孳乳的一個詞。"嚴"應該是"讞"的初文（讞，《説文》誕也），嚴厲、莊嚴等義當是假借或引申義。（詳《古文字論集》101 頁）"㗊"之于"嚴"既表意又表音，"嚴"當是部分表意的雙聲符字。《説文》："嚴，教命急也。從叩厥聲。古文。""教命急也"當非本義。●威嚴、莊重貌。《秦公簋》："才（在）帝之壞，嚴龏（恭）夤天命。"《猷鐘》："先王其嚴才（在）上。"《詩·小雅·六月》："有嚴有翼，共武之服。"毛傳："嚴，威嚴也。"●讀儼，若也。《虢叔旅鐘》："皇考嚴才（在）上、異才（在）下。"或説"嚴"指父親，如嚴君、嚴父、家嚴。《易·家人》："家人有嚴君焉，父母之謂也。"《孝經·聖治》："孝莫大于嚴父。"《商頌·殷武》："天命降監，下民有嚴。"青銅器銘文中多有"嚴在上""其嚴在上"，都是說"父親大人在上"。（詳《秦西垂文化論集》539 頁）●讀獫，古族名用字。《虢季子白盤》："博伐厰狁（獫狁）于洛之陽。"

戁 楚 曾侯與編鐘

【注】從心嚴聲。●讀嚴。《曾侯與編鐘》："有戁（嚴）曾侯，業業乓（厥）諲（聲）。"謂嚴敬的曾侯，他的名聲早已很盛大。

郰 齊 陶彙 3·833　　璽彙 2191 楚　包山 124　　曾侯 213 晉　侯馬

璽彙 2213

【注】從邑敢聲，或敢省聲。●《璽彙 2213》"郰娎"、《璽彙 2191》"郰己"等為姓氏，讀闞。
●包山簡地名。侯馬盟書人名。

黝楚、黝鐘晉、侯馬、秦、秦印 203

【注】從黑敢聲。《說文》："黝，黝者忘而息也。"《玉篇》黝然忘也。●古文字均為人名。

黝楚、、黝鎛、曾侯 164、曾侯 169、曾侯 170

【注】從墨敢聲，"黝"之繁文。●金文人名。●楚簡讀闞，地名。

醶楚、新蔡甲三 8

【注】從鹵敢聲，"鹽"之異文。鹽、敢皆談部見紐，雙聲疊韻。●人名用字。

橄晉、珍戰 106

【注】從木敢聲。●晉璽"橄赤"，人名。

見紐監聲

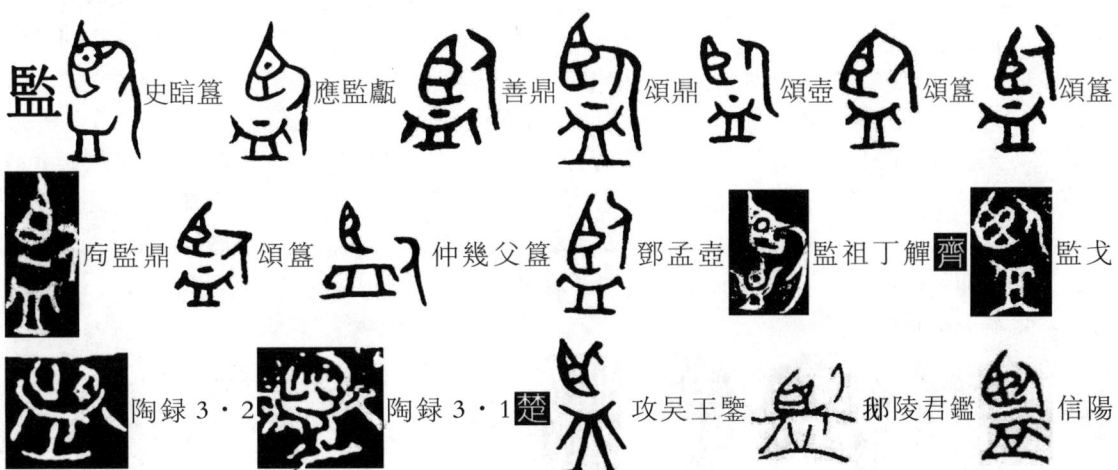監 史晤簋、應監甗、善鼎、頌鼎、頌壺、頌簋、頌簋、庙監鼎、頌簋、仲幾父簋、鄧孟壺、監祖丁觶齊、監戈、陶錄 3·2、陶錄 3·1楚、攻吳王鑒、郱陵君鑑、信陽

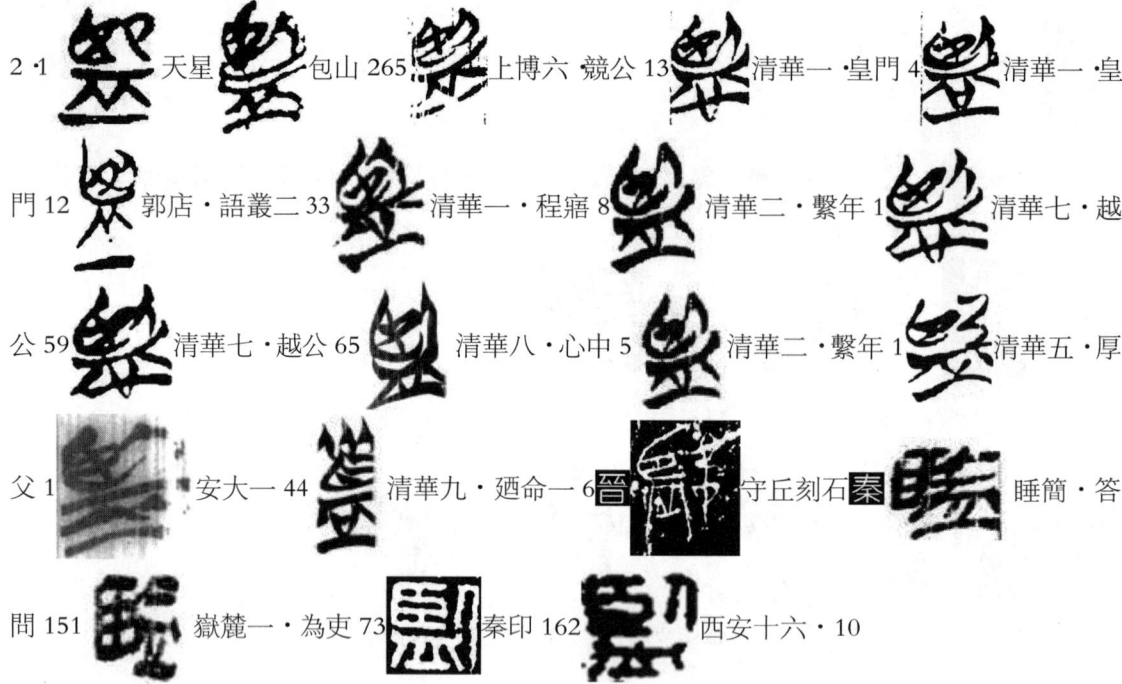

2·1  天星  包山 265  上博六·競公 13  清華一·皇門 4  清華一·皇門 12  郭店·語叢二 33  清華一·程寤 8  清華二·繫年 1  清華七·越公 59  清華七·越公 65  清華八·心中 5  清華二·繫年 1  清華五·厚父 1  安大一 44  清華九·廼命一 6 晉  守丘刻石 秦  睡簡·答問 151  嶽麓一·為吏 73  秦印 162 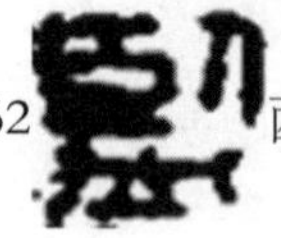 西安十六·10

【注】甲骨文作、、、，從見（人、目之合形）從皿，會取盆水照視容顏之意。金文目與人形分離，非許慎之謂“從臥，䘓省聲”也。皿中或增一點，為水中人影，非血字。《說文》：“，臨下也。從臥，䘓省聲。古文監從言。”本義為照影子，為“鑒”之本字。●讀鑒，借鑒、參考、鑒戒。《史䪫簋》：“䪫由于彝，其于之朝夕監。”●讀鑒，器名。《吳王夫差鑒》：“自乍（作）御監（鑒）。”●督察、監視。《頌鼎》：“頌，令女官𤔲（司）成周貯（賈）廿家，監𤔲（司）新𢉩（造）貯（賈）。”監𤔲，即督責、管理。●《應監甗》：“雁（應）監乍（作）寶䵼彝。”應監，應國的君主。《周禮·天官·冢宰》：“乃施典于邦國，而建其牧、立其監。”鄭玄注：“監，謂公侯伯子男各監一國。”《周禮·夏官·大司馬》：“建牧立監，以維邦國。”鄭玄注：“監，監一國，謂君也。”郭沫若謂：應監甗的作器者應監，绝不是應侯本人，也不是應侯家族的嫡系。他是西周王朝派往應國的官吏，到應國出任監國者。(《釋應監甗》) ●地名。《監戈》：“監戈。”董珊先生認為：“監”即“闞”，《史記·封禪書》：“蚩尤在東平陸監鄉，齊之西境也。”《索隱》“監音闞”。春秋邾婁邑，魯昭公三十二年取闞(《公羊傳》),《索隱》:“闞在東平須昌縣東南也。”戰國魏、齊邊境上邑。(《戰國題銘與工官制度》) ●秦封泥“禁苑右監”，禁苑為帝王苑囿。封泥之“監”當為官署名，後世有欽天監、秘書監等。禁苑置“監”，分設左、右。●楚文字多讀銜。《清華七·越公 23》：“今夫=（大夫）嚴（儼）肰（然）監（銜）君王之音。”《墨子·非攻下》：“赤烏銜挂，降周之岐社。”又與嗛音義并近。《說文》：“嗛，口有所銜也。”《清華七·越公 65》亦讀銜。簡文“銜枚”亦見於《周禮·夏官·大司馬》“徒銜枚而進”。●讀獫。《安大一 44》：“象車緣（鸞）麃（鑣），載監（獫）𦉢（歇）喬（驕）。”《毛詩》作“載獫歇驕”。上古音“監”屬見紐談部，“獫”屬曉紐談部，二字音近可通。《說文·厂部》：“厱，厱諸，治玉石也。從厂，僉聲。讀若藍。”可證。

擥 秦 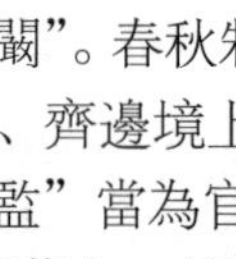、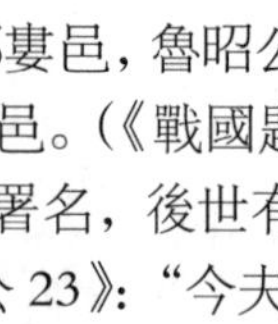、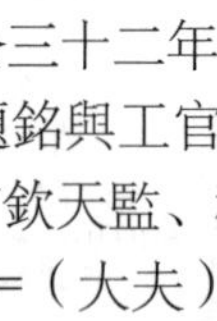、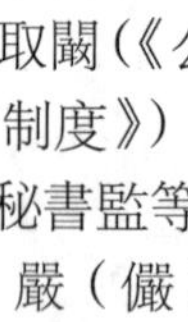 印增 467

【注】從手監聲。●秦印人名。

 齊  陶彙 5·250　　　 陶彙 5·251

【注】從邑監省聲。●齊陶"右郎"，地名。

 楚 　信陽 2·9

【注】從水監聲。●讀鑑。《信陽 2·9》："二方濫（鑑）。"

藍 楚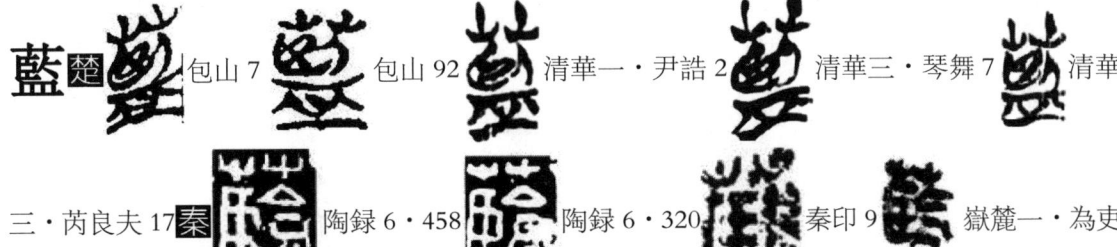

三·芮良夫 17 秦　　 陶録 6·458　　 陶録 6·320　　 秦印 9　　 嶽麓一·為吏

17

【注】從艸監聲。●讀監或讀鑒。《清華一·尹誥 2》："今句（后）曹（曷）不藍（監）？"《尚書·召誥》云："我不可不監于有夏，亦不可不監于有殷。"《清華一·祭公 14》："於（嗚）虎（呼），天子，藍（鑒）于覲（夏）商之既敗，不（丕）則亡遺後，至于萬畜（億）年，參舒（敘）之。"●秦陶"藍田"，地名。《漢書·地理志》京兆尹有"藍田縣"，云："藍田，山出美玉有虎侯山祠，秦孝公置也。"《漢書補註》王先謙曰：《六國表》秦獻公六年縣藍田，"孝"蓋"獻"之誤。藍田置縣在獻公六年（前 379 年）。●包山"藍郢"或讀鄢郢，地名。

檻 楚  上博七·武王　　 清華六·孺子 6

【注】從木監聲。●本義，門檻。《清華六·孺子 6》："門檻之外母（毋）敢又（有）智（知）女（焉）。"

鑑 楚  吳王光鑒　　 天星　　 包山 263　　 包山 277 晉　　 智

君子鑒 秦　　 印增 531

【注】從金監聲。《説文》："鑑，大盆也。一曰監諸，可以取明水于月。從金監聲。"本義古代

盛水的大盆，當為"監"的後起形聲字。鑑、鑒一字異形。●青銅盛水器。出現于春秋中期，流行于春秋晚期和戰國時期。在銅鏡没有盛行時用以照容，大鑒可供沐浴。《攻吳王鑒》："自乍（作）御監（鑒）。"《莊子·則陽》："靈公有妻三人，同鑒而浴。"《包山 263》："二鑑。"

覽 秦 會稽刻石 印增 338

【注】從見監聲。《説文》觀也。●本義，觀也。《會稽刻石》："周覽遠方。"

瞷 晉 璽彙 3473

【注】從甘監省聲。●晉璽人名。

艦 晉 璽彙 2879

【注】從厂瞷聲。●晉璽"艦阴"姓氏，或讀監。

溪紐欠聲

敳（欠） 楚 清華四·別卦 7

【注】從臼從又欠聲。欠，甲骨文作 ，像張嘴打呵欠之形，兩周時期僅見於偏旁。欠作偏旁時一般寫作次，或作旡，作旡時也常加 ，詳欪、歌、愛、既、炊、歇等字。●讀嗑，即"噬嗑"卦。帛書作"筮嗑"。欠為談部溪母字，與月部禪母的筮、嗑可以通假。談、月通轉，溪、禪亦有通轉之例。

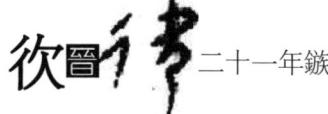

彴 晉 二十一年鏃

【注】從彳欠聲。●晉器人名。

敗 秦 秦風 47

【注】從攴欠聲。●"家敗"，人名。

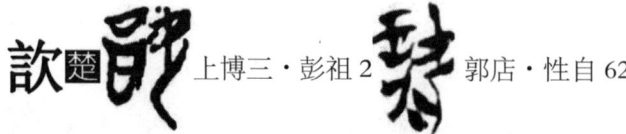

訜 楚 上博三·彭祖 2 郭店·性自 62

【注】從言欠聲。楚文字訧、詠與（包山 137，昔聲）有聯繫。"昔"旁之所以變成了"言"旁，除了出於簡省的需要以外，大概還考慮到了兩者在讀音上的關聯，上古音"昔"屬溪母元部，"言"屬疑母元部，讀音是比較接近的。●疑讀遷。《上博三·彭祖2》："大筮（往）之夒；難（難）易訧欲。""易"讀以。難（難）易訧欲，大意是指人之生死無法拖延。（周鳳五《上博楚竹書《彭祖》重探》）●當讀滯。《郭店·性自62》："身谷（欲）青（靜）而毋訧，慮谷（欲）困（淵）而毋偽。"陳劍認為此字"言"旁是從"昔"旁訛省而來的，而讀滯。（陳劍《戰國竹書論集》50頁）

 上博二·從乙 4

【注】從曰訧聲。（包山 137，昔聲）之省文。●讀慂。《上博二·從乙 4》："詟（慂）悔（誨）而共（恭）孫（遜）。"

 上博四·相邦 4

【注】從土訧聲。●《上博四·相邦 4》："不昏（問）又（有）邦之道，而昏（問）叟（相）邦之道，不亦墍（慂）唬（乎）。"讀慂，訓為"失"。《詩·大雅·假樂》："不愆不忘，率由舊章。"鄭玄箋："成王之令德，不過誤，不遺失。"《左傳·昭公二十六年》："王昏不若，用愆厥位。"杜預注："愆，失也。"

飲 [晉] 璽彙 0808

【注】從食欠聲。●晉璽人名。

癈 [晉] 璽彙 1877

【注】從疒飲聲。●晉璽人名。

餡 [晉]  璽彙 0503　璽彙 0810　璽彙 0811　璽彙 1826　璽彙 4018

【注】從曰飲聲。●晉璽人名。

伙 [楚]  圖典 149

【注】從人欠聲。●楚璽單字，姓氏。荊有伙飛，得寶劍於幹越。敦煌吐魯番出土文書中有伙

姓。

欨 遹尊

【注】從田欠聲。從田與從土，系形旁代換，故吳振烽釋為"坎"。●《遹尊》："王鄉（饗）酉（酒），奏庸新宜欨（坎）。"新宜坎，為樂曲名。"新宜坎"樂曲也應該是亡佚的殷商樂曲。（詳吳振烽《遹尊銘文初探》）

故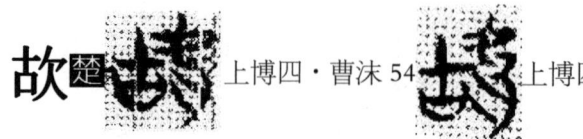

【注】從古欠（次）聲。●《上博四·曹沫 54》："復故戰有道乎？"讀坎或讀埳。從遭受"陷阱奇兵伏兵"的那一方來說，其結果就是陷於不利的"坎陷之戰"。

歆

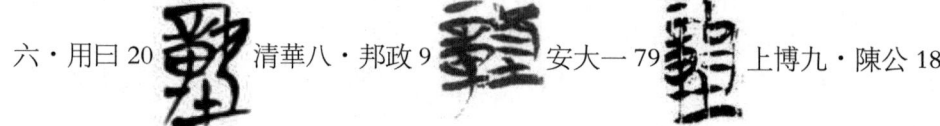

【注】從章欠聲（或增土繁化），"戇"字或體。●賞賜。《上博五·季庚 19》："亞（惡）人勿歆（贛），好人勿貴。"對惡人不要賞賜，對好人不要讓他匱乏。●整理者讀陷。《清華八·邦政 9》："亓（其）政蠱（苛）而不達，亓（其）型（刑）墊（陷）而枳（枝）。"從溪母談部之"欠"，讀為匣母談部之"陷"。《韓非子·六反》："犯而誅之，是為民設陷也。"蔡一峰認為"墊"應讀險。《管子》："人甚懼死，而刑政險。"清華簡《命訓》簡 11"韽之以哀"，對應今本"斂之以哀"，是其通假之例（參蔡一峰先生在《簡帛研究》2016 春夏卷的文章）。●讀坎。《上博六·用曰 20》："又（有）贛=（坎坎）之綌，而又（有）繢=（莫莫之）☒？""坎坎"，謂險難重重。《易·坎》："六三，來之坎坎，險且枕，入於坎窞，勿用。"末字整理者未釋。有論者釋為"陰"。全句的意思可以疏釋為：有深險之溪谷，方有茂密之濃陰。●讀坎。《安大一 76》："歆（坎）=伐枏（檀）可（兮）。"毛傳："坎坎，伐檀聲。"●《曾侯 43》"軍，鞻賠，無歆"，義不詳。

竅 清華一·祭公 19

【注】從穴歆聲。●讀陷。《清華一·祭公 19》："我亦不以辟竅（陷）于戁（難）。"

韽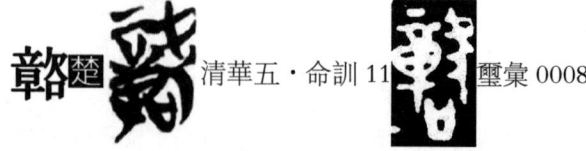

2746

【注】從口歈聲。●讀歈。《清華五·命訓11》："韜（歈）之目（以）哀。"●讀贛。楚璽"上韜君"，當是楚國的一個封君。《漢書·地理志》豫章郡有贛縣，其地位於今江西贛水邊上的贛州市西。疑璽文"上韜"當讀為"上贛"，亦可能位放贛水邊上。（李家浩《楚國官印考釋（四篇》）

歐 楚 清華八·處位10　　清華八·處位11　　清華八·天下1

【注】從阝歈聲；或增土、口繁化。●讀貢。《清華八·處位11》："人甬（用）必内（納）歐（貢）；茸（取）能又（有）厎（度）。"●讀險。《清華八·天下1》："今之戰（守）者，高亣（其）壁（城），深亣（其）涩而利其櫨歐。"整理者讀諂，詳"涩"字。"櫨歐"應讀為"阻險"，"利其阻險"即以阻險為有利。《過秦論》："秦人阻險不守。"

籔 楚 包山255　　包山264

【注】從竹歈聲，"籔"之或體。或增土為繁文。●讀籔，《篇海》箱屬。《包山255》："脩一籔（籔）、肴（脯）一籔（籔）。"

韜 齊 陶彙3·992　　陶録3·442　　陶録3·442　　陶録
3·443　陶録3·443 楚　　上博八·命6

【注】從鹵歈聲。●讀黔。《上博八·命6》："韜（黔）頁（首）蘆（萬）民。"韜本從欠聲，此字可讀黔。欠聲、今聲可通。●齊陶單字，當為人名。

鍪 楚 望山2·50

【注】從金歈聲。●簡文"二金鍪"疑讀坎。《爾雅·釋器》："小罍謂之坎。"《詩·小雅·蓼莪》孔穎達《正義》引孫炎曰"酒尊也"。墓中出"銅尊"一件，疑即此器。或謂讀匴。

趚 楚 九店56·16　　九店56·22

【注】從止歈聲，趚之或體。●讀陷。簡文"趚（陷）於申"，建除名。秦簡則作"窞""陷"。

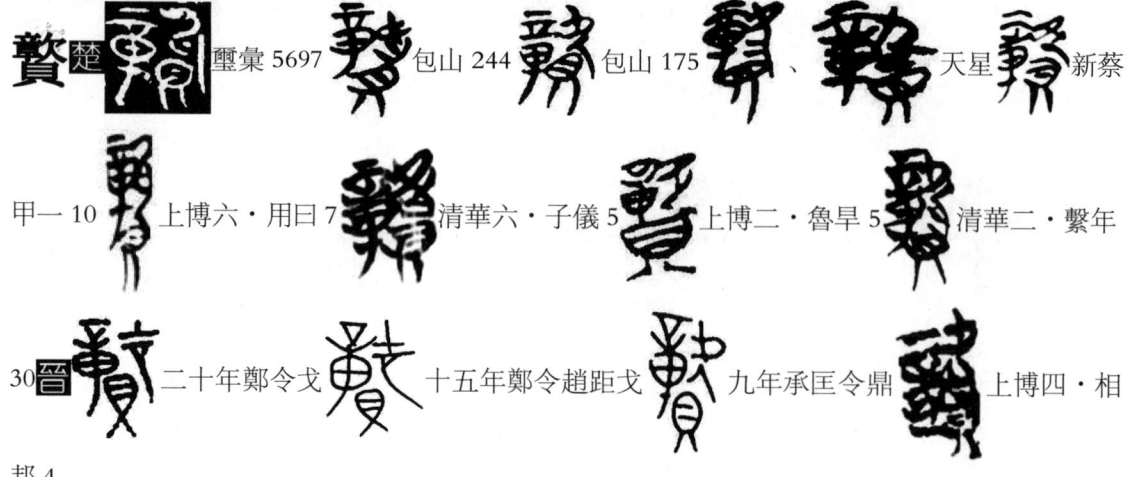

贛 楚 ⬛ 璽彙 5697　　⬛ 包山 244　　⬛ 包山 175 、⬛ 天星 ⬛ 新蔡

甲一 10　　⬛ 上博六 · 用曰 7　　⬛ 清華六 · 子儀 5　　⬛ 上博二 · 魯旱 5　　⬛ 清華二 · 繫年

30 晉 ⬛ 二十年鄭令戈 ⬛ 十五年鄭令趙距戈 ⬛ 九年承匡令鼎 ⬛ 上博四 · 相邦 4

【注】從貝歆聲。"贛"之省文。《說文》："贛，賜也。從貝，竷省聲。贛籀文贛。"籀文所從 ⬛ 應是欠形（⬛、⬛）之訛變。●讀竷，边歌边舞。《清華六 · 子儀 5》："豐（禮）子義（儀）亡（舞），豐（禮）槃（隋）貨（會）以贛。"《說文》："竷，繇也舞也。樂有章。從章從夅從夊。《詩》曰：'竷竷舞我。'"●《上博四 · 相邦 4》讀貢，孔子弟子子貢，出土文獻多作"子贛"，"贛""竷"音同，故可讀為"貢"。《廣雅 · 釋言》："貢，獻也。"●餘例多為人名。

隴 楚 ⬛ 清華八 · 處位 6　　⬛ 清華八 · 處位 8

【注】從阝贛聲。●讀貢。《清華八 · 處位 8》："隴（貢）乃古（固）為頗（美）。"

靮 ⬛ 庚嬴鼎 ⬛ 鮮簋 ⬛ 伯靮父簋 楚 ⬛ 曾侯 125　　⬛ 曾侯 126

【注】"歆"之變體。金文從章從釴，雨手奉玉璋表示"賜與"或"貢獻"義，為"贛"與"貢"共同的表意初文。戰國文字曾侯乙墓楚簡作靮、靮，釴或訛為欠作靮、靮，從文例看，"靮""歆"無疑是異體。從字形上來說，"釴"很容易訛為"欠"，秦公鎛"娶"右邊作⬛，去掉下面的止形，剩余部份與"欠"非常接近。釴中的人形有時候上部貫穿口形，與欠有⬛、⬛兩種寫濾情況相同，例如《師克盨》"靮"右邊作⬛，如果去掉下部附加的止形就是"欠"了。靮從而變成歆，並以欠為音。釴（嫛）形進一步訛變，至戰國變成了三止相送的"夅"形，此即為《說文》"竷"字所本。"竷"兼有"賞賜""貢獻"義，"贛"應當就是它添加意符貝的分化字。以後"贛"的貢獻義又由"貢"來分擔了。為了表意的明確，讓"贛"專門表示"上封下的賞賜"義，"貢"專門表示"下封上的貢獻"義。而"竷"不再使用，實際上已經併入了"贛"字，情況與"厷"和"肱"、"戈"和"鉞"等字相似。《說文》分為"竷""贛"二字，並各自為説。《說文》："竷，繇也舞也。樂有章。從章從夅從夊。《詩》曰：'竷竷舞我。'"小篆⬛即由歆字訛變，下加夊繁化即是"竷"。●讀贛，賞賜。《庚嬴鼎》："易（錫）卿，靮貝十朋。"《鮮簋》："鮮樾（蔑）曆，卿（祼），王靮（賞）卿（祼）玉三品。"古言中"贛"最常見的用濾是"賜與"，例如：《說文 · 具

部》："贛，賜也。"《急就篇》"龐賞贛"，顏師古注："贛，賜也。"《淮南子·道應》"桓公贛之衣冠"，《呂氏春秋·舉難》"贛"作"賜"。孔子弟子"端木賜"字"子贛"，名字相應。●曾侯簡䶂、歕同字，義不詳。

 曾侯 67

【注】從貝䶂聲，"贛"之或體。●《曾侯 67》"新官䶂𣆪"，讀贛，姓氏，即貢。漢有"贛遂"。

 曾侯 122

【注】從革䶂聲。●簡文或作"歕"，義不詳。

 秦陶 490　秦陶 478　里耶 8·2088　戰編 399　印增

236　圖典 415

【注】從貝竷聲。小篆𧶠即由歕字訛變，下加夂繁化即是"贛"。●秦陶"贛榆得""贛榆距"，"贛榆"為地名。●秦印人名。

溪紐凵聲

 凵父己爵　包山 271　陶彙 4·125　陶錄 4·45

陶錄 4·45

【注】象形字。象凹陷之形，坎之本字。●包山本義。《包山 271》："四馬之凵面。"凵面，讀凵鞃。●金文族氏名。●燕陶"缶攻凵"，為人名。

疑紐岩聲

 璽彙 3518

【注】從山從石，會山石之意。岩，《正字通》俗嵒字，疑"嵒"之異文。●晉璽"岩澺"讀嚴，姓氏。

端紐詹聲

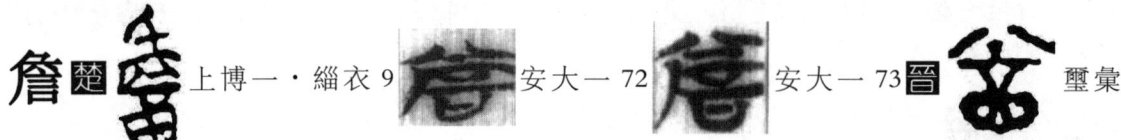

詹 楚 ⬚ 上博一·緇衣9　⬚ 安大一 72　⬚ 安大一 73　晉 ⬚ 璽彙

5457　⬚ 璽彙 5456　秦 ⬚ 廿九年漆卮

【注】詹，春秋戰國時作⬚（國差䑩⬚所從），從八從言，會多言之意（《説文》"詹，多言也。從言從八從厂"），厂為迭加之偏旁。戰國時楚系文字省厂旁，秦系文字或迭加飾筆⬚（如"儋"作⬚），《説文》遂以為"從厂"。從古文字資料可以看出，"詹"是一個不斷添加飾筆的字。《上博一·緇衣9》言訛為畐；或認為從畐詹省聲，隸作"詹"。●《廿九年漆卮》："二十九年，大后詹事丞向，右工帀（師）象，工大人臺。""詹事"，官名，秦始置，職掌皇后、太子家事。●讀瞻。《上博一·緇衣9》："虩（赫）虩（赫）帀（師）尹，民具尒（爾）詹（瞻）。"同字郭店簡作"瞻"，傳世本作"瞻"。●晉璽單字。

儋 楚 ⬚ 包山 147　秦 ⬚ 十三年少府矛　⬚ 戰編 553　⬚ 分研

386　⬚ 過耳 89

【注】從人詹聲。《説文》："儋，何也。"本義肩荷、用肩挑，"擔"的古字。段玉裁注："儋俗作擔。古書或假檐為之。"●讀擔。《包山 147》："受屯二儋（擔）之飤。""二擔之飤"與楚龍節"王令令傳信，一擔飤之"所言相同，都是講王命令接受任務的人所到之處要由傳舍提供給二擔或一擔飲食。"屯"義同"皆"。●秦文字人名。《十三年少府矛》："十三年，少府工儋。"

膽 楚 ⬚ 清華七·子犯 14　秦 ⬚ 關簡 309

【注】從肉詹聲。●勇氣、膽量。《清華七·子犯 14》："敢大膽䎑（問）。"●指牛膽。《關簡 309》："取肥牛膽盛黑叔中。"

瞻 楚 ⬚ 郭店·緇衣 16　⬚ 上博六·鄭壽 7　⬚ 清華六·子儀 17　⬚ 清華

六·太伯甲 12　⬚ 清華六·太伯乙 10　⬚ 清華八·邦政 6　⬚ 清華十·四告 27

【注】從見詹聲，“瞻”之異文。●讀瞻，望義。《郭店・緇衣 16》：“虩（赫）虩（赫）帀（師）尹，民具尒（爾）⿰見詹（瞻）。”●讀詹，姓氏。《清華六・太伯乙 10》：“茲⿰見詹（詹）父內謫於中。”

瞻 秦  戰編 217  類編 111  印增 129

【注】從目詹聲。●《睡虎地 4 號秦木牘》：“新負勉力視瞻丈人毋與……勉力也。”原簡文不清。按：《說文・見部》：“視，瞻也。”段玉裁注：“《目部》曰：‘瞻，臨視也。’視不必皆臨，則瞻與視小別矣，渾言不別也。”《韓非子・外儲說右上》：“鳥以數十目視人，人以二目視鳥。”“視瞻”為同義複詞，古書習見。《禮記・曲禮上》：“將入戶，視必下，入戶奉扃，視瞻毋回。”漢賈誼《新書・傅職》：“視瞻俯仰，周旋無節。”《漢語大詞典》釋為“觀看瞻望”，雖大意不差，仍顯重複。實際上，簡文此處使用的是“視瞻”的引申義，可釋為照顧。●秦印人名。

⿰詹阝 楚  包山 86

【注】從邑詹聲。●簡文“⿰詹阝昜（陽）君”。⿰詹阝昜（陽），地名，或與澹水有關。

檐 楚  鄂君啟車節  王命傳賃節  鄂君啟車節  九店 56・1  上博九・陳公 17

【注】從木詹聲。《說文》：“檐，梍也。”本義屋檐。●讀擔，用為量詞。《鄂君啟車節》：“屯廿檐（擔）台（以）堂（當）一車。”《王命龍節》：“王命命遄（傳），賃一檐（擔），飤之。”銘意為，以王命令傳譯，有負一擔之物以傳輸者，當與飤之。●《上博九・陳公 17》“檐徒”讀擔，古稱肩挑者為“擔徒”。

⿰言詹 齊  璽彙 0194

【注】當從言詹聲。●“⿰言詹訙𢼸（廄）鉨”，地名。

⿰缶詹 齊  國差⿰缶詹

【注】從缶詹聲。《說文》無。⿰缶詹即甔的異體，蓋從瓦與從缶會意同。今字作“壇（坛）”。●讀甔，坛子一類的青銅容器。《國差⿰缶詹》：“攻帀（師）何鑄西亭（庸）寶⿰缶詹四秉，用實旨酉（酒）。”甔形如罎子。《史記・貨殖列傳》：“漿千甔。”裴駰集解引徐廣曰：“大罌缶。”《方言》：“齊東北海岱之間謂之甔。”

⿰韋詹 秦  戰編 350 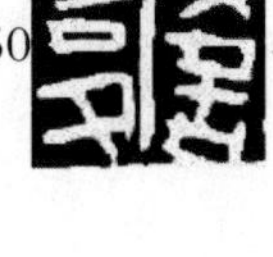、、、、 印增 582

【注】從韋詹聲。●秦印人名。

【注】從詹省、淡省，雙聲字。●讀譫，《集韻》多言也。《郭店·語叢一107》："快（決）與信，器也，各以㒼詷（詞）毀也。"

定紐盧聲

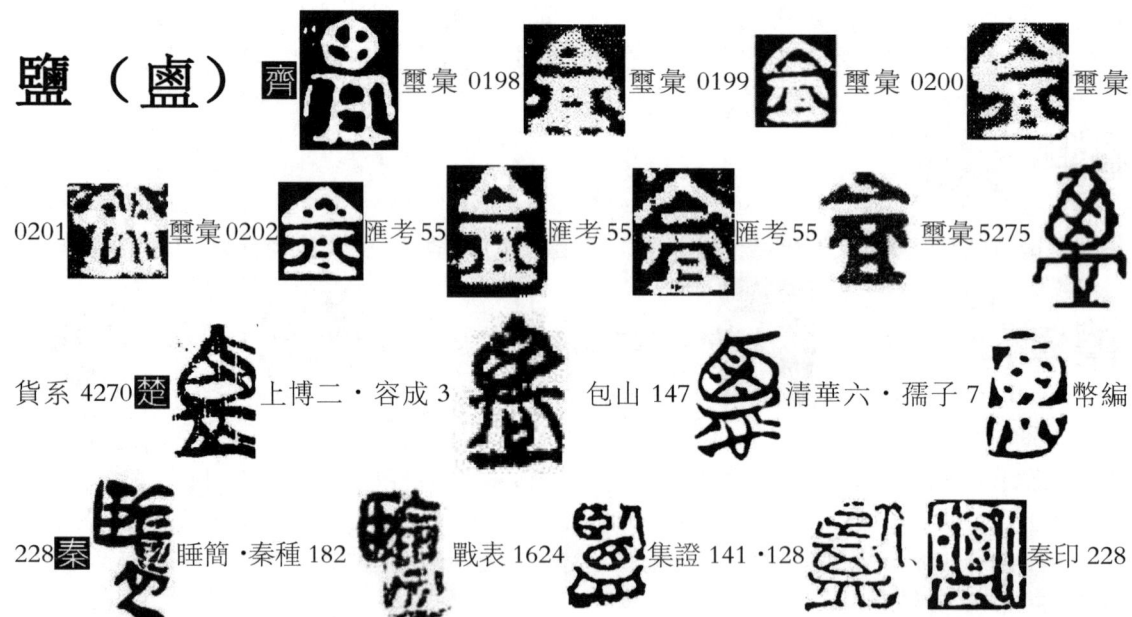

【注】秦系文字作"鹽"，從鹵監聲。戰國他系文字通省作"盧"。當從皿從鹵（鹵旁多作 、 、 、 、 ，與西、凶等字混同），會以器皿盛鹽之意。盧、鹽當為一字之繁簡二體。《集韻》："盧，鹽或省。"●多用為本義，食鹽。《上博二·容成3》："妻（僂）者坟（事）謱（數），瘦（瘦）者煮鹽。"●讀掩。《清華六·孺子7》："盧（掩）於元（其）考（巧）語，以嬰（亂）夫=（大夫）之正（政）。"鹽，喻母；掩，影母，皆談部字。

【注】從水盧聲。《金文編》原釋為"潭"，引高景成曰："毛公鼎簟笰字作'簟弼'，疑 即潭之古文。"鹽、覃本一字，故 從字形來説，也可視為"瀘"之省文。《廣韻》："瀘同鹽。"●讀鹽。《亡鹽戈》："亡瀘（鹽）。""亡鹽"即"無鹽"，戰國齊地，《史記·項羽本紀》"乃遣其子宋襄相齊，身送之，至無鹽"，今山東省東平縣東南。●讀奄。《上博五·鮑叔5》："百姓皆夗（怨）悥，瀘（奄）然將亡。"

2752

毛公鼎　應公鼎　侯馬

【注】從竹盧聲。●讀簟。《毛公鼎》：“易女（汝）……金簟（簟）弼（茀）。”金簟弼：車輛旁銅制的遮蔽物。“簟弼”即簟茀。《詩·大雅·韓奕》：“簟茀錯衡。”鄭玄箋：“簟茀，漆簟以為車蔽，今之藩也。”《番生簋》作“簟”。●疑讀燂。燂，《說文》火熱也。《禮·內則》五日，則燂湯請浴。《釋文》燂，溫也。《應公鼎》：“應公作尊彝簟鼎，珷（武）帝日丁子子孫孫永寶。”鼎既有實牲體的功能，又有烹煮的功能。《周禮·天官·亨人》“掌共鼎鑊”，鄭玄《注》：“鑊所以煮肉及魚臘之器，既孰乃脀于鼎。”則實牲體的稱為鼎，用來烹煮的稱為鑊。鑊是作為炊具之鼎的專名。此器稱“燂鼎”，大概跟稱鑊差不多，表明是用來烹煮的。●侯馬盟書人名。

來紐焸聲

璽彙 3218

【注】會意字。從火從見，或說會見事明澈如觀火之意。《正字通》焸字之譌。以戰國文字驗之，焸之形體遠有所本，並非焸之訛。《說文》：“焸，察視也。從見灮聲，讀若鎌。力鹽切。”●“焸瘋”，讀廉，姓氏。

精紐斬聲

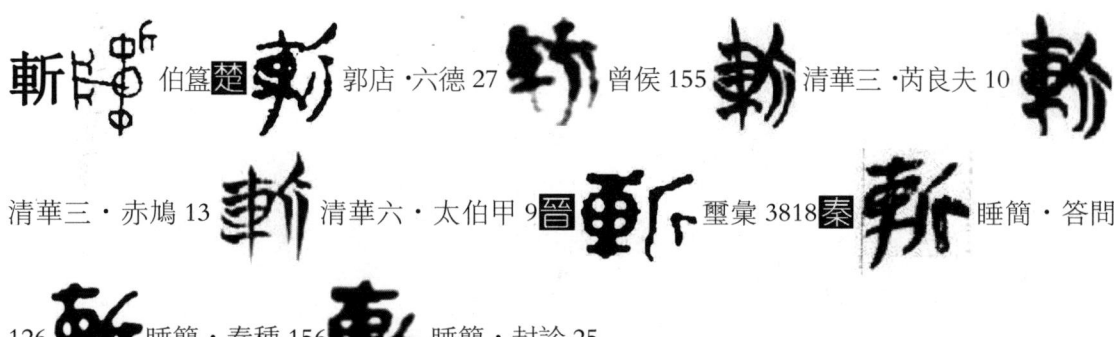伯簋　郭店·六德 27　曾侯 155　清華三·芮良夫 10

清華三·赤鳩 13　清華六·太伯甲 9　璽彙 3818　睡簡·答問

126　睡簡·秦種 156　睡簡·封診 25

【注】從車從斤，會車裂之意。古有“車裂”之刑，故從車。斤，斧子。《說文》：“斬，截也。從車從斤。斬灋車裂也。”本義古代死刑的一種。●多用為本義，斬殺、斬伐。《睡簡·封診 25》：“斬首一。”《清華三·芮良夫 10》：“或因斬椅（柯）。”●人名。《伯簋》：“白（伯）乍（作）斬皿寶障彝。”●可讀漸。《璽彙 3818》“司馬斬竊”可讀“司馬漸離”，“漸離”為習見人名。●《郭店·六德 27》：“絯（疏）斬、布實（經）、丈（杖），為父也，為君亦肰（然）。”斬，為“斬衰”之省。舊時五種喪服中最重的一種，用粗麻布製成，左右和下邊不縫，服制三年。子及未嫁女為父母，媳為公婆，重孫為祖父母，妻妾為夫，均服斬衰。先秦諸侯為天子、臣為君亦服斬衰。●讀塹。《睡簡·秦種 117》：“興徒以斬（塹）垣離（籬）散及補繕之。”徵發徒眾為苑囿建造塹

壕、牆垣、藩籬並加補修。

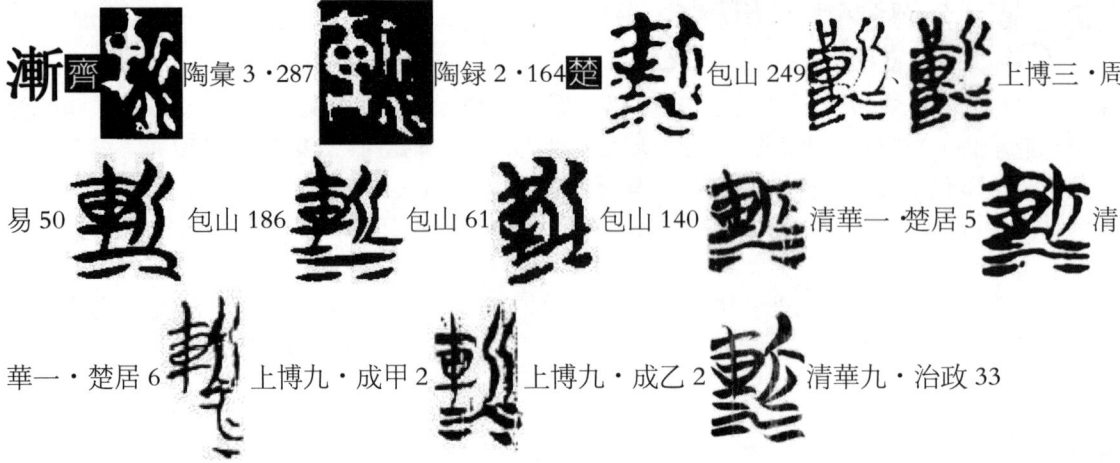

漸【齊】 陶彙3·287　　 陶録2·164【楚】 包山249　　 上博三·周易50　　 包山186　　 包山61　　 包山140　　 清華一·楚居5　　 清華一·楚居6　　 上博九·成甲2　　 上博九·成乙2　　 清華九·治政33

【注】從水斬聲。《上博三·周易50》聲化從堇。●卦名，象征漸進。《上博三·周易50》："鴻（鴻）漸（漸）于閞（澗）。"●讀斬。《包山140》："登人所漸木四百岂（枚）。"《上博九·成甲2》："三日而䎟（畢），漸（斬）三人。"●齊陶人名。

精紐㦰聲

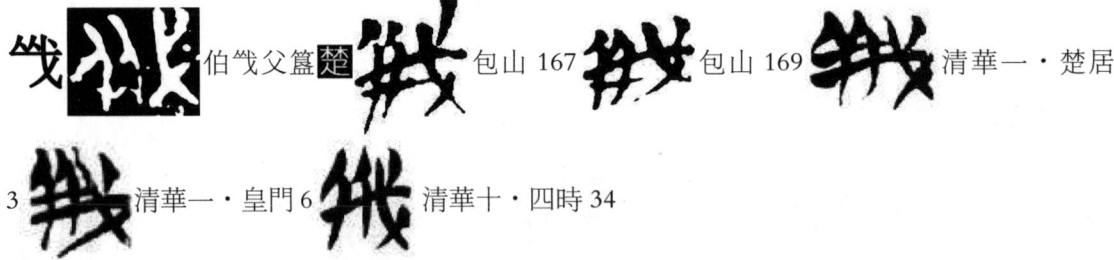

㦰　　 伯㦰父簋【楚】 包山167　　 包山169　　 清華一·楚居3　　 清華一·皇門6　　 清華十·四時34

【注】甲骨文作𢦏、𢦏、𢦏、𢦏，從戈擊二人。《説文》："㦰，絶也。一曰田器。從從持戈。古文讀若咸。讀若《詩》云'摲摲女手'。"段玉裁注："與殲義相近。"㦰可看作是殲字初文，象以戈擊二人，寓意征討、征伐，引申有殺伐、斷絶或殲義。在卜辭和銘文中用作人名，是假借用濾。●人名。《伯㦰父簋》："伯㦰父從王征。"●讀咸。《清華一·楚居3》："麗不從行，渭（潰）自䯙（脅）出，妣㦰賓于天，晉（巫）㦰（咸）賅亓（其）䯙（脅）目（以）楚。""晉㦰"當讀為"巫咸"。《説文》："㦰，……古文讀若咸。"文獻中"巫某"常見，如巫彭、巫抵、巫陽、巫履、巫凡、巫相等，而少有徑稱"巫"者。"巫咸"見於楚地文獻。《楚辭·離騷》"巫咸將夕降兮"，洪興祖《補注》："巫咸，古神巫也。当殷中宗之世。"●讀咸，皆也。《清華一·皇門6》："㦰（咸）祀天神。"此句今本作"咸祀天神"。●包山"㦰郢"，地名，可讀咸。

【楚】 包山169　　 包山170　　 包山172　　 清華一·楚居16

【注】從邑㦰聲。●地名。"鄡郢"見諸包山簡62、167、169、171、172，字或作"㦰"。與《清華一·楚居16》"鄡郢"當為一地。

 浅公宜脂鼎  宋公㺵作濫叔子鼎  宋公㺵作濫叔子簠  清華

十·四時 1  清華十·四時 10 清華十·四時 11

【注】從水朁聲。●讀濫，國名。《宋公㺵作濫叔子鼎》："有殷天乙唐（湯）孫宋公㺵乍（作）浅（濫）叔子鐪（禱）鼎。"趙平安先生認為"浅"可以看做"濫"的異體字，銘文中讀作由邾分化出來的小國"濫"。(《宋公㺵作浅叔子鼎與濫國》)王獻唐在《春秋邾分三國考》認為："春秋時邾分三國：一為邾，一為小邾，一為濫，同出一系。土地政權，各不相謀。"●《清華十·四時 1》"浅（濫）經（盈）"，整理者注："浅，讀為'濫'，過度，簡文指星象西傾將落。經，讀為'盈'，滿，簡文指星象全部出現。"

 獵乍旅彝卣

【注】從犬朁聲，"獵"之初文。●人名。《獵乍旅彝卣》："獵乍（作）鏊（旅）彝。"

  清華十一·五紀 49 清華十一·五紀 52

【注】從土朁省聲。●讀咸。《清華十一·五紀 49》："神不求銭（咸），為共（恭）之古（故）。"整理者注："銭，從土，朁聲，所從'朁'旁有所訛省，通'咸'，周遍。《國語·魯語上》：'小賜不咸，獨恭不優。不咸，民不歸也；不優，神弗福也。'《莊子·知北遊》：'周、徧、咸，三者異名同實，其指一也。'"

  秦印 137  睡簡·為吏 5

【注】從韭朁聲。●讀纖。《睡簡·為吏 5》："微密韱（纖）察。"

清紐僉聲

  僉父瓶蓋  僉父瓶  蔡侯產劍  者差劍  戉王劍 戉王州句劍

 郭店·老甲 5 郭店·性自 26 上博一·詩論 3 清華七·趙簡子 11

上博八·顏淵 7  上博四·曹沫 8 上博六·孔子 5  上博八·蘭賦 4 清

華六·管仲 7  清華十一·五紀 77  清華七·子犯 5  包山 121  包

山 135 龍崗 226

【注】從亼從兟，會皆同之意。兟，《正字通》同昆。兟者，兄之別稱。戰國作𡉚，多有繁飾。晉系文字作𡨄，加豎筆，並增曰為飾。楚系文字或省亼旁作𡎸、𡎸。戰國文字聲符僉下所加之𠙵亦有表意功能（𠙵象器皿之形，與魯、曹、會等字所從𠙵義同，表收藏之義）。《説文》："僉，皆也。從亼從吅從从。《虞書》曰：'僉曰伯夷。'"●讀劍。《越王州句劍》："自乍（作）用僉（劍）。"●多讀儉。《上博八·顏淵 7》："道（導）之曰（以）僉（儉），則民智（知）足矣。"《郭店·性自 26》："藿（觀）召（韶）顕（夏），則免（勉）女（如）也斯僉（儉）。""儉"，訓為謙卑。《荀子·非十二子》："儉然恦然。"楊倞注："儉然，自卑謙貌。●讀斂。《上博一·詩論 3》："大僉（斂）材安（焉）。"●讀憯。《郭店·老甲 5》："辠（罪）莫厚唬（乎）甚欲，咎莫僉（憯）唬（乎）谷（欲）得，化（禍）莫大唬（乎）不智（知）足。"簡文"僉"字別本作"憯""大"；㬱聲與僉聲相通。"憯"可讀甚，也可讀沈，均可訓為大、甚之意。●皆。《説文》："僉，皆也。"《小爾雅·廣言》："僉，同也。"《包山 121》："僉殺舍（余）睪於競不割（害）之官。"《包山 135》："苛冒、趄（桓）僉殺儺（僕）之蚬（兄）刖。""僉殺"即共同殺害。《清華七·子犯 5》："幸旻（得）又（有）利不忻蜀（獨），欲皆僉之。"

 清華六·子產 5  清華六·子產 19  清華九·治政 17  清華九 治

政 17

【注】從心僉聲。●讀儉，自我約束之意，此為有德之表現，故《左傳·莊公二十四年》言"儉，德之共也"。《清華六·子產 5》："共（恭）憸（儉）、整齊异見又（矣）。"●讀檢，訓為"約束"。《清華九·治政 17》："昔之又（有）國者必憸（檢）於宜（義）。"

 上博六·孔子 17

【注】從土僉聲。●讀閑，熟習。《上博六·孔子》17："𪩘（閑）輦（車）戏（衛），興道學。"《詩·大雅·卷阿》："君子之馬，既閑且馳。"鄭玄箋："閑，習也。"《荀子·王制》："順州里，定廛宅，養六畜，閒樹藝。"王先謙集解引王念孫曰："閒與閑同。《爾雅》：'閒，習也。'謂習樹藝之事也。"

【注】從人僉聲。●讀險。《睡簡·封診 27》：“山儉（險）不能出身山中。”因山險不能把他的軀體運出山來。

【注】從攴僉聲。《說文》：“斂，收也。從攴僉聲。”本義為收集、聚集。●收聚，引申為賦稅。《中山王罌壺》：“麻惡（愛）深則孚（賢）人窺（親），复（作）斂（斂）中則庶民铛（附）。”張政烺謂作是勞役，斂是租稅。《墨子·辭過》：“必厚作斂于百姓。”《睡簡·為吏 7》：“賦斂無度。”秦文字用“斂”表示斂，楚文字或用“僉”。●讀儉，行為約束而有節制。《郭店·緇衣 26》：“虖（吾）大夫共（恭）戲（且）翰（儉），秫（麋）人不斂（儉）。”

【注】從章僉聲。●讀儉。《郭店·緇衣 26》：“虖（吾）大夫共（恭）戲（且）翰（儉），秫（麋）人不斂（儉）。”

【注】從阝僉聲。楚文字或增繁從土。●陰險。《清華五·三壽 4》：“虖（吾）酙（聞）夫隓（險）莫隓（險）於心。”●讀檢，檢點約束。《睡簡·語書 12》：“詆訯醜言庵斫以視（示）險。”●《睡簡·日甲 75 背》：“藏（藏）於草木下，必依阪險。”阪險，險峻之處。

【注】從馬僉聲。●驗證。《會稽刻石》：“考驗事實，各載其名。”

郯  陶彙 5·411

【注】從邑僉聲。●秦陶單字。

檢  郾王喜矛 秦 睡簡·答問 202

【注】從木僉聲。●封檢。《睡簡·答問 202》："可（何）謂'瓊'？'瓊'者，玉檢殹（也）。"●《郾王喜矛》讀劍。

劍  睡簡·日甲 345 背　睡簡·答問 85　秦再一·16

【注】從刀僉聲。●本義，兵器名。《睡簡·答問 85》："鈹、戟、矛有室者，拔以鬥，未有傷殹（也），論比劍。"鈹、戟、矛有鞘的，拔出來相鬥，沒有傷人，應與拔劍相鬥同樣論處。●秦封泥"尚劍府印"，官名。從尚劍、尚佩、尚浴、尚帷、尚臥等封泥看，秦實不只"六尚"。詳"尚"字。

賉  上博二·從乙 2

【注】從貝僉聲。●讀斂，指民之積財。《上博二·從乙 2》："毋占（占）民賉（斂），則同。"

鐱 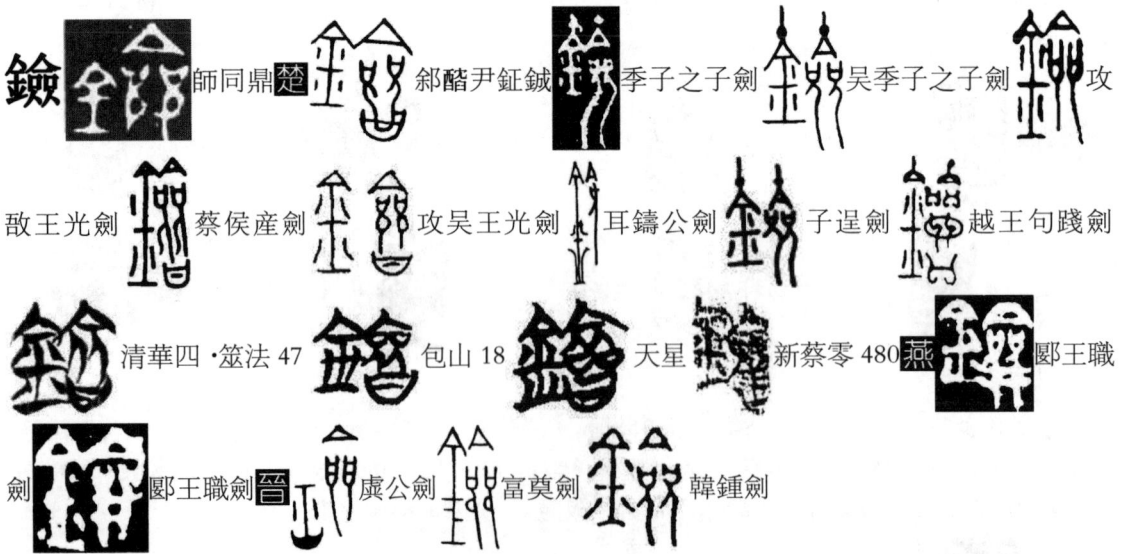 師同鼎 楚 郘酟尹鉦鋮 季子之子劍 吳季子之子劍 攻

敔王光劍 蔡侯產劍 攻吳王光劍 耳鑄公劍 子逞劍 越王句踐劍

清華四·筮法 47 包山 18 天星 新蔡零 480 燕 郾王職

劍 郾王職劍 晉 虞公劍 富奠劍 韓鍾劍

【注】從金僉聲，"劍"的本字。聲符僉下或增裝飾符。秦系文字則作劍，從刀僉聲。《說文》："劍，人所帶兵也。從刃僉聲。劍籀文劍從刀。"本義為古代兵器，長刃兩面，中間有脊，短柄。●均讀劍，兵器名。《虞公劍》："虞公自罤（擇）吉钅（厥）金，其昌（以）乍（作）為用元鐱（劍）。"

2758

鐱齊  鵩公圃劍

【注】從攴鐱聲。●讀劍。

輪楚  包山 273 包山 276

【注】從車僉聲。●"輪"字誤書。

綸楚 仰天 9 仰天 13 仰天 13

【注】從糸僉聲。●索也。《仰天 9》："綸縺又二鐶。"

參考資料

一、著作

郭沫若主編：《甲骨文合集》，中華書局，1982 年。

胡厚宣主編：《甲骨文合集釋文》，中國社會科學出版社，1999 年。

于省吾著：《甲骨文字釋林》，中華書局，1979 年。

李孝定編述：《甲骨文字集釋》，中央研究院歷史語言研究所，1991 年。

姚孝遂主編：《殷墟甲骨刻辭摹釋總集》，中華書局，1988 年。

姚孝遂主編：《殷墟甲骨刻辭類纂》，中華書局，1989 年。

胡厚宣主編：《甲骨文合集釋文》，中國社會科學出版社，1999 年。

徐中舒主編，彭裕商等編纂：《甲骨文字典》，四川辭書出版社，2006 年。

商承祚著：《甲骨文字研究》，天津古籍出版社，2008 年。

王宇信釋譯：《甲骨文精粹釋譯》，雲南人民出版社，2004 年。

劉釗、洪颺、張新俊編纂：《新甲骨文編》，福建人民出版社，2009 年。

劉釗主編：《新甲骨文編（增訂本）》，福建人民出版社，2014 年。

容庚編著，張振林、馬國權摹補：《金文編》，中華書局，1985 年。

陳斯鵬、石小力、蘇清芳編著：《新見金文字編》，福建人民出版社，2012 年。

戴家祥主編，潘悠等編纂：《金文大字典》，學林出版社，1995 年。

劉彬征、劉長武編：《楚系金文彙編》，湖北教育出版社，2009 年。

陳初生編纂，曾憲通審校：《金文常用字典》，陝西人民出版社，2004 年。

董蓮池著：《新金文編》，作家出版社，2011 年。

夏大兆編著：《商代文字字形表》，上海古籍出版社，2017 年。

江學旺編著：《西周文字字形表》，上海古籍出版社，2017 年。

吳國昇編著：《春秋文字字形表》，上海古籍出版社，2017 年。

中國社會科學院考古研究所編：《殷周金文集成（修訂增補本）》第一冊至第八冊，中華書局，2007 年。

鍾柏生、陳昭容、黃銘崇、袁國華編：《新收殷周青銅器銘文暨器影彙編》，藝文印書館，2006 年。

嚴一平編：《金文總集》，藝文印書館，1983 年。

吳鎮烽編著：《商周青銅器銘文暨圖像集成》（全三十五卷），上海古籍出版社，2012 年。

吳鎮烽編著：《商周青銅器銘文暨圖像集成續編》第一至第四卷，上海古籍出版社出版，2016 年。

吳鎮烽編著：《商周青銅器銘文暨圖像集成三編》第一至第四卷，上海古籍出版社出版，2020 年。

張世超、孫淩安、金國泰、馬如森撰著：《金文形義通解》，中文出版社（日本），1996 年。

中國社會科學院考古研究所編：《殷周金文集成釋文》，香港中文大學中國文化研究所，2001 年。

馬承源主編：《商周青銅器銘文選》，文物出版社，1988 年。

郭沫若著：《兩周金文辭大系考釋》，科學出版社，2002 年。

王文耀編著：《簡明金文詞典》，上海辭書出版社，1998 年。

劉志基、臧克和、王文耀主編：《金文今譯類檢》，廣西教育出版社，2003 年。

郭沫若著：《郭沫若全集考古編第五卷：金文叢考》，科學出版社，2002 年。

吳鎮烽編：《金文人名彙編》，中華書局，1987 年。

周寶宏著：《近出西周金文集釋》，天津古籍出版社，2005 年。

朱芳圃著：《殷周文字釋叢》，中華書局，1962 年。

楊樹達著：《積微居金文説增訂本》，湖南教育出版社，2007 年。

陳夢家著：《西周銅器斷代》，中華書局，2004 年。

劉雨、盧岩編著：《近出殷周金文集録》，中華書局，2002 年。

劉雨、嚴志斌編著：《近出殷周金文集録二編》，中華書局，2010 年。

陳漢平著：《金文編訂補》，中國社會科學出版社，1993 年。

嚴志斌主編：《四版《金文編》校補》，吉林大學出版社，2001 年。

董蓮池著：《金文編校補》，東北師範大學出版社，1995 年。

河南省文物研究所編：《淅川下寺春秋楚墓》，文物出版社，1991 年。

山東省博物館編：《山東金文集成》，齊魯書社，2007 年。

《保利藏金》編輯委員會編：《保利藏金》，嶺南美術出版社，1999 年。

《保利藏金》編輯委員會編：《保利藏金續》，嶺南美術出版社，2001 年。

湯余惠：《戰國銘文選》，吉林大學出版社，1993 年。

程鵬萬著：《安徽壽縣朱家集出土青銅器銘文集釋》，黑龍江人民出版社，2009 年。

黄錫全編著：《湖北出土商周文字輯證》，武漢大學出版社，1992 年。

陳英傑著：《西周金文作器用途銘辭研究》，綫裝書局，2009 年。

鄒芙都著：《楚系銘文綜合研究》，成都：巴蜀書社，2007 年。

董楚平著：《吴越徐舒金文集釋》，浙江古籍出版社，1992 年。

陳年福編著：《殷墟甲骨文辭類編》，四川辭書出版社，2021 年。

馬承源主編：《上海博物館藏戰國楚竹書（一）》，上海古籍出版社，2001 年。

馬承源主編：《上海博物館藏戰國楚竹書（二）》，上海古籍出版社，2002 年。

馬承源主編：《上海博物館藏戰國楚竹書（三）》，上海古籍出版社，2003 年。

馬承源主編：《上海博物館藏戰國楚竹書（四）》，上海古籍出版社，2004 年。

馬承源主編：《上海博物館藏戰國楚竹書（五）》，上海古籍出版社，2005 年。

馬承源主編：《上海博物館藏戰國楚竹書（六）》，上海古籍出版社，2007 年。

馬承源主編：《上海博物館藏戰國楚竹書（七）》，上海古籍出版社，2008 年。

馬承源主編：《上海博物館藏戰國楚竹書（八）》，上海古籍出版社，2011 年。

馬承源主編：《上海博物館藏戰國楚竹書（九）》，上海古籍出版社，2012 年。

馬承源主編：《上海博物館藏戰國楚竹書（十）》，上海古籍出版社，2012 年。

丁四新著：《楚竹書與漢帛書〈周易〉校注》，上海古籍出版社，2011 年。

季旭昇主編：《〈上海博物館藏戰國楚竹書（三）〉讀本》，萬卷樓圖書股份有限公司，2005 年。

季旭昇主編：《〈上海博物館藏戰國楚竹書（四）〉讀本》，萬卷樓圖書股份有限公司，2007 年。

侯乃峰著：《〈周易〉文字彙校集釋》，臺灣古籍出版有限公司，2009 年。

徐在國著：《上博楚簡文字聲系》，北京師範大學出版社，2013 年。

清華大學出土文獻研究與保護中心編，李學勤主編：《清華大學藏戰國竹簡》（壹），中西書局，2010 年。

清華大學出土文獻研究與保護中心編，李學勤主編：《清華大學藏戰國竹簡（貳）》，中西書局，2011 年。

清華大學出土文獻研究與保護中心編，李學勤主編：《清華大學藏戰國竹簡（叁）》，中西書局，2012 年。

清華大學出土文獻研究與保護中心編，李學勤主編：《清華大學藏戰國竹簡（肆）》，中西書局，2013 年。

清華大學出土文獻研究與保護中心編，李學勤主編：《清華大學藏戰國竹簡（伍）》，中西書局，2015 年。

清華大學出土文獻研究與保護中心編，李學勤主編：《清華大學藏戰國竹簡（陸）》，中西書局，2016 年。

清華大學出土文獻研究與保護中心編，李學勤主編：《清華大學藏戰國竹簡（柒）》，中西書局，2017 年。

清華大學出土文獻研究與保護中心編，李學勤主編：《清華大學藏戰國竹簡（捌）》，中西書局，2018 年。

清華大學出土文獻研究與保護中心編，黃德寬主編：《清華大學藏戰國竹簡（玖）》，中西書局，2019 年。

清華大學出土文獻研究與保護中心編，黃德寬主編：《清華大學藏戰國竹簡（拾）》，中西書局，2020 年。

清華大學出土文獻研究與保護中心編，黃德寬主編：《清華大學藏戰國竹簡（拾壹）》，中西書局，2021 年。

李天虹著：《郭店竹簡〈性自命出〉研究》，湖北教育出版社，2003 年。

劉釗著：《郭店楚簡校釋》，福建人民出版社，2003 年。

李守奎、馬連翔、馬楠編著：《包山楚簡文字全編》，上海古籍出版社，2012 年。

湖北省荊沙鐵路考古隊：《包山楚簡》，文物出版社，1991 年。

陳偉著：《包山楚簡初探》，武漢大學出版社，1996 年。

張守中撰集：《包山楚簡文字編》，文物出版社，1996 年。

張光裕、袁國華著：《望山楚簡校錄》，藝文印書館，2004 年。

湖北省文物考古研究所、北京大學中文系編：《望山楚簡》，中華書局，1995 年。

湖北省文物考古研究所、北京大學中文系編：《九店楚簡》，中華書局，2000 年。

湖北省博物館編：《曾侯乙墓》，文物出版社，1989 年。

河南省文物考古研究所：《新蔡葛陵楚墓竹簡》，大象出版社，2003 年。

蕭聖中著：《曾侯乙墓竹簡釋文補正暨車馬制度研究》，科學出版社，2011 年。

張光裕、滕壬生、黃錫全主編：《曾侯乙墓竹簡文字編》，藝文印書館，1997 年。

饒宗頤、曾憲通著：《楚帛書》，中華書局香港分局，1985 年。

李零著：《長沙子彈庫戰國楚帛書研究》，中華書局，1985 年。

陳偉主編：《楚地出土戰國簡冊（十四種）》，經濟科學出版社，2009 年。

武漢大學簡帛研究中心編：《楚地出土戰國簡冊合集（一）》，文物出版社，2011 年。

武漢大學簡帛研究中心、河南省文物考古研究所編著：《楚地出土戰國簡冊合集（二）》，文物出版社，2013 年。

武漢大學簡帛研究中心、湖北省博物館編著：《楚地出土戰國簡冊合集（三）》，文物出版社，2019 年。

武漢大學簡帛研究中心、湖北省文物考古研究所、黃岡市博物館編著：《楚地出土戰國簡冊合集（四）》，文物出版社，2019 年。

李守奎編著：《楚文字編》，華東師範大學出版社，2003 年。

李零著：《子彈庫帛書》，文物出版社，2017 年。

黃德寬、徐在國主編：《安徽大學藏戰國竹簡（一）》，中西書局，2019 年。

雷黎明著：《戰國楚簡字義通釋》，上海古籍出版社，2021 年。

滕壬生：《楚系簡帛文字編（增訂本）》，湖北教育出版社，2008 年。

張守中、張小滄、郝建文撰集：《郭店楚簡文字編》，文物出版社，2000 年。

郭若愚編著：《戰國楚簡文字編》，上海書畫出版社，1994 年。

河南省文物研究所：《信陽楚墓》，文物出版社，1986 年。

湖北省博物館編：《曾侯乙墓》，文物出版社，1989 年。

蕭毅著：《楚簡文字研究》，武漢大學出版社，2010 年。

艾蘭、邢文編：《新出簡帛研究》，文物出版社，2004 年。

商承祚編著：《戰國楚竹簡彙編》，齊魯書社，2000 年。

劉樂賢著：《睡虎地秦簡〈日書〉研究》，臺北文津出版社，1994 年。

睡虎地秦墓竹簡整理小組編：《睡虎地秦墓竹簡》，文物出版社，1990 年。

王子今著：《睡虎地秦簡〈日書〉甲種疏證》，湖北教育出版社 2003 年。

陳振裕、劉信芳編：《睡虎地秦簡文字編》，湖北人民出版社，1993 年。

張守中撰集：《睡虎地秦簡文字編》，文物出版社，1994 年。

吳小強撰：《秦簡日書集釋》，嶽麓書社，2000 年。

王輝、陳昭容、王偉著：《秦文字通論》，中華書局，2016 年。

陳偉主編：《秦簡牘合集》（壹、貳、叁、肆），武漢大學出版社，2014 年。

王輝主編：《秦文字編》，中華書局，2015 年。

劉信芳、樑柱編著：《雲夢龍崗秦簡》，科學出版社，1997 年。

上海書畫出版社：《秦銘刻文字選》，上海書畫社，1976 年。

張世超、張玉春撰集：《秦簡文字編》，中文出版社（日本），1990 年。

徐寶貴著：《石鼓文整理研究》，中華書局，2008 年。

王輝、程學華著：《秦文字集證》，臺北藝文印書館 1999 年。

《秦始皇金石刻辭注》注釋小組：《秦始皇金石刻辭注》，上海人民出版社，1975 年。

王輝編著：《秦銅器銘文編年集釋》，三秦出版社，1990 年。

蔣偉男編著：《里耶秦簡文字編》，學苑出版社 2018 年。

張顯成編：《秦簡逐字索引》，四川大學出版社，2014 年。

山西省文物工作委員會編輯：《侯馬盟書》，文物出版社，1976 年。

單曉偉編著：《秦文字字形表》，上海古籍出版社，2017 年。

湖北省荊州市周梁玉橋遺址博物館編：《關沮秦漢墓簡牘》，中華書局，2001 年。

陳偉主編：《里耶秦簡校釋（第一卷）》，武漢大學出版社，2012 年。

陳偉主編：《里耶秦簡校釋（第二卷）》，武漢大學出版社，2018 年。

朱漢民、陳松長主編：《嶽麓書院藏秦簡（壹）》，上海辭書出版社，2010年。

朱漢民、陳松長主編：《嶽麓書院藏秦簡（貳）》，上海辭書出版社，2011年。

朱漢民、陳松長主編：《嶽麓書院藏秦簡（叁）》，上海辭書出版社，2013年。

陳松長主編：《嶽麓書院藏秦簡（肆）》，上海辭書出版社，2015年。

陳松長主編：《嶽麓書院藏秦簡（伍）》，上海辭書出版社，2017年。

陳松長主編：《嶽麓書院藏秦簡（陸）》，上海辭書出版社，2020年。

陳松長主編：《嶽麓書院藏秦簡（柒）》，上海辭書出版社，2022年。

王力波著：《郭店楚簡〈緇衣〉校釋》，東北師範大學，2002 年。

荊門市博物館編：《郭店楚墓竹簡》，文物出版社，1998 年。

李零著：《郭店楚簡校讀記（增訂本）》，中國人民大學出版社，2007 年。

孫剛編纂：《齊文字編》，福建人民出版社，2010 年。

張振謙編著：《齊魯文字編》，學苑出版社，2014 年。

湯志彪編著：《三晉文字編》，作家出版社，2013 年。

張守中編注：《中山王響器文字編》，中華書局，1981 年。

施謝捷編注：《吳越文字彙編》，江蘇教育出版社，1998 年。

白於藍主編：《先秦璽印陶文貨幣石玉文字匯纂》，福建人民出版社出版，2021 年。

石小力著：《東周金文與楚簡合證》，上海古籍出版社，2017 年。

趙平安、李婧、石小力編纂：《秦漢印章封泥文字編》，中西書局，2020 年。

黃德寬主編：《漢印文字字形表》，上海古籍出版社，2017 年。

羅福頤主編：《古璽彙編》，文物出版社，1981 年。

羅福頤主編：《古璽文編》，文物出版社，1981 年。

吳振武著：《〈古璽文編〉校訂》，人民美術出版社，2011 年。

羅福頤主編：《故宮博物院藏古璽印選》，文物出版社，1982 年。

上海博物館編：《上海博物館藏印選》，上海書畫出版社，1978 年。

高至喜、陳松長編：《湖南省博物館藏古璽印集》，上海書店影印本，1991 年。

王仁聰編：《香港中文大學文物館藏印集》，香港中文大學文物館，1980 年

王仁聰編：《香港中文大學文物館藏印續集一》，香港中文大學文物館，1996 年

王人聰編：《香港中文大學文物館藏印續集二》，香港中文大學文物館，1999 年。

孫慰祖主編：《古封泥集成》，上海書店出版社，1994 年。

曹錦炎著：《古璽通論》，上海書畫出版社，1991 年。

許雄志主編：《秦印文字彙編》，河南美術出版社，2001 年。

蕭春源編：《珍秦齋古印展》，澳門市政廳，1993 年。

吉林大學歷史系文物陳列室編：《吉林大學藏古璽印選》，文物出版社，1987 年。

羅福頤編：《漢印文字徵》，文物出版社，1978 年。

陳介祺輯：《十鐘山房印舉》，中國書店影印本，1985 年。

小林庸浩編：《中國璽印類編》，天津人民美術出版社影印本，2004 年。

徐正考編著：《漢代銅器銘文文字編》，吉林大學出版社，2005 年。

程訓義著：《中國古印——程訓義古璽印集存》，河南美術出版社，2006 年。

許雄志編：《鑒印山房藏古璽印菁華》，河南美術出版社，2006 年。

周曉陸、路東之編著：《秦封泥集》，三秦出版社，2000 年。

楊廣泰編：《新出封泥彙編》，西泠印社出版社，2010 年。

曹錦炎著：《古璽通論》，上海書畫出版社，1991 年。

陳光田著：《戰國璽印分域研究》，嶽麓書社，2009 年。

伏海翔編：《陝西新出土古代璽印》，上海書店出版社，2005 年。

蕭春源編：《珍秦齋藏印（戰國篇）》，澳門基金會，2001 年。

蕭春源編：《珍秦齋藏印（秦印篇）》，臨時澳門市政局，2000 年。

菅原石廬：《鴨雄綠齋藏中國古璽印精選》，美術生活出版社（日本），2004 年。

湯志彪編著：《晉系璽印彙編》，學苑出版社，2020 年。

莊新興編：《古璽印精品集成》，上海古籍出版社，1998 年。

菅原石廬輯：《中國璽印集粹》，二玄社（日本），1997 年。

徐暢編著：《古璽印圖典》，天津人民美術出版社有限公司，2016 年。

牟日易輯：《古代璽印輯存》，香港集古齋影印本，1999 年。

張小東主編：《戎壹軒藏三晉古璽》，西泠印社出版社，2017 年。

高明編著：《古陶文彙編》，中華書局，1990 年。

高明、葛英會編著：《古陶文字征》，中華書局，1991 年。

袁仲一著：《秦代陶文》，三秦出版社，1987 年。

王恩田編著：《陶文圖録》，齊魯書社，2006 年。

王恩田編著：《陶文字典》，齊魯書社，2007 年。

徐谷甫、王延林合著：《古陶字彙》，上海書店出版社，1994 年。

高明、塗白奎編著：《古陶字録》，上海古籍出版社，2014 年。

徐在國編著：《新出古陶文圖録》，安徽大學出版社，2017 年。

山東省錢幣學會編：《齊幣圖釋》，齊魯書社，1996 年

丁福保著：《古錢大辭典》，中華書局，1982 年。

商承祚等編：《先秦貨幣文編》，書目文獻出版社，1983 年。

吳良寶編著：《先秦貨幣文字編》，福建人民出版社，2006 年。

汪慶正主編：《中國歷代貨幣大系1·先秦貨幣》，上海人民出版社，1988年。

石永士、石磊編寫：《燕下都東周貨幣聚珍》，文物出版社，1996 年。

黃錫全著：《先秦貨幣通論》，紫禁城出版社，2001 年。

黃錫全著：《古文字與古貨幣文集》，文物出版社，2009 年。

張頷編纂：《古幣文編》，中華書局，1986 年。

朱華著：《三晉貨幣》，山西人民出版社，1994 年。

何琳儀著：《古幣叢考》，安徽大學出版社，2002 年。

黃錫全著：《先秦貨幣通論》，紫禁城出版社，2001 年。

黃錫全著：《先秦貨幣研究》，中華書局，2001 年。

《中國錢幣大辭典》編纂委員會編：《中國錢幣大辭典：先秦編》，中華書局，1995 年。

王力主編：《王力古漢語字典》，中華書局，2000 年。

陈复华、何九盈著：《古韻通曉》，中国社会科学出版社，1987 年。

何琳儀著：《戰國古文字典》，中華書局，1998 年。

袁瑩著：《戰國文字形體混同現象研究》，中西書局，2019 年。

李學勤主編：《字源》，天津古籍出版社，2013 年。

徐中舒著：《漢語古文字字形表》，四川人民出版社，1981 年。

裘錫圭著：《古文字論集》，中華書局，1992 年。

李春桃著：《古文異體關係整理與研究》，中華書局，2016 年。

白於藍編著：《戰國秦漢簡帛古書通假字彙纂》，福建人民出版社，2012 年。

劉信芳編著：《楚簡帛通假彙釋》，高等教育出版社，2011 年。

高亨纂著：《古文通假會典》，齊魯書社，1997 年。

白於藍編著：《簡帛古書通假字大系》，福建人民出版社，2017 年。

王輝著：《古文字通假字典》，中華書局，2008 年。

何琳儀著：《戰國文字通論》，中華書局，1989 年。

何琳儀著：《戰國古文字典：戰國文字聲系》，中華書局，1998 年。

黃德寬主編：《古文字譜系疏證》，商務印書館，2007 年。

湯余惠主編：《戰國文字編》，福建人民出版社，2001 年。

徐在國、程燕、張振謙編著：《戰國文字字形表》，上海古籍出版社，2017 年。

葉玉英著：《古文字構形與上古音研究》，廈門大學出版社，2009 年。

唐作藩編著：《上古音手冊》，中華書局，2013 年。

郭錫良著：《漢字古音手冊（增訂本）》，商務印書館，2010 年

鄒曉麗著：《傳統音韻學實用教程》，上海辭書出版社，2002 年。

李學勤著：《中國古代文明研究》華東師範大學出版社，2009 年。

李學勤著：《夏商周年代學劄記》，遼寧大學出版社，1999 年。

李學勤著：《文物中的古文明》，商務印書館，2008 年。

朱德熙著：《朱德熙古文字論集》，中華書局，1995 年。

林澐著：《林澐學術文集》，中大百科全書出版社，1998 年。

李家浩：《著名中年語言學家自選集·李家浩卷》，安徽教育出版社，2002 年。

劉釗著：《古文字構形學》，福建人民出版社，2006 年。

于省吾著：《雙劍誃殷契駢枝·雙劍誃殷契駢枝續編·雙劍誃殷契駢枝三編》，中華書局，2009 年。

商承祚著：《説文中之古文考》，上海古籍出版社，1983 年。

楊樹達著：《積微居小學述林》，中華書局，1983 年。

高鴻縉編著：《中國字例》，三民書局，1960 年。

林義光編：《文源》，中西書局，2012 年。

古文字詁林編纂委員會編纂：《古文字詁林》，上海教育出版社，2002 年。

李圃主編：《古文字詁林》（全十二冊），上海教育出版社，1999 年——2004 年。

徐在國編：《傳抄古文字編》，綫裝書局，2006 年。

郭忠恕、夏竦編：《汗簡古文四聲韻》，中華書局，1983 年。

羅福頤集：《增訂漢印文字征》，故宮出版社，2010 年。

劉釗主編，鄭健飛、李霜潔、程少軒協編：《馬王堆漢墓簡帛文字全編》，中華書局，2020年。

陳松長編著：《馬王堆簡帛文字編》，文物出版社，2001年。

二、學位論文

賈旭東：《〈孔子詩論〉綜合研究》，吉林大學博士學位論文，2020 年。

吳文軒：《〈孔子詩論〉集釋與詩義匯考》，吉林大學碩士學位論文，2017 年。

聶富博：《簡本〈緇衣〉與傳本〈緇衣〉異文匯釋》，遼寧師範大學碩士學位論文，2015 年。

鄒濬智：《〈上海博物館藏戰國楚竹書（一）·緇衣〉研究》，台灣師範大學國文研究所碩士學位論文，2004 年。

牛新房：《〈容成氏〉研究》，華南師大碩士學位論文，2007 年。

甄真：《上海博物館藏戰國楚竹書（三）〈中（仲）弓〉》集釋，吉林大學碩士學位論文，2006 年。

韓英：《〈昔者君老〉與〈内豐〉集釋及相關問題》，吉林大學碩士學位論文，2008 年。

朱艷芬：《〈競建内之〉與〈鮑叔牙與隰朋之諫〉集釋》，吉林大學碩士學位論文，2008 年。

王賀珍：《上博藏竹書〈君子為禮〉〈天子建州〉集釋》，中山大學碩士學位論文，2009 年。

王晨曦：《上海博物館藏戰國竹書〈三德〉研究》，復旦大學碩士學位論文，2008 年。

張金良：《〈用曰〉集釋》，天津師範大學研究生碩士學位論文，2009 年。

馬繼：《清華大學藏戰國竹簡 1——8 文字編》，華東師範大學碩士學位論文，2019 年。

李爽：《清華簡〈伊尹〉五篇集釋》，吉林大學碩士學位論文，2016 年。

王明娟：《清華簡〈說命〉集釋》，安徽大學碩士學位論文，2016 年。

朱德威：《〈芮良夫毖〉集釋》，吉林大學碩士學位論文，2017 年。

王昆：《清華簡〈尹至〉〈尹誥〉〈赤鵠之集湯之屋〉集釋》，河北大學碩士學位論文，2016 年。

孫永鳳：《清華簡〈周公之琴舞〉集釋》，吉林大學碩士學位論文，2015 年。

趙思木：《〈清華大學藏戰國竹簡（壹）〉集釋及專題研究》，華東師範大學博士學位論文，2017 年。

曹雨楊：《〈清華大學藏戰國竹簡（壹）——（叁）〉疑難字詞集釋及釋文校注》，吉林大學碩士學位論文，2020 年。

焦勝男：《清華簡〈肆〉〈筮法〉集釋》，安徽大學碩士學位論文，2016 年。

郭倩文：《〈清華五〉〈上博九〉集釋及新見文字現象整理與研究》，華東師範大學碩士學位論文，2016 年。

黃淩倩：《清華伍〈厚父〉〈封許之命〉集釋》，安徽大學碩士學位論文，2016 年。

朱忠恒：《〈清華大學藏戰國竹簡（陸）〉集釋》，武漢大學碩士學位論文，2018 年。

胡乃波：《清華簡〈鄭文公問太伯（甲本）〉集釋》，河北大學碩士學位論文，2018 年。

侯瑞華：《清華簡〈鄭武夫人規孺子〉集釋與相關問題研究》，浙江大學碩士學位論文，2018 年。

李雨璐：《清華簡〈子產〉篇整理與研究》，東北師範大學碩士學位論文，2019 年。

劉如夢：《清華簡〈子犯子余〉〈晉文公人於晉〉〈趙簡子〉研究》，山西大學碩士學位論文，2019 年。

何家歡：《清華簡（柒）〈越公其事〉集釋》，河北大學碩士學位論文，2018 年。

張明珠：《清華大學藏戰國竹簡（柒）·趙簡子》集釋、譯注，武漢大學碩士學位論文，2019 年。

陳姝羽：《〈清萅大學藏戰國竹簡（捌）〉集釋》，華東師範大學碩士學位論文，2020 年。

李曉宇：《郭店楚簡〈太一生水〉探析》，四川大學碩士學位論文，2003 年。

徐新新：《郭店竹簡〈唐處之道〉〈忠信之道〉〈魯穆公問子思〉〈窮達以時〉集釋——兼論竹簡的歷史背景和古書經傳情況》，華東師範大學碩士學位論文，2014 年。

徐希文：《郭店楚簡〈五行〉集釋》，華東師範大學碩士學位論文，2012 年。

崔海鷹：《郭店儒簡〈成之聞之〉研究》，曲阜師範大學碩士學位論文，2008 年。

朱惠琦：《郭店〈語叢四〉集釋》，吉林大學碩士學位論文，2015 年。

聶富博：《簡本〈緇衣〉與傳世本〈緇衣〉異文匯釋》，遼寧師範大學碩士學位論文，2015 年。

王志勇：《〈郭店楚墓竹簡·語叢〉校讀》，南京師範大學碩士學位論文，2012 年。

張靜：《郭店楚簡文字研究》，安徽大學博士論文，2002 年。

朱曉雪：《包山楚墓文書簡、卜筮祭禱簡集釋及相關問題研究》，吉林大學博士學位論文，2011 年。

劉國勝：《楚喪葬簡牘集釋》，武漢大學博士學位論文，2003 年。

程燕：《望山楚簡文字研究》，安徽大學碩士學位論文，2002 年。

田何：《信陽長台關楚簡遣冊集釋》，吉林大學碩士學位論文，2004 年。

鵬宇：《曾侯乙墓竹簡文字集釋箋證》，華東師範大學碩士學位論文，2010 年。

張勝波：《新蔡葛陵楚墓竹簡文字編》，吉林大學碩士學位論文，2006 年。

孫啟燦：《曾文字編》，吉林大學碩士學位論文，2016 年。

龐鈺：《清華簡〈治邦之道〉〈治政之道〉研究》，暨南大學碩士學位論文，2021 年。

段伊晴：《安徽大學藏戰國竹簡（一）》集釋，吉林大學碩士學位論文，2021 年。

孟良：《新編睡虎地秦簡文字編》，安徽大學碩士學位論文，2017 年。

陳林：《秦兵器銘文編年集釋》，復旦大學碩士學位論文，2012 年。

方勇：《秦簡牘文字彙編》，吉林大學博士學位論文，2010 年。

單曉偉：《秦文字疏證》，安徽大學博士學位論文，2010 年。

夏利亞：《秦簡文字集釋》，華東師範大學博士學位論文，2011 年。

劉孝霞：《秦文字的整理與研究》，華東師範大學博士學位論文，2013 年。

朱力偉：《東周與秦兵器銘文中所見的地名》，吉林大學碩士學位論文，2004 年。

朱晨：《秦封泥文字研究》，安徽大學博士學位論文，2011 年。

蔣偉男：《里耶秦簡（壹）文字編》，安徽大學博士學位論文，2015 年。

張振謙：《齊系文字研究》，安徽大學博士學位論文，2008 年。

王愛民：《燕文字編》，吉林大學碩士學位論文，2010 年。

孫合肥：《戰國文字形體研究》，安徽大學博士學位論文，2014 年。

曹磊：《〈戰國文字字形表〉校訂》，吉林大學碩士學位論文，2020 年。

葉蕾：《漢代封泥研究概況及〈秦漢印章封泥文字編〉補遺》，吉林大學碩士學位論文，2021 年。

秦鳳鶴：《秦漢篆字編》，吉林大學博士學位論文，2016 年。

施謝捷：《古璽彙考》，安徽大學博士學位論文，2006 年。

李鵬輝：《漢印文字資料整理與相關問題研究》，安徽大學博士學位論文，2017 年。

孟麗娟：《三晉官璽集釋》，安徽大學碩士學位論文，2014 年。

劉笛：《燕官璽集釋》，安徽大學碩士學位論文，2015 年。

朱曉寒：《齊官璽集釋》，安徽大學碩士學位論文，2015 年。

邱傳亮：《楚璽文字集釋》，吉林大學碩士學位論文，2006 年。

張泰康：《〈古璽彙編〉補編》，天津師范大學碩士學位論文，2021 年。

周波：《戰國時代各系文字間的用字差異現象研究》，復旦大學博士學位論文，2008 年。

徐俊剛：《非簡帛類戰國文字通假材料的整理與研究》，吉林大學博士論文，2018 年。

董珊：《戰國題銘與工官制度》，北京大學博士學位論文，2002 年。

李春桃：《傳抄古文綜合研究》，吉林大學博士學位論文，2012 年。

代威：《漢代篆文研究》，吉林大學碩士學位論文，2013 年。

肖攀：《楚帛書丙篇及殘片集釋》，吉林大學碩士學位論文，2009 年。

陳媛媛：《〈楚帛書·乙篇〉集釋》，吉林大學碩士學位論文，2009 年。

劉波：《〈楚帛書·甲篇〉集釋》，吉林大學碩士學位論文，2009 年。

白海燕：《〈季庚子問於孔子〉集釋》，吉林大學碩士學位論文，2009 年。

孟岩：《〈姑成家父〉文本集釋及相關問題研究》，吉林大學碩士學位論文，2009 年。

三、網絡論文、讀書會筆記等

徐在國：《上博竹書（二）文字雜考》，簡帛研究網，2003 年。

夏世華：《上海博物館藏戰國楚竹書（二）·子羔》集釋，簡帛網，2008 年

陳劍：《上博竹書〈仲弓〉篇新編釋文（稿）》，簡帛網，2004 年。

季旭昇：《采風曲目釋讀摘要》，簡帛研究網，2006 年。

曹建國：《楚簡逸詩〈交交鳴鷺〉考論》，簡帛網，2006 年。

季旭昇：《〈柬大王泊旱〉解題》，簡帛網，2007 年。

白於藍:《〈曹沫之陳〉新編釋文及相關問題探討》,復旦大學出土文獻與古文字研究中心網,2008年。

季旭昇古文字讀書會:《上博九〈成王為城濮之行〉集釋》,復旦大學出土文獻與古文字研究中心網,2008年。

黄人二:《上博藏簡第五冊鬼神之明試釋》,簡帛網2007年。

黄傑:《上博五〈融師有成氏〉文本疏解及用韻、編連問題補説》,簡帛網,2011年。

梁靜《〈上博六·景公瘧〉重編新釋與版本對比》,簡帛網,2008年。

陳劍:《〈上博(六)·孔子見季桓子〉重編新釋》,復旦大學出土文獻與古文字研究中心網,2008年。

復旦大學出土文獻與古文字研究中心研究生讀書會:《〈上博七·武王踐阼〉校讀》,復旦大學出土文獻與古文字研究中心網,2008年。

復旦大學出土文獻與古文字研究中心研究生讀書會:《〈上博七·吴命〉校讀》,復旦大學出土文獻與古文字研究中心網,2008年。

復旦大學出土文獻與古文字研究中心研究生讀書會:《〈上博七·君人者何必安哉〉校讀》,復旦大學出土文獻與古文字研究中心網,2008年。

復旦大學出土文獻與古文字研究中心研究生讀書會(鄔可晶執筆):《〈上博(七)·凡物流形〉重編釋文》,復旦大學出土文獻與古文字研究中心網,2008年。

復旦大學出土文獻與古文字研究中心研究生讀書會:《〈上博七·鄭子家喪〉校讀》,復旦大學出土文獻與古文字研究中心網,2008年。

復旦吉大古文字專業研究生聯合讀書會:《上博八〈子道餓〉校讀》,復旦大學出土文獻與古文字研究中心網,2011年。

復旦吉大古文字專業研究生聯合讀書會:《上博八·顏淵問於孔子》校讀,復旦大學出土文獻與古文字研究中心網,2011年。

復旦吉大古文字專業研究生聯合讀書會:《上博八〈成王既邦〉校讀》,復旦大學出土文獻與古文字研究中心網,2011年。

復旦吉大古文字專業研究生聯合讀書會:《上博八《命》校讀》,復旦大學出土文獻與古文字研究中心網,2011年。

復旦吉大古文字專業研究生聯合讀書會:《上博八《王居》、《志書乃言》校讀》,復旦大學出土文獻與古文字研究中心網,2011年。

復旦吉大古文字專業研究生聯合讀書會:《上博八《李頌》校讀》,復旦大學出土文獻與古文字研究中心網,2011年。

復旦吉大古文字專業研究生聯合讀書會:《上博八《蘭賦》校讀》,復旦大學出土文獻與古文字研究中心網,2011年。

復旦吉大古文字專業研究生聯合讀書會:《上博八《有皇將起》校讀》,復旦大學出土文獻與古文字研究中心網,2011年。

復旦吉大古文字專業研究生聯合讀書會:《上博八《鶹鷅》校讀》,復旦大學出土文獻與古文字研究中心網,2011年。

張崇禮:《上博八·命》文字考釋,復旦大學出土文獻與古文字研究中心網,2012年。

季師旭昇古文字讀書會:《上博九〈成王為城濮之行〉集釋》,復旦大學出土文獻與古文字研究中心網,2013年。

復旦大學出土文獻與古文字研究中心研究生讀書會:《清華簡〈尹至〉〈尹誥〉研讀劄記》,復旦大學出土文獻與古文字研究中心網，2011 年。

程浩：《清華簡〈程寤〉研讀劄記》，復旦大學出土文獻與古文字研究中心網，2011 年。

復旦大學出土文獻與古文字研究中心研究生讀書會：《清華九簡研讀劄記》，復旦大學出土文獻與古文字研究中心網，2010 年。

陳民鎮：《清華簡〈楚居〉集釋》，復旦大學出土文獻與古文字研究中心網，2011 年。

陳民鎮：《清華簡〈尹至〉集釋》，復旦大學出土文獻與古文字研究中心網，2011 年。

陳民鎮：《清華簡〈尹誥〉集釋》，復旦大學出土文獻與古文字研究中心網，2011 年。

禤孝文：《清華簡〈程寤〉集釋》，復旦大學出土文獻與古文字研究中心網，2011 年。

袁瑩：清華簡《〈程寤〉校讀》，復旦大學出土文獻與古文字研究中心網，2011 年。

林志鵬：《清華簡〈保訓〉集釋》，武漢大學簡帛研究中心網，2010 年。

胡凱、陳民鎮：《清華簡〈保訓〉集釋》，復旦大學出土文獻與古文字研究中心網，2011 年。

陳民鎮、顏偉明：《清華簡〈耆夜〉集釋》，復旦大學出土文獻與古文字研究中心網，2011 年。

復旦大學出土文獻與古文字研究中心研究生讀書會：《清華簡〈耆夜〉研讀劄記》，復旦大學出土文獻與古文字研究中心網，2011 年。

陳民鎮、胡凱：《清華簡〈金縢〉集釋》，復旦大學出土文獻與古文字研究中心網，2011 年。

復旦大學出土文獻與古文字研究中心研究生讀書會：《清華簡〈金縢〉研讀劄記》，復旦大學出土文獻與古文字研究中心網，2011 年。

汪亞洲：《〈皇門〉集釋》，復旦大學出土文獻與古文字研究中心網，2011 年。

復旦大學出土文獻與古文字研究中心研究生讀書會：《清華簡〈皇門〉研讀劄記》，2011 年。

胡凱：《清華簡〈祭公之顧命〉集釋》，復旦大學出土文獻與古文字研究中心網，2011 年。

復旦大學出土文獻與古文字研究中心研究生讀書會：《清華簡〈祭公之顧命〉研讀劄記》，復旦大學出土文獻與古文字研究中心網，2011 年。

陳民鎮：《清華簡〈楚居〉集釋》，復旦大學出土文獻與古文字研究網，2011 年。

復旦大學出土文獻與古文字研究中心研究生讀書會：《清華簡〈楚居〉研讀劄記》，復旦大學出土文獻與古文字研究中心網，2011 年。

清華大學出土文獻讀書會：《〈清華大學藏戰國竹簡（貳）〉研讀劄記（一）》，復旦大學出土文獻與古文字研究中心網，2011 年。

清華大學出土文獻讀書會：《〈清華大學藏戰國竹簡（貳）〉研讀劄記（二）》，復旦大學出土文獻與古文字研究中心網，2011 年。

復旦大學出土文獻與古文字研究中心讀書會：《〈清華（貳）〉討論記録》，復旦大學出土文獻與古文字研究中心網，2011 年。

劉信芳：《清華（九）〈成人〉試説》，武漢大學簡帛研究中心，2020 年。

曹方向：《上博九〈靈王遂申〉通釋》，武漢大學簡帛網，2013 年。

子居：《清華簡九〈禱辭〉韻讀》，先秦子居的圖書館，2020 年。

吳琳：《清華簡（伍）〈厚父〉篇集釋》，復旦大學出土文獻與古文字研究中心網，2015 年。

侯建科：《清華簡五〈封許之命〉篇集釋》，復旦大學出土文獻與古文字研究中心網，2015 年。

張崇禮：《清華簡〈鄭武夫人規孺子〉考釋》，復旦大學出土文獻與古文字研究中心網，2018 年。

王寧：《清華簡六〈子產〉釋文校讀》，復旦大學出土文獻與古文字研究中心網，2016 年。

伊諾：《清華柒〈子犯子餘〉集釋》，復旦大學出土文獻與古文字研究中心網，2018 年。

復旦大學出土文獻與古文字研究中心讀書會：《〈邦家之政〉集釋》，復旦大學出土文獻與古文字研究中心網，2019 年。

朱曉雪：《左塚漆桐文字匯釋》，復旦大學出土文獻與古文字研究中心網，2009 年。

四、論文集、期刊論文

張政烺：《中山王壺及鼎銘考釋》，《古文字研究》第一輯，中華書局，1978 年。

周鳳五：《上博六〈莊王既成〉〈申公臣靈王〉〈平王問鄭壽〉〈平王與王子木〉新訂釋文注解語譯》，《2007 中國簡帛學國際論壇論文》，臺灣大學，2007 年。

林澐：《新版〈金文編〉正文部分釋字商榷》，《中國古文字研究會第八屆年會論文》，1990 年。

蘇建洲：《〈容成氏〉譯釋》，《〈上海博物館藏戰國楚竹書（二）讀本〉》，萬卷樓圖書股份有限公司，2003 年。

王輝：《秦印封泥考釋（五十則）》，《四川大學考古專業創建四十周年暨馮漢驥教授百年誕辰紀念文集》，四川大學出版社，2001 年。

北京大學中國古史研究中心：《紀念陳寅恪先生誕辰百年學術論文集》，北京大學出版社，1989 年。

陝西師範大學、寶雞青銅器博物館：《黃盛璋先生八秩華誕紀念文集》，中國教育文化出版社，2005 年。

李銳：《上博簡〈慎子曰恭儉〉疏解》，《出土文獻與傳世文獻的詮釋——紀念譚樸森先生逝世兩週年國際學術研討會論文集》，上海古籍出版社，2010 年。

王輝：《出土文字所見之秦苑囿》，《秦都咸陽與秦文化研究——秦文化學術研討會論文集》，2011 年。

武漢大學中國文化研究院：《郭店楚簡國際學術研討會論文集》，湖北人民出版社，2000 年。

孟蓬生：《上博竹書〈周易〉字詞考釋》，《華學》，2006 年第八輯。

郝本性、趙世綱：《溫縣盟書》，《文物》1983 年第 3 期。

任隆：《秦封泥官印考》，《秦陵秦俑研究動態》，1997 年第 3 期。

任隆：《秦封泥官印續考》，《秦陵秦俑研究動態》，1998 年第 3 期。

史黨社：《新發現秦封泥叢考》，《秦陵秦俑研究動態》，1997 年第 3 期。

周曉陸、路東之、龐睿：《西安出土秦封泥補讀》，《考古與文物》，1998 年第 2 期。

周曉陸等：《九十年代之前所獲秦式封泥》，《西北大學學報》，1998 年第 1 期。

趙平安：《秦西漢官印論要》，《考古與文物》，2001 年第 3 期。

周偉洲：《新發現的秦封泥與秦代郡縣制》，《西北大學學報》（哲學社會科學版），1997 第 1 期。

周曉陸、陳曉捷：《新見秦封泥中的中央職官印》，《秦文化論叢》，2002 年第九輯。

餘華青：《新發現的封泥資料與秦漢宦官制度研究》，《西北大學學報》（哲學社會科學版），1997 年第 1 期。

黃留珠：《秦封泥窺管》，《西北大學學報》（哲學社會科學版），1997 年第 1 期。

周曉陸、劉瑞：《九十年代之前所獲秦式封泥》，《西北大學學報》（哲學社會科學版），1998 年第 1 期。

周曉陸、路東之、龐睿：《秦代封泥的重大發現——夢齋藏秦封泥的初步研究》，《考古與文物》，1997 年第 1 期。

周曉陸、路東之：《空前的收穫重大的課題——古陶文明博物館藏秦封泥綜述》，《西北大學學報》（哲學社會科學版），1997 年第 1 期。

周曉陸、路東之、龐睿：《秦代封泥的重大發現——夢齋藏秦封泥的初步研究》，《考古與文物》，1997 年第 1 期。

王輝：《西安中國書法藝術博物館藏秦封泥選釋續》，《陝西歷史博物館館刊》，2001 年第八輯。

周曉陸、陳曉捷、湯超、李凱：《于京新見秦封泥中的地理內容》，《西北大學學報》（哲學社會科學版），2005 年第 4 期。

周曉陸、劉瑞：《新見秦封泥中的地理內容》，《秦陵秦俑研究動態》，2001 年第 4 期。

劉慶柱、李毓芳：《西安相家巷遺址秦封泥的發掘》，《考古學報》，2001 年第 4 期。

趙建偉：《郭店竹簡〈忠信之道〉、〈性自命出〉校釋》，《中國哲學史》，1999 年第 2 期。

周鳳五：《郭店楚簡〈忠信之道〉考釋》，《中國哲學》，2000 年第一輯。

陳耀鈞：《江陵秦家咀楚墓發掘簡報》，《江漢考古》，1988 年第 2 期。

侯乃峰：《秦駰禱病玉版銘文集解》，《文博》，2005 年第 6 期。

郭若愚：《長沙仰天湖戰國竹簡文字的摹寫和考釋》，《上海博物館集刊》，1986 年第 3 期。

何琳儀：《仰天湖竹簡選釋》，《簡帛研究》，1998 年第三輯。

五、其他參考資料

在長期的資料收集、整理的過程中，本書還參考了其他大量的相關論文，數量之多，是無法統計的。同時為了節省篇幅，對這些論文不一一列舉（有的在正文相關位置簡要列出）。這些論文大部分來自各種核心期刊、各種文字學的專業書籍、各種學術論文集等。網站有"簡帛網""復旦大學出土文獻與古文字研究中心""清華大學出土文獻研究與保護中心""簡帛研究"等。

六、主要參考網站

復旦大學出土文獻與古文字研究中心（http：//www.gwz.fudan.edu.cn/）

簡帛網——武漢大學簡帛研究中心（http：//www.bsm.org.cn/）

引得市（https：//www.mebag.com/index/）

殷周金文暨青銅器資料庫（https：//bronze.asdc.sinica.edu.tw/qry_bronze.php）

　　備註：本書所用《參考資料》中書名、作者等信息完全依照原書收集整理，出現體例不完全統一的情況，特此說明。

引書簡稱表

簡稱	著録或材料
銘圖	商周青銅器銘文暨圖像集成
集成	殷周金文集成（修訂增補本）
近出	近出殷周金文集录
近出 2	近出殷周金文集录二編
集粹	中國璽印集粹
分域	戰國璽印分域編
分研	戰國璽印分域研究
分研 1	古璽文分域研究
秦集	秦封泥集
于京	于京新見秦封泥中的地理内容
西安	西安相家巷遺址秦封泥的發掘
秦再	秦封泥再讀
秦封	秦封泥彙考
封編	秦封泥文字編 2011
山東	山東新出土古代璽印
璽彙	古璽彙編
璽補	《古璽彙編》補編
匯考	古璽彙考
菁華	鑒印山房藏古璽印菁華
珍戰	珍秦齋藏印·戰國篇
珍秦	珍秦齋藏印·秦印編
秦印	秦印文字彙編
印增	秦印文字彙編（增訂本）
類編	中國璽印類編
玉印	古玉印精粹
過耳	風過耳堂秦印輯録
璽集	二十世紀出土璽印集成
輯存	古代璽印輯存
港印	香港中文大學文物館藏印集
港續一	香港中文大學文物館藏印續集一
港續二	香港中文大學文物館藏印續集二
訓義	中國古印——程訓義古璽印集存
湖南	湖南省博物館藏古璽印集
上博	上海博物館藏印選

簡稱	著録或材料
故宮	故宮博物院藏古璽印選
官印	秦漢南北朝官印徵存
吉大	吉林大學藏古璽印選
深圳	深圳古玩城古印展・圖録
印封	秦漢印章封泥文字編
圖典	古璽印圖典
十鐘	十鐘山房印舉
秦風	秦代印風
陝新	陝西新出土古代璽印
三晉	三晉貨幣
齊幣	齊弊圖釋
幣編	古幣文編
錢典	古錢大辭典
先秦	先秦貨幣文字編
秦編	秦文字編
聚珍	燕下都東周貨幣聚珍
貨系	中國歷代貨幣大系
先秦編	《中國錢幣大辭典》第一卷《先秦編》
幣文	先秦貨幣文編
秦陶	秦代陶文
陶録	陶文圖録
陶典	陶文字典
齊魯	齊魯文字編
陶字	古陶字彙
陶彙	古陶文彙編
齊陶	新出齊陶文圖録
陶新	秦陶文新編
北大簡	北京大學藏秦代簡牘書跡選粹
龍崗	龍崗秦簡
里耶	里耶秦簡
睡簡・秦種	睡虎地秦墓竹簡《秦律十八種》
睡簡・效律	睡虎地秦墓竹簡《效律》
睡簡・雜抄	睡虎地秦墓竹簡《秦律雜抄》
睡簡・爲吏	睡虎地秦墓竹簡《爲吏之道》
睡簡・答問	睡虎地秦墓竹簡《法律答問》
睡簡・語書	睡虎地秦墓竹簡《語書》
睡簡・6 號	睡虎地秦墓竹簡《6 號木牘》
睡簡・11 號	睡虎地秦墓竹簡《11 號木牘》

簡稱	著錄或材料
睡簡・葉書	睡虎地秦墓竹簡《葉書》
睡簡・日甲	睡虎地秦墓竹簡《日書甲種》
睡簡・日乙	睡虎地秦墓竹簡《日書乙種》
睡簡・封診	睡虎地秦墓竹簡《封診式》
嶽麓一・質	嶽麓書院藏秦簡（一）《質日》
嶽麓一・占	嶽麓書院藏秦簡（一）《占夢書》
嶽麓一・為吏	嶽麓書院藏秦簡（一）《為吏治官及黔首》
嶽麓二	嶽麓書院藏秦簡（二）
嶽麓三	嶽麓書院藏秦簡（三）
天簡・日甲	天水放馬灘秦簡《日書》甲種
天簡・日乙	天水放馬灘秦簡《日書》乙種
天簡・志怪	天水放馬灘秦簡《志怪故事》
北大簡	北京大學藏秦代簡牘書跡選粹
關簡	關沮周家臺秦簡
戰編	戰國文字編
戰表	戰國文字字形表
齊編	齊文字編
燕編	燕文字編
溫縣	溫縣盟書
侯馬	侯馬盟書
晉編	三晉文字編
厝編	中山王厝器文字編
信陽	信陽長臺關 1 號墓簡冊
望山	望山楚簡
新蔡	新蔡葛陵楚簡
包山	包山楚簡
郭店	郭店楚墓竹簡
仰天	長沙仰天湖 25 號墓簡冊
天星	天星觀楚墓竹簡
曾侯	隨縣曾侯乙墓竹簡
帛書	長沙子彈庫楚帛書
上博一	上海博物館藏戰國楚竹書（一）
上博二	上海博物館藏戰國楚竹書（二）
上博三	上海博物館藏戰國楚竹書（三）
上博四	上海博物館藏戰國楚竹書（四）
上博五	上海博物館藏戰國楚竹書（五）
上博六	上海博物館藏戰國楚竹書（六）
上博七	上海博物館藏戰國楚竹書（七）

簡稱	著録或材料
上博八	上海博物館藏戰國楚竹書（八）
上博九	上海博物館藏戰國楚竹書（九）
清華一	清華大學藏戰國竹簡（壹）
清華二	清華大學藏戰國竹簡（貳）
清華三	清華大學藏戰國竹簡（叁）
清華四	清華大學藏戰國竹簡（肆）
清華五	清華大學藏戰國竹簡（伍）
清華六	清華大學藏戰國竹簡（陸）
清華七	清華大學藏戰國竹簡（柒）
清華八	清華大學藏戰國竹簡（捌）
清華九	清華大學藏戰國竹簡（玖）
清華十	清華大學藏戰國竹簡（拾）
清華十一	清華大學藏戰國竹簡（拾壹）
安大一	安徽大學藏戰國竹簡（一）
安大二	安徽大學藏戰國竹簡（二）
楚編	楚系簡帛文字編（增訂本）
古文	古文四聲韻
會典	古字通假會典
古研	古文字研究
汗簡	汗簡
傳編	傳抄古文字編
帛編	馬王堆簡帛文字編
帛書·病方	馬王堆漢墓帛書《五十二病方》
帛書·足臂	馬王堆漢墓帛書《足臂十一脈灸經》
帛書·灸經甲	馬王堆漢墓帛書《陰陽十一脈灸經甲本》
帛書·死候	馬王堆漢墓帛書《陰陽脈死候》
帛書·脈法	馬王堆漢墓帛書《脈法》
漢征	漢印文字征
漢銅	漢代銅器銘文文字編
漢印	漢印文字資料整理與相關問題研究
漢篆	漢代篆文研究

聲首

之部

職部

蒸部

幽部

覺部

冬部

宵部

藥部

魚部

鐸部

陽部

支部

錫部

耕部

脂部

質部

真部

微部

物部

文部

歌部

月部

元部

緝部

侵部

葉部

談部

筆畫檢字表

說明：古文字在隸定的時候，筆畫往往多寡不拘，因此本字表中的漢字，以歷代字書出現的漢字為準。凡是後世字書沒有出現的漢字，本字表不收錄；這些漢字可根據其聲符歸屬，在拼音檢字表中查閱。

一畫

一……1680	ㄥ……2000	〈……2428
乙……1681	○……2009	丨……2649

二畫

又……6	勹……444	丁……1513	七……1733	厂……2370
乃……93	刀……590	几……1585	八……1758	十……2607
力……213	了……669	二……1622	リ……1797	入……2612
丩……305	卜……783	厶……1659	人……1825	弓……2626
九……318	匚……1374	匕……1660	𠂇……2184	凵……2749
丂……328	冖……1452	卩……1729	乂……2248	

三畫

【一】	丈……1281	巾……2022	𠆢……2617	小……624
开……23	厷……1696	山……2532	凡……2696	尸……1601
才……118	万……1866	【丿】	【丶】	幺……1778
士……127	兀……1915	久……41	之……51	卂……1858
弋……201	寸……2079	勺……655	亡……1382	刃……2073
工……820	大……2268	毛……1154	宀……2575	也……2172
廾……829	干……2395	夕……1174	【ㄱ】	孓……2241
于……913	三……2691	亿……1682	己……35	子……2243
下……929	【丨】	千……1827	巳……82	屮……2265
土……1023	口……678	夊……1937	子……110	丸……2378
女……1054	上……1279	川……2044	弓……248	及……2596

四畫

【一】	友……15	尤……16	不……150	仄……222

五畫

七畫

八畫

九畫

一〇畫

一一畫

一二畫

一三畫

一七畫

一八畫

一九畫

二〇畫

鐃……588	穮……2334	蘴……865	議……2148	【乛】
頷……722	獾……2382	龐……866	贏……2177	鼇……368
觸……771	鐔……2669	寵……866	譮……2204	繻……724
鏷……789	【、】	瀧……866	譀……2212	孃……1323
鐘……859	䧹……241	壠……866	騫……2377	纁……2006
譽……1048	寶……465	護……1134	灌……2382	繼……2307
籍……1202	糯……614	競……1268	懽……2383	飄……2610
軆……1635	襫……670	黨……1307	蕭……2449	
蠱……1768	竇……798	纇……1424	辮……2556	
饋……1897	鞼……863	麛……1451	譖……2751	

二一畫

【一】	騽……2031	罍……1936	鰥……2604	鷸……2377
蟿……351	蠹……2044	纍……1936	鐩……2758	辯……2556
醻……388	酈……2180	闥……2394	【、】	囍……2602
藬……717	蘺……2183	黯……2657	禱……386	灟……2684
驅……748	醶……2230	【丿】	爛……621	灝……2702
觳……751	鶡……2349	籧……1069	謨……789	【乛】
攉……964	歡……2381	鏝……1133	龐……810	繲……181
欀……1324	權……2382	鶬……1334	癰……862	屬……769
霸……1106	驂……2694	鰟……1373	豐……885	續……799
露……1139	覽……2744	鷄……1399	顧……961	蠡……2487
纛……1403	【丨】	鐸……1183	懼……963	纏……2489
欞……1544	贔……556	鐵……1532	癥……1477	轓……2561
覿……1629	歔……989	儷……2181	夒……1588	
醹……1650	齜……1442	鐺……2207	齎……1647	
鬃……1736	鬮……1493	鐶……2392	讘……2307	
蹏……1929	贔……1495	酅……2555	護……2376	

二二畫

【一】	驚……1503	欇……2714	鑄……386	鑑……2743
驕……577	聽……1528	【丨】	钁……615	【、】
趯……665	霽……1650	贖……799	臑……724	讘……665
欈……717	驍……1900	軆……1635	矓……964	讀……799
懿……937	驕……1976	疊……1757	穰……1324	齹……862
囊……1324	邏……2181	【丿】	響……1886	灘……2030
龡……1466	龥……2568	饔……374	龢……2129	灑……2182

二七畫

二八畫

二九畫

三〇畫

三二畫

三三畫

後記

　　這本書前後經歷了若干春秋，中間或停了數日、數月、數年。瑣事繁多，教學任務繁重，尤其是書法篆刻學習創作上的糾結花費了我大量時間。同時，自己經常見異思遷，思無定處……這樣一折騰，很多時間就白白流逝了。

　　2016 年，在學習金文的基礎上，我整理出版了《金文編注》，這是先期學習古文字的一個總結。在這之後閱讀了一些出土文獻資料，尤其是楚簡冊資料，才發現古文字資料實在是太豐富了。同時感慨，書法界對古文字的利用率太低了。在查閱這些資料的時候，我一直在想，如果把這些古文字尤其是新見字形引入到書法界，或可促進古文字書法篆刻的發展？當時這個願望在心裏積存着，卻遲遲未能動手。2020 年，一個偶然的機會，本人先期作品《金文編注》廣泛銷售。《金文編注》中資料的不豐富、學術觀點的陳舊甚至是錯誤，不斷牽扯着我的心，我必須在《金文編注》的基礎上進行新的輯集工作。這樣，重新收集整理古文字資料的工作就提上了日程。

　　兩年多滿負荷的工作，加上以前的積累，編成了這本書。書中對西周、東周時期的古文字進行了比較廣泛的收集整理，于金文、戰國古璽、楚簡、秦簡尤重筆墨。全書有古文字字頭近 12000 個，當代書家創作書法篆刻作品，大都可以在本書中找到相對應的古文字字形。當初的設想似已成真，遂略感心安。

　　我很長時間都沒有掌握學習古文字的正確方法，直到現在，行乎其若有思，茫乎其若迷。文字是傳遞信息、交流思想的工具，學習古文字必須回到古文字的文本時代。讀懂一片甲骨、一方印章、一篇銘文是我們學習古文字的基本目的，這比單單分析字形更加有意義。機械地分析字形、甚至肢解漢字而推衍，脫離了漢字的使用屬性，不是學習古文字的好方法。

　　感謝河南美術出版社的白立獻老師！先生淳厚仁德，鼎力攜助，才使得本書在美術類出版社出版。感謝河南美術出版社的趙帥老師！趙老師熱心細緻，悉心答疑、校閱，亦讓人備受感動。

　　陳斯鵬先生對這項工作給予了肯定和鼓勵，並於百忙之中，通讀全書，給與了很多合理的修改意見。本人多次相擾求助，先生不厭其煩，均一一作答，受先生之教多矣。師者之風，于斯為盛！

　　感謝張新俊先生閱讀書稿。張先生認為這項工作很有意義，同時花費了大量時間修改書稿、充實內容。陳志平先生充分肯定了本書的意義，並從學術高度給予了指導和幫助。

　　在自己的學習中、資料的收集整理中還得到很多專家學者的指導，亦使我受益良多。我的一些朋友也給了我各方面的幫助。對這些良師益友，我心存敬意，卻未能一一具道姓名，是怕有依附增價之嫌。真的感謝你們！

陳靖

2023 年于廣州大學城廣東工業大學